Taschenbuch des Deutschunterrichts

Grundfragen und Praxis
der Sprach- und Literaturdidaktik

Band 1

Grundlagen – Sprachdidaktik – Mediendidaktik

Herausgegeben von

Günter Lange
Karl Neumann
Werner Ziesenis

6., vollständig überarbeitete Auflage

Jubiläumsausgabe

Schneider Verlag Hohengehren GmbH

Umschlaggestaltung:
Wolfgang H. Ariwald, BDG, 59519 Möhnesee

Gedruckt auf umweltfreundlichem Papier (chlor- und säurefrei hergestellt).

Die Deutsche Bibliothek – CIP-Einheitsaufnahme

Taschenbuch des Deutschunterrichts : Grundfragen und Praxis der Sprach- und Literaturdidaktik / hrsg. von Günter Lange ... –
Baltmannsweiler : Schneider-Verl. Hohengehren.
Bis 3. Aufl. hrsg. von Erich Wolfrum
ISBN 3-89676-073-4
Bd. 1. Grundlagen – Sprachdidaktik – Mediendidaktik. – 6., vollst. überarb. Aufl., Jubiläumsausg. – 1998
ISBN 3-87116-074-2

Printed in Germany – Druck: Wilhelm Jungmann, Göppingen

Verzeichnis der Autorinnen und Autoren

Bachem, Rolf, Dr. phil., Studienprofessor im Hochschuldienst am Institut für deutsche Sprache und Literatur der Philosophischen Fakultät der Universität Köln

Conrad, Wolfgang, Dr. phil., Professor für Deutsche Literatur und ihre Didaktik am Erziehungswissenschaftlichen Fachbereich der Technischen Universität Carolo-Wilhelmina zu Braunschweig

Denk, Rudolf, Dr. phil., Professor für Deutsche Sprache und Literatur und ihre Didaktik an der Pädagogischen Hochschule Freiburg

Dringenberg, Brunhilde (✝), Akademische Oberrätin am Fachgebiet Deutsche Sprache und Literatur und ihre Didaktik im Fachbereich II der Universtität Hildesheim

Eichler, Wolfgang, Dr. phil., Professor für Didaktik der Deutschen Sprache und Literatur und Germanistische Sprachwissenschaft am Fachgebiet Germanistik im Fachbereich 2 der Universität Oldenburg

Franz, Kurt, Dr. phil. habil., M.A., Professor für Didaktik der deutschen Sprache und Literatur am Institut für Germanistik der Universität Regensburg

Fritzsche, Joachim, Dr. phil., Professor für Didaktik der deutschen Sprache und Literatur am Germanistischen Institut der Martin-Luther-Universität in Halle/Saale

Grünewald, Dietrich, Dr. phil. habil., Professor für Kunstwissenschaft und Kunstdidaktik am Institut für Kunstwissenschaft/Bildende Kunst der Universität Koblenz-Landau, Abteilung Koblenz

Haas, Gerhard, Dr. phil., Professor für Deutsche Sprache und Literatur und ihre Didaktik an der Pädagogischen Hochschule Heidelberg

Hassenstein, Friedrich, Dr. phil., Professor für Deutsche Sprache und Literatur und ihre Didaktik am Fachbereich Erziehungswissenschaften der Georg-August-Universität Göttingen

Henze, Walter, Dr. phil., Professor für Deutsche Sprache und Literatur und ihre Didaktik am Erziehungswissenschaftlichen Fachbereich der Universität Hannover

Hinney, Gabriele, Dr. phil., Akademische Rätin am Fachgebiet Deutsche Sprache und Literatur und ihre Didaktik im Fachbereich II der Universität Hildesheim

Horn, Dieter, Dr. phil., Interkulturelle Bildung e. V., Hamburg

Lange, Günter, Akademischer Oberrat für Deutsche Sprache und Literatur und deren Didaktik am Erziehungswissenschaftlichen Fachbereich der Technischen Universität Carolo-Wilhelmina zu Braunschweig

Lesch, Hans-Wolfgang, Dipl.-Pädagoge, Akademischer Direktor für Deutsche Sprache und Literatur und ihre Didaktik am Fachbereich Erziehungswissenschaft der Universität Lüneburg

Lieberum, Rolf, Akademischer Oberrat für Deutsche Sprache und Literatur und deren Didaktik am Erziehungswissenschaftlichen Fachbereich der Technischen Universität Carolo-Wilhelmina zu Braunschweig

Mann, Christine, Dipl.-Psychologin, Dr. phil., Ausbilderin von LegasthenietherapeutInnen, Göttingen

Marquardt, Doris, Akademische Oberrätin für Deutsche Sprache und Literatur und ihre Didaktik am Fachbereich Erziehungswissenschaften der Georg-August-Universität Göttingen

Meiers, Kurt, Dr. phil., Professor für Schul- und Grundschulpädagogik an der Pädagogischen Hochschule Ludwigsburg

Menzel, Wolfgang, Dr. phil., Professor am Fachgebiet Deutsche Sprache und Literatur und ihre Didaktik am Fachbereich II der Universität Hildesheim

Mittelberg, Ekkehart, Dr. phil., Studiendirektor und Koordinator an der Gesamtschule Homberg/Ohm

Naumann, Carl Ludwig, Dr. phil., Sprecherzieher (DGSS), Professor für Deutsche Sprache und ihre Didaktik am Institut für Deutsche Sprache und Literatur und ihre Didaktik an der Universität Hannover

Neumann, Karl, Dr. phil., Professor für Schulpädagogik am Erziehungswissenschaftlichen Fachbereich der Technischen Universität Carolo-Wilhelmina zu Braunschweig

Oksaar, Els, Dr. phil., fil.dr., Professor für Allgemeine Sprachwissenschaft und Kommunikation am Institut für Allgemeine Sprachwissenschaft und Indogermanistik der Universität Hamburg

Payrhuber, Franz-Josef, Dr. phil., Akademischer Direktor, Fachbereichsleiter Deutsch am Institut für Lehrerfort- und -weiterbildung Mainz (ILF)

Podewils, Angela von, Wiss. Mitarbeiterin am Fachbereich Kulturwissenschaft, Fach Kulturarbeit, an der Universität Lüneburg

Schober, Otto, Dr. phil., Professor für Didaktik der Deutschen Sprache und Literatur an der Erziehungswissenschaftlichen Fakultät der Friedrich-Alexander-Universität Erlangen-Nürnberg

Schuster, Karl, Dr. phil., Studiendirektor im Hochschuldienst für Didaktik der Deutschen Sprache und Literatur an der Erziehungswissenschaftlichen Fakultät der Friedrich-Alexander-Universität Erlangen-Nürnberg

Tumat, Alfred J., Dr. phil., Professor für Deutsch als Fremd-/Zweitsprache an der Erziehungswissenschaftlichen Fakultät der Christian-Albrecht-Universität zu Kiel

Waldmann, Günter, Dr. phil., Professor für Deutsche Sprache und Literatur und ihre Didaktik an der Pädagogischen Hochschule Freiburg

Wangerin, Wolfgang, Dr. phil., Akademischer Oberrat am Institut für Fachdidaktik der Georg-August-Universität Göttingen

Ziesenis, Werner, Akademischer Oberrat für Deutsche Sprache und Literatur und ihre Didaktik am Fachbereich Erziehungswissenschaften der Georg-August-Universität Göttingen

Inhaltsverzeichnis

Band 1

II. Sprachdidaktik

III. Mediendidaktik

Band 2

IV. Literaturdidaktik

Klassische Form

Vorwort

Die erste Auflage des „Taschenbuches des Deutschunterrichts“, herausgegeben von Erich Wolfrum, erschien im Jahr 1972. Den rasch errungenen Platz unter den grundlegenden fachdidaktischen Werken zum Deutschunterricht kann das „Taschenbuch“ seit nunmehr einem Vierteljahrhundert erfolgreich behaupten, so dass die vorliegende 6. Auflage als „Jubiläumsausgabe“ an die Öffentlichkeit tritt. Die große Zahl der Neuauflagen, die erforderlich wurden, gaben dem Werk, den jeweiligen Entwicklungen der fachwissenschaftlichen und fachdidaktischen Diskussion folgend, einen neuen Charakter. Das einstmalige „Taschenbuch“ wurde zu einem umfassenden Handbuch, das in breiter Ausfächerung das gesamte Spektrum des Deutschunterrichts, seine Grundlagenfragen ebenso wie seine Teilgebiete, repräsentiert.

Auch für die jetzt vorgelegte Auflage haben sich die Herausgeber entschlossen, die Grunddimensionen des bisherigen Aufbaus zu belassen, also die Gliederung des Gesamtwerkes in die Hauptteile: Grundlagen, Sprachdidaktik, Mediendidaktik und Literaturdidaktik. Wie die vorherigen Auflagen hat die „Jubiläumsausgabe“ der fachdidaktischen Diskussion Rechnung getragen. Sie enthält eine ganze reihe völlig neuer Artikel, so z.B. zum mündlichen und schriftlichen Sprachgebrauch, zur Didaktik des Rechtschreibens, zu Sprech- und Sprachstörungen, zur DDR-Literatur im Deutschunterricht; alle übrigen Beiträge wurden einer gründlichen Überarbeitung unterzogen.

Das „Taschenbuch des Deutschunterrichts“ hätte sich schwerlich zu einem weitverbreiteten Standardwerk entwickeln können, wenn nicht der Aspekt des Gebrauchswertes in Studium und Unterrichtspraxis als ein leitender Gesichtspunkt der Konzeption des Werkes durchgehalten worden wäre. Lernbereichs- und Textsortengliederung sind deswegen auch in der jüngsten Auflage beibehalten.

Die Herausgeber haben das Prinzip der Pluralität hinsichtlich der wissenschaftstheoretischen und fachdidaktischen Grundlagenfragen akzeptiert und den Verfassern der einzelnen Beiträge diesbezüglich keine Vorgaben aufzwingen wollen. Sie machen für sich selbst gleichwohl keinen Hehl daraus, dass für sie, analog zur Entwicklung der Diskussion in der Sprach- und Texttheorie wie der Theorie sprachlichen und kommunikativen Handelns, die didaktische Ortsbestimmung des Deutschunterrichts, seiner Lernziele und Lernbereiche, im Rahmen einer kommunikativen Didaktik liegen sollte. Schülerinnen und Schüler sollten im Deutschunterricht als eigentätige, produktive Lernende wahrgenommen und Sprach- und Literaturunterricht zugleich sach- und schülerorientiert konzipiert werden.

Alle Artikel folgen dem Gliederungsschema, dass die Darlegung des fachwissenschaftlichen und fachdidaktischen Diskussionsstandes nach Möglichkeit mit unterrichtspraktischen Hinweisen verknüpft wurde. Das „Taschenbuch des Deutschunterrichts“ richtet sich auch in seiner jüngsten Gestalt an ein breites Leserpublikum, also nicht vorrangig an Hochschullehrer, sondern vielmehr an Lehrerinnen und Lehrer, Referendarinnen und Referendare sowie Studentinnen und Studenten.

Der Verlag hat ein weiteres Mal erhebliche Mühe in eine sorgfältige Texterstellung investiert und die Kosten für ein großzügiges und leserfreundliches Erscheinungsbild nicht gescheut. Für eine in allen Phasen verständnisvolle Kooperation sagen die Herausgeber dem Verlag und seinen Mitarbeitern herzlichen Dank.

Göttingen, im Sommer 1998

Günter Lange
Karl Neumann
Werner Ziesenis

I. GRUNDLAGEN

WERNER ZIESENIS

Textlinguistik und Didaktik

Die Feststellung Coserius, „daß Textlinguistik in gewisser Hinsicht nicht viel mehr als ein Name für sehr unterschiedliche Betrachtungsweisen ist" (1981, 5), trifft nach wie vor zu. Dennoch lässt sich verallgemeinernd, wenngleich auch nahezu tautologisch, sagen, dass es der Textlinguistik in all ihren vielfältigen Erscheinungsformen um die Erfassung und Beschreibung der Textualität von Texten geht, also um die Frage, was einen Text zu einem Text macht.

Diese Frage hat zwei textlinguistische Grundkonzeptionen oder Grundrichtungen hervorgebracht:

- Textlinguistik als systematische auf übersatzmäßige Gebilde bezogene Beschreibungsdisziplin, deren Gegenstand die allgemeine kontextunabhängige Regelhaftigkeit der transphrastischen (d. h. übersatzmäßiger) Formen ist. Dieser Ansatz wird in der Literatur zur Textlinguistik auch „Textgrammatik" genannt.
- Textlinguistik als kommunikations- und handlungstheoretisch begründete Disziplin, als deren Gegenstand sich der Text als „Gesamtmenge der in einer kommunikativen Interaktion auftretenden kommunikativen Signale" darstellt (Kallmeyer u. a. 1974, 45) oder, wie Schmidt es formuliert, als „Äußerungsmenge-in-Funktion" (Schmidt 1974, 45). Dieser Ansatz wird in der Literatur zur Textlinguistik auch „Textpragmatik" genannt.

Der textpragmatische Ansatz wird dann als der übergeordnete begriffen, er muss notwendigerweise den textgrammatischen als Teilforschungsbereich umfassen, eine Auffassung, die auch diesem Beitrag zugrunde liegt.

Die didaktische Grundannahme, die hier vertreten werden soll, ist:

- dass eine allgemeine linguistische Pragmatik bzw. eine pragmatische Textlinguistik, die eine im engeren Sinne grammatische Textlinguistik einschließt, von nicht geringer Bedeutung für die theoretische Begründung von Sprach- und Literaturdidaktik und damit des Deutschunterrichts ist;
- dass die didaktischen Zielvorstellungen für Textproduktion und Textrezeption (Mündlicher Sprachgebrauch, Aufsatzunterricht und Literaturunterricht) über die Textpragmatik bzw. das Verständnis eines funktionalen Textbegriffs eine neue, schärfere Konturierung erfahren;
- dass die Schulgrammatik, die bis heute primär als System- und Satzgrammatik betrieben wird, innerhalb eines Lernbereichs Reflexion über Sprache, d. h. *Sprache als Text*, eine neue Begründung erfährt. Sie müsste sich als pragmatisch orientierte Textgrammatik, nach dem oben eingeführten Wortgebrauch also als Textpragmatik verstehen. Eine solche Grammatik *wäre* eine kommunikative Grammatik.

In diesem Beitrag soll der Versuch unternommen werden, angesichts der Vielschichtigkeit textlinguistischer Fragestellungen einen gewissen Orientierungsrahmen abzustecken und im Bezug darauf die didaktischen Grundannahmen ansatzweise zu entfalten.

1. Die Anweisungsstrukturen sprachlicher Texte

Das erste Kapitel dient der Konturierung eines möglichen Textbegriffs. Es verdeutlicht anhand eines Beispiels, dass die Textualität eines Textes auf dem Zusammenspiel vielfältiger Instruktionen an den Leser / Hörer beruht. Es beschreibt diese Instruktionen schließlich als Anweisungsstrukturen in einem Drei-Ebenen-Modell.

1.1. Zum Textbegriff

Wie man „Text" definiert, umschreibt, wie der Begriff verstanden wird, hängt von der Fragerichtung, von Standpunkten und Forschungsinteressen ab.

Ich beginne mit einigen Feststellungen:

Texte lassen sich formal beschreibend erfassen. Dann ist das grundlegende Kriterium das der syntaktischen Kohärenz. Die Kohärenz wird hergestellt durch die fortlaufende pronominale Verkettung, durch Konnektoren, durch Substitutionen, durch die thematische Progression. (Vgl. Kap. 1.3.)

Texte lassen sich funktional beschreiben. Dann ist die Textualität gekennzeichnet durch die Kriterien „intentional", „kommunikationsbezogen", „handlungsbezogen".

Schmidt spricht im ersten Fall von Text als „Kohärenzmenge", im zweiten von Text als „Äußerungsmenge-in-Funktion". (Schmidt 1974, 45) Beide Sichtweisen haben ihre didaktische Bedeutung. Auf die hier vertretene Dominanz der zweiten wurde in der Einleitung hingewiesen.

Extensional soll hier die größtmögliche Reichweite des Textbegriffs zugrunde gelegt werden. Das erlaubt, ihn auch auf einzelne Sätze und Wörter anzuwenden und gleichermaßen auf geschriebene wie gesprochene Sprache.

Für „dialogische" Formen ergibt sich das Problem, ob man sie sich in eine Abfolge von einzelnen Äußerungen aufgelöst zu denken hat, oder ob die Kohärenz durch besondere sequenzielle Konnexionsformen gegeben ist.

Um diese Feststellungen weiter in Theoriezusammenhänge hineinzuführen, sollen zwei Positionen zum Textbegriff umrissen werden, die für die Entwicklung der Textlinguistik exemplarische Bedeutung erlangt haben und die ganze Spannweite textlinguistischer Arbeiten markieren, die Konzepte von Roland Harweg und Siegfried J. Schmidt. Sie entsprechen der Gegenüberstellung der formalen und der funktionalen Beschreibungsansätze bzw. den in der Einleitung benannten textgrammatischen und textpragmatischen Forschungsrichtungen der Textlinguistik.

Harweg entwickelte sein textlinguistisches Modell in der umfangreichen Arbeit über „Pronomina und Textkonstitution" (1. Aufl. 1968). Es basiert auf der systematisch begründeten Annahme, dass sich der Text am eindeutigsten mit Hilfe der Begriffe des „Nacheinander" und des „Statteinander" bestimmen lasse. (Harweg 1979, 139) Die Art des Nacheinander sowie der Substitutionen ist „genau spezifiziert". (Ebd. 141) Diese Spezifikation in allen Verästelungen zu beschreiben und sie zu klassifizieren ist Aufgabe des Buches. Für die angestrebte „formal-linguistische Bestimmung des Textes" bietet sich Harweg der Rückgriff auf die „Neuen Pronomina" an. Das sind über den geläufigen grammatischen Begriff des Pronomens hinaus alle Pro-Formen, alle Konstituenten eines Satzes, die für einander eintreten, also substituiert werden können. „Unter Rekurs auf diese Neuen Pronomina ist ‘Text’ ... definierbar als ‘ein durch ununterbrochene pronominale Verkettung konstituiertes Nacheinander sprachlicher Einheiten’". (Harweg 1979, 148)

Schmidt entwirft sein textlinguistisches Programm in Form einer kommunikativ und pragmatisch begründeten „Texttheorie". (Schmidt 1973) Basiskategorie dieser Texttheorie ist das „kommunikative Handlungsspiel", wobei sich Schmidt auf den Sprachspielbegriff des späten Wittgenstein bezieht. Unter Berufung auf Schapp definiert er das kommunikative Handlungsspiel sodann als „eine abgrenzbare Kommunikations‘geschichte’". Es wird konstituiert durch: „die globale soziokulturelle Einbettung in die Kommunikationsgesellschaft; Kommunikationspartner mit allen sie beeinflussenden Kommunikationsbedingungen und Voraussetzungen; eine einbettende Kommunikationssituation; die geäußerten Texte und faktische oder anschließbare sprachliche (Kon)Texte". (Schmidt 1973, 46)

In Schmidts „Skizzen zu einer Texttheorie" (Schmidt 1974) verläuft die argumentative Entwicklung des Textbegriffs folgendermaßen: Sie setzt mit der Feststellung ein, dass das Ziel bisheriger Textdefinitionen gewesen sei, den Text als rein sprachliche Einheit mit ausschließlich linguistischen Mitteln zu definieren. Solche Versuche seien aber zum Scheitern verurteilt, weil „Texte keine rein sprachlichen Phänomene sind", sondern „sprachliche Realisierung von Textualität in kommunikativen Handlungsspielen, die als Organisationsstruktur für Texte dienen". (Schmidt 1974, 42 u. 43) Daraufhin lässt sich die folgende Textdefinition vornehmen: „Ein Text ist jeder geäußerte sprachliche Bestandteil eines Kommunikationsaktes in einem kommunikativen Handlungsspiel, der thematisch orientiert ist und eine erkennbare kommunikative Funktion erfüllt, d.h. ein erkennbares Illokutionspotential realisiert." (Ebd. 45; gleichlautend in Schmidt 1973, 150) Da die sprachlichen Bestandteile eines Textes für Schmidt nicht Sätze, sondern Äußerungen sind, bezeichnet er „Text" im Unterschied zu bisherigen Definitionen, die gleichsam von einer „kohärenten Menge von ‘Sätzen’" ausgehen, mit dem Terminus „Äußerungsmenge-in-Funktion". Damit werden die kritisierten Definitionen nicht hinfällig. Denn im Unterschied zur „Äußerungsmenge-in-Funktion" ist für Schmidt die aus einem kommunikativen Handlungsspiel isolierte Satzmenge das „Textformular". Das Textformular aber „ist Forschungsgegenstand einer Textgrammatik im Rahmen einer Texttheorie". (Ebd. 45)

1.2. Instruktionslinguistik: Ein Beispiel

Harald Weinrich, auf den der Begriff „Textlinguistik“ zurückgeführt wird, stellt in seinem Buch „Sprache in Texten“ das explizite Programm einer „Instruktionslinguistik“ anhand eines Beispiels aus Max Frischs „Tagebuch 1966–1971“ vor. Er nimmt damit die von Schmidt entwickelten Gedanken zu einer „texttheoretischen Instruktionssemantik“ auf (siehe Schmidt 1973, 55–75) und überträgt sie in einen konkreten Untersuchungszusammenhang.

Kommunikation (C), Instruktion (I) und Text (T) stellt Weinrich als zentrale Kategorien heraus und bezeichnet das neue sprachwissenschaftliche Programm dementsprechend als „C-I-T-Linguistik“. (Weinrich 1976, 11) Den Begriff Kommunikation versteht er zunächst im Sinne des einfachen Kommunikationsmodells, das die Beziehung von Kommunikationspartnern zueinander wiedergibt. Der Begriff Instruktion dynamisiere das Kommunikationsmodell. „Denn jedes zwischen den Kommunikationspartnern ausgetauschte Zeichen wird als eine Instruktion (oder synonym: Anweisung) des Sprechers an den Hörer verstanden, sich in einer geeigneten Situation in bestimmter Weise zu verhalten“. (Ebd. 11) Da sich das Instruktionspotential im „Text-in-der-Situation“ realisiert, ergibt sich, gegenüber allen Formen einer verkürzt ansetzenden Satzlinguistik, die programmatische Forderung: „Die C-I-T-Linguistik beginnt immer mit einem Text“. (Ebd. 11) Das freilich impliziert auch den Umkehrschluss, dass sie den Satz aus ihrem Gegenstandsbereich nicht ausklammern darf.

Die Tagebuchaufzeichnung Frischs steht unter dem Titel „Japan“:

(1) Kein Geheimnis; aber wie erkläre ich es genau: – Abflug von Kopenhagen noch bei Tageslicht; Grönland unter den Wolken, man erfährt es durch den Lautsprecher; es wird einfach nicht dunkel; einmal eine Stunde lang Arktik; die Dämmerung kann Morgen oder Abend meinen, und ich weiß nicht, wo jetzt Norden ist; Gebirge von Alaska, aber die Sonne steht nie, wo ich sie erwarte; in Anchorage zeigen die Uhren schlichterdings Mittag; dann fliegen wir weiter, aber wieder in der Zeit zurück; wieder nur Wolken viele Stunden lang; ich schreibe Dir einen Brief, bis er plötzlich da ist: der FUJI, seine weiße Spitze im blauen Himmel wie auf Plakaten; auch Japan unter den Wolken; wieder einmal soll man sich anschnallen ... Einen Monat später, als die Maschine (sie melden es nicht durch den Lautsprecher) über Vietnam fliegt, ist es Nacht und Nacht in Bombay, eine warme Nacht, immer noch Nacht in Athen, und als sie in Kloten landet, geht gerade die Sonne auf: pünktlich im Osten, wo ich herkomme. Erzähle! Das tue ich; plötzlich gewinnt die Reise ihren Sinn.

Weinrich spricht zuerst die äußeren Rezeptionsbedingungen der Tagebucheintragungen an. Aber die zentrale Frage ist für ihn die nach der Textualität des Textes, und zwar in einem doppelten Sinne: Was macht die Abfolge einer Fülle einzelner Zeichen (in diesem Fall 180, wenn man die orthographische Einheit Wort zugrunde legt) zu einem Text, und was ermöglicht das Verstehen einer so komplexen und raschen Zeichenfolge, zumal nicht nur die Bedeutungen der einzelnen Zeichen für sich (lexikalische Bedeutung), sondern auch ihre gegenseitigen Bedeutungszuschreibungen (textuelle Bedeutung) erfasst werden müssen? Weinrich bezieht, wenn man so will, eine Verstehenstheorie auf eine linguistische Theorie, nämlich die der Anweisungsstrukturen von Texten. Die Instruktionen, die der Text auf der semantischen und der syntaktischen Ebene bereitstellt und die gemeinsam „als Anweisungsschritte einer Sinninstruktion“ gelten können (ebd. 18), sind gleichzeitig die Bedingungen für Textualität und Textverstehen.

Weinrichs Hauptaugenmerk an diesem Beispiel gilt der Textsemantik sowie der Sinnfrage. Texte enthalten vielfältige Hilfen, die sie zu ihrer Dekodierung bereitstellen. Dass ein Text ein Thema hat, besagt, dass seine lexikalischen Elemente nicht willkürlich aneinander gereiht sind, sondern bestimmten semantischen Gruppierungen angehören. Weinrich nennt diese Gruppierungen zunächst Wortnetze. In dem Text „Japan“, der auf den ersten Blick wie eine assoziative Reihung von wenig zusammenhängenden Daten wirkt, finden sich beispielsweise eine Reihe von Lexemen, die sich um den Wortkern „fliegen“ gruppieren lassen: Abflug, fliegen, Wolken, Himmel, anschnallen, Maschine, landen, Reise. Eine andere Menge von Lexemen lässt sich als Gruppe von geographischen Namen isolieren: Kopenhagen, Grönland, Arktis, Norden, Gebirge, Alaska, Anchorage, Fuji, Japan, Vietnam, Athen, Kloten, Osten. Eine dritte semantische Gruppe umfasst Lexeme, die Zeitverhältnisse angeben: Tageslicht, dunkel, Stunde, Dämmerung, Morgen, Abend, heute, gestern, Uhren, Mittag, Zeit, Monat, Nacht, (aufgehende) Sonne. Schließlich erkennt Weinrich eine vierte semantische Gruppe, die allerdings weniger genau umrissen ist, ihr gehören Lexeme an wie: Geheimnis, erklären, erfahren, erwarten, erzählen, Sinn.

Es sind diese Wortnetze, die dem Leser die Übergänge von Zeichen zu Zeichen im Text erleichtern und, sind sie erkannt, unvermutete Zugänge eröffnen. Mehr noch aber steuern die Beziehungen zwischen den Wortnetzen das Textverstehen. Das Wortnetz des Fliegens bezeichnet eine Form der Bewegung, die man im Sinne des physikalischen Bewegungsbegriffs als Ortsveränderung in der Zeit auffassen kann. „In diesem Sinne vermittelt das Wortnetz des Fliegens zwischen dem des Raumes und dem der Zeit.“ (Ebd. 14) Diese quasi physikalische Vermittlung wird jedoch noch einmal qualitativ verändert durch das vierte der genannten Wortnetze. Die Lexeme „Geheimnis“, „erklären“, „Sinn“, bezogen auf die übrigen Wortnetze, erweisen sich als Anweisungen, den Text zu deuten, und zwar als einen, der anzeigt, dass „der Sinn“ „hier Raum, Zeit und Bewegung“ „umgreift“. (Ebd. 15)

Damit wäre ein Interpretationsrahmen abgesteckt, der nun ausgefüllt werden könnte. Aber der Verfasser versagt es sich, „die linguistische Analyse“ „fugenlos in eine literarische Interpretation des Textes einmünden zu lassen“. (Ebd. 15) Stattdessen zieht er als Sprachwissenschaftler eine Zwischenbilanz, indem er u. a. die Wortnetze textlinguistisch als „Isotopien“ einordnet und Probleme der lexikalischen und der textuellen Semantik diskutiert. (Vgl. dazu Kap. 1.3.)

Um der auf den Leser bezogenen Sinnfrage weiter nachzugehen, fasst Weinrich den Text noch einmal als Ganzheit ins Auge. Der Titel „Japan“ erweckt Erwartungen. Vor dem Hintergrund der Erwartungen nimmt der Leser die Wörter des Textes nicht als Einzelinformationen, sondern nach bestimmten Strukturen, nach Paradigmen und Isotopien (Gruppierungen von Wörtern aufgrund ihrer Merkmalsgleichheit) auf. Vor allem aber nimmt er sie auf als Instruktionen, „als Anweisungen nämlich, die ihn veranlassen, sein Verhalten neu einzurichten". (Ebd. 18) Das betrifft zunächst die Aktivierung seiner Erinnerung und Imagination. Wenn er den Instruktionen des Textes folgt, wird er selbst mögliche Strukturen und Ordnungsgefüge bilden, die ihm ein Stück Welt bedeuten. Dabei kommt es aber nicht auf Eins-zu-Eins-Zuordnungen an, sondern darauf, dass komplexe Vorstellungsbilder entstehen, dass die Anweisungsstrukturen erkannt und aufeinander bezogen werden und dass sie sich am Ende zu einer Gesamtinstruktion zusammenfügen, die für den Leser von Relevanz ist. Nicht die Fakten und Daten einer Reise konstituieren diesen Text – so wird denn auch die durch den Titel evozierte Erwartungshaltung enttäuscht, Einzelheiten über Japan zu erfahren –, sondern das Erzählen und das Erzähltwerden als Suche nach einem Sinn. „Der Leser erfüllt die literarischen Anweisungen" im Sinne einer Verhaltensänderung schon dann, wenn er nach der Lektüre des kleinen Textes „anders über Raum und Zeit", „anders über das Reisen und Fliegen, anders über Japan, anders vielleicht auch über Vietnam denkt oder nachdenkt." (Ebd. 19f.)

So betrachtet, wird die Textlinguistik, um mit Coseriu zu sprechen, zu einer „Linguistik des Sinns" (siehe dazu Coseriu 1981, 51–153 u. das Kapitel „Text und Sinn" in Scherner 1984, 199–232), die sich in vielem mit der Rezeptionsästhetik in der Literaturwissenschaft trifft und die zur Didaktik des Textverstehens und der Textrezeption einen wichtigen Beitrag leisten kann.

1.3. Die Ebenen der Konnexion, der Referenz und der Konsequenz

Nachdem die bisherigen Überlegungen zum Textbegriff und das herangezogene Beispiel in unterschiedlicher Weise auf die Konstitution von Textualität geführt haben, sollen die textkonstituierenden Faktoren nun anhand des Drei-Ebenen-Modells von Kallmeyer u. a. (1974, 44–60) eingeordnet werden.

Deren Verständnis von Text als „Gesamtmenge der in einer kommunikativen Interaktion auftretenden kommunikativen Signale" (ebd., 45) war schon in der Einleitung angeführt worden, um als Leitlinie für den Gedankengang dieses Beitrags zu dienen. Der Begriff „Gesamtmenge kommunikativer Signale" impliziert, dass für den Rezipienten Anweisungen verschiedener Art von den Textsignalen ausgehen. Die „Anweisungsstrukturen" sprachlicher Texte lassen sich nach Kallmeyer u. a. trotz aller Vielfalt auf drei Ebenen beschreiben, auf den Ebenen der „Konsequenz", der „Referenz" und der „Konnexion". Die Konsequenzanweisungen der Texte betreffen ihre handlungsauslösende Funktion; die Referenzanweisungen beziehen sich auf die mit der Aussage gemeinte Wirklichkeit; die Konnexionsanweisungen stellen den Bezug der Textkonstituenten untereinander her. Der Rezipient muss alle drei Formen der Anweisung aufnehmen, um einen Text verstehen und kommunikativ handeln zu können.

Das sei an einem einfachen Beispiel verdeutlicht. Jemand sagt: „Hier ist die Karte". Das könnte als einzelner Satz ein vollständiger Text oder auch ein Textausschnitt sein. Entsprechend der getroffenen Unterscheidung könnten die folgenden Anweisungen gelten: „Nimm sie und trage sie zum Briefkasten!" oder „Ich habe sie dir besorgt, nun kannst du ins Theater gehen". Beides wären Konsequenzanweisungen;

andere sind denkbar. Sie ergeben sich aber nicht nur aus unterschiedlichen Situationen, sondern auch aus dem unterschiedlichen semantischen Wert von „Karte“. „Karte“ kann verschiedene Wirklichkeitsbezüge signalisieren, insofern enthält das Signal „Karte“ die jeweilige Referenzanweisung. Die Konnexion schließlich wird bei diesem Beispiel durch die Verweisform „hier“ gestiftet. „Hier“ weist entweder auf eine vorangegangene Äußerung oder auf ein nichtverbales situatives Element und wirkt auf diese Weise verknüpfend.

Es ist offensichtlich, dass die als textgrammatisch bezeichnete Forschungsrichtung der Textlinguistik auf der Beschreibungsebene der Konnexion operiert, während die Textpragmatik der Ebene der Konsequenz zuzuordnen ist. Das Japan-Beispiel ist auf alle drei Ebenen zu beziehen: Die bei Weinrich ebenfalls angeführten Hinweise zur Instruktionsleistung der Syntax betreffen die Ebene der Konnexion; die Überlegungen zur Sinnfrage beziehen sich auf die der Konsequenz; die Wortnetze als Anweisungsstrukturen auf Wirklichkeitsbezüge haben referentiellen Charakter. Aber an den Isotopien, die die dritte Ebene zwischen denen der Konnexion und der Konsequenz zu repräsentieren scheinen, wird auch der heuristische Charakter des Drei-Ebenen-Modells offenbar; denn sie verweisen nicht nur auf die Wirklichkeit, sondern ihnen kommt gleichermaßen textbildende Funktion zu.

Die Frage der Textkonstitution betrifft nicht allein die Ebene der Konnexion, wie es zunächst scheinen könnte, sie stellt sich vielmehr auf allen drei Ebenen, und zwar als Problem der Kohärenz. Bezieht man die Ebenen der Konnexion, der Referenz und der Konsequenz auf die in der Linguistik geläufige Unterscheidung von Syntax, Semantik und Pragmatik, so lässt sich die Kohärenz auf den drei Ebenen als eine syntaktische, semantische und pragmatische beschreiben. (Vgl. Plett 1975, 60ff., 86ff., 104ff. sowie Heinemann / Viehweger 1991, 26ff., 36ff., 50ff.)

Kallmeyer u. a. bringen die benannte Zuordnung in die folgende Matrix ein und

	Konnexion	Referenz	Konsequenz
Syntax	×		
Semantik	×	×	
Pragmatik	×	×	×

charakterisieren Syntax, Semantik und Pragmatik von daher wie folgt:

„– die Syntax behandelt bestimmte Fragen der Konnexion (z. B. Wortstellung)
– die Semantik behandelt bestimmte Fragen der Konnexion und der Referenz (z. B. in welcher Weise Elemente kombiniert werden müssen, damit sie Inhalte oder Sachverhalte – vorgestellte Wirklichkeit – wiedergeben können)
– die Pragmatik behandelt bestimmte Fragen der Konnexion, bestimmte Fragen der Referenz und die Fragen der Konsequenz (z. B. wie aufgrund situationeller Bedingungen zwischen Elementen eine Konnexion gestiftet, ein Referenzpotential verwirklicht und eine Konsequenz zum Ausdruck gebracht wird).“ (Kallmeyer u. a. 1974, 68f.)

Damit verdeutlicht die Matrix zugleich die Dynamik des Drei-Ebenen-Modells. Die Referenz ist an die Konnexion gebunden, die Konsequenz an Referenz und Konnexion.

1.3.1. Anweisungen auf der Ebene der Konnexion

Das Prinzip der textsyntaktischen Kohärenz ist die fortlaufende lineare Verknüpfung, dadurch, dass Elemente des Vordersatzes in den Folgesatz hinübergetragen werden. Ich will exemplarisch – und in aller Kürze – drei textlinguistische Beschreibungsansätze anführen, die zugleich didaktisch von Bedeutung sind: a) die Artikelselektion, b) die syntagmatische Substitution, c) die thematische Progression.

a) Weinrich entwickelt seine *Artikeltheorie* (Weinrich 1976 (1969)), indem er von der Feststellung ausgeht, dass der bestimmte und der unbestimmte Artikel nicht willkürlich über den Text verteilt sind, sondern dass ihnen eine spezifische textgrammatische und damit eine lesesteuernde Funktion zukommt. Die Artikel sind Signale, die die Aufmerksamkeit des Hörers / Lesers kataphorisch oder anaphorisch auf bestimmte Bereiche des Textzusammenhangs lenken. In dem Beispiel

(2) Vor einigen Tagen wurde *ein* Flugzeug nach Libyen entführt. *Die* Maschine wurde in Tripolis zur Landung gezwungen. (Plett 1975, 64)

führt der unbestimmte Artikel „ein“ eine neue Information ein; er ist vorverweisend (kataphorisch), weil alle weiteren möglichen Bezugnahmen auf „Flugzeug“ im nachfolgenden Textteil erwartet werden. Demgegenüber ist der bestimmte Artikel „die“ rückverweisend (anaphorisch), denn er setzt eine im vorhergehenden Textteil gestiftete Bekanntschaft voraus. „Der unbestimmte Artikel hat nun für den Hörer den Signalwert, seine Aufmerksamkeit auf die Nachinformation zu lenken. In Opposition dazu signalisiert der bestimmte Artikel, daß es an dieser Stelle auf die Vorinformation ankommt.“ (Weinrich 1976 (1969), 169)

Ein eindrucksvolles Beispiel für die Funktion der Artikelselektion gibt Weinrich mit dem Ende der Novelle „Die Toten schweigen“ von Arthur Schnitzler:

(3) Und während sie mit ihrem Jungen langsam durch die Tür schreitet, immer die Augen ihres Gatten auf sich gerichtet fühlend, kommt eine große Ruhe über sie, als würde vieles wieder gut ... (Ebd. 171)

Die beiden bestimmten Artikel beziehen sich, so Weinrich, auf die ganze voraufgehende Novelle und leisten so für jeden Leser ihre Aufgabe vollkommen. „Aber von Ruhe war vorher noch nicht die Rede, im Gegenteil: die ganze Novelle ist Unruhe. Nun kommt am Ende die Versöhnung, als *eine* große Ruhe, und damit beginnt für die Heldin *ein* neues Leben, das in dieser Novelle nicht mehr erzählt wird.“ Die Punkte am Schluss seien „das Äquivalent der Interpunktion für den öffnenden Signalwert des unbestimmten Artikels, der über das Ende des Textes hinauswirkt in ein offenes Nachher.“ (Ebd. 171)

Dass die textgrammatischen Untersuchungen Weinrichs hinüberleiten zur Textinterpretation, zeigen auch seine Anmerkungen zur Texttypologie und Stilistik. So sieht er eine gewisse Affinität der Textart Fabel zum bestimmten Artikel, den typischen

Märchenanfang aber durch den unbestimmten Artikel (Es war einmal *ein* ...) signalisiert. (Ebd. 172 u. 173)

b) Als grundlegende Arbeit zur *syntagmatischen Substitution* bzw. zur pronominalen Verkettung gilt Harwegs „Pronomina und Textkonstitution" (1968). (Vgl. oben) „Substitution" ist für Harweg „die Ersetzung eines sprachlichen Ausdrucks durch einen bestimmten anderen sprachlichen Ausdruck. Der erstere der beiden Ausdrücke, der ersetzte oder zu ersetzende, heißt Substituendum, der letztere, der ersetzende, Substituens." (Harweg 1979, (1968), 20) Dabei wird unterstellt, dass „irgendeine Form von Identität zwischen Substituendum und Substituens" vorliege. (Ebd.)

Ein einfaches Beispiel mag das veranschaulichen:

(4) Es war einmal ein König.
Der hatte drei Töchter.
Die Töchter (Sie) hießen ...
(Gülich / Raible 1977, 117)

Im zweiten Satz wird „ein König" aus Satz eins durch „Der" ersetzt, im dritten Satz „drei Töchter" aus Satz zwei durch „Die Töchter" oder „Sie" oder „Die drei Töchter" o. ä. „Ein König" und „drei Töchter" sind also Substituenda, „Der" und „Die Töchter" dagegen Substituentia. (Ebd.)

Was ganz elementar fortlaufende pronominale Verkettung meint, mag die folgende Gegenüberstellung verdeutlichen:

(5) Der Professor begann mit dem *Vortrag. Zuerst* grenzte er sein *Thema* ein. *Dann* nannte er Beispiele für *dessen* Aktualität. *Dabei sprach er* mit ruhiger, klarer *Stimme*, so daß wir *Zuhörer* ihn alle gut *verstehen* konnten. (Ulrich 1972, 120)

(6) Herr Doktor Müller ist Professor an der hiesigen Hochschule. Das Thema des Aufsatzes muß noch eingegrenzt werden. Geh ihm mit gutem Beispiel voran. Er sprach mit ruhiger, klarer Stimme. Kinder sind stets dankbare Zuhörer. Das verstehe ich nicht. (Ulrich 1972, 120)

Der Vergleich der Beispiele lässt schnell erkennen, dass (5) im Unterschied zu (6) seine Textqualität durch die fortlaufende Kette von Verweisen erhält, die zugleich den Sinnzusammenhang der an eine Kommunikationssituation gebundenen sprachlichen Einheit konstituieren.

c) Die textlinguistische Beschreibung der *thematischen Progression* bzw. der Thema-Rhema-Gliederung von Texten geht auf die Untersuchungen der Prager Schule zur „funktionalen Satzperspektive" zurück. Dabei wird unterschieden zwischen dem, worüber etwas gesagt wird, dem Thema, und dem, was darüber gesagt wird, dem Rhema. Die Unterscheidung betrifft also den Mitteilungswert einer Äußerung. Das Thema teilt das schon Bekannte oder Gegebene mit, das Rhema vermittelt die neue Information. „Thema" und „Rhema" korrespondieren mit den Termini „given" und „new" oder „topic" und „comment" in der englischsprachigen Forschung.

Nach Daneš, einem der Prager Funktionalisten, besteht die eigentliche thematische Struktur des Textes „in der Verkettung und Konnexität der Themen, in ihren Wechselbeziehungen und ihrer Hierarchie, in den Beziehungen zu den Textabschnitten und zum Textganzen sowie zur Situation". „Diesen ganzen Komplex von thematischen Relationen im Text" nennt er „thematische Progression". (Daneš 1970, 74; zitiert nach Gülich / Raible 1977, 75) Die Thema-Rhema-Abfolge konstituiert die Kohärenz des Textes.

Ein Beispiel für die einfache lineare Progression ist das folgende:

(7) Harald kaufte vor zwei Jahren ein neues Haus. Ein solches hatte ihm schon immer als Wunschtraum vorgeschwebt.

Das Rhema der ersten Aussage „ein neues Haus" wird also zum Thema der zweiten „ein solches".
Beim Typus des durchlaufenden Themas enthält eine Reihenfolge von Aussagen ein und dasselbe Thema, dem verschiedene rhematische Aussagen zugeordnet werden:

(8) Shakespeare gilt als Englands größter dramatischer Dichter. Er schrieb Tragödien, wie sie von englischsprachigen Autoren nie wieder erreicht wurden. Er führte die Komödie ... auf ihren Höhepunkt. Ihm gelang es, ... (usw.).

(Vgl. Plett 1975, 68)

Es wird deutlich, dass die oben am Japan-Beispiel aufgezeigte Wortnetzstruktur unter diesen Aspekten gesehen werden kann. Das heißt aber auch, dass an die Stelle des syntaktischen Phänomens der thematischen Verkettung eigentlich schon das der semantischen Kohärenz von Texten getreten ist, die durch ein ausbalanciertes Verhältnis von Bekanntem und Neuem hergestellt wird, durch eine thematische Strukturierung also, die einerseits „gezielte Anknüpfungen", „andererseits bestimmte Fortsetzungserwartungen" (Kallmeyer / Meyer-Hermann 1980, 251) und damit die „kommunikative Dynamik" eines Textes schafft (vgl. Gülich / Raible 1977, 63ff.).

Alle drei der genannten Konnexionsformen, die Artikelselektion, die pronominale Verkettung bzw. die syntagmatische Substitution sowie die thematische Progression, zunächst ganz spezielle Forschungsgebiete der Textgrammatik, haben in der Deutschdidaktik inzwischen immer mehr Bedeutung gefunden, sowohl im Bereich der Textproduktion und der Textrezeption als auch im Lernbereich der Reflexion über Sprache. Didaktisch bedeutsamer jedoch als diese syntaktischen sind die semantischen und pragmatischen Textstrukturen, die Anweisungen auf den Ebenen der Referenz und der Konsequenz.

1.3.2. Anweisungen auf der Ebene der Referenz

Es sei noch einmal die eingangs getroffene Unterscheidung zwischen Konnexionsanweisungen und Referenzanweisungen in Erinnerung gerufen. Die Anweisungen auf der Ebene der Konnexion betreffen die Relation zwischen den syntagmatischen Elementen des Textes; die Anweisungen auf der Ebene der Referenz beziehen sich auf die mit der Aussage des Textes gemeinte Wirklichkeit.

Die Frage, unter welchen Bedingungen Referenzanweisungen zustande kommen, ist eng mit Grundfragen der Semantik verknüpft. Die Lehre der traditionellen Wortsemantik beruht darauf, dass die einzelnen Wörter (Lexeme) einer Sprache den Status von Zeichen haben, und zwar so, dass sie als feste Lexikoneinheiten für fest umrissene außersprachliche Elemente im Sinne einer Eins-zu-Eins-Zuordnung stehen. „Demzufolge müßte die Referenzanweisungsstruktur eines Textes beschreibbar sein als die Summe der Referenzanweisungen seiner einzelnen Konstituenten (Wörter)." (Kallmeyer u. a. 1974, 101) Von einer grundlegend anderen Annahme geht jedoch die auf Wittgensteins „Gebrauchstheorie der Bedeutung" (vgl. Braunroth u. a.

1975, 122ff.) zurückführbare Textsemantik aus. Wittgensteins Diktum „Die Bedeutung eines Wortes ist sein Gebrauch in der Sprache“ besagt, dass das einzelne Wort seine Bedeutung nicht schon mit sich führt, sondern sie erst im jeweiligen Verwendungszusammenhang erfährt. D. h. zugleich, „dass die einzelnen Wörter einer Sprache in der Regel auf eine Vielzahl von sehr heterogenen Objekten oder Sachverhalten referentiell bezogen werden können“. (Kallmeyer u. a. 1974, 113)

Dementsprechend geht die heutige Textsemantik von der prinzipiellen Polysemie (Vieldeutigkeit) der Lexeme aus und von der Auffassung, dass isolierte Lexeme keine Referenzanweisungen enthalten, sondern lediglich bestimmte Referenzpotentiale. Erst der textuelle Vorgang der Monosemierung reduziert die lexikalische Vieldeutigkeit auf die aktuelle Bedeutung im jeweiligen Gebrauch.

Monosemierung ist die eine grundlegende Bedingung für das Zustandekommen von Referenzanweisungen, eine zweite ergibt sich aus den referentiellen Kontexten, aus dem jeweiligen Zusammenspiel von Referenzträgern. Denn aus den Überlegungen zur „textuellen Bedeutung“ von Wörtern folgt, dass sich die Anzahl der Referenzanweisungen in einem Text nicht nach der Anzahl der in ihm vorhandenen Lexeme richtet, sondern von Lexemgruppierungen abhängig ist, die auf Tatsachenzusammenhänge verweisen. Das folgende Textbeispiel, eine Zeitungsnachricht, soll das verdeutlichen:

(9) Ein Toter bei Streit zwischen Kambodschanern in Paris

Paris (AP)

Bei einer blutigen Auseinandersetzung in der Unterkunft kambodschanischer Studenten an der Pariser Universität hat es einen Toten und etwa 30 Verletzte gegeben. Nach Mitteilung der Polizei fand ein Student durch einen Kopfschuß den Tod. Augenzeugenberichten zufolge waren etwa 50 Anhänger des abgesetzten kambodschanischen Staatschefs Prinz Sihanouk in die Räume eingedrungen und hatten Anhänger der Regierung des Marschalls Lon Nol angegriffen. Die Angreifer hätten Eisenstangen, lange Messer, Pflastersteine benutzt. Die Umgebung des Studentenquartiers, das von der Polizei abgeriegelt wurde, war mit Trümmern übersät. (Süddeutsche Zeitung, 9.1.73)

(Kallmeyer u. a. 1974, 134f.)

Die Nachricht enthält sechs Referenzanweisungen, die auf mehr oder weniger eingrenzbare oder umfassende Tatsachenzusammenhänge bezogen sind. Eine ziemlich allgemeine Referenzanweisung ließe sich etwa so formulieren: „Beziehe dich auf das weithin bekannte Phänomen der politischen Unruhen.“ (Siehe für das Folgende Kallmeyer u. a. 1974, 135ff.) Eine spezifischere Anweisung wäre schon die auf die Tatsache der Studentenunruhen. Des Weiteren werden wir durch den Text auf bestimmte Verhältnisse in dem Staat Kambodscha verwiesen. Es sind außerdem zu nennen der Verweis auf das Phänomen einer bewaffneten Auseinandersetzung, die Spezifikation, dass Menschen bei den Unruhen zu Schaden gekommen sind, und schließlich die Information, dass die Ereignisse in Paris zu lokalisieren sind.

Nicht die Summe aller einzelnen Lexeme des Textes steuert die Referenz, sondern diese komplexen Verweise stellen den Wirklichkeitsbezug her. Wer die Nachricht verstehen, ihren referentiellen Anforderungen gerecht werden will, muss nicht eine Fülle punktueller Zuordnungen vornehmen, aber er muss Vorwissen um die Tatsachenzusammenhänge mitbringen. Er muss die den Referenzanweisungen zugehörigen „Referenzgeschichten“ kennen. Das Beispiel lässt schnell deutlich werden, dass diese „Geschichten“ zum Teil umfangreich und komplex sind. Der Rezipient muss ein verhältnismäßig großes Vorwissen haben, um eine verhältnismäßig „kleine“ Nachricht aufnehmen zu können. Unter „Geschichte“ im referentiellen Zusammenhang versteht Schmidt (1971) „den Fundierungs- und Vorkommensrahmen für alles, was Gegenstand menschlicher Erfahrung sein kann“. (Kallmeyer u.a. 1974, 140) Sprachliche Elemente wie außersprachliche Sachverhalte sind nach Schmidt nur erkennbar und verstehbar, wenn man ihre Geschichten kennt; sie sind in Geschichten aufeinander bezogen. (Vgl. Schmidt 1971, 38f.) Referenzgeschichten sind demnach als „Wirklichkeitsmodelle“ beschreibbar, Referenzanweisungen als Relationen zwischen „einer sprachlichen Äußerung“ „und den Komponenten unseres Wirklichkeitsmodells.“ (Kallmeyer u. a. 1974, 139)

Dass es nicht einzelne Lexeme sind, die auf ein Wirklichkeitsmodell verweisen, sondern Lexemgruppierungen, die sich durch gemeinsame, wiederkehrende Merkmale auszeichnen, führt auf das Phänomen der Rekurrenz als strukturbildendes Moment von Texten. „Die jeweils über ein dominantes und damit rekurrentes Merkmal verbundenen Lexeme eines Textes“ bezeichnen Kallmeyer u. a. in Anlehnung an Greimas nun als „Isotopieebenen“. Damit sei ein geeignetes Instrument für die Beschreibung der „semantischen Tektonik“ von Texten gewonnen. Ein Text lasse sich „semantisch als ein Gefüge von 1 bis n Isotopieebenen definieren“. (Ebd. 147) Das heißt aber auch: Isotopien der Texte als deren konstitutive Referenzträger sind gleichzeitig die Bedingung für ihre semantische Kohärenz, die die syntaktische überlagern und dominieren kann.

Auf einem anderen Weg, über die „Makrostrukturen“, in denen größere Einheiten des Textes – über die Konnexion der Einzelsätze hinaus – und globale Bedeutungsstrukturen repräsentiert sind, gelangt van Dijk zur semantischen Kohärenz der Texte. (1980, 41ff.)

Im Nachrichtentext (Beispiel 9) konstituieren die ermittelten Lexemgruppen eine spezifizierende und monosemierende Isotopieebene. Die prinzipielle Funktion der Spezifikation und der Monosemierung durch Isotopien ist aber nicht bei allen Vertextungen gegeben. Im folgenden Textstück z. B.

(10) Der Fremde hatte einen langen Gang vor sich. Er wußte nicht, ob ihn dieser zu seinem Ziel führen würde.

erfährt das Lexem „Gang“ keine vollständige Monosemierung. (Kallmeyer u.a. 1974, 155) Texte dieser Art, „komplexe Isotopien“, sind gleichsam offen für mehrere Lesarten. Im Prinzip der bewussten polyfunktionalen Vertextung nun erblickt Schmidt ein wesentliches Kriterium für die Beurteilung ästhetischer Texte. Er geht davon aus, „daß nur komplexe mehrdeutige Texte eine ästhetische Struktur haben können“. (Schmidt 1971, 23; zitiert nach Kallmeyer u. a. 1974, 159) Die nach Sinndeutung verlangenden Wortnetze des Japan-Beispiels lassen sich genauer als polyfunktionale komplexe Isotopien beschreiben.

1.3.3. Anweisungen auf der Ebene der Konsequenz

Wir hatten gesagt, dass die Konsequenzanweisungen der Texte ihre handlungsauslösende Funktion betreffen. Das wird an der Äußerung „Hier ist die Karte", die auf direktes praktisches Handeln zielt, unmittelbar einsichtig. Der textpragmatische Ansatz postuliert jedoch die prinzipielle Gültigkeit der Konsequenzanweisung. Denn textpragmatisch gesehen, ist Text „kein systemimmanentes Strukturgebilde, sondern eine kommunikative Funktionseinheit" (Plett 1975, 82) oder, wie Schmidt formuliert, „der sprachliche Bestandteil eines kommunikativen Handlungsspiels" (siehe oben).

Nach Plett „existieren in pragmatischer Hinsicht zwei Texte: der Text als irgendwie verfaßter und als irgendwie aufgefaßter" (ebd. 80), was wiederum der Schmidtschen Unterscheidung zwischen „Textformular" und „Text-in-Funktion" entspricht. (Vgl. Kap. 1.1.) Wesentlich für die eine Seite der pragmatischen Konstitution von Textualität ist, dass jeweils eine bestimmte illokutive Strategie vorherrscht und Einzelintentionen unter sich subsumiert. (Vgl. ebd. 84) Diese dominante, intentional gerichtete Strategie ist gleichsam von der Textseite her die Bedingung für pragmatische Kohärenz. Wird der Text andererseits als „irgendwie aufgefaßter" begriffen, so ist er auch jederzeit offen für neue Konkretisationen. Das heißt aber, der Rezipient ist gefordert, die jeweilige aktuelle Konkretisation herzustellen. Seine Rezeptionsaktivität wird zur Bedingung für Textkohärenz.

Ausführlich erörtert Scherner die Frage, ob Kohärenz „als Texteigenschaft oder als Rezipientenleistung" zu betrachten sei (1984, 144ff.), indem er sie auf die für seine „Theorie des Textverstehens" basale Kategorie des „Horizonts" bezieht: Ihr Wirksamwerden (der Kategorie des Horizonts) habe „zur Konsequenz, daß der Textzusammenhang nicht ausschließlich als von im Text selbst formulierten bzw. textualisierten sprachlichen Mitteln abhängig begriffen werden kann, sondern daß die Kommunikationsbeteiligten mit ihrem 'Horizont' als wichtige Instanzen für die Herstellung der Kohärenz mit in Anschlag zu bringen sind." (Ebd. 147)

„Horizont" meint bei Scherner die kognitiven Voraussetzungen des Verstehens, die potentielle wie die aktuelle Sinnerwartung des Rezipienten, das Vorhandensein, um mit Schmidt zu sprechen, von „Referenzgeschichten", auf die der „verfaßte Text" (Plett) bezogen wird. Die Rezeptionseinheit Text wird also erst gestiftet durch außertextliche, rezipientenbezogene Bedingungen, durch ein irgendwie geartetes Dazutun, durch „Ergänzungen". Plett unterscheidet zwei Typen von kohärenzbildenden Ergänzungen. Der erste Typus beruht auf den Implikationen, die der Text selbst mit sich führt, beim Japan-Beispiel die Instruktionen, Wortnetze zu identifizieren und aufeinander zu beziehen. Der zweite Typus beruht auf außertextlichen Faktoren, dem situativen Kontext, auf „Präsuppositionen" (Plett 1975, 89) – nach Scherner also auf den Bedingungen des „Horizonts", nach Schmidt auf der „komplexen Voraussetzungssituation" (1973, 104ff.) bzw. auf den außersprachlichen Bestandteilen des „kommunikativen Handlungsspiels" (siehe oben).

Dem Präsuppositionsbegriff muss hinsichtlich der Konsequenzanweisungen von

Texten eine zentrale Rolle zugeschrieben werden. Präsuppositionen nennt Schmidt „alle Arten von impliziten (mitbehaupteten) Voraussetzungen, die von Sprechern gemacht werden, wenn sie einen Kommunikationsakt illokutiv erfolgreich durchführen (wollen).“ (1973, 102) Beim Beispiel „Hier ist die Karte“ könnte unterstellt bzw. mitbehauptet sein: „Du wolltest sie doch haben. Ich habe sie dir schnell besorgt. Ist auf mich nicht immer Verlass?“ usw. Der Angesprochene wird seinerseits die implizierten Voraussetzungen auffüllen müssen. Es liegt auf der Hand, dass Sender und Empfänger bis zu einem gewissen Grade über ein gemeinsames Potential von Präsuppositionen verfügen müssen, damit der Kommunikationsakt glückt. Andererseits sind differierende Annahmen über Präsuppositionen und Differenzen der Dekodierung jedoch als der Regelfall zu betrachten; nur so erhalten Texte ihre Offenheit für Konkretisationen. Das muss wieder in besonderer Weise für literarische Texte angenommen werden. Der Leser hat – aufgrund seiner Präsuppositionen – „Leerstellen“ (Iser) zu ergänzen und schafft dadurch erst eine kohärente Textfolge. Die Variabilität möglicher Interpretationen bringt notwendigerweise „voneinander abweichende Kohärenzen und Texte“ hervor (Plett 1975, 91).

Die Erörterung der zentralen Bedeutung von Präsuppositionen für Textbildung und Textkohärenz führt Plett auf den unmittelbaren Zusammenhang von Textpragmatik und Textsemantik. Textpragmatik könne nicht ohne Textsemantik auskommen – aber auch das umgekehrte Bedingungsverhältnis gilt –, „da die Präsuppositionen wie auch der gesamte Akt der Textkommunikation Kenntnisse über die ‘außersprachliche Wirklichkeit’, d. h. Referenzobjekte, voraussetzen.“ (Plett 1975, 91) Es sind also die Ebenen der Konsequenz und der Referenz in einem unmittelbaren Zusammenhang und einem wechselseitigen Bedingungsverhältnis zu sehen. Konsequenz- wie Referenzanweisungen werden wiederum gesteuert durch die Anweisungen auf der Ebene der Konnexion.

Die je spezifische Relation, in der die Ebenen der Referenz und die der Konsequenz zueinander stehen, ist Bedingung für die unterschiedlichen Dimensionen der Konsequenzanweisungen. (Siehe Kap. 3.3.)

2. Zur Forschungslage der Textlinguistik

Die Ausführungen zu den Anweisungsstrukturen sprachlicher Texte haben die Grundzüge der textlinguistischen Forschungslage schon mit abgebildet. Hier sollen sie noch einmal mit einigen Akzentuierungen und erweiternden Zuordnungen auf einen Nenner gebracht, sodann in zwei spezifizierende Richtungen weiterverfolgt werden, die der Typologie der Texte sowie des Verhältnisses von Textlinguistik und Literaturwissenschaft.

2.1. Textgrammatik und/oder Textpragmatik

Die Vielfalt der Konzepte und Entwicklungslinien zur Textlinguistik hat unterschiedliche und differenzierte Einteilungsversuche hervorgebracht, siehe etwa Kalverkämper (1981), Sowinski (1983), die tabellarische Übersicht bei Scherner (1984, 10f.), Heinemann / Viehweger (1991). Diesem Beitrag liegt, wie eingangs schon gesagt, die Einschätzung zugrunde, dass sich die Vielfalt textlinguistischer Konzepte auf die beiden Grundrichtungen der Textgrammatik und der Textpragmatik zurückführen lässt, die als rein deskriptive oder funktional orientierte Disziplinen einander gegenüber stehen oder sich miteinander verbinden.

Im Rückblick auf das 1. Kapitel – ich verzichte ganz und gar auf Vollständigkeit – können die folgenden Zuordnungen vorgenommen werden: Zur Textgrammatik bzw. zur transphrastischen Grammatik zählen Weinrichs Theorie der Artikelselektion, Harwegs Konzept der pronominalen Substitution, die Beschreibungen der thematischen Progression nach Daneš, die auf Greimas zurückgehenden Konzepte der Isotopien sprachlicher Texte, van Dijks Lehre von den Makrostrukturen. Zur Textpragmatik bzw. zur kommunikationsorientierten Textlinguistik sind zu rechnen die Texttheorie Schmidts und das Konzept einer allgemeinen Textwissenschaft van Dijks (van Dijk 1980), Weinrichs Programm einer Instruktionslinguistik sowie das Drei-Ebenen-Modell von Kallmeyer u. a.

Aus der Auflistung ist ersichtlich, dass die Beschreibungsmodelle, die sich auf die Ebenen der Konnexion und der Referenz beziehen, die also die syntaktische und die semantische Kohärenz sprachlicher Texte betreffen, unter dem textgrammatischen Aspekt zusammengefasst sind, während Konzepte, die primär auf die Ebene der Konsequenz zielen, als textpragmatisch bezeichnet werden. Eine ähnliche Zuordnung nimmt Kalverkämper vor, der in einem Kapitel „Textgrammatik" (1981, 37–68) u. a. Textsemantik, Textmorphologie und Textsyntax behandelt und dem ein Kapitel „Text-in-Funktion / Text und Kommunikationssituation" (1981, 69–94) gegenüber stellt. Die Auflistung macht aber auch deutlich, dass Beschreibungsansätze bzw. Namen auf beiden Seiten auftreten, was sich zwangsläufig aus der doppelten Funktion der semantischen Anweisungsstrukturen ergibt, die sich einmal auf das „Textformular", zum anderen als Referenzinstruktionen auf den „Text-in-Funktion" beziehen.

Mit der Etablierung der Textlinguistik als eigenständiger Disziplin in den 60er Jahren, wofür zunächst die Namen Hartmann, Weinrich und Harweg stehen, vollzog sich ein Paradigmenwechsel in der Sprachwissenschaft von entscheidender Bedeutung. Die Programmatik im deutschsprachigen Raum formulierte Peter Hartmann, indem er von der grundlegenden These ausging „Das primäre sprachliche Zeichen ist der Text", das heißt von der Beobachtung, dass sich Kommunikation „nur in Texten, nicht in Worten, auch nicht in Sätzen, sondern höchstens mit Sätzen aus Worten in Texten" vollzieht. (Hartmann 1968, 212f.; zitiert nach Kalverkämper 1981, 16f.) Daraus ergibt sich mit Notwendigkeit, dass an die Stelle bisheriger Sprachwissenschaft, deren Gegenstand ausschließlich das syntaktische Sprachsystem und damit eine Abstraktion aus der sprachlichen Realität ist, eine „objektadäquate Linguistik" treten muss, die Sprache als „verwendete Sprache", d. h. als Realisation im Text untersucht. (Hartmann 1978 (1968), 99ff.)

Mitte der 70er Jahre fasst Schmidt „die Forschungsentwicklung der Linguistik im letzten Jahrzehnt" schlagwortartig so zusammen: „Von der Satzgrammatik über die Textgrammatik zur Sprechaktgrammatik (Schmidt 1974, 31), d. h. zu einer „kommunikationsorientierten Linguistik", für die er zur Unterscheidung von der formalen Textgrammatik die Bezeichnung „Texttheorie" vorschlägt. Zwei Gründe sieht er für die Weiterentwicklung der bisherigen Systemgrammatik zu einer pragmatischen Textlinguistik: „innerlinguistische", denn syntaktische Fragestellungen weisen über sich selbst hinaus und werden erst im übersatzmäßigen Kontext beantwortbar; „außerlinguistische", denn handlungstheoretische, soziolinguistische, pädagogische und sprachdidaktische Fragestellungen werden an die Sprachwissenschaft herangetragen und fordern sie zu einer pragmatischen Umorientierung heraus. Aus diesem Befund ergeben sich für Schmidt die Postulate: Die auf den „Text als primäres sprachliches Zeichen" (Hartmann) gerichtete Linguistik müsse weiterentwickelt werden. (Ebd. 32) Bezüglich ihrer Fundierungsleistungen seien die linguistischen Teilforschungsbereiche in dieser Reihenfolge zu sehen: „Kommunikationstheorie → Texttheorie → Textsemantik → Textgrammatik", wobei jede Teiltheorie danach beurteilt und ausgewählt werden müsse, „welche Ergebnisse sie für Probleme auf der nächsthöheren Theorieebene im gesamten Forschungsprogramm liefert". (Ebd. 33)

Dieses weit gefasste texttheoretische Programm hat zur Folge, dass inzwischen aber auch eine, wenn man so will, gegenläufige Bewegung in der Textlinguistik zu konstatieren ist: nämlich von einer allgemeinen Texttheorie zu einer Konkretisierung bzw. zur Integration des textpragmatischen und des textgrammatischen Ansatzes. Ein solches integratives Konzept ist, indem es die Textgrammatik mit einbezieht, das Drei-Ebenen-Modell von Kallmeyer u. a.

Gülich und Raible (1977) unterscheiden je nach der Perspektive, aus der sich Texte im Kommunikationszusammenhang betrachten lassen, zwischen „textinternen" und „textexternen Kriterien". Wählt man als Ausgangspunkt der Betrachtung den Text selbst – mit Schmidt gesprochen das „Textformular" –, so rücken die textinternen Faktoren in den Blick, nämlich die syntaktischen und semantischen Relationen. Die textexternen Faktoren erscheinen, wenn aus der Außensicht „die Beziehungen des Textes zu den restlichen Faktoren des Kommunikationsmodells" in Augenschein genommen werden. Weil die beiden Betrachtungsweisen als komplementär zu begreifen sind, müssen sowohl interne wie externe Kriterien in die Definition von Text eingehen. „Ein Text wäre danach, textintern gesehen, ein komplexes sprachliches Zeichen, das nach den Regeln des Sprachsystems (Langue) gebildet ist. Textextern gesehen wäre ein Text dann gleichbedeutend mit 'Kommunikationsakt' " (ebd. 47) – wiederum mit Schmidt gesprochen, gleichbedeutend mit „Text-in-Funktion". Geht man davon aus, dass die Textkriterien nicht nur Text-Manifestationen darstellen, sondern auch auf Tiefenstrukturen verweisen, so ergibt sich, schematisch dargestellt, für das integrative Textmodell von Gülich und Raible das folgende Bild:

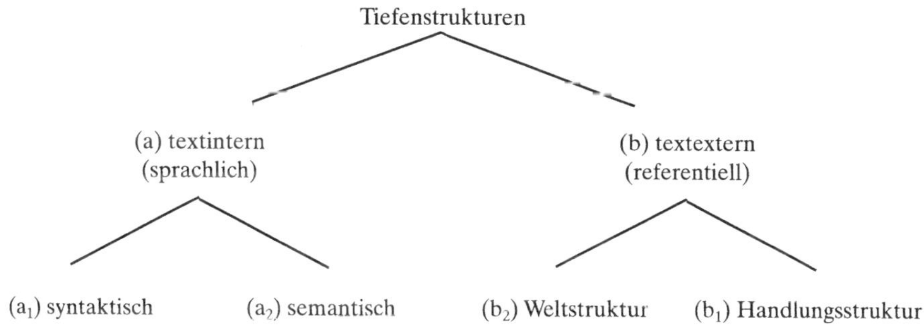

(ebd. 56)

Geradezu als „eine neue Trendwende“ in der Textlinguistik verstehen Heinemann und Viehweger den „prozeduralen Ansatz“ von de Beaugrande und Dressler (Heinemann / Viehweger 1991, 66f. u. 74ff.). De Beaugrande und Dressler definieren Text als „kommunikative Okkurenz“, die sieben Kriterien der Textualität erfüllt, zum einen Kohäsion und Kohärenz, zum anderen Intentionalität, Akzeptabilität, Informativität und Situationalität, dazu schließlich die Intertextualität, die sich auf Textsorten und Textformen bezieht. Die Autoren sehen den eigenen Ansatz als „Ergebnis kontinuierlicher Entwicklung“ (1981, 31), nämlich von der Satzgrammatik über die Textgrammatik zur „prozeduralen“ Textlinguistik, einem Konzept, das sie im Hinblick auf „Textverarbeitung“, auf „Phasen der Textproduktion“ und „Phasen der Textrezeption“ (ebd. 32–49) entwickeln.

„Die Belange der Pragmatik“ sehen de Beaugrande / Dressler eingebracht „bei der Erforschung der Einstellung des Textproduzenten (‚Intentionalität'), des Rezipienten (‚Akzeptabilität') (Textualität ist erfüllt, wenn der Rezipient ein Sprachvorkommen, auch wenn es formal defizient sein sollte, als Text anerkennt) und des kommunikativen Rahmens (‚Situationalität')“. (Ebd. 32)

Die „Informativität“, der im prozeduralen Ansatz keine geringe Bedeutung zukommt und die den Referenzanweisungen des Drei-Ebenen-Modells entspricht, gerät bei den Zuordnungen bezeichnenderweise zwischen die Fronten.

So kommt es nicht von ungefähr, dass gerade auf dieser mittleren und vermittelnden Ebene Konzepte wie die von Coseriu und Scherner basieren. Coseriu entwickelt eine Textlinguistik als „Linguistik des Sinns“ (1981, 51–153), die er als die eigentliche von der Textlinguistik als „Transphrastische Grammatik“ abhebt (ebd. 154–176) und die für ihn mit der Hermeneutik zusammenfällt: „Die Textlinguistik in dem Verständnis, das ich ... hier nahebringen möchte, ist nämlich nichts anderes als Hermeneutik, und die Theorie dieser Textlinguistik ist nichts anderes als die Theorie der Hermeneutik, der Interpretation“ (ebd. 35). In eine vergleichbare Richtung zielt Scherners weit ausgreifendes – ursprünglich von didaktischen Fragestellungen ausgehendes – Konzept einer „Theorie des Textverstehens“, mit dem er den „inzwischen eingetretenen Forschungspartikularismus wieder“ auf ein „umfassendes Verständnis von ‘Textlinguistik'“ zurückführen will. (Scherner 1984, 14)

Die aufgezeigten Bewegungsrichtungen verdeutlichen die Tendenz, die ursprünglich oppositionelle Konstellation Textgrammatik versus Textpragmatik zugunsten integrativer Konzepte der Textlinguistik zu überwinden. Der „prozedurale Ansatz" von de Beaugrande und Dressler hat darüber hinaus nicht nur zur expliziten Erweiterung textlinguistischer Fragestellungen im Hinblick auf Textproduktion und Textinterpretation geführt (siehe Heinemann / Viehweger 1991, 86–124 u. 209–273), sondern konsequenterweise auch zur Didaktisierung dieser Fragestellungen (siehe ebd. 278ff.).

2.2. Typologie der Texte

Das Bemühen um eine Typologie der Texte, Strukturmerkmale und Funktionen von Textsorten zu erfassen, ist ein aus der Gattungspoetik wie aus der Rhetorik bekanntes Phänomen, das neuerdings bei der Beschäftigung mit Gebrauchstexten wiederum an Bedeutung gewinnt. Textlinguistisch gesehen stellt die Forderung nach einer Typologie der Texte eine Konsequenz dar, die sich unmittelbar aus der grundlegenden Frage nach der Textualität ergibt. Wenn Text als „Text-in-Funktion" verstanden werden muss, dann realisiert er sich je nach dem kommunikativen Zusammenhang, in dem er steht, d. h. in spezifischen und typischen Ausformungen, in verwendungsbezogenen Textsorten oder Textarten. Funktionen und Merkmale von Textsorten erweisen sich über die allgemein beschreibbaren „textinternen" und „textexternen" Kriterien (Gülich / Raible) hinaus als Bedingungen für die Kohärenz von Texten, textuelle Makrostrukturen als „textsortenspezifisch". (Gülich / Raible 1975, 160)

Frier unterscheidet bei der Erörterung des Textsortenproblems „unter linguistischen Aspekten" klassifikatorische (Frier 1979, 24ff.) und heuristische Ansätze (ebd. 33ff.). Ich folge dieser Einteilung mit einigen Umakzentuierungen, beginne aber mit zwei Konzepten, die die Frage nach der Typologie der Texte unmittelbar aus der Thematik der Kohärenz ableiten.

Das eine ist das von *de Beaugrande und Dressler.* Sie tragen dem Sachverhalt, dass Struktur und Funktion von Textsorten die Textkohärenz bedingen, dadurch Rechnung, dass sie die „Intertextualität" in den Katalog ihrer sieben Kriterien mit aufnehmen, denn erst alle Kriterien zusammen schaffen die Bedingung für Textualität. „Intertextualität" „betrifft die Faktoren, welche die Verwendung eines Textes von der Kenntnis eines oder mehrerer vorher aufgenommener Texte abhängig macht." (1981, 12f.) Das wiederholte Vorkommen dieser Faktoren erzeugt die für Textsorten konstitutiven Strukturen. So werde z. B. die Forderung nach Kohäsion und Kohärenz in der Konversation weniger streng gehandhabt, während sie in wissenschaftlichen Texten in hohem Maß erfüllt wird, in poetischen Texten wiederum „kann die Kohäsion (sogar) nach nicht-konventionellen Prinzipien zeitweise reorganisiert werden." (Ebd. 190) Im Hinblick auf ihre Funktion lassen sich z. B. „deskriptive", „narrative" und „argumentative" Texte unterscheiden: deskriptive dienen der Auffüllung von Wissensräumen, narrative sind von Handlungen und Ereignissen bestimmt, argumentative zielen auf Bewertung und Überzeugung. (Ebd. 190) De Beaugrande / Dressler bleiben vorsichtig, was die definitive Unterscheidungsmöglichkeit von Textsorten betrifft. Sie betonen aber ihren heuristischen Wert „für die Produktion, Vorhersage und Verarbeitung von textuellen Erscheinungen.“ (Ebd. 193)

Bei *van Dijk* ist es das auf der Ebene der Referenz angesiedelte Konzept der Makrostrukturen, das sich zur Texttypologie ausweitet. Während sich also die semantischen Makrostrukturen auf die Bedeutung *eines* Textes beziehen, bilden „Superstrukturen“ in verschiedenen Textvorkommen wiederkehrende Schemata ab (van Dijk 1980, 128–159). Van Dijk beschreibt sie in Form von Baumdiagrammen und illustriert sein Vorgehen – eine Parallele zu de Beaugrande / Dressler – am Beispiel „narrativer Strukturen“, „argumentativer Strukturen“ und der „wissenschaftlichen Abhandlung“.

In wie weitem Maße die Forschung zur Typologie der Texte von der Bestimmung der Regelhaftigkeit und der systematischen Erfassung des Textvorkommens geleitet ist, zeigt die Fülle der *klassifikatorischen Ansätze*. (Vgl. Kalverkämper 1981, 104ff. u. Frier 1979, 24ff.) Sie vermitteln zugleich ein eindrucksvolles Bild von der Schwierigkeit dieses Unternehmens. Es seien hier zwei Konzepte vorgestellt, die exemplarisch für einen formal und einen funktional angelegten Klassifizierungsansatz stehen.

Anlässlich eines Colloquiums, das an der Universität Bielefeld unter dem Titel „Differenzierungskriterien für Textsorten aus der Sicht der Linguistik und einzelner Textwissenschaften“ stattfand (Vorlagen u. Diskussionsbeiträge in Gülich / Raible 1972), macht Barbara Sandig einen „Vorschlag zur Abgrenzung von Textsorten mittels Merkmalsoppositionen“ (Sandig 1972, 114ff.). Aufgrund dreier Merkmalspaare, nämlich „gesprochen“ (+gesp) gegenüber „geschrieben“ (–gesp), „spontan“ (+spon) gegenüber „nicht spontan (–spon) und „monologisch“ (+mono) gegenüber „dialogisch“ (–mono), die sie, aus den „Gegebenheiten der Kommunikation“ abgeleitet, miteinander kombiniert, ergeben sich acht Klassifikationsreihen, z.B.

(+mono), (+gesp), (–spon): Vorlesung, öffentliche Rede, Rundfunknachricht, Predigt …
(–mono), (+gesp), (+spon): familiäres Gespräch, Telefongespräch, Frage um Auskunft auf der Straße …
(+mono), (–gesp), (–spon): offizieller Brief, Wissenschaftstext, Kochrezept, Zeitungstext, Wetterbericht …
(Ebd. 114f.)

Es wird sofort ersichtlich, wie disparat die Zuordnungen bei einem derart formalen Vorgehen ausfallen müssen. Sandig selbst stellt sich angesichts der vorläufigen Ergebnisse die Frage, „ob es sinnvoll erscheint, solche Merkmalskombinationen überhaupt zu erstellen“ (ebd. 119); und in der Diskussion erfolgt der grundsätzliche Einwand, „daß wir nicht zur Differenzierung von Textsorten kommen können, solange die Frage der Textfunktionen nicht beantwortet ist“ (Coseriu in Gülich / Raible 1972, 139).

Funktional konzipiert ist Werlichs überzeugende und didaktisch interessante „Typologie der Texte“ (1975). Werlich geht von den grundlegenden Äußerungsmöglichkeiten eines Sprechers aus, von Grundmustern der Äußerung, die er als „thematische Textbasen“ identifiziert (ebd. 30ff.).

Den elementaren Äußerungsmustern entsprechend unterscheidet er sodann zwischen deskriptiven, narrativen, expositorischen, argumentativen und instruktiven „Texttypen", von denen er annimmt, dass sie nicht nur „mit den versprachlichten Gegenständen und Sachverhalten der Außenwelt korrelieren, sondern auch mit angeborenen Kategorisierungsprozessen der menschlichen Erkenntnis bzw. des menschlichen Denkens." (Ebd. 40) So erfährt seine Typologie der Texte zugleich eine referentiell-funktionale wie eine kognitiv-anthropologische Begründung.

Es zeigt sich, dass dieser typologische Ansatz trägt. Die „Texttypen" lassen sich konsequent ausgliedern in „Textformen" bzw. „Textformvarianten", die Endstufe der Ausdifferenzierung ist das individuelle „Textexemplar". Je nach der Sprecherperspektive stellen sich die fünf Texttypen in subjektiver oder objektiver Präsentation dar (siehe Schaubild ebd. 71); die subjektive Variante der „Narration" z. B. als „Erzählung, Geschichte", die objektive als „Bericht". „Textformvarianten" wiederum der subjektiven Narration sind etwa „Märchen", „Novelle", „Roman" (im fiktionalen Bereich), „Geschichte", „Biographie" (im nicht-fiktionalen). Dass die Trennung von subjektiv und objektiv bei den narrativen Textvorkommen *nicht* gleichbedeutend ist mit fiktional und nicht-fiktional, scheint mir für eine allgemeine Typologie der Texte ebenso wichtig zu sein wie der Hinweis auf „gemischte Textformvarianten" – so enthält die „Reportage" z. B. subjektive Deskription, Narration und Argumentation.

Heuristische Ansätze der Textsortenbeschreibung richten sich auf die Struktur einzelner Textarten oder Textartengruppen und fragen nach ihrer Intention und Wirkung. Konnte bei den klassifikatorischen Konzepten zwischen formalen und funktionalen unterschieden werden, so müssen hier systematisch orientierte und pragmatisch orientierte voneinander abgehoben werden.

Systematisierend verfahren sowohl Gülich und Raible (1975), die in einem längeren Beitrag zur Textsortenproblematik eine vergleichende Gegenüberstellung einer Novelle und eines Gerichtsurteils vornehmen, wie auch Frier – trotz seines Anspruchs auf eine pragmatische Beschreibung –, wenn er „Interview", „Prüfung" und „Verhör" miteinander in Beziehung setzt (Frier 1979). Beide Male geht es primär um die textsortenspezifische Festschreibung von Merkmalen, die über den Vergleich greifbar erscheinen, weniger jedoch um die pragmatischen Funktionen.

Die stehen in der Tat bei Straßners – auf der „Texttheorie" und dem „Texterzeugungsmodell" von Schmidt (1973, 162 ff.) fußenden – Beschreibung der „Produktions- und Rezeptionsprobleme bei Nachrichtentexten" (Straßner 1975) im Vordergrund, der hier als Beispiel für ein pragmatisch orientiertes heuristisches Konzept genannt sei. Aufgabe einer pragmatisch orientierten Texttypologie sollte es sein, in dieser Richtung, die auch für die Didaktik am ergiebigsten ist, weiterzuarbeiten. (Zur didaktischen Umsetzung der Arbeit von Straßner siehe den Beitrag „Nachricht und Kommentar" in diesem Buch.)

Die Gesamttendenz texttypologischer Arbeiten ist am besten gekennzeichnet durch die konträren Positionen von Kalverkämper, der statt der Vereinzelung texttypologischer Forschung eine übergreifende „Hierarchisierung" fordert (Kalverkämper

1981, 111), und Frier, dem es im Sinne einer pragmatischen Typologie gerade auf die heuristische Erfassung einzelner Textsorten ankommt (Frier 1979).

2.3. Textlinguistik und Literaturwissenschaft

2.3.1. Relationen

Der gemeinsame Forschungsgegenstand „Text" muss zwangsläufig zu Berührungen zwischen Literaturwissenschaft und Textlinguistik führen. Die weitreichendste Konsequenz aus der methodologischen Annäherung der beiden Disziplinen stellen die übergreifenden Konzepte einer allgemeinen „Textwissenschaft" oder einer „Texttheorie" dar. (Etwa Schmidt 1973; Plett 1975; van Dijk 1980) Das „neue gemeinsame Selbstverständnis" von Literaturwissenschaft und Linguistik ist wohl den russischen Formalisten und speziell Roman Jakobson zu verdanken (vgl. Kalverkämper 1981, 96), wie er es in der berühmt gewordenen Schrift „Linguistik und Poetik" (1960) als „Summe seiner Theorie der Poesie" formulierte (siehe Jakobson 1979, 83–191).

Wenn einerseits gilt, dass sich linguistische und literaturwissenschaftliche Methoden über der Arbeit am Text durchdringen, so ist es nicht weniger wichtig, die unterschiedliche genuine Zuwendung im Blick zu behalten. Während die Textlinguistik in ihrer Grundtendenz generalisierend verfährt, indem sie der Frage der Textualität des Textes nachgeht, lassen sich literaturwissenschaftliche Verfahren, weil sie sich originär auf die Hermeneutik des Textverstehens richten, als individualisierend bezeichnen. Im jeweiligen Zusammenspiel wird Textlinguistik als Textgrammatik in einem untergeordneten Verhältnis zur Literaturwissenschaft stehen, insofern sie ihr Analysekriterien verfügbar macht. Textlinguistik als Textpragmatik dagegen wäre der Literaturwissenschaft im Sinne einer allgemeinen Texttheorie übergeordnet.

Unter den Aspekten „grammatisch" bzw. „strukturell" auf der einen und „pragmatisch" auf der anderen Seite lassen sich auch die Grundzüge der Annäherung zwischen Textlinguistik und Literaturwissenschaft erfassen.

Mit der textgrammatisch orientierten Textlinguistik korrespondiert eine strukturale bzw. formale Literaturwissenschaft. Die Ausführungen im 1. Kapitel ließen erkennen, dass textgrammatische Ansätze, die auf die Regelhaftigkeit der Textkonstitutionen zielen, immer wieder in den Grenzbereich des Interpretierens geraten, vor die Aussage des individuellen Textes gestellt sind. Ein Beispiel für die umgekehrte Bewegungsrichtung liefert der „Formalismus in der deutschen Literaturwissenschaft" (vgl. Bleckwenn 1976, 43ff.); die Strukturbeschreibungen der sog. „werkimmanenten Interpretation", für die die Namen Kayser und Staiger stehen, tendieren – als Strukturbeschreibungen – über das Einzelwerk hinaus und liefern die Grundlage z. B. für die übergreifenden Untersuchungen zum Zeitgerüst des Erzählens in der Günther-Müller-Schule wie für die konsequente Entfaltung einer Systematik der „Bauformen des Erzählens" bei Lämmert (1955).

Das Korrespondenzverhältnis auf der pragmatischen Ebene wurde in den Kapiteln 1.2. u. 1.3.3. schon angesprochen. Die Konsequenzanweisungen als Aufforderung an den Leser zur „Konkretisation" von Texten, ein Begriff, der auf Roman Ingarden zurückgeht (vgl. Ingarden 1975), verweist auf den unmittelbaren Zusammenhang von pragmatisch orientierter Textlinguistik und literaturwissenschaftlicher Rezeptionsästhetik (Jauß, Iser, Warning).

2.3.2. Typologische Aspekte

An zwei Stellen betreffen typologische Aspekte die Relation von Textlinguistik und Literaturwissenschaft, bei der prinzipiellen Fragestellung, was ästhetische Texte von nichtästhetischen unterscheidet, und wenn es um die strukturelle Erfassung bestimmter Textarten geht.

Die Frage nach der Textualität ästhetischer Texte hat aus linguistischer Sicht am nachhaltigsten Schmidt gestellt, indem er vom Prinzip der bewussten „Polyfunktionalität" ausgeht, von der Annahme, „daß nur komplexe mehrdeutige Texte eine ästhetische Struktur haben können". Mit dem Begriff der „Polyfunktionalität" auf der Seite der Vertextung korrespondiert der der „Polyvalenz" für die Textwirkungs- oder Rezipientenseite. (Vgl. Kap. 1.3.2. u. Schmidt 1978, 265) Eine andere zentrale Kategorie für die Bestimmung von „Literarität" oder „Poetizität" ist in der Textlinguistik wie der linguistischen Poetik die der „Deviation", die z. B. für Plett die „ästhetische Schwelle" zwischen literarischen und nichtliterarischen Texten, aber nicht als absolutes Unterscheidungskriterium, darstellt. (Plett 1975, 120) Deviante Sprachäußerungen werden nicht schon durch das Phänomen der phonologischen, morphologischen, syntaktischen oder semantischen Abweichung zu ästhetisch-literarischen, sondern erst durch ihre rezeptionsorientierte – dabei bezieht sich Plett auf Schmidt – „ästhetische Funktion" (ebd. 13f.).

Das Musterbeispiel textartenbezogener Integration von Textlinguistik und Literaturwissenschaft ist die „Erzähltextanalyse" oder „Narrativik" (vgl. Gülich / Raible 1977, Kalverkämper 1981 und insbesonders Haubrichs 1976, 1977 u. 1978), so dass konstatiert werden konnte, „‚Erzähltextanalyse' oder 'Narrativik'" seien „im Begriff, sich im Schnittpunkt von Sprach- und Literaturwissenschaft als eigener Forschungszweig zu konstituieren" (Baum 1977, 16). Die Entwicklungslinien führen von Propps „Morphologie des Märchens" (1975 (1928)) und den Arbeiten Jakobsons über die französischen Strukturalisten Bremond, Todorov u. a. zu den Modellen van Dijks (z. B. 1980) und Wienolds (z. B. 1972) und zu zahlreichen jüngeren Arbeiten, wie sie repräsentativ in den von Haubrichs herausgegebenen Bänden versammelt sind.

2.3.3. Statische und dynamische Konzepte

Statische und dynamische Konzepte unterscheidet Ursula Oomen in der Entwicklung der „linguistischen Poetik". (Oomen 1979) Die Unterscheidung von „statisch" und „dynamisch" – in Bezug auf eine mit linguistischen Mitteln arbeitende Literaturwissenschaft oder eine Linguistik, die sich vornehmlich literarischen / poetischen / ästhetischen Texten zuwendet – korrespondiert weitgehend mit den Leitbegriffen „textgrammatisch" und „textpragmatisch", die diesem Artikel zugrunde liegen. Was also für die Grundrichtungen der Textlinguistik allgemein gilt, wiederholt sich im Überschneidungsfeld von Textlinguistik und Literaturwissenschaft.

Statisch sind für Oomen die an der strukturalen Linguistik, der Transformationsgrammatik und gewissen Formen von Textgrammatiken orientierten Ansätze. Die „linguistische Poetik" beginnt also im noch vortextuellen Bereich, indem sie sich einzelnen poetischen Ausdrücken zuwendet; das klassische Untersuchungsfeld ist dabei die Metapher. (Vgl. z. B. Oomen 1973) Ausgeklammert wird bei dieser Richtung, „daß Zeichen, und gerade auch poetische Zeichen, im Text eine Vielfalt von Funktionen entwickeln können" (Oomen 1979, 178); ausgeklammert wird also die Polyfunktionalität, die prinzipielle Offenheit poetischer Texte, „etwa dort, wo Textkonstitution als Generierung von Satzfolgen vorgestellt wird." Die statischen Konzepte greifen zu kurz, weil „der Textsinn die Summe der Einzelbedeutungen in einem qualitativen Sprung übersteigt" (ebd. 179).

Die dynamischen Ansätze gehören nach Oomen der Semiotik (z. B. Köller 1977), der Systemtheorie der Texte (z. B. Oomen 1974) und der kommunikativen Textlinguistik an. (Oomen 1979, 182ff.) Hier tauchen bekannte Namen wie die von Schmidt und Coseriu wieder auf, könnten andere, die wir der pragmatischen Textlinguistik zugerechnet haben, eingeordnet werden. Gemeinsam ist diesen drei Richtungen, dass sie auf die „Wechselwirkung von Zeichen, Interpretationshorizont und Interpret" abheben (ebd. 184). Das Zeichen ist also dem Bezeichneten nicht in stabiler und voraussagbarer Weise zugeordnet. Vielmehr kann es „in unterschiedlichen Verwendungskontexten ein reiches Potential jeweils unterschiedlicher Sinnkonstitutionen entwickeln". „Denn das Zeichen ist Zeichen immer erst für jemanden. Der Text gewinnt seine Texthaftigkeit erst dadurch, daß mit ihm kommuniziert wird" (ebd. 184 u. 186).

Oomen beklagt angesichts der „Vielfalt der Ansätze und Methoden" der linguistischen Poetik mit Recht „die Kluft zwischen theoretischem Aufwand und fruchtbarer praktischer Arbeit" (ebd., 173) und kommt zu dem Schluss, dass „Prozeßmodelle" poetischen Texten gerechter werden als „statische Modelle". Aufgabe einer semiotisch, systemtheoretisch – die Texte ganzheitlich und in ihren Kontexten statt elementaristisch erfassenden – und kommunikationstheoretisch begründeten Poetik sei es, „Kategorien zur Analyse und Beschreibung poetischer Texte auszuarbeiten und (so) ... das Verstehen und Erfassen poetischer Texte zu erleichtern" (ebd. 192f.). Damit wird das genuin literaturwissenschaftliche Interesse am Text stärker betont als das genuin linguistische und werden zugleich die didaktisch relevanten Aspekte einer linguistischen Poetik bzw. Literaturwissenschaft hervorgehoben.

3. Didaktische Implikationen

Auf ihre didaktische Bedeutung wird an zahlreichen Stellen in der Textlinguistik selbst hingewiesen. So führt Hartmanns Verständnis von Textlinguistik als „Sprachverwendungslinguistik" ebenso wie der „prozedurale Ansatz" bei de Beaugrande / Dressler zu der Forderung, eine „Sprachwissenschaft vom Text" habe „ihren Anteil zu einer Theorie der Didaktik" beizusteuern. (Vgl. Hartmann 1978 (1968), 104; de Beaugrande / Dressler 1981, 216) Und Heinemann / Viehweger postulieren, wenngleich sich damit nicht „die Forderung nach einer textlinguistischen Fundierung des Sprachunterrichts" verbinde (Heinemann / Viehweger 1991, 285), „Sprachlehr- und Lernprozesse" als expliziten „Anwendungsbereich" einer insbesondere pragmatisch orientierten Textlinguistik (ebd. 278ff.)

Textlinguistisch orientierte didaktische Arbeiten liegen zwar in gar nicht so geringem Umfang vor (vgl. u. a. den Forschungsbericht von Scherner 1979); aber sie verlieren sich eher in der Vereinzelung der Ansätze und beziehen sich überwiegend auf den Bereich der Textanalyse bzw. des Umgangs mit Texten. Was vor allem fehlt, ist – trotz der Arbeiten von Scherner (z.B. 1974), Ader u. a. (1975), Beisbart u. a. (1976), Schoenke (1991), die sich neuerdings bei ihrem Entwurf einer „Didaktik des sprachlichen Handelns" auf die Textlinguistik als „Bezugswissenschaft" beruft (ebd., z.B. 139), und auch vereinzelt vorgetragener Annahmen, dass sich der Deutschunterricht im ganzen texttheoretisch begründen lasse (siehe Haas 1975 u. Scherner 1979, 370ff.) – eine unter textlinguistischen Gesichtspunkten entwickelte didaktische Gesamtkonzeption.

Die Gründe dafür liegen einmal in der Textlinguistik: und zwar in der Vielfalt und Disparatheit ihrer Ansätze sowie darin, dass die systematisierenden statischen Verfahren vielfach zum Selbstzweck werden und andererseits die kommunikationsorientierten dynamischen Konzepte noch zu wenig ausgebaut sind. Gefragt wären Ansätze „mittlerer Reichweite". Ein Beispiel dafür ist Weinrichs anhand des Japan-Beispiels vorgenommener Entwurf einer Instruktionslinguistik, der sich unmittelbar didaktisch umsetzen lässt.

Die Gründe liegen zum zweiten in der noch defizitären Aufbereitung textlinguistischer Konzepte. Nach Ader, bezogen auf den Bereich der Textanalyse, folgen die vorliegenden „Einzelversuche" „entweder ... noch zu sehr dem linguistischen Vorbild und setzen nicht konsequent genug didaktisch um, oder sie zeigen als didaktischen Versuch nicht deutlich genug den textlinguistischen Ansatz." (Ader 1977, 10; im Basisartikel zum Themenheft „Textanalyse – linguistisch").

Das gilt auch in der einen oder anderen Hinsicht für die in diesem Themenheft versammelten didaktischen Modelle, die sich u. a. auf die textlinguistischen Konzepte der Isotopie, der pronominalen Verkettung, des kommunikativen Handlungsspiels und der Tempusübergänge beziehen.

Textlinguistisch orientierte Arbeiten zum Aufsatzunterricht sind auf die Textherstellungskompetenz und die Aufsatzbeurteilung gerichtet (etwa Haueis 1973, Herrmann 1976 u. insbesondere Sanner 1979, bei Schoenke (1991, 133–170) auf die Umsetzung des „prozeduralen Ansatzes" von de Beaugrande / Dressler in ein didaktisches Konzept „prozeßorientierter" Textbildung.

Arbeiten zum Grammatikunterricht enthalten in erstaunlich geringem Umfang Hinweise auf transphrastische, satzübergreifende Möglichkeiten; textpragmatisch *sind* vom Ansatz her die Konzepte einer kommunikativen oder funktionalen Grammatik (siehe insbesondere Köller 1983 bzw. 1997).

Die voranstehenden Kapitel waren so angelegt, dass die didaktischen Anschlussstellen nach Möglichkeit sichtbar wurden. Im Folgenden möchte ich versuchen, die Umrisse für eine textpragmatische Begründung des Deutschunterrichts thesenhaft zu skizzieren.

3.1. Textpragmatik als didaktische Fundierungskategorie

Dieser Beitrag *zielt* auf die Annahme, dass der Deutschunterricht insgesamt textpragmatisch zu begründen sei; und das nicht im Sinne einer äußerlichen Adaption, einer „Abbilddidaktik“ (von Hentig), sondern weil das texttheoretische Konzept es ermöglicht, das didaktische Selbstverständnis eines Faches zu artikulieren, dessen Gegenstand Sprache, Text, Kommunikation ist.

Voraussetzung für die texttheoretische Begründung des Deutschunterrichts ist zunächst die Extensionalität des zugrunde gelegten Textbegriffs. Er umfasst alle Formen sprachlicher Äußerungen, reicht also vom Einzelwort und der gesprochenen Alltagssprache bis zum komplexen literarischen Textvorkommen und betrifft somit alle „Lernbereiche“ des Faches.

Den Kern der Begründungsmöglichkeit liefert aber das intensionale Textverständnis. Wenn das „primäre sprachliche Zeichen“ der Text ist (Hartmann), sich Sprache immer nur als Text, und zwar in einem „kommunikativen Handlungsspiel“ (Schmidt) realisiert, dann kann „eine Texttheorie“ – die genau diesem Verständnis von Sprache, Text und Kommunikation oder umgekehrt von Kommunikation, Text und Sprache Rechnung trägt – „auch als sprachtheoretischer Integrationspunkt für die didaktische Konzeption des Deutschunterrichts fungieren“ (Scherner 1979, 357). Aus textlinguistischer Sicht hat Weinrich diese Annahme zum unabweislichen Postulat erhoben. „Die Funktion sprachlicher Instruktionen“ könne man „entweder an einem Text in einer Kommunikationssituation zeigen – oder gar nicht. Der Text-in-der-Situation sollte daher auch“ – was angesichts der Instruktionslinguistik für den Literaturunterricht ohnehin gilt (d. Vf.) – „für den Sprachunterricht das Maß aller Dinge sein.“ (Weinrich 1976, 128)

Ein texttheoretisch begründeter Deutschunterricht wird die Auffassung von Text als „*Gesamtmenge* der in einer kommunikativen Situation auftretenden kommunikativen Signale“ (Kallmeyer u. a.) in ganzem Umfange ernst nehmen müssen. Die weitreichenden Konsequenzen aus dieser Einsicht lassen sich am Drei-Ebenen-Modell ablesen. Wenn sprachliche Anweisungen sich immer zugleich auf die Aspekte der Konsequenz, der Referenz und der Konnexion beziehen, dann darf *keiner* von ihnen, in welchem Zusammenhang des Sprach- und Literaturunterrichts auch immer, ausgespart bleiben.

Das Drei-Ebenen-Modell zeigt sowohl die komplexen Steuerungsprozesse der Text*bildung* wie der Text*rezeption* auf. Der Textrezipient muss alle drei Formen der Anweisung aufnehmen, um einen Text verstehen und kommunikativ handeln zu können. Der Textproduzent muss über alle drei Formen der Anweisung verfügen, um einen Text hervorbringen und kommunikativ handeln zu können. Im kommunikativen Handeln verbinden sich also Textproduktion und Textrezeption, oder umgekehrt: Textproduktion und Textrezeption verbinden sich zu kommunikativem Handeln. Kommunikatives Handeln unterliegt aber gleichzeitig dem Bewusstsein der Steuerungsprozesse, mit anderen Worten dem Bewusstsein von Textualität. Reflexion über Texte als Sprache oder Sprache als Text ist die Bedingung für die Entfaltung der Steuerungsprozesse. Damit sind Textbildung, Textrezeption und Reflexion über Textualität als Grundrichtungen (das ist nicht gleichbedeutend mit Lernbereichen) eines textpragmatisch orientierten Deutschunterrichts erkennbar geworden.

Die Textpragmatik, indem sie den textgrammatischen Aspekt umfasst, musste die Polarität von Text als „Kohärenzmenge" bzw. „Textformular" und „Äußerungsmenge-in-Funktion" (Schmidt), von „textinternen" und „textexternen" Kriterien, je nach Perspektive auf den Kommunikationszusammenhang (Gülich / Raible), herausarbeiten. Im Spannungsfeld dieser beiden Aspekte von „Text" wird sich Sprach- wie Literaturdidaktik vollziehen müssen.

Das gilt gerade für eine Didaktik, die Textpragmatik als Fundierungskategorie für sich in Anspruch nimmt, indem sie sich auf die Konzepte des „Kommunikativen Handlungsspiels", der „Instruktionslinguistik", den „prozeduralen Ansatz" der Textbildung und des Textverstehens, auf eine „Linguistik des Sinns" bezieht.

Eine textpragmatisch orientierte Deutschdidaktik würde die Entwicklung von der kommunikativen Wende des Deutschunterrichts bis hin zu seiner prononciert handlungstheoretischen Begründung (vgl. Wolff 1981, 61 ff.) fortschreiben; fortschreiben, indem sie Verkürzungen vermeidet und inzwischen beobachtbare gegenläufige Bewegungen auffängt. Verkürzungen eines kommunikations- oder handlungsorientierten Deutschunterrichts finden statt, wenn er sich tendenziell auf faktische Sprechhandlungssituationen verengt und so die Vermittlung von Kenntnissen auf der einen Seite und den Umgang mit Literatur auf der anderen vernachlässigt. Gegenläufige Bewegungen, hinter denen die Forderung nach mehr Rechtschreiben, mehr Grammatik, mehr Literatur steht, verkürzen ihrerseits, wenn sie diese Forderungen dazu benutzen, den kommunikativen und handlungsbezogenen Deutschunterricht nicht nur zu relativieren, sondern in Frage zu stellen.

Ein texttheoretisch fundierter Deutschunterricht schließt den kommunikativen und handlungsbezogenen Begründungsaspekt als Kern seines Selbstverständnisses ein. Er formuliert ihn allerdings neu, indem er Textualität in ihrer doppelten Bindung an kommunikative Handlungszusammenhänge *und* an die internen Faktoren von Text und das sprachliche Zeicheninventar begreift.

Das hat Konsequenzen für die Bewertung derzeitig vorherrschender Tendenzen oder derzeitig erhobener Zielvorstellungen und deren Diskussion in der Deutschdidaktik: die Konzepte des „kreativen Schreibens", des „produktionsorientierten Literaturunterrichts" und des „funktionalen Grammatikunterrichts". (Siehe 3.2., 3.3. u. 3.4.)

3.2. Textproduktion

1. Textproduktion als Grundrichtung des Deutschunterrichts betrifft den Spracherwerb überhaupt, den mündlichen Sprachgebrauch, den schriftlichen Sprachgebrauch. Textherstellung, ob mündlich oder schriftlich, kann zunächst als einheitlicher Vorgang betrachtet werden. Er ist gekennzeichnet durch „prozedurale“ und „probalistische Operationen“ (de Beaugrande / Dressler), die sich im Interaktionszusammenhang des „kommunikativen Handlungsspiels“ vollziehen und von grundlegenden kognitiven Äußerungsformen (Werlich) gesteuert sind.

2. Textbildungsprozesse vollziehen sich entsprechend den Anweisungsstrukturen sprachlicher Texte gleichermaßen auf den Ebenen der Konsequenz, der Referenz und der Konnexion. Textherstellungskompetenz ließe sich demnach generell definieren als die Fähigkeit, pragmatisch, semantisch und syntaktisch kohärente „Äußerungen“ hervorzubringen. Auf der Ebene der Konsequenz betrifft diese Fähigkeit die Frage, wie im Text das Kommunikationsziel, die intendierte Konsequenz signalisiert wird; auf der Ebene der Referenz die Frage, wie im Text der Bezug zu einem Wirklichkeitsmodell signalisiert wird; auf der Ebene der Konnexion die Frage, wie im Text der Bezug der einzelnen Textkonstituenten zueinander signalisiert wird. (Vgl. Klein 1978, 11)

Textbildungsprozesse, die so anhand des Drei-Ebenen-Modells beschrieben werden können, sind aber keinesfalls additive Vorgänge – wenngleich mit de Beaugrande / Dressler ein gewisser Phasenablauf nach Planung, Entwicklung der Idee und Formulierung (1981, 42ff.) angenommen werden darf –, sondern komplexe, vielfältig verschränkte Vollzüge, die außerdem noch auf die „Intertextualität“, die Realisierung in typologischen Ausformungen bezogen werden müssen.

3. Die unter dem „prozeduralen“ Gesichtspunkt als einheitlich zu betrachtenden Textbildungsprozesse haben in ihren Formen und Abläufen unterschiedliche Dimensionen. So arbeitet die Spracherwerbsforschung die „Eigenständigkeit der Kindersprache in jedem Stadium ihrer Entwicklung“ (Oksaar, vgl. den Artikel „Spracherwerb des Kindes“) heraus, die neuere Dialoglinguistik „die Opposition von gesprochener und geschriebener Sprache“ (Kochan u. Kochan 1994).

Der „probalistische“ Charakter der Textbildung manifestiert sich beim Spracherwerb als „kognitives Probierverhalten“ (Goodman). Aufgrund dieses Probierverhaltens gelten sowohl für die pragmatische wie für die semantische und syntaktische Kohärenz der Texterzeugung eigene Bedingungen, die auf der Stufe der Sprachentwicklung bzw. der textualen Entwicklung des Grundschulkindes gezielter Beachtung bedürfen.

Die Eigenständigkeit des mündlichen Sprachgebrauchs gegenüber dem schriftlichen ist insbesondere dadurch gegeben, dass bei spontanem Sprechen Texte hervorgebracht werden, „die aus verschiedenen Gründen nicht einwandfrei kohäsiv oder kohärent erscheinen“ (de Beaugrande / Dressler 1981, 18). Die nicht-kohärente syntaktische Struktur ist für mündliche Textvorkommen geradezu konstitutiv. Die Kohärenzfrage ist hier nicht eine Frage der „Grammatikalität“, sondern wird zu einer

Frage der „Akzeptabilität". D. h., ein Text ist für einen Rezipienten dann ein Text, wenn er trotz seiner defizienten Form auf der Ebene der Konnexion unter dem Sinnaspekt, also hinsichtlich seiner Referenz- und mehr noch Konsequenzanweisungen annehmbar erscheint. In der Textlinguistik wird verschiedentlich darauf hingewiesen, dass die gesamte soziolinguistische Diskussion um die Sprachbarrieren und den restringierten Kode unter dem Aspekt der „Akzeptabilität" hätte geführt werden müssen.

Die relative Erfüllung der Bedingungen auch der syntaktischen Kohärenz und einer gefügten semantischen Struktur lässt sich erst für den schriftlichen Sprachgebrauch im Unterricht einfordern; relative Erfüllung, weil es die psycho- und soziolinguistischen Voraussetzungen und nicht zuletzt die individuellen Intentionen zu berücksichtigen gilt.

4. Die Textlinguistik ist von operationaler Bedeutung für die Textproduktion, und zwar für die Förderung der Herstellungskompetenz, für die Beurteilung von schriftlichem Sprachgebrauch, für die prozedurale Erforschung des Sprechens und des Schreibens.

Die Fähigkeit der Schüler, Texte hervorzubringen, kann gefördert werden, wenn sie in elementarer Weise Einsichten sowohl in die „internen" wie die „externen" Bedingungen der Textkonstitution und der Textualität gewinnen: interne Bedingungen wie pronominale Verkettung, thematische Progression, Wortnetzverbindungen, narrative, argumentative Strukturen usw.; externe Bedingungen, um mit de Beaugrande / Dressler zu sprechen, im Hinblick auf Situationalität, Intentionalität und Akzeptabilität sowie Informativität. Vielleicht spielt das Kriterium „Informativität" dabei nicht die geringste Rolle, denn es bezieht sich nicht nur auf die Informationen – im weitesten Sinne, also z. B. auch durch erzählerische Texte –, die vermittelt werden sollen, sondern auf die „Wirklichkeitsmodelle" und den Schülern verfügbare „Referenzgeschichten", die die Bedingung dafür sind, *etwas* sagen und *Äußerungsmöglichkeiten* voll entfalten zu können. Deshalb auch darf Einsichten gewinnen in die Bedingungen von Textkonstitution nicht verwechselt werden mit äußerlichem Einüben in den Gebrauch von *Vertextungsmustern*.

Wohl aber ist es von eminenter Wichtigkeit, dass die grundlegenden, anthropologisch zu verstehenden *Äußerungsmuster* (Werlich), die dem Menschen zu Gebote stehen, insgesamt in einem ausgewogenen Schreibunterricht zu ihrem Recht kommen. Aus dieser anthropologischen Sicht begründet sich das didaktische Konzept des „kreativen Schreibens". „Kreatives Schreiben" ist notwendige Bedingung individueller Selbstverwirklichung. Wird das Konzept jedoch zum vorherrschenden oder gar alleinigen Prinzip des Aufsatzunterrichts, so bedeutet *das* wiederum eine unzulässige didaktische Verengung.

Wie für die Förderung der Herstellungskompetenz gilt für die Textbewertung der Doppelaspekt von internen und externen Kriterien. Die Anwendung interner Kriterien der Textkonstitution bei der Beurteilung von Schülertexten bietet ein Instrumentarium der Verobjektivierung; Textbewertung ist – aufgrund der externen Kriterien – gleichzeitig aber auch immer Textverstehen. Aus texttheoretischer Sicht ist es daher ausgeschlossen, zu „exakten Beurteilungskriterien“, wie es Herrmann (1976) versucht, gelangen zu wollen. Das hat Sanner (1979) mit seiner textgrammatisch *und* textpragmatisch angelegten Arbeit über „Textbewertung und Schulaufsatz“ deutlich gemacht. In der Konsequenz dieser Argumentation liegen die Forderungen, Schulaufsätze „als subjektive Veröffentlichung“ zu lesen (Merkelbach 1986, 77ff.) und sie eher zu „interpretieren“ als sie zu zensieren (Spinner 1980, 78f.).

Eine fundierte prozedurale Erforschung des Schreibens (de Beaugrande / Dressler) und des Sprechens würde die Grundlage für die Bewertung von Schülertexten weiter verstärken. Die Psycholinguistik ist, wenn sie Spracherwerb als Erwerb „interaktionaler Kompetenz“ (Oksaar) – als Sprachvorkommen also in kommunikativen Handlungsspielen – begreift, auf die Kategorie der Textualität und damit auf textlinguistische Beschreibungskriterien verwiesen. Einen Versuch zur Erfassung der „Kindersprache im Grundschulalter“ hat in dieser Richtung Klein (1978) unternommen.

3.3. Textrezeption

1. Textrezeption als Grundrichtung des Deutschunterrichts bezieht sich auf mündliche und schriftliche Äußerungsformen, auf von den Schülern selbst hervorgebrachte und an sie herangetragene Texte, auf fiktionale und nichtfiktionale Literatur. Der prozesshafte Vorgang der Textrezeption kann in gewisser Hinsicht komplementär zur Textproduktion gesehen werden; aber er stellt nicht einfach einen rückläufigen Phasenablauf, etwa vom Erfassen des „Textformulars“ bis zur Ausführung einer „Konsequenzanweisung“ dar. Vielmehr ist er „probalistisch“ in dem Sinne, dass er sich als ständige Neuordnung vorläufiger Erkenntnisse, als „Rearrangement“ (Wienold) vollzieht. Textrezeption ist generell bestimmt durch das Dazutun des Rezipienten (siehe Kap. 1.3.3.), ist *Textverarbeitung*, durch „Auslassen“, „Hinzufügen“, „Permutation“, „Ersetzen“, „Rekombination“ (van Dijk 1980, 196ff.).

2. Der prozesshafte Vorgang der Textrezeption erfährt unter dem Aspekt der Anweisungsstrukturen des Drei-Ebenen-Modells die Differenzierung,

- dass Texte als Texte-in-Funktion primär Konsequenzanweisungen sind,
- dass sie sich dabei auf Wirklichkeitsmodelle und Referenzgeschichten beziehen (vgl. Kap. 1.3.2.),
- dass die entsprechende Steuerung im Zusammenspiel der syntaktischen, semantischen und pragmatischen Anweisungsstrukturen erfolgt sowie durch intertextuelle, d. h. typologische Ausformungen je nach Bedingung und Typus des kommunikativen Handlungsspiels.

Die Kompetenz der Textrezeption ließe sich dementsprechend definieren als die Fähigkeit, textuale Signale gleichermaßen auf den Ebenen der Konsequenz, der Referenz und der Konnexion aufzunehmen, und zwar so, dass der „verfaßte Text“ im verarbeitenden Dazutun zum „aufgefaßten“ (Plett) wird, sich die Kohärenz der Textualität in der Rezeptionsaktivität herstellt.

3. Die syntaktisch und semantisch vermittelten Konsequenzanweisungen haben unterschiedliche Dimensionen.

Konsequenzanweisungen können *unmittelbare Handlungsanweisungen* sein, wenn sie in realen Sprechakten auf direktes praktisches Handeln zielen. Das ist der Tendenz nach auch der Fall bei von außen an den Rezipienten herangetragenen appellativen Texten, wie Werbetexten und Reden. Der so Angesprochene kann die Anweisungen befolgen oder verweigern.

Konsequenzanweisungen können, indem sie sich auf die Realität der Außenwelt und auf Tatsachenzusammenhänge beziehen, *informatorische Anweisungen* sein. Sie verlangen im Sinne einer „Horizontveränderung“ (Scherner) die interessenbedingte, wertende und selektive Verarbeitung. Der Angesprochene kann die Informationen verfehlen, für wichtig oder unwichtig halten, und er kann sie, aufgrund der wertenden Selektion, in Gebrauch nehmen.

Konsequenzanweisungen können *ästhetische Anweisungen* sein, die sich auf eine eigene fiktive Wirklichkeit beziehen. Im Unterschied zur informatorischen Sinn*entnahme* fordern sie in qualitativ anderer Weise zur Konkretisation, zur Horizontveränderung zur Sinn*deutung* heraus; einer Sinndeutung, die unmittelbar auf das Selbst- und Weltverständnis des Rezipienten bezogen und, wenn ihn die Botschaft erreicht, für sein Verhalten – im weiten Verständnis des Wortes – von besonderer Relevanz ist.

Die unterschiedlichen Dimensionen der Konsequenzanweisungen bezeichnen die unterschiedlichen Dimensionen der *Rezeptionsaktivität*. Gemeinsames Kennzeichen dieser Aktivität ist, dass das Prinzip des Dazutuns an die Freiheit der Selektion oder der Negation gebunden ist. Das wird schnell einsichtig. Denn Texte-in-Funktion sind nicht Texte für sich, sondern, aus der Sicht des Rezipienten, Texte „für mich“.

Dass die Texttheorie Texte primär als auf die Rezeptionsaktivität bezogene Konsequenzanweisungen versteht, korrespondiert mit den Theoremen der Rezeptionsästhetik und der neueren Rezeptionsdidaktik. (Vgl. die Beiträge „Literaturwissenschaft und Didaktik“ u. „Trivialliteratur und ihre Didaktik“). Mehr noch, die neuere Rezeptionsdidaktik und eine texttheoretisch begründete Literaturdidaktik überlagern sich aufgrund ihres identischen Frageansatzes.

4. Die Textlinguistik ist von operationaler Bedeutung für die Textrezeption im Hinblick auf die Analysekriterien, die sie bereitstellen kann, im Hinblick auf die Einsichten in die individuellen, situativen und globalen Bedingungen (siehe die Faktoren des kommunikativen Handlungsspiels), die sie vermitteln kann, und – parallel zur Textproduktion – im Hinblick auf die prozedurale Erforschung des Textverstehens und der Rezeptionsaktivität.

Was die empirische Erforschung oder theoretische Begründung von Rezeptionsvorgängen betrifft, so berühren sich hier unmittelbar – entsprechend der oben angeführten Korrespondenz – Ansätze aus textlinguistischer (van Dijk, de Beaugrande / Dressler, Scherner) und didaktischer Sicht (z. B. Heuermann u. a. 1975, Willenberg 1978), die rezeptionsästhetisch und/oder texttheoretisch begründet sind.

Für die Förderung der Rezeptionsaktivität gilt generell, was bei der Textproduktion unter Punkt 4 zur Einsicht in die internen und externen Bedingungen der Textkonstitution gesagt wurde.

Die unterschiedlichen Dimensionen der Rezeptionsaktivität verweisen auf unterschiedliche Bedingungen ihrer Förderung. Wenn auf die *unmittelbare Handlungsanweisung* mit Befolgung und Verweigerung reagiert werden kann, gilt es Einsichten zu vermitteln, die beides leisten, Manipulationen zu durchschauen, aber auch die mögliche Relevanz von Handlungsanweisungen, also von Anweisungen, die „mich angehen", zu erkennen. Wolff erhebt unter diesem Doppelaspekt, dass Sprechen „als argumentative Auseinandersetzung mit Zielen und Wertvorstellungen, aber auch als Möglichkeit zur Persuasion und Manipulation" erfahren wird, „Förderung der Denk-Sprechtätigkeit" zum „obersten Ziel" seines Konzepts eines pragmatisch orientierten Sprachunterrichts. (Wolff 1981, 87 u. 86)

Rezeptionsprobleme bei *informatorischen Texten* sind weniger auf der intertextuell sprachlichen Seite, bei syntaktischer oder semantischer Komplexität, als auf der Seite der Referenz zu erwarten. Auf „Referenzgeschichten" als „Wirklichkeitsmodelle" ist der Rezipient angewiesen, um eine Nachricht – im weitesten Sinne des Wortes – aufnehmen zu können. Sie liefern den Vorkommensrahmen, in dem Neues und Bekanntes, deren ausbalancierte Relation nicht nur informatorische Texte, sondern die Textualität von Texten überhaupt bestimmt, miteinander vermittelt werden. Als grundlegende Bedingung für die Rezeption informatorischer Texte kann der Aufbau von Referenzgeschichten angenommen werden. (Vgl. Kap. 1.3.2. und den Artikel „Nachricht und Kommentar")

Für die Rezeption *ästhetischer Texte* gilt in besonderer Weise, dass sie sich im Spannungsfeld „textinterner" und „textexterner" Faktoren vollzieht (siehe oben). Die These, dass die Kohärenz gerade ästhetischer Texte erst durch die Rezeptionsaktivität hergestellt wird, darf nicht im Sinne einer uneingeschränkten Beliebigkeit des Rezeptionsverhaltens missverstanden werden. Beliebig rezipieren hieße, potentielle Botschaften verfehlen. Wie ein Literaturunterricht, „der den Schüler als Subjekt des Sinnbildungsprozesses ernstnimmt, dennoch nicht der puren Willkür verfallen muß" (Spinner 1977, 131), zeigt Spinner auf der Basis seiner „semiotischen Begründung" auf. Die Spannung zwischen textinternen und textexternen Faktoren ist literaturdidaktisch gesehen die zwischen der *Freiheit der Konkretisation* und *strukturaler Arbeit am Text.* „Sinnkonkretisation durch Arbeit mit Text und Kontext" betrachtet Spinner deshalb „als didaktisch-methodisches Grundprinzip des Literaturunterrichts." (Ebd. 135)

Das Konzept eines „produktionsorientierten Literaturunterrichts", dem in den letzten Jahren häufig „ein Alleinvertretungsanspruch für zeitgemäßen Literaturunterricht zugesprochen wird" (Spinner 1993, 30), läuft Gefahr, gerade diese notwendige Spannung zwischen gleichzeitig subjektzentriertem und textzentriertem Umgang mit Literatur einseitig aufzuheben; dann nämlich, wenn das Verfahren absolut gesetzt und nicht mehr nach seiner Funktionalität für die Textrezeption gefragt wird. „Produktionsorientierter Literaturunterricht" findet seine Begründung unmittelbar in den texttheoretischen und rezeptionsästhetischen Erkenntnissen, dass Textrezeption immer auch ein aktiver Vorgang ist; aber dieser so nachdrücklich für den Literaturunterricht propagierte Ansatz bleibt ein *Verfahren*, ein spezifischer methodischer Zugriff – unter anderen – innerhalb einer rezeptionsorientierten Literaturdidaktik. (Vgl. Spinner 1993, 30, der dort „lieber von produktiven Verfahren im Literturunterricht als von produktionsorientiertem Literaturunterricht" spricht.)

3.4. Reflexion über Sprache als Text

1. Reflexion über Sprache als Text bezieht sich auf die Prozesse der Textbildung und der Textrezeption, auf die Textualität von Texten, auf den Bereich des traditionellen Grammatikunterrichts. Die erste Zuweisung zeigt, wie eng im Prinzip die drei Grundrichtungen textorientierten Deutschunterrichts aufeinander bezogen sind. Die Blickrichtung auf die Textualität von Texten meint beides, die generelle Frage, was überhaupt einen Text zum Text macht, und die spezifizierende, was Texte zu Texten in typologischen Zusammenhängen macht. Textualität wird dabei jeweils unter den Aspekten der Funktionalität wie der Grammatikalität (im engeren Sinne) gesehen. Die traditionelle Satzgrammatik ist, so betrachtet, ein Teilbereich einer übergreifenden Textgrammatik.

2. Reflexion über Sprache als Text ließe sich, verwendet man einen dementsprechenden Grammatikbegriff, insgesamt als „kommunikative Grammatik" begründen. Kallmeyer u. a. legen ihrem Konzept der pragmatischen Textlinguistik einen Grammatikbegriff zugrunde, der (siehe Matrix und Erläuterungen dazu auf S. 9) Pragmatik, Semantik und Syntax, bezogen auf die drei Anweisungsebenen der Konsequenz, der Referenz und der Konnexion umfasst. Dann lässt sich widerspruchslos formulieren: „Pragmatik, Semantik und Syntax sind Teilbereiche der kommunikativen Grammatik." Denn (d. V.) „sie beschreiben die verschiedenen Anweisungen von Texten." (Kallmeyer u. a. 1974, 70) Dabei bezeichnet die Reihenfolge Pragmatik, Semantik, Syntax – entsprechend dem Denkansatz aller textpragmatischen Konzepte – deren Wertigkeit (vgl. die auf S. 18 dargestellte Hierarchisierung durch Schmidt). Die Felder der Matrix verweisen aber auch auf eigenständige Forschungsbereiche.

Didaktisch gesehen, hieße das:

- Reflexion über Sprache als Text ließe sich verstehen als kommunikativer Grammatikunterricht. Kommunikativer Grammatikunterricht ließe sich begründen als Reflexion über Sprache als Text.
- Dabei kommen der pragmatischen und der semantischen Komponente eine höhere Wertigkeit zu als der syntaktischen. Aus der Sicht des traditionellen Grammatikunterrichts: Es müsste zumindest eine Gewichtsverlagerung stattfinden zugunsten der Pragmatik- und Semantikanteile, die er ja unter dem Signum eines erweiterten Grammatikbegriffs (siehe den Artikel „Grammatikunterricht") durchaus enthält.
- Reflexion über Sprache unter syntaktischem Aspekt unterliegt einem erweiterten Syntaxbegriff und bezieht sich primär auf transphrastische, satzübergreifende, also textuelle Phänomene. Aus der Sicht der bisher vorherrschenden Satzgrammatik: Sie müsste sich über vereinzelte Ansätze hinaus öffnen für die Erfassung transphrastischer Regularitäten.

– Unter den Kategorien der traditionellen Grammatik sind solche, die funktionale Phänomene bezeichnen, von größerer Wichtigkeit als solche, die der nur formalen Beschreibung dienen. In diesem Sinne entwickelt Köller einen Grammatikbegriff, der sich „nicht aus den Modellen professionaler Grammatikforschung" ableitet (Köller 1983, 22), sondern der aus der Zeichenhaftigkeit grammatischer Phänomene gewonnen ist. Grammatische „Zeichen" (z. B. den Tempus-, Modus- und Genusgebrauch betreffend) haben aufgrund ihres morphematischen Erscheinungsbildes eine „instruktive und kognitive Funktion". (Ebd. 18ff.) Ein auf diese zeichentheoretische Erkenntnis gegründeter „funktionaler Grammatikunterricht", wie ihn Köller beschreibt, *ist* kommunikations- und textorientierter Grammatikunterricht.

– Textorientierter Grammatikunterricht schließt die kognitiv-formale – im Unterschied zur funktionalen – Dimension der Reflexion über transphrastische und satzbezogene syntaktische Regularitäten keineswegs aus. Ihr würde aber in einem textpragmatisch begründeten Lernfeld „Reflexion über Sprache als Text" (entsprechend dem eigenständigen Feld „Syntax / Konnexion" in der Matrix von Kallmeyer u. a.) ein anderer – und vielleicht sogar überzeugenderer – Stellenwert zugewiesen.

3. Die Textlinguistik ist für „Reflexion über Sprache als Text" von operationaler Bedeutung sowohl im Hinblick auf Beschreibungskategorien, die sie verfügbar machen, wie im Hinblick auf grundlegende Einsichten, die sie zum Verhältnis Sprache, Text, Kommunikation vermitteln kann.

Literaturverzeichnis

Ader, Dorothea / Kress, Axel / Riemen, Alfred: Literatur im Unterricht – linguistisch. München 1975

Ader, Dorothea: Textanalyse – linguistisch. Einige Überlegungen zu Texttheorien, zur Didaktik und zur Unterrichtspraxis. In: Praxis Deutsch 1977, H. 23, 9–14

Ader, Dorothea / Kress, Axel: Ein Fabeltext als Gegenstand textlinguistischer Beschreibung. In: Der Deutschunterricht 1977, H. 6, 7–21

Baum, Richard: Narrativik und Sprachwissenschaft. Zum Problem der Fundierung sprach- und literaturwissenschaftlicher Forschung. In: Haubrichs 1977, 16–45

Beaugrande, Robert-Alain de / Dressler, Wolfgang Ulrich: Einführung in die Textlinguistik. Tübingen 1981

Beisbart, Ortwin / Dobnig-Jülch, Edeltraud / Eroms, Hans-Werner / Koß, Gerhard: Textlinguistik und ihre Didaktik. Donauwörth 1976

Beisbart, Ortwin / Eroms, Hans-Werner: Lernziel: Textanalyse. Einführung in textlinguistische Arbeitsweisen anhand von Kurztexten auf der Sekundarstufe I. In: Der Deutschunterricht 1977, H. 6, 22–43

Beneš, Eduard: Thema-Rhema-Gliederung und Textlinguistik. In: Sitta / Brinker 1973, 42–62

Bleckwenn, Helga: Morphologische Poetik und Bauformen des Erzählens. Zum Formalismus in der deutschen Literaturwissenschaft. In: Haubrichs 1976, 43–77

Braunroth, Manfred / Seyfert, Gernot / Siegel, Karsten / Vahle, Fritz: Ansätze und Aufgaben einer linguistischen Pragmatik. Frankfurt 1975

Bremerich-Vos, Albert (Hrsg.): Handlungsfeld Deutschunterricht im Kontext. Festschrift für Hubert Ivo. Frankfurt 1993

Brinker, Klaus: Linguistische Textanalyse. Eine Einführung in ihre Grundbegriffe und Methoden. 3. Aufl. Berlin 1992

Coseriu, Eugenio: Textlinguistik. Eine Einführung. 2. Aufl., Tübingen 1981

Daneŝ, Frantiŝek: Zur linguistischen Analyse der Textstruktur. In: Folia linguistica 4 1970, 72–78 (auch in Dressler 1978)

Dijk, Teun A. van: Textwissenschaft. Eine interdisziplinäre Einführung. Tübingen 1980

Dressler, Wolfgang (Hrsg.): Textlinguistik. Darmstadt 1978

Eroms, Hans-Werner: Die Arbeit am Text mit sprachwissenschaftlichen Methoden. In: Linguistik und Didaktik 1978, H. 34/35, 129–144

Frier, Wolfgang / Labroisse, Gerd (Hrsg.): Grundfragen der Textwissenschaft. Linguistische und literaturwissenschaftliche Aspekte. Amsterdam 1979

Frier, Wolfgang: Linguistische Aspekte des Textsortenproblems. In: Frier / Labroisse 1979, 7–58

Greimas, Algirdas J.: Die Isotopie der Rede. In: Kallmeyer u. a. 1974. Band 2, 126–152

Gülich, Elisabeth / Raible, Wolfgang (Hrsg.): Textsorten. Differenzierungskriterien aus linguistischer Sicht. Frankfurt 1972

Gülich, Elisabeth / Raible, Wolfgang: Textsorten-Probleme. In: Linguistische Probleme der Textanalyse. Sprache der Gegenwart. Jahrbuch 1973. Düsseldorf 1975, 144–197

Gülich, Elisabeth / Raible, Wolfgang: Linguistische Textmodelle. Grundlagen und Möglichkeiten. München 1977

Haas, Gerhard: Textlinguistische Arbeitsformen im Schulversuch. In: Westermanns Pädagogische Beiträge 1973, 647–656

Haas, Gerhard: Texttheorie als Fundierungskategorie des Deutschunterrichts auf der Primarstufe. In: Halbfas, Hubertus u. a. (Hrsg.): Neuorientierung des Primarbereichs. Bd. 3: Sprache, Umgang und Erziehung. Stuttgart 1975, 117–141

Hartmann, Peter: Zum Begriff des sprachlichen Zeichens. In: Zeitschrift für Phonetik, Sprachwissenschaft und Kommunikationsforschung (21) 1968, 205–222

Hartmann, Peter: Textlinguistik als linguistische Aufgabe. In: Dressler 1978, 93–105 (aus: Schmidt, Siegfried J. (Hrsg.): Konkrete Dichtung, Konkrete Kunst. Karlsruhe 1968)

Hartmann, Peter: Konsequenzen textbezogener Arbeitsweisen für die Linguistik. In: Wirkendes Wort 1984, H. 4, 242–264

Harweg, Roland: Pronomina und Textkonstitution. 2. Aufl., München 1979 (1. Aufl. 1968)

Haubrichs, Wolfgang (Hrsg.): Erzählforschung. Theorien, Modelle und Methoden der Narrativik. I, II, III. (= Zeitschrift für Literaturwissenschaft und Linguistik. Beihefte 4, 6 u. 8) Göttingen 1976, 1977, 1978

Haueis, Eduard: Didaktische Aspekte der Textlinguistik. In: Linguistische Berichte 1973, H. 23, 78–82

Heinemann, Wolfgang / Viehweger, Dieter: Textlinguistik. Eine Einführung. Tübingen 1991

Herrmann, Wolfgang: Situation und Norm. Zur Problematik pädagogischer Textbewertung mit Beispielen für ein neues Prüfungsverfahren. Kronberg /Ts. 1976

Heuermann, Hartmut / Hühn, Peter / Röttger, Brigitte (Hrsg.): Literarische Rezeption. Paderborn 1975

Hoppe, Otfried (Hrsg.): Kritik und Didaktik des literarischen Verstehens. Kronberg /Ts. 1976

Ihwe, Jens (Hrsg.): Literaturwissenschaft und Linguistik. Band 1 u. Band 2, Frankfurt 1972 u. 1973

Ingarden, Roman: Konkretisation und Rekonstruktion. In: Warning 1975, 42–70

Iser, Wolfgang: Die Appellstruktur der Texte. In: Warning 1975, 228–252

Jakobson, Roman: Poetik: Ausgewählte Aufsätze 1921–1971. Frankfurt 1979

Jauß, Hans Robert: Literaturgeschichte als Provokation. Frankfurt 1970

Kallmeyer, Werner: Verweisung im Text. In: Der Deutschunterricht 1972, H. 4, 29–42

Kallmeyer, Werner / Klein, Wolfgang / Meyer-Hermann, Reinhard / Netzer, Klaus / Siebert, Hans-Jürgen: Lektürekolleg zur Textlinguistik. Band 1: Einführung, Band 2: Reader. Frankfurt 1974

Kallmeyer, Werner / Meyer-Hermann, Reinhard: Textlinguistik. In: Althaus, Hans Peter u. a.: Lexikon der Germanistischen Linguistik. 2. Aufl., Tübingen 1980, 242–258

Kallmeyer, Werner (Hrsg.): Kommunikationstypologie. Handlungsmuster, Textsorten, Situationstypen. Düsseldorf 1986

Kalverkämper, Hartwig: Orientierung zur Textlinguistik. Tübingen 1981

Klein, Wolfgang (Hrsg.): Textlinguistik (= Zeitschrift für Literaturwissenschaft und Linguistik, H. 5). Göttingen 1972

Klein, Wolfgang: Linguistik und Didaktik der Kindersprache im Grundschulalter. Untersuchungen zu Konstitution und Kohäsion von Schülertexten. Paderborn 1978

Kochan, Barbara / Kochan, Detlef C.: Mündlicher Sprachgebrauch. In: Lange, Günter / Neumann, Karl / Ziesenis, Werner (Hrsg.): Taschenbuch des Deutschunterrichts. 5. Aufl. Baltmannsweiler 1994, 202–223

Köller, Wilhelm / Rusterholz, Peter / Spinner, Kaspar H.: Zeichen, Text, Sinn. Zur Semiotik des literarischen Verstehens. Göttingen 1977

Köller, Wilhelm: Der sprachtheoretische Wert des semiotischen Zeichenmodells. In: Köller u. a. 1977, 7–77

Köller, Wilhelm: Funktionaler Grammatikunterricht. Hannover 1983. Neuausgabe Baltmannsweiler 1997

Lämmert, Eberhard: Bauformen des Erzählens. Stuttgart 1955

Linke, Angelika / Nussbaumer, Markus / Portmann, Paul R.: Studienbuch Linguistik. 3. Aufl. Tübingen 1996

Merkelbach, Valentin: Korrektur und Benotung im Aufsatzunterricht. Frankfurt 1986

Oomen, Ursula: Linguistische Grundlagen poetischer Texte. Tübingen 1973

Oomen, Ursula: Systemtheorie der Texte. In: Kallmeyer u. a. 1974. Band 2, 47–70

Oomen, Ursula: Modelle der linguistischen Poetik. In: Frier / Labroisse 1979, 173–193

Plett, Heinrich F.: Textwissenschaft und Textanalyse. Heidelberg 1975

Propp, Vladimir: Morphologie des Märchens. Frankfurt 1975 (Erstveröffentlichung Leningrad 1928)

Sandig, Barbara: Zur Differenzierung gebrauchssprachlicher Textsorten im Deutschen. In: Gülich / Raible 1972, 113–124

Sanner, Rolf: Textbewertung und Schulaufsatz. München 1979

Scherner, Maximilian: Theorie und Technik des Textverstehens. Arbeitsheft zur Einführung in den Problembereich. Düsseldorf 1974

Scherner, Maximilian: Sprachorientierte Textanalyse und Deutschunterricht. In: Boueke, Dietrich (Hrsg.): Deutschunterricht in der Diskussion. Forschungsberichte. Bd. 1 u. 2. Erw. u. bearb. Aufl., Paderborn 1979, 353–381

Scherner, Maximilian: Sprache als Text. Ansätze zu einer sprachwissenschaftlich begründeten Theorie des Textverstehens. Tübingen 1984

Schmidt, Siegfried J.: „Text“ und „Geschichte“ als Fundierungskategorieen. Sprachphilosophische Grundlagen einer transphrastischen Analyse. In: Stempel, Wolf-Dieter (Hrsg.): Beiträge zur Textlinguistik. München 1971, 31–52

Schmidt, Siegfried J.: Texttheorie. Probleme einer Linguistik der sprachlichen Kommunikation. München 1973

Schmidt, Siegfried J.: Skizzen zu einer Texttheorie. In: Kallmeyer u. a. 1974. Band 2, 30–46

Schmidt, Siegfried J.: Text und Bedeutung. Sprachphilosophische Prolegomena zu einer textsemantischen Literaturwissenschaft (1971). In: Dressler 1978, 232–267

Schoenke, Eva: Didaktik sprachlichen Handelns. Überlegungen zum Sprachunterricht in der Sekundarstufe I. Tübingen 1991

Sitta, Horst / Brinker, Klaus (Hrsg.): Studien zur Texttheorie und zur Deutschen Grammatik. Festgabe für Hans Glinz zum 60. Geburtstag. Düsseldorf 1973

Sowinski, Bernhard: Textlinguistik. Eine Einführung. Stuttgart, Berlin, Köln, Mainz 1983

Spinner, Kaspar H.: Semiotische Grundlegung des Literaturunterrichts. In: Köller u. a. 1977, 125–164

Spinner, Kaspar H.: Identitätsgewinnung als Aspekt des Aufsatzunterrichts. In: Spinner, Kaspar H. (Hrsg.) Identität und Deutschunterricht. Göttingen 1980, 67–80

Spinner, Kaspar H.: Literaturdidaktik der 90er Jahre. In: Bremerich-Vos 1993, 23–36

Straßner, Erich: Produktions- und Rezeptionsprobleme bei Nachrichtentexten. In: Straßner, Erich (Hrsg.): Nachrichten. München 1975, 83–111

Ulrich, Winfried: Linguistische Grundbegriffe. Kiel 1972

Warning, Rainer (Hrsg.): Rezeptionsästhetik. München 1975

Weinrich, Harald: Sprache in Texten. Stuttgart 1976

Weinrich, Harald: Textlinguistik: Zur Syntax des Artikels in der deutschen Sprache. In: Weinrich 1976, 163–176 (aus: Jahrbuch für internationale Germanistik 1. 1969)

Weinrich, Harald: Textgrammatik der deutschen Sprache. Mannheim 1993

Werlich, Egon: Typologie der Texte. Entwurf eines textlinguistischen Modells zur Grundlegung einer Textgrammatik. Heidelberg 1975

Wienold, Götz: Semiotik der Literatur. Perspektiven für die Literaturwissenschaft. Frankfurt 1972

Willenberg, Heiner: Zur Psychologie literarischen Lesens. Paderborn 1978

Wolff, Gerhart: Sprechen und Handeln. Pragmatik im Deutschunterricht. Königstein / Ts. 1981

ELS OKSAAR

Spracherwerb des Kindes
Psycho- und pädolinguistische Aspekte

1. Grundlagen der Spracherwerbsforschung: Von der Psycholinguistik zur Pädolinguistik

Der primäre Spracherwerb und die Sprache des Vorschulkindes gehören zu den interdisziplinär orientierten Forschungsbereichen, deren Fragestellungen nicht nur für Linguisten, Psychologen, Pädagogen und Soziologen von Belang sind, sondern auch für Mediziner und alle Wissenschaften, die das Verhalten und die Kommunikationsfähigkeit des Menschen untersuchen. Der umfangreiche komplexe Bereich wird vielerorts nach dem Vorbild aus den USA als Teil der Psycholinguistik angesehen, gewöhnlich unter der Bezeichnung Entwicklungspsycholinguistik (Leuninger / Miller / Müller 1972; Grimm 1973). Dies hat eine Einengung des notwendigen Forschungsspektrums zur Folge, auch wenn man heute die Psycholinguistik in einem weiteren Rahmen sehen kann als in den Anfangsjahren der Disziplin.

1.1. Psycholinguistik

Psycholinguistik bezeichnet eine 1953 in den USA von Psychologen und Linguisten initiierte neue Fachrichtung zur Erforschung der Dekodierungs- und Enkodierungsprozesse der menschlichen Kommunikation. Sie beschäftigt sich vorwiegend mit „Beziehungen zwischen Nachrichten und den Merkmalen von menschlichen Individuen, die diese auswählen und deuten" (Osgood / Sebeok 1965, 4). Die Bezeichnung wird heute in Europa nicht einheitlich verwendet, da es schon früher Zusammenarbeit zwischen Psychologen und Linguisten gegeben hat, aus der seit Wilhelm Wundt die Disziplin Sprachpsychologie / Psychologie der Sprache hervorgegangen ist (Bühler 1934; Kainz 1941; Hörmann 1970; Knobloch 1984).

Die vorwiegend linguistische Orientierung der Psycholinguistik und die psychologische der Sprachpsychologie haben zur Folge, dass die eine Disziplin – je nach dem wissenschaftlichen Standort des Betrachtenden – als die breitere angesehen wird, in die sich die andere einordnen könnte (Hörmann 1977, 8; Lewandowski 1990, 47). Zur Unsicherheit des Geltungsbereiches von *Psycholinguistik* haben ferner auch beigetragen: 1) Entwicklungen in den beiden Grunddisziplinen, von Bloomfields Behaviorismus bis zum Chomskyschen Antibehaviorismus und kognitivistischen Ansätzen unter Piagets Einfluss, 2) Differenzierungen in der Psycholinguistik: so gibt es z. B. einerseits theoretische und angewandte Psycholinguistik, andererseits Entwicklungspsycholinguistik, 3) Entstehung neuer Disziplinen wie *Pädolinguistik*, *Neurolinguistik* und *Patholinguistik*, um nur einige hervorzuheben. – Überblicke und Diskussionen über die Entwicklung der Psycholinguistik bei Engelkamp (1974);

Clark / Clark (1977); Hörmann (1977); List (1978); Oksaar (1983 a); Garman (1990); vgl. auch Forrester (1996).

Warum reicht für die Spracherwerbs- und Kindersprachenforschung mit Schwerpunkten wie *Sprachwahrnehmung, Sprachverstehen, Sprachproduktion* die psycholinguistische Sicht allein nicht aus? Eine psycholinguistische Orientierung ist zweifelsohne notwendig, indem sie u. a. die Ergebnisse der Linguistik mit denen der experimentellen Ansätze der Psychologie verbindet und auch grundlegende zentrale Fragestellungen wie die Beziehung zwischen der sprachlichen und kognitiven Entwicklung erneut aufgreift. Sie kann aber keineswegs als die einzige oder dominierende angesehen werden. Sprache existiert und entwickelt sich in einem biologischen und sozialen Kontext und ist das primäre Mittel der menschlichen Kommunikation. Von diesen Tatsachen ausgehend, muss die Spracherwerbs- und Kindersprachenforschung ihre Fragestellungen in der Weise thematisieren, dass auch der soziokulturelle Rahmen der Lebensbedingungen des Kindes und die damit zusammenhängenden Fragen mitberücksichtigt werden.

Diese notwendigen soziokulturellen Aspekte sind der von Chomskys generativen Transformationsgrammatik, auch in ihrer neueren Entwicklung, beeinflussten Psycholinguistik fremd. Untersucht man jedoch natürliche Sprachen, kann man nicht, wie diese Richtung es tut, von einem idealen Sprecher / Hörer in einer homogenen Gesellschaft ausgehen. Der reale Sprecher / Hörer muss den Ausgangspunkt bilden: er verwendet Sprache in einer heterogenen Gesellschaft in sozialen Kontexten.

Von der gegenwärtigen Lage aus kann ferner noch Folgendes hervorgehoben werden:

- Die Psycholinguistik und auch die linguistischen Theorien betrachten die Sprache ausschließlich vom Standpunkt des monolingualen Sprechers / Hörers aus. Mehrsprachiger Spracherwerb ist lange zu Unrecht als problematisch angesehen worden (s. die Erörterungen bei Oksaar (1989), vgl. 3.3.1). Wir leben in einer mehrsprachigen Welt. Weit über die Hälfte der Weltbevölkerung ist mehrsprachig, inter- und intralinguistisch gesehen. Es ist nicht ungewöhnlich, dass Vorschulkinder mit zwei oder mehreren Sprachen aufwachsen. Ferner muss berücksichtigt werden, dass auch der sog. Einsprachige verschiedene Kodes und Register auseinanderzuhalten hat. Spracherwerbsforschung darf an diesen Tatsachen nicht vorbeigehen.
- Die Psycholinguistik betrachtet die gesprochene Sprache hauptsächlich vom Standpunkt der verbalen Elemente aus, ohne die gleichzeitige Berücksichtigung der Information von parasprachlichen (Tonhöhe, Intonation) und kinesischen (Mimik, Gestik und andere Körperbewegungen) Elementen. Diese hört und sieht das Kind, wenn es Sprache hört.
- Immer noch wird der Sprecherseite mehr Aufmerksamkeit zuteil als der Hörerseite, obwohl Verständlichkeitsfragen ein wichtiges Gebiet der Psycholinguistik sind. Das Kind fängt seinen Spracherwerb jedoch als Hörer an, es versteht mehr und früher, als es selbst produziert.

- Es wird nicht berücksichtigt, dass das Kind zusammen mit der Sprache auch soziale Normen und Verhaltensweisen sowie kulturelle Traditionen erwirbt.

1.2. Pädolinguistik

Um dem komplexen Gegenstandsbereich gerecht zu werden, ist es angebracht, die Wissenschaft von der Sprache und der Sprachentwicklung des Vorschulkindes nicht als Zweig einer Psycholinguistik zu sehen, sondern als einen eigenständigen linguistischen Bereich – *Pädolinguistik* (Oksaar 1977/1987; Lewandowski 1990). Neurophysiologische, soziopsychologische und kulturelle Rahmenbedingungen des Spracherwerbs bilden hier die Grundlage für einen integrierenden Forschungsansatz. Dieser umfasst außer den verbalen Elementen nicht nur das kognitive, emotionale und das soziale System, sondern auch parasprachliche und kinesische Faktoren.

Die Grenzziehung beim Schuleintritt kann erstens begründet werden mit der Tatsache, dass hier gewöhnlich *ein* Sprachtyp – die gesprochene Sprache – dominiert, zweitens, dass das wesentlichste Stadium der Sprachentwicklung dann schon abgeschlossen ist. Eine Reihe weiterer Gründe spricht dafür, u. a. körperlich der erste Gestaltwandel (Zeller 1952). Die ersten 6 Lebensjahre werden auch als die erste Epoche in der Gesamtentwicklung des Kindes angesehen, in der es u. a. durch das Spiel und im Spiel lernt, sich seiner Umwelt und deren Sprache anzupassen (Stern 1967; Lewis dt. 1970, 131; Church 1971, 105; Oksaar 1987, 11).

Obwohl die Sprachentwicklung des Kindes als ständiger Prozess anzusehen ist, kann man im Vorschulalter zwei Phasen unterscheiden: 1) Die sprachliche Ontogenese (0–4 bis 5 Jahre). Sie umfasst die Entwicklung von den ersten Phonemisierungs- und Symbolisierungsprozessen bis zur Bildung von verschiedenen Satztypen und der Beherrschung einer Reihe von Regeln der interaktionalen Kompetenz (s. 3.1.); 2) Die primäre Erweiterungsstufe (4–6 bis 7 Jahre). Hier wirken für die Erweiterung des sprachlichen Repertoires und der interaktionalen Kompetenz zunehmende Umwelteinflüsse mit: Spielgefährten, Kindergarten u. a. Nicht nur die kognitive, sondern auch die soziale Beherrschung der Umwelt macht hier größere Fortschritte als früher.

Die vorgenommene Phaseneinteilung stützt sich auf Forschungsergebnisse in verschiedenen Sprachen und Schulen (Stern / Stern 1928, 70; McCarthy 1954, 551 ff.; Brown 1973, 404; Menyuk 1971, 147 ff.; Oksaar 1971, 337 ff.; Lenneberg dt. 1972, 220 f.; Taeschner 1983, 232 f.). Auf anderer Grundlage sieht Piaget (1979) das 2–7jährige Kind ebenso in einem besonderen Entwicklungsstadium: dem präoperationalen Stadium, gekennzeichnet durch die Entwicklung des organisierten symbolischen Verhaltens. Kritisiert werden muss allerdings seine Feststellung, dass die Sprache des Kindes in diesem Stadium erheblich egozentrisch sei. Schon Stern / Stern (1928) und Wygotski (dt. 1969) heben hervor, dass die Sprache des Kindes von Anfang an sozial ist; vgl. Söderbergh (1988); Penzinger (1985); Slama-Cazaku (1984). Ausführlicher zur sozialen und kognitiven Entwicklung in Gellatly et al. (1988); Oeveste (1987).

Seit William Stern wissen wir, dass die geistige Entwicklung, die ein Kind in seinen ersten 6 Jahren durchmacht, zu den Fortschritten gehört, der kaum geringer ist als die ganze weitere Entwicklung. Diese Zeit ist auch die günstigste zum Sprachenlernen (s. 3.3.1). Viele Kinder lernen im Vorschulalter auch lesen und schreiben, s. Oksaar (1983b); Jones (1996); Prinzipielles zum Lesen- und Schreibenlernen bei Günnewig (1981); Diener (1980); Dehn (1985); Christie (1987).

1.2.1. Zum pädolinguistischen Ansatz

Der pädolinguistische Ansatz wählt als Ausgangspunkt den kommunikativen Akt, der den ganzen Aktionsrahmen bezeichnet, in dem das Kind mit der Umgebung (und umgekehrt) kommuniziert. Als zweiter wichtiger Punkt der Pädolinguistik, der dem psycholinguistischen Ansatz fehlte, ist das Postulat der Eigenständigkeit der Kindersprache anzusehen – in jedem Stadium ihrer Entwicklung. Methodisch ist es nicht richtig, Grammatiken der Kinder aufzustellen, denen erwachsenensprachliche Kategorien zugrunde liegen. Denn man analysiert dann die *gesprochene* Sprache des Kindes mit dem Apparat der *geschriebenen* Sprache der Erwachsenen (es fehlen wie bekannt Grammatiken der gesprochenen Sprache). Dadurch läuft man Gefahr, die Verhältnisse eher zu verschleiern als zu verdeutlichen (Oksaar 1971, 336). Die Frage ist ja stets: Welche Mittel werden von den Kindern benutzt, um erfolgreich kommunizieren zu können?

2. Wie wird Sprache erworben?

2.1. Spracherwerbstheorien

Beim heutigen Stand der Forschung gibt es keine allgemein akzeptierte Spracherwerbstheorie. Berücksichtigt man die Tatsache, dass kognitive, emotive, soziale und sprachliche Entwicklung miteinander im Zusammenhang stehen, so kann dieses komplexe Feld kaum durch eine Theorie allein erklärt werden. Dies wird immer noch versucht, wie aus den zwei entgegengesetzten erkenntnistheoretischen Ansätzen hervorgeht: dem behavioristischen (empiristischen) und dem nativistischen (rationalistischen) Ansatz.

2.1.1. Behavioristischer Ansatz

Hierher gehören u. a. die Konditionierungstheorie mit ihren von Skinner und Mowrer vorgenommenen Modifikationen. Das Lernen erscheint als eine Verknüpfung von einem Stimulus mit einem Respons durch Konditionierung. Das verbale Verhalten wird immer als stimulus-kontrolliert angesehen (Skinner 1957). Eine Verhaltensweise wird nach dem Prinzip Versuch und Irrtum (trial and error) dann gelernt, wenn sie eine Verstärkung, ein Reinforcement zur Folge hat.

Ein Kind, das zuerst nicht-reaktive Laute bildet, imitiert Laute und wird dafür durch die Zuwendung der Bezugsperson belohnt. Die selektive Verstärkung der Bezugsperson führt dazu, dass sich die Laute des Kindes an das Lautsystem der Bezugspersonen sukzessiv annähern.

Die Kritik dieser Erklärungsweisen hebt u. a. hervor, dass es nicht gelungen sei zu beweisen, dass die Variablen Stimulus, Respons und Verstärkung in den menschlichen Sprachsituationen feststellbar sind. Es ist auch schwer zu beweisen, dass durch Versuch und Irrtum eine Verhaltensweise erfolgt, die Belohnung herbeiführt. Durch den üblichen Reinforcement-Begriff ließe sich laut Hörmann (1970, 278) weder die Schnelligkeit des Spracherwerbs noch die Stabilität der einmal erworbenen Bedeutungen erklären. Auch die zu diesem Bereich gehörende Autismus-Theorie von Mowrer (1960), die die Aufmerksamkeit auf die emotionale Komponente des Spracherwerbs und auf die Rolle der Imitation richtet, hat ihre Beschränkung. Ein Kind kann nach Mowrer das Habit (latente erworbene Verhaltenstendenz), ein gewisses Wort zu äußern, auch schon nur durch Hören erwerben, und zwar in angenehmen Situationen. Diese bilden ein primäres Reinforcement, das gehörte Wort das sekundäre: das Kind will die Worte nachahmen und empfindet dabei autistische Befriedigung. Die ersten Wörter des Kindes werden aber nicht nur in angenehmen Situationen verwendet. Daher erreicht laut Hörmann (1977, 284) die Mowrersche Theorie da ihre Grenzen, wo der instrumentale Charakter der Sprache anfängt. Andererseits kann festgestellt werden, dass Laute und schwierige Lautkombinationen leichter und schneller in den Wörtern gelernt werden, die das symbolisieren, was das Kind besonders gern hat (Oksaar 1987, 170f.). Auch darf die Rolle der Imitation weder über- noch unterschätzt werden. Von der Schule Piagets wird die Fähigkeit zur Imitation als der wesentlichste Faktor beim Sprechenlernen angesehen (Sinclair 1975, 228). Neuere Untersuchungen zeigen, dass Imitation als ein komplexer Prozess auch für die Entwicklung kommunikativer Fähigkeiten wichtig ist, s. Speidel / Nelson (1989). – Schon bei Stern, Grégoire und später bei Menyuk, Bloom findet man empirische Beweise dafür, dass der Spracherwerb nicht von Konditionierung abhängt.

2.1.2. Nativistischer Ansatz

Die Vertreter dieser Richtung sehen den Spracherwerb nicht als einen Erwerb von Habits an, also als stimulus-kontrolliert und dadurch der Außensteuerung ausgesetzt, sondern als die Entfaltung angeborener Fähigkeiten. Besondere Vertiefung hat diese Richtung durch Chomsky, Lenneberg und McNeill erhalten. Laut Chomsky (dt. 1969) verfügt das Kind über gewisse angeborene strukturelle Eigenschaften der Grammatik. Dieses Vermögen manifestiere sich in den linguistischen Universalien. Eine extreme Position (McNeill dt. 1974) nimmt an, eine Reihe von strukturellen Eigenschaften der generativen Grammatik, z. B. die Basiskategorien, seien im Kinde alle vorhanden, d. h. angeboren, und das Kind hätte diese durch die jeweilige Realisierung in der Sprache der Umgebung auszufüllen. Diese spekulative Annahme und Chomskys LAD (language acquisition device) isolieren den Spracherwerb von anderen Erkenntnisbereichen und der soziokulturellen Umgebung des Kindes. Es ist ja nichts Neues, dass Spracherwerb eine speziesspezifische menschliche Eigenschaft ist, ebenso wie die Tatsache, dass jedes Kind jede Sprache und nicht nur eine, sondern mehrere gleichzeitig oder nacheinander erwerben kann. Dem nativistischen Modell wird auch entgegengehalten, das Kind brauche nach ihm gar nicht zu sprechen, um zum Erwachsenenmodell zu gelangen (Peizer / Olmstedt 1969, 61). Zur Kritik s. neuerdings Wachs (1992) und Bohannon / Stanowicz (1989), vgl. auch Krasnegor / Rumbaugh et al. (1991); Braine (1994).

Die Tatsache jedoch, dass ein Kind, das keine Sprache hört, nicht sprechen lernt (vgl. die sog. Wolfs-Kinder und den Fall Genie, unter 3.3.), geben Anlass zur Forderung nach wirklichkeitsnäheren Hypothesen in der Empirismus-Nativismus-Debatte. Lenneberg (dt. 1972, 480f.) äußert sich vorsichtiger als die Vorgänger: die Prozesse, kraft derer sich die realisierte Struktur einer natürlichen Sprache entwickelt, können als artspezifische, angeborene Eigenschaften der biologischen Natur des Menschen angesehen werden. Durch die physiologische Entwicklung gerät das Kind in einen Zustand, der es reif macht, sprachliche Impulse der Umwelt aufzunehmen. Vgl. Krasnegor / Rumbaugh (1991); Menyuk (1988).

Die Vertreter der nativistischen Position berücksichtigen nicht, dass die Frage der Sprachfähigkeit von der Frage der Sozialisation, der Enkulturation und der kognitiven Entwicklung nicht zu trennen ist. Sie verneinen auch die Rolle der Imitation im Spracherwerb und scheinen sich dadurch von jeglicher Empirie zu lösen. Ihr Argument, dass das Kind aus den häufig defektiven Daten der Erwachsenenrede keine Sprache erwerben könne, ist nicht haltbar: Erwachsene verwenden im Gespräch mit Kindern ein besonderes Register, das schon von Brown / Bellugi (1964, 136) hervorgehoben worden ist (s. 2.2.1.1.).

2.1.3. Das Konvergenzmodell

In der modernen Empirismus-Nativismus-Debatte ist man auf die Konvergenztheorie von Stern kaum eingegangen. Der Grund liegt u. a. in der Nichtberücksichtigung früherer Literatur zum Thema. Dies ist auch bei neueren Einführungen in den Bereich des Spracherwerbs feststellbar, obwohl man Sterns Gedanken auch in der weit verbreiteten Arbeit von Lewis (dt. 1970) findet. In seiner „Psychologie der frühen Kindheit" (1914) stellt Stern die Konvergenztheorie als eine Vereinigung der beiden Standpunkte dar und betont: „Seelische Entwicklung ist nicht ein bloßes Hervortreten-Lassen angeborener Eigenschaften, aber auch nicht ein bloßes Empfangen äußerer Einwirkungen, sondern das Ergebnis einer *Konvergenz* innerer Angelegenheiten mit äußeren Entwicklungsbedingungen." Methodisch hebt er hervor: „Bei keiner Funktion oder Eigenschaft dürfte man fragen: 'Stammt sie von außen oder von innen?', sondern '*Was an ihr* stammt von außen und was von innen?'; denn stets wirkt beides in ihrem Zustandekommen mit, nur jeweils mit verschiedenen Anteilen" (1914/1967, 26f.).

Nicht das *Entweder-oder-Prinzip*, sondern das *Sowohl-als-auch-Prinzip* sollte im Bereich des *Wie* des Spracherwerbs Ausgangspunkt wirklichkeitsnaher Hypothesen sein. Bis jetzt gibt es hier immer noch viel zu wenig systematische empirische Grundlagenforschung.

2.2. Zur Rolle der Umgebung

Beim Spracherwerb spielt nicht nur das durch Hören und Sehen Wahrgenommene eine Rolle, sondern auch die Qualität und Quantität der menschlichen Zuwendung. Das Kind braucht emotionale Wärme und Kontakt. Daher ist sein Nahmilieu, der soziokulturelle Rahmen zu untersuchen.

2.2.1. Der soziokulturelle Rahmen

Ein Kind nimmt in der Gruppe, in die es hineinwächst, sowohl sprachliche als auch soziokulturell bedingte Verhaltensweisen wahr. Bei der Aneignung dieser Verhaltensweisen begegnet das Kind zuerst den phonetischen, lexikalisch-stilistischen und syntaktischen Eigenarten der Bezugspersonen und anderer Familienmitglieder. In vielen Fällen ist die erste sprachliche Umwelt des Kindes nicht eine Standardsprache, sondern eine Sprache, die auch durch soziolektale und dialektale Merkmale gekennzeichnet ist. Hierher gehört auch das besondere Register, das als Ammen- oder Babysprache bekannt ist (s. 2.2.1.1.).

Die erste kommunikative und soziale Beziehung entsteht beim Kind durch die sog. Mutter-Kind-Dyade, die durch ihre großen affektiven Bande gekennzeichnet ist (Spitz dt. 1974, 144f.). Diese erste Bindung ist für die harmonische Entwicklung des Kindes äußerst wichtig.

Der Faktor „sprachlicher Stimulus der Umwelt“ spielt eine große Rolle beim Umfang und Tempo des Spracherwerbs. Heimkinder weisen eine durchschnittlich langsamere Entwicklung auf als Familienkinder. Zwillinge und Drillinge stehen häufig hinter Einzelkindern zurück (Spitz dt. 1974, 284f.; McCarthy 1954, 590f.).

2.2.1.1. Zur Sprache, gesprochen mit Kleinkindern

Das besondere Register, das Erwachsene und ältere Kinder im Gespräch mit Kleinkindern verwenden, ist gekennzeichnet durch typische parasprachliche und morphosyntaktische Muster. (Oksaar 1987, 124ff.; Penzinger 1985, 84ff.) Man spricht langsamer, mit deutlicher Artikulation und in einer höheren Stimmlage als mit Erwachsenen. Schwierige Konsonantenverbindungen werden vermieden, man verwendet einfache Sätze und bevorzugt zweisilbige Wörter. Diminutive: *Lieschen, guck mal, Hündchen* und Reduplikationen wie *wau-wau* sind häufig. Wörter wie *wau-wau, tick-tack* verzögern laut Stern / Stern (1928, 381) keineswegs den Erwerb normalsprachlicher Wörter. Denn derartige onomatopoetische Wörter fördern „das Sprachdenken“ in einem Entwicklungsstadium, in dem das Kind noch nicht imstande wäre, *Hund* und *Uhr* zu verstehen. Schon früh (2; 5) gebrauchen Kinder aber schon beide Wörter, was für die Entwicklung der Erfassung stilistischer Unterschiede nützlich ist. Dieses Register ist auch gekennzeichnet durch seine Gegenwartsbezogenheit: es wird das verbalisiert, was das Kind gerade sieht, hört oder erlebt. Ausführliche Erörterung bei Snow / Ferguson (1977); Oksaar (1987, 124ff.); Bohannon / Stanowicz (1989).

Dieses Register scheint vor allem zwei Ziele zu verbinden: die Kommunikation zu erleichtern und Intimität, Zärtlichkeit und Geborgenheit auszudrücken. Es hat auch theoretische Konsequenzen, indem es bestimmte Argumente für die vorprogrammierte Sprachentwicklung entkräftet (s. 2.1.2.). Denn als Grundlage des Spracherwerbs dient den Kindern nicht irgendwelche beliebige Erwachsenensprache, sondern eine besondere Art, deren Struktur die Behauptung zulässt, dass sie den Lernprozess erleichtern kann. War die Reihenfolge in diesem Prozess früher AS → CS (adult speech → child speech), so muss sie laut Brown in seiner Einleitung zu Snow/ Ferguson (1977) nunmehr ersetzt werden durch eine neue: AS → BT → CS (adult speech → baby talk → child speech).

Die Eigenarten des hier erörterten Registers unterstützen die Spracherwerbshypothese von Macnamara (1982). Er nimmt an, dass Kinder u. a. dadurch sprechen lernen, dass sie, unabhängig von den Sätzen selbst, die Bedeutung der gehörten Sätze erfassen.

3. Spracherwerb als kulturelles Lernen

Für die psycholinguistisch dominierte Kindersprachenforschung war Spracherwerb unter dem Einfluss von Chomskys Theorien lange gleich Grammatikerwerb und Linguistik gleich Syntaxforschung. Pädolinguistik hat den gesamten soziokulturellen Bereich der Kommunikation zu erfassen.

3.1. Was wird erworben?

Geht man davon aus, dass Sprache als Zeichensystem nicht nur den Denk-, Erkenntnis- und sozialen Handlungsprozessen dient, sondern auch die Lebensäußerungen einer Gruppe oder Gesellschaft widerspiegelt, so wird deutlich, dass viel mehr Fähigkeiten erworben werden als die Beherrschung der Aussprache, des Wortschatzes und der Grammatik, wodurch Sätze und Texte gebildet werden. Das Kind lernt:

- Die Wirklichkeit zu erfassen und zu strukturieren. Hat es nach den Merkmalen der Form und Farbe erfasst, was *Blume* ist, muss es noch lernen, dass auch der Ort wichtig ist, um etwas als *Blume* zu bezeichnen. Bis es das nicht kann, identifiziert es auch *Blume* auf dem Kirschbaum. Im Deutschen sind die Gebrauchsnormen von *Blume* und *Blüte* bestimmt vor allem durch die Merkmale des Ortes. Für schwedische Kinder ist jedoch alles, was blüht, *blomma* „Blume; Blüte". Sie haben in diesem Fall gleich Identifikationen, die vom Erwachsenenmodell nicht abweichen.
- Grammatikalische und akzeptable Äußerungen zu bilden und zu verstehen und Situationen zu beurteilen, in denen sie angebracht sind: *Wer sagt was wem wann wo wie warum und mit welchem Resultat?* Diese sog. Lasswellsche Formel kann auch auf die Spracherwerbsprozesse angewendet werden: mit der Zeit lernt der Mensch, dass es eine soziale Dimension der linguistischen Variation gibt und eine linguistische Dimension der sozialen Variation. Sagt ein 4-jähriger, auf eine alte

Frau zeigend: *die sieht aus wie eine Hexe*, so muss er lernen, dass derartige Analogien in unserer Kultur nicht normgerecht sind, und verstehen, warum die Frau darüber nicht erfreut ist.

Das Kind erwirbt eine *interaktionale Kompetenz*, d. h. die Fähigkeit, in Interaktionssituationen verbale und nichtverbale kommunikative Handlungen zu vollziehen und zu interpretieren, gemäß den soziokulturellen und soziopsychologischen Regeln der Gruppe. Hymes (1967) Begriff *kommunikative Kompetenz* wird dadurch differenziert und auf die mündliche Kommunikation zentriert. Denn in der mündlichen Kommunikation hat man nicht nur sprachliche und nichtsprachliche Komponenten (verbale und nonverbale Kommunikation), sondern auch aktionale und nichtaktionale. Letzteres weist darauf hin, dass man auch durch Nichtssagen, durch Schweigen, kommunizieren kann.

Das Kind lernt interaktionale und andere kulturell bedingte Verhaltensweisen – wie man sich bewegt, wie man sich im Raum orientiert, wie man sich kleidet u. a. – in dem primären Sozialisierungsprozess. Die interaktionalen Verhaltensweisen, *Kultureme*, werden Mitmenschen gegenüber aktiviert und zusammen mit der Sprache gelernt: *dass* man sich grüßt, *dass* man sich anredet, *dass* man seine Emotionen ausdrückt, *dass* man etwas wem wann nicht sagen darf u. a. Die Realisierung der Kultureme geschieht durch *Behavioreme*: *wie* man sich grüßt, *wie* man sich anredet usw. Das Kind lernt, dass man einer Frau, die Müller heißt, nicht *guten Tag, Frau* sagt, sondern *guten Tag, Frau Müller*, und dass diese verbalen Handlungen mit den nonverbalen verbunden werden: Frau Müller ansehen, ihr ev. die Hand geben etc.

Kinder erwerben einige dieser kulturspezifischen Handlungsweisen schon um 2;6 (Oksaar 1983c, 23). Dialogfähigkeiten mit Regelung des Sprecherwechsels, Eröffnung und Abschluss sind schon ab 2;6 festzustellen (Ervin-Tripp 1979). Shields (1980) findet ab 3;0 als wichtige Konstituenten des Dialogs 1) interindividuelle Beteiligung, Wechsel und Kohäsion zwischen den Sprechern und 2) thematische und kontextuelle Kohäsion. Vgl. auch Foster (1990); Ramge (1983); Käsermann (1980). Die Einsicht, dass beim kindlichen Sprechen und Sprechenlernen sowohl die situationalen als auch die interaktiven Faktoren eine zentrale Rolle spielen, ist erst langsam thematisiert worden, s. Oksaar (1987, 234f.); Hochfeld (1987); Reimann (1993). Zur Verbindung der interaktional orientierten Richtung mit der kognitiven Entwicklungsforschung, die ja schon in den dreißiger Jahren bei Wygotski (dt. 1969) eine wichtige Rolle spielte, s. Oksaar (1987, 33f.); und Villegas de Posada (1981), vgl. Rice / Kemper (1984). Zur Entwicklung der soziokognitiven Fähigkeiten s. Dimitracopoulou (1990).

3.2. Wann wird Sprache erworben?

Obwohl die Sprachentwicklung als ein Kontinuum angesehen werden muss, kann man einen groben zeitlichen Durchschnitt von Entwicklungsphasen aufstellen (s. 4.). Ehe wir zu diesen kommen, ist aber die grundsätzliche Frage zu beantworten, ob es ein kritisches Alter, d. h. eine zeitliche Begrenzung des Spracherwerbs gibt.

Dieser Frage, die schon von Penfield / Roberts (1959) gestellt worden ist, mit dem Hinweis, dass es nach der Pubertät (12–14 Jahre) schwer sei, eine zweite Sprache zu erwerben, ist Lenneberg (dt. 1972) von biologischen Grundlagen her nachgegangen. Anhand ausführlichen Materials stellt Lenneberg (dt. 1972, 189f.) fest, dass sich die Festlegung der meisten Sprachfunktionen in der linken Hemisphäre des Gehirns vom zweiten Lebensjahr an etwa bis zur Pubertät vollzieht. Das sei die kritische Zeitspanne, sie hängt mit der Plastizität des Gehirns zusammen. Seine Theorie ist nicht ohne Widerspruch geblieben, da die funktionale Asymmetrie der Gehirnhälften schon viel früher, bei oder bald nach der Geburt belegbar ist (Geschwind / Galaburda 1977/1987, 73ff.; de Villiers / de Villiers (1978, 210ff.). Auch hat der Fall des amerikanischen Kindes Genie, das erst im Alter von 14 Jahren sprechen lernte, gezeigt, dass es sehr wohl möglich ist, sogar die Erstsprache nach der Pubertät zu erwerben.

Beim heutigen Stand der Forschung gibt es keinen Anlass, eine kritische Periode des Spracherwerbs anzunehmen, s. die gründliche Analyse des Themas bei Holmstrand (1982). Vielmehr steht fest, dass Sprache und Sprachen in jedem Alter gelernt werden können, allerdings auf unterschiedliche Art. Die Spontaneität des Vorschulkindes, seine „intuitiven Fähigkeiten" (Penfield / Roberts 1959) ermöglichen es ihm z.B., im wahrsten Sinne des Wortes spielend, mehr als eine Sprache zu erwerben, wenn es diese kontinuierlich hört.

3.2.1. Zur Zweisprachigkeit

Die allgemein verbreitete Annahme, dass man eine fremde Sprache nach der Pubertät nicht vollständig erwerben könne – besonders die Aussprache –, muss stark relativiert werden. Das Gegenteil ist nicht ungewöhnlich. Aber auch wenn man den Akzent als Trennungslinie zwischen kindlichem und erwachsenem Zweitspracherwerb akzeptiert, sollte man vom Akzent her nicht auf die gesamte Sprachbeherrschung schließen. Da biologische Fakten die Pubertät als Grenze für akzentfreien Fremdsprachenerwerb nicht stützen, scheinen soziopsychologische Gründe maßgebend zu sein: die Einstellung gegenüber der Sprache und den Sprachträgern, Motivation im allgemeinen. Man sollte daher statt *nicht Können* ein *nicht Wollen*, wenn auch ein unbewusstes, annehmen. Vieles spricht dafür: die Persönlichkeit und Identität des Menschen werden während der Pubertät geformt, die muttersprachliche Identität kann den Akzent bedingen.

Dass das Vorschulalter die beste Zeit für zweisprachigen Spracherwerb ist, hat man seit der Jahrhundertwende wieder hervorgehoben (Grammont 1902; Ronjat 1913). Wenn z.B. die Mutter mit dem Baby konsequent die eine Sprache spricht, der Vater die andere – nach dem Prinzip eine Person, eine Sprache –, führt dies zu einer Zweisprachigkeit, die bei einem drei- bis vierjährigen Kind fast interferenzfrei ist, d.h. die Sprachen werden auseinander gehalten. Die Mehrzahl der Arbeiten zu diesem Thema betont, dass die Zweisprachigkeit ein großer Vorteil ist, positive Wirkungen auf den Intellekt hat und eine nuanciertere Auffassung von der Wirklichkeit ermöglicht als die Einsprachigkeit. Sie fördert die analytischen Fähigkeiten des Kindes und erleichtert den Erwerb einer dritten Sprache. Zur Erörterung einschlägiger Arbeiten s. Oksaar (1989); Menyuk (1988); Taeschner (1983); Pearl / Lambert (1962). Erstaunlicherweise findet man in der Mehrsprachigkeitsdebatte immer noch unkritische Hinweise auf u. a. von Rassentheoretikern wie Epstein und Blocher beeinflusste Arbeiten aus den zwanziger und dreißiger Jahren, die von negativen Wirkungen wie Persönlichkeitsspaltung u. a. reden. Eine kritische Erörterung dieser Arbeiten findet sich schon bei Arsenian (1945); ihre methodischen Unzulänglichkeiten werden auch von Williams (1967) ausführlich dargelegt.

4. Zur Entwicklung sprachlicher Strukturen

4.1. Stadien der Sprachentwicklung

Zeitliche Angaben und Durchschnitte der Entwicklungsphasen können nur als grobe Verallgemeinerungen angesehen werden, da jedes Kind und seine Sprache verschieden sind.

Nach der frühesten Phase mit zwei Arten von Vokalisationen, vor allem unterschiedlichen Schreitypen (Hunger, Schmerz) und Nicht-Schrei-Vokalisationen schon von den ersten Tagen an, beginnt um den dritten Monat herum die *Lallperiode*. Funktional gesehen übt das Kind hier bei Formen wie *dada, mibi, nana* u. a. nicht nur verschiedene Artikulationen, sondern diese können auch kommunikative Zwecke erfüllen, wenn Erwachsene sie als Äußerungen des Wohlbehagens und Unbehagens interpretieren. Diese Periode darf nicht unterschätzt werden, da sich hier die phonetisch und semantisch identifizierbaren Lautsequenzen entwickeln. Etwa im zehnten Monat kommt das erste der Umgebung verständliche Wort. Dieses muss jedoch als eine Art Globaläußerung – *Einwortsatz* (Bühler 1934, 72 f.) – aufgefasst werden: *papa* hat in dieser Phase gewöhnlich einen weiteren Geltungsbereich als später. Das Kind versteht mehr, als es selbst äußern kann. Verwenden Kinder auf der Einwortstufe rund 50 Wörter, so haben Dreijährige schon einen Wortschatz von mehr als 1000 Wörtern. Im Alter von 4 Jahren verfügen Kinder schon über die wichtigeren syntaktischen Regeln der Erwachsenensprache. Vgl. Menyuk (1988); Slobin (1984).

4.2. Phonologie und Phonetik

Laut der bekanntesten Theorie der phonologischen Entwicklung von Roman Jakobson (1941/72) geht diese von dem Prinzip des maximalen Kontrastes und des kleinsten Kraftmaßes aus: Zuerst werden die einfachen Strukturen des gröbsten Kontrastes erworben: *a* als der erste Vokal und ein labialer Verschlusslaut als der erste Konsonant. Dann folgt die Entwicklung einer komplexeren Struktur der kontrastierenden Lautklassen. Laut Jakobson tritt zuerst der Kontrast zwischen den Labialen und den Nasalen auf: *papa – mama* dann erst von Labialen und Dentalen: *papa – tata, mama – nana*. Jakobsons vielverbreitete Theorie ist schon früh kritisiert worden (Velten 1943; Leopold 1947, 199 ff.), da der Lauterwerb keineswegs universal und nach einem festen Programm verläuft. Schon wegen der schmalen Grundlage seiner Daten kann keine Allgemeingültigkeit beansprucht werden. Ferner ist fraglich, ob so früh schon phonologische Kontraste belegbar sind. Nicht selten ist das erste Wort des Kindes etwas anderes als *papa, mama*, z. B. *auto*. Die gegenwärtig verfügbaren Daten lassen wegen ihrer Unvergleichbarkeit sogar keine Schlüsse zu, dass der von Jakobson angenommene Entwicklungsweg der häufigste sein könnte, s. Ferguson (1976, 17); Olmsted (1971, 105); Oksaar (1971, 105f.). Berücksichtigt werden muss, dass der Lauterwerb nicht losgelöst von Wörtern geschieht. Die phonetische Seite darf bei der Untersuchung der phonologischen Entwicklung nicht vernachlässigt werden. Das Kind hört Wörter und kann sie am Anfang nur nach phonetischen Merkmalen identifizieren. Es kann Laute (und Wörter) erkennen, auch wenn es diese nicht aussprechen kann. Die phonologische Entwicklung scheint durch die Veränderung der Aussprache in einzelnen Wörtern zu geschehen; vgl. Ferguson / Menn / Stoel-Gammon (1992). Übersichten bei Leopold (1947); Menyuk (1988); Yeni-Komshian / Kavanagh / Ferguson (1980); vgl. Clark / Clark (1977); Oksaar (1987); zur Entwicklung der Lautproduktion im Deutschen s. Sendlmeier / Sendlmeier (1991) und Elsen (1991).

4.3. Semantik und Lexik

Über die Entwicklung des semantischen Systems und der semantischen Strukturen herrscht keine Einigkeit, s. die kritische Sichtung der Forschungsresultate bei Oksaar (1987, 177ff.); Grimm (1982, 548ff.). In der neueren Literatur wird stets auf zwei entgegengesetzte Erklärungsversuche hingewiesen: Clarks (1973) „semantic feature hypothese", nach der zuerst ein oder zwei Merkmale perzeptueller Natur als Bedeutung identifiziert werden, und Nelsons (1974; 1985) auf außersprachliche Erkenntnisse der Funktionen der Objekte bauende Theorie. Schon in früheren Untersuchungen, s. Leopold (1949; 1956/57); Lewis (1951), sind aber die Grundgedanken der beiden Modelle vorweggenommen und wirklichkeitsnähere Erklärungen gegeben worden. Wörter scheinen fast immer mit Bedeutungen gelernt zu werden, wobei der Situationskontext eine wichtige Rolle spielt. Die Entwicklung der semantischen Strukturen verläuft von groben Differenzierungen zu immer feineren. Leopold (1956/57, 122) stellt fest: „Es ist wieder eine große geistige Leistung für das Kind, die Ordnungsprinzipien der Umweltsprache zu erfassen und nachzubilden. Es schreitet von groben, großenteils unannehmbaren Bedeutungsballungen durch ständige Bedeutungserweiterung und -verengung Schritt für Schritt bis zur Aneignung der Kategorien der Erwachsenen. Auf dem Wege kommt es zu manchen Bedeutungskomplexen, welche die Erwachsenen ablehnen oder komisch finden. Sie sind entrüstet, wenn das Kind alle Männer mit „Papa" bezeichnet, finden es aber ganz in der Ordnung, wenn es alle fremden Männer 'Onkel' nennt. Das Lachen oder die Mißbilligung der Umwelt ist ein Anreiz zur unterbewußten Überprüfung und Umgestaltung der Kategorien."

Diese Beobachtungen decken grob den ganzen Prozess, wobei zwei Faktoren besonders wichtig sind: erstens, die entgegengesetzten Kräfte – Bedeutungserweiterung und Bedeutungsverengung – und zweitens, dass diese Prozesse von den Reaktionen der Umwelt abhängen.

Das Kind versucht, seine allgemeineren Kategorien der Wirklichkeit anzupassen, das Unbekannte durch das schon Bekannte zu identifizieren. Eine logische Folge dieser Prozesse ist die Übergeneralisierung. Leopold (1956/57, 122) gibt ein anschauliches Beispiel: Hat das Kind anhand eines Objektes, z. B. Zahnbürste, gelernt, was „Bürste" ist, merkt es nach und nach, dass verschiedene Objekte (Haarbürste, Schuhbürste) mit demselben Wort bezeichnet werden, weil mit ihnen ähnliche Bewegungen ausgeführt werden. „Sieht man dann einen Maler ein ähnliches Ding in ähnlicher Weise verwenden, dann bezeichnet man es natürlich mit demselben Wort." Im Englischen ist das ganz natürlich (*brush*), im Deutschen und Französischen hat man hier aber ein ganz anderes Wort.

Bei der Analyse derartiger Prozesse darf man nicht vergessen, dass sich für das Kind die Wirklichkeit, die es durch die Wörter klassifiziert, nicht nur statisch, sondern auch dynamisch darstellt. Laut Lewis (1951, 199) genügt es nicht, nur die Situation zu analysieren, sondern man muss auch die Funktionen des vom Kind benutzten Wortes heranziehen.

Aus diesen früheren umfangreichen Analysen und unserem Hamburger pädolinguistischen Projekt geht hervor, dass die semantischen Merkmale nie so einfach auftreten und simpel festzustellen sind, wie sie von Clark (1973) dargelegt werden. Es ist der Funktions- und Wirkungsgleichheit, der Ähnlichkeit in Farbe und/oder Form zuzuschreiben, wenn es bei verschiedenen Objekten dieselbe Bezeichnung verwendet, also die Bedeutung überträgt.

Die Extension der Bedeutung kann kaum nur nach einem Merkmal vorgenommen werden, die Beurteilung kann aber nur von dem gesamten kommunikativen Akt aus geschehen. Unsere Untersuchungen zeigen, dass Merkmale aus verschiedenen Klassen häufig zusammenwirken (Oksaar 1971 und 1977/1987, 180 ff.). Ein Beispiel: Das Kind (1;3) fand eine schmale spitze Büroklammer von der Größe einer Nadel, nahm sie in die Hand, machte eine ähnlich schmerzhafte Erfahrung wie bei der ersten Begegnung mit einer Nadel und sagte vor sich hin *Nadel*, wobei die etwas zögernde, erschrocken-fragende Stimmführung das Gesagte als eine Art Identifikationsfrage einstufen lässt. Aus der Gesamtsituation geht hervor, dass die Wirkung des Gegenstandes: Schmerz durch einen Stich, das dominierende Merkmal für die Übergeneralisierung ist, es könnten jedoch auch die Größe und ferner die Beschaffenheit des Materials, also die visuell fassbaren Merkmale, mitwirken. Die Erweiterung des Verwendungsbereiches eines Wortes erfolgt nach den in der Wirklichkeit identifizierten Merkmalen und Merkmalskomplexen. Wenn ein Kind (1;4–1;5) seinen Kinderwagen *Mä auto* nennt (sein Kindermädchen Mai nannte es Mä), gibt es dafür mindestens vier Merkmalsklassen: 1) Funktion, 2) Bewegung, 3) Gestalt, 4) Befindlichkeit.

1) Funktionsgleichheit: das Kind wird darin gefahren, genau wie in Vaters Wagen, Mai „steuert" es, dasselbe tut Vater mit seinem Wagen, 2) Bewegung: der Kinderwagen und das Auto sind beide Gegenstände, die sich bewegen (lassen), 3) Gestalt:

beide haben die gleiche Anzahl Räder. (Das Kind zeigte zu dieser Zeit großes Interesse für allerlei Räder), 4) Befindlichkeit: beide wurden in der Garage abgestellt.

Derartige Befunde zeigen, dass auch diejenigen, wie Nelson (1974), die mit Argumenten aus der Piaget-Schule behaupten, dass das Kind am Anfang nicht fähig sei, einen Gegenstand in Merkmalen, wie z. B. Form, zu analysieren und nur funktionale Ähnlichkeit sehe, nicht im Recht sind. Das Kind kann beides schon im Alter zwischen 1;0–2;6. Die Fähigkeit, über verschiedene Sektoren der Sprache zu urteilen, scheint sich schon früh zu entwickeln. Um 3;0 herum verbessert das Kind Erwachsene und andere Kinder sowohl in Bezug auf Wortformen als auch auf die Wortwahl (Stern / Stern 1928, 107). Dass elementare Bedeutungsbeziehungen in dem Alter schon stabil sein können, zeigt folgender Dialog. Mutter zur Tochter (3;2): *Dein Hemd guckt hervor!* Tochter: *Das Hemd hat keine Augen!*

Der semantische Identifikationsprozess ist verbunden mit dem Prinzip der Sinngebung, das sich bei 4–5jährigen Kindern in Fragen wie *Meerrettich – ist er aus dem Meer gerettet*? äußert. Bei Stern / Stern (1928, 417 ff.) finden sich weitere Beispiele für dieses Alter, in dem sich aber auch der Spieltrieb, der sich in Sätzen wie *Die Katze bellt* zeigt – das schöpferische Spiel mit Sprache und Welt.

Die Interpretation von sprachlichen Äußerungen hängt sowohl bei Kindern als auch bei Erwachsenen vom Erfahrungsbereich ab. Kinder interpretieren auch von ihrem Interessengebiet aus. Beispiel aus dem Hamburger Korpus: Ein 7jähriger wurde gefragt, was der Satz bedeute: *Müßiggang ist aller Laster Anfang.* Antwort: *Das ist der erste Gang. Den legt der Laster ein und fängt an zu fahren.* Es ist nicht zu rechtfertigen, dass viele derartige Beobachtungen in natürlichen Situationen häufig als anekdotisch abgetan werden, während den einzelnen Äußerungen in einer für das Kind unnatürlichen Experimentsituation im Labor volle Aussagekraft zugemessen wird.

4.4. Syntax und Morphologie

Neben Einwortsätzen kommen bei einem 1;6 jährigen Kind schon Zweiwortsätze vor, eine Entwicklung, die mit der Gedächtnisspanne und der Gehirnkapazität zusammenhängt; zu diesen s. Markowitsch (1992). Im kurzen Abstand folgen nach 2;0 Mehrwortsätze, es beginnt die syntaktische und morphologische Differenzierung und ein weiterer Ausbau des phonologischen und semantischen Systems. Während das erste Stadium der Zweiwortsätze aus sog. *Wort-Satz-Blöcken* besteht, d. h. aus der Aneinanderreihung der Einwortsätze mit gleicher Intonation und einer Pause dazwischen: *auto. fahren* (1;6, das Kind sah ein Auto vorbeifahren), werden sie im zweiten Stadium auch intonationsmäßig zusammengeführt: *mami bürste* (1;7). Zu diesem Stadium s. Stern / Stern (1928), Leopold (1956/57), Bloom (1970), Slobin (1970) und weitere Erörterungen bei Oksaar (1987, 190 ff.); Menyuk (1988, 160 ff.). Diese frühe syntaktische Entwicklung, in der fundamentale semantische Beziehungen wie Agent – Aktion, Agent – Objekt, Aktion – Objekt, Zugehörigkeit, Befindlichkeit u. a. ausgedrückt werden, hat man in verschiedenen Grammatikmodellen zu erläutern versucht (Pivot-Grammatik, transformationeller Ansatz, Kasusgrammatikmodell, telegraphische Rede). Von denen reicht der Ansatz der telegraphischen

Rede (Brown / Fraser 1964; Brown / Bellugi 1964) am weitesten, da sie auch die Kind-Erwachsenen-Interaktion berücksichtigt. Die kindlichen Sätze werden als Produkte eines selektiven Imitationsprozesses der Sprache der Umgebung aufgefasst. Die Erwachsenen ihrerseits erweitern diese Sätze. Sagt Peter (2;1): *Teddy Bett*, hört er von der Mutter: *Ja, Teddy ist in seinem Bett.* Das Kind greift gewöhnlich nur die stark betonten Wörter der Erwachsenen heraus und berücksichtigt Artikel, Hilfsverben und Funktionswörter, die semantisch weniger aussagen, nicht.

Nach dem zweiten Lebensjahr erfolgt die Bildung komplexerer Satztypen und morphologischer Strukturen: Fragesatz, Negationssatz, Konjugation, Deklination, Komparation. Die Entwicklung der grammatischen Formen hängt aber nicht nur von ihrer formalen Komplexität ab, sondern auch von deren kognitiven Schwierigkeitsgrad, wie u. a. Slobin (1970) und Schlesinger (1970) hervorgehoben haben; vgl. de Villiers (1995). Daher ist es verständlich, dass in verschiedenen Sprachen konditionale Sätze und Sätze mit Konjunktionen wie *weil* relativ spät erscheinen (in der Zeit der primären Erweiterungsstufe, s. 1.2), ebenso wie Passiv, das erst zwischen 7–9 Jahren beherrscht wird (Carol Chomsky 1969; Turner / Rommetveit 1967; Oksaar 1987, 193ff.). Durch Training erwerben aber schon Vorschulkinder gewisse Passivisierungsfertigkeiten, s. Lempert (1990). Allerdings muss berücksichtigt werden, dass das Kind Passiv in der gesprochenen Sprache seiner Umgebung wenig hört.

In der Textkonstitution überwiegen beim Vorschulkind – trotz Fähigkeit zur Hypotaxe – parataktische Fügungen (*und da kommt . . .*). Vgl. die Untersuchung der gesprochenen Sprache der deutschen Grundschüler von Rickheit (1975). Diese verwenden überwiegend Hauptsätze, „doch steigt die relative Häufigkeit der Nebensätze von 9,2 % im siebten ständig an auf 14,4 % im zehnten Lebensjahr“ (1975, 222).

Was und wie das Kind etwas sagt, hängt vom Situationskontext ab. Beim Bilderbuchbetrachten antwortet es auf eine Frage häufig nur mit einem Wort. Frage: *Was tut die Puppe?* Antwort: *Schläft.* Das Subjekt ist dem Erwachsenen und dem Kinde hier schon zweifach gegenwärtig – durch die Frage und durch das Bild. Derartige Antworten gehören beim Erwachsenen zum *spontanen* Äußerungsmodell (zum normativen und spontanen Äußerungsmodell s. Oksaar 1979). In kommunikativen Akten, in denen das Kind selbst das Gespräch anfängt, können schon früh längere Äußerungen vorkommen. Kirsten (2;0) will Bonbons haben, wendet sich an Onkel A.: *Onkel hat Bonbon. Mehr Bonbon dann.*

Abschließend kann festgestellt werden: Der Deutschlehrer hat sowohl die Sprachkompetenz als auch die interaktionale Kompetenz der Erwachsenensprache zu vermitteln. Zu seiner eigenen interaktionalen Kompetenz gehört jedoch u. a., die kommunikativen Zeichen des Kindes zu erkennen. Ein Vorschulkind der primären Erweiterungsstufe hat bei seiner Welterschließung schon eine Reihe von kommunikativen Strategien entwickelt, zeigt Fähigkeiten zu metasprachlichen Reflexionen, Beurteilungen über die Sprachverwendung anderer Kinder und Erwachsener und zu originellen Wortschöpfungen. Kultur- und schichtenspezifische Unterschiede machen sich jedoch geltend, die besonders bei zweisprachig aufwachsenden Kindern in der Lehrer-Schüler-Interaktion zu Missverständnissen führen können. Am Deutschunterricht nehmen ja nicht nur deutsche Kinder teil. Wagt ein Kind dem Lehrer nicht in die Augen zu sehen, so ist es keineswegs als ein Zeichen von Trotz oder schlechtem Gewissen auszulegen, wie es nach deutschen Behavioremen üblich ist: das Kind kann aus einer Kultur kommen, in der man Respektpersonen nicht in die Augen sieht, wie z. B. in Südostasien. Auch sollten Probleme, die bei zweisprachig aufwachsenden Kindern auftauchen, nicht ohne weiteres der Mehrsprachigkeit oder dem Kulturkonflikt zugeschrieben werden. Auch bei einsprachig, in einem Kulturkreis aufwachsenden Kindern gibt es Probleme. Die positive Zuwendung des Lehrers, die das Kind ermuntert und motiviert, ist zweifelsohne als ein Faktor anzusehen, der in derartigen Situationen notwendig ist.

Literaturverzeichnis

Arsenian, Set: Bilingualism in the post-war world. In: Psychological Bulletin 1945, 42, 65–86

Bloom, Lois: Language development: Form and function in emerging grammars. Cambridge, Mass. 1970

Bohannon, John N. / Stanowicz, Laura: Bidirectional effects of imitation and repetition in conversation: A synthesis within a cognitive model. In: Speidel, Gisela E. / Nelson, Keith E. (Hrsg.): The many faces of imitation in language learning. New York / Berlin 1989, 121–150

Braine, M.: Is nativism sufficient? Journal of Child Language 21, 1994, 9–31

Brown, Roger / Bellugi, Ursula: Three processes in the child's acquisition of syntax. In: Harvard Educational Review 1964, 34, 133–151

Brown, Roger / Fraser, Colin: The acquisition of syntax. In: Bellugi, Ursula / Brown, Roger (Hrsg.): The acquisition of language. Chicago 1964, 43–79

Brown, Roger: A first language. Cambridge, Mass. 1973

Bühler, Karl: Sprachtheorie. Jena 1934

Chomsky, Carol: The acquisition of syntax in children from 5 to 10. Cambridge, Mass. 1969

Chomsky, Noam: Aspekte der Syntax-Theorie. Franfurt/M. 1969, engl. Original 1965

Christie, Frances: Young children's writing: From spoken to written genre. In: Language and Education 1987, 1, H. 1, 3–13

Church, Joseph: Sprache und die Entdeckung der Wirklichkeit. Frankfurt/M. 1971, engl. Original 1961

Clark, Eve V.: What's in a word? On the child's acquisition of semantics in his first language. In: Moore, T. E. (Hrsg.): Cognitive development and the acquisition of language. New York / San Francisco 1973, 65–110

Clark, Herbert / Clark, Eve: Psychology and language. An introduction to psycholinguistics. New York / Chicago 1977

Dehn, Mechthild: Über die sprachanalytische Tätigkeit des Kindes beim Schreibenlernen. In: Diskussion Deutsch 1985, 16, 25–51

Diener, Kuno: Schreibenlernen. Psychologische und didaktische Voraussetzungen. Stuttgart / Berlin 1980

Dimitracopoulou, Ionna: Conversational competence and social development. London 1990

Elsen, Hilke: Erstspracherwerb. Der Erwerb des deutschen Lautsystems. Wiesbaden 1991

Engelkamp, Johannes: Psycholinguistik. München 1974

Ervin-Tripp, Susan: Children's verbal turn-taking. In: Ochs, E. / Schieffelin, B. (Hrsg.): Developmental pragmatics. New York 1979, 391–414

Ferguson, Charles A. / Menn, Lise / Stoel-Gammon, C. (Hrsg.): Phonological development: Models, Research Implications. Timonium 1992

Forrester, M.: Psychology of language. A critical introduction. Thaisand Oaxs 1996

Foster, S. H.: The communicative competence of young children: a modular approach. London / New York 1990

Garman, Michael: Psycholinguistics. New York 1990

Gellatly, Anthony et al.: Cognition and social worlds. Oxford 1988

Geschwind, N. / Galaburda, A. N. (Hrsg.): Biological foundations of celebral dominance. Cambridge, Mass. 1984

Grammont, Maurice: Observations sur le langage des enfants. In: Mélanges linguistiques offerts á M. Antoine Meillet. Paris 1902, 61–82

Grimm, Hannelore: Strukturanalytische Untersuchung zur Kindersprache. Bern / Stuttgart 1973

Grimm, Hannelore: Sprachentwicklung: Voraussetzungen, Phasen und theoretische Interpretationen. In: Oerter, R. / Montada, L. (Hrsg.): Entwicklungspsychologie. München / Wien 1982, 506–566

Günnewig, Heinz: Lesenlehren – Lesenlernen. Stuttgart / Berlin 1981

Hochfeld, Karsten: Aspekte des Verstehens in der Kommunikation von Kindern im Vorschulalter. Frankfurt/M. 1987

Hörmann, Hans: Psychologie der Sprache. Stuttgart 1970, 2. Aufl. 1977

Holmstrand, Lars: Finns det en optimal ålder för inlärning av främmande språk? Uppsala 1982

Jakobson, Roman: Kindersprache, Aphasie und allgemeine Lautgesetze. 3. Aufl., Frankfurt/M. 1972, 1. Aufl. 1941

Jones, Rhian: Emerging patterns of literacy. London 1996

Käsermann, Mariè-Louise: Spracherwerb und Interaktion. Bern 1980

Kainz, Friedrich: Psychologie der Sprache. 5. Bde. Stuttgart 1941 ff.

Knobloch, Clemens: Sprachpsychologie. Tübingen 1984

Krasnegor, N. A. / Rumbaugh, D. M. et al (Hrsg.): Biological and behavioral determinants of language development. Hillsdale, N. J. 1991

Lempert, Henrietta: Acquisition of passives: the role of patient animacy, salience, and lexical accessibility. In: Journal of Child Language 1990, 17, 677–696

Lenneberg, Eric H.: Biologische Grundlagen der Sprache. Frankfurt/M. 1972, engl. Original 1967

Leopold, Werner: Speech development of a bilingual child. Evanston 1939, 1947, 1949

Leopold, Werner: Das Sprechenlernen des Kindes. In: Sprachforum 1956/57, 2, 117–125

Leuninger, Helen / Miller, Max / Müller, Frank: Psycholinguistik. Ein Forschungsbericht. Frankfurt/M. 1972

Lewandowski, Theodor: Linguistisches Wörterbuch 1–3. 5. Aufl. Heidelberg 1990

Lewis, Morris M.: Infant speech. London 1951

Lewis, Morris M.: Sprache, Denken und Persönlichkeit im Kindesalter. Düsseldorf 1970, engl. Original 1963

Macnamara, John: Names for things: a study of human learning. Cambridge, Mass. 1982

Markowitsch, H. J.: Neuropsychologie des Gedächtnisses. Göttingen 1992

McCarthy, Dorothea: Language acquisition in children. In: Carmichael, L. (Hrsg.): Manual of child psychology. New York 1954, 492–630

McNeill, David: Der Spracherwerb. Düsseldorf 1974, engl. Original 1970

Menyuk, Paula: Language development. Knowledge and use. Glenview, Ill. 1988

Mowrer, O. Hobart: Learning theory and symbolic processes. New York 1960

Nelson, Katherine: Concept, word, and sentence. In: Psychological Review 1974, 81, 267–285

Nelson, Katherine: Making sense. The acquisition of shared meaning. New York 1985

Oeveste, H.: Kognitive Entwicklung in Vor- und Grundschulalter. Göttingen 1987

Oksaar, Els: Zum Spracherwerb des Kindes in zweisprachiger Umgebung. In: Folia Linguistica 1971, IV, 330–358

Oksaar, Els: Spracherwerb im Vorschulalter. Einführung in die Pädolinguistik. Stuttgart / Berlin 1977, 2. erw. Auflage 1987

Oksaar, Els: Psycholinguistics: Historical aspects, methodological problems and selected topics in the field of language acquisition and multilingualism. In: Hattori, Shirô / Inoue, Kazuko (Hrsg.): Proceedings of the XIIIth International Congress of Linguists 1982 in Tokyo. Tokyo 1983, 291–304 (= 1983 a)

Oksaar, Els: Zum Lesen- und Schreibenlernen im Vorschulalter. In: Grosse, Siegfried (Hrsg.): Schriftsprachlichkeit. Düsseldorf 1983, 84–106 (= 1983 b)

Oksaar, Els: Zum Stand der Dialogforschung, insbesondere im Bereich der Kindersprachenforschung. In: Boueke, Dietrich / Klein, Wolfgang (Hrsg.): Untersuchungen zur Dialogfähigkeit von Kindern. Tübingen 1983, 9–27 (= 1983 c)

Oksaar, Els: Grüßen, Bitten und Danken bei zweisprachigen Kindern: Zum Erwerb der interaktionalen Kompetenz in Eltern-Kind-Interaktion. In: Oksaar, E. (Hrsg.): Soziokulturelle Perspektiven von Mehrsprachigkeit und Spracherwerb. Tübingen 1987, 184–216

Oksaar, Els: Kulturemtheorie. Ein Beitrag zur Sprachverwendungsforschung. Göttingen 1988

Oksaar, Els: Mehrsprachigkeit im Vorschulalter. In: Die Neueren Sprachen 1989, 88, 310–327

Olmsted, David L.: Out of the mouth of babes. Earliest stages in language learning. The Hague / Paris 1971

Osgood, Charles / Sebeok, Thomas (Hrsg.): Psycholinguistics. A survey of theory and research problems. Bloomington 1965

Peal, E. / Lambert, W. E.: The relation of bilingualism to intelligence. Psychological Monographs 546, Princeton 1962

Peizer, David B. / Olmsted, David L.: Modules of grammar acquisition. In: Language 1969, 45, 60–96

Penfield, W. / Roberts, L.: Speech and brain mechanism. Princeton 1959

Penzinger, Christine: Soziostilistische Sprachstrukturen in der Mutter-Kind-Interaktion. Frankfurt/M. 1985

Piaget, Jean: Sprechen und Denken des Kindes. Düsseldorf 1979, franz. Original 1923

Ramge, Hans: Der Erwerb dialogischer Handlungsfähigkeiten aus der Sicht der Linguistik. In: Boueke, Dietrich / Klein, Wolfgang (Hrsg.): Untersuchungen zur Dialogfähigkeit von Kindern. Tübingen 1983, 29–43

Reimann, Bernd: Im Dialog von Anfang an. Die Entwicklung der Kommunikations- und Sprachfähigkeit in den ersten drei Lebensjahren. Neuwied 1993

Rice, M. L. / Kemper, S.: Child language and cognition. Baltimore 1984

Rickheit, Gert: Zur Entwicklung der Syntax im Grundschulalter. Düsseldorf 1975

Ronjat, J.: Le développement du langage observé chez un enfant bilingue. Paris 1913

Rourke, B. P.: Human neuropsychology in the 1990s. In: Archives of Clinical Neuropsychology 1991, 6, 1–14

Schlesinger, I. M.: Steps to language: toward a theory of native language acquisition. Hillsdale, N. J. 1982

Sendlmeier, Walter F. / Sendlmeier, Una M.: Vom Lallen zum Sprechen – Die Entwicklung der Lautproduktion im Alter von 8 bis 14 Monaten. In: Sprache und Kognition 1991, 10, 162–170

Shields, Maureen: The development of dialogue skills in the preschool child. In: Ingram, D. / Peng, F. C. / Dale, P. (Hrsg.): Proceedings of the First International Congress for the Study of Child Language. Boston 1980, 268–301

Sinclair, Hermine: The role of cognitive structures in language acquisition. In: Lenneberg, Eric H. / Lenneberg, E. (Hrsg.): Foundations of language development: A multidisciplinary approach. 2 Vols, New York 1975

Skinner, Burrhus F.: Verbal behavior. London 1957

Slama-Cazacu, Tatiana: Das Verhältnis von Denken und Sprache bei Vorschulkindern (3–7 Jahre). Berlin 1984

Slobin, Dan: Psycholinguistics. Glenview 1970

Slobin, Dan (Hrsg.): Cross-linguistic study of language acquisition. Hillsdale, N.J. 1984

Snow, Catherine E. / Ferguson, Charles A. (Hrsg.): Talking to children. Language input and acquisition. London / New York 1977

Söderbergh, Ragnhild (Hrsg.): Children's creative communication. Six plenary lectures. The fourth International Congress for the Study of Child Language. Lund 1988

Speidel, Gisela E. / Nelson, Keith E.: The many faces of imitation in language learning. New York / Berlin 1989

Spitz, René A.: Vom Säugling zum Kleinkind. Stuttgart 1974, engl. Original 1965

Stern, Clara / Stern, William: Die Kindersprache. 4. Aufl., Leipzig 1928

Stern, William: Psychologie der frühen Kindheit. 9. Aufl., Heidelberg 1967

Taeschner, Traute: The sun is feminine. A study on language acquisition in bilingual children. Berlin / Heidelberg 1983

Turner, E.A. / Rommetveit, R.: The acquisition of sentence voice and reversibility. In: Child Development 1967, 38, 649–660

Velten, H.V.: The growth of phonemic and lexical patterns. In: Language 1943, 19,281–292

Villegas de Posada, Cristina: Frühkindliche Kommunikation. Kognitive Voraussetzungen der Sprachentwicklung. Bochum 1981

De Villiers, Jill G. / de Villiers, Peter A.: Language acquisition. Cambridge, Mass. 1978

De Villiers, Jill G.: Acquisition of wh-questions. Hillsdale, N.J. 1995

Wachs, Theodore D.: The nature of nurture. London 1992

Williams, Jac. L.: Bilingualism today. Dublin 1967

Wygotski, Lew Semjonowitsch: Denken und Sprechen. Stuttgart 1969, russ. Original 1934

Yeni-Komshian, G.H. / Kavanagh, J.F. / Ferguson, Ch.A.: Child phonology. Vol. I, production, New York 1980

Zeller, Wilhelm: Konstitution und Entwicklung. Göttingen 1952

KARL NEUMANN

Sprache, soziale Situationen und Identität – Sprachvarietäten und Soziolinguistik

1. Gegenstandsbereiche und historische Entwicklung der Soziolinguistik

Soziolinguistik, als spezifische Form einer „sozialen Linguistik" ausdrücklich gesellschaftsbezogen und anwendungsorientiert, war noch in den 60er und 70er Jahren bevorzugte Bezugsdisziplin der Sprachdidaktik. In dem Maße aber, in dem sich die an die „Sprachkompensatorik" geknüpften pädagogisch-didaktischen und bildungspolitischen Erwartungen nicht erfüllten, verstummte, sehr zu Unrecht, wie sich heute zeigt, die (fach)didaktische Rezeption und Diskussion der soziolinguistischen Grundfragen des Deutschunterrichts. Der Dialog zwischen Soziolinguistik und Sprachdidaktik kam fast zum Erliegen, obwohl „die soziolinguistische Grundlagenforschung mit neu hinzugewonnenen Fragestellungen und Gegenstandsbereichen lebhaft expandierte" (Neuland 1993, 4).

Alle Sprachen besitzen eine Vielzahl von Varietäten, mit denen sich die verschiedenen Arten und Ebenen von Beziehungen ausdrücken lassen, die das soziale Gefüge innerhalb einer Gesellschaft bestimmen. „In einsprachigen Gesellschaften werden Solidarität, Distanz, Intimität und Förmlichkeit meist dadurch gekennzeichnet, daß der Sprecher von einer Varietät zur anderen überwechselt. So spricht ein Berliner Geschäftsmann möglicherweise im Büro Hochdeutsch und zu Hause Berlinerisch. Ein Redner auf einer Konferenz in Paris würde seinen Vortrag in förmlichem Französisch halten und hinterher einzelne Punkte mit seinen Kollegen in einer informellen Varietät besprechen. Und ein Londoner Pfarrer predigt vielleicht erst in einem archaischen und poetischen Stil, um dann nach dem Gottesdienst zwanglos mit den Gemeindemitgliedern zu plaudern. Für seine Predigt könnte er entweder eine moderne englische Bibelübersetzung oder eine aus dem 16. Jahrhundert verwenden." (Crystal 1993, 42)

Zur aktuellen Situation der modernen Gesellschaften gehören jedoch, neben der immer stattfindenden Veränderung der Sprache(n) im historischen Prozess, die zunehmende Multikulturalität und neue Umgangssprachen, Varietäten aufgrund unterschiedlicher Altersklassen, des unterschiedlichen Geschlechts oder unterschiedlicher beruflicher Tätigkeiten. Wenn man ferner angesichts des sich beschleunigenden gesellschaftlichen Wandels noch „an die Frage des Umfangs und Einflusses der Fachsprache, der möglichen und tatsächlichen Fremdsprachenkompetenzen, die potentielle altersunabhängige Erweiterung des Sprachrepertoires, die Möglichkeiten zu schnellem, aktuellem 'language shift' " denkt, „kann man sich die Reichweite der zukünftigen soziolinguistischen Forschungen vorstellen" (Hartig 1985, 13).

Sprachwandel und Sprachvarietäten in modernen Gesellschaften bieten ein vielfältiges Konfliktpotential, das nicht nur nach Beschreibungskategorien, sondern auch nach Lösungskonzepten für Sprachplanung, Sprachpolitik und sprachliches Lernen, also sogar schwerpunktmäßig nach sprachdidaktischen Konstruktionen und Modellen, verlangt. Denn die Probleme der Darstellung sprachlicher Identität können nicht ohne weiteres, wie schon die Geschichte der Soziolinguistik belegt, mit dem Verweis auf die Priorität der übergeordneten Standardsprache bzw. Sprachnorm gelöst werden (vgl. Löffler 1985, 20ff.). Sprache erwerben und Sprache erlernen heißt Sprachen, „vielerlei Deutsch" z.B., lernen (Klotz / Sieber 1993).

Historisch betrachtet ist die Soziolinguistik Teil einer bis ins 19. Jahrhundert zurückreichenden Tradition der Sprachwissenschaft, in der „das Leben der Zeichen im Rahmen des sozialen Lebens untersucht" wird (de Saussure 1967, 19), linguistische Sprachforschung also mit einer im weitesten Sinne soziologischen Hand in Hand geht. Das Verhältnis von Sprache und Gesellschaft ist allerdings so vielgestaltig, dass eine ganze Reihe von sozial-, kultur- und gesellschaftswissenschaftlichen Disziplinen gleichsam Schnittfelder mit der Linguistik gebildet haben, so die Anthropologie, Ethnologie, Psychologie, Politologie, Pädagogik und Soziologie. Weist man der allgemeinen Sprachsoziologie oder Soziologie der Sprache die systematische Erforschung des Gesamtfeldes „Sprache und Sozialstruktur" zu (wobei darauf hinzuweisen wäre, dass eine solche systematisch ausdifferenzierte Soziologie der Sprache bis heute noch nicht vorliegt), dann ist die Soziolinguistik Teil einer allgemeinen Sprachsoziologie mit der Aufgabe, die sozial bedingten Unterschiede im sprachlichen Verhalten zu erforschen, z. B. den Einfluss der sozialen Umgebung auf den Erwerb der Sprache oder den Zusammenhang von Sozialstatus, Sprache und Schulerfolg.

Der Sprachforscher Degerando bemerkte schon 1847, „daß die Kinder der Wohlhabenden mehr Worte und weniger Handlungen, die der Armen mehr Handlungen und weniger Worte verstünden" (vgl. Roeder 1965, 14f.). Die empirische Dialekt- und Schichtsprachenforschung der 20er Jahre in Deutschland verstand sich ausdrücklich als Soziallinguistik (vgl. Kanitz 1974). In Weisgerbers Konzept vom „sozialen Objektivgebilde Sprache" (Weisgerber 1929, 69) wird, um ein weiteres historisches Beispiel soziologisch-linguistischer Forschung zu nennen, die soziale Fundierung von Sprache und Sprechen besonders hervorgehoben.

Eine systematische Erforschung des Ausdruckes sozialer Prozesse in linguistischen Strukturen und umgekehrt ist aber erst in den letzten zwanzig Jahren erfolgt (vgl. Labov 1971; Klein 1978). Dabei sind kontinuierlich Bausteine zum Verständnis des Gesamtkomplexes „Sprache im sozialen Kontext" zusammengetragen worden: Die Erforschung der sprachlichen Seite der sozialen Interaktion, insbesondere auch der Interdependenz von kommunikativen und interaktiven Fähigkeiten in der Ontogenese, durch die Sprachpsychologie und Kommunikationstheorie (vgl. Watzlawick u.a. 1974; Martens 1979; Miller 1980; Wodak 1981; Neumann 1983), die Ethnomethodologie (vgl. Arbeitsgruppe Bielefelder Soziologen 1975; Dell Hymes 1982) und die linguistische Pragmatik (vgl. Maas / Wunderlich 1972; Schlieben-Lange 1975) haben in unterschiedlichen Modellen dargelegt, dass Sprache primär soziales Handeln ist, d. h. typischen sozial determinierten Regeln unterworfen ist, z. B. rollen- und situationsspezifischen Interaktionsnormen (Hess-Lüttich 1987, 48ff.). Die Erforschung von Sprachplanung und Sprachnormierung hat gezeigt, dass und wie Sprechsituation und Sprachhandlungsnorm als soziale Tatsachen und soziale Akte interpretiert werden müssen (vgl. Gloy 1975; Herrmann 1976; von Polenz 1982). Wenn Sprache als soziales Phänomen in den Rahmen bestimmter Gesellschaftstheorien eingeordnet wird (vgl. Rossi-Landi 1972; Erckenbrecht 1973; Große / Neubert 1982), z. B. bei der Untersuchung des Verhältnisses von Sprache und Politik, lässt sich die soziale Determinante bzw. Determination sprachlichen Verhaltens besonders eindeutig herausstellen. Die sozial beeinflusste Ausformung und Normung von Sprache lässt sich ferner belegen mit den Ergebnissen der Dialektologie sowie der Erforschung von Bilingualismus, Diglossie, Gruppen- und Fachsprachen, und zwar insofern, als Dialekte oder Soziolekte, bi- oder multilinguale Kommunikationsgemeinschaften in der Regel auch eine deutlich nachweisbare soziale Funktion haben (vgl. Ammon 1973, 1977; Viereck 1976; Steger 1982, II). Der bloße Hinweis auf die Probleme des Sprachunterrichts für Ausländer kann deutlich machen, wie Sprachlernsituation und soziale Situation in Abhängigkeit zueinander stehen (vgl. Horn / Tumat, in diesem Band, S. 337ff.).

Die Vorstellung von der Gebundenheit bestimmter Sprachformen an kulturelle und soziale Gegebenheiten, ein Konzept, dessen Entstehung sich bis auf J. G. Herders und W. v. Humboldts sprachphilosophische Idee eines Zusammenhangs von Sprache und Denken auf der Ebene eines Volkes oder einer Nation zurückverfolgen lässt, ist das Hauptthema der vor allem in Amerika betriebenen anthropologischen Linguistik. Sie erforscht den Zusammenhang sogenannter primitiver Gesellschaftssysteme und ihrer Sprachen (vgl. Malinowski 1923; Hager u. a. 1973, 30ff.).

Die nach ihren wichtigsten Vertretern auch als Sapir-Whorf-Hypothese oder als linguistisches Relativitätsprinzip (vgl. Gipper 1972) bezeichnete Leitvorstellung kulturanthropologischer Sprachforschung, dass wir „die Natur an Linien aufgliedern, die uns durch unsere Muttersprachen vorgegeben sind", dass Welterfahrung und Denken „von dem linguistischen System in unserem Geist" determiniert sind (Whorf 1963, 12), hat die Entwicklung der Soziolinguistik besonders nachhaltig beeinflusst. Denn diese Hypothese zum Zusammenspiel von Sprach- und Sozialstruktur liefert ein Erklärungsmodell für den Ablauf der Prozesse, wie Sprache in verschiedenen Kulturen die Möglichkeit bereitstellt, erfahrene Umwelt abzubilden, Verständigungen über sie zu ermöglichen und den sozial-historisch überkommenen Wissensvorrat zum Besitz einer Gesellschaft zu machen. Indem Menschen mit Sprache umgehen, wird Gesellschaftliches immer zugleich individuell angeeignet; Individualität gewinnt gesellschaftlichen Charakter, indem Menschen die Sprache(n) ihrer Gesellschaft handhaben. Dies gilt für die Kognitions- und Kommunikationsprozesse, in denen verschiedene Kultursprachen die Welt der Empfindungen, Gegenstände und Interaktionen differenziert aufgliedern, ebenso wie für die innerhalb einer Kultursprache gebräuchlichen Teilsprachen, Dialekte, Soziolekte, Schichtsprachen oder „Kodes".

Die von der linguistischen Anthropologie angeregte Hinwendung zur Analyse unterschiedlicher Sprachkodes, ihrer Funktion für die Organisation verbaler und kognitiver Planungen sowie ihrer Funktion für unterschiedliches soziales Verhalten im Gesellschaftssystem ist die eigentliche Geburtsstunde der Soziolinguistik. Basil Bernstein hat mit seiner Theorie schichtspezifischen Sprachverhaltens nachzuweisen versucht, dass die soziale Position eines Individuums abhängt von der Sprache, die es spricht, und zwar nicht in der Form der National- oder Kultursprache mit ihrer normierten Grammatik, sondern in der Form einer spezifischen Sprechweise, in der soziale Gruppen Ausschnitte oder Repertoires dieser Sprache verwenden.

Bernsteins Motivation zur Entwicklung einer neuen Variante sprachwissenschaftlich-sprachsoziologischer Forschung in den 50er und 60er Jahren dieses Jahrhunderts entspringt nicht primär sprachwissenschaftlichen Interessen. Die Sprachwissenschaft dieser Jahrzehnte ist weitgehend auf die Entdeckung sprachimmanenter Strukturen, vor allem auf die Syntaxtheorie fixiert. Bernsteins Interesse an Schichtsprachenforschung rührt vielmehr her aus soziologisch-pädagogischen und bildungspolitischen Fragestellungen: der Frage nach Wesen, Funktion und Wirkung von „Sprachbarrieren". Und es waren diese Fragestellungen, die Bernsteins Thesen zur Verschiedenheit linguistischer Kodes auch in der Bundesrepublik im Kontext der damaligen bildungspolitischen Situation zu ihrer großen Wirkung in den 60er und 70er Jahren verholfen haben (vgl. Klein 1978; Ermert 1979; Steger 1982). Ihr Anregungspotential ist auch heute noch unbestritten (Neuland 1993, 10).

2. Soziolinguistik als Theorie sprachlicher Kodes

In der Soziologie der Sprache ist die These geläufig, dass die Geschichte der Zivilisation gekennzeichnet ist durch eine zunehmende „Intervention der Sprache" in alle Arten sozialen Verhaltens (vgl. Lewis 1947, 12). Sprache(n)-Lernen ist im Prozess der Modernisierung der Gesellschaften zunehmend wichtig geworden für den gesellschaftlichen Erfolg der Individuen. Für die linguistische Sozialisation sind dabei unterschiedliche Lernmilieus und Bildungschancen auszumachen; offensichtlich gibt es in Bezug auf die Sprachgewohnheit und das Sprachvermögen von Individuen und Gruppen typische Unterschiede, die in Verbindung zu sehen sind mit den vertikalen soziokulturellen Unterschieden moderner Gesellschaften, wie sie im Stichwort „soziale Schichtung" zusammengefasst werden. Die „feinen Unterschiede" zwischen den sozialen Schichten im „Sozialraum und seinen Transformationen" ebenso wie im Habitus der verschiedenen Gesellschaftsmitglieder und ihren Lebensstilen (Bourdieu 1988) sind immer auch festzumachen an den Sprachformen und symbolischen Auseinandersetzungen.

Untersuchungen zum Zusammenhang zwischen phonologischen, lexikalischen, grammatikalischen Merkmalen und sozialer Schichtzugehörigkeit liegen seit den 20er Jahren zahlreich vor (vgl. Ort 1976, 13ff.; Braun 1987). Gemessen an normsprachlichen Kriterien zeigen die meisten dieser Untersuchungen in allen Bereichen, speziell im syntaktischen Bereich, eine Unterlegenheit der Angehörigen der

Unterschicht. Die signifikanten Differenzen im sprachlichen Verhalten Erwachsener aus der Unter- und Mittelschicht beschränken sich jedoch nicht allein, wie Schatzmann und Strauss bereits 1955 darlegten, auf den Reichtum des Wortschatzes und die grammatische Korrektheit des Ausdrucks. Differenzen ließen sich auch bei wichtigen kommunikativen Fähigkeiten nachweisen, wie (a) Anzahl und Art der im Gespräch benutzten Perspektiven, (b) Fähigkeiten, sich in die Rolle des Zuhörenden hineinzuversetzen, (c) Behandlung von Klassifikationen, (d) Bezugsrahmen und stilistische Gestaltung der kommunikativen Abläufe.

Den Merkmalslisten nach sozialer Gruppenzugehörigkeit unterschiedlichen Sprachverhaltens hat vor allem Bernstein durch eine Theorie schichtspezifischen Sprachgebrauchs einen systematischen Bezugsrahmen zu geben versucht. Er ging von der Hypothese aus, daß „die soziale Struktur der Mittel- und Arbeiterklasse ... so beschaffen (ist), daß die Betonung auf verschiedenartige Möglichkeiten der Sprache gelegt wird, so daß sich daraus zwei verschiedene Typen des Sprachgebrauchs ergeben, welche die Sprechenden auf verschiedene Arten von Beziehungen zu Objekten und Personen verweisen, und zwar unabhängig vom Niveau der gemessenen Intelligenz. Die Rolle der Intelligenz besteht darin, daß sie dem Sprechenden erlaubt, jene Möglichkeiten erfolgreicher auszubeuten, die durch die gesellschaftlich festgelegten Formen des Sprachgebrauchs symbolisiert werden“ (Bernstein 1971, 357).

Indem Bernstein zunächst schwerpunktmäßig das Sprachverhalten innerhalb der Interaktions- und Kommunikationsformen der Mittel- und Unterschicht gegeneinander abgrenzt, kommt er zu zwei Sprachtypen, der „formalen“ (Mittelschicht)-Sprache und der „öffentlichen“ (Unterschicht)-Sprache. Die öffentliche Sprache (public language) ist vor allem durch folgende Merkmale charakterisierbar: kurze, grammatisch einfache und oft unvollständige Sätze von unzulänglicher syntaktischer Form, mit einer Bevorzugung des Aktiv. Bei Konjunktionen (so, dann, und, weil) wie bei Adjektiven und Adverbien ist ein einfacher, sich wiederholender Gebrauch festzustellen; kurze Befehle und Fragen treten häufig auf; häufig werden Feststellungen mit Fragecharakter geäußert, die eine „sympathetische Zirkularität“ in Gang bringen sollen, wie z. B. „Stell dir das mal vor!“ oder „Es war nicht zu fassen!“ Insgesamt gesehen handelt es sich um eine Sprache impliziter Bedeutungsgebung. Die formale Sprache (formal language) ist demgegenüber als eine Sprache expliziter Qualifikation zu kennzeichnen. Genaue grammatische Struktur und Syntax regeln Text und Sprechen, insbesondere der vielfältige Gebrauch von Konjunktionen und Relativsätzen stellt logische Abhängigkeiten und Akzentsetzungen her; häufig werden Präpositionen verwendet, die eine logische Beziehung oder zeitliche bzw. räumliche Zusammenhänge andeuten. Differenziertheit ist kennzeichnend auch für die Verwendung von Adjektiven und Adverbien (vgl. Bernstein 1972, 87 ff.).

Diesen ersten Ansatz soziolinguistischer Theoriebildung, in dem die nach sprachlichen Merkmalen unterschiedenen zwei typischen Verwendungsweisen einer Nationalsprache beschrieben werden, hat Bernstein in der Folgezeit einer ständigen Revision unterzogen. Um das Abhängigkeitsverhältnis von Sprach- und Sozialstruktur zu präzisieren, führte er den Begriff des „Sprachkodes“ ein. „Unterschiedliche Formen sozialer Beziehungen können ganz unterschiedliche Sprachsysteme oder linguistische Codes hervorbringen, in denen sie auf die Strategie verbaler Planung einwirken“ (Bernstein 1972, 240).

Tab. 1
Verbale Planung, linguistische Kodes und soziale Strukturen

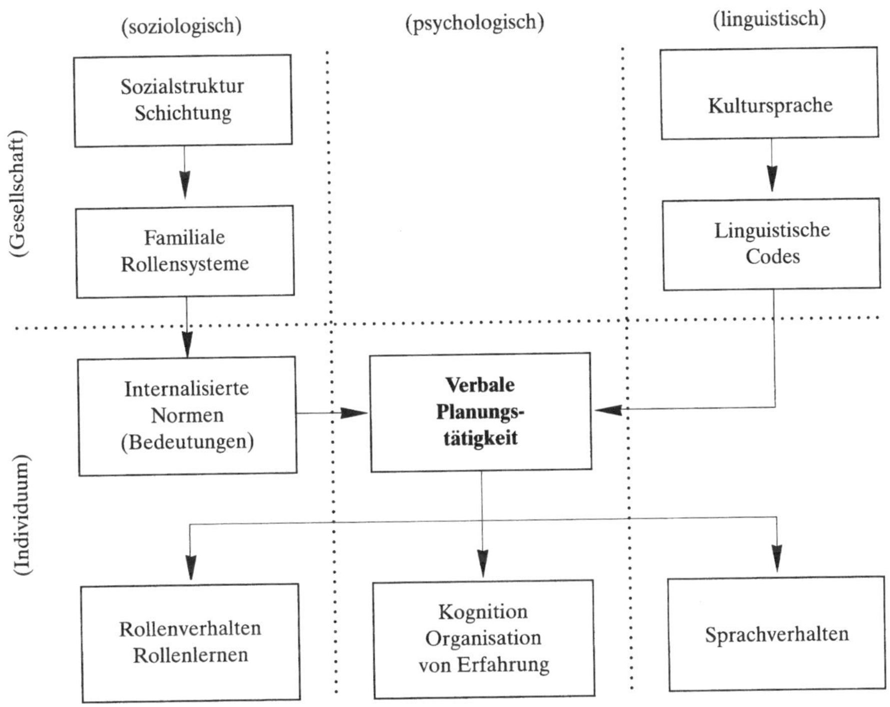

(Hager u. a. 1973, 71)

Die übliche sprachwissenschaftliche Definition des Terminus „Kode“ umfasst eine Menge von Sprachzeichen und deren Verknüpfungsregeln; der Kode bietet eine Zuordnungsvorschrift für den Wechsel von einem Zeichenvorrat zu einem anderen, mit dem dieselben Informationen dargestellt werden können. Bernstein hat mit seiner Bestimmung von „Code“ als einem Verschlüsselungssystem offensichtlich einen komplexeren Sachverhalt im Auge, ohne dass dies terminologisch eindeutig von ihm geklärt würde. Er geht aus von einem schichtunabhängigen Sprachrepertoire innerhalb einer Nationalsprache (langue; competence), über das jedes Individuum grundsätzlich verfügt. Von dieser Sprachkompetenz wird wegen der notwendigen Brechung des kultursprachlichen Symbolvorrats im Medium eines sozial bedingten De- und Enkodierungssystems (Sprachkodes) im Sprechakt (parole; performance) immer eine (schicht)-spezifische Auswahl aktualisiert. Die Folgen aus der Form der Sozialbeziehung (Interaktionsmuster) werden durch den Kode auf psychologischer Ebene vermittelt und gestützt. Er enthält die Regeln der Orientierungs-, Assoziations- und Organisationsmuster auf der Ebene der Symbolisierungsfähigkeit der Individuen und steuert so die verbale Planung der Individuen (vgl. Bernstein 1982, 157ff.).

Bernstein nennt die von den Angehörigen der Unterschicht (working class; lower class) und denen der Mittelschicht (middle class) – unabhängig vom jeweiligen Intelligenzquotienten der Sprecher – verwendeten verschiedenen Ausprägungen der gleichen Nationalsprache restringierten Kode (restricted code) bzw. elaborierten Kode (elaborated code). Die Unterschiede zwischen diesen Kodes oder Sprachverwendungsweisen haben ihre Ursachen in den nach Schichtzugehörigkeit ungleichen Lebensbedingungen und daraus resultierenden sozialen Gegebenheiten (z.B. den Rollensystemen), die die Sozialisation der Kinder in der jeweiligen Schicht prägen und so zur Stabilisierung des Sozialverhaltens und der gesellschaftlichen Hierarchie beitragen.

Sprecher des elaborierten Kodes bevorzugen eine explizite Erläuterung ihrer sprachlichen Intentionen und Bedeutungsgebung; sie setzen deswegen beim Gesprächspartner vergleichsweise wenig voraus. Dem Informationsstand des Adressaten, seiner besonderen Rolle in der Sprechsituation, wird ausdrücklich Rechnung getragen. Der Sprachkode ist „explizit“ und „universalistisch“. Die Benutzer des restringierten Kodes sind stärker an die jeweilige Redesituation und an ein gemeinsames Vorverständnis gebunden; ihr Kode ist „implizit“ und „partikularistisch“. So neigen der Unterschicht angehörende Sprecher bei Berichten dazu, Ereignisse so zu erzählen, als sei der Gesprächspartner dabei gewesen. Personalpronomina werden häufig deiktisch verwendet und sind so nur aus der Situationskenntnis, die vom Sprecher fraglos unterstellt wird, verständlich. Para- bzw. extraverbale Verständigungsmöglichkeiten spielen während der verbalen Kommunikation eine erhebliche Rolle.

Die den Benutzern der beiden Kodes grundsätzlich zur Verfügung stehenden sprachlichen Ausdrucksmittel sind von Ort (1976, 32) in der folgenden Tabelle zusammengestellt.

Tab. 2
Bestimmungsmerkmale des restringierten und des elaborierten Kodes

Code *restringiert*	*Bestimmungsmerkmal*	Code *elaboriert*
hoch	syntaktische Vorhersagbarkeit	niedrig
gering	Niveau der syntaktischen Organisation	hoch
eng	Wortschatz	weit
implizit extraverbal	Ausdruck individueller Qualifikation	explizit verbal
allgemein sozial (mechanische Solidarität)	Identifikation des Individuums	individuell persönlich (organische Solidarität)
erschwert	Abstraktion von Äußerungen	erleichtert
schnell flüssig	Sprechtempo	langsamer mehr Verzögerungen
ja	Kontextabhängigkeit der Inhalte verbaler Expression	nein
partikularistisch	Verfügbarkeit von Bedeutungen	universalistisch
universalistisch (oder partikularistisch)	Verfügbarkeit der Sprachmodelle	partikularistisch

Zur Kernfrage der Soziolinguistik, dem (Wechsel)-Wirkungsverhältnis von Sozialstruktur und Sprachverhalten, ist die Forschung nach den von Bernstein gegebenen Anregungen noch in vollem Gange. Die Problematik der Zuordnung von sozialen Schichten zu Sprachverhalten bzw. Sprachkodes hat Bernstein selber zu einer ständigen Differenzierung seiner Ergebnisse veranlasst; seine letzten Untersuchungen verraten eine enge Verwandtschaft zu pragmalinguistisch und kommunikationstheoretisch orientierten Grundlagenforschungen. In diesen Untersuchungen stellt Bernstein Zusammenhänge zwischen typischen primären Sozialisationskontexten und unterschiedlichen Kommunikationsstrukturen her, die er am Beispiel familialer Strukturen verdeutlicht. Dahinter steht die von Bernstein selber gewonnene Einsicht, dass die Variable „soziale Schicht" für eine kausale Analyse des Zusammenwirkens von sozialen Bedingungen und verbalen Planungsstrategien zu komplex und deswegen unbestimmt ist. Sozialstrukturelle Entsprechungen der Sprachkodes sind weniger in den Schichten selbst als in den in den Schichten strukturell verschieden funktionierenden Rollensystemen des Familienlebens nachweisbar, vor allem im Hinblick auf die Formen sozialer Kontrolle, die Eltern ihren Kindern gegenüber ausüben. Bernstein beschreibt typisierend zwei Familienstrukturen: die status- und die personenorientierte Familie (vgl. Bernstein 1972, 270).

Die personenorientierte oder personale Sozialisation in der Mittelschicht-Familie zeigt sich z. B. darin, dass Mutter und Kind häufiger als in der Unterschicht-Familie verbal kommunizieren und dass auf die spezielle Interessenlage des Kindes in der jeweiligen Situation eingegangen wird. Die verbalen Äußerungen des Kindes werden mit mehr Aufmerksamkeit bedacht. Durch verbale Belohnung oder Strafe wird das Kind für sprachliche Nuancen und Formen der Selbstdarstellung sensibilisiert. Die in der Unterschicht-Familie stärker vorherrschende statusorientierte oder positionale Sozialisation kommt vor allem zum Ausdruck in „regulativen Kontexten", in denen die Redesituation eher durch Befehle und Statusappelle strukturiert sind (ich, als Vater, befehle dir, als Kind) als durch persönliche Aufforderungen und Hinweise. Flexibles verbales Verhalten (bitte, mach das, weil du sonst ...) wird seltener eingeübt. In statusorientierten Sozialstrukturen sind die Rollen, die der einzelne übernehmen kann, eingeschränkt und weitgehend festgelegt, in personalen offen. Positionale soziale Kontrolle im Kontext eines geschlossenen Rollensystems führt zu implizit-partikularistischer Bedeutungsstrukturierung, d. h. einem eher stabilen, wenig variablen Sprachverhalten. Das bei den Angehörigen der Mittelschicht nach einem offenen Rollensystem strukturierte Sozialverhalten führt zu größerer Flexibilität in der Kommunikation, zu explizit-universalistischer Bedeutungsstrukturierung. Die Anwendung des hierfür typischen elaborierten Sprachkodes steht nur demjenigen zu Gebote, der über die dafür typischen Qualifikationen des Rollenhandelns verfügt. Der Sprecher eines elaborierten Sprachkodes kann wechseln in einen restringierten; das umgekehrte Verfahren gilt nur mit großen Einschränkungen. Soziostilistische Untersuchungen der Sprachstrukturen in der Mutter-Kind-Interaktion (Penzinger 1985) und zum geschlechtsrollentypischen Verhalten in der Eltern-Kind-Kommunikation (Pieper 1993) haben diese Ergebnisse inzwischen weiter differenziert.

Die tieferen Ursachen für die Ausprägung spezifischer Sprachkodes, wie sie über die familiale Sozialisation und ihre Rollensysteme vermittelt wird, sieht Bernstein in den Organisations- und Ablaufformen der gesellschaftlichen Arbeit. Als wichtigste Faktoren sind hervorzuheben die Monotonie manueller Tätigkeit, etwa bei der Fließbandarbeit, fehlende Entscheidungsbefugnis im Berufsleben oder fehlende verbale Kommunikation am Arbeitsplatz. Körperliche Arbeit vollzieht sich an Gegenständen und in Situationskontexten, die sinnlich wahrnehmbar sind, in denen folglich Abstraktion von der unmittelbaren Wahrnehmung nicht gefordert wird. In der geistigen Arbeit findet eine Lösung vom sinnlichen Kontext der Situation statt. Dies ist nur möglich durch eine Sprache, mit der sich abstrakt-komplexe Informationen verschlüsseln lassen. Teilhabe an wissenschaftlichen Terminologien und technischen Nomenklaturen, Ausdruck der Folgen von Arbeitsteilung und Rollendifferenzierung in modernen Gesellschaften, ist abhängig von der Beherrschung der jeweils dafür erforderlichen differenzierten Sprachform. Von der Beherrschung des elaborierten Sprachkodes ist dementsprechend die Sozialisation im Beruf und die Teilnahme an gesellschaftlicher Herrschaft abhängig. Nichtbeherrschung dieses Kodes erweist sich als Barriere für schulischen und gesellschaftlichen Erfolg.

3. Sprachbarrieren und kompensatorischer Sprachunterricht

Um die soziolinguistische Kodetheorie, die – angesichts der in modernen Gesellschaften an die Individuen gestellten Sprachnormforderungen – von einem mit Mängeln behafteten, „defizitären“ Charakter des restringierten Sprachkodes ausgeht, zu stützen, wurden eine Fülle von empirischen Studien durchgeführt (vgl. Dittmar 1973, 34ff.). Bernstein selber ließ je fünf Gruppen von Jugendlichen aus Unter- und Mittelschicht unter seiner Leitung über die Todesstrafe diskutieren und analysierte die Interviewtexte (Textstücke von 1800 Wörtern) nach zwei Kriterien:
(a) Wortlänge (in Silben), Satzlänge (in Wörtern), Zahl und Dauer von Sprechpausen; (b) grammatischer Struktur mit den Faktoren Subordination (untergeordnete Nebensätze), Gebrauch des Passiv, Gebrauch von Adjektiv, Adverbien, Präpositionen, Pronomina u. a.

Die bekanntesten empirischen Belegstudien im deutschen Sprachraum sind die von Oevermann (1972) und Neuland (1975). Neuland untersuchte vierzig fünfjährige Kinder, die, vorrangig nach dem Beruf des Vaters, nach Schichtmerkmalen unterschieden und in Untergruppen eingeteilt wurden. Es wurde sorgsam versucht, die Interviewsituation zu entspannen und den Kindern als Spiel erscheinen zu lassen, so dass die Daten nicht als durch die ungewohnte Situation verfälscht gelten konnten. Die Kinder wurden einem schichtneutralen IQ-Test und Kreativitätstests unterzogen. Ferner wurde jeweils ein schichtneutraler Wortschatz zur Ermittlung des passiven Wortschatzes und ein Assoziationstest für bestimmte Reizwörter durchgeführt. Das sprachliche Material wurde durch Bildbeschreibungen, Nacherzählungen und Weitererzählen begonnener Geschichten gewonnen. Die Auswertung erfolgte unter lexikalischen und syntaktischen Gesichtspunkten; bei ersteren wurde nicht nur der Umfang des Wortschatzes, sondern auch die Bedeutung berücksichtigt, und zwar in Form von Konnotationen einzelner Wörter (vgl. Klein 1978, 1137f.).

Die Ergebnisse der zahlreichen englischen und deutschen empirischen Untersuchungen zur Theorie von Schichtsprachenkodes sprechen eher dafür, dass sie in der von Bernstein formulierten Form nicht zu halten ist (vgl. Bühler 1972; Klein 1978; Hartig 1985). Bernsteins soziolinguistisches Modell aber, das in einem weitgespannten interdisziplinären Zugriff auf soziologische, psychologische und kommunikationstheoretische Forschungsergebnisse zu erklären versucht, wie im Prozess der Sozialisation nicht zuletzt über die Sprache eine beständige Reproduktion bestehender gesellschaftlicher Strukturen stattfindet, ist bis in die Gegenwart folgenreich geblieben, wenn auch die Diskussion, vor allem die bildungspolitische Auseinandersetzung, um die Bedeutung sprachlicher Sozialisation und eines die Schichtsprachenmängel ausgleichenden Sprachunterrichts in den letzten beiden Jahrzehnten zweifellos ruhiger geworden ist (vgl. Ermert 1979).

Trotz des Vorläufigkeitscharakters seiner Theorie ist Bernsteins Soziolinguistik in der Pädagogik im weitesten Sinne wie in der Sprachdidaktik nur allzu bereitwillig aufgegriffen worden: Die Möglichkeit einer direkten Ableitung der sozialen Position eines Menschen von der Art seines Sprachgebrauchs war zu verführerisch, um pädagogisches und bildungspolitisches Engagement nicht alsbald zu beflügeln. Die in der Nachfolge Bernsteins angestellten Kontrolluntersuchungen belegten zumindest die Abhängigkeit von Sozialstatus, Sprache und Schulerfolg eindeutig (vgl. Roeder 1965; 1968; Hager u.a. 1973). Unter der Voraussetzung, dass die sprachlichen Leistungen von Sprechern den Zugang zu sozialem Erfolg bestimmen, entstand die „Defizithypothese", die Auffassung, dass sprachliche Mängel eines Sprechers ein zu behebendes Defizit (auch an Bildungschancen) darstellen.

Aus der vereinfachten Defizithypothese entstand die Forderung nach kompensatorischem Sprachunterricht, einem Unterricht, der von Bernstein selber als Missverständnis seiner Hypothese zurückgewiesen wurde, jedenfalls so weit, wie ein solcher Sprachunterricht schlechthin auf bloße Anpassung an Mittelschicht-Sprachnormen durch spezifische Trainingsprogramme abzielte (vgl. Bernstein 1972, 278ff.). Zu derartigen Missverständnissen gab Bernstein insofern selber Anlass, als der Begriff „restringierter Kode" kurzschlüssig mit „linguistischer Deprivation" oder sogar mit dem „nichtverbalen Kind" gleichgesetzt werden konnte – nicht zuletzt deswegen, weil Bernstein die Theorie der Sprachkodes nicht in eine kritische Gesellschaftstheorie einordnete, seine rollentheoretische Analyse sozialstruktureller Ungleichheit quasi selbstverständlich als adäquate Beschreibung gesellschaftlichen Handelns durchführte.

Eine Analyse gesellschaftlichen Handelns in Termini der Rollen- und Schichttheorien, selbst wenn sie auf Veränderung der Ausbildungssituationen drängt, läuft Gefahr, sich letztlich doch auf eine Zustandsanalyse der bestehenden Verhältnisse zu beschränken, weil sie mit ihrem Begriffsarsenal die tieferliegenden Ursachen für die gesellschaftlichen Differenzen im Rollenhandeln nicht erfassen kann. Die Einschätzung (eines im übrigen der Mittelschicht zugehörigen Forschers), dass bestimmte Sprachformen „restringiert" sind, kann sich auch als Vorurteil entpuppen, wenn ihr nämlich unreflektiert das Sprachnormverständnis der Mittelschicht zugrunde liegt, „die – auch als Ausflucht gegenüber den tatsächlichen Gründen nicht realisierter Chancengleichheit – in einer anderen Sprachnorm als der ihren den 'Grund' der sozialen Ungleichheit erblickt" (Hager u.a. 1973, 323).

Die bildungspolitische Suggestivkraft an Bernsteins Ansatz bestand darin, dass er einen direkten Zusammenhang zwischen fehlendem Lern- und Schulerfolg und einer spezifischen Sprachform aufzeigen konnte. Wenn aus dieser Einsicht aber vorschnell der Schluss gezogen wird, man müsse jemand nur – koste es, was es wolle – den elaborierten Sprachkode lehren, um dessen schulische und gesellschaftliche Qualifikation zu verbessern, dann ist diese Form kompensatorischer Erziehung „Unfug" (Bernstein 1970). Es müssen vielmehr für pädagogische Planungen und Handlungen immer auch Berücksichtigung finden die Voraussetzungen, die der Organisation, Verteilung und Bewertung von Wissen zugrunde liegen. „Daß die Subkultur oder

Kultur durch die Formen ihrer sozialen Integration einen restringierten Code bewirkt, bedeutet nicht, daß das daraus folgende Ausdrucks- und Bedeutungssystem sprachlich oder kulturell depriviert ist, daß die Kinder der Schule nichts anbieten können, daß ihre eigenen Vorstellungen nicht bedeutsam sind" (Bernstein 1972, 290). Vielmehr müssen die unterschiedlichen Sprachvarianten jeweils nach ihrer funktionalen Angemessenheit für die Anforderungen der in situativen Handlungskontexten ablaufenden Kommunikation eingeschätzt werden.

Im Gegensatz zur „Defizithypothese", bei der schon der Name die Verbindung von Sprachnorm und Herrschaft deutlich machen kann, geht die sogenannte Differenzkonzeption von der prinzipiellen Gleichwertigkeit der Sprachkodes in den verschiedenen gesellschaftlichen Gruppen aus. Man ist auf diesem Wege zwar zu einer differenzierten Beschreibung der sozial relevanten Sprachvarianten gekommen, musste doch aber anerkennen, dass mit der Annahme von der Gleichwertigkeit aller Äußerungen noch nichts gesagt ist über die Bewertung der Äußerungsformen in der jeweiligen Gesellschaft.

In einer ausgewogenen Stellungnahme zur „falschen Kritik an der kompensatorischen Erziehung" hat Oevermann einem situativ und kommunikativ orientierten und in diesem Sinne auch Defizite und Differenzen ausgleichenden Sprachunterricht seine Legitimation zu geben versucht: „Die Strategie der minimalen Verbalisierung im 'restringierten Kode' behindert langfristig sowohl die kognitive Strukturierung der Bedingungen der Handlungspraxis in Kategorien des Allgemeinen als auch die Konstitution einer personalen Identität durch die Erfahrung der Kontinuität des in wechselnden und gegensätzlichen Situationen handelnden Ich" (Oevermann 1974, 551).

In diesem Sinne ist kommunikativ orientierter kompensatorischer Sprachunterricht eine Voraussetzung für die Ausbildung einer stabilen Ich-Identität, für emanzipierende Beteiligung an politischen Entscheidungsprozessen wie für die Befähigung zu wissenschaftlichem Denken.

Der Sprachunterricht der Schule muss deswegen am Gefüge verbaler und kommunikativer Fähigkeiten und Fertigkeiten, die den elaborierten Kode kennzeichnen, ausgerichtet werden, dabei müssen aber die Kommunikationsmuster der Herkunftmilieus der Schüler als Basis der Lernvoraussetzungen unbedingt Berücksichtigung finden. Bei der Wahl der Lerngegenstände und Lernziele muss beachtet werden, „daß Mitglieder verschiedener sozialer Gruppen unterschiedliche Erfahrungen machen und auch verschiedenartige Lerninteressen haben. Wenn alle Schüler lernen sollen, ihre Umwelt erkennend zu verarbeiten, damit sie ihre Sozialerfahrungen später in politische Entscheidungsprozesse einbringen können, so müssen sie Gelegenheit erhalten, die Sprachvariante, die in ihrer Umwelt gesprochen wird, und die Wortbedeutungen, die bei ihnen zu Hause üblich sind, in das schulische Lernen einzubringen. Sie müssen auch Gelegenheit erhalten, die schriftlichen und mündlichen Redeweisen zu erlernen, die ihnen bei ihrem Emanzipationsprozeß und zum Handeln jetzt und später nötig sein werden. Das hat zur Folge, daß z. B. die Problematik einer einheitlichen Sprachnorm auf dem Hintergrund einer nicht-einheitlichen Gesellschaft diskutiert werden muß“ (Rigol 1974, 360f.). Besonders wichtig, insbesondere im Bereich der Vorschul- und Grundschulerziehung, ist die Einbettung der Spracherziehung in differenzierte Interaktionssituationen und dialogische Kommunikation mit der Lehrkraft (Oevermann 1970, 339ff.). Das Beherrschen von Handlungsmustern, die von besonderer Bedeutung sind für die Bewältigung von Kommunikationsschwierigkeiten, wie sie aus der Verwendung verschiedener Sprachvarianten resultieren, sollte besonders gefördert werden, z. B. durch entsprechende Texte und Aufgaben in Sprachbüchern (vgl. Wimmer 1979).

Alle Schüler, in weiterem Sinne alle Sprachlerner müssen befähigt werden, die Sprache der grundlegenden Kommunikationsvorgänge in Wirtschaft, Politik, Wissenschaft und Massenmedien nachvollziehen zu können. Das ist nur durch eine grundlegende Beherrschung der Einheits- oder Hochsprache möglich. Ammon hat in mehreren Veröffentlichungen darauf hingewiesen, wie, analog der schichtspezifischen Verteilung und Funktion des restringierten Sprachkodes, der *Dialekt* als Sprachbarriere wirkt. Die überwiegende Mehrheit der Dialektsprecher hat im gegenwärtigen Schulsystem nicht die Möglichkeit, eine hinreichende Fertigkeit im Gebrauch der Einheitssprache zu entwickeln. Nur in Ausnahmefällen lernen die dialektsprechenden Schüler, die Einheitssprache normgerecht und flüssig zu sprechen, nicht selten bleiben sie auch in deren schriftlichem Gebrauch unsicher und treten so mit einem nicht gering zu veranschlagenden „kommunikatorischen Handicap“ in das Gesellschafts- und Berufsleben ein (vgl. Ammon 1972, 140). Deswegen ist davor zu warnen, in der Sprachdidaktik der pflegerischen Behandlung des Dialekts mehr Aufmerksamkeit zuzuwenden als dem möglichen Ausgleich von Nachteilen der Dialektsprecher. Neben den negativen Vorurteilen, mit denen Dialektsprecher im Kommunikationsprozess häufig konfrontiert werden, besteht der entscheidende Nachteil des Dialekts darin, dass er gegenüber der Einheitssprache ein objektiv eingeschränktes Kommunikationsmittel ist. Ammon stellt folgende wesentliche Unterschiede heraus: Auf eine Region beschränkt, ist der Dialekt für überregionale Kommunikation eher eine Barriere. Der Dialekt, nicht standardisiert, „hat keine kodifizierte Norm und damit nicht den Status einer vollentwickelten Schriftsprache. Damit erfüllt er nicht gehobene Ansprüche an Schnelligkeit, Exaktheit und Verbindlichkeit der Kommunikation, zumindest der schriftlichen Kommunikation. Der Dialekt enthält keine differenzierte technologische und wissenschaftliche Terminologie. Aufgrund dessen ist eine differenzierte und präzise Kommunikation in wichtigen Sachgebieten ausgeschlossen“ (Ammon 1979, 49ff.).

In der heutigen sprachdidaktischen Diskussion über Sprachbarrieren und ihren Abbau ist deutlich geworden, dass über einen kompensatorischen Sprachunterricht allein eine angestrebte Veränderung des Gesellschaftssystems im Sinne der Angleichung von Bildungschancen nicht möglich, die Vermittlung der Hochsprache zur Erreichung dieses Ziels jedoch unerlässlich ist. Vermittlung der Hochsprache wiederum muss nicht gleichbedeutend sein mit Abwertung abweichender Formen des Sprachverhaltens oder anderer Sprachvarianten. Für die Soziolinguistik hat sich mit dieser Einsicht ein neues Arbeitsfeld aufgetan, bei dem weniger Sprachverhaltensdifferenzen im Rahmen einer umfassenden Sozialisationstheorie als vielmehr Teilbereiche des sprachlichen Verhaltens empirisch untersucht werden. „Eine adäquate Einschätzung der Leistungsmöglichkeiten von Soziolekten und Standardsprache, von Dialekten und Hochsprache ist nicht dadurch zu erreichen, daß man jeden Leistungsunterschied kategorisch abstreitet, sondern nur dadurch, daß man die besonderen Möglichkeiten der einzelnen Varietäten hervorhebt (wobei sich in manch einer Situation ein Soziolekt der Standardsprache, ein Dialekt der Hochsprache überlegen zeigt)“ (Weisgerber 1979, 67).

Die soziolinguistische Grundlagenforschung des letzten Jahrzehnts hat gezeigt, wie sich das Spektrum der Muttersprache zur Mehrsprachigkeit hin erweitert hat und ein zunehmendes Sprachdifferenzbewusstsein in verschiedenen gesellschaftlichen Gruppen mit einer selbstbewussten Unterscheidung und Abgrenzung von der Standardsprache typisch für die „innere Mehrsprachigkeit“ moderner Gesellschaften geworden ist. Diese Entwicklung entspricht der Individualisierung und Pluralisierung von Lebensformen und Lebensstilen innerhalb der modernen Gesellschaften, oft quer zu den früher typischen Schichtparametern (vgl. Beck 1986; Lüdtke 1989; Bertram 1991). Sie „hat für den Bürger einen raschen Wechsel zwischen verschiedenen sozialen Rollen und sprachlichen Registern zur Folge, deren kompetente Beherrschung für die Bewältigung seines Alltagslebens immer wichtiger wird, sei es als Klient in der Anwaltskanzlei, als Patient in der Klinik oder als Lehrer vor der Klasse, als Leser eines Anweisungstextes, als Absender einer Steuererklärung oder als Schreiber im Berufs- und Privatleben. Neben den sozialen Bedingungen solch zweckorientierter, funktionaler oder institutioneller Kontexte mit ihren sprachlichen Anforderungen gewinnen aber auch die privaten sozialen Bedingungsfelder zunehmende Bedeutung. Dazu gehören die Kommunikation in der Familie, Alters- oder Freundesgruppe, das Gespräch mit Nachbarn, in der Freizeit“ (Neuland 1993, 6).

4. Soziolinguistik als Analyse von sozialen Sprachvarianten (Varietätenanalyse)

Sprachverschiedenheiten innerhalb einer natürlichen Sprache sind in verschiedener Weise schon Gegenstand der traditionellen Sprachwissenschaft gewesen, und zwar in den beiden Dimensionen zeitliche Unterschiede – erforscht von der Sprachgeschichte bzw. diachronen Linguistik und mit Theorien des Sprachwandels – und räumliche Unterschiede, vor allem untersucht von der Dialektologie. Die heutige soziolinguistische Varietätenanalyse nimmt ihren Ausgangspunkt bei der Beobachtung, nach welchen Faktoren sich das aktuelle sprachliche Verhalten einzelner Sprecher unterscheidet: nämlich „nach Zeit, Ort, Schicht, Situation, Alter des Sprechers, Geschlecht sowie dem Tatbestand, ob es sich um die Muttersprache des Sprechers handelt, ob er oft eine andere Sprache spricht usw. Diesen außersprachlichen Faktoren bzw. Kombinationen solcher Faktoren entsprechen einzelne Ausprägungen der Sprache: Varietäten“ (Klein 1978, 1139). Auf diesem Hintergrund hat

Löffler (1985, 87) ein Sprachwirklichkeitsmodell entwickelt und die Multiperspektivität soziolinguistischer Fragestellungen in tabellarischer Form zusammengestellt:

Tab. 3
Ein soziolinguistisches Varietäten-Modell

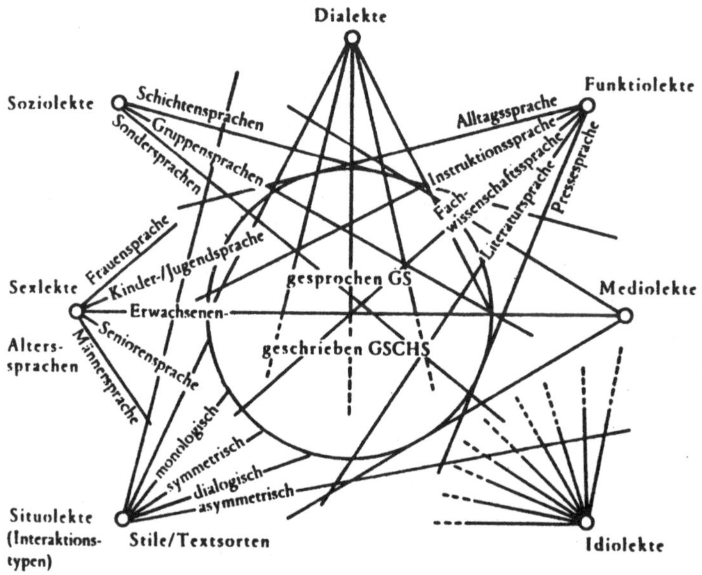

Fishman hat in einer Reihe von Untersuchungen dargelegt, wann und von wem eine bestimmte Varietät als Sprache mit bestimmten Wertungen (Gefühlen, Meinungen) und sozialen Klassifikationen angesehen wird:

Dialekte z. B. können „sich sehr leicht dazu entwickeln, auch andere Faktoren außer geographischen zu repräsentieren (stellvertretend, konnotativ, symbolhaft). Wenn Einwanderer aus dem Gebiet A einen großen Teil der Armen, Unbeliebten und Ungebildeten im Gebiet B ausmachen, dann wird ihre Sprachvarietät (Dialekt A) für die Einwohner des Gebietes B weit mehr als nur die geographische Herkunft bedeuten. Dialekt A wird dann gleichbedeutend mit niedrigerem sozialen Status (bildungsmäßig, beruflich) als Dialekt B. Auf diese Art und Weise kann das, was einmal lediglich als regionale Varietät (gesehen als eine undifferenzierte Sprechergruppe zu einem bestimmten Zeitpunkt und auf ein bestimmtes Gebiet konzentriert) angesehen wurde, als soziale Varietät oder Soziolekt angesehen werden (und was viel wichtiger ist, auch so funktionieren), sobald die soziale Differenzierung in den Vordergrund tritt. Darüber hinaus können sich Sprecher der Varietät A mit der Zeit für eine andersartige Gemeinschaft mit eigenen Zielen, Glaubensgrundsätzen und Traditionen halten, wenn sie kaum Zugang erhalten zu den Interaktionsnetzwerken der Region B, wenn sie hauptsächlich nur innerhalb ihrer Gruppe heiraten, vorwiegend ihren ursprünglichen regionalen Sitten und Bräuchen folgen und immer nur den Umgang mit den eigenen Gruppenmitgliedern wertschätzen. Dann ist es möglich, daß

Varietät A nicht mehr als soziale Varietät, sondern vielmehr als eine ethnische oder religiöse Varietät angesehen wird. Als solche kann sie tatsächlich gepflegt werden bis zu einem Punkt, an dem sie dann als gesonderte Sprache gilt" (Fishman 1975, 25f.).

Die wichtigsten Aufgabenfelder für die soziolinguistische Analyse der Sprachvarianten sind:

- Entwicklung von Verfahren der Beschreibung der Sprachvarietäten. In diesem Zusammenhang müssen die Probleme der Datenbeschaffung (Interviewtechnik, systematische Beobachtung, Tests zum Sprachverhalten) gelöst und die Beziehungen beschrieben werden, in denen die Sprachvarietäten zu außersprachlichen Faktoren stehen.
- Erklärung der Entstehung der Varietäten. Bernsteins Theorie der Sprachkodes oder Theorien der Entstehung von Dialekten bieten hier Anknüpfungsmöglichkeiten.
- Bewertung der Varietäten. Hier wird z. B. durch Erhebung der subjektiven Einschätzung der Sprecher (Selbstbewertungstests) die Normierung von Sprachvarianten, die Ausbildung von Prestigenormen oder Normenunsicherheit zu klären versucht.
- Anwendung von Varietäten. Hier wäre als Beispiel die oben referierte Diskussion um die Notwendigkeit einer kompensatorischen Spracherziehung zu nennen.

Sprachplanung und Sprachpolitik sehen sich heute aber vor viel weiterreichenden Herausforderungen (Hartig 1985, 95ff.). Für die Sprachdidaktik hat Neuland in Anknüpfung an das traditionelle Lernziel „Sprachreflexion und Sprachbewußtsein" eine Reihe von Vorschlägen zur Förderung eines „Sprachdifferenz- als eines Sprachselbstbewußtseins" skizziert (Neuland 1993, 9; vgl. Neumann, in diesem Band, S. 92f.)

Als Verfahren der Beschreibung von Sprachvarietäten sind William Labovs Untersuchungen über das „Nonstandard-Negro-English" (NNE) in amerikanischen Negerghettos besonders bekannt geworden (vgl. Labov 1972). Labov stimmt mit Bernstein überein, dass die Angehörigen der unteren sozialen Schichten eine andere Sprechweise praktizieren als die Mitglieder der höheren sozialen Schichten. Seine Analyse des NNE kommt aber zu dem Ergebnis, dass das NNE nicht etwa eine defizitäre Sprachform sei, sondern ebenso wie das Standardenglisch (SE) eine eigene Sprache mit eigenen grammatischen Regeln. Als Beschreibungsverfahren benutzte Labov eine Weiterentwicklung der Transformationsgrammatik Chomskys. In seinen phonologischen Erhebungen arbeitete er mit Transformations-, Ersetzungs- und Variablenregeln, wobei soziolinguistische Variablen definiert sind als Variablen, die korrelieren mit einem nichtsprachlichen Faktor des sozialen Kontextes, wie Sprecher, Publikum, Kontext des Sprechaktes. Ähnliche Forschungsergebnisse zeichnen sich für den neuen Soziolekt eines „Pidgin-Deutsch" ab (Löffler 1985, 142).

In der Varietätenanalyse ist Labov auf dem Gebiet der Phonologie und Lexikologie zu objektivierbaren Forschungsmethoden vorgestoßen. Variablenregeln, die die varianten und invarianten Strukturen von Gesprächen erfassen, sind erst in Ansätzen gefunden (vgl. Labov 1972, 193 ff.). Soziale Unterschiede in der Art, wie beispielsweise Argumentationsstrategien eingesetzt, Erzählungen vorgetragen, Wünsche und Befehle ausgesprochen, persönliche Erfahrungen und Erlebnisse vermittelt werden, die Art, „wer wann und mit wem in welcher Sprache spricht“ (Fishman 1982), sind ohne Berücksichtigung des sozialen Kontextes des Sprechereignisses nicht erfassbar. Eine von der Transformationsgrammatik angeregte Varietätenanalyse (Labov 1972; Klein 1974) und eine von der Analyse multilingualer Situationen angeregte Erforschung der „kommunikativen Kompetenz“ (Dell Hymes 1979) von Sprechern begegnen sich bei dieser Entschlüsselung der Struktur von Gesprächen.

Ein weiteres neues Feld in diesem Zusammenhang hat sich für die Soziolinguistik mit der Erforschung der Alltagssprache, der Gruppensprachen und der Fachsprachen aufgetan. Im sprachkulturellen Wandel haben traditionell die Jugendsprachen besondere Aufmerksamkeit gefunden (Bayer 1985; Nave-Herz; Neuland / Heinemann 1977). Soziolinguistische Fragestellungen nach der Identifikation oder auch der Abgrenzung von Sprecherinnen und Sprechern gegenüber bestimmten alltagssprachlichen Kommunikationsformen finden aktuell ein besonders aufschlussreiches, auch fachdidaktisch sehr ergiebiges Aufgabenfeld in den Phänomen des Sprachwandels nach 1989 im wiedervereinigten Deutschland. „Mögliche Veränderungen des gegenwärtigen Sprachgebrauchs in Deutschland nach 40 Jahren getrennter sprachlich-kommunikativer Entwicklungen, die bekanntlich zu den Thesen von ‘nationalsprachlichen Varietäten’ sowie von ‘plurizentrischer deutscher Sprachkultur’ geführt haben“, können nun dahingehend genauer untersucht werden, ob sie sich als Angleichungs- und/oder Abgrenzungsprozesse gegenüber bisherigen Sprachgebrauchsweisen in Ost und West beschreiben lassen (Neuland 1997, 3; vgl. auch Conrad, Band 2 dieses Taschenbuches).

Generell zeigen soziolinguistische Analysen der aktuellen Wortbedeutung im Rahmen alltagssprachlicher Verwendungsweisen, dass nur ein Teil der mit der Bedeutung verknüpften Assoziationen individuell, d. h. auf die Person des Sprechers, beschränkt ist. Die meisten sind gängige Vorstellungen der sozialen Schicht bzw. Gruppe, der der Sprecher angehört. Typisierte Vorstellungen (die der Sprecher mit vielen anderen gemein hat) und individuelle Vorstellungen (die auf seine Person beschränkt sind), zusammen mit dem Kontext der Situation und den grammatischen Vorgaben der Sprachsystemstruktur, erzeugen die Kontextbedeutung eines Wortes bzw. einer Äußerung:

Tab. 4

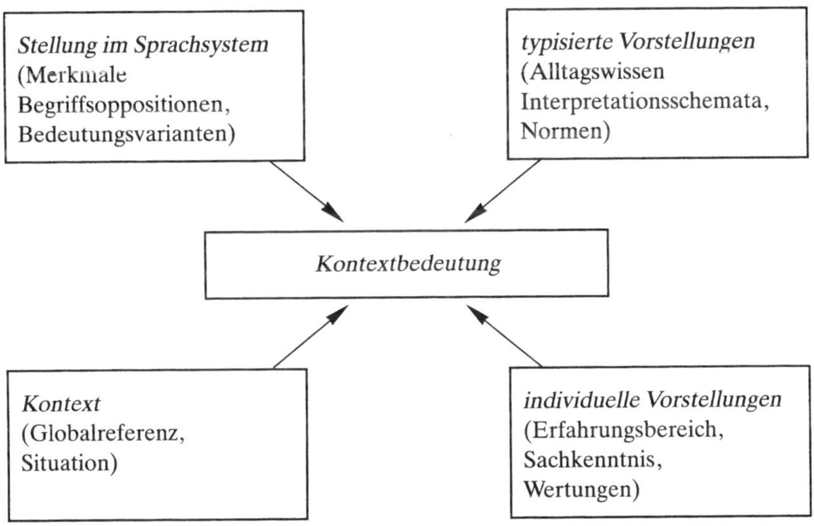

(Hannappel / Melenk 1979, 127)

Im Rahmen des Verstehenshorizontes natürlicher Sprachen ist die Konstitution der Wortbedeutung in der Regel unproblematisch für die beteiligten Sprecher. Bei dem ungeheuren Anwachsen von Spezialvokabularen in den Fachsprachen (in wenigen Jahren haben sich z. T. mit der Ausdifferenzierung von Spezialdisziplinen die fachsprachlichen Terminologien verdoppelt und verdreifacht, z. B. im Bereich der Neuen Technologien bzw. des Mediengebrauchs) ist die Verfügbarkeit über den adäquaten Ausdruck für den Laien-Sprecher aber immer mehr in Frage gestellt. Fachspezifische Sprachverwendung gestattet eine genauere Erfassung bestimmter Objektbereiche, Tätigkeiten und Vorgänge, als dies in der normalen Umgangssprache möglich ist. Weil fachsprachliche Aussagen aber nicht allgemein verständlich sind, zu einem guten Teil auch nicht sein können, wirken sie als Barrieren und sind Anlass für Kommunikationsprobleme und -konflikte. Wird Fachsprache bewusst eingesetzt, um Sachverhalte zu verschleiern oder um das dem Fach entgegengebrachte Vertrauen für ein Projekt oder ein Produkt, z. B. in der Werbung, auszunutzen, wird die Barrierenwirkung der Fachsprache sogar zu manipulativen Zwecken missbraucht (vgl. Fluck 1976, 34ff.; Hess-Lüttich 1987, 177ff.). Die pragma- und soziolinguistische Analyse der Fachsprachen hat hier auch die kritische Funktion zu helfen, „daß die Sprache als Medium aller menschlichen Erkenntnisse ihre zentrale sinnerschließende und verstehenssichernde Stellung in unserem Denken und Handeln nicht verliert“ (Gipper 1978, 142).

Eine eigene ausführliche Behandlung verdiente auch der geschlechtsspezifische Sprachgebrauch, der sich in den letzten Jahren als neuerer soziolinguistischer

Forschungsbereich fest etabliert hat (Hartig 1985, 179 ff.; Crystal 1993, 46 ff.; Pieper 1993; Gansel / Gansel 1997). Die schon 1973 von Robin Lakoff ausgearbeitete Hypothese, dass die Sprache der Frauen ihre soziale Position direkt widerspiegle, ist inzwischen in verschiedenen Richtungen untersucht worden. Neben der Beschreibung der Sprachunterschiede und der Überprüfung der These, dass Frauen stärker als Männer zur Erhaltung der Sprache neigen, sind in letzter Zeit die Themen der männlichen Sprachdomination und der verschiedenen Formen sexistischer Sprache, z. B. in der Werbung, in den Vordergrund gerückt. Besonders aufschlussreich für die Folgen männlicher Sprachdomination sind Sprachverwendungsformen, die den sozialen Status „Frau" auch in der Berufssituation zum Ausdruck bringen. Während für die rangniedrigen Berufe vor allem weibliche Bezeichnungen gebräuchlich sind (z. B. Putzfrau, Haushaltshilfe, Erzieherin), finden sich für viele ranghohe Berufe immer noch mehr männliche Berufsbezeichnungen (z. B. Bundeskanzler, Minister) (Oksaar 1976). Geschlechtsspezifische Sprachdifferenzierung wird offensichtlich schon früh sozialisatorisch eingeübt (Pieper 1993).

Für die zukünftige soziolinguistische Forschung dürfte die Frage besonders aufschlussreich sein, ob Männer und Frauen grundsätzlich aneinander vorbeireden, „weil Jungen und Mädchen im Grunde in verschiedenen Kulturen aufwachsen, so daß das Gespräch zwischen Frauen und Männern zur interkulturellen Kommunikation wird" (Tannen 1991, 17). Aus dieser Perspektive fällt auch neues Licht auf das Verhältnis von Sprachgebrauch, sozialer Schicht und Zugehörigkeit zu sozialen Netzwerken (Milroy / Milroy 1993). Unstrittig ist, dass es geschlechtsspezifische Unterschiede im Gesprächsstil gibt. Der Soziolinguistik mit dem traditionellen Thema „Sprachbarrierenforschung" eröffnet sich mit der Erkenntnis der Reichweite geschlechtsspezifischer Sprachdifferenzen ein besonders ergiebiges Aufgabenfeld, weil hier – neben der Erarbeitung von Lösungskonzepten für soziale Beziehungskonflikte – modellartig der Zusammenhang von Sprache, sozialen Situationen und Varianten der Identitätsdarstellung rekonstruiert werden kann.

Literaturverzeichnis

Ammon, Ulrich: Dialekt, soziale Ungleichheit und Schule. 2. Aufl., Weinheim 1973

Ammon, Ulrich: Dialekt und Einheitssprache in ihrer sozialen Verflechtung. Weinheim 1973

Ammon, Ulrich: Probleme der Soziolinguistik. 2. Aufl., Tübingen 1977

Ammon, Ulrich: Schulschwierigkeiten von Dialektsprechern. Empirische Untersuchungen sprachabhängiger Schulleistungen und des Schüler- und Lehrerbewußtseins – mit sprachdidaktischen Hinweisen. Weinheim 1978

Ammon, Ulrich: Dialekt als „Sprachbarriere"? In: Ermert, Karl (Hrsg.): Gibt es die „Sprachbarriere" noch? Düsseldorf 1979, 48–57

Arbeitsgruppe Bielefelder Soziologen (Hrsg.): Alltagswissen, Interaktion und gesellschaftliche Wirklichkeit. 2. Aufl., 2 Bände. Reinbek 1975

Badura, Bernhard: Sprachbarrieren. Zur Soziologie der Kommunikation. Stuttgart 1971

Bayer, Klaus: Jugendsprachen und Deutschunterricht. Kritische Anmerkungen zur Rolle der Sprachdidaktik im sprachkulturellen Wandel. In: Ermert, Karl (Hrsg.): Loccumer Protokolle 1985, 17, 66–89

Beck, Ulrich: Risikogesellschaft. Auf dem Weg in eine andere Moderne. Frankfurt 1986

Bernstein, Basil: Der Unfug mit der „kompensatorischen Erziehung". In: Betrifft Erziehung 1970, H. 9, 15–19

Bernstein, Basil: Sprache und soziale Klasse. In: Weinert, Franz E.: (Hrsg.): Pädagogische Psychologie. Köln 1971, 346–371

Bernstein, Basil: Studien zur sprachlichen Sozialisation. Düsseldorf 1972

Bertram, Hans (Hrsg.): Die Familie in Westdeutschland. Stabilität und Wandel familialer Lebensformen. Opladen 1991

Bourdieu, Pierre: Die feinen Unterschiede. Kritik der gesellschaftlichen Urteilskraft. Frankfurt 1988

Braun, Peter: Tendenzen in der deutschen Gegenwartssprache. Sprachvarietäten. 2. Aufl., Stuttgart 1987

Bühler, Hans: Sprachbarrieren und Schulanfang. Weinheim 1972

Crystal, David: Die Cambridge-Enzyklopädie der Sprache. Frankfurt 1993

De Saussure, Ferdinand: Grundlagen der allgemeinen Sprachwissenschaft. 2. Aufl., Berlin 1967

Dittmar, Norbert: Soziolinguistik. Exemplarische und kritische Darstellung ihrer Theorie, Empirie und Anwendung. Frankfurt 1973

Erckenbrecht, Ulrich: Marx' materialistische Sprachtheorie. Kronberg 1973

Ermert, Karl (Hrsg.): Gibt es die „Sprachbarriere" noch? Düsseldorf 1979

Fishman, Joshua A. (Hrsg.): Advances in the Sociology of Language. 2 Bände. Den Haag 1971/72

Fishman, Joshua A.: Sprache-Dialekt-Varietät. In: Soziologie der Sprache. München 1975, 25–28

Fishman, Joshua A.: Das Verhältnis zwischen Mikro- und Makrosoziolinguistik bei der Untersuchung darüber, wer wann und mit wem in welcher Sprache spricht. In: Steger, Hugo (Hrsg.): Anwendungsbereiche der Soziolinguistik. Darmstadt 1982, 206–232

Fluck, Hans-Rüdiger: Fachsprachen. München 1976

Gansel, Carsten / Gansel, Christina: Zwischen Karrierefrau und Hausmann. Aspekte geschlechterdifferenzierenden Sprachgebrauchs in Ost und West. In: Der Deutschunterricht 1997, 49, H. 1, 59–69

Gipper, Helmut: Gibt es ein sprachliches Relativitätsprinzip? Frankfurt 1972

Gipper, Helmut: Fachsprachen in Wissenschaft und Werbung. In: Mentrup, Wolfgang (Hrsg.): Fachsprachen und Gemeinsprache. Düsseldorf 1978, 125–143

Gloy, Klaus: Sprachnormen I. Linguistische und soziologische Analysen. Stuttgart-Bad Cannstatt 1975

Große, Rudolf / Neubert, Albrecht: Thesen zur marxistisch-leninistischen Soziolinguistik. In: Steger, Hugo (Hrsg.): Soziolinguistik. Band 1. Darmstadt 1982, 92–108

Hannappel, Hans / Melenk, Hartmut: Alltagssprache. München 1979

Hager, Fritjof / Haberland, Hartmut / Paris, Rainer: Soziologie und Linguistik. Stuttgart 1973

Hartig, Matthias: Angewandte Linguistik des Deutschen I: Soziolinguistik. Bern / Frankfurt / New York 1985

Herrmann, Wolfgang: Situation und Norm. Zur Problematik pädagogischer Textbewertung mit Beispielen für ein neues Prüfungsverfahren. Kronberg 1976

Hess-Lüttich, Ernest W. B.: Angewandte Sprachsoziologie. Stuttgart 1987

Holzer, Horst / Steinbacher, Karl (Hrsg.): Sprache und Gesellschaft. Hamburg 1972

Hymes, Dell H.: Soziolinguistik. Frankfurt 1979

Hymes, Dell H.: Soziolinguistik und Ethnographie des Sprechens. In: Steger, Hugo (Hrsg.): Soziolinguistik. Band 1. Darmstadt 1982, 142–197

Kanitz, Otto F.: Das proletarische Kind in der bürgerlichen Gesellschaft. Frankfurt 1974

Klann, Gisela: Sprachbarrieren: Die Geschichte einer Entdeckung oder die Entdeckung einer „Geschichte"? In: Ermert, Karl (Hrsg.): Gibt es die „Sprachbarriere" noch? Düsseldorf 1979, 33–47

Klein, Wolfgang: Variation in der Sprache. Kronberg 1974

Klein, Wolfgang: Soziolinguistik. In: Psychologie des 20. Jahrhunderts, Band VII: Piaget und die Folgen. Zürich 1978, 1130–1147

Klein, Wolfgang / Wunderlich, Dieter (Hrsg.): Aspekte der Soziolinguistik. Frankfurt 1972

Klotz, Peter / Sieber, Peter (Hrsg.): Vielerlei Deutsch. Stuttgart 1993

Labov, William: The Reflection of Social Process in Lingustic Structures. In: Fishman, Joshua A. (Hrsg.): Advances in the Sociology of Language. Band 1. Den Haag 1971, 240–251

Labov, William: Das Studium der Sprache im sozialen Kontext. In: Klein, Wolfgang / Wunderlich, Dieter (Hrsg.): Aspekte der Soziolinguistik. Frankfurt 1972, 123–206

Labov, William: Einige Prinzipien linguistischer Methodologie. In: Steger, Hugo (Hrsg.): Soziolinguistik. Band 1. Darmstadt 1982, 198–234

Lakoff, Robin: Language and woman's place. In: Language in Society 1973, H. 2, 45–79

Lawton, Denis: Soziale Klasse, Sprache und Erziehung. Düsseldorf 1970

Lewis, Morris Michael: Language in Society. London 1947

Löffler, Heinrich: Germanistische Soziolinguistik. Berlin 1985

Lüdtke, Hartmut: Expressive Ungleichheit. Zur Soziologie der Ungleichheit. Opladen 1989

Maas, Utz / Wunderlich, Dieter: Pragmatik und sprachliches Handeln. Frankfurt 1972

Malinowski, Bronislaw: The Problem of Meaning in Primitive Languages. In: Ogden, C. K. / Richards, I. A. (Hrsg.): The Meaning of Meaning. London 1923, 298–336

Martens, Karin (Hrsg.): Kindliche Kommunikation. Frankfurt 1979

Miller, Max: Zur Logik der frühkindlichen Sprachentwicklung. Stuttgart 1976

Miller, Max: Sprachliche Sozialisation. In: Hurrelmann, Klaus / Ulich, Dieter (Hrsg.): Handbuch der Sozialisationsforschung. Weinheim 1980, 649–668

Milroy, James / Milroy, Lesley: Mechanisms of Change in Urban Dialects: The Role of Class, Social Network, and Gender. In: International Journal of Applied Linguistics 1993, 3, 57–77

Nave-Herz, Rosemarie: Jugendsprache. In: Markefka, Manfred / Nave-Herz, Rosemarie (Hrsg.): Handbuch der Familien- und Jugendforschung. Bd. 2: Jugendforschung. Neuwied / Frankfurt 1989, 625–633

Neuland, Eva: Sprachbarrieren oder Klassensprache? Frankfurt 1975

Neuland, Eva: Soziolinguistik und Sprachunterricht heute. In: Der Deutschunterricht 1993, H. 3, 3–10.

Neuland, Eva: Sprachwandel nach 1989. Einführung ins Thema. In: Der Deutschunterricht 1997, H. 1, 3–5

Neuland, Eva / Heinemann, Margot: „Tussis": hüben wie drüben? Vergleichende Beobachtungen zur Entwicklung von Jugendsprachen in Ost und West. In: Deutschunterricht 1997, H. 1, 70–76

Neumann, Karl: Spracherwerb und Menschwerdung. In: Wendt, Herbert / Loacker, Norbert (Hrsg.): Der Mensch. Band VI. Zürich 1983, 57–76

Oevermann, Ulrich: Schichtenspezifische Formen des Sprachverhaltens und ihr Einfluß auf die kognitiven Prozesse. In: Deutscher Bildungsrat (Hrsg.): Begabung und Lernen. 5. Aufl., Stuttgart 1970, 297–356

Oevermann, Ulrich: Sprache und soziale Herkunft. Ein Beitrag zur Analyse schichtenspezifischer Sozialisationsprozesse und ihrer Bedeutung für den Schulerfolg. 2. Aufl., Frankfurt 1972

Oevermann, Ulrich: Die falsche Kritik an der kompensatorischen Erziehung. In: Neue Sammlung 1974, 14, 537–568

Oksaar, Els: Berufsbezeichnungen im heutigen Deutsch. Düsseldorf 1976

Ort, Michael: Sprachverhalten und Schulerfolg. Weinheim 1976

Penzinger, Christine: Soziostilistische Sprachstrukturen in der Mutter-Kind-Interaktion. Frankfurt / Bern / New York 1985

Pieper, Ursula: Tendenzen geschlechtsrollentypischen Verhaltens in der Eltern-Kind-Kommunikation. In: Der Deutschunterricht 1993, H. 3, 11–19

Polenz, Peter von: Sprachnorm, Sprachnormung, Sprachnormenkritik. In: Steger, Hugo (Hrsg.): Soziolinguistik. Band 1. Darmstadt 1982, 373–384

Rigol, Rosemarie: Soziolinguistik. In: Dingeldey, Erika / Vogt, Jochen (Hrsg.): Kritische Stichwörter zum Deutschunterricht. 2. Aufl., München 1974, 355–365

Roeder, Peter Martin / Pasdzierny, Artur / Wolf, Willi (Hrsg.): Sozialstatus und Schulerfolg. Heidelberg 1965

Roeder, Peter Martin: Sprache, Sozialstatus und Schulerfolg. In: Zeitschrift für Pädagogik 1968, 7. Beiheft, 53ff.

Rossi-Landi, Ferrucio: Sprache als Arbeit und als Markt. München 1972

Schatzmann, Leonard / Strauss, Anselm: Social Class and Modes of Communication. In: American Journal of Sociology 1955, 60, 329–338

Schlieben-Lange, Barbara: Soziolinguistik. Stuttgart 1973

Schlieben-Lange, Barbara: Linguistische Pragmatik. Stuttgart 1975

Steger, Hugo (Hrsg.): Soziolinguistik. Ansätze zur soziolinguistischen Theoriebildung. Darmstadt 1982 (Band 1)

Steger, Hugo (Hrsg.): Anwendungsbereiche der Soziolinguistik. Darmstadt 1982 (Band 2)

Tannen, Deborah: Du kannst mich einfach nicht verstehen. Warum Männer und Frauen aneinander vorbeireden. Hamburg 1991

Viereck, Wolfgang (Hrsg.): Sprachliches Handeln – soziales Verhalten. München 1976

Watzlawick, Paul / Beavin, Janet H. / Jackson, Don D.: Menschliche Kommunikation. 4. Aufl., Bern 1974

Weisgerber, Bernhard: Was bleibt vom „kompensatorischen Sprachunterricht?“ In: Ermert, Karl (Hrsg.): Gibt es die „Sprachbarriere“ noch? Düsseldorf 1979, 58–70

Weisgerber, Leo: Muttersprache und Geistesbildung. Göttingen 1929

Whorf, Benjamin L.: Sprache-Denken-Wirklichkeit. Hamburg 1963

Wimmer, Rainer: Helfen Sprachbücher Sprachbarrieren zu überwinden? In: Ermert, Karl (Hrsg.): Gibt es die „Sprachbarriere“ noch? Düsseldorf 1979, 71–83

Wodak, Ruth: Das Wort in der Gruppe. Wien 1981

KARL NEUMANN

Sprachliche Interaktion im Unterricht

Lehrersprache, Schülersprache und die unterrichtliche Kommunikationsrealität

1. Unterricht als Sprachlernsituation. Kommunikationstheoretische Orientierung im Deutschunterricht, traditioneller und offener Unterricht

„Ist das dein Aufsatz?" – Diese im Deutschunterricht häufig gestellte Frage ist alltäglich, ihr Inhalt klar. Was gesagt worden ist, ist jedem deutlich. Wenn wir die umgebende Situation nicht kennen, ist allerdings schon viel schwieriger auszumachen, wie die Frage gesagt worden ist und mit welchem Ziel und auf was der Lehrer, auf weitere Sicht, mit ihr hinaus wollte. Hier kann das Spektrum möglicher Antworten von bloßer Information, über motivierendes Lob des Schülers bis zur Drohung eines Tadels oder zu bitterer ironischer Verurteilung reichen. Die Frage kann lediglich der Orientierung des Lehrers dienen, sie kann Ausdruck seiner nicht offen gelegten Verachtung sein; sie kann ein Gespräch beenden, sie kann als Gesprächseröffnung und Form der Kontaktaufnahme gedankenlos geäußert oder bewusst eingesetzt worden sein.

Selbst ein alltäglicher sprachlicher Akt im Unterricht kann von weitreichender Bedeutung sein. Dies sollte Grund genug für den Sprachlehrer sein, sich der Problematik unterrichtlicher Kommunikation mit besonderer Sensibilität zu vergewissern, bietet sich ihm hier doch die einmalige Gelegenheit, das wichtigste Medium des Unterrichts, die Sprache, unmittelbar zum Gegenstand des Unterrichts zu machen. Die didaktischen Möglichkeiten, den Gegenstand des Sprachunterrichts aus dem Bereich der Unterrichtssprache selbst zu wählen, sind denn auch seit der „kommunikativen Wende" des Deutschunterrichts zunehmend erkannt und genutzt worden.

„Lehrer und Schüler wirken aufeinander stärker durch ihre Kommunikations*formen* als durch das, *was* sie sagen. Der *Kommunikationsstil* in der Klasse ist für den Verlauf und die Folgen des Unterrichts entscheidender als der *Unterrichtsinhalt*." (Boettcher 1975, 64f.)

Im Anschluss an die von Watzlawick u. a. vorgelegte Axiomatik der „Menschlichen Kommunikation" (1974) ist die Grundunterscheidung des „Inhalts"- und „Beziehungsaspektes" in jedem kommunikativen Akt auch auf den Unterrichtsprozess übertragen worden. Kommuniziert wird stets über einen Inhalt, ein Thema; dieser inhaltliche Austausch vollzieht sich immer zugleich innerhalb einer zwischenmenschlichen Beziehung, die die soziale Zuordnung der Kommunikationspartner und die Art ihres Verhaltens zueinander betrifft. Gerade in der Art des „Miteinander Redens" (Schulz von Thun 1993), der Art ihrer Beziehung zueinander zeigt sich auch, wie der Gehalt aufgenommen werden soll. Eine Schlüsselposition in diesem komplexen Wechselverhältnis kommt der Sprache als Kommunikationsmedium zu, zumal nur durch sie die Gesetzmäßigkeiten und Gegebenheiten einer Kommunikationssituation aufgehellt, reflektiert und kritisiert werden können, nämlich durch Sprechen über die Sprache, durch Metakommunikation. In dieser Hinsicht lässt sich Unterricht als spezifisch geeignete Sprachlernsituation verstehen und gestalten.

Die Kommunikationsrealität des Unterrichts ist hinsichtlich des sprachlichen wie des nicht-sprachlichen Handelns seit über zwei Jahrzehnten in zunehmendem Maße Gegenstand der Forschung geworden. Neben soziolinguistischen Analysen der Sprachvarietäten, insbesondere des Dialekts, im Unterricht (vgl. Neumann, in diesem Band, S. 69f.), sind in der empirischen Unterrichtsforschung, orientiert an traditionellen Unterrichtskonzepten, die Unterrichtssprache und die verbalen Strategien im offiziellen Unterrichtsgeschehen untersucht worden. Diese Untersuchungen sind ergänzt worden durch die Anwendung gesprächsanalytischer und argumentationstheoretischer Kategorien in der Analyse des Unterrichtsdiskurses (Hess-Lüttich 1987, 97ff.). Dabei hat auch das Verhältnis von lehrzielorientierter „Hauptkommunikation" und nicht-lehrzielorientierter „Nebenkommunikation" im Unterricht immer mehr Interesse gefunden (Heinze 1976; Ehlich / Rehbein 1983). Für die Sprachdidaktik haben sich in den letzten Jahren besonders fruchtbare Perspektiven mit der pädagogischen Grundsatzdiskussion über die schulreformerischen Möglichkeiten des Offenen Unterrichts aufgetan (Gropengießer / Otto / Tillmann 1993). Auf sie wird im letzten Abschnitt dieses Artikels eingegangen.

2. Untersuchungen zur Lehrer- und Schülersprache. Zur didaktischen Bedeutung von Interaktionsanalysen

Wenn man mit Wittgenstein von der Hypothese ausgeht, dass „die Sprache Teil einer Lebensform sei", dass menschliches Verhalten wesentlich abläuft in „Sprachspielen", dann muss auch „Unterricht" verstanden werden als „Sprachspiel", das nach besonderen Sprachformen und Sprachregeln abläuft, gleichursprünglich gekoppelt mit sozialen Verhaltensregeln. „Die Person, die die Rolle des Lehrers spielt, folgt einem Satz von Regeln, und derjenige, der die Rolle des Schülers spielt, folgt einem anderen Satz von Regeln" (Bellack u. a.; zit. nach Spanhel 1973, 388).

Es ist eigentlich erstaunlich, dass der folgende grundlegende Zusammenhang von der didaktischen Forschung bis in die 70er Jahre vernachlässigt worden ist: Unterricht *ist* im wesentlichen Sprache, geschieht *durch* Sprache, darüber hinaus ist Sprache einer der *Hauptgegenstände* von Unterricht.

„Daß die Sprache nicht nur Gegenstand, sondern auch 'Mittel' des Unterrichts ist, daß jedes Unterrichtsfach seine 'Fachsprache' hat, die ihrerseits wiederum einer sprachlichen Vermittlung in die Altersgruppensprachen und sozialschichtspezifischen Sprachen bedarf, welche die Schüler in den Unterricht mitbringen, und daß überdies die unterrichtliche Vermittlung jedweden Gegenstandes auf bestimmte didaktische Redeweisen angewiesen ist, – das alles ist in der traditionellen Didaktik nie in dem Maße berücksichtigt worden, wie es die zentrale Bedeutung dieses Sachverhalts verdient gehabt hätte. Die diesbezüglichen Überlieferungen der antiken Rhetorik und ihrer Fortsetzung im Humanismus sind in Vergessenheit geraten. Erst die 'linguistische Wendung' in den modernen Sozialwissenschaften und nicht zuletzt in der Lernpsychologie hat in den letzten Jahren den Blick einiger angelsächsischer, russischer und deutscher Pädagogen auf diese Sachverhalte gelenkt.“ (Loch, in: Spanhel 1971, 13)

Wenn aber Sprache als Variable in allen Lehr/Lernprozessen auftritt, das grundlegende Unterrichtsmedium und wichtigste Instrument des Lehrers ist, ergibt sich als zwingende Konsequenz, dass der Lehrer ein grundlegendes Wissen von den Gesetzmäßigkeiten der unterrichtlichen Kommunikation wie eine Kontrollmöglichkeit für die von ihm selbst eingesetzte Sprache haben muss. Er benötigt ein Wissen darüber, welche Leistungen die Lehrer- und Schülersprache im Unterricht haben können und wie er die Verwendung in der realen Unterrichtssituation überprüfen kann. Der Erwerb einer solchen Kontrollkompetenz erscheint um so dringlicher, als das Verhalten des Lehrers im Unterricht sehr wirkungsvoll einem sogenannten heimlichen Lehrplan folgen kann. (Vgl. Zinnecker / Geisler 1973; Herrlitz 1983) J. Grell (1975) hat eine Übersicht über „Techniken des Lehrerverhaltens“ zu geben versucht und eine Vielzahl von Möglichkeiten zu systematischer Beobachtung und Veränderung des Lehrerverhaltens zusammengestellt. Eine Schlüsselposition nehmen dabei Interaktionsanalysen ein, die in den meisten Fällen auf einer Untersuchung und Kategorisierung des *verbalen* Verhaltens des Lehrers aufbauen. Dabei wird die Voraussetzung gemacht, dass das verbale Verhalten repräsentativ für das Gesamtverhalten ist. Außerdem lässt sich das Sprachverhalten von Lehrern und Schülern zuverlässiger beobachten als andere Aspekte der Interaktion.

Exemplarisch für eine Reihe inzwischen entwickelter Analyse-Schemata soll hier eine Zusammenfassung der Interaktionsanalyse von Flanders (1966) dargestellt werden, damit der Leser wenigstens einen Eindruck von den hier liegenden Aufschlüsselungsmöglichkeiten von Unterrichtsprozessen gewinnen kann. Das Beobachtungssystem von Flanders erlaubt sowohl eine Einordnung des Lehrerverhaltens in eine komplexe Dimension „direkt – indirekt“ als auch eine differenzierte Analyse einzelner Faktoren wie Lob oder Anweisungen, Fragen oder Verwendung von Schülergedanken durch den Lehrer. (Vgl. Frech 1971)

Dieses Kategoriensystem zur Analyse verbalen Verhaltens im Unterricht, auf dessen Praktizierung hier nicht näher eingegangen werden kann, lässt sich insgesamt oder an einzelnen Stellen (z. B. beim Frageverhalten des Lehrers) weiter differenzieren. Setzt man verschiedene und verschiedenartige Formen der Interaktionsanalyse zur Beschreibung des Unterrichtsgeschehens ein, so lässt sich aus allen Teilergebnissen folgende, nicht gerade ermutigende Gesamtbilanz ziehen:

- Untersuchungen über die Interaktion im Unterricht ergeben ein erstaunlich einheitliches Bild. Obwohl die Zahl möglicher Verhaltensweisen unbegrenzt zu sein scheint, verwenden Lehrer im allgemeinen nur einen kleinen Ausschnitt aus diesem Spektrum. Die im Unterricht auftretenden Interaktionsmuster sind nicht sehr abwechslungsreich. Unterricht ist ein hochritualisiertes Interaktionsmuster, das in der Grundstruktur nur wenig variiert.
- Vergleicht man den Anteil der Schüler an der Interaktion mit dem Anteil des Lehrers, so kommt man zu dem Eindruck, dass Lernen in Schulklassen hauptsächlich eine Lehreraktivität ist. Es sieht so aus, als ob der Lehrer stellvertretend für die Schüler lernt: der Durchschnittsunterricht setzt sich zu 68 Prozent aus Lehreräußerungen, zu 20 Prozent aus Schüleräußerungen und zu 11 bis 12 Prozent aus „Schweigen und Durcheinander“ (Flanders) zusammen.

System der Analyse unterrichtlicher Interaktion nach Flanders

Lehreräußerungen	Indirekter Einfluss	1. *Akzeptiert Gefühle:* Akzeptiert und klärt die Empfindungen des Schülers. Die Gefühle können positiv oder negativ sein. Voraussage und Erinnerung an Gefühle sind eingeschlossen.
		2. *Lobt und ermutigt:* Lobt und ermutigt Handlungen des Schülers. Scherze, die Spannungen vermindern und nicht auf Kosten eines anderen Individuums gehen, Kopfnicken und die Aufforderung fortzufahren, sind eingeschlossen.
		3. *Akzeptiert und verwendet Gedanken des Schülers:* Klärt, baut auf und entwickelt die Gedanken, die vom Schüler vorgetragen werden. Wenn der Lehrer mehr seine eigenen Gedanken ins Spiel bringt: Übergang zu Kategorie 5.
		4. *Stellt Fragen:* Stellt Fragen über Inhalt und Ablauf in der Erwartung, dass der Schüler antwortet.
	Direkter Einfluss	5. *Lehrervortrag:* Referiert Fakten und Meinungen über Inhalt oder Methoden; drückt seine eigenen Ideen aus, stellt rhetorische Fragen.
		6. *Gibt Anweisungen:* Anweisungen oder Anordnungen, die der Schüler befolgen soll.
		7. *Kritisiert den Schüler oder rechtfertigt die eigene Autorität:* Äußerungen, die das Schülerverhalten berichtigen sollen; laute Zurechtweisungen; Rechtfertigungen des eigenen Verhaltens; extremer Selbstbezug.
Schüleräußerungen		8. *Schüleräußerungen – Antworten:* Ein Schüler antwortet in vorhersehbarer Weise dem Lehrer. Der Lehrer initiiert den Kontakt und setzt für die Reaktion des Schülers Grenzen.
		9. *Schüleräußerungen – Initiative:* Schüler äußern sich aus eigener Initiative. Unvorhergesehene Äußerungen als Reaktion auf den Lehrer. Übergang von 8 auf 9, wenn der Schüler eigene Gedanken einführt.
		10. *Schweigen oder Verwirrung:* Pausen; kurze Perioden des Schweigens oder Perioden des Lärms und der Verwirrung, in welchen die verbale Interaktion vom Beobachter nicht verstanden werden kann.

(Nach: Flanders 1966, 7)

- Die Interaktion im Unterricht ist asymmetrisch. Boshaft ausgedrückt: im Normfall vollstreckt der Lehrer den Unterricht an den Schülern. Lehrer setzen im Unterricht ihren Plan durch, den Schülern fällt die Aufgabe zu, an den vorgesehenen Stellen zu antworten.
- Schüler stellen erstaunlich wenig Fragen an die Lehrer. 80 Prozent der Schülerfragen sind Fragen dieser Art: „Dürfen wir auch mit dem Kugelschreiber schreiben?“ – „Können Sie das Wort bitte noch mal sagen?“ Höchstens 20 Prozent aller Schülerfragen beziehen sich auf den Unterrichtsgegenstand und deuten darauf hin, dass Schüler über den Gegenstand nachdenken.
- Lehrer berücksichtigen Gedanken und Meinungen, die von Schülern vorgebracht werden, nur recht wenig, sie befassen sich nicht angemessen mit den Schülerideen.
- Das häufigste Lehrerverhalten ist die verbale Informationsvermittlung. An zweiter Stelle folgen Äußerungen zur Organisation des Unterrichts. Für die Besprechung emotionaler Probleme bleibt weniger als 1 Prozent des Verbalverhaltens. (Zusammenfassung nach Grell 1975, 62f.)

„Die Sprache im Klassenzimmer“ im gesamten Unterrichtskontext ist bisher am exaktesten untersucht von Bellack u. a. (Originalausagabe 1966, dt. 1974) Mittels einer Analyse des sprachlichen Verhaltens von Lehrern und Schülern wird bei Bellack das Unterrichtsgeschehen als „Sprachspiel“ erforscht und zwar hinsichtlich der pädagogischen Funktion des Inhalts, der Sprachformen und der ablaufenden Unterrichtsprozesse. Das Analysesystem zur Festlegung von Mustern sprachlicher Interaktion im Unterricht besteht aus folgenden Grundelementen: Spielzügen, Zugkombinationen, Unterrichtsinhalten, Unterrichtsfunktionen.

Die Spielzüge werden in vier Hauptgruppen aufgeteilt:

Strukturieren	STRK
Auffordern	AUFF
Reagieren	REAG
Fortführen	FORT

Beispiele: Lehrer / STRK: Also, morgen werden wir weiter über das Problem der Investitionen sprechen. Ich will ... Außerdem wollen wir ... Lehrer /AUFF: Welche Produktionsfaktoren gibt es? Schüler / REAG: Boden, Arbeit und Kapital. Lehrer / FORT: In Ordnung ...

Das Sprachgeschehen im Unterricht wurde hinsichtlich seiner Bedeutung in vier, der Funktion nach verschiedene, Typen eingeteilt:

- sachinhaltliche, verknüpft mit
- sachlogischen Bedeutungen; und
- unterrichtsorganisatorische, verknüpft mit
- unterrichtslogischen Bedeutungen.

Während des Unterrichtsgesprächs treten unterrichtsbezogene Spielzüge in bestimmten wiederkehrenden Abläufen und Kombinationen auf: in sog. Zugkombinationen. Eine Zugkombination beginnt entweder mit einem strukturierenden Spielzug oder mit einer Aufforderung, der kein strukturierender Schritt vorausging. Eine Zugkombination endet mit dem Spielzug, der einer neu beginnenden Zugkombination vorausgeht.

Grundmuster möglicher Spielzüge

Da Bellack u.a. STRK und AUFF als einleitende Züge und REAG und FORT als bezugnehmende Züge definieren, ergibt sich folgender „Spielplan“:

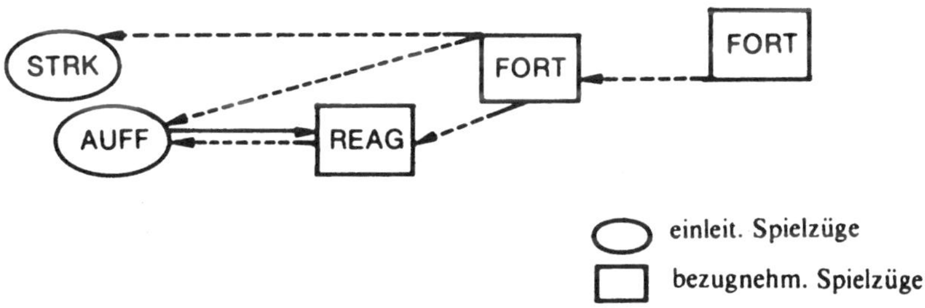

Die im Unterricht dominierende Zugkombination ist: STRK / AUFF / REAG.

Mit Hilfe des Bellackschen Analyseinstruments lässt sich eindeutig festlegen, in welchem Maße die einzelnen Teilnehmer des Sprachspiels „Unterricht“ an den einzelnen Akten des Unterrichtsgeschehens beteiligt sind, wer vor allem die sachinhaltlichen Akzente setzt, wer die organisatorischen Weichen stellt und welche Spielzüge dominieren.

Weil die nach Bellack operational definierten Merkmale der verbalen Interaktion im Unterricht aber nicht als vollständige Bestimmungen der Schülerrolle aufgefasst werden können und, gerade im Hinblick auf den Deutschunterricht, die didaktische Analyse der verbalen Interaktion im Unterricht nicht erschöpfend ist, ist es zu differenzierten Folgeuntersuchungen gekommen. Roeder / Schümer (1976) haben eine Arbeit zum „Unterricht als Sprachlernsituation“ vorgelegt, die von der Leithypothese ausgeht: „Zwischen Schülern aus Schulklassen, die im Unterricht auf die konventionelle, stark restringierte Schülerrolle festgelegt sind, und Schülern, deren Rollen im Unterricht nicht restringiert sind, zeigen sich Unterschiede in der Intensität der Kommunikation und damit u.a. auch im Grad der Komplexität ihres Sprachverhaltens.“ (A.a.O., 35) Dabei wird der altersspezifische und schichtspezifische Sprachgebrauch der Schüler besonders berücksichtigt.

Aufbauend auf der Grundvoraussetzung eines „hermeneutisch-anthropologischen“ Sprachkonzeptes entwirft Spanhel in „Die Sprache des Lehrers“ (1971) sein System der „Grundformen didaktischen Sprechens“. Jede Sprachform (Spanhel entwirft ein Raster aller möglicher Sprachformen, z.B. Feststellung, Frage, Aufforderung, Ermutigung usw., erstaunlicherweise ohne Berücksichtigung der Sprechakttheorie) besitzt eine „immanente Funktion“ im gesamtkommunikativen Bedeutungszusammenhang der Sprache, auf Grund derer sie gemäß der didaktischen Intention des Lehrers einsetzbar wird im Unterricht. Die didaktischen Kriterien für den Einsatz von Rede- und Sprachformen im Unterricht gewinnt Spanhel aus einer Zuordnung von grammatisch typologisierten Sprachformen und möglicher Lernfunktion, letztere festgelegt nach Gagné (1969, 218ff.). Der didaktische „Wert“ einer Sprachform wird also gewonnen aus dem Gesichtspunkt der dadurch im Schüler freisetzbaren

Lernfunktion. Spanhel entwickelt so, im Widerspruch zu seinem hermeneutisch-pragmatischen Anspruch, sein System der Einsatzmöglichkeiten der nach grammatischen Merkmalen gesonderten „Grundformen didaktischen Sprechens" nicht nach pragmatisch-situationstheoretischen, sondern letztlich nach lernfunktionalen Kriterien.

Dabei ist der folgende Grundwiderspruch zu prüfen – und die folgenden Einwände sind gegen diese Richtung empirischer Unterrichtsforschung überhaupt erhoben worden: Kann ein an einem pragmatischen Situationsmodell orientiertes Konzept von Unterricht durch ein System operationell definierter, z. T. sogar klassifikatorischer Kategorien überhaupt analysierbar gemacht werden? (Vgl. Hess-Lüttich 1987, 111 ff.) Bellack z. B. setzt voraus, dass es allgemein vergleichbare Kenntnisse über die Regeln gibt, denen das Sprachspiel „Unterricht" folgt. Deshalb können seiner Meinung nach sogar die Bedeutungen der Unterrichtsinhalte oder -gegenstände formalisiert und einem kategorialen Schema zugeordnet werden. Es ist aber fraglich, ob es als „Regelfall" gelten kann, dass sich die Regeln eines bestimmten konkreten Sprachspiels mit dem anderer decken, ob sich nicht vielmehr erst im Vollzug jener Handlungen Bedeutungen konstituieren, indem sie in der konkreten historischen „Lebensform" (d. h. hier der konkreten Unterrichtssituation) ablaufen. Schümer / Steinvorth (1974) haben auf die unausgesprochene Ausrichtung Bellacks an der sozialpsychologischen behavioristischen Tradition der amerikanischen Unterrichtsforschung hingewiesen, die vor allem an Ausmaß und Art der Dominanz des Lehrers interessiert sei. Kokemohr (1971) hat Priesemanns „Theorie der Unterrichtssprache" (eine Aufteilung der Unterrichtssprache in die Systeme des „fachbezogenen Sprechens", des „verständigungsbezogenen Sprechens" und des „darstellungsbezogenen Sprechens") in ähnlicher Richtung kritisiert: Priesemann betrachte den Vorgang unterrichtlichen Lernens nur als Kommunikation im Sinne eines regelgeleiteten Austausches von Informationen. Er behandle die semantische und pragmatische Information nach Maßgabe der syntaktischen und verzichte darauf, den Bezugsrahmen der Kommunikation zu reflektieren. In jedem Falle werde hier unterrichtliche Kommunikation als ein prinzipiell ungebrochener Vorgang eines einfachen Hin und Her gedacht, ohne Betrachtung möglicher Verzerrungen. Das Ideal eines genauen Sprechens im Sinne exakter Regelübernahme werde zum Maßstab der Qualität von Unterricht.

Die hier geäußerten Einwände lassen sich verallgemeinert auf die Formel bringen, dass mit Kategoriensystemen wie dem Bellackschen oder Spanhelschen lediglich Funktionalität oder Disfunktionalität der sprachlichen Verhaltensweisen für das Interaktionssystem „Unterricht" beschrieben werden können, nicht aber die Gründe für die Funktionalität des Systems selber. (Vgl. Roeder / Schümer 1976, 310 ff.) Dass die impliziten Zwänge der Forschungsmethode, d. h. die Typologie von Interaktionsmustern, eine Wirklichkeit als Wirklichkeit festzuschreiben drohen, weil bestimmte Faktoren bei der Analyse eingeklammert werden, hat auch H. Rumpf in seiner Bellack-Kritik hervorgehoben: „Das Sprachspiel des Unterrichts erscheint durch die Zurichtungszwänge der Methode so unverrückbar gegeben wie das Spiel der Jahreszeiten oder das Spiel, das Katz und Maus miteinander treiben: Ein Lehrer, viele Schüler, ein geschlossener Raum, ein begrenzter Zeitabschnitt, ein fixer Lehrstoff. Die historisch-gesellschaftlichen Druckfaktoren, die sich in diesen 'Selbstverständlichkeiten' niederschlagen, können an keiner Stelle bewußt gemacht werden" (Rumpf 1975, 72).

An dieser Stelle ist die Kritik Bellacks sicher überzogen: Es ist beispielsweise durchaus möglich, mit Bellacks Kategoriensystem die Bewusstwerdung sozialer Normen und Zwänge, sofern sie in sprachlicher Form im Unterricht auftritt, zu erfassen. Dass solche Reflexion im Unterricht selten erreicht wird, darf man nicht Bellack und seiner Methode der Interaktionsanalyse anlasten. Was bei Bellack allerdings fehlt, ist die Frage nach der Historizität des Sprachspiels „Unterricht" und seiner Regeln. Bellack vernachlässigt – und da kann wieder auf Rumpfs Kritik zurückgegriffen werden – die Frage,

„ob es nicht inhaltlich und intentional ganz verschieden funktionierende Arten des Strukturierens, des Fortführens, des Reagierens, des Affektverarbeitens gibt. Das Feststellen von Häufigkeiten hat absoluten Vorrang vor der Frage, wie Subjekte in bestimmten Situationen Erfahrungen verarbeiten, filtern, abwehren; die Subjekte mit ihrer Lebens- und Affektgeschichte scheinen reduziert wie Schachfiguren, deren Qualität von den Spielregeln determiniert ist und sich im regelrechten Funktionieren erschöpft – Unterrichtsforschung ohne eine Theorie des Subjekts." (Rumpf 1975, 72)

Jüngere Untersuchungen der Interaktion im Unterricht mit pragmalinguistischen und gesprächsanalytischen Methoden haben die Mängel traditioneller interaktionsanalytischer Unterrichtsforschung noch deutlicher hervortreten lassen. (Vgl. Ehlich / Rehbein 1976; Henne / Rehbock 1979, 241 ff.; Ehlich / Rehbein 1983) Die kategoriale Erfassung dieser Interaktionsanalysen zielt lediglich auf eine Kodierung der Oberflächenphänomene des sprachlichen Unterrichtsgeschehens, in der Regel auch nur auf den „offiziellen" Unterrichtsdiskurs. Nicht unterrichtsbezogene Schüleraktivitäten werden vernachlässigt, allenfalls einer Sammelkategorie wie „Unruhe" zugewiesen. Selbst differenziertere Kategorienschemata wie das von Good / Brophy (1970) oder Sinclair / Coulthard (1975; dt. 1977) beschränken sich auf die Strukturanalyse des „offiziellen" lehrerzentrierten Unterrichts; Schüler-Schüler-Interaktionen werden kaum berücksichtigt. (Vgl. Merkens / Seiler 1978, 108 ff.)

3. Unterricht als Kommunikation. Die Unterrichtssprache im Rahmen einer kommunikativen Didaktik

Zur wissenschaftlichen Beschreibung des Unterrichtsgeschehens als optimaler Vermittlung von Unterrichtsstoffen, Methoden und stabilen Verhaltensmustern sind die dargestellten interaktionsanalytischen Konzepte und Untersuchungen unersetzlich; es bleibt aber die Frage, ob eine Analyse des Unterrichts nach dem Modell eines „Handlungsgefüges, für dessen Struktur die Intentionen aller Interagierenden konstitutiv sind" (Heinze / Schulte 1974, 347), nicht zu einer weiter reichenden Beschreibung und Erklärung vordringen kann. Im Kontext kommunikationstheoretisch orientierter Theorien zum Erziehungsprozess (Mollenhauer 1974; Baacke 1972) und der Ausbildung einer „kommunikativen Didaktik" (Popp 1976) sind verbale und nichtverbale Formen der Kommunikation und Kooperation, Probleme unterschiedlicher Interpunktion von Unterrichtsabläufen, Störfaktoren und Dominanzstrukturen sowie die Erforschung von Handlungsmöglichkeiten, an der möglichst alle Betroffenen als Subjekte teilhaben können, zu zentralen didaktischen Fragestellungen geworden.

„Alles Erziehungshandeln ist symbolisch vermittelte Kommunikation. Auch die nicht-verbalen Akte im Erziehungsprozeß bekommen Stellung und Bedeutung nur dadurch, daß sie – durch Sprache ermöglicht – interpretiert sind und auf diese Weise Sinn 'haben'. Pädagogische Kommunikation läßt sich also danach beurteilen, *was* auf welche *Weise* kommuniziert wird." (Mollenhauer 1974, 70f.) Nach dem „interaktionistischen Paradigma" (a. a. O., 7) wird die Erziehungswirklichkeit unter zwei Grundvoraussetzungen untersucht: 1. Erziehungshandeln als kommunikatives Handeln ist immer diskutierbar, es hat seine Zwecke in den am Handeln beteiligten Subjekten selbst; es soll so grundsätzlich jederzeit Verständigung über die Handlungsziele ermöglichen. 2. Die konkreten Voraussetzungen der pädagogischen Kommunikation sind allerdings immer gesellschaftliche Bedingungen, die die Lebenswelt bestimmen, in der Erziehungshandeln stattfindet.

Unter diesen Prämissen erweist sich „Kommunikation" als Zentrum des Unterrichts bzw. Befähigung zur Kommunikation als zentrales Ziel jedes Unterrichts. Das Unterrichtsgeschehen wird zwar immer von bestimmten Dominanzstrukturen vorgeprägt sein:

> „Die Intentionalität des Erziehers, sein Wissen, seine Einsicht in Möglichkeiten, Methoden und Gesetzlichkeiten der Verhaltens- und Einstellungsänderung, sein gesellschaftlicher Auftrag und seine planvolle Antizipation angestrebter Sozial- und Kommunikationsstrukturen verstellen möglicherweise den Blick auf die spezifischen aktuellen Bedürfnisse und Intentionen des Heranwachsenden. Ziel des erzieherischen Handelns aber ist die Kritik und der Abbau von Dominanz als Voraussetzung für die Annäherung des Konstrukts der ungestörten, symmetrischen Kommunikation im Sinne des Diskurs, in dem Meinungen, Zielsetzungen, Normen und Geltungsansprüche problematisiert werden." (Popp 1976, 12)

Das kommunizierende, seine Sprechakte reflektiert einsetzende Subjekt ist die zentrale Kategorie dieses Konzepts von Unterricht. In seinen „Vorbereitenden Bemerkungen zu einer Theorie der kommunikativen Kompetenz" (1971) hat Habermas als die wichtigsten Bedingungen für Diskurse folgende Voraussetzungen gefordert:

- vorübergehende Aufhebung von Handlungszwängen, außer kooperativer Verständigungsbereitschaft
- vorübergehende Aufhebung von Geltungsansprüchen
- Anerkennung der Ebenbürtigkeit und Vernünftigkeit der Diskursteilnehmer
- Wahrheit wird konsensuell erst in der kritischen und kooperativen Gesprächssituation erzeugt
- jeder hat die Freiheit, sich mitzuteilen, befolgt aber auch die Regeln, die Freiheit und Wahrheit möglich zu machen
- als Vorgriff auf freiheitliche Lebensbedingungen muss eine herrschaftsfreie Form der Kommunikation angestrebt werden.

Gemessen an der Realität, ist dieser Entwurf einer „idealen Sprechsituation" in Habermas' Worten in der Tat eine „kontrafaktische Antizipation". (Habermas 1971,

122) Dennoch haben diese idealtypischen Voraussetzungen, gerade für den Sprachunterricht, den Charakter von Leitsätzen „für die Kommunikationsstruktur einer herrschafts- und angstfreien Schule“ gewonnen.

„Diskurs ist ein anderer Name für die ideale Lernsituation: Auch sie fordert vorübergehende Distanz von Handlungszwängen; den gleichberechtigten Umgang aller einer Lerngruppe Angehörigen miteinander; die Anstrengung, begründete und einsehbare Wahrheiten zu finden. Das ‘pädagogische Feld’, organisiert als Diskurs, nimmt wie dieser die verbesserten Bedingungen einer allgemeinen Kommunikation der Gesellschaft vorweg.“ (Baacke 1972, 63)

Im Regelfall ist allerdings davon auszugehen, dass die Kommunikation im Unterricht „verzerrt“ oder „gestört“ ist. In diesem Zusammenhang haben, wie die Leitvorstellungen der universalpragmatischen Diskurstheorie, die „Axiome“ menschlicher Kommunikation, wie sie Watzlawick u. a. (1974) aufgestellt haben, fundamentale Bedeutung für die Unterrichtsanalyse und -planung bekommen. Ausgehend von Untersuchungen pathologischer Störungen in der familialen Kommunikation haben Watzlawick u. a. fünf Axiome aufgestellt, an denen sich die Regeln für eine ideale bzw. gestörte Sprechsituation ablesen lassen. Dabei geht Watzlawick ausdrücklich von der Annahme aus, dass empirisch vorfindbare Kommunikation in der Regel gestört ist; eine Annahme, die Mollenhauer (1974, 68ff.) für alle Verwirklichungsformen erzieherischer Kommunikation übernommen hat.

1. Axiom: Es ist unmöglich, nicht zu kommunizieren. (Vgl. Watzlawick u. a. 1974, 51ff.) Selbst bewusst eingesetztes Schweigen (z. B. „Ich will in Ruhe gelassen werden!“) hat einen Mitteilungscharakter und signalisiert als Reaktion die Störung einer Beziehung in der Kommunikation. Eine immer wieder in der Schule zu beobachtende Äußerungsform dieser Form von Kommunikationsstörung ist die sog. *Abweisung*: „... fragen Sie jemand anderen ...“ (Schüler) oder „... mit dir will ich jetzt nichts zu tun haben ...“ (Lehrer). Domke (1975, 213) hat in diesem Zusammenhang auch die sog. *Entwertung* der Aussage des anderen oder der eigenen Aussage durch Ironie, Dummstellen, absichtliches Missverstehen, offen gespielte oder übertriebene Höflichkeit, Wörtlichnehmen nicht wörtlich gemeinter Aussagen, Unfreundlichkeit und dgl. herausgestellt.

2. Axiom: Jede Kommunikation hat einen Inhalts- und einen Beziehungsaspekt. (Watzlawick u. a. 1974, 56) In jeder Kommunikation tausche ich immer eine Mitteilung über einen sachlichen Gegenstand aus, nehme parallel dazu aber immer auch eine Bestimmung der Beziehung vor, indem ich, auch beim Reden über Sachen, z. B. mitteile, wie ich meine Beziehung zu dem Partner wünsche oder wünsche, dass er mich sieht. „Störungen“ in der Kommunikation treten auf, wenn beide Aspekte im Kommunikationsprozess durcheinander geraten. Der „ideale Fall“ liegt vor, wenn die Beziehungsdefinitionen wechselseitig akzeptiert werden und zueinander passen, „wenn sich die Partner sowohl über den Inhalt ihrer Kommunikation als auch über die Definition ihrer Beziehung einig sind.“ (A. a. O., 81) Eine derartige harmonische Beziehungsdefinition wird in der Schule eher der Ausnahmefall sein. Denn häufig sieht der Lehrer sich selbst anders als die Schüler ihn und umgekehrt.

3. Axiom: Die Natur einer Beziehung ist durch die Interpunktion der Kommunikationsabläufe der Partner bedingt. (Watzlawick u. a. 1974, 61) Diese Regel lässt sich am besten durch einen in der Schule häufigen Konflikt verdeutlichen, bei dem die Verhaltensweisen der Beteiligten gegensätzlich „interpunktiert“ werden. Bestimmte Interaktionsabläufe werden vom Lehrer interpretiert: „Der Schüler stört, deshalb muss ich ihn bei solchen Gelegenheiten kritisieren, tadeln, bestrafen.“ Der Schüler sieht die Kausalkette gegensätzlich: „Der Lehrer kritisiert mich dauernd, benachteiligt mich, kann mich nicht leiden, das lasse ich mir nicht gefallen.“ (Vgl. Domke 1975, 216) Der Interaktionsprozess kann von den Kommunikanten nicht so verstanden werden, dass jedes Moment immer zugleich sowohl als Ursache wie auch als Wirkung zu sehen ist.

4. Axiom: Menschliche Kommunikation verläuft auf zwei Kanälen, sowohl digital als auch analog. (Watzlawick u. a. 1974, 61ff.) So erfolgt beispielsweise die Mitteilung über den sachlichen Gegenstand einer Kommunikation in Worten: „Ist das dein Aufsatz?“ Der Beziehungsaspekt, die Definiti-

on der gegenseitigen Einschätzung, wird dagegen in einem außersprachlichen Medium, d. h. analog, ausgedrückt. Watzlawick bemerkt dazu: „Eine Geste oder eine Miene sagt uns mehr darüber, wie ein anderer über uns denkt, als hundert Worte." (A. a. O., 64) Das bedeutet z. B. für den Unterricht: Höfliche und reversible Umgangsfloskeln können nicht schon allein ein besseres Beziehungsverhältnis schaffen.

5. Axiom: Zwischenmenschliche Kommunikation verläuft entweder symmetrisch oder komplementär. (Watzlawick u. a. 1974, 68 ff.) Der erste Typ von Kommunikation ist ausgezeichnet durch Gleichheit und Reversibilität in Sprache und Verhalten, für letztere ist kennzeichnend der Ausgleich von gegenseitig sich ergänzenden Unterschieden (z. B. im Verhältnis Arzt – Patient oder Lehrer – Schüler). Der ideale Fall, im Unterrichtsalltag sehr selten anzutreffen, liegt dann vor, wenn „die Kommunikationspartner – je nach der Situation wechselnd – imstande sind, entweder eine symmetrische oder eine komplementäre Form der Kommunikation zu wählen, d. h. sich entweder als gleich in der Wahl der Kommunikationsmittel oder als 'spiegelbildlich' aufeinander bezogen zu bestimmen, wobei die Chancen für die Wahl gleich verteilt sind." (Mollenhauer 1974, 75)

Diese Axiome müssen, sofern die möglichen Widersprüche der unterrichtlichen Interaktion in Frage stehen, noch ergänzt werden durch Watzlawicks Ausführungen über die Paradoxien, die, seien es logisch-mathematische Paradoxien, paradoxe Definitionen oder pragmatische Paradoxien (paradoxe Handlungsaufforderungen und Voraussagen), die betroffenen Kommunikanten in schwer auflösbare „Beziehungsfallen" manövrieren können. (Vgl. Watzlawick u. a. 1974, 171 ff.)

4. Sprachliche Interaktion im Unterricht. Sprachunterricht als Gegenstand des Sprachunterrichts und Sprachunterricht als Offener Unterricht

Die hier referierten Untersuchungen zur Lehrer- und Schülersprache wie zur Regelhaftigkeit der kommunikativen Abläufe im Unterrichtsgeschehen haben, besonders im Deutschunterricht, seit den 70er Jahren zu einer veränderten didaktischen „Einschätzung und Behandlung der Klasse als eines kommunizierenden sozialen Regelsystems" (Behr u. a. 1975, 28) geführt. In steigendem Maße wurden die didaktischen Möglichkeiten erkannt, den Unterricht selber, insbesondere die aktuelle Sprache im Unterricht, zum Gegenstand des (Sprach)Unterrichts zu machen. „Lehrer und Schüler machen Unterricht" (Boettcher u. a. 1976), indem sie „Unterricht über Unterricht und pädagogische Verständigung" (Hiller / Hiller 1974) erproben. Diese didaktische Akzentsetzung reicht von grundsätzlicher Projektorientierung des Deutschunterrichts, wie sie im „Folgekurs für Deutschlehrer: Didaktik und Methodik der sprachlichen Kommunikation" (1975) zum Ausdruck kommt, bis zur Konzipierung neuer Sprachbücher zum „Thema: Sprache" (hrsg. von Lenzen / Wunderlich) und zu einer Vielzahl von einzelnen Untersuchungen zum Thema „Gestörte Kommunikation im Unterricht", die sich vielleicht zusammenfassen ließen unter der Überschrift „Zu einer Grammatik des Lehrer-Schüler-Verhältnisses" (Wulf 1979).

Für die Sichtweise kommunikativer Projektorientierung des „Folgekurses" ist die Frage leitend: Was wird durch Sprache bewirkt? Wie wird Sprache zur Bewältigung realer Probleme eingesetzt? (A. a. O., 74) Wird Sprache aber in diesem Sinne auf ihre Verwendung in konkreten Situationen hin untersucht, dann bietet es sich geradezu an, den Deutschunterricht selber als eine Folge solcher Situationen zu konzipieren. Leitthemen für eine entsprechende Strukturierung des Sprachunterrichts als Sprachlernsituation sind dann

- Wie Unterrichtsrituale Sprachlernen verhindern
- Entwicklung der Ich-Identität
- Von der Fähigkeit, sich in den Interaktionspartner hineinzuversetzen
- Konfliktaustragung
- Meta-Kommunikation
- Trennung von Sach- und Beziehungsebene
- Wahrnehmungssensibilität.

(Vgl. Folgekurs 1975, 135 ff.)

Sprache soll von der Didaktik so begriffen werden, wie sie in der Realität vorkommt. Gegenstand der Deutschdidaktik als „Kommunikationsdidaktik" ist „nicht primär die Sprache ‚als solche', sondern es sind die Fülle und Vielfalt von Kommunikationssituationen, in denen Sprache Funktionen erfüllt" (Grönwoldt 1977, 345).

Dazu kann das „Sprachverhalten im Unterricht" (Goeppert 1977) in verschiedener Weise reflektiert und didaktisch aufbereitet werden: Der Unterricht kann als „Beziehungsfalle" aufgehellt werden, es können aber auch die verständigungskritischen Möglichkeiten (Switalla 1977) aufgezeigt werden. Das Sprachverhalten der Schüler kann soziolinguistisch untersucht werden (Stellmacher 1977), es kann nach einer Konkretisierung der „Frage nach den curricularen Voraussetzungen von Emanzipation im Unterricht" (Dingeldey 1977) gesucht werden.

Mit Videoaufzeichnungen ist von Diegritz / Rosenbusch (1977) die Schüler-Schüler-Interaktion im Gruppenunterricht, im Unterschied zum Verhalten im Frontalunterricht, festgehalten und mit Hilfe einer quantitativen Analyse der Interaktionsrichtungen und -frequenzen, einer interpretativen Verlaufsanalyse und einer qualitativ-quantitativen Sprechhandlungsanalyse ausgewertet worden. Leitender Gesichtspunkt sind die hinsichtlich der Inhalts- und Beziehungsebene im Gruppenprozess auftretenden Konflikte und Strategien zu deren Bewältigung. Ehlich / Rehbein (1977) haben mit Einzelbildanalysen die nonverbalen Elemente widersprüchlicher Kommunikationsakte im Unterrichtsablauf noch deutlicher belegen können. „Die eigentliche Schwierigkeit liegt eben darin, daß die Lehrer teilweise Fehler sozusagen ‘machen müssen’, d. h. die Handlungskonstellationen, in denen sie stehen, im Normalfall keine anderen Handlungsabfolgen gestatten als solche, die als ‘fehlerhaft’ im pädagogischen Wissen bewertet sind." (A. a. O., 72 f.)

Gesprächsanalytische Interpretationen des gesamten interaktionalen Geschehens im Klassenraum zeigen die Komplexität und Widersprüchlichkeit der Unterrichts-Kommunikation. Am Beispiel der Bewertung von Redebeiträgen durch Lehrer hat Streeck (1979) gezeigt, dass durch die Abkopplung des Vollzugs von Sprechakten von den Regeln realer sprachlicher Kooperation im Unterricht ein Kommunikationsraum konstituiert wird, „in welchem Schüler eine sekundäre Form der Intentionalität von Sprechen einüben, nicht die des Sich-Verständigens, sondern die der strategischen Selbstdarstellung, in Konkurrenz untereinander. Sie lernen ihr eigenes Sprechen als Leistung, als Mittel der Darstellung von Leistungsfähigkeit zu betrachten.“ (A. a. O., 252) Diese Einzelanalysen des Sprache(n)-Lernens im Unterricht bestätigen pädagogische Analysen des rituellen Charakters von Schulkommunikation (vgl. Wellendorf 1977) und entsprechender „Schülertaktiken“ (vgl. Heinze 1976). Schüler antizipieren mehr oder weniger bewusst die Interpretationen und pädagogischen Intentionen des Lehrers und erwecken so den Eindruck des Beteiligtseins am offiziellen Unterrichtsdiskurs, sie sind aber tatsächlich involviert in nicht-offizielle Nebenaktivitäten und -gespräche (Gebhard / Narr 1996). Sie entlasten sich so gegenüber den Ansprüchen der „formalen“ Interaktionsstruktur des Hauptdiskurses. Die Untersuchung der Funktionen, Wirkungen und Wertungen der „Nebenkommunikation im Unterricht“ (Rehbock 1981) hat gezeigt, in welchem Maße diese Form von verbalen und nonverbalen Gesprächsanteilen für die unterrichtliche Interaktion störend und nützlich zugleich ist.

Wie fruchtbar kommunikations- und gesprächsanalytische Reflexion in die Praxis des Deutschunterrichts umgesetzt werden kann, dafür bieten die Hefte „Gestörte Kommunikation“ (30, 1978) und „Grammatik in Situationen“ (34, 1979) der Zeitschrift „Praxis Deutsch“ eine Fülle von Anregungen. „Kommunizieren“ lässt sich – und dies ist ein weiterer Aspekt, Unterricht als Sprachlernsituation zu sehen – in spezifischen Trainingsverfahren lernen und umlernen (vgl. Fittkau u. a. 1977), auch „Akzeptieren und Verstehen“ (vgl. Brunner 1981). Der Lehrer erhält auf diesem Wege differenziertere Möglichkeiten, eine „dynamische Balance“ im Unterricht herzustellen (vgl. Roth 1980, 94 ff.), sich als Organisator von Lernprozessen ebenso zu begreifen wie als jemand, der sensibel ist für die unterrichtlichen Kommunikationsabläufe, als eine Person, die Wissen zur Verfügung stellt und die das gleiche Recht auf Berücksichtigung der eigenen Bedürfnisse hat wie die Schüler. In diesem Sinne „anders kommunizieren“ zu lernen – z. B. durch den Einbezug des Konzeptes der Themenzentrierten Interaktion (TZI) (Freudenreich 1996), der Moderationsmethode oder des Neurolinguistischen Programmierens (NLP) (Müller 1996; Berger 1996) in das Unterrichtsgeschehen – ist in jüngster Zeit als Forderung in die Diskussion über die Reform der Lehrerbildung und -fortbildung wieder intensiv eingebracht worden (Heckt / Jürgens 1996). Ohne dass ein Theorierahmen bereits eindeutig entfaltet, geschweige denn mit der Tradition der kommunikativen Didaktik verbunden worden wäre, werden insbesondere mit dem Konzept des NLP alte kommunikationstheoretische und -praktische Theoriebestände wiederbelebt und zugleich neue Wege aufgezeigt, Kontrollverfahren für die Verwendung von Sprache in konkreten Lehr/Lernsituationen, eng gekoppelt mit einer Steigerung der Sensibilität in den verschiedenen Bereichen der Wahrnehmung eigenen und fremden Verhaltens, zu entwickeln, zu trainieren und damit die kommunikative Kompetenz zu erweitern.

Nicht zuletzt diese jüngste Entwicklung belegt erneut, wie eine offene und entsprechend sensible Einstellung zum Unterricht als Sprachlernsituation es möglich macht, auch gruppensprachliche Elemente insbesondere der Jugendsprache, im mündlichen Sprachgebrauch in ihren kommunikativen Funktionen für die schulische Interaktion besser einbeziehen zu können. In der Sprachdidaktik stößt man in dieser Hinsicht vor allem auf Projektvorschläge, die die Jugendsprache als eigene Sprache aus der Perspektive des jugendlichen Sprachforschers zum Gegenstand der Analyse machen (Schlobinski / Kohl / Ludewigt 1993, 27). Werden „Sprachbewußtsein und Sprachreflexion innerhalb und außerhalb der Schule" (Neuland 1992) jedoch auch im Sprechstil der unterrichtlichen Interaktion aufgesucht, werden Lehrer und Schüler auch hier finden, dass die Kommunikation durch einen häufigen, schnellen Themen- und Ebenenwechsel, durch Formen mimetischer und verfremdeter Zitation geprägt sein kann, die in den laufenden Diskurs eingeblendet werden. Sprachexperiment und Sprachkritik werden durch „Sprachprofilierung" als Medium der Identitätssuche und Identitätsbildung eingesetzt (Hess-Lüttich 1987, 35ff.). Dem Lehrer wird Offenheit für die gruppenspezifischen Kommunikationserfahrungen abverlangt, „will er etwas lernen und erfahren über die, die gerade ihn ausschließen, der sie 'beobachten' will, aber nicht einer der ihren ist; der über die (Zeichen)-Sprache der Jugend redet, aber oft nicht mit ihr spricht (sprechen kann?)" (Hess-Lüttich 1987, 32).

Besondere Chancen, Unterricht als Sprachlernsituation zu gestalten und dabei sowohl das Bild, das sich Kinder und Jugendliche von sprachlichen Strukturen machen, zu berücksichtigen als auch die lehrertypischen Verstehensmodelle von Kindern und Jugendlichen ständig zu hinterfragen, tun sich im Offenen Unterricht auf, zu dessen ausdrücklichen Prinzipien der dialogische Charakter der Erziehungsprozesse gehört. (Vgl. Spinner 1993, 1997) Keine Unterrichtsform stellt die ritualisierte schulische Kommunikation so sehr in Frage wie der Offene Unterricht, in dem auch die Schüler Situationsdefinitionen vornehmen. „Ein Unterricht, der durch die Situationsdefinition des Lehrers (als das, wie er eine Situation bestimmt) sprachlich bereits ausgefüllt, geschlossen und vernetzt ist, besitzt weniger Aufforderungscharakter zum aktiven und 'konstruktiven' Sprachlernen. Ein Unterricht so offen wie möglich für die Entwicklung eigener Situationsdefinitionen, setzt Sprache frei" (Wallrabenstein 1992, 142f.). Die programmatische Forderung „Gemeinsam Schule machen" (Landesinstitut für Schule und Weiterbildung 1992) erzwingt von vornherein Offenheit im Beziehungssystem zwischen Lehrern und Schülern, indem – wie das folgende Planungsschema zeigt – die Schüler als Subjekte des eigenen Sprachlernens einbezogen sind:

Arbeitshilfe zur Planung und Reflexion von Vorhaben im Sinne des Lehrplans Sprache

In welchem Maße berücksichtigt das Vorhaben

- die mündliche Sprache als entscheidenden Ausgangspunkt und zentrales Medium?
- Sprachverwendungssituationen, die von den Kindern als bedeutsam erfahren werden können?
- die Notwendigkeit für Kinder, sprachliches Handeln als sinnvoll zu erleben?
- Situationen der Sprachverwendung als Schulleben und Unterricht?
- Situationen, die für sprachliches Handeln geschaffen werden?

In welchem Maße ermöglicht das Vorhaben, daß

- die Kinder ihre bisherigen Erfahrungen und Sprachmöglichkeiten einbringen können?
- die verbindlichen Ziele des Vorhabens für alle Kinder erreichbar sind?
- Kinder mit sprachlichen Teilschwierigkeiten ausgleichende Lernmöglichkeiten in Anspruch nehmen können?

In welchem Maße trägt das Vorhaben dazu bei,

- vorhandene sprachliche Fähigkeiten der Kinder zu nutzen und weiterzuentwickeln?
- daß die Kinder schriftsprachliche Kompetenzen erwerben?
- daß sprachliche Fähigkeiten im Rahmen eines anregenden Schullebens entwickelt werden?

In welchem Maße berücksichtigt das Vorhaben die Forderung, daß

- fachübergreifende Lernzusammenhänge hergestellt werden?
- Bereiche für schriftsprachliche Aspekte aus Sprechsituationen heraus entwickelt werden?
- die einzelnen Bereiche des Sprachunterrichts eng miteinander verknüpft bleiben, insbesondere Lesenlernen / Umgang mit Texten und Schreiben lernen / Rechtschreiben / schriftlicher Sprachgebrauch bzw. der Bereich Sprache Untersuchen in die anderen Bereiche eingebettet ist?

(aus: Landesinstitut für Schule und Weiterbildung 1992, 112)

Aus der ritualisierten Kommunikationspraxis kann sich eine „Klassensprache“ und „individuelle Lernsprache“ entwickeln. Das „Miteinander reden“ (Schulz von Thun 1993), „das Lernen an der Sprache erfolgt in der Verständigung und inneren Tätigkeit, das ursprüngliche Denken des einzelnen Schülers ist wichtiger als ein dramaturgisch und sprachlich faszinierendes Unterrichtsgespräch in gerader Linie“ (Wallrabenstein 1992, 151).

Literaturverzeichnis

Baacke, Dieter: Kommunikation als System und Kompetenz – Materialien zu einer pädagogischen Kommunikationstheorie. In: Neue Sammlung 1971, 11, 566–580; 1972, 12, 57–69

Baurmann, Jürgen u. a. (Hrsg.): Neben-Kommunikation. Beobachtungen und Analysen zum nicht offiziellen Schülerverhalten innerhalb und außerhalb des Unterrichts. Braunschweig 1981

Behr, Klaus u. a.: Folgekurs für Deutschlehrer, Didaktik und Methodik der sprachlichen Kommunikation. Weinheim / Basel 1975

Bellack, Arno u. a.: Die Sprache im Klassenzimmer. Düsseldorf 1974 (Originalausgabe New York 1966)

Boettcher, Wolfgang: Kritische Kommunikationsfähigkeit. Implikationen eines Lernziels. Bebenhausen 1973

Berger, Regine: NLP in der Lehrerbildung. In: Heckt, Dietlinde H. / Jürgens, Eiko (Hrsg.): Anders kommunizieren lernen. Braunschweig 1996, 121–132

Boettcher, Wolfgang: Kommunikation und Sprache in der Schule. In: Sowinski, Bernhard (Hrsg.): Fachdidaktik Deutsch. Köln / Wien 1975, 64–78

Boettcher, Wolfgang: Metakommunikation. Didaktische Überlegungen zum Problem gestörter Kommunikation im Deutschunterricht. In: DD 1975, 24, 379–398

Boettcher, Wolfgang u. a.: Lehrer und Schüler machen Unterricht. München 1976

Brunner, Ewald Johannes: Akzeptieren und Verstehen. Ein Übungsbuch für Lehrer und Schüler. München 1981

Diegritz, Theodor / Rosenbusch, Heinz S.: Kommunikation zwischen Schülern. München / Wien / Baltimore 1977

Dingeldey, Erika: Zur Frage nach den curricularen Voraussetzungen von Emanzipation im Unterricht. In: Goeppert, Herma C. (Hrsg.): Sprachverhalten im Unterricht. München 1977, 319–343

Dittmann, Jürgen (Hrsg.): Arbeiten zur Konversationsanalyse. Tübingen 1979

Domke, Horst: Unterricht als gestörte Kommunikation. In: Oerter, Rolf / Weber, Erich (Hrsg.): Der Aspekt des Emotionalen in Unterricht und Erziehung. Donauwörth 1975, 209–223

Ehlich, Konrad / Rehbein, Jochen: Sprache im Unterricht – Linguistische Verfahren und schulische Wirklichkeit. In: Studium Linguistik 1976, 1, 21–41

Ehlich, Konrad / Rehbein, Jochen: Wissen, Kommunikatives Handeln und Schule. In: Goeppert, Herma C. (Hrsg.): Sprachverhalten im Unterricht. München 1977, 36–114

Flanders, Ned A.: Interaction Analysis in the Classroom. A Manual for Observers. Ann Arbor 1966

Fittkau, Bernd u. a.: Kommunizieren lernen (und umlernen). Braunschweig 1977

Frech, Hartmut-W.: Kontrollierte Beobachtung verbaler Verhaltensweisen von Lehrern und Schülern. In: Neue Sammlung 1971, 11, 87–108

Freudenreich, Dorothea: Das Konzept der Themenzentrierten Interaktion. In: Heckt, Dietlinde H. / Jürgens, Eiko: Anders kommunizieren lernen. Braunschweig 1996, 53–57

Gagné, Robert M.: Die Bedingungen des menschlichen Lernens. Hannover 1969

Gebhard, Ulrich / Narr, Roland: Szenen aus dem Schulalltag – zur Kommunikation im Klassenzimmer. In: Heckt, Dietlinde H. / Jürgens, Eiko (Hrsg.): Anders kommunizieren lernen. Braunschweig 1996, 70–85

Goeppert, Herma C. (Hrsg.): Sprachverhalten im Unterricht. Zur Kommunikation von Lehrer und Schüler in der Unterrichtssituation. München 1977

Goeppert, Herma C.: Schulunterricht als Beziehungsfalle. Kritische Anmerkungen zur Brauchbarkeit des Double-Bind-Konzepts. In: Goeppert, Herma C. (Hrsg.): Sprachverhalten im Unterricht. München 1977, 142–157

Good, Thomas / Brophy, Jere E.: Die Lehrer-Schüler-Interaktion. München / Berlin / Wien 1976

Grell, Jochen: Techniken des Lehrerverhaltens. Weinheim / Basel 1975

Grönwoldt, Peter: Unterricht als Sprachlernsituation. Symmetrische Kommunikationsbeziehungen und Identitätsbalance im Unterricht. In: Goeppert, Herma C. (Hrsg.): Sprachverhalten im Unterricht. München 1977, 344–356

Gropengießer, Ilka / Otto, Gunter / Tillmann, Klaus-Jürgen (Hrsg.): Schule zwischen Routine und Reform. Friedrich – Jahresheft XII. Velber 1993

Habermas, Jürgen: Vorbereitende Bemerkungen zu einer Theorie der kommunikativen Kompetenz. In: Habermas, Jürgen / Luhmann, Niklas: Theorie der Gesellschaft oder Sozialtechnologie. Frankfurt 1971, 101–141

Heckt, Dietlinde H. / Jürgens, Eiko (Hrsg.): Anders kommunizieren lernen. Braunschweig 1996

Heinze, Thomas / Schulte, Herbert: Analyse von Unterrichtssituationen im Kontext praxisnaher Curriculumentwicklung. In: Roth, Leo / Petrat, Gerhardt: Unterrichtsanalysen in der Diskussion. Hannover 1974, 345–381

Heinze, Thomas: Unterricht als soziale Situation. Zur Interaktion von Schülern und Lehrern. München 1976

Henne, Helmut / Rehbock, Helmut: Einführung in die Gesprächsanalyse. Berlin / New York 1979

Herrlitz, Wolfgang: Pragmatische Schemata der Unterrichtskommunikation. Sprachliche Bedingungen der Konstitution von Lernsituationen in der Institution Schule: In: Ehlich, Konrad / Rehbein, Jochen (Hrsg.): Kommunikation in Schule und Hochschule. Linguistische und ethnomethodologische Analysen. Tübingen 1983, 196–202

Hess-Lüttich, Ernest W. B.: Angewandte Sprachsoziologie. Eine Einführung in linguistische, soziologische und pädagogische Ansätze. Stuttgart 1987

Hiller, Ingeborg / Hiller, Gotthilf Gerhard: Unterricht über Unterricht und pädagogische Verständigung. In: Bildung und Erziehung 1974, 27, 268–277

Kochan, Detlef C.: Sprachdidaktische Hinweise zum Problem gestörter Kommunikation. In: Praxis Deutsch 1978, 30, 9–18

Kokemohr, Rainer: Dogmatisierung der Unterrichtssprache. In: Bildung und Erziehung 1971, 24, 273–291

Landesinstitut für Schule und Weiterbildung (Hrsg.): Gemeinsam Schule machen. Arbeitshilfen zur Entwicklung des Schulprogramms. Soest 1992

Lenzen, Dieter / Wunderlich, Dieter (Hrsg.): Thema: Sprache. Sprachbuch Deutsch für die Sekundarstufe I. Frankfurt 1978 ff.

Merkens, Hans / Seiler, Heinrich: Interaktionsanalyse. Stuttgart / Berlin / Köln / Mainz 1978

Mollenhauer, Klaus: Theorien zum Erziehungsprozeß. München 1974

Müller, Rosemarie: Kompetenz im Klassenzimmer. In: Heckt, Dietlinde H. / Jürgens, Eiko (Hrsg.): Anders kommunizieren lernen. Braunschweig 1996, 86–104

Neuland, Eva: Sprachbewußtsein und Sprachreflexion innerhalb und außerhalb der Schule. In: Der Deutschunterricht 1992, 44, 3–14

Popp, Walter (Hrsg.): Kommunikative Didaktik. Weinheim / Basel 1976

Priesemann, Gerhard: Zur Theorie der Unterrichtssprache. Düsseldorf 1971

Rehbock, Helmut: Nebenkommunikation im Unterricht: Funktionen, Wirkungen, Wertungen. In: Baurmann, Jürgen u. a. (Hrsg.): Neben-Kommunikation. Braunschweig 1981, 35–88

Roeder, Peter Martin / Schümer, Gundel: Unterricht als Sprachlernsituation. Düsseldorf 1976

Roth, Jürgen: Lehrer und Schüler. Interaktion und Kommunikation in der Schule. München 1980

Rumpf, Horst: Methodische Zurichtungszwänge. In: b:e 1975, 8, 69–72

Schlobinski, Peter / Kohl, Gaby / Ludewigt, Irmgard: Sprachgebrauch und soziale Gruppe: Kommunikation unter Jugendlichen. In: Der Deutschunterricht 1993, H. 3, 20–29

Schümer, Gundel / Steinforth, Harm: Zur Problematik von Unterrichtsanalysen nach dem Verfahren von Bellack. In: Roth, Leo / Petrat, Gerhardt: Unterrichtsanalysen in der Diskussion. Hannover 1974, 114–136

Schulz von Thun, Friedemann: Miteinander reden. 2 Bände, Reinbek 1993

Sinclair, John M. / Coulthard, Malcolm, Towards an Analysis of Discourse. – Dt.: Analyse der Unterrichtssprache, übersetzt, bearbeitet und hrsg. von Hans-Jürgen Krumm, Heidelberg 1977

Streeck, Jürgen: Sandwich. Good for you. – Zur pragmatischen und konversationellen Analyse von Bewertungen im institutionellen Diskurs der Schule. In: Dittmann, Jürgen (Hrsg.): Arbeiten zur Konversationsanalyse. Tübingen 1979, 235–257

Spanhel, Dieter: Die Sprache des Lehrers. Düsseldorf 1971

Spanhel, Dieter: Schülersprache und Lernprozesse. Düsseldorf 1973

Spinner, Kaspar H.: Literatur lebendig werden lassen. In: Gropengießer, Ilka / Otto, Gunter / Tillmann, Klaus-Jürgen (Hrsg.): Schule. Velber 1993, 72–74

Spinner, Kaspar H.: Der Beitrag des Deutschunterrichts zur Allgemeinbildung. In: Pädagogik 1997, 49, H. 2, 54–57

Stellmacher, Dieter: Kommunikation und Redesituation. Zur Analyse des Sprachverhaltens von Schülern in einer soziolinguistischen Untersuchung. In: Goeppert, Herma C. (Hrsg.): Sprachverhalten im Unterricht. München 1977, 303–318

Switalla, Bernd: Sprachliches Handeln im Unterricht. München 1977

Switalla, Bernd: Verständigungskritik im Unterricht – Zur methodischen Rekonstruktion unterrichtlicher Argumentation. In: Goeppert, Herma C. (Hrsg.): Sprachverhalten im Unterricht. München 1977, 158–223

Wallrabenstein, Wulf: Offene Schule – Offener Unterricht. Ratgeber für Eltern und Lehrer. Reinbek 1992

Watzlawick, Paul / Beavin, Janet H. / Jackson, Don D.: Menschliche Kommunikation. 4. Aufl., Bern 1974

Watzlawick, Paul / Weakland, John H. / Fisch, Richard: Lösungen. Zur Theorie und Praxis menschlichen Wandels. Bern 1975

Wellendorf, Franz: Schulische Sozialisation und Identität. Zur Sozialpsychologie der Schule als Institution. 4. Aufl., Weinheim / Basel 1977

Wulf, Margret: Zu einer Grammatik des Lehrer-Schüler-Verhältnisses. In: Praxis Deutsch 1979, 34, 56–59

Zinnecker, Jürgen / Geisler, Wolfgang: Der heimliche Lehrplan. Was wirklich gelernt wird. In: b:e 1973, 5, 16–40

II. SPRACHDIDAKTIK

WOLFGANG EICHLER UND WALTER HENZE

Sprachwissenschaft und Sprachdidaktik

0. Definitionen und Relationen

Als Didaktik bezeichnet man alle Theorien, mit denen die Unterrichtswirklichkeit beschrieben, erklärt, geplant und gesteuert werden soll. Dabei ist Didaktik im engeren Sinne bezogen auf die Analyse der Inhalte und neuerdings auch auf die soziale Beziehungsdimension des Unterrichts (kritisch-kommunikative Didaktik, vgl. Popp 1976; Schäfer / Schaller 1973), während Methodik untersucht, wie die Inhalte vermittelt werden. Über das Verhältnis von Didaktik und Methodik gibt es unterschiedliche Vorstellungen: man erkennt der Didaktik einen Vorrang gegenüber der Methodik zu (bildungstheoretische Didaktik), oder man geht davon aus, dass im Lernprozess ein Verhältnis wechselseitiger Abhängigkeit zwischen inhaltlichen und methodischen Fragen besteht (lern- oder unterrichtstheoretische Didaktik, vgl. Blankertz 1976)

Bis vor rund dreißig Jahren und in der ehemaligen DDR bis zuletzt hatte im Deutschunterricht die Methodik einen anderen, viel größeren Stellenwert: alle Reflexionen zur Planung und Steuerung des Deutschunterrichts hießen Methodik, von der *Methode des deutschen Unterrichts* von Susanne Engelmann (zuerst 1925) bis zur *Methodik des Deutschunterrichts* von Erika Essen (zuerst 1955). Diesem Sprachgebrauch lag die Vorstellung zugrunde, dass Reflexion über den Deutschunterricht sich in zwei Phasen abspiele: die Fachwissenschaft (damals die Sprachwissenschaft und die Literaturwissenschaft) erarbeitet die Inhalte, und die Methodik bereitet diese Inhalte für die Unterrichtspraxis zu. Sehr deutlich ist dieses Zwei-Phasen-Schema im Vorwort von Susanne Engelmanns Werk (1925) zu erkennen; sie schreibt, ein Hauptanlass für dieses Buch sei, dass ihr ein Mangel an Beziehungen aufgefallen sei zwischen den germanistisch-literarischen Fachstudien und der Praxis des deutschen Unterrichts. In diesem Zwei-Phasen-Schema fehlt gerade das, was heute als Hauptaufgabe der Didaktik (im engeren Sinne) gilt: Reflexion über Ziele des Unterrichts, über Auswahl der Inhalte und Begründung dieser Auswahl. In den „Methodiken" gibt es natürlich immer wieder Ansätze zu solchen Reflexionen, aber sie bleiben auf die Präambel verwiesen, oder sie sind in methodische Überlegungen eingebaut.

Seit rund drei Jahrzehnten ist dieses Zwei-Phasen-Schema abgelöst durch ein Modell, das die Kombination von drei Phasen bzw. Bezugsdimensionen vorsieht: Fachwissenschaft – Fachdidaktik – Methodik. Dabei bezieht sich die Fachdidaktik nicht nur auf die Ergebnisse der Fachwissenschaft, sondern sie berücksichtigt auch soziale und psychische Faktoren und bemüht sich, alle für den Unterricht grundlegenden Strukturelemente in ein ausgewogenes Verhältnis zueinander zu bringen. Eine Didaktik der deutschen Sprache hat also auf ein ganzes Gefüge von Bezugswissenschaften Rücksicht zu nehmen: auf die Kommunikationswissenschaft und die Linguistik in ihren verschiedenen Teildisziplinen sowie auf die allgemeine Didaktik, die Pädagogik, die Psychologie und die Soziologie.

Fachdidaktik kann also nur unter drei leitenden Gesichtspunkten erfolgreich sein:

- dem Bezug zur Fachwissenschaft bzw. den zuständigen fachwissenschaftlichen Disziplinen;
- dem Bezug zum pädagogischen und bildungstheoretischen Gesamtkonzept,
- dem Bezug zu Lernfähigkeiten und Lernständen der SchülerInnen.

Hinsichtlich dieses dreifachen Begründungs- und Legitimationszusammenhangs ist es im letzten Jahrzehnt bis zum heutigen Tag allerdings immer wieder zu Gewichtsverlagerungen zur einen oder anderen Seite hin und infolgedessen zu nicht beendeten Kontroversen in der Sprachdidaktik gekommen.

Unumstritten ist, dass allgemeine Sprachwissenschaft, (Sprach)Psychologie, Pädagogik, Informationstheorie, Kommunikations- und Medienwissenschaften, Soziologie und Ästhetik an dem Konzept einer Sprachdidaktik beteiligt werden müssen. Unumstritten ist auch die didaktische Einsicht, dass die Ergebnisse der Fachwissenschaft nicht automatisch oder unmittelbar zum Schulstoff werden können, wie das Beispiel der didaktischen Transposition der Valenz- oder Transformationsgrammatik oder der Sprechakttheorie deutlich gezeigt haben. Der Unterricht darf nichts lehren, was wissenschaftlich überholt ist, aber nicht jeder wissenschaftliche Fortschritt ist auch didaktisch wichtig oder unmittelbar umsetzbar.

Systematisch sind drei grundsätzlich verschiedene Perspektiven des Verhältnisses von Sprachwissenschaft und Sprachdidaktik angesprochen, die hier vorrangig weiter verfolgt werden sollen:

1. die sog. Umsetzungsdidaktik, die Ergebnisse und Einsichten der Bezugswissenschaft als Unterrichtsgegenstände übernimmt und didaktisch-methodisch aufbereitet,
2. die Heranziehung sprachwissenschaftlicher Einsichten, Ergebnisse und Theorien zur Legitimation und Ausdifferenzierung anderweitig (z. B. pädagogisch-bildungstheoretisch) motivierter Konzepte,
3. die Formulierung sprachunterrichtlicher Probleme als Forschungsaufgaben der angewandten Sprachwissenschaft oder zumindest ihre Einordnung darin (z. B. Fehlerlinguistik, Orthographieerwerb).

Der Beitrag wird sich zur Erörterung dieser Perspektiven an drei relevanten Bereichen orientieren:

1. Übernahme von Theorien der Beschreibung des Sprachsystems als Elemente des Grammatikunterrichts und der Sprachbetrachtung in der Schule – kurz skizziert.
2. Kommunikationstheorie, Pragmalinguistik und etwas auch Textlinguistik als Grundlage für Lernziele und Konzeptionen des Deutschunterrichts. Dieser Ansatz ist unter dem Begriff des kommunikativen Deutschunterrichts bekannt.

3. Angewandte Sprachwissenschaft und didaktische Grundlagenforschung. Es geht um die Anregungen, die verschiedene Disziplinen der Sprachwissenschaft für die Forschung über Lernvoraussetzungen, Lernprozesse und Lernstörungen von Schülern im eigensprachlichen Unterricht in jüngerer Zeit gegeben haben. Hier wird exemplarisch gehandelt.

Die Erörterung dieser zentralen Bereiche erfasst zugleich die wichtigen zeitlichen Abläufe in der Fachdisziplin Sprachdidaktik. Deren Berücksichtigung ist deshalb geboten, weil die Diskussion und Konzepterörterung sich in Auseinandersetzung mit Vorausgegangenem vollzieht. Der Dreischritt Systemgrammatik, Pragmatisierung und auch sprachwissenschaftlich orientierte Grundlagenforschung markiert Entwicklungsphasen der jüngsten Zeit.

1. Systemlinguistische Elemente im Grammatikunterricht und in der Reflexion über Sprache

Eine Reihe von neueren Theorien der Sprachbeschreibung konzentrieren sich auf die Sprachstruktur, das Regelsystem der Sprache (langue). Sie werden deshalb systemlinguistische Theorien genannt. Sie abstrahieren bewusst vom Sprachverhalten, der Sprachausführung (parole). Es wurden direkte Umsetzungen im Lernfeld Reflexion über Sprache, besonders im Grammatikunterricht vorgenommen.

Dieser erhielt folgende Impulse:

1. Es wurden neue Grammatikmodelle in neuen Sprachbüchern entwickelt, z. B. eine Dependenz- / Valenzgrammatik mit der Verbform als zentralem Satzglied, dessen „Ergänzungen" die nominalen Satzglieder (also die Subjekte und Objekte) bilden. Solche Modelle wurden z. B. im Klett „Sprachbuch" (ab 5. Schuljahr, Stuttgart 1970 ff.) oder in „Mein neues Sprachbuch" (Schroedel Verlag Hannover, ab 2. Schulj., Hannover 1971 ff.) realisiert [1]
2. Es wurden Elemente der Konstituentenstrukturgrammatik und der Transformationsgrammatik[2] in die herkömmliche Schulgrammatik eingebracht.
   a) Satzstrukturdarstellungen in Baumgraphen (die sog. Satzstammbäume)
   b) Es wurde das transformationelle Konzept (verschiedener Satzstrukturebenen) in die komplexe Satzlehre als Hilfe für die Analyse und Umformung / Auflösung von Satzgefügen übernommen.

   Solche Elemente finden sich vor allem in „Sprache und Sprechen" (Schroedel Verlag, ab 2. Schulj., alte Auflage ab 1971), Elemente aus der Transformationsgrammatik auch im bereits genannten Klett „Sprachbuch".
3. Es wurden Elemente aus der Semiotik und Merkmal-Semantik in die Wortkunde übernommen. Aus der Semiotik der Zeichenbegriff mit seinen beiden Ebenen Zeichenkörper (Signal) und Zeicheninhalt (Bedeutung), die Unterscheidung

[1] Auch die Lehrwerke sind im Literaturverzeichnis nachgewiesen.
[2] Näheres dazu siehe Beitrag Grammatikunterricht, unten S. 226 ff.

von verschiedenen Zeichentypen (natürliches, piktographisches, sprachliches Zeichen) und aus der Semantik die Beschreibung mit Merkmalen, die Unterscheidung von Denotation (Sachbedeutung) und Konnotation (emotiver, sozialer Nebenbedeutung). Sog. „Zeicheneinheiten" gehören zum Grundbestand neuerer Sprachbücher.

4. Mehr marginalen Charakter hat die Übernahme von Elementen der allgemeinen Kommunikationstheorie, z. B. der Begriffe Sender, Empfänger, Kanal, Code u. ä. und die vereinzelte Übernahme von sprechakttheoretischen Elementen in den Grammatikunterricht – diese Elemente gehören auch nicht zur Sprachsystembeschreibung im engeren Sinne, sondern in die Pragmalinguistik (vgl. Kap. 2)

Diese erste Phase der „Linguistisierung" hat besonders im Hinblick auf die oben unter 1 und 2 genannten Impulse zu scharfen Kontroversen in der deutschdidaktischen Literatur geführt und ist mit daran schuld, dass fast unüberbrückbare Gegensätze zwischen den Anhängern eines systematischen Grammatikunterrichts und denen eines situativ angelegten Grammatikunterrichts herrschten.

Der Druck der Diskussion hat dazu geführt, dass die unter 1, 2 und 4 angegebenen Impulse weitgehend wieder zurückgenommen wurden.

Das lässt sich an den oben genannten Sprachbüchern sehr gut beobachten; besonders an der Neuauflage von „Sprache und Sprechen" und der „Sprachwelt" (1979ff. bzw. 1983ff, Schroedel Verlag) und am Nachfolger vom Klett „Sprachbuch", dem „Sprachschlüssel" (1981ff., Klett Verlag).

Die Zurücknahme der Dependenzgrammatik / Valenzgrammatik ist auch begrifflich durch die neuen grammatikterminologischen Festlegungen der Kultusministerkonferenz (Papier von 1981) notwendig, in denen eine deutliche Rückkehr zur traditionellen Schulgrammatik zu erkennen ist und die ja für Schulbuchzulassungen verbindlich sind. Übrig bleiben die schon von H. Glinz eingeführten „Proben" – Umstellprobe, Ersatzprobe, Sprechprobe.

Bei den Elementen aus der Konstituentenstruktur- und Transformationsgrammatik „liegt der Teufel mehr im Detail". Die Satzstammbäume werden in der didaktischen Literatur sehr angefochten, obwohl sie zur Präzision der Satzanalyse gut beitragen können. Transformationelle Elemente, zumindest als methodisches Konzept im Hintergrund, können in Form von stilistischen Paraphrasen und Satzauflösungen (vgl. W. Eichler 1976b, Praxis Deutsch) durchaus bewahrt werden.

Sicher ihren Platz behalten werden Elemente aus der Semiotik und Semantik, die sich in herkömmliche Curricula und Konzepte des Grammatikunterrichts gut eingliedern lassen.

2. Pragmalinguistik und kommunikativer Deutschunterricht: die sog. kommunikative Wende

Der Ausdruck „kommunikative Wende“ ist in jüngerer Zeit gebräuchlich geworden, als Name für die tiefgreifende, krisenhafte Neuorientierung, die sich in der Sprachwissenschaft und der Sprachdidaktik seit den späten 60er Jahren vollzogen hat. Der Name ist brauchbar; zwar handelt es sich bei der Neuorientierung um einen komplizierten, vielschichtigen Vorgang, aber „Kommunikation“ ist doch, fast seit den Anfängen der „Wende“, ein zentraler Leitbegriff für die „neue“ Sprachwissenschaft und die Sprachdidaktik gewesen.

Seit kurzem allerdings zeichnet sich eine Veränderung ab im Umgang mit dem Wort „Kommunikation“, – in schwachen Ansätzen zwar, aber vielleicht doch als Anzeichen für einen neuen Trend? Man verwendet neuerdings das Wort „Kommunikation“ oder „kommunikativ“ nur noch zurückhaltend, und manchmal warnt man sogar vor seinem Gebrauch! Es heißt, in manchen Bundesländern sei das Wort sogar verpönt, und es heißt auch, die Zulassung neuer Sprachbücher sei viel schwerer oder unmöglich, wenn „Kommunikation“ immer noch didaktischer Leitbegriff sei.

Das hängt nicht nur mit Veränderungen in der Sprachwissenschaft zusammen (Hinwendung zur Diskursanalyse in der Pragmalinguistik und Abwendung vom Kommunikationsmodell), sondern auch mit beginnenden Folgen der Wiedervereinigung Deutschlands (die DDR-Didaktik hatte die Wendung zum kommunikativen Deutschunterricht nur sehr begrenzt in den Lehrplänen von 1982 mitvollzogen) und mit gewichtigen Veränderungen des neuen, kulturwissenschaftlichen Selbstverständnisses der Deutschdidaktik (H. Ivo, E. Neuland, W. Eichler u. a.), einer veränderten Bildungstheorie, von der noch zu reden sein wird. Auf jeden Fall werden Einseitigkeiten und Übertreibungen, z. T. in Rückgriff auf alte Inhalte, beseitigt werden müssen. Mit diesem erweiterten Blickwinkel also noch einmal der Versuch, den Beginn und Verlauf der sog. kommunikativen Wende deutlich zu machen.

2.1. Voraussetzungen, Beginn und Verlauf der „kommunikativen Wende“

Bis in die Mitte der 60er Jahre war die Sprachwissenschaft der Bundesrepublik weitgehend von der Sprachinhaltsforschung (Leo Weisgerber, Walter Porzig, Jost Trier u. a.) bestimmt, die schon in den 20er Jahren begründet worden war und fast 50 Jahre lang in Deutschland eine führende Position gehabt hatte, während im anderen Teil Deutschlands schon ganz andere Ansätze zur Erforschung der Sprache entwickelt worden waren (funktionale Grammatik, Valenzgrammatik). Die Sprachdidaktik, die sich zwischen 1960 und 1970 in der Bundesrepublik konstituierte und als neue, eigenständige Wissenschaft durchsetzte, orientierte sich in ihrer frühesten Phase an der Sprachinhaltsforschung; der Deutschunterricht an unseren Schulen war daher bis in die 60er Jahre hinein durch die Methode der Weisgerberschule bestimmt.

Drei Thesen sind dafür besonders wichtig:

a) Sprache ist vorwiegend oder sogar ausschließlich als Instrument der geistigen Erkundung und Aneignung von Welt anzusehen. Alle Aufmerksamkeit konzentriert sich auf die eine „Grundleistung der Sprache für den Menschen: Sie stellt ihm ein System von Begriffen (Wörtern) und Beziehungszusammenhängen (Satzbauplänen usw.) zur Verfügung, mit dessen Hilfe es ihm möglich wird, 'Welt' geistig zu ergreifen" (L. Weisgerber 1964, 63).

b) Indem Sprache dem Menschen das Sein erschließt, verändert sie es zugleich; sie prägt es um nach ihren eigenen Kategorien, die durch die Eigenart der jeweiligen „Muttersprache" festgelegt sind. Das menschliche Bewusstsein spiegelt also die Dinge nicht so wider, wie sie sind, sondern so, wie sie uns, muttersprachlich umgeprägt, erscheinen. Der Inhalt der Sprache ist nicht vorsprachlich gegeben, sondern ist das „Ergebnis des Aufeinandertreffens natürlicher Bedingungen und menschlicher Geistesarbeit" (L. Weisgerber 1962, 49).

c) Das Subjekt des sprachlichen Zugriffes auf die Welt ist die Nation oder das Volk oder (wie man später lieber sagte) die Sprachgemeinschaft, die verbunden ist durch die gleiche Muttersprache und das gleiche sprachliche Weltbild.

Sprachwissenschaft bedeutet unter diesen Voraussetzungen, dass alle sprachlichen Mittel gesammelt und geordnet werden unter dem Gesichtspunkt, wie hier jeweils Sein umgeprägt wird zu Bewusstsein und wie hier ein „Weltbild der Muttersprache" (Weisgerber) erkennbar wird.

Der Prozess des Spracherwerbs durch das Individuum bedeutet demnach, dass der Einzelne mit der „Muttersprache" das jeweilige Weltbild übernimmt und so „eingegliedert" wird in die Sprachgemeinschaft. Sprachpädagogik im Unterricht bedeutet Hilfe bei der Erschließung von Welt, beim Aufbau des „Weltbildes" und bei der Eingliederung.

Die „Wende" der späten 60er Jahre lässt sich zunächst negativ definieren als Abwendung von der Sprachinhaltsforschung. Diese Abwendung vollzog sich gleichzeitig in der Sprachwissenschaft und in der Sprachdidaktik. Die Sprachwissenschaft wandte sich von der Weisgerberschule ab, bekämpfte sie heftig und suchte den Anschluß an diejenigen Methoden, die im Ausland längst vorhanden waren; als Name für diese neuen Richtungen wählte man das alte Wort „Linguistik", das nun eine neue Bedeutung bekam: „Linguistik" als das Neue, Moderne gegen die „Sprachwissenschaft" als das Alte, Unmoderne. So konnte als Name für die „kommunikative Wende" auch der Ausdruck „Linguistisierung" entstehen. Die Sprachdidaktik vollzog eine Umorientierung, weg von der Sprachinhaltsforschung als Bezugswissenschaft und hin zur „Linguistik"; das begann in der „Berliner Schule", bei Paul Heimann, Felix von Cube, Wolfgang Schulz u. a.

Was nun in der Linguistik und der linguistisch orientierten Didaktik an die Stelle der bisherigen Auffassungen trat, lässt sich vorläufig etwa so zusammenfassen:

a) Sprache interessiert nicht (mehr) als „Schlüssel zur Welt", sondern als Kommunikationsmittel. Es geht darum, zu untersuchen, wie Menschen miteinander sprechen oder schriftlich miteinander „kommunizieren". Dabei wird die sprachliche

Kommunikation als eine unter anderen gesehen, wenn auch die wichtigste. Als neue Bezugswissenschaft für die Linguistik und die Didaktik gilt jetzt die Kommunikationswissenschaft.

b) Sprachgebrauch, so aufgefasst, ist soziales Handeln. Wie jemand seine Wörter wählt und seine Sätze baut, wie er jemanden anspricht oder nicht anspricht, wie er reagiert auf das, was jemand zu ihm sagt oder ihm schreibt, – dies und vieles anderes ist im hohen Maße mitbestimmt durch die gesellschaftlichen Bedingungen des Sprachgebrauchs. Also wird die Soziologie eine sehr enge Nachbarin der Linguistik, und schnell entsteht aus der Zusammenarbeit beider die Soziolinguistik.

c) Begriffe wie „Nation" oder „Volk" oder „Sprachgemeinschaft" sind nicht mehr interessant. Die neue Linguistik erforscht den Sprachgebrauch des Einzelnen und vor allem das Sprachverhalten sozialer Schichten und Gruppen. Man geht nicht mehr den Sprachinhalten nach, sondern untersucht die Varietät oder das Register der Arbeitersprache, der Jugendsprache, der Verwaltungssprache.

d) Die neue „Linguistik" trat mit dem Anspruch auf, dass erst jetzt eine wirklich exakte, messende und messbare, also „wissenschaftliche" Erforschung der Sprache beginne; was die Sprachinhaltsforschung vorher getan hatte, gilt als ungenau, spekulativ, „vor-wissenschaftlich".

Das Aufeinanderprallen der alten und der neuen Richtung war sehr heftig, und zwar in der Sprachwissenschaft wie in der Didaktik; der Streit nahm zeitweise den Charakter eines Glaubenskrieges an.

Um das zu verstehen, muss man sich klarmachen, dass kurz vor und nach 1970 in Westdeutschland nicht nur in unserem Fache, sondern ganz allgemein um Reform oder auch Revolution gestritten wurde, mit einem außerordentlich großen Veränderungseifer und Optimismus, der, mit so hohem Anspruch, notwendig umschlagen musste in Resignation oder in immer schrillere Überspitzung.

Es gab bald Stimmen, die zu Mäßigung mahnten, und es gab schnell auch Ansätze dazu, ruhiger und sachlicher miteinander umzugehen. Im Jahre 1970 stellte Leo Weisgerber in einem Aufsatz die Frage: *Muß die Linguistik die Sprachwissenschaft bekämpfen*? 1973 veröffentlichte Karl-Dieter Bünting (gemeinsam mit Detlef C. Kochan) seine Untersuchung „Linguistik und Deutschunterricht" und schrieb darin, er verwende „Linguistik" nicht in seiner „engeren Bedeutung" als Bezeichnung für die „neue Sprachwissenschaft", also als „Kampfbegriff" gegen das Bisherige, sondern weiter gefasst als Name für die „Sprachwissenschaft insgesamt". – In den folgenden Jahren ist die Entwicklung in dieser Richtung weitergegangen: die neue „Linguistik" hat Probleme wieder aufgegriffen, die früher von der Sprachinhaltsforschung behandelt worden waren (zum Beispiel im Bereich der Semantik), und sie heißt heute wieder (germanistische) Sprachwissenschaft. Und: die Sprachdidaktik erkennt manches wieder an, das sich seit langem in der Schule bewährt hat und im ersten Reform-Schwung allzu früh preisgegeben worden war (vgl. Eichler 1991). Es sieht so aus, als sei die Zeit des „Glaubenskrieges" überwunden und eine sachliche Auseinandersetzung wieder möglich.

In den 80er Jahren bis jetzt hat sich im Objektbereich der Pragmalinguistik wieder eine Vielzahl von Forschungsansätzen etabliert: es gibt sie wieder und weiterhin, die Stilistik, es gibt die verschiedenen Auffächerungen in der Soziolinguistik, der Textlinguistik, der Inhalts- und der Kommunikationspsychologie. Der theoretische Kernbereich der Pragmalinguistik allerdings hat sich in die Diskurs- und Konversationsanalyse mit sehr weit reichendem Theorieanspruch 'zurückgezogen'. Diese ist, auch bedingt durch ihre hohe Theorielastigkeit, noch nicht zu Einfluss in die Deutschdidaktik gelangt. Es bleibt abzuwarten, ob von hier Impulse kommen werden.

Und: Es werden (wieder) interessante Gebrauchsgrammatiken geschrieben, nicht nur als didaktische (vgl. Grammatiklexikon Bünting / Eichler 1990 oder den Schülerduden Ader u. a., 1986), sondern auch als wissenschaftliche Modelle (z. B. P. Eisenberg 1986).

2.2. Die wichtigsten didaktischen Konsequenzen der "

Die Umorientierung auf den neuen Leitbegriff „Kommunikation" hatte sich gleichzeitig in der Sprachwissenschaft und in der Sprachdidaktik vollzogen. Aus dieser Gleichzeitigkeit ergaben sich schon zahlreiche Probleme. Die Sprachdidaktik konnte nicht auf Ergebnisse der Sprachwissenschaft zurückgreifen und, wie es eigentlich ihr Geschäft wäre, diese Ergebnisse neu durchdenken im Hinblick auf einen Lernenden; sie musste vielmehr ihre sachlichen Grundlagen selbst beschaffen, im Vorgriff auf manches, was von der Linguistik und Soziolinguistik erst später oder nie angeboten wurde. Da Kommunikation stets zwischen Personen in einem situativen Rahmen stattfindet und vielfach bestimmt ist durch die sozialen Bedingungen, wurde ein weiteres Wort zum Leitbegriff der Sprachdidaktik: das Wort „Situation". Es dient als Sammelbegriff für alle situativen und sozialen Faktoren, die den Sprecher / Schreiber und den Hörer / Leser beeinflussen. Die neue Konzeption des Deutschunterrichts, die seit den späten 60er Jahren entwickelt wurde, hatte also zwei Leit- und Schlüsselwörter: „Kommunikation" und „Situation".

Sprachunterricht bedeutete nun: Förderung der sprachlichen und sozialen Kompetenz. Das neue übergeordnete Lernziel des Deutschunterrichts war nun: Der Schüler soll kompetent werden, in allen für ihn wichtigen „kommunikativen Situationen" die angemessenen sprachlichen Mittel zu verwenden, also so zu sprechen oder zu schreiben, dass er seine Absichten verwirklicht, den Adressaten angemessen berücksichtigt und die weiteren sozialen Bedingungen der Situation richtig einschätzt und beachtet.

Die Planung und Organisation des Unterrichts war damit vorgezeichnet: es ging nun darum, die Situationen herauszufinden, in denen ein Heranwachsender normalerweise seine Sprache verwenden muss; dann waren diese Situationen den Altersstufen zuzuordnen und in eine sinnvolle Reihenfolge und Abfolge zu bringen; schließlich waren die sprachlichen Mittel herauszufinden, die den jeweiligen Situationen angemessen waren; und diese sprachlichen Mittel waren nun den Schülern zu vermitteln. Eine solche Planung des Unterrichts bekam den Namen „Curriculum".

Das klingt zunächst sehr einleuchtend und auch einfach. Sobald man aber an die Realisierung ging, ergaben sich zahlreiche Probleme und Komplikationen, die zum Teil bis heute nicht gelöst sind.[3]

a) Die Sprachdidaktik fand bei ihrer Suche nach den wichtigsten „kommunikativen Situationen" keine Hilfe durch entsprechende Fachwissenschaften; die Pragmalinguistik, die das hätte leisten können, entstand erst gleichzeitig und hat dazu noch wenig geforscht. Wir, die Fachdidaktiker, mussten in der Entwicklung eines „kommunikativen" oder „situationsbezogenen" Deutschunterrichts selbst Curricula entwerfen, indem wir auf eigene Faust und zumeist intuitiv die Situationen auswählten und anordneten.

b) Mit der Einführung des Leitbegriffs „Situation" kam ein uralter, ehrwürdiger Begriff ins Wanken, nämlich die Forderung nach „gutem Deutsch". Bisher hatte man als selbstverständlich angesehen, dass die Schüler „gutes Deutsch" lernen sollten, und man verstand darunter die Hochsprache. Diese Normvorstellung wurde nun erschüttert. Als neue Zielvorstellung formulierte man, der Schüler solle lernen, „situationsangemessen" zu sprechen und zu schreiben; und das war, je nach Situation, durchaus nicht immer identisch mit der Hochsprache. Bedenkt man, dass dies um 1970 stattfand, dann wird klar, dass diese Diskussion pro und contra Normen weit über den Deutschunterricht hinausreichte und allgemeine Grundsätze unseres Selbstverständnisses betraf. Zuweilen sah es so aus, als ob die Normen überhaupt abzuschaffen seien; jedenfalls aber waren sie neu zu definieren und zu begründen, und das ist bis heute noch nicht zu Ende diskutiert.

c) Als unerwartet schwierig erwies sich auch die Frage, wie denn nun „Kommunikation" genauer zu definieren und in Teillernziele aufzugliedern sei. Das erste, frühe Missverständnis war, dass man bei „Kommunikation" zu sehr oder ausschließlich an informativen Sprachgebrauch dachte. Aber auch der Versuch, dem informativen Sprachgebrauch als Gegenstück den appellativen anzugliedern, führte vorwiegend in Einseitigkeiten: jetzt sollten die Schüler im Deutschunterricht nur noch lernen, zu protestieren, zu kritisieren, in Frage zu stellen, und die Situationen, die nun für das Curriculum empfohlen wurden, handelten vorwiegend oder sogar ausnahmslos von Konflikten, am liebsten zwischen Jugend und Erwachsenen. Hier ist wiederum deutlich, wie sehr der Streit um didaktische Konzeptionen eingebettet war und ist in viel allgemeinere, grundsätzlichere politische Auseinandersetzungen.

Trotz solcher Schwierigkeiten wurde die „kommunikative Wende" vollzogen, – in neuen Sprachbüchern, in neuen Richtlinien und wohl auch über weite Strecken in der Unterrichtspraxis. Es gibt eine Reihe von Veränderungen, die sich weitgehend durchgesetzt haben und die zum größten Teil wohl auch als Verbesserungen allgemein anerkannt sind. Zum bleibenden Gewinn gehören sicher die Handlungsorientierung und die Schülerzentrierung des Unterrichts, die die Deutschdidaktik ganz wesentlich geleistet hat.

---

[3] Das Sprachbuch SPRACHE UND SPRECHEN ist ein frühes Beispiel für die Erarbeitung dieser Konzeption.

An zwei Beispielen soll exemplarisch die Wende in den Auffassungen gezeigt werden: beim Aufsatzunterricht und im Bereich mündlicher Sprachgebrauch.

Der Aufsatzunterricht war bis zum Beginn der „Wende" und in der DDR eigentlich bis zum Ende als „sprachgestaltender Aufsatz" verstanden worden und an den „Stilformen" (Erzählen, Schildern, Berichten, Beschreiben, Erörtern) orientiert, denen man nicht anmerkte, welchen konkreten außerschulischen Schreibanlässen sie entsprachen. Bei der Umorientierung in Westdeutschland wurden diese Stilformen abgeschafft, verworfen und durch sehr viel wirklichkeitsnähere pragmatische Textsorten und auch durch "kreative" Schreibanlässe ersetzt. Es lag nahe, dabei auch den überlieferten Namen „Aufsatz" abzuschaffen, wir sagen jetzt „schriftlicher Sprachgebrauch". Im Zuge dieser Reform sind viele gewohnte, altvertraute Aufsatzformen gestrichen worden und andere in den Unterricht aufgenommen worden, die zu Unrecht bisher fehlten; das gilt vor allem für die appellativen Textsorten, vgl. zuletzt W. Eichler 1992. Es ist offensichtlich, dass der Unterricht jetzt viel wirklichkeitsnäher geworden ist und damit für die Schüler auch einleuchtender und motivierender. Es ist aber auch deutlich, dass manchmal mehr geopfert wurde als nötig und sinnvoll gewesen wäre.

Ein konkretes Beispiel aus der frühen Erarbeitungsphase von *Sprache und Sprechen* mag das verdeutlichen: es war damals, etwa 1971 oder 1972, über eine Lerneinheit zu entscheiden, die davon handelte, dass Schüler einen kleinen Versuch durchführen und dann aufschreiben sollten, wie sie das gemacht haben. Ganz überzeugt und begeistert von der neuen „kommunikativen" und „situationsbezogenen" Konzeption, stellten wir die entscheidende Frage: In welcher realen Situation würde ein normales Kind so etwas aufschreiben? Mit welcher Absicht, für welchen Adressaten? Die Antwort konnte natürlich nur lauten: So etwas kommt außerhalb der Schule nicht vor. Damit war, nach den neuen Bedingungen des kommunikativen schriftlichen Sprachgebrauchs, die Lerneinheit nicht mehr brauchbar. Es hat bis in die 80er Jahre gedauert, bis zur Neufassung von *Sprache und Sprechen*, dass wir merkten: diese Entscheidung war falsch, hier war das Prinzip Realkommunikation zu starr angewendet worden. Es gibt (so lautet die späte Einsicht der 80er Jahre) schulspezifische Schreibaufgaben, die im Unterricht sinnvoll und notwendig sind, obwohl es in der außerschulischen Wirklichkeit keine entsprechenden „kommunikativen Situationen" gibt, vgl. dazu W. Eichler 1992.

Zu den wichtigsten und erfreulichsten Errungenschaften der „kommunikativen Wende" gehört sicher, dass der Teilbereich „mündlicher Sprachgebrauch" begründet und eingeführt wurde. Zwar gab es schon lange vorher, seit den 20er Jahren, die „Sprecherziehung"; aber sie hatte sich nie so durchsetzen können, wie es erwünscht gewesen wäre, und das Schriftliche hatte bis um 1970 seine traditionelle Vorrangstellung behauptet. Jetzt, als „Kommunikation" oberstes Lernziel wurde, erkannte man schnell, dass Jedermann mindestens so oft mündlich wie schriftlich kommuniziert, und der Teilbereich „mündliche Kommunikation" trat gleichgewichtig neben die schriftliche, vor allem in der neuen Form des „Rollenspiels". Die „kommunikativen Situationen" waren entweder die gleichen wie im schriftlichen Sprachgebrauch, oder sie wurden analog dazu angeordnet. Es ist natürlich und nicht weiter verwunderlich, dass es auch in diesem Teilbereich „Kinderkrankheiten“ der Linguistisierung gegeben hat und noch gibt: das „Rollenspiel“ ist sicher in den ersten Jahren überschätzt worden und muss besonnen eingeschränkt werden; die alte „Sprecherziehung“ wurde zunächst als altmodisch verworfen und vergessen und erst später wieder eingeführt und in den neuen Teilbereich „mündlicher Sprachgebrauch“ integriert. Der Trend geht dahin, dass man in Zukunft die beiden Bereiche mündlicher und schriftlicher Sprachgebrauch stärker zusammenfasst.

Insgesamt kann man seit einigen Jahren immer deutlicher erkennen, dass der Begriff „Kommunikation“ und „Situation“ vor sich selbst geschützt werden muß, vor einer Überschätzung und einseitigen Überbetonung, die in den frühen 70er Jahren oft eingetreten ist und die heute einigen Gegnern den Vorwand liefert, überhaupt nicht mehr von „Kommunikation“ zu reden. Das Phänomen Sprache ist viel komplexer, und die Sprachwissenschaft hat längst auch andere Leistungen der Sprache in ihre Untersuchungen wieder einbezogen. Die Sprachdidaktik muss nun ebenfalls den Monismus überwinden und neben der Kommunikation auch andere Funktionen der Sprache in das Curriculum aufnehmen, zum Beispiel die kognitive (man sagt oder schreibt etwas, um es sich selbst verständlich zu machen), die kreative, u. a. Die Diskussion darüber ist längst in Gang gekommen, zum Beispiel in den Erwägungen, wie sich kommunikative, heuristische und kreative Funktionen der Sprache und Unterrichtsziele zueinander verhalten.

2.3. Zur gegenwärtigen Situation

Die „kommunikative Wende“ hat in den vergangenen zwanzig Jahren eine Reihe von Neuerungen gebracht, die wir nicht wieder preisgeben sollten. Und wenn es in der Frühzeit der „Linguistisierung“ einige Übertreibungen gegeben haben sollte, so darf das kein Vorwand sein, alle Neuerungen zu widerrufen.

Aber wir können jetzt, mehr als zwanzig Jahre nach Beginn der „Wende“, manche Voreiligkeiten und Einseitigkeiten korrigieren.

Diese Entwicklung hat schon begonnen:

- Neben das Lernziel „Kommunikation“ sind andere Lernziele getreten: so verfolgt die Schule längst (wieder) das Lernziel, die identitätsstiftende Funktion der Sprachbetrachtung zu fördern.
- Die Normen werden erneut diskutiert, und man sieht jetzt, dass es zu einfach ist, Normen radikal zu verwerfen.
- Im „schriftlichen Sprachgebrauch“ tauchen manche Begriffe wieder auf, von denen man glaubte, sie seien mit der Reform verschwunden, zum Beispiel „erzählen“, „berichten“, „beschreiben“, „erörtern“ (W. Eichler 1992).
- Im „mündlichen Sprachgebrauch“ ist das Rollenspiel ergänzt durch themenzentrierte Interaktion (Gordon 1981), das Training des Sprechausdrucks und aufgenommen auch das kreative Sprachspiel und szenische Interpretation.

Im Bereich des Grammatikunterrichts ist noch deutlicher zu sehen, dass manches Alte sich wieder durchgesetzt hat und dass das Neue in ein gelasseneres, vernünftigeres Verhältnis zum Alten treten will. Das wird an anderen Stellen dieses Buches ausführlich dargestellt.

3. Sprachwissenschaft und didaktische Grundlagenforschung in Beispielen

3.1. Umriss

Verschiedene Richtungen und Disziplinen der Sprachwissenschaft haben für die Erforschung von Begebenheiten im und Voraussetzungen für einen erfolgreichen Sprachunterricht in der Muttersprache Hilfen und Anlässe gegeben.

In der heute vorzufindenden Intensität ist die Beziehung zwischen Sprachwissenschaft und sprachdidaktischer Forschung allerdings neu; obwohl ein enger Austausch in Fragen des Spracherwerbs (Deutsch als Erst- oder Zweitsprache), der Sprachstörungen und -behinderungen, des Lese-, Schreib- und Rechtschreiblernens, der Legasthenie, der Sprachtestentwicklung, der Gesprächsanalyse logisch geboten schien, liefen bis vor wenigen Jahren Forschungen im weiteren Umfeld des Deutschunterrichts neben der Sprachwissenschaft her oder ganz ohne sie.

Die Mehrzahl der heute gebräuchlichen Sprach(leistungs-)tests sind z.B. von Psychologen ohne besondere Anleihen aus der Sprachwissenschaft entwickelt worden – wenige Ausnahmen gibt es erst in neuerer Zeit (ADST, PET, TGK: siehe unten S. 115f.).

Die Leseforschung war (und ist z.T. heute noch) weitgehend eine Domäne der Pädagogen unter Mithilfe von psychologischen Theorien der Wahrnehmung und des Lernens – kaum ein Sprachwissenschaftler oder -didaktiker war bis ca. 1970 bei der Entwicklung von Erstleselernwerken dabei, erst danach änderte sich das, z.B. D. Pregel / W. Menzel in der Fibel Lesen Heute (Schroedel), H. Balhorn in Regenbogen-Lesekiste (Verlag Päd. Medien) oder W. Eichler in Leseleiter (Kamp). In der Theoriebildung kam es sogar erst seit 1976 zu einer breiteren Integration auch der internationalen psycholinguistischen Leseforschung, beginnend mit A. Hofer, Lesenlernen – Theorie und Unterricht, Düsseldorf 1976, seitdem aber in immer schnellerer Folge, s.u. Kap. 3.4. u. vgl. H. Brügelmann 1983, Probst-Wacker 1986 oder die Jahrbücher der deutschen Gesellschaft für Lesen und Schreiben, hrsg. v. H. Balhorn und H. Brügelmann 1986ff.

Lange Zeit hat man sich in der Sprachwissenschaft relativ wenig Gedanken über Rechtschreibfehler, ja eigentlich Schreibfehler überhaupt gemacht, dies hat sich aber gründlich geändert, sowohl von der Theorie her (vgl. Cherubim 1990, Eichler 1991) als auch speziell, Näheres dazu unten S. 118f.

Das Gleiche gilt in der Legasthenieforschung, wo langsam auch sprachwissenschaftliche Autoren Aufmerksamkeit finden (z.B. R. Müller 1981), nachdem Medizin,

Psychologie und Pädagogik offensichtlich an die Grenze ihrer Möglichkeiten geraten sind, vergl. den sehr guten Artikel dazu in diesem Band.

Auch die fachwiss. Forschungslage im Bereich Orthographie ist wesentlich besser geworden, vgl. Arbeiten von G. August 1990, D. Nerius 1991 u. a. Mehr insgesamt dazu im Kap. 3.5.

In der allgemeinen Spracherwerbsforschung waren zwar psychologische Autoren wie J. Piaget, L. S. Wygotski oder F. Kainz Gewährsmänner für die allgemeinen Grundaussagen – diese konnten durch die Rezeption der Psycholinguistik in mehreren Strängen

1. Aufsatzsammelbände H. Bühler und J. Mühle Hrsg., Sprachentwicklungspsychologie, Frankfurt 1974, W. Eichler und A. Hofer Hrsg., Spracherwerb und linguistische Theorien, München 1974
2. Einführungen z. B. G. List, Psycholinguistik (1972), Sprachpsychologie (1979), H. Ramge, Spracherwerb (1973), G. Kegel 1974, G. Szagun 1983

wesentlich erweitert werden. Auch schulalterspezifische Darstellungen zum Schriftsprachgebrauch sind wieder vorhanden; ausgehend von D. Pregel 1970 über U. Weber 1978, Boueke / Hopster Hrsg. 1985, G. Augst, Hrsg. Spracherwerb von 6–16, 1976, G. Augst und F. Faigel: Von der Reihung zur Gestaltung (Schriftspracherwerb v. 13–23) 1986. Textlinguistische Kategorien kommen dabei langsam immer mehr zum Tragen (vgl. den Forschungsbericht bei Antos und Krings, Hrsg., 1989).

Auch im Bereich der Unterrichts-Gesprächsanalyse beginnt eine Rezeption speziell sprachwissenschaftlicher Theorien erst jetzt in drei Strängen.

a) In der Hereinnahme von sprechakt- und kommentierungstheoretischen Kategorien in die Analyse von Gesprächsverhalten, vgl. Th. Diegritz / Rosenbusch, Kommunikation unter Schülern, München 1978, und W. Eichler 1977, bes. 197 ff. Zur Fortführung siehe unten c.
b) In der Entwicklung einer Theorie der gestörten Kommunikation (auch in der Schule), ausgehend von dem Buch von P. Watzlawick u. a., Menschliche Kommunikation, dt. Stuttgart [2]1971 und in der Hereinnahme von kommunikationspsychologischen und psychotherapeutischen Ansätzen in den Unterricht und die Lehrerausbildung, vgl. z. B. A. u. E. Tausch 1980, Gordon 1981, F. Sauter Hrsg. 1983.
c) Der dritte Strang wartet noch auf die fachdidaktische Entdeckung. Es ist die moderne Diskurs- und Konversationsanalyse. Es ist im wesentlichen die hohe Theorielastigkeit, und es sind Verständigungsprobleme, die heute noch den Zugang zur Unterrichtspraxis verstellen, vgl. Gumperz 1982, Holly 1993.

Schließlich ist noch ein weiterer, augenblicklich zwischen Sprachwissenschaft und Sprachdidaktik intensiv beachteter Forschungsbereich zu nennen: Der Erwerb des Deutschen als *Zweit*sprache; vgl. z. B. J. Meyer-Ingwersen u. a., 1974, H. Clahsen u. a., 1983 und W. Klein 1984 und den diesbezüglichen Artikel in diesem Buch. Hier hat die Deutsche Forschungsgemeinschaft einen Sonderforschungsbereich eingerichtet. Es kommt zu einer Integration der Fremdsprachen- und Muttersprachendidaktik mit der Kontrastiven Linguistik und Psycholinguistik. Das Gebiet entwickelt sich zunehmend zu einem Spezialgebiet außerhalb der Deutschdidaktik und sei deshalb hier nicht weiter ausgeführt.

Im Folgenden sollen an vier überschaubaren Beispielen Einflüsse der Sprachwissenschaft auf und Beziehungen der Sprachwissenschaft zu sprachdidaktischen Forschungen in besonders fruchtbar scheinenden Bereichen exemplarisch für viele andere dargestellt werden.

3.2. Vom kompensatorischen Sprachunterricht zum Umgang mit Sprachvarietäten und sprachlicher Identität im Deutschunterricht

Von der didaktischen Fragestellung – Ausgleich sprachlicher (Verhaltens)defizite durch einen besonderen, kompensatorischen Sprachunterricht in der Muttersprache – ist die Entwicklung der Soziolinguistik mehr beeinflusst, als dass sie sich selbst von der Sprachwissenschaft her als Forschungsrichtung konstituiert hatte.

Zur Geschichte und dem Stand der soziolinguistischen Forschung heute siehe den Artikel Soziolinguistik in diesem Band.

Anhand immer wieder beobachteter Unterschiede im sprachlichen Verhalten wurden Ende der fünfziger und in den sechziger Jahren, ausgehend von B. Bernstein, empirische Untersuchungen zu den sog. Sprachbarrieren zwischen den Angehörigen verschiedener Schichten unternommen.

Das von B. Bernstein in mehreren Anläufen (1958–70) für englische Verhältnisse entwickelte Konzept von zwei modellhaft gegensätzlichen Sprachcodes, dem restringierten Sprachcode (der unteren Schichten) und dem elaborierten Sprachcode (der mittleren und oberen Schichten), wurde mehrfach untersucht. In Deutschland haben sich im Schulbereich besonders U. Oevermann (1972) und H. Bühler (1972) hervorgetan. Die Hypothesen wechselten in Differenzierung und Ansatz – H. Bühler ging z. B. von fünf verschiedenen Redesituationen mit nur wenigen syntaktischen / lexikalischen Kategorien aus, U. Oevermann ging von nur einer Situation (Aufsatz) aus, benutzte jedoch viele, unter fünf Generalhypothesen zusammengefasste Einzelhypothesen.

Das daraus hergeleitete Konzept des einseitig kompensatorischen Unterrichts ist heute praktisch aufgegeben worden, genauso wie die Übungsmaterialien vom Markt verschwunden sind.

Im engeren didaktischen Zusammenhang wurde mittlerweile die Defizithypothese durch die Differenzhypothese ersetzt – die sprachlichen Unterschiede werden nicht mehr in den Defiziten der Unterschichtangehörigen gesucht, sondern unterschiedlichen Leistungsbereichen der verschiedenen (Modell-) Codes zugeordnet – es gibt nun einen mehr situationssprachlichen Code (in der mündlichen Alltagskommunikation funktionaler) und einen mehr unilateral-schriftsprachlichen, situationsungebundeneren Code (in der Vortrags- und Schriftkommunikation funktionaler) (W. Labov 1971), 'auf den hin' wechselseitig kompensatorisch erzogen werden müsse. Übriggeblieben ist: Die Schüler sollen (voneinander und durch Unterricht) verschiedene Sprachregister/normen lernen, um umfassender für verschiedene Sprachleistungsbereiche vorbereitet zu sein.

Die Soziolinguistik als sprachwissenschaftliche Disziplin hat sich in Deutschland auf Grund amerikanischer und englischer Vorbilder zu einer eigenständigen, über den Sprachbarrierenansatz herausreichenden Disziplin entwickelt, die das gesamte soziale Umfeld der Sprache, auch z. B. Texte in ihren sozialen Bezügen, oder Dialekte oder sozial bedingte Sondersprachen (Soziolekte) untersucht (vgl. N. Dittmar 1973 und spätere Auflagen).

Sie ist allerdings, genauso wie die Dialektforschung, fast ganz auf andere Begrifflichkeiten übergegangen – die Sprachbarrieren sind weitgehend 'out'. Die neuen Begriffe heißen Sprachvarietäten und Sprachregister, worin die unterschiedlichsten Soziolekte (Gruppensprachen, Berufssprachen, Altersgruppensprachen), die Regiolekte, aber auch unterschiedliche Sprachverhaltensweisen des einzelnen Sprechers und Idiolekte begriffen werden. Auch geschlechtsspezifisches und Ausländersprachverhalten wird in diese Begriffe gefasst. Bei der Vielzahl der auch für den einzelnen Sprecher angenommenen Sprachregister ist die Frage nach der sprachlichen Identität des Sprechers / Schreibers, der Sprecherin / Schreiberin von großem Belang, insbesondere auch in der Konstitutionsphase der Persönlichkeit. Deshalb wird, vor allem aus der kulturwissenschaftlichen Didaktikerschule (H. Ivo / E. Neuland 1991; P. Sieber / H. Sitta 1992) auch die Reflexion darüber, der Vergleich und die Kritik von Sprachverhaltensnormen angestrebt (s. a. den Beitrag Grammatikunterricht).

3.3. Beginnende Interdisziplinäre Zusammenarbeit: Sprach- und Sprachverhaltenstests

Es wäre eigentlich zu vermuten, dass Sprachtests – also objektive, standardisierte Verfahren zur Bestimmung von Sprach(verhaltens)leistungen auf verschiedenen Gebieten (Sprachproduktion mündlich / schriftlich, Sprachverstehen, Lesen und (Recht)Schreiben – in enger Zusammenarbeit zwischen Psychologen und Sprachwissenschaftlern / Sprachdidaktikern entwickelt würden. Dem ist fast bis in die heutige Zeit nicht so.

Eine objektivere, empirische Basis der Sprachdidaktik wurde von H. Messelken 1971 erstmals gefordert. Aus Messelkens Konzept ist der „Allgemeine Deutsche Sprachtest“ (ADST), Westermann / Hogrefe, Braunschweig (1982) entwickelt worden, der für wesentliche Bereiche der Deutsch-Leistungen Teiltests mit diagnostischem Charakter enthält (Gesamtdauer ca. 160 min.!) und für das 4.–10. Schuljahr konzipiert ist. Einflüsse vor allem des linguistischen Strukturalismus (Phonologie, Morphologie) und der Valenzgrammatik (Syntax) sind erkennbar.

Ein Test für einzelne, leistungsschwächere oder im weiteren Sinne sprachauffällige Kinder vom 3.–10. Lebensjahr ist der „Psycholinguistische Entwicklungstest (PET), Beltz Testgesellschaft, Weinheim (ca. 1974), entwickelt von M. Angermaier und Mitarbeitern. Er gibt Hinweise auf den Stand der Sprachentwicklung im Kindergarten und Einschulungs-Grundschulalter sowie für beginnende Lernstörungen im sprachlichen Bereich. Er ist nicht ganz einfach anzuwenden (Testzeit ca. 120 min.).

Der PET ist von einer amerikanischen Vorlage, dem ITPA, abgeleitet, dieser wiederum ist vom linguistischen Strukturalismus deutlich beeinflusst – die linguistischen Ebenen Phonetik – Phonologie, Morphemik, Syntax und Semantik sind jeweils deutlich abgebildet, ebenso das Kommunikationsmodell. Zum PET gibt es eine ausführliche Kritik bei H. Grimm et al. 1975.

Deutlich wird auch der sprachwissenschaftliche Einfluss in der „Testbatterie Grammatische Kompetenz" TGK von F. Thurner (Westermann / Hogrefe 1978). Der Einfluss der Sprachwissenschaft, vor allem auch des Konzepts der Transformationsgrammatik, wird in der Begleitstudie von F. Thurner, Sprachsystemkompetenz, Braunschweig 1978 sehr deutlich. Es geht bei Thurner vor allem um das Sprachverstehen im Bereich hochtransformierter, komplexer und erweiterter Sätze; etwas Ähnliches hatten bereits P. Menyuk (1963, dt. in W. Eichler / A. Hofer Hrsg. 1974, 286–304) und C. Chomsky 1969 (dt. Bericht in W. Eichler / A. Hofer 1974, 321–334) untersucht, ohne zu einem Test zu gelangen.

Ein weiterer Anlauf zu einem umfassenden psychologischen Sprachtest wird von der Forschergruppe um Hannelore Grimm (1975 und später) unternommen, die Neuentwicklung des Westermann-Rechtschreibtests 5/6 erfolgt durch C. L. Naumann.

Im Bereich der bislang spärlichen Lesetests ist besonders der Züricher Lesetest von Hans Grissemann in seiner neueren Auflage zu empfehlen. Er enthält linguistische und psycholinguistische Kriterien in der qualitativen Analyse der Lesefehler. Über Rechtschreibfehler und -tests siehe Kap. 3.5.

3.4. Psycholinguistisch orientierte Leseforschung

Ganz präzise verfolgen lässt sich der Weg der Integration sprachwissenschaftlicher Theorien und Ergebnisse in die Leseforschung. Bis Anfang der 70er Jahre stand die deutsche Leseforschung (vgl. den Artikel Schriftspracherwerb in diesem Band) ganz in der Tradition pädagogischer Methodenlehre – vgl. die verschiedenen Ausformungen der synthetischen Methode (dargestellt z. B. bei K. Meiers 1970) – und der Ganzheitspsychologie mit der Ganzheitsmethode (vgl. die Ansätze vor allem bei E. und A. Kern 1960).

Ein erster sprachwissenschaftlicher „Schub" kam durch die Hereinnahme von Operationen (Minimalpaare und Bildung minimaler Gleichheiten) aus dem Morphembegriff, aus dem Strukturalismus und von Elementen aus der Semiotik (Zeichenlehre).

Es wurde und ist modern, im Rahmen sog. „integrativer" Ansätze in Erstleselernwerken von Anfang an die morphologische Struktur, den Wort- und Formenbau der Sprache durch Aufgliedern in Wörter und Gegenüberstellen von Wortbausteinen (Stamm, Endung, Wortbildungselemente) für das Lesenlernen nutzbar zu machen.

Die phonemisch-graphemische Ebene der Sprache wird z. B. durch die Bildung von Minimalpaaren und minimalen Gleichheiten – angebotene Wörter unterscheiden sich durch einen einzigen Laut / Buchstaben oder sind sich nur in einem einzigen Laut / Buchstaben gleich –, durch Auf- und Abbauübungen und paradigmatische

Reihen deutlich gemacht, und es wird so in den Lautwiedergabecharakter unserer Schrift eingeführt. Diese Einsicht in den Lautcharakter unserer Schrift wird heute in der Lesetheorie als konstitutiv für den Leselernprozess angesehen (W. Eichler in A. Hofer 1976; R. Müller 1981; G. Spitta 1981). Die Lautgrundlage wird auch für die Schrift, das Schreibenlernen als konstitutiv angesehen (siehe unten S. 118ff.) und zur „Pilotsprache" der Auffindung von Schreibungen (sog. Überlautung, vgl. Betz / Breuninger 1972; Scheerer-Neumann 1989) methodisch ausgebaut.

Im Bereich der Semiotik wurde es üblich, eine Art „Einführung in die Zeichenhaftigkeit der Sprache" durch Gegenüberstellung von verschiedenen Zeichenarten (natürliche, piktographische, sprachliche Zeichen also z. B. Bildzeichen, Verkehrszeichen, Wörter) in der Fibel zu geben, Sprache in andere Zeichensysteme einzubetten und eine „natürliche" Lesemotivation zu schaffen und zu erhalten.

Mag es sich bei diesem „ersten" Schub um mehr methodische Einzelaspekte mit nur etwas lese-rechtschreibtheoretischer Auswirkung handeln, bewirkte der „zweite Schub" aus der Sprachwissenschaft eine völlige Neuorientierung darüber, „was Lesen und Lesenlernen überhaupt ist." Es wurden vor allem Ergebnisse aus der angelsächsischen Leseforschung – diese ist Teil der Psycholinguistik – fruchtbar. Die Leseforschung hatte sich in Amerika infolge der großen Lernprobleme, die angelsächsische Schüler aufgrund des größeren Unterschieds zwischen den Lautnamen der Buchstaben und ihren wirklichen Lautwiedergabeleistungen im Englischen haben, schon in den 60er Jahren zu großer Selbständigkeit entwickelt.

Erstmalig für den deutschen Raum, besonders auch die Lehrerschaft nutzbar gemacht wurden diese und auch andere Erkenntnisse durch das Buch von A. Hofer, Hrsg., Lesenlernen, Theorie und Unterricht, Düsseldorf 1976, und heute geht kein theoretischer oder empirischer Forscher mehr daran vorbei.

Aufgrund von Studien vor allem von K. S. Goodman 1969 (z. T. in Hofer 1976), von H. Brügelmann 1983 u. sp. von U. Frith dt. 1986, und daran anschließend K. B. Günther 1988 wird deutlich, wie sehr Lesen und Lesenlernen ein sprachlicher (nicht nur visueller) Prozess ist mit etwa folgenden Eigenschaften:

a) Die Lernaktivität des Kindes, ausgehend von seiner Sprechsprache, ist für das rasche Lesenlernen entscheidend – Lesen ist von Anfang an ein hypothesentestender Prozess der Art, dass das Kind *sprachliche* Hypothesen, Erwartungen, testet. Diese sind beim fortgeschrittenen Leser phonemisch / phonetischer, morphemischer, syntaktischer und semantischer Art.

b) Die verschiedenen beobachtbaren Leseniveaus, die sich im Lesetempo und in den Lesefehlern dokumentieren, lassen sich auf das Hypothesen-Testen jeweils auf den oben genannten linguistischen Ebenen beziehen. So werden nach Goodman unterschieden die Niveaus

   1. des lautlichen Lesens (Recodieren):
   Buchstabennamen werden Lauten zugeordnet und zusammengelesen; das entstehende akustische Schema wird anschließend decodiert (Ebene der phonemisch / graphemischen Korrespondenzregeln).

2. Das Wort- und Silbenlesen (auch Teilwort-, „Morphem" lesen):
   Es werden Sprecheinheiten (Silben) und Einheiten, die Bedeutung tragen (Morpheme, Wörter), als Ganzes erfasst und oder als grammatische oder Sinnhypothesen eingegeben und überprüft. In der älteren, mehr visuell dominierten Leselerntheorie war dieses Leseniveau als „Signalgruppenlesen" bezeichnet (K. Warwel).
3. Das Satzteil- und Satzlesen:
   Es werden ganze Wortgruppen (Satzteile) und abgeschlossene Sinneinheiten (Sätze) als Ganzes erfasst – besser hypothetisch eingebracht („vermutet") – und auf ihr Vorhandensein geprüft. Hier sind neben grammatischen Hypothesen („Subjekt", „Verb", „Objekt" u. ä.) vor allem inhaltliche Hypothesen leitend. (In der älteren Lesetheorie etwa „Sinnschritte").
4. Das „überfliegende Lesen ganzer Satzgruppen / Textabschnitte, weitgehend unter Sinn- und Inhaltshypothesen" (aufgrund von Vorkenntnissen über die im Text behandelten Sachverhalte).

Alle Niveaus bleiben auch dem kompetenten Leser, eingesetzt je nach Text / Wortschatzschwierigkeit, verfügbar und werden im Sinne eines „entfalteten" bzw. automatisierten Prozesses (vgl. E. Weigl 1972/74) alternativ eingesetzt.

c) Entsprechend den Leseniveaus wurden „Verlesungsfehlermatritzen" erstellt (K. S. Goodman in A. Hofer 1976, weitere Verarbeitung bei H. Grissemann, Züricher Lesetext 1982; Probst / Wacker 1986), und viele Verlesungen einschließlich evtl. Korrekturversuche werden als „kreative Irrtümer" auf den verschiedenen, mit den Leseniveaus angezeigten Ebenen des Sprachsystems festgemacht.

   Die Vorteile einer solchen – sprachwissenschaftlich dominierten – Lesetheorie liegen auf der Hand: sie erklärt das „Wunder" des relativ raschen und eigenaktiven Leselernprozesses, sie korreliert in der Analyse des Erlesenen weitgehend mit den Beobachtungen der Lehrerschaft und gibt Möglichkeiten zur genaueren Bestimmung spezifischer Lernstörungen, z. B. der Lese-Rechtschreibschwäche an die Hand (vgl. z. B. R. Müller 1981; Dehn 1986; Ch. Mann 1989; Naegele / Valtin Hrsg., 1989).

3.5. Orthographie, Rechtschreiblernen und -fehleranalyse

Ebenfalls der sprachwissenschaftlichen Einflussnahme auf die didaktische Grundlagenforschung verdanken wir eine präzisere Erforschung und Theorie des Rechtschreibens, des Rechtschreiblernens und insbesondere der Fehleranalyse.

Die relativ vage Aussage, dass Lesen- und Schreibenlernen und Lese- und Schreibprozesse eng miteinander verwandt, ja vielleicht sogar ziemlich dieselben Prozesse seien, ist dahingehend präzisiert worden, dass sich Lesen und Schreiben wahrscheinlich nur in einem „Niveau" sehr ähnlich sind: dem lautierenden, recodierenden Lesen und der phonetisch-phonemischen Schreibstrategie. Beide Male werden Buchstaben in Laute bzw. „Laute" (innerlich gesprochen) in Buchstaben umgesetzt. Die höheren Leseniveaus wirken wahrscheinlich nur noch sehr indirekt auf das Schreiben und Rechtschreiben ein – dieses erhält zusätzlich noch andere Komponenten wie

1. Engramme – Schreibbefehlsmuster / kinästhetische Melodien (E. Weigl 1972/74), sog. motorische Merkschreibungen;
2. Innerer und äußerer Regelbildungsprozess über lautabweichende Schreibprinzipien;
3. Visuelles Probieren – „welche Schreibung habe ich schon mal gesehen?"

Speziell linguistisch wird dabei die innerlautliche Komponente – das Kind „hört" unbekannte Schreibwörter auf Lautbestandteile „ab", indem es innerlich (mit)spricht / koartikuliert – und die eben unter 2. genannte innere Rechtschreibregelbildung durch das Kind untersucht.

Es ist endlich wieder modern, sich mit den Regeln der deutschen Rechtschreibung intensiver zu befassen und diese auf ihre Umsetzbarkeit im Unterricht (vgl. z. B. C. Naumann 1988; G. Augst / W. Eichler 1983, 85 u. 91 a) und auf die Möglichkeiten, die das Kind für die eigene Regelbildung hat (Balhorn 1983; Eichler 1991; Balhorn / May 1990), zu untersuchen. Die genauere Kenntnis des deutschen Lautsystems und der deutschen Ausspracheregeln erlaubt es uns, auch einmal genauer zu untersuchen, wie das Kind seinen eigenen Idiolekt / Soziolekt, Dialekt in die Schreibhypothesen einbringt und zu welchen „kreativen Irrtümern" es bei seinen Spontanschreibungen kommen kann.

Immerhin kann nach neueren Statistiken (Naumann 1988) das Kind ja ca. 90 % der Buchstaben bei einer phonemischen Laut-Buchstabenklassifikation korrekt / einigermaßen korrekt zuordnen.

Es kommt zur Entwicklung sog. Stufenmodelle des Lesen- und Schreibenlernens, zur Vorhersage von entwicklungsbedingten Rechtschreibfehlern – den schon genannten kreativen Schreibirrtümern – im Orthographieerwerbsprozess. H. Balhorn und P. May haben 1990 anhand von zwei Orthogrammen die Entwicklung zur Richtigschreibung bei besseren und schlechteren Rechtschreibern anschaulich gemacht, die hier als diagnostische Hilfe einmal tabellarisch gezeigt werden sollen (siehe S. 120).

Das ist angewandte Linguistik und Grundlagenforschung zur Fachdidaktik. Aber in noch zwei anderen Feldern haben wir im Bereich der Orthographie heute eine ganz ausgezeichnete Forschungslage: in der Fehleranalyse und im Bereich einer möglichen Rechtschreibreform.

In der Fehleranalyse ist uns mit Arbeiten von C. L. Naumann (1988) und seinem Aachener qualitativen Rechtschreibschlüssel sowie Forschungen von H. Balhorn (1983), Balhorn und Vieluf (1985) und W. Eichler 1976, 1978, 1983, 1985, 1991 und 1992 und den bereits angesprochenen Untersuchungen von Balhorn und May enormes Wissen zugewachsen, von einem sprachwiss. Übersichts-Band von Cherubim 1990 zur Fehlerlinguistik mal ganz zu schweigen. Hier haben wir sehr viel von der Fremdsprachendidaktik und der kontrastiven Linguistik gelernt.

Und: Wir haben mit den Vorschlägen der Rechtschreibkommission des Instituts für deutsche Sprache (vgl. G. Augst 1981; D. Nerius 1990a; C. L. Naumann 1991) vielleicht das erste Mal eine Chance, eine behutsame, benutzerfreundliche Orthographiereform zu bekommen. Jedenfalls ist sie für den 1.8.98 vorgesehen.

Tab. 1. Typische Schreibungen bei verschiedenen Lerngruppen (I starke Lerner, II schwache Lerner)

	Beispiel „Blätter“					Beispiel „Fahrrad“				
Gruppe:	I	II	III	IV	V	I	II	III	IV	V
Kl. 1 Mitte	blet-a-	blet-a-	pl-t-a-	-l-t---	-------	fa--rat	fa--rat	fa-r-t	f---r-t	-------
	blet-er							fa--rat		f------
Kl. 1 Ende	blet-er	blet-er	blet-a-	blet-a-	---t---	fa--rat	fa--rat	fa--rat	fa--rat	f----t
	blät-er		blet-er		pl-t---		fa--rad			fa-r-t
Kl. 2 Mitte	blät-er	blet-er	blet-er	blet-er	plet-a-	fa--rad	fa--rat	fa--rat	fa--rat	fa--rat
		blät-er			blet-a-		fa--rad			fa--rat
Kl. 2 Ende	blätter	blät-er	blet-er	blet-er	blet-a-	fah-rad	fa--rad	fa--rat	fa--rat	fa--rat
		blätter	blät-er						fa--rad	
Kl. 3 Mitte		blätter	blätter	blet-er	blet-er	fahrrad	fah-rad	fa--rad	fa--rat	fa--rat
				blät-er					fa--rad	
Kl. 3 Ende				blät-er	blet-er		fah-rad	fah-rad	fa--rad	fa--rat
							fahrrad		fah-rad	fa--rad
Kl. 4 Mitte				blät-er	blet-er		fahrrad	fahrrad	fah-rad	fa--rad
				blätter	blät-er				fahrrad	fah-rad
Kl. Ende					blät-er				fah-rad	fah-rad
					blätter				fahrrad	

Literaturverzeichnis

AdST = Allgemeiner Sprachtest. Braunschweig 1982

Antos, Gerhard / Krings, K. P. (Hrsg.) (1982): Textproduktion. Ein interdisziplinärer Forschungsüberblick. Tübingen 1989

Augst, Gerhard (Hrsg.): Spracherwerb von 6–16. Paderborn 1976

Augst, Gerhard (Hrsg.): Graphematik und Orthographie. Frankfurt 1985

Augst, Gerhard (Hrsg.): New Trends in Graphematics and Orthography. Berlin 1986

Augst, Gerhard: Rechtschreibung und Rechtschreibunterricht. In: Der Deutschunterricht 1989, H. 6, 5 ff

Augst, Gerhard / Faigel, Peter: Von der Reihung zur Gestaltung, Schriftspracherwerb von 13–23. Frankfurt 1986

Balhorn, Heiko: Rechtschreiblernen als Regelbildung. In: Diskussion Deutsch 1983, H. 74, 581–595

Balhorn, Heiko / May, Peter: Kinder lernen Rechtschreiben – Gemeinsamkeiten und Unterschiede. In: Brügelmann / Balhorn 1990, 245–253

Balhorn, Heiko / Vieluf, Uwe: Fehleranalysen, orthographisch. In: Diskussion Deutsch 1985, H. 81, 68 ff

Balhorn, Heiko / Brügelmann, Hans (Hrsg.): Jeder spricht anders. Konstanz 1988

Bernstein, Basil: Soziale Struktur, Sozialisation und Sprachverhalten. Aufsätze 1958–70. Amsterdam 1970

Betz, Dieter / Breuninger, Helga: Jedes Kind kann schreiben lernen. Weinheim 1982

Boettcher, Wolfgang et al.: Schulaufsätze. Texte für Leser. 2. Aufl., Düsseldorf 1975

Brinker, Kurt: Textlinguistik. Frankfurt 1981

Brügelmann, Hans: Kinder auf dem Wege zur Schrift. Konstanz 1983

Brügelmann, Hans (Hrsg.): ABC und Schriftsprache. Konstanz 1986

Brügelmann, Hans / Balhorn, Heiko (Hrsg.): Das Gehirn, sein Alphabet und andere Geschichten. Konstanz 1990

Bühler, Hans: Sprachbarrieren und Schulanfang. Frankfurt 1972

Bünting, Karl-Dieter / Eichler, Wolfgang: Grammatiklexikon. Frankfurt 1990

Bünting, Karl-Dieter / Kochan, Detlef C.: Linguistik und Deutschunterricht. Kronberg 1973

Cherubim, Dieter (Hrsg.): Fehlerlinguistik. Tübingen 1990

Chomsky, Carol: The Acquisition of Syntax in Children from 5 to 10. Cambridge / Mass. 1969

Clahsen, Harald et al.: Deutsch als Zweitsprache. Tübingen 1983

Daniels, Karlheinz: Zum Verhältnis von Allgemeiner Didaktik, Fachwissenschaft und Fachdidaktik. In: Wirkendes Wort 1974, H. 1, 21–46

Diegritz, Theodor / Rosenbusch, Heinz S.: Kommunikation zwischen Schülern. München 1977

Dittmar, Norbert: Soziolinguistik. Frankfurt 1973

Eichler, Wolfgang: Paraphrasen komplexer Äußerungen. In: Praxis Deutsch 1976, H. 15, 57–60

Eichler, Wolfgang: Sprach-, Schreib- und Leseleistung. München 1977

Eichler, Wolfgang: Rechtschreibung und Rechtschreibunterricht. Kronberg i. Ts. 1978

Eichler, Wolfgang: Sprachdidaktik Deutsch. 2. Aufl., München 1979

Eichler, Wolfgang: Kreative Schreibirrtümer. Zur Auseinandersetzung des Schülers mit dem Verhältnis Laut – Schrift und mit den Rechtschreibregeln. In: Diskussion Deutsch 1983, H. 74, 596–609

Eichler, Wolfgang: Rechtschreiblernen mit und nach Regeln. In: Augst 1985, 244–260

Eichler, Wolfgang (1991 a): Nachdenken über das Schreiben, innere Regel- und Regelfehlbildung im Orthographieerwerb. In: Diskussion Deutsch 1991, H. 117, 34–44

Eichler, Wolfgang: Alte Inhalte neu entdecken und neue Wege finden (im Grammatikunterricht der Sekundarstufe). In: Deutschunterricht (Ost) 44 1991, H. 5, 562–577

Eichler, Wolfgang: Schreibenlernen – Schreiben, Rechtschreiben, Texte-Verfassen. Bochum 1992

Eichler, Wolfgang / Hofer, Adolf (Hrsg.): Spracherwerb und linguistische Theorien. München 1974

Eisenberg, Peter: Grundriß der deutschen Grammatik. Stuttgart 1986. 3. überarb. Aufl. Stuttgart u. Weimar 1994

Eisenberg, Peter / Günther, Hartmut (Hrsg.): Schriftsystem und Orthographie. Tübingen 1989

Engelmann, Susanne: Methodik des Deutschen Unterrichts. 1. Aufl., Leipzig 1925

Essen, Erika: Methodik des Deutschunterrichts. 1. Aufl., Heidelberg 1955

Frith, Ursula: Psychologische Aspekte orthographischen Wissens. In: Augst 1968, 218–233

Goffman, Erving: Forms of talk. Oxford 1984

Goodman, Kenneth S. / Fleming, James T. (Hrsg.): Psycholinguistics and the Teaching of Reading. Newark / Delaware 1969

Goodman, Kenneth S.: Analyse unerwarteter Reaktionen beim oralen Lesen. dt. in: Hofer 1976, 298–320

Gordon, Hans: Lehrer-Schülerkonferenz. Reinbek 1981

Grimm, Hannelore u. a.: Entwicklung sprachlicher Strukturformen bei Kindern. Weinheim 1975

Grissemann, Hans: Züricher Lesetest. Weinheim 1982

Günther, Hartmut / Günther, Kurt B. (Hrsg.): Schreiben, Schrift und Schriftlichkeit. Tübingen 1983

Günther, Kurt B.: Ein Stufenmodell der Entwicklung kindlicher Lese- und Schreibstrategien. In: Brügelmann 1986, 32–54

Gumperz, John: Discourse strategies. Cambridge 1982

Hofer, Adolf (Hrsg.): Lesenlernen – Theorie und Unterricht. Düsseldorf 1976

Ivo, Hubert: Grammatik tut not, warum? In: Diskussion Deutsch 1988, H. 103, 484–506

Kegel, Gerd: Sprache und Sprechen des Kindes. Reinbek 1974, 3. Aufl., Opladen 1987

Kern, Artur und Erwin: Die Praxis des ganzheitlichen Lesenlernens. 1. Aufl., Freiburg i. B. 1964

Klein, Wolfgang: Zweitspracherwerb. Königstein i. Ts. 1984

Klett Sprachbuch 5 f. Stuttgart 1970 ff.

Kochan, Barbara (Hrsg.): Rollenspiel als Methode des sprachlichen und sozialen Lernens. Kronberg i. Ts. 1974

Kochan, Detlef C.: Sprache als soziales Handeln. In: Kochan, Detlef C. / Wallrabenstein, Wulf (Hrsg.): Ansichten eines kommunikationsbezogenen Deutschunterrichts. Kronberg 1974, 52–61

Kupfer, Hans: Spracherwerb und Sprachbesitz von Schülern der Grund- und Hauptschule. Weinheim 1968

Labov, William: Das Studium der Sprache im sozialen Kontext. In: Klein, Wolfgang / Wunderlich, Dieter (Hrsg.): Aspekte der Soziolinguistik. Frankfurt 1971, 123–206

Leseleiter (Fibel für den Erstunterricht). Bochum: Kamp 1993 ff.

Lesen heute (Fibel). Hannover: Schroedel 1969 ff.

Linke, Angelika / Nussbaumer, Markus / Portmann, Paul R.: Studienbuch Linguistik. 3. Aufl. Tübingen 1996

List, Gudula: Psycholinguistik. Stuttgart 1972

List, Gudula: Sprachpsychologie. Stuttgart 1979

Maas, Utz / Wunderlich, Dieter: Pragmatik und sprachliches Handeln. Frankfurt / M. 1972

Mann, Christine: Legasthenie verhindern. Bochum 1989

Meiers, Kurt: Entdogmatisierung des Erstleseunterrichts. Bad Heilbrunn 1974

Meiers, Kurt (Hrsg.): Erstlesen. 2. Aufl., Bad Heilbrunn 1981

Mein neues Sprachbuch (2. Schulj. ff.). Hannover: Schroedel 1971 ff.

Menyuk, Paula: Syntaktische Strukturen in der Kindersprache. In: Eichler / Hofer 1974, 286–304

Merkelbach, Valentin: Kritik des Aufsatzunterrichts. Frankfurt 1972

Messelken, Hans: Empirische Sprachdidaktik. Heidelberg 1971

Meyer-Ingwersen, Johannes et al: Zur Sprachentwicklung türkischer Kinder in der Bundesrepublik. Kronberg i. Ts. 1977

Müller, Rolf / Schipper, K. P.: Zwischen Lese-, Rechtschreibschwäche und Legasthenie. Bern 1981

Naegele, Ingrid / Valtin, Renate: LRS in den Klassen 1–10. Handbuch der Lese-Rechtschreibschwierigkeiten. Weinheim 1989

Naumann, Carl-Ludwig: Gesprochenes Deutsch und Orthographie. Frankfurt 1988

Naumann, Carl-Ludwig: Wie kann eine Rechtschreibreform dem Unterricht in Rechtsschreibung zugute kommen? In: Diskussion Deutsch 1991, H. 117, 58–72

Nerius, Dieter: Der Stand der Rechtschreibreform. In: Deutschunterricht (Ost) 43 1990, H. 6

Nerius, Dieter u. a.: Die Regeln der deutschen Rechtschreibung. Mannheim: Duden Taschenbücher 1991

Neuland, Eva: Sprachbewußtsein und Sprachreflexion. In: Der Deutschunterricht 1992, H. 4, 3–14

Nündel, Ernst: Zur Grundlegung einer Didaktik des sprachlichen Handelns. Kronberg 1976

PET = Psycholinguistischer Entwicklungstest. Hrsg. v. Michael Angermeier u. a. Weinheim: Beltz Testgesellschaft o. J

Popp, Walter (Hrsg.): Kommunikative Didaktik. Weinheim, Basel 1976

Pregel, Dietrich: Zum Sprachstil des Grundschulkindes. Düsseldorf 1970

Probst, Hans / Wacker, G.: Lesenlernen, ein Konzept für alle. Obersiel 1986

Ramge, Hans: Spracherwerb. Tübingen 1974

Sauter, Friedrich: Psychotherapie der Schule. München 1983

Scheerer-Neumann, Gerheid: Lese-Rechtschreibschwierigkeiten im Kontext der Entwicklung. In: Naegele / Valtin 1989

Schoenke, Eva: Didaktik sprachlichen Handelns. Überlegungen zum Sprachunterricht in der Sekundarstufe I. Tübingen 1991

Sieber, Peter / Sitta, Horst: Sprachreflexion in der Öffentlichkeit. In: Der Deutschunterricht 1992, H. 4, 63–83

Spitta, Gudrun: Wie kann man die Produktion von Legathenikern verhindern. In: Meiers 1981, 221–233

Sprache und Sprechen. 2. Schulj. ff. Hannover: Schroedel 1971 ff., Neuauflage 1979 ff.

Sprachschlüssel. 5. Schulj. ff. Stuttgart: Klett 1981 ff.

Switalla, Bernd: Sprachwissenschaft und Sprachdidaktik – Die gegenwärtige Perspektive. In: Westermanns Pädagogische Beiträge 1977, 542–556

Tausch, A. u. E.: Gesprächspsychotherapie. 1981

TGK = Testbatterie Grammatische Kompetenz. Hrsg. v. Franz Thurner. Braunschweig o. J

Watzlawick, Paul et al.: Menschliche Kommunikation. Formen, Störungen, Paradoxien. Bern 1971

Weber, Ursula: Studien zur kommunikativen und kognitiven Entwicklung. Düsseldorf 1978

Weigl, Egon: Zum Erwerb der Schriftsprache. Wiederabdruck in: Eichler / Hofer 1974, 94–173

Weisgerber, Bernhard: Beiträge zur Neubegründung der Sprachdidaktik. Weinheim 1964

Weisgerber, Leo: Grundzüge der inhaltbezogenen Grammatik. 3. Aufl., Düsseldorf 1962

Weisgerber, Leo: Muß die Linguistik die Sprachwissenschaft bekämpfen? In: Linguistische Berichte 1970, H. 9

Wunderlich, Dieter: Lernziel Kommunikation. In: Diskussion Deutsch 1975, H. 23, 263–277

HANS-WOLFGANG LESCH

Das Sprachbuch im Deutschunterricht

1. Einleitung

Überblickt man die Sprachbuchproduktion der letzten fünfundzwanzig Jahre, dann zeigt sich, dass nach eher zögerlichen Neuerscheinungen zu Beginn der 70er Jahre der Sprachbuchmarkt im Abstand von ziemlich genau zehn Jahren zwei auffallende Höhepunkte hatte, nämlich Mitte der 70er und Mitte der 80er Jahre, die jeweils durch eine Flut von Neuerscheinungen gekennzeichnet waren und sind, während in den Zeiten dazwischen und danach eine eindeutige „Sprachbuchmüdigkeit" festzustellen ist, bestenfalls „Neue Ausgaben" oder „Neubearbeitungen" tendenzielle Anpassungen kennzeichnen. Das gilt auch für die letzten Jahre, in denen „Das Hirschgraben Sprachbuch" (1991), „Unsere Muttersprache" (1991) und als neuestes „Mittendrin" (1993) (vgl. Literaturverzeichnis) als völlig neu konzipierte Sprachbücher Ausnahmen darstellen. Dem korrespondiert die konzeptionelle, didaktische und methodische Diskussion um das „Sprachbuch im und für den Deutschunterricht" (vgl. Literaturverzeichnis). Nach einer Vielzahl von Veröffentlichungen zu diesem Thema, beginnend mit Stötzels Arbeiten in „Linguistik und Didaktik" (1970) in den 70er Jahren, nimmt das Interesse der Fachdidaktiker am Sprachbuch kontinuierlich ab. In den letzten Jahren sind außer Conrady / Rademacher (Hrsg.): Sprachunterricht in der Grundschule. Sprachbücher und Alternativen, Essen 1990, lediglich Einzelanalysen erschienen, die eine systematische Behandlung der Thematik nicht intendieren.

In diesem Beitrag soll versucht werden, ausgehend von den Entstehungs- und Verwertungszusammenhängen des Sprachbuchs, die konzeptionelle Entwicklung der letzten 25 Jahre darzustellen, die damit verbundenen Veränderungen im didaktischen und methodischen Bereich an ausgewählten Beispielen vorzuführen (vgl. Literaturverzeichnis: Erwähnte Sprachbücher) und ihre jeweiligen Auswirkungen auf die äußere und innere Gestaltung (Aufmachung und Struktur) der Sprachbücher kritisch zu bewerten.

Dabei muss ich darauf verzichten, die den Konzeptionen zugrunde liegenden erziehungs- und gesellschaftswissenschaftlichen, linguistischen und fachdidaktischen bzw. -methodischen Theorien darzustellen. Mir scheint es aufgrund der gebotenen Kürze wichtiger, durch Gliederung und Inhalt des Beitrags Studierenden des Faches sowie Deutsch-Lehrerinnen und -Lehrern Gesichtspunkte an die Hand zu geben, mit denen sie das vorliegende und künftige Sprachbuchangebot analysieren und beurteilen können.

2. Bedeutung und Funktion des Sprachbuchs

Wenn immer es darum geht, Erkenntnisse und Ergebnisse der fachdidaktischen Forschung für den Unterricht umzusetzen und sie einer praktischen Erprobung und kritischen Überprüfung zuzuführen, kommt den Lehrbüchern eine entscheidende Rolle in diesem Prozess zu. Wie kein anderes Lehr- und Lernmaterial verbinden sie die seitens der Wissenschaften an den Unterricht zu stellenden Anforderungen mit dem jeweils in unterrichtlichen Situationen konkret Machbaren. Das gilt auch für Sprachbücher. Dabei stehen alle Lehrbücher, die für Unterrichtsfächer mit ausgeprägtem gesellschaftspolitischen Anspruch entwickelt werden, in einem Bedingungsfeld, das durch schulpolitisch-verwaltungsrechtliche, fachliche und methodisch-unterrichtliche Determinanten gekennzeichnet ist. Entsprechend sollen diese hier kurz umrissen werden.

2.1. Entstehungs- und Einführungszusammenhänge

An der Entstehung eines Sprachbuchs sind – direkt oder indirekt – zahlreiche Instanzen beteiligt. Es ist durchaus nicht so, dass Sprachbuchautoren ihre Sprachbücher ohne Einschränkungen entwickeln können in der Absicht, die je aktuellen Ergebnisse der beteiligten Wissenschaften für den Deutschunterricht nutzbar zu machen. Vielmehr wirken die Verlage durch ihre Fachlektorate mehr oder weniger direkt auf die Autoren, u. a. schon bei deren Gewinnung und Verpflichtung, und auf die Konzeptionen ein; eine ganz wesentliche Rolle spielen ministerielle Gutachter und Genehmigungsverfahren, die vorgelegte Neuentwicklungen an Richtlinien, Erlassen und Vereinbarungen zu prüfen haben, z. B. die Einhaltungen der „grundlegenden grammatischen Fachausdrücke“ (vgl. Homberger 1992, 398–403); und schließlich sind vermutete Einstellungen von Lehrern der verschiedenen Schularten und Eltern von nicht zu unterschätzender Bedeutung, müssen diese doch eine Neueinführung beantragen und beschließen bzw. ihr zustimmen. Schon 1984 hat Vogel darauf aufmerksam gemacht: „Die überwiegende Orientierung an den traditionellen Arbeitsbüchern trotz der allgemein anerkannten didaktischen Entscheidung für den kommunikationsbezogenen Sprachunterricht zeigt, daß ein formal strukturierter Arbeitsunterricht (...) heute noch dominiert (...). Neben dieser Voreinstellung gegenüber Ziel und Form des Sprachunterrichts führen erhebliche unterrichtspraktische Gewöhnung, institutionelle Zwänge, einseitige rigide Leistungserwartungen der Eltern sowie gesellschaftliche Normen (...) dazu, daß trotz eines revidierten Sprachbuchangebots (...) der Sprachunterricht häufig noch als formales Sprachtraining durchgeführt wird.“ (Vogel 1984, 254f.)

Dieses Bedingungsgeflecht versucht das nachfolgende Flussdiagramm zu verdeutlichen.

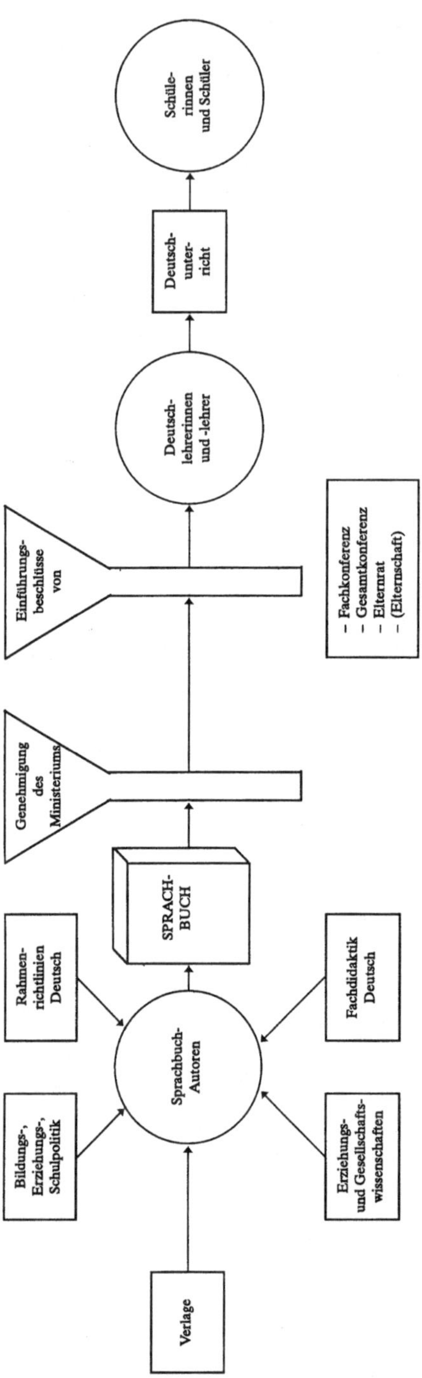

Flussdiagramm: Entstehungs- und Einführungszusammenhänge des Sprachbuchs

2.2. Das Sprachbuch als „didaktischer Mittler“

Neben den Entstehungs- und Einführungszusammenhängen macht das vorangestellte Flussdiagramm (vgl. 2.1.) deutlich, dass das Sprachbuch zwischen Autoren, Lehrern und Schülern einerseits oder, auf Disziplinen bezogen, zwischen der Fachdidaktik Deutsch und dem Deutschunterricht andererseits seinen Stellenwert als zentrales Medium des Sprachunterrichts findet. Als solches fließen in es curriculare, inhaltliche und methodische Entscheidungen ein, die in fachdidaktischen Prozessen als Ergebnisse entwickelt sind. Ob diese sich dann auch im Deutschunterricht durchsetzen, d.h., ob Schülerinnen und Schüler mit ihnen als Lernzielen, Inhalten und methodischen Vorgehensweisen konfrontiert werden, hängt letztlich von der Akzeptanz ab, die das „ministeriell genehmigte und für den Gebrauch an Schulen zugelassene“ Sprachbuch bei Deutschlehrerinnen und -lehrern findet. Wie Conrady / Rademacher gezeigt haben, kommt es denen vor allem auf den curricularen Aspekt an, d.h., Lehrer erwarten, dass das Sprachbuch reflektierte und deutlich strukturierte Ansätze vorgeben soll, so dass mit seiner Hilfe mögliche Lücken zwischen Richtlinien und Deutschunterricht geschlossen werden können (vgl. Conrady / Rademacher 1990).

Diese Erwartungshaltung der Lehrer gegenüber dem Sprachbuch birgt Chance und Gefahr zugleich. Die Chance besteht darin, curriculare Entwicklungen und Veränderungen inhaltlich und methodisch so aufzubereiten, dass sie vom Deutschlehrer reflektiert, akzeptiert und engagiert in die Praxis des Unterrichts umgesetzt werden können. So ist es vor allem auch den Sprachbüchern der Mitsiebziger zu verdanken (vgl. Literaturverzeichnis: Erwähnte Sprachbücher), dass das „Lehrziel: Kommunikation“ (Schlotthaus 1971) sich seitdem – wenn auch in modifizierter, eingegrenzter Form – durchgesetzt hat.

Auf der anderen Seite muss die Gefahr gesehen werden, in der sprachdidaktische Neuansätze stehen, die Lehrern ausschließlich über das Sprachbuch und das für den Lehrer gedachte Begleitmaterial vermittelt werden. Für Lehrbuchanalysen auf wissenschaftlicher Grundlage unter Einbeziehung erziehungswissenschaftlicher, curricularer, inhaltlicher und gesellschaftspolitischer Aspekte nicht ausgebildet, orientiert sich der Deutschlehrer an der vorgeblichen Übereinstimmung von Sprachbuch und Richtlinien, an der behaupteten Wissenschaftlichkeit und Modernität zugrunde liegender Theorien, am Rang der Autoren und an Stellungnahmen von Gremien, in den seltensten Fällen an Rezensionen und Erfahrungsberichten in Fachzeitschriften, die zudem, je kürzer der Abstand zum Erscheinungstermin des neuen Sprachbuchs ist, umso positiver ausfallen (vgl. Zech 1991, 1992; Bergner 1993). Die Folge ist in der Regel eine im Laufe des Umgangs mit dem neuen Sprachbuch wachsende Unzufriedenheit, die entweder aus mangelnder Praktikabilität oder aber aus der Aufdeckung tiefgreifender Widersprüche entsteht. Mit der Ablehnung des Sprachbuchs gerät dann die sprachdidaktische Gesamtkonzeption in Gefahr, ebenfalls „über Bord“ zu gehen (vgl. die „Schicksale“ von „Deutscher Sprachspiegel“ 1956–1968, „Sprache und Sprechen“ 1971, „Sprachprojekte“ 1974 u.a.). Entweder wurden sie von Beginn ihres Erscheinens an nicht angenommen, oder aber sie gerieten nach anfänglich überschwenglicher Zustimmung immer mehr in die Kritik, häufig sogar von zwei Seiten: von der der Deutschlehrerinnen und -lehrer einerseits, von der der Fachdidaktik Deutsch andererseits.

2.3. Einsatzmöglichkeiten des Sprachbuchs

Während über die Einführung eines Sprachbuchs nach Zulassung in dem entsprechenden Bundesland und Initiativen von Lehrern oder Eltern die Fachkonferenzen, Gesamtkonferenzen und Elternvertretungen entscheiden (vgl. 2.1.), in manchen Bundesländern erst nach mehreren zeitaufwendigen Prüf- und Entscheidungsvorgängen, liegt die Verantwortung über Art und Umfang des Sprachbucheinsatzes im Deutschunterricht bei Lehrerinnen und Lehrern. Was sich letztlich im Sprachunterricht abspielt, vollzieht sich in der Trias von Lehrer, Sprachbuch und Schüler. Dabei kommt es entscheidend darauf an, welche Aufgaben der Lehrer dem Sprachbuch in seinem Unterricht zuweist. Traditionell galt: „Die '*Funktion des Sprachbuchs*' besteht darin, unter den Bedingungen schulischen Lernens die '*planvolle*' Durchführung eines Unterrichts zu erleichtern". (Schwartz, Sprachunterricht und Sprachbuch, Braunschweig 1968, 65, zit. nach Klein 1984, 278).

Aber: Unter der „Erleichterung" eines planvoll durchgeführten Deutschunterrichts lassen sich sehr unterschiedliche methodische Möglichkeiten subsumieren. Diese reichen vom „Ersatz" der Unterrichtsplanung durch den Deutschlehrer – auf die damit verbundenen Gefahren hat Vogel aufmerksam gemacht (vgl. Vogel 1984, 247) – bis zur gelegentlichen Heranziehung einzelner Sprachbuchseiten als Übungsmaterial in einem offenen Unterricht oder als „unterrichtsbegleitende Hilfsmittel" im Projektunterricht (vgl. Klein 1984, 278).

Generell ist festzustellen, dass der Sprachbucheinsatz nach „unterrichtsleitend" und „unterrichtsbegleitend" unterschieden werden kann (vgl. Good 1982; Conrady / Rademacher 1990). Wenn ein Sprachbuch in „unterrichtsleitender" Weise eingesetzt wird, so bilden seine Unterrichtseinheiten nicht nur den Ausgangspunkt und bestimmen die Themen, sondern sie steuern auch deren Bearbeitung. Die Lernerfahrungen sind den einschränkenden Bedingungen der Unterrichtseinheiten im Sprachbuch unterworfen. Das gilt besonders für solche Sprachbücher, die nach Lernbereichen gegliedert sind und in diesen lehrgangsorientiert vorgehen.

Demgegenüber sind integrativ angelegte Sprachbücher eher darauf angelegt, „unterrichtsbegleitend" eingesetzt zu werden. Zwingend wird diese Vorgehensweise im offenen oder projektorientierten Deutschunterricht. Damit lässt sich auch eher die Forderung von Vogel erfüllen: „Das Sprachbuch darf nicht als Beschäftigungsbuch disqualifiziert werden (...). Das Sprachbuch muß seine dienende Funktion als Unterrichtsmedium erfüllen und kann nicht die unterrichtsstrukturierende Rolle des Lehrers übernehmen. Die Rolle des Lehrers muß gegenüber diesem Medium in seiner Funktion der zeitlichen und inhaltlichen Auswahl und Gewichtung voll zum Tragen kommen." (Vogel 1984, 257)

3. Das Sprachbuch seit 1970: Linguistisierung, Kommunikationsorientierung, Verlust der Didaktik, Methodenperfektion

Während das Sprachbuch bis in die 60er Jahre unseres Jahrhunderts über den langen Zeitraum von 300 Jahren nur geringfugigen Veränderungen unterworfen war – Helmers spricht vom Grammatikbuch, Sachbuch und Arbeitsbuch der muttersprachlichen Bildung (vgl. Stadler 1980, 43) –, setzte mit Beginn der 70er Jahre eine stürmische Diskussion um den Deutschunterricht ein, die u. a. tiefgreifende Auswirkungen auch auf den Sprachunterricht, seine Ziele, Inhalte und unterrichtlichen Verfahren hatte und sich bezüglich des Sprachbuchs dahingehend auswirkte, dass innerhalb der letzten 25 Jahre stärkere Veränderungen Platz griffen als in den 300 Jahren zuvor.

In diesem Kapitel soll es darum gehen, zunächst eine didaktisch-methodische Typisierung der Sprachbücher zu versuchen, die seit 1970 erschienen sind, anschließend das Nach- und Nebeneinander der verschiedenen Sprachbuchkonzeptionen umrissartig darzustellen und schließlich Inhalte und methodische Vorgehensweisen einander gegenüberzustellen. Dabei wird deutlich werden, dass sich das erkenntnisleitende Interesse der Sprachbuchautoren (wie auch der Deutschdidaktik allgemein!) in den letzten 25 Jahren erheblich verändert hat: Weg von der Frage „Welchen Sinn hat der Grammatikunterricht in der Schule?“ (Helga Schwenk 1976) und hin zu „Wie lassen sich Richtlinienanforderungen für den Deutschunterricht im Bereich von mündlichem und schriftlichem Sprachgebrauch, Rechtschreibung und Reflexion über Sprache (der Begriff Kommunikation ist weitgehend „out“!) optimal methodisch aufbereiten und vermitteln?“ Auf der Strecke geblieben ist dabei das „Herzstück“ der Unterrichtswissenschaft des Faches Deutsch: die Didaktik.

3.1. Didaktisch-methodische Typisierung

In seinem Typisierungsversuch von 1980 beruft sich Stadler auf Hermann Helmers, indem er seine Einteilung der Sprachbücher in „Sprachbuch als Grammatik“, „Sprachbuch als Sachbuch“ (Realienbuch) und „Sprachbuch als Arbeitsbuch des Deutschunterrichts“ übernimmt; er ergänzt diese Klassifizierung durch zwei weitere Typen, das Sprachbuch als „Lehrsystem für den Sprachunterricht“ und das Sprachbuch als „integriertes Lehrsystem“ à la „Lesen-Darstellen-Begreifen“ (vgl. Stadler 1980, 43).

Klein unterstellt in seinem Aufsatz, dass die Sprachbücher ab Mitte der Siebziger von einem situativen Ansatz ausgehen und diesen nach „real“ und „fiktiv“, letzteren wiederum entsprechend den Merkmalen „lernbereichsorientiert“ bzw. „integrativ“ differenzieren (vgl. Klein 1984, 279).

Reuschling schließlich unterscheidet 3 Sprachbuchgenerationen

„1. Neubearbeitungen von alten, dem Lernziel ‘muttersprachliche Bildung’ verpflichteten Sprachbüchern

2. Sprachbücher in der Folge der Reformbewegung im Deutschunterricht

2.1 Sprachliche Arbeitsbücher

2.2 Sprachbücher, die einen integrierten Sprachunterricht vorschlagen
3. Sprachbücher der jüngsten Generation, in denen die Aufhebung wissenschaftlicher und didaktischer Einseitigkeiten angestrebt wird“ (Reuschling 1987, 180).

Ich möchte versuchen, inhaltliche und methodische Merkmale zur Klassifizierung der Sprachbücher heranzuziehen (s. S. 131). Dabei wird deutlich, dass die Sprachbücher bis zum Beginn der 80er Jahre vor allem nach ihren Zielsetzungen und Inhalten unterschieden werden können, in den letzten 10 Jahren aber vornehmlich nach strukturellen und methodischen Gesichtspunkten. Geht man davon aus, dass als übergeordnetes Lernziel des Deutschunterrichts „Befähigung zur Kommunikation“ weitgehend akzeptiert ist, dann bleiben als Unterscheidungsmerkmale Lernbereichs- und Integrationsstruktur, letztere wiederum gegliedert nach kommunikativen Handlungstypen bzw. Lebenssituationen, die zum materiellen Ausgangspunkt der Sprachbuchgestaltung und damit des Deutschunterrichts werden.

3.2. Konzeptionelle Veränderungen der Sprachbücher

3.2.1. Die Phase der Linguistisierung

Als Georg Stötzel 1970 mit seinem Aufsatz „Grundlagen der Sprachlehrbücher“ im ersten Heft von „Linguistik und Didaktik“ eine ganze Reihe von Auseinandersetzungen um die Konzeption von Sprachbüchern eröffnete, war für ihn klar, wie diese auszusehen hatte. „Im Vordergrund steht dabei die Frage nach dem Verhältnis von Sprachwissenschaft und Sprachunterricht an Schulen. Dieses Verhältnis soll hier untersucht werden, indem nach der sprachwissenschaftlichen Fundierung der Schullehrbücher gefragt wird und nach ihren Auswahl- und Darstellungsprinzipien“ (Stötzel 1970, 29). Dahinter steht die Vorstellung, dass das Sprachbuch primär ein Grammatikbuch zu sein habe, das sprachwissenschaftliche Ergebnisse in schülergerechter Auswahl und Darstellung im Deutschunterricht vermittelt. Eine solche Betrachtungsweise war das Ergebnis der Linguistisierung von Deutschlehrerstudium und Deutschunterricht in den späten 60er und frühen 70er Jahren, in denen die moderne Sprachwissenschaft sich in den Universitäten etablierte, zur dominierenden Bezugswissenschaft der Deutschdidaktik und schließlich zum Ausgangspunkt der Sprachbuchgestaltung und Lehrbuchkritik wurde (s. S. 132).

Besonders geprägt von dieser Entwicklung waren die Sprachbücher „Sprachbuch“ (Klett 1970), „Sprache und Sprechen“ (Schroedel 1971) und „Unsere Welt in unserer Sprache“ (Bayerischer Schulbuch-Verlag 1972). Während „Sprachbuch“ und „Sprache und Sprechen“ nach Lernbereichen gegliedert sind – so „Sprache und Sprechen“ nach „Mündlicher Kommunikation“, „Schriftlicher Kommunikation“, „Grammatik“, „Semantik“ und „Rechtschreibung“ –, verwendet „Unsere Welt in unserer Sprache“ die Syntax als wesentliches Gliederungsprinzip; denn nach der semiotisch ausgerichteten Einführung „Zeichen – Zeichen“ folgen: „Die vier Satzarten unserer Sprache“, „Sätze aus zwei Elementen“, „Ausbau von Satzelementen“, „Objekte als

Klassifizierung: Typen der Sprachbücher

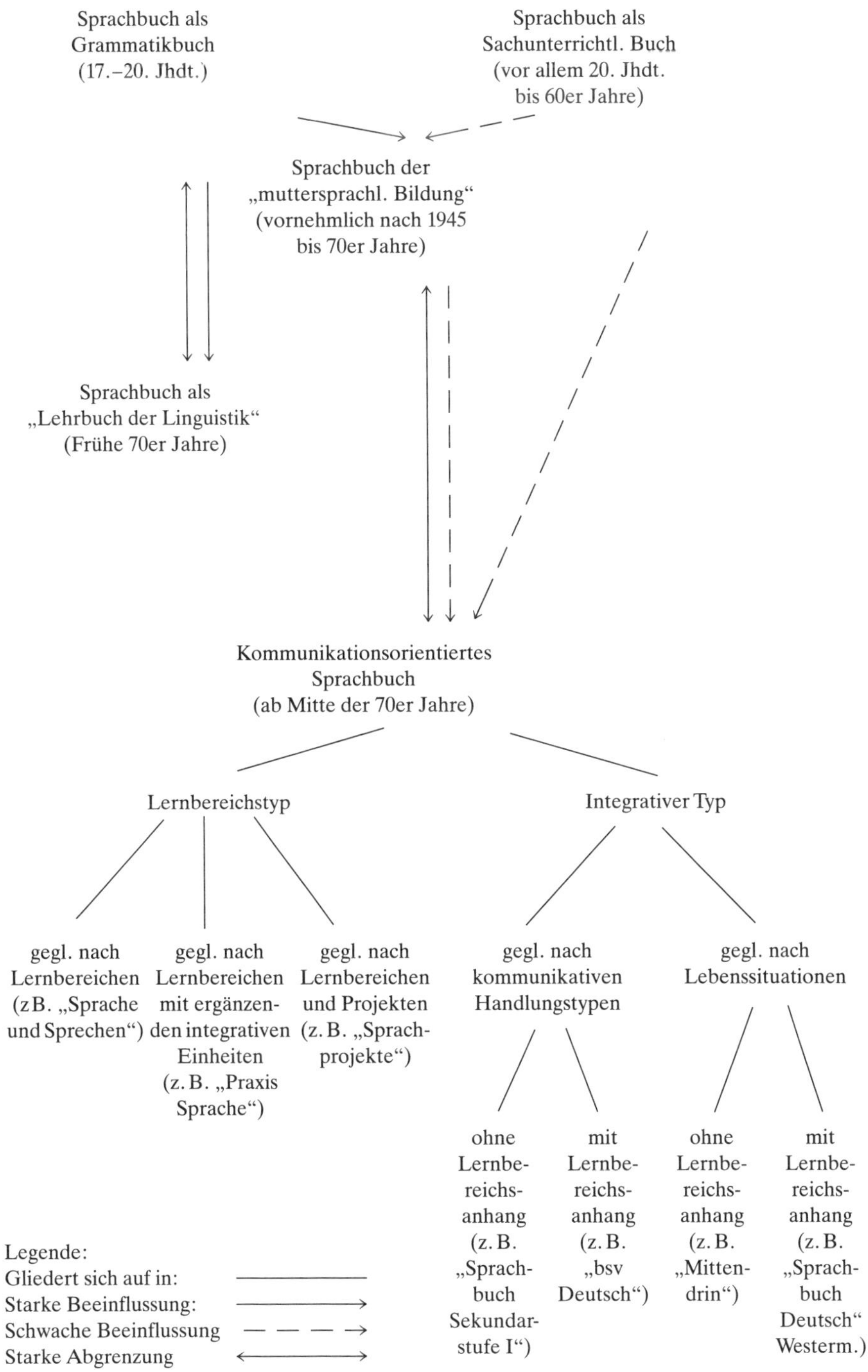

Phasen der Sprachentwicklung seit 1970 an ausgewählten Beispielen
(überwiegend festgemacht an Bänden für das 5. Schuljahr)

1970	Sprachbuch, 5. Schuljahr, Klett
1971	Sprache und Sprechen 5, Schroedel
1972	Unsere Welt in unserer Sprache 5, Bayerischer Schulbuch-Verlag
1973	
1974	Sprachprojekte 2 (DIN A4-Ausgabe), Westermann
1975	Sprachbuch 5 Sekundarstufe I, Diesterweg
1976	Sprachbuch 5 Grundausgabe, Klett Sprachprojekte 2 (DIN A5-Ausgabe), Westermann
1977	Praxis Sprache 5, Westermann
1978	
1979	
1980	Thema: Sprache 5, Hirschgraben Sprachprojekte 2–4, Neubearbeitung, Westermann Sprache und Sprechen 5, Neubearbeitung, Schroedel
1981	
1982	
1983	Bausteine Deutsch 2, Diesterweg
1984	Sprachbuch Deutsch 5, Westermann
1985	Sprachwelt 5, Schroedel
1986	Thema: Sprache 5, Neue Ausgabe, Hirschgraben
1987	Deutsch 5 / Ausgabe N, Bayerischer Schulbuchverlag
1988	
1989	Praxis Sprache 5, Neue Ausgabe, Westermann
1990	Bausteine Deutsch 5, Diesterweg
1991	Das Hirschgraben Sprachbuch 5, Cornelsen Verlag Hirschgraben Unsere Muttersprache 5, Volk und Wissen
1992	
1993	Mittendrin, Sprachbuch 5, Klett

weitere Satzelemente“ usw. als weitere Kapitel. Mit ihrer Grammatik beziehen sich alle drei Sprachbücher auf die damals ganz aktuellen und besonders attraktiv erscheinenden Ergebnisse der „Sprachwissenschaft in ihrem neuesten Entwicklungsstand“ (Stötzel 1970, 29): So verwendet „Unsere Welt in unserer Sprache“ die Valenztheorie und eine auf ihr basierende Dependenzgrammatik; das „Sprachbuch“ versucht, linguistisch beraten von Klaus Baumgärtner, eine Kombination von Konstituentenstruktur- und Dependenzgrammatik, und „Sprache und Sprechen“ schließlich beruft sich ausdrücklich auf die Konstituentenstrukturgrammatik und besonders auf Chomskys Generative Transformationsgrammatik (vgl. Weber / Lesch 1977).

Diese neuen Sprachbücher wurden zunächst von vielen Deutschlehrerinnen und -lehrern begeistert aufgenommen, weil sie sich vor allem von ihrer „Wissenschaftlichkeit“ angesprochen fühlten; es zeigte sich aber bald, dass ihre Verwendung im Unterricht z. T. große Schwierigkeiten bereitete. Die Ursachen dafür wurden sowohl in einer fehlerhaften Rezeption der linguistischen Modelle wie auch in ihrer mangelnden lerntheoretischen und methodischen Umsetzung ausgemacht.

So stellt E. Dobnig-Jülch fest: „Den im jetzigen Experimentierstadium erscheinenden Lehrbüchern mit den ersten Integrationsversuchen (der Ergebnisse der modernen Linguistik, Hans-Wolfgang Lesch) ist kritisch zu begegnen. Nach Möglichkeit sollten sie auf ihre linguistische Qualität durch Rekurrieren auf entsprechende Primärliteratur überprüft werden (...). Darüber hinaus kann besonders der Austausch der Erfahrungen, die Lehrer in der Unterrichtspraxis mit den Lehrbüchern gemacht haben, die Gefahr eines Scheiterns der Linguistik in der Schule verhindern“. (Dobnig-Jülch 1973, 209)

Und Oskar Raith nimmt auf die Probleme der Umsetzung Bezug, wenn er im Hinblick auf das „Sprachbuch“ schreibt: „Insgesamt aber zeigt sich, wie enorm schwer es ist, die Erkenntnisse der strukturalen Sprachbetrachtung für die Schule und ihre Lernziele nutzbar zu machen und – dies vor allem – sie dem Alter der Schüler gemäß verständlich darzubieten. Eben die Kapitel, die bei der ersten Durchsicht des Buches geradezu faszinieren, erweisen sich im Unterricht als am wenigsten brauchbar.“ (Raith, in: Dobnig-Jülch 1973, 213f.)
Darauf, dass die neuen (linguistisierten) Sprachbücher durchaus nicht überall ungeteilten Beifall fanden, hat vor allem Wolfgang Menzel aufmerksam gemacht: „Neben diesen Lehrwerken (der frühen 70er, Hans-Wolfgang Lesch) hielt sich jedoch auf dem Schulbuchmarkt bis heute (1972) das am stärksten der traditionellen Grammatik verpflichtete Grammatiklehrbuch, Rahn / Pfleiderers ‘Deutsche Spracherziehung’ (8. Aufl. 1967). Im Nebeneinanderbestehen derartig unterschiedlicher Lehrwerke dokumentiert sich die zwiespältige Lage der Schulgrammatik von heute“ (Menzel 1972, 8).

Derselbe Autor war es auch, der sich besonders für die Entwicklung einer pädagogischen Grammatik und ihre Verwendung in Sprachbüchern einsetzte. So formulierte er schon 1972, in der „Hochphase“ der Linguistisierung, die Ziele einer pädagogischen Grammatik: „Die Erweiterung der Grenzen verbaler Kommunikation,

Befähigung zum selbständigen Lernen, Erziehung zu wissenschaftlichem Denken, Erziehung zur Kreativität, Einübung sprachrelevanter Kultur- und Entlastungstechniken, Sprachübung und Sprachgestaltung, Umgang mit Literatur, Interpretation von Texten, Reflexion über Sprache, Strukturanalyse" (Menzel 1972, 148). Menzel steht damit an der Schwelle von der primär linguistisch zur überwiegend kommunikativ ausgerichteten Deutschdidaktik und ihren Konsequenzen für die Konzipierung der Sprachbücher.

3.2.2. Kommunikationsorientierter Deutschunterricht – kommunikationsorientierte Sprachbücher

Eingeleitet wurde die Diskussion über das „Lehrziel Kommunikation" und einen darauf abgestellten kommunikationsorientierten Deutschunterricht durch den gleichnamigen Aufsatz von Werner Schlotthaus (1971), in dem er das Modell einer kommunikativ-orientierten Sprachdidaktik mit einem darauf abgestellten Studiengang für Deutschlehrer skizzierte. Er löste damit nicht nur eine Vielzahl weiterer Veröffentlichungen aus, sondern die Überlegungen fanden auch Eingang in die Arbeit von Richtlinienkommissionen und Lehrplankonferenzen, die im Zuge der regierungsamtlich geforderten Bildungs- und Hochschulreform in den meisten Bundesländern gebildet worden waren. Dass die „kommunikative Wende" sich so rasch vollzog, hat mehrere, sehr unterschiedliche Ursachen, die darzulegen hier nicht möglich ist. (Vgl. Lesch (Hrsg.) 1977, 37–42)

Der Sprachbuchmarkt reagierte sehr rasch auf diese Entwicklung. „Noch bevor die Problemstellungen eines kommunikationsbezogenen Deutschunterrichts einigermaßen entfaltet sind, beginnen die Schulbuchverlage mit der Publikation neuer Sprachbücher, die alle mit dem Anspruch der Realisierung des Lernziels Kommunikation auftreten. Zur Legitimation des je vorgeschlagenen Unterrichts erscheinen die aus der Diskussion geläufigen Leitbegriffe wie Kommunikationstraining, linguistische und kommunikative Kompetenz, Sprachverwendung, Sprachgebrauch, Sozialisation und Sprachverhalten, sprachliches Handeln und Interaktion, emanzipatorische Sprachförderung u. ä. Die Schulbuchverlage machen sich damit den Mechanismus solcher Leerformeln zunutze, die vieldeutig und zugleich werthaft besetzt sind." (Reuschling 1980, 24f.) Entsprechend verschieden waren die Sprachbücher, die Mitte der 70er Jahre erschienen und vorgaben, sich dieser Konzeption verschrieben zu haben. Drei sollen exemplarisch angesprochen werden. 1974 erschien, entwickelt von einer Lüneburger Autorengruppe um W. Schlotthaus, „Sprachprojekte", ein Sprachbuch für die Grundschule, im Westermann-Verlag. Es wurde von der Fachdidaktik und Sprachbuchkritik wesentlich positiver aufgenommen als von Schulen, Lehrern und Eltern. Neu an diesem Sprachbuch war neben einer konsequenten Sprachhandlungsorientierung, dass es zwar die Lernbereichsgliederung beibehielt (Miteinander sprechen, Über Sprache sprechen, Sprache untersuchen, Richtig schreiben, die etwa zwei Drittel des Umfangs beanspruchen), daneben aber zwei umfangreiche Teile, „Projekte machen" und „Für Projekte lernen", enthielt, die darauf abzielten, dass das Kind „auf diese Weise – in realen Sprechsituationen –

seine Sprache besser benutzen lernt als nur in den Lernsituationen des Schulunterrichts" („Sprachprojekte 2" 1976, 3). Neu war weiterhin der Versuch, die Eltern für diese Art des Sprachunterrichts zu gewinnen, neu außerdem, dass unterschiedliche Arbeitsformen (Handlungssituationen) ausdrücklich angeregt wurden.

Entsprechend positiv wurde „Sprachprojekte" in der Sprachbuchkritik der Zeit bewertet. „'Sprachprojekte' ist (...) der sogenannten 'Ernstfalldidaktik' verpflichtet und transzendiert die traditionelle Unterrichtsorganisation, indem es Züge des Projektmodells für den Unterricht fruchtbar macht. Die Verbindung des kommunikationsdidaktischen Ansatzes mit dem Projektansatz gelingt in SP aufgrund der Affinität, die Deutschunterricht, sofern es ihm in erster Linie um den Gebrauch von Sprache geht, mit der Projektmethode hat." (Reuschling 1980, 32)

Deshalb ist es umso verwunderlicher, dass „Sprachprojekte" „in der Unterrichtspraxis immer nur eine marginale und seit 1984 gar keine Rolle mehr gespielt haben" (Stellungnahme des Verlags vom 22. Juli 1993). Dafür dürften weniger das didaktisch-methodische Konzept, als vielmehr die gesellschaftstheoretischen Implikationen verantwortlich gewesen sein. Die Orientierung der Verfasser am Konfliktmodell und die Zielsetzung, Schüler zu befähigen, Konfliktpotentiale aufzudecken bzw. Konflikte auszuhalten und sich in ihnen zu behaupten, stieß bei Eltern und Lehrern gleichermaßen auf Ablehnung und führte – trotz Neubearbeitung – zum Misserfolg. Historisch gesehen ist aber gerade dieses Sprachbuch fachdidaktisch bedeutsam, weil es die einseitige Orientierung an der Sprachwissenschaft als erstes überwindet. (vgl. Reuschling 1980, 36)

Ganz anders konzipiert war das 1975 bei Diesterweg erschienene „Sprachbuch Sekundarstufe I" (vgl. Lesch 1977, 125–167). Während die bisher behandelten Sprachbücher eine lernbereichsbezogene Gliederung beibehielten, wollten die Autoren des „Sprachbuch Sekundarstufe I" „Ernst (machen) mit der Einsicht, daß Sprache nur in komplexen Situationen (kommunikativen Handlungszusammenhängen) vorkommt; insofern ist Sprachlehre immer Kommunikationslehre" (Lehrerheft 1976, 3). Diese Einsicht führte die Autoren „zu einer einheitlichen Grundkonzeption, die auch dort durchgehalten wird, wo es um Einsichten in den Bau der Sprache geht." (ebd.)

In Abhebung von den genannten Sprachbüchern ging das „Sprachbuch Sekundarstufe I" davon aus, dass das Lernziel, die Lernenden zu motivieren und zu befähigen, „Situationen ihrer Lebenswirklichkeit kommunikativ angemessen zu bewältigen sowie eigene und fremde Sprechhandlungen zu durchschauen und zu reflektieren" (Lehrerheft 1976, 4), durchgängig Auswirkungen auf die Anlage des Lehrbuchs haben muss. Entsprechend besteht „Sprachbuch 5 Sekundarstufe I" aus 39 Einheiten, die, abgesehen von den der Rechtschreibung vorbehaltenen letzten 7, sich an Sprechakten oder Sprechhandlungssequenzen orientieren. So finden sich beispielsweise: 10. „Adressatenbezogenes Sprechen", 24. „Sachgerechtes Behaupten", 29. „Überreden, überzeugen". Innerhalb der Einheiten kommen dann Teilziele der verschiedenen Lernbereiche des Deutschunterrichts zum Tragen. Als Beispiel sei hier die Binnengliederung der 6. Einheit angeführt (vgl. Sprachbuch 5 Sekundarstufe I, 101):

6	Sprachspiele verstehen, durchführen; Einsichten in „Sprache als System“	Ersatzprobe, Satzglieder (Segmentieren); Wortarten, Flexionsendungen (Monemkategorien)	Spielanleitungen analysieren	Textganzes herstellen; kreativ gestalten

Blickt man aus 1998 zurück auf Entstehungszeit und -zusammenhänge des „Sprachbuch Sekundarstufe I“, dann zeigt sich, dass dieses Sprachlehrwerk bei allen zu machenden Einschränkungen (vgl. Lesch 1977, 161–163) einen nicht zu leugnenden Fortschritt darstellte. Das bezieht sich einmal auf die „einheitliche Grundkonzeption“, zum anderen auf die konsequent durchgehaltene integrative Struktur. Wichtig in diesem Zusammenhang ist, dass die Grammatik, die in der Phase der systemlinguistisch orientierten Sprachbücher noch dominierte, wirklich nur Hilfsfunktion hat und dass die kommunikativen Gesichtspunkte Gliederungsprinzip sind. Ihre Aufschlüsselung nach Situation, Rolle und Sprechhandeln / Sprachverhalten ist didaktisch wohl zu begründen und methodisch gerechtfertigt. Das Ausgangsmaterial in den Schülerbänden entspricht in hohem Maße den von den Verfassern formulierten Forderungen. Es ist von motivationalem Charakter; denn die in ihm entwickelten Situationen ermöglichen den Schülern einen unmittelbaren Zugang, sie bieten Raum für die Identifikation wie für die Distanzierung, wozu nicht zuletzt die starke Annäherung an Schüler- und Umgangssprache beiträgt.

Als Beispiel für eine dritte Gruppe (vgl. Klassifizierung: Typen der Sprachbücher) soll hier „Praxis Sprache“ angeführt werden. In den Jahren 1977–1982 in 1. Auflage erschienen, „war es der Kommunikationsdidaktik verpflichtet mit der Konsequenz, daß Grammatik und Rechtschreiben eine geringere Rolle spielten“ (Stellungnahme des Westermanns-Verlags vom 22.07.93). Das Sprachbuch ist traditionell nach Lernbereichen gegliedert („Mündlicher Sprachgebrauch“, „Schreiben“, „Rechtschreiben“, „Texte“, „Grammatik“), die, und das ist neu, von zwei Unterrichtseinheiten eingerahmt werden, wobei die erste auf nur 10 Seiten 8 unterschiedliche Kommunikationssituationen anbietet (z. B. Schulwechsel), während die zweite eher Projektcharakter hat („Wir machen eine Wandzeitung“). Damit werden einerseits Anstöße der fachdidaktischen Diskussion aufgenommen, andererseits ist das Sprachbuch traditionell angelegt, was möglicherweise seinen Erfolg bei Lehrern erklären hilft. Denn interessanterweise ist es von allen bisher behandelten Sprachbüchern das einzige, das auch noch heute auf dem Markt ist, wenn auch mit Veränderungen. Dass „Grammatik und Rechtschreibung eine geringere Rolle spielten“, „änderte sich mit der Bearbeitung in den Jahren 1984 bis 1990. Außerdem kam je ein Kapitel 'Arbeitstechniken' und 'Diktate' hinzu. Noch einen Schritt weiter ging die richtlinienbedingte Bearbeitung der Bände 5 und 6 1989, die im Grammatikteil zusammenfassende Übungsseiten zur Wiederholung enthält“ (Stellungnahme des Verlags vom 22.07.93). Und auch das dürfte ein Grund für den anhaltenden Erfolg sein: „In jeder

Generation ist 'Praxis Sprache' ein pragmatisches Unterrichtswerk gewesen, nicht einem bestimmten Grammatikmodell verpflichtet, verständlich, mit vielen Übungsmöglichkeiten". (Stellungnahme des Verlags vom 22.07.93)

Zur Gruppe der primär kommunikationsorientierten Sprachbücher gehört als jüngstes das 1980 erschienene „Thema: Sprache". Stark beeinflusst von Dieter Wunderlich, der auch Mitherausgeber war, folgte es in der Gliederung sogenannten „Redeeinheiten", die sich pragmalinguistisch als Sprechhandlungssequenzen erweisen: „Auffordern – sich zu Aufforderungen stellen", „Fragen stellen – Antwort geben", „Etwas wissen – Aussagen prüfen", „Gefühle ausdrücken – Gefühle erkennen" (Thema: Sprache 5, 1980, 3). Bezugnehmend auf die Lebenssituation der Gegenwart begründeten die Autoren Gliederung und Inhalte in „Ein Wort an die Eltern, Lehrer und Schüler": „Das Sprachbuch stellt deshalb möglichst lebensnahe Gesprächs- und Schreibsituationen vor. Diese sollen dann untersucht und in vielen Fällen nachgespielt werden. In kleinen Arbeitsschritten sind ähnliche Situationen zu entwerfen und zu gestalten." (Thema: Sprache 5, 1980, 3)

Die Probleme, die sich mit dieser Art des Vorgehens prinzipiell verknüpfen und die damit nicht nur für „Thema: Sprache", sondern für alle Sprachbücher dieser Konzeption gelten, hat Gisela Reuschling benannt. Sie sollen hier abschließend wiedergegeben werden. „Kritisch ist einzuwenden, daß die Integration (...) auf der Grundlage wiederum vorweg definierter Elemente von Sprache und Kommunikation erreicht wird. Deren Beschreibung erfolgt zwar unter Bezugnahme auf pragmalinguistische Ergebnisse und ist somit sprachgebrauchsorientiert, dennoch sind die Elemente, die zur Strukturierung dienen, analytisch gewonnen (...). Dies ist, auch wenn dann in den Sprachbucheinheiten via Ausgangsmaterialien wieder situative Zusammenhänge hergestellt werden, erst einmal ein Rückschritt hinter die eigenen konzeptionellen Forderungen (...), sie bleiben damit doch mehr an einer Systematik der Sprachreflexion als am kommunikativen Handeln orientiert." (Reuschling 1987, 184)

3.2.3. Situationsorientierung als leitendes Prinzip

Der Beginn der 80er Jahre ist, sieht man einmal von „Thema: Sprache" ab, vor allem durch Neuauflagen oder Neubearbeitungen der in den 70er Jahren erschienenen Sprachbücher gekennzeichnet, letztere, um sich von bestimmten Extrempositionen zu entfernen und dem Trend einer gemäßigteren Kommunikationsorientierung zu folgen (vgl. „Sprache und Sprechen" Neubearbeitung 1980, „Sprachprojekte" Neubearbeitung 1980). Erst ab 1983 kann mit dem Erscheinen von „Bausteine Deutsch" von einer neuen Sprachbuchgeneration gesprochen werden, die sich zeitlich bis etwa 1987 erstreckt. In dieser Zeit erscheinen u. a. „Sprachbuch Deutsch" (Westermann), „Sprachwelt" (Schroedel), „Deutsch" (Bayerischer Schulbuch-Verlag) und die „Neue Ausgabe" von „Thema: Sprache" (vgl. Phasen der Sprachbuchentwicklung ...).

Gemeinsam ist diesen Sprachbüchern und einigen anderen, die in dieser Zeit erschienen, dass sie fast durchweg situationsorientiert-integrativ vorgehen, d. h., dass

Situationen die Grundlage der einzelnen Unterrichtseinheiten bilden, von denen her kommunikatives Handeln in produktiver und rezeptiver Weise entfaltet wird. Damit tritt die Lehrgangssystematik, sieht man einmal von der Rechtschreibung ab, zwangsläufig in den Hintergrund. Und, darauf hat Gisela Reuschling hingewiesen, sie „lehnen ausdrücklich eine Orientierung an wissenschaftlichen Grammatikmodellen ab und wählen von wissenschaftlichen Ergebnissen das unter didaktischen Gesichtspunkten Brauchbare aus." (Reuschling 1987, 190)

Während in den frühen 70er Jahren die Frage nach der sprachwissenschaftlichen Grundlage, der besten „wissenschaftlichen" Grammatik und ihre Übernahme in Sprachbücher im Mittelpunkt stand (vgl. Stötzel, Dobnig-Jülch u. a.), während die Spätsiebziger von der Suche nach einer der kommunikativen Didaktik angemessenen Bezugsgrammatik gekennzeichnet waren, was sich vor allem in den genannten Neubearbeitungen verschiedener Sprachbücher um 1980 niederschlug, wird das „Grammatikproblem" in der Sprachbuchgeneration der „situativen" Sprachbücher zweit-, wenn nicht sogar drittrangig. Das primäre Interesse ist fachdidaktischer Art und fragt zunächst nach den für Schüler jetzt und später „existentiellen Situationen", die als Gegenstand unterrichtlichen Handelns angeboten werden sollen, dann nach ihrer bestmöglichen methodischen Aufbereitung.

Dabei ist, trotz aller Unterschiede in den Kapitel- oder Einheitenüberschriften, eine große Übereinstimmung festzustellen. Die Bände für das 5. Schuljahr, dem ja für nahezu alle Schüler ein Schulwechsel vorausgeht, befassen sich mit der neuen Schule, dem Kennenlernen, Freundschaften, Spielen in weitestem Sinne, mit Generationsbeziehungen, mit außerschulischen Aktivitäten, vor allem im Bereich von Freizeit, Gruppenaktivitäten und Reisen. Insgesamt entwerfen sie ein von keinerlei materieller Not oder Einschränkungen tangiertes Bild von Kindsein in einer funktionierenden demokratischen Gesellschaft.

In unterrichtsmethodischer Hinsicht dominieren die auf Kommunikation ausgerichteten Formen (Klassengespräch, Gruppen- und Partnerarbeit). Aber – und darin ist eine wichtige Veränderung gegenüber den 70er Jahren zu sehen – Einzelarbeit bekommt allmählich einen neuen Stellenwert, vor allem im Bereich des Schreibens. „Sprachbuch Deutsch" z. B. weist darauf mit entsprechenden Piktogrammen hin.

Zwei weitere Auffälligkeiten müssen vermerkt werden, die möglicherweise ursächlich zusammenhängen. Mehr und mehr kehren Begrifflichkeit, Inhalte und Methoden der traditionellen Grammatik in die Sprachbücher zurück, gelegentlich in Verbindung mit neueren Ansätzen. Dafür kann sicherlich zum Teil das 1982 von der Kultusministerkonferenz der Länder beschlossene „Verzeichnis grundlegender grammatischer Fachausdrücke" verantwortlich gemacht werden (vgl. Homberger 1992). Zugleich nehmen die Termini, die in der „Wortfamilie Kommunikation" anzusiedeln sind, deutlich ab. Das gilt nicht nur für die Sprachbücher selbst, sondern auch für Lehrerbände, Handreichungen und Materialien und ganz besonders für die in diesen Jahren erscheinenden Richtlinien. Letztere scheinen, wo immer es möglich ist, um den Begriff Kommunikation einen großen Bogen zu machen, m. E. ein deutliches Indiz für eine Trendwende im Hinblick auf den Deutschunterricht insgesamt.

3.2.4. Auf dem Weg zum methodisch perfekten Sprachbuch

Der Überblick über die Entwicklung des Sprachbuchs und seiner Konzeptionen seit 1970 wäre unvollständig ohne eine Berücksichtigung der letzten Jahre, wenngleich in den Schulen vor allem Sprachbücher aus der Mitte der 80er Jahre Verwendung finden. So sind beispielsweise in Niedersachsen für das 5. Schuljahr ministeriell zugelassen: „Bausteine Deutsch", „Deutsch" (Ausgabe N), „Praxis Sprache" und „Sprachwelt" (vgl. Phasen der Sprachbuchentwicklung ...). Für sie stellt Gisela Reuschling bereits 1987 fest: „Eine erste, nicht zu übersehende Tendenz ist eine gewisse Reformmüdigkeit (...). Autoren (...) scheinen sich nach den turbulenten 70er Jahren vom Altbewährten in neuem Gewand, d.h. vor allem vom methodisch durchdacht Ausgearbeiteten, Erfolg zu versprechen." (Reuschling 1987, 185)

Diese Tendenz hat sich m. E. in den letzten Jahren noch verstärkt. Die Sprachbücher der 90er Jahre betonen, unabhängig davon, ob integrativ oder lernbereichsorientiert angelegt, wieder mehr Grammatik und Rechtschreibung. Fast alle, abgesehen von „Mittendrin", über das gesondert zu sprechen ist, enthalten nun wieder – zumindest im Anhang – entsprechende Merk- und Übungsteile (vgl. Bausteine Deutsch 5, Praxis Sprache 5, Das Hirschgraben Sprachbuch 5, Unsere Muttersprache 5). Alle widmen der Rechtschreibung sehr viel Aufmerksamkeit, besonders ausgeprägt in „Das Hirschgraben Sprachbuch" 5, wo dieser Teil ausdrücklich mit „Schreiben ist auch Rechtschreiben" überschrieben ist und ca. 30% des Buches einnimmt. Und alle vollziehen eine Veränderung in der Gewichtung, indem Übung und Anwendung stärker berücksichtigt werden. Die Rechtfertigung dafür erfolgt selten über ausführliche curriculare Herleitungen und didaktische Legitimation, sondern meist durch Verweise auf Richtlinienanforderungen und geänderte Lehrpläne.

Einen Kulminations- und Schnittpunkt dieser Entwicklung stellt das seit 1993 erscheinende neue Sprachbuch des Klett-Verlags, „Mittendrin", dar, dessen Schülerbände ebenso dafür Zeugnis ablegen wie der Kommentar für Lehrer.

Mit Hilfe methodischer Vorgaben sind die Einheiten des Sprachbuchs so vollständig durchstrukturiert, dass sie der Lehrerin / dem Lehrer die Planung weitgehend abnehmen, ja, teilweise ohne sie ablaufen könnten. Möglicherweise ist auch darin ein Indiz für eine sich ändernde Funktion des Sprachbuchs im Deutschunterricht zu sehen: weg vom Begleitmaterial, aus dem die Deutschlehrerinnen und -lehrer in eigener Verantwortung auswählen (vgl. Klein 1984), und zurück zum „Planungsersatz", der den Sprachunterricht bis in die Details der Unterrichtsstunde (Inhalte, Phasen, Unterrichtsformen, Arbeitsaufträge, weiterführende Zielangaben) vorgibt (vgl. Vogel 1984).

4. Wohin steuert das Sprachbuch den Deutschunterricht?

Als Werner Schlotthaus 1975 die Frage aufwarf: „Wohin steuert der Kommunikationsbegriff den Deutschunterricht?“, beantwortete er diese mit dem schulstufen- und altersspezifischen Entwurf eines projektorientierten Curriculums für den Deutschunterricht, „der von kommunikations- und gesellschaftswissenschaftlichen Erkenntnissen gesteuert wird.“ (Schlotthaus 1975, 27)

20 Jahre später ist festzustellen, dass diese Vorstellungen nicht oder nur ansatzweise realisiert worden sind. Das spiegelt sich nicht nur in den fachdidaktischen Zeitschriften („Der Deutschunterricht“, „Deutschunterricht“ und „Praxis Deutsch“), sondern auch in den Lehrbüchern wider, und hier besonders auffällig in den Sprachbüchern und den sie begleitenden Lehrerhandreichungen und Kommentaren. Die interesseleitende Fragestellung der Autoren hat sich von der Linguistik über die Fachdidaktik hin zur Methodik verlagert. „Gefragt“ ist offensichtlich das motivierend aufgemachte, nach Phasen, Formen und Lernanstößen vollständig durchstrukturierte Unterrichtsmedium – der Satz vom „Primat der Didaktik“ (Weniger, Klafki) gilt für das Sprachbuch nicht mehr.

Literaturverzeichnis

Ader, Dorothea / Bünting, Karl-Dieter / Eichler, Wolfgang / Kress, Axel: Didaktik und Linguistik. Bemerkungen zum Lernbereich „Reflexion über Sprache und Kommunikation“ und seine Behandlung im Schulbuch. In: Linguistik und Didaktik 1976, H. 25, 27–37

Bausch, Karl-Heinz: Kolloquium Terminologie im Sprachbuch. In: Sprache und Beruf 1984, H. 3, 38–39

Bausch, Karl-Heinz / Grosse, Siegfried: Grammatische Terminologie im Sprachbuch und Unterricht. Düsseldorf 1987

Beisbart, Ortwin: Das Sprachbuch für die Grundschule. In: Hacker, Harmut (Hrsg.): Das Schulbuch. Funktion und Verwendung im Unterricht. Bad Heilbrunn 1980, 87–114; 182–184

Bergner, Helmut: Ein Blick in aktuelle Sprachbücher (I). Die „Muttersprachen“ und Arbeitshefte aus dem Volk und Wissen Verlag. In: Deutschunterricht 1993, H. 3, 152–156

Bergner, Helmut: Ein Blick in aktuelle Sprachbücher (II). Das Hirschgraben Sprachbuch. In: Deutschunterricht 1993, H. 6, 327–330

Bergner, Helmut: Ein Blick in aktuelle Sprachbücher (III). Verstehen und Gestalten. Sprachbuch für Gymnasien, Ausgabe D. In: Deutschunterricht 1993, H. 11, 555–559

Bergner, Helmut: Ein Blick in aktuelle Sprachbücher (IV). Das Deutschstunden Sprachbuch. In: Deutschunterricht 1994, H. 1, 43–47

Boettcher, Wolfgang: Grammatikunterricht in Schule und Lehrerbildung. In: Der Deutschunterricht 1994, H. 5, 8–31

Boueke, Dietrich: Vergleichende Analyse eines „linguistisierten“ und eines „kommunikativ orientierten“ Sprachbuchs. In: Kongreßberichte der 9. Jahrestagung der Gesellschaft für angewandte Linguistik (GAL) Bd. 1. Heidelberg 1979, 136–142

Conrady, Peter / Rademacher, Gerd (Hrsg.): Sprachunterricht in der Grundschule. Sprachbücher und Alternativen. Essen 1990

Coulmas, Florian: Zwischen den Punkten – und darüber hinaus. Sprachbücher von David Crystal und Harald Weinrich. In: Merkur 1994, H. 5, 438–443

Diegritz, Theodor: Wohin steuert die Grammatikdidaktik? Diskussion um 1980 und zu Beginn der 90er Jahre im Vergleich. In: Der Deutschunterricht 1996, H. 4, 87–95

Dobnig-Jülch, Edeltraud / Raith, Oskar / Matzel, Klaus: Zur Sprachbuch-Diskussion. In: Linguistik und Didaktik 1973, H. 15, 204–217

Einecke, Günther: Methodenplanung: Grammatik integrieren. In: Diskussion Deutsch 1982, H. 65, 194–212

Engel, Ulrich: Grammatik in Lehrbüchern für Deutsch als Muttersprache. In: Engel, Ulrich / Grosse, Siegfried (Hrsg.): Grammatik und DU. Düsseldorf 1978, 102–135

Flader, Dieter / Knapp, Karlfried / Tegge, Egon: Sprachbücher für den DU auf der Sekundarstufe II. In: Studium Linguistik 1977, H. 3, 85–99

Fuchshuber, Elisabeth: Sprachbuch, In: Nündel, Ernst (Hrsg.): Lexikon zum Deutschunterricht. München / Wien / Baltimore 1979, 429–434

Giese, Heinz W.: Zur Verwendung von „Sprache und Sprechen" im DU. In: Zander, Sönke (Hrsg.): DU in der Grundschule. Bad Heilbrunn 1977, 191–203

Good, Bruno: Das Sprachbuch im Deutschunterricht. Linguistische und mediendidaktische Untersuchungen zu Beispielen aus dem „Schweizer Sprachbuch". Tübingen 1982

Grammatik – Praxis und Hintergründe. Praxis Deutsch Spezial. Velber 1996

Homberger, Dietrich: Zehn Jahre „Verzeichnis grundlegender grammatischer Fachausdrücke". Anmerkungen zu einem denkwürdigen Jubiläum. In: Diskussion Deutsch 1992, H. 126, 398–403

Kasseler Gespräche zur Grammatik und Pragmatik für die Schule. In: Der Deutschunterricht 1995, H. 4, 82–92

Kiefer, Herbert: Zur Beurteilung von Sprachbüchern. In: Pädagogische Welt 1981, H. 1, 16–20

Klein, Wolfgang: Sprachdidaktische Konzeptionen und ihre Auswirkungen auf die Gliederung von Sprachbüchern für die Grundschule. In: Diskussion Deutsch 1984, H. 77, 271–285

Kochan, Detlef C.: Sprachbuch: In: Stocker, Karl (Hrsg.): Taschenlexikon der Literatur- und Sprachdidaktik. Kronberg 1976, 460–470

Küttel, Helmut: Eine neue Sprachbuchreihe. Deutsch. Wege zum sicheren Sprachgebrauch. In: Deutschunterricht 1994, H. 4, 213–214

Lesch, Hans-Wolfgang: Ansätze zur Einbeziehung des Lernbereichs „Grammatik" in einen kommunikativ-orientierten Deutschunterricht, dargestellt am Beispiel „Sprachbuch Sekundarstufe I". In: Lesch, Hans-Wolfgang (Hrsg.): Grammatikunterricht – Legimitationsprobleme und neue Ansätze. Hannover 1977, 125–167

Lesch, Hans-Wolfgang / Pilgrim, Imke: Umwelterziehung in Sprachbüchern, ein (noch) vernachlässigtes Thema des Deutschunterrichts. In: Otto, Hans-Uwe (Hrsg.): Aus dem wissenschaftlichen Leben der Pädagogischen Hochschule Halle-Köthen. Köthen 1993, H. 2, 37–54

Lewandowski, Theodor / Rosenthal, Günther: Algorithmus zur Analyse von Sprachbüchern für die Primarstufe und die Sekundarstufe I. In: Linguistik und Didaktik 1976, H. 28, 251–260

Lewandowski, Theodor: Kommunikative, grammatische und lerntheoretische Konzeptionen in Sprachlehrwerken des Deutschen. In: Wirkendes Wort 1977, H. 27, 257–269

Luchtenberg, Sigrid: Language Awareness-Konzeptionen. In: Der Deutschunterricht 1995, H. 4, 93–108

Menzel, Wolfgang: Die deutsche Schulgrammatik. Kritik und Ansätze zur Neukonzeption. (1972) 3. Aufl., Paderborn 1975

Merkelbach, Valentin: Ein Vorschlag zur Konkretisierung der Sprachbuchkritik. In: Schäfer, Rudolf (Hrsg.): Germanistik und DU. München 1979, 253–282

Naumann, Horst: Einbeziehung der „Kurzen deutschen Grammatik" in die Arbeit mit den Stoffen des Lehrgangs „Die deutsche Sprache und ihre Entwicklung". In: Deutschunterricht 1987, H. 11, 517–520

Neuland, Eva: Dialekt in Sprachbüchern. Ergebnisse einer exemplarischen Auslese und kritischen Analyse von neueren Sprachbüchern der Primarstufe und Sekundarstufe I. In: Wirkendes Wort 1979, H. 2, 73–93

Reuschling, Gisela: „Sprachprojekte". Analyse eines Sprachbuchs und Anmerkungen zur „Didaktik und Methodik der sprachlichen Kommunikation". In: Diskussion Deutsch 1976, H. 32, 576–594

Reuschling, Gisela: Sprachbücher für die Primarstufe. In: Diskussion Deutsch 1980, H. 51, 23–46

Reuschling, Gisela: Sprachbücher für die Grundschule 1920 bis 1978. Ein Beitrag zur Geschichte des Sprachbuchs. München 1981

Reuschling, Gisela: Sprachbücher für die Sekundarstufe I. In: Diskussion Deutsch 1987, H. 94, 180–191

Rickheit, Gert: Voraussetzungen für die Konzeption von Sprachbüchern. In: Engel, Ulrich / Grosse, Siegfried (Hrsg.): Grammatik und DU. Düsseldorf 1978, 88–101

Riehme, Joachim: Mit neuem Buch höhere Qualitäten erreichen! Anmerkungen zur Einführung des neuen Muttersprachbuches für die Klasse 5. In: Deutschunterricht 1982, H. 7/8, 379–384

Schlotthaus, Werner: Lehrziel: Kommunikation. In: betrifft: erziehung 1971, H. 4, 15–22

Schlotthaus, Werner: Wohin steuert der Kommunikationsbegriff den Deutschunterricht? In: Wolfrum, Erich (Hrsg.): Kommunikation. Baltmannsweiler 1975, 11–27

Schwenk, Helga: Welchen Sinn hat der Grammatikunterricht in der Schule? In: Diskussion Deutsch 1976, H. 29, 211–227

Stadler, Bernd: Arbeitsmittel zur Sprachreflexion. In: Schober, Otto (Hrsg.): Sprachbetrachtung und Kommunikationsanalyse. Königstein 1980, 37–52

Stötzel, Georg: Grundlagen der Sprachlehrbücher. In: Linguistik und Didaktik 1970, H. 1, 29–39, H. 3, 165–171

Sucharowski, Wolfgang: Neue Sprachbücher, neue Sprachdidaktik? Sprachbücher für das zweite Schuljahr. In: Ehrenwirth Grundschulmagazin 1982, H. 6, 9–12

Vogel, Harald: Sprachbücher. In: Baurmann, Jürgen / Hoppe, Otfried (Hrsg.): Handbuch für Deutschlehrer. Stuttgart 1984, 242–258

Weber, Ingrid / Lesch, Hans-Wolfgang: Die Übernahme der generativen Transformationsgrammatik Noam Chomskys in Sprachdidaktik und Sprachlehrbücher. In: Lesch, Hans-Wolfgang (Hrsg.): Grammatikunterricht – Legitimationsprobleme und neue Ansätze. Hannover 1977, 73–124

Weigand, Edda: Sprachbuch Sekundarstufe I. In: Müller-Michaels, Harro (Hrsg.): Arbeitsmittel und Medien für den DU. Kronberg/Ts. 1976, 78–115

Zech, Johannes: Zum neuen Sprachbuch „Unsere Muttersprache", 5. Schuljahr, des Verlags Volk und Wissen. In: Deutschunterricht 1991, H. 7, 513–518

Zech, Johannes: Die Arbeit am Erzählen mit den Sprachbüchern „Unsere Muttersprache". In: Deutschunterricht 1992, H. 1, 16–23

Erwähnte Sprachbücher (in der Reihenfolge ihrer Erscheinungsjahre):

Sprachbuch, 5. Schuljahr. Klett, Stuttgart 1970
Sprache und Sprechen, 5. Schuljahr. Schroedel, Hannover 1971
Unsere Welt in unserer Sprache 5. Bayerischer Schulbuch-Verlag, München 1972
Sprachprojekte 2 (Din A 4-Ausgabe). Westermann, Braunschweig 1974
Sprachbuch 5 Sekundarstufe I. Diesterweg, Frankfurt/M. 1975
Sprachbuch 5 Grundausgabe. Klett, Stuttgart 1976
Sprachprojekte 2–4 (Din A 5-Ausgabe). Westermann, Braunschweig 1976/77
Praxis Sprache 5. Westermann, Braunschweig 1977
Thema: Sprache 5. Hirschgraben, Frankfurt/M. 1980
Sprachprojekte 4, Neubearbeitung. Westermann, Braunschweig 1980
Sprache und Sprechen 5, Neubearbeitung. Schroedel, Hannover 1980
Muttersprache 5. Volk und Wissen. 7. Aufl., Berlin-Ost 1982
Bausteine Deutsch 2–4. Diesterweg, Frankfurt/M. 1983/86

Sprachbuch Deutsch 5. Westermann, Braunschweig 1984
Sprachwelt 5. Schroedel, Hannover 1985
Thema: Sprache 5 (Neue Ausgabe). Hirschgraben, Frankfurt 1986
Deutsch 5, Ausgabe N. Bayerischer Schulbuch-Verlag, München 1987
Praxis Sprache 5 (Neue Ausgabe). Westermann, Braunschweig 1989
Bausteine Deutsch 5. Diesterweg, Frankfurt/M. 1990
Das Hirschgraben Sprachbuch 5. Cornelsen Verlag Hirschgraben, Frankfurt/M. 1991
Unsere Muttersprache 5. Volk und Wissen, Berlin 1991
Mittendrin, Sprachbuch 5. Klett, Stuttgart 1993

KURT MEIERS

Schriftspracherwerb
Anfangsunterricht im Lesen und Schreiben

Schrift ist Gift.
Wer schreibt, bleibt.
Lesen ist Sterben in Ekstase (Sartre)
Lesen ist die Einheit von Vollzug und Reflexion (Adorno)

Vorbemerkungen

(1) Der Schriftspracherwerb ist mehr als der Erwerb einer Technik zum Gebrauch der Schrift. Mit dem Schrifterwerb wird dem Menschen die ganze Vieldimensionalität der Kulturen erschlossen samt ihren damit verbundenen Problemen – auf die seit Plato immer wieder hingewiesen worden ist – und allen Konsequenzen für die persönliche Befindlichkeit. Dieser Hintergrund ist auch im Anfangsunterricht im Lesen und Schreiben bereits gegeben. Er wird im Anfangsunterricht aber oft zu Unrecht verdeckt, weil Lesen und Schreiben hier mit z. T. mühsamen Lernprozessen gekoppelt sind. Auf die kulturelle und anthropologische Tiefendimension des Schriftspracherwerbs kann hier nur verwiesen werden (s. z. B. Bärmann 1979; s. Günther / Ludwig Bd. 1, 1994, z. B. Beitrag Schlieben-Lange).

Lesen und Schreiben sind von der Sache her als zusammengehörende Funktionen des Schriftsprachgebrauchs in Analogie zum Hören und Sprechen zu verstehen. Daraus ergeben sich eine Reihe von didaktischen Möglichkeiten, die dem Unterricht in kommunikativer Hinsicht eine spezifische Qualität verleihen, durch die er sich von jedem Unterricht, der Lesen und Schreiben trennt, klar unterscheidet.

(2) Lesen und Schreiben werden als Teilinhalte des Anfangsunterrichts gesehen. Da dem Anfangsunterricht eine mit Blick auf die Grundlegung der zukünftigen Schullaufbahn des Kindes besondere pädagogische Qualität (Lichtenstein-Rother / Röbe 1982) abverlangt wird, werden Lesen und Schreiben in den Zusammenhang mit anderen Lerninhalten, didaktischen Prinzipien und pädagogischen Leitlinien eingeordnet und dadurch relativiert. Insofern ist das Verständnis von Anfangsunterricht oberste Instanz für alle Überlegungen über Maßnahmen zur Vermittlung der Fähigkeiten des Schriftsprachgebrauchs. Mit diesem Satz wird die Konsequenz aus der seit Jahren latent vorhandenen Einsicht gezogen, dass das Wissen um den Ablauf von Lese- und Schreibprozessen zwar wichtig, für die Gestaltung eines Unterrichts jedoch, in dem Kinder mit Erfolg lernen, nicht allein ausreichend ist.

(3) Der Schriftspracherwerb ist ein Lernbereich mit höchster Komplexität. Das Schaubild auf Seite 145 zeigt seine wichtigsten Komponenten. Die „Sache", das Kind, die Medien, Ziele und Methoden sind einzelne Gebiete, die – vorweg bedacht und studiert – in den zu gestaltenden Unterricht zu einer pädagogisch ausgerichteten und didaktisch fundierten Struktur verarbeitet werden müssen, um ein wider-

spruchsfreies Handeln des Lehrers und ein kontinuierliches Lernen des Kindes zu ermöglichen.

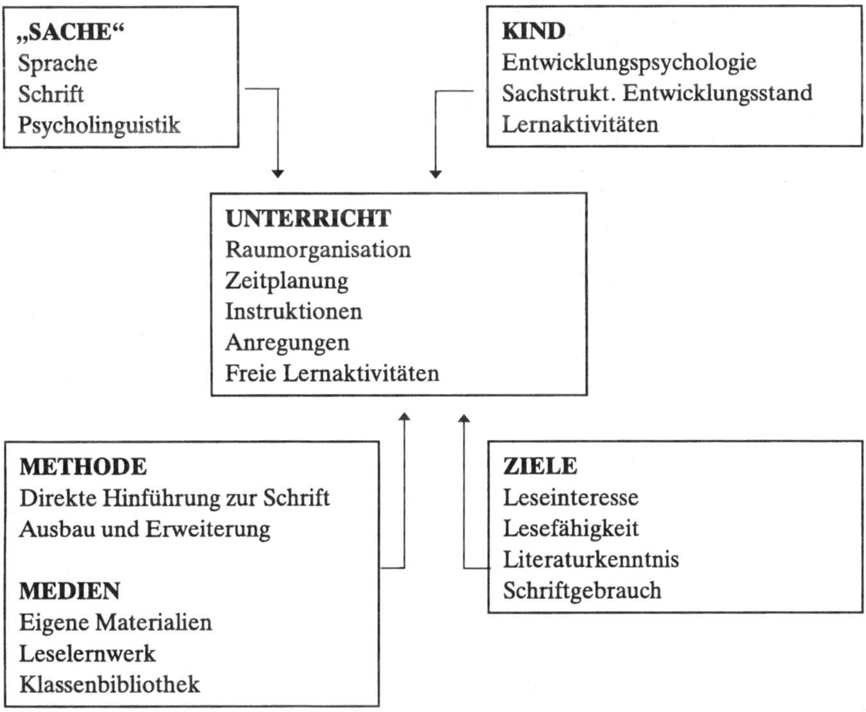

1. Die „Sache“

Beim Lesen und Schreiben geht es grundsätzlich um Sprache und die Prozesse der En- und Dekodierung mittels Schrift. Der Gegenstand des Lese- und Schreibunterrichts ist demnach durch drei Themenkreise umschrieben:

- Sprache
- Schrift
- psycholinguistische Prozesse.

Wenn wir von Sprache im Zusammenhang mit Lesen und Schreiben sprechen, meinen wir in der Regel die gesprochene Sprache (Lautsprache), nicht jedoch die z. B. durch Mimik, Gestik und bildhafte Elemente sich ausdrückende Sprache. Dadurch nehmen wir bereits eine begriffliche Einengung vor, die sich in der Vergangenheit im Unterricht dahin ausgewirkt hat, dass dort, wo vom Erstlesen und Erstschreiben die Rede war, völlig übersehen wurde, dass Lesen (als Rezipieren von Zeichen) und Schreiben (als Sichausdrücken durch Zeichen) längst vom Kind praktiziert wurden. Dadurch wurden wesentliche Anknüpfungspunkte für das Lesen- und Schreibenlernen didaktisch von vornherein völlig ausgeblendet, was dazu führte, dass der Lese- und Schreibunterricht nicht in das Lernkontinuum des Kindes integriert wurde; die Etablierung eines ausschließlich vom Lehrer bestimmten Unterrichts, der außerdem auf der Grundlage des Reiz-Reaktionsmodells basiert, wurde dadurch zweifellos begünstigt (vgl. Gümbel 1993, 140ff.). D. h., es ist für den Anfangsunterricht im Lesen und Schreiben nicht unerheblich, wie eng oder weit der Begriff Sprache gefasst wird. Kinder haben vor Eintritt in die Schule schon in vielfältigster Weise verschiedene Sprachen gelesen, z. B. in den Gesichtern der Eltern, aus der Körperhaltung eines Menschen, Spuren usw., und es stellt sich von daher die Frage, ob wir diese anderen Sprachen so völlig außer Acht lassen sollen / dürfen, wenn wir die Kinder mit dem Erwerb der Schriftsprache konfrontieren.

Beim Lesen- und Schreibenlernen steht aber ohne Zweifel die Sprache i. e. S., die Lautsprache – und sie ist im Folgenden gemeint, wenn von Sprache die Rede ist – im Mittelpunkt. Zur Gestaltung eines sachgerechten Unterrichts ist es deshalb wichtig, sich die grundlegenden Strukturen von Sprache und Schrift und deren Beziehungen zueinander zu vergegenwärtigen.

1.1. Sprache

Die Lautsprache ist einmal Sinnträger (semantisches Strukturelement), weil sie einen bestimmten Gedanken, einen Inhalt mit Bedeutung und Sinn vermittelt. Zum zweiten fügt sie einzelne Gedanken zu komplexen Gebilden zusammen, setzt sie in Beziehung zueinander, akzentuiert sie (syntaktisches Strukturelement). Zum dritten zeichnet sich jede Sprache durch spezifische phonetische Merkmale (phonologisches Strukturmerkmal), d. h. bestimmte Laute und Lautfolgen, durch die sie sich von anderen Sprachen unterscheidet, aus. Ein viertes Strukturmerkmal ist das prosodische; durch dieses werden die Dauer und die Stärke von Lauten sowie Akzent und Rhythmus bei Lautfolgen ausgedrückt. Zum fünften hat die Sprache immer einen Bezug zu den Benutzern und zur Wirklichkeit. Das ist der pragmatische Aspekt.

Alle Fünf Strukturmerkmale sind im Lese- und Schreibunterricht zu bedenken, um Sprache nicht eingeschränkt oder gar strukturwidrig zu behandeln. Im Vollzug des Schriftspracherwerbs wird die Sprache zum Gegenstand, wodurch Sprachwissen, Sprachbewusstsein und mehrsprachliche Kompetenz gefördert werden, und damit zum „kognitiven Medium des Lernens“ (Switalla 1993, 35ff.).

1.2. Schrift

Unsere Schrift ist eine Buchstabenschrift; das Element ist der Buchstabe, der selbst kein Sinnträger ist im Gegensatz zu den Elementen der Bilderschrift, die aus den Zeichen unmittelbar den Bedeutungsgehalt erfassen lassen (Ägypten, China). Der Buchstabe „S“ z. B. bildet keine Schlange ab, und wer „S“ als „Schlange“ liest, liest falsch, weil er die Buchstabenschrift nicht strukturadäquat erfasst. Unsere Buchstabenschrift repräsentiert die Lautung unserer Sprache – und diese auch nur unzulänglich. Für das Lesenlernen i. e. S. ist vor allem die Beziehung zwischen abgebildeter Lautstruktur, graphischem Forminventar und semantischem Gehalt bedeutsam. Die Buchstabenschrift kann darum aus sachlogischen Gründen nicht wie eine Bilderschrift (das Wort als Bild: Wortbilder einprägen) gelernt werden, weil dies auf Grenzen stößt und zur Wortbildlegasthenie (Mann 1994, 16) führen kann.

1.3. Verhältnis von Sprache und Schrift

Die Sprache wird in der Regel als Primär-, die Schrift als Sekundärsystem (vgl. Coulmas 1981, 17) bezeichnet. Beide sind aufeinander bezogen, aber nicht identisch. Ihre strukturelle Unterschiedlichkeit und die damit verbundenen Schwierigkeiten machen einen wesentlichen Teil der Aufgaben des Lesen- und Schreibenlernens aus. Dies soll im Folgenden an einigen Punkten verdeutlicht werden.

Sprache wird als lautliches Kontinuum im zeitlichen Nacheinander erfahren, Schrift dagegen als optisches Diskontinuum im räumlichen Nebeneinander von links nach rechts (in allen Schriften des Abendlandes). Durch den Wechsel der Kategorien (Zeit – Raum) stellen sich dem Kind sofort zwei Aufgaben. Einmal muss es sich der Konvention unterwerfen, von links nach rechts zu lesen und zu schreiben, und zugleich sich die Richtungen einprägen, zum andern muss es den Sprachstrom beim Schreiben in distinktive Merkmale zerlegen und ihn beim Lesen wieder herstellen. Die Schwierigkeit dieser Aufgabe wird an den Zusammenschreibungen (untwigetestir) und an dem „hackenden“ Lesen deutlich.

Es besteht keine 1 : 1-Relation zwischen gesprochenem Laut und geschriebenem Buchstaben. Wir produzieren beim Sprechen viel mehr unterschiedliche Laute (Phone) als wir Buchstaben zur Verfügung haben. So steht z. B. der Buchstabe E, e für

geschlossenes, kurzes	[e]	Religion
langes	[eː]	Weg
reduziertes	[ə]	Hafen
offenes	[ɛ]	Leck.

Das heißt aber, dass unsere Buchstaben keine Phone abbilden, sondern Phoneme, das sind die zu einer Lautklasse zusammengefassten Phone. „Phoneme sind also abstrakt. Hörbar sind dagegen ihre Realisationen, die Allophone. Wichtig ist nun, daß in der Schrift eine Wiedergabe der Allophone überhaupt nicht angestrebt wird. Ob demnach ein Sprecher aufgrund seines Dialektes bzw. seiner augenblicklichen Disposition („freie“ Allophone) oder aber wegen der Stellung des betreffenden

Phonems im Morphem („stellungsbedingte" Allophone) ein Phonem so oder so realisiert: In der Orthographie der Hochsprache erscheinen nur die Zeichen für die entsprechenden Phoneme und damit für Funktionen ..." (Strank 1975, 21). Daraus resultieren sowohl Schwierigkeiten beim Lesen als auch beim Schreiben. Wer den Buchstaben O in Ofen genau so zu artikulieren versucht wie in Osten, produziert ein Wort, das es – genau genommen – in der deutschen Sprache nicht gibt, d. h., er kann den Sinn nicht entdecken. Wie oft widerfährt dies unseren Erstklässlern. Zugleich macht diese Fehlerquelle deutlich, dass Lesen nicht nur aufgrund der Buchstabenkenntnis gelingt, dass vielmehr der semantische Aspekt im Leseprozess immer enthalten ist.

Nicht alle Laute werden graphisch festgehalten. In Wörtern wie Leier, Feier wird beim Sprechen ein J eingeschoben, aber nicht geschrieben; (s. auch Straße – scht). Kinder, die bei ersten Versuchen, ihre Sprache zu verschriften, die Sequenz der Laute genau beachten, machen orthographisch gesehen Fehler, obwohl sie kognitiv richtig verfahren.

Nicht jedem Buchstaben entspricht ein Laut. Wahr, wie, geliehen usw. sind Beispiele, die zeigen, dass unsere Schrift keine Lautschrift ist, sondern dass ihr neben den phonologischen noch andere Prinzipien zugrunde liegen (morphologisches, historisches, ästhetisches Prinzip).

Unsere Schrift enthält ein- und mehrgliedrige Grapheme. Nicht jedes Phonem wird durch ein Graphem repräsentiert. Einzelne Grapheme werden zu Einheiten zusammengefasst (a - u: au; e - i: ei; c - h: ch; s - c - h: sch; e - u: eu; ä - u: äu) und repräsentieren ein Phonem, das mit dem ursprünglich von dem einzelnen Graphem repräsentierten nichts oder kaum noch etwas gemeinsam hat (Näheres s. Jehmlich 1971, 168).

Grapheme werden verschieden artikuliert (phonetische Ambiguität) Vater – Vase; ich – ach – Chor; Straße – Raststätte; Hund – Hunde. Die Entscheidung über die richtige Artikulation wird im Zusammenwirken von Bedeutungserfassung und internalisierten phonologischen Regeln (Bierwisch 1972) getroffen.

Gleiche Laute werden mittels unterschiedlicher Grapheme dargestellt (graphemische Ambiguität).

Hexe – flugs – Keks – Klecks – Fuchs
Heu – Häuser
Philipp – Foto – Vater.

Hieran wird deutlich, dass die Regel „schreibe, wie du sprichst" sachlich nicht haltbar ist.

Prosodische Elemente gehen verloren. Unsere Schrift notiert in der Regel keine Sprechpausen, keine Erregung, keine Lautstärke, keinen Melodiebogen, keine Terz beim Rufen eines Namens, keinen ironischen Unterton usw., kurz, alles, was das Ohr über den rein lexikalischen Gehalt hinaus noch wahrzunehmen vermag, geht beim Aufschreiben verloren und muss beim Lesen durch gedankliche Operationen wieder rekonstruiert und hinzugefügt werden. Der Leierton beim Lesen weist auf das Fehlen dieser gedanklichen Operationen und damit zugleich auf eine unterrichtliche Aufgabe nachdrücklich hin.

Das Verhältnis von Sprache und Schriftsystem ist ein eigenes Forschungsgebiet, in dem das Beziehungsgefüge der distinktiven Merkmale und die ihnen zugrunde liegenden Gesetzmäßigkeiten untersucht werden. Eisenberg (1994, 1376) fasst den derzeitigen Forschungsstand so zusammen: Die Intensivierung der Erforschung der Schriftsysteme ist seit 1980 unverkennbar, „kann jedoch nicht darüber hinwegtäuschen, dass wissenschaftliche Aktivitäten zur Sprachtheorie, Grammatiktheorie und einzelsprachlichen Grammatik nach wie vor von einer Unausgeglichenheit zuungunsten der geschriebenen Sprache geprägt sind“, was u. a. mit dadurch bedingt sei, weil viele Praktiker sich nur schwer vorstellen könnten, „daß die der Sprachwissenschaft zugänglichen Regularitäten des Schriftsystems von Bedeutung für die Schreib- und Lesedidaktik oder für die Rechtschreibregeln ... seien“ (ebd. 1378).

1.4. Lesen

Es kann im Folgenden nur darum gehen, die wichtigsten Komponenten des Leseprozesses herauszuheben und deren didaktische Relevanz zu verdeutlichen.

Da die Zahl der Definitionen von Lesen und Umschreibungen des Leseprozesses recht groß ist (zusammenfassend s. Gümbel 1993, 45; s. auch Motto), beschränken wir uns hier auf zwei.

„Lesen ist ein psycholinguistisch kognitives Probierverhalten“ (Goodman 1977, 296).

Mit dieser Definition wird der Leseprozess als eine kreisende Bewegung im Umfeld von Denken und Sprechen gesehen; Sinnentnahme ist nicht ausschließlich vom Text her determiniert, sondern vollzieht sich im Wechselspiel zwischen Textcorpus und sprachlicher Individualkompetenz. Sie wird als genetischer Prozess gesehen, der nicht linear der Vorgabe folgt, sondern dem Lesen vorauseilt, Vermutungen anstellt, diese verwirft bzw. bestätigt. Damit ist die Gesamtheit der individuellen sachstrukturellen Voraussetzungen – auf die weiter unten (Kap. 2) noch eingegangen wird – in den Leseprozess einbezogen. Daraus folgt, dass der Leselernprozess in dem Maße begünstigt und gefördert wird, wie die dazu notwendigen Voraussetzungen (Lexik, Dekodierungsstrategien usw.) entfaltet worden sind und Erfahrungen vorliegen.

„Wer nur Lesen lehrt, lehrt nicht Lesen.“ (Hördt)

Für Teile im Begründungszusammenhang einer Didaktik des Lesenlernens stellt dieses Verständnis von Lesen eine wesentliche Grundlage dar, so für die Frage der Integration des Leseunterrichts in den Sprachunterricht, für Hilfen beim Erlesen (nicht nur den Buchstaben folgen, sondern vom Kontext her Vermutungen anstellen und diese an Hand der Textvorlage überprüfen) und für die Fehleranalyse beim Lesen.

Auf die knappste Formel hat Neisser (1974, 176) den Begriff Lesen gebracht: „Lesen ist äußerlich gelenktes Denken.“ Trotz ihrer Kürze ist diese Formel umfassend, weil sie alle vorhergehenden Interpretationen einschließt und zugleich das Lesenlernen als einen nicht abschließbaren Prozess ausweist, wenn man davon ausgeht, dass die qualitative Verbesserung des Denkens und das Vertiefen der Gedanken nie zu Ende kommen. Vielleicht dachte der 80jährige Goethe gerade an diesen Zusammenhang, als er sein vielzitiertes Wort von der Mühe des Lesens und dem Nichtauslernen in diesem Punkt zu Eckermann sprach (Goethe zu Eckermann am 25.1.1830).

Lesemodelle – d. h. graphisch-bildhafte Darstellungen über den Leseprozess des erwachsenen Lesers sind nicht nur in jüngster Zeit (zusammenfassend s. H. Günther, in: Günther / Ludwig 1996, 918ff.) von verschiedenen Wissenschaftlern vor allem im Zusammenhang mit Fragen zur Legasthenie entwickelt worden (vgl. Scheerer-Neumann, in: Valtin u. a. 1981, 184f.). Unabhängig von den jeweiligen Ausprägungen aufgrund abweichender theoretischer Prämissen können über den Leseprozess im „Stadium des entwickelten und automatisierten rezeptiven Lesens" (Weigl, in: Eichler / Hofer 1974, 122) eine Reihe von relativ gesicherten Aussagen gemacht werden.

Am Beginn des Lesens steht die optische Wahrnehmung von Schrift. Das Erkennen der Schriftzeichen wurde in Deutschland bis in die 50er Jahre mit der Wortbildtheorie (Schablonenbildung im Langzeitgedächtnis) zu erklären versucht. Neuere Untersuchungen (vgl. Neisser 1974, Gibson / Levin 1980) haben ergeben, dass der Leser sowohl beim Erfassen einzelner Buchstaben als auch Wörter Merkmale analysiert (B: senkrechter Strich plus zwei Halbkreise auf der rechten Seite). Durch diese Merkmalsanalyse ist es möglich, auch verschiedenste Schriften (Druck-, Handschriften, z. T. zerstörte Schriften) zu lesen. Für die Lesedidaktik scheint diese Erkenntnis nicht unwesentlich; macht sie doch darauf aufmerksam, der Merkmalserfassung von Wörtern und Buchstaben mehr Aufmerksamkeit zu widmen.

Eine Sonderfrage im Zusammenhang mit der Schriftwahrnehmung ist die Größe der simultan erfassten Einheit (Buchstabe, Silbe, Morphem, Signalgruppe, „Wortbaustein", Wort, Satzteil, Satz). Sie ist nicht eindeutig und generell beantwortbar, da die augenblickliche Befindlichkeit des Lesers und der Charakter des Textes als variable Größen in den Wahrnehmungsprozess eingehen.

Die optische Wahrnehmung von Schrift leitet den Leseprozess ein und löst zugleich eine Reihe von kognitiven Prozessen aus, die das vorhandene latente Wissen um Phonologie, Morphologie, Syntax, Lexik und – bei größeren zusammenhängenden Texten – Literatur, Textstruktur in den in Gang kommenden Denkprozess einbeziehen. Die Durchführung des von Erwin Schwartz konzipierten Selbsterfahrungstests (SET) (vgl. Schwartz 1976, 602) lässt das Zusammenspiel dieser Kenntnisse und Fertigkeiten schnell deutlich werden wegen der an den Texten vorgenommenen Verfremdungen (sinnlose Wörter, Fremdwörter, für die deutsche Sprache ungewöhnliche Phonemfolgen).

Für den erwachsenen Leser gilt,

- dass er in der Regel charakteristische und bekannte Wörter nicht mit allen einzelnen Schriftzeichen wahrnimmt, sondern Einzelwörter aus der Gesamtgestalt bzw. – im Text – aus dem Kontext heraus dekodiert,
- dass er wenig Fixationspausen macht, d. h. je nach Schwierigkeitsgrad des Textes relativ große Textsequenzen simultan erfasst; nur bei schwierigen, neuen Wörtern (z. B. ausländischen Namen in einem Roman) und bei schwer leserlichen Texten

greift der erwachsene Leser auf das bewusste Erfassen der Einzelbuchstaben zurück, d. h., die Zahl der Fixationen nimmt zu. Normalerweise gelingt es dem Leser beim Lesen einzelner Wörter sofort, den Sinn eines Wortes zu erfassen,

- dass er in der Regel beim Lesen keine Reproduktion des Klangbildes vornimmt, d. h., dass die Sinnerfassung direkt aus der Schrift heraus gelingt. Ein flüsterndes oder inneres Mitlesen mit stillem Produzieren lautsprachlicher Elemente (Lautung, Prosodie) findet bei schwierigen oder emotional aufgeladenen Textstellen durchaus statt, weil dadurch das Verständnis begünstigt und die Erfassung der situativen Bedingungen begünstigt wird.

Zusammenfassend ließe sich sagen, dass das Lesen des Erwachsenen gekennzeichnet ist durch einen hohen Automatisierungsgrad (immanente Teilprozesse treten nicht oder nur bedingt hervor), durch die Fähigkeit zum Erfassen größerer visueller Einheiten, durch das Nichtangewiesensein auf die Reproduktion der Klangstruktur.

1.5. Lesenlernen

Auf dem Wege zum Lesenkönnen muss der Anfänger aufgrund der durch Sprache und Schrift gegebenen Bedingungen eine Reihe von Kenntnissen und Fertigkeiten erwerben und Schwierigkeiten überwinden. Als zentrale Aufgaben, in denen sich die verwirrende Fülle von Einzelproblemen bündeln lässt, können folgende genannt werden:

(1) Der Leseanfänger muss lernen, seine Sprache – das ist seine bisher mündlich gebrauchte Sprache – zu durchgliedern.

(2) Das Zeicheninventar, mit dem die Phoneme unserer Sprache visualisiert werden, muss er nach Merkmalen unterscheiden und gedächtnismäßig speichern (Graphem-Phonem-Zuordnung).

(3) Den Leseprozess muss er zunächst in allen Phasen – visuelle Wahrnehmung, phonologische Rekodierung, semantische Dekodierung – durchlaufen (erlesen) mit dem Ziel, die sich zunächst an kleinen visuellen Einheiten orientierende Funktionskette des Lesens allmählich zu komprimieren unter Verwendung immer größerer Wahrnehmungseinheiten und unter immer geläufigerer Verknüpfung verschiedener Taktiken (vgl. Brügelmann / Fischer, in: Meiers / Schwartz 1977, 28ff.). Die Tendenz des Lesenlernenden zielt dahin, immer größere strukturelle Einheiten wahrzunehmen und zu verarbeiten (Gibson / Levin 1980, 24).

Die wohl schwierigste Hürde beim Lesenlernen ist das Phänomen, das als „schöpferischer Sprung“ (Bosch 1961, 66) oder „qualitativer Sprung“ (Weigl, in: Eichler / Hofer 1974, 134) umschrieben wird. Gemeint ist in beiden Fällen der schwierige Sinnfindeakt aus den Buchstaben, die ja Phoneme abbilden und deshalb die Klangstruktur eines Wortes nicht exakt wiedergeben (s. o.). Der Leseanfänger findet den Sinn eines Wortes nicht an Hand der gelesenen Buchstaben, da auf diesem Wege bestenfalls eine „Wortvorgestalt“ (Bosch 1961, 66) oder ein „auraler Input“ (Goodman, in: Hofer 1976, 139) zustande kommt. Das in vagen Umrissen sich abzeichnende Wort muss mit Hilfe der bekannten Wörter der gesprochenen Sprache erst erzeugt werden; ist das zu lesende Wort nicht im Wortschatz des Kindes vorhanden, oder werden die zwischen Graphemen und Phonemen bestehenden regelhaften Beziehungen dieses Wortes nicht entdeckt (vgl. Weigl, in: Eichler / Hofer 1974, 133), kann es nicht dekodiert, d. h. nicht richtig gelesen werden.

Diese Übergänge – so stellt Weigl ebenfalls fest (ebd. 134) – sind noch wenig erforscht.

Didaktisch stößt der Lehrende an dieser Stelle bis heute auf die größten Probleme; er umschreibt sie meist lapidar mit der Bemerkung: Das Kind kennt alle Buchstaben, aber es kann nicht lesen. Wie es scheint, können auch kognitive Entwicklungsverzögerungen (Meiers 1981, 37) die Ursache dieses Versagens sein.

Erfolgt das Lesenlernen spontan, lassen sich ganz grob drei Entwicklungsstufen erkennen, die durch bestimmte Lesestrategien bestimmt werden. Auf der ersten Stufe werden Wörter an Hand ausgewählter Merkmale identifiziert (sog. logographisches Lesen); in der Ganzheitsmethode war dies die erste Stufe des Lehrgangs (naiv-ganzheitliches Lesen). Auf der zweiten Stufe werden immer mehr Buchstaben, die zunehmend phonologisch kontrolliert werden, verwendet. Auf der dritten Stufe werden orthographische und morphematische Regelhaftigkeiten beachtet. Eine tragfähige Theorie des Lesenlernens existiert noch nicht. Untersuchungen dieser Art müssten vor der Einschulung durchgeführt werden, sind aber, wie Schmidt u. a. (1990,24) darlegen, aus vielen Gründen problembeladen.

1.6. Schreiben / Schreibenlernen

Die Unterschiede zum Lesen sieht Weigl darin, „daß es sich beim Schreiben um eine ausschließlich expressive Funktion handelt, die sich sowohl in reproduktiver (Abschreiben, Diktatschreiben) als auch in produktiver (willkürliches Schreiben) Form realisieren kann" (Weigl, in: Eichler / Hofer 1974, 149). Analog zum Lesen sollen in groben Zügen in Anlehnung an Weigl einige Wesensmerkmale des Schreibens und der damit verbundenen Lernaufgaben skizziert werden.

Die im Schreibakt i. e. S. zu erbringende Leistung besteht in einer „Umkodierung kognitiver, phonetischer und graphemischer Vorlagen in die entsprechenden graphomotorischen Innervationsmuster und die ihnen entsprechenden Bewegungsabfolgen" (ebd. 150).

Beim Umkodieren graphemischer Vorlagen dürfte es sich um die erste Stufe des Schreibenlernens handeln. Die Schriftzeichen sind vorgegeben, können visuell erfasst und manuell „nachgefahren" werden. Zwischen dem einfachen „Nachfahren" von Schriftzeichen und dem „Stadium des entwickelten und automatisierten Abschreibens" (ebd. 156) lassen sich jedoch je nach dem Grad des Erwerbs der Schreibmotorik („schreibmotorischer Innervationsmuster") einige Zwischenstufen unterscheiden. Während der Schreibgeübte bei einer schriftlichen Vorlage so verfährt, dass er liest, versteht und das Verstandene zum Anlass nimmt, den Schreibakt anzustoßen und auszuführen, ist der Schreibanfänger dazu nicht in der Lage. Selbst wenn er ein zu schreibendes Wort gelesen und verstanden hat, kann er es noch nicht kurzfristig speichern und darum auch nicht „auswendig" reproduzieren. Hier geht es den Kindern so wie jedem Erwachsenen mit dem Abschreiben fremder Schriftzeichen. Vor allem dann, wenn einige Buchstaben des betreffenden Wortes noch unbekannt sind und es noch nicht „zur innersprachlichen Produktion der entsprechenden phonemischen sowie der artikulatorischen Struktur" (ebd. 157) kommt, d.h., wenn das Kind das Wort nur anstarrt, scheidet dieses Verfahren aus. Der Schreibenlernende muss dann häufiger immer wieder auf Teilgestalten des Wortes (Buchstaben, ja manchmal sogar Teile von Buchstaben) optisch zurückgreifen, um seiner Graphomotorik einen neuen Impuls zu geben (ebd. 157). Ein entscheidender Fortschritt – vor allem hinsichtlich der Prüfung der Richtigkeit – vollzieht sich dann, wenn die phonetische Struktur der Wörter im Schreibakt mit berücksichtigt werden kann.

Aus dem bisher Gesagten wird ersichtlich, dass auf dem Weg zum automatisierten Abschreiben zwei sogenannte Innervationskreise aufgebaut und miteinander in Verbindung gebracht werden müssen. Der erste Kreis ist der vom optischen Wahrnehmen über die Kurzzeitspeicherung zur schreibmotorischen Bewegung, wobei die Entstehung der Schriftgestalt wiederum sofort durch das Auge kontrolliert wird und die Motorik so eine Rückmeldung erhält. Geht das kurzzeitig gespeicherte Wort zu schnell verloren, so muss es durch Anschauen wieder in den Kurzzeitspeicher genommen werden, d.h., das Kind unterbricht seinen Schreibakt, schaut auf das zu schreibende Wort und setzt dann das Schreiben fort (Staccato-Schreiben).

Didaktisch heißt das, dass mit dem Anschauen, Betrachten und Beschreiben eines Buchstabens die „Auflösung" in die Bewegung, die zu seiner Entstehung geführt hat, einhergehen muss: Der Buchstabe wird vorgeschrieben, die Kinder vollziehen den Schreibablauf (mehrmals) mit. Mit dem Nachfahren des Buchstabens muss dieser zugleich benannt werden, denn das Benennenkönnen der Buchstaben ist die Voraussetzung für den Aufbau des zweiten Innervationskreises, der von phonetischen Vorlagen (der Erfassung der Klangstruktur der gesprochenen Sprache) ausgeht und ein flüssigeres Abschreiben ermöglicht, da die Innervation nicht mehr über die optische Kurzzeitspeicherung erfolgen muss.

Dieser zweite Innervationskreis stellt für das Abschreiben eine zweite höhere Stufe dar; zugleich ist er die Grundstufe für das Aufschreiben (von Selbstgedachtem) und das Diktatschreiben. Sein Ablauf besteht in einem Enkodierungsprozess, „bei dem auditiv perzipierte und sinngemäß erfaßte sprachliche Informationen in die entsprechenden graphomotorischen Stereotype umgesetzt werden" (ebd. 159). Dabei ist es noch eine weitgehend offene Frage, wieweit der Schreibanfänger sich beim Aufschreiben und Diktatschreiben die zu schreibenden Wörter in ihrer Gesamtgestalt oder in einzelnen Teilen oder in der Abfolge der einzelnen Buchstaben jeweils vorstellt und von daher den Schreibvollzug steuert. Dass bei Schreibanfängern im Vollzug des Schreibens die Wörter mit artikuliert werden, ist in jedem ersten Schuljahr zu beobachten. Der Versuch Nasarowas (ebd. 161), die Artikulation beim Schreiben zu unterbinden, weist aufgrund der steigenden Fehlerzahl darauf hin, dass das genaue Beachten der Sequenz mittels der phonetischen Struktur für den Schreibvollzug bei Schreibanfängern eine Erleichterung darstellt.

Die o. g. dritte Form der Umkodierung im Schreibakt, die von kognitiven Vorlagen ausgeht, d. h. das willkürliche, freie Schreiben betrifft, ist als Spontanschreibung im Anfangsunterricht heute verbreitete Praxis; Widerstände regen sich dort, wo – vor allem bei Eltern – Befürchtungen laut werden, dass sich orthographisch fehlerhafte Schreibweisen einprägen könnten. Dem komplexen Prozess des Schreibenlernens hat sich die Forschung in den letzten Jahren sehr intensiv zugewandt (s. Eichler 1992), im Leselehrgang „Lesen durch Schreiben" ist es ein festes, konstitutives Element, und die einschlägigen Zeitschriften enthalten viele Beiträge aus der Praxis, in denen für das freie, spontante Schreiben als sinnvolle Durchgangsstufe zum orthographisch richtigen Schreiben plädiert wird.

Die Entwicklung des Schreibens lässt dort, wo sie nicht schulisch beeinflusst wird, ebenfalls mehrere Phasen erkennen. Im Kritzeln drückt sich aus, dass der Symbolcharakter der Schrift erfasst ist.

Die erste Verwendung von Buchstaben (z. T. ohne deren genaue Kenntnis) belegt, dass das Kind um die Notwendigkeit spezifischer Zeichen für das Schreiben weiß.

Es folgt das Schreiben gedächtnismäßig gespeicherter Wörter (meist ist es zuerst der eigene Name), dann folgen erste Verschriftungen, in denen Buchstaben richtig verwendet werden, ohne dass das Wort insgesamt orthographisch richtig sein müsste. Mit der richtigen Plazierung von Buchstaben beginnt das sog. phonographische (oder lautorientierte) Schreiben, mit dem das zentrale Prinzip unserer Buchstabenschrift prinzipiell erfasst ist. „Mit zunehmender Übung und der entsprechenden Leichtigkeit in der Phonemanalyse wird bei vielen Kindern die phonographische Strategie extrem dominierend. Die Kinder verfolgen diese Strategie mit einer solchen Stringenz, daß sie auch 'nicht-phonemgetreue' lexikalisch schon beherrschte Wörter 'regularisieren'. Im Extremfall kann dies sogar den eigenen Namen betreffen, wenn zum Beispiel nach mehreren Jahren richtigen logographischen Schreibens auf einmal aus ‹SARAH› ‹SARA› wird" (Scheerer-Neumann 1996, 1165). Auch in der Schule ist dieses Phänomen zu beobachten, wenn Kinder z. B. plötzlich Wörter falsch schreiben, die sie schon öfter richtig reproduziert haben.

Die folgende Stufe ist die allmähliche Annäherung an die orthographisch richtige Schreibweise durch die bewusste Heranziehung orthographischer und morphematischer Strukturen.

Unter schulischen Bedingungen werden diese Stufen komprimiert, weil mit dem Beginn des manifesten Schrifterwerbsprozesses die phonemorientierte Schreibweise eingeleitet wird, die – je nach Unterrichtskonzept – bald zur orthographisch orientierten Schreibweise hinführt.

Hinsichtlich des Schreibenlernens ist noch die Bedingung wichtig, auf die Wygotski sehr nachdrücklich hinweist. Er sieht das Kernproblem des Schreibenlernens darin, dass das Kind beim Gebrauch der schriftlichen Sprache (im Gegensatz zum Gebrauch der mündlichen Sprache) willkürlich (1974, 226) und im Zusammenhang damit bewusster handeln muss (ebd. 228). Hinzu kommt – auch dies ist in einem

Schreiblehrgang zu beachten –, dass beim Kind die Motivation zum Schreibenlernen wesentlich schwächer ist als zum Sprechen- und Lesenlernen. Didaktisch gesehen bedeutet dies, dass das Kind in Situationen gebracht werden muss, die ihm Schreiben als sinnvolles, zweckerfülltes Handeln erscheinen lassen.

Zusammenfassend kann man den vom Kind zu durchlaufenden Lernprozess „Schreiben im weitesten Sinn“ als zwei Stränge beschreiben, die immer stärker zu einer Einheit zusammenwachsen.

Der erste Strang wird durch das Prinzip der Sequenz bestimmt. Der zu absolvierende Lernprozess besteht im Wesenlichen darin, dass von der Entstehung eines Gedankens und seiner sprachlichen Fassung ausgehend die gesprochene Sprache in ihrer Abfolge erfasst und unter akustischem Gesichtspunkt durchgliedert wird in Wörter und die Wörter in Phoneme.

Sinn → Sprache → Spracheinheit → Phonem → Graphem

Die Phoneme werden „geschrieben“, wobei Schreiben in diesem Strang sich im Anfangsunterricht in den Aktivitäten Buchstaben lesen, stempeln, drucken, Schreibmaschine schreiben ausdrückt; auf manuelles Schreiben wird u. U. zunächst verzichtet. Durch diesen Verzicht ist es möglich, dass auch ohne Beherrschung der Schreibmotorik von Anfang an geschrieben werden kann und Sprache damit nicht nur rezeptiv gebraucht wird. In diesem Lernprozess wird das Beachten akustisch wahrnehmbarer Strukturen trainiert mit dem Ziel,

a) das akustische Segmentieren zur Gewohnheit werden zu lassen,
b) den ermittelten akustischen Segmenten die entsprechenden graphischen Zeichen zuzuordnen.

Der zweite Strang wird durch das Prinzip der Form bestimmt. Hier besteht der zu durchlaufende Lernprozess darin, die Form der Buchstaben wahrzunehmen und in eine Bewegungsspur umzuwandeln. Der Lernprozess ist dann als erfolgreich – nicht als abgeschlossen – zu werten, wenn das Ergebnis des Schreibaktes die wesentlichen Merkmale der Buchstaben erkennbar wiedergibt. In der Endform ist der Bewegungsablauf so internalisiert, dass er nicht mehr Zug um Zug kontrolliert werden muss, sondern direkt aus der inneren Sprache heraus angestoßen wird. Die Beachtung der Abfolge der zu schreibenden Buchstaben und des Bewegungsablaufs, der zu ihrer Entstehung führt, sind die zwei grundlegenden Schwerpunkte, auf die beim Schreibenlernen stets zu achten ist. Für den Erwerb der schreibmotorischen Prozesse stellt die Vereinfachte Ausgangsschrift gegenüber der Lateinischen eine wesentliche Erleichterung dar.

Die gegenwärtigen Forschungen zum Schreiben im Anfangsunterricht rücken die linguistischen Probleme in den Vordergrund und die damit verbundenen kognitiven Strategien und weniger die motorischen Probleme; diese sind von Schreibdidaktikern wie Grünewald und der Arbeitsgemeinschaft Schreiberziehung in den letzten 20 Jahren intensiv behandelt worden und scheinen zu einem gewissen Abschluss gekommen zu sein in der Konzipierung der Vereinfachten Ausgangsschrift, einer Schrift, die vom Bewegungsablauf des manuellen Schreibens her entwickelt worden ist. Sie setzt sich immer mehr durch, wenngleich die Zuverlässigkeit ihrer empirischen Grundlagen von Topsch (1996) in Zweifel gezogen werden. Insgesamt werden früher heiß umkämpfte Fragen wie Schreibschrift oder Druckschrift, Großantiqua oder Gemischtantiqua, Schreibmaterialien heute weniger dogmatisch und mehr pragmatisch und am Entwicklungsstand des Kindes orientiert angegangen (zusammenfassend s. Neuhaus-Siemon in: Günther / Ludwig 1996, 1240 ff.)

1.7. Parallelität von Lesen- und Schreibenlernen

Wolfgang Menzel hat im Zusammenhang mit der Frage der Methodenintegration beim Lesen- und Schreibenlernen sehr überzeugend nachgewiesen, dass Lesen und Schreiben nicht voneinander getrennt werden dürfen, da gerade das Schreiben der Prozess sei, durch den das Üben des Synthetisierens beim Lesen zwangsläufig und sachadäquat praktiziert werde (Menzel, in: Neuhaus-Siemon 1981, 133 f.). Seine sich vorwiegend auf die linguistischen Grundlagen stützende Argumentation für eine enge Verbindung von Lesen und Schreiben kann noch durch weitere Argumente gestützt werden.

Mit dem Blick auf den Spracherwerb des Kindes in der vorschulischen Zeit sei folgender Vergleich erlaubt. In einem Lese-Erstunterricht, der zunächst das Lesen lehrt und die Kinder erst wesentlich später schreiben lässt, verhält sich der Lehrende so, als würden die Eltern Kinder zuerst Sprache verstehen lehren, ihnen aber erst später erlauben, auch erste Sprechversuche zu machen, weil – entsprechend der Begründung mancher Vertreter für eine Verschiebung des Schreibenlernens – die Kinder noch sprechmotorische Schwierigkeiten haben und anfangs noch Laute produzieren, die nicht „richtig" seien und noch kaum erkennen ließen, was die Kinder eigentlich sagen wollen. Ein solcher Versuch würde sicher fehlschlagen, weil sich kein Kind davon abbringen lässt, spontan nachahmend Sprache zu produzieren. Das Ergebnis des Spracherwerbs in der Vorschulzeit ist jedenfalls dies, dass das Kind bis zum Eintritt in die Schule gelernt hat, gesprochene Sprache zu verstehen und Sprache für andere verständlich zu sprechen. Es ist ein bezeichnender Wandel in der Einstellung der Erwachsenen gegenüber dem Kind, wenn Erwachsene im Gestammel des Kleinkindes ein erfreuliches, im unzulänglichen Schreibversuch ein zu verhinderndes Ereignis sehen. Oder trauen wir dem Sechsjährigen nicht mehr zu, einen Lernprozess selbst zu korrigieren? Ermutigende Beobachtungen hierzu finden sich u. a. bei Gibson / Levin (1980, 51).

Kurz: Lesenlernen und Schreibenlernen gehören aus gegenstandstheoretischen Gründen zusammen wie Sprechenlernen und Sprache-verstehen-Lernen. Eliminiert man jeweils einen Lernprozess, verkürzt man die Sprache in unzulässiger Weise auf eine Dimension. Es lassen sich noch weitere Gründe zur Parallelisierung von Lesenlernen und Schreibenlernen anführen.

- Aus lerntheoretischen Gründen ist es angebracht, das Phänomen Schrift zum Zwecke des effektiven Lernens über möglichst viele Kanäle zu erfassen (optisch, akustisch, graphomotorisch, taktil). Allgemein bekannt ist, dass Maria Montessori ihren Kindern u. a. aus Sandpapier ausgeschnittene Buchstaben zur Verfügung stellte, um sie dadurch die Gestalt der Buchstaben intensiver „erfassen" zu lassen.

- Unter lesedidaktischen Gesichtspunkten ist festzustellen, dass durch die Verbindung von Lesen und Schreiben sich wesentlich mehr Übungsmöglichkeiten im Unterricht ergeben. Ferner wird durch Schreiben (= Enkodieren) immanent zugleich immer die Laut-Buchstabenzuordnung geübt.
- Auch aus motivationalen Gründen ist eine enge Verbindung von Lesen und Schreiben geboten. Die Erfahrung, beim Erlernen der Schriftzeichen nicht nur rezeptiv-passiv mit ihnen umgehen zu müssen, sondern auch produktiv-aktiv tätig werden zu können, d. h. mit Schrift viel anfangen zu können, wirkt sich auf die Lernhaltung insgesamt positiv aus. Der Schüler soll früh erleben, dass es Spaß macht zu schreiben und dass eine schriftliche Mitteilung nützlich sein kann und sowohl dem Schreiber als auch dem späteren Leser Freude bereiten kann
- Der Gesichtspunkt der Orthographie ist nicht zu vergessen. Dadurch, dass wir die Wörter von vornherein „aufbrechen" und in jedem Wort die einzelne Laute repräsentierenden Buchstaben ermitteln, halten wir das Kind von vornherein dazu an, auf die Sequenz der Laute und damit der Buchstaben zu achten. Zwar werden damit nicht alle Orthographieprobleme gelöst; es sollte aber gelingen, dass das Kind die Beachtung der Abfolge der Buchstaben verinnerlicht, d. h. beachtet. Dadurch dürften zumindest zwei Fehlerarten – Auslassen, Vertauschen – eingedämmt werden, die besonders infolge der Ganzheitsmethode aufgetreten sind.

2. Das Kind

Lesen- und Schreibenlernen beginnen nicht erst mit dem Eintritt in die Schule. Bis zum Zeitpunkt der Einschulung haben Kinder in einem latenten Lernprozess bereits eine Reihe von Fähigkeiten und Kenntnissen erworben, die für die nun einsetzenden zielgerichteten Lernprozesse wesentliche Voraussetzungen darstellen.

2.1. Voraussetzungen zum Lesenlernen

Almut Grabolle (in: Meiers 1981, 63 ff.) hat in einer recht breit angelegten Erörterung und sehr detailliert die wichtigsten Voraussetzungen zu einem erfolgreichen Lesenlernen zusammengefasst. Sie sieht in der Motivation zum Lesen eine unabdingbare Voraussetzung (darauf hat auch bereits Rousseau im „Emile" hingewiesen), im Symbolverständnis die Fähigkeit, Realität als Abbildung zu erfassen und darzustellen; die Bedeutung der Vertrautheit mit Schrift und der gesprochenen Sprache (Hochsprache?) macht auf die Probleme der Kinder mit einer anderen Muttersprache als der deutschen aufmerksam.

Der Erfahrungshorizont gehört ebenfalls zu den Leselernvoraussetzungen, weil die Sachkenntnis das Verstehen fördert. Singers pointierte Formulierung „Ohne Erfahrung gäbe es kein Lesen" (Grabolle, in: Meiers 1981, 77) ist zugleich ein Hinweis auf die enge Beziehung des Sachunterrichts und dessen Beitrag zum Lesen.

Die Antizipation hatte in der Ganzheitsmethode bei Kern ihren festen Platz, allerdings erst zum Ende des Lehrgangs hin. Dabei ist gerade diese Fähigkeit im Sinne von Goodmans (auch Neissers) Definition von Lesen ein immanenter Faktor in jeder Phase des Lesenlernens, weil er eine Hilfe bei der Sinnerfassung darstellt und über manche Hürde beim Rekodieren, beim „qualitativen Sprung" in den Sinn helfen kann.

Dem optischen Differenzieren wurde lange eine Vorrangstellung zuerkannt (s. Kerns Grundleistungstest), bis die Untersuchungen von Kemmler und Heckhausen (in: Weinert 1967, 487 ff.) nachwiesen, dass das differenzierte Wahrnehmen im optischen Bereich relativ leicht und erfolgreich trainierbar und keinesfalls nur reifebedingt ist. Die Fähigkeit zum optisch differenzierten Wahrnehmen ist aber keinesfalls durch bloßes Funktionstraining zu steigern; es sind damit auch geistige Prozesse verbunden wie z. B. das Generalisieren hinsichtlich konstanter graphemischer Merkmale und das Bewusstwerden, dass die Lage eines Buchstabens im Gegensatz zu jedem anderen abbildbaren Gegenstand nicht gleichgültig ist (Spiegelung, Verdrehung der Buchstaben).

Schwieriger als die optische Differenzierung ist für Kinder die akustische Differenzierung; sie korreliert auch wesentlich stärker mit den Leseleistungen. Da unsere Schrift eine Buchstabenschrift ist, muss das Kind zum Lernen dieser Schrift die Sprache akustisch segmentieren.

Mechthild Dehn hat sich mit direktem Bezug auf Lesen und Schreiben der Frage zugewendet, in welcher Weise Kinder eine Annäherung im Umgang mit den Bedingungen der Schrift vollziehen und welche basalen Fähigkeiten sie dabei entwickeln (in: Günther / Ludwig 1996, 1141 ff.) Dehn beleuchtet stärker die Entwicklung des Symbolverständnisses und Symbolgebrauchs, zeigt mit Bezug auf Piaget, Hetzer, Bärmann und andere, welche Rolle Bewegung, Rhythmus und Form für die Annäherung an Schrift bedeuten. Sie unterstreicht mit Bezug auf Bosch, Downing und Wygotski die große Bedeutung der Ausbildung einer schriftsprachlichen Begrifflichkeit und der Strategie der Sprachanalyse und referiert die wesentlichen Befunde (z. B. Gaber / Eberwein; Scheerer-Neumann; Neuhaus-Siemon; Hurrelmann) hinsichtlich der Funktion des sozialen und kulturellen Kontextes, in dem Kinder leben, für die schriftsprachlichen Primärbeziehungen. Für die Zukunft von besonderer Bedeutung ist die Feststellung, dass der Medienkonsum einen starken Einfluss auf den Interaktionsstil in der Familie ausübt und die Voraussetzungen für das Lesen- und Schreibenlernen vor allem in unteren Bevölkerungsschichten mehr behindert als fördert. Dadurch steigt die Verantwortung der Schule, Konzepte für den Lese-Schreibunterricht zu entwickeln, die diese negativen Einflüsse reduzieren, indem sie zu den lerntheoretischen, entwicklungspsychologischen, linguistischen und psycholinguistischen Aspekten auch die gesellschaftlichen in umfassender Weise aufnimmt.

2.2. Voraussetzungen zum Schreibenlernen

Die wichtigsten empirischen Grundlagen finden sich ausführlich referiert bei Kuno Diener 1980; kurze Zusammenfassungen bieten Wolfgang Menzel (in: Neuhaus-Siemon 1981) und Marianne Liedel (in: Schorch 1983). Liedel weist darauf hin, dass kaum ein Kind beim Eintritt in die Schule noch nicht geschrieben hat. Von daher kann mit einigen Grunderfahrungen im Umgang mit Schreibunterlagen und Schreibmaterialien gerechnet werden. Kinder sind auch sehr neugierig auf ihre Produkte; das Kritzeln im frühen Alter wird fortgesetzt, wenn es Spuren hinterlässt (vgl. Gibson / Levin 1980, 47). Von einer mit dem Lesenlernen vergleichbaren hohen Motivation bezuglich des Schreibens kann weniger beim Schulanfänger (s.o.) ausgegangen werden; das Interesse zum Schreiben beschränkt sich nur auf wenige Bereiche, wobei „starke Gefühlsvalenzen" (Liedel, in: Schorch 1983, 35) eine große Rolle spielen. Fest steht außerdem, „daß die psychophysischen Voraussetzungen für das Schreibenlernen beim Schulanfänger noch nicht optimal vorhanden sind. Gelenke und Feinmuskulatur befinden sich noch im Stadium der Entwicklung" (Menzel, in: Neuhaus-Siemon 1981, 138).

Von daher muss der Anfangsunterricht im Schreiben sich vornehmlich auf zwei Gebiete konzentrieren; das eine ist die regelmäßige und zielgerichtete Übung und Kräftigung der Motorik als Vorbereitung zum Schreiben, das andere – und wesentlich schwierigere – ist der Aufbau einer Motivation zum Schreiben.

2.3. Das Lernen des Kindes

Das Lernen des Kindes, wie es sich in der vorschulischen Zeit vollzogen hat, sollte im Anfangsunterricht seine Fortsetzung finden, damit Schule und Unterricht keinen Bruch für das Kind bedeuten und nicht durch das Lehren überdeckt und total gesteuert werden.

Wie haben Kinder in der vorschulischen Zeit gelernt?

(1) Es ist festzuhalten, dass das Lernen der Kinder im frühesten Alter begonnen hat ohne direktes Zutun der Erwachsenen; zum Bewegen der Hände und Finger konnte das Kind nicht angeregt werden; das erste Lächeln wurde nicht durch eine „Lektion" eingeführt, das Verfolgen eines Gegenstandes mit den Augen geschah nicht nach Anweisung. Das Kind bringt die Lernfähigkeit und den Drang zum Lernen als anthropologische Grundfähigkeit ein (vgl. Krieger, in: Psych.-Heute-Red. 1980); Schule und Unterricht sollten darüber wachen, dass diese nicht abgeschwächt wird.

(2) Jedes Kind erhält aus seiner Umwelt (Sachen und Personen) Impulse und Anregungen zum Lernen, die seine Neugier wecken und kognitive Prozesse auslösen (vgl. Piagets Theorie zur Assimilation und Akkomodation). Diese Impulse erwachsen aus „natürlichen" Situationen, hinter denen keine Lehrintentionen stehen.

(3) Kinder lernen in von Erwachsenen arrangierten Situationen, wie z.B. durch Spielzeuge (vgl. Fröbels Spielgaben und Montessoris Beschäftigungsmaterial), durch die Zusammenführung mit anderen Kindern, durch den in der Sprache sich dem Kind anpassenden Erwachsenen (s. Berthold Otto und sein Begriff der Altersmundart). Mit diesen Arrangements will der Erwachsene belehren, er übt aber in der Regel keinen Druck auf das Kind aus (kein Termin, keine Benotung). Es stellt sich die Frage, wie dieses Lernen im Anfangsunterricht beim Lesen- und Schreibenlernen weitergeführt werden kann.

(4) Das Lernen durch gezieltes, bewusstes Belehren ist in der vorschulischen Zeit recht selten, vor allem erfolgt es nicht planmäßig und stetig.

Wie stellt sich der Anfangsunterricht auf dieses vorschulische Lernen, das nicht durch Unterricht bestimmt, in der Regel aber sehr erfolgreich war, ein? Diese Frage wird in Kapitel 5 zu beantworten versucht.

3. Das Ziel

3.1. Situation

Das Ziel in Bezug auf das Lesen- und Schreibenlernen im Anfangsunterricht schien lange Zeit keiner besonderen Überlegung unterzogen werden zu müssen. Die Kinder sollten einfache Texte am Ende des ersten Schuljahres lesen, kleine Texte in Schreibschrift schreiben können – so oder ähnlich lauteten in der Vergangenheit fast alle Zielsetzungen in Lehrplänen. Eine Analyse dieser Zielsetzungen älteren Datums lässt auf Anhieb drei Aspekte erkennen.

Im Vordergrund der Zielbeschreibung steht eindeutig ein Können (1), das primär als Produkt (2) gesehen wird, bei dem Lesen und Schreiben nicht aufeinander bezogen sind (3).

Die Lehrpläne der frühen 70er Jahre brachten keine wesentliche Neuerung. Unter dem Einfluss der Lernzieldiskussion wurden die curricularen Zielformulierungen lediglich operationalisiert, so z. B. besonders stark in Nordrhein-Westfalen (1973); „in den meisten Plänen jedoch erscheint das Lesenlernen (weiterhin; d.Verf.) als eine vom Deutschunterricht abgetrennte 'Kulturtechnik', die sich in einem Konglomerat atomisierter Feinziele verfestigt hat“ (Gümbel 1993, 225).

In einigen neueren Leselernwerken der 70er Jahre ist aber deutlich zu erkennen, dass Lesen und Schreiben in einem multifunktionalen Zusammenhang gesehen werden. Entsprechend verändern sich hier – früher als in den Lehrplänen – die Zielsetzungen, indem Lesen und Schreiben u. a. als Einheit gesehen (Schriftspracherwerb) und als Prozess verstanden werden. Wenn es z. B. heißt, der Erwerb der Schriftsprache müsse den Kindern

- einen direkten Zugriff zur Schriftsprache ermöglichen,
- die Chance zum aktiven Lernen bieten,
- den Gebrauch der Sprache in allen Funktionen ermöglichen,
- die Erhaltung der beim Schuleintritt vorhandenen Motivation begünstigen,

so wird deutlich, dass hier die Prozesse des Schriftspracherwerbs im Vordergrund stehen.

Mit diesen Formulierungen wird der Schriftspracherwerb seiner Wertung als Erwerb einer Kulturtechnik enthoben und in einen größeren pädagogisch-didaktischen Zusammenhang gerückt, der die Frage nach der Zielstruktur des Schriftspracherwerbs aufwirft.

3.2. Zielstruktur

Schriftspracherwerb kann nicht unter einer eindimensionalen Zielsetzung gesehen werden. Lesen geschieht immer an Texten, und Schreiben produziert Texte, die stets bestimmten literarischen Kategorien zuzurechnen sind. Insofern ist der Schriftspracherwerb untrennbar mit Zielsetzungen des Umgangs mit Literatur verbunden.

Lesen und Schreiben sind ferner immer zu sehen unter den Fragen, wie man mit ihnen umgehen kann (sie beherrscht), umgehen will (sie interessant findet). Leseinteresse, Lesefähigkeit, Literaturkenntnis und Schriftgebrauch können wohl als die wichtigsten Dimensionen angesehen werden, von denen her Entscheidungen über Zielsetzungen, die für den Schriftspracherwerb relevant sind, getroffen werden müssen, wobei die Frage, ob die Ziele mehr mit Blick auf das Produkt oder den Prozess formuliert werden, in Zukunft mehr als bisher bedacht werden sollten. Ferner sind diese Zieldimensionen in einem pädagogisch-didaktischen Begründungszusammenhang zu gewichten. Es ist nicht unerheblich für das pädagogische Selbstverständnis des Lehrers und für die praktische Unterrichtsgestaltung, ob das Lesen- und Schreibenkönnen Priorität erhält oder das Lese- und Schreibinteresse.

4. Die Methode

4.1. Situation

Den vor wenigen Jahren erreichten Diskussionsstand zur Frage der Methode fasst Hans Aebli in der Einführung zu dem Buch von Gibson/ Levin (1980, 7) recht pointiert so zusammen:

„In der Tat war die Methodik des Erstleseunterrichts jahrzehntelang durch kämpferische Auseinandersetzung der ganzheitlichen und synthetischen Schule geprägt. Hier der Glaube an die Ganzheit des Kindes, die sich, so behauptete man, unter anderem auch in einer ganzheitlichen Wahrnehmung äußere, und der daher zu einem Leseunterricht führte, der wochen- bis monatelang ganze Wörter unanalysiert auffassen ließ; dort die ebenso kämpferisch vertretene Synthese des Wortes aus einzelnen Buchstaben und den ihnen entsprechenden Lauten. Man konnte sich teilweise des Eindrucks nicht erwehren, daß hier theologische Glaubenskämpfe ausgefochten wurden."

4.2. Überwindung der Methodenpolarität

Die „Entdogmatisierung des Erstleseunterricht" (Meiers 1974) wurde durch mehrere Faktoren begünstigt. Zum einen erwiesen sich Untersuchungen zur Effizienz der verschiedenen Methoden als irrelevant (vgl. den zusammenfassenden Bericht von Gertraud Heuss, in: Meiers 1981, 88ff.); damit wurde der bislang verbissen geführte Kampf der Ganzheitler und Synthetiker hinfällig. Zum zweiten wurde von sprachwissenschaftlicher Seite herausgearbeitet, worin die Vor- bzw. Nachteile der jeweiligen Methode liegen und dass Lesen die semantische, syntaktische und phonologische Ebene der Sprache nicht trennen dürfe (vgl. Menzel, in Neuhaus-Siemon 1981, 129ff.). Als Konsequenz ergab sich die Forderung, die positiven Momente der beiden Methoden miteinander zu verbinden. Die Einsicht, dass analytische und synthetische Prozesse z. B. nicht getrennt werden dürften, hatte jedoch 1937 schon Bernhard Bosch vertreten (1937, 23). Zum dritten wurden von der Psycholinguistik immer mehr Detailkenntnisse über den Leseprozess erarbeitet, durch die die methodische Konfrontation ebenfalls in Frage gestellt wurde.

Die Kritik am Methodenbegriff kam aber auch von schulpädagogischer Seite; zusammenfassend kritisiert Gudrun Spitta, Methode werde zu eng verstanden als „ein strenges befolgen vorgeplanter maßnahmen“ , als Steuerung „relativ isolierter teiloperationen“ und als Beschränkung auf „die technische seite des leseprozesses“ gesehen (Spitta 1977, 80ff.). Die positive Wirkung dieser Kritik bestand darin, dass für den Leseunterricht der Begriff Methode über den Aspekt des Lesens hinaus erweitert wurde zu einem schulpädagogischen Begriff, in dem Fragen der Motivation, des selbständigen Lernens, des medialen Arrangements, „natürlicher“ Situationen mit einbezogen wurden (vgl. dazu Kap. 5).

4.3. Methodenverständnis

Das gegenwärtige Verständnis von Methode – nun wieder bezogen auf den Leselernprozess i. e. S. – lässt sich mit drei Begriffen umschreiben:

- Methodenintegration
- direkte Hinführung zur Schrift
- Ausbau und Erweiterung.

Der Begriff Methodenintegration kann sich – wie Brügelmann (1983, 103) zeigt – in der Praxis in verschiedenen Varianten darstellen.

(1) Was bisher – z. B. in der Ganzheitsmethode – zeitlich weit auseinanderlag, wird näher aneinandergerückt, d. h. die naiv-ganzheitliche Phase ist sehr kurz.
(2) Jedes Wort wird sofort voll nach Buchstaben durchgliedert.
(3) Die zu lesenden Wörter werden sofort nach Einheiten mittlerer Größe (Silben, Morpheme, Signalgruppen, Wortbausteine) durchgliedert.
(4) Man lässt Kinder ihren eigenen Weg zum Verständnis des Leseprozesses finden (Spracherfahrungsansatz), wie dies Maria Montessori bereits praktiziert hat und neuerdings Jürgen Reichen mit seinem Lehrgang „Lesen durch Schreiben“ ähnlich praktiziert.

Das Kernstück im gegenwärtigen Verständnis der Methode beim Lesenlernen dürfte die von Hans Vestner erstmals erhobene Forderung sein, Kinder direkt zur Einsicht in die Struktur der Buchstabenschrift hinzuführen (Vestner 1974, 12ff.). Gemeint ist damit „nichts anderes, als den Schülern an Beispielen von Wörtern und Sätzen die grundlegende Beziehung von Sprache und Schrift aufzuzeigen, und zwar ohne Vorlaufphasen mit ihrer künstlichen Isolierung von Teilen und Momenten, die nacheinander gelernt werden sollen“ (ebd. 14). In einem solchen Vorgehen werden in mehrfacher Hinsicht positive Aspekte sichtbar. Das selbständige Umgehen mit Schrift wird auf diesem Wege begünstigt; in dem Maße, wie Kinder die Funktion und Struktur unserer Schrift verstehen, werden sie fähig, Schrift spontan und selbständig – analog ihrer Lautsprache – als Kommunikationsmittel in realen, „natürlichen“ Situationen zu gebrauchen.

D.h., die direkte Hinführung zum Verständnis der Schrift ist das lesedidaktische Aquivalent zur Forderung, das Kind Agent seines Lernprozesses sein bzw. werden zu lassen.

Mit der direkten Hinführung zur Struktur der Schrift wird die Grundlage zum Schreiben eigener Wörter und Sätze bereits in einem frühen Stadium des Lesenlernens gelegt. Dies wirkt sich, wie Marion Bergk berichtet, für Kinder mit Schwierigkeiten beim Lesenlernen besonders positiv aus (Bergk 1983, 58).

Der methodische Fortgang des Leselehrgangs ist von daher in jedem methodenintegrativen Verfahren gegenüber früheren Methodenkonzeptionen wesentlich offener. Von Edeltraud Röbe ist die Struktur der Weiterführung des Leselernprozesses in Anlehnung an Vestner herausgearbeitet worden (Röbe 1977, 76). Prinzipiell erfolgt eine Ausdifferenzierung im Sinne einer Entfaltung und Erweiterung des Schriftverständnisses, bei dem eine Reihe von Kenntnissen (z.B. Pluralbildung, Endung, Satzzeichen, Groß- und Kleinbuchstaben usw.) und Fähigkeiten (Lesegeläufigkeit, Erfassen größerer graphischer Einheiten, Automatisierung beim Worterkennen, Auseinandersetzung mit Texten) erworben werden (vgl. Röbe 1977, 76ff.) Die neueren Befunde bestätigen den eingeschlagenen Weg, die Frage der Methode frei von Exzentrik, Enge und kleinschrittiger Führung anzugehen (s. Brügelmann / Balhorn / Füssenich 1995; Dehn u. a. 1996).

Dennoch gilt, dass bei schwächeren Kindern eine stärkere Führung angebracht ist, dass Offensein für die individuellen Lernprozesse nicht ausschließt, dass Hilfen, Anregungen und Herausforderungen – auch „eine frühe Orientierung an den Normen der Schrift“ – nicht doch hilfreich wären (Hüttis-Graff in: Die Grundschulzeitschrift 101/1997, 37).

5. Die Medien

Die Fibel war über Jahrhunderte hinweg das Medium des Leseunterrichts. Das Medium des Schreibunterrichts war die Schiefertafel, die erst in jüngster Zeit durch besondere Schreiblehrgänge in Buch- oder Heftform abgelöst worden ist. Eindrucksvoll legten zwei Fibelausstellungen der letzten Jahre (Stuttgarter Landesbibliothek 1982 und Universität Oldenburg 1983) Zeugnis von der beherrschenden Rolle der Fibel im Lese-Schreibunterricht ab.

In der Fibel verdichten sich brennpunktartig eine Reihe von unterschiedlichen Funktionen.

(1) Vom Inhaltlichen her fungiert die Fibel als Repräsentant von Umwelt, Sprache, Schrift.

(2) Unter methodischem Gesichtspunkt hat sie die Funktion, optimale Lernsequenzen bereitzustellen und Lernaktivitäten zu steuern.
(3) Aus der Sicht der Intentionalität vermitteln Fibeln grundsätzlich die Lesefähigkeit, möchten sie zum Lesenlernen motivieren, Lernprozesse kognitiver, emotionaler und sozialer Art einleiten, zur Auseinandersetzung mit der Umwelt anregen, zugleich dem Lehrer Hilfen für den Unterricht und den Eltern Einblick in das Lernen der Kinder gewähren.

Die Kritik an der Fibel ist – nicht zuletzt als Teil der allgemeinen Lesebuchdiskussion (Helmers 1969) – unter verschiedenen Aspekten sehr massiv vorgetragen worden (zusammenfassend s. Meiers / Schwartz 1977, 264) und hat zu einem regelrechten Boom von Fibelneukonzeptionen geführt (vgl. Gümbel 1993). Es wurde jedoch bald deutlich, dass neue Fibeln noch keinen besseren Unterricht gewährleisten (vgl. Meiers / Schwartz 1977), dass man also an einer Neukonzipierung des Unterrichts arbeiten müsse, in dem die Fibel – seit Mitte der 70er Jahre spricht man wegen der Mehrteiligkeit (Lese-, Arbeits-, Lehrerbuch, sonstige Arbeitsmaterialien) meist von Leselernwerken – ihre Funktion zugewiesen bekommt. Dadurch wurde die beherrschende Stellung des Leselernwerkes relativiert, die Diskussion versachlicht und vor allem wesentlich vertieft. Die Vielschichtigkeit der Ziele und Aufgaben des Lese-Schreibunterrichts lässt sich in einem Medium (Fibel) nicht bündeln.

Die Kritik an Leselehrgängen hat sich in den 80er Jahren zugespitzt auf die Frage nach ihrer Existenzberechtigung überhaupt. In zahlreichen Beiträgen der Grundschulzeitschriften sind die Argumente pro und contra inzwischen ausgetauscht worden. Die Gegner operieren mit dem Begriff „Spracherfahrung" und sehen konsequenterweise in den Lehrgängen keine Lernhilfen, sondern Lernbarrieren; ihnen stehen die gegenüber, die in Leselehrgängen Hilfen und Entlastungen für die Lehrpersonen sehen. Diese Position findet ihre Bestätigung in der Feststellung, dass ca. 90 % aller Lehrpersonen im ersten Schuljahr einen Leselehrgang benutzen. Der Streit ist nicht zuletzt deshalb unfruchtbar, weil er ideologisch belastet ist (s. Metze 1995, 64: Die Anhänger des Spracherfahrungsansatzes werden mit dem Attribut der Fortschrittlichkeit, die Lehrgangsbenutzer mit dem Attribut, konservativ zu sein, belegt) und die Frage nach der Kompetenz der Lehrpersonen und der Qualität der ansonsten angebotenen Materialien, einschließlich der selbst erstellten Arbeitsblätter, nicht stellt. Die Thesen von Wilfried Metze versuchen den Streit zu entschärfen und auf eine sachliche Ebene zurückzubringen.

Die Einsicht, dass die Lesefertigkeit nur die Voraussetzung für das übergreifende Ziel „Freude am Buch und am Lesen" ist, ließ – in Verbindung mit dem Gedanken des offenen Unterrichts – Bücher unterschiedlicher Art Eingang in den Lese-Erstunterricht finden (Leseecke, Klassenbibliothek). Damit wurde das Leseangebot attraktiver, vielfältiger und damit effektiver für den Aufbau eines individuellen Leseinteresses.

Diese Differenziertheit der Medien stellt zwar wie die Fibel früher ebenfalls eine Kodifikation des gesamten Lehrgefüges dar; der wesentliche Unterschied besteht jedoch darin, dass sie nicht mehr mit dem dogmatischen Anspruch der alleinigen

Gültigkeit auftreten, sondern funktional zu den spezifischen Zielen und Aufgaben unter Berücksichtigung individueller Fähigkeiten und Interessen eingesetzt werden wollen.

Inzwischen erhält ein neues Medium, der Computer, in der Grundschule im Zusammenhang mit Lesen und Schreiben immer mehr seinen festen Platz. Es ist vor allem die Entdeckung seines schreibpädagogischen Potentials durch offene Schreibsoftware, die ihn attraktiv macht, und dies insbesondere für schwächere Schüler durch die Selbstkontrollmöglichkeiten und die unendliche Geduld dieses Geräts. Im angloamerikanischen Sprachraum und auch in Frankreich erfolgte die Ausstattung der Schulen mit Computer bereits wesentlich früher; von daher liegen aus diesen Ländern schon vielfältige Erfahrungen vor, die aber nicht einfach übernommen werden können. Deshalb sind noch intensive Untersuchungen, wie die vom Max-Planck-Institut für psychologische Forschung, München (s. Brügelmann / Balhorn / Füssenich 1995, 356ff.), und Erprobungen (s. Die Grundschulzeitschrift 1991, H. 47) notwendig, um deren Einsatz pädagogisch und didaktisch noch besser legitimieren zu können. Die Anfangsbedenken gegen den Computereinsatz scheinen mittlerweile überwunden, seit es verstärkt gelingt, die Qualität der Software immer mehr dem didaktischen Handeln der Lehrpersonen anzunähern und die Vielfalt der Übungen adäquat zu den Lernaufgaben zu programmieren. Man sollte sich aber trotz aller Attraktivität der zumeist von Verlagen entwickelten Programme nicht dem Glauben hingeben, der Computer bringe die Lösung der Lernprobleme der Kinder und der Lehrprobleme der Lehrpersonen. „Die Essenz der Maschine ist ihre Software, die Essenz der Software aber ist die Philosophie, die in ihr steckt" (Roszak 1986, 100), d. h., am pädagogisch-didaktischen Konzept muss weiterhin gearbeitet werden.

6. Der Unterricht

Im Unterricht treten alle bisher erörterten Einzelaspekte in einem funktionalen Zusammenhang auf. Die Komplexität dieses Geschehens soll zur besseren Durchschaubarkeit auf fünf Aspekte reduziert werden (vgl. Schaubild, S. 145)

6.1. Gruppen- und Raumorganisation

Schulreformer und Lehrer, die sich um eine Verbesserung der Schule zum Vorteil der Kinder bemüht haben, haben immer auch den Klassenraum verändert und damit die heute unter dem Stichwort Ökologie kursierenden Überlegungen bereits praktisch vorweggenommen (Pestalozzi, Fröbel,Comenius, Petersen; s. Calliess, in: Burk / Haarmann 1979/80, s. Kasper 1979, 11). Bei der Gestaltung des Klassenzimmers müssen über lernbereichsspezifische Anforderungen hinausgehend jene Gegebenheiten beachtet werden, die das Wohlbefinden des Menschen im weitesten Sinne – speziell die des Kindes – positiv beeinflussen. Es geht dabei um anthropologische, verhaltenstheoretische, psychosomatische, sozialpsychologische und psychoökologische Tatsachen (vgl. Kasper 1979, 184). Fragen der Funktionalität, der Ästhetik und der physikalisch-technischen Ausstattung sind vordergründig äußerst wichtig, aber letztlich nicht entscheidend: Zu der optimalen Ausstattung des Raumes muss ein gutes soziales Klima hinzukommen, Freude und Heiterkeit müssen Raum haben, denn „Heiterkeit oder Freudigkeit ist der Himmel, unter dem alles gedeiht, Gift ausgenommen“ (Jean Paul).

Die zentrale Frage, die allen Entscheidungen hinsichtlich der Raumgestaltung vorausgeht, lautet: Wie muss der Raum beschaffen und eingerichtet sein, damit von ihm Impulse zum Lesen- und Schreibenlernen ausgehen und interaktives Lernen möglich ist? Von dieser Fragestellung her erhalten alle Entscheidungen wie Lese-Ecke, Schwarzes Brett, Lernspiele etc. ihren pädagogischen und didaktischen Sinn. Die praktischen Realisationsmöglichkeiten sollen nur stichwortartig angerissen werden. Im einzelnen sind bei der Gestaltung der Lernumgebung u. a. folgende Aspekte zu berücksichtigen:

- der Raum muss das gezielte und beabsichtigte Lernen unterstützen und die Lernergebnisse dokumentieren,
- er muss das Lernen anregen und die Selbstaktivierung des Lerners begünstigen,
- er muss die Kontakte zwischen den Schülern herstellen helfen,
- er muss den Schulraum zu einem Lebensraum werden lassen, der über die funktionalen Qualitäten hinaus Erlebnismöglichkeiten bietet.

6.2. Zeitplanung

Für das Lesen- und Schreibenlernen im Anfangsunterricht kommt es darauf an, durch eine pädagogisch orientierte Planung der Zeit dem individuellen Lernen Raum zu schaffen.

- Der Lernrhythmus des Kindes im Anfangsunterricht ist nicht mit der vom Stundenplan geforderten Unterrichtsstunde von 45 Minuten identisch. Die derzeitige Struktur eines Unterrichtsvormittags mit der strengen Zuordnung von Zeit und Inhalt macht eine Lern- und Arbeitshaltung zur Voraussetzung, die allenfalls als Ziel ins Auge zu fassen ist.
- Kinder sollen wie Erwachsene in dem, was sie am liebsten tun, Prioritäten setzen dürfen. Manche möchten mit Lesen, andere mit Rechnen beginnen. Eine starre Zeitplanung lässt dies aber nicht zu.
- Länger bemessene Zeitspannen sind nötig, um Eigeninitiativen zur Entfaltung kommen zu lassen. Solche Eigeninitiativen kommen nicht zustande, wenn Arbeiten ständig nach kurzer Zeit abgebrochen und neue begonnen werden müssen.
- Es sind feste Lese- (Schreib-) Zeiten einzuplanen, in denen die Kinder ihre individuellen Lese- (Schreib-) Aktivitäten frei entfalten können.

In deutlicher Anlehnung an den Tagesrhythmus im Kindergarten haben viele Lehrpersonen die 45-Minuten-Einheit aufgegeben zugunsten von größeren Zeiteinheiten, die nicht inhaltlich festgelegt sind, sondern vom Gedanken des offenen und mehr selbst gelenkten Arbeitens ausgehen (vgl. Priebe/ Röbe 1992).

6.3. Unterrichtliches Handeln der Lehrenden

Die im Zusammenhang mit der Raumorganisation und Zeitplanung aufgezeigten Bedingungen legen nahe, dass das unterrichtliche Handeln der Lehrpersonen im Lese-Schreib-Anfangsunterricht in dreifacher Weise erfolgen muss:

(1) Als instruierendes Belehren. Der Lehrende führt einen Buchstaben ein, er stellt Aufgaben, übt, berichtigt, d. h., er übt alle klassischen Lehrhandlungen aus, die in der Geschichte der Didaktik entwickelt worden sind. Dieses instruierende Belehren wird von den Kindern erwartet; es hat seinen Sinn darin, dass Schule als Ort des ökonomisch angelegten Lernens dies notwendig macht.

(2) Als Anregen zum Lernen. In Kap. 2.3. haben wir herausgestellt, dass das Kind ein aktives Wesen ist, dem Möglichkeiten zum Aktivsein einzuräumen sind. Hier geht es nicht darum, das Kind direkt zu belehren oder kleinschrittig zu führen, sondern ihm durch die lernanregenden Bedingungen des Klassenzimmers, durch Hereinnahme „natürlicher“ Lernsituationen (vgl. u. a. Spitta 1977; Bert / Guhlke 1977; Herbert / Meiers 1991; Priebe / Röbe 1992) und durch freie Entscheidungsmöglichkeiten den Raum zu geben, in dem es zum Agenten seines Lernprozesses werden kann.

(3) Als Aufgreifen von Aktivitäten der Kinder. Kinder sind in der Lage und verfügen über die kreative Fähigkeit, sich selbst sinnvolle Lese-Schreib-Aufgaben zu stellen bzw. Lesen und Schreiben sinnvoll und zweckmäßig zu gebrauchen. Wo Kinder solche Tätigkeiten entfalten, sollten sie nicht gestört, sondern gestützt und geschützt werden.

Diese drei Dimensionen des unterrichtlichen Handelns der Lehrenden gründen sich u. a. wesentlich auf die Einsicht, die Kontinuität des vorschulischen erfolgreichen Lernens der Kinder möglichst zu wahren; sie schließen selbstredend Differenzierungsmaßnahmen, Lernen in der Gruppe und den Erwerb von Arbeits- und Lerntechniken ein.

6.4. Das Unterrichtskonzept

Hinter allen Einzelfragen, die bis jetzt angesprochen worden sind, stehen weiterreichende Grundsatzunterscheidungen pädagogischer und allgemein didaktischer Art; die wichtigsten sollen abschließend noch ausdrücklich hervorgehoben werden, denn auch der kleinste Lehrgriff (Dolch), die speziellste Übung und scheinbar nebensächlichste Instruktion im Unterricht müssen in ein pädagogisch-didaktisches Gesamtkonzept eingebettet sein, damit das Kind nicht widersprüchlichen Einflüssen ausgesetzt ist.

Als unvorgreifliche Prämissen können gelten:

1. Ziel und Grundlegung des Schriftspracherwerbs müssen identisch sein (vgl. Lichtenstein-Rother / Röbe 1982, 131), d. h., auch zu Beginn des Leselehrgangs darf nichts getan werden, was den Zielen und Aufgaben des Lese-Schreiblernprozesses diametral entgegensteht:

- Da unsere Schrift eine Buchstabenschrift ist, muss sie von vornherein als solche behandelt werden. Das Benutzen der Buchstaben als bedeutungsverändernde Elemente und der Prozess des Erlesens sind darum die Grundfunktionen, die von Anbeginn an praktiziert werden müssen.
- Die Beachtung der Identität von Ziel und Grundlegung drückt sich auch aus in der direkten Hinführung zur Einsicht in Struktur und Funktion der Schrift. Damit steht die Schrift als Ganzes am Beginn des Schriftspracherwerbs und nicht ein spezifisches Detail.

2. Das Lernen des Kindes ist als ein vielschichtiges Geschehen zu sehen, in dem der Eigenantrieb eine wesentliche Komponente ist:

- Es wird einmal angestoßen und gelenkt durch Instruktionen und Belehrungen der Lehrenden; diese greifen aber nur unter Berücksichtigung der individuellen Voraussetzungen, d. h., wenn man das Kind dort abholt, wo es bezüglich seiner Lesefähigkeit steht.
- Es ergibt sich aus dem (scheinbar) spontanen Wunsch des Kindes, sich belehren zu lassen, eine Information (wie heißt das?) oder eine Instruktion (wie macht man das?) zu bekommen.
- Es vollzieht sich als selbständiges Lernen ohne direkte Beeinflussung durch Lehrer oder Mitschüler. Auch hierfür sind Grundeinsichten in die Struktur und Funktion der Schrift Voraussetzung, ebenso aber die Gestaltung des Raumes, das Vorhandensein von Lern- und Arbeitsmaterialien und individueller Lernzeit. Dahinter steht der Verzicht auf ständige kleinschrittige Gängelung.

3. Ein vorgegebener Lehrgang in Form eines eingeführten Leselernwerkes ist als etwas zu Überwindendes zu sehen und nicht als eine starre Fessel zu betrachten:

- Von Anbeginn an sind Ansätze aufzugreifen, die über den Leselehrgang hinausführen und zu schriftsprachlichen Aktivitäten unterschiedlichster Art hinführen.
- Der kodifizierte Leselehrgang sollte nur Medium des Lesenlernens sein, während der „Wunsch zum Lesenlernen“ (Rousseau) und das selbständige Herangehen der Kinder an Texte das eigentliche Vehikel des Lesenlernens sind.

Als richtungsweisende Unterrichtskonzepte für den Lese-Schreib-Unterricht können die angesehen werden, für die Sigrun Richter und Mechthild Dehn verantwortlich zeichnen (Richter 1995, 363 ff.; Dehn 1996). Beide weisen ökologische Merkmale auf und unterscheiden sich darin, dass Dehn ihr Unterrichtskonzept „Elementare Schriftkultur“ bewusst vor dem Hintergrund schwieriger Lernentwicklungen entfaltet.

Beide sind sich bewusst, dass die Lernausgangslagen der Kinder grundsätzlich differieren und in diagnostischen Verfahren (auch durch Beobachten) ermittelt werden müssen, um den individuellen Lernprozess adäquat fördern zu können. Damit wird dem unterschwellig immer wieder auftauchenden Phantom der Homogenität erneut eine eindeutige Absage erteilt.

Auch bei gleicher Ausgangslage und vergleichbarem Unterricht sind die Lernverläufe der Kinder unterschiedlich; d. h., es entsteht auch keine Homogenität; der Normalfall ist – so ist zu folgern – die Heterogenität der Lernprozesse der Kinder.

Das hat zur Folge, so Richter (1995), dass es „keine Konzeption gibt, die für alle Kinder die optimale ist; deshalb muss die Didaktik „eine breite Palette verschiedener Strategien zur Verfügung stellen". Beide Gedanken sind nicht neu; unter den Termini Individualisierung, Freiheitsgrad, Redundanz und anderen gehören sie seit langem zum didaktischen Inventar.

Ökologisch ist Richters Konzept insofern, als es sich als nicht-linear, mehrdimensional, dynamisch sieht, in dem – nach Bronfenbrenner – die Struktur des Individuums, die Struktur der Umwelt und die Bedeutung, die der Situation vom Individuum gegeben wird, als Einflussfaktoren permanent wirksam sind. Auf der Ebene der den Lehrpersonen gestellten Aufgaben liegen Richter und Dehn wiederum sehr nahe beieinander. Dreierlei wird von ihnen gefordert:

- die Fähigkeit zur Feststellung der Lernausgangslage (des Ist-Standes: was kann das Kind schon?),
- breite Kenntnisse der didaktischen und methodischen Möglichkeiten,
- die Fähigkeit zur Beobachtung der Lernentwicklung im Kontext der jeweiligen Situation.

Bleibt abschließend die Frage, ob die Lehrerbildung die entsprechenden Kompetenzen hinreichend vermittelt und die Politik die notwendigen Rahmenbedingungen zu ihrer Entfaltung zur Verfügung stellt.

Literaturverzeichnis

Arbeitsgemeinschaft Schreiberziehung (Hrsg.): Schreiben will gelehrt sein. Perspektiven und Wege der Schriftvermittlung. Hannover 1981

Bärmann, Fritz (Hrsg.): Lernbereich: Schrift und Schreiben. Braunschweig 1979

Bergk, Marion: Psychologie des handelnden und entdeckenden Lesenlernens. In: Grundschule 1983, H. 2, 56ff.

Bert, Eva Maria / Guhlke, Jochen: Nun differenziert mal schön. Von der Überzeugung und den Erfahrungen, daß Differenzierung im Schulalltag doch möglich ist. Frankfurt/M. 1977

Bierwisch, Manfred: Schriftstruktur und Phonologie. In: Probleme und Ergebnisse der Psychologie 1972, H. 43, 21–44; abgedruckt in: Hofer 1976, 82–98

Bosch, Bernhard: Grundlagen des Erstleseunterrichts. Eine didaktische Untersuchung. Ratingen 1937 (5. Aufl. 1961)

Breuer, Helmut / Weuffen, Maria: Gut vorbereitet auf das Lesen und Schreibenlernen? 7. Aufl., Berlin 1990

Brügelmann, Hans / Fischer, Dietlind: Lesefertigkeit oder Spracherfahrung? – eine Alternative. In: Meiers / Schwartz 1977, 28–54.

Brügelmann, Hans: Kinder auf dem Weg zur Schrift. Eine Fibel für Lehrer und Laien. Konstanz 1983

Brügelmann, Hans / Balhorn, Heiko / Füssenich, Ilse (Hrsg.): Am Rande der Schrift. Lengwil 1995

Burk, Karl-Heinz / Haarmann, Dieter (Hrsg.): Wieviel Ecken hat unsere Schule. 2 Bde, Frankfurt 1979 und 1980 (= Beitr. z. Ref. d. Grundschule 40/41/42)

Coulmas, Florian: Über Schrift. Frankfurt 1981

Dehn, Mechthild: Vom „Verschriften“ zum Schreiben. In: Grundschule 1983, H. 7, 28–31

Dehn, Mechthild u. a.: Elementare Schriftkultur. Schwierige Lernentwicklung und Unterrichtskonzept. Weinheim 1996

Diener, Kuno: Schreibenlernen. Psychologische und didaktische Voraussetzungen. Stuttgart 1980

Eichler, Wolfgang / Hofer, Adolf (Hrsg.): Spracherwerb und linguistische Theorien. Texte zur Sprache des Kindes. München 1974

Eichler, Wolfgang: Schreibenlernen. Schreiben – Rechtschreiben – Texte verfassen. Bochum 1992

Eisenberg, Peter / Klotz, Peter (Hrsg.): Sprache gebrauchen – Sprachwissen erwerben. Stuttgart 1993

Eisenberg, Peter: Sprachliche Aspekte in Schrift und Schriftlichkeit. In: Günther / Ludwig 1996, 1368–1380

Gibson, Eleonor / Levin, Harry: Die Psychologie des Lesens (1975). Stuttgart 1980

Goodman, Kenneth S.: Lesen: Ein psycholinguistisch-kognitives Probierverhalten. In: Meiers, Kurt / Schwartz, Erwin (Hrsg.): Fibeln und Erstlesewerke II. Frankfurt 1977, 295–307

Gümbel, Ruth: Erstleseunterricht. 5. Aufl., Königstein 1993

Günther, Hartmut / Ludwig, Otto (Hrsg): Schrift und Schriftlichkeit. Ein interdisziplinäres Handbuch internationaler Forschung. 1. Halbband. Berlin / New York 1994, 2. Halbband, Berlin / New York 1996

Hasler, Herbert: Lehren und Lernen der geschriebenen Sprache. Darmstadt 1991

Helmers, Hermann (Hrsg.): Die Diskussion um das deutsche Lesebuch. Darmstadt 1969

Herbert, Michael / Meiers, Kurt: Leben und Lernen im ersten Schuljahr. 4. Aufl., Stuttgart 1991

Hofer, Adolf (Hrsg.): Lesenlernen: Theorie und Unterricht. Düsseldorf 1976

Jehmlich, Siegrun: Das Verfahren der akustischen Analyse. In: Schule und Hochschule, ed. Wolfgang Royl. Berlin 1971, 165 ff.

Kainz, Friedrich: Psychologie der Sprache. Bd. 4. Stuttgart 1956

Kasper, Hildegard (Hrsg.): Vom Klassenzimmer zur Lernumgebung. Bausteine für eine fördernde Schule. Ulm 1979

Kern, Artur: Lesen und Lesenlernen. 4. Aufl., Freiburg 1958

Lehmann, Rainer H. u. a.: Leseverständnis und Lesegewohnheiten deutscher Schüler und Schülerinnen. Weinheim 1995

Lichtenstein-Rother, Ilse / Röbe, Edeltraut: Grundschule. Der pädagogische Raum für Grundlegung der Bildung. München 1982

Liedel, Marianne (Hrsg.): Schreiben will gelehrt sein. Perspektiven und Wege der Schriftvermittlung. Arbeitsgemeinschaft Schreiberziehung (AGS). o. O., o. J.

Mann, Christine: Legasthenie verhindern. 3. Aufl., Bochum 1994

Meiers, Kurt: Entdogmatisierung des Erstleseunterrichts. 2. Aufl., Bad Heilbrunn 1974

Meiers, Kurt: Das Problem der Synthese beim Lesenlernen. In: Grundschule 1981, H. 1, 37

Meiers, Kurt (Hrsg.): Erstlesen. 2. überarb. u. erw. Aufl., Bad Heilbrunn 1981 (= Studientexte zur Grundschuldidaktik)

Meiers, Kurt: Methodenintegration. Anmerkungen zu einem immer noch mißverständlichen und mißverstandenen Begriff. In: Erziehungswissenschaft – Erziehungspraxis 1987, H. 3, 33–40

Meiers, Kurt / Schwartz, Erwin (Hrsg.): Lesen lehren. Fibeln und Erstlesewerke II . Frankfurt 1977 (= Beiträge zur Reform der Grundschule Bd. 30/31)

Meiers, Kurt / Herbert, Michael: Bedingungen des Lesenlernens. Kronberg 1978

Menzel, Wolfgang: Schreiben-Lesen. Für einen handlungsorientierten Erstunterricht. In: Neuhaus-Siemon 1981, 134 ff.

Metze, Wilfried: Schluß mit einer Scheindebatte. In: Brügelmann, Hans / Balhorn, Heiko / Füssenich, Ilse (Hrsg.): Am Rande der Schrift. Lengwil 1995, 57–64

Neisser, Ulric: Kognitive Psychologie. (1967). Stuttgart 1974

Neuhaus-Siemon, Elisabeth (Hrsg.): Schreibenlernen im Anfangsunterricht der Grundschule. Königstein 1981

Neuhaus-Siemon, Elisabeth: Frühleser. Ergebnisse einer Fragebogenerhebung in den Regierungsbezirken Unterfranken und Köln. In: Zeitschrift für Pädagogik 1991, H. 2, 285–308

Neuhaus-Siemon, Elisabeth: Aspekte und Probleme des Schreibunterrichts: Erstschreiben. In: Günther / Ludwig 1996, 1249ff.

Priebe, Hiltrud / Röbe, Edeltraud (Hrsg.): Blickpunkt Grundschule. Bilder einer zukunftsoffenen Schullandschaft. Donauwörth 1992

Psychologie – Heute – Redaktion (Hrsg.): Kindheit ist nicht kinderleicht. Weinheim 1980

Richter, Sigrun: Ökologische (Schriftsprach)Didaktik. In: Brügelmann / Balhorn / Füssenich 1995, 363–371

Röbe, Edeltraud: Didaktik des Lesenlernens. Auswertung und kritische Erörterung der Unterrichtsdokumentation eines Leselehrgangs. Frankfurt 1977 (= Forschungsbeiträge zur Grundschulreform Bd. 2, ed. Arbeitskreis Grundschule)

Roszak, Theodor: Der Verlust des Denkens. Über die Mythen des Computerzeitalters. München 1986

Scheerer-Neumann, Gerheid: Der Erwerb der basalen Lese- und Schreibfähigkeiten. In: Günther / Ludwig 1996, 1153–1169

Schmidt, Hans-Dieter u. a: Frühdiagnostik und Frühförderung von Lese – und Rechtschreibleistungen. Berlin 1990

Schorch, Günther (Hrsg.): Schreibenlernen und Schriftspracherwerb. Bad Heilbrunn 1983

Schwartz, Erwin: Selbsterfahrungstest (SET) für Leselehrer. In: Grundschule 1976, H. 11, 602–606

Spitta, Gudrun (Hrsg.): Legasthenie gibt es nicht... Was nun? Warum in unseren Schule so viele Kinder nicht lesen lernen und was man dagegen tun kann. Kronberg/Ts. 1977

Strank, Wilhelm: Erstleseunterricht auf linguistischen Grundlagen. In. Bull, Reiner (Hrsg.): Schulfach Deutsch. Hannover 1975, 19–31 (= Schule und Hochschule 1974/75)

Switalla, Bernd: Die Sprache als kognitives Medium des Lernens. In: Eisenberg / Klotz 1993, 35–61

Topsch, Wilhelm: Das Ende einer Legende. Die Vereinfachte Schrift auf dem Prüfstand. Donauwörth 1996

Valtin, Renate / Jung, Udo O. H. / Scheerer-Neumann, Gerheid (Hrsg.): Legasthenie in Wissenschaft und Unterricht. Darmstadt 1981

Vestner, Hans: CVK-Leselehrgang. Berlin 1974

Weigl, Egon: Zur Schriftsprache und ihrem Erwerb. In: Eichler / Hofer 1974, 94–173

Weinert, Franz E. (Hrsg.): Pädagogische Psychologie. Köln 1967

Wygotski, Lew S.: Denken und Sprechen (1934). Frankfurt 1974

KARL SCHUSTER

Mündlicher Sprachgebrauch

1. Zur Bedeutung des mündlichen Sprachgebrauchs im Deutschunterricht

Kein Lernbereich steht so im Zentrum des Deutschunterrichts wie der mündliche Sprachgebrauch. Er kann explizit Gegenstand sein, ist aber auch immer Prinzip, da jeder Unterricht einen Kommunikationsakt erforderlich macht. Der Begriff des mündlichen Sprachgebrauchs wird im Allgemeinen abgegrenzt von dem der Sprachbetrachtung, die dem Grammatikunterricht zuzuordnen ist. Die Bezeichnung mündliche Kommunikation wird heute eher vermieden, da nach dem inflationären Gebrauch in den 70er Jahren bei Lehrern eine gewisse Abwehrhaltung zu registrieren ist.

Trotz des Stellenwertes der mündlichen Kommunikation, die mit dem Menschsein als solchem verbunden ist, ist es nach einer intensiven ersten Phase in den letzten eineinhalb Jahrzehnten um den mündlichen Sprachgebrauch recht still geworden, keine größere deutschdidaktische Publikation beschäftigt sich mit diesem so wichtigen Lernbereich, wie Eva Neuland (1995) feststellt. Das Forschungsinteresse des Faches sei von der Neuentdeckung der Schriftlichkeit absorbiert. Die Ursachen für dieses deutschdidaktische Desinteresse könnten folgendermaßen umschrieben werden:

- Die bildungspolitische Landschaft hat sich grundlegend geändert. Es geht nicht mehr darum, alle Bildungsreserven auszuschöpfen. Das Gymnasium erlebt einen beispiellosen Andrang. Die mündliche Kommunkation hatte nämlich auch einen kompensatorischen Anspruch, d. h., besonders unterprivilegierte Schichten sollten durch eine intensive Förderung gleiche Bildungschancen erwarten können.
- Die Lehrer selbst resignieren angesichts sich immer weiter verschlechternder schulischer Rahmenbedingungen. Längst sind Klassen mit über 30 Schülern und Schülerinnen in viel zu kleinen Räumen nicht mehr nur Ausnahmen. Man mache sich bewusst, wieviel Zeit dem einzelnen Schüler zur Verfügung steht, sich im Unterricht mit einem Gesprächsbeitrag zu äußern. Viele didaktische Konzeptionen berücksichtigen eben nicht diese schulische Realität, so dass sich die Lehrer enttäuscht von den Angeboten der Fachdidaktik abwandten.
- Da die Schule immer noch durch die Notengebung Bildungs- und damit auch Berufschancen verteilt – man denke an den Numerus clausus –, rückten immer mehr die juristischen Aspekte der Benotung in den Vordergrund. Dabei schneidet besonders der mündliche Sprachgebrauch schlecht ab. Lassen sich Referate und Abfragen noch einigermaßen sicher beurteilen, entzieht sich die Gesprächsfähigkeit schon fast ganz einer validen Einstufung.

Dennoch soll der mündliche Sprachgebrauch als zentrale Instanz nach den Vorgaben der Ministerialbürokratie die Werteerziehung der Schüler in unserer Zeit garantieren, vor allem die Werte von Humanität und Solidarität. Die Schule selbst ist allerdings immer auch Teil der Gesellschaft und kann für sich zwar gewisse Tendenzen aufnehmen, verstärken, auch abmildern, sie wäre aber hoffnungslos überfordert, wollte man ihr allein die Veränderung der Gesellschaft aufbürden, die geprägt ist durch ein Wirtschaftssystem, das Konkurrenz und Wettbewerb zur Richtschnur des Handelns erhoben hat. Der Einzelne muss sich gegen Mitbewerber behaupten können. Teamarbeit oder Einfühlungsvermögen (Empathie) werden dann gefördert, wenn sie zu besseren wirtschaftlichen Ergebnissen führen. Menschliche Solidarität und Empathie müssen unter heute schwierigen Rahmenbedingungen im Erziehungsprozess angebahnt werden. Demokratische Gesellschaften sind unabdingbar auf mündige und empathiefähige Bürger angewiesen.

Mir scheint diese Balance zwischen der Entwicklung der eigenen Identität, die niemals ganz abgeschlossen ist, und der grundlegenden Notwendigkeit von Altruismus und Verantwortung außerordentlich wichtig. Sie schließen sich gegenseitig nicht aus. Im Gegenteil: Je komplexer das Ich entwickelt ist, desto mehr kann es in das Wir einbringen. Traditionalistische Lösungsvorschläge mit konservativen Rollenvorgaben werden unserer sich wandelnden gesellschaftlichen Wirklichkeit nicht gerecht, ja würden eher das Gegenteil bewirken.

Da in dieser Publikation noch weitere Abhandlungen zur Sprachdidaktik enthalten sind, sollen sich die folgenden Ausführungen mit dem Kernbereich des mündlichen Sprachgebrauchs befassen, nämlich wie die kommunikative Kompetenz der Schüler gefördert werden kann. Mehr instrumentelle Aspekte der rhetorischen Kommunikation, wie z.B. die Fähigkeit, möglichst gut Referate vorzutragen, werden hier nicht berücksichtigt.

2. Anmerkungen zur Entwicklung und zum Diskussionsstand der mündlichen Kommunikation

Zwar ereignet sich immer Kommunikation, wenn unterrichtet wird, aber als eigener Lernbereich mit einem eigenen Profil konnte sich dieser erst Ende der 60er Jahre / Anfang der 70er Jahre etablieren. Wir sprechen von der sog. „kommunikativen Wende", die sich in allen Lernbereichen des Deutschunterrichts bemerkbar machte. Im mündlichen Sprachgebrauch rückte neben der Syntax, der Semantik nun auch die Pragmatik (der Sprachverwendungszusammenhang) in den Mittelpunkt des didaktischen Interesses. Im Folgenden sollen die wichtigsten originären Ansätze zum Thema mündlicher Sprachgebrauch kurz dargestellt werden. Ich gehe chronologisch vor; die jeweiligen Protagonisten repräsentieren entsprechende zeitgemäße Positionen.

2.1. Deutschdidaktische Positionen des mündlichen Sprachgebrauchs

2.1.1. Kommunikationsorientierter Ansatz von Arend Mihm (1975)

Arend Mihm formuliert folgende Schlüsselfragen:

1. Welche *Anforderungen* stellt das Leben in unserer jetzigen und in einer zukünftigen Gesellschaft an die mündliche Kommunikationsfähigkeit des Individuums? In welchen Situationen, über welche Gegenstandsbereiche und zu welchen Partnern muss der Einzelne kommunizieren können?
2. Welche *Kommunikationsfähigkeiten* können in der Schule, durch die Primärsozialisation vermittelt, vorausgesetzt werden?
3. Wie kann Kommunikationsfähigkeit, besonders unter den Bedingungen der *Schule*, gelernt und erworben werden? (Mihm 1975, 85)

Aus diesen Fragen wird abgeleitet, dass der Einzelne erwerben müsse: die Befähigung zur Information (bezogen auf die fortschreitende Arbeitsteilung und die zunehmende Spezialisierung in Technik und Wissenschaft), die Befähigung zum Sozialkontakt und die Befähigung zur Argumentation bzw. zum Appell (um im Widerstreit der Interessen und Meinungen in einer Demokratie den eigenen Standpunkt identifizieren, formulieren und gegenüber anderen verteidigen zu können). (Ebd., 85)

Der Kommunikationsunterricht sollte einen entscheidenden Beitrag der „Erziehung zum mündigen und emanzipierten Individuum" leisten. So könne eine didaktische Konzeption, deren Schwerpunkt auf Informieren, Auskunft geben, Beschreiben und Nacherzählen liege, sicherlich den Spielraum des Einzelnen weniger erweitern als eine Konzeption, die die soziale Kontaktaufnahme, die Argumentation und den Appell in den Vordergrund stelle. (Ebd., 87) Mihm legt großen Wert auf eine sprechakttheoretische Begründung seines mündlichen Sprachgebrauchs, so z. B.:

1. Sprechhandlungen im Bereich Information (in Auswahl)

   Jemandem Auskunft geben, jemandem etwas ausrichten, jemandem Anweisungen geben, eine Ankündigung machen, jemandem etwas erklären, über Untersuchungen referieren, über ein Buch berichten, eine Fernsehsendung charakterisieren, jemanden interviewen usw.

2. Sprechhandlungen im Bereich Sozialkontakt

   Eine Bekanntschaft machen, eine Unterhaltung beginnen, jemanden ins Gespräch einbeziehen, jemanden unterhalten, Anekdoten und Witze erzählen, das Thema wechseln, jemanden trösten oder ermuntern, sich entschuldigen usw.

3. Sprechhandlungen im Bereich Argumentation / Appell

   Einen Wunsch äußern, jemanden verteidigen, etwas durchsetzen, jemanden zum Handeln aufrufen, sich beschweren, für eine Sache werben, jemanden herausfordern usw. (Ebd., 89)

Die Institution Schule beurteilt Mihm in Bezug auf das Erlernen von mündlicher Kommunikation „als keineswegs besonders geeignet.“ (Ebd., 90) Der 10- oder 13-jährige Aufenthalt in einer Gruppe von Gleichaltrigen könnte bei lehrerzentriertem Unterricht nur zum Erlernen einer einzigen Sprechhandlung, nämlich des Auskunft gebens gegenüber Höhergestellten, und damit geradezu zu einer kommunikativen Deprivation führen. Es ist deshalb nur logisch, wenn er fordert, dass im Unterricht Kommunikationssituationen geschaffen werden müssten, „die in gewisser Weise die gesellschaftlich typische Kommunikation repräsentieren, damit ein Transfer wahrscheinlich wird.“ (Ebd., 91) Er führt die Plenumsarbeit, die Gruppenarbeit, das Rollenspiel und die Einzelarbeit näher aus. Es zeigt sich in dieser Argumentation noch eine allzu sehr instrumentelle Auffassung von mündlicher Kommunikation. Dies wird auch deutlich, wenn er fordert, dass bei den Schülern „Meinungen und Kenntnisse“ aktiviert werden müssten. „Deshalb sollte der Deutschlehrer sorgfältig registrieren, welche Themen und Gesprächsgegenstände in der Klasse ein breites Echo finden und bei welchen Problemen in Lesestücken oder Jugendbüchern sich die Meinungen in der Klasse polarisieren.“ (Ebd., 95) Ähnlich lässt sich seine Forderung nach einer Erweiterung der inhaltlich-thematischen Position und der kreativen Konkretisierung von Meinungen (ebd., 96) einordnen. Das Lernen in der Beziehungsdimension beschränkt sich hauptsächlich noch darauf, „daß der Sprechende sein Rollenverhältnis zum Angesprochenen richtig einschätzt und sich auf unterschiedliche Partner einstellen kann.“ (Ebd., 97) Der Erwerb dieser Kompetenz soll mit Hilfe des Rollenspiels erreicht werden, damit ein Transfer auf außerschuliche Situationen möglich wird. Das Konfliktrollenspiel mit seinen positiven Wirkungen wurde in dieser Zeit mit großen Hoffnungen propagiert (vgl. auch Barbara Kochan 1974). Die allzu instrumentelle Auffassung von mündlicher Kommunikation wird noch einmal besonders deutlich im Abschnitt über das Planen, Formulieren und das Vortragen. (Mihm 1975, 98ff.)

2.1.2. Phänomenologischer Ansatz von Barbara und Detlef C. Kochan (1980)

Das Ehepaar Kochan verwendet nun schon den auch heute noch üblichen Begriff „mündlicher Sprachgebrauch“ als „einen ausschließlich sprachdidaktischen Terminus“ (Kochan / Kochan 1994, 204), wodurch ein „sprachdidaktisches Lernfeld“ entworfen bzw. beschrieben wird, „durch das die Schüler in den Stand versetzt werden sollen, ihre kommunikativen Fähigkeiten im unmittelbaren zwischenmenschlichen Austausch zu erproben, anzuwenden und zu bereichern.“ (Ebd., 202)

Untersuchungsgegenstand soll die „gesprochene Sprache“ sein, da nun mit den audiovisuellen Hilfsmitteln, die sich technisch relativ einfach handhaben lassen, ein ideales Instrumentarium, mündliche Kommunikation aufzuzeichnen, zur Verfügung steht. Als Beispiel wird die Direktreportage eines Fallschirmabsprungs (ebd., 205ff.) abgedruckt, wobei verständlicherweise die Verschriftlichung mit all den Sonderzeichen sehr verwirrend aussieht und äußerst schwer zu lesen ist. Gesprochene Sprache im Buch – dieser Widerspruch sei nicht leicht aufzulösen. So gehen in diesem Zusammenhang die Kochans auf die grundsätzlichen Unterschiede zwischen gesprochener und geschriebener Sprache ein:

(1) Phylogenetisch habe sich die geschriebene Sprache aus der gesprochenen Sprache entwickelt, nicht umgekehrt; (2) ontogenetisch eigne sich jedes Kind die geschriebene Sprache aufgrund seiner Kenntnis der gesprochenen Sprache an; (3) funktional ergänze die geschriebene die gesprochene Sprache, sie ersetze sie nicht; (4) strukturell könnten die Grundeinheiten der geschriebenen Sprache mit denen der gesprochenen Sprache in Beziehung gesetzt werden. (Ebd., 207)

Das Ehepaar Kochan beschreibt zwar die Schwierigkeiten, die sich im Deutschunterricht für diesen Lernbereich ergeben, aber die Lösungsvorschläge werden konventionell wie bisher in sprechakttheoretischen Konstrukten gesucht, wenn auch etwas andere Akzentuierungen vorgenommen werden. „Sprechen geschieht in Situationen. Darauf hat die kommunikationsorientierte Sprachdidaktik mit Nachdruck hingewiesen. Die Sprechsituation ist seither eine zentrale Kategorie des mündlichen Sprachunterrichts. Die Situation hat in erster Linie motivierende Bedeutung. Der Unterricht wird also Situationen aufgreifen oder schaffen, die zum mündlichen Gebrauch der Sprache und dessen Reflexion herausfordern." (Ebd., 220)

Es wird unterschieden zwischen a) fiktiver und realer Situation und b) zwischen äußerer und innerer Situation. Der Begriff der inneren Situation wurde nach den Kochans von Wolfgang Boettcher und Horst Sitta (1981) in die Sprachdidaktik eingebracht. Im Einzelnen sei danach nicht entscheidbar, was für eine Person 'Wirklichkeit' sei und welche Wirklichkeitsausschnitte für sie Situationscharakter hätten. Eine solche Auffassung wird heute ebenfalls von der Theorie des Radikalen Konstruktivismus (vgl. S. 183ff.) gestützt. Danach verlöre das Argument der „Ernstfalldidaktik", die hauptsächlich Realsituationen bevorzugte, weil sie wirklich und nicht eingebildet seien, seine Überzeugungskraft. Nicht die Gegebenheiten seien es, die den Schüler aktivierten, sondern erst die Bedeutung, die er ihnen beimesse.

2.1.3. Der normative Ansatz von Klaus Bayer (1984)

Klaus Bayer hat schon 1982 ein „Studienbuch: Mündliche Kommunikation" herausgegeben. Da es sich dabei aber eher um eine Textsammlung handelt, beziehe ich mich hier auf seinen Aufsatz von 1984. Auch Klaus Bayer nimmt wie die Vorgänger Bezug auf die Sprechakttheorie, die ja auch heute noch eine der fachwissenschaftlichen Grundlagen darstellt. Er zitiert weitere fachwissenschaftliche Literatur, bringt die „vier Seiten der Nachricht" von Schulz von Thun ein (vgl. S. 179ff.), erörtert die Rollentheorie, die Erkenntnisse der Soziolinguistik und deutet einige Aspekte der nonverbalen Kommunikation an.

Nach Bayer sei Ziel des Deutschunterrichts die Fähigkeit zum situationsangemessenen Einsatz der Standardsprache in mündlicher und schriftlicher Kommunikation. „Diese Voraussetzung ist normativ-bildungspolitischer Natur." (Bayer 1984, 318) Der Lehrer müsse bereit sein, die Lehrerrolle zu akzeptieren und den „Schülern die Normen standardsprachlicher Kommunikation zu vermitteln". (Ebd., 322) Freilich ist Bayer nicht so naiv, einseitig den lehrerzentrierten Unterricht zu betonen, sondern er verbindet damit eher das Modelllernen und lehnt es ab, dass der Lehrer sich in einer Art „kommunikativer Kumpanei" der Sprache seiner Schüler angleiche, seine eigenen Äußerungen auf ein Minimum reduziere und auf Gesprächsstrukturierung, kritische Nachfragen und Korrekturen grundsätzlich verzichte. „Angemessene Förderung der Fähigkeit zu mündlicher Kommunikation ist nur möglich, wenn der Lehrer als Vorbild und als reflektierter Kommunikationspartner aktiv und kritisch an der Unterrichtskommunikation teilnimmt." (Ebd., 322) Wichtig sei, dass mündliche Kommunikation außer einer inhaltlich-sachlichen auch eine emotionale, appellative und beziehungsorientierte Dimension habe. Diese Einsicht dürfe aber keinesfalls zu einer Vernachlässigung der inhaltlichen Dimension führen. „Situationsangemessene Präzision im Ausdruck, in der Verständlichkeit und sachliche Argumentation müssen neben dem emotionalen und sozialen Aspekt der Kommunikation gefördert und gefordert werden." (Ebd., 323)

Die konkreten Vorschläge für die Unterrichtspraxis bleiben weitgehend aus, wenn man von dem Hinweis auf die Gruppenarbeit absieht.

2.1.4. Der Gesprächsanalyseansatz von Eva Neuland (1995)

Eva Neuland fasst in ihrem Aufsatz zunächst die Diskussion zu diesem Lernbereich zusammen. Sie betont besonders die Gesprächsforschung und Gesprächsförderung (Neuland 1995, 11 ff.). In der linguistischen Gesprächsforschung hätten sich in der letzten Zeit Entwicklungen einer angewandten Gesprächsforschung vollzogen, die implizite Analogien zur schulischen Gesprächsdidaktik aufwiesen. Sie hätten nun einen entschieden anderen Stellenwert zugesprochen bekommen. Typische Untersuchungsfelder dieser angewandten Gesprächsforschung seien Kommunikationsweisen in Institutionen der Medizin, des Rechtswesens und der öffentlichen Verwaltung, Sprechstunden und Visitengespräche, Unterrichts- und Beratungsgespräche, Verkaufs- und Verhandlungsgespräche. „Im Unterschied zu vielen Versuchen auf dem Feld der praktischen Rhetorik und des Kommunikationstrainings wird hier die Deskription authentischer Gesprächsverläufe zum Ausgangspunkt für die Rekonstruktion kommunikativer Handlungsmuster genommen." (Ebd., 12) Dabei könnten auch Kommunikationsprobleme identifiziert, gesprächsanalytisch beschrieben und die kommunikativen Bedingungen ihres Zustandekommens erklärt werden.

Auch für diese Publikation ist charakteristisch, dass die Diskussion auf einem hohen Abstraktionsniveau geführt wird. Dies hat u. a. zur Folge, dass konkrete Handlungsanweisungen kaum zu finden sind. Wenn Eva Neuland an meiner „Einführung in die Fachdidaktik Deutsch" (Schuster 1992/1998) kritisiert, dass eher eine kommunikationspsychologische und gesprächstherapeutische Weiterbildung der Lehrer verfolgt werde, „dass keine konkreten Folgerungen für die Förderung des mündlichen Sprachgebrauchs der Schüler gezogen würden" (Neuland 1995, 10), dann ist dies ein fundamentales Missverständnis. Gerade der Bezug auf Systeme der Humanistischen Psychologie erlaubt für Lehrer *und* Schüler konkrete Handlungsmuster, die sich inzwischen auch im Unterricht bewährt haben. Mündliche Kommunkation ist ein so komplexer Problembereich, dass sich nicht nur die germanistische Fachwissenschaft und die Deutschdidaktik damit beschäftigen, sondern auch psychologisch-pädagogische Disziplinen, die sich durchaus mit Gewinn für den Bereich der mündlichen Kommunikation im Deutschunterricht diskutieren lassen. Die sog. „kommunikative Wende" wurde eben grundsätzlich mit getragen von Vertretern der Humanistischen Psychologie, wie z. B. von Paul Watzlawick, der zugleich auch Anregungen zum Radikalen Konstruktivismus gegeben hat.

2.2. Watzlawick und die „kommunikative Wende"

Watzlawick hat für diese „menschliche Kommunikation" (sein Buch zusammen mit Beavin, J. H. und Jackson O. D. mit demselben Titel erschien 1969, 1996 unverändert in der 9. Auflage) allgemeine Grundsätze erarbeitet. Im Alltag ist unsere Fähigkeit wichtig, uns mit anderen Menschen bestmöglich verständigen zu können. Dass dies häufig nicht gelingt, haben wir schon alle erfahren. Denn die gesellschaftlichen und auch die persönlichen Umstände des Erlernens von Kommunikation sind oft nicht so beschaffen, dass wir dabei nicht auch Verhaltensweisen einüben, die uns hinderlich sind. Je besser der Verständigungsprozess organisiert werden kann, desto befriedigender wird meist das psychische und physische Wohlbefinden sein.

In der Psychologie war lange ein Krankheitsmodell angenommen worden, das den Einzelnen mit seinen Störungen in individualistischer Sicht als Zentrum begriffen hat. Watzlawick (und mit ihm viele Richtungen der Psychologie) sah nun die Ursache für viele Neurosen (und für manche Psychosen) nicht mehr hauptsächlich in der Einzelpersönlichkeit, sondern in der Interaktion des Patienten mit der Umwelt, mit den Bezugspersonen in Familie und Gesellschaft. Immer mehr wurde deshalb konsequenterweise auch gefordert, in die Therapie dieses soziale Umfeld mit einzubeziehen, wie es z. B. Virginia Satir (1988) mit ihren familientherapeutischen Ansätzen dargestellt hat. So wurde nun versucht, die Gesetzmäßigkeiten, die die menschliche Kommunikation steuern, zu erforschen und entsprechende Regeln abzuleiten.

In der Deutschdidaktik wurde dieses Buch in den 70er Jahren auf breiter Ebene rezipiert, ganze Einführungsseminare bezogen sich darauf (vgl. auch Behr u. a. 1972 und 1975). Neu entwickelte Sprachbücher lasen sich in ihren Inhaltsangaben (z. B. für 5./6. Klassen die Diesterweg-Sprachbücher) wie verkappte kommunikationstheoretische Proseminare. Zunächst waren diese Erkenntnisse didaktisch nicht schülergerecht umgesetzt worden.

2.3. Die Kommunikationsaxiome Watzlawicks

Die Axiome Watzlawicks sind in ihrer Bedeutung für die Deutschdidaktik vielfach diskutiert worden (vgl. auch meine „Einführung in die Fachdidaktik Deutsch", S. 52–60), so dass auf eine breitere Diskussion verzichtet werden kann. Wegen ihrer historischen Bedeutung sollen sie aber aufgeführt werden.

- „Man kann nicht nicht kommunizieren." (Watzlawick 1996, 53)
- „Jede Kommunikation hat einen Inhalts- und einen Beziehungsaspekt, derart, daß letzterer den ersteren bestimmt und daher eine Metakommunikation ist." (Ebd., 56)
- „Die Natur einer Beziehung ist durch die Interpunktion der Kommunikationsabläufe seitens der Partner bedingt." (Ebd., 61)
- „Menschliche Kommunikation bedient sich digitaler [verbaler] und analoger [nonverbaler, nicht-sprachlicher] Modalitäten [Ausdrucksmittel]. Digitale Kommunikationen haben eine komplexe und vielseitige logische Syntax, aber eine auf dem Gebiet der Beziehungen unzulängliche Semantik [Bedeutungslehre]. Analoge Kommunikationen dagegen besitzen dieses semantische Potential, ermangeln aber die für eindeutige Kommunikationen erforderliche logische Syntax." (Ebd., 68)
- „Zwischenmenschliche Kommunikationsabläufe sind entweder symmetrisch [gleichwertig] oder komplementär [ergänzend], je nachdem, ob die Beziehung zwischen den Partnern auf Gleichheit oder Unterschiedlichkeit beruht." (Ebd., 50–70)

Zum Schluss der Diskussion betont Watzlawick: „Erstens sollte es klar sein, daß diese Axiome nicht mehr als versuchsweise getroffene Formulierungen sein können. Zweitens sind sie insofern heterogen, als sie von Beobachtungen sehr verschiedenen Abstraktionsgrades abgeleitet sind. Ihr gemeinsamer Nenner ist also nicht ihr Ursprung, sondern die ihnen allen eigene pragmatische Bedeutung, die ihrerseits nicht monadischer, sondern zwischenmenschlicher Natur ist." (Ebd., 70/71)

2.4. Zur psychologisch orientierten Diskussion der menschlichen Kommunikation

Wenn man die Diskussion zur mündlichen Kommunikation ohne spezifische Ausrichtung auf den Deutschunterricht überblickt, dann stellt man fest, dass vielfach auf Watzlawick zurückgegriffen wird, jeweils aber weitere Differenzierungen vorgenommen werden, so z. B. von Friedemann Schulz von Thun „Miteinander reden", Bd. 1. „Störungen und Klärungen" (1981) und Bd. 2. „Stile, Werte und Persönlichkeitsentwicklung" (1989). Da vor allem auch sein 1. Band wiederum die Deutschdidaktik stark beeinflusst hat, sei seine über Watzlawick hinausgehende Idee dargestellt. Schulz von Thun beginnt mit einer allgemeinen Feststellung zur eigenen Kommunikationsfähigkeit: „Ich hätte keine Lust gehabt, dieses Buch zu schreiben, wenn nicht sein Inhalt für mein persönliches Leben Bedeutung hätte. Als ich zum Abschluss meiner Schulzeit das 'Zeugnis der Reife' erhielt, bestand meine Kommunikationsfähigkeit vor allem darin, in einer raffinierten, gelehrsamen Sprache über Sachverhalte zu reden, zu denen mir jede Erlebnisgrundlage fehlte. Statt das Erlebte zu verstehen und auszudrücken, lernten wir das Nicht-Erlebte altklug zu kommentieren. (...) Das Reifezeugnis in der Hand, fühlte ich mich 'ungebildet' in Fragen des zwischenmenschlichen Umgangs. Für das Thema 'Wie gehe ich mit mir selbst und anderen um?' war kaum eine Schulstunde reserviert gewesen." (Schulz von Thun 1981, 11)

Schulz von Thun nennt eine wesentliche Bedingung der Beschäftigung mit den Phänomenen der menschlichen Kommunikation, nämlich die Bedeutsamkeit für die eigene Person. Auch der Lehrer sollte sich immer bewusst sein, dass er nicht nur zur Kommunikation anregen soll, sondern immer auch als Modell für seine Umwelt, vor allem für seine Schüler zu dienen hat.

Was sich heute als didaktische Aufgabe stellt, war für Schulz von Thun schon in den 80er Jahren ein Problem: „Wie können wir die verschiedenen Ansätze der Psychologie, die Beiträge etwa von Carl Rogers, Alfred Adler, Ruth Cohn, Fritz Perls und Paul Watzlawick so 'unter einen Hut' bringen, daß sie für die praktischen Kommunikationsprobleme in einer Zusammenschau dienlich würden." (Ebd., 13)

Schulz von Thun übernimmt von Watzlawick den Sachaspekt und den Beziehungsaspekt, erweitert aber dieses Konzept um den Selbstoffenbarungsaspekt:

„Wenn einer etwas von sich gibt, gibt er auch etwas von *sich* – dieser Umstand macht jede Nachricht zu einer kleinen Kostprobe der Persönlichkeit, was dem Sender nicht nur in Prüfungen und in der Begegnung mit Psychologen einige Besorgnis verursacht. Mit dem zunehmenden Einfluß der Humanistischen Psychologie in Deutschland wurde uns klar, daß ein 'Leben hinter Fassaden' zwar die Selbstoffenbarungsangst eindämmen kann, aber mit großen Kosten für die seelische Gesundheit und für die zwischenmenschliche Verständigung verbunden ist. – Mit diesem Aspekt ist das Thema der Echtheit (Authentizität) angesprochen." (Ebd., 14)

Der Appellaspekt ist schon durch Karl Bühler allgemein bekannt geworden. „All diese Probleme im Kopf und eine ferne Erinnerung daran, daß Karl Bühler 'drei Apekte der Sprache' (1934) unterschieden hatte (Symbol, Symptom, Appell), kam ich schließlich auf den Gedanken, den Teilnehmern unserer Trainingskurse die 'Nachricht' als quadratisches Gebilde darzustellen, wobei ich die Sichtweisen von Watzlawick und Bühler kombinierte." (Ebd., 14)

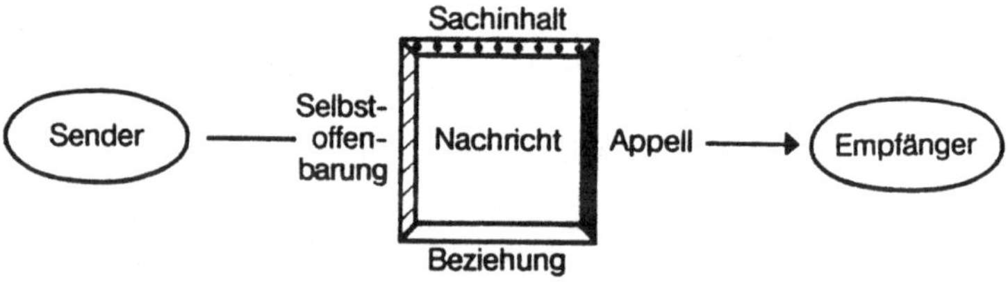

Abb. 1 Schulz von Thun 1981, 30

Nach Schulz von Thun ist der Beziehungsaspekt bei Watzlawick weiter definiert und schließt alle drei Dimensionen ein, die Selbstoffenbarung, die Beziehung (im engeren Sinn) und den Appell. Den Vorteil seines Modells sieht er darin, dass es die Vielfalt möglicher Kommunikationsstörungen und -probleme besser einzuordnen gestattet und den Blick öffnet für verschiedene Trainingsziele zur Verbesserung der Kommunikationsfähigkeit.

Alle vier Seiten der Nachricht seien immer gleichzeitig im Spiel, so dass der kommunikationsfähige Sender sie sozusagen alle beherrschen muss.

„Einseitige Beherrschung stiftet Kommunikationsstörungen. So nützt es z.B. wenig, sachlich recht zu haben, wenn man gleichzeitig auf der Beziehungsseite Unheil stiftet. Genausowenig nützt es, auf der Selbstoffenbarungsseite eine gute Figur zu machen, z.B. sich als geistreich und gelehrsam zu präsentieren, und dabei unverständlich in der Sachbotschaft zu bleiben." (Ebd., 44)

Schulz von Thun versteht es ausgezeichnet, seine Theorie zu veranschaulichen. Er spricht davon, dass man mit „vier Ohren empfangen" (ebd., 44) könne. „Je nachdem auf welcher Seite er (der Empfänger – KS) besonders hört, ist seine Empfangstätigkeit eine andere: Den Sachinhalt sucht er zu verstehen. Sobald er die Nachricht auf die Selbstoffenbarungsseite hin 'abklopft', ist er personaldiagnostisch tätig ('Was ist das für eine(r)?' bzw. 'Was ist im Augenblick los mit ihm/ihr?'). Durch die Beziehungsseite ist der Empfänger persönlich besonders betroffen ('Wie steht der Sender zu mir, was hält er von mir, wen glaubt er vor sich zu haben, wie fühle ich mich behandelt?'). Die Auswertung der Appellseite schließlich geschieht unter der Fragestellung 'Wo will er mich hinhaben?' bzw. in Hinblick auf die Informationsnutzung ('Was sollte ich am besten tun, nachdem ich dies nun weiß?')". (Ebd., 44)

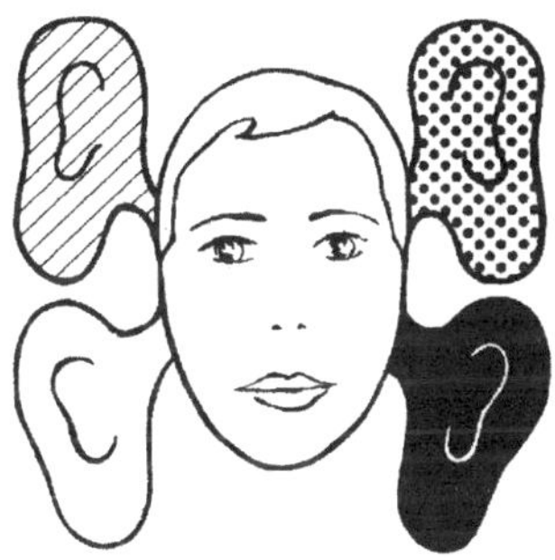

Abb. 2 Schulz von Thun 1981, 45

Der Empfänger habe prinzipiell die freie Auswahl, auf welcher Seite der Nachricht er reagieren wolle. Zur Veranschaulichung bringt er ein Beispiel aus dem schulischen Alltag. Ein Lehrer ist auf dem Weg in sein Klassenzimmer, als ihm die elfjährige Astrid entgegenkommt und sagt: „Herr Lehrer, die Resi hat ihren Atlas einfach in die Ecke gepfeffert!"

- Manche Lehrer reagierten auf den Sachinhalt: „Und hat sie das mit Absicht getan?" (Nimmt die Sachinformation zur Kenntnis und bittet um weitere Sachinformationen.)
- Manche auf die Selbstoffenbarung Astrids: „Du bist ganz schön böse darüber, Astrid?" – Oder: „Du bist ja eine Petzliese!"
- Einige auf der Beziehungsseite: „Warum erzählst du mir das? Ich bin doch nicht euer Polizist!" Oder: „Ich freue mich, daß du Vertrauen zu mir hast ..."

– Die meisten Lehrer reagierten appellhaft: „Ich werde gleich mal sehen, was los ist!“ (Ebd., 45/46)

Es können Störungen auftreten, wenn die Komplexität, auf allen vier Ohren gleichzeitig (selbstverständlich mit dynamischen Präferenzen) zu hören, nicht gewahrt bleibe, wenn also einseitig immer nur „mit einem Ohr“ empfangen werde.

Schulz von Thun bezieht sich in der weiteren Diskussion auf verschiedene Konzepte der Humanistischen Psychologie (so vor allem auf die TZI und die Transaktionsanalyse), die er für seine Bedürfnisse adaptiert.

Aus den vielfältigen Veröffentlichungen möchte ich die von Karl H. Delhees „Soziale Kommunikation“ (1994) herausgreifen, der die Ergebnisse ebenfalls gut zusammenfasst und auch erweitert. Aus seiner umfangreichen Publikation sei nur ein Aspekt herausgegriffen. Delhees bezieht sich ebenfalls auf die klassischen Protagonisten der Erforschung der menschlichen Kommunikation (wie z. B. Watzlawick). Besondere Beachtung finden bei ihm auch Phänomene der Körpersprache und anwendungsbezogene Bereiche (wie z. B. die Rede- und Zuhörkommunikation). Relativ neu in die Diskussion führt Delhees das „Selbst in die soziale Kommunikation“ ein (Delhees 1994, 48 ff).

Dieses Selbst beschreibt oder definiert Delhees folgendermaßen: „Das Selbst ist das Bild, das ich mir auf Grund der Reaktionen der anderen auf mein Verhalten mache; es ist das Bewußtsein der eigenen Identität.“ (Ebd., 48) Der Hauptursprung des Selbst seien also die Reaktionen anderer. Das Selbst sei dem Bewusstsein zugänglich, aber nicht unbedingt bewusst. Es sei eine subjektiv erlebte Ganzheit. Die Meditation sei beispielsweise ein Versuch, möglichst weit zum Selbst vorzudringen. Um dahin zu gelangen, müsse man sich vom Ich entfernen. In der Meditation geschehe die Loslösung vom Ich.

Häufig werde das Selbst als etwas „Seiendes“ aufgefasst, etwas, das es schlechthin „gebe“, als existierende Wesenheit. Doch sei das Selbst kein empirischer Sachverhalt, sondern ein Interpretations- und Erklärungsbegriff, ein „geistiges Gebilde“, ein Ordnungsschema für die Empirie, um in der Fülle beobachtbarer Unterschiede zwischen Individuen mit wissenschaftlichen Mitteln Ordnung zu schaffen und diese zu klären. Delhees bezeichnet das Selbst als ein theoretisches bzw. hypothetisches Konstrukt (1994, 48). Das Selbst einer Person umfasse nach Delhees das Selbstkonzept (die kognitive Komponente des Selbst) und das Selbstwertgefühl (die affektive Komponente des Selbst). Die Summe der Wahrnehmungen einer Person zu sich selbst werde als ihr Selbstkonzept oder Selbstbild bezeichnet. Das Selbstkonzept sei die kognitive Seite des Selbst, d. h., es bestehe aus solchen Aussagen über das Selbst, die der Person reflexiv zugänglich seien, z. B. aus Kognitionen über ihre Fähigkeiten, ihre Strebungen, ihr Durchsetzungsvermögen, ihr Ansehen. Man könne annehmen, dass das Kommunikationsverhalten, wie auch anderes Verhalten einer Person, entscheidend von der Art ihres Selbstkonzepts abhänge. Eine Kommunikation sei zugleich immer auch eine Form der Selbstdarstellung.

Große Beachtung fand auch die sehr praktisch orientierte Publikation von Schwäbisch / Siems „Anleitungen zum sozialen Lernen für Paare, Gruppen und Erzieher. Kommunikations- und Verhaltenstraining“ (1974/1986). Das Buch enthält unterschiedliche Kommunikationsregeln jeweils für Paare und für Gruppen und bietet eine Fülle von Übungsmöglichkeiten.

Die Deutschdidaktik hat die Anregungen aus den Nachbardisziplinen oder anderen Anwendungsfeldern aufgenommen und versucht, sie für die spezifischen Bedürfnisse des mündlichen Sprachgebrauchs aufzubereiten: Kochan / Wallrabenstein 1974; Wolfrum 1975; Nündel 1976; Diegritz / Rosenbusch 1977; Schober 1980; Pschibul 1980.

Wenn man die Publikationen sichtet, stellt man fest, dass vielfach noch ein instrumentelles Verständnis von Kommunikation die Argumentationen auszeichnet. Einzelaspekte beginnen allmählich eine größere Rolle zu spielen, wie z. B. die Körpersprache (Heidemann 1983; Schober / Rosenbusch 1986).

Die Rezeption und Adaption von Richtungen der Humanistischen Psychologie vollzieht sich zunächst mehr auf der schulpädagogischen Ebene, z. B. zur Gestaltpädagogik (Burow / Scherpp 1981) und erst Ende der 80er / Anfang der 90er Jahre auf der deutschdididaktischen Ebene (vgl. Schuster 1992/1998).

3. Wissenschaftstheoretische Aspekte des mündlichen Sprachgebrauchs

Wenn erst an dieser Stelle auf die wissenschaftstheoretischen Aspekte des mündlichen Sprachgebrauchs eingegangen wird, so hat dies seinen Grund darin, dass z. B. die konstruktivistische Diskussion erst in jüngster Zeit begonnen hat.

Der mündliche Sprachgebrauch gehört elementar zur Grundausstattung des menschlichen Seins und ist deshalb auch nicht nur auf eine einzige wissenschaftstheoretische Position festlegbar. Da unsere Sozialisation uns in einen bestimmten Kulturkreis mit eigenen Werten und Normen hineinwachsen lässt, sind hermeneutische, positivistisch-phänomenologische und sprachphilosophische Betrachtungsweisen ebenso wichtig wie die empirisch-analytischen Verfahren, die in der Regel nur sehr isoliert Einzelprobleme zu untersuchen in der Lage sind und die ebenfalls eingebunden sind in unsere Subjektivität, mit entsprechenden subjektiven Vorannahmen und Erkenntnisinteressen. In diesem Zusammenhang kann als übergeordnete wissenschaftstheoretische Position der Radikale Konstruktivismus eine Basis für den mündlichen Sprachgebrauch darstellen. (Vgl. Schmidt 1987 und 1992; Roth 1994)

3.1. Der mündliche Sprachgebrauch und der Radikale Konstruktivismus

Die übliche Einstellung des Menschen zu seiner Umwelt ist die, dass er diese äußere Welt so auffasst, als sei sie angefüllt von Objekten, die „da draußen“ existieren würden.

Der naturwissenschaftliche Objektivismus ging davon aus, dass unsere Sinnesorgane, insbesondere das Sehen, wie fotografenähnliche Registrier- oder Abbildungsapparate funktionierten. Schon seit dem Altertum bis in unsere Zeit wird von Philosophen das Phänomen, inwieweit der Mensch überhaupt in der Lage ist, objektiv Erkenntnis zu gewinnen, erörtert. Wirklichkeit wird nur zugänglich durch das erlebende Subjekt, d.h., der einzelne Wissenschaftler kann nie ganz genau wissen, inwiefern seine Untersuchungen durch seine subjektive Perspektive verfälscht, ergänzt, erweitert oder gar erzeugt werden. Aus dieser Grundkonstellation gibt es kein Entrinnen, diese Paradoxie unserer Erkenntnisdisposition ist Voraussetzung für jede wissenschaftliche Arbeit.

Der Radikale Konstruktivismus vertritt also eine wissenschaftstheoretisch skeptizistische Position und postuliert, dass die Welt, wie wir sie wahrnehmen, erst in unserem Gehirn entsteht. „Was wir in unserem Bewußtsein vorfinden, diese wohlgeordnete Welt, ist das Endergebnis einer langen Wahrnehmungsarbeit des Gehirns. Von dieser Arbeit selbst wird uns nichts bewußt. Was uns bewußt wird, ist eine Interpretation der Wirklichkeit durch das Gehirn. Es ist die Welt, wie sie unser Gehirn für plausibel hält. Denn das Gehirn bildet die Welt nicht ab – es konstruiert sie." (Saum-Aldehoff 1993, 63)

Die Theorie des Radikalen Konstruktivismus als wissenschaftstheoretische Position hat in den vergangenen zweieinhalb Jahrzehnten eine neue Qualität erreicht, so dass sich Konsequenzen für fast alle Wissenschaftsbereiche (insbesondere auch für die Naturwissenschaften) ergeben. Begründet wird diese neue Qualität vor allem dadurch, dass neurobiologische Erkenntnisse aus der Gehirnforschung die Grundlagen des Konstruktivismus neu definiert haben. Protagonisten dieser Richtung waren Ende der 60er Jahre die chilenischen Biologen Humberto Maturana (1982) und Francisco Varela u.a. (1992), die auch evolutionstheoretisch argumentieren. Die menschliche Wahrnehmung richtet sich von vornherein nicht auf die Erscheinungen schlechthin, sondern darauf, dass das Überleben in einer meist gefahrvollen Umwelt gesichert wird. Wichtig sind die elementaren Grundbedürfnisse: Wo ist ausreichend Nahrung zu finden und wo ein passender Sexualpartner? Die individuelle und kollektive Sicherheit ist nur gewährleistet, wenn Gefahren frühzeitig erkannt werden.

In den USA haben vor allem die österreichischen Emigranten Paul Watzlawick (1969 und 1988), Heinz von Foerster (1993) und Ernst von Glasersfeld (1987) den Radikalen Konstruktivismus populär gemacht. In Deutschland wären der Bremer Neurobiologe Gerhard Roth (1994), der Bielefelder Soziologe Niklas Luhmann (1984) und der Literaturwissenschaftler Siegfried J. Schmidt (1987 u. 1992) zu nennen.

Zusammenfassend lassen sich für eine konstruktivistisch orientierte Kommunikation folgende Aspekte annehmen:

- Jeder Mensch bringt durch die Enkulturation, Personalisation und die Sozialisation ein eigenes individuelles, autopoietisches (selbstreferentielles) System hervor, in das seine Erfahrungen und sein Wert- und Normsystem eingehen. Kommunikation wird möglich, da wir weitgehend über identische Gehirne verfügen und in derselben Sprachgemeinschaft bzw. Gesellschaft aufgewachsen sind.

- Konventionen und Rituale helfen, Alltagssituationen zu bewältigen, die aber interkulturell sehr unterschiedliche Konstruktionsprinzipien haben können. Je höher die emotionale Beteiligung an einer Auseinandersetzung, einem Konflikt ist, desto schwieriger wird der Prozess der Verständigung, da Konventionen und Rituale nur noch unzureichend zur Verfügung stehen. Dazu kommt, dass in solchen Situationen der Einzelne für sich meist in Anspruch nimmt, die einzig richtige Konstruktion oder die einzig richtige Interpretation des Konflikts auf seiner Seite zu haben.
- In einer individualistisch geprägten Gesellschaft ist der Prozess der Verständigung äußerst mühsam. Dies wirkt sich auch auf die familiären und die partnerschaftlichen Kommunikationsvorgänge aus. Zugleich bedeutet aber die Abwesenheit von allgemeinverbindlichen Normen die Chance, jeweils individuelle Konstrukte für sich selbst zu generieren, die ein Höchstmaß der Anpassung an individuelle Bedürfnisse erlauben. Ganz besonders auf dem Weg zur Aneignung einer optimalen kommunikativen Kompetenz sind dem Einzelnen (Schüler) individuelle Lernwege zu ermöglichen, da die eingebrachten subjektiven Voraussetzungen und Bedingungen jeweils sehr unterschiedlich sein können. (Vgl. Spinner 1994)
- Da wir in der Kommunikation im Grunde nur Schallwellen austauschen und unser Gehirn diesen in einem sehr komplexen Prozess Bedeutung zuweist, kommt der Metakommunikation eine zentrale Aufgabe zu, nämlich die Konstrukte der Wirklichkeitsinterpretation miteinander zu vergleichen und uns bewusst zu machen, auf welche Weise wir miteinander kommunizieren.
- Die schulische Kommunikation ist insofern außerordentlich konfliktträchtig, da dem Lehrer die Konstruktionen seiner Schüler auf Grund des Altersunterschiedes (Kind / Jugendlicher – Erwachsener), des oft unterschiedlichen soziokulturellen Hintergrundes, der unterschiedlichen Erfahrungen schwer zugänglich sind, so dass eine der wichtigsten Eigenschaften des Lehrers sein muss, bewusst zuhören zu können. Er sollte besonders empathiefähig sein. Feedback in möglichst vielfältiger Form zu ermöglichen, ist eine zentrale Aufgabe. Dazu kommt eine weitere eigentümlich schulische Konstruktion, dass Schüler versuchen, die jeweilig schulischen Konventionen des Lehrers zu antizipieren, der damit oft genug glaubt, sich an den Denk- und Handlungweisen seiner Schüler orientiert zu haben. Im Grunde handelt es sich dabei ebenfalls um ein autopoietisches System.
- Da Lernfortschritte im mündlichen Sprachgebrauch wohl kaum zu erzielen sind, wenn dieser Lernbereich instrumentell vermittelt wird, muss der gesamte (Deutsch)Unterricht Lernfeld für kommunikatives Handeln sein.

3.2. Sprachphilosophische und sprechakttheoretische Aspekte des mündlichen Sprachgebrauchs

Im Gegensatz zum Radikalen Konstruktivismus begleiten die Sprachphilosophie und Sprechakttheorie wissenschaftlich schon von Anfang an den mündlichen Sprachgebrauch.

„Die Sprechakttheorie betont den Handlungscharakter einer Sprache. Die zentralen Fragen, mit denen ein Sprechhandlungstheoretiker an sprachliche Phänomene herangeht, lauten:

(1) Was tun wir, wenn wir sprechen?
(2) Was tun wir, indem wir sprechen?
Für die Sprachhandlungstheorie gibt es also den Gegensatz zwischen 'tun' und 'sprechen' nicht, der im Alltagsbewußtsein besteht und sich in Äußerungen wie z. B. (3) zeigt.
(3) Jetzt haben wir lange genug geredet, laßt uns endlich etwas tun!" (Hindelang 1994, 4)

Sowohl Reden als auch praktisches Tun sind nach Hindelang Handlungen; sie stellen jedoch jeweils verschiedene Handlungstypen dar, d. h. den in (3) angesprochenen Unterschied könne man durch eine Aufteilung in praktische Handlungen (wie z. B. pflügen, tanzen, kochen) und sprachliche Handlungen (wie z. B. erzählen, bitten, loben) erfassen.

Die Sprechakttheorie geht zurück auf den Russen Lew. S. Wygotski (1977), die Engländer John L. Austin (1975) und John R. Searle (1971). Nach Searle bestehe „der Grund für die Konzentration auf die Untersuchung von Sprechakten (...) einfach darin, daß zu jeder sprachlichen Kommunikation sprachliche Akte gehören. Die Grundeinheit der sprachlichen Kommunikation ist nicht, wie allgemein angenommen wurde, das Symbol, das Wort oder der Satz, (...), sondern die Produktion oder Hervorbringung des Symbols oder Wortes oder Satzes im Vollzug des Sprechaktes." (Searle 1971, 30)

Nach Searle wird jeder Sprechakt in vier Teilakte untergliedert:

1. den Äußerungsakt, der in der Regel in der Artikulation eines Satzes besteht: Während der Satz aber eine durch theoretische Abstraktion gewonnene Einheit des Sprachsystems ist, ist der Äußerungsakt der Gebrauch eines Satzes in einer bestimmten historischen Situation.

2. den propositionalen Akt. Er gliedert sich seinerseits in:
   a) den Referenzakt, indem der Sprecher auf ein Objekt (Person, Gegenstand, Sachverhalt) oder auf mehrere Objekte sprachlich Bezug nimmt und
   b) den Prädikationsakt, mit dem der Sprecher einem Referenzobjekt bestimmte Eigenschaften zuspricht bzw. eine bestimmte Beziehung zwischen mehreren Referenzobjekten ausdrückt.

3. den illokutionären (illokutiven) Akt, der darin besteht, dass mit dem Vollzug eines Äußerungsaktes und eines propositionalen Aktes zugleich eine bestimmte situations- und adressatenbezogene kommunikative Handlung (Frage, Warnung, Rat, Befehl, Feststellung usw.) vollzogen wird.

4. den perlokutionären Akt. Unter diesem Begriff sind die Wirkungen zusammengefasst, die ein Sprechakt beim Adressaten auslöst. (Der Adressat wird überzeugt, überredet, erschreckt usw.). (Nach: Bayer 1982, 19/20)

Die Aufgliederung in verschiedene Teilakte ist nach Bayer zum Zwecke der Reflexion über sprachliches Handeln von großem Nutzen. Es hat also eher einen heuristischen Wert. Denn in der Alltagskommunikation laufen diese Prozesse selbstverständlich synchron ab. „Unter Inkaufnahme einer gewissen Vereinfachung läßt sich sagen, daß der Äußerungsakt dem eher formalen Aspekt der syntaktischen, morphologischen und phonologischen Betrachtung entspricht, der propositionale Akt dem inhaltlichen Aspekt der semantischen Betrachtung und der illokutionäre und perlokutionäre Akt dem eigentlich handlungsbezogenen Aspekt der pragmatischen Betrachtung." (Bayer 1982, 20)

Der Auszug aus einer Sprechaktliste zeigt, wie vielfältig diese sein können:

entschlüsseln – eine Bildersprache

sich entschuldigen – durch Begründungen; für einen Fehler; eine Entschuldigung bewerten; eine Entschuldigung formulieren

erfinden – Geschichten, zu Bildvorlagen und Wörtern; Geschichten, zu verschiedenen Vorlagen (und erzählen und spielen); fantastische Geschichten, zu Traumbildern: Verwendungssituationen, zu vorgegebenen Dialogstücken (Gesprächselementen)

erklären – jemandem schriftlich die Ausführung einer Handlung; jemandem Sachverhalte; jemandem Spielregeln; jemandem Vorgänge (vgl. Bayer 1982, 32/33)

Dass so verstandene Sprechakte am wirkungsvollsten in Situationen eingeübt werden können, hat die Sprachdidaktik von Anfang an betont. Ich erinnere an das Ehepaar Kochan (1994), das schon in früheren Auflagen des „Taschenbuchs des Deutschunterrichts" zu Recht mit Nachdruck darauf verwiesen hat, dass „Sprechsituationen" zu einer „zentralen Kategorie des mündlichen Sprachgebrauchs" geworden seien.

4. Die nonverbale Kommunikation oder Körpersprache

Der nonverbalen Kommunikation bzw. der Körpersprache, deren Details bei Watzlawick noch relativ wenig Beachtung fanden, wurde von der Wissenschaft in den letzten eineinhalb Jahrzehnten besonderes Interesse entgegengebracht.

Dabei sind unterschiedliche Richtungen daran beteiligt:

- die Kommunikationswissenschaften, die den Ist-Zustand durch empirische Beobachtungen zu beschreiben versuchen.
- die humanethologischen und evolutionären Grundlagen des mündlichen Sprachgebrauchs, vor allem der Körpersprache.

4.1. Empirisch erfassbare Aspekte der Körpersprache

Körpersprache ist komplex und lässt sich wohl auch nie ganz von evolutionären Aspekten trennen, auch wenn die Forschung versucht, diese zu isolieren. Dennoch soll im Folgenden vor allem der heutige Ist-Zustand im Mittelpunkt stehen, im vollen Bewusstsein der langen stammesgeschichtlichen Bedingtheit von nonverbaler Kommunikation.

Menschen lassen sich in ihren Interaktionen beobachten und erfassen (vgl. z. B. Marianne Wex, 1980, die tausende von Fotos von Personen in natürlichen Situationen ausgewertet und daraus ihre Schlüsse zur männlichen und weiblichen Körpersprache abgeleitet hat). Wir können die Distanz zwischen Menschen messen, während wir uns unterhalten; so wissen wir, in welchem Abstand die meisten Interaktionen in unserem Kulturkreis durchgeführt werden. Interkulturell lassen sich dazu sehr unterschiedliche Beobachtungen machen (vgl. Apeltauer 1995, 100ff.; Meixner 1996, 116). Wir können unsere Gestik, Mimik, unser Blickverhalten usw. erfassen (vgl. Ellgring 1995, 22ff.). Seit der technischen Perfektionierung des Camcorders steht für alle diese Aufgaben ein geradezu ideales Instrumentarium zur Verfügung.

Auch wenn wir den Ist-Zustand der menschlichen Kommunikation erforschen, sind häufig normativ-gesellschaftliche Implikationen berührt. Marianne Wex nennt ihr Buch „'Weibliche' und 'männliche' Körpersprache als Folge patriarchalischer Machtverhältnisse" (1980), d. h., es geht ihr nicht nur um eine Dokumentation, sondern ihr Interesse ist gleichzeitig darauf gerichtet, männliches Dominanzstreben nachzuweisen. Die Fotos werden schon unter diesem Aspekt erstellt.

Das Ziel der Verbesserung der kommunikativen Kompetenz bedeutet gleichzeitig eine normative Ausrichtung des Forschungsinteresses. Da ontologisch die menschliche Kommunkation elementar mit unserem Leben verbunden ist, sind Forschersubjekte in phänomenologischer Weise immer auch gleichzeitig Bezugsgrößen ihrer Untersuchungen, d. h., im konstruktivistischen Sinne ist jeder auch Fluchtpunkt solcher Prozesse. Der Forscher bringt seine Erfahrungen, sein subjektives Leitinteresse ein. Und letzten Endes muss er selbst (wie der Lehrer) auch als Modell fungieren.

4.2. Einzelaspekte der nonverbalen Kommunikation

Nach Scherer (1979, 175–297) können für das nonverbale Verhalten verschiedene para-semantische, para-syntaktische, para-pragmatische und zusätzliche dialogische Funktionen unterschieden werden.

„Para-semantisch kann nonverbales Verhalten den verbalen Inhalt ersetzen (Substitution), ihn erweitern (Amplifikation), ihm widersprechen (Kontradiktion) und ihn verändern (Modifikation)." (Ellgring 1986[1], 15)

Verschiedene Gesten bzw. mimische Reaktionen (z. B. Nicken oder Kopfschütteln für eine Bejahung oder Verneinung) können den „verbalen Inhalt" ersetzen, Embleme gehören ebenfalls in diesen Zusammenhang. Die Erweiterung ist nicht so eindeutig eingrenzbar. Wenn wir bei der Antwort eines Gesprächspartners die Stirne runzeln, so weiß dieser, dass wir mit der Darstellung wohl nicht ganz einverstanden sind. Die Kontradiktion ist leicht feststellbar, da sie häufig mit Ironie (Tonfall → parasprachliche Mittel; inkongruente nonverbale Mimik) korreliert. Die Modifikation unterscheidet sich nur unwesentlich von der Amplifikation. Wir verändern schon dann eine Botschaft, wenn wir sie freundlich, vielleicht mit einem Lächeln im Gesicht, oder wenn wir sie – ernst blickend – präsentieren.

„Para-syntaktisch kann nonverbales Verhalten den Sprachfluß segmentieren und synchronisieren." (Ellgring 1986, 15)

Illustratoren unterstützen den Sprachfluss; unsere Handgestik ist das wichtigste Instrumentarium. Mit unseren Händen, wobei selbstverständlich der ganze Körper mitagiert, weisen wir bestimmten Satzteilen oder Wörtern eine herausragende Bedeutung zu oder aber schwächen sie ab. Es sind also Zusatzinformationen für den Zuhörer / Zuschauer und insofern außerordentlich wichtig. Ein Lehrer, der seinen Schülern diese verweigert, lässt einen wesentlichen Aspekt erfolgreicher Kommunikation außer Acht. Die Segmentierung ist häufig auch Illustration des Satzbaus und der Satzzeichen. Selbstverständlich sollte man seine Handgestik nicht übertreiben, da sie dann eher vom verbalen Inhalt ablenkt.

„Para-pragmatisch dient nonverbales Verhalten dem Ausdruck interner Zustände (Expression) oder der Vermittlung von Aufmerksamkeit, Verstehen und Bewertung (Reaktion)." (Ellgring 1986, 15)

Wenn wir z. B. innerlich sehr erregt sind und weinen, so wird der psychische Zustand zweifelsfrei signalisiert. Wenn wir uns jemandem zuwenden, den Blickkontakt herstellen, dann versichern wir unserem Gesprächspartner unsere Aufmerksamkeit. Vor allem mimische Reaktionen zeigen, ob wir etwas verstanden haben oder wie wir etwas bewerten.

„Als dialogische Funktion reguliert nonverbales Verhalten den Interaktionsablauf und definiert die Relation der Personen zueinander." (Ellgring 1986, 15)

Je nachdem, welche Nähe oder Ferne wir zu unserem Partner suchen, wird deutlich, wie wir die Beziehung (das Maß an Intimität oder Förmlichkeit) definieren. So ist häufig zu beobachten, dass Menschen, die sich sehr sympathisch sind, ähnliche oder gar identische Körperhaltungen einnehmen. Morris nennt dies ein „Haltungs-Echo". (1978, 126 ff.) Noch auffallender sei die Tatsache, dass Freunde auch im Gespräch ihre Bewegungen „synchronisierten". Die Relation des Vorgesetzten zu seinen Untergebenen drückt sich häufig dagegen auch in einer dominanten Körperhaltung aus.

Das folgende Schaubild gibt einen Überblick über die sprachbezogenen Gesten und Manipulationen:

Sprachbezogene Gesten		Manipulationen
objektgerichtete Bewegungen		körpergerichtete Bewegungen
Illustratoren	Embleme	Adaptoren
ZWECK:		
– weniger inhaltliche Bedeutung – geben Zusatzinformationen (bestimmte Gewichtungen werden deutlich)	– mitteilender Charakter – können die Sprache ersetzen – kulturell gelernt, oft in verschiedenen Kulturen mit unterschiedlicher Bedeutung	– haben informativen Wert: momentane Anspannung, Erregung, Emotion beim Gegenüber wird erkennbar.
BEISPIELE:		
beziehen sich auf Sprache z. B. als – Taktgeber, die das Gesagte akzentuieren – spatiale Bewegungen, die auf räumliche Relationen verweisen usw.	– o.k.-Zeichen – Meldung in der Klasse	– Ballen der Faust – Reiben von Objekten
sind integriert in Sprechplanung und Sprechablauf		am weitesten sprachunabhängig

Abb. 3 Schuster, Karl: Einführung in die Fachdidaktik Deutsch, 6. Aufl., 1996, 84

Man könnte nun weitere sehr interessante Einzelaspekte der nonverbalen Kommunikation, wie z. B. die Mimik, das Blickverhalten, die Körperorientierung und Distanz (vgl. Ellgring 1986, 22 ff.), die männliche und weibliche Körpersprache abhandeln. Dies würde aber in diesem Zusammenhang zu weit führen.

5. Die Humanistische Psychologie und die Deutschdidaktik

Die Humanistische Psychologie entwickelte sich Anfang der 60er Jahre, wobei die Ursprünge bis ins 19. Jh. zurückreichen, als Protestbewegung und aus Unzufriedenheit mit den beiden vorherrschenden psychologischen Richtungen, der Psychoanalyse und dem Behaviorismus.

Die geistig-historischen Wurzeln der Humanistischen Psychologie sind der Humanismus und der Existentialismus.

Die Gemeinsamkeiten der Deutschdidaktik mit Grundannahmen der Humanistischen Psychologie erklärt deren Beliebtheit.

- Das Menschenbild mit seiner Betonung der prinzipiellen individuellen Wahlfreiheit ist in etwa kongruent mit der Forderung der Demokratien nach einem mündigen Staatsbürger. Insofern handelt es sich um kulturell bedingte A-priori-Wertentscheidungen. Es muss immer wieder betont werden, dass gerade der Lernbereich der mündlichen Kommunikation ein für jede Gesellschaft existentieller ist, der das friedliche Zusammenleben überhaupt erst ermöglicht. So hat jede Generation ein elementares Interesse, die Konstruktionsregeln des eigenen gesellschaftlichen Systems, die gleichzeitig immer auch Kommunikationsregeln sind, weiter zu vermitteln.
- Die Forderung nach der Entwicklung der Fähigkeiten des einzelnen Menschen (vor allem auch seines kreativen Potentials) als sich verwirklichende und voll handlungsfähige Person wird in der Deutschdidaktik ebenfalls als Zielvorstellung vertreten.
- In der Deutschdidaktik sind wir ebenfalls darauf angewiesen, holistisch zu verfahren. Dazu gehören auch die phänomenologischen Methoden, das heißt u. a. der Einbezug des Forschers / Lehrers als Subjekt des Handelns, gleichzeitig gilt es, die Integrität des Schülers zu wahren (in seiner psycho-physischen Konstitution).
- Die Humanistische Psychologie will in der Regel zwischenmenschliche neurotische Störungen beseitigen und im nicht-neurotischen Bereich die kommunikativen Kompetenzen fördern. Die Deutschdidaktik adaptiert vor allem die präventiven Vorschläge zur Sicherung von psychischer Gesundheit und Stabilität. Der Einblick in neurotische Aspekte des kommunikativen Verhaltens kann ein vertieftes Verständnis im Bereich der Prävention zur Folge haben.

Die Grundannahmen der Humanistischen Psychologie machen deutlich, dass im Mittelpunkt Werte und Normen angenommen werden, die einer humanistischen (westeuropäischen) Tradition entsprechen, ein Menschenbild, das individualistisch orientiert ist und die Balance sucht zwischen Autonomie und Interdependenz der jeweiligen Persönlichkeit.

Es ergeben sich Probleme bei der Rezeption von Theorie und Praxis der Humanistischen Psychologie:

- Die Deutschdidaktik hat bisher eklektizistisch reagiert, d. h. relativ unreflektiert aus den verschiedenen Konzeptionen das rezipiert, was sich gut umsetzen ließ.

Dies hat in der Regel eine Reduktion des Komplexitätsgrades zur Folge, Vereinfachungen, die die Gefahr von Missverständnissen mit einschließen. Andererseits sind die verschiedenen Konzepte so angelegt, dass sie sich in den Grundannahmen nicht widersprechen, d.h., sie laden geradezu zu einem solchen Eklektizismus ein. Oft wird der Vorwurf des Dilettantismus sehr schnell erhoben, da ja der Lehrer sich nicht alle Richtungen aktiv wird aneignen können. Grundsätzlich weisen die Systeme eine Robustheit auf, so dass der eklektizistische Einsatz im Deutschunterricht nicht nur keinen Schaden anrichten wird, sondern im Gegenteil schon ansatzweise zu einem positiv veränderten Kommunikationsverhalten führen kann.

- Dass Prinzipien und Regeln, vor allem der TZI und der Gestaltpädagogik, für den schulischen Raum aufbereitet wurden und sich bis zu einem gewissen Grad durchsetzen konnten, ist damit zu erklären, dass sie sehr konkret formuliert sind und einzelne Grundsätze relativ leicht zu verinnerlichen sind, auch wenn man das ganze System nicht unbedingt perfekt „beherrscht". Ruth C. Cohn gibt den Ratschlag, es sei besser, mit einer Regel heute schon zu beginnen als abzuwarten. Sie beschreibt im Vorwort ihres Buches das bekannte Beispiel von zwei in Milch gefallenen Fröschen; der eine gab auf und ertrank, der andere begann zu strampeln, „trat die Milch und fand sich erschöpft und ganz lebendig auf einem Haufen Butter wieder". (Cohn 1994, 9).

5.1. Die themenzentrierte interaktionelle Methode (TZI) (Ruth C. Cohn)

Im Folgenden werde ich mich auf die themenzentrierte interaktionelle Methode (TZI) von Ruth C. Cohn (1994) beschränken und deren Grundzüge darstellen. Sie hat ein System entwickelt, das für den Unterricht bzw. die mündliche Kommunikation gut geeignet ist und die meiste Verbreitung gefunden hat. Daneben ist vor allem die Gestaltpädagogik von Fritz Perls (1976) in vielfältiger Weise für die Schule aufbereitet worden. Folgende Richtungen der Humanistischen Psychologie wurden ebenfalls meist mehr allgemein für den Unterricht diskutiert: die Gesprächspsychotherapie (Carl Roger), die Transaktionsanalyse (Eric Berne), das Neurolinguistische Programmieren (NLP) (Richard Bandler und John Grinder). (Bommert 1987; Stahl 1996; vgl. dazu Schuster 1998).

Ruth C. Cohn, Jüdin, geb. 1912 in Berlin, flüchtete 1933, als die Nationalsozialisten die Macht übernahmen, in die Schweiz. Unter größten Schwierigkeiten gelang es ihrer Familie, über Lissabon in die USA zu emigrieren (1941). Von der Psychoanalyse ausgehend hat Ruth C. Cohn die TZI entwickelt, hatte Kontakt zu Fritz Perls, bei dem sie 1965/66 eine Zusatzausbildung in Gestaltpädagogik machte. (Vgl. dazu Cohn 1995)

Die TZI ist die einzige gruppendynamische Methode, die neben der Gruppe = WIR, der Einzelpersönlichkeit = ICH auch das ES = das Thema berücksichtigt. Diese Faktoren, die unterschiedliche Bedeutung haben, sind in ein gesellschaftliches Umfeld eingeordnet. In der Schulklasse wird traditionell das ES (Thema, Gegenstand,

Stoff, nicht zu verwechseln mit dem „Es", dem Unbewussten Sigmund Freuds) stark betont, während die einzelne Schülerpersönlichkeit und der klasseninterne Bezugsrahmen, die Gruppe eine untergeordnete Rolle spielen. Im Unterschied zu vielen gruppendynamischen Übungsformen wird aber in der TZI das Thema als eine wichtige Aufgabe begriffen, die nur bewältigt werden kann, wenn sich der einzelne Schüler als Mitglied der Gruppe aktiv beteiligt. Dabei müssen die Grundkonstituenten, Ich – Wir – Es, eine dynamische Balance aufweisen, d. h., je nach Situation wird es notwendig sein, sich mit der Gruppe oder der Einzelpersönlichkeit zu befassen, damit lebendiges Lernen am Thema möglich wird. Nach Cohn wird sich eine Gruppe nicht ständig mit einem neurotischen Gruppenmitglied beschäftigen können. In der Schule ist es schwierig, Balance zwischen dem störenden „Einzelschüler" und den Bedürfnissen der Großgruppe zu halten. Der Lehrer sollte deshalb Gespräche außerhalb des Unterrichts anbieten. U. U. kann außerschulische (psychologische) Hilfe notwendig werden.

1. Das Ich, die Persönlichkeit
2. das Wir, die Gruppe
3. das Es, das Thema

Ort

Zeit

historische
soziale
teleologische
Gegebenheiten

In Anlehnung an J. ROTH, 1977, S. 483

Die Gruppe trifft sich zu einer bestimmten Zeit an einem bestimmten Ort, und immer wirken historische, soziale und teleologische (= zielorientierte) Gegebenheiten in den Gruppenprozess hinein. Den Kreis in der Abbildung nennt Ruth C. Cohn den „Globe"; darunter versteht sie all das, was unmittelbar an Aktuellem das lebendige Lernen beeinflusst. Dies können ganz banale Dinge wie Lärm oder Hitze sein, aber auch weltgeschichtliche Ereignisse, wie z. B. der Golf- oder Balkankrieg.

Ruth C. Cohn beschäftigt sich in einem eigenen Kapitel mit den Problemen der Schule. Sie stellt fest, dass unter den Schülern das Rivalitätsprinzip herrsche, notwendig aber wären Kooperation als eine Voraussetzung für lebendiges Lernen.

6. Gesprächsregeln

Gesprächsregeln sind die elementare konkrete Ebene der menschlichen Kommunikation, die andererseits unmittelbar die Norm- und Wertvorstellungen der Gesellschaft widerspiegeln. Regeln dürfen nicht einfach oberflächlich abgehakt werden, sondern die sinnvolle innere Intention muss handlungsleitend sein. Kein Lehrer sollte wegen deren Einhaltung ein Gespräch ständig unterbrechen.

6.1. Gesprächsregeln der TZI

Die meisten Gesprächsregeln in der einschlägigen Literatur sind auf der Grundlage der TZI von Ruth C. Cohn (1994) entwickelt worden, auf die ich auch in Seminaren und schulischen Versuchen zurückgegriffen habe. Es handelt sich dabei um einige elementare Grundsätze, die von anderen Autoren und Therapeuten erweitert, umformuliert und ergänzt wurden (vgl. z. B. Schwäbisch / Siems 1986). Sie formuliert zwei Postulate:

- Sei dein eigener Chairman, der Chairman deiner selbst.

  Chairman übersetzt sie nicht wegen des Doppelsinns des englischen Wortes: Chairman of myself = Leiter meiner selbst und Chairman of a group = Vertreter der Interessen aller in einer Gruppe.

  Dies bedeutet:
  a) Sei dir deiner inneren Gegebenheiten und deiner Umwelt bewusst.
  b) Nimm jede Situation als Angebot für deine Entscheidungen. Nimm und gib, wie du es verantwortlich für dich selbst und andere willst.

- Beachte Hindernisse auf deinem Weg, deine eigenen und die von anderen.

  Auf die Schule übertragen bedeutet dies, dass der Lehrer, der um diese Zusammenhänge weiß, dem Schüler den Freiraum gewähren sollte, damit dieser sein eigener Chairman sein kann. Die Beachtung dieses Grundsatzes bedingt eine wache Teilnahme am Unterrichtsgeschehen.

- Störungen haben Vorrang.

  Solche sind einfach da, „sie fragen nicht nach Erlaubnis". Es komme aber darauf an, wie man sie bewältige. „Antipathien und Verstörtheiten können den Einzelnen versteinern und die Gruppe unterminieren; unausgesprochen und unterdrückt bestimmen sie Vorgänge in Schulklassen, in Vorständen, in Regierungen. Verhandlungen und Unterricht kommen auf falsche Bahnen oder drehen sich im Kreis." (Cohn 1994, 122) Es gibt aber nach Ruth C. Cohn auch Störungen die sich nicht kurzfristig beheben lassen. „Wenn ein Mensch zutiefst voller Ängste ist oder von chronischen Problemen beschwert, kann er sich oft nicht auf andere Aufgaben als auf seine eigene Existenznot beziehen." (Ebd., 122) Dann sei es besser, eine therapeutische Behandlung vorzuschlagen oder eine Gruppe mit einem speziellen Thema zu finden. Die Störung des Wir in nichttherapeutischen Gruppen habe Vorrang vor unlösbaren Problemen des Ich.

Ruth C. Cohn formulierte neun Hilfsregeln (1994, 123–128), die aus Platzgründen nicht aufgeführt werden können.

6.2. Gesprächsregeln für den schulischen Verwendungszusammenhang

Die Gesprächsregeln von Ruth C. Cohn und Schwäbisch / Siems sind für den Unterricht geeignet, wenn sie auch manchmal aus didaktischen Gründen umformuliert werden müssen. Wie oben schon angedeutet, werden in der Grundschule meist einige wenige, aber wichtige Gesprächsregeln, induktiv aus Situationen abgeleitet, eingeführt. Dabei haben sie häufig die Aufgabe, die überbordende Gesprächsbereitschaft zu kanalisieren, bis dann meist zu Beginn der Pubertät der Rückzug aus dieser Haltung beginnt.

In einem Spiralcurriculum sollte aber nicht versäumt werden, immer wieder auf einer komplexeren und vielleicht schwierigeren Ebene Kommunikationsformen zu üben und zu reflektieren. Da wir unser Gesprächsverhalten langfristig erworben haben, ist es in der Regel auch nicht kurzfristig veränderbar. Wichtig erscheint mir dabei, dass man nicht nur oberflächlich übt, sondern die jeweils damit verbundenen Normvorstellungen vermittelt werden. Wenn man jemandem zuhört, dann ist dies nicht ein Akt des Abwartens, bis man geschickt sich selbst wieder in den Vordergrund rücken kann, sondern eine bewusste Zuwendung zum Gesprächspartner auf der Grundlage eines grundsätzlichen Respekts vor der Person des anderen.

Gemeinsam mit Studenten und Praktikumslehrern wurde versucht, Regeln für den (Deutsch-)Unterricht zu entwerfen, die sich zum Teil mit denen von Ruth C. Cohn sinngemäß decken.

- Melde dich, wenn du etwas zu sagen hast!
- Wir rufen nicht dazwischen.
- Denke nach, bevor du sprichst!
- Nehmt Rücksicht aufeinander!
- Wir lassen den Gesprächspartner aussprechen und
- hören aufmerksam zu. (Du solltest das Gesagte wiederholen können; → Feedback-Regel)
- Setze dich mit der Meinung anderer auseinander!
- Übernimm nicht einfach unüberlegt die Meinung von anderen (z. B. die der Arbeitsgruppe)!
- Wenn du eigene Gefühle, Erfahrungen und Meinungen vorbringst, drücke sie mit „ich" aus, und nicht durch „man" oder „wir"!

Der einzelne Schüler wird dadurch in stärkerem Maße gezwungen, für sich, seine Gefühle, Wünsche und Bedürfnisse Verantwortung zu übernehmen. Auch Ist-Aussagen gehören zu dieser Kategorie, z. B. „das Gedicht ist langweilig". Der Schüler müsste diese Feststellung auf sich selbst bezogen umformulieren. Dann fällt es anderen leichter, abweichende eigene Gedanken zu äußern. Im Unterricht zeigt sich, dass gerade die Einhaltung dieser Regel Jugendlichen besondere Schwierigkeiten bereitet. Häufig wird dieser Grundsatz fälschlicherweise mit einer egoistisch-subjektivistischen Grundhaltung gleichgesetzt. Eher das Gegenteil ist der Fall! Die bewusste Anwendung setzt die reife Erkenntnis voraus, dass der subjektive Standpunkt ein begrenzter ist, auch aus konstruktivistischer Perspektive. Der Lehrer könnte mit geeigneten Verfahren den Schülern zu einer solchen Einsicht verhelfen, indem er z. B. nach einer solchen Äußerung eines Schülers eine schriftliche Stellungnahme anregt und damit die abweichenden Äußerungen der Gruppe zu Bewusstsein bringt.

- Nimm Rücksicht auf die Gefühle anderer!
- Verletze den anderen nicht mit Worten (z. B. durch Hänseln, Gemeinheiten und Beleidigungen)! Nicht auslachen, wenn jemand etwas Verkehrtes, Falsches, „Blödes“ usw. sagt, fragt oder etwa stottert, heult!
- Frage nach, wenn du etwas nicht verstanden hast!
- Wenn du einem bestimmten Mitschüler etwas mitteilen willst, so blicke diesen direkt an. Wir schauen auch den an, der spricht.
- Bei der Partner- und Gruppenarbeit flüstern wir.

  Eine Hilfsregel Ruth C. Cohns sei noch aufgeführt, da ihr im Unterrichtsalltag eine besondere Bedeutung zukommt.
- Seitengespräche haben Vorrang. Sie stören und sind meist wichtig. Sie würden nicht geschehen, wenn sie nicht wichtig wären (Vielleicht wollt ihr uns erzählen, was ihr miteinander sprecht?). (Cohn 1994, 126)

Im Unterricht können Seitengespräche eine doppelte Bedeutung haben. Die Unterhaltung mit dem Nachbarn kann eine starke Beteiligung anzeigen, so dass der Einzelne gar nicht abwarten kann, seine Beiträge ins Plenum einzubringen. Andererseits können aber auch vermehrte Seitengespräche auf eine Störung hinweisen, etwa dass die Arbeit am Thema langweilig geworden ist, dass die Konzentration nachlässt oder Einzelne aus persönlichen Gründen aussteigen. Für den Lehrer ist es wichtig, die Aktionen und Reaktionen (einschließlich der körpersprachlichen Signale) sorgfältig zu beobachten und entsprechende Folgerungen zu ziehen. Ruth C. Cohn betont aber auch gleichzeitig, dass der Einzelne nicht erpresst werden sollte, jedes Seitengespräch der Gesamtheit offenbaren zu müssen.

6.3. Organisatorische Maßnahmen für eine verbesserte Kommunikation

- Auflösung der Kolonnensitzordnung zugunsten von Tischgruppen

  Die Kommunikation in der Gruppe wird erleichtert; Arbeitsaufträge können ohne größeren organisatorischen Aufwand schneller erledigt werden. Glöckel wägt die Vor- und Nachteile einer solchen Anordnung gegeneinander ab:

  „Gruppentische verstärken den Binnenkontakt der Gruppe, schwächen aber den Außenkontakt und zerteilen daher die Klasse mehr oder weniger deutlich. Oft ist ein Teil der Arbeitsplätze schlecht beleuchtet, was durch dauernd eingeschaltetes Kunstlicht nicht ausgeglichen werden kann. Ein Teil der Kinder muß sich beim Abschreiben von der Tafel umdrehen und zeigt eine entsprechend schlechte Körperhaltung.“ (Glöckel 1990, 86) Diese Sitzordnung sei die einzig richtige für den Gruppenunterricht. Für den Frontalunterricht sei sie von Nachteil, weil die Kinder vom Lehrer und der Sache ab- und aufeinander hingelenkt werden, es sei denn, der Lehrer bestehe fest auf der Anweisung: „Dreht euere Stühle jetzt so, dass ihr mich gerade anschaut und die Lehne im Rücken habt.“
- In diesem Zusammenhang müssen auch die verschiedenen Sozialformen erwähnt werden: Großklasse, Partner- und Gruppenarbeit, Einzelarbeit, die jeweils mit entsprechenden Intentionen eingesetzt werden.

- Zeitweiliges Abgeben des Aufrufrechts durch den Lehrer an die Schüler

  Dadurch wird vermieden, dass der Lehrer auch bei der Kommunikation der Schüler untereinander zur zentralen Vermittlungsinstanz wird. Dies wird sich vor allem bei offenen Unterrichtsprozessen anbieten. Um den Gesprächsverlauf doch etwas zu steuern, damit dominante Schüler nun nicht wiederum nur ihre Freunde aufrufen, sind verschiedene Varianten möglich:

  1. Es muss abgewechselt werden zwischen Jungen und Mädchen.
  2. Die Reihenfolge der Meldungen muss beachtet werden. Häufig aber ist dabei ein Protokollant notwendig.

  Die verschiedenen Möglichkeiten der Gesprächsinteraktion sind besonders wichtig beim
- Gesprächskreis, der gebildet werden sollte (in der Grundschule der sog. „Morgenkreis"; zu Beginn der Woche der „Montagskreis" oder am Ende der Schulwoche der „Freitagskreis"), wenn erzählt wird. Wichtig ist dabei, dass die Schüler eine gewisse Übung gewinnen, möglichst schnell und geordnet im Kreis Platz zu nehmen, damit der Wechsel zu einem selbstverständlichen Ritual werden kann. Der Gesprächskreis ermöglicht eine gewisse Intimität; es sollte darauf geachtet werden, dass jeder jeden ohne hinderliche Barriere anschauen kann und niemand in der zweiten Reihe sitzt. Dabei ist es selbstverständlich, dass der Lehrer nicht mehr die dominante Position einnimmt und z. B. er allein aufruft; er sitzt zwischen den Schülern, und meist ergibt sich eine zwanglose Gesprächsfolge. In Grundschulklassen konnte ich beobachten, wie schnell solch ein Wechsel vollzogen werden kann, wenn die Schüler daran gewöhnt sind. Voraussetzung ist natürlich, dass genügend Raum (meist im hinteren Bereich des Klassenzimmers) zur Verfügung steht. Leider schrumpfen mit den steigenden Schülerzahlen in den westlichen Bundesländern die Bewegungsräume immer mehr auf ein Minimum. (Vgl. Potthoff 1995)
- Rituale sind für den mündlichen Sprachgebrauch sehr wichtig, da sie den Unterricht strukturieren und dadurch entlasten und die Konzentration auf die Lernaufgabe ermöglichen. Je nach Intention sollten selbstverständlich auch andere Sitzanordnungen ermöglicht werden. Für Diskussionen ist eben die Hufeisenform am besten geeignet – und mit kleinen Abweichungen auch für die Podiumsdiskussion –, da jeder jeden anblicken und ansprechen kann und gleichzeitig durch die Tischbarriere eine gewisse Distanz gewahrt bleibt. Man sollte niemals die strukturierenden Folgen, die von äußeren Rahmenbedingungen abhängen, unterschätzen.

Der begrenzte Platz erlaubt es nicht, auf weitere Aspekte des mündlichen Sprachgebrauchs einzugehen. Wichtig für das Erfahrbarmachen von Kommunikation wären, wie schon erwähnt, Experimente, Übungen und Spiele. (Vgl. dazu z. B. Fritz 1993; Gudjons 1995; Vopel mit verschiedenen Publikationen; Fluegelman 1980 und 1982; Schuster 1996; Orlick 1982 und 1985; Zalfen 1991; Fiehler / Sucharowski 1992; Klippert 1995)

Anmerkung

[1] Ausnahmsweise zitiere ich diese Funktionen nach der ersten Auflage (1986), da sich in die zweite ein störender inhaltlicher Fehler eingeschlichen hat.)

Literaturverzeichnis

Apeltauer, Ernst: Nonverbale Aspekte interkultureller Kommunikation. In: Schober / Rosenbusch 1995, 100–165.

Arnold, Rolf / Siebert, Horst: Konstruktivistische Erwachsenenbildung. Von der Deutung zur Konstruktion von Wirklichkeit. Baltmannsweiler 1995

Austin, John L.: Wort und Bedeutung. München 1975

Baurmann, Jürgen / Hoppe, Otfried (Hrsg.): Handbuch für Deutschlehrer. Stuttgart u. a. 1984

Baurmann, Jürgen: Mündlicher Sprachgebrauch. In: Baurmann / Hoppe 1984, 258–280

Bayer, Klaus: Mündliche Kommunikation. Paderborn / München / Wien / Zürich 1982

Bayer, Klaus: Mündliche Kommunikation. In: Hopster 1984, 307–333

Beck, Götz: Sprechakte und Sprachfunktionen. Tübingen 1980

Behr, Klaus u. a.: Grundkurs für Deutschlehrer: Sprachliche Kommunikation. Weinheim 1972

Behr, Klaus u. a.: Folgekurs für Deutschlehrer: Didaktik und Methodik der sprachlichen Kommunikation. Begründung und Beschreibung des projektorientierten Deutschunterrichts. Weinheim 1975

Boettcher, Wolfgang / Sitta, Horst: Grammatik in Situationen. In: Praxis Deutsch 1979, H. 34, 12–21

Boettcher, Wolfgang / Sitta, Horst: Der andere Grammatikunterricht. München / Wien / Baltimore 1981

Bommert, Hanko: Grundlagen der Gesprächspsychotherapie. Stuttgart (1977), 4. Aufl. 1987

Bühler, Karl: Sprachtheorie. (1934) Nachdruck: Stuttgart / New York (1965) 1982

Burow, Olaf-Axel / Scherpp, Karlheinz: Lernziel: Menschlichkeit. Gestaltpädagogik – eine Chance für Schule und Erziehung. München 1981

Cohn, Ruth C.: Von der Psychoanalyse zur themenzentrierten Interaktion. Stuttgart (1983), 12. Aufl. 1994

Cohn, Ruth C. / Farau, Alfred: Gelebte Geschichte der Psychotherapie. Zwei Perspektiven. Stuttgart (1984) 1995

Delhees, Karl H.: Soziale Kommunikation. Psychologische Grundlagen für das Miteinander in der modernen Gesellschaft. Opladen 1994

Diegritz, Theodor / Rosenbusch, Heinz S.: Kommunikation zwischen Schülern. München 1977

Ellgring, Heiner: Nonverbale Kommunikation. Einführung und Überblick. In: Schober / Rosenbusch 1995, 9–53

Fiehler, Reinhard / Sucharowski, Wolfgang (Hrsg.): Kommunikationsberatung und Kommunikationstraining. Opladen 1992

Fluegelman, Andrew / Tembeck, Shoshana: New Games. Die Neuen Spiele. Bd. 1 und 2. Pittenhart-Oberbrunn 1980 bzw. 1982

Foerster, Heinz v.: Wissen und Gewissen. Frankfurt/M. 1993

Fritz, Jürgen: Methoden des sozialen Lernens. München 3. Aufl. 1993

Glasersfeld, Ernst v.: Wissen, Sprache und Wirklichkeit. Braunschweig 1987

Glöckel, Hans: Vom Unterricht. Lehrbuch der Allgemeinen Didaktik. Bad Heilbrunn 1990

Gudjons, Herbert: Spielbuch Interaktionserziehung. Bad Heilbrunn 6. Aufl. 1995

Heidemann, Rudolf: Körpersprache vor der Klasse. Ein praxisnahes Trainingsprogramm zum Lehrerverhalten. Heidelberg (1983), 2. erw. Aufl. 1992

Hindelang, Götz: Einführung in die Sprechakttheorie. Tübingen 2. Aufl. 1994

Hopster, Norbert (Hrsg.): Handbuch „Deutsch“ für Schule und Hochschule. Sekundarstufe I. Paderborn 1984

Klippert, Heinz: Kommunikations-Training. Weinheim 1995

Kochan, Barbara (Hrsg.): Rollenspiel als Methode sprachlichen und sozialen Lernens. Kronberg/Ts. (1974) 1981

Kochan, Detlef C. / Wallrabenstein, Wulf (Hrsg.): Ansichten eines kommunikationsbezogenen Deutschunterrichts. Kronberg/Ts. 1974

Kochan, Barbara / Kochan, Detlef C.: Mündlicher Sprachgebrauch. In: Lange u. a. (1980) 5. Aufl. 1994, 202–223

Lange, Günter / Neumann, Karl / Ziesenis, Werner (Hrsg.): Taschenbuch des Deutschunterrichts. Grundfragen und Praxis der Sprach- und Literaturdidaktik. 2 Bde. Baltmannsweiler 5. vollst. überarb. Aufl. 1994

Luhmann, Niklas: Soziale Systeme. Frankfurt/M. (1984), 5. Aufl. 1994

Maturana, Humberto, R.: Erkennen. Die Organisation und Verkörperung von Wirklichkeit. Braunschweig 1982

Maturana, Humberto, R. / Varela, Franzisco: Der Baum der Erkenntnis. Bern (1987) 1990

Meixner, Johanna: Produktive Semantisierung im Unterricht. In: Müller 1996, 116–150

Mihm, Arend: Mündliche Kommunikation. In: Sowinski, Bernhard (Hrsg).: Fachdidaktik Deutsch. Köln 1975, 83–102

Morris, Desmond: Der Mensch, mit dem wir leben. München 6. Aufl. 1984

Müller, Klaus (Hrsg.): Konstruktivismus. Lehren – Lernen – Ästhetische Prozesse. Neuwied 1996

Neuland, Eva: Ausgewählte Probleme der Sprachentwicklung im Schulalter. In: Baurmann / Hoppe 1984, 64–91

Neuland, Eva: Mündliche Kommunikation: Gesprächsforschung – Gesprächsförderung. Entwicklungen, Tendenzen und Perspektiven. In: Der Deutschunterricht 1995, H. 1, 3–15

Nündel, Ernst: Zur Grundlegung einer Didaktik des sprachlichen Handelns. Kronberg/Ts. 1976

Orlick, Terry: Kooperative Spiele. Herausforderung ohne Konkurrenz. Weinheim / Basel 1982

Orlick, Terry: Neue kooperative Spiele. Weinheim / Basel 1985

Perls, Fritz: Grundlagen der Gestalt-Therapie. München 1976

Potthoff, Ulricke u. a.: Gespräche mit Kindern. Berlin 1995

Pschibul, Manfred: Mündlicher Sprachgebrauch. Verstehen und Anwenden gesprochener Sprache. Donauwörth (1980) 2. Aufl. 1981

Roth, Gerhard: Das Gehirn und seine Wirklichkeit. Frankfurt/M. 1994

Roth, Gerhard: Themenzentrierte Interaktion. In: Pädagogische Welt 1977, H. 8, 482–490

Satir, Virginia: Selbstwert und Kommunikation. München 1988

Saum-Aldehoff, Thomas: Wie das Gehirn die Welt konstruiert. In: Psychologie heute 1993, H. 1, 58–63

Scherer, Klaus R. / Wallbott, Harald G. (Hrsg.): Nonverbale Kommunikation. Forschungsberichte zum Interaktionsverhalten. Weinheim / Basel 1979

Schmidt, Siegfried J. (Hrsg.): Der Diskurs des Radikalen Konstruktivismus. Frankfurt/M. 1987

Schmidt, Siegfried J. (Hrsg.): Kognition und Gesellschaft. Der Diskurs des Radikalen Konstruktivismus 2. Frankfurt/M. 1992

Schmidt, Siegfried J.: Der Radikale Konstruktivismus: Ein neues Paradigma im interdisziplinären Diskurs. In: Schmidt 1987, 11–88

Schober, Otto (Hrsg.): Sprachbetrachtung und Kommunikationsanalyse. Beispiele für den Deutschunterricht. Königstein/Ts. 1980

Schober, Otto: Körpersprache als Gegenstand des Deutschunterrichts. In: Schober / Rosenbusch 1995, 215–243

Schober, Otto / Rosenbusch, Heinz S. (Hrsg.): Körpersprache in der schulischen Erziehung. Pädagogische und fachdidaktische Aspekte nonverbaler Kommunikation. Baltmannsweiler (1986), 2. erw. und überarb. Aufl. 1995

Schulz von Thun, Friedemann: Miteinander reden: Störungen und Klärungen. Psychologie der zwischenmenschlichen Kommunikation. Bd. 1, Hamburg (1981) 2. Aufl. 1988

Schulz von Thun, Friedemann: Miteinander reden: Stile, Werte und Persönlichkeitsentwicklung. Differentielle Psychologie der Kommunikation. Bd. 2, Hamburg (1989) 2. Aufl. 1993

Schuster, Karl: Das Spiel und die dramatischen Formen im Deutschunterricht. Baltmannsweiler 2. Aufl. 1996

Schuster, Karl: Ausgewählte Aspekte der Humanistischen Psychologie und deren Bedeutung für die Deutschdidaktik. In: Literatur und Sprache – didaktisch. Bamberger Schriftenreihe zur Deutschdidaktik 1992, H. 4, 8–29

Schuster, Karl: Einführung in die Fachdidaktik Deutsch. Baltmannsweiler (1992) 7. Aufl. 1998

Schuster, Karl: Der mündliche Sprachgebrauch im Deutschunterricht. Baltmannsweiler 1998

Schwäbisch, Lutz / Siems, Martin: Anleiten zum sozialen Lernen für Paare, Gruppen und Erzieher. Kommunikations- und Verhaltenstraining. Hamburg (1974) 1986

Searle, John R.: Sprechakte. Frankfurt/M. (1971), 6. Aufl. 1994

Spinner, Kaspar H.: Neue und alte Bilder von Lernenden. Deutschdidaktik im Zeichen der kognitiven Wende. In: Beiträge zur Lehrerbildung. Zeitschrift zu Theorie und Praxis der Grundausbildung, Fort- und Weiterbildung von Lehrerinnen und Lehrern (Schweiz) 1994, H. 2, 146–158

Stahl, Thies: Neurolinguistisches Programmieren (NLP). Mannheim 5. Aufl. 1996

Varela, Franzisco / Thompson, E. / Rosch, E.: Der mittlere Weg der Erkenntnis. Bern 1992

Vopel, Klaus W. u. a.: Interaktionsspiele für Kinder. 4 Teile. Hamburg 1980

Vopel, Klaus W.: Interaktionsspiele für Jugendliche. Hamburg 1980
(Von Vopel gibt es im Isko-Press-Verlag noch über 20 Bände mit einschlägigen Veröffentlichungen.)

Watzlawick, Paul u. a.: Menschliche Kommunikation. Bern (1969) 9. Aufl. 1996

Watzlawick, Paul / Kreuzer, Franz: Die Unsicherheit unserer Wirklichkeit. Ein Gespräch über den Konstruktivismus. München (1988) 5. Aufl. 1995

Watzlawick, Paul: Wie wirklich ist die Wirklichkeit? Wahn, Täuschung, Verstehen. München (1978) 21. Aufl. 1996

Wex, Marianne: „Weibliche“ und „männliche“ Körpersprache als Folge patriachalischer Machtverhältnisse. Hamburg 2. Aufl. 1980

Wolfrum, Erich (Hrsg.): Kommunikation. Aspekte zum Deutschunterricht. Baltmannsweiler 1975

Wygotski, Lew S.: Denken und Sprechen. Frankfurt/M. 1977

Zalfen, Wolfgang: Spielräume. Über 100 Vorschläge für Spiel, Bewegung, Kommunikation. Mainz 3. Aufl. 1991

JOACHIM FRITZSCHE

Schriftlicher Sprachgebrauch

1. Zum Begriff

Noch bis zur 5. Aufl. des „Taschenbuchs" hieß der hier zu erläuternde Lernbereich „Aufsatzunterricht". Wenn er jetzt einen neuen Titel erhält, so geschieht dies vor allem, um den schulhistorisch belasteten Begriff „Aufsatz" zu vermeiden. Längst besteht ja der Schreibunterricht nicht mehr nur darin, „Aufsätze" vorzubereiten, um diese dann als Klassenarbeit schreiben zu lassen. Für die Gesamtheit des im Deutschunterricht angeregten und angeleiteten Texteverfassens gab es deshalb in Lehrplänen und Lehrbüchern in den letzten Jahrzehnten unterschiedliche Benennungen – „Schriftliches Gestalten", „Schriftliches Darstellen", „Schriftliche Kommunikation", „(Schriftliche) Texte verfassen", „Unterricht im (schriftlichen) Ausdruck" oder einfach „Schreiben". Kein Begriff, auch nicht der für diesen Beitrag gewählte, schützt vor Missverständnissen. „Schriftlicher Sprachgebrauch" macht aber die Analogie zum Lernbereich „Mündlicher Sprachgebrauch" deutlich und betont zugleich den Unterschied dazu. Dass es sich im übrigen um das Lernfeld handelt, das den vergleichsweise engen „Aufsatzunterricht" beerbt, dürfte unmittelbar klar sein.

2. Ziele und Begründung des Lernbereichs

Warum eigentlich sollen Schüler schriftliche Texte verfassen? Auf diese Frage gibt es eine nahe liegende und eine weniger nahe liegende Antwort. Die nahe liegende: In unserer Gesellschaft wird von allen erwachsenen Mitgliedern erwartet, dass sie nicht nur Buchstaben und etwa, wie früher, noch ihren Namen und vielleicht ein paar Wörter schreiben können, sondern dass sie in der Lage sind, schriftliche Notizen zu machen, Berichte, Weisungen, Protokolle, Stellungnahmen, Vorlagen, Bewerbungsschreiben zu verfassen, Formulare und Kontrollblätter auszufüllen, Postkarten und Briefe zu schreiben. Freilich stellen unterschiedliche Berufe sehr unterschiedliche Anforderungen, und Gleiches gilt für gesellschaftliche Positionen und Funktionen. Aber da die allgemeinbildende Schule nicht auf bestimmte Berufe oder Positionen vorbereitet, sondern darauf hinzielt, allen Schülern gleiche Chancen zu ermöglichen, muss der Unterricht insgesamt möglichst gute Voraussetzungen dafür schaffen. Das ist, wie gesagt, recht selbstverständlich; der lebenspraktische Nutzen bedarf keiner weiteren Erläuterung und Rechtfertigung, und tatsächlich werden ja viele Fächer, Unterrichtsbereiche und -themen durch den Hinweis auf ihren lebenspraktischen Nutzen gerechtfertigt. Dies gilt insbesondere für den „Mündlichen Sprachgebrauch": Man muss sprachgewandt sein, um die verschiedenen Kommunikationssituationen des Alltags zu bewältigen. Beim „Schriftlichen Sprachgebrauch" gibt es aber zusätzlich einen weniger offensichtlichen und dennoch so wichtigen

Grund, dass man auf den Schreibunterricht selbst dann nicht verzichten dürfte, wenn die Entwicklung technischer Medien es künftig möglich machen sollte, in unserer Gesellschaft ohne Schreibfähigkeit durchs Leben zu kommen. Wie psychologische, kulturhistorische und ethnologische Forschungen zeigen, ist Schreiben nämlich für die geistige Entwicklung des Menschen von unschätzbarer Bedeutung. Da beim Schreiben der Kommunikationspartner nicht anwesend ist, muss der Schreiber, um verstanden zu werden, eine besondere geistige Leistung vollbringen: Er muss sich in den potentiellen Leser hineinversetzen, seine Verstehensvoraussetzungen berücksichtigen und sich so explizit ausdrücken, dass er nach Möglichkeit ohne Rückfragen verstanden wird. Schriftsprache muss ohne die leibgebundenen Kommunikationsmittel wie Gestik, Mimik, Rhythmus, Intonation usw. auskommen; deshalb handelt es sich bei ihr um eine qualitativ andere, in mehrfacher Hinsicht abstrakte Sprache, und das bedeutet, dass alles, was vermittelt werden soll, verbal ausgedrückt werden muss. Das nötigt zur Elaboration der Sprache und hat einen Zwang zu begrifflicher Präzision zur Folge; der russische Psychologe Wygotski wies schon in den zwanziger Jahren auf die Bedeutung des Schrifterwerbs für die Begriffsbildungsprozesse hin (Wygotski 1964). Der Gebrauch von Schrift (wozu selbstverständlich auch das Lesen gehört) verändert also nicht nur den Sprachgebrauch, sondern darüber hinaus auch das Denken (Langer / Applebee 1987, Olson / Astington 1990, Scheerer 1993), und zwar nicht zuletzt deshalb, weil Gedankenkomplexe bewusst in eine lineare Abfolge von Zeichen gebracht werden müssen. Zudem wird Sprache beim Schreiben analysiert und vergegenständlicht und kann so bearbeitet und gestaltet werden; daraus folgt eine veränderte, nämlich bewusstere Einstellung zur Sprache, und die Sprache kann deutlicher als ästhetisches Gebilde wahrgenommen werden. Schließlich können durch Aufschreiben größere gedankliche Zusammenhänge, die das Gedächtnis überfordern würden, hergestellt werden. Wenn diese Leistungen des Schreibens auch nicht ohne weiteres von selbst zur Wirkung kommen, so sind sie doch in diesem Medium grundsätzlich angelegt. (Zu den kulturhistorischen Veränderungen beim Übergang von Mündlichkeit zu Schriftlichkeit vgl. Goody u. a. 1986, Ong 1987, Glück 1987.)

Beim Erlernen der Fähigkeit, sich schriftlich auszudrücken, können also zweierlei Bedeutungen unterschieden werden, eine engere, unmittelbar lebenspraktische, und eine weitere, die man als „die geistige Entwicklung fördernd" bezeichnen kann: Schreiben prägt den, der es tut. Hiermit ist jedoch noch nicht alles erfasst. Wer lesen und schreiben lernt, bekommt damit nämlich auch Zugang zur Schriftkultur und kann aktiv daran teilnehmen. Dies betrifft vor allem den Bereich der Wissenschaften, der einem Schriftunkundigen von vornherein verschlossen bleibt, es betrifft den Bereich der Literatur, und es betrifft nicht zuletzt den Zugang zu allen schriftlich verfassten historischen Zeugnissen. Als dritte Bedeutung, die die Fähigkeit zum schriftlichen Sprachgebrauch hat, kann man deshalb die kulturelle namhaft machen. Sie steht zwischen der lebenspraktischen Funktion und der Funktion, psychische Fähigkeiten zu entwickeln, und vermittelt beide.

Angesichts der drei Bedeutungen, die der Schrifterwerb in der Gesellschaft, in der kulturellen Tradition und für die psychische Entwicklung des Individuums hat, versteht es sich nahezu von selbst, dass der Lese-/Schreibunterricht eine unverzichtbare und dominierende Rolle in der Schule spielt. Aber Lesen- und Schreibenkönnen ist nicht nur ein wesentliches Ziel des Unterrichts, sondern ohne diese Fähigkeit sind schulische Bildungsprozesse überhaupt undenkbar. Deshalb gibt es durch die Geschichte hindurch einen engen Zusammenhang von schulischer Unterweisung und „Aufsatzunterricht".

3. Zur Geschichte des Aufsatzunterrichts

Alle drei genannten Funktionen des Schreibens, die lebenspraktische, die psychische und die kulturelle haben in der Geschichte des Aufsatzunterrichts eine Rolle gespielt. Zu verschiedenen Zeiten und für verschiedene Klassen der Bevölkerung standen aber je andere Funktionen im Vordergrund.

Bis ins 18. Jh. hinein wurde der Aufsatzunterricht in den höheren Schulen von der rhetorischen Tradition der Antike bestimmt. Unter „Aufsatz" verstand man das schriftliche „Aufsetzen" einer gerichtlichen oder politischen Rede; es diente nur der Vorbereitung des mündlichen Vortrags. Neben diese praktische Bedeutung trat im Humanismus die kulturelle: Durch die Schreibübungen sollten sich die Schüler Stil und Inhalt der antiken Schriftsteller (vor allem Ciceros) aneignen. Allerdings erhielt die Kenntnis der antiken Schriftdokumente bald schon den Charakter bloßen Bildungswissens. Als im Laufe des 17. Jh. das Deutsche allmählich im Rhetorikunterricht Fuß fasste, blieb es zunächst bei denselben Funktionen und Formen des Schreibens. Neben Reden wurden auch Gedichte verfasst, allerdings solche, die wir heute als „Gelegenheitsgedichte" bezeichnen würden. Diese Hochzeits-, Begräbnis-, Willkommens- und Preisgedichte hatten eher rhetorischen als poetischen Charakter und dienten mitnichten, wie spätere Lyrik, dem Ausdruck des Subjekts. Schließlich verfasste man auch, als einzige nicht für den mündlichen Vortrag bestimmte Textsorte, Briefe; Anleitung dazu gaben die sog. „Briefsteller".

Im 18. Jh. schlich sich unter dem Mantel der Rhetorik ein neuer Gedanke und eine neue Zielbestimmung des Schreibens ein. So erklärt z. B. Gottsched, dass die Wirkung einer Rede nicht von der sprachlichen Vollkommenheit, sondern von der Überzeugungskraft der Gedanken abhinge. Deshalb müssten zuallererst die Gedanken verbessert werden. Besseres Erfassen der Gegenstände und klareres Argumentieren waren die logische Folgerung. Anders als in der rhetorischen Übung sollten nun nicht mehr nur fremde Gedanken, die man aus Exzerptensammlungen entnahm, bloß geschickt angeordnet werden, sondern der Schreiber sollte sich den Stoff innerlich aneignen und sich dann aus der Kenntnis und dem Verständnis der Sache heraus vernünftig dazu äußern. Mit Hilfe des Schreibens „betrieb man Gedankenarbeit" (Ludwig 1988, 106). Der Schreibunterricht hatte hier nicht mehr zum Ziel, direkt auf eine außerschulische rhetorische Praxis vorzubereiten, sondern den Schülern ein Erkenntnismedium zu vermitteln und ganz allgemein ihre geistige Entwicklung zu fördern. Gegenüber der lebenspraktischen Funktion trat also die Funktion der psychischen Entwicklung in den Vordergrund. Deutlich wird dies an den Aufsatzthemen: Die Schüler mussten philosophische Sentenzen auslegen und moralische Maximen begründen. Schon wenig später treffen wir im sog. „Literaturaufsatz" wiederum auf die dritte Funktion des Schreibens: die Beschäftigung mit der überlieferten Schriftkultur, d.h. hier konkret mit den dichterischen Werken der deutschen Klassik. Mit Hilfe der schriftlichen Ausarbeitung sollten die Schüler sich die Stoffe und den Gehalt dieser Werke aneignen.

Allerdings galt dies nicht für allen Unterricht, sondern nur für den der „höheren Schule" – und auch da nur eingeschränkt. In den Elementarschulen bis zum Ende des 18. Jh. hatte Schreiben gar nicht die Bedeutung des Textverfassens, sondern des Kopierens und vor allem des Schönschreibens. Auch späterhin blieb in der „Volksschule" die Vermittlung grundlegender Schreibkenntnisse dominierend: Man beschränkte sich „auf das Schönschreiben, Rechtschreiben (nach Diktat), Abschreiben (von Vorlagen) und Auswendig-Schreiben (von Mustertexten). [...] In der unterrichtlichen Praxis sah das so aus, daß an der Wandtafel ein Text Satz für Satz entworfen und grammatikalisch, stilistisch sowie orthographisch normgerecht erarbeitet wurde. Das Nachschreiben bei verdecktem Tafeltext erfolgte zunächst auswendig, dann mit zunehmenden, jedoch dem Vorbild angepaßten kleinen Veränderungen und Hinzufügungen. Dieser später mit der Bezeichnung 'Musteraufsatz' negativ charakterisierte Typ war der an starre Normen gebundene, aber auch eben an diesen Normen überprüfbare und beurteilbare Aufsatz." (Sanner 1994, 225). Inhaltlich ging es vor allem um religiöse oder moralische, später auch politische (patriotische, nationalistische) Grundsätze; wie der Literaturunterricht, so diente natürlich auch der Schreibunterricht nebenbei der Gesinnungsbildung.

In mehrfacher Weise war der Aufsatz im 19. Jh. an Vorlagen und Muster gebunden, an die Vorlagen der klassischen Autoren im „Literaturaufsatz", an die Muster der Lesestücke in der Volksschule. Von der Aneignung der vorbildlichen Vorlagen und Muster versprach man sich einerseits den Erwerb zumindest bescheidener Kenntnisse der ja keineswegs in allen Schichten schon verbreiteten allgemeinen Schriftsprache, andererseits eine geistige, aber auch moralische und ästhetische Bildung. Dabei wurde der Schüler mehr oder weniger als tabula rasa betrachtet, zumindest aber als unfähig zum Äußern eigener Erfahrungen, Gedanken und Urteile. Lernen bestand demzufolge in der Aneignung des Tradierten, und der Nachweis gelungenen Lernens bestand in der (allenfalls umgestaltenden) Wiedergabe des Vorgegebenen. „Nachgestalten", „Reproduktion" waren Ziel und Inhalt des Unterrichts.

Gegen diese Praxis wandte sich Rudolf Hildebrand mit seiner berühmt gewordenen Forderung, es gelte „erst den eigenen Inhalt der Schülerseele herauszulocken und daran die Form zu bilden; jeder andere Weg hat etwas von dem Sprachunterricht, den man Papageien gibt" (Hildebrand 1867, zit. nach der 27. Aufl., 1962, 28). Die Betonung des „eigenen Inhalts der Schülerseele" folgt aus einer durch die Romantik veränderten Sicht auf das Kind, das jetzt als natürlich, originell oder göttlich, auf jeden Fall als noch nicht durch die Gesellschaft und ihre Sprache verdorben angesehen wird. Diesem Kind gilt es zum Ausdruck zu verhelfen, zum mündlichen zunächst und von da aus zum schriftlichen. D. h., ein so konzipierter Unterricht geht nicht von schriftlichen Vorlagen aus, ihm liegt nicht Literatur (im weitesten Sinne) zugrunde, sondern er knüpft an die mündliche „Haussprache“ des Kindes an, und sei sie auch noch so sehr durch Mundart und Milieu geprägt. In dieser kindorientierten Auffassung tritt der Bildungs- und Entwicklungsgedanke in den Vordergrund unterrichtlichen Bemühens, und daran knüpfte die Reformpädagogik am Anfang des 20. Jh., des „Jahrhundert[s] des Kindes“ (Ellen Key), an.

Die Reformpädagogik war zunächst eine Bewegung der Volksschule, und mit ihrer Forderung nach „freiem Aufsatz“ wandte sie sich ausdrücklich gegen die an literarische Formen und Inhalte gebundenen Aufsätze des Gymnasiums (Fritz Gansberg, Der freie Aufsatz, 1914). Inhalt der Aufsätze sollten nicht Stoffe aus der Literatur sein, sondern die eigenen „Erlebnisse“ der Kinder; hier ist die Wirkung des seinerzeit in der Philosophie diskutierten Erlebnis-Begriffs spürbar (Wilhelm Dilthey: Das Erlebnis und die Dichtung, 1905). Von einer Nachahmung und Reproduktion literarischer Texte versprach man sich keine positive Wirkung auf die Bildung des Kindes und die Entwicklung seiner Schriftsprachfähigkeit mehr. (P. G. Münch, Rund um's rote Tintenfaß, 1909; A. Jensen / W. Lamszus, Unser Schulaufsatz, ein verkappter Schundliterat, 1910; Der Weg zum eigenen Stil, 1912). In dieser veränderten Betrachtungsweise konnten vielmehr die Aufsätze der Schüler selbst als „Kunstwerke“ angesehen werden, da sie ja „schöpferischer“ Ausdruck von individuellen Erlebnissen, Gedanken und Gefühlen waren. (C. Götze, Das Kind als Künstler, 1899).

Die Konzeption des „freien“, der Persönlichkeitsentwicklung dienenden Aufsatzes geriet allerdings schon bald in die Kritik, und diese kam vor allem aus dem Gymnasium. Beklagt wurden Einseitigkeiten und Übertreibungen. So fehlte dem „freien“ Aufsatz eine Zielorientierung, wenn diese nicht im Beherrschen der ja doch immer schon vorhandenen komplexen Schriftsprache bestehen sollte; bei dem Insistieren auf dem Ausgangspunkt, dem Kind, schien nämlich der Endpunkt, der schriftsprachkompetente Erwachsene, aus dem Blick geraten zu sein. Die Kehrseite der Bewunderung dessen, was Kinder schreiben, wenn man sie nur lässt, zeigte sich dem kritischen Blick: Das Lernen stagnierte, die Kinder kamen nicht weiter. Das „freie Schreiben“ erwies sich als kaum methodisch lehrbar. Vor allem aber nahm man Anstoß an der ausschließlichen Orientierung an „Erlebnissen“ und der ihnen angeblich angemessenen „Erlebnissprache“ und forderte, ihr die „Zwecksprache“ des alltäglichen Schriftverkehrs gegenüberzustellen (Wilhelm Schneider, Deutscher Stil- und Aufsatzunterricht, 1926); sie sollte auch bei der Wiedergabe sachlicher Beobachtungen und Beschreibungen benutzt werden. Damit war eine Einteilung in „subjektives“ und „objektives“ Schreiben vorgeprägt, die bis in die 60er Jahre des 20. Jh. hinein für den Aufsatzunterricht verbindlich blieb. Der „subjektive Stil“ diente dem Selbstausdruck des Schreibers und der Unterhaltung des Lesers, der „objektive Stil“ der Darstellung von Sachverhalten und der Unterrichtung des Lesers. Je nach Schreibabsicht und Gegenstand war der Text anders zu gestalten;

„Sprachgestaltung" war deshalb der zentrale Begriff dieser Konzeption des Aufsatzunterrichts („sprachgestaltender Aufsatz"). Ziel des Unterrichts war es, die Schüler zur Beherrschung von „Stilformen" bzw. „Darstellungsformen" zu bringen, z. B. dem Bericht als der Darstellung eines zeitlich gegebenen Gegenstands in „objektiver" Sprache, der Erzählung als der Darstellung eines zeitlich verlaufenden Geschehens in „subjektiver" Sprache. Bei dem Versuch, die „Stilformen" lehr- und ihre Beherrschung überprüfbar zu machen, wurden sie immer mehr verabsolutiert und verloren ihren ursprünglich intendierten Lebensbezug ebenso wie ihren Bildungssinn: Sie wurden zu rein schulischen „Aufsatzarten" (Rahn 1931, Ulshöfer 1952, Essen 1956, Marthaler 1962, Mißfeldt 1962, Hujer 1963, Beinlich 1969; kritisch dazu Helmers 1966. Otto Ludwig hat 1988 eine ausführliche Darstellung der Geschichte des Aufsatzunterrichts von den Anfängen in der Antike bis in die 70er Jahre dieses Jahrhunderts vorgelegt.).

So ist es verständlich, dass in einem neuen Modernisierungsschub zum Ende der 60er und am Beginn der 70er Jahre des 20. Jh. der an Aufsatzarten orientierte Schreibunterricht wegen seiner Lebensferne und der willkürlichen Lerninhalte einer scharfen Kritik unterzogen wurde. Hatte der Aufsatz der Reformpädagogen alles Gewicht auf die Inhalte (die Erlebnisse der Kinder) gelegt, so hatte der „sprachgestaltende" Aufsatz sprachliche Formen überbetont und Sprache dabei von ihrem Verwendungszusammenhang isoliert. Die Kritik orientierte sich deshalb an der einleuchtenden Forderung, der Deutschunterricht habe als gemeinsames Ziel aller Lernbereiche, die Schüler zur Kommunikationsfähigkeit zu erziehen (z. B. Boettcher u. a. 1973). Für den Aufsatzunterricht bedeutete das, dass der Unterricht auf Situationen vorzubereiten habe, auf die Schüler außerhalb der Schule vor allem im späteren Leben treffen könnten. Die in solchen Situationen voraussichtlich erforderte Schreibfähigkeit erstreckte sich vom schlichten Notizenmachen über das Schreiben von Glückwunschkarten und Einladungen, von Beschwerden und Anträgen bis hin zu Arbeitsberichten und Protokollen. Kriterien für das Verfassen der Texte sollten nicht länger abstrakte Gestaltungsnormen sein, sondern der Schreiber sollte sich darüber klar werden, was er eigentlich mit seinem Schreiben beabsichtigte („Intention", z. B. belehren, informieren, unterhalten, sich beschweren), an wen er sich damit wendete („Adressat", z. B. einzelner oder Gruppe, bekannt oder unbekannt, Erwachsener oder Kind usw.), welche „Wirkung" er damit erzielen wollte (sie hängt eng mit der Absicht zusammen) und wie die Umstände aussahen, in denen die Kommunikation stattfand („Situation", z. B. formell oder informell, privat oder öffentlich usw.). Aus diesen Faktoren sollten die Kriterien gewonnen werden, an denen die Textqualität zu messen sei. Man ging nicht nur von starren Textmustern ab, sondern auch die Art der Sprache, der Stil, die Sprachgestaltung sollten nicht länger einfach nur die „Hochsprache" sein. Dabei spielte einerseits die pragmalinguistische Feststellung eine Rolle, dass unterschiedliche Sprachverwendungssituationen unterschiedliche „Codes" und „Repertoires" erfordern, andererseits auch die Erkenntnis der empirischen Soziolinguistik, dass Kinder aus der Unterschicht der „Hochsprache" besonders fern stehen; daraus wurde gefolgert, dass diese Kinder benachteiligt sind, wenn der Unterricht einseitig die „Hochsprache“ zur Norm setzte und „Schriftsprache“ im Unterricht dominierte.

Die Aufsatzdidaktik der 70er Jahre löste sich also in mehrfacher Hinsicht von den starren „Aufsatzarten“ und dem mit ihnen verbundenen „Schuldeutsch“ (Messner / Rumpf 1976) und propagierte einen Schreibunterricht, der sich an den tatsächlichen zeitgenössischen Erfordernissen, an der aktuellen Schriftwirklichkeit orientierte. Allerdings wurde diese Schriftwirklichkeit beschränkt auf pragmatische Texte; poetische Texte blieben bei solch pragmatischer Orientierung unberücksichtigt. Dies war jedoch nur das eine Versäumnis. Mindestens so gravierend war die mangelnde Berücksichtigung kindlicher bzw. jugendlicher Schreibmotive und -bedürfnisse, ja überhaupt des „Spaß[es] beim Schreiben“ (Sennlaub 1980). Und schließlich vertrug sich der kommunikationsorientierte Schreibunterricht – wie der „Projektunterricht“, in den er folgerichtig integriert werden sollte, – auch schlecht mit den schulischen Bedingungen des „Aufsatzschreibens“, insbesondere mit der dadurch gegebenen Künstlichkeit und dem Zwang zur Beurteilung der Texte durch Lehrer. Diese Gründe führten dazu, dass die Kommunikationsorientierung im schulischen Alltag eine wesentlich geringere Rolle spielte als in der didaktischen Diskussion; der tatsächliche Aufsatzunterricht orientierte sich nach wie vor weitgehend am System der Aufsatzarten (vgl. Merkelbach 1979; bezeichnend auch, dass allen Reformen des Schreibunterrichts in der Grundschule zum Trotz das ganz und gar traditionelle Lehrbuch „Formen schriftlichen Sprachgestaltens. 50 Modelle zum Aufsatzunterricht der Grundschule“ von Reinhold Wagner in immer neuen Auflagen erschien und noch immer vielfach Verwendung findet). Lehrpläne und -bücher ersetzten freilich häufig solche statischen substantivischen Bezeichnungen wie „Erzählung, Bericht, Schilderung, Erörterung“ durch dynamische verbale Ausdrücke wie „Erzählen, Berichten, Schildern, Erörtern“. Dadurch sollte der Charakter des Schreibens als einer Weise des Sprach*handelns* herausgestellt und der Formalismus starrer Aufsatzarten überwunden werden.

Teils im Gegenzug zu den Bestrebungen der Kommunikationsdidaktik, teils in Ergänzung zu ihren Schreibaufgaben häuften sich seit den 70er Jahren Anregungen zu „freiem“ und „kreativem“ Schreiben. Damit reagierte der Schreibunterricht auf einige der oben erwähnten Probleme und Widersprüche. Anknüpfungspunkte für Vorschläge zum „freien“ und „kreativen“ Schreiben gab es genug. Zurückgreifen konnte man auf die gymnasiale Praxis der „Gestaltungsübungen“, die im Rahmen des „sprachgestaltenden“ Aufsatzunterrichts durchgeführt worden waren (Ulshöfer 1967, Meckling 1972, Brokerhoff 1976, Birner 1978), auf den stärker in der Volks- bzw. Grundschule verbreiteten „freien“ Aufsatz der Reformpädagogen (Sennlaub 1980), auf ältere Konzepte „literarischer Geselligkeit“, die in der neu aufkommenden „Schreibbewegung“ wieder aufgegriffen worden waren (Mattenklott 1979), ferner auf linguistische und literarische Kreativitätskonzepte (Pielow / Sanner 1973, Menzel 1974) und nicht zuletzt auf Theorien, die die bildende und identitätsfördernde Wirkung des Schreibens im Zusammenhang mit Ich-Entwicklung herausstellten (Fritzsche 1980, Spinner 1980; siehe dazu auch Boueke / Schülein 1985). Gemeinsam ist all diesen Konzepten, dass dem Schreiben ein Wert zuerkannt wird, der nicht unmittelbar und nicht nur in der Erweiterung von „Sprachhandlungsfähigkeit“, „kommunikativer Kompetenz“ oder in beruflich-gesellschaftlichem Nutzen besteht. Je mehr dabei allerdings – gerade im Gegenzug gegen Pragmatismus und Utilitarismus – die Momente von Spaß und Spiel betont werden, desto größer ist die Gefahr, dass die Impulse wegen ihrer Unverträglichkeit mit der Institution Schule, wie sie noch immer besteht, nicht den Aufsatzunterricht verändern, sondern zu außerschulischen Unternehmungen führen (Arbeitsgemeinschaften, Schreibgruppen, Literaturkreise).

4. Neue Impulse aus der Schreibforschung der 80er und 90er Jahre: Schreibentwicklung und Schreibprozess

Zwei Hauptgründe gibt es für das Interesse, das die Aufsatzdidaktik seit den 80er Jahren des 20. Jh. den Forschungen zur Entwicklung der Schreibfähigkeit entgegenbringt. Beide Gründe betreffen eine stärkere Rücksicht auf die Selbständigkeit und Autonomie der Heranwachsenden. Zum einen erfordert eine Didaktik, die sich dem Kind und Jugendlichen zuwendet und auf seine Möglichkeiten und Motive eingeht, eine Berücksichtigung der alters- bzw. entwicklungsspezifischen Gegebenheiten, da sonst die Gefahr besteht, dass auf Grund von Über- oder auch Unterforderung alle Bemühungen ins Leere laufen. Zum anderen bedarf aller Unterricht einer Zielorientierung. Woher nimmt man die Ziele? Wenn man die Heranwachsenden nicht bloß fit machen will für die gesellschaftlichen Anforderungen, so braucht man eine davon unabhängige Richtschnur; denn anderenfalls besteht die Gefahr, dass Erwachsene einfach ihre Ideale (sei es „gutes Deutsch“, sei es „kritische Kommunikationsfähigkeit“) den Schülern oktroyieren. Eine solche Richtschnur verspricht nun die Entwicklungstheorie mit ihrer Auffassung von der „Zone der nächsten Entwicklung“ (Wygotski). Danach gibt es eine Abfolge von Entwicklungsphasen, die jedes Individuum durchläuft; durch absichtliches Lernen kann die Entwicklung allerdings vorangetrieben werden, und umgekehrt können schlechte Bedingungen die Entwicklung verlangsamen oder gar zum Erliegen bringen. Folgt man dieser Auffassung, so deutet sich eine Lösung des Problems an, wie Lernziele ohne Willkür und im Sinne der Heranwachsenden festgelegt werden können: Der Unterrichtende setzt nämlich nicht mehr die Ziele über die Köpfe der Schüler hinweg fest, sondern er unterstützt nur ihre sowieso geschehende Entwicklung.

Seit den 70er Jahren des 20. Jh. sind in verschiedenen Fächern Theorien der kognitiven Entwicklung (vor allem Piagets und seiner Schule), der moralischen Entwicklung (Piaget, Kohlberg) und der sozialkognitiven Entwicklung (Selman, Damon) didaktischen Entwürfen zugrunde gelegt worden, im Bereich des Deutschunterrichts vor allem von Kreft (1977) und Fritzsche (1980, 1994). Für den Aufsatzunterricht wäre es günstig, wenn auch das Schreibenlernen einer klaren Entwicklung folgte, die der Unterricht nur stützen und fördern müsste. Gibt es eine solche Entwicklung?

Die bekannteste Studie, die auch in Deutschland immer wieder zitiert wird, stammt von Carl Bereiter. Ihr zufolge verläuft die Schreibentwicklung in fünf Stufen:

Stufe I: Assoziatives Schreiben. Der Schreiber äußert seine Einfälle so, wie sie ihm in den Sinn kommen, er reiht sie hintereinander wie die Perlen an einer Schnur.

Stufe II: Normorientiertes Schreiben. Der Schreiber bemüht sich um Korrektheit, d.h., er versucht, vorgegebenen Normen zu entsprechen, und zwar sowohl orthographischen und grammatischen als auch schon textuellen (Orientierung an Vorbildern und Textsortenmustern).

Stufe III: Kommunikatives Schreiben. Der Schreiber berücksichtigt die Perspektive und das Verständnis des Lesers, er versucht, Lesererwartungen zu entsprechen.

Stufe IV: „Authentisches Schreiben“ (Baurmann / Ludwig 1985; bei Bereiter heißt es „unified writing“). Hier sind „die verschiedenen Faktoren des Schreibens zusammengefaßt, bevor das Schreiben im epistemischen Stadium eine neue Qualität bekommt“ (Ossner 1996, 74). Dadurch wird ein individueller, persönlicher Stil möglich.

Stufe V: Epistemisches Schreiben. Auf dieser Stufe wird das Schreiben zur Reflexion, also als Mittel zum Gewinnen von Erkenntnissen, als heuristisches Instrument genutzt.

Ohne Zweifel lassen sich zumindest vier Momente beim Schreiben unterscheiden: erstens das Äußern von Gedanken überhaupt, zweitens die Berücksichtigung von Schreibnormen bzw. der im Schriftsystem vorhandenen Ordnungen, drittens die Berücksichtigung kommunikativer Erfordernisse und viertens – vielleicht am wenigsten plausibel, da am wenigsten bekannt – die Reflexivität des Schreibens. Alle vier Momente wurden in der Aufsatzdidaktik berücksichtigt, allerdings zu unterschiedlichen Zeiten, in unterschiedlichen Schularten und -stufen und in unterschiedlichen didaktischen Konzeptionen nicht immer mit gleichem Gewicht. So spielte das „assoziative Schreiben“ (I) eine gewisse Rolle im „freien Aufsatz“, wenn es darum ging, an die „Haussprache“ der Kinder anzuknüpfen. Allerdings stand die Normorientierung (II) meistens im Vordergrund, ganz besonders wohl beim „sprachgestaltenden“ Aufsatzunterricht. Schreiben als Kommunikationsakt zu verstehen und sich vor allem an potentiellen Lesern zu orientieren (III), ist natürlich die Forderung der „Kommunikationsdidaktik“. Ihr steht ein Verständnis von Schreiben gegenüber, das dieses – etwa bei der „Erörterung“ – vor allem als Mittel der begrifflichen Klärung und gedanklichen Ordnung ansieht (V). Nun fragt es sich allerdings, ob diese Momente als „Phasen“ verstanden werden können und in einer notwendigen Abfolge stehen, so dass sich die Didaktik daran orientieren könnte. Nicht gegen eine solche Abfolge spricht die Tatsache, dass Schreiber, die durchaus schon leserbezogen schreiben können, dies – aus welchen Gründen auch immer – nicht immer tun; die „Performanz“ ist, wie in anderen Bereichen, etwa dem moralischen, nicht immer auf der Höhe der „Kompetenz“. Gravierender erscheint Folgendes: Zahlreiche Unterrichtserfahrungen sprechen dafür, dass schon Grundschulkinder in der Lage sind, kommunikative Erfordernisse zu berücksichtigen, ja sogar Schreiben zur Klärung und Reflexion zu nutzen. Es sind wahrscheinlich vor allem die schulischen Umstände, die dafür sorgen, dass die Orientierung an gesetzten Normen, also Bereiters Stufe II, im Aufsatzunterricht dominiert; dies mag für die meisten der jüngsten Schüler eine Überforderung sein, so dass sie nicht ihre Sprache weiterentwickeln, sondern, wie Hildebrand es seinerzeit formulierte, Schriftdeutsch wie ein „anderes Latein" lernen. Im Kommunikationskonzept wurde versucht, demgegenüber das 3. Moment zur Geltung zu bringen. Doch simulierte „Denk dir, du wärest ..." – Situationen und „Ernstfallsituationen" mit außerschulischen Adressaten sind so unnatürlich und ungewöhnlich, dass sie nicht wirklich dazu führen, beim Schreiben ganz selbstverständlich den Leser zu berücksichtigen. Viel erfolgreicher geschieht dies, wenn die Klasse als Publikum der tatsächliche Adressat ist; die Erfahrungen, die Gerhard Sennlaub (1980) mitgeteilt hat, und noch deutlicher diejenigen von Heide Bambach (1989) zeigen, dass Kinder mit viel Schreibpraxis, die gewohnt sind, über ihre Texte zu sprechen, sich schon in der Grundschule ganz selbstverständlich an Lesern orientieren.

Sprachwissenschaftler und -didaktiker haben auch in Deutschland Entwicklungen im Sprachgebrauch von Kindern untersucht. Schon Pregel (1969) wies auf die Entwicklung von einem flächigen „Freskostil" (syntaktisch: eher nebengeordnete Sätze, Satzreihen) zu einem räumlichen „Reliefstil" (syntaktisch: eher untergeordnete Sätze, Satzgefüge) hin. Obwohl dieser Unterschied bei mündlichen Darstellungen von Kindern beobachtet worden war, fand er in der Aufsatzdidaktik starke Beachtung (z. B. von Zander 1972). Bestätigt und differenziert wurde diese Unterscheidung in einer groß angelegten Untersuchung von Augst / Faigel (1986), die den bezeichnenden Titel trägt „Von der Reihung zur Gestaltung". Bei der Untersuchung von schriftlichen Texten argumentativen Charakters von Schülern und Studenten im Alter von 13–23 Jahren zeigte sich mit zunehmendem Alter deutlich eine Tendenz von einer bloß „linear-entwickelnden" Schreibweise zu bewussterer Sprachgestaltung. Während die Probleme der Grundschulkinder mit der Schriftsprache daher rühren, dass sie noch zu sehr dem Mündlichen verhaftet sind, zeigt sich bei Schülern insbesondere der Sek. I eine Tendenz zu einem steifen, verschachtelten Schriftdeutsch, so dass man sagen kann, ihre Schwierigkeiten resultieren nicht vom Mündlichen her, sondern von der Struktur der Schriftsprache. Dass dies nicht nur für argumentative Texte gilt, behauptet Kuhl (1988, 79f.): „Die Jugendlichen haben sich argumentative Gesten und literarische Darstellungsmittel angeeignet, deren inhaltlichen Ansprüchen sie noch nicht gewachsen sind: Die Allegorien wirken aufgesetzt, die Metaphern laufen auseinander, die Argumente binden nicht, die großen Gedanken verlaufen sich. Es handelt sich hier um eine gleichsam 'großspurige' Schreibweise, die in ihrer allgemeinen Weltklugheit ein bißchen an die vorgreifende Gescheitheit der 10–12jährigen erinnert." Dies ist zwar eine recht negative Kennzeichnung, aber indem sie die Auffälligkeiten als alters- bzw. entwicklungstypisch erklärt, soll sie den einzelnen Schreiber entschuldigen.

Neben dem Interesse für die ontogenetische Entwicklung der Schreibfähigkeiten erhielt die Schreibdidaktik in den 80er Jahren wesentliche Impulse aus der Erforschung des Schreibprozesses.
(Siehe zur prozessorientierten Schreibdidaktik auch Baurmann / Weingarten 1995.) Der Grund dafür ist leicht einzusehen. Wer nämlich die Qualität des Produkts, also des fertigen Aufsatzes, verbessern will, muss seine Entstehung kennen. Zudem hatten amerikanische Untersuchungen gezeigt, dass erfolgreiche Schreiblehrer im Unterschied zu weniger erfolgreichen schon während des Schreibens eingreifen und Einfluss auf das entstehende Produkt nehmen. Wie verläuft der Schreibprozess?

Versteht man Schreiben als Handlung, was es ja ohne Zweifel ist (Wrobel 1995), so lassen sich verschiedene Teilhandlungen unterscheiden: *Sammlung, Planung, Ausarbeitung, Überarbeitung*; umrahmt wird dies durch Anstoß und Motivierung einerseits, durch Veröffentlichung andererseits.

Unter „*Sammlung*“ sind all die Aktivitäten zu verstehen, bei denen Gedanken und Informationen zusammengetragen werden. Schon die antike Rhetorik beschäftigte sich mit der inventio, dem Finden von Material und Ideen: „Der lateinische Terminus inventio, Erfindung, macht deutlich, daß es sich dabei um eine im eigentlichen Sinne schöpferische Phase handelt, die nicht einfach im Ausschlachten tradierter Stoffsammlungen besteht“ (Ueding 1985, 29). Das Finden und Sammeln von Einfällen kann assoziativ geschehen (gemeinsam als Brainstorming oder einzeln als Clustering, Fritzsche 1994, Bd. 2, 188f. bzw. als Automatisches Schreiben, Hornung 1996, 233) oder auch systematisch, z.B. wie dies Pielow (1973) als „Kalkül“ beschrieben hat. Sammeln kann aber auch (vor allem in der Sek.II) „Recherchieren“, also Materialsuche in Bibliotheken und Archiven, bedeuten.

„*Planung*“ kann dreierlei heißen: Handlungsplanung, Inhaltsplanung und Schreibplanung (Flower / Hayes 1980). Bei der Handlungsplanung versteht der Schreiber sein Tun als eine auf andere Menschen bezogene Handlung: Wem will ich was sagen, wie ist mein Verhältnis zum Leser, wozu will ich es sagen, was will ich erreichen? Diese Art der Planung ist natürlich besonders wichtig bei kommunikativen Texten. Die Inhaltsplanung demgegenüber betrifft die thematische Textstruktur, also das, was wir als Ordnung und Gliederung des Stoffes kennen: Was ist das Wichtigste, wie hängen die einzelnen Punkte zusammen, welche Sachgesetzlichkeiten sind zu beachten, welche Textmuster stehen zur Verfügung? Diese Planung ist vor allem beim „epistemischen“ bzw. „heuristischen“ Schreiben wichtig, also wenn das Schreiben dem Klären von Gedanken, Texten und Sachverhalten dient; es ist die im Aufsatzunterricht bisher verbreitetste Form der Planung. Bei der Schreibplanung schließlich geht es um das eigene Vorgehen beim Schreiben: Womit fange ich an, wo stehe ich jetzt, was kommt als nächstes, wie löse ich bestimmte auftauchende Probleme? Die Unterscheidung von Inhaltsplanung und Schreibplanung macht darauf aufmerksam, dass „Einleitung“ nicht dasselbe ist wie „Einstieg“: Was im Text schließlich als erstes steht, muss nicht als erstes geschrieben sein (Kroeger 1993). Fordert man Menschen auf, während sie schreiben, alles zu äußern, was ihnen durch den Kopf geht, so kann man deutlich die genannten drei Arten von Planung unterscheiden. Die Schreibkompetenz hängt zum guten Teil davon ab, ob man in der Lage ist, den eigenen Schreibprozess zu steuern. Methodisch angeleitet wurde aber bisher nur die Inhaltsplanung. (Ausführliche Hinweise zum methodischen Vorgehen bei allen drei Arten von Planungen in Fritzsche 1994, Bd. 2, 192ff.)

In der „*Ausarbeitung*“ werden die einzelnen Gedanken und Materialelemente in eine sprachliche, also syntaktische und textuelle lineare Abfolge gebracht. Bei dieser Formulierungstätigkeit (Antos 1982) spielt – neben Sachkenntnis – die mündliche Sprachbeherrschung ebenso eine Rolle wie die Kenntnis schriftsprachlicher Muster und Strukturen. M. a. W.: Die Ausarbeitung greift sowohl auf mündliche Sprache zurück als auch auf „Literatur“kenntnis; Sprechen / Hören und Lesen sind gleichermaßen wichtige Voraussetzungen für das Schreiben. In der neueren Forschung wird Schreiben als Problemlösen verstanden: Zu lösen ist das Problem, individuelle Vorstellungen in konventionellen Symbolen (Wörter, Wortgruppen, Sätze, „Diskurse“ usw.) so zu formulieren, dass der gemeinte Sinn ohne außersprachliche Hilfen verstanden werden kann.

Untrennbar mit dem Ausarbeiten ist das „*Überarbeiten*“ verbunden. Schriftstücke entstehen meistens nicht in einem Wurf; Geschriebenes wird vielfach korrigiert und verändert, und zwar schon von Schreibanfängern (Baurmann / Ludwig 1985). Da aber häufig nur Rechtschreibfehler und Verschreibungen korrigiert und allenfalls einmal Wörter ersetzt werden, bedarf das Überarbeiten eigener Übungen, um zu einer Selbstverständlichkeit zu werden; die Schüler müssen dabei Verfahren kennenlernen, wie sie Textteile streichen, ergänzen und umstellen können. Voraussetzung ist, dass die Schüler das, was sie geschrieben haben, als Entwurf zu sehen lernen, nicht als fertiges Werk. Je geläufiger den Schülern das Schreiben ist, desto weitreichendere und tiefergehende Verbesserungen nehmen sie vor (Bridwell 1980). Nicht ganz ohne Belang ist dabei das Schreibinstrument: Ohne Zweifel fördert das Schreiben am Computer die Bereitschaft zur Textüberarbeitung erheblich. Im übrigen gilt: Schreiben erfordert Zeit. Überarbeitungen sind häufig effektiver, wenn sie im Abstand von einigen Tagen vorgenommen werden.

Offen bleibt freilich die Frage, woran sich Schreiber beim Überarbeiten und Verbessern orientieren. Ohne eine Vorstellung oder wenigstens ein Gefühl dafür, was einen Satz oder einen Text besser macht (dass er korrekter wird oder logischer, stimmiger, überzeugender – oder dass er einfach nur besser klingt), kann, so trivial das ist, nicht verbessert werden.

Nur scheinbar wird diese Frage hinfällig, wenn das Textüberarbeiten in die Verantwortung einer Schülergruppe gegeben wird. Dies ist in England von Donald Graves praktiziert (Graves 1983) und schon bald als „Schreibkonferenz“ auch in deutschen Grundschulen heimisch geworden (Spitta 1989, 1992, 1993). Dabei bilden die Schüler kleine Gruppen zu zwei oder drei Teilnehmern und lesen sich ihre Textentwürfe vor. Auf Grund der Reaktionen der Zuhörer und ihrer Vorschläge werden die Entwürfe dann überarbeitet. Das Verfahren hat verschiedene Vorteile. So besteht die Chance, dass die Monita der Kinder näher an dem liegen, was der Schreiber verstehen kann, als wenn ein Erwachsener aus seiner Sicht und mit seiner Schreibkompetenz Stellung nehmen würde. Von Vorteil kann auch sein, dass die Kinder schon beim Schreiben ihrer Texte diese als Entwürfe verstehen und wissen, dass der Text von anderen Kindern zur Kenntnis genommen wird und dann überarbeitet werden kann. Und schließlich fördert es die Schreibfähigkeit, wenn Kinder über Textprobleme nachdenken und diskutieren. Woran aber orientieren sich die Kinder bei ihren Wünschen und Vorschlägen? Wenn sie nach einer „Checkliste" vorgehen, die womöglich in der Klasse aushängt, so führt dies allzu leicht dazu, dass die Texte nicht auf Grund der individuellen Wirkung und des jeweiligen Verständnisses, das die Hörer gewonnen haben, verbessert werden, sondern stereotyp nach „Schema F". Bei „freien Texten", beim „Kreativen Schreiben" sollte deshalb so oft wie möglich von einer Überarbeitung auf Grund eines Kriterienkatalogs abgesehen werden; stattdessen sollte die Gruppe besprechen, wie sie den Text versteht, wie er auf sie wirkt, welche Vorstellungen und Gefühle er wachruft und welche sprachlichen Mittel wohl dafür verantwortlich sind. Dem Autor muss es dann überlassen bleiben, ob und wie er nach diesen Äußerungen den Text überarbeitet, wobei natürlich auch der praktische Nutzen einer Überarbeitung eine Rolle spielt. Rückmeldung – vor allem über Gelungenes – ist für das Lernen letzten Endes wohl wichtiger als tatsächliche Überarbeitung. Im übrigen zeigen die Erfahrungen von Bambach (1989), wie wichtig die Einflüsse der gehörten und gelesenen Literatur auf die eigenen Texte zumindest bei Grundschulkindern sind; insofern lässt sich sagen, dass Schreiblerner nicht Regeln und Kriterien brauchen, sondern Vorbilder und Modelle.

5. Aufsatzcurriculum: Schulische Schreibaufgaben

In der Vergangenheit gab es unterschiedliche Versuche, Aufsatzarten bzw. Schreibaufgaben verschiedenen Alters- bzw. Klassenstufen zuzuordnen. So wurden in der Grundschule, in der der Aufsatzunterricht gewöhnlich in Kl. 3 begann, kurze Lesestücke weiter- und nacherzählt, es wurden Bildergeschichten versprachlicht und auf Grund von Mustern schließlich auch selbst Fabeln, Märchen, Schwänke verfasst. Etwa ab Kl. 6 oder 7 traten Berichte und Beschreibungen von Sachverhalten, dann Inhaltsangaben von kurzen Geschichten hinzu. Ab Kl. 9 wurden Charakteristiken und Schilderungen verlangt. Etwa in Kl. 10 begann man mit dem Üben der Erörterung. Vor allem in Volks- und Realschulen wurden in den Abschlussklassen wegen des bevorstehenden Schritts ins Berufsleben auch Bewerbungsschreiben und Lebensläufe geübt. Im Gymnasium schlossen Besinnungsaufsatz, Textinterpretation und Facharbeit das Curriculum ab.

Diese Anordnung folgte sachstrukturellen und entwicklungspsychologischen Gesichtspunkten. Zum einen war man überzeugt, dass eine Erörterung komplexer und deshalb schwerer zu schreiben sei als eine Fabel; dahinter steht der in der Didaktik verbreitete Gedanke, das Lernen schreite sukzessiv vom Einfachen zum Komplexen fort. Zum anderen orientierte man sich an vermeintlichen Fähigkeiten, Interessen und Affinitäten der Kinder und Jugendlichen: Mit 11, 12 Jahren sind die Schüler in der Lage, Sachverhalte objektiv zu erfassen, mit 13 Jahren haben sie genug Abstand zu literarischen Texten, um das Wesentliche ihres Inhalts zu erfassen und gerafft wiederzugeben, mit 14, 15 Jahren sind die Jugendlichen empfänglich für Stimmungen und interessieren sich für menschliche Charaktere usw. Obwohl solche Einteilungen viel zu pauschal sind und gerade angesichts der unterschiedlichen Entwicklungstempi und -wege vielen Schülern nicht gerecht werden, muss doch anerkannt werden, dass mit der Berücksichtigung der geistig-seelischen Entwicklung ein unverzichtbarer Gesichtspunkt für den Aufbau des Curriculums Berücksichtigung gefunden hatte.

Um dem Aufsatzformalismus zu entgehen, versuchte man in den 70er Jahren des 20. Jh. die Schreibaufgaben entsprechend kommunikativen Zwecken und Wirkungsabsichten (Intentionen) zu ordnen. Man teilte dann etwa ein in „informierende Texte“, „appellierende Texte“, „argumentierende Texte“, „unterhaltende Texte“, oder man unterschied, um den statischen Textbegriff zu vermeiden, z. B. „informierendes, kommentierendes und produktives Schreiben“, wobei sich freilich das Problem zeigt, dass einzelne Textarten nicht einfach diesen Intentionen subsumiert werden können: „So ist ein Entschuldigungsschreiben sowohl Information (Benachrichtigung) wie auch Kommentar (Begründung). Die schriftliche Darstellung eines Reiseverlaufs verfügt über informierende (berichtend / beschreibende, kommentierende), vermutlich auch ästhetisch relevante (schildernde) Eigenschaften“ (Sanner 1994, 236). Damit bleibt offen, warum bestimmte Texte (Aufsätze) geschrieben werden sollen: Wird das Entschuldigungsschreiben als Mittel gebraucht, um daran das Benachrichtigen und Begründen zu üben, oder wird es behandelt, weil die Lebenswirklichkeit der Kinder (oder das spätere Leben als Erwachsener) es nahelegt bzw. verlangt? Geht es um Schriftsprachentwicklung oder um lebenspraktische Schreibqualifikation?

Diese Fragen führen zurück zu der im 1. Abschnitt erörterten Frage, warum überhaupt das Verfassen schriftlicher Texte gelernt, eingeübt und im Unterricht praktiziert werden soll. Die dort getroffene Unterscheidung eines unmittelbar lebenspraktischen Nutzens von dem Nutzen, der sich durch den Schrifterwerb für die geistige Entwicklung und die Teilhabe an der Schriftkultur ergibt, kann bei der Konstruktion des Aufsatzcurriculums aufgegriffen werden. Zu unterscheiden sind dann drei Arten von Schreibaufgaben: Solche (I), die dem Erwerb von Formulierungstechniken und Textmustern für den „Schriftverkehr“ – im weitesten Sinn – dienen (etwa Einladungs- und Glückwunschschreiben, Leserbrief, Anzeige, Bedienungsanleitung, Lebenslauf), von solchen (II), die eine darüber hinausgehende Teilhabe an der literarischen Kultur ermöglichen (literarische und wissenschaftliche Texte), und schließlich von solchen (III), bei denen das Schreiben eigentlich nur ein Mittel geistiger Arbeit, also des Durchdringens von Sachverhalten und Texten ist (hierzu zählen am ehesten die bekannten schulischen „Aufsatzarten“ wie Nacherzählung, Inhaltsangabe, Interpretation, Erörterung; Hinweise und Beispiele, wie diese traditionellen Aufsatzarten durch „kreative“ Ideen reizvoller gemacht werden können, finden sich in Fritzsche 1994, Bd. 2).

Nun kommt es nicht darauf an, diese drei Typen von Schreibaufgaben bzw. die jeweils zugeordneten Textsorten oder „Aufsatzarten“ auf bestimmte Klassenstufen zu verteilen, sondern mit dieser Orientierung im Kopf müssen Lehrer jeweils für ihre Lerngruppe und mit ihr geeignete Aufgaben auswählen. Dabei spielen sicherlich entwicklungspsychologische Gesichtspunkte eine Rolle. Ebenso wichtig sind aber schulische Umstände, etwa Schulstufenübergänge und Abschlussprüfungen, vor allem aber die Zusammenarbeit mit anderen Fächern in Projekten (wobei insbesondere das Formulieren von Sachtexten geübt werden muss) und die Verbindung von Aufsatzunterricht und Literaturunterricht. Gerade dabei kommen verschiedene Schreibaufgaben ins Spiel: die Nacherzählung zum Gewinnen eines Textverständnisses und zur Aneignung der Sprache der Vorlage, die Inhaltsangabe zur Klärung des Handlungsgangs und der Motive von Figuren in Erzählungen und Dramen, der Précis zum Bewusstwerden sprachlicher Besonderheiten eines Textes, die Interpretation zum Erarbeiten einer Textdeutung usw. Die sog. „produktiven Verfahren“ (z. B. Weiter- und Umschreiben, imitierendes, parodierendes und analoges Schreiben) stellen natürlich zwangsläufig eine Verbindung von Aufsatz- und Literaturunterricht dar.

Ein solches Curriculum setzt also weitgehend auf Verbindungen zwischen Lernbereichen, zwischen Fächern und zwischen Schule und außerschulischer gesellschaftlicher Wirklichkeit: „Aufsätze“ bzw. schriftliche Texte werden vor allem verfasst, wenn und wo dies sich im Zusammenhang mit anderen Aufgaben und Themen anbietet oder nötig macht. Das bedeutet nicht, dass die einzelnen Texte oder auch Textarten nicht isoliert, eigens thematisiert, zum „Lerngegenstand“ gemacht und geübt werden müssten. Immer wieder zeigt sich ja, dass es nicht dasselbe ist, ob man sich mündlich zu einer Sache äußern oder darüber schreiben kann. Deshalb müssen die Schüler Textordnungsmuster für die jeweiligen Schreibaufgaben kennenlernen: Wie schreibt man einen Brief an die Oma? Wie beginnt man eine Geschichte? Was ist bei einer Spiel- oder Bastelanleitung zu berücksichtigen? Wie baut man eine Argumentation auf? Welche Konventionen gelten bei Diskussionsprotokollen?

Allerdings hat man sich in der Vergangenheit zu viel vom Erarbeiten der Vertextungsregeln erwartet. Wissen ist nicht gleich Können. Gerade ein curricular festgelegter, eher systematisch aufgebauter Aufsatz- bzw. Schreibunterricht tendiert dazu, eine Textart kurzfristig einzuführen, sie in wenigen Stunden zu behandeln und dann zum nächsten Thema überzugehen. Stattdessen ist es nötig, dass die Schüler viel Schreibpraxis bekommen und mit Textmustern, Vertextungsregeln und ganz allgemein mit sprachlichen Mitteln experimentieren. Muster und Regeln sind nur eine Stütze; entscheidend ist die Wirkung eines Textes, und diese erfahren die Schüler, wenn sie ihr Geschriebenes Mitschülern vorlesen oder schriftlich zur Stellungnahme vorlegen. Durch diese Praxis lernen die Schüler schließlich, ihre Texte selbst zu lesen wie ein fremder Leser, und diese Fähigkeit ist vonnöten, um einen Text sinnvoll zu überarbeiten. Manche Mängel fallen dem Schreiber auf, wenn er seinen Text sich selbst noch einmal langsam laut vorliest.

Neben speziellen Schreibübungen („Etüden") in sog. „didaktischen Schleifen", bei denen bestimmte Probleme bearbeitet werden, etwa Satzverknüpfungen oder Textgliederungen (in Sätze, später in Absätze) oder Wortwahl, und dem Nachdenken sowie Sprechen über die Texte und die beim Schreiben gemachten Erfahrungen („Metakognition") ist also vor allem die Menge des Schreibens für dessen Erlernen wichtig. Schreiben lernt man zwar nicht nur durch Schreiben (wie ein gängiges Bonmot behauptet), aber Automatisierung von Teilhandlungen beim Schreiben und Geläufigkeit erwirbt man nicht ohne regelmäßige Schreibpraxis.

Deshalb muss jede Gelegenheit zum Schreiben, die der Unterricht – nicht nur der Deutschunterricht (Antos 1996) – bietet, genutzt werden. Ganz entscheidend ist dabei, dass die Schüler nicht mit Angst und Widerstand ans Schreiben gehen. Solche Unlustgefühle rühren zwar auch von mangelnder Fähigkeit her (und hier ergibt sich ein circulus vitiosus), aber nicht selten liegt es eben an den Schreibaufgaben, deren Nutzen nicht einsichtig ist. Es empfiehlt sich deshalb, auf das Potential des „freien Schreibens" und der Aufgaben aus dem Bereich des „kreativen Schreibens" zurückzugreifen. Hier wird Schreiben nicht als gesellschaftlich nützliche, sondern als spielerische Tätigkeit erfahren. Besonders wichtig für die Motivation ist dabei der gesellige Charakter vieler Aufgaben: Oft werden Texte nicht nur von einem Schüler allein, sondern von mehreren, bisweilen auch allen gemeinsam verfasst, z. B. sog. „Reihumtexte", bei denen jeder in der Runde einen Text beginnt und die Blätter dann schrittweise weitergereicht und die Texte jeweils weitergeschrieben werden, oder die Texte werden gemeinsam geplant wie bei der Aufgabe „Zehn kleine Schreiberlein", wo der Plot einer Geschichte von mehreren Schülern entwickelt und das Ausarbeiten dann einem Schüler übertragen wird (Fritzsche 1989, 16–20), oder die Aufgaben werden in Ratespiele einbezogen, etwa wenn gefragt wird „Welcher Satz in meiner Geschichte war mir vorgegeben?", oder es entsteht ein Wettstreit der Aufgabenlösungen, z. B. wenn alle dasselbe Ausgangsmaterial haben und daraus Geschichten oder Gedichte herstellen müssen. Weniger wichtig als der Spaß beim Schreiben ist hier die Qualität der Produkte; deshalb sind Überarbeitungen meistens nur dann sinnvoll, wenn die Texte außerhalb der Gruppe (Klasse) veröffentlicht werden sollen. Indem das „Kreative Schreiben" auf Spontaneität setzt und Schreiben leicht erscheinen lässt, wirkt es dem Arbeitscharakter des Schreibens („Ausarbeiten", „Überarbeiten") entgegen, der ja viele Schüler davon abhält (vgl. das Plädoyer für „Experimentelle Texte" als Ergänzung zur aufwendigen „Arbeit am Text": Portmann 1996). Kreatives Schreiben stärkt das Vertrauen in die eigenen Fähigkeiten, wirkt motivierend und fördert damit indirekt ganz allgemein die Schreibfähigkeit. Unumgänglich ist natürlich, dass der Lehrer, der ja im allgemeinen die Schreibimpulse gibt und die Gespräche moderiert, selbst über Schreiberfahrung verfügt und so oft wie möglich mit den Schülern mitschreibt.

(Ausführliche Darstellung des Kreativen Schreibens in Fritzsche 1994, Bd. 2; außerdem in Merkelbach 1993 und in Heft 119 von „Praxis Deutsch"; eine Sammlung von Schreibaufgaben in Fritzsche 1989 und Schuster 1995)

6. Schulaufsätze in der Funktion von Lernkontrollen – Das Problem der „Aufsatzbeurteilung"

Die theoretische Aufsatzdidaktik steht oft in einem merkwürdigen Widerspruch zur tatsächlichen Aufsatzpraxis in den Schulen. Während nämlich die Didaktik den Aufsatz entweder als *Lerngegenstand* ansieht (bestimmte Textarten oder Schreibweisen sollen gelernt und Schreibpraxis soll gewonnen werden) oder als *Lernmedium* (durch das Schreiben von Aufsätzen sollen die Schüler sich über etwas klar werden und ihre Sprache, ihr Denken, ihr Bewusstsein entwickeln), dient der Aufsatz im Unterricht meistens zur *Lernkontrolle*. In ihrer Vorstellung ist Schreiben deshalb für die meisten Schüler untrennbar verbunden mit Prüfung: Der Aufsatz ist eine Klassenarbeit. Tatsächlich besteht Aufsatzunterricht nicht selten einzig darin, auf die nächste Deutscharbeit vorzubereiten. Dass dies eine Perversion des Unterrichts ist, steht außer Frage; aber die knappe zur Verfügung stehende Zeit und die Anzahl und das Gewicht der Klassenarbeiten lassen bisweilen keine andere Wahl. Es nimmt deshalb nicht Wunder, dass ein erheblicher Teil der Veröffentlichungen zum Aufsatz sich vorwiegend oder ausschließlich mit Aufsatzkorrektur und Aufsatzbeurteilung beschäftigen (Weber 1973, Baurmann / Gier 1985, Büscher / Schilling 1976, Beck 1979, Sanner 1979, Zeiher u. a. 1979, Ivo 1982, Wagner 1982, Grzesik / Fischer 1985, Merkelbach 1986, Nussbaumer 1991).

Der Aufsatz ist natürlich nicht die einzige Art der Lernkontrolle im Deutschunterricht; üblich sind auch Grammatikarbeiten und Diktate. Entscheidend ist aber, dass der Aufsatz als Klassenarbeit ja nicht nur der Lernkontrolle im Aufsatzunterricht dient, sondern auch im Literaturunterricht; dadurch ist er die dominierende schriftliche Prüfung im Deutschunterricht und überdies in den meisten anderen Fächern. Das heißt auch, dass im Aufsatz nicht nur geprüft wird, wie die Schüler die Schriftsprache und spezielle Textarten beherrschen, sondern auch, ob oder wie sie bestimmte literarische Texte verstanden haben oder andere Unterrichtsinhalte beherrschen.

Grundsätzlich gelten für die Auswertung von Klassenarbeiten dieselben Kriterien wie bei wissenschaftlichen Untersuchungen:

Objektivität: Das Urteil sollte unabhängig vom individuellen Beurteiler sein; unterschiedliche Beurteiler sollten zum selben Ergebnis kommen. (Tatsächlich zeigte sich aber in vielen Untersuchungen, dass Beurteilungen von Schüleraufsätzen von persönlichen Ab- und Zuneigungen der Beurteiler abhängen.)

Validität: Durch die Arbeit sollte wirklich das erfasst werden, was man erfassen will, also z. B. durch die Inhaltsangabe das Textverständnis und nicht die Schriftsprachkompetenz – eine natürlich schwierige Trennung. (Es konnte nachgewiesen werden, dass sich sogar gegen die erklärte Absicht der Lehrer bestimmte nichtinhaltliche Aspekte auf die Beurteilung auswirken, nämlich grammatische und orthographische Richtigkeit, die Handschrift und die Textlänge.)

Reliabilität: Das Urteil sollte unabhängig sein von Zeitpunkt und Umständen der Beurteilung. (Empirisch wurde festgestellt, dass sich die Position des Aufsatzes im

Heftstapel auf die Beurteilung auswirkt; der „Reihenfolgeeffekt“ besteht darin, dass oft zu Beginn des Korrigierens strenger geurteilt wird als später.)

Es versteht sich von selbst, dass diese Kriterien bei schulischen Arbeiten nur selten und nur zum Teil erfüllt werden, und zwar nicht nur bei Aufsätzen. So gibt es z. B. hinsichtlich der Validität das Problem, dass Prüfungen immer nur ein Verhalten erfassen, von diesem Verhalten aber auf Fähigkeiten geschlossen werden muss; denn der Unterricht hat ja nicht Verhaltensänderung, sondern Fähigkeitsentwicklung zum Ziel. Im übrigen ist auch festgestellt worden, dass die Kenntnis der Entstehungsbedingungen eines Aufsatzes die Urteilsübereinstimmung mehrerer Beurteiler mindert. Freilich kann dies auch beabsichtigt sein; bei der sog. „pädagogischen“ Beurteilung versucht man, ein Urteil zu fällen und eine Note zu geben, die sich nicht an den Arbeiten der anderen Schüler bzw. am Durchschnitt orientiert, sondern am Leistungsvermögen des betreffenden Schreibers, d. h., man strebt nicht „intersubjektive“ Gerechtigkeit an, sondern „intrasubjektive“.

Je folgenreicher die Urteile sind – also besonders, wenn Schullaufbahnentscheidungen, Versetzungen und Schulabschlussnoten davon abhängen –, desto nötiger ist es allerdings, den Urteilen etwas von ihrer Zufälligkeit und Willkür zu nehmen. Bei der Aufsatzbeurteilung gibt es dafür verschiedene Möglichkeiten:

a) *Definition der erwarteten Leistung und Festlegung einheitlicher Kriterien.* Von verschiedenen Seiten sind mehr oder weniger umfangreiche und differenzierte Kriterienkataloge publiziert worden. Sie sollten dazu dienen, die Aufsatzbeurteilung durchsichtiger und objektiver zu machen. Die Kataloge sind aber allesamt wenig tauglich, und zwar nicht nur, weil es von der besonderen Schreibaufgabe / Textsorte und den jeweiligen Lernzielen abhängt, welche Kriterien wichtig sind – eine Inhaltsangabe muss nicht „spannend“ sein, ein Protokoll nicht „lebendig“ –, sondern vor allem, weil die Uneinheitlichkeit aus der unterschiedlichen Anwendung der Kriterien folgt. Kriterienkataloge bedürfen deshalb zusätzlich genauer Auswertungsvorschriften und durchkorrigierter Musterarbeiten, an denen sich der Anwender orientieren kann. Ohne solche zusätzlichen Hilfen lohnt sich der Aufwand detaillierter Kriteriensysteme nicht: „Eine globale Verbesserung der Beurteilungsobjektivität bei jeder ausdrücklichen Verwendung sorgfältig definierter Kriterien konnte nicht nachgewiesen werden“ (Grzesik / Fischer 1985).

Die bei Aufsatzbeurteilungen üblicherweise verwendeten Kriterien lassen sich pauschal den Kategorien „Inhalt“, „Sprachrichtigkeit“ und „Sprachgestaltung (Gliederung, Ausdruck)“ zuordnen. (Vgl. die „Flensburger Norm für Aufsatzbeurteilung“ in Hahn 1966.) Bisweilen werden auch „Inhalt, Sprache, Struktur“ unterschieden; dabei werden Sprachrichtigkeit und Ausdruck, also Grammatik und Stil, zusammengefasst und der Gliederung, also dem Aufbau des Textes, gegenübergestellt. Natürlich sind solche Kriterien alles andere als eindeutig. Bedenklich stimmt darüber hinaus das Ergebnis einer Untersuchung von Diederich u. a. 1961 (zitiert in Schümann / Wieczerkowski 1984), die 53 Beurteilern aus unterschiedlichen Berufen insgesamt 300 Erörterungen vorlegten und bei der Analyse der Urteile bemerkten, dass Lehrer im allgemeinen die Kriterien anders gewichten als etwa Autoren und

Verleger: Autoren und Verleger achten vor allem auf Sprachgestaltung, und zwar auf lebendige, originelle, anschauliche Darstellung, Lehrer dagegen auf Sprachrichtigkeit. Eine unterdessen überholte Beobachtung? Vermutlich nicht, denn dass die Betonung formaler Richtigkeit auch in den 80er Jahren des 20. Jh. noch auffiel und wohl eher ein spezifisch deutsches Phänomen ist, ergab eine umfangreiche Hamburger Aufsatzstudie: Wenn man deutsche Schüler fragt, worauf es bei einem guten Aufsatz ankomme, nennen sie vor allem „Einzelheiten beachten" (also doch wohl: Orientierung an vorgegebenen Kriterien) und raten recht oft „Sieh zu, daß Du mit dem Lehrer übereinstimmst". Schüler der anderen zwölf an der international angelegten Studie beteiligten Länder empfehlen vor allem „Versuch originell, kreativ, einfallsreich zu sein" (Hartmann 1989). Und 1996 wunderte sich ein deutscher Sprachwissenschaftler, „daß Fachwissenschaftler und Fachdidaktiker sich generell stärker auf diese stilistischen Qualitäten des Textes einlassen, während die Lehrer eher das Moment der Normativität des Textes in den Vordergrund stellen" (Augst 1996, 133). Vermutlich ist einer der Gründe für die Dominanz formaler Kriterien (grammatische und orthographische Korrektheit, stilistische Einheitsnorm) die geringe Zeit, die dem Lehrer beim Korrigieren und Beurteilen zur Verfügung steht.

b) *Mehrfachbeurteilung.* Dieses Verfahren wird wegen seines hohen Arbeitsaufwands im allgemeinen nur bei folgenreichen Prüfungsarbeiten oder in Zweifelsfällen angewandt. Sein Vorteil ist, dass ein Zweitbeurteiler, der den Schüler nicht kennt, in seinem Urteil nicht durch andere Faktoren als die vorliegende Arbeit beeinflusst werden kann. Der Nachteil ist allerdings, dass der Zweitgutachter u. U. die Kriterien, an denen sich der Schüler womöglich auf Grund des Unterrichts orientierte, nicht kennt und seiner Beurteilung andere, eigene Erwartungen zugrunde legt: Worauf es bei einer „Nacherzählung" oder gar einer „Erörterung" ankommt, ist ja durchaus umstritten. Die höhere Objektivität ist also womöglich erkauft mit geringerer Validität, sicher aber mit geringerer Gerechtigkeit gegenüber dem einzelnen Schüler. – Eine ökonomische Form der Mehrfachbeurteilung liegt vor, wenn mehrere Beurteiler auf Grund ihres ersten Eindrucks den Text pauschal einschätzen (sog. „rating"-Verfahren) und ihre Urteile dann mitteln. Die auf diese Weise erzielten Ergebnisse sind offenbar nicht schlechter als die bei gründlicher, kriterienorientierter Einzelbegutachtung (Wendeler 1974), ja „die Objektivität, Reliabilität und Validität dieses Verfahrens sind überaus hoch – deutlich höher als bei anderen Verfahren zur Aufsatzbeurteilung, insbesondere den analytischen" (Grzesik / Fischer 1985). Geeignet ist solche globale Schnellbeurteilung aber nur für erfahrene Auswerter, und die Schule bietet wenig Möglichkeiten, dieses Verfahren anzuwenden.

c) *Beurteilungstraining.* Immer wieder wird von eindrucksvollen Urteilsübereinstimmungen berichtet, die sich ergeben, wenn die Beurteiler an einem gemeinsamen Training – insbesondere mit einer Beurteilung von Musteraufsätzen – teilgenommen haben. Durch solch ein Training wird die Anwendung der Kriterien vereinheitlicht. Bisweilen ergibt sich die Übereinstimmung bei routinierten Prüfern auch durch (oft langjährige) gemeinsame Gepflogenheiten, ohne dass es eines besonderen Trainings bedürfte. Löst dieses Verfahren tatsächlich die Probleme?

Zwar können einige Fehler im Bereich der Reliabilität und Objektivität auf diese Weise vermieden werden, aber insbesondere beim Aufsatz wird hier nur allzu leicht eine Scheinsicherheit erzeugt, die ein kritisches Infragestellen sowohl der Kriterien als auch ihrer Anwendung verhindert. So können z. B. Absprachen über die Gewichtung einzelner Faktoren der Schülerleistung zwar zu einer größeren Übereinstimmung des Urteils führen und es damit unangreifbarer machen, aber durch diesen Schein von Objektivität entziehen sie das Urteil auch der Diskussion. Beurteilerübereinstimmung ist nicht dasselbe wie Gerechtigkeit, Einheitlichkeit nicht dasselbe wie Objektivität. Aus der Perspektive des Schülers wirkt das Beurteilertraining deshalb u. U. wie eine Verschwörung: Er sieht nicht ein, dass dies oder jenes falsch oder schlecht ist oder dass die Fehler richtig gewichtet sind, aber alle Beurteiler behaupten es übereinstimmend. Es darf also nicht die Gefahr übersehen werden, dass sich gerade durch dieses Verfahren eine intersubjektiv geteilte Meinung unter der Hand in ein „objektives" Urteil verwandelt.

Um dieser Gefahr zu entgehen, müssten die Urteile nicht nur einheitlich sein, sondern sie müssten auch jeweils begründet werden. Es fällt aber außerordentlich schwer, das Selbstverständliche – also das, worin alle Beurteiler übereinstimmen – diskursiv zu begründen. Ivo (1982, 113) berichtet aus einem Seminar zur Aufsatzbeurteilung, das er mit Lehrern durchgeführt hat: „Wie konnten wir z. B. unsere gemeinsame Abneigung gegen ‘Allerweltswörter’ begründen? Das auf den ersten Blick so selbstverständlich gültig Erscheinende erwies sich bei näherem Zusehen als keineswegs so sicher, wie wir es alle eingeschätzt hatten. Je häufiger wir solche Erfahrungen machten, um so mehr verdichtete sich unser Verdacht, daß wir – etwas blumenreich ausgedrückt – von einem Band stilistischer Vorlieben umfangen waren, das selbst der Aufklärung über Herkunft und Legitimation bedurfte."

Festlegung einheitlicher Kriterien, Mehrfachbeurteilung und Beurteilertraining sollen dazu dienen, die Beurteilungen objektiver, valider und reliabler zu machen. Es gibt darüber hinaus Vorschläge, die den didaktischen Nutzen der Beurteilung verbessern wollen; sie betreffen nicht nur das Beurteilen, sondern auch das Korrigieren.

d) *„Mäeutische Korrektur"*. Ivo schlägt ein aufwendiges Verfahren vor, das er „mäeutische Korrektur" nennt (im Unterschied zur „exekutierenden"). Ihr Ziel ist nicht, ein Urteil über die Leistung des Schülers zu fällen, sondern ihm beim Lernen zu helfen. Bei diesem Verfahren wird jeder Text vom Lehrer dreimal durchgesehen. Im ersten Durchgang markiert der Lehrer auf einer Kopie der Arbeit alle Auffälligkeiten, ohne sie schon als Fehler einzustufen. Im zweiten Durchgang wird der Text im Hinblick auf seine Mitteilungs-, Darstellungs- und Ausdrucksabsicht analysiert, und es wird untersucht, ob die im ersten Durchgang bemerkten Auffälligkeiten funktional oder dysfunktional, also gut oder schlecht im Hinblick auf die Verfasserintention sind. Ohne Zweifel ist diese „Analyse" in Wahrheit eine hermeneutische Prozedur: Der Lehrer versucht, den Sinn des Textes und jeder Einzelheit zunächst einmal zu verstehen. Im dritten Durchgang werden diejenigen Mängel ausgewählt, auf die die Aufmerksamkeit des Schülers gelenkt werden soll; es muss sich um wiederkehrende oder grundsätzliche Fehler handeln. Nur sie werden im Original der Arbeit angestrichen, und für diese Fehler oder Schwächen werden nun eigens Übungen vorgeschlagen. Damit soll vermieden werden, dass der Schüler beim Verbessern nur gedankenlos das Richtige hinschreibt, aber nichts dazulernt. (Ähnliches schlug schon Gansberg 1914 vor.) Eine solche Beschränkung auf wenige Fehlerschwerpunkte scheint besonders wichtig zu sein; Schüler werden ja bisweilen von der Menge der Anstreichungen erschlagen und wissen nicht, worauf sie sich konzentrieren sollen.

e) *Dialogische Beurteilung.* Bei den bisher beschriebenen Verfahren wird über die Arbeit monologisch geurteilt; der Beurteilende fragt nicht beim Schreiber nach: „Habe ich dich hier richtig verstanden? Welches war denn wirklich deine Intention? Warum hast du das so und so geschrieben? Dieses Wort scheint mir falsch, warum hast du es gebraucht?“ usw., und der Beurteilte hat keine Möglichkeit zur Erklärung und Rechtfertigung seiner Äußerungen. Das Beurteilen ist, selbst da, wo es auf Verstehen zielt, aus der Lehrer-Schüler-Kommunikation herausgenommen, es ist monologisch.

Anders ist dies bei der dialogischen Beurteilung. Hier wird das Beurteilen selbst zu einem Element des Lernens, weil jetzt im mündlichen oder vielleicht auch schriftlichen Dialog erörtert wird, was der Schüler ausdrücken wollte, wie es der Lehrer verstanden hat und schließlich wieso bestimmte Ausdrücke und Formulierungen in diesem Kontext angemessen sind oder nicht. Indem der Schüler am Beurteilen teilnimmt, reflektiert er sowohl den Gegenstand als auch den Vorgang des Beurteilens selbst, er erwirbt eine Beurteilungsfähigkeit („Lernziel: Textbewertungskompetenz“, Sanner 1994, 247), die sich positiv auf das eigene Schreiben auswirkt.

Eine Vorform der dialogischen Beurteilung besteht darin, dass die Lösung der in der Arbeit gestellten Aufgabe in der Klasse besprochen wird, und zwar nachdem die Schüler ihre Arbeiten abgegeben haben, aber noch bevor die Hefte durchgesehen sind. Dadurch erfährt der Lehrer, wie die Schüler an die Sache herangegangen sind und wo ihr Verständnis möglicherweise von seinen Erwartungen abweicht. Umgekehrt erfahren die Schüler, welche Vorstellungen über die Aufgabenlösung der Lehrer hatte.

f) *Schüler als Beurteiler.* Noch weiter als der Vorschlag, das Bewerten im Dialog von Lehrer und einzelnem Schreiber durchzuführen, geht die schon verschiedentlich ausprobierte Praxis, die Beurteilung in die Hand der Mitschüler zu geben (Sennlaub 1980). Die Reaktion der Klasse (Beifall, Ablehnung, Desinteresse usw.) dient dabei als Indikator für die Qualität eines Textes. Auf diese Weise wird zwar damit Ernst gemacht, dass Texte sich im allgemeinen an Leser wenden, aber das Verfahren erfordert beträchtliche Disziplin auf Seiten der Mitschüler, damit tatsächlich der Text und nicht sein Verfasser beurteilt wird.

g) *Beurteilung mehrerer Fassungen.* Immer wieder in der Geschichte des Aufsatzunterrichts ist vorgeschlagen worden, nicht die einmalige Leistung des Aufsatzschreibens zu bewerten, sondern den gesamten Arbeitsprozess zu berücksichtigen, also auch die Verbesserung(en): „Die Klausurarbeit kann nur in seltenen Fällen eine vollendete Leistung darstellen; sie ist ein erster Entwurf. Die Verbesserung stellt eine verbesserte Fassung des ganzen Aufsatzes oder einzelner Teile dar. 'Wenn du deine Leistungen erhöhen willst, so kannst du es dadurch, daß du eine sorgfältige Verbesserung anfertigst'" (Ulshöfer 1974, 438). „Es sollte aber zur Gesamtbewertung der Leistung nicht nur die erste Arbeit, sondern auch die Überarbeitung beurteilt werden" (Essen 1956, 304).

Einen auch methodisch differenzierten Vorschlag zum Überarbeiten und Beurteilen von Klassenarbeiten macht Merkelbach (1986). Sein Vorgehen bezieht sich nicht nur auf das Beurteilen, sondern auf den gesamten Prozess des Aufsatzschreibens und besteht aus fünf Phasen. In der 1. Phase schreiben die Schüler den Aufsatz so auf ein Blatt, dass Platz für Überarbeitungen bleibt. Der Lehrer sammelt diese Entwurfsfassungen ein, sieht sie aber nicht durch. In der 2. Phase, an einem anderen Tag, erhalten die Schüler diese erste Fassung zurück mit der Aufforderung, sie inhaltlich und sprachlich noch einmal durchzugehen und, wo nötig, zu überarbeiten. Sie sind dabei auf sich gestellt, dürfen weder den Lehrer noch die Mitschüler um Rat fragen, wohl aber das Wörterbuch benutzen. In der 3. Phase korrigiert der Lehrer die Arbeit in gewohnter Weise, allerdings „mit möglichst geringem Zeitaufwand". Von formalen Formverstößen abgesehen, sind die Anmerkungen des Lehrers als Vorschläge gemeint, die der Schüler nur anzunehmen braucht, wenn er sie einsieht. Im übrigen benotet der Lehrer die Arbeit und begründet die Note. In der 4. Phase fertigen die Schüler im Unterricht von ihrem Text eine „auch ästhetisch ansprechende Reinschrift", „bei der die Markierungen des Lehrers berücksichtigt werden sollen". Ein Schüler, der viel zu ändern hat, sollte zunächst mit einem anderen Schüler zusammenarbeiten, ehe er den Lehrer konsultiert. In der 5. Phase schließlich beurteilt und benotet der Lehrer diese Reinschrift. „Wie der Lehrer diese Note für die Reinschrift gewichtet, ob als 'mündliche' nur oder als Teil (ein Drittel etwa) einer Gesamtnote, – in ihr jedenfalls finden neben den inhaltlichen Korrekturen auch formal-ästhetische Textaspekte (Schriftbild, Orthographie) ihre Berücksichtigung."

Kostet dieser Fünf-Phasen-Vorschlag so viel Zeit, dass er nicht praktikabel ist? Merkelbach setzt seine Hoffnung auf dreierlei: Erstens werden durch dieses Verfahren die zu korrigierenden Texte besser; denn der Schüler hat sie ja schon selbst in der 2. Phase überarbeitet. Da der Lehrer weniger zu korrigieren hat, spart er Zeit. Zweitens müssen die Markierungen nicht so aufwendig (z. B. mit Hilfe eines Korrekturschlüssels) erläutert werden; denn die Verbesserung geschieht nicht zu Hause, sondern in Anwesenheit von beratenden Mitschülern und des Lehrers. Drittens können auch die Kommentare drastisch eingeschränkt werden „auf die Erläuterung schlechter Noten, Lob erfolgt in der Regel durch gute Noten".

Die verschiedenen Möglichkeiten, wie Überarbeitungen bei der Beurteilung berücksichtigt werden können, lassen sich so zusammenfassen:

- Entwurf und Überarbeitung werden einzeln bewertet.
- Erst nach Abschluss der Überarbeitung wird der gesamte Schreibvorgang mit einer Note bewertet.
- Der Entwurf wird mit einer Vornote bewertet, die durch die Qualität der Überarbeitung dann nuanciert werden kann.

Literaturverzeichnis

Antos, Gerd: Grundlagen einer Theorie des Formulierens. Tübingen 1982

Antos, Gerd: Textproduktion: Überlegungen zu einem fächerübergreifenden Schreib-Curriculum. In: Feilke / Portmann 1996, 186–196

Augst, Gerhard / Faigel, Peter: Von der Reihung zur Gestaltung. Untersuchungen zur Ontogenese der schriftsprachlichen Fähigkeiten von 13–23 Jahren. Frankfurt/ M. / Bern / New York 1986

Augst, Gerhard: Eine Untersuchung von Benjamins Text. In: Feilke / Portmann 1996, 127–136

Bambach, Heide: Erfundene Geschichten erzählen es richtig. Lesen und Leben in der Schule. Konstanz 1989

Baurmann, Jürgen / Gier, Eva-Maria: Zur Aufsatzbeurteilung. Eine Auswahlbibliographie. In: Praxis Deutsch 1985, H. 72, 10–17

Baurmann, Jürgen / Ludwig, Otto: Texte überarbeiten. Zur Theorie und Praxis von Revisionen. In: Boueke / Hopster 1985, 254–276

Baurmann, Jürgen / Ludwig, Otto: Aufsätze vorbereiten – Schreiben lernen. In: Praxis Deutsch 1990, H. 103, 7–12

Baurmann, Jürgen / Weingarten, Rüdiger (Hrsg.): Schreiben. Prozesse, Prozeduren und Produkte. Opladen 1995

Beck, Oswald: Theorie und Praxis der Aufsatzbeurteilung. Ein Handbuch für Lehrende und Studierende. Bochum 1979

Beinlich, Alexander: Das schriftsprachliche Gestalten und die Stilpflege. In: Handbuch des Deutschunterrichts im 1. bis 10. Schuljahr. 5. Aufl., Emsdetten 1969

Bereiter, Carl: Development in Writing. In: Gregg, L. W. / Steinberg, E. R. (Hrsg.): Cognitive Processes in Writing. Hillsdale, N.J. 1980

Birner, Heinz: Kreative Gestaltungsübungen im Deutschunterricht. München 1978

Boettcher, Wolfgang / Firges, Jean / Sitta, Horst / Tymister, Hans Josef: Schulaufsätze – Texte für Leser. Düsseldorf 1973

Boueke, Dietrich / Hopster, Norbert (Hrsg.): Schreiben – Schreiben lernen. Tübingen 1985

Boueke, Dietrich / Schülein, Frieder: „Personales Schreiben". Bemerkungen zur neueren Entwicklung der Aufsatzdidaktik. In: Boueke / Hopster 1985, 277–301

Bridwell, Lillian: Revising strategies in twelfth grade students' transactional writing. In: Research in the Teaching of English 1980, H. 3, 197–222

Brokerhoff, Karl Heinz: Kreativität im Deutschunterricht. Kastellaun 1976

Büscher, Josef / Schilling, Helmut: Aufsatzbewertung auf der Primarstufe auf der Grundlage lernzielorientierten Unterrichts. Kastellaun 1976

Essen, Erika: Methodik des Deutschunterrichts. Heidelberg 1956

Feilke, Helmuth / Portmann, Paul R. (Hrsg.): Schreiben im Umbruch. Schreibforschung und schulisches Schreiben. Stuttgart 1996

Flower, L. / Hayes, J. R.: The Dynamics of Composing: Making Plans and Juggling Constraints. In: Gregg, L. W. / Steinberg, E. R. (eds.): Cognitive Processes in Writing. Hillsdale, N. J. 1980

Fritzsche, Joachim: Aufsatzdidaktik. Stuttgart 1980

Fritzsche, Joachim: Schreibwerkstatt. Stuttgart 1989

Fritzsche, Joachim: Zur Didaktik und Methodik des Deutschunterrichts. 3 Bde. Stuttgart 1994

Gansberg, Fritz: Der freie Aufsatz. Leipzig 1914

Glück, Helmut: Schrift und Schriftlichkeit. Eine sprach- und kulturwissenschaftliche Studie. Stuttgart 1987

Goody, Jack u. a.: Entstehung und Folgen der Schriftkultur. Frankfurt/M. 1986

Graves, Donald: Writing: Teachers and children at work. Exeter / New Hampshire 1983

Grzesik, Jürgen / Fischer, Michael: Was leisten Kriterien für die Aufsatzbeurteilung? Theoretische, empirische und praktische Aspekte des Gebrauchs von Kriterien und Mehrfachbeurteilung nach globalem Ersteindruck. Opladen 1985

Hahn, Heinz: Die Flensburger Norm für Aufsatzbeurteilung. In: Die Pädagogische Provinz 1966, H. 20, 189–194

Hartmann, Wilfried: Die „Hamburger Aufsatzstudie". In: Der Deutschunterricht 1989, H. 3, 92–98

Helmers, Hermann: Didaktik der deutschen Sprache und Literatur. Stuttgart 1966

Hildebrand, Rudolf: Vom deutschen Sprachunterricht in der Schule und von deutscher Erziehung und Bildung überhaupt. 27. Aufl., Bad Heilbrunn 1962 (1. Aufl. 1867)

Hornung, Antonie: Schule und experimentelles Schreiben. In: Feilke / Portmann 1996, 224–242

Hujer Dora: Das System der Darstellungsarten und seine Bedeutung für die Arbeit am sprachlichen Ausdruck. In: Deutschunterricht (Ost), 1963, H. 5, 241–254

Ivo, Hubert: Lehrer korrigieren Aufsätze. Frankfurt/M. 1982

Kreft, Jürgen: Grundprobleme des Literaturunterrichts. Heidelberg 1977

Kroeger, Hans: Aller Anfang ist schwer. Die Bedeutung des Einstiegs für den Schreibprozeß. In: Diskussion Deutsch 1993, H. 134, 437–440

Kuhl, Helwig: Ermutigung zum Schreiben. Frankfurt/M. 1988

Langer, Judith A. / Applebee, Arthur N.: How writing shapes thinking. Urbana, Ill. 1987

Ludwig, Otto: Der Schulaufsatz. Seine Geschichte in Deutschland. Berlin / New York 1988

Marthaler, Theo: Es gibt 6 Aufsatzarten. In: Der Deutschunterricht 1962, H. 4, 53–63

Mattenklott, Gundel: Literarische Geselligkeit – Schreiben in der Schule. Stuttgart 1979

Meckling, Ingeborg: Kreativitätsübungen im Literaturunterricht der Oberstufe. München 1972

Menzel, Wolfgang: Kreativität und Sprache. In: Praxis Deutsch 1974, H. 5, 14–21

Merkelbach, Valentin: Darstellungsformen – Zur Kritik und Neukonstruktion des Schreibcurriculums. In: Diskussion Deutsch 1979, H. 46, 113–135.

Merkelbach, Valentin: Korrektur und Benotung im Aufsatzunterricht. Frankfurt/M. 1986

Merkelbach, Valentin: Kreatives Schreiben. Frankfurt/M. 1993

Messner, R. / Rumpf, H. (Hrsg.): Schuldeutsch? Wien 1976

Mißfeldt, Friedrich-Ernst: Zu den Stilformen des Aufsatzunterrichts. In: Der Deutschunterricht 1962, H. 4, 49–52

Nussbaumer, Markus: Was Texte sind und wie sie sein sollen. Ansätze zu einer sprachwissenschaftlichen Begründung eines Kriterienrasters zur Beurteilung von schriftlichen Schülertexten. Tübingen 1991

Olson, David R. / Astington, Janet W.: Talking about text: How literacy contributes to thought. In: Journal of Pragmatics 1990, H. 14

Ong, W. J.: Oralität und Literalität. Die Technologisierung des Wortes. Opladen 1987

Ossner, Jakob: Gibt es Entwicklungsstufen beim Aufsatzschreiben? In: Feilke / Portmann 1996, 74–84

Payrhuber, Franz-Josef: Aufsatzunterricht in der Grundschule. Köln 1996

Pielow, Winfried / Sanner, Rolf (Hrsg.): Kreativität und Deutschunterricht. Stuttgart 1973

Portmann, Paul R.: Arbeit am Text. In: Feilke / Portmann 1996, 158–171

Pregel, Dietrich: Die Stilalter im mündlichen Darstellungsstil des Grundschulkindes. In: Wirkendes Wort 1969, H. 2, 73–104

Rahn, Fritz: Die Schule des Schreibens. Frankfurt/M. 1931

Sanner, Rolf: Textbewertung und Schulaufsatz. München 1979

Sanner, Rolf: Aufsatzunterricht. In: Lange, Günter / Neumann, Karl / Ziesenis, Werner (Hrsg.): Taschenbuch des Deutschunterrichts. Bd. 1, 5. Aufl., Baltmannsweiler 1994, 224–251

Scheerer, Eckart: Mündlichkeit und Schriftlichkeit – Implikationen für die Modellierung kognitiver Prozesse. In: Baurmann, Jürgen / Günther, Hartmut / Knoop, Ulrich (Hrsg.): homo scribens. Perspektiven der Schriftlichkeitsforschung. Tübingen 1993, 141–176

Schümann, Michael / Wieczerkowski, Wilhelm: Methodologische Probleme bei der Beurteilung von Schüleraufsätzen. In: Heller, Kurt A. (Hrsg.): Leistungsdiagnostik in der Schule. Bern 1984

Schuster, Karl: Das personal-kreative Schreiben im Deutschunterricht. Baltmannsweiler 1995

Sennlaub, Gerhard: Spaß beim Schreiben oder Aufsatzerziehung. Stuttgart 1980

Spinner, Kaspar H.: Identitätsgewinnung als Aspekt des Aufsatzunterrichts. In: Spinner, Kaspar H. (Hrsg.): Identität und Deutschunterricht. Göttingen 1980

Spitta, Gudrun (Hrsg.): Schreibkonferenzen. Grundschulzeitschrift 1989, H. 30

Spitta, Gudrun: Schreibkonferenzen – ein Weg vom spontanen Schreiben zum bewußten Verfassen von Texten in Kl. 3 und 4. Frankfurt/M. 1992

Spitta, Gudrun (Hrsg.): Schreibkonferenzen. Grundschulzeitschrift 1993, H. 61

Spitta, Gudrun (Hrsg.): Freies Schreiben – eigene Wege gehen. Lengwil 1997

Ueding, Gerd: Rhetorik des Schreibens. Königstein 1985

Ulshöfer, Robert: Methodik des Deutschunterrichts. Stuttgart 1952

Ulshöfer, Robert: Produktives Denken und schöpferisches Gestalten im Deutschunterricht. In: Der Deutschunterricht 1967, H. 6, 5–14

Ulshöfer, Robert: Methodik des Deutschunterrrichts. Mittelstufe II. Neufassung. Stuttgart 1974

Wagner, Petra: Aufsatzkorrektur als professionelles Alltagshandeln. Frankfurt/M. 1982

Wagner, Reinhold: Formen schriftlichen Sprachgestaltens. 50 Modelle zum Aufsatzunterricht der Grundschule. Ansbach 1979

Weber, Albrecht: Dialektik der Aufsatzbeurteilung. Donauwörth 1973

Wendeler, Jürgen: Bemühungen um Vereinheitlichung der Aufsatzbeurteilung. In: Heller, Kurt (Hrsg.): Leistungsbeurteilung in der Schule. Heidelberg 1974, 309–323

Wrobel, Arne: Schreiben als Handlung. Tübingen 1995

Wygotski, Lew S.: Denken und Sprechen. Berlin 1964 (russisch 1934)

Zander, Sönke: Aufsatzunterricht in der Grundschule. Bochum 1972 (2. Aufl. 1974)

Zeiher, Helga u. a.: Textschreiben als produktives und kommunikatives Handeln. Band I: Zeiher, Helga: Beurteilung von Schülertexten. Stuttgart 1979

WOLFGANG EICHLER

Grammatikunterricht

1. Vorbemerkung: Grammatik und Reflexion über Sprache heute

Der Grammatikunterricht ist – eigentlich seit Beginn der „Zeitrechnung" der Methodik und Didaktik – ein wenig geliebtes Kind der Schule und der SchülerInnen. Schon Hildebrand (1867) beklagt den großen Anteil formalistischer Betrachtungsweise im deutschen Grammatikunterricht und führt dies auch auf Einflüsse der lateinischen Grammatik zurück. Diese Klage geht „durch" bis in die neueste Zeit, immer wieder wird vor allem mit diesem Argument versucht, den Grammatikunterricht (und nicht zuletzt auch die Grammatik) zu reformieren bis hin zur Forderung nach der Aufgabe eines selbständigen Grammatikunterrichts oder seiner weitgehenden Funktionalisierung auf andere Lernziele (besser schreiben, besser rechtschreiben, besser Fremdsprachen lernen usw.). Dazu kommt das unbestrittene Bedürfnis nach Reflexion über Sprache (und Sprechen und Schreiben [Texte analysieren]), das bemüht wird, den Grammatikunterricht zu rechtfertigen und zu erneuern.

Der folgende Artikel heißt *Grammatikunterricht* und nicht Reflexion über Sprache. Grammatikunterricht ist Reflexion über Sprache, mit dem besonderen Erkenntnisinteresse auf generell geltende Regeln des Sprachgebrauchs und die Grundstruktur der deutschen Sprache. Reflexion über Sprache richtet sich heute mehr und mehr auch auf den individuellen alters- und geschlechtsspezifischen Sprachgebrauch; diese, sowie die Reflexion über Psychologie und Soziologie der Kommunikation findet auch außerhalb, neben oder in Begleitung durch den Grammatikunterricht statt.

Ziel dieses Artikels soll sein, einen für das praktische Leben und die kulturelle Existenz der SchülerInnen nützlichen, bildungstheoretisch fundierten, für verschiedene Lernfächer brauchbaren, inhaltlich und methodisch interessanten und abwechslungsreichen Grammatikunterricht anzuregen.

Noch eine Bemerkung: Über die Wiedervereinigung Deutschlands sind uns auch für den Grammatikunterricht fachdidaktische und unterrichtsmethodische Erkenntnisse zugewachsen, die vielleicht auf den ersten Blick etwas altmodisch erscheinen, die aber gerade im Detail und hinsichtlich der stark volksgrammatisch orientierten sprachwissenschaftlichen Forschung in der ehemaligen DDR für uns interessant sind. Es wird gebührend darauf einzugehen sein.

2. Bemerkungen zur Geschichte der Grammatik und des Grammatikunterrichts von der Antike bis zu den 50er Jahren

Die folgenden Bemerkungen sind nicht „freischwebend“ gedacht: sie sollen Anregungen für unser heutiges Selbstverständnis geben.

Die Befürworter eines am praktischen Sprachgebrauch orientierten Grammatikunterrichts (s. u. S. 231ff.), diejenigen also, die den Grammatikunterricht vor allem auf das Lernziel Kommunikation funktionalisiert haben wollen, können sich über die Anfänge des Grammatikunterrichts in der Antike und die modifizierte Fortsetzung dieses Konzeptes in der Hochschule und Schule bis ins 17. und 18. Jahrhundert hinein eigentlich nur freuen: Grammatik kommt von *gramma – der Buchstabe* – und Grammatikunterricht war im griechischen Lehrplan, dem *encyclios paideia*, zunächst Lese- und Schreibunterricht – *grammatike-techne* – und dann Unterricht im guten Sprachgebrauch, gewonnen aus den vorbildlichen Äußerungen guter Schriftsteller und Gelehrter und den Strategien der Rhetoren, die mit dem Aufkommen der Demokratie und des Gerichtswesens in der griechischen Polis und später auch der römischen Republik (aber auch in der Kaiserzeit!) an sprachnormierendem Einfluss gewannen.

Die Grammatik – oft zunächst als Lehrbuch für den Grammatikunterricht konzipiert – war gar nicht so systematisch und formal aufgebaut, wie wir sie kennen, sondern sie war neben einigen Grundwissensbeständen über das System und den Sprachbau vor allem eine Stilistik des guten Schreibens und Sprechens.

Die *„Grammatika“* als erste der *septem artes liberales* (der sieben freien Künste) der ausgehenden Antike und des Mittelalters hatte propädeutische Funktion für die auf die Sprachausbildung aufbauenden anderen Künste. Im Grammatikunterricht lehrte man bis ins 16. Jahrhundert Lateinkenntnisse, und erst mit der Entwicklung einer deutschen Schrift- und Verkehrssprache in der frühen Neuzeit wurde in der „Lateinschule“, dem heutigen Gymnasium, mit Verzögerung auch an den Hochschulen, vom Lateinischen (und dem Unterricht in der lateinischen Grammatik, deren Strukturen bis in die deutsche Schulgrammatik von heute fortbestehen) zum Deutschen und zur deutschen Grammatik gewechselt.

Mit dem Aufkommen der Germanistik, deren Grundideen allerdings schon in den Vorstellungen des Barock und der Aufklärung über „das Deutsche und die Geschichte des Deutschen“ wurzeln, kommt ein spezifischer Zug in die Sprach- und Grammatiktheorie, die ich den philologisch-historischen nennen möchte: die Vorstellung von der Sprache als einem lebenden Organismus, der sich, ausgehend von seinen „reinen“ Ursprüngen, historisch entwickelt. Es geht um die Erkennung des „Wesens“ der deutschen Sprache, die Erfassung ihrer Wurzeln im Germanischen (und Indo-Germanischen). Die geschichtliche Betrachtung (die bis in die 50er Jahre in Westdeutschland weit vor der gegenwartsprachlich-systematischen rangiert) ergab in der Früh- und Hochzeit der deutschen Philologie allerdings oft die Vorstellung vom „Verfall der Sprache“, die vor allem auch unter dem Einfluss des (französischen) „Auslands“ gesehen wurde.

Der sprachpflegerische Gedanke – seit Gottsched nicht nur ein Vorzug deutscher Sprachpolitik mit seiner immer wiederkehrenden Fremdwortverfolgung, dem Plädoyer für alte verfallende Sprachformen und dem insgesamt rückwärtsgewendeten Blickwinkel – ist für die Reflexion über Sprache auch heute ein gutes Thema (vgl. Sieber / Sitta 1992).

Allerdings: was für das Gymnasium und die altehrwürdige universitäre Deutschlehrerausbildung gilt, war nicht das Einzige, was es in Deutschland, bezogen auf den Grammatikunterricht gab. Mit der ökonomisch und politisch bedingten Notwendigkeit eines praktischen, muttersprachlichen Unterrichts im Lesen, Schreiben und Rechnen für größere Kreise der Bevölkerung, die im Handwerk, in der Kaufmannschaft und im Zoll- und Transportwesen arbeiteten, gab es in den Städten die ersten Rechen- und Schreibmeister. Sie arbeiteten privat oder wurden von den aufstrebenden Städten angestellt, auf dem Lande erteilte nicht selten auch der Küster den Lese-, Schreib- oder Rechenunterricht. Die Rede ist von der beginnenden Volksschule mit ihrer lebenspraktischen, im Bereich der Sprachausbildung gegenwartssprachlichen, volksgrammatischen Orientierung. Sie arbeitete ohne großen kulturellen Anspruch oder wissenschaftliche Fundierung, bis mit der Deutschen Grammatik des Arztes H. Becker 1827 ein berühmtes Werk erschien, das die „deutsche Schulgrammatik" in ihrer heutigen Begrifflichkeit begründete und zu einer eigenen Publikationslinie – heute auch zu einer eigenen volksgrammatischen Arbeitsstelle, dem Institut für deutsche Sprache, und der Dudenredaktion in Mannheim – geführt hat.

Die deutsche Schulgrammatik blieb bis zum Ende des 2. Weltkrieges und in die 50er Jahre hinein eine Mischung aus der lateinischen Schulgrammatik und deutschen Begrifflichkeiten, die auf die Volksschule und H. Becker zurückgehen, mit zwei Begriffssätzen für Wortkategorien und Satzfunktionen. Diese Begriffe werden auch heute noch weiter verwendet – bis zum 5. Schuljahr teilweise auch die deutschen – sie stehen in der Liste der von der Kultusministerkonferenz empfohlenen Begriffe, die für Lehrbuchzulassung verbindlich ist. Zur Liste s. u. S. 243ff.

3. Erneuerungsbemühungen der neuesten Zeit

In der neuesten Zeit seit den 50er Jahren hat es drei Erneuerungseinsätze für den Grammatikunterricht gegeben, die ich im Folgenden kurz darstellen möchte – auch weil sie (wieder / immer noch) zum inhaltlichen und methodischen Grundbestand des Grammatikunterrichts gehören.

3.1. Die inhaltbezogene Grammatik und die Sprachproben von H. Glinz

Ein erster Versuch zur Erneuerung des Grammatikunterrichts ging von der inhaltbezogenen Grammatik aus, einer sprachtheoretischen Richtung, die bereits vor dem 2. Weltkrieg von Leo Weisgerber (nähere Ausführung in: „Von den Kräften der deutschen Sprache", 4 Bde., Düsseldorf 1950) grundgelegt wurde und die die didaktische

Diskussion über den Grammatikunterricht in den 50er und 60er Jahren beeinflusst hat. Leo Weisgerber beruft sich auf Wilhelm von Humboldt.
Er fordert (L. Weisgerber Bd. II, 1950, 7f.):

„Ausgehend von der Erkenntnis, daß die Sprache kein Ergon, kein abgeschlossenes, ruhendes Gebilde, sondern eine Energeia, eine immerfort tätige Kraft ist, sieht die Sprachforschung hier die erste, innerlichste Leistung jeder Sprache: die Sprache als eine Kraft geistigen Gestaltens, insofern sie aus den Grundbedingungen der gegebenen Welt und des menschlichen Geistes die gedankliche Zwischenwelt herausformt, in deren geistiger „Wirklichkeit" das bewußte menschliche Tun sich weiterhin abspielt."

Es deutet sich an, in welchem Bereich die besonderen Leistungen der inhaltbezogenen Grammatik liegen: auf der Inhaltsseite, also der Bedeutungslehre, der Zeichenbildung, den Leistungen der Wortbildung, während die Formseite der Sprache in den Hintergrund tritt. Insbesondere die Wortfeldtheorie (die Theorie der Sinnbezirke), die von J. Trier vorangetrieben wurde, hat neue Elemente in den Grammatikunterricht hereingebracht.

Innerhalb der inhaltbezogenen Sprachtheorie, aber mit Bezügen zum linguistischen Strukturalismus, hat Hans Glinz gewirkt. 1952 hat H. Glinz, selbst als Lehrer ausgebildet, sein Buch „Die innere Form des Deutschen" herausgebracht.

Glinz ist in seinen deutschen Beschreibungsbegriffen sehr inhaltbezogen. Glinz verwendet Begriffe wie *Grundgröße* (für Subjekt), *Zuwendgröße* (Dativobjekt), *Zielgröße* (Akkusativobjekt). Er hat sie aber später (H. Glinz u. a., Deutsche Grammatik, 4 Bde., 1970ff.) wieder aufgegeben. Er versuchte, mit seinen deutschen Begriffen und mit operationalen Entdeckungsprozeduren – den sog. „Proben": *Umstellprobe, Ersatzprobe, Streichprobe, Klangprobe* – so etwas wie einen natürlichen Zugang des Sprachteilhabers zur deutschen Grammatik aufgrund von Urteilen und Intuitionen aus dem Sprachgefühl zu schaffen.

Mit der *Umstellprobe* kann die syntaktische Gliederung eines Satzes (in Satzglieder) festgestellt werden, können aber auch Stilvarianten erprobt werden.

Der Hund / benagt / den Knochen.
Den Knochen / benagt / der Hund.
Benagt / der Hund / den Knochen?
aber nicht:
Der Knochen benagt den Hund. Oder: *Knochen der benagt Hund den.*

Mit der *Ersatzprobe* können Rollen der Satzglieder und ihre Besetzung mit verschiedenen Wörtern (Wortarten) bestimmt werden, aber auch Stilvarianten erzeugt werden.

Der Hund / benagt / den Knochen.
Viele Hunde / benagen / gute Fleischknochen.
Sie / benagen / Hölzer.
Er / benagt / das Holz.

Mit der *Streichprobe* können – syntaktisch, *nicht* inhaltlich! – nicht unbedingt notwendige Satzglieder (Attribute, Abverbiale) erkannt werden.

Viele Hunde benagen gute Fleischknochen gern.
Hunde benagen Fleischknochen gern.
Hunde benagen Knochen.

Mit der *Klangprobe* kann durch Erprobung beim Vorlesen oder Sprechen anhand von Intonation, Stimmführung und Sprechpausen der großräumigere syntaktische Aufbau (Satzart, Gliederung der Satzgefüge und Satzreihen, Textaufbau, Interpunktion) untersucht werden.

Diese Art einer „operativen“ Grammatik induktiviert den Unterricht wesentlich. Einsichten werden vor allem durch Sprachhandeln gewonnen und damit auch eine Schulung der aktiven Kompetenz (s. u. S. 249f.) geleistet. Deshalb wird mit solchen Verfahren in vielen Sprachbüchern gearbeitet, besonders mit der Umstell- und Ersatzprobe.

3.2. Zur Linguistisierung des Grammatikunterrichts Ende der 60er und Anfang der 70er Jahre

Ende der 60er Jahre und gewissermaßen gekrönt durch das Quadriga-Funkkolleg „Sprache. Eine Einführung in die moderne Linguistik“ 1971/72, begann die Rezeption der bislang im Ausland, vor allem in Amerika, England, Frankreich und Skandinavien, aber auch in den Niederlanden und der DDR (Helbig / Buscha 1982 u. a.), entwickelten linguistischen Theorieentwürfe[1] in der Bundesrepublik Deutschland.

Die didaktische Adaption war begierig – man hoffte wirklich, mit einem ganz neuen Zugriff der sprachsystematischen Reflexion als methodengeleitetem, an naturwissenschaftlichen Prinzipien orientiertem Handeln die Probleme des traditionellen Grammatikunterrichts los zu werden. Die Didaktik verstand sich überwiegend als Umsetzungsdidaktik, d. h. als Versuch der Elementarisierung, Plausibilisierung und unterrichtspraktischen Funktionalisierung der fachwissenschaftlichen Theorien. Diese Tendenz wirkt z. T. bis heute nach und lässt sich in folgenden Richtungen der „Linguistisierung“ festmachen:

a) In der Adaption des linguistischen Strukturalismus im Grammatikunterricht besonders der Mittel- und Oberstufe (vgl. z. B. W. Eichler 1970/74, D. Homberger 1973, W. Hartmann 1969) – dann als Hilfsmittel insbesondere in der Textinterpretation (s. S. 240f.): Textlinguistik, didaktische Aufarbeitung z. B. D. Ader et. al. 1976a u. a.;
b) In der heute sehr verbreiteten Einführung des Curriculumstrangs Zeichenlehre (Semiotik) in fast jedes Sprachbuch nach 1970;
c) In der Übernahme von Elementen der Dependenz-/Valenzgrammatik und der generativen Transformationsgrammatik in die Darstellung der Syntax (s. S. 246f.);
d) In der Einführung der Merkmalsemantik (s. S. 247ff.);
e) In der Aufnahme der Kommunikationstheorie
   1. als Grundlage für didaktische Entscheidungen (z. B. Begründung des Lernbereichs mündliche Kommunikation, Begründung der Richtung des kommunikativen Aufsatzunterrichts);

---

[1] Ich muss die Kenntnis dieser Theorien und Modelle hier voraussetzen, einiges ist in den praktischen Hinweisen aufgenommen. Im Zweifelsfalle helfen gute Handbücher oder auch das o. a. Funkkolleg in seiner schriftlichen Ausgabe (Fischer Taschenbücher Frankfurt 1972).

2. in den Grammatikunterricht selbst: Reflexion über das Kommunikationsmodell, über Faktoren des Kommunikationsprozesses (s. S. 248);

f) In der Einführung der Soziolinguistik als Grundlage für didaktische Konzepte des sog. kompensatorischen Unterrichts, z. T. auch des sozialen Lernens;

g) In der Übernahme von Elementen der Sprechakttheorie (s. S. 239f.).

Auch wenn ein Teil der genannten fachwissenschaftlichen Grundlagen – z. B. die linguistische und sprachphilosophische Zeichentheorie und Kommunikationstheorie – bereits wesentlich älter sind als ihre Rezeption in der Didaktik oder auch nicht unmittelbar linguistisch genannt werden können, gehören sie in den Zusammenhang der Linguistisierung des Deutschunterrichts.

Die Linguistisierung des Grammatikunterrichts wird gern von zwei Gesichtspunkten her kritisiert:

Einmal wird gesagt, dass auch der neue Grammatikunterricht nur wenig funktional im Hinblick auf ein allgemeines Lernziel des Deutschunterrichts, der Verbesserung und Heranbildung der kommunikativen Kompetenz, ist. Dazu wird auf S. 231 ff. noch zu handeln sein.

Zum zweiten wird gesagt, dass die Hereinnahme vor allem des Strukturalismus und der generativen Transformationsgrammatik mehr Schwierigkeiten als Gewinn gebracht haben. Man spricht von Vorbehalten vor allem der Lehrer „gegen den mathematisierten Formelapparat ..., den zu vermitteln die notwendige Einsicht fehle" (H. W. Lesch et al. 1978, 29) oder von den „ödesten Strukturbäumen" (K. H. Göttert 1975) oder gar von einem „Disziplinierungsmittel" gegenüber den Schülern (Hamburger Autorenkollektiv 1975, 92).

Dazu kommt die Kritik in der Fachwissenschaft, dass der eingeschränkte Sprachkompetenzbegriff N. Chomskys (die Sprachkompetenz eines idealen, von allen Menschlichkeiten und psychosozialen Beschränkungen freien, Sprecher-Hörers zu erklären) als zu eng für die Erklärung von Kommunikationsprozessen anzusehen ist und damit auch seine Syntaxtheorie.

Gegen die anderen neuen Curriculumelemente im Grammatikunterricht, vor allem die Semantik und Semiotik, habe ich kaum Einwände gefunden – und das Gegenteil, was die Curriculumelemente Kommunikationstheorie und Sprechaktanalyse anbetrifft. Diese Elemente waren aber auch aufzuführen, um das negative Schlagwort von der „Linguistisierung" des Deutschunterrichts etwas zurecht zu rücken: Ohne diese Entwicklung wäre der sog. „kommunikative" Deutschunterricht nicht möglich gewesen.

3.3. Grammatik in Situationen und funktionaler Grammatikunterricht

In den 70er und 80er Jahren dominierte (und dominiert z. T. noch heute) ein Konzept, das 1978 von W. Böttcher und H. Sitta in ihrem Buch „Der andere Grammatikunterricht" grundgelegt und vor allem in Nordrhein-Westfalen in der Primarstufe verbindlich gemacht wurde: das Konzept des 'gelegenheitsorientierten' Grammatikunterrichts in Situationen.

Der situationsorientierte Ansatz im Grammatikunterricht hat in Verbindung mit der zunehmenden „Pragmatisierung" (Th. Diegritz 1980, 18ff.) verständlicherweise eine große Anziehungskraft auf die Didaktiker ausgeübt, auch weil er eine Reihe unbestreitbarer pädagogischer Vorteile hat und verspricht, die Unbeliebtheit des Grammatikunterrichts bei Lehrern und Schülern aufzubrechen.

Was versteht man unter dem situationsorientierten, „anderen" Grammatikunterricht? Die Hauptvertreter W. Boettcher und H. Sitta schrieben 1980 (202, 204 und 205) dazu:

„Sein Grundgedanke ist es, Grammatikunterricht zu verstehen und zu praktizieren als eine Kette von Phasen grammatischer Reflexion, die in einen insgesamt situationsorientierten Deutschunterricht integriert sind ..., dabei soll besonders Gewicht auf die *Wirkungen* gelegt werden, die von diesen sprachlichen Bereichen ausgehen. Grammatik*unterricht* beschäftigt sich mit diesen Phänomenen als prinzipiell integrierter Grammatikunterricht im Kontext komplexer Sprachverwendungsprozesse und entsprechend komplexer Untersuchungsweisen.

Zwei Bedingungen eines „pragmatischen" Grammatikunterrichts ... sollen kurz expliziert werden:

(1) Grammatikunterricht hat *keinen autonomen Gegenstandsbereich:* Seine „Gegenstände" – syntaktische (/+ phonetische /+ semantische) Regularitäten – kommen immer nur vor als Teilaspekte komplexer Texte oder situationsbezogener Äußerungssequenzen und müssen in deren Kontext untersucht werden.

(2) Grammatikunterricht hat *keine autonomen Fragestellungen:* Fragen hinsichtlich grammatischer Phänomene ergeben sich im Kontext der Fragestellungen, die Lehrer und Schüler auf die Texte bzw. Äußerungssequenzen insgesamt richten ... Grammatische Reflexionen sind im Normalfall *integriert* in Bereiche der Textproduktion, der Textrezeption, der Gesprächserziehung."

Die Vorteile eines solchen Konzepts liegen auf der Hand:

a) Es kann mehr von den (Augenblicks)-bedürfnissen der Schüler ausgegangen werden, von einer realen Situation in der Klasse, von der Sprachverwendung der Schüler.
b) Es werden bessere Motivationen, vielleicht überhaupt Primärmotivationen für die Sprachbetrachtung aufgebaut / ausgenützt.
c) Es wird das vielkritisierte bloße „Regelpauken" eingeschränkt.
d) Es kann der Nutzen analytischer Tätigkeiten für das Sprachverhalten erkannt werden.
e) Es kommt zu einem „natürlichen" Curriculum.

Es gibt aber auch eine Reihe von auch durch die praktischen Versuche nicht ausgeräumten Einwänden:

1. Das Curriculum wird dem Zufall „reale Situation" überlassen, der Lehrer befindet sich in einem dauernden „Wartestand", wenn er reale Situationen nutzen will.

2. Die Mehrzahl der bei W. Boettcher und H. Sitta 1978 angegebenen Unterrichtsbeispiele und ansonsten berichteten Situationen überzeugt nicht, und ein Lehrmittel – Sprachbuch – kann auf der Basis dieses Konzepts nicht vorgelegt werden.

3. Der Anspruch an die Situationssensibilität und an die fachlich-didaktischen Qualifikationen des Lehrers ist erheblich höher, die Chancen für sog. „Schneeglöck-

cheneffekte“ (die Schüler verweigern den Wechsel von der Inhaltsdiskussion zur grammatischen Übung oder Reflexion, diese wirkt „aufgesetzt“) sind groß.

4. Dem stillschweigenden (und zügig voranschreitenden) Abbau jeglicher grammatischer Reflexion wird wegen der oben angedeuteten Schwierigkeiten Vorschub geleistet: Folgen mangelnder, weil „ausgefallener“ Sprachreflexion und systematischer Übung spüren wir bereits jetzt im Bereich der schriftsprachlichen Kompetenz.

In der Praxis hat sich, eigentlich stillschweigend zugestanden, eine Umorientierung auch unter den Anhängern des Konzepts vollzogen. Man geht weg vom Prinzip des Ausgehens von *Real*situationen hin zu *fiktiven*, geplanten Situationen, die ein gezielteres Curriculum zulassen und auch in (integrativen) Sprachbüchern beherrschbare Vollzüge des Unterrichts gestatten.

In der neuesten Diskussion (Ivo 1988, Ivo und Neuland 1991, Eichler 1991, Sonderheft 4/92 des Deutschunterrichts) geht die Umorientierung noch weiter, nachdem man eingesehen hat, dass Vieles in diesem Konzept Versprochene nicht eingelöst werden konnte: Man akzeptiert – kulturwissenschaftlich motiviert – wieder einen bildungstheoretisch fundierten Grammatikunterricht, spricht und forscht über grammatisches Wissen und sieht im Unterricht in Grammatik auch ein Stück der Auseinandersetzung mit und Findung der (sozio-)kulturellen Identität. So wird die Situationsorientierung eher ein Unterrichtsprinzip (Tu's, wenn du kannst, aber erzwinge es nicht).

Aber noch eine ganz andere Art der Dienstbarmachung – Funktionalisierung – des Grammatikunterrichts ist hier anzusprechen, die Funktionalisierung der Grammatik auf die Orthographiebehandlung (vgl. Riehme 1986) und die Ausdruckspflege in den letzten Lehrplänen der ehemaligen DDR von 1982. Die Fachgruppe Muttersprache der Akademie der pädagogischen Wissenschaften der DDR, die die Lehrpläne zentral entwickelte, formulierte so (nach Eichler 1991, S. 562f.):

> Die Entwicklung sprachlichen Könnens, das auf die Aneignung der Systemnormen gerichtet ist, erfolgt in der Disziplin 'Grammatik und Orthographie' ... Die Orientierung auf die Systemnormen der geschriebenen Literatursprache und die engen Beziehungen, die im Lehrplan zwischen der Grammatik und der Orthographie hergestellt wurden, bedeuten keinesfall eine Einschränkung des Grammatischen auf das orthographisch Relevante ... Gliedert man die Arbeit am schriftlichen Satz, dann erreicht man eine weitgehende Identität von grammatischen und orthographischen Sachverhalten; die Vermittlung von Wissen und Können im Bereich der Systemnormen wird auf diese Weise rationalisiert ... Die Arbeit am Wort umfaßt demnach: Wortarten und Wortformen, die Graphemstruktur der Morpheme, Wortstämme, Simplizia. Die Arbeit am Satz umfaßt den einfachen Satz und seine Konstituenten, Wort, Wortgruppe, besondere Konstruktion; syntaktische Nebenordnung; den Zusammenschluß von Sätzen zu größeren Satzeinheiten. Dabei wird das Satzzeichen als Merkmal bestimmter syntaktischer Strukturen (...) zu einem ständigen integrierenden Bestandteil des Stoffes gemacht ... Die Konzentration auf das Wesentliche erfordert bei der Grammatik der geschriebenen Sprache den Verzicht auf eine Reihe von Stoffen bzw. den Verzicht auf eine intensive Behandlung mancher Stoffe. (Folgt Aufzählung)

Sicher ist das nicht die Funktionalisierung, die W. Böttcher und H. Sitta anstrebten, gemeinsam ist nur, dass die Grammatik selbst nicht verändert wird. So hat sich in der DDR die Schulgrammatik, trotz interessanter Forschungsbemühungen in der

Sprachwissenschaft, H. Helbig / H. Buscha zur Valenzgrammatik, die Potsdamer Schule um W. Schmidt zur kommunikativen Grammatik (s. a. unten), kaum verändert.

Einen ganz anders funktionalen Grammatikunterricht strebt W. Köller in seinem Buch „Funktionaler Grammatikunterricht“ (1983 bzw. 1997) an: Ihm geht es um die für die Kommunikation und das analytische und aktive Sprachverhalten funktionale Sicht bei der Behandlung von grammatischen Wissensbeständen.

Nun sind nicht alle Strukturen und Regeln der Sprache, wie sie in Grammatiken – Regelbüchern – dargestellt werden, kommunikative Regeln oder kommunikativ funktionale Regeln, im Gegenteil, nicht selten ist das Sprachsystem, der Sprachbau nur sehr indirekt an die Kommunikationsleistung gebunden. Dies ist mir bei der Arbeit an einer Grammatik der deutschen Gegenwartssprache zusammen mit Kollegen K. D. Bünting sehr deutlich geworden (Eichler / Bünting 1990). Entsprechende Erfahrungen mussten schon mehrmals sprachwissenschaftliche Bemühungen um eine sog. funktionale Grammatik oder um eine kommunikative Grammatik des Deutschen machen, zuletzt die Vertreter der Potsdamer Schule, die, ausgehend von kommunikativen Grundsituationen, den *Redeeinheiten* passende Sprachstrukturen zuordnen wollten (W. Schmidt u. a. 1981). Der Ansatz blieb in theoretischen Grundsätzlichkeiten trotz hartnäckiger Bemühungen stecken. Dass augenblicklich an einer kommunikativen Grammatik des Deutschen auch am Institut für deutsche Sprache in Mannheim, unserem ‘volksgrammatischen’ Zentralinstitut, gearbeitet wird, soll hier angemerkt werden. Ich bin mir über den Erfolg nicht sicher.

Nun gibt es aber Bereiche der Grammatik, in denen die kommunikative Leistung und der Sprachbau in der Tat direkt zusammentreffen – oft z. B. das Fragen mit dem Fragesatz oder Mitteilungen mit dem Aussagesatz (aber beides nicht immer, und das ist eine Schwierigkeit für die Schulgrammatik). Die wesentlichen Bereiche hatte schon K. Bühler 1931 in seiner Sprachtheorie umrissen mit der Vorstellung vom ‘ich-jetzt-hier’ Ursprung des Sprechens (und Schreibens). Diese haben wir in unsere Grammatik wie folgt aufgenommen und erweitert, vgl. Bünting / Eichler 1978, 104.

„Kommunikative Gesichtspunkte kommen in unserem Grammatikversuch auf zweierlei Weise vor:

a) Bühlers Konzept der *ich-jetzt-hier*-Origo allen Sprechens wird verwendet, um die Bedeutung der Rollenwörter (Personalpronomen) und anderer deiktischer „kleiner Wörter“ zu erfassen, um die Modalität als Bewertungsmöglichkeit des Sprechers hinsichtlich der von ihm ausgesagten Handlungszusammenhänge zu erfassen, um den Aktiv und Passiv als vom Sprecher gewählte Handlungsperspektive verständlich zu machen;
das *‘hier’* wird benutzt, um die Raumkoordinaten z. B. in den Präpositionen zu erläutern;
das *‘jetzt’* wird benutzt, um das Tempussystem aufzuschlüsseln unter dem auch von Wunderlich und Helbig / Buscha verwendeten Schema der Sprechzeit, der Aktzeit (Handlungszeit) und der im Tempussystem enthaltenen Betrachtzeit.

b) Weiterhin werden im Zusammenhang mit der Darstellung der Faktoren der Kommunikation im bekannten Kommunikationsmodell auch Prinzipien der Sprechaktanalyse dargestellt. Performative Verben (zum größten Teil sind das ja die alten Verben des *Sagens* und *Meinens*) werden in ihrer Funktion des Verweises auf die kommunikative Einschätzung des Gesagten (Illokution) erörtert, Sprechakttypen werden im Zusammenhang mit den Satzarten (Fragesatz, Aufforderungssatz, Aussagesatz und die ihnen eben nicht eindeutig zugeordneten Sprechakte des Fragens, Aufforderns, Aussagens und Behauptens) vorgestellt“.

Genau aus diesen geeigneten Bereichen hat W. Köller die Behandlungsgegenstände in seinem Buch gewählt – sehr differenziert, auch nicht ohne sprachphilosophischen Anspruch, methodisch-didaktisch nicht immer einfach. „Der Köller“ ist auf jeden Fall ein gutes Buch für den Gymnasiallehrer und Lehrerausbilder, der der Frage Grammatik und Kommunikation ernsthaft nachgehen möchte.

Und noch ein ‘Tip’ für die Realisierung dieses Schwerpunktes: man arbeite mit herkömmlichen Stilistiken in der Schule (z. B. Sowinski 1972 u. a.) oder gleich mit diskursanalytischer Fachliteratur (Goffman 1984, Gumperz 1982).

4. Verschiedene Konzepte und Lernziele für den Grammatikunterricht

Mit den vorausgegangenen Darstellungen und Erörterungen haben wir den Rahmen für die Konzeptbildung und Lernzielfindung / -legitimation des Grammatikunterrichts festgelegt:

1. Es sollte, auch im Hinblick auf neuere kulturwissenschaftliche Überlegungen, dem Grammatikunterricht bildungstheoretisch ein Eigenwert zugesprochen werden: das Grundkonzept sollte systematisch sein.
2. Der Grammatikunterricht ist für andere Fächer (Fremdsprachen) und Lernfelder (Orthographie, Textanalyse, Ausdruckserweiterung ...) funktional anzulegen.
3. Ergibt die Situation eine sinnvolle Thematisierung grammatischer Fragestellungen, so sollte die Lehrkraft das tun im Sinne eines Unterrichtsprinzips. Fiktive Situationen und systematische Ergänzung müssen aber auch im integrativen Deutschunterricht erlaubt sein.

Ich gebe im Folgenden eine umgreifende Aufstellung sehr unterschiedlicher Groblernziele, wie sie von verschiedenen Autoren aufgestellt wurden, und diskutiere sie kritisch und ergänzend vor dem Hintergrund der verschiedenen didaktischen Positionen.

1. Der Schüler soll Einsicht in den Bau und die Struktur der deutschen Sprache erhalten (kulturgüterorientiertes Lernziel). Er soll seine kulturelle Identität auch in der Sprache erfassen.
2. Der Schüler soll für die Unterrichtsarbeit in anderen Lernbereichen und Fächern klare Verständigungsbegriffe erhalten (Grammatikunterricht in Hilfsfunktion für den Fremdsprachenunterricht, den Rechtschreibunterricht und die Korrekturbesprechung).
3. Der Schüler soll in der Fähigkeit zum analytischen (logischen) Denken gefördert werden (Transfer in die kognitive Kompetenz).
4. Der Schüler soll lernen, Distanz zum Eingebundensein in kommunikative Prozesse zu nehmen und für Normen aller Art sensibilisiert werden (Transfer: analytische Grundeinstellung).

5. Der Schüler soll objektive Kriterien für die Analyse von kommunikativen Handlungen und Sprache auf ihre Wirkung und ihre Bedingungen erarbeiten (Transfer: Kommunikationsanalyse).
6. Der Schüler soll Kriterien für die Textanalyse und -interpretation erhalten (Transfer in den Lernbereich Umgang mit Texten).
7. Der Schüler soll in seiner Sprachfertigkeit, in seinem Konstruktionsbewusstsein, im Satzbau und in der präziseren Wortwahl sowie in einem allgemein bewussteren Sprachverhalten gefördert werden (Transfer in die stilistische Kompetenz).

1. Lernziel: Einsicht in den Bau und die Struktur der deutschen Sprache

Das Lernziel 1 „Einsicht in den Bau und die Struktur der deutschen Sprache“ ist ein kulturgüterorientiertes Lernziel. Es gehört zu den alten Lernzielen des Grammatikunterrichts. Ader et al. 1976, 31 begründen es wie folgt:

> „Es fordert das Erwerben von Kenntnissen und nicht von Fähigkeiten: man hat etwas über die Sprache und auch deren Grammatik zu wissen, weil den Menschen vieles hierüber bekannt ist. Diese Argumentation ist auf Fähigkeiten hin nicht unmittelbar funktional, aber sie scheint uns – und hier argumentieren wir, wenn man will, ideologisch und emotional – zutiefst dem Menschen angemessen, seiner Neugier, etwas über die ihn umgebende Erfahrungswelt auszumachen, und seiner Neigung, historisches Wissen zu ermitteln und weiterzugeben.“

P. Gocht (1974/78, 199) legitimiert dieses Lernziel mit anthropogenen Gesichtspunkten:

> „Daß Sprache ein System ist, hat Plato genauso gewußt, wie Anselm von Canterbury oder Ludwig Wittgenstein. Überraschend aus pädagogischer Sicht ist vor allem: Seitdem Leonardo da Vinci den menschlichen Körper als anatomisches System dargestellt hat, zweifelt kaum jemand daran, daß die biologische Betrachtung des Menschen legitimer Unterrichtsgegenstand in der Schule ist. Der Grammatikunterricht – als pädagogische Darstellung des Systems Sprache – hat sich bisher kaum mit anthropogenen Gesichtspunkten legimitiert.“

Natürlich unterliegt die Weitergabe von Kulturgütern Wertschätzungen dieser Kulturgüter in der Gesellschaft: Dass die Schulen einen Vermittlungsauftrag „Weitergeben der Kultur“ haben, wird von niemandem geleugnet. Ich trete für diese Weitergabe auch im Bereich unseres Wissens über Sprache ein und meine, dass eine Nur-Funktionalisierung des Grammatikunterrichts auf Transfers in irgendwelche Kompetenzen nicht nur einen verkürzten Sprachbegriff („Sprache hat keinen Eigenwert“) signalisiert, sondern auch ein Missverständnis über die kulturellen Verpflichtungen des Deutschunterrichts – die heute wieder unumstritten sind.

Die Vermittlung muss ja auch nicht in tristem Regelwissen enden, im Gegenteil, sie sollte sich z. B. auf geschlechtsspezifisches Sprachverhalten, die Besonderheiten des örtlichen Dialekts, auf jugendsprachliche Besonderheiten und – besonders für AusländerInnen – auch auf die kontrastive Behandlung des ‘anderen’ Sprachsystems erstrecken.

So erreichen wir, was Ivo / Neuland (1991) Bewusstsein der eigenen kulturellen Identität und was Sieber / Sitta (1992) theorieunterfütterte Reflexion über Sprache nennen, vgl. auch das Lernziel 4 „Distanz zum Eingebundensein“.

2. Lernziel: Grammatik in Hilfsfunktion für andere Fächer und Lernbereiche

Auch dieses Lernziel ist alt und war bis in die 50er Jahre hinein unbestritten, vgl. z.B. H. Gieselbusch, 1951, der sagt, dass der Grammatikunterricht, die deutsche Sprachbildung, „als grammatische und also formale Erziehung ein collegium logicum liefern muß, auf dem alle weitere Bildung und Erziehung und zuerst die fremdsprachliche aufzubauen hat." Der Grammatikunterricht in Hilfsfunktion war ursprünglich besonders für die Fremdsprache Latein gedacht, gilt aber mit der Ausbildung in mindestens einer Pflichtfremdsprache in allen Schularten heute allgemein. Jeder Lehrer kennt die stillen oder lauten Flüche von Fremdsprachenlehrern über das notwendige Nacharbeitenmüssen im Bereich der deutschen Grammatik, um die Besonderheiten der Fremdsprache überhaupt erklären zu können. Dem steht nicht entgegen, dass die lebenden Fremdsprachen auch mit Hilfe der direkten Methode vermittelt werden (können), denn

1. wird heute der kognitive Aspekt nach negativen Erfahrungen mit dem alleinigen Einsatz der direkten Methode in der Fremdsprachendidaktik wieder mehr betont, und eine vielleicht unmittelbar didaktisch orientierte Teildisziplin der Linguistik – die konstrastive Linguistik – beschäftigt sich mit den Ähnlichkeiten und Unterschieden zwischen Mutter- und Zielsprache (vgl. z. B. W. Kühlwein 1974);
2. wird die Fremdsprache *lange* und bei Schülern der Haupt- und Realschule sowie bei den meisten Gymnasiasten *nur* vor der Folie der Muttersprache (in Form der Übersetzung) besessen;
3. sollten wir im Deutschunterricht nicht vornehme Zurückhaltung an den Tag legen: „Wir sind uns für Hilfsdienste für andere Fächer zu schade." – Wie wäre es um die Schule und Gesellschaft bestellt, wenn jeder so dächte?

Noch deutlicher wird das Desiderat von grammatischem Wissen bei anderen Lernbereichen des Deutschunterrichts, insbesondere beim Rechtschreibunterricht (vgl. Riehme 1986 und die Ausführungen oben S. 233 vom Grammatikunterricht der DDR). Wer kann schon die Zeichensetzung ohne die Begriffe Satz und Teilsatz, Hauptsatz-Gliedsatz, Satzreihe-Satzgefüge, Satzart (Unterscheidung der Satzschlusszeichen), Satzglied und grammatische Funktionen wie Subjekt, Prädikat, Objekt, Attribut, Adverbial (funktionsgleiche Satzglieder werden in der Aufzählung durch Komma getrennt, funktionsunterschiedliche nicht) oder ohne die wichtigsten Wortartbegriffe wie Nomen, Konjunktion, Fragepronomen, Relativpronomen u.a. sinnvoll erklären oder verstehen. Die deutsche Zeichensetzung ist einfach und klar geregelt – allerdings weitgehend nach dem *grammatischen* Prinzip.

Im Bereich der Groß- und Kleinschreibungsregeln hoffen wir vergeblich auf eine Reform in Richtung gemäßigte Kleinschreibung, bis dahin allerdings werden noch Begriffe wie Nomen versus übrige Wortarten, Pronomen (die in Nominalfunktion nicht groß geschrieben werden), Nominalfunktion und Satzglied sowie Wortartwechsel, Wortbildung, Grundwort und Bestimmungswort, aber auch Satz und Satzgefüge notwendig sein.

Kenntnisse in der Wortformenbildung und Wortbildung sind weiterhin notwendig, um das Prinzip der Worttreue in der Schreibung zu verstehen.

So könnte man weiteres aufführen, was an Grammatik im Rechtschreibunterricht unentbehrlich scheint, und landet schließlich – wie bei den Kollegen in der ehemaligen DDR – beim kompletten traditionellen Wissensinventar. Ich weiß nicht, wie man davon abstrahieren könnte, zumal ein Lehrgang in Einzelschreibungen nicht nur lerntheoretisch, sondern auch lernpsychologisch unmöglich ist: Selbst bei intensivem Üben kann man nur ca. 15 % des Schreibwortschatzes im Unterricht „drannehmen“ (vgl. Eichler 1978, 48f.).

3. Lernziel: Förderung des analytischen (logischen) Denkens

Nicht selten wird etwas hämisch bemerkt, dass die Grammatik „als Turngerät des Geistes“ missverstanden werde und dass die Ansicht, der Grammatikunterricht könne wie in den Naturwissenschaften die Fähigkeit zum logischen oder analytischen Denken fördern, irrig sei.

Ein solcher Transfer ist bei einem Auswendiglernen von Regeln und Begriffen natürlich nur wenig der Fall, da geben die naturwissenschaftlichen Fächer wohl mehr her. Aber gerade die neueren Richtungen im Grammatikunterricht lassen aufmerken. Das beginnt schon mit den Glinzschen Proben und strukturalistischen Verfahren, die einen Grammatikunterricht als Methodenlehre der Sprachanalyse anlegen und eine analytische Kreativität fördern. Die Schüler produzieren verschiedene Sprachvarianten durch Umstellen, Ersetzen, Streichen, Paraphrasieren, urteilen aus ihrem Sprachgefühl und füllen von daher Begriffe mit Inhalt. Moderne Grammatiklehrbücher integrieren solche Proben in unterschiedliche Modelle, zu den Proben selbst s. o. S. 228ff.

Ich möchte nicht sagen, dass Grammatik das deduktive Denken oder das logische Denken mehr fördert als die naturwissenschaftlichen Fächer und dass der Grammatikunterricht Zentrum der Ausbildung solcher Denkstrukturen ist – ich bin aber davon überzeugt, dass der Grammatikunterricht ein analytisches Denken in *sozialen Dimensionen* (Aspekte aus einem komplexen Ganzen ausgliedern, vereinfachte Modelle erstellen und der Realität anzunähern versuchen) in dem menschlich wohl wichtigsten Wahrnehmungsfeld sozialer Prozesse – Sprache und Sprechen – in überschaubaren Zusammenhängen fördern kann. Das komplexe Erkenntnisfeld soziale Umwelt und sprachliche Kommunikation gleich auf einmal und als Ganzes – d. h. nicht in isolierten und idealisierten Aspekten und zunächst einmal in Verkürzungen – erfahrbar machen zu wollen, ist lernpsychologisch und selbst wissenschaftsmethodisch ein Unding und führt in der Praxis zu eklektischer Oberflächlichkeit und zur Indoktrination, wie wir jüngst leidvoll erfahren haben.

4. Lernziel: Distanznahme von der Eingebundenheit in kommunikative Zusammenhänge

Mit den Ausführungen zu Lernziel 1 und 3 ist auch zu diesem Lernziel etwas gesagt. Angestrebt wird eine distanziert analytische Grundhaltung gegenüber kommunikativen Handlungen, ihren Wirkungen und ihren Ursachen. Dieses Lernziel meint soziale Kritikfähigkeit, methodisch unterbaut. Diese Distanznahme kann sehr konkret sein. P. Gocht 1974/78, 205 ff. argumentiert in diesem Zusammenhang wie folgt:

„Hier liegen nach unserer Auffassung ganz wichtige didaktische und pädagogische Potenzen (im Grammatikunterricht). Sie sollen nun skizziert werden:

- Der Schüler ist sensibilisiert für sprachliche Normen aller Art (Hochsprache, Gruppensprache, Idiolekte, Soziolekte etc.).
- Er kann sich von der Korrektur-Autorität des Lehrers und der damit gegebenen personalen Fixierung lösen.
- Der Schüler kann eine 'kreative Korrektur' praktizieren; das kann im einzelnen folgendes bedeuten:
  - Er vermag sich die einschlägigen Auskünfte selbst zu verschaffen (*Duden* und entsprechende andere Lexika)
  - Er ist in der Lage, eigene und fremde Abweichungen von der Norm zu analysieren und zu qualifizieren
  - Er kann Korrekturvorschläge machen und auftretende Nuancen qualifizieren. – Der Schüler durchschaut die Ursachen sprachlicher Normen und weiß ihren relativen Wert und ihre Funktion einzuschätzen."

Zur kreativen Korrektur führt Gocht aus:

– „Die Erziehung zu 'kreativer Korrektur' verlangt jahrelanges, sehr differenziertes Sprachtraining mit wohldosierten rhythmischen Wiederholungsphasen. – Die bisherige Korrekturpraxis bedarf einer partiell radikalen Reform: Die bloße, unbefragte (und besonders gar die mehrfache) Abschrift der Lehrerkorrektur kann kaum mehr legitim sein. Man könnte u. a. an folgende methodische Wege denken, die teilweise schon (wenn auch unkoordiniert) beschritten werden:

- Der Lehrer markiert die Verstöße, ohne sie zu kennzeichnen oder zu verbessern. Der Schüler schreibt eine neue Gesamtfassung seines Textes
- Der Lehrer wählt für jeden Schüler individuell gewisse Verstöße in seiner Arbeit aus, die verbessert und in ihrem Regelkontext erläutert werden müssen
- Einzelarbeiten werden vervielfältigt, kollektiv verbessert und bewertet
- Aus den Schülertexten einer Leistungskontrolle (besonders auf der Mittel- und Oberstufe) wird ein Arbeitspapier mit charakteristischen Verstößen zusammengestellt, die von den Schülern syntaktisch, semantisch etc. analysiert werden. Pro Verstoß werden ein oder mehrere Verbesserungsvorschläge gemacht, die u. U. zu begründen sind
- In entsprechend fortgeschrittenem Zustand werden die Leistungskontrollen von den Schülern (= Kollegiaten) gegenseitig überarbeitet. Es versteht sich, daß die Korrekturnormen vorher erarbeitet und ihre Operationalisierung gesichert sein müssen
- Die Schüler überarbeiten – sinnvollerweise einige Tage nach der Anfertigung – ihre Texte selbst."

5. Lernziel: Fähigkeit zur Analyse von kommunikativen Handlungen

Auf kommunikative Handlungen und Situationen kann man in verschiedener Weise zugehen.

Man beobachtet z. B. das aktuelle (Sprach)Verhalten in konkreten Situationen und versucht, sich durch Analyse des jeweiligen Sachverhalts, um den es geht, der Situation, der sozialen Rollen der Kommunikationsteilnehmer, ihrer psychischen Einstellungen u. a. ein Urteil über die gegebene Situation zu machen.

Oder man versucht, auf allgemeine Gesetzmäßigkeiten kommunikativer Prozesse systematisch zu reflektieren, stellt dann allgemeine Modelle kommunikativen Verhaltens auf und versucht, mit deren Hilfe zunächst einfache beispielhafte Kommunikationssituationen und dann auch komplexe Zusammenhänge zu analysieren.

In beiden Weisen wird in der modernen Pragmalinguistik, z. B. in der Discurs- und Redeanalyse, geforscht und u. a. unter dem Stichwort Kontextualisierung (vgl. P. Auer 1986) über die grammatische und propositionale Struktur hinausgegangen, vgl. auch J. Gumperz (1982) oder E. Goffman (1984), die bislang ohne Wirkung auf die Fachdidaktik blieben.

In den Grammatikunterricht hat nur (und spärlich) die Sprechakttheorie von Austin und Searle u. a. (vgl. Maas / Wunderlich 1972) gewirkt. D. Ader et al. (1976) schreiben dazu (S. 288 f.):

„Mit der – der analytischen Philosophie verpflichteten – Sprechakttheorie hat der Didaktiker unter dem Lernzielaspekt 'Reflexion über kommunikatives Handeln' noch mehr Schwierigkeiten, weil diese Theorie nur einen Aspekt der Kommunikation erfaßt: den Diskurs unter dem Aspekt des Handelns. Die situativen, psychischen und sozialen Aspekte kommen zu kurz, und gerade sie sind es, die bei einer Reflexion über kommunikatives Handeln wichtig sind, weil über ihre Thematisierung die in der Reflexion über Sprache intendierte Distanznahme des Schülers zu den sprachlichen Äußerungen und den nichtsprachlichen Handlungskontexten erreicht werden kann. So bietet die Sprechakttheorie zwar eine Systematisierung allgemeiner Bedingungen für das Zustandekommen und Gelingen kommunikativer Akte, aber einerseits wenig Konkretes über konkrete Sprechvorgänge, andererseits kann sie die angestrebte Analyse des gesamtgesellschaftlichen Zusammenhangs nun wirklich nicht leisten. Hier muß also der Sprachdidaktiker eigene, auf Sprechakttypen und soziale Grundstellationen bezogene Analysen vornehmen."

Die aktuelle Analyse geschieht in der Schule notwendig punktuell – in einem offenen Curriculum z. B. anhand realer Situationen – und ist insofern unsystematisch, und man wird die vollständige Erklärung aktueller Kommunikationssituationen vom Grammatikunterricht trennen. Punktuelle, auch intuitive Reflexion – möglichst vor dem Hintergrund systematischen Wissens – soll in den jeweiligen Lernbereichen – hier im Lernbereich „Mündliche Kommunikation" – stattfinden.

Systematische Reflexion auf allgemeinere Geregeltheiten kommunikativer Handlungen wie soziale Bedingungen und Glückensbedingungen von Sprechakten, Kanalbedingungen bei der Übermittelung von Signalen, Hinweise auf Einstellungen des Sprechers, ausgedrückt in Wortwahl und Satzbau, sollen in mehreren Curriculumsträngen Gegenstand des Grammatikunterrichts sein.

Dass eine systematische Reflexion nicht einfach ist, zeigen einmal entsprechende Einheiten in den Sprachbüchern (Sprache und Sprechen 1976 ff. ab Bd. 7, Sprachübungsbuch Deutsch 1990 ff. ab Bd. 5 u. a.) Für vieles hilft auch das Kommunikationsmodell (s. u. S. 248).

6. Lernziel: Textanalyse

Der Lernbereich „Umgang mit Texten" und darin die Textanalyse und -interpretation gehört schon seit langem zum Desiderat der Funktionalisierung des Grammatikunterrichts. Mag die traditionell vorgeschlagene Häufigkeitszählung nach Wortarten oder die Satzanalyse nach Satzgliedern und -funktionen für die Textanalyse nur gelegentlich etwas bringen, so ermöglichen die neueren grammatiktheoretischen Ansätze wesentlich mehr. Schon H. Glinz hat hier mit seiner kreativen Analyse Wege geöffnet und selbst auf wissenschaftlichem und schulischem Niveau Textanalysen vorgelegt. (Vgl. Glinz 1970, 1976; Brinker 1981; Dressler 1982; Viehweger 1983).

Es ist die gezielte Erzeugung von *Textparaphrasen* und geplanten *Textabweichungen,* die über den Kontrast zum Ausgangstext eine vergleichende Deutung und Analyse ermöglichen. Die generative Transformationsgrammatik und die moderne Kontextsemantik sowie die Wiederaufnahme alter Ansätze (E. Drachs Thema-Rhema-Analyse) haben nicht nur eine neue wissenschaftliche Disziplin der Textanalyse, die Textlinguistik, konstituiert, sondern wirken auch in die Didaktik herein. Während sich pragmatische, zweckkommunikative Texte für die Interpretation über das Kommunikationsmodell und über die Sprechaktbedingungen (vgl. z.B. D. Flader 1976) sowie Untersuchungen der semantischen Struktur des Wortschatzes eignen, benötigen poetische Texte oft zusätzlich die Aufhebung ihrer poetischen Abweichung, die Paraphrasierung in einen „normalen“ Text, der dann eine Folie für die Herausarbeitung der sprachlichen Besonderheiten des poetischen Textes abgibt. Weiter kann die Herstellung der textualen Struktur, Kohäsion und Kohärenz, z.B. durch Pronominalisierung u.a. erkannt werden.

Schließlich noch ein paar Anmerkungen über die Arbeit an Texten im engeren Zusammenhang des Grammatikunterrichts. Es wird immer wieder nahegelegt, doch von „echten Texten“ auszugehen, wenn es schon nicht gelingt, von echten Situationen den Grammatikunterricht her zu entwickeln. Der Text / die Texte sollen gewissermaßen eine fiktive Situation schaffen und den Nutzen grammatischer Reflexion bestätigen.

Ich meine, dass die Möglichkeiten des Ausgehens von echten Texten im Grammatikunterricht zwar noch nicht ausgeschöpft sind – gerade neue Grundschulsprachbücher gehen von Lesebuchtexten aus (vgl. Sprachleiter / Leseleiter 1993ff.) –, aber dass der Ausnutzung von Texten Grenzen gesetzt sind. Die sprachlichen Probleme in vielen Texten sind schon nach wenigen Zeilen so vielfältig und verschieden, dass oft nur eine didaktische Selektion und die illustrative Verwendung für einen grammatischen Aspekt im Unterricht möglich ist (vgl. dazu unten S. 242).

7. Lernziel: Bewussteres Sprachverhalten und Konstruktionsbewusstsein

Grundsätzlich kann davon ausgegangen werden, dass der Grammatikunterricht direkte Auswirkungen vor allem im Bereich der Schriftsprache hat. Schreiben ist ein bewussteres Sprachverhalten, hier ist die sorgfältige, vollständige grammatische Durchkonstruktion, die bewusstere Auswahl der Wörter und Stilmittel möglich und leitend, die Beherrschung der komplexen Syntax notwendig. Das Lernziel Sprachbewusstsein gewinnt an Bedeutung angesichts der neu aufgebrochenen Diskussion um deutliche Verluste in der (schrift)sprachlichen Ausdrucksfähigkeit bei Berufsanfängern und Studenten, die von den Industrie- und Handelskammern und der Rektorenkonferenz bundesdeutscher Hochschulen regelmäßig seit 1984 konstatiert wurde. Es handelt sich hier deutlich um Verluste im Bereich des bewussten Sprachgebrauchs, der vor allem durch Nachdenken über Sprache und sprachliche Möglichkeiten gefördert wird.

Hier ist die in der DDR sehr systematisch gepflegte kognitive, d. h. durch grammatische Einsicht angeleitete Ausdrucksschulung, zu der wieder die linguistischen Proben beitragen, und hier sind Übungen zur Paraphrase, der alternativen Neufassung einer Aussage, die bedeutungsgleich aber stilistisch unterschieden ist (vgl. Eichler 1976), sinnvoll.

D. Ader et al. (1976, 30) schreiben dazu:

„Das Lernziel Sprachfertigkeit 'zielt auf die Veränderung im Sprachverhalten des Schülers' auf:
a) allgemein bewußteres Sprachverhalten. Das bezieht sich insbesondere auf sprachliches Handeln in kommunikativen Situationen (Sprechakte), auf Stilfragen, u. a.
b) bewußteres Verwenden von Ausdrucksmitteln im Bereich der Semantik (Sprachgenauigkeit und Nuancen)
c) Zuwachs an Konstruktionsbewußtsein im Bereich der Syntax.

Während die Teillernziele a) und b) wenig umstritten sind, gilt das umso mehr für c). Von den Linguisten, die diesen Bereich schon aus Berufsgründen beherrschen, wird häufig die didaktische Legitimation für diesen Bereich in Frage gestellt. Sie scheinen nicht wahrhaben zu wollen oder nicht zu sehen, daß das Beherrschen einer komplexen Syntax beim eigenen Sprechen und Schreiben ganz offensichtlich Herrschaftswissen ist: Weder die Wissenschaft noch die Politik noch die Kultur noch irgendein menschlicher Lebensbereich, der geistige Arbeit verlangt, kommt in seinen differenzierten und hochentwickelten Arbeitsstadien bei der Darstellung und Vermittlung der Arbeitsergebnisse ohne komplexe Syntax aus. Das Verwenden einfacher Strukturen in diesen Bereichen ist keineswegs ein Gegenbeweis, sondern der Beweis hoher Meisterschaft."

Auch Böttcher / Sitta (1978, 1980) erkennen dieses Lernziel an und bieten dazu Übungsvorschläge.

5. Curricula für den Grammatikunterricht

Curricula für den systematischen Grammatikunterricht sind geschlossene, stofflich orientierte, aufbauende Curricula. Das lehrt (nicht nur) die Analyse des Themas Grammatik in den Rahmenrichtlinien der verschiedenen Bundesländer, wo sich auch heute noch hinter einem kommunikativen Etikett mehr oder weniger weitgehend das traditionelle Grammatikcurriculum mit Wortart- und Funktionsbegriffen sowie einer Satzmusterlehre als Kernstück präsentiert. An neuen Curriculumsträngen hat sich vor allem die Semiotik (Zeichenlehre) und das Kommunikationsmodell einen Platz in den Richtlinien erobert.

Dass ein Curriculum des Grammatikunterrichts ein geschlossenes, aufbauendes sein muss, ist auch von den Vorgaben der Fachwissenschaft und von Überlegungen über die Voraussetzungen der Schüler und von der allgemeindidaktischen Theorie her zu erwarten:

- Einmal ermöglicht der Gegenstand Grammatik eine Aufgliederung der Sprachanalyse in zunächst begrenzte, überschaubare Einzelaspekte und deren Addition zu einem höheren Ganzen.
- Zum zweiten ist es nicht möglich, gewissermaßen auf einmal, an einem oder einigen Texten, die sprachanalytischen Begriffe und Methoden zu vermitteln.

Dazu kommt, dass man im Grammatikunterricht genauer definieren kann, was man erreichen will oder was an Erreichbarem zur Verfügung steht – man hat hier einen stofflichen Rahmen, von dem man ausgehen kann. Die Curricula des Grammatikunterrichts für die Primarstufe, die Sekundarstufe I und die Sekundarstufe II unterscheiden sich wesentlich voneinander, was einmal altersstufenspezifisch begründet werden kann, sich zum anderen von den Aufgaben der Schulstufe und zum Teil auch vom Selbstverständnis der Schulart (Gymnasium) her bestimmt.

Ich gebe im Folgenden Hinweise für die verschiedenen Schulstufen: Primarstufe, Sekundarstufe I, Sekundarstufe II. Ich gehe dabei exemplarisch jeweils verschieden vor:

Für die Primarstufe gebe ich eine Übersicht, wie sie sich aus der Vergleichung der Richtlinien verschiedener Bundesländer erstellt. Für die Sekundarstufe bringe ich eigene Idealvorstellungen, auch methodisch anskizziert. Für die Sekundarstufe II gebe ich einige Hinweise zu dem, was angeboten werden könnte.

5.1. Curriculumelemente in der Primarstufe

In der Grundschule wird im Allgemeinen eine wesentlich weniger systematische Arbeit an der Grammatik für nötig gehalten als in den Sekundarstufen. Man nimmt an, dass

a) der Schüler noch nicht in übergreifenden Zusammenhängen denkt und zu größeren Abstraktionen, zu deduktivem Denken oder künstlichen Begriffen, wie sie die Grammatik benötigt, mindestens bis zum dritten Schuljahr nicht fähig ist;
b) der Schüler in seinen Interessen noch eher intuitiv, unwillkürlich geleitet ist, als willkürlich leitbar, d. h. dass er sich eher „natürlich" orientiert als an Aufforderungen durch den Lehrer, dass er weniger in einem gesetzten, fiktiven Rahmen arbeiten kann;
c) der Erwerb der Schriftsprache (Lesen, Rechtschreiben) den Schüler noch so in Anspruch nimmt, dass für Grammatik nicht sehr viel Raum bleibt.

So kommt es nur im Bereich der Syntax und Morphologie zu einem etwas ausgeformteren Curriculum, wobei bis auf Nomen und Verb die jeweils angegebenen deutschen Begriffe für die Schuljahre eins bis drei, die entsprechenden lateinischen Begriffe ab dem 3. Schuljahr, spätestens ab dem 4. Schuljahr eingeführt werden sollen.

Die folgenden Inhalte haben sich mir durch die Analyse der Rahmenrichtlinien der Bundesländer ergeben, sie werden in der Regel integrativ erarbeitet.

1. Die Unterscheidung folgender Wortarten:
   Hauptwort, Dingwort (Nomen, Substantiv)
   Tuwort, Tätigkeitswort, Zeitwort (Verb)
   Eigenschaftswort, Wiewort (Adjektiv)
   Fürwort, Zeigwort (Pronomen)
   Fragewort (Interrogativpronomen)
   seltener:
   Bindewort (Konjunktion)
   Verhältniswort (Präposition)
   Umstandswort (Adverb)
2. Die Unterscheidung der grammatischen Funktionen:
   Satzgegenstand (Subjekt)
   Satzaussage (Prädikat)
   Beifügung (Attribut)
   Ergänzung (Objekt)
   seltener:
   Umstandsbestimmung (Adverbial)
3. Die Unterscheidung der Kasus:
   Wer-Fall, 1. Fall (Nominativ)
   Wes-Fall, 2. Fall (Genitiv)
   Wem-Fall, 3. Fall (Dativ)
   Wen-Fall, 4. Fall (Akkusativ)
4. Die Unterscheidung der Numeri:
   Einzahl (Singular)
   Mehrzahl (Plural)
5. Namen und Grundleistungen einiger Zeiten (Tempora):
   Gegenwart (Präsens)
   Vergangenheit (Präteritum)
   vollendete Gegenwart (Perfekt)
   Zukunft (Futur I)
6. Die Unterscheidung der Satzarten:
   Fragesatz, Aussage-, Mitteilungssatz, Befehlssatz (Befehlsform), Hauptsatz, Gliedsatz
7. In der Wortbildung:
   Zusammensetzung, Grundwort, Bestimmungswort
8. In der Lautlehre:
   Selbstlaut (Vokal), lang-kurz,
   Mitlaut (Konsonant)

Von den neuen Curriculumsträngen ist die Zeichenlehre in der Grundschule eingeführt mit den Inhalten:
Zeichen, Bedeutung, Bildzeichen, Sprachzeichen, Wortkörper, Wortbedeutung.

Manchmal finden sich auch Ansätze aus dem Kommunikationsmodell: Sprecher-Hörer, Leser-Schreiber, Nachricht.

Ich meine, dass das Angegebene in der Grundschule möglich und angebracht ist, nötig auch wegen des Transfers in andere Lernbereiche, insbesondere in die in der Grundschule schon sehr ernsthaft betriebene Rechtschreibung. Die situative Reflexion über Kommunikation geschieht in der Grundschule überwiegend intuitiv (Rollenspiel, hermeneutische Einzelanalyse). Wesentlich mehr wird sich bei der egozentrischen Einstellung der Kinder in dieser Altersstufe auch nicht erreichen lassen.

5.2. Curriculare Überlegungen für den Beginn der Sekundarstufe I (5.–6. Schuljahr)

Die Sekundarstufe I und dort besonders das 5.–8. Schuljahr ist die günstigste Zeit für das Lernen im Bereich der Grammatik. Schüler der Klassen 5–6 sind im Allgemeinen lernwillig und in ihrer Aufmerksamkeit auch schon willkürlich. Ab dem 12. Lebensjahr beginnt die Fähigkeit zum „wissenschaftlichen" Denken, zur Reflexion über Sachverhalte auf einem hohen und fiktiven Abstraktionsniveau, d. h. Schüler sind in diesem Alter für das methodengeleitete, forschende Lernen und zur Distanznahme von der Umwelt motiviert (metakommunikative Kompetenz). Im Folgenden mache ich einen Curriculumvorschlag für die Klassen 5–8 in zwei Durchgängen von je zwei Jahren. Dieser Curriculumvorschlag hat sich mir aus der Mitarbeit an mehreren Lehrmitteln (Sprache und Sprechen, Grammatische Übungen I–III, Sprachübungsbuch Deutsch) und der Diskussion mit Fachlehrern ergeben.

Im 5. bis 8. Schuljahr sehe ich vier Curriculumstränge im Grammatikunterricht:

1. Pragmatik mit den Inhalten Zeichen und Bedeutung, Kommunikationsmodell und Sprechakte,
2. einfache und komplexe Syntax,
3. Wortformen und Wortbildung,
4. Semantik-Bedeutungslehre.

Die einzelnen Curriculumstränge können frei nebeneinander z. T. auch nacheinander in Angriff genommen werden. Innerhalb dieser Stränge sollte der Lehrer allerdings die Reihenfolge der Einheiten wie vorgeschlagen einhalten, das gilt unbedingt für die Syntax.

Der erste Durchgang umfasst zwei Schuljahre, das 5. und 6. Schuljahr (Orientierungsstufe)

I. Curriculumstrang: Pragmatik

1. Kommunikation und Sprachzeichen
   Ziele: Instrumentcharakter von Sprache, Sprache neben anderen Kommunikationssystemen (Abgrenzung zu Bildzeichen, Verkehrszeichen)
   Methodische Mittel: Ausgehen von einer komplexen mehrkanaligen Kommunikationssituation, analysieren auf kommunikative Handlungen im Vergleich (in Sprache und Sprechen Bd. 5 z. B. das Bild „Fußballspiel")

2. Das pragmatische Kommunikationsmodell und etwas zur Psychologie der Kommunikation (vgl. Schulz v. Thun u. Gordon, Lehrer-Schülerkonferenz 1981).
Methodische Mittel: Analyse von Gesprächsabläufen in der Klasse, Gesprächsregeln.

II. Curriculumstrang: Einfache Syntax

3. Äußerung und Satz, Satzarten syntaktisch
Ziele: Abgrenzung des Begriffs *Äußerung* (kommunikative Einheit) und *Satz (grammatische Einheit) aufgrund von Beispielsätzen, Benennung der Satzarten, Fragesatz, Mitteilungssatz, Aufforderungssatz* nach der syntaktischen Form
Methodische Mittel: Gesprächssequenz auf Äußerungen und Satzhaftigkeit untersuchen, den Satz formal als aus Subjekt und Prädikat zusammengesetzt definieren, die verschiedenen Satzarten in der Sequenz aufsuchen und beschreiben, nach der Verbstellung und Fragepronomen formal unterscheiden. Es können echte Texte mit Gesprächssequenzen verwendet werden (Theaterstück, wörtliche Rede in einem Text).

4. die Basisglieder des Satzes, Satzmuster, Verfahren der Satzanalyse

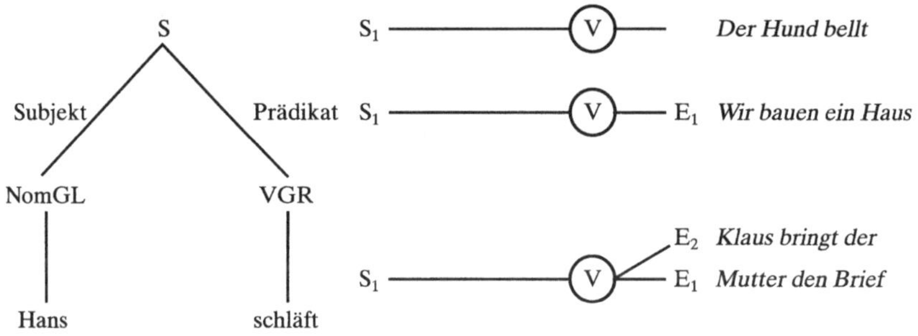

Methodische Mittel: Beispielsatzfolgen, Umstellproben, Ersatzproben, Stammbäume.

5. Konstruktionen der Verbalgruppe
Ziele: Unterschiedliche Verbklassen mit verschiedenen *Objekten* und *Ergänzungen,* Definitionen objektloser Verben, Verben mit *Akkusativobjekt,* Verben mit *Dativobjekt,* Verben mit *Präpositionalobjekt* oder *Ergänzungen.*
Methodische Mittel: Gezielte Beispielsatzfolgen oder Text mit möglichst eindeutigen Verben der Wertigkeit nach, Streich- und Ersatzprobe, Teilstammbäume oder Valenzmuster.

III. Curriculumstrang: Wortformen, Wortbildung

6. Tempusleistungen
Ziele: Leistungen der Tempora *Präsens, Präteritum, Perfekt, Futur I.*
Methodische Mittel: Man kann echte Texte mit Zeitwechsel verwenden. Für

die verschiedenen Zeiten können Texte illustrierend verwendet werden, möglichst nach Sprechzeit, Handlungszeit, Betrachtzeit differenzieren.

7. Personalpronomina als Rollenwort
Ziele: Die Personalpronomina in der Leistung als Kommunikationsrollenwörter

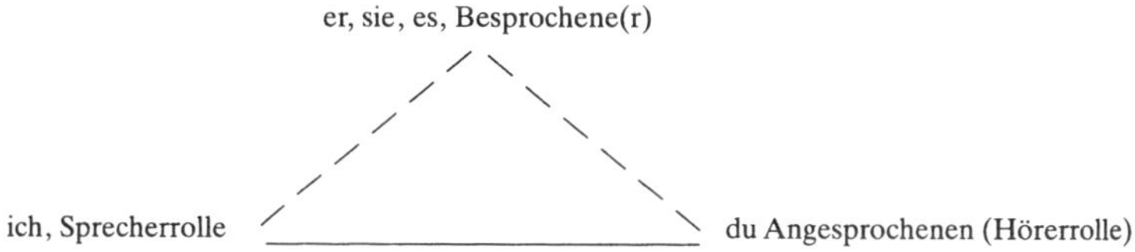

Methodische Mittel: vgl. die guten Einheiten im Sprachbuch, Klett Verlag, Bd. 5 u. Sprachübungsbuch Deutsch 5. Schj.

8. Wortzusammensetzungen
Ziele: Definition *Wortzusammensetzung* (Kompositum), einige Aspekte der Leistung, Begriffe *Grundwort* und *Bestimmungswort.*
Methodische Mittel: Auflösung von Komposita in Sätze, Zusammensetzung mit denselben Wörtern in verschiedener Reihenfolge: *Glasfisch-Fischglas,* illustrativ sind echte Texte möglich (vgl. die Einheit Wortbildung in Sprache und Sprechen, Bd. 5.).

IV. Curriculumstrang Semantik

9. Wortbedeutung-Merkmalbeschreibung
Ziele: Einführung der Bedeutungsbeschreibung und der Beschreibung von Bedeutungen mit *Merkmalen*
Methodische Mittel: von verbalen Bedeutungsbeschreibungen ausgehen, Ausgliedern von Bedeutungsmerkmalen durch den Vergleich bedeutungsverwandter Wörter, z. B. *Benzin-Wasser,* gemeinsames Merkmal: (flüssig), trennendes Merkmal: (trinkbar – nicht trinkbar), (brennbar – nicht brennbar).

10. Bedeutungsfeld
Ziele: Bedeutungsverwandte Wörter strukturiert ordnen, z. B. „Verwandtschaftsbezeichnungen", „sich zu Fuß bewegen", „Gewässer".
Methodische Mittel: Durch Bedeutungsvergleich die strukturierenden Merkmale herausfinden, Konstruktion von Bedeutungsfeldern vom Zentralbegriff her, vgl. Grammatische Übungen III.

Zweiter systematischer Durchgang, 7. und 8. Schuljahr

I. Curriculumstrang Pragmatik

1. Zeichenbildung, Beziehungen im sprachlichen Zeichen
Ziele: Definition der Relationen im sprachlichen Zeichen zwischen *Zeichenkörper, Zeichenbedeutung, Umweltreferent,* von Sprache abgeleitete

Zeichensysteme (Piktogramme, mathematische Sprache), das Verhältnis von Sprache und Welt

Methodische Mittel: Veranschaulichung im semiotischen Dreieck
Anlass der Zeichenbildung: neue technische Ausdrücke (Telephon, Fernsprecher, Hubschrauber, Kraftfahrzeug), piktographische Systeme zur schnelleren Verständigung über Sprachgrenzen hinweg (Olympische Spiele, Sportarten, System des Flughafens Frankfurt), Abgrenzen mathematischer Zeichen und ihrer Bedeutung, evtl. auch sog. Zinken (Gaunerschriftsprache).

2. Kommunikationsmodell, speziell Kanalbedingungen und Kanalverbund

Ziele: verschiedene *Kanäle* und ihre Bedingungen (optischer, akustischer und taktiler Kanal usw.), Sprache und sprachbegleitende Mittel wie Gesten, Kanalbedingungen im Rundfunk, Fernsehen, Comic.

Methodische Mittel: Veranschaulichung im Kommunikationsmodell, hier mehrere Kanäle eintragen, vom Rundfunk (Hörspiel als Arbeitstext) als einkanaligem Medium und Buch, Zeitung als ebenfalls einkanaligem Medium zum Fernsehen als zweikanaligem Medium kommen. Den Menschen als mehrkanaligen Sender und Empfänger *(sprechen-hören, sehen-bewegen, riechen-duften, berühren)* definieren und das Verhältnis zwischen Lautsprache und Gestik herausarbeiten. Geeignetes Kommunikationsmodell (vgl. Eichler 1991, 569):

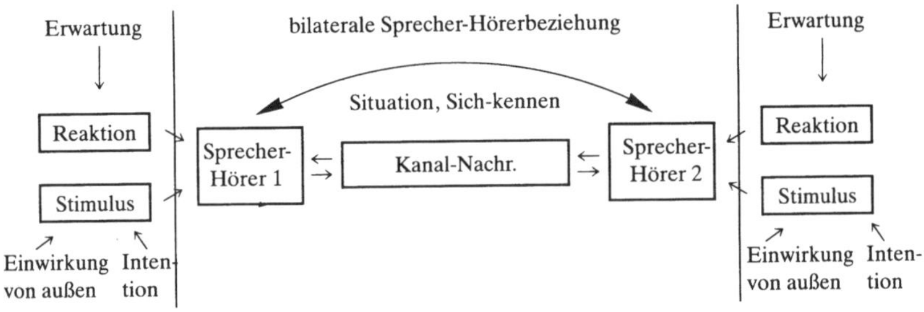

3. Aufforderungshandlungen

Ziele: verschiedene Aufforderungshandlungen unterscheiden – z.B. *Rat, Warnung, Befehl, Bitte* usw., die Aufforderungshandlungen sozial einordnen, Glückensbedingungen für Aufforderungen erkennen.

Methodische Mittel: verschiedene, auch indirekte Aufforderungen (wie *Das Radio ist zu laut!*), vorgeben, unterscheiden lassen nach den Sprechhandlungsklassen oben, die Frage „Wer kann wem in welcher Situation welche Form der Aufforderung geben?" erörtern und sozial zuordnen, an mehreren Beispielen durchprobieren lassen. Vorlage z.B. Sprache und Sprechen, Bd. 7, vgl. auch D. Ader et al. 1974.

4. Fragehandlungen

Ziele: verschiedene Frageformen unterscheiden: *Ergänzungsfrage, Entscheidungsfrage, Alternativfrage, Vergewisserungsfrage, indirekte Frage*

(Ich weiß nicht, ob ...) Glückens- und Ausgangsbedingungen für Fragen.

Methodische Mittel: von einem Text mit verschiedenen Fragen ausgehen oder über eine Sammelaufgabe „Frage" einsteigen, die Frageformen unterscheiden und grob benennen, nach Fragebereich genauer bestimmen. Anschließend über die Voraussetzungen und Erwartungen des Fragenden reflektieren. Vorlage: s.o. 3.

II. Curriculumstrang: Komplexe Syntax

5. Attribute und Relativsätze
Ziele: *Relativsätze* und *Beifügungen* aller Art als etwas Gleiches in der Leistung erkennen, Varianten des Attributs einschließlich des Relativsatzes, vielleicht auch Parenthese, gegenüber stellen.

6. Inhalts(vertreter)sätze als Subjekt- und Objektsätze, evtl. satzwertige Infinitive
Ziele: *Subjekt-* und *Objektsätze, dass-Sätze* als Sätze an der Stelle eines nominalen Satzgliedes definieren und im Stammbaum einordnen, Überführung von Subjekt- und Objektsätzen in nominale Satzglieder und umgekehrt.

7. Adverbial und Adverbialsätze (konjunktionale Gliedsätze)
Ziele: *adverbielle Bestimmungen* als Gliedsatz oder als Satzglied erkennen und im Stammbaum einordnen, Unterscheidung des *Satzadverbials* und des *Verbadverbials (Gestern fuhren wir nach Hamburg:* Satzadverbial, *Wir fuhren schnell nach Hamburg:* Verbadverbial). Überführung von adverbialen Satzgliedern in Gliedsätze und umgekehrt, z.B. *Weil du kommst, werde ich ..., Wegen deiner Ankunft werde ich ...*, Inhalte der adverbialen Bestimmung (Raum-, Zeit, Modal-, Kausalangaben).

Als methodisches Mittel zu 5–7 eignen sich – neben der Textanalyse und gezielten Beispielsatzfolgen – vor allem Transformationsübungen im Bereich der stilistischen (wählbaren / optionalen) Transformationen im Sinne einer Kompetenzübung. Ich konkretisiere mich (nach Eichler [2]1979, 227f.):

„Es kommt uns nur darauf an, planvoll Sprechanlässe zu schaffen, in denen nur eine, höchstens zwei oder drei (gleichbedeutende) Sprechmuster zu erzeugen sind. Für die Schaffung solcher Anlässe kann uns eine transformationelle Argumentation kognitiver Wegweiser sein, d.h. wir argumentieren zwar im Sinne einer Transformationengrammatik, bleiben aber auf der Ebene des Sprachhandelns stehen. Oder: Die verschiedenen stilistischen Transformate (Sprachmuster mit gleicher Bedeutung) werden in einem engen Rahmen intuitiv erzeugt, auf das Schreiben von Transformationsregeln wird jedoch verzichtet.

Bei Erprobungen dieser Art konnte festgestellt werden, daß die transformationellen Zusammenhänge von den Schülern direkt erkannt, die Beispiele rasch geordnet werden. Die Transformate werden dann als stilistische Aussagevarianten bewußt gemacht und durch Übung in die Sprachkompetenz übergeführt. Folgende Listen der transformationellen Behandlung zweier Elementarsätze erfragte ich mit den Schülern einer 6. Klasse in jeweils 15–20 Minuten:

a) Elementarsätze (Kernsätze)

Die Frau fährt Auto. Die Frau ist jung.

1. Einbettungstransformationen, Attribut:

Die Frau fährt Auto. Sie ist jung. Die Frau ist jung. Sie fährt Auto. Die Frau – sie ist jung – fährt Auto. Die Frau – sie fährt Auto – ist jung.
Die Frau, die jung ist, fährt Auto. Die Frau, die Auto fährt, ist jung. Die Frau, die junge, fährt Auto. Die Frau, die autofahrende, ist jung. Die junge Frau fährt Auto. Die autofahrende Frau ist jung.

2. Und-Koordinationen:
Die Frau fährt Auto, und sie ist jung. Die Frau ist jung, und sie fährt Auto.
Die Frau fährt Auto und ist jung. Die Frau ist jung und fährt Auto.

b) Elementarsätze (Kernsätze)
Ich sehe ein Flugzeug. Das Flugzeug fliegt vorüber.

Einbettung I, Attribut:

Ich sehe ein Flugzeug. Es fliegt vorüber.
Ich sehe ein Flugzeug, das vorüberfliegt.
Ich sehe ein vorüberfliegendes Flugzeug.
Ich sehe ein Flugzeug, ein vorüberfliegendes.

Einbettung II, Konjunktionalsatz, Infinitiv, Wortbildung:

Ich sehe, daß ein Flugzeug vorüberfliegt.
Ich sehe ein Flugzeug vorüberfliegen.
Ich sehe das Vorüberfliegen eines Flugzeuges.
Ich sehe den Vorüberflug eines Flugzeugs.

Zwar ist für die Einbettung II eine etwas unterschiedliche Elementarstruktur anzunehmen (*Ich sehe x.x = Ein Flugzeug fliegt vorüber*), jedoch kommt es auf solche feinen Unterscheidungen nicht an, wenn nur der Informationsgehalt gleich gehalten wird.

c) Elementarsätze (Kernsätze)

Ich komme zu dir. Ich will dich sehen.
Einbettungen: Konjunktionalsätze, Infinitiv

Ich komme zu dir, damit ich dich sehe (daß ich dich sehe).
bzw. Ich komme zu dir, weil ich dich sehen will.
Ich komme zu dir, um dich zu sehen."

III. Curriculumstrang: Wortformen und Wortbildung

8. Aktiv und Passiv

Ziele: Die Mitteilungsperspektive des *täterabgewandten, täterlosen* und *Zustandspassivs,* Umformungsstrategie Aktiv-Passiv, aktivische Passiversatzkonstruktionen.

Methodische Mittel: Text, z. B. Bauanleitung, warum im Passiv, Umformungsübungen zunächst aus dem Passiv ins Aktiv. Erarbeitung der Mitteilungsperspektive „täterabgewandtes Passiv", „täterloses Passiv" im Kontrast. Transformationen vom Aktiv ins Passiv, Lernzielkontrolle anhand eines echten Textes möglich. Zustandspassiv als täterloses Passiv mit *sein* einführen *(das Auto ist repariert, du bist ausgeschlossen.)*, dann auf Konstruktionen mit *man* und *es* als Passiversatzkonstruktion abheben und im Vergleich zum echten Passiv die Motive für den Gebrauch solcher Konstruktionen erörtern (Sprecher kennt den Täter nicht, Sprecher will den Täter nicht nennen, Sprecher hält den Vorgang für wichtiger als den Täter – verschiedene Texte illustrierend einsetzen) (vgl. auch Köller 1983).

9. Tempus: Futur I, Futur II, Plusquamperfekt
   Ziele: Leistungen des *Futur I* im Vergleich zum futurischen Präsens, die verschiedenen Leistungen des *Plusquamperfekts* und *Futur II*, evtl. Zeitenfolge
   Methodische Mittel: zunächst die Parameter Sprechzeit, Handlungszeit, Betrachtzeit einführen (Text!) und daran die bereits behandelten Zeiten Präsens, Präteritum und Perfekt exemplarisch analysieren. Das Futur I ist dann leicht im Kontrast zu entwickeln. Das Futur II und Plusquamperfekt lässt sich am besten im Rahmen von Zeitverhältnissen (unterschiedliche Zeit im Haupt- und Gliedsatz) behandeln und absolut definieren, vgl. Sprache und Sprechen, Neuauflage Bd. 9 mit komplexen echten Texten. Im Gymnasium mit Latein als Fremdsprache kann zur consecutio temporum verglichen werden.

10. Modalität
    Ziele: Abgrenzung und Bestimmung der Leistung des *Indikativs, Konjunktivs* und *Imperativs* sowie die Leistung der *Modalverben können, wollen, sollen, müssen, dürfen, mögen.*
    Methodische Mittel: Ausgehen von echten Texten (Zeitung) mit indirekter Rede, modalen Konjunktiven (II) und modalen Konstruktionen. Umformungsübungen, Bedeutungsabgrenzung der Modalverben gegeneinander (fremdbestimmt / eigenbestimmt). Man achte auch auf Ersatzkonstruktionen für den Imperativ: *Wenden verboten! Kein Zugang! Hier ist das Parken verboten. Man tut das nicht.*

11. Wortbildung: Ableitung, gut in Verbindung mit Rechtschreibung
    Ziele: *Wortartwechsel* ohne Wortbildungselement (jedes Adjektiv kann als Adverb gebraucht werden, jedes Verb als Nomen, fast alle Adjektive als Nomen), dann Wortartwechsel mit *Suffixen: -ung, -keit, -heit, -ig, -en* usw. Schließlich die Bedeutung der *Präfixe: ver-, zer-, er-, be-, ge- (Geschenk, gebrauchen).*
    Methodische Mittel: beliebige Sammelaufgabe zur Wortbildung als kreativer Einstieg, Ausgrenzung der Wortzusammensetzungen, Abgrenzung zu den Ableitungen. Über die Stellung der Wortbildungselemente kann dann leicht nach Präfix und Suffix unterschieden werden, zu mehrfacher Suffigierung *(Einigkeit, Reinlichkeit)* kann erneut gesammelt werden. Aus dem vorhandenen Material den Wortartwechsel (das Suffix bestimmt die Wortart) und die Bedeutung der Präfixe finden lassen.

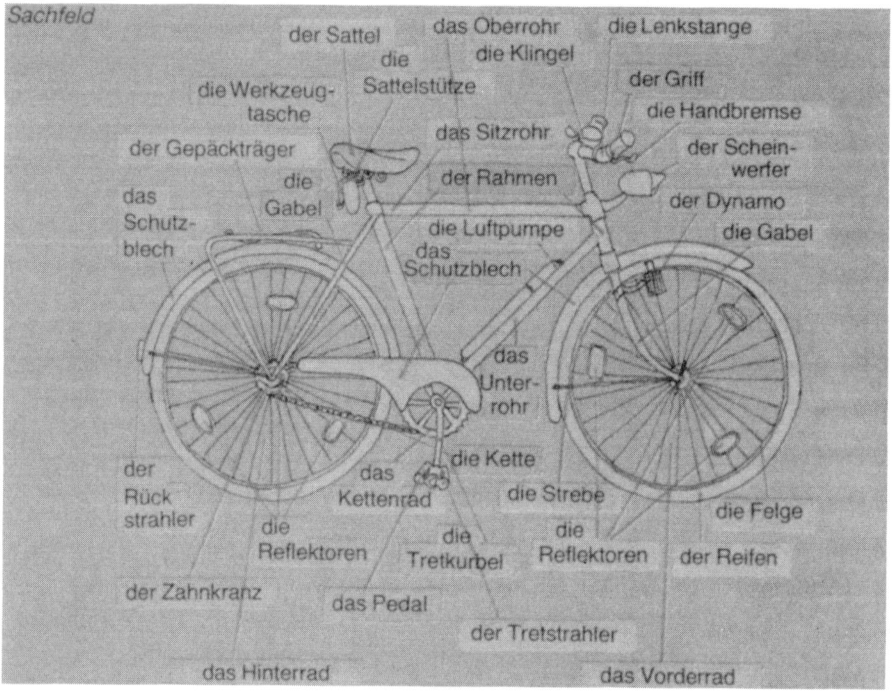

IV. Curriculumstrang: Semantik

12. Sachfelder: Was gehört alles zum Bereich Fahrrad (s. Beispiel), Zirkus, Tankstelle? Das Beispiel ist aus Sprachwege (1984ff.) Bd. 5.
Hierarchien im Bereich der Fach und Wissenschaftssprache: z. B. Ordnung der Vögel, speziell Singvögel, oder Ordnung der Bäume, speziell Nadelbäume (vgl. Grammatische Übungen Bd. 3, oder W. Ulrich 1991).

13. Verträglichkeitsbeziehungen und ggfs. Metaphern
Ziele: Grenzen der *Verträglichkeit* von Wortbedeutungen untereinander und die Abhängigkeit der Wortbedeutung vom Kontext, kulturelle Seinsanalogien in Metaphern (Eichler 1998)
Methodische Mittel: z. B. Lückentexte mit und ohne Einsetzvorgabe, ggfs. „verkehrte Welt" *(Der Fernseher geht spazieren)* durch Ersetzen oder Zuordnen beseitigen. Verschiedene Bedeutung desselben Wortes durch Kontext spezifizieren:

Hans Der Hund Unsere Freunde Der Krebs	$gehen_1$	nach Hause bzw. im Haus (spazieren) in den Wald bzw. auf der Straße (vorbei) fort bzw. in der Uni (auf und ab) ins Wasser bzw. im Wasser (hin und her)
Die Ware Das Auto Die Uhr	$gehen_{2,3}$	gut nicht genau

(Vgl. auch Grammatische Übungen Bd. 3, 56)
Evtl., schwierig, das Zustandekommen von Satzmetaphern.

14. Denotation und Konnotation
    Ziele: Emotive und soziale Mitbedeutungen als *allgemeine* oder *individuelle Konnotationen,* Abgrenzung zur *Denotation* als Sachbedeutung, Herausarbeitung von Sprachebenen.
    Methodische Mittel: Schimpfwörter suchen, diese zu Wortlisten mit gleichbedeutenden Wörtern verschiedener Stil- und Sprachvarianten erweitern, von dort her zunächst generelle Konnotationen benennen (z. B. *Freund, Geliebter, Typ, Spezi, Kumpel, Kamerad, Verehrer*). Anschließend individuelle, z. B. persönliche Erfahrungen mit emotiv und sozial wichtigen Begriffen wie *Mutter, Vater, Freund, Lehrer* usw. abgrenzen.

Soweit der Curriculumsvorschlag für die S I.

5.3. Wissenschaftspropädeutik und Theoriereflexion in der Sekundarstufe II

In der Sekundarstufe II nähern sich – besonders mit Einführung der Oberstufenreform und des Kurssystems – die Inhalte und Ziele des Unterrichts in Reflexion über Sprache mehr und mehr den Strukturen der entsprechenden Fachwissenschaften an – Linguistik, Kommunikationswissenschaft, Literaturwissenschaft, Medienwissenschaft. Ziel der S II ist die Einführung in Problemfelder der Wissenschaft, das forschende Lernen an fachwissenschaftlichen Theorieentwürfen, die Wissenschaftspropädeutik. Diese Tendenz wird bei den vorhandenen Unterrichtsmaterialien in zweierlei Weise deutlich:

1. Es werden Originaltexte zur Interpretation und Durcharbeitung von Seiten der S II-Schüler zusammengestellt und manchmal für den Lehrer, manchmal auch für Lehrer und Schüler gemeinsam, Begleithefte mit Hilfen, Aufgaben und Vertiefungstexten beigegeben. Beispiele solcher Materialien im Bereich Sprachwissenschaft sind z. B. D. Homberger, Texte zu Sprache und Linguistik, Klett Verlag 1974 oder „Deutsch in der Sekundarstufe II“, E. Haueis: Kurs I „Sprachwissenschaftliche Theoriebildung“, Metzler Verlag 1977, W. Ulrich, Linguistik in der Schule – Texte für den Deutschunterricht 1986 oder fast alle „Materialien für die Sekundarstufe II, Deutsch“ des Schroedel Verlags.
2. Es werden materiale, systematische Einführungen in Form der theoriegeleiteten Durcharbeitung eines Themenkomplexes gegeben, z. B. H. Hannappel, H. Melenk, „Wie meinen Sie das?“ Semantische Analyse von Gebrauchstexten, Arbeitsheft 2 der Reihe „Deutsch, Sprache“ des Pro-Schule / Vieweg Verlags 1976, D. Homberger, „Linguistische Übungsformen“, Klett Verlag 1973.

Auch im Zwischenbereich zwischen der Metakommunikation über Unterricht und der Unterrichtspraxis selbst, also in Literatur, die Unterrichtsmodelle und Unterrichtsvorschläge näher beschreibt, kann man anhand der Lernzielangaben und der didaktischen Begründungen den Trend deutlich erkennen: Themenkomplexe aus den neueren Theorien spiegeln sich didaktisch modifiziert in den Arbeiten wider, vgl. z. B. W. Hartmann, Unterrichtsbeispiele zur generativen Grammatik 1969, W. Eichler 1970/79, Strukturelle Sprachbetrachtung, H. Stalb 1971, Anregungen für

Arbeit mit der generativen Grammatik, weiter W. Klute, 1970/73 oder W. Hartmann, Semantik in S II, 1976, W. Eichler, Paraphrasen, 1976, G. Henrici 1980, W. Herrlitz 1976 u. a. m.

Ich bin mir heute nicht mehr sicher, ob dieser stark fachwissenschaftliche Trend, der sich von der Tradition des Gymnasiums her gut verstehen lässt, wirklich günstig ist. Erfahrungen lehren, dass die Materialien und anspruchsvollen Unterrichtsvorschläge in der Schule nicht gut ankommen, teils werden sie gar nicht verwendet, und die Lehrer stricken sich selbst etwas zusammen, teils werden sie in Proseminaren an der Universität verwendet.

Ich würde, schon beginnend in der späten Sekundarstufe I, überwiegend in die kulturell-soziologisch motivierte Normreflexion gehen, also auf forschendes Lernen im Bereich werblicher Kommunikation (Basis z. B. R. Römer 1968, D. Flader 1976, würde in die Behandlung geschlechtsspezifischen Sprachverhaltens (z. B. nach Trömel-Plötz 1984 oder der Jugendsprache in Abgrenzung zur Normalsprache (Henne 1993), oder in die Sprache der Printmedien (Basis z. B. Dieckmann 1982) oder die Diskussion um die Rechtschreibreform gehen: Die Motivation der jungen Menschen zu solchen sie unmittelbar angehenden Themenfeldern ist groß, das jeweilige Gebiet noch übersichtlich und forschendes Lernen auf der Basis eigener Erfahrung möglich. Und nicht zuletzt: Wir haben ja auch noch die Geschichte der deutschen Sprache, ein etabliertes Thema für ein 'anständiges' Gymnasium.

Literaturverzeichnis

Abels, Kurt et al. (Hrsg.): Sprachunterricht. Bad Heilbrunn 1978

Ader, Dorothea et al.: Sprechakte als Unterrichtsgegenstand. In: Linguistische Berichte 30, 77–84

Ader, Dorothea et al.: Didaktik und Linguistik – Zum Lernbereich Reflexion über Sprache. In: Linguistik und Didaktik 1976, H. 25, 27–37

Auer, Peter: Kontextualisierung. In: Studium Linguistik 19/1986, 22–47

Boettcher, Wolfgang / Sitta, Horst: Der andere Grammatikunterricht. München 1978

Boettcher, Wolfgang / Sitta, Horst: Grammatik in Situationen. In: Diegritz 1980, 202–227

Brinker, Kurt: Textlinguistik. München 1981

Bühler, Karl: Sprachtheorie. Leipzig 1931

Bünting, Karl-Dieter / Eichler, Wolfgang: Schulgrammatik im Deutschunterricht. In: Jahrbuch der Deutschdidaktik. Königstein i. Ts. 1978, 98–108

Bünting, Karl-Dieter / Eichler, Wolfgang: Grammatiklexikon. Frankfurt 1990

Der Deutschunterricht 1995, H. 4: Sprachliches Handeln und grammatisches Wissen

Diegritz, Theodor (Hrsg.): Diskussion Grammatikunterricht. München 1980

Diegritz, Theodor: Wohin steuert die Grammatikdidaktik? „Diskussion Grammatikunterricht" um 1980 und zu Beginn der 90er Jahre im Vergleich. In: Der Deutschunterricht 1996, H. 4, 87–95

Dieckmann, Walter: Sprache in der Politik. 3. Aufl. Berlin 1982

Dressler, Ulrich: Einführung in die Textlinguistik. München 1982

Eichler, Wolfgang: Strukturelle Sprachbetrachtung im Deutschunterricht. In: Der Deutschunterricht 1970, H. 4, 99–113. Z. T. Wiederabdruck in: Eichler 1979, 259 ff.

Eichler, Wolfgang: Zum Aufbau eines für die Schulpraxis geeigneten Grammatikmodells. In: Der Deutschunterricht 1972, H. 3, 69–97. Wiederabdruck in: Eichler 1979, 225 ff.

Eichler, Wolfgang: Sprachdidaktik Deutsch. Ein kommunikationswissenschaftliches und linguistisches Konzept. 2. Aufl. München 1979

Eichler, Wolfgang: Paraphrasen im Aufsatzunterricht der Sekundarstufe II. In: Henrici / Meyer-Herrmann 1976, 192–205

Eichler, Wolfgang: Rechtschreibung und Rechtschreibunterricht. Ein Handbuch für den Deutschlehrer. Königstein i. Ts. 1978

Eichler, Wolfgang: Reflexion über Sprache und Grammatikunterricht. In: Diegritz 1980, 22–42

Eichler, Wolfgang: Alte Inhalte neu entdecken und neue Wege finden im Grammatikunterricht der Sekundarstufe. In: Deutschunterricht (Ost) 44/1991, H. 8, 567–577

Eichler, Wolfgang: Neun Thesen zu einer pädagogisch-didaktischen Grammatik. In: Festschrift für D. C. Kochan 1995

Eichler, Wolfgang: Kulturelle Modelle in Metaphern. Ein Beitrag zum kulturwissenschaftlichen Grammatikunterricht. In: Deutschunterricht 1998, H. 3

Eichler, Wolfgang / Bünting, Karl-Dieter: Deutsche Grammatik. Form, Leistung und Gebrauch der Gegenwartssprache. 2. Aufl., Kronberg i. Ts. 1978 (1. Aufl. 1976)

Eichler, Wolfgang / Bünting, Karl-Dieter: Schulgrammatik der deutschen Gegenwartssprache. Hannover 1978

Eisenberg, Peter: Grundriß der deutschen Grammatik. Stuttgart 1986, 3. überarb. Aufl. Stuttgart, Weimar 1994

Eisenberg, Peter / Klotz, Peter (Hrsg.): Sprache gebrauchen – Sprachwissen erwerben. Stuttgart 1993

Erben, Johannes: Deutsche Grammatik. Frankfurt 1968

Erlinger, Hans Dieter: Studienbuch Grammatikunterricht. Paderborn 1988

Flader, Dieter: Strategien der Werbung. Kronberg i. Ts. 1976

Funkkolleg Sprache. Eine Einführung in die moderne Linguistik. Frankfurt 1973

Gieselbusch, H.: Deutsche Spracherziehung als Bildungsanliegen. In: Der Deutschunterricht 1951

Glinz, Hans: Die innere Form des Deutschen. Bern u. München 1952

Glinz, Hans: Sprachkritik und Verstehenstheorie in der Oberstufe des Gymnasiums. In: Glinz, Hans: Sprachwissenschaft heute. 2. Aufl., Stuttgart 1970, 89–123

Glinz, Hans: Textanalyse und Verstehenstheorie I und II. Frankfurt 1976

Glinz, Hans et al.: Deutsche Grammatik. 4 Bde., Bad Homburg 1970 ff.

Gocht, Peter: Orientierungsversuch eines Grammatikliebhabers. In: Der Deutschunterricht 1974, H. 2, 4–16. Wiederabdruck in: Abels et al. 1978, 196–208

Goffman, Erving: Forms of talk. Oxford 1984

Gordon, Hans: Lehrer-Schülerkonferenz. Reinbek 1981

Gumperz, John: Discourse strategies. Cambridge 1982

Hartig, Matthias: Sprache und Sprechen. Grundsätzliche Überlegungen zu einem sprachpädagogischen Konzept. In: Muttersprache 1976, 397–406

Hartig, Matthias: Sprachsoziologische Perspektiven der Sprachbetrachtung im Deutschunterricht. In: Diegritz 1980, 148–173

Hartmann, Wilfried: Zur Arbeit mit der generativen Grammatik im Deutschunterricht. In: Wirkendes Wort 1969, H. 5, 289–310

Hartmann, Wilfried: Grammatik im Deutschunterricht. Didaktische Überlegungen auf generativer Grundlage. Paderborn 1975

Hartmann, Wilfried: Semantik als Rahmen linguistischer Kurse im Deutschunterricht. In: Henrici / Meyer-Herrmann 1976, 112–130

Heinemann, Wolfgang / Viehweger, Dieter: Textlinguistik. Eine Einführung. Tübingen 1991

Helbig, Heinz / Buscha, Horst: Deutsche Grammatik für den Unterricht mit Ausländern. Berlin (Ost) 1982

Henrici, Gert / Meyer-Herrmann, Reinhard (Hrsg.): Linguistik und Sprachunterricht. Paderborn 1976

Henrici, Gert: Didaktik und Sprachhandlungstheorie. In: Meyer-Herrmann, Reinhard (Hrsg.): Sprechen, Handeln, Interaktion. Tübingen 1978, 243–273

Henrici, Gert: Zu einigen ungelösten Problemen des Sprach- und Grammatikunterrichts. In: Diegritz 1980, 228–253

Heringer, Hans-Jürgen: Zur Analyse von Sätzen auf der Unterstufe. In: Linguistik und Didaktik 1970, H. 1, 2–28

Heringer, Hans Jürgen: Lesen lehren lernen: Eine rezeptive Grammatik des Deutschen. Tübingen 1989

Herrlitz, Wolfgang: Thesen zu einem Curriculum Leistungskurs Sprache in der Sekundarstufe II. In: Henrici / Meyer-Herrmann 1976, 31–45

Heuser, Magdalene (Hrsg.): Frauen, Sprache, Literatur. Paderborn 1982

Hildebrand, Rudolf: Vom deutschen Sprachunterricht. Erstausgabe 1867 (Neuausgabe, Bad Heilbrunn 1962)

Ivo, Hubert: Grammatik tut not, Warum? In: Diskussion Deutsch 1988, H. 103, 484–506

Ivo, Hubert / Neuland, Eva: Grammatisches Wissen – Skizze einer empirischen Untersuchung. In: Diskussion Deutsch 1991, H. 119, 437–485

Kern, Peter Chr.: Institutionelle Sprachhandlungen. Möglichkeiten einer funktionalen Sprachbetrachtung auf der Mittelstufe. In: Der Deutschunterricht 1977, H. 1, 74–90

Klute, Wilfried: Linguistische Akzentuierung des Deutschunterrichts in der Oberstufe. In: Der Deutschunterricht 1970, H. 6, 94–111. Wiederabdruck in: Rötzer, Hans Gerd (Hrsg.): Zur Didaktik der deutschen Grammatik. Darmstadt 1973, 460–483

Köller, Wilhelm: Funktionaler Grammatikunterricht. Tempus, Genus, Modus: Wozu wurde das erfunden ? 1. Aufl., Hannover 1983. Neuausgabe Baltmannsweiler 1997

Kühlwein, Wolfgang: Artikel Sprachdidaktik. In: Funkkolleg Sprache. Frankfurt 1974

Lesch, Hans-Wolfgang: Grammatikunterricht – Legitimationsprobleme und neue Ansätze. Hannover 1978

Maas, Utz: Wider einen Sprachunterricht des schlechten Gewissens. In: Diegritz 1980, 174–201

Maas, Utz / Wunderlich, Dieter: Pragmatik und Sprachliches Handeln. Frankfurt 1972

Menzel, Wolfgang (Hrsg.): Grammatik: Praxis und Hintergründe. Sonderheft der Zeitschrift Praxis Deutsch

Neuland, Eva: Sprachbewußtsein und Sprachreflexion. In: Der Deutschunterricht 1992, H. 4, 3–14

Pauly, Peter: Integrativer Sprachunterricht. Grundzüge einer didaktischen Grammatik. Heidelberg 1975

Praxis Deutsch 1995, H. 129: Grammatik-Werkstatt

Rank, Bernhard: Wege zur Grammatik und zum Erzählen. Grundlagen einer spracherwerbsorientierten Deutschdidaktik. Baltmannsweiler 1995

Riehme, Joachim: Grammatik und Orthographie. Berlin (Ost) 1986

Römer, Ruth: Die Sprache der Anzeigenwerbung. Düsseldorf 1968

Rothschild, Theodor: Linguistik in der Schule. In: Sprache im technischen Zeitalter 1970, 33–44

Schmidt, Wilhelm u. a.: Funktional-kommunikative Sprachbeschreibung. Leipzig 1981

Schulz v. Thun, Friedemann: Miteinander reden. 2 Bde. Reinbek 1983 u.ö.

Sieber, Peter / Sitta, Horst: Sprachreflexion in der Öffentlichkeit. In: Der Deutschunterricht 1992, H. 4, 63–83

Sowinski, Bernhard: Deutsche Stilistik. Kronberg 1972

Stalb, Heinrich: Versuche und Anregungen für die Arbeit mit der generativen Grammatik auf der Oberstufe. In: Linguistik und Didaktik 1971, H. 5, 1–23

Trömel-Plötz, Senta: Gewalt durch Sprache. Frankfurt 1984

Ulrich, Winfried: Systematische Wortschatzarbeit im muttersprachlichen Deutschunterricht. In: Deutschunterricht (Ost) 1992, H. 45, 526–535

Viehweger, Joachim: Einführung in die Textlinguistik. Berlin 1983

Watzlawick, Paul et al.: Menschliche Kommunikation. Formen – Störungen – Paradoxien. Bern u. Stuttgart 1971

Weisgerber, Leo: Von den Kräften der deutschen Sprache. Düsseldorf 1950

Wunderlich, Dieter: Lernziel Kommunikation. In: Diskussion Deutsch 1975, H. 23, 263–277

Bücher für die Hand des Schülers

CVK-Sprachbuch. Cornelsen-Velhagen u. Klasing Verlag. Berlin 1979ff.

Der Sprachfuchs (Grundschule). Klett-Verlag. Stuttgart 1983ff.

Deutscher Sprachspiegel. Schwann Verlag. Düsseldorf 1966ff.

Deutsch in der Sekundarstufe II, Kurs I, Sprachwissenschaftliche Theoriebildung. Bearbeitet von E. Haueis. Stuttgart 1977

Grammatik – kurz gefaßt. Von E. Schlutz. Stuttgart 1984

Grammatische Übungen I, II, III (Sekundarbereich I). Schroedel Verlag. Hannover

Linguistik in der Schule. Texte für den Deutschunterricht. Von W. Ulrich. Frankfurt 1986

Linguistische Übungsformen. Von D. Homberger. Stuttgart 1973

Materialien für die Sekundarstufe II, Deutsch. Schroedel Verlag. Hannover 1972ff.

Mein neues Sprachbuch. Schroedel Verlag. Hannover 1972ff., Neuauflage Mein Sprachbuch 1983ff.

Mittendrin (Sekundarbereich I). Klett Verlag. Stuttgart 1993ff.

Sprachbuch V ff. Klett Verlag. Stuttgart 1970ff.

Sprachbuch für die Grundschule. Diesterweg Verlag. Frankfurt 1974ff.

Sprache und Sprechen. Schroedel Verlag. Hannover 1971ff., Neuauflage 1979ff.

Sprachleiter (Sprachbuch für Grundschulen). Kamp Verlag. Bochum 1993ff.

Sprachschlüssel (Sekundarbereich I). Klett Verlag. Stuttgart 1983ff.

Welt der Sprache (Sekundarbereich I). Schroedel Verlag. Hannover 1989ff.

Sprachübungsbuch Deutsch (Sekundarbereich I). Kamp Verlag. Bochum 1990ff.

Unsere Welt in unserer Sprache. Ausgabe Grundschule. Bayrischer Schulbuchverlag. 2. Aufl., München 1970ff.

Texte zu Sprache und Literatur. Bearb. von D. Homberger u. W. Woywod. Stuttgart 1974

Wege zur Sprache (Gymnasium). Schroedel Verlag. Hannover 1984ff.

Wie meinen Sie das?. Semantische Analysen von Gebrauchstexten. Von H. Hannappel u. H. Melenk. Düsseldorf 1976

GABRIELE HINNEY UND WOLFGANG MENZEL

Didaktik des Rechtschreibens

1. Zur Ausgangssituation

1.1. Trendwende

Rechtschreibunterricht wird noch immer von vielen Lehrenden und Lernenden assoziiert mit Einprägen und Üben, mit Diktat, Zensur und Korrigieren. Andererseits können wir feststellen, dass weite Teile der Lehrerschaft und auch der Öffentlichkeit mit einer bloß instruktiv verfahrenden Schule nicht mehr zufrieden sind. In einer sich schnell verändernden Welt werden Unterrichtskonzeptionen gefordert, in denen selbstbestimmtes und selbsttätiges Lernen im Mittelpunkt stehen, damit sich Kinder und Jugendliche in ihrer gegenwärtigen Entwicklungsphase, aber auch in ihrem späteren Erwachsenendasein selbständig und eigenverantwortlich zurechtfinden. Das pädagogische Schlagwort „das Lernen zu lernen“ signalisiert mittlerweile eine didaktische Trendwende, die sich durch offene Lernformen wie Freiarbeit, Wochenarbeitsplan, operative und handlungsorientierte Verfahren, induktive Methoden und Projektarbeit charakterisieren lässt.

Unterrichtsprinzipien wie Lernerorientierung und selbstbestimmtes Lernen treten zwar schon in den Lehrplänen der siebziger Jahre auf, sie sind allerdings im Unterrichtsalltag nur ansatzweise realisiert worden. Dafür gibt es viele Gründe. Einer liegt sicherlich darin, dass lernpsychologische Begründungen dafür nicht vorlagen. Heute kann sich eine Absicherung dieser Prinzipien auf die Grundlage kognitiver Überlegungen zum Lernen berufen (Mandl und Friedrich 1992; Mandl et al. 1993). Während man früher das Lernen vornehmlich als Fortschreiten auf sachstrukturell bestimmte Lernziele hin definierte, stellt man heute im Rahmen des kognitiven Lernparadigmas die Eigenaktivität des Lerners beim Wissenserwerb in den Mittelpunkt aller didaktischer Bemühungen.

Wenn es zutrifft, dass es kein Wissen gibt, das man den SchülerInnen „einfach geben kann“, dann sind wir als Lehrende gehalten, unseren Blick zu schärfen für die *Lernprozesse* und *tatsächlichen Lernentwicklungen*, für die *Vielfalt* und *Verschiedenheit*, mit der Lernende mit schulischen Aufgaben umgehen. Dabei sind gleichermaßen emotionale, soziale und kognitive Eigenleistungen jedes einzelnen Kindes zu berücksichtigen.

Dieser Wechsel von *der Lehr- zur Lernerperspektive* im Zeichen der kognitiven Wende lässt sich ebenfalls in den Annahmen zum Schriftsprachlernprozess aufzeigen. Lese- und Schreibprozesse (einschließlich Rechtschreibprozesse) sind nicht vorwiegend ein methodisch-technisches Problem, sondern eingebettet in die gesamte kognitive und soziale Entwicklung des Menschen.[1] Schrift (eingeschlossen die

[1] Vgl. hierzu die Jahrbücher der DGLS: Brügelmann 1986, Balhorn und Brügelmann 1987, Balhorn 1989, Brügelmann und Balhorn 1990, Balhorn und Brügelmann 1993, Brügelmann 1994, Brügelmann et al. 1995, Balhorn und Niemann 1997.

Rechtschreibung) eignet man sich vorrangig auf kognitiven Wegen an. Und damit werden die kognitiven Möglichkeiten potenziert, d.h. mit der Schrift erwirbt das Kind eine qualitativ neue Stufe der Sprach- und Denkentwicklung. Nach allem, was wir heute über den Zugang des Kindes zur Schrift wissen, bedeutet Schreibenlernen einen wichtigen Schritt in durch Schrift bestimmte Kultur (vgl. Günther 1993). Schreiben beansprucht das Kind in umfassender Weise. Rechtschreiben als integraler Bestandteil des Schriftspracherwerbs ist somit immer mehr als der Erwerb einer Kulturtechnik, nie eine mechanische Anwendung einer bloßen Laut-Buchstaben-Zuordnung, nicht eine bloße Speicherung von Wortschemata, sondern immer Ausdruck des Gedachten. Dies gilt sowohl für die eigentlichen Inhalte als auch für das sprachliche Wissen.

Deswegen müssen Unterrichtsangebote zur Schriftaneignung nicht so sehr ihr Augenmerk auf die Schreib*produkte* richten, sondern Verfahren zeigen, die es den Kindern ermöglichen, Lesen und Schreiben als geistige *Prozesse* zu erfahren. Dabei kommt der Rechtschreibdidaktik die Aufgabe zu darzustellen, wie Kinder grundlegende Einsichten in die rechtschreiblichen Zusammenhänge gewinnen können.

Traditionell ist Rechtschreibunterricht der Inbegriff von Üben. Einen Grund dafür kann man wohl darin sehen, dass lange Zeit die Rechtschreibung als unsystematisch und verwirrend, ja, als „wie wir alle wissen – unlernbar" (Balhorn 1974, S. 330) eingeschätzt wurde. Inzwischen wissen wir, dass sich die Orthographie des Deutschen als viel systematischer herausgestellt hat, als weithin angenommen wurde. Systematisierbarkeit, d.h. Geordnetheit, bedeutet immer auch Verstehbarkeit und – im Sinne des kognitiven Ansatzes – Lernbarkeit.

Dennoch müssen wir zum gegenwärtigen Zeitpunkt feststellen, dass wir immer noch nicht genau wissen, wie Menschen (recht-) schreiben lernen. Auch zum gegenwärtigen Zeitpunkt lässt sich, trotz der Vielzahl von Veröffentlichungen zum RU keine theoretisch fundierte Gesamkonzeption einer Rechtschreibdidaktik vorlegen. Nach wie vor gilt, dass sich die zu erörternden didaktischen Bausteine nicht zu einem großen Wurf eines Erfolgsrezepts zusammenfügen lassen (vgl. Adrion 1984). Den Königsweg kann und wird es vermutlich auch nicht geben, da wir nie genau vorhersagen können, was in der konkreten Lernsituation selbst geschieht. Die Annahme, es gäbe den „richtigen oder besten Zugang zur Schrift", die in einer Reihe von Rechtschreibmaterialien verkündet wird, lässt sich durch die jüngsten Ergebnisse der Schriftspracherwerbsforschung sehr gut widerlegen (vgl. dazu Marx 1997). Die Befunde zum Schriftsprachlernprozess deuten darauf hin, „dass jedes einzelne Kind seinen ‘eigenen Weg' beim Erlernen der Schriftsprache finden muss, wobei es die didaktischen Hilfen der jeweiligen Lehrmethode ausnutzen kann, aber nicht muss" (Marx 1985, zit. n. Marx 1997, S. 86). Ebenso können Kinder „offensichtlich durch Ausbildung und Heranziehen eigener Lernstrategien Schwächen im Aufbau der jeweiligen Lehrmethode kompensieren" (ebd.).

Gleichwohl sollte diese für eine Didaktik ernüchternde Feststellung uns aber nicht dazu veranlassen, rechtschreibdidaktischen Entscheidungen keine Bedeutung mehr beizumessen. Die Qualität des Unterrichts wird immer in einem hohen Maß davon abhängen, wie es der Lehrerin oder dem Lehrer gelingt, die individuellen Lernvoraussetzungen der SchülerInnen zu berücksichtigen. Unterrichten wird damit selbst zu einer komplexen Problemlösungsaufgabe, für deren Bewältigung das aktuelle Wissen um den Gegenstand der Orthographie und ihrer Vermittlung und Aneignung eine notwendige Voraussetzung ist. Da die Vermittlung der Rechtschreibung in der Vergangenheit im wesentlichen ergebnisorientiert war, – sie also eher ein *Modell der Sprachtätigkeit für Schriftkundige* war, wollen wir zeigen, welche Gesichtspunkte berücksichtigt werden müssen, um *Lernprozesse* beim Rechtschreiben angemessen beobachten und begleiten zu können.

Diese Entscheidung für eine prozessorientierte Rechtschreibdidaktik führt uns dazu, Common-sense-Annahmen zum Rechtschreiberwerb auf ihre gesetzten Voraussetzungen hin zu überprüfen, um altbewährte Grundsätze evtl. durch neuere Erkenntnisse zu revidieren oder zu erweitern. Es geht uns vor allem darum zu zeigen, dass für denjenigen, der Rechtschreiben unterrichten will, bloßes orthographisches Können und Anstreichen von Fehlern nicht ausreicht. Rechtschreiben als integraler Bestandteil des Schriftspracherwerbs erfordert Toleranz und Verständnis orthographischen Fehlern gegenüber. Diese Haltung hat wiederum sehr viel mit dem Wissen um die Schrift zu tun. Damit Rechtschreiben seinen Ruf als „Schulkreuz", als „heimliches Hauptfach" und „gesellschaftlicher Zwang" verliert, müssen LehrerInnen die Bedeutung des Rechtschreibens für die Schriftsprachkompetenz realistisch einschätzen können, und sie brauchen Einblick in die strukturellen orthographischen Gesetzmäßigkeiten der Orthographie mit ihren möglichen Aneignungsformen. Darüber hinaus müssen Lehrende über didaktisch-methodische Handlungskompetenz den SchülerInnen diagnostische Rückmeldungen und ermutigende Hilfestellungen geben können.

Natürlich kann ein Beitrag wie dieser die angesprochenen Bereiche nicht umfassend darstellen. Die hier aufgezeigten Aspekte haben nur exemplarischen Charakter. Sie sollen vor allem Interesse an einem Lernfach wecken, das sich – gemeinsam mit den Kindern – zu entdecken lohnt.

1.2. Vom Sinn der Rechtschreibung Oder: Warum wir die einheitliche Schreibung brauchen

Seit 1902 ist unsere deutsche Orthographie, die „richtige Schreibung", in einem amtlichen Regelwerk (mit einem Regelteil und einem Wörterverzeichnis) schriftlich fixiert, d. h. kodifiziert (vgl. zur Geschichte unserer Rechtschreibung Mentrup 1993; Gallmann und Sitta 1996, S. 15–21). Veränderungen in der Kodifizierung gab es jeweils durch die Vorlage einer überarbeiteten Fassung des Dudens – und heute durch das Regelwerk im Rahmen der Rechtschreibreform (vgl. Deutsche Rechtschreibung. Regeln und Wörterverzeichnis 1996). Das amtliche Regelwerk, als sogenannte explizite [2] kodifizierte Norm, regelt die Rechtschreibung innerhalb derjenigen Institutionen (Schule, Verwaltung), für die der Staat Regelkompetenzen hat. Außerhalb dieses Bereichs kann jeder schreiben, wie er will. Und doch geschieht dies

[2] Mit explizit ist gemeint, dass die Regeln bekannt sind. Jeder, der normgerecht schreiben will, kann explizit erfahren, welchen Regeln er zu folgen hat (Eisenberg et al. 1994, S. 16).

selten. Auf Grund der Schlüsselqualifikation schriftsprachlicher Bildung in unserer Gesellschaft besteht allgemeiner Konsens darüber, dass wir nicht nur schreiben, sondern auch richtig schreiben können. Dabei wird dem fehlerlosen Schreiben sowohl in der Öffentlichkeit als auch in der Schule eine besonders hohe Bedeutung beigemessen. Nach Eisenberg hat der hohe gesellschaftliche Stellenwert der Orthographie zwei Seiten, die man unbedingt auseinander halten sollte, selbst wenn sie nicht immer leicht zu trennen sind (vgl. Eisenberg et al. 1994, S. 14f.; Eisenberg und Butt 1996, S. 4).

Einerseits geht es um die Rolle des orthographisch korrekten Schreibens als sogenannter Sekundärtugend. Da wir „unsere Muttersprache mit dem Lesen und besonders dem Schreiben in gewisser Weise noch einmal und in anderer Weise neu lernen, ist der Schriftspracherwerb in der Biographie jedes Einzelnen ein wichtiger Einschnitt, verbunden mit einer erheblichen Erweiterung des Horizonts, aber auch mit Misserfolgen und Ängsten. Wer das Schreiben und die Orthographie meistert, gewinnt ein neues Verhältnis zu seiner Sprache und den Möglichkeiten, die sie bietet". (Ebd.) Auf diesem Hintergrund wird deutlich, dass sich die Wertschätzung der eigenen Sprache auf das engste mit den geltenden orthographischen Normen verknüpft. Das geschriebene Wort ist in seiner festgelegten Form Bestandteil eines Kulturguts, das es zu bewahren gilt. Auf Grund der nationalen Identifikation mit der geschriebenen Sprache nehmen wir Verstöße gegen orthographische Normen beinah schmerzhaft wahr und belegen sie mit Sanktionen. Dies kann dazu führen, dass man die, die nicht richtig schreiben, als undiszipliniert und nicht gebildet einschätzt. Das gilt auch, obwohl kein Schreiber der deutschen Sprache die Orthographie vollendet beherrscht und in allen Zweifelsfällen zwischen richtig und falsch unterscheiden könnte. Viele von uns haben unter großen Mühen und auf langen Lernwegen die deutsche Rechtschreibung gelernt, und womöglich sind es gerade diese überwundenen Mühen, die dazu führen, dass wir die Rechtschreibung so hoch bewerten. Sprüche wie „Wer nämlich mit h schreibt ist dämlich" sind weit mehr als Merksätze, „sie verraten viel über tief sitzende Einstellungen und Wertungen" (Gallmann und Sitta 1996, S. 23).

Auf der anderen Seite soll uns der häufig zu beobachtende unangemessene Umgang mit der Orthographie – insbesondere in Deutschland – nicht dazu verleiten, die richtige Schreibung als unwichtig einzustufen. Sie ist grundsätzlich sinnvoll, weil „die sprachliche Einheitlichkeit mehr durch das geschriebene als durch das gesprochene Deutsch gesichert ist" (Eisenberg und Butt 1996, S. 4). Wie die Schriftlichkeitsforschung belegt, gab es schon um die Mitte des 18. Jahrhunderts größere Gruppen von Schreibern, die fast genauso geschrieben haben wie wir heute. Die zunehmende Vereinheitlichung der Schrift vollzog sich im wesentlichen ohne staatliche Normierung durch den Sprachgebrauch, weil sie für die unbeeinträchtigte Erfassung geschriebener Texte funktional war. Deswegen ist jedes Laissez-faire gegenüber der richtigen Schreibung ebenso vom Übel wie Rigidität oder falsche Einschätzung. Richtiges Schreiben ist vor allem Verantwortung gegenüber dem Leser. Und da wir alle viel hundertmal mehr lesen als schreiben, sind Schreibende aufgerufen, ihrer Verantwortung nachzukommen, auch wenn die Orthographie (vermutlich eine jede auf der

Welt) für Verschriftungsprozesse ungleich schwieriger ist als für Leseprozesse. Dabei gibt es im europäischen Schriftraum mit seinen Buchstabenschriften Orthographien, die sowohl für das Schreiben und Lesen weniger problematisch sind (wie die finnische und die italienische), und solche, die für beides sehr viel problematischer sind als die deutsche (wie etwa die englische). Vielleicht ist auch das ein Grund dafür, dass man Normverstöße im Englischen etwas gelassener hinnimmt als im Deutschen und dass dort die gesellschaftliche Bedeutung der Orthographie geringer ist als bei uns. Etwas mehr Toleranz gegenüber Normverstößen stünde auch uns Deutschen gut an. Im Übrigen hat sich für das Englische die viel größere Kompliziertheit seiner Orthographie bisher nicht als Hindernis erwiesen, Weltsprache zu werden und zu bleiben.

Die Rechtschreibung darf somit nicht hochstilisiert werden zum wichtigsten Sprachkulturgut an sich; auch ist es, wie Fritzsche richtig herausgestellt hat (Fritzsche 1983, S. 600), unangemessen, orthographische Korrektheit mit Verständlichkeit zu begründen oder gar gleichzusetzen. Die Debatten über die Rechtschreibreform haben gezeigt, dass selbst Wissenschaftler, Journalisten und Schriftsteller den Stellenwert der Orthographie heillos überschätzen, wenn sie ihr die Fähigkeit unterstellen, auf Stil, Informationskraft und Poesie der Sprache einzuwirken. Veränderungen, wie sie die Reform zur Folge hat, können zwar vorübergehend Leser durchaus irritieren, genauso wie einige orthographische Fehler es vermögen, einem sonst ansprechenden Text den Stempel von Unzulänglichkeit aufzudrücken; wir sollten aber daraus nicht schließen, dass ein Text deswegen an kommunikativer Kraft einbüßt. Orthographie und Sprache darf man nicht verwechseln, und keinesfalls darf man der Orthographie unterstellen, was sie nicht kann. Die Veränderungen, wie sie etwa ein Text Johann Peter Hebels nach der Reform um die Jahrhundertwende durchgemacht hat (von rund 800 Wörtern wurden damals 40 anders geschrieben, von *Armuth* über *Erkenntniß, gieng, nemlich, Todtenkleid* bis *zwey)*, waren ungleich auffälliger als die der heutigen Rechtschreibreform (nach der nur weitere 11 Veränderungen vorgenommen werden müssen). An Witz und Poesie hatte der Text damals nicht das Geringste eingebüßt – und wird es auch nach der diesmaligen viel unauffälligeren Reform nicht.

Zusammenfassend lässt sich feststellen: Texte dürfen nicht rückverweisen auf Probleme des Schreibenden. Der Leser wird es in aller Regel als einen solchen störenden Rückverweis empfinden und von der Sinnentnahme im Text abgelenkt werden, wenn der Text sehr fehlerhaft ist. So betrachtet ist für alles Lesen das richtige Schreiben eine notwendige Hilfe. In der Orientierung an den Bedürfnissen des Lesers liegt somit der Schlüssel zum Verständnis der Orthographie und ihrer Bedeutung.

1.3. Wer ist ein „guter Rechtschreiber"?

Im Alltagsverständnis ist der „gute Rechtschreiber" fähig, möglichst viele verschiedene Wörter in zusammenhängenden Texten richtig zu schreiben. Wie Menzel (1985, S. 4ff.) ausgeführt hat, muss bei der Einschätzung der Rechtschreibfähigkeit eines Schreibenden jedoch immer sein aktiver Schreibwortschatz berücksichtigt werden.

Die Rechtschreibleistungen können somit nie von der gesamten Sprach- bzw. Schreibkompetenz losgelöst gesehen werden. Diese kann man aber aus Diktaten und Tests niemals ermitteln, weswegen Diktatleistungen auch unzureichende Indikatoren für die Rechtschreibleistung darstellen. Außerdem ist eine rein quantitative Fehlerbetrachtung sehr *ergebnisorientiert*, d. h. die Frage, was gelernt werden muss, damit die Rechtschreibung zur Grundlage einer möglichst reibungslosen schriftlichen Kommunikation wird, bleibt unberücksichtigt.

Um den guten Rechtschreiber zu definieren, muss man gewichten, wie Eisenberg et al. es vorschlagen, „zwischen *elementaren* und *marginalen Fehlschreibungen*" (1994, S. 15). Es zeichnet den versierten Rechtschreiber *nicht die bloße Verfügbarkeit* über die Schreibung möglichst vieler Wörter aus, auch nicht die „Beherrschung aller Rechtschreibregeln, sondern *ein Verständnis der Prinzipien der Schreibung*" (ebd.). Der gute Rechtschreiber „hat" also nicht bloß die Wörter, sondern *er versteht die Schriftstrukturen und kann sie anwenden,* er vermag *Transferleistungen* zu erbringen, sodass er auch die Schreibung nie zuvor geschriebener Wörter herzuleiten versteht. Im günstigsten Falle weiß er, dass in *Span, Sporen* oder *Spule,* auch wenn er diese Wörter vorher nie geschrieben hat, kein Dehnungs-h gesetzt wird, da ein betonter Langvokal vor l, m, n, r – aber nach einer Konsonantenbuchstabenverbindung wie sp am Anfangsrand niemals durch Dehnungs-h gekennzeichnet wird. Der gute Rechtschreiber kennt also eine orthographische Regularität und kann sie anwenden und ist nicht auf bloße Analogiebildung (etwa: * *Spahn* wie *Bahn, Hahn, Kahn* oder *Wahn*) angewiesen, die ja zu einer missglückten Schreibung führen kann. Zumindest kann er Zweifel aktivieren, die ihn zum Fragen und Nachschlagen motivieren (mit oder ohne *h*?). So betrachtet ist der gute Rechtschreiber zumindest auch ein aufmerksamer Zweifler, der sich Schreibalternativen vorstellen kann und über metasprachliches Wissen verfügt. Nur wer Einblick in die Bauweise der Schrift hat, kann Fragen stellen und damit lernen, den Aneignungsprozess der Schrift selbsttätig zu kontrollieren! Unsere Alltagserfahrung von Unterricht belegt immer wieder, dass diejenigen SchülerInnen, die aus dem Wörterbuch eine zusätzliche Hilfe gewinnen können, eigentlich schon den Grad an Schriftkundigkeit erreicht haben, von dem aus sie selbständig an ihren Problemen weiterarbeiten können. Dies gelingt dem Rechtschreiber mit besonderen Rechtschreibschwierigkeiten nur selten. Das wiederum legt uns nahe, dass wir, wenn wir im Unterricht den kompetenten Rechtschreiber ausbilden wollen, ihn nicht schlichtweg mit möglichst vielen Wörtern „vollstopfen" dürfen, sondern ihm rechtschreibstrategische Hilfen bieten müssen, durch die er die orthographischen Strukturen verstehen und anwenden kann. Dabei müssen dann Zweifel und Fragen zu berechtigten Schreibvarianten zunächst ebenso für die Leistungsbewertung honoriert werden wie orthographisch korrekte Schreibungen. Wird Rechtschreibung erst einmal zu einem Teilbereich der gesamten Sprachförderung und nicht zu einer von der Sprache abgehobenen Ordnungseinrichtung, an die man sich ohne Einsicht anzupassen hat, dann wird vermutlich auch die Bereitschaft bei den SchülerInnen zunehmen, ihre Texte auf orthographische Korrektheit hin zu überprüfen (vgl. hierzu die Ergebnisse der aktuellen schreibdidaktischen Forschung in Feilke und Portmann 1996).

Wir würden somit diejenigen SchülerInnen in die Gruppe der guten Rechtschreiber einstufen, die – entsprechend ihrer Altersstufe – die Baumuster der Schrift verstanden haben, dieses metasprachliche Wissen durch weitere Übung und Überarbeitung an Texten anwenden und die selbständig an ihren Problembereichen weiterarbeiten. Wir wissen heute, dass der kompetente Lerner, der *„expert learner"*, in der Lage ist, den eigenen Lernprozess zu beobachten und sein Vorgehen bei auftretenden Schwierigkeiten zu korrigieren (vgl. Baumert 1993, S. 328). In eine griffige Formel gebracht bedeutet das: Lernen – auch Rechtschreiblernen – ist ein dynamisches Zusammenwirken von „skill and will" (ebd. S. 328).

2. Was wissen wir heute über den Gegenstand der Orthographie und seiner Aneignung?

2.1. Standortbestimmung

Obwohl die Kenntnis der Sache unbedingte Voraussetzung für jedes Unterrichtsfach ist, lassen viele Handreichungen zum RU eine angemessene linguistische Fundierung vermissen. Was man unter Orthographie zu verstehen hat, ist scheinbar jeder Lehrerin und jedem Lehrer auf Grund der altbewährten Duden-Rechtschreibung bekannt. Somit reduziert sich der Rechtschreibunterricht häufig nur noch auf methodische Fragen. Dabei ist Orthographie als wissenschaftlicher Gegenstand kompliziert und komplex und erst spät von der Sprachwissenschaft entdeckt worden.

Es soll an dieser Stelle darauf hingewiesen werden, dass Beobachtungen, große Teile der Lernenden erlernten die sprachlichen Zusammenhänge der Rechtschreibung auf eher intuitiven Wegen, kein Grund dafür sein dürfen, das aktuelle Wissen um die strukturellen Zusammenhänge der Orthographie Lehrenden vorzuenthalten.

Über Jahrhunderte hinweg galt der Rechtschreiberwerb eher als ein *pädagogisches* Problem, wobei die Grundsätze zum Rechtschreiberwerb durch den Topus „Schreibe, wie du sprichst" oder „Sprich, wie du schreibst" bestimmt waren. Wir wissen heute, dass dieses Paradigma der bloßen Mündlichkeit, das noch heute nicht selten die didaktische Theorie und die Materialien zum Rechtschreibunterricht bestimmt, für die Rechtschreibaneignung nicht ausreicht (vgl. Friedrich 1996).

Als Menzel 1978 auf die Bedeutung der Linguistik für den Rechtschreibunterricht mit den Sätzen aufmerksam machte: „Die linguistischen Grundlagen der Orthographie – die eine Größe im Bezugssystem einer Didaktik – sind zwar heute erforscht, sind aber noch immer nicht hinreichend bekannt", hatte man gerade angefangen, die Fragen der Orthographie durch Forschungsarbeiten in einem größeren sprachtheoretischen Zusammenhang zu sehen. Inzwischen scheint das „linguistische Defizit" (Friedrich 1996) behoben, da „gegenstandsadäquate linguistische Grundlagen" (ebd.) für den Rechtschreiberwerb durch systematische Untersuchungen im Rahmen des graphematischen [3] Ansatzes bereitgestellt wurden (vgl. Eisenberg und

[3] Neben der Phonologie als der Lehre von der Lautstruktur gibt es eine Graphematik als Lehre von der Schriftstruktur.

Günther 1989 u.a.; Maas 1989). Dabei sind viele wichtige Ergebnisse erzielt worden. Als ein solches Ergebnis kann die Einsicht bewertet werden, dass es derzeit nicht realistisch ist, einen Erklärungsansatz für die Sachstruktur der Orthographie vorzulegen. Betrachtet man die Ergebnisse der Schriftlichkeitsforschung, so lassen sich zum gegenwärtigen Zeitpunkt, grob gesehen, zwei orthographietheoretische Ansätze aufzeigen:

- Die Dependenzthese: Orthographie ist die Wiedergabe des Gesprochenen und damit ein dependentes sekundäres Zeichensystem zum primären Zeichensystem des Gesprochenen. Meist verbindet sich mit dieser Position das Ideal einer Alphabetschrift, dass jedem Laut genau ein Buchstabe entspräche und umgekehrt. Diese These bestimmte maßgeblich die Orthographie als explizite kodifizierte Norm, d.h. *die Beschreibungsmuster der amtlichen Orthographieregeln* als Grundlage der herkömmlichen Rechtschreibdidaktik:

  > Laute können durch Buchstaben wiedergegeben werden, und umgekehrt können Buchstaben in Laute umgesetzt werden. Man spricht hier vom *Lautprinzip* der Schreibung. Im Idealfall entspricht dabei einem Laut (oder einer Lautverbindung) genau ein Buchstabe (oder genau eine Buchstabenverbindung). Dieses Prinzip ist nun – wie wir wissen – im Deutschen nicht konsequent durchgehalten. (...). Das hängt damit zusammen, daß unsere Schreibung sich historisch entwickelt hat und nicht zu einem bestimmten Zeitpunkt „von oben her" systematisch geregelt worden ist. Bei der Arbeit an der Weiterentwicklung der deutschen Rechtschreibung ist man besonders in diesem Bereich auf eine Reihe von Problemen gestoßen. Sie haben ihren Grund darin, daß eine konsequente und systematische Durchsetzung des Lautprinzips theoretisch zwar durchaus möglich wäre und auch eine erhebliche Vereinfachung vor allem bei der *Erlernung* der deutschen Rechtschreibung mit sich bringen würde. Der Preis dafür bestünde aber in erheblichen Eingriffen in das vertraute Schriftbild. Dazu scheint die Öffentlichkeit nicht bereit (Gallmann und Sitta 1992, S. 12).

- Die *Interdependenzthese* im Rahmen des graphematischen Ansatzes: [4] Orthographie als Schriftsystem ist integraler Bestandteil der Grammatik des Deutschen, sodass das Schriftsystem der Lautsprache gegenüber nicht einfach sekundär ist. Beide, Lautsprache und Schrift, entwickeln sich gemeinsam und nach vergleichbaren Gesetzmäßigkeiten. Orthographie, die sprachlich richtige Schreibung, ist somit nicht das Ergebnis bewusster Festlegungen „von oben her", nicht das Werk von Grammatikern, sondern hat sich durch den Sprachgebrauch herausgebildet. Dabei erhält die Annahme, dass der Schlüssel zum Verständnis der Orthographie in der Orientierung an den Bedürfnissen des Lesers liege, noch einmal eine besondere Unterstützung.

  > Die Schreibung des Deutschen ist das Ergebnis einer jahrhundertelangen Entwicklung, die im wesentlichen durch den Sprachgebrauch bestimmt wurde. Der Einfluß von Grammatikern, Literaten und Sprachpflegern wird bis heute meist überschätzt. Das Ergebnis der Entwicklung ist ein graphematisches System, das Bestandteil der deutschen Sprache ist. Der Sprachwissenschaft kommt die Aufgabe zu, dieses System zu erforschen und zu beschreiben, genau so, wie sie etwa das phonologische und das syntaktische beschreibt (Eisenberg 1993, zit. n. Zabel 1996, S. 152).
  >
  > Geht man etwa von der Sprachverwendung aus, so ist von Bedeutung, daß weitaus mehr gelesen als geschrieben wird. Eine Literalität, wie sie in unserer Gesellschaft vorausgesetzt

[4] Wir beziehen uns hierbei auf die Ausführungen Eisenbergs, weil sein Ansatz Eingang in die Duden-Grammatik gefunden hat (vgl. Eisenberg 1995).

> wird, ist nicht neutral gegenüber Lesen und Schreiben (...). Wer nicht lesen kann, findet weitaus größere gesellschaftliche Bereiche verschlossen als der, der nicht schreiben kann. Schreiben ohne Lesen gibt es nicht, Lesen ohne Schreiben sehr wohl. Lesen ist Erkennen und Sinnkonstitution durch das Wiedererkennen von Formen, die an Bedeutungen gebunden sind. Als solches ist es leichter zu lernen als das Schreiben, das ja Formen produzieren muß. Zwar beginnen Kinder mit Schreibversuchen, bevor sie lesen können, aber das orthographische System ist auf eine möglichst große Erleichterung des Lesens ausgerichtet, nicht des Schreibens (Eisenberg et al. 1994, S. 15).

Die Unterschiedlichkeit der linguistischen Erklärungsansätze hat Konsequenzen für unsere weiteren Überlegungen: Da rechtschreibdidaktische Positionen immer in ihren orthographietheoretischen Zusammenhängen zu sehen sind, werden wir unter Punkt 2.2. die Beschreibungsmuster der amtlichen Orthographieregeln – als Grundlage der herkömmlichen Rechtschreibdidaktik – in ihren grundlegenden Annahmen offenlegen und bewerten. Punkt 2.3. bespricht Fragen des graphematischen Ansatzes und zeigt die innovativen Aspekte für unsere rechtschreibdidaktischen Überlegungen.

2.2. Die amtlichen Orthographieregeln und ihre Problematik

2.2.1. Normen und Reformen

Als Grundlage für die amtliche Regelung der deutschen Orthographie, wie sie 1901 auf der II. Orthographischen Konferenz festgelegt wurde, gilt der Erlass von 1902 „Regeln für die deutsche Rechtschreibung nebst Wörterverzeichnis". Die konkrete Anwendung der beschlossenen Regeln wurde jedoch im Laufe der Zeit zunehmend zur Sache der Wörterbücher. Und bis zum Zeitpunkt der jüngsten Reformbeschlüsse gewann in den alten Bundesländern der Rechtschreib-Duden immer mehr an Bedeutung, der durch einen Beschluss der deutschen Kultusministerkonferenz im Jahr 1955 zur „Normierungsinstanz im Bereich Orthographie" (Volmert 1995, S. 180) geworden war. „In Zweifelsfällen", so wurde festgeschrieben, „sind die im Duden angegebenen Schreibweisen und Regeln verbindlich". Auf Grund des stetig zunehmenden Schriftwortschatzes gab es genügend Zweifelsfälle, die durch Neuauflagen zu klären waren; zumal das Regelwerk von 1901 keine Regeln zur Zeichensetzung, Zusammen- und Getrenntschreibung enthielt und Doppelformen bei der Fremdwortschreibung vorsah. In der Zwischenzeit wuchs jedoch die Kritik an der Monopolstellung des Dudens. Einerseits wurde es als befremdlich gefunden, dass ein privatwirtschaftliches Unternehmen einen quasi-amtlichen Status innehabe, anderseits kamen von sprachwissenschaftlicher Seite Zweifel auf, ob die Regelformulierungen des Dudens (212 Regeln mit Ausnahmeregeln ohne Berücksichtigung der Regeln zur sogenannten Laut-Buchstaben-Zuordnung) die tatsächlichen orthographischen Verhältnisse angemessen erfasse (vgl. den sehr guten Überblick in Kopke 1995, S. 48–65). Da aber für große Teile der Gesellschaft Regelungsbedarf bestand und schon mit der Veröffentlichung des Rechtschreiberlasses von 1902 die Bemühungen um ihre Reform einsetzten, verstummten die Diskussionen um eine Neuregelung mit dem Ziel der „Vereinfachung" in den zurückliegenden Jahren nie (vgl. Mentrup 1993;

Augst 1996). Nach einem jahrelangen Tauziehen zwischen Reformbefürwortern und -gegnern wurde der alte Erlass von 1901 durch einen neuen Rechtschreiberlass ersetzt (Deutsche Rechtschreibung. Regeln und Wörterverzeichnis 1996). Mit der Neuregelung der deutschen Orthographie verlor der Rechtschreibduden seine ihm von den Kultusministern übertragene Funktion als Normierungsinstanz. Diese Aufgaben übernimmt eine zwischenstaatliche Kommission, deren Geschäftsstelle beim Institut für deutsche Sprache in Mannheim eingerichtet ist. Die zuständigen staatlichen Stellen Deutschlands, Österreichs und der Schweiz senden dafür ausgewählte Sprachwissenschaftler, die „auf die Wahrung einer einheitlichen Rechtschreibung im deutschen Sprachraum hinwirken. Sie begleiten die Einführung der Neuregelung und beobachten die künftige Sprachentwicklung. Soweit erforderlich erarbeiten sie Vorschläge zur Anpassung des Regelwerks“ (vgl. Augst et al. 1997, S. 70). Auf Grund eines massiven und ernst zu nehmenden Protestes und Widerstands eines großen Teiles der Bevölkerung gegen die Neuregelungen wird es wohl auch Aufgabe der zwischenstaatlichen Kommission sein, an einigen Stellen das Reformkonzept zu revidieren. Darüber wird es auch in ihrer Machtbefugnis liegen, die Redaktionen der jetzt auf dem Markt erscheinenden Rechtschreibwörterbücher auf falsche Interpretationen des amtlichen Regelwerks hinzuweisen.

Der neue Rechtschreiberlass besteht aus einem Wörterverzeichnis und einem Regelteil, in dem die den „richtigen Schreibungen“ zu Grunde liegenden Gesetzmäßigkeiten kommentiert werden. Die für die Herausgabe des amtlichen Regelwerks mitverantwortlichen Sprachwissenschaftler räumen ein, „dass die Beschreibungsmuster im Regelteil weder eine primär nach linguistischen Kriterien aufbereitete wissenschaftliche Darstellung seien, noch stellten sie ein primär nach didaktischen Gesichtspunkten aufgebautes Lehrbuch der deutschen Rechtschreibung dar“ (Augst und Schaeder 1997, S. 75). Eine Begründung dafür wird in der Bedingung der Textsorte „amtlicher Erlass“ gesehen (vgl. ebd. S. 75). Als Konsequenz daraus wird vorgeschlagen, für didaktische Handreichungen Vereinfachungen und Umformulierungen vorzunehmen. (vgl. Gallmann und Sitta 1997, S. 94).

Unter Berücksichtigung all dieser Prämissen, müssen wir uns natürlich fragen, warum der Regelteil überhaupt einer staatlichen Ratifizierung bedarf. Wäre es nicht besser gewesen, wie die Vertreter der Deutschen Gesellschaft für Sprachwissenschaft bei der Anhörung vorgeschlagen haben, ein amtliches Wörterverzeichnis um einen – von staatlichen Ratifikationen unabhängigen – Regelteil zu ergänzen, der auf dem Stande der Forschung immer wieder verändert und optimiert werden könnte (vgl. Eisenberg 1993, zit. n. Zabel 1996, S. 153)? Sollte nicht ein Erlass, der sich an die Schule richtet, didaktischen Ansprüchen genügen? Wissen wir doch durch die Ergebnisse der Kognitionspsychologie, dass das richtige Konzept von einer Sache deren Aneignung erheblich erleichtert. Letztlich geht es doch auch den für den Erlass verantwortlichen Herausgebern um eine allgemein einsichtige Begründung der „richtigen Schreibung“, also um ein ureigenes didaktisches Anliegen: „Er (der Erlass) muss so gestaltet sein, dass Jugendliche mit dem Ende der allgemeinen Pflichtschulzeit (also meist der 10. Klasse) und darüber hinaus alle Erwachsenen den Erlass sowohl der Form als auch dem Inhalt nach verstehen und selbst ohne (viele) Fehler anwenden können müssen. Dabei wird ein normaler Deutschunterricht vorausgesetzt" (Augst und Schaeder 1997, S. 380).

2.2.2. Die Beschreibungsmuster in ihrer didaktischen Relevanz

Im Folgenden soll nun der Frage nachgegangen werden, ob die Beschreibungsmuster des amtlichen Regelwerks den Anspruch der allgemeinen Verständlichkeit erfüllen, d. h. ob sie uns als Lehrenden einen angemessenen Orientierungsrahmen für die inhaltliche Bestimmung des Rechtschreibunterrichts geben. Aus Platzgründen kann nur exemplarisch vorgegangen werden. Ausnahmslos befasst sich die Darstellung mit ausgewählten Regeln zur Wortschreibung (bzw. zur sogenannten Laut-Buchstabenschreibung), d. h. die Regeln zur Groß- und Kleinschreibung, Trennung von Wörtern, Getrennt- und Zusammenschreibung sowie Zeichensetzung bleiben unberücksichtigt.

Die Regeln zur allgemeinen Wortschreibung sind auf drei Ebenen hierarchisch geordnet:

Ebene I: die Ebene der **Prinzipien** als allgemeine Grundsätze;
Ebene II: die orthographischen **Regeln** mit Grundregeln, Ausnahmeregeln und Sonderregeln;
Ebene III: die Ebene der **Einzelfallfestlegungen** (Gallmann 1987).

Mit dem Aufstellen von **Prinzipien** verfolgt man seit jeher das Ziel, allgemeine Grundsätze aufzustellen, sei es aus didaktischen oder sprachwissenschaftlichen Gesichtspunkten. Schon Adelung leitete 1782 seine Ausführungen zu den Grundgesetzen der Deutschen Orthographie wie folgt ein: „Es ist über diesen Gegenstand seit anderthalb hundert Jahren so viel gesprochen und geschrieben worden, daß man es einem ehrlichen Mann kaum zumuthen kann, noch eine Zeile mehr darüber zu lesen, und doch ist die Sache bey weitem noch nicht erschöpft" (zit. n. Garbe 1978, S. 38). Diese Feststellung lässt sich auch noch heute machen (vgl. dazu die Übersicht der unterschiedlichen Prinzipieneinteilungen bei Schuster 1993, S. 185).

Die amtlichen Regeln beziehen sich auf zwei Prinzipien:

1. *das Lautprinzip* bzw. das Prinzip der Phonemkonstanz als Basisprinzip;
2. *das Stammprinzip* oder das Prinzip der Morphem- bzw. Schemakonstanz

Zu 1: Das sogenannte *Lautprinzip* folgt dem Ideal einer Alphabetschrift, wonach Laute auf die Elemente des Alphabets, also die Buchstaben bzw. Buchstabengruppen hin eindeutig aufeinander abzubilden sind (Dependenzthese der Schrift). Dieser Fall der 1 : 1-Zuordnung von Lauten zu Buchstaben gilt als Normalfall und Grundregel. Da die meisten Wortschreibungen nicht ausschließlich „lauttreu" beschrieben werden können, folgen der Grundregel Einzelfalldarstellungen als Zusatzregeln und Sonderregeln. Die gesamten Regeln sind durch Zwischenüberschriften mit arabischer Numerierung untergliedert und über Paragraphen durchgezählt, um Verweisungen sowohl innerhalb des Regelteils als auch vom Wörterverzeichnis auf den Regelteil zu ermöglichen.

Es wird in den Ausführungen zu den Neuregelungen immer wieder angeführt, dass die 1 : 1- Zuordnung dem Grundsatz nach auf der Standardsprache beruhe (vgl. Gallmann und Sitta 1996, S. 22). Dies bedarf jedoch einer Korrektur, da standardsprachlich gesehen, z. B. Wortformen wie ['ha:bn] und [abɐ] für *haben* und *aber* akzeptabel sind, eine Zuordnung von Lauten und Buchstaben aber nicht zur richtigen Schreibung führen. Als Bezugsgröße für das Lautprinzip müsste demzufolge die *Explizitlautung* gelten wie ['ha:bən] und ['abər] (Eisenberg 1995, S. 48f.). Eplizitlautung ist nach Eisenberg unter folgenden Voraussetzungen gegeben: 1. Die Wortformen werden einzeln ausgesprochen. 2. Die Wortformen werden so ausgesprochen, dass jeder Einzellaut alle seine artikulatorischen Merkmale hat. 3. Die Wortformen werden so ausgesprochen, dass alle Silben vorhanden sind und jeder Silbenkern ein Vokal ist (Eisenberg 1995, S. 48f.).

Das Lautprinzip wird in der einschlägigen Forschungsliteratur auch als phonologisches, phonematisches und phonographisches Prinzip bezeichnet. Damit wird angedeutet, dass nicht Laute (Sprechlaute: Notation: [ ]) den Buchstaben zugeordnet werden, sondern Phoneme (Notation: //) den Graphemen (Notation: <> [5]) als bedeutungsunterscheidende Einheiten des abstrakten Sprachsystems (vgl. zur terminologischen Abgrenzung von „Laut" und „Phonem" einerseits und „Buchstabe" und „Graphem" andererseits die sehr guten Darstellungen in Thomé 1994 und Volmert 1995).

Wäre das sogenannte Lautprinzip konsequent durchgeführt, entspräche unter der Bedingung der Explizitlautung jedem Phonem ein Graphem. Man spricht dabei von der Phonem-Graphem-Korrespondenz (PGK). Dieser vermeintliche Idealfall einer Alphabetschrift ist schon deswegen problematisch, weil das aus dem Lateinischen ererbte Alphabet für die Repräsentation der Phoneme nicht ausreicht. Wir besitzen je (nach Zählung) zwischen 38 und 42 Phoneme [6]:

8 Langvokale: /a:/ /e:/ /ɛ:/ /i:/ /o:/ /y:/ /u:/ /ø:/
7 Kurzvokale: /a/ /ɛ/ /i/ /o/ /y/ /u/ /ø/
1 Reduktionsvokal /ə/ (ist nicht in allen Klassifikationen angegeben)
3 Diphthonge: /ai/ /au/ /oi/
3 stimmhafte Verschlusslaute (Plosive): /b/ /d/ /g/
3 stimmlose Verschlusslaute (Plosive): /p/ /t// /k/
4 stimmhafte Reibelaute (Frikative): /v/ /z/ /ʒ/ /j/
5 stimmlose Reibelaute: (Frikative): /f/ /s/ /ʃ/ /x/ /h/
3 Doppellaute (Affrikaten): /ks/ /pf/ /ts/
3 Nasale: /m/ /n/ /ŋ/
1 Liquid: /l/
1 Vibrant: /R/

[5] Wenn man auf die Notation ‹› für das Graphem verzichten will, schreibt man den Buchstaben kursiv in Abgrenzung zur phonologischen Ebene wie z. B. /a/ – ‹a› **oder** a – *a*.
[6] Die Phoneme der Fremdwörter sind nicht aufgeführt.

Für diese 42 Phoneme stehen uns aber nur 30 Buchstaben zur Verfügung. 26 davon sind die des lateinischen Alphabets, wie sie von vielen anderen Sprachen verwendet werden. Vier Buchstaben hat das Deutsche dem lateinischen Alphabet hinzugefügt, nämlich *ä, ö, ü* und *ß*. Es besteht also ein Missverhältnis zwischen Phonemen und Graphemen und zwar zuungunsten der Grapheme. Hält man an einer 1 : 1-Zuordnung von Phonemen zu Graphemen als Ideal einer Alphabetschrift fest, so müssen konsequenterweise viele Abweichungen vom sogenannten Lautprinzip genannt werden,

zum Beispiel u. a.:

- Nicht jedes Phonem wird durch ein Graphem wiedergegeben, sondern durch mehrgliedrige Grapheme, z. B. *sch, ch, ng.* Folgende Probleme werden in diesem Zusammenhang genannt (vgl. Augst und Stock 1997, S. 116f.):
  - *sch* und *ng* könnten leseirritierend an der Morphemfuge auftreten: *Häuschen, ungerade.*
  - *ch* und *sch* werden trotz vorausgehender Vokalkürze nicht verdoppelt, sodass Länge bzw. Kürze des Stammvokal nicht ohne weiteres zu erkennen ist, z. B.: *die Lachen – lachen*
- Nicht jedem Graphem entspricht ein Phonem, z. B. *sehen* /sé:ən/ *Onkel* /óŋkəl/
- Gleiche Phoneme werden mittels unterschiedlicher Grapheme dargestellt:
  - /ks/: *Hexe, flugs, Keks, Fuchs*
  - /ts/: *Zahn, Platz, stets*
- Einem Phonem entspricht nicht immer dasselbe Graphem bzw. dieselbe Graphemfolge:
  z. B. /o:/: *Hose, ohne, Boot*
- Einige Buchstaben sind überflüssig, da sie Phoneme repräsentieren, die auch durch andere Buchstaben wiedergegeben werden können: *qu* durch *kw, x* durch *ks, ai* durch *ei, v* durch *f*
- Kurz- und Langvokalphonem werden nicht unterschieden, deswegen werden Graphemfolgen benötigt, die die Vokalquantität markieren: *Robe – Robbe; Ofen – offen,*
- Unterbliebene Markierung der Auslautverhärtung und Spirantisierung *Hund, aber /hunt/; Honig, aber /ho:nix/*

Diese exemplarische Aufzählung der Abweichungen von den grundlegenden Phonem-Graphem-Korrespondenzen verdeutlicht, dass das Problem der Rechtschreibung auch immer ein Problem ihrer Darstellung ist, d. h. der Darstellung der Schrift als Abbild der mündlichen Sprache. Denn durch den eindeutigen phonographischen Bezug als Maßstab für eine systematische und „vereinfachte" Orthographie werden die Schreibungen, die diesem Ideal nicht entsprechen, überhaupt erst zu Abweichungen. Dies gilt auch für das sogenannte Stammprinzip.

zu 2: Das *Stammprinzip* oder das *Prinzip der Morphemkonstanz* dient der graphischen Kennzeichnung eines Morphems ungeachtet phonologischer Abwandlungen durch Flexion und Wortbildung, d. h. ein Morphem – die kleinste bedeutungstragende Einheit – wird möglichst gleich geschrieben, selbst wenn es anders ausgesprochen wird. Die graphische Konstanz dient der leichten Sinnerfassung semantischer Einheiten beim Lesen, weswegen man auch in Analogie zur Phonem-Graphem-Korrespondenz von der Schriftbild-Bedeutungs-Korrespondenz sprechen kann.

Wichtig für die Einsicht in die Morphemkonstanz von Wörtern ist somit die Erfassung von den kleinsten, bedeutungstragenden Einheiten, den Stamm-Morphemen. In Ergänzung zu den Stamm-Morphemen sind zu unterscheiden die grammatischen Morpheme als Flexions- und Wortbildungsmorpheme (vgl. Grundzüge der Morphologie in Linke et al. 1994, S. 60ff.).

Das morphematische Prinzip wird – in unterschiedlicher Ausprägung – in allen Alphabetschriften berücksichtigt.

Für die deutsche Orthographie können folgende Regelmäßigkeiten genannt werden:

1. das schriftliche Sichtbarmachen morphematischer Zusammenhänge bei der Auslautverhärtung: *Kind* (und nicht **Kint*), wegen *Kinder*;
2. die Sichtbarmachung morphematischer Ähnlichkeiten durch die Umlautgrapheme: *Häuser* wegen *Haus, Räder* wegen *Rad, länger* wegen *lang*;
3. die schriftliche Sichtbarmachung morphematischer Unterschiede: *Saite – Seite, wieder – wider* als Homonyme;
4. die Beibehaltung einer graphemischen Vokalkürzebezeichnung in allen Flexionsformen und Ableitungen: *kennen – kannte; Männer – Mannschaft*
5. Beibehaltung von silbentrennendem ‘h’ in allen Flexionsformen und Ableitungen: *sehen – sieht; Fernseher – Fernsehgerät*
6. die deutliche Sichtbarmachung der Morphemgrenze: *zerreißen, enttäuschen*, obwohl wir nur einen Konsonanten aussprechen.
7. Markierung von Einzelfällen: Beibehaltung einer Vokallängenbezeichnung auch bei Vokalkürze: *vier – vierzehn, vierzig*

Die Darstellung macht deutlich, dass für die Erklärung der Wortschreibungen die Prinzipien nicht immer klar zu trennen sind. In den herkömmlichen rechtschreibdidaktischen Darstellungen wird immer wieder darauf hingewiesen, dass die *Orthographie* sowohl aus der *Bedeutung für das Schreiben (phonematisches Prinzip)* als auch aus der *Bedeutung für das Lesen (morphematisches Prinzip)* her zu betrachten sei. Das phonematische Prinzip berücksichtige die Interessen des Schreibers *(Aufzeichungsfunktion)* und das morphematische Prinzip die des Lesers *(Erfassungsfunktion)*. Diese aus der Perspektive eines Schriftkundigen nachvollziehbare Einsicht hilft einem Lernenden natürlich sehr wenig, denn für ihn gestaltet sich der Einblick in das Morphemkonstanzprinzip als Abweichung von dem grundlegenden Lautprinzip zunächst als eine kaum zu lösende Aneignungsschwierigkeit. Der daraus folgende didaktische Kurzschluss, der in einigen Handreichungen zum Rechtschreibunterricht zu lesen ist *„Ich schreibe so wie ich spreche, aber zunächst muss ich so sprechen wie ich schreibe“*, die dann in der Vermittlung einer Kunstsprache, der sogenannten Pilotsprache, mündet (vgl. Breuninger und Betz 1991; Mann 1991), übersieht die kognitiven und sprachanalytischen Fertigkeiten, die erst durch den Schriftspracherwerb herausgebildet werden. Das Paradigma der bloßen Mündlichkeit als Basis für Schriftlichkeit ist die Perspektive des Schriftkundigen, der schon schreiben kann. Um „Schüler da abzuholen, wo sie stehen“ müssen wir uns immer wieder vergegenwärtigen, dass wir als Schriftkundige gelernt haben, unser rechtschreibliches Wissen in vorgegebene schriftsprachliche Konzepte einzuordnen. Dabei kann es dann sehr leicht geschehen, dass wir glauben zu *hören*, was wir eigentlich *sehen*. Auf diesem Hintergrund ist auch dem lähmenden Vorurteil der sogenannten „lautgetreuen Schreibung“, d.h. buchstabierend schreiben, als grundlegendem Rechtschreibprinzip entschieden entgegenzutreten, da es ein grundsätzlicher Irrtum ist zu glauben, dass wir in Lauten sprechen. Wir sprechen auch in Morphemen und Sätzen. Insofern gehört z.B. auch das Stammprinzip unter den Schlachtruf „schreibe wie du sprichst“ oder „sprich wie du schreibst“. Der Einsatz der bloßen Mündlichkeit zur Lösung rechtschreiblicher Probleme ist theoretisch und praktisch einfach unbrauchbar. Die Annahme, lautgetreue Wortschreibungen würden ohne eine ungefähre Einsicht in den Aufbau von Wörtern überhaupt möglich sein, kann nur von dem vertreten werden, der die Wortschreibungen kennt.

Aus folgendem Grund muss das „Lautkonzept“ in seiner Annahme einer bloßen Übersetzung von Lautfolgen (Phonemen) in Buchstabenfolgen überhaupt als problematisch gewertet werden: Es gibt keine eindeutige fixierbare Korrespondenz zwischen Laut (Phonem) und Buchstaben, da Laute immer nur Idealpositionen bzw. Eckpunkte eines kontinuierlichen Lautstroms darstellen, den man dann als *Koartikulation* bezeichnet. Laute sind demzufolge keine natürlichen Bezugseinheiten, die man isoliert identifizieren kann, sie sind nur über das Wissen über Buchstaben zu segmentieren. Für Lernende ist dieser Aneignungsprozess jedoch nicht durch mechanische Übersetzung der sogenannten Lauttreue von Wortschreibungen zu beschreiben. Das Wissen um Laute (Phoneme) ist ein sprachlicher Problemlösungsprozess, der vermutlich nur innerhalb des Zusammenhangs der Silbe als kleinster wahrnehmbarer Einheit zu lösen ist (vgl. dazu Röber-Siekmeyer 1993). Und diese Einsicht setzt für die Unterrichtsvorbereitung wiederum mehr voraus als das Wissen um Silbenklatschen und rhythmisches Silbensprechen.

Auch die Morphembausteinmethode – zur Einsicht in das Stammprinzip der Wortschreibungen – muss aus der Sicht einer Lernerorientierung kritisch bewertet werden, da dabei der notwendige Kategorisierungsprozess des Lernenden übersehen wird. Dass das Wissen sowohl um Phoneme als auch um Morpheme am Ende und nicht am Beginn eines Lernprozesses steht, sollte an dieser Stelle angeführt werden.

Im Folgenden soll nun an ausgewählten **Regeln** zur Wortschreibung verdeutlicht werden, dass die amtlichen Regeln für die Klärung von Verstehensproblemen eines Lernenden wenig geeignet sind. Vor dem Hintergrund zahlreicher Erhebungen und Analysen zu den orthographischen Fehlern, die als Indizien für grundlegende Schwierigkeiten mit der Rechtschreibung gewertet werden können, wird der Schwerpunkt auf die Regeln zur graphischen Markierung der Vokalquantitäten gelegt, da in breit angelegten Fehleruntersuchungen Verstöße gegen diese Regelungen neben der Groß-/ Kleinschreibung erste Rangplätze einnehmen (vgl. Menzel 1985). Dazu kommt, dass einigen Unterrichtsforschern und LehrerInnen der Sachverhalt dieser rechtschreiblichen Probleme selbst nicht ganz klar ist. Erklärungen wie die folgenden sind im konkreten Schulalltag und in der einschlägigen Literatur keine Seltenheit:

- *der Konsonant nach einem kurzen Vokal wird verdoppelt*
- *„[muta] mit zwei tt, kann man doch hören, weil kurzer Vokal", oder:*
- *„Hör genau hin, [fahrat], mit zwei r"*
- (nachdem das Kind **Doner* geschrieben hat): Lehrerin: *„Da sind zwei n. Zwillinge, die drücken nämlich das O so doll zusammen"*

Dass Unterricht – wie in diesem Fall – eindeutig falsche Informationen vermittelt, muss als ein Dilemma der herkömmlichen Rechtschreibdidaktik gesehen werden. Insoweit können die Schwierigkeiten, die einige SchülerInnen mit der Setzung des doppelten Konsonantbuchstabens haben, zum Teil auch als didaktogene Probleme gewertet werden.

Die Regeln zur Kennzeichnung der Vokalquantitäten – Kürze und Länge – beanspruchen den größten Raum des amtlichen Regelwerks (fünf hierarchisch gestufte Ebenen). Der Grund dafür liegt in dem Sachverhalt begründet, dass das aus dem Lateinischen ererbte Alphabet die Unterscheidung von langen und kurzen Vokalen nicht vorsieht. Aus diesem Grunde wird die Markierung der Vokalquantität allgemein als einer der kompliziertesten Aspekte der Rechtschreibung bewertet.

In der Regel sind es *Konsonant*grapheme bzw. -buchstaben, die die Aufgabe übernehmen, die *vokalische* Länge und Kürze zu markieren. Die Länge der Vokalphoneme wird nur bei *aa, ee, oo* und bei *ie* direkt sichtbar gemacht.

Für die Regeln zur Kennzeichnung der Vokalquantitäten lassen sich mit Verweis auf das amtliche Regelwerk folgende Fallgruppen aufzeigen:

<u>Fallgruppe a:</u>

Folgen auf einen betonten Vokal innerhalb des Wortstamms zwei oder mehr Konsonanten, so ist der Vokal in der Regel kurz (*Hund, Welt, Sumpf*).

<u>Fallgruppe b:</u>

Folgt dem betontenVokal im Wortstamm kein Konsonant, so ist der Vokal lang (*Gnu, Büro, so*). Folgt dem betonten Vokal nur ein einziger Konsonant, so ist der Vokal entweder kurz oder lang.

<u>Fallgruppe c.:</u>

Ist der Vokal im Wortstamm kurz, so kennzeichnet man die Kürze des Vokals durch Verdopplung des Buchstabens (statt zz schreibt man tz, statt kk für ck) für den Konsonanten wie z. B, in *Affe, Barre, gönnen, gönnst, Bäcker, Tatze u. a.*

Zu dieser Regel gibt es eine Anzahl von weiteren Ausnahmeregeln wie z. B. *Bus, Kritik, Brombeere, Roboter und Porzellan.*

Fallgruppe d.:

Ist der betonte Vokal im Wortstamm lang, so wird die Länge zumeist nicht graphisch gekennzeichnet wie z. B. in *Atem, Ebene, Ofen, Wesen.*

Von dieser Regel gibt es folgende Ausnahmeregeln:

1. Das silbentrennende-h : Wenn einem betontem langen Vokal ein unbetonter kurzer Vokal folgt oder in erweiterten Formen eines Wortes folgen kann, so steht nach dem Buchstaben für den langen Vokal stets der Buchstabe h (man beachte, dass dieses h nicht zu hören ist): *bejahen, drehen, Floh wegen Flöhe* (Ausnahme: *säen*). Das h steht ausnahmsweise auch in den folgenden Wörtern mit dem Diphthong ei: *gedeihen, Geweih, leihen, Reihe, Reiher, verzeihen, weihen, Weiher.* (vgl. auch die neue Schreibweise rau).

   Zusatzregel: Das h bleibt auch bei Flexion, Stammveränderungen und in Ableitungen erhalten: *empfehlen, empfiehlt, leihen, lieh, geliehen.*
2. Das sogenannte Dehnungs-h: Folgt einem betonten langen Vokal im Wortstamm nur ein l, m, n oder r, so wird in vielen Wörtern nach dem Buchstaben für den Vokal ein h eingefügt: *Dahlie, Befehl, hohl.* Ausnahme: *fahnden* und *ahnden.*
3. Das lange a, e oder o kennzeichnet man in einer kleinen Gruppe von Wörtern durch die Verdoppelung *aa, ee, oo: Aal, Beere, Boot.*
4. Das lange i schreibt man in den meisten Wörtern *i oder ie.* i steht regelmäßig in Fremdwörtern: *aktiv,* im Wortausgang ir : *Vampir* und in wenigen einheimischen Wörtern wie *Tiger, Igel, Lid.*

   Zusatzregel: In Einzelfällen kennzeichnet man die Länge des i zusätzlich mit dem Buchstaben *h* und schreibt *ih* oder *ieh* (Personalpronomen: *ihm, ihn, ihnen, ihr)* und *ieh* in den folgenden Wörtern: *fliehen, Vieh, wiehern, ziehen.*

Will man die Regeln analysieren [7], so sind deutlich zwei Ebenen zu unterscheiden: auf der einen Seite die Betrachtung der Regeln von der Ebene des Schriftkundigen, der gelernt hat, sein sprachliches Wissen in vorgegebene Kategorien einzuordnen, auf der anderen Seite die Betrachtung der Regeln von der Ebene des Lerners, der die Kategorien erst erwerben muss.

Folgt man als Schriftkundiger der Beschreibung, so erscheint zunächst der Kernbereich zur Notierung der Vokalquantität relativ eindeutig geregelt. Der Eindruck, dass die Wiedergabe der Vokalquantität unvollkommen geregelt ist, entsteht durch die Fallgruppe c.) und durch die Sonderregelungen der Fallgruppe d), die in ihrer kasuistischen Darstellung das Bild vom Chaos der Orthographie geradezu heraufbeschwören.

Das Kernproblem der Unübersichtlichkeit liegt letztlich in dem Postulat einer 1 : 1-Zuordnung von Vokal-Buchstabe begründet. Mit Verweis auf Eisenberg stellt sich somit die Frage, ob die Setzung des *h* und die Verdoppelung des Konsonantbuchstabens (Graphemgemination) überhaupt auf Länge bzw. Kürze des Vokalphonems zu beziehen sind (vgl. Eisenberg 1988, S. 149).

Überdies ist eine Inkonsequenz in dem amtlichen Regelwerk durchgängig zu verzeichnen. Auf der einen Seite wird in den grundlegenden Annahmen an dem Ideal einer 1 : 1-Zuordnung von Laut bzw. Phonem und Buchstabe festgehalten, auf der anderen Seite zeigen die Beschreibungsmuster die ständige Interaktion von Phonem- und Morphemkonstanzprinzip, was theoretisch befriedigend ist, da – wie wir

[7] Diese Ausführung entspricht der Darstellung in Hinney 1997 a.

oben angeführt haben – die meisten Wortschreibungen grundsätzlich Bezüge sowohl zu den Phonemen als auch zu den Morphemen aufweisen.

Hinsichtlich der Gleichsetzung der Orthographieregeln als Handlungsregeln für Lerner ergibt sich jedoch das Problem, dass die Regeln zur besonderen graphischen Kennzeichnung der Vokalquantitäten das Ergebnis einer sprachstrukturellen Analyse sind. Beschreibbare strukturelle Sachverhalte können aber nicht direkt auf kognitive Prozesse des Schreibers übertragen werden. Demzufolge ist Gallmann nicht beizupflichten, wenn er im Zusammenhang mit den Orthographieregeln von „Handlungsanweisungen" spricht (vgl. Gallmann 1987, S. 58). Diese Aussage trifft nur für denjenigen zu, der das Schreiben gelernt hat, der also schon über die Kategorien verfügt, die die Termini in den Regelformulierungen bezeichnen. Es wird deutlich, dass die Orthographieregeln sich eigentlich nur an den Schriftkundigen richten, an den Sprachbenutzer, der schon schreiben kann, der sich schnell zurechtfindet, um orthographische Zweifelsfälle zu klären. Aus dieser Sicht ist eine fallgruppenbezogene Darstellung rechtschreiblicher Probleme vielleicht sinnvoll, als Grundlage für die Lerninhalte eines Rechtschreibunterrichts erweist sie sich als ungünstig.

Wollte man die Regel zur Setzung des doppelten Konsonantbuchstabens als graphisches Zeichen für das kurze Vokalphonem im Wortstamm bei nur einem folgenden Konsonanten in Handlungsanweisungen (Wenn-dann-Beziehungen) überführen, so müsste gesichert sein, dass der Lerner über die Transparenz der Wortformen verfügt. Darüber hinaus müsste der Lerner in der Lage sein, die oppositiven Längenqualitäten zu erkennen. Dies bereitet aber vielen Kindern große Schwierigkeiten, da Länge und Kürze eines Vokals im Vergleich z. B. zur Auslautverhärtung und zur Umlautableitung nicht eindeutig zu erkennen sind. Gerade für Kinder mit besonderen Schwierigkeiten beim Rechtschreiben muss das Erfassen der Vokalquantität als eines der größten Probleme angesehen werden. Der Hinweis, dass man die Regeln vereinfachen könne, hilft dabei sehr wenig. Wie wir oben gesehen haben, kommt es dabei zu fragwürdigen Verkürzungen, die aus sprachanalytischer Hinsicht einfach falsch sind. Denn ein Kind, das der Regel folgt: *nach kurzem Vokal wird der Konsonant verdoppelt,* kann keine Einsicht in die normgerechte Schreibung bekommen, z.B. **Lehrerrin*.

Zusammenfassend lassen sich aus der Analyse folgende Schlussfolgerungen ziehen:

- Die Orthographieregeln richten sich in ihren Erklärungen rechtschreiblicher Zusammenhänge bei der Wortschreibung eher an den Schriftkundigen, der z.B. schon das Phonemsystem der Hochsprache aufgebaut hat, Langvokalphoneme und Kurzvokalphoneme unterscheiden kann und über ein Wissen um den morphologischen Aufbau der Wortformen verfügt. Als Erklärungen für Lerner jedoch, die solche Kategorien erst bilden müssen, sind die Regeln nicht geeignet.
- Die sprachdidaktische Reduktion von phonembezogenen Anwendungen der Orthographieregeln auf der einen Seite und morphembezogenen Anwendungen auf der anderen Seite sieht vermutlich die Wurzeln der Schwierigkeiten des Lerners nicht dort, wo sie eigentlich sind, nämlich im Aufbau um Phoneme und Morpheme und im Umgang mit dem „Einfachen" in den komplexen Bedingungen der Wortschreibung von sowohl phonologischen als auch morphologischen Bezügen.

2.3. Die Regularitäten der Wortschreibung in ihren innovativen Aspekten

Der Frage, wie die Aneignung der Rechtschreibung in einem umfassenden sprachanalytischen Prozess von seiten des Kindes begriffen werden kann, soll nun durch das Orthographiemodell von Eisenberg (1995) beantwortet werden.

In der Konkretisierung der für das kognitive Lernkonzept wichtigen Aussage *„Der Schreiber kann die Orthographie seiner Sprache nicht nur beherrschen, er kann sie auch verstehen"* (Eisenberg 1995, S. 60) geht Eisenberg davon aus, dass das Schriftsystem – ebenso wie das Lautsystem – als ein Teilsystem des umfassenden Sprachsystems betrachtet werden muss und eigene Regularitäten [8] besitzt. Zentraler Bestandteil des Sprachsystems bedeutet aber auch zentraler Bestandteil der einzelsprachlichen Grammatik des Deutschen, sodass das Schriftsystem der gesprochenen Sprache gegenüber nicht einfach sekundär ist, sondern beide Systeme einander bedingen. Eisenberg kann in seinen Untersuchungen überzeugend belegen, dass das Ideal einer Alphabetschrift im Postulat der 1 : 1-Zuordnung von Sprachlaut und Buchstabe aus schriftsystematischer Sicht äußerst zweifelhaft ist, da das Schriftsystem nicht nur auf Laute, sondern auch auf größere sprachliche Einheiten (wie z. B. Silbe und Morphem) *gleichwertig* zu beziehen ist.

Die Regularitäten der Buchstabenschreibung, auf deren Darstellung wir uns hier beschränken, sind so formuliert, dass die schriftsystematischen Zusammenhänge herausgestellt werden.

Nach Eisenberg lassen sich für die Regularitäten der Buchstabenschreibung drei Prinzipien unterscheiden: *phonographisches Prinzip, silbisches Prinzip und morphologisches Prinzip.*

Das phonographische Prinzip berücksichtigt die alphabetische Komponente der Schrift, das silbische Prinzip die silbenschriftliche und das morphologische Prinzip die logographische. [9]

Innovativ und richtungsweisend für Revisionen in der Rechtschreibdidaktik ist der Verweis auf zweierlei:

- auf das *silbische Prinzip in seiner Schlüsselstellung* zur Erklärung rechtschreiblicher Merkmale,
- auf einen Strukturvergleich der Wortformen von dem Blickwinkel des Gesprochenen auf das Geschriebene und umgekehrt, wobei jede Seite zum Ausgangspunkt der Analysen gemacht werden kann.

Beide Aspekte sind für unsere weiteren rechtschreibdidaktischen Überlegungen von besonderer Wichtigkeit. Einmal, weil mit der Silbe – als Bezugseinheit für rechtschreibliche Problemlösungen – eine sprachliche Kategorie gefunden ist, die an die

[8] In Abgrenzung zu den Orthographieregeln als expliziter Norm spricht Eisenberg von den Regularitäten als impliziter Norm. (Regeln also, die dem Sprachgebrauch zugrunde liegen).

[9] Schriftsysteme können von den drei unterschiedlichen Schrifttypen – logographisch, syllabographisch und alphabetisch – unterschiedlichen Gebrauch machen. Unter den heute gebräuchlichsten wichtigsten Schriftsprachen lässt sich mit Ausnahme des Chinesischen, das ein typisches logographisches Schriftsystem ist, keine reine Form im Sinne der Typisierung aufzeigen (vgl. Günther 1988, S. 40–63).

Lernvoraussetzungen fast aller Kinder anknüpft. Zeigen uns doch die Ergebnisse der Schriftspracherwerbsforschung, dass die Silbe als sprachlich-strukturelle Einheit schon bei Kindern zu Beginn des Schriftspracherwerbs als „psychische Realität" vorhanden ist (vgl. Röber-Siekmeyer 1993). Zum anderen, weil uns eine Grundlage gegeben wird, Kinder *auf der Grundlage des Geschriebenen* zum experimentierenden Beobachten von geschriebener und gesprochener Sprache anzuleiten.

Zu den schriftsystematischen Zusammenhängen:

Phonographisches Prinzip: Hierfür lassen sich Phoneme und Grapheme unter der Voraussetzung einer Explizitlautung Einheit für Einheit aufeinander beziehen. Dabei sind Bezüge sowohl von den Phonemen auf die Grapheme (GPK-Regeln) [10] (Richtung vom Gesprochenen zum Geschriebenen) als auch von den Graphemen auf die Phoneme (PGK-Regeln) (Richtung vom Geschriebenen zum Gesprochenen) möglich.

Einem Phonem oder einer Phonemfolge kann sowohl ein einfaches Graphem als auch eine Folge von Graphemen zugeordnet sein. Bei Wörtern wie z. B. *grün, Wüste, Regen, edel, Muße, Schachtel* lässt sich die Schreibung mit Hilfe der GPK-Regeln herleiten; Phonem und Graphem stehen unter Voraussetzung der Explizitlautung in direkter 1 : 1-Entsprechung. Neben den GPK-Regeln lassen sich auch PGK-Regeln formulieren.

Die GPK-Regeln bzw. PGK-Regeln stellen den alphabetischen Anteil der Schreibung dar. Da die Korrespondenzregeln in den überwiegenden Fällen nicht zur orthographisch korrekten Schreibung führen, muss auf sowohl silbische als auch morphologische Informationen zurückgegriffen werden.

Silbisches Prinzip: Von einer Schreibung nach dem silbischen Prinzip spricht man nach *Eisenberg*, wenn orthographische Regelmäßigkeiten silbenstrukturell zu deuten sind.

Beispiel: /ho:l/ /holts/ ‹hol› ‹Holz›!

Bestimmt werden die Wortschreibung durch silbenstrukturelle Informationen der Sprech- und Schreibsilbe. Ebenso wie die betonte Sprechsilbe besteht die entsprechende Schreibsilbe aus einem Silbenanfangsrand (in einigen Fällen steht vor dem Silbenkern kein Anfangsrand), einem Silbenkern und einem Silbenendrand. Bei den Wortschreibungen *hol Holz* bilden die Grapheme ‹h› den Silbenanfangsrand ‹o› als Vokal den Silbenkern und ‹l› bzw. ‹lz› den Silbenendrand (vgl. die Silbenbaugesetze in Eisenberg 1995, S. 37ff.). Während jedoch in der betonten Sprechsilbe der Vokal sowohl kurz oder lang sein kann, wird in der Schrift nicht zwischen kurz und lang unterschieden (vgl. *Schal, Schall; träge, Lärm; Sofa, Sonne*). (Nur in den Fällen ‹ie› und der Vokalgraphemverdoppelung ‹aa›, ‹ee›, ‹oo› wird die Quantität der Vokale systematisch am Graphem selbst angezeigt.) Obwohl also dasselbe Graphem sich ebenso auf Langvokalphoneme als auch Kurzvokalphoneme beziehen kann, kommt es beim Lesen im allgemeinen nicht zu Verwechslungen, da der eindeutige

[10] Die Anordnung entspricht nicht der gewohnten Reihenfolge. Gefragt wird: Welches *graphemische* Element kann einem *Phonem* zugewiesen werden?

Bezug auf die Vokallänge der Sprechsilbe durch silbenstrukturelle Informationen geregelt ist, die sich nach Eisenberg in Silbenregeln zusammenfassen lassen.[11] Am deutlichsten können diese Zusammenhänge durch das Verfahren der Langformbildung erkannt werden (Bildung eines trochäischen Zweisilbers als eine Folge von betonter und unbetonter Silbe):

z. B. /ho:l/ ‹ho-len›;
/holts/ ‹höl-zer›.

1. Es gilt aus der Richtung des Geschriebenen:

- Ist die erste Silbe des Zweisilbers offen, d. h. dem Vokalgraphem folgt kein Konsonantgraphem, dann ist das Vokalgraphem als Langvokal zu lesen. (z. B. *ho-len, le-sen*).
- Ist die erste Silbe des Zweisilbers geschlossen, d. h. dem Vokalgraphem folgt mindestens ein Konsonantgraphem, dann ist das Vokalgraphem als Kurzvokal zu lesen wie z. B. *Höl-zer, Bin-de.* Ausnahmen: *Erde, Krebs, Wüste, husten u. a. ...*

2. Aus der Richtung des Gesprochenen gilt:

- In der ersten (betonten) Silbe von Zweisilbern stehen Langvokalphoneme in der Regel in offenen Silben, d. h. in solchen Silben, in denen auf das Vokalphonem kein Konsonantphonem mehr folgt wie z. B. /ho:lən/, /le:zən/.
- In allen anderen Fällen ist das Vokalphonem kurz. Positiv formuliert: Ist im Zweisilber die erste Silbe geschlossen, d. h. hat sie mindestens ein Konsonantphonem nach dem Vokalphonem, so ist das Vokalphonem kurz wie z. B. in /høltsər/.

Die Vokallänge ergibt sich somit aus dem Aufbau der Silbe, in der der Vokal steht. Dabei kann die Schreibsilbe als eine für die visuelle Wahrnehmung stabile Einheit betrachtet werden: „Das Auge lernt bald, solche festen Muster zu erkennen und damit die silbenstrukturelle Information zu erschließen" (Eisenberg 1995, S. 65). Der Silbenschnitt in der Langform gibt also Auskunft über die Vokallänge, und aus diesem Grund können Lang- und Kurzvokale mit demselben Graphem geschrieben werden.

Folgt man den Ausführungen Eisenbergs zur Vokalquantitätenbezeichnung, so wird deutlich, dass man eigentlich sogenannte Vokallängenanzeiger wie z. B. *Hü**h**-ner* nicht braucht. Sie bieten vor allem dem Leser eine Hilfe, immer wiederkehrende Graphemkombinationen wiederzuerkennen und zu entschlüsseln.

Aus dieser Formkonstanz der Schreibsilbe, die also eher für das Lesen als für das Schreiben funktional ist, lassen sich nach Eisenberg viele strukturelle Merkmale der Schrift erklären. Dies gilt vor allem für die Regel zur *Konsonantenbuchstabenverdoppelung* (Graphemgemination) für das *silbeninitiale h* und für das *Dehnungs-h.*

Dabei gelten für die Regel zur Konsonantenbuchstabenverdoppelung wie in *Mutter,*

[11] Eisenberg arbeitet eigentlich nicht mit der Unterscheidung von Kurz- und Langvokalen, sondern mit der zwischen gespannten und ungespannten Vokalen. Gespannte Vokale sind in betonten Silben lang, ungespannte Vokale sind in der betonten Silbe kurz (Eisenberg 1995, S. 63).

Futter noch einmal besondere silbenstrukturelle Gesetzmäßigkeiten. Hier gilt der Fall, dass in der gesprochenen zweisilbigen Wortform zwischen dem betonten und unbetonten Vokal nur ein Konsonant steht wie bei /mutər/ und /futər/. Auch hier ist die erste Silbe geschlossen, der Konsonant ist Bestandteil der ersten Silbe. Aber er gehört gleichzeitig der zweiten Silbe an. Ein solcher einzelner Konsonant heißt Silbengelenk, weil er zwei Silben miteinander verbindet. Silbengelenke werden im Geschriebenen mit zwei Graphemen dargestellt, sodass jede Silbe ihr eigenes Graphem erhält: ‹Mut-ter›, ‹Fut-ter› [12]. Aus dieser silbenstrukturellen Beschreibung wird deutlich, dass die Verdoppelung von Konsonantgraphemen nicht *allgemein* an den Kurzvokal gebunden ist, sondern an bestimmte Kurzvokale. Verdoppelt wird nur dann, wenn der Konsonant in der gesprochenen Wortform Silbengelenk ist (Eisenberg et al. 1994, S. 18).

Zum *morphologischen Prinzip*: Eisenberg weist darauf hin, dass die weitgehende Unveränderlichkeit der Schreibungen von Morphemen zwar zu einer Abweichung vom phonographischen und silbischen Prinzip führt, dass dieses Abweichen aber im Rahmen der Bedingungen des Schriftsystems geregelt und funktional ist. Wie silbische Schreibungen auf phonographischen aufbauen, so bauen morphologische auf phonologischen Schreibungen auf, sodass in einer Rückorientierung durch *die Bildung der zweisilbigen Langform* (Explizitformbildung) die Zusammenhänge wieder sichtbar werden:

Folgende Langformregeln u. a. lassen sich aufzeigen:

a.) Auslautverhärtung: *Hund – Hun-de; erlaubt – erlau-ben; Albtraum – Al-ben*

b.) vererbtes Silbengelenk: *Mann – Män-ner ; er kommt – kom-men, Mannschaft – Män-ner*

c.) silbeninitiales-h: *Reh – Re-he, er sieht – se-hen; Fernsehgerät – se-hen*

d.) sogenanntes Dehnungs-h: *Zah l- zah-len, er zählt – zah-len, Bahnhof – die Bahnen*

e.) Umlautkonstanz: *Männer – M<u>a</u>nn, fällt – f<u>a</u>llen, Fallobst – f<u>a</u>llen*

Wichtig im Zusammenhang der Stammschreibung ist der Hinweis Eisenbergs, dass die morphologische Schreibung nicht als blindes Prinzip der Angleichung funktioniere, sondern im Sinne gerichteter morphologischer Prozesse. „Formen werden dann gleich geschrieben, wenn sie morphologisch aufeinander bezogen sind. Beim Verb etwa hat der Präsensstamm in vieler Hinsicht und auch für die Schreibung eine Art Leitfunktion. Es ist deshalb regelhaft, dass er bei Verben mit sog. Rückumlaut wie *rennen – rannte, brennen – brannte* usw. nicht an den Stamm des Präteritums als **rännen, *brännen* angepasst wird“ (Eisenberg 1995b, S. 4).

[12] Maas (1989) kommt zu einer anderen Deutung. Er würde ein Wort wie *Mutter* in /mu-tər/ zerlegen.

2.3.1. Didaktische Konsequenzen

Während das amtliche orthographische Regelwerk auf der Basis der beiden Prinzipien von Phonemkonstanz und Stammprinzip aus der Sicht einer Lernerorientierung keine befriedigenden Antworten auf das Warum der Schreibungen geben kann, besteht nun im Rahmen des Eisenbergschen Orthographiemodells die Möglichkeit – unter besonderer Berücksichtigung des silbischen Prinzips als konstitutives Element der Wortschreibung – Regelungen der Wortschreibung einsichtig darzustellen. Dies wollen wir an einem Beispiel verdeutlichen: So binden die amtlichen Regeln die Konsonantenbuchstabenverdoppelung an den betonten Kurzvokal. Dabei ist es für die Beschreibung gleichgültig, ob es sich um die Form z. B. *komm* oder *kommen* handelt. Die Beschreibung der schriftsystematischen Zusammhänge zeigt hingegen, dass die grundlegende Regel zur Verdoppelung des Konsonantbuchstabens zunächst nur auf der Grundlage der zweisilbigen Wortform zu verstehen ist, wie *kom-men.* Dabei kann über die Einsicht in das schriftliche Silbenteilungsprinzip zunächst auf die Kategorie des kurzen Vokals ganz verzichtet werden, da durch einen Vergleich der Silbenschnitte wie : „*kom-men*, weil nicht *ko-men*" das Silbengelenk sehr gut erkannt werden kann. Erst im zweiten Schritt wird dann die morphologisch bedingte Wortschreibung, das sogenannte „vererbte Silbengelenk", durch die Langformbildung aufgedeckt und verallgemeinert: *komm – kom-men.* Nach Eisenberg ist diese *Zweischrittigkeit von der silbischen Schreibung (trochäischer Zweisilber, Silbengrenze) zur morphologischen Schreibung (Flexion, Ableitung) charakteristisch für die Wortschreibung des Deutschen insgesamt* (vgl. Eisenberg 1997, S. 325). Vielleicht lässt sich sogar behaupten, dass mit dieser Zweischrittigkeit das „Einfache im Komplexen der Schrift" gefunden ist. Gleichzeitig sind wir damit in der Lage, die vielen Einzelfallbeschreibungen der amtlichen Regeln, die dann ihren Niederschlag in den didaktischen Handreichungen finden, zu überwinden.

Wenn die orthographischen Zusammenhänge durch eine umfassende sprachanalytische Analyse als regelhaft zu beschreiben und zu verstehen sind, dann muss eine Didaktik des Rechtschreibens diese neue Perspektive aufnehmen, damit der Kernbereich der Wortschreibung von den Kindern als regelhaft erworben werden kann. Dabei ist die Deutung des Begriffes „Regelhaftigkeit der Orthographie" immer mit dem Erwerb von Sprachwissen verbunden d. h. in diesem Fall mit Einsicht *in das schriftliche Silbenteilungsprinzip als Bezugseinheit für rechtschreibliche Problemlösungen.* Dies kann durch Unterrichtssequenzen geschehen, bei denen die Kinder die Wortschreibungen auf ihre strukturellen Regelmäßigkeiten bewusst analysieren, und zwar durch ein experimentierendes Beobachten von geschriebenen und gesprochenen Wortformen. Aus diesem Grund ist die Trennung von Rechtschreibunterricht und dem Lernbereich „Reflexion über Sprache" für viele Lerner ausgesprochen ungünstig. Einem Kind, das z. B. die Schreibung *erschräcken mit „kommt von erschrak"* begründet, nützt der Hinweis wenig, dass diese Wortschreibung dem Stammprinzip nicht folgt. Es hängt ganz entscheidend von der Sachkompetenz des Lehrers ab, wie man dergleichen Fälle verstehbar macht. Da hilft es wenig, wenn die Lehrerin angesichts von Falschschreibungen von Kindern wie *erschräcken* (wegen *erschrak*) oder *kamm* (wegen *kommen*) oder *siet* (wegen: *h* und *ie* gibt es nicht) sagt: „Das musst du halt lernen!“ Angemessener wäre: Kinder auf die Untersuchung rechtschreiblicher Zusammenhänge neugierig zu machen. Und das kann nur bedeuten, sie im Sprachunterricht zum Umgang mit den komplexen Bedingungen der Schriftsystematik anzuleiten und dabei den Anspruch gar nicht erst aufkommen zu lassen, als gäbe es Rezepte zur Lösung von rechtschreiblichen Problemen. Analog zur Didaktik der Naturwissenschaften sollte es darum gehen, den Kindern Untersuchungsmethoden an die Hand zu geben, mit deren Hilfe sie über das schriftliche Silbenteilungsprinzip zum hypothesentestenden Experimentieren ermutigt werden. Dabei könnte dann der systematisierbare Kern der Wortschreibung durch das *zweischrittige Konstruktionsprinzip* von silbischen und morphologischen Wortschreibungen von den Kindern eigengeleitet entdeckt werden.

3. Was wissen wir heute über den Rechtschreiberwerb? [13]

Wie aus diesen Ausführungen zu den sachlogischen Gegebenheiten der Orthographie hervorgeht, ist Rechtschreiben immer mehr als das mechanische Anwenden einer Laut-Buchstaben-Zuordnung. Der graphematische Zugang zur Rechtschreibung weist darauf hin, dass Rechtschreiben als ein integraler Bestandteil der Grammatik des Deutschen den Erwerb eines umfassenden sprachlichen Wissens voraussetzt. Im Folgenden soll es nun darum gehen, die Annahmen über die Aneignung der rechtschriftlichen grammatischen Strukturen, als Erwerb eines sprachlichen Wissens, in groben Zügen nachzuzeichnen. Da kognitive Prozesse nicht direkt beobachtbar sind, kann vieles nur auf Grund experimenteller Beobachtungen rekonstruiert bzw. spekulativ erschlossen werden. Die Ausführungen haben somit immer nur Modellcharakter und dürfen nicht als endgültig gesicherte, konkrete Vorgänge interpretiert werden. Werden die Modelle in ihrem theoretischen Rahmen jedoch offengelegt, so können sie für die Beobachtung und Beurteilung von Lernprozessen eine wichtige Hilfe sein. Einmal wird es darum gehen, allgemeine Annahmen zum Wissenserwerb aus der Sicht der Kognitionspsychologie kurz darzustellen (vgl. 3.1.), zum anderen werden Modelle zum Schriftspracherwerb (3.2.) vorgestellt und auf ihre didaktische Relevanz hin bewertet.

3.1. Das Modell zum Wissenserwerb als ein Beitrag *zum Lernen des Lernens*

Lernen im kognitiven Paradigma ist in hohem Maß eine eigenaktive, konstruktive und geistige Tätigkeit, die der Mensch auf der Grundlage seiner individuellen Wissensbasis vollzieht. Dabei kann sich die Wissensbasis aber nicht allein auf Lernergebnisse wie z. B. auf die orthographisch korrekten Wortschreibungen beschränken. Ebenso wichtig sind die Wege, die zu diesen Ergebnissen führen. Wissen ist somit nicht nur Folge von Lernen, sondern auch dessen Voraussetzung (vgl. Mandl et al.

[13] Die Ausführung dieses Kapitels entspricht der Ausführung in Hinney 1997.

1993, S. 145) Wenn ein Kind z. B. vorweg weiß, wie es bei Problemen mit der Rechtschreibung umzugehen hat, dann erwirbt es das Wissen, das es zum selbständigen Bewältigen seiner Rechtschreibprobleme benötigt. Um dieses Ziel des eigengeleiteten Lernens im Unterricht zu erreichen, müssen verschiedene Aspekte beim Wissenserwerb, sogenannte Wissensformen, berücksichtigt werden (vgl. Mandl et al. 1993, S. 145ff.):

- deklaratives Wissen (Wissen über Sachverhalte, kurz „wissen, dass ...“, *knowing that*)
- prozedurales Wissen (Wissen, das die Ausführung von Fertigkeiten steuert, Regelwissen oder Handlungswissen, „wissen, wie ...“, *knowing how*)
- Wissen um Problemlösungen (Problemlösefertigkeiten)
- metakognitives Wissen (Wissen um die eigenen Kognitionen, Steuerung und Kontrolle des Lernens).

Diese Wissensformen stehen nicht gleichwertig nebeneinander, sondern sind eher in einer hierarchischen Ordnung miteinander verbunden (vgl. Abb. 1).

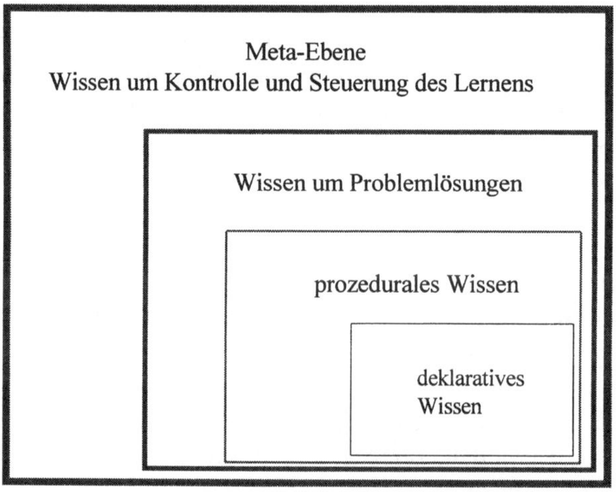

Abb. 1 Aspekte des Wissenserwerbs nach Hinney 1997a

Die Beschreibung der Orientierungsgrundlagen für den Rechtschreiberwerb führt nun zu folgender Differenzierung:

- **Deklaratives Wissen (Sachwissen):** Das wäre z. B. die Kenntnis ganz bestimmter Laut-Buchstaben-Zuordnungen; wissen, dass der Buchstabe *b* im gesprochenen Wort als Mitlaut bezeichnet wird; wissen, dass in jeder Schreibsilbe ein Vokal oder Diphthong sein muss; wissen, dass man in Wörterbüchern die richtige Schreibung nachschlagen kann; wissen, dass der Wortschatz nach Wortarten geordnet werden kann u. a.

- **Prozedurales Wissen (Handlungswissen):** Dieses Wissen liegt der Ausführung der eigentlichen rechtschreiblichen Tätigkeit zu Grunde. Im Gegensatz zum deklarativen Wissen muss prozedurales Wissen nicht bewusst sein. Es handelt sich um sogenannte Handlungsregeln, die sich in Wenn-dann-Beziehungen beschreiben lassen. Prozedurales Wissen gestattet, Tätigkeiten auszuführen. So überlegen Schriftkundige in der Regel bei der Niederschrift eines Wortes wie z. B. *Schiedsrichter* nicht lange und schreiben das Wort automatisch auf. Wie bei allen Fertigkeiten (beim Auto fahren, Rechnen u. a.) verläuft der Erwerb einer Handlungsregel in qualitativ zu unterscheidenden Aneignungsphasen. So lassen sich, grob gesehen, drei Schritte als Idealverlauf unterscheiden:

  Phase des Wissenserwerbs: Die logische Struktur der Handlungsregel muss als Problemlösungsprozess analysiert und angewendet werden. Da es sich in der Regel um einen bewussten und eher langsam ablaufenden Prozess handelt, spricht man in diesem Zusammenhang auch von *„konstruieren"*. Voraussetzung der Konstruktionsprozesse ist, dass das vorausgesetzte sprachliche Wissen im „Wenn-Teil der Regel" beim Lernenden vorhanden ist. Für einen Schüler z. B., der mit der begrifflichen Unterscheidung von „Vokal" und „Konsonant", „kurzer Vokal" und „Stamm" nichts anzufangen weiß, ist somit die folgende Regel: *Der kurze Stammvokal wird durch die Verdoppelung des Konsonantbuchstabens gekennzeichnet* wenig hilfreich.

  Phase der Wissenskompilierung: Das rechtschreibliche deklarative Problemlösungswissen wird kompiliert, d. h. zusammengefasst und in die Schreibtätigkeit so integriert, dass es handlungswirksam wird.

  Phase der Wissensautomation: Langfristig muss jede Handlungsregel schnell und richtig, d. h. automatisiert ablaufen, damit das Gedächtnis entlastet wird. Durch häufiges Anwenden ist man dann nicht mehr in der Lage, das den Wortschreibungen zu Grunde liegende Wissen zu erinnern. Wie noch zu zeigen sein wird, belegt der Prozess der Automation jedoch nicht, dass Rechtschreiben in diesem Stadium nicht regelgeleitet ist.

- **Wissen um Problemlösungen (Strategien):** Für einen routinierten Schreiber ist es in der Regel kein Problem, *Schiedsrichter* zu schreiben, weil bei ihm der Rechtschreibvorgang automatisiert abläuft. Für einen Lerner hingegen kann die Verschriftung zu einem Problem werden. Er muss dann die Wortschreibung *Schiedsrichter* konstruieren Dabei sind verschiedene Lösungswege möglich. So kann er z. B. bei der Niederschrift des Wortes seine Artikulation verschriften (Lösungsweg: schreibe, wie du sprichst), er kann verschiedene Wortformen als Alternativen aufschreiben und entscheiden, welche Wortform am besten aussieht – hier handelt es sich um die sogenannte „Löschblattmethode". Oder er zerlegt das Wort in seine sinntragenden Bestandteile, nachdem er die Bedeutung erfragt hat. Dabei kann der Lerner zu folgendem Lösungspfad kommen: z. B. */ʃi:t/ kommt von entscheiden, also mit d* (Lösungsweg: Bildung der zweisilbigen Langform). Auch kann er im Wörterbuch nachschlagen (Lösungsweg: Bei Unsicherheiten kontrolliere dich durch das Wörterbuch). Hat der Lerner Schwierigkeiten mit der Wortschreibung, und hat er sich schon aufgegeben, schreibt er bei dem Nachbarn ab (Lösungsweg: Ich kann das sowieso nicht. Andere sind immer besser.). All die beschriebenen Wege können als Problemlösungen angesehen werden, die jedoch nicht immer zur orthographisch korrekten Schreibung führen müssen.

- **Wissen um Metakognitionen:** Dieses Wissen um selbstreflexive Kontrollprozesse befähigt den Lerner, seinen Lernprozess, gewissermaßen sich selbst über die Schultern schauend, zu steuern. Ebenso umfasst das metakognitive Wissen die Fähigkeit, sich Ziele zu setzen für das eigene Lernen, Verstehensprobleme zu erkennen und zu lösen, die eigenen Denk- und Lernprozesse zu beobachten und zu reflektieren, seine Vorlieben und Schwächen einzuschätzen. Erwerb des metakognitiven Wissens, dessen Ausbildung nur im langfristigen Prozess erfolgen kann, ist wiederum eng verbunden mit den Begriffen der Sprachreflexion und „Sprachbewussheit" (vgl. Gornik 1989; Eisenberg und Klotz 1993, S. 6ff.).

Unsere Ausführungen haben bis hierher eines deutlich gemacht: Orthographie ist als ein kognitiv gesteuerter, wissensgeleiteter Bereich zu verstehen. Daraus geht ebenso deutlich hervor, wie wichtig eine Unterrichtsgestaltung ist, die diese Wissensformen berücksichtigt. Wie aber sieht es mit der Wirklichkeit unseres Rechtschreibunterrichts aus: Knüpfen Übungsangebote in ihren Voraussetzungen tatsächlich immer an das Sprachwissen der Kinder an? Können die Kinder diese Angebote als Handlungsregeln wirklich nutzen? Können die Kinder die Unterrichtsangebote hinsichtlich schriftstruktureller Merkmale analysieren, verstehen und anwenden? Geben wir den Kindern genug Zeit, die Ergebnisse in ihre Schreibtätigkeit zu integrieren ? – Und allem übergeordnet die Frage: Erwerben die Lernenden in unserem Rechtschreibunterricht wirklich jenes Sprachwissen, das sie zu Agenten ihres eigenen Lernprozesses werden lässt?

3.2. Modelle zur schriftsprachlichen Tätigkeit

Bei den vorhandenen Modellen zum Schriftspracherwerb lassen sich unterscheiden: *Entwicklungsmodelle bzw. Phasen- oder Stufenmodelle und psycholinguistische Prozessmodelle.* Während Prozessmodelle versuchen, den Vorgang des Lesens und Schreibens aufgabenspezifisch möglichst genau zu beschreiben, stellen Entwicklungsmodelle den Verlauf des Erwerbs dar. Da es uns darum geht zu zeigen, dass Modellvorstellungen auf der Grundlage der Dependenzthese von Schrift im Ansatz produktorientiert bleiben, beschränken wir uns im Folgenden auf die Darstellung der Entwicklungsmodelle. (Vgl. zu den Prozessmodellen Scheerer-Neumann 1988 u. a.; Augst et al. 1994, S. 291 ff.)

Verschiedene Autoren (Günther, K.-B. 1986, Scheerer-Neumann 1988, Spitta 1988 u. a.) haben auf der Grundlage des Stufenmodells von Frith (1990) verschiedene Entwicklungsmodelle zur Lese-Rechtschreibentwicklung vorgestellt. Trotz der unterschiedlichen Bezeichnungen für die einzelnen Entwicklungsstufen stimmen die Modelle in dem Punkt überein, dass die Schriftaneignung als typische Entwicklungsstufenfolge über qualitativ unterscheidbare Stufen in einer festgelegten Reihenfolge verläuft. Charakteristisch für alle Stufenmodelle ist die Abfolge folgender Stufen:

- **Logographische Phase:** Buchstaben werden nicht auf lautliche Einheiten bezogen, sondern werden, ähnlich einem Bild, erkannt und gemalt. Diese Stufe wird von Frith in Anlehnung an die logographische Schrift als logographische Stufe be zeichnet, da die Wörter ganzheitlich als Wortbild gespeichert und mit kognitiven Vorstellungskonzepten verbunden sind. Wörter wie *Cola, Mama* oder der eigene Name können in dieser Weise ganzheitlich geschrieben werden.
- **Alphabetische Phase:** Buchstaben werden auf lautliche Einheiten bezogen. Diese phonetische Realisation kann zunächst sehr rudimentär sein wie z.B. *Mt* für *Mund; oder Tm* für *Turm*. Mit fortschreitender Entwicklung kommt es dann zu einem Übergang von den phonetischen Verschriftungen (*fia* für *vier*) zu den phonemischen. Diese Stufe wird als alphabetische Stufe bezeichnet. Man schreibt auf dieser Stufe z. B. *munt* für *Mund.*
- **Orthographische Phase:** Jetzt können Verschriftungen durch Regelwissen und Anwendung orthographischer Strukturen von den Kindern vorgenommen werden wie z. B. Kin<u>d</u>, weil Kin-<u>d</u>er – oder H<u>ä</u>nde, weil H<u>a</u>nd.

Bei einigen Autoren werden die Stadien mit psycholinguistischen Strategien gleichgesetzt. Folgt man den Ausführungen von May, so macht der Begriff der Schreibstrategie darauf aufmerksam, „daß die Regeln, die der Schriftlerner entdeckt und denen er schreibend folgt, bestimmten Grundprinzipien zugeordnet werden können, nach denen die deutsche Schrift aufgebaut ist" (May 1993, S. 9). An dieser Stelle wird deutlich, dass der Deutungsprozess der Lernwege in einem hohen Maße von der entsprechenden Theorie der Schrift abhängt, die der Forscher zugrunde legt. Obwohl nicht reflektiert, unterliegt allen veröffentlichten Entwicklungsmodellen die Dependenzthese von der Schrift. Dabei kommt es zu ganz bestimmten Deutungen der Lernwege. In exemplarischer Darstellungsweise folgen wir den Beschreibungen von May in der „Hamburger Schreibprobe" (May 1993).

Im Hinblick auf den Rechtschreiblernprozess wird hierbei angenommen, dass beim logographischen Schreiben schriftliche Einheiten nicht segmentiert, sondern in der Form von graphischen Gestalten gespeichert werden, wobei im Sinne der Begriffsschriften markante visuelle Details ohne Lautbezug unterschieden werden. May formuliert die Strategie des logographischen Schreibens wie folgt: „Merke dir die Anordnung der Zeichen (Buchstaben)" [14] (ebd., S. 10). Die sich anschließende Stufe des alphabetischen Schreibens ist nach May dadurch gekennzeichnet, dass das Kind Lauten Buchstaben zuordnet. Mit zunehmender Geläufigkeit im Schreiben sollen sich die phonologischen Regeln herausbilden. Nach May könnte die Schreibstrategie auf dieser Stufe lauten: „Achte auf die eigene Aussprache, und schreibe für jeden Laut einen Buchstaben." (ebd., S. 11). Die dritte Stufe des Rechtschreiberwerbs bildet die Stufe des orthographischen Schreibens. Ganz in der Tradition der Dependenzthese von der Schrift beschreibt May diese Stufe wie folgt: „Merke dir die von

[14] Der Begriff des Buchstabens ist für das Lernersprachkonzept dieses Stadiums problematisch.

der Lautung abweichende Schreibung der Wortstelle, und/oder nutze eine dir bekannte Vorschrift für die Schreibung." Orthographisches Schreiben ist nach May dadurch gekennzeichnet, dass Merkelemente (wie z. B. Längezeichen) und Regelelemente (wie Kürzebezeichnung, Auslautverhärtung und Umlautableitung) allmählich als „Verallgemeinerung einzelwortspezifischen Wissens" von den Lernern realisiert werden (ebd., S. 11). An diese Stufe schließt sich nach May das morphematische Schreiben an, das zur Transparenz der Wortform führt und dabei die einzelwortspezifische orthographische Schreibung überformt. Die (Selbst-)Instruktion für das „morphematische Schreiben" lautet nach May: „Zerlege die Wörter in Wortbausteine (Morpheme), suche nach verwandten Wortstämmen, und leite die Schreibung danach ab" (ebd., S. 12).

Dass sich in den Annahmen über den Erwerb des Rechtschreibens die Erklärungsmuster der Orthographieregeln widerspiegeln, ist nicht schwer auszumachen; wobei dann wieder die Frage gestellt werden muss, ob die Annahmen zum Rechtschreiberwerb nicht im Ansatz produktorientiert bleiben, da der Aufbau der entsprechenden Wissensstrukturen um die Kategorie „Laut" und „Morphem" und „Wort" vernachlässigt wird. Ebenso wie bei der Bewertung der amtlichen Orthographieregeln hinsichtlich ihrer didaktischen Relevanz müssen zunächst einmal Fragen gestellt werden:

- Wie kommen die Kinder zur Phonemsegmentierung? Wie kommen sie zur Segmentierung der Wortform in Stamm-Morphem und Endung?
- Wie kommen die Kinder zum einzelwortspezifischen Wissen und dessen Verallgemeinerung?
- Ist es aus schriftsystematischer Sicht angemessen, „orthographisches Schreiben" und „morphematisches Schreiben" zu unterscheiden?

Andererseits lassen sich aus dem Konzept des Entwicklungsmodells zum Rechtschreiben folgende didaktische Hilfestellungen ableiten:

- Rechtschreiben als kognitive Fertigkeit setzt Einsicht in den Aufbau und die Funktion von Schrift voraus. Dies bedeutet, dass Kinder Rechtschreiben durch Prozesse des Problemlösens lernen und nicht durch bloßes Training. Dabei ist wichtig, dass sich die Orthographie nicht durch eine einfache Übersetzung von Lauten (Phoneme) in Schriftzeichen und deren Abweichungen beschreiben lässt, d. h. die Rechtschreibaneignung als Problemlösungsaufgabe kann nicht allein über den Weg der Mündlichkeit wie z. B.: „Schreibe, wie du sprichst, und merk dir die Abweichung" oder „Sprich, wie du schreibst" gelöst werden.
- Entwicklung der orthographischen Kompetenz als Einsicht in die komplexen Zusammenhänge bei der Zuordnung von gesprochener und geschriebener Sprache stellt die didaktische Frage nach der notwendigen Elementarisierung für den Umgang mit der Komplexität der Schriftsprache neu. Die in der herkömmlichen Rechtschreibdidaktik allgemein anerkannte Abstufung der Lernvorgänge von der „Aneignung der Laut-Buchstabe-Zuordnung", über „Einzelwortschreibungen" zum „morphematischen Schreiben" als übergeordnete Rechtschreibstrategie ist

nicht den Lernprozessen wie ein Naturgesetz eingeschrieben, sondern das Ergebnis eines ganz bestimmten rechtschreibdidaktischen Interpretationsprozesses. Und diese Deutung von Lernabläufen kann durch neuere Erkenntnisse in der Orthographieforschung revidiert werden.

- Es ist anzunehmen, dass bereits frühzeitig erworbene Schriftkenntnisse manchen Kindern einen besseren Start beim Schriftspracherwerb ermöglichen. Kindern aus schriftfernen Familien muss demzufolge im Unterricht das geistige Werkzeug für schriftsprachliches Handeln zur Verfügung gestellt werden
- Der Rechtschreiberwerb ist ein Prozess zunehmender Differenzierung, und zwar nicht vom sogenannten „Einfachen zum Schweren" (vom Laut zum Wort bzw. Morphem zum Satz), sondern vermutlich vom Globalen zum Differenzierten, sodass das Kind während seines Schriftspracherwerbs sein Wissen um sprachliche Einheiten wie „Laut", „Silbe", „Morphem", „Wortform" und „Satz" immer mehr ausdifferenziert.
- Fehler müssen – besonders in der Grundschule – nicht als Defizite, sondern als Lernschritte, als Annäherung an die Normschreibung gesehen werden. Die Qualität der Fehler gibt dem Lehrer Hinweise auf das Lernersprachkonzept. So muss es als Verdienst der Vertreter des Spracherfahrungsansatzes angesehen werden, die plakative Einstellung, „aus Fehlern lernt man", didaktisch umgesetzt zu haben, nachdem sich die Annahme der Wortbildtheorie und das lerntheoretische Prinzip, dass sich Falsches besonders einpräge, als nicht richtig erwiesen haben. Dennoch kommt es bei der Deutung von Lernentwicklungen und den rechtschreibdidaktischen Implikationen kaum zu grundsätzlichen Neu-Interpretationen durch Berücksichtigung schriftsystematischer Gesichtspunkte, d.h. das Wissen über das „Wie der Schrift", beschrieben in den amtlichen Orthographieregeln, wird als Naturtatsache unreflektiert übernommen. Vor diesem Hintergrund lässt sich erklären, warum wir immer noch – trotz aller gegenteiligen Bekundungen in der Literatur – bei der Beurteilung von Rechtschreibleistungen fehlerfixiert sind. Fehlervermeidung bleibt in der schulischen Praxis nach wie vor ein ausgesprochenes oder auch unausgesprochenes – aber ganz und gar unzulängliches Gesetz.

4. Ziele und Orientierungsrahmen für das unterrichtliche Handeln

Die aufgezeigten Darstellungen und Erörterungen zum Gegenstand der Orthographie (Kap.1 und 2) und ihrer möglichen Aneignung (Kap.1 und 3) führen zur Formulierung folgenden Grobziels: Damit SchülerInnen entsprechend den schriftsprachlichen kommunikativen Anforderungen weitgehend richtig schreiben können, muss ihnen zum einen die pragmatische Bedeutung der Rechtschreibung bewusst werden. Darüber hinaus sollte die Orthographie als wissensgeleiteter Bereich selbst zum Gegenstand sprachanalytischer Untersuchungen werden.

Zur Realisierung dieses Ziels kann folgender Orientierungsrahmen gegeben werden:

- Rechtschreiben als Teilbereich des gesamten Schreibprozesses ist nicht als bloße *Kulturtechnik* von den Kindern zu erfahren, sondern als Schritt in die von Schrift bestimmte Kultur, als *Teilhabe an Schriftkultur*, d.h. Schrift ist niemals nur ein Abbild der gesprochenen Sprache, sondern ein Mittel zur qualitativen Erweiterung der kognitiven Möglichkeiten eines Menschen. Auf diesem Hintergrund dürfen Unterrichtsangebote zum Rechtschreiben nicht so sehr ihr Augenmerk auf eine bloße Fertigkeitsschulung richten (z.B. Fokussierung aller Betrachtungen auf die Lernergebnisse wie z.B. Wortbildschemata, Phonem-Graphem-Korrespondenzen, Wortbausteine), sondern auf die Wege, die es den *Lernenden* ermöglichen, die *grundlegenden Prinzipien der Schrift zu verstehen und anzuwenden*. Orthographie wird somit zum kognitiv gesteuerten, wissensgeleiteten Bereich.
- Rechtschreiben als zentraler Teil der verschrifteten Sprache ist *Teilgebiet der gesamten Grammatik des Deutschen*, d.h. zur orthographisch korrekten Schreibung braucht man Verfahren, die die Bezüge zu den phonologischen, morphologischen und syntaktischen Regularitäten offenlegen. Dabei ist dann wichtig, darauf hinzuweisen, dass die orthographischen Gesetzmäßigkeiten immer aufs engste mit den semantischen und pragmatischen Aspekten der Sprache verbunden sind. Richtiges Schreiben bedeutet, *für einen Leser zu schreiben*, der die Inhalte des Geschriebenen schnell erfassen möchte. Auf diesem Hintergrund kann man die Rechtschreibung auf zweierlei Weise erwerben: Einmal durch den *Schreibgebrauch*, d.h. durch ein bewusstes Überarbeiten schriftlicher Texte auf orthographische Aspekte hin (Rechtschreibung wird hier zu einem Teilbereich umfassender schreibdidaktischer Überlegungen), zum anderen durch *bewusste strukturelle Untersuchungen* des Gegenstands der Orthographie. Hier ist sprachanalytisches Denken gefordert, in das man im Laufe der Schulzeit(bis weit über die Grundschule hinaus zum Abschluss der Sekundarstufe I bzw. II) immer tiefer eindringen muss, und zwar im Sinne einer spiralförmig angelegten Lehr-Lernorganisation. Vor diesem Hintergrund ist eine Trennung der Lernbereiche „Reflexion über Sprache" und „Rechtschreibung" nicht mehr sinnvoll.
- Rechtschreibunterricht ist auch ein Beitrag *zum Lernen des Lernens*. Damit die Lernenden ihren Lernprozess aktiv und bewusst mitgestalten können, ist es wichtig, Kinder auf der Grundlage des Geschriebenen so zum experimentierenden Beobachten von geschriebener und gesprochener Sprache anzuleiten, dass sie – ausgehend von ihren individuellen Lernvoraussetzungen – das für die Orthographie Relevante erkennen, durchschauen und anwenden lernen. Hierbei müssen die Rechtschreibprobleme den Kindern selbst zur Frage werden *(Aufbau von rechtschreiblichem Sach- und Handlungswissen und metasprachlichem Wissen auf der Grundlage des Modells zum Wissenserwerb)*.
- Mit dem Verweis auf den Erwerb sprachlichen Wissens als grundlegendes Unterrichtsprinzip sollte jedoch keine Trennung von Emotion und Kognition vorgenommen werden. Rechtschreibung als integraler Bestandteil der gesamten Sprachentwicklung setzt einen schöpferischen Umgang mit der Sprache voraus.

Die fruchtbarsten Lernergebnisse entstehen vermutlich durch eine Verknüpfung emotionaler, psychomotorischer und kognitiver Verarbeitungsprozesse. Dafür sind Spiele mit Sprache, strukturbezogene Übungssequenzen und freies Schreiben und Lesen gleichermaßen wichtig. Diese Vielzahl von Erfahrungsmöglichkeiten, die Rechtschreibung in ihrer Eigengesetzlichkeit zu verstehen, macht auch deutlich, dass, methodisch gesehen, mehrere Wege zur Rechtschreibaneignung möglich sind. Unabhängig von den verschiedenen Unterrichtsangeboten muss es ein Grundprinzip des Unterrichts sein, sich mit dem einzelnen Kind über seine Schwierigkeiten zu verständigen, damit es in seinen Lernschritten ermutigt wird. Auf diesem Hintergrund übernimmt der Rechtschreibunterricht die Aufgabe einer Sprachberatung.

- Für die Sprachberatungen wird der grundlegende Wandel in der pädagogischen Beurteilung *von den Ergebnissen zu den Lernprozessen, von den Fehlern als Defiziten zu den Fehlern als Lernschritten* bedeutsam. Die Deutung des Fehlers als Defizit ist vor allem an das Aufspüren von Normverstößen gekoppelt. Eine Bewertung auf der Grundlage von Regeln, die sich an Schriftkundige richten, kann Lernenden mit Lernschwierigkeiten jedoch nicht gerecht werden. Bei einer pädagogisch sinnvollen Bewertung – vor allem in der Grundschule – geht es zunächst nicht so sehr um die Bewertung „richtig" oder „falsch", sondern eher um die Frage „angemessen" oder „weniger angemessen", immer aus dem Blickwinkel, was für das Kind im Augenblick vom Punkt seiner Entwicklung möglich ist.

  Was die Effektivität dieser Sprachberatungen angeht, muss der diagnostischen Sensibilität für emotionale und kognitive Lernvoraussetzungen und den daraus resultierenden didaktischen Entscheidungen eine große Bedeutung beigemessen werden. Inwieweit diese vielschichtigen Bedingungen einer Sprachberatung in ihrer dynamischen Eigenentwicklung überhaupt zu kontrollieren sind, bleibt das Hauptproblem rechtschreibdidaktischer Handreichungen.

5. Didaktische Grundlagen des Rechtschreibunterrichts im engeren Sinne

Zeigt das pädagogische Konzept des offenen Unterrichts, dass der inhaltsbezogene, geschlossene Unterricht, d.h. der gestufte Lehrgang vom sogenannten „Leichten zum Schweren", eine Orientierung an den individuellen Lernwegen der Kinder nicht zulässt (vgl. Ramseger 1987), so bleibt dennoch die Frage, wie die Unterrichtsangebote, die auch in ihrer offenen Form geplantes Handeln bleiben, gewährleisten, dass Kinder die Zusammenhänge der richtigen Schreibung begreifen lernen. Betrachten wir auf diese Frage hin die Lehrpläne und Sprachbücher, so fällt zunächst auf, dass der Rechtschreibunterricht entweder als ein eigener Lernbereich ausgewiesen ist, in dem die Lerninhalte (Buchstabenschreibungen, Groß- und Kleinschreibungen, Getrennt-Zusammenschreibung, Trennungsregeln und Zeichensetzung) in Einzelfallbeschreibungen und ergebnisorientiert aufgelistet werden, oder dass er in thematische Zusammenhänge „integriert" ist. Damit wird es sowohl den

Lehrenden und den Lernenden als Aufgabe überlassen, die rechtschreiblichen Problemlösungen zu einem größeren Ganzen zu verbinden.

Aus Platzgründen müssen wir auf eine Auflistung der thematischen Schwerpunkte in ihrer Bedeutung für die einzelnen Schulstufen verzichten. Wir möchten aber darauf hinweisen, dass ein grundsätzlicher Bruch zwischen rechtschreibdidaktischen Überlegungen der Primarstufe und den weiteren Schulformen nicht zu rechtfertigen ist. „Der Prozeß des Erwerbs der Schriftsprache ist durchgehend von einer zunehmenden kognitiven Durchdringung der – impliziten wie expliziten – schriftsprachlichen Norm gekennzeichnet, auch im weiterführenden Rechtschreibunterricht ändern sich die grundlegenden Prinzipien nicht“ (vgl. Eisenberg et al. 1994, S. 23). Aus dem Konzept der zunehmenden kognitiven Durchdringung folgt auch eine Tendenz zur Streckung des Rechtschreibunterrichts bis in höhere Schulstufen der Sekundarstufe hinein. Wie Eisenberg et al. anführen, muss beispielsweise eine Unterscheidung zwischen langem und kurzem Vokal nicht schon Thema der zweiten Klasse der Primarstufe sein. Auch genüge es, wenn der Bereich der Substantivierungen und Desubstantivierungen Gegenstand der sprachanalytischen Untersuchungen der 7. und 8. Klasse sei. Die Erarbeitung der Gründe, warum z. B. bei der Zusammen- und Getrenntschreibung eine eindeutige Regelung gar nicht möglich ist, wäre erst ein Gegenstand der Sekundarstufe II. Als Konsequenz daraus dürften Abweichungen von der orthographischen Norm nur dann als Fehler gewertet werden, wenn gewährleistet werden kann, dass diese Bereiche zum Wissensbestand der SchülerInnen gehören.

Da mit der Auflistung thematischer Schwerpunkte noch kein zusammenhängendes Lehren und Lernen gewährleistet werden kann, möchten wir kurz umreißen, wie die Themen der Rahmenrichtlinien in eine didaktische Konzeption der Lerner- bzw. Prozessorientierung zu integrieren sind.

Wie die bisherigen Überlegungen zeigten, setzen Rechtschreiblernprozesse immer Reflexionen über Sprache voraus. Andererseits können Sprachbetrachtungen im Zusammenhang mit der Orthographie das Rechtschreiblernen unterstützen. Um die Regularitäten untersuchen zu können, bedarf es vielfältiger Erfahrungen im Lesen und Schreiben. Rechtschreiben ist somit immer auch ein Teilbereich lesedidaktischer und schreibdidaktischer Handreichungen. Darüber hinaus leistet der Rechtschreibunterricht in seiner Zielsetzung, Kinder selbst Kontrolle über ihren Lernprozess gewinnen zu lassen, auch einen Beitrag zum Lernen des Lernens. Rechtschreiben wird somit zum Gegenstand einer lernbereichsübergreifenden Unterrichtskonzeption (vgl. Abb. 2). Unter diesem Aspekt wäre der Begriff des „integrativen Rechtschreibunterrichts“ völlig neu zu fassen.

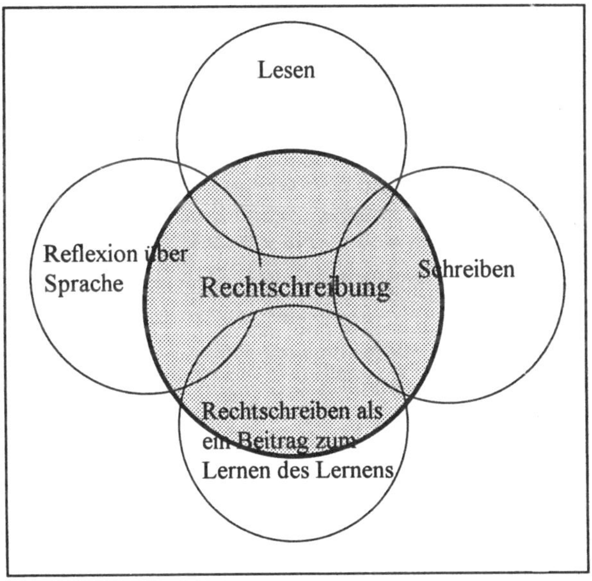

Abb. 2 Rechtschreiben als Gegenstand einer lernbereichsübergreifenden Unterrichtskonzeption

Welche didaktischen Konsequenzen sind daraus zu ziehen? Kinder brauchen, damit sie die schriftsystematischen Zusammenhänge erkennen können, metaphorisch gesprochen, eine Einführung in das Kartenlesen von Hauptwegen (vgl. Ruf 1989). Dies will heißen: *Nicht die Lernergebnisse*, die orthographisch korrekten Schreibungen also, stehen zunächst im Mittelpunkt des Unterrichtsgeschehens, *sondern die Wege*, die zu diesem Ziel führen. Dabei wird die Rechtschreibung als eine besondere Form der sprachlichen Äußerung nicht in vereinzelten Mosaiksteinchen, sondern in ihrer Ganzheit gesehen. Also nicht Einzelfallbeschreibungen, sondern operationale Verfahren als Problemlösungswissen, durch das die Kinder die strukturierenden Prinzipien erkennen können. Operationale Verfahren als Problemlösungswissen müssen also selbst zu Themen des Unterrichts werden. Erst dadurch kann der Unterricht immer mehr auf sinnhaftes, verstehendes Lernen hin angelegt werden (vgl. dazu den Begriff der „themenkonstituierenden Funktion von Methoden" bei Klafki 1980).

Beispielsweise ist mit einem operationalen Umgang des zweischrittigen Konstruktionsprinzips von sowohl silbischen als auch morphologischen Schreibungen das metasprachliche Wissen gegeben, mit dessen Hilfe Lernende die wortspezifischen Informationen zu einem größeren Ganzen zusammenfügen können.

Dafür untersuchen die Kinder im ersten Schritt zweisilbige Wortschreibungen – als *Schlüsselwörter*. Ausgangslage für die sprachanalytischen Übungssequenzen ist die schriftliche zweisilbige Langform in ihrem Bezug zum phonologischen Zweisilber (trochäischer Zweisilber, Wechsel von betont und unbetont). Diese zweisilbigen Wortschreibungen werden als *Schlüsselwörter* bezeichnet. Schlüsselwörter sind in ihrer Wortstruktur auf die jeweils in Rede stehenden rechtschreiblichen Probleme zu beziehen: So sind die schriftlichen Wortformen wie z. B. *Hun-de, Wän-de, hal-ten* u. a. in ihrer strukturellen Regelmäßigkeit Schlüsselwörter zum Erkennen der Vokalkürze; die schriftlichen Wortformen *ho-len, ra-ten, Blu-men* u. a. Schlüsselwörter zum Erkennen der Vokallänge, die schriftlichen Wortformen wie z. B *ren-nen, tren-nen, stim-men* u. a. Schlüsselwörter zum Erkennen des Silbengelenks; die schriftlichen Wortformen wie *se-hen, dre-hen, nä-hen* Schlüsselwörter für das „silbeninitiale h"; Wortformen wie *Fü-ße, Grü-ße, schlie-ßen* sind in ihrer Wortstruktur Schlüsselwörter für die graphische Markierung des stimmlosen /s/ u. a. Auf der Grundlage der Schlüsselwörter werden die Kinder durch ein experimentierendes Beobachten von geschriebenen und gesprochenen Wortformen und durch ein silbisch-rhythmisches Sprechschreiben direkt zur Bedingungsanalyse des rechtschreiblichen Problems geführt.

Im zweiten Schritt werden dann die Schreibungen untersucht, die morphologisch bedingt sind: z. B. für die Einsicht in die strukturellen Regelmäßigkeiten des „ererbten Silbengelenks" bei Wortschreibungen wie z. B.: *komm- kommt.* Durch die zweisilbige Langformbildung z. B. *kom-men* können dann die morphologischen Gegebenheiten aufgedeckt werden. Immer geht es darum, analoge Wortstrukturen zu erkennen, damit die Analogie bei der Bildung neuer Wörter gestärkt wird. Es muss an dieser Stelle noch einmal deutlich gemacht werden, dass sich das rechtschreibliche Wissen nicht auf bloße Buchstabeninformationen beschränken sollte, wie z. B. *„kom-men mit mm"*, sondern auf Einblick in das schriftliche Silbenteilungsprinzip. Nur von dieser stabilen metasprachlichen Ebene können Transferleistungen vollzogen werden. Zu unterscheiden sind dabei: *Generalisierungsprozesse* (wie z. B.: wenn *kom-men*, dann auch *es-sen*, dann auch *nen-nen, hof-fen* u. a.) und *Diskriminationsprozesse* (wie z. B. *ka-men*, weil nicht *kam-men*).

Ob die Kinder zu dieser Transparenz der Wörter geführt werden können, muss somit als eine zentrale Frage der Lernbeobachtungen angesehen werden. Eine Anwendung des silbischen Sprechschreibens ohne eine Förderung der Sprachreflexion wird vermutlich kaum zu einer positiven Lernentwicklung beitragen können (vgl. Hinney 1994, 1997, 1997a).

Durch die Einführung operationaler Verfahren, die die strukturellen orthographischen Gesetzmäßigkeiten im Kernbereich aufdecken, erhalten die Kinder zunächst ein grobes Bild der Wortschreibungen. Dieses Bild wird durch weitere Problemlösungen, die eher den peripheren Bereichen der Wortschreibung angehören, im Ablauf der zehn Schuljahre immer mehr verfeinert und ausdifferenziert (vgl. dazu die Strukturmodelle in Hinney 1997 a).

Im Rahmen dieses Beitrags haben wir uns ausführlicher mit der Buchstabenschreibung beschäftigt, da Buchstabenfehler besonders auffällig sind. Natürlich sind damit nicht alle orthographischen Probleme abgedeckt. Es würde den Rahmen dieses Beitrags sprengen, auf die anderen Bereiche in gleicher Weise einzugehen. Zur Problematik der Groß-und Kleinschreibung vgl. Eisenberg et al. 1994, S. 18ff.; Röber-

Siekmeyer 1993; Bremerich-Vos 1996; zur Getrennt-Zusammenschreibung vgl. Menzel 1997 u. a.; zur Interpunktion vgl. Menzel und Sitta 1982.

6. Ausgewählte methodische Grundsatzfragen

Die Rechtschreibdidaktik, nicht anders als die Didaktik des Schriftspracherwerbs überhaupt, ist stets in der Gefahr gewesen, einen bestimmten Weg zu verabsolutieren: bald den einzelheitlichen, bald den ganzheitlichen, bald den lehrgangsbezogenen, bald den offenen Weg. Es ist ein immer wieder zu beobachtendes Dilemma der Unterrichtskonzepte, dass sie den jeweils neuen Erkenntnissen absoluten Gültigkeitsanspruch verleihen und in Gefahr sind, das jeweils Vorausgehende als überholt zu verabschieden. So sind bekanntlich die Vorzüge des integrativen Weges beim Lesen- und Schreibenlernen erst über die rigorose Ablösung des einzelheitlichen Verfahrens durch das ganzheitliche Verfahren erkannt worden. So ist der regelgeleitete Zugang zur Rechtschreibung, der lange Zeit vorherrschend war, durch das visuell-ganzheitliche Prinzip des Grundwortschatztrainings verabschiedet worden. Eine Verbindung der verschiedenen Lehr-Lernprozesse war in einem ersten Schritt immer nur möglich über die jeweils völlige Absage an vorausgehende, was die Fachdidaktiken dann immer wieder in den zweifelhaften Ruf gebracht hat, Wolkenkuckucksheimprojekte vorschnell in den Unterricht an den Schulen hineinzukatapultieren. An Beispielen ausgewählter methodischer Grundsatzfragen wollen wir verdeutlichen, dass methodische Maßnahmen nie absolut, sondern nur im Rahmen ihrer didaktischen Voraussetzungen zu verstehen sind.

6.1. Die Frage nach dem geeigneten Lösungsweg

In fast jeder rechtschreibdidaktischen Arbeit findet man in seltener Übereinstimmung den Vorschlag des sogenannten „Vielkanallernens“ (Lernen mit Auge, Ohr, Mund, Hand und Kopf) als Grundlage für den geeigneten Lösungsweg beim Rechtschreiberwerb. Zu unterscheiden sind:

- o der optische Lösungsweg, d. h. die visuelle Einprägung graphischer Zeichen,
- o der akustische Lösungsweg , d. h. die akustische Analyse eines gesprochenen Wortes,
- o der sprechmotorische Lösungsweg, d. h. das deutliche Sprechen,
- o der schreibmotorische Lösungsweg, d. h. das gegliederte Schreiben,
- o der logische Lösungsweg, das Anwenden von Regeln.

Der innovative Aspekt der Rechtschreibaneignung als Verstehensprozess verlangt jedoch ein weit differenzierteres Vorgehen, da aus der Sicht des kognitiven Paradigmas eine Trennung von Wahrnehmung und Denken nicht mehr aufrechtzuerhalten ist. Vermutlich kann jeder nur das sehen, was er erkennt und versteht, sodass die akustische oder visuelle Wahrnehmung stets mit dem Sprachdenken verbunden ist. Die Übernahme kognitionspsychologischer Überlegungen kann auch nicht bedeuten, die klassischen Lösungswege einfach in Strategien umzubenennen, wie z. B. Eichler es tut. Der sogenannte akusto-sprechmotorische Lösungsweg heißt dann

„lautanalytische Strategie“ (vgl. hierzu Eichler 1992, S. 54ff.). Dies bedeutet neuen Wein in alte Schläuche füllen. Konsequenterweise müsste die Übernahme eines kognitiven Lernkonzepts zu einer neuen Definition des Begriffs „Lösungsweg“ führen, wobei eine Unterteilung in akusto-motorisch, optisch und logisch wenig sinnvoll ist, auch wenn sensomotorische Abläufe nach wie vor wichtige Komponenten des Sprachverarbeitungsprozesses bleiben. Aus dieser Erkenntnis möchten wir mit Nachdruck unterstreichen, was Eisenberg et al. als grobe Zielformulierung für die Arbeit in der Grundschule formulieren: „Die in der Praxis weitgehend bevorzugten primär visuell-motorisch orientierten Lernangebote mit der dafür typischen Häufung von teilweise mechanisch ablaufenden Ab- und Nachschreibübungen müssen reduziert werden. Anregender sind Erarbeitungs- und Übungssequenzen, bei denen die Kinder Sprache (bewusst) analysieren und manipulieren“ (vgl. Eisenberg et al. 1994, S. 21). Der bloße Verweis auf das Vielkanallernen als Lösungsweg für die Rechtschreibung schlechthin kann sehr schnell zu einer Merkschreibung führen wie: *Satz lesen, zudecken, auswendig aufschreiben*, durch die viele Kinder nicht zu ihren erwünschten Zielen kommen.

In einem kognitiv zu begründenden RU wird das Hauptgewicht zunächst nicht auf die Lernergebnisse, d.h. auf die orthographisch korrekten Schreibungen gelegt, sondern auf Wege und Verfahren, die zu diesen Ergebnissen führen. Rechtschreibung wird dabei zum Gegenstand von Sprachreflexion, damit auch Kinder mit Lernschwierigkeiten über den Erwerb eines metasprachlichen Wissens zunehmend ihre rechtschreiblichen Zweifelsfälle eigenständig klären und lösen können. Für die Unterrichtsorganisation rücken damit zwei Aspekte in den Mittelpunkt der Betrachtung. Zum einen geht es um den Hinweis auf qualitativ zu unterscheidende Lehr-Lernphasen beim Erwerb des Rechtschreibens als kognitive Fertigkeit (vgl. Punkt 3.1). Zum anderen geht es um die Darstellung des rechtschreiblichen Sach- und Handlungswissens für eine problemlösende Rechtschreibaneignung (vgl. Punkt 2.3).

6.2. Grundwortschatzorientiertes Lernen

Rechtschreiblernen, das sich am Grundwortschatz orientiert, geht von der Annahme aus, dass mit der Einübung einer begrenzten Anzahl von Wörtern (etwa zwischen 1000 und 2000 für die Grundschule) die größte Zahl der Wörter richtig geschrieben werden könnte, die in Alltagssituationen immer wieder vorkommen. Man müsse nur eben jene Wörter, die in geschriebenen Texten der Kinder am häufigsten vorkommen, genau kennen. Die Grundwortschatzforscher der 70er und 80er Jahre haben dann mit z.T. erheblichem Aufwand solche Wörter ermittelt und zusammengestellt. Entnommen wurden sie aus Häufigkeitslisten des deutschen Schreibwortschatzes (z.B. aus Meiers *Deutsche Sprachstatistik*), aus Schülerwortschatzerhebungen und aus Fehlerstatistiken (z.B. Menzel 1985). Vor allem wollte man mit solchen Grundwortschatzlisten dem bis dato für Rechtschreibübungen zur Verfügung stehenden Übungsmaterial in Sprachbüchern mit einer brauchbareren Wortauswahl begegnen, welche der Überfülle des z.T. exotischen Wortmaterials eines des kindgemäßen Schreiballtags entgegenstellt. Waren die in Rechtschreibübungen der Sprachbücher aufgeführten Wörter in erster Linie an orthographischen Phänomenen und Problemen orientiert (wobei dann unter den Wörtern mit *ß/ss* solche wie *Maße, Buße, Ruß, müssen, lassen, hassen* usw. auftauchten, die kaum je ein Kind schreibt), so werden in Grundwortschätzen ausschließlich solche Wörter aufgeführt, die, vor allem auch in flektierten Formen, von den Kindern tatsächlich in ihren eigenen Texten verwendet werden (wie *muss, lässt, hasst, ...*). „Zielerreichendes Lernen" ist damit angesagt, und das heißt, „aufs Rechtschreiben übertragen, wenige Wörter gut üben und dann sicher können" (vgl. Bartnitzky und Christiani 1983). Die meisten Richtlinien und Lehrpläne der Bundesländer enthielten und enthalten noch heute solche Wortschatzlisten, die im Zentrum der Rechtschreibkonzepte standen – und z. T. auch noch stehen.

„Wichtig bleibt", so Süselbeck, „daß mit dem Grundwortschatzprinzip endlich die vielen schreibhäufigen kleinen Wörter, Strukturwörter zum Lerngegenstand werden (*bald, jetzt, nun, ihr, wir, den, denn*) ... sie sind fehlerträchtig, sie lernen sich nicht von selbst" (1995, S. 9). Viele dieser kleinen Wörter stellen ja auch orthographische Besonderheiten dar (obwohl *raus* mit *draußen* verwandt ist, wird es mit *s* geschrieben, obwohl das lange [i:] fast ausnahmslos mit *ie* geschrieben wird, kommt es in vielen Kurzwörtern mit *i* oder *ih* vor – usf.). Man muss solche Wörter also gesondert üben, und das ist nur in kontextuellen Zusammenhängen möglich.

Eine andere Sache ist jedoch, ob man die 1000 bis 2000 Wörter eines Rechtschreibgrundwortschatzes allesamt auf eine Weise einüben sollte, die auf jeden Transfer verzichtet, also ohne sie zu Reihen zusammenzustellen, aus denen hervorgeht, dass sie bestimmten orthographischen Regularitäten unterliegen. Auch Wörter wie *Acker, backen, einpacken, entdecken, Jacke und Bank, danke, denken, krank* usw. stehen in jedem Grundwortschatz. Natürlich könnte man auch sie immer wieder, wie Süselbeck es vorschlägt, lediglich in kontextuellen Zusammenhängen schlichtweg eintrainieren. „Wichtig bleibt", so schreibt sie, „daß Wörter nicht zu früh unter rechtschreibsystematischen Aspekten präsentiert werden. Ich selbst habe auch als erwachsene Schreiberin kein primäres Interesse an Rechtschreibphänomenen oder orthographischen Spitzfindigkeiten. Ich verwende Wörter aus inhaltlich-thematischen Gründen und möchte sie dann auch in meinen Texten richtig schreiben können – automatisch ... Wieso sollen Grundschulkinder sich eigentlich für Wörterlernen unter rechtschreibsystematischen Aspekten interessieren?" (ebd. S. 9) – Die Antwort wäre einfach: damit sie Wörter wie *Fackel* und *Ferkel*, wenn sie sie auch einmal aus inhaltlichen Gründen schreiben wollen, obwohl sie sie nie zuvor in einem Wortlistentraining geübt haben, weil sie in keinem Grundwortschatz vorkommen, richtig schreiben können. Das aber wäre nur dann möglich, wenn die Kinder eine grundlegende Regularität – am Beispiel der Wörter des Grundwortschatzes – mitgelernt haben, nämlich dass *ck* ein Silbengelenk signalisiert. Süselbeck übersieht, dass sie als erwachsene Schreiberin diese Regel bei allen Wörtern mit *k/ck*, die sie nie zuvor zu automatisieren die Chance hatte, längst mitzudenken imstande ist. Auch wenn sie „kein Interesse an orthographischen Spitzfindigkeiten" hatte, kann sie doch ein nie zuvor geschriebenes Wort wie *Forke* richtig aufs Papier bringen, – eben weil sie eine Regularität anzuwenden imstande ist.

Es wäre also schlichtweg unökonomisch, auf Einsicht in orthographische Gesetzmäßigkeiten zu verzichten und die Wörter eines Grundwortschatzes bei Verzicht auf jegliche Strategie einfach jeweils für sich einzutrainieren und dabei darauf zu hoffen, dass es so etwas wie Engramme in einer Art Wortbildgedächtnis gibt, von dessen Funktionieren und Speicherkapazität wir noch dazu wenig wissen. Selbst wenn man nicht bezweifelt, dass es dergleichen gibt, wird man es als unpädagogisch ansehen müssen, etwas nicht zu tun, was über das bloße Speichern von Schemata hinaus hilfreich und zweckmäßig ist. Lernende sind an sprachanalytischen Untersuchungen durchaus nicht „uninteressiert", wenn sie erkennen und erfahren, dass sie mit ihnen erfolgreich sein können.

So unbestritten zweckmäßig es also ist, Schülerinnen und Schüler jene Wörter immer wieder üben zu lassen, die sie tatsächlich alltäglich gebrauchen, so problematisch ist es, wenn man sich bei der Einprägung dieser Wörter auf visuell-ganzheitliche Verfahren beschränkt. Wenn man diese Wörter darüber hinaus nur in einem sogenannten „integrativen Unterricht" bei Gelegenheit inhaltlicher Themen übt und keinerlei systematische Zusammenhänge gelten lässt, in denen Regularitäten und Prinzipien der Schreibung gesondert vermittelt werden, dann wird man die Aufmerksamkeit von Lernenden kaum von der Bedeutung hin auch zu den Formen und Strukturen der Schreibungen richten können.

Man mag einen solchermaßen integrativen Unterricht als „bedürfnisorientiert" bezeichnen, da ja Kinder tatsächlich vornehmlich an den Inhalten des Schreibens interessiert sind; pädagogisch ist er deswegen noch durchaus nicht, wie überhaupt pure Bedürfnisorientierung noch nicht verdient, pädagogisch genannt zu werden. Das Entscheidende einer *Pädagogik* der Orthographie ist, dass sie den Lernenden den Sinn und Zweck des Unternehmens mitvermittelt und Erfolgserlebnisse ermöglicht; dass sie Lernende vor allem aber ernst nimmt als Individuen, die nicht nur Wörter eines Grundwortschatzes, die sie tatsächlich gebrauchen, trainieren, sondern auch deren geistige Fähigkeiten, die sie tatsächlich besitzen, erweitert. Lernende haben ein Recht darauf, dass man ihnen vermittelt, was Gebrauchswert hat (*was* also sie gebrauchen können). Sie haben aber gleichermaßen ein Recht darauf, dass man ihnen vermittelt, was Übertragungswert hat (*warum* also sie dies und jenes gebrauchen).

Vor allem aber muss die Grundannahme revidiert werden, dass die Wörter einer alphabetisch angeordneten Liste durch wie auch immer geübtes Einprägen in Alltagszusammenhängen und ständiges Wiederholen den Transfer auf über die Schreibung eben dieser Wörter hinausreichende Schreibungen schon von selbst ermöglichen würden. Wenn, wie es Bartnitzky darstellt, die Grundwortschatzwörter als Modelle für weiteres Rechtschreiben dienen sollen, weil sie bestimmte Rechtschreibmuster und Regelungen repräsentieren, so werden sie als „Modelle" eben doch nur wirksam, wenn die Entdeckung von Rechtschreibmustern nicht nur „durch unbewusste Strukturierungsprozesse" in inhaltlichen Zusammenhängen geschieht. Analogiebildungsprozesse mögen so funktionieren (mit allen Problemen!), rechtschreibliche

Problemlösungen aber müssen gelernt werden, systematisch und ganz für sich, wenn sie tragfähig sein sollen. Auch sie kann man natürlich an Wörtern des Grundwortschatzes erlernen, und das wäre auch sinnvoll; doch das Entscheidende eines jeden Transferprozesses ist gerade, dass man das am Bekannten Erlernte auf Unbekanntes, sprich: zuvor nie Geschriebenes, zu transferieren lernt: Wie schreibt man z. B. ein Wort wie *spü(h)len*?, das in keinem Grundwortschatz steht, das man aber – mit Hilfe problemlösenden Lernens – schreibend zu ermitteln gelernt haben sollte.

6.3. Die Furcht vor Fehlern

Im Zusammenhang mit dem grundwortschatzorientierten Lernen sind zwei Probleme zu sehen, die zu vielfältigen Vorurteilen geführt haben: das Problem der Fehlerbehandlung und das der Zugleichbehandlung von Ähnlichkeitsphänomenen. Lehrende fürchten sich davor, ein Wort, zum Zwecke der Fehleranalyse, falsch an die Tafel zu schreiben, da es sich, wie sie wohl aus Lehrproben von höherer Stelle erfahren haben, besonders einpräge. Unabhängig von dem aktuellen Stand der Forschung, dass die Wortbildtheorie nicht angemessen ist, wissen wir alle aus den Erfahrungen mit dem Rechtschreibunterricht, dass sich ein richtig an der Tafel stehendes Wort durchaus nicht ohne Probleme, schon gar nicht beim ersten Lesen, einprägt, ja, dass selbst hundertfach gelesene Wörter (wie z. B. *und, kam, denn, wir, ihr, ...*) oftmals die fatale Tendenz besitzen können, selbst bei stets wiederholtem Lesen noch fehlerhaft in die Hefte der Kinder zu geraten, was ja nichts anderes bedeuten kann, als dass ins Schreiben selbst kleinster Wörter missglückte Analogie- und Strategiebildungsprozesse hineinspielen (womöglich *unt* wie *bunt, kamm* weil von *kommen* – oder *kahm* wie *nahm, wihr* wie *ihr* – oder *wier*, weil langes *i* meistens *ie* usw.), wenn wir nicht davon ausgehen wollen, was wir nicht tun, dass bei solchen Fehlschreibungen völlig chaotische Prozesse am Werk sind. Nicht-analytisches Lesen führt durchaus nicht von selbst dazu, dass die Wörter fest im Gedächtnis verankert werden. Die Theorie der Gestaltpsychologie, dass sich ganze Wortschemata beim Lesen gleichsam von selbst speichern lassen, hat sich, wie die Lernpsychologie heute weiß, als unzulänglich erwiesen. Erst Analyse und Synthese, erst kognitive Prozesse oder gar Strategien in Kombination mit wiederholtem Lesen und strukturiertem Üben können die Gewähr bieten, dass wir Wörter allmählich richtig schreiben.

Es gibt noch eine weitere Furcht, ein fehlerhaftes Wort an die Tafel zu schreiben: die Furcht vor Interferenzprozessen. Unter Interferenz versteht man die Störung der Informationsaufnahme durch andere Wahrnehmungsinhalte, insbesondere durch solche, die der aufgenommenen Information ähnlich sind oder eine Variation zu ihr enthalten. Das ist ja typisch für Fehlerwörter (z. B. *äntlig – endlich*). Die Störung, welche durch die Zugleichbehandlung sich überschneidender orthographischer Phänomene überhaupt zustande kommt, nennt man auch „Ranschburgsche Hemmung". Um solche Hemmungen zu vermeiden, sollte man also, darin ist man sich heute weitgehend einig, bestimmte orthographische Probleme wie etwa die Schreibung von Wörtern mit oder ohne Dehnungs-h nicht zugleich, sondern in gebührendem Abstand zueinander behandeln.

Nun befassen sich die Untersuchungen Ranschburgs allerdings mit Automatisierungsprozessen (die dritte und letzte Phase des Wissenserwerbs) und nicht mit dem Erlernen von Strategien oder gar Regeln (wie sie für die Bewusstmachung von Fehlschreibungen charakteristisch sind). Man kann also aus ihnen nicht ableiten, dass auch die Zugleichbehandlung solcher Phänomene automatisch zu Hemmungen führt, die sich erst durch Einsicht in das Gesetzmäßige ihres Unterschieds voneinander abgrenzen lassen. Die (Zugleich-)Behandlung von regelhaften Erscheinungen wie etwa *das-dass* oder die der Unterscheidung von stimmhaftem s und stimmlosem s in zweisilbigen Schlüsselwörtern wie *Lose* und *Füße* bedürfen geradezu der Einsicht (und nicht der bloßen Einprägung) und müssen daher, zumindest für die 1. Phase des eigentlichen Wissenserwerbs zueinander in Beziehung gesetzt werden. Dass man hernach, für die Einprägungsprozesse, z. B. die Wörter mit ß und die mit s getrennt übt und dass man auch andere als nur grammatische Regeln (z. B. bestimmte Satzmuster) zur Verfügung stellt, um *das* von *dass* zu unterscheiden, wird sicherlich dazu beitragen, die natürlichen Analogiebildungsprozesse zu festigen und Hemmungen zu verhindern. Das betrifft auch die Analyse von Fehlschreibungen. So wenig zu befürchten ist, dass ein einmal fehlerhaft an der Tafel stehendes Wort sich besonders nachhaltig einprägt oder die Schreibung des richtigen Wortes hemmt, so sehr ist natürlich darauf zu achten, dass alles, was eine Lehrerin oder ein Lehrer an die Tafel schreibt, grundsätzlich rechtschriftlich richtig sein sollte.

Ganz anders aber stellt sich der Fall dar, wenn Lehrende zum Zwecke der Fehleranalyse und zur Erhöhung der Fehlersensibilität ein Wort falsch anschreiben, den Fehler mit den Kindern analysieren – und ihm die richtige Schreibung entgegenstellen. Das ist sogar eine der wichtigsten Voraussetzungen dafür, die Schülerinnen und Schüler überhaupt auf Fehlschreibungen aufmerksam zu machen und den fruchtbaren Zweifel hervorzulocken. Wie anders soll jemand in eigenen Texten seine Fehler finden, wenn er nie gelernt hat, sich vorzustellen, welche Schreibalternativen ihm einen Streich spielen könnten? Der Weg zur Erzeugung von Fehlersensibilität verläuft nun einmal über die Hürde der möglichen Fehlschreibungen oder Zweifel. Schon wenn ein Kind ein Wort im Wörterbuch nachschlagen lernen soll (etwa das von ihm erzeugte Wort *äntlig*), muss es sich, um überhaupt auf den Gedanken zu kommen, es könnte in dieser Form falsch sein, Alternativen vorstellen; andernfalls wird es das Wort im Wörterbuch niemals finden. Und in diesem Falle kann der Weg durchaus mehrere Schleifen machen, über die man sich Vorstellungen verschaffen muß (u. U. von *äntlig* über *entlig* → *endlig* [kommt von *Ende*] zu endlich [enthält die Nachsilbe *-lich*]). Dies aber ist ohne Bewusstmachung schwer möglich. Natürlich kann man Schülern sagen, das Wort (z. B. *schämen*) werde so geschrieben und nicht anders (also ohne *h*), ohne sie auf den Zweifel (könnte es nicht auch mit *h* geschrieben werden?) aufmerksam zu machen. Doch dann vertraut man eben nur auf Einprägungsprozesse und nicht auch noch auf das Erfassen einer Gesetzmäßigkeit (Wörter, die mit sch beginnen, können niemals mit einem Dehnungs-h stehen!). Da wir aber davon ausgehen müssen, dass schon bei der Produktion eines Fehlers in den meisten Fällen die Kognition mitgespielt hat (freilich nicht der „richtigen Regel“ gehorchend, sondern einer „falschen") – oder dass der Fehler das Ergebnis eines nicht den Normen entsprechenden Analogiebildungsprozesses ist (**schähmen ← nähmen, zähmen*), müssen wir auch davon ausgehen, dass die Einsicht in den Fehlerbildungsprozess selbst die wirksamere Methode ist als der Versuch des bloßen Einprägens. Und so werden Lehrende, wenn sie nicht furchtsam das Bewusstmachen vermeiden wollen, eine solche Wortreihe, wie wir sie am Beispiel *endlich* vorgestellt habe, auch hin und wieder an der Tafel notieren müssen, wie dies ja auch Sprachbucheinheiten heute in ihren Rechtschreibteilen tun. Der Weg zur richtigen Schreibung führt eben oftmals über die vorübergehende falsche Schreibung, und aus Fehlern lernen kann man wirklich nur dann, wenn man nicht nur den Fehler und das richtige Wort selbst kennt, sondern auch in die Struktur der Fehlerhaftigkeit Einsicht gewonnen hat. Das ist nicht anders möglich als über die Analyse des Fehlers. Die Furcht vor der Ranschburgschen Hemmung ist mit Ranschburgs Untersuchungen in solchen Fällen nicht zu begründen.

6.4. Welche Bedeutung hat das Diktat für den Rechtschreibunterricht?

Das herkömmliche Diktat müsste als Instrument zur Überprüfung der Rechtschreibfähigkeit nach allem, was wir heute darüber wissen, aus den Richtlinien und Erlassen – und damit aus den Schulen eliminiert werden. Ohne dass wir hier das Thema „Diktate" ausführlicher behandeln können, sei doch auf einige grundsätzliche Probleme hingewiesen (vgl. dazu Menzel, 1997a mit systematischem Literaturüberblick).

Diktate überprüfen nicht in angemessener Weise das, was viele Lehrende von ihnen erhoffen, nämlich die tatsächlichen Rechtschreibfähigkeiten der Schreibenden. Sie geben, da sie „unter der Herrschaft des Auditiven" stehen, Auskunft vor allem über spezielle Fähigkeiten, nie aber über das Rechtschreibkönnen schlechthin. Vor allem aber richten sie die Aufmerksamkeit auf die Fehler, also das Nicht-Gekonnte, und nicht auf das Können selbst. Damit sind sie mit einem sehr eingegrenzten Blickwinkel am *Produkt* orientierte Kontrollinstrumente und nicht mit einem „Weitwinkel" am *Prozess* orientierte. Zudem überprüfen sie, da sie ja nicht nur mit sachorientierten Urteilen über die Fehler, sondern zusätzlich mit ausleseorientierten *Zensuren* über die Menge der Fehler versehen werden, vornehmlich den „Standort" des einzelnen Schreibenden im Verhältnis zu anderen Schreibern und in zu geringem Maße seine Lernentwicklung und seinen Fortschritt im Blick auf ein angestrebtes Ziel. Die Urteile über Fehler berücksichtigen zudem selten (oder nie) die *Qualität* der Fehler, sondern stets nur die *Quantität*. Auch dies macht sie zu einem ungeeigneten Messinstrument der Orthographiefähigkeit. Und, nicht zuletzt, messen sie immer auch anderes und mehr als das Rechtschreibkönnen selbst, nämlich Angst oder Angstfreiheit, Stress, Konzentrationsfähigkeit, Tempo der Auffassung und Umsetzung usw.

So sachlich gerechtfertigt es ist, das Diktat als Kontrollinstrument über die Rechtschreibfähigkeit junger Menschen zurückzuweisen, so illusorisch wäre es, es kurzfristig aus den Schulen zu verbannen. Bei realistischer Einschätzung des langsamen Verlaufs pädagogischer Entwicklungen bleibt vorerst nur: die Diktatpraxis zu verändern, sie mit Alternativen auszustatten, wie sie heute in vielen Schulen schon durchgeführt werden: vom „Ergänzungsdiktat“, mit frei geschriebenen Textergänzungen, über das „Mitlesediktat“, bei dessen erstem Vorlesen die Kinder mitlesen dürfen, bis hin zum „Mitdenkdiktat“, bei dem die Schreibenden ihre Schreibungen kommentieren oder Alternativschreibungen anbringen dürfen.

Nur unter ganz bestimmten Bedingungen dürften neuere Diktatformen zur Beurteilung der Rechtschreibfähigkeit, wie wir sie vorn definiert haben, herangezogen werden:

1. Das Diktat müsste das überprüfen, was zuvor tatsächlich gelernt worden ist, wie dies jeder vernünftige Test verlangt. Also: zielorientierte Diktate, die den erfolgreichen Umgang mit jenen Rechtschreibphänomenen, -regeln und Transferprozessen überprüfen, auf die es im vorausgegangenen Unterricht ankam.
2. Die Lehrenden müssten bei der Markierung der Fehler grundsätzlich deren Qualität berücksichtigen und (zumindest) unterscheiden zwischen solchen, die die Schreibenden aufgrund des vorausgehenden Unterrichts hätten vermeiden können, und solchen, für deren Vermeidung die Grundlagen im Unterricht noch gar nicht geschaffen worden sind.
3. Die Schreibenden müssten grundsätzlich Zeit zur Überarbeitung des diktierten Textes haben und Distanz zum geschriebenen Text gewinnen können, ohne die auch die bloße Zeit wenig nützt. Also: Textüberarbeitung nie unmittelbar nach dem Schreiben!
4. Die Schreibenden müssten für ihre Überarbeitung das Hilfsmittel des Wörterbuchs nutzen können. Auch dies kann nur erfolgreich sein, wenn man zuvor Distanz gewonnen hat – und (natürlich!) wenn die Arbeitstechnik des Umgangs mit dem Wörterbuch nicht nur en passant einmal geübt, sondern als Prozess des Lernens des Lernens gesichert worden ist.

Nur unter diesen Mindestanforderungen kann ein Diktat auch die Prozesse des Rechtschreiblernens mit überprüfen – und nicht nur das Produkt. Nur unter diesen Bedingungen kann es Lernfortschritte überprüfen – und nicht nur, wie es das sonst tut, immer ein und dieselbe allgemeine Fähigkeit. Und nur unter diesen Voraussetzungen gibt es überhaupt, wenigstens annähernd, Auskunft über das Rechtschreibdenken eines Schreibenden.

Die Ablehnung des herkömmlichen Diktats bedeutet nicht einen Verzicht auf die Überprüfung der Rechtschreibfähigkeit von Lernenden. Als grundlegendes Sprachkönnen bedarf die Rechtschreibung der Kontrolle, die ja dann erst zu einer individuellen Hilfe führen kann. Die gesondert „ausgeworfene“ Rechtschreibzensur gibt allerdings kaum einen Hinweis auf allgemeine Sprachfähigkeit. Von daher wäre es eine sinnvolle Perspektive für die Zukunft unserer Kontrollstrategien, wenn wir die Rechtschreibfähigkeit klarer an konkreten Zielen orientiert, deutlicher an individuellen Lernfortschritten orientiert und integrativer im Zusammenhang mit der allgemeinen Sprachentwicklung junger Menschen überprüfen würden. Dies aber ist besser möglich an Alltagstexten, die in der Schule geschrieben werden, als an Diktaten

– oder, solange dies Schule, wie sie ist, noch verhindert, an alternativen „Diktaten“, die den oben genannten Bedingungen gehorchen.

Literaturverzeichnis

Adrion, Dieter: Praxis des Rechtschreibunterrichts. Freiburg 1978

Augst, Gerhard: Kinderwort. Der aktive Kinderwortschatz. 2. Auflage, Frankfurt 1985

Augst, Gerhard: Zur Neuregelung der deutschen Rechtschreibung. In: Grundschule 4/1996, S. 10–12

Augst, Gerhard / Blüml, Karl / Nerius, Dieter / Sitta, Horst (Hrsg.): Zur Neuregelung der deutschen Orthographie. Begründungen und Kritik. Tübingen 1997

Augst, Gerhard / Dehn, Mechthild / Habersaat, Steffi: Lautschema und Schreibschema. Überlegungen zum Rechtschreiben. In: Brügelmann / Balhorn / Füssenich 1994, S. 191–299

Augst, Gerhard / Schaeder, Burkhard: Die Architektur des amtlichen Regelwerks. In: Augst / Blüml / Nerius / Sitta 1997, S. 73–93

Augst, Gerhard / Stock, Eberhard: Laut-Buchstaben-Zuordnung. In: Augst / Blüml / Nerius / Sitta 1997, S. 113–135

Balhorn, Heiko: Rechtschreibtraining mit Wortlisten. Grundschule 6/1974, S. 330–333

Balhorn, Heiko / Brügelmann, Hans (Hrsg.): Welten der Schrift in der Erfahrung der Kinder. DGLS-Jahrbuch 2. Konstanz 1987

Balhorn, Heiko / Brügelmann, Hans (Hrsg.): Jeder spricht anders. Normen und Vielfalt in Sprache und Schrift. DGLS-Jahrbuch 3. Konstanz 1989

Balhorn, Heiko / Brügelmann, Hans (Hrsg.): Bedeutungen erfinden – im Kopf, mit Schrift und miteinander. Zur individuellen und sozialen Konstruktion von Wirklichkeiten. Konstanz 1993

Balhorn, Heiko / Niemann, Heide: Sprachen werden Schrift. Mündlichkeit, Schriftlichkeit, Mehrsprachigkeit. Lengwil 1997

Bartnitzky, Horst (Hrsg.): Grundwortschätze. Bielefeld 1983

Baumert, Jürgen: Lernstrategien, motivationale Orientierung und Selbstwirksamkeitsübersetzungen im Kontext schulischen Lernens. In: Unterrichtsforschung 4/1993, S. 327–355

Betz, Dieter / Breuninger, Helga: Teufelskreis Lernstörungen. München / Weinheim 1987

Bremerich-Vos, Albert: Kontroversen um die Namenwörter. In: Grundschule 1/1996, S. 14–19

Breuninger, Helga / Betz, Dieter: Jedes Kind kann schreiben lernen. Ein Ratgeber für Lese-Rechtschreib-Schwäche. Weinheim 1991

Brügelmann, Hans (Hrsg.): ABC und Schriftsprache. Rätsel für Kinder, Lehrer und Forscher. DGLS-Jahrbuch 1. Konstanz 1986

Brügelmann, Hans: Kinder auf dem Weg zur Schrift. Konstanz 1992 (4. Auflage)

Brügelmann, Hans / Balhorn, Heiko (Hrsg.): Das Gehirn, sein Alfabet und andere Geschichten. DGLS-Jahrbuch 4. Konstanz 1990

Brügelmann, Hans / Balhorn, Heiko / Füssenich, Iris (Hrsg.): Am Rande der Schrift. Zwischen Sprachenvielfalt und Analphabetismus. DGLS-Jahrbuch. Konstanz 1994

Brügelmann, Hans / Richter, Sigrun (Hrsg.): Wie wir rechtschreiben lernen. Konstanz 1994

Deutsche Rechtschreibung: Regeln und Wörterverzeichnis. Tübingen 1996

Eichler, Wolfgang: Schreibenlernen. Schreiben-Rechtschreiben-Texte-Verfassen. Bochum 1992

Eichler, Wolfgang / Henze, Walter: Sprachwissenschaft und Sprachdidaktik. In: Lange, G. / Neumann, K. / Ziesenis, W. (Hrsg.): Taschenbuch des Deutschunterrichts. Band 1. 5., vollständig überarbeitete Auflage. Baltmannsweiler 1994, S. 129–152

Eichler, Wolfgang / Thomé, Günther: Bericht aus dem DFG-Forschungsprojekt „Innere Regelbildung im Orthographieerwerb im Schulalter". In: Brügelmann / Balhorn / Füssenich 1994, S. 35–45

Eisenberg, Peter: Der Buchstabe und die Schriftstruktur des Wortes. In: Duden: Grammatik der deutschen Gegenwartssprache. Mannheim 1995 (5. Auflage), S. 56–85

Eisenberg, Peter: Die Grapheme des Deutschen und ihre Beziehung zu den Phonemen. In: Baurmann, J. / Günther, K-B. / Knoop, U. (Hrsg.): Aspekte von Schrift und Schriftlichkeit. Hildesheim 1988, S. 139–154

Eisenberg, Peter: Die deutsche Sprache und die Reform ihrer Orthographie. In: Praxis Deutsch 130/1995, S. 3–6

Eisenberg, Peter: Die besondere Kennzeichnung der kurzen Vokale –. Vergleich und Bewertung der Neuregelung. In: Augst / Blüml / Nerius / Sitta 1997, S. 323–357

Eisenberg, Peter / Butt, Matthias: Ratgeber Rechtschreibung. Velber 1996

Eisenberg, Peter / Günther, Hartmut (Hrsg.): Schriftsystem und Orthographie. Tübingen 1989

Eisenberg, Peter / Klotz, Peter: Zur Einführung. In: Eisenberg, P. / Klotz, P. (Hrsg.): Sprache gebrauchen – Sprachwissen erwerben. Stuttgart 1993, S. 5–15

Eisenberg, Peter / Spitta, Gudrun / Voigt, Gerhard: Schreiben: Rechtschreiben. In: Praxis Deutsch 124/1994, S. 14–25

Feilke, Helmuth / Portmann, Paul R. (Hrsg.): Schreiben im Umbruch. Schreibforschung und schulisches Schreiben. Stuttgart 1996

Friedrich, Bodo: Rechtschreibreform – Wem soll eigentlich geholfen werden? In: Osnabrücker Beiträge zur Sprachtheorie 44/1991, S. 81–95

Friedrich, Bodo: Aspekte und Probleme des Schreibunterrichts: Rechtschreiben. In: Günther, H. / Ludwig, O.: Schrift und Schriftlichkeit. 2. Halbband. Berlin, New-York 1996, S. 1249–1260

Fritzsche, Joachim: Rechtschreibunterricht in der Sekundarstufe: einprägen oder entwickeln? In: Diskussion Deutsch 74/1983, S. 596–609

Frith, Uta: Dyslexia as a developmental disorder of language. In: Bundesverband Legasthenie. Bericht über den Europäischen Fachkongreß. Hannover 1990, S. 26–35

Gallmann, Peter: Das System der deutschen Orthographie. Prinzipien-Regeln-Wörterbuch. In: EDK-OST (Hrsg.): Rechtschreibunterricht. Zürich: Schweizerischer Lehrerverein 1987, S. 53–69

Gallmann, Peter: Die Elemente unseres Schriftsystems. In: EDK-Ost (Hrsg.): Rechtschreibunterricht. Zürich: Schweizerischer Lehrerverein 1987, S. 33–41

Gallmann, Peter / Sitta, Horst: Was bringt die geplante Reform der deutschen Rechtschreibung? In: Praxis Deutsch 115/1992, S. 9–18

Gallmann, Peter / Sitta, Horst: Duden. Die Neuregelung der deutschen Rechtschreibung. Regeln, Kommentar und Verzeichnis wichtiger Neuschreibungen. Mannheim 1996

Gallmann, Peter / Sitta, Horst: Zum Begriff der orthographischen Regel. In: Augst / Blüml / Nerius / Sitta 1997, S. 93–113

Garbe, Burckhard: Die deutsche Rechtschreibung und ihre Reform. Tübingen 1978

Gornik, Hildegard: Metasprachliche Entwicklung bei Kindern. Definitionsprobleme und Forschungsergebnisse – Ein Überblick. In: Osnabrücker Beiträge zur Sprachtheorie 40/1989, S. 39–59

Günther, Hartmut: Schriftliche Sprache. Strukturen geschriebener Wörter und ihre Verarbeitung beim Lesen. Tübingen 1988

Günther, Hartmut: Erziehung zur Schriftlichkeit. In: Eisenberg / Klotz 1993, S. 85–97

Günther, Hartmut: Die Schrift als Modell des Gesprochenen – Eine wissenschaftliche Neuorientierung mit Implikationen nicht nur für die Rechtschreibdidaktik. Vortrag gehalten auf der Wintertagung der DGLS in Rauschholzhausen. 1994

Günther, Klaus B.: Ein Stufenmodell der Entwicklung kindlicher Lese- und Schreibstrategien. In: Brügelmann 1986, S. 32–54

Hinney, Gabriele: Wenn einer in der Familie den „h“-Tick hat. In: Praxis Deutsch 124/1994, S. 29–51

Hinney, Gabriele: Wie Kinder mit Rechtschreibproblemen zu selbständigen Lernern werden können. In Praxis Deutsch 142/1997, S. 41–48

Hinney, Gabriele: Neubestimmung von Lerninhalten für den Rechtschreibunterricht. Ein fachdidaktischer Beitrag zur Schriftaneignung als Problemlöseprozeß. Frankfurt 1997 a

Klafki, Wolfgang: Die bildungstheoretische Didaktik im Rahmen kritisch-konstruktiver Erziehungswissenschaft. Oder: Zur Neufassung der Didaktischen Analyse. In: Gudjons, H. / Teske, R. / Winkel, R. (Hrsg.): Didaktische Theorien. Hamburg 1980, S. 11–27

Klicpera, Christian / Gasteiger-Klicpera, Barbara: Psychologie der Lese- und Schreibschwierigkeiten. Entwicklung, Ursachen, Förderung. Weinheim 1995

Kopke, Wolfgang: Rechtschreibreform und Verfassungsrecht. Tübingen 1995

Linke, Angelika / Nussbaumer, Markus / Portmann, Paul R.: Studienbuch Linguistik. 2. Auflage Tübingen 1994

Maas, Utz: Grundzüge der deutschen Orthographie. Osnabrück 1989

Mandl, Heinz / Felix, Helmut F. / Horn, Aemilian: Psychologie des Wissenserwerbs. In: Weidemann, B. / Krapp, A. et al.: Pädagogische Psychologie. Weinheim / Basel 1993, S. 143–216

Mandl, Heinz / Friedrich, Helmut Felix (Hrsg.): Lern- und Denkstrategien. Analyse und Intervention. Göttingen 1992

Mann, Christine: Selbstbestimmtes Rechtschreiblernen. Rechtschreibunterricht als Strategievermittlung. Weinheim / Basel 1991

May, Peter: HSP 4/5 zur Erfassung der grundlegenden Rechtschreibstrategien. Handbuch. Hamburg 1993

Marx, Harald: Erwerb des Lesens und des Rechtschreibens: Literaturüberblick. In: Weinert, Franz / Helmke, Andreas: Entwicklung im Grundschulalter. Weinheim / Basel 1997, S. 85–111

Mentrup, Wolfgang: Wo liegt eigentlich der Fehler? Zur Rechtschreibreform und zu ihren Hintergründen. Stuttgart 1993

Menzel, Wolfgang: Zur Didaktik der Orthographie. In: Praxis Deutsch 69/1978, S. 14–24

Menzel, Wolfgang: Rechtschreibunterricht. Praxis und Theorie. Beiheft zu Praxis Deutsch 69, 1985

Menzel, Wolfgang: Diktieren und Diktiertes aufschreiben. In: Praxis Deutsch 142/1997, S. 15–26

Menzel, Wolfgang: Kopfstehen oder Kopf stehen. Eine Einführung in einen Teilbereich der Rechtschreibreform. In: Praxis Deutsch 142/1997 a, S. 59–64

Menzel, Wolfgang / Sitta, Horst: Interpunktion – Zeichensetzung im Unterricht. In: Praxis Deutsch 55/1982, S. 10–21

Ossner, Jakob / Blottiere, Laurent / Buck, Gisela / Franz, Marianne / von Lockstaedt-Schäffler, Meinhild: Deutschunterricht für Kinder in der Grundschule. Frankfurt a. M. 1994

Ramseger, Jörg: Neun Argumente für die Öffnung der Grundschule. In: Die Grundschulzeitschrift 1/1987, S. 6–7

Röber-Siekmeyer, Christa: Die Schriftsprache entdecken: Rechtschreiben im offenen Unterricht. Weinheim 1993

Ruf, Urs: Pädagogische Basis des Rechtschreibunterrichts. In: EDK-Ost (Hrsg.): Rechtschreibunterricht. Zürich: Schweizerischer Lehrerverein 1989, S. 13–25

Scheerer-Neumann, Gerheid: Wortspezifisch: Ja – Wortbild: Nein. Ein letztes Lebewohl an die Wortbildtheorie. In: Brügelmann 1986, S. 171–186

Scheerer-Neumann, Gerheid: Rechtschreibtraining mit rechtschreibschwachen Hauptschülern auf kognitionspsychologischer Grundlage: Eine empirische Untersuchung. Opladen 1988

Schuster, Karl: Einführung in die Fachdidaktik Deutsch. Baltmannsweiler 1993

Spitta, Gudrun: Vom Umgang mit Fehlern, Fehler machen – Chance oder Schande? In: Die Grundschulzeitschrift 12/1988, S. 4–5

Süselbeck, Gisela: Was gibt es Neues im Rechtschreibunterricht? In: Grundschule 1/1995, S. 8–10

Thomé, Günther: Alphabetschrift und Schriftsystem. In: Zeitschrift für germanistische Linguistik 2/1992, S. 210–224

Thomé, Günther: Über die Konzeption von Anlauttabellen. Oder: Schreiben wir mit Buchstaben? In: Brügelmann / Balhorn / Füssenich 1994, S. 299–306

Vogel, Roland: Rechtschreibanforderungen und -leistungen früher und heute. Vergleichende Untersuchung von Schüleraufsätzen und Diktaten. Bad Salzdetfurth 1988

Volmert, Johannes: Grundkurs Sprachwissenschaft. München 1995

Zabel, Hermann: Keine Wüteriche am Werk. Berichte und Dokumente zur Neuregelung der deutschen Rechtschreibung. Hagen 1996

CHRISTINE MANN

Legasthenie

1. Historischer Überblick

1.1. Die Anfänge der Legasthenie-Diskussion

Im Mittelalter und in den Anfängen der Neuzeit gab es nur wenig Leute, die sich auf die Kunst des Lesens und Schreibens verstanden. In dem Maße, in dem die Schriftsprache an Bedeutung gewann und die allgemeine Beschulung der Bevölkerung zunahm, wurde offenbar, dass eigentlich jeder diese Kunst bis zu einer gewissen Fertigkeit erlernen kann, selbst wenn er sonst eher schwach begabt erscheint. Erst jetzt konnte deutlich werden, dass es daneben Kinder gibt, die die Schriftsprache trotz aller Bemühungen nicht zufriedenstellend erlernen, obwohl sie ansonsten durchschnittlich oder sogar besonders begabt erscheinen. Englische Ärzte veröffentlichten Ende des 19. Jh. erste Beobachtungen darüber. Sie betrachteten diese Unfähigkeit als eine Art Krankheit und führten sie auf eine angeborene hirnorganische Schädigung zurück, analog zu dem schon lange bekannten Phänomen, dass eine bestehende Lesefähigkeit durch Hirnverletzungen zerstört werden kann.

Ranschburg prägte 1916 den Begriff Legasthenie und veröffentlichte Experimente, mit denen er zeigte, dass zwischen Legasthenikern und schwach begabten Kindern ein deutlicher Unterschied besteht. Im Laufe der nächsten 60 Jahre wurde versucht, die Ursachen der Legasthenie zu erforschen. Zunächst wurden, entsprechend der damaligen Forschungsmethoden im medizinisch-psychologischen Bereich, Erfahrungen anhand von Einzelfällen gesammelt und mit Beispielen exemplarischer Fälle und Häufigkeitsangaben veröffentlicht (z. B. Linder 1951).

Da schon damals ziemlich unterschiedliche Erscheinungsbilder unter den Begriff Legasthenie subsumiert wurden, sah Linder sich genötigt, genauer zu definieren, was sie unter Legasthenie versteht: „(...) eine spezielle und aus dem Rahmen der übrigen Leistungen fallende Schwäche im Erlernen des Lesens (und indirekt auch des selbständigen orthographischen Schreibens) bei sonst intakter oder (im Verhältnis zur Lesefähigkeit) relativ guter Intelligenz." (Linder 1951, 100) Diese Definition wurde als Grundlage der weiteren Legasthenieforschung allgemein anerkannt. Sehr wichtig ist aber auch die darauf folgende Erklärung, die die Denkrichtung der damaligen, von den Medizinern initiierten Legasthenieforschung zeigte, die auch in den nächsten 25 Jahren noch die Forschungsrichtung prägte und nur ansatzweise überwunden wurde: „Differentialdiagnostisch sind also in unserer Diagnose nicht inbegriffen jene Arten von Lese-Schreib-Schwäche, die durch gewöhnlichen Schwachsinn (...) oder aber durch mangelnde Übung infolge von Krankheit, Fehlen von der Schule (...) oder durch schlechte Schulmethoden oder offensichtlich gestörte Lehrer-Schüler-Beziehungen hervorgerufen wurden." (Linder 1951, 100f.) Es wurde angenommen, dass es sich um eine in den Kindern liegende Schwäche handelt. Alle Minderleistungen im Lesen und Rechtschreiben, die durch äußere Umstände wie mangelnde Übung, schlechtes Milieu, falsche Unterrichtsmethoden hervorgerufen wurden, wurden explizit ausgeklammert. Diese Kinder sollten nicht als Legastheniker bezeichnet werden.

Damals entstanden schon die unterschiedlichsten Theorien über mögliche Ursachen der Legasthenie wie Erblichkeit, minimale Sehstörungen, minimale Störungen im akustischen Bereich, verzögerte Sprachentwicklung und Sprachstörungen, organische oder funktionelle Störungen im Gehirn, mangelnde Hemisphärendominanz, Störungen der Kinästhetik oder psychische Ursachen. Allerdings wies schon Linder (1951, 100) darauf hin, dass keine der bisher genannten Ursachen für alle Legastheniker zutrifft, dass man daher noch keine sicheren Aussagen über die Ursachen der Legasthenie machen kann.

1.2. Operationalisierungsversuche

Im Zuge der Einführung statistischer Forschungsmethoden in den medizinisch-psychologisch-pädagogischen Bereich wurde auch versucht, diese Methoden auf das Phänomen Legasthenie anzuwenden. Zugrunde gelegt wurde in der Regel die oben zitierte Definition. Um nun für Forschungs- und Förderungszwecke die Legastheniker klar von nicht-legasthenen Kindern unterscheiden zu können, wurden operationale Verfahren zur Ermittlung von Legasthenikern mit Hilfe von Testergebnissen festgelegt.

Allerdings gab es dabei unterschiedliche Definitionen:

R. Müller (1974, Bd. 1, 20) z. B. definierte die Legasthenie als Leseversagen (= Prozentrangplatz 1–10 in standardisierten Lese- und Rechtschreibtests) bei durchschnittlicher Intelligenz (IQ ab 90).

Valtin (1970, 125f.) definierte für die Erforschung der Legasthenie nur solche Kinder als Legastheniker, die einen Prozentrangplatz von höchstens 5 in einem Lese- oder Rechtschreibtest hatten und einen IQ über 90. An anderer Stelle (1974, 65) definierte sie für die Legasthenikerförderung alle die Kinder als Legastheniker, die in einem Lese- oder Rechtschreibtest einen Prozentrangplatz bis 15 haben und einen IQ über 85 oder die in einem Lese- oder Rechtschreibtest einen Prozentrangplatz von 16–25 haben und einen IQ, der um 10 T-Wert-Punkte darüber liegt.

Damit allerdings wurde die Grundlage der von Linder vorgestellten Legastheniedefinition verändert, ohne das deutlich herauszustellen. In dieses operationalisierte Verfahren war kein Schritt eingebaut, der es ermöglichte, zwischen den Kindern, die durch mangelnde Übung, schlechtes Milieu usw. zu schwachen Leistungen im Lesen und Rechtschreiben gekommen waren, und den bei Linder erwähnten Legasthenikern, bei denen das nicht zutraf, zu unterscheiden. Damit ermöglichte man, dass auch milieu- oder unterrichtsgeschädigte Kinder in die Förderung für Legastheniker einbezogen werden konnten. In der Forschung aber sprach man weiterhin häufig von Legasthenikern und sorgte so für viel Verwirrung in der Öffentlichkeit, bei der sich gerade die Vorstellung von Legasthenie als Krankheit durchzusetzen begann.

Durch Vergleichsuntersuchungen zwischen solchermaßen ermittelten lese-rechtschreibschwachen und nicht lese-rechtschreibschwachen Kindern wurde versucht, das Wesen und die Ursachen der Legasthenie zu erkennen, um dadurch bessere Konzepte für die Förderung legasthener Kinder zu entwickeln. Die Denkrichtung der traditionellen Legasthenieforschung wurde beibehalten. Es wurde nach Schwächen im Kind als Ursache der Legasthenie gesucht. Nur sehr zögernd wurden Faktoren wie das soziokulturelle Milieu der Kinder, die Ausstattung der Schulen oder sogar die Lehrerpersönlichkeit mit als Ursache für Lese-Rechtschreibschwäche aufgenommen, da sie unübersehbar waren (Müller 1974, Bd. 2).

1.3. Kritik an dieser Legasthenieforschung

Diese Ungereimtheiten führten Mitte der siebziger Jahre zu heftiger Kritk an der Legasthenieforschung. Sirch (1975) vertrat in einer sehr pamphletisch gehaltenen Schrift die Meinung, dass die Legasthenie keine im Kinde liegende Schwäche sei, sondern dass die Didaktik des Erstlese- und Rechtschreibunterrichts viele Elemente enthalte, die Legasthenie erzeugen. Er nannte zum Teil linguistische Argumente, meinte, dass der Aufbau der Erstlesematerialien die Kinder zu einer falschen Auffassung vom Wesen der Schrift dränge und dass im Rechtschreibunterricht den Kindern immer wieder falsche Regeln nahegebracht werden. Aus lernpsychologischer Sicht warf er dem Erstleseunterricht vor, dass er die Kinder stark desmotiviere und ihnen nicht die Funktion des Lesens in ihrem Lebensplan deutlich mache. Dem Rechtschreibunterricht warf er vor, dass er durch das ständige Gegenüberstellen unterschiedlicher Schreibung bei ähnlicher Lautung (z. B. e–ä) falsche Verbindung geradezu fördere und damit Rechtschreibunsicherheit aufbaue.

Schlee (1976) ergänzte diese Aussagen durch eine wissenschaftlich fundierte Kritik an den gedanklichen Grundlagen der statistisch orientierten Legasthenieforschung. Er zeigte, dass die Definition von Legasthenie auf Grund von Testwerten oder gar Testwertdifferenzen ein völlig willkürliches Kriterium ist.

Rechtschreibtests werden so konstruiert, dass Schüler von Regelschulen, also normal begabte Kinder, in ihren Rechtschreibleistungen verglichen werden. Die Aussage, ein Kind hätte in einem Rechtschreibtest einen Prozentrangplatz von 15, heißt, dass das Kind zu den 15 % schlechtesten Rechtschreibern unter allen normal begabten Kindern gehört. Wenn man Legasthenie nach solchen Testergebnissen definiert, wird man immer 15 % Legastheniker haben. Denn es werden niemals alle Kinder genau gleich gut im Rechtschreiben sein, so dass es immer die 15 % schlechtesten Rechtschreiber gibt. Das mit einem eigenen Namen zu versehen und nach besonderen Ursachen dafür zu forschen, ist unplausibel. Auf der anderen Seite ist auch das, was Intelligenztests messen, sehr unterschiedlich. Intelligenz ist anerkanntermaßen keine homogene Eigenschaft, sondern ein Konstrukt, in dem viele ganz unterschiedliche Faktoren zusammengefasst werden. Je weniger aber sprachliche oder gar schriftlichsprachliche Fähigkeiten als Teil der Intelligenz betrachtet werden, desto weniger Zusammenhang darf zwischen Lese-Rechtschreibtests und Intelligenztests bestehen. Ein Intelligenztest muss dann so konstruiert sein, dass auch ein Teil der Kinder mit guten Testergebnissen im Intelligenztest schlechte Ergebnisse in Lese-Rechtschreibtests erhält und umgekehrt. Bei der Diagnose von Legasthenie wurde immer wieder gefordert, möglichst sprachfreie Intelligenztests zu verwenden (z. B. Müller 1974, Bd. 2, 61), d. h. Tests, bei denen auch Kinder mit geringen sprachlichen Fähigkeiten gute Ergebnisse erhalten. Diese durch die Testkonstruktion produzierten Fälle dann als Legastheniker und gar noch als krank zu bezeichnen, ist ein unsinniger Zirkelschluss. Während diese Kritikpunkte die mangelnde gedankliche Durchdringung des Problems betreffen, betrifft ein weiterer Kritikpunkt die extreme Instabilität des solchermaßen definierten Merkmals Legasthenie. Testergebnisse sind unzuverlässig und schwanken bei wiederholten Testungen. Die Differenz zwischen zwei Testergebnissen ist dann natürlich noch unzuverlässiger, so dass es, wie Wahl (1975) zeigen konnte, sehr stark vom Zufall abhängt, ob ein Kind durch diese Testwertdifferenzen als Legastheniker klassifiziert wird oder nicht. Könnte man diese Testungen wiederholen, so würde sich die ausgesonderte Gruppe von angeblichen Legasthenikern jedesmal deutlich ändern.

Diese fundamentale Kritik betrifft jede Definition von Legasthenikern auf Grund von Testergebnissen. Darüber hinaus wurden der Legasthenieforschung andere Fehler vorgeworfen, die vermeidbar wären. Da aber die grundlegende Frage der operationalen Definition von Legasthenikern z. Zt. nicht gelöst ist, ist eine Legasthenieforschung im alten Stil, selbst, wenn sie solche sekundären Fehler vermeidet, nicht mehr sinnvoll, und es wurde eine völlige Neuorientierung in der Legasthenieforschung notwendig.

2. Neue Forschungsrichtungen

2.1. Der entwicklungspsychologische Ansatz

Entsprechend dem Denkanstoß von Sirch wurde nun versucht, die Ergebnisse der bisherigen Legasthenieforschung neu zu überdenken.

Zunächst wurde das Wesen der Schrift genauer untersucht. Dabei wurde festgestellt, dass die Schriftsprache einige Besonderheiten hat, die Fähigkeiten erfordern, die in der sonstigen Realität der Kinder kaum eine Rolle spielen und daher kaum trainiert werden. Ein Fehlen dieser Fähigkeiten bedeutet also nicht eine besondere Schwäche beim Kind, wie es die Legasthenieforschung annahm. Es zeigt vielmehr, dass das Kind einen bestimmten Schritt im Erlernen der Schriftsprache noch nicht vollzogen hat.

Die angebliche Raumlagelabilität der Kinder beispielsweise, die für die vielen Reversionsfehler verantwortlich sein sollte, ist eine realitätsangemessene Entwicklungsstufe. Eine Tasse bleibt eine Tasse, ob der Henkel nun nach rechts oder links gedreht ist. Kein Kind würde je an die falsche Seite greifen, um den Henkel anzufassen. Es kann die Richtung also sicher erkennen. In unserer Buchstabenschrift aber ist es, anders als in der Realität, ein essentieller Unterschied, ob wir ein p oder q vor uns sehen, ob der Bogen also nach rechts oder links gedreht (vgl. Betz / Breuninger 1982). Diese Tatsache muss beim Erlernen der Schriftsprache begriffen und das Beachten der Unterschiede sorgfältig geübt werden.

Auch die angebliche Schwäche der auditiven Durchgliederungsfähigkeit ist kein Mangel des kindlichen Gehörs. Das Aufgliedern eines Wortes in einzelne, durch Grapheme symbolisierbare Phoneme ist vielmehr eine kognitive Leistung, die erst durch den Erwerb der Schriftsprache aufgebaut wird (vgl. Jung 1981, 148).

Ein Fehlen dieser Fähigkeiten bedeutet also einfach einen Entwicklungsrückstand, den die Schule durch zusätzliche Lernimpulse auffangen muss, aber keine Krankheit.

2.2. Der lernpsychologische Ansatz

Wenn allerdings die Legasthenie nur ein Lernrückstand wäre, so müsste die Legasthenietherapie relativ einfach durch ein Nachlernen zu Erfolgen führen. Das widerspricht aber allen Erfahrungen. Deshalb wandten sich in einem anderen Forschungsansatz Lernpsychologen der Frage zu, woher diese Lernstörung so hartnäckig und so schwer behebbar ist. Sie sehen in der Legasthenie einen Teufelskreis von sich gegenseitig verstärkenden ungünstigen Faktoren.

Die erste Ursache ist dabei relativ unwichtig. Ein Kind entwickelt zunächst leichte Lernlücken im Lesen und Schreiben. Ursache dafür können alle in der traditionellen Forschung als mögliche Ursachen der Legasthenie genannten Faktoren oder auch die von Müller / Schipper (1981) dargestellte falsche Auffassung vom Wesen der Schrift sein. Da Lesen und Schreiben in unserer Gesellschaft eine so große Rolle spielen, reagiert das Kind auf Mißerfolge in diesem Bereich heftiger als in anderen Bereichen, sein Selbstwertgefühl wird dadurch schnell beeinträchtigt. Aber auch die Reaktionen der Umwelt sind heftiger als in anderen Bereichen. Daher führen Lernlücken im Schriftsprachgebrauch häufig zu Ängsten und Blockierungen oder zu Vermeidungsstrategien, was beides weitere Lernlücken und vermehrte Fehler verursacht. Damit werden natürlich auch die Reaktionen der Umwelt stärker usw. Das Kind und seine Umwelt sind in einen Teufelskreis geraten. Meist sucht die Umwelt nun nach einer Erklärung für diese Fehler. Sie bezeichnet das Kind dann je nach seinem Verhalten als faul, konzentrationsgestört oder als Legastheniker. Meist ist es auch für das Kind eine Erleichterung, ein solches Erklärungsmodell für sich zu akzeptieren, weil damit der Mangel in seinem Selbstwertgefühl nicht mehr so unbenennbar und global bleibt. Deshalb verhält es sich verstärkt entsprechend dieser Erklärung, glaubt sie, sieht keine Möglichkeiten mehr, die Lernlücken noch aufzuholen, und macht auch keine Versuche mehr in dieser Richtung (Betz / Breuninger 1982, ähnlich Rathenow / Vöge 1982).

Dieser Teufelskreis ist bei vielen Kindern beobachtbar und erklärt die oft mit Legasthenie verbundenen Entmutigungen und Verhaltensstörungen. Das Modell des Teufelskreises zeigt auch, unter welch ungeheuren Druck die Kinder geraten können, die aufgrund von Entwicklungsverzögerungen oder anderen Faktoren nicht schnell genug im Schriftspracherwerb vorankommen. Dieser Druck wirkt sich nicht nur, wie Betz / Breuninger (1982) glaubten, auf die psychische Einstellung zur Schriftsprache und zum Lernen aus, sondern er hat häufig auch gravierende Auswirkungen auf die schriftsprachlichen Strategien.

2.3. Der kognitive Ansatz

Der Aspekt der schriftsprachlichen Strategien wurde in der kognitiven Psychologie genauer erforscht. Frith (1980) stellte fest, dass der Schriftspracherwerb in verschiedenen Stufen abläuft. Zunächst erfassen die Kinder die Wörter ganzheitlich, quasi wie eine Bilderschrift. Dann entdecken sie das Prinzip der Lautschrift und lernen, Wörter vom Klang her aufzuschreiben und aus der Buchstabenfolge zu erlesen. In einer dritten Stufe lernen sie das orthographische Schriftsystem für das Lesen zu nutzen und auch im Schreiben weitgehend zu realisieren. Legastheniker nun sind nach Frith zum Teil auf der ganzheitlichen, zum Teil auf der alphabetischen Stufe stehen geblieben. (Ähnlich auch Müller / Schipper 1981.)

Darauf aufbauend glaubt man heute drei verschiedene Gruppen von Legasthenikern unterscheiden zu können: Eine (sehr kleine) Gruppe von Kindern hat das Prinzip der Buchstaben gar nicht begriffen und behandelt die Schrift wie eine Bilderschrift. Sie lernen die Texte auswendig und versuchen, sich die dazugehörigen Wortbilder zu merken. Sobald die Texte umfangreicher werden und selbständiges Erlesen verlangt wird, scheitern diese Kinder. Die meisten dieser Kinder werden bei der Wiederholung des ersten Schuljahres zur zweiten Gruppe von Legasthenikern.

Die zweite Gruppe hat das Prinzip der Buchstabenschrift so weit verstanden, dass sie die Buchstaben als Erinnerungsstütze zum Wiedererkennen von Wortbildern nutzt. Das Wort „Fenster“ etwa kann man sich an dem F am Anfang und dem st in der Mitte merken. Das hört man ja schließlich auch. Leser mit einer solchen Lesestrategie können einen sehr großen Schatz an Wortbildern speichern. Neue Wörter werden nicht vollständig synthetisch erlesen, sondern aus dem Kontext und den ersten zwei bis drei Buchstaben erschlossen. Dadurch können solche Kinder oft relativ schnell und flüssig lesen. Da aber die Wortbilder gerade von Funktionswörtern mit ihren verschiedenen Flexionsendungen doch zu ähnlich sind, machen solche Leser viele Lesefehler, die zum Teil vom Sinn her korrigiert werden, oft aber auch zum Zusammenbruch des Leseprozesses und zu Abneigung gegen das Lesen führen.

Ganz anders verläuft der Lernprozess bei der dritten Gruppe von Legasthenikern. Sie erlesen die Wörter fast alle synthetisch, scheitern aber weitgehend an der Zuordnung des Sinnes und des umgangssprachlichen Wortklangs zu dem synthetisierten Lautgebilde. Ohne die Sinnzuordnung aber können erlesene Wörter nicht gespeichert werden, und auch das Erlernen von komplexeren Sprech-Schreibmustern, die zum schnellen Erlesen neuer Wörter genutzt werden könnten, gelingt nicht. Dadurch stagniert der Leselernprozess, Lesen degradiert zu einer ungeliebten Mundgymnastik (Mann 1989).

Brügelmann / Mannhaupt (1990) fanden für diese drei Gruppen die griffigen Bezeichnungen „Wortbild-Jäger“, „Kontext-Spekulanten“ und „Buchstaben-Sammler“. Während im zweiten Schuljahr diese Gruppen von Legasthenikern noch deutlich zu unterscheiden sind, vermischen sich die Strategien der beiden letzten Gruppen im dritten und vierten Schuljahr. Die Kontext-Spekulanten erlernen auch die Synthese und bedienen sich ihrer, wenn es unbedingt sein muss. Die Buchstaben-Sammler haben auch einige Wortbilder vom Hören und Mitlesen her ganzheitlich gespeichert, ohne sie allerdings vorher synthetisch erlesen zu haben. Während die meisten Kinder sich mit Hilfe der schulischen Anregungen selbständig von einer Stufe des Lernprozesses zur nächsten entwickeln, führen bei manchen Kindern besondere Bedingungen, wie z. B. der sehr große soziale Druck, dazu, dass sie mit ungeheuren Anstrengungen diese vorläufige Lesestrategie zu perfektionieren suchen, um so den steigenden Anforderungen gerecht zu werden. Der Übergang zur nächsten Stufe scheint dem Kind dann ein Rückgang in der äußerlich sichtbaren Leistung und daher der falsche Weg zu sein. Es verfestigt daher die vorläufige Lesestrategie und findet nicht mehr heraus. Gemeinsam ist beiden Gruppen von Legasthenikern, dass kein Transfer vom Lesen auf das Rechtschreiben stattfindet. Bei den Kontext-Spekulanten fehlt die beim synthetischen Erlesen notwendige genaue Analyse der Wörter, und die der Schriftsprache zugrunde liegende Aussprache der Wörter wird nicht erlernt. Bei den Buchstaben-Sammlern wird zwar bei der Synthese die der Schriftsprache zugrunde liegende Aussprache produziert, aber nicht mit dem umgangssprachlichen Klang und dem Wortinhalt verbunden und abgespeichert, so dass sie auch diesen Kindern beim Schreibprozess nicht als gewusste Schreibgrundlage zur Verfügung steht. Beide Gruppen sind daher darauf angewiesen, ihre Umgangssprache zu verschriftlichen und Rechtschreibregeln anzuwenden, was zu starken Fehlerhäufungen führt.

Dieses Modell erklärt, warum bei Legasthenikern zusätzliches Üben allein nicht hilft, selbst wenn gleichzeitig an dem psychischen Teufelskreis gearbeitet wird, da reines Üben nur die falsche Strategie verfestigt.

Aus diesem Ansatz heraus haben sich starke Bemühungen entwickelt, im Sinne der These von Sirch an einer Didaktik des Erstlese- und -schreibunterrichts zu arbeiten, um von vornherein zu verhindern, dass die Kinder in einer vorläufigen Strategie stecken bleiben (vgl. Brügelmann 1992; Mann 1989; Spitta 1985).

2.4. Der medizinische Ansatz

Daneben gibt es allerdings noch immer die Vertreter der medizinischen Richtung, die diese Bemühungen der Didaktiker zwar begrüßen, weil damit allen den Fällen von Lese-Rechtschreibschwäche vorgebeugt würde, die bisher durch schlechten Unterricht entstanden, die aber überzeugt davon sind, dass es daneben noch echte Legastheniker gibt, denen dadurch nicht geholfen werden kann (z. B. Grissemann 1980). Diese Aussage ist zunächst eine zweckmäßige Behauptung, da für den Staat der Begriff des Behinderten an eine medizinische Indikation gekoppelt ist. Die Legasthenie in ihrer krassen Ausprägung ist aber mit Sicherheit eine Behinderung. Die

Schriftsprache spielt in unserer Gesellschaft bisher noch eine so entscheidende Rolle, dass ein normal begabter Mensch, der sie nicht beherrscht, in der Entwicklung seiner Persönlichkeit erheblich behindert ist, was bei ungünstiger Reaktion der Umwelt bis hin zu kriminellen Entwicklungen führen kann. Deshalb ist es sinnvoll, für solche Fälle eine Einzelförderung durch speziell geschulte Legasthenietherapeuten vom Staat her zu ermöglichen. Dafür wird z. Zt. der Weg über den Begriff der Krankheit und Behinderung gegangen, was zu finanziellen Zuschüssen für außerschulische Förderung führt.

Es ist auch wahrscheinlich, dass es bestimmte, in Zukunft auch noch genauer feststellbare körperliche Konstellationen gibt, die das Erlernen der Schriftsprache im normalen Erstlese- und -schreibunterricht erschweren. So stellt beispielsweise A. Warnke (1990) fest, dass manche Kinder ganz besondere Schwierigkeiten haben, eine Figur klar zu erkennen, wenn sie eng in eine störende Umgebung eingebettet ist. Für solche Kinder maskieren sich die Buchstaben in einem Wort gegenseitig, so dass es ihnen leichter fällt, das Wort aus dem Kontext zu erschließen und weitgehend ganzheitlich zu speichern, als es synthetisch zu erlesen. In den medizinischen Bereich fällt auch eine ganz andere Form von Rechtschreibversagen trotz richtiger Lesestrategie. Bei manchen Kindern braucht der Schreibprozess aufgrund feinmotorischer Störungen so viel Konzentration, dass ihnen im Laufe eines längeren Textes keine Kraft mehr übrig bleibt, auch noch ihr an sich gutes Wissen über Rechtschreibung abzurufen und umzusetzen.

Trotz dieser möglichen medizinischen Ursachen ist aber eindeutig, dass Kinder auch aufgrund ganz anderer Ursachen in eine falsche Lesestrategie hineingeraten und so zu Legasthenikern werden können, so dass es nicht sinnvoll ist, die Legasthenie als eine Krankheit zu betrachten. Sie ist allenfalls manchmal eine Folgeerscheinung eines organischen Defektes, aber durchaus nicht immer. Die Finanzierung einer Therapie von dem Vorhandensein einer solchen organischen Ursache abhängig zu machen, wäre sehr zum Schaden all der Kinder, die aus anderen Ursachen in genau dieselbe Sackgasse hineingeraten und genau dieselben krank machenden Folgen zu ertragen haben.

3. Die Rolle der Legasthenie im Schulalltag

3.1. Der Legasthenieboom

Obwohl schon 1916 Ranschburg in seinem Aufsatz über Legasthenie meinte, dass wohl jeder Lehrer solche Schüler kenne, die das Lesen und Schreiben trotz anscheinend guter allgemeiner Intelligenz nicht lernen, wurde das Phänomen der Legasthenie eigentlich erst in den letzten 30 Jahren in den Schulen und in der Bevölkerung allgemein bekannt. Und mit dem Bekanntwerden schien die Zahl der Legastheniker immer stärker zuzunehmen. Sicherlich führte die Kenntnis des Phänomens einerseits dazu, dass man die Legasthenie häufiger als früher erkannte. Andererseits ist auch anzunehmen, dass das viele Reden von Legasthenie die heftigen Reaktionen der Umwelt auf die Lernlücken noch verstärkte und damit mehr Kinder in diesen Teufelskreis hineintrieb. Ferner wurden in dieser Zeit der Schule immer mehr Unterrichtsinhalte aufgebürdet, die Zeit beanspruchten und die Lernzeit für das Lesen und Schreiben verkürzten. Die Legasthenie bot ein wohlfeiles Erklärungsmodell für alle Kinder, für die diese verkürzte Lernzeit nicht mehr ausreichte.

3.2. Richtlinien zur Förderung von Legasthenikern

In dem Maße, in dem die Zahl der Legastheniker zunahm, wurden Maßnahmen, um diesen Kindern zu helfen, immer dringender. Die Tatsache, dass nur den Legasthenikern geholfen wurde, deren Eltern Nachhilfeunterricht bezahlen konnten, entsprach nicht den Vorstellungen von sozialer Gerechtigkeit und Chancengleichheit.

1968 brachte Hessen als erstes Bundesland Richtlinien zur Förderung von Legasthenikern heraus. 1971–1973 folgten die anderen Bundesländer. In diesen Richtlinien wurde meist mit Hilfe von Testergebnissen oder Testwertdifferenzen definiert, welche Kinder als Legastheniker anzusehen seien. Für diese Kinder wurden dann ab Ende des 2. Schuljahres Förderkurse empfohlen. Außerdem wurde erlaubt, diesen Kindern für die Zeit ihrer Förderung keine Noten in Lesen und Rechtschreiben zu erteilen, um sie nicht durch die ständigen schlechten Noten zu entmutigen und noch weiter in ihr Schulversagen hineinzutreiben.

Abgesehen davon, dass diese Richtlinien in kaum einer Schule in vollem Umfang realisiert wurden, verursachten sie erhebliche Probleme. Es kam vor, dass die Kinder, die eine Förderung am dringendsten nötig hatten, nicht gefördert wurden, weil ihre Ergebnisse im Intelligenztest zu niedrig waren, um sie als Legastheniker einzustufen, oder sogar, weil sie nicht die angeblich typischen Legasthenikerfehler machten. Hinzu kam, dass das Aussetzen der Noten für Lesen und Rechtschreiben zwar für einige Kinder tatsächlich eine dringend notwendige Entlastung brachte, zum Teil aber auch ausgenutzt wurde.

Die Kultusminister reagierten darauf und veröffentlichten 1978 neue „Grundsätze zur Förderung von Schülern mit besonderen Schwierigkeiten beim Erlernen des Lesens und Schreibens", die dann auch neue Richtlinien in den einzelnen Bundesländern zur Folge hatten. Darin wurde zunächst auf die Notwendigkeit eines sorgfältigen Erstlese- und Rechtschreibunterrichts als Prävention hingewiesen. Weiterhin wurden die Lehrer angehalten, Schwierigkeiten möglichst frühzeitig durch innere Differenzierung und Förderung der betroffenen Kinder im Klassenverband aufzufangen. Darüber hinaus wurden besondere Fördermaßnahmen für alle Schüler empfohlen, die über mindestens drei Monate hinweg nicht ausreichende Leistungen bringen. Von Legasthenikern wurde nicht mehr gesprochen. Die Definition von Legasthenikern aufgrund von Testwerten entfiel.

Diese Richtlinien wurden entsprechend der Einstellung der Lehrerkollegien sehr unterschiedlich umgesetzt. Immerhin bewirkten sie, dass Kinder mit Schwierigkeiten im Schriftspracherwerb nicht einfach an einen Förderkurs abgeschoben werden konnten, sondern der Lehrkraft als Aufgabe im Regelunterricht blieben. Dort, wo

Lehrkräfte diese Aufgabe annahmen, führten die Richtlinien zu einer deutlichen Verbesserung der Didaktik. Dadurch wurde zwar die Zahl der Legastheniker verringert, aber es gibt Kinder, deren Voraussetzungen für den Schriftspracherwerb so schlecht sind, dass diese Bemühungen für sie nicht ausreichen. Von daher ist nicht zu übersehen, dass Kinder erheblichen psychischen und physischen Schaden nahmen, weil sie eine Legasthenie entwickelt hatten, die in der Schule ignoriert wurde.

Deshalb entstanden in NRW Anfang der neunziger Jahre neue Richtlinien, in denen zwar die Förderung dieser Kinder im Klassenverband betont und sorgfältig dargelegt wird, aber stärker als bisher auch zusätzliche Förderkurse und sogar der Hinweis auf außerschulische Förderung zugelassen wird. In anderen Bundesländern wiederum wurde die Möglichkeit zur Förderung aus Geldmangel immer weiter reduziert, so dass die Entwicklung z. Zt. in den einzelnen Bundesländern sehr unterschiedlich ist.

3.3. Außerschulische Betreuung von Legasthenikern

Für die Kinder, für die die schulischen Möglichkeiten trotz aller Bemühungen nicht ausreichen, ist außerschulische Hilfe dringend notwendig. Sobald die Legasthenie offensichtlich wird, sind die Kinder in den oben beschriebenen Teufelskreis hineingeraten, aus dem ihnen weder einfacher Nachhilfeunterricht, noch reine Psychotherapie oder gar Medizin heraushelfen kann. Eine effektive Hilfe kann nur von Fachkräften durchgeführt werden, die einerseits fundierte Kenntnisse in der Didaktik des Lesens und Rechtschreibens, andererseits Fähigkeiten im psychotherapeutischen Bereich haben (vgl. Abschnitt 4.4.).

Ende der achtziger Jahre wurde ein Fachverband für integrative Lerntherapie gegründet, in dem sich Legasthenietherapeuten aus dem gesamten Bundesgebiet zusammenschlossen, um Qualitätskriterien für solche Therapien zu erarbeiten und durchzusetzen.

Der Bundesverband Legasthenie e. V., ein Interessenverband von Eltern betroffener Kinder, Psychologen und Pädagogen, die sich dieses Problems annahmen, setzte inzwischen durch, dass die Legasthenie in manchen Fällen als Entwicklungsbehinderung im Sinne des § 39 Bundessozialhilfegesetz anerkannt wird.

Damit muss das Sozialamt die außerschulische Förderung bezuschussen, wenn eine medizinische Indikation vorliegt, und zwar unabhängig vom Einkommen der Eltern. Die Höhe des Zuschusses ist bei den einzelnen Sozialämtern sehr unterschiedlich. Um die Kosten dafür nicht ausufern zu lassen, erschweren die Sozialämter zum Teil die Beantragung, indem die medizinische Indikation von ganz bestimmten Institutionen ausgesprochen werden muss oder indem die Eltern ihre Vermögensverhältnisse offen legen müssen. Diese Erschwerungen führen möglicherweise dazu, dass wirklich nur die Kinder eine fremdfinanzierte, außerschulische Förderung bekommen, bei denen der Leidensdruck sehr groß ist. Das kann evtl. einen neuen Legasthenieboom verhindern.

4. Verschiedene Modelle der Legasthenikerförderung

4.1. Allgemeine Funktionstrainings

Entsprechend der früher vertretenen Ansicht, dass die Legasthenie auf bestimmte Funktionsschwächen bei den Kindern zurückzuführen sei, versuchte man früher, durch ein Training einzelner Funktionen die Ursachen der Legasthenie zu beseitigen. So ließ man die Kinder z. B. aus einem Blatt mit kleinen, ähnlichen Figuren eine bestimmte Figur heraussuchen, um die Konzentration und die Beachtung der Raumlage zu trainieren (vgl. Schenk-Danzinger 1975, 479). Auch zum Training der akustischen Diskriminationsfähigkeit wurden Übungen und Lernspiele erfunden. Inzwischen aber glaubt man, dass solche Trainings zwar im Kindergartenalter die Voraussetzung für das schulische Lernen verbessern helfen, dass sie aber bei Legasthenikern keine positiven Effekte mehr haben (Valtin 1972, 112f.).

Bessere Erfolge erzielt man, wenn man mit Legasthenikern solche Funktionen direkt an der Schriftsprache, dort, wo sie funktional notwendig sind, trainiert.

4.2. Spezielle Lese-Rechtschreibtrainings

Deshalb entstanden spezielle Lese- und Rechtschreibprogramme, in denen versucht wurde, die Kinder mit zum Teil besonders motivierendem, besonders reichhaltigem Material ihre Lernlücken aufholen zu lassen (z. B. Grissemann 1972; Müller 1974). Gemeinsam ist den älteren Materialien, dass sie am Symptom ansetzen (z. B. Fehler bei den s-Lauten) und dazu zusätzliche Übungen bringen. Meistens liegt diesem Symptom aber eine viel elementarere Schwierigkeit zugrunde, die dazu führt, dass die Kinder die Blätter zwar in der Übungssituation gut bearbeiten können, aber beim Schreiben im Kontext doch wieder gegen diese Regeln oder vermehrt gegen andere Regeln verstoßen. Hinzu kommt, dass viele dieser Materialien linguistisch sehr unsauber gearbeitet sind, so dass die Kinder mal hinhören, mal ableiten müssen und so eher verwirrt als gefördert werden.

Erst in letzter Zeit entstanden Versuche, nicht vordergründig an den Symptomen anzusetzen, sondern die Schreibfähigkeit der Kinder sehr viel grundlegender aufzubauen. (Löffler / Meyer-Schepers 1984; Reuter-Liehr 1992) Zunächst wird versucht, über das rhythmisch-synchrone Sprechschreiben die Fähigkeit zur lautgetreuen Schreibung aufzubauen und zu automatisieren. Die Kinder werden dabei angeleitet, Wörter deutlich in Silben gegliedert, langsam auszusprechen und synchron mitzuschreiben. Dabei werden den Kindern zunächst nur Wörter gegeben, bei denen jeder alphabetisch codierbare Sprechlaut durch die häufigste graphemische Alternative symbolisiert wird. Durch die Silbengliederung werden Doppelkonsonanten zwischen zwei Vokalen doppelt hörbar gemacht. Außerdem wird die Aussprache des Wortes weitestmöglich an die Schreibweise angeglichen. Den Kindern wird also ganz bewusst, dass sie nicht ihre Umgangssprache, sondern nur eine besondere Aussprache der Wörter verschriftlichen dürfen. Erst wenn die Kinder darin so gut geübt sind, dass ihnen die auditiv-artikulatorische Durchgliederung auch komplexerer

Konsonantenhäufungen wie z.B. „str“ oder „pfl“ ohne große Schwierigkeiten gelingt, wird die Beachtung von Rechtschreibregeln systematisch aufgebaut.

All diesen käuflichen Legasthenikerprogrammen aber ist gemeinsam, dass sie am Rechtschreiben ansetzen, weil das mit vorgegebenen Arbeitsblättern und Übungsmaterialien in Gruppen machbar ist. Die Veränderung der Lesestrategie hingegen oder der grob- und feinmotorischen Fähigkeiten ist nur in der Einzelinteraktion zwischen TherapeutIn und Kind erreichbar und nicht zu vermarkten. Daher wird sie aber leider oft übersehen.

4.3. Psychotherapie von Legasthenikern

Je später die Legastheniker einer Behandlung zugeführt werden, desto auffälliger sind in der Regel ihre psychischen Störungen. Außerdem gibt es Kinder, die psychisch so belastet sind, dass sie innerlich nicht frei sind zum Lesen- und Schreibenlernen und keine Fortschritte oder viele Fehler machen, obwohl sie die richtigen Strategien gelernt haben. Das führte dazu, dass Grüttner (1980) die Legasthenie als ein Notsignal für zugrunde liegende Störungen betrachtet und eine Psychotherapie der Legastheniker für viel dringender und wirksamer hält als eine rechtschriftliche Förderung. Zu ähnlichen Ergebnissen kommen auch Pilz / Schubens (1979), deren Rechtschreibförderung sich bald in eine reine Gruppenpsychotherapie verwandelte. Ein Erfolg allein durch Psychotherapie kann aber nur bei den Kindern erreicht werden, bei denen keine falsche Lesestrategie und keine motorischen Störungen zugrunde liegen. Bei den anderen Kindern erreicht man allenfalls eine globale Festigung der kindlichen Persönlichkeit, die für diese Kinder dringend notwendig ist und ihnen hilft, mit ihren Schwierigkeiten zu leben. Wirklich legasthene Schwierigkeiten selbst werden aber durch reine Psychotherapie nicht beseitigt.

4.4. Kombinierte Modelle

Aus diesen Erfahrungen heraus und gemäß ihrem Verständnis von Lese-Rechtschreibschwäche als System sich gegenseitig verstärkender Störfaktoren entwickelten Betz / Breuninger (1982) ein Modell, in dem an mehreren Stellen gleichzeitig angesetzt wird, um Kindern aus ihrer Legasthenie herauszuhelfen. Einerseits wird an den Lernlücken der Kinder gearbeitet, indem jedes Kind Rechtschreibförderung erhält und Arbeitstechniken lernt, um selbständig seine Lücken aufzufüllen. Darüber hinaus wird den Kindern aber auch in einer Art Gruppentherapie geholfen, ihre Ängste und Widerstände in diesem Bereich abzubauen. Und schließlich wird in umfangreicher, systematischer Elternarbeit versucht, die Einstellung der Eltern zu Fehlern und Schwierigkeiten der Kinder zu verändern, da auch deren Verhalten als wesentlicher Faktor zur Aufrechterhaltung der Legasthenie betrachtet wird.

Ähnliche Vorschläge machen Grissemann (1980) und Rathenow / Vöge (1982). Dort, wo Eltern und Kinder zu so intensiver Mitarbeit bereit und fähig sind, wie es in diesem Modell gefordert wird, ist die Therapie sehr erfolgreich. Allerdings zeigt die Einschränkung auch gleich die Schwierigkeiten dieses Fördermodells. Es gibt viele

Legastheniker-Eltern, die entweder nicht bereit oder nicht in der Lage sind, sich einer solchen langen Serie von Elternabenden zu unterziehen, oder auch unfähig, ihr Verhalten ihren Kindern gegenüber so bewusst zu beobachten und zu verändern, wie es bei dieser Elternarbeit gefordert wird. So zeigt dieses Fördermodell zwar den Weg, auf dem Legasthenikern zu helfen ist, es zeigt aber gleichzeitig, dass eine solche Hilfe sehr aufwendig und wegen mangelnder Elternmitarbeit in vielen Fällen unmöglich ist.

4.5. Frühförderung von Legasthenikern

Um also gleich zu verhindern, dass Kinder in einen solchen Teufelskreis hineingeraten und einer solchen umfangreichen Therapie bedürfen, sind derzeit große Bestrebungen im Gange, um den Erstunterricht im Schriftspracherwerb von dem Zwang des Gleichschritts zu befreien und den individuell unterschiedlichen Voraussetzungen der Kinder sehr viel stärker als früher Rechnung zu tragen (z. B. Brügelmann 1983, 1986; Spitta 1985). Darüber hinaus gibt es Versuche, den Erstunterricht mit Verfahren anzureichern, die in der Legasthenietherapie Kindern aus ihrer falsch verfestigten Strategie heraushelfen, und so gleich im Erstunterricht das Steckenbleiben in einer falschen Strategie zu verhindern (Mann 1989). Und schließlich gibt es inzwischen Vorschläge, wie man Legastheniker schon ab Mitte des 1. Schuljahres erkennen und fördern kann, noch bevor sich dieser Teufelskreis der Legasthenie voll etabliert hat (Müller 1984).

Literaturverzeichnis

Beck, Manfred (Hrsg.): Schriftspracherwerb – Lese-Rechtschreibschwäche. Tübingen 1989

Betz, Dieter / Breuninger, Helga: Teufelskreis Lernstörungen. München / Wien / Baltimore 1982

Brügelmann, Hans: Kinder auf dem Wege zur Schrift. (1983) 4. Aufl., Konstanz 1992

Brügelmann, Hans (Hrsg.): ABC und Schriftsprache – Rätsel für Kinder, Lehrer und Forscher. Konstanz 1986

Brügelmann, Hans / Mannhaupt, Gerd: Lesen vor der Schule – Lesen in der Schule. Die Grundschulzeitschrift 1990, H. 4, 43–46

Findeisen, Uwe /Melenk, G. / Schillo, H.: Lesen lernen durch lauttreue Leseübungen. 3. Aufl., Bochum 1995

Frith, Uta: Unexpected Spelling Problems. In: Frith, Uta (Hrsg.): Cognitive Processes in Spelling. London u. a. 1980, 495–515

Grissemann, Hans: Die Legasthenie als Deutungsschwäche. 2. Aufl., Bern 1972

Grissemann, Hans: Klinische Sonderpädagogik am Beispiel der psycholinguistischen Legasthenietherapie. Bern / Stuttgart / Wien 1980

Grissemann, Hans: Frühdiagnostik von Lernstörungen. Zusammenarbeit zwischen kinderpsychiatrischen, psychologischen und pädagogischen Fachkräften am Beispiel Legasthenie. Bern 1990

Grissemann, Hans: Von der Legasthenie zum gestörten Schriftspracherwerb. Therapeutische und sprachdidaktische Konsequenzen eines gewandelten psychologischen und sonderpädagogischen Konzepts. Bern 1996

Grüttner, Tilo: Legasthenie ist ein Notsignal. Reinbek 1980

Jung, Udo O. H.: Linguistische Aspekte der Legasthenieforschung. In: Valtin, Renate / Jung, Udo O. H. / Scheerer-Neumann, Gerheid: Legasthenie in Wissenschaft und Unterricht. Darmstadt 1981, 1–87

Klicpera, Christian / Gasteiger-Klicpera, Barbara: Psychologie der Lese- und Schreibschwierigkeiten. Entwicklung, Ursachen, Förderung. Weinheim 1995

Kossow, Hans-Joachim: Zur Therapie der Lese-Rechtschreibschwäche. Berlin 1975

Leupold, Regina: Zentrale Hörwahrnehmungs-Störungen. Auswirkungen und Erfahrungen. Ein Ratgeber für Betroffene, Eltern und Therapeuten. Dortmund 1996

Linder, Maria: Über Legasthenie (spezielle Leseschwäche) Zs. f. Kinderpsychiatrie 1951, 97–143

Lockowandt, Oskar (Hrsg.): Frostig Integrative Therapie. Lesen und Lesestörungen. Dortmund 1994

Löffler, Ilona / Meyer-Schepers, Ursula: Richtig lesen und schreiben durch Lautanalyse. Bochum 1984

Mann, Christine: Legasthenie verhindern. Bochum 1989

Meier, Christine / Richle, Judith: Sinn-voll und alltäglich. Materialsammlung für Kinder mit Wahrnehmungsstörungen. 2. Aufl., Dortmund 1995

Müller, Rolf / Schipper, Klaus: Zwischen Lese-Rechtschreibschwäche und Legasthenie: Eine Erklärung aus linguistischer Sicht. Frankfurt/M. / Bern 1981

Müller, Rudolf: Leseschwäche, Leseversagen, Legasthenie. Bd. 1 u. 2. Weinheim / Basel 1974

Müller, Rudolf: Frühbehandlung der Leseschwäche. Weinheim 1984

Naegele, Ingrid / Valtin, Renate: LRS in den Klassen 1–10. Weinheim / Basel 1989

Pilz, Dieter / Schubens, Siegfried (Hrsg.): Schulversagen und Kindertherapie. Die Überwindung von sozialer Ausgrenzung. Köln 1979

Ranschburg, Paul: Die Leseschwäche (Legasthenie) und Rechenschwäche (Arithmasthenie) der Schulkinder im Lichte des Experiments. Leipzig 1916

Rathenow, Peter / Vöge, Joachim: Erkennen und Fördern von Schülern mit Lese-/Rechtschreibschwierigkeiten. Braunschweig 1982

Reuter-Liehr, Carola: Lautgetreue Rechtschreibförderung. Bochum 1992

Schenk-Danzinger, Lotte: Handbuch der Legasthenie im Kindesalter. 3. Aufl., Weinheim / Basel 1975

Schlee, Jörg: Legasthenieforschung am Ende? München 1976

Sirch, Karl: Der Unfug mit der Legasthenie. Stuttgart 1975

Spitta, Gudrun: Kinder schreiben eigene Texte: Klasse 1 und 2. Bielefeld / Berlin 1985

Stehn, Hauke: Hilfe für das schreibauffällige Kind. Feinmotorische Übungen zur Verbesserung graphomotorischer Fähigkeiten. Raisdorf 1993

Valtin, Renate: Legasthenie – Theorien und Untersuchungen. Weinheim / Berlin 1970

Valtin, Renate: Empirische Untersuchungen zur Legasthenie. Hannover 1972

Valtin, Renate: Wie kann der Lehrer mit Hilfe von Schultests eine Legasthenie feststellen? In: Fernstudienlehrgang Legasthenie: Studienbegleitbrief 1. Weinheim / Basel 1974, 58–115

Wahl, Diethelm: Erwartungswidrige Schulleistungen. Weinheim / Basel 1975

Warnke, Andreas: Legasthenie und Hirnfunktion. Bern 1990

Wettstein, Peter / Rey, Annemarie: Kognitive Wahrnehmungs- und Sprachförderung. Anregungen für die basale Förderung von Wahrnehmung und Sprache zur Prävention und Behandlung von Lern- und Entwicklungsstörungen. Uster 1996

CARL LUDWIG NAUMANN

Stimm-, Sprech- und Sprachstörungen bei Schulkindern

1. Allgemeines[1]

1.1. Ziele

Dieser Artikel bietet für Deutschlehrer und -lehrerinnen an Regelschulen einen orientierenden Überblick über Störungen bzw. Auffälligkeiten beim Sprechen, damit sie in der Lage sind,

- mit solchen Auffälligkeiten bei Kindern in ihrer Klasse angemessen umzugehen
- und auch als 'relative Spezialisten für Sprache' auf Beobachtungen und Fragen in ihrem Umfeld zu reagieren; das schließt Kenntnisse über eigene sprecherische Belastungsfaktoren von Lehrern und Lehrerinnen ein.

An einigen Stellen wird also der Rahmen von Störungen der gesprochenen Sprache im Schulalter verlassen; dies betrifft Stimmstörungen von LehrerInnen, Störungen von Sprache und Sprechen infolge von Hirnstörungen bei älteren Menschen und einige Aspekte des Spracherwerbs im Vorschulalter. Generell geht es aber immer nur um erste Orientierungen für sprachheilkundliche bzw. sprachheilpädagogische Laien, wie es die meisten LehrerInnen an allgemeinbildenden Schulen nach dem durchschnittlichen Stand der Ausbildung sind. (Daher werden phonetische und phonologische Zeichen nur an den nötigsten Stellen verwendet.) Besondere Aufmerksamkeit liegt auf Störungen, die vielleicht ohne weiteres gar nicht bemerkt oder nur als Eigenart eines Kindes verstanden werden; Störungen infolge anderer Krankheiten werden hier nicht angeführt. Allerdings müssen LehrerInnen auch mit Eltern rechnen, die mit höchster Sensibilität kleinste Eigenheiten verfolgen.

Manchmal nur anklingend, manchmal unabweislich, entpuppt sich die Lehrkraft – wie die Eltern und andere wichtige Personen im Umfeld des Kindes – als Teil des Problems: Sie ist sprachliches und Sprech-Vorbild, besonders in der Grundschulzeit; sie gestaltet die sprachliche Umwelt des Kindes mit; sie reagiert auf Auffälligkeiten und beeinflusst indirekt und direkt die Reaktionen der MitschülerInnen. Sprechängstlichkeit z. B. scheint in hohem Maße schulisch erworben zu werden.

1.2. Begriffe

Außerhalb der Sprachheilkunde wird z. T. der Begriff 'Auffälligkeit' gegenüber 'Störung' bevorzugt, in der Absicht, Stigmatisierungen zu vermeiden. Hier geht es aber darum, überhaupt den Blick – genauer: das Ohr – zu schärfen, um das, was auffällig sein sollte, sich auffallen lassen zu können. Daher steht die Vorsicht gegenüber Stig-

[1] Für hilfreiche Kritik und wichtige Ergänzungen zu einer Vorfassung dieses Artikels danke ich Frau Dr. Ulrike Behrens und Herrn Dr. Detlef Hansen.

matisierungen zunächst zurück. Es ist jedoch ganz wichtig, im Umgang mit dem betroffenen Kind, mit Eltern und Mitschülern klar zu machen, dass Sprachstörungen keine Geistesstörungen, 'Macken', 'dumme Gewohnheiten' sind, auch dass sie zu großen Teilen geheilt oder gebessert werden können, um so Kind und Eltern zur Therapie zu ermutigen und ihnen beim richtigen Umgang mit der betroffenen Person zu helfen. Dafür kann die Rede von 'Auffälligkeiten' keine Garantie geben, aber sie kann dazu beitragen.

Eine umfassende Bezeichnung der gemeinten Störungen muss Stimme, Sprechen und Sprache enthalten, um die Zusammenhänge zwischen den Funktionen nicht aus dem Auge zu lassen, denn sprachliche Kommunikation wird nicht von einem Organ alleine ausgeführt, sondern von einer Organgemeinschaft getragen. Allerdings ist diese Benennung nicht ganz abgeschlossen – z. B. sind Erkrankungen anderer Ursache als in den 'Sprachorganen' selbst ja schon ausgeschlossen worden. Welchen Status haben Hörstörungen? Wie soll man die oft unübersehbare Einbettung in das kommunikative Umfeld festhalten? Und man darf auch nicht meinen, mit der Aufzählung sei schon eine trennscharfe Einteilung gegeben: Aus medizinischer Sicht liegt es meist nahe, organische Plätze zuzuordnen, aus linguistischer kommen eher sprachstrukturelle Aspekte zur Geltung. Beide Sichtweisen sind nur oberflächlich kompatibel; jede hat ihre eigene Plausibilität, verführt aber auch zu Ungereimtheiten und 'Denklöchern'. Drei Beispiele: Medizinisch gesehen, 'sitzen' Stimmstörungen im Kehlkopf, Sprechstörungen an den (äußeren) Sprechorganen, Sprachstörungen im Gehirn – aber Näseln ist eine Stimm*klang*störung. Und Stammelfehler sind aus linguistischer Sicht einzuteilen in phonematische, also systemstörende, und nicht-phonematische. Aus linguistisch-sprachpädagogischer Perspektive die Sprechstörungen und Stimmstörungen gemäß linguistischer Strukturierung als bloß 'phonetisch' einzustufen, birgt die Gefahr, die kommunikative Relevanz dieser Störungen zu übersehen. – Diese Probleme können bei einer oberflächlichen oder ersten Annäherung auftauchen; in der Fachdiskussion werden sie nicht ignoriert.

Dass im Folgenden mal von Therapie, mal von Übung / Übungsbehandlung die Rede ist, entspricht der Notwendigkeit, die medizinische Sicht (in einem engen Sinne) mit Aspekten des Lernens zu verknüpfen. – LehrerInnen sollten nicht nur über Diagnose und Therapie informiert sein; sie können auch wesentlich zur Gestaltung einer Sprachwelt und eines Sprachlernprozesses beitragen, die Störungen abbauen oder – ebenso wichtig – erst gar nicht entstehen lassen, die also Ko-Therapie und Prophylaxe sind. Zwei Beispiele: Das stotternde Kind braucht auch im Unterricht Zeit und Zuwendung. Die durchsetzungsfreudige, vielleicht etwas extrovertierte, jedenfalls aber laut sprechende Lehrerin begünstigt Stimmüberlastungen; besonders hart kann das in einer Klasse von pubertierenden Jungen durchschlagen, die auf der Suche nach ihrer Männerstimme sind.

Dass Störungen der sprachlichen Kommunikation begrifflich nicht immer leicht zu fassen sind, obwohl Sprache doch eine wichtige, vielleicht sogar die besondere Fähigkeit des Menschen darstellt, hängt vermutlich mit drei (ihrerseits nicht trennscharfen Tatsachen) zusammen:

- Gattungsgeschichtlich ist der Erwerb der Sprache relativ jung,
- die genetische Streubreite sprachlicher Fähigkeiten und
- die soziale Streubreite sprachlicher Anregungen sind groß.

Auch ist zu bedenken, dass die Bemühung, sprachliche Störungen genauer zu erfassen, an einer Grundspannung der pädagogischen Profession teilhat: Das jeweilige Handeln muss 'ganzheitlich' auf komplexe Personen und Situationen gerichtet sein, während Analyse und Planung auf analytischen, zergliedernden Zugriff angewiesen sind. Dieser Artikel soll die Genauigkeit des Hörens stärken, er lenkt den Blick auf bestimmte Teilaspekte sprachlichen Umgangs, und erst am Ende treten wieder SchülerInnen als Personen in der Klassensituation hervor.

2. Störungsbilder

2.0. Lesehinweise

In der Tabelle S. 322f. sind die Grundinformationen zusammengestellt; sie sollte also jeweils zuerst befragt werden. Im folgenden Text werden einzelne Punkte aus der Tabelle teils erläutert, teils ergänzt; am Anfang eines Abschnitts stehen ggf. Hinweise zur normalen Funktionsweise und zum Entwicklungsverlauf während der Schulzeit. (Vgl. Artikel Spracherwerb) Die Anordnung in der Tabelle wie im Text orientiert sich am Schema Stimme – Sprechen – Sprache; die Störungen sind, soweit üblich, deutsch und griechisch-lateinisch bezeichnet. Häufigkeit und Bedeutsamkeit von Störungen sind verschieden und auch nicht völlig objektiv zu erfassen. Jedenfalls sind die komplexen Störungsbilder, die in Abschnitt 3, aber nicht in der Tabelle behandelt werden, keineswegs bedeutungslos!

2.1. Stimmstörung (Dysphonie)

Der *Kehlkopf* ist ein komplexes Gebilde aus knöchernen, knorpeligen und muskulären Bestandteilen am oberen Ende der Luftröhre. Seine sprachlichen Funktionen sind auf ältere Stoffwechselfunktionen aufgelagert und müssen daher gelegentlich zurücktreten, z. B. bei der Bauchpresse oder beim Husten. (Ähnliches gilt für Zäpfchen, Rachen und Kehldeckel: Auch sie hindern feste oder flüssige Speise am Eindringen in die oberen Atemwege.) Die Stoffwechselfunktionen sind manchmal lebenswichtig; daher ist ihr reflexhaftes Arbeiten ebenso sinnvoll wie ihre Einbettung in das autonome Nervensystem. Auch ist die Schwingung der Stimmlippen viel zu schnell, um vollständig bewusst steuerbar zu sein. Kehlkopfarbeit und Rachenweite unterliegen Stimmungseinflüssen, Sprecher und (nicht gänzlich unsensible) Hörer spüren bzw. hören es, wenn z. B. etwas die 'Kehle zusammenschnürt'. Atmung und Körperhaltung, die mit der 'inneren Haltung' zusammenhängt, beeinflussen den Stimmgrundklang. Denn die Grundspannung der Muskulatur, besonders am Hals und in seiner Nachbarschaft, bestimmt den Kehlkopf und seine kleinen inneren Muskelbänder, die Stimmlippen, und ihre Arbeitsweise mit. (Man spricht nicht von

Name	*Symptome*	*Ursachen*
1. Stimmstörung (Dysphonie)	Stimme nicht klar: Heiserkeit; belegt, kratzend, tonlos, rau; – matt, verhaucht bis gepresst; bei kleinen Kindern auffällig tief, auch hoch	teils organische Erkrankungen des Kehlkopfs (oder anderer Organe); sehr oft 'funktionelle D.' = falscher Gebrauch eines gesunden Apparates aufgrund Gewohnheit, Überlastung
2. Näseln (Rhinophonia) a) geschlossen (Rh. clausa)	a) 'Schnupfensprache' m klingt wie b, n wie d	a) 'Polypen' = Wucherung der Rachenmandel und andere Verengungen im Nasenweg; selten funktionelles g. N. (Gewohnheit)
b) offen (Rh. aperta)	b) Nasenraum klingt nicht nur bei m, n und ŋ mit, sondern bei vielen anderen Lauten; verwaschen	b) mangelhafter Verschluss zwischen weichem Gaumen ('Zäpfchenrückseite') und Rachenhinterwand, z. B. infolge Lähmung; sonst funktionelles o. N. (Gewohnheit)
3. Stammeln (Dyslalie)	Fehlen, fehlerhafte Bildung oder Ersatz eines Lautes, mehrerer Laute oder Lautverbindung(en)	selten Auffälligkeit an den Sprechorganen; funktionelles Stammeln (Gewohnheit); Verzögerung / Störung im Spracherwerb
4. Stottern (Balbuties)	häufige Störung des Redeflusses, v. a. beim mitteilenden Sprechen; Wiederholen von Lauten, Silben, Wörtern / Pressen am Wortanfang	oft unklar. Zusammenwirken v. Erbfaktoren, organ. Störungen / Schädigungen, falscher Reaktion der Umwelt auf altersgemäße Steuerungsschwierigkeiten
5. Poltern (Tachyphemie)	Überstürzung des Redeflusses mit Verstellen und Verstümmeln von Wörtern und Wortteilen; vermutlich häufig	schlecht erforscht. 'Gestaltungsschwäche'; ererbt oder (familiär) erlernt. Auch sonst oft hastig / fahrig
6. Dysgrammatismus	Fehler bei grammatischen Formen und beim Satzbau (Auslassungen, falsche Wortstellung)	unklar. Verzögerung / Störung im Spracherwerb; geringe Merkspanne, geringer Wortschatz; organisch
7. Störung infolge Hirnschädigung a) Aphasie	a) isolierte oder kombin. Verstehens-, Wortfindungs-, Schreib- usw. -störung, bis hin zum völligen Verlust	durch Unfall (Motorrad!), Gefäßschaden, Tumor Schädigung a) der Planungszentren und -verknüpfungen im Gehirn
b) Dysarthrieb)	b) kombin. Aussprachestörung	b) von Kernen der Steuernerven des Sprechapparats
8. Hörstörung	scheinbare Unaufmerksamkeit und Unkonzentriertheit; schiefer Kopf, offener Mund: Wirkung als 'beschränkt'	Schäden / Störungen im Mittelohr oder Innenohr oder im weiteren Verarbeitungsweg
9. Sprechangst (Logophobie)	individuell verschieden: Hautschweiß, Zittern, Stuhl-, Harndrang; Befürchtung von Denkblockaden	Überschießen des normalen Respekts vor Zuhörern; mangelnde Übung, negative Sanktionen

Folgen	*Therapie*	*Lehrerverhalten*
schlechtes sprachliches Durchsetzungsvermögen; psychische Überlagerung bei Häufung (auch überschießend); funktionelle Dysphonien können organische Folgen haben: Knötchen, Ödeme usw.	Beseitigung organischer Ursachen / Anteile; Übungsbehandlung mit Korrektur von Haltung, Atmung, Stimme, Sprechweise; u. U. langdauernd	Klassenklima verbessern, Anregung zu deutlicher Sprechweise
Missverstandenwerden	operative und Übungsbehandlung	
Missverstandenwerden	operative und Übungsbehandlung	Anregung zu deutlicher Sprechweise
Missverstandenwerden, Hänselei	u. U. operative Behandlung; Übungsbehandlung (oft langdauernd)	*Geduld* wegen der hohen Automatisiertheit der Lautbildung
Angst und Mitleid beim Kommunikationspartner; intensive Überlagerung mit Verkrampfungen, Atemstörungen, Sprechangst; Vermeiden – zuletzt ein stabiler Symptomkreis;	alle Ursachen und (Folge-)-Symptome	*Geduld, kein Druck* Aufmerksammachen verstärkt Stottern; keine Hänselei und kein Einhelfen
Polterer leidet subjektiv nicht; Kommunikationspartner vermutet Desinteresse. U. U. folgt Stottern.	wegen Desinteresse erschwert. Bei reinem P. sorgfältige Planung anüben; Pausen-, Tempokontrolle	Aufklären, zur Therapie anhalten (auch die Eltern!) Aufmerksammachen bessert *reines* Poltern
Missverstandenwerden, Hänselei; Einstufung als Geistesschwäche / -störung; Gefährdung des Schulerfolgs	Übungsbehandlung	breite sprachliche Förderung
soziale Katastrophe; Einstufung als Geistesschwäche	frühe Übungsbehandlung	Aufklären; genaue Diagnose suchen helfen
schlechter Vergleich des eigenen mit fremdem Sprechen, daher Sprech- und Stimmauffälligkeiten (dysphonisch, zu laut / zu leise, monoton, ausdrucksarm)	je nach Ursache; nach Operation / Gerätanpassung, oft noch Hörtraining nötig	günstigen Sitzplatz in der Klasse geben; durch deutliches Sprechen unterstützen
langweiliger Redestil; Unterlassen auch wichtiger Beiträge; Vermeiden von Rede-, auch Gesprächssituationen	Training, Bestärken von Versuchen In extremen Fällen autogenes Training, Psychotherapie	= Therapie: Üben von Referaten, Gesprächen; Klassenatmosphäre besprechen und verbessern

'Stimmbändern', denn dies erweckt den Eindruck, es handele sich um frei schwingende Bänder; die Stimmlippen hängen aber auch außen mit dem übrigen Apparat zusammen, der Klang entsteht zwischen ihnen und durch ihr Zusammenwirken.) Der Kehlkopf ist also willentlichem, direktem Einfluss entzogen. Das heißt für Therapien, dass sie anderenorts beginnen müssen, z. B. bei Haltung und Atmung einerseits und andererseits bei der Lautbildung. (Da Mund und Lunge – in beiden Richtungen – am weitesten vom Kehlkopf entfernt sind, spricht man auch vom Prinzip der 'Randzonenbelastung' für Stimmtherapie und Stimmprophylaxe.) Allerdings ist der Gebrauch aller Sprechwerkzeuge nicht biologisch voll vorgeprägt, sondern z. T. von Vorbildern erlernt, z. T. durch Gewohnheiten geprägt, die vielleicht als Reste einer überflüssig gewordenen Reaktion auf Belastungen übrig geblieben sind. Z. B. erlebt man laute, heisere Kinder von lauten Müttern. Oder die Heiserkeit aufgrund einer Erkältung verfestigt sich zu einer generellen Heiserkeit; ähnlich ein offenes Näseln als Schonung der Narben nach einer Mandeloperation. Was gelernt wurde, kann aber – in biologischen Grenzen – umgelernt werden; Erwachsene erleben dies oft als ein Entfalten bislang nicht entwickelter Möglichkeiten.

Entwicklung:

Die Sprechstimmhöhe sinkt bereits vor der Mutation langsam ab. Bei Knaben tritt eine deutliche, sprunghafte, bei Mädchen eine leichte Absenkung der Sprechstimmlage ein; bei beiden verändert sich danach allmählich die Klangfarbe.

Symptome:

Besonders bei kleineren Kindern muss die Stimme nicht rau klingen, sie kann für das Alter ungewöhnlich tief wirken. – Es gibt auch Stimm*klang*störungen, die ihren Sitz nicht im Kehlkopf haben, wie das erwähnte Näseln (s. u. 2.2.) oder auch das Knödeln (s. u. 2.1.1.). Allerdings kommen diese Stimmklangstörungen manchmal zusammen mit Stimmstörungen i. e. S. vor; nicht zuletzt deswegen können Ungeübte beides nicht leicht auseinander halten.

Ursachen / Folgen:

Unter den organischen Ursachen ist der Kehlkopfkrebs zu nennen. (Bei den häufigen hyperfunktionellen Störungen treten Gewebepolster an den Stimmlippen auf; diese nennen Fachleute 'Sänger- oder Schrei*knötchen*' – für Laien unnötig beängstigend.) Allerdings können funktionelle und anfänglich nicht-bösartige Kehlkopferkrankungen nach langem Bestehen auch umschlagen. Weil Kehlkopfkrebs, früh erkannt, selten streut, muss man raten, bei jeder Heiserkeit, die länger als drei Wochen besteht, ohne dass (noch) eine Erkältung zu Grunde liegt, einen Hals-Nasen-Ohren-Arzt aufzusuchen. – Psychische Überlagerungen können sich bei LehrerInnen zu einer Neurose auswachsen: Ängstliche Spannung, vor der Klasse erneut stimmlich zu versagen, begünstigt verspanntes Sprechen, dies führt zu Stimmüberlastung usw. Dieser Teufelskreis beeinträchtigt u. U. auch das professionelle Selbstbild.

Lehrerverhalten:

Überlastung der Stimme kann zustande kommen durch dauerhaft zu hohes, zu lautes oder zu undeutliches Sprechen. Angeblich unterscheidet sich der Mensch von ähnlichen Lebewesen durch den aufrechten Gang, statistisch herrscht allerdings das Sitzen vor – mit problematischen Folgen für Rückenmuskulatur und Atmung; die Atmung wird außerdem durch mangelndes Lüften im Klassenraum (und schlechte Klimaanlagen) beeinträchtigt. Obendrein wird Grundschülern ihr Bewegungsbedürfnis durch den 45-Minuten-Takt zu sehr eingeengt. Doch nicht nur solche scheinbar trivialen Aspekte bestimmen das sprachliche Klassenklima, man muss 'Klassenklima' auch im übertragenen Sinne verstehen, um es sprachförderlich gestalten zu können: Zu lautes Sprechen, Nicht-Ausreden-Lassen, ähnlich permanentes freundliches Säuseln unterstützen falschen Stimmgebrauch, können langfristig zur Gewohnheit werden oder auch vorhandene organische / konstitutionelle Schwächen verschlimmern oder erst zum Problem machen. Vielleicht ausgehend von einer Videoaufzeichnung sollte die Klassenkommunikation gemeinsam überdacht werden.

2.1.1. Knödeln

Ein kloßiges Sprechen (Jüngeren ist 'Kermit' aus der Sesamstraße, Älteren Jürgen von Mangers 'Techtmeier'-Figur im Ohr), einer Stimmstörung ähnlich, tritt z.T. auch mit ihr zusammen auf. Die Ursache sind Verspannungen im Rachenbereich (und anderen relevanten Muskelpartien), Schließen des Kehldeckels. – Wo es regional akzeptiert wird (z.B. im Ruhrgebiet), kann es nicht als Störung gelten. Es ist aber in anderen Regionen sehr auffällig und auch generell unzweckmäßig, falls die Abstrahlung des Stimmklangs behindert oder gar der Kehlkopf in die Verspannungen mit einbezogen ist.

2.1.2. 'Akzent', Prosodie, Stimmästhetik

Einige weitere Auffälligkeiten beim Sprechen sollen hier kurz diskutiert werden: Unter Akzent versteht man in einem engen Sinn zunächst die Art des Hervorhebens wichtiger Stellen. Dazu werden meist auf der betonbaren Silbe des wichtigen Wortes Tonhöhe und Lautstärke erhöht und die Dauer verlängert; es gibt auch umgekehrt Absenkungen von Tonhöhe und Lautstärke. (Außerdem werden die fragliche und ihre benachbarten Silben deutlicher gesprochen.) Die Mittel des Hervorhebens sind verschieden ausgeprägt und werden verschieden kombiniert. Auffallen können ungewohnte Ausprägungen und Kombinationen: Bayern benutzen wenig Tonhöhe und viel Dehnung; Schweizer und Rheinländer viel Tonhöhe, so dass man von einem bayrischen usw. Akzent spricht. Weitere typische Anzeichen wie Wortgebrauch und Lautbildung kommen hinzu und sind in den weiteren Begriff von 'Akzent' einbezogen; dieser weitere Begriff stimmt mit der umgangssprachlichen Gebrauchsweise des Wortes überein. Als Störungen werden solche Auffälligkeiten im Allgemeinen nicht bewertet. Das Gefühl von Auffälligkeit oder gar Störung stellt sich eher bei einem fremdsprachigen Akzent i. w. S. ein, vgl. unten 3.2.

Die Gesamtheit der Mittel, mit denen wir Akzente i. e. S. vollziehen, dazu Pausen und Sprechrhythmus, wird als Prosodie (oder Suprasegmentalia) zusammengefasst; die Prosodie unterstützt beim Sprechen und Vorlesen das Verständnis und unterstützt im Gespräch die Regulation des Sprecherwechsels. Die Funktionen der Prosodie finden erst allmählich linguistisches Interesse, während die Sprecherziehung, besonders für den Gedichtvortrag, diese Mittel schon lange nutzt, meist unter dem Terminus 'Sprechausdruck'. Störungen der Prosodie werden vor allem bei Dysarthrien beachtet (s. u. 2.7.); der kindliche Erwerb liegt noch sehr im Dunkeln. Dies erstaunt umso mehr, als die stimmlichen Bewegungen, mit denen die Prosodie 'erzeugt' wird, schon sehr früh, vor jeder lautlichen Ausgestaltung kommunikativ wirksam sind: Baby und Umwelt differenzieren verschiedene Schreitypen prosodisch. Auch die Art, wie Erwachsene – sprachförderlich – mit kleinen Kindern sprechen – u. a. mit besonders sorgfältiger Prosodie –, ist als 'Mutterschen' vergleichsweise genau untersucht. Für die kindliche Sprachentwicklung im eigentlichen Sinne gerät die Prosodie aber aus dem Blick – vielleicht weil ihre Funktionen noch so wenig untersucht sind und weil der Gebrauch der Mittel im Einzelnen ohne willentliche Steuerung funktioniert.

Auffällig, im negativen wie positiven Sinne, kann der Stimmklang auch in seinen Grundqualitäten sein; die kratzige Schurkenstimme im Kriminalfilm ist so bekannt wie berückende oder geradezu bezaubernde Stimmen, nicht nur beim Gesang. Mancher Erfolg scheint weniger dem Kopf als dem Kehlkopf zu verdanken, manch guter Gedanke nimmt auf dem Transportweg über eine farblose, eingeengte oder schrille Stimme Schaden. Zweckmäßigkeit, Gesundheit und Schönheit liegen hier dicht beieinander. Persönlichkeit und Stimme sind so eng verknüpft ('Person' bezieht sich auf per-sonare und meint ursprünglich die stimmverstärkende Maske der Schauspieler), und über Geschmack lässt sich so leicht streiten, dass Ratschläge, gar ungebetene, großen Takt erfordern. Andererseits wäre es der Umwelt von nicht wenigen Sprecherinnen und Sprechern zu wünschen, sie bekäme etwas Angenehmes oder wenigstens Erträgliches zu hören. Wer als LehrerIn sich seiner stimmlichen Wirkung nicht gewiss ist, sollte sich fachlichen Rat holen, denn bloß freundschaftlicher Rat ist im Allgemeinen unbrauchbar, und eine Selbstdiagnose per Tonband muss an physikalischen / physiologischen Problemen scheitern. Denn Aufnahme, Speicherung und Wiedergabe sind kaum technisch einwandfrei zu machen, und die eigene Stimme hört man immer, wie alle anderen, auf dem Luftweg, aber zugleich auch innerhalb des Kopfes; beim Anhören eigener Tonaufnahmen steht dann die Verwunderung über den unvermeidlichen Unterschied zum normalen Selbsthören im Vordergrund.

2.2. Näseln (Rhinophonie)

Das Mitklingen des Naseninnenraums beim Sprechen wird durch das sogenannte naso-pharyngale Ventil geregelt: Das Gaumensegel ('Zäpfchen mit Umgebung') geht aus seinem frei hängenden Grundzustand nach hinten, in Richtung auf die Rachenrückwand, die Rachenrückwand geht nach vorne, die Seitenwände bewegen sich zur Mitte hin. Der so gebildete Verschluss ist beim Sprechen der überwiegende Zustand. Die meisten Laute des Deutschen haben nämlich keinen bzw. nur einen geringen Nasenanteil, während bei den drei Nasallauten /m, n, ŋ / (ŋ meist als ng geschrieben) die Nase offen und der Mundweg an verschiedenen Stellen verschlossen ist.

Ein begrenzter Nasenanteil wird nicht nur toleriert, er kann sogar zu einer angenehmen Klangwirkung beitragen – in Abhängigkeit von einem guten Stimmvolumen; man spricht dann nicht von Näseln, sondern von Nasalität. Nasalität begleitet am deutlichsten Vokale, darunter am ehesten das lange /a:/; sie ist regional sehr verschieden. Daher ist die terminologisch saubere Unterscheidung von Nasalität und Näseln in einzelnen Fällen schwierig, leitend muss die Verständlichkeit sein. – Die beiden Näselformen kommen auch gemischt vor. (Rhinophonia mixta)

2.2.1. Geschlossenes Näseln (Rhinophonia clausa)

Geschlossenes Näseln ist durch die Unmöglichkeit oder starke Erschwernis charakterisiert, den Naseninnenraum mitklingen zu lassen. Jeder Mensch ist davon bei starkem Schnupfen betroffen.

2.2.2. Offenes Näseln (Rhinophonia aperta)

Offenes Näseln beruht auf zu großer Beteiligung des Naseninnenraumes; wegen der großen Anzahl nicht-nasaler Laute ist die Deutlichkeit stärker beeinträchtigt als beim geschlossenen Näseln. – Einen besonderen Hinweis verdienen die Lippen-Kiefer-Gaumen-Spalten ('Hasenscharte, Wolfsrachen'). Zwar findet man heute wohl kein Kind mehr, das nicht operativ versorgt ist. Aber die Verständlichkeit hängt sehr vom Sprachtraining ab, das nach jeder Operation neu anzusetzen ist und daher Kind und Eltern lästig werden kann. LehrerInnen sollten sich dem nicht in falscher Toleranz anschließen, sondern im langfristigen Interesse des Kindes auf eine Verständlichkeit auch für ungeübte Hörer hinwirken.

2.3. Stammeln (Dyslalie)

Standardsprachlich wird zwischen Stammeln und Stottern nicht unterschieden, fachsprachlich sind Dyslalie und Balbuties zu unterscheiden, vgl. 2.4. Hingegen hat das Lispeln eine eigene standardsprachliche Benennung; dem folgt die Sprachheilkunde teilweise, obwohl das Lispeln definitorisch zum Stammeln gehört. Verständlich ist diese Auffassung: 1. weil das Lispeln sich auf mehr als einen Laut bezieht (/s/ und /z/, stimmloses und stimmhaftes s), u. U. definitorisch auch auf alle weiteren Zischlaute, und 2. weil Lispeln unter den Dyslalien bei weitem die häufigste Störung ist. Dass in der Sprachheilkunde das Näseln nicht als Stammeln gilt, ist wohl auf die besonderen klanglichen Wirkungen zurückzuführen.

Die Lautbildung erfolgt sehr schnell: Wir produzieren ohne weiteres mehr als 10 Laute pro Sekunde. Daher geschieht die Steuerung gewöhnlich nicht bewusst, sondern automatisiert. Eine willentliche Veränderung kann bei normalem Tempo nicht glücken; nach der Anbildung der Fähigkeit, den 'neuen' Laut zu formen, muss seine Einbettung in den Sprechstrom geduldig automatisiert werden.

Die Teildefinition 'Fehlbildung oder Ersatz eines Lautes' führt zu einem wichtigen Punkt, denn was als Fehlbildung oder Ersatz zu gelten hat, ist nur sprachspezifisch zu entscheiden, d. h. unter Bezug auf das jeweilige Phonemsystem: Wenn ein s intendiert bzw. zu erwarten ist, stattdessen aber ein Zischgeräusch mit der Zunge zwischen den Zähnen erzeugt wird, so ist dies im Deutschen als Fehlbildung, im Englischen aber als Ersatz aufzufassen, weil es im Deutschen keine, im Englischen sehr wohl interdentale Zischlaute gibt. Aus linguistischer Sicht ist damit die Phonologie ins Spiel gebracht, die die herkömmliche, in der Medizin offenbar noch dominante Orientierung an einzelnen Lauten um den systematischen Aspekt ergänzt. Die Debatte wird sehr heftig geführt, was mit Standesinteressen zusammenhängen könnte. (Aus Sicht der Betroffenen – Kind und Eltern und in helfender Funktion Lehrer / Lehrerin – kann allerdings nicht auf die medizinischen Anteile in der Diagnose verzichtet werden.) Der Bezug auf die Phonologie entspricht vor allem der Lautentwicklung, die man sich nicht wie das Erlernen eines Alphabets in Abfolge vorstellen muss, sondern eher als Entfaltungsprozess oder allmähliche Durchgliederung der 'gestaltbaren Klangmasse': Immer mehr Unterscheidungen werden mit wachsendem Benennungsbedürfnis erforderlich und dem tritt eine immer feinere Steuerung der Artikulationsorgane an die Seite; beides führt zu mehr Laut*unterscheidungen*. (Da im Durchschnitt ein Mediziner das notwendige phonologische Wissen nicht haben kann, ist keine Diagnose ohne linguistisch ausgebildete DiagnostikerIn sinnvoll. Die Diagnose muss also in Kooperation erfolgen.)

Nimmt man den Bezug auf das Phonemsystem ernst, dann sollte eine realistische Diagnostik und Therapie auch auf die regionalen Umgangssprachen des Deutschen abstellen und nicht unterschiedslos auf die Hoch- oder Standardsprache (allerdings auch nicht auf kleinräumige Dialekte). Denn die Unterscheidungen

- von /e:/ und /ɛ:/,langem e und langem ä, sind im Norddeutschen,
- von /ç/ und / ʃ / (ich-Laut, ‹sch›) im Mitteldeutschen (von der Pfalz und dem Rheinland bis nach Sachsen, einschließlich Berlin) und
- von /s/ und /z/ im Süddeutschen nicht üblich.

Daher kann man auf solche 'Aussprachefehler' alleine keine Diagnose als Störung stützen, und die Standardlautung muss nicht immer das Therapieziel sein.

Entwicklung:

Bei der Einschulung sind alle Lautunterscheidungen der Standardsprache zu erwarten, nach anderer Auffassung erst im achten Lebensjahr. Auszunehmen sind die beiden s-Laute während des Frontzahnwechsels und die eben erwähnten regionalen Eigentümlichkeiten (die in der Literatur allenfalls erwähnt, von erfahrenen TherapeutInnen aber berücksichtigt werden). – Während der Schulzeit entwickelt sich die Aussprachesorgfalt weiter, ebenso der 'Registergebrauch', also die Fähigkeit, je nach Situation lockerer-familiär oder genauer-offiziell zu artikulieren. (Das normrichtige Verhalten, in familiären Situationen locker, weniger ausgeprägt zu sprechen, wird manchmal noch als 'schludriges Sprechen' fehlbewertet.) – Die Weiterentwicklung betrifft auch subphonemische regionale Prägungen, also etwa das 'dicke' rheinische l, das sehr helle bayrische e in unbetonten Silben (fast ein i) oder die Verdumpfung besonders der or- und ur-Verbindungen im Sächsischen; bei vielen Personen bleiben aber diese regionalen Merkmale in beiden Registern bestehen. (Elemente des Akzents i. w. S.)

Ursache eines Lispelns ist u. U. eine Hochtonschwerhörigkeit, die aufgrund der normalen Absenkung im oberen Hörbereich bei älteren Menschen, infolge Lärms aber auch schon im Jugendalter entstehen kann (z. B. durch Walkman oder andere laute Musik). – Während des Frontzahnwechsels sind bestimmte Lispelformen normal.

Dyslalien können Teil einer Sprachentwicklungsstörung sein (s. u. 3.1.).

2.4. Stottern (Balbuties)

Zur Terminologie vgl. oben, Stammeln. – Das Stottern ist sehr häufig, 4 % der Kinder sind betroffen. Es ist oft mit Sprechangst oder Poltern verbunden.

Entwicklung:

Im Alter von ca. 3–5 Jahren sind Sprechunflüssigkeiten normal; die Vorstellung, das Kind denke schneller, als es sprechen kann, ist vielleicht etwas laienhaft, aber im Ganzen doch richtig. (Sehr einfühlsame Darstellung bei Baumgartner 1992.) Vorsichtshalber sollte man den alten Terminus 'Entwicklungsstottern' nicht mehr benutzen. – Die Sprechunflüssigkeiten bestehen in Wiederholungen, Langziehen von Anfangslauten und Pausen. Bei genauerer Beobachtung kann zwischen altersgemäßer Sprechunflüssigkeit und beginnendem Stottern unterschieden werden.

- Altersgemäß sind Wiederholungen von Satzteilen und Wörtern sowie Planungspausen zwischen Wörtern;
- beim beginnenden Stottern werden noch kleinere Einheiten wiederholt, nämlich Laute. (Wiederholungen von Silben werden oft für Stotterer-typisch gehalten, bieten aber als solche kein sicheres Kriterium.) Auch häufen sich die Wiederholungen, das Dehnen von Anfangslauten und die Pausen sind besonders lang oder treten als Planungspausen *innerhalb* von Wörtern auf, und es werden Verspannungen sichtbar. Aber auch altersgemäße Unflüssigkeit, die über ein halbes Jahr andauert, verdient besondere Beobachtung, ebenso, wenn beim Wiederholen von Silben statt dem gemeinten Vokal das Nebensilben-e auftaucht (statt Ba-ba-babanane Bə-bə-bə-bananə). – Eltern sollten wissen, dass die altersgemäße Unflüssigkeit leicht zu einem Stottern mit Störungswert wird, wenn man auf sie nicht gelassen reagiert. Dies fällt schwer – und zwar nicht nur Eltern mit einem rigiden Erziehungsstil, wie er in der Unterschicht eher zu erwarten ist, sondern auch Mittelschichteltern mit einem ausgeprägten Sinn für Sprache; hier haben DeutschlehrerInnen eine wichtige Aufklärungs-Aufgabe.

Therapie:

Wegen der Unklarheit über Ursachen des Stotterns sollten LehrerInnen Kind und Eltern unterstützen, wenn sich ein ernsthaft verfolgter Therapieansatz als erfolglos herausstellt und ein weiterer gesucht werden soll.

2.5. Poltern (Tachyphemie)

Gemessen am standardsprachlichen Ausdruck verwundert seine fachsprachliche Verwendung. – Poltern ist insgesamt wenig erforscht, wahrscheinlich teils weil es mit Stottern zusammen auftritt bzw. in Stottern übergehen kann, teils weil Polterer unter ihrer Auffälligkeit weniger leiden als ihre Umwelt. Hier wird besonderer Wert auf diese Auffälligkeit gelegt, weil ein tendenzielles Poltern (überhastetes und dadurch im Allgemeinen undeutliches Sprechen) möglicherweise unterschichttypisch ist und für den Ausbau der Sprechregister schlechtere Chancen bietet. (In Gegenden, in denen der alte Dialekt verschwindet, tritt offenbar ein anderes, 'lockeres' Artikulationsregister für die nicht-öffentlichen Situationen ein, vgl. Naumann 1996, 1997; und lockere Artikulation ist im Allgemeinen schnell.) – Schnellsprechen prägt auch die Unterrichtskommunikation: Unter dem – überwiegend vermeintlichen – Stoffdruck reden viele LehrerInnen zeitweilig zu viel und damit zu schnell, u. U. mit negativer Vorbild- oder Verstärkungswirkung.

2.6. Dysgrammatismus

Kein deutscher Terminus, vgl. auch unten 3.1. – Der Störungswert von grammatischen Aufälligkeiten ist in hohem Maße abhängig von den vorausgesetzten Altersnormen. Tabellen und Übersichten (vgl. Artikel Spracherwerb) können bei der Einschätzung helfen, auch wenn sie regionaler und sozialer Variation nicht genügend Rechnung tragen. (Vgl. Neuland 1984 als immer noch wichtige Ergänzung hinsichtlich sozialer Unterschiede; Der Deutschunterricht 2/1994, darin v. a. Maas / Roeber-Siekmeyer.)

Dysgrammatismus tritt nach einer verbreiteten Auffassung in der Regel nicht alleine auf, sondern zusammen mit Stammeln, eingeschränktem Sprachverständnis und Wortschatzmängeln, s. u. 3.1; er kann Lese-Rechtschreib-Schwierigkeiten zur Folge haben.

2.7. Störungen infolge Hirnschädigung (Aphasien, Dysarthrien)

Hier werden Störungen infolge Hirnschädigungen behandelt, da sie definitionsgemäß nach vollständiger Hirnreifung, also durchaus bei älteren Schülern auftreten können. (Bis etwa zum 12. Lebensjahr wirkt die 'Plastizität des Gehirns': Die Funktionen gestörter Zonen werden in anderen aufgebaut.) Wie bei den häufigen – typischerweise in höherem Lebensalter auftretenden – Gefäßschäden (Schlaganfall, auch Tumore) können DeutschlehrerInnen zur Findung einer angemessenen Diagnose beitragen, die sonst manchmal unterbleibt, weil die Hirnschädigung gerade bei älteren Menschen allzu leicht als Geistesschädigung missdeutet wird. Angemessener ist die Vorstellung einer Störung am 'Kommunikationswerkzeug' Sprache bei intakter oder nur wenig beeinträchtigter Denkfähigkeit.

2.8. Hörstörungen

Hörstörungen, wenn sie überhaupt bemerkt werden, bieten kein einfaches oder einheitliches äußeres Bild, da sie sich erst an sprachlichen Reaktionen oder eben Nicht-Reaktionen zeigen können; jedenfalls gilt dies für die leichteren Störungen, die gerade deswegen besonders tückisch sind. DeutschlehrerInnen sind daher gelegentlich die ersten DiagnostikerInnen, falls sie Merkwürdigkeiten richtig deuten. Neben den in der Tabelle genannten Folgen für das Sprechen gibt es typische Verhaltensformen beim Zuhören: Blick auf den Mund eines Sprechenden, schiefe Kopfhaltung, evtl. mit geöffnetem Mund.

2.9. Sprechangst (Logophobie)

Sprechängstlichkeit ist einerseits weit verbreitet und andererseits oft einfach durch Training, vor allem von Redesituationen, zu bessern. Ob sie mit sonstiger Angstneigung zusammenhängt, ist umstritten. Gelegentlich wird eine 'normale' Sprechängstlichkeit von einer störungswertigen 'Logophobie' abgegrenzt. – Als einzige unter den bisher genannten Störungen fällt Sprechangst versicherungsrechtlich nicht unter die Stimm-, Sprech- und Sprachstörungen, vgl. unten 4.2. Psychiater oder Hausarzt können sie aber als psychische Störung diagnostizieren und z. B. autogenes Training verschreiben. (Das Autogene Training ist in seiner ursprünglichen Konzeption weltanschaulich / religiös neutral, so dass eine gewisse Sicherheit vor dem Einfluss durch Jugendsekten oder Psychokulte gegeben ist.)

Therapie / Lehrerverhalten:

Neben und bei dem Training kann der Unterricht Aufklärung in zwei Punkten bieten:

- Sprechangstsymptome sind Teil einer menschheitlich alten Programmierung auf Stress. Man kann sie leicht als (ehemals völlig zweckmäßige) Körperreaktionen für Flucht und Kampf verstehen. Praktisch daran ist heute die erhöhte Wachheit, während Schwitzen und Zittern zwar fürs Reden lästig sind, aber gewöhnlich nicht oder nur sehr schwach sichtbar werden. (Naumann 1986, dort weitere Literatur.)
- Die schwache Sichtbarkeit der gefühlten Symptome – und überhaupt das negativ verzerrte Selbstbild – kann durch ein Training aufgedeckt werden, das Videoaufzeichnung und feedback einschließt.

3. Zusätzliche und umfassende Störungsbilder

Zur Systematik der Tabelle sei noch erwähnt, dass man Näseln und Stammeln als Aussprachestörungen den Redeflussstörungen Stottern und Poltern gegenüberstellt. – Die nachfolgenden Abschnitte behandeln vier unterschiedliche Phänomene, die aus verschiedenen Gründen nicht in die Tabelle passen, aber durchaus von Bedeutung sind.

3.1. Sprachentwicklungsstörung / Sprachentwicklungsverzögerung

Eine Unterscheidung zwischen 'Störung' und 'Verzögerung' hat sich anscheinend nicht allgemein durchgesetzt, zumal sie oft erst nach einem längeren Therapieversuch festgemacht werden kann.

Es handelt sich um eine möglicherweise häufige Kombination von Dysgrammatismus, Stammeln, eingeschränktem Sprachverständnis und Wortschatzmängeln. Diese Kombination ist aus linguistisch-strukturalistischer Sicht nicht zufällig, sondern kann als umfassende Systementwicklungsstörung verstanden werden: Zwischen Beschränkungen im Wortschatz und im Sprachverständnis und den unausgebauten phonologischen und grammatischen Systemen wirken Wechselbeziehungen. Dass als tieferliegende Ursache Unsicherheiten in der Rhythmik des Sprechens und dahinter allgemeine psychomotorische Schwierigkeiten in Frage kommen, liegt nahe, scheint aber in Sprachheilkunde und Sprachheilpädagogik noch nicht breit diskutiert zu werden. (Vgl. Bartsch 1983 und Eggert 1994.)

Ähnlich wie bei den Hörstörungen werden Wortschatzmängel und Sprachverständnisprobleme nicht leicht erkannt, da auch hier gilt, dass betroffene Kinder allenfalls dadurch auffallen, dass sie sich zurückziehen – ohne dass die Ursache erkennbar ist; oder sie wirken uninteressiert, eventuell gar 'beschränkt'.

3.2. Sprachauffälligkeiten bei zweisprachig aufwachsenden Kindern (u.a. Semilingualismus)

Längst nicht alle Auffälligkeiten bei Kindern, die in zwei Sprachen aufwachsen, sind als Sprachstörungen zu sehen, und in längst nicht allen Fällen ist daher der lateinische Terminus gerechtfertigt, der 'Halbsprachigkeit' bedeutet. (Vgl. Artikel Deutsch als Zweitsprache) Umgekehrt ist – entgegen einem landläufigen Vorurteil – die Zweisprachigkeit durchaus eine Chance für besonderen sprachlichen Reichtum, wenn einige Bedingungen zutreffen, die sich allerdings nicht von selbst verstehen.

Von einem Semilingualismus nicht immer leicht abzugrenzen sind Störungen in der Muttersprache, die zudem von wenigen DiagnostikerInnen sicher beurteilt werden können, weil ihnen Kenntnisse in der Muttersprache des Kindes fehlen.

Lehrerverhalten:

LehrerInnen können im Klassenrahmen nützliche Bedingungen für gelingende Zweisprachigkeit aufbauen, d.h. vor allem selbst konsequent nur eine Sprache benutzen und unterstützen, dass das Kind nicht oder jedenfalls nicht unkontrolliert die Sprache wechselt. Zugleich um die Wertschätzung der Herkunftssprache zu steigern, aber auch als Motivation für das Nachdenken über Sprache (die eigene und andere) kann der Unterricht mit allen SchülerInnen sprachliche Unterschiede thematisieren. (Vgl. Neuland 1992; für Hinweise zum pädagogischen Handeln Wendlandt 1995.)

3.3. Mutismus

Mutismus ist in der Schule nur als elektiver / partieller M. zu erwarten: ein 'freiwilliges' Schweigen gegenüber bestimmten Personen. Er kann als überschießende Form der an sich natürlichen Scheu vor fremdem Personen / Situationen gedeutet werden und z.B. durch die Belastungen des Schulbeginns ausgelöst oder eine Reaktion auf Stottern sein.

3.4. Legasthenie / Lese-Rechtschreib-Schwierigkeiten

Der doppelte Name spiegelt u.a. eine deutliche Kluft zwischen medizinischer Auffassung als Krankheit und pädagogischer als Lernstörung; die Kluft scheint derzeit unüberwindlich, zumal Standesinteressen im Spiel sein dürften, vgl. auch oben zum Stammeln 2.3. (In der Medizin wird im Übrigen der internationale Terminus 'Dyslexie' gegenüber 'Legasthenie' bevorzugt.) Lese-Rechtschreib-Schwierigkeiten werden hier aufgeführt, obwohl sie nicht die gesprochene Sprache betreffen. (Vgl. Artikel Legasthenie.) Allerdings kommt in der Vielzahl von möglichen und meist kombinierten Ursachen eine manifeste, aber auch eine überwunden geglaubte und sogar eine – selbst Fachleuten – kaum bemerkbare Sprachentwicklungsstörung oder -verzögerung vor.

3.5. Wechselwirkungen

Die in 1.2. hervorgehobenen Gründe legen es nahe, dass zwischen den isoliert aufgezählten Störungen in 2., aber auch den komplexeren in 3. Wechselwirkungen zu erwarten sind; einige davon wurden an geeigneten Stellen genannt. Auch aus der Entwicklungsperspektive sind einige Verknüpfungen wenn nicht zwingend, so doch nachvollziehbar, etwa dass Stottern und Sprechangst sich 'verschwistern'. Für den ungeschulten Betrachter ist ein verwirrendes Bild eher die Regel; dass sich beim Versuch, hinter komplexen Eindrücken genauere Störungen auszumachen, zunächst eine von zwei oder mehreren Störungen vor andere drängt, ist nicht erstaunlich.

4. Was können LehrerInnen tun?

LehrerInnen sollten der Versuchung widerstehen, selbst zu therapieren, wenn sie nicht dafür ausgebildet sind (eine Ausnahme sind die normalen, milderen Formen von Sprechangst), sondern sich auf vier Aufgaben beschränken:
- Aufklärung über den Stellenwert,
- Hilfe beim Suchen nach Diagnose und Therapie;
- Ko-Therapie (und Prophylaxe) – bis hierhin geht es um individuelle Betreuung;
- sprachförderlicher Unterricht für alle.

4.1. Gewicht der Störung

Jugendliche Schüler können selbst die klare Absicht haben, eine Störung zu beheben – das ist die zweifelsfreieste Entscheidungsgrundlage bei den vielen 'funktionellen' Störungen, denn Sprachtherapie bedeutet eine oft langwierige Arbeit an gewohnten Verhaltensformen. Auch bei den wenigen rein organischen Ursachen ist die Entscheidung leicht. Für kleinere Kinder ist zu überlegen: Wie groß ist der Leidensdruck, also die Beeinträchtigung des Schülers durch seine Störung in seiner eigenen Sicht – jetzt und voraussehbar künftig? Eine klare stellvertretende Entscheidung der Lehrkraft ist bei Dysgrammatismen geboten, weil der Schulerfolg entscheidend bedroht sein kann.

Wie stark die Kommunikation beeinträchtigt ist oder sein wird, darf man nicht bloß aus der gegenwärtigen Situation beurteilen, weil man sich an vielerlei anfänglich Auffälliges leicht gewöhnt, im Interesse einer akzeptierenden Beziehung sogar gewöhnen muss. Es lohnt, sich zurückzuversetzen und zu überlegen, ob der Schüler beim Kennenlernen 'komisch' zu sprechen schien. Diese Situation lässt sich in Erinnerung rufen, wenn man eine (gute!) Tonbandaufnahme von einem Gespräch mit dem Schüler macht und sie ein- oder mehrmals abhört – das lenkt die Aufmerksamkeit vom Inhalt auf die stimmlichen, sprecherischen und sprachlichen Merkmale. So kann die Verständlichkeit und deren Beeinträchtigungsgrad eingeschätzt, aber auch die Art der Störung vielleicht besser erfasst werden.

4.2. Diagnose, Therapie, Kosten

DiagnostikerInnen sind nicht immer leicht zu finden. Häufig müssen unbedingt Phoniater (Fachärzte für Stimme und Sprache, im Allgemeinen nur an Universitätskliniken) oder Hals-Nasen-Ohren-Ärzte mit der Zusatzqualifikation 'Stimm- und Sprachheilkunde' (nur in größeren Städten) aufgesucht werden; z. T. auch Neurologen (mit der nötigen Spezialisierung im Allgemeinen in einigen Universitäts- und Spezialkliniken anzutreffen). Die abweichenden Diagnosewege bei Heiserkeit von mehr als 3 Wochen Dauer, Sprechangst, Semilingualismus/Störungen in der fremden Muttersprache und Legasthenie/Lese-Rechtschreib-Schwierigkeit sind ja schon genannt worden. Auskünfte erteilen Gesundheitsämter und ihre Sprachheilbeauftragten sowie Sprachheilschulen; der Idealfall ist natürlich der Integrationslehrer an der eigenen Schule, wenn er Sprachheilpädagogik studiert hat. Häufig arbeiten auch TherapeutInnen und Diagnostiker zusammen, ja eigentlich macht der Therapeut die Diagnose, und der Arzt stützt die – unerlässliche – Verordnung weitgehend auf die mitgeteilte Diagnose; in diesem Falle kann auch die Kooperation mit Kinderärzten als sinnvoll gelten.

Therapiemöglichkeiten findet man generell leichter als Diagnostik: Zugelassen sind LogopädInnen und klinische SprechwissenschaftlerInnen, SprachheillehrerInnen, SprecherzieherInnen, klinische LinguistInnen u. a. m., und zwar jeweils für bestimmte Fallgruppen. Die Versorgung wird flächenmäßig immer besser. Wenn es gilt, sich in dieser teils zu dünnen, teils zu dichten und dadurch verwirrenden Versorgungslage zurechtzufinden, die schon entmutigen kann, sollten LehrerInnen gegenüber sozial schwachen Eltern durchaus ihre Autorität ins Spiel bringen. – Die Vielschichtigkeit der Stimm-, Sprech- und Sprachstörungen spiegelt sich in einer manchmal verwirrenden Vielfalt von Therapien und in der Geschichte der diagnostischen und therapeutischen Berufe: In Deutschland etablierten sich nacheinander Sprachheillehrer, Sprecherzieher, Atemtherapeuten und Logopäden. Daneben arbeiten Gesangslehrer, Linguisten, Neurologen, Psychiater u. a.; in anderen Ländern gibt es z. T. sehr abweichende Entwicklungen. Leider gelingt die eigentlich von der Sache gebotene Kooperation nicht an allen Orten. Daher ist es eine wichtige Hilfe, zu ermitteln, welche Therapeutin für diese konkrete Therapie besonders geeignet ist oder welches Team eine Kooperation leisten kann. Dazu gehört sicher auch die Frage, wieweit die Therapeutin oder das therapeutische Team zur Kooperation 'nach außen', nämlich mit der Lehrerin, bereit ist.

Die wichtigste Hilfe liegt wohl in der Tatsache, dass Stimm-, Sprech- und Sprachstörungen versicherungsrechtlich als Krankheiten gelten. Daher werden sowohl Diagnose als auch Therapie von den Krankenkassen getragen, die allerdings gelegentlich mit Nachdruck daran erinnert werden müssen. Auch dabei können LehrerInnen für sozial – und damit oft einhergehend sprachlich – schwache Familien Unterstützung geben.

4.3. Mitwirkung im therapeutischen Umfeld

LehrerInnen sollten – gerade bei schwächeren Familien – zum Durchhalten einer längeren Therapie ermuntern. – Sie können im Gespräch mit der Therapeutin Aspekte zur Geltung bringen, die in der Therapie und im Elternhaus nicht sichtbar werden. In der Therapie gewinnt die Auffassung an Boden, dass manche kindliche Sprachstörung als eine Art von Symptom für umfassender gestörte Kommunikation zu verstehen ist und dass auch die Therapie von phantasievoll gestalteter Interaktion gewinnt, wie beim frühkindlichen Erwerb. Man kann für das i. e. S. kotherapeutische Verhalten in der Schule Anregungen erbitten, um das schulisch-sprachliche Umfeld professionell und hilfreich zu gestalten. Denn im Miteinandersprechen wird soziales Handeln konkret, und ein Drittel ihrer Wachzeit leben SchülerInnen in der Schule.

4.4. Sprachförderlicher Unterricht

Die sprachliche Gestaltung des schulischen Umfeldes ist bereits ein wesentlicher Teil sprachförderlichen Unterrrichts, wie überhaupt ein Deutschunterricht, in dem gesprochene Sprache und Differenzierung ihren Platz haben, an sich schon therapeutisch genannt werden könnte; dies werden die LeserInnen beim Durchmustern der letzten Spalte in der Tabelle und der ergänzenden Hinweise im Text zum Lehrerverhalten bereits bemerkt haben.

Hier sollen zwei grundsätzliche Bemerkungen angefügt werden: [2]

- Voraussetzung jeglicher Arbeit an der gesprochenen Sprache ist das Hören, das mit dem Gewahrwerden von Stille und allgegenwärtigem Hintergrundrauschen den Aufbau eines 'Hörklimas' beginnt und in einen lustvollen, noch wenig genützten Bereich münden kann: der Freude am Hören und Gestalten des Sprachklangs. (Vgl. Spinner u. a., 1988.)
- Sprachspiele machen Kindern ebenso Spaß wie Erwachsenen. Manche LehrerInnen scheinen dem zu misstrauen. Wenn auch nicht unmittelbar der Vermehrung des Wissens, so dienen Spiele doch der Hinwendung zu Sprache überhaupt und der Erweiterung der Kompetenz, weil vom Inhalt nicht gleich radikal abstrahiert werden muss.

[2] Beide verdanke ich Anregungen von Frau Dr. Ulrike Behrens.

Literaturverzeichnis

Bartsch, Elmar: Entwurf einer handlungsorientierten Sprachtherapie. In: Allhoff, Dieter W. (Hrsg.): Mündliche Kommunikation: Störungen und Therapien. Frankfurt/Main 1983, 21–41

Baumgartner, Stephan: Sprechflüssigkeit. In: Baumgartner / Füssenich 1992, 204–289

Baumgartner, Stephan / Füssenich, Iris (Hrsg.): Sprachtherapie mit Kindern. Grundlagen und Verfahren. München 1992

Dannenbauer, Friedrich Michael: Grammatik. In: Baumgartner / Füssenich 1992, 123–203

Der Deutschunterricht 1994, H. 2: Fehler: Defizite oder Lernschritte. Deutung eines Falles.

Eggert, Dietrich, u. a.: Theorie und Praxis der psychomotorischen Förderung. Dortmund 1994

Friedrich, Gerhard / Bigenzahn, Wolfgang: Phoniatrie. Einführung in die medizinischen, psychologischen und linguistischen Grundlagen von Stimme und Sprache. Bern etc. 1995 [Gut lesbare Einführung; linguistisch ergänzungsbedürftig]

Habermann, Günther: Stimme und Sprache. Eine Einführung in ihre Physiologie und Hygiene. Für Ärzte, Sänger, Pädagogen und alle Sprechberufe. Stuttgart / New York 2. Aufl. 1986 [Allgemeinverständliche medizinische Information, vorwiegend über ungestörtes Sprechen]

Hacker, Detlef: Phonologie. In: Baumgartner / Füssenich 1992, 15–79

Killert-Nell, Hilde / Naumann, Carl Ludwig: Der auto-informative Sprechtest. In: Berthold, Siegwart (Hrsg.): Grundlagen der Sprecherziehung. Düsseldorf 1981, 125–134

Naumann, Carl Ludwig: Artikel 'Sprachstörungen' in: Nündel, Ernst (Hrsg.): Lexikon zum Deutschunterricht. München [1]1979, [2]1981, 448–453

Naumann, Carl Ludwig: Pädagogene Logophobie – oder Wie die Schule zur Sprechangst erzieht. In: Lotzmann, Geert (Hrsg.): Sprechangst in ihrer Beziehung zu Kommunikationsstörungen. Berlin 1986, 59 – 74 (= G. Peuser (Hrsg.) Logotherapia, Bd. 2)

Naumann, Carl Ludwig: Stimm-, Sprech-, Sprachstörungen und Dialekt. Anmerkungen zum Stand der Kunst. In: Allhoff, Dieter-W. (Hrsg.): sprechen lehren – reden lernen. Festschrift Geert Lotzmann. München 1987, 14–26

Naumann, Carl Ludwig: Schrifterwerb und Sprechregister. In: sprechen 1996, H. 1, 22–39

Naumann, Carl Ludwig: allegro dialektissimo. Schreiben, wie man (Kind/Niedersachse/Lehrer/Schauspieler/Bayer/ ...) spricht. In: Balhorn, Heiko / Niemann, Heide (Hrsg.): Sprachen werden Schrift. Mündlichkeit – Schriftlichkeit – Mehrsprachigkeit. Lengwil am Bodensee 1997, 213–220

Neuland, Eva: Ausgewählte Probleme der Sprache im Schulalter. In: Baurmann, Jürgen / Hoppe Otfried (Hrsg.): Handbuch für Deutschlehrer. Stuttgart etc. 1984, 64–91

Neuland, Eva: Sprachbewußtsein und Sprachreflexion innerhalb und außerhalb der Schule. In: Der Deutschunterricht 1992, H. 4, 3–14

Pascher, Wolfgang / Bauer, Hans (Hrsg.): Differentialdiagnose von Sprach-, Stimm- und Hörstörungen. Stuttgart / New York 1984

Seidel, Brigitte: Schüler spielen mit Sprache. Sprachunterricht vom 1. bis 10. Schuljahr. Stuttgart etc. 1983

Praxis Deutsch 1988, H. 88: Hören und Zuhören (Basisartikel: Kaspar H. Spinner)

Wendlandt, Wolfgang: Sprachstörungen im Kindesalter. Materialien zur Früherkennung und Behandlung. Stuttgart / New York 2. Aufl. 1995. (I.d.R. Forum Logopädie, hrsg. von Springer, Luise / Schrey-Dern, Dietlinde) [Auch Eltern zu empfehlen – S. 119 Hinweise für Störungen bei zweisprachigen Kindern]

Wirth, Günter: Sprachstörungen, Sprechstörungen, kindliche Hörstörungen. Lehrbuch für Ärzte, Logopäden und Sprachheilpädagogen. Köln 4. Aufl. 1994

Wirth, Günter: Stimmstörungen. Lehrbuch für Ärzte, Logopäden, Sprachheilpädagogen und Sprecherzieher. Köln 4. Aufl. 1995

DIETER HORN UND ALFRED J. TUMAT

Deutsch als Zweitsprache für nichtmuttersprachliche Lerner

1. Zur Entwicklung des Faches Deutsch als Fremd- und Zweitsprache

1.1. Die Debatte um die Konstituierung des Faches

Seitdem Harald Weinrich 1978 die Konturen des Forschungs- und Lehrbereichs Deutsch als Fremdsprache umriss und ihm den Rang eines akademischen Faches bescheinigte, sind zwei Jahrzehnte vergangen. In diesem Zeitraum fand eine lebhafte Auseinandersetzung um das Selbstverständnis und die Standortbestimmung der jungen Hochschuldisziplin statt. Diese Diskussion veranlasste Gert Henrici und Uwe Koreik, ihrem 1994 erschienenen Sammelband „Deutsch als Fremdsprache" den Untertitel „Zwei Jahrzehnte der Debatte um die Konstituierung des Fachs Deutsch als Fremdsprache" zu geben.

Entstanden als Sprachlehrfach, das sich mit der Vermittlung der deutschen Sprache an Nichtmuttersprachler befasste, erfuhr das Fach im Laufe der 70er Jahre eine starke Erweiterung. Es traten jetzt Probleme der kontrastiven Linguistik, des Zweitspracherwerbs sowie der sprachlichen und kulturellen Sozialisation unter Migrationsbedingungen in den Vordergrund – Fragestellungen, die den Rahmen eines traditionellen Sprachlehrfachs weit überschritten. Ein Grund für die erweiterten Forschungsaktivitäten war die anhaltende Zuwanderung von Arbeitsimmigranten und ihrer Familien während der 70er Jahre. Verständigungsprobleme der Zuwanderer im Alltag, vor allem die Sprachschwierigkeiten der Minderheitenkinder in der Schule und ihre Eingliederung in das deutsche Bildungswesen machten eine Ausweitung im Lehrangebot des bisher auf den Unterricht mit akademischen Zielgruppen ausgerichteten Faches erforderlich. Die besonderen Lebensbedingungen im Migrationsland, angefangen vom Schuleintritt bis zur beruflichen Integration, galt es hinfort zu berücksichtigen. Neben dem durch Unterricht vermittelten Spracherwerb erregte der ungesteuerte, im außerschulischen Kontext stattfindende Spracherwerb (L2-Erwerb) zunehmend die Aufmerksamkeit der Forschung; die Bezeichnung *Deutsch als Fremdsprache* (DaF) wurde durch *Deutsch als Zweitsprache* (DaZ) ergänzt – ein Hinweis auf die besondere Erwerbssituation, der Kinder und Erwachsene im Land der Zielsprache ausgesetzt waren.

Helmut Glück (1989, 63ff.; 1991, 13ff.) charakterisiert die Entwicklung des Faches Deutsch als Fremdsprache anhand zweier Linien: der „Auslandslinie" (A-Linie) und der „Migrantenlinie" (M-Linie). Beide haben nur wenig miteinander gemeinsam, Glück spricht sogar vom „Kampf der zwei Linien". Die A-Linie meint die Vermittlung der Fremdsprache Deutsch an Angehörige der Ober- und Mittelschicht; die Beschäftigung mit dem Fach dient dem Studium oder beruflichen Zwecken. Dagegen stellen nach Glück die Arbeitsimmigranten die Klientel der M-Linie dar, ebenso – wie wir hinzufügen – die Aussiedler, Asylbewerber und Kontingentflüchtlinge. Ihnen allen ist ein niedriger sozioökonomischer Status gemeinsam, und der Erwerb elementarer Kenntnisse in der Zweitsprache bedeutet für diese Gruppen eine Lebensnotwendigkeit. Die Anerkennung, die das Fach Deutsch als Fremdsprache seither in der akademischen Welt erfährt, schreibt Glück den Forschungen auf den Gebieten der Soziolinguistik und Psycholinguistik zu. Er bezeichnet DaF nicht als wissenschaftliche Disziplin im üblichen Sinne, sondern als einen aus verschiedenen Disziplinen zusammengesetzten Fachbereich, unter denen die germanistische Linguistik die wichtigste sei.

In seiner 1979 veröffentlichten Programmschrift, die man als „Konstituierungsurkunde“ des Faches (Reich, zit. bei Henrici / Koreik 1994, 100) bezeichnet hat, nannte Weinrich für Deutsch als Fremdsprache sieben Aufgabenbereiche, die er drei Komponenten zuordnete: der Linguistik, der Literaturwissenschaft und der Landeskunde, wobei die Linguistik mit den Teilbereichen kontrastive Linguistik, Sprachlehrforschung und Gastarbeiterlinguistik den Schwerpunkt bildete. Weinrich forderte ausdrücklich den Bezug zur Lehr- und Unterrichtspraxis. Dies sei gerade deshalb geboten, weil die Fremdperspektive, d. h. die Vermittlung der deutschen Sprache, Literatur und Landeskunde an Nichtmuttersprachler das besondere Merkmal von DaF bilde. Gleichzeitig kritisierte Weinrich – mit einem Seitenhieb auf die „kleingläubige“ Didaktik – die Forderung, dass Forschungsergebnisse jederzeit praktisch verwertbar sein müssten und sich durch „Anwendungsnachweise“ zu rechtfertigen hätten (1979, 5; zur Kritik vgl. Reich bei Henrici / Koreik 1994, 101).

Auch in der Folgezeit standen der Theorie-Praxis-Bezug und das Verhältnis von DaF zu den benachbarten Disziplinen im Mittelpunkt der Programmentwürfe, Konzepte und Thesen, die die Position des Faches zu bestimmen suchten. Für Hans-Jürgen Krumm ist „Deutsch als Fremdsprache ... eine empirische Wissenschaft, deren Gegenstand das konkrete Sprachenlernen und der real stattfindende Unterricht sind“ (zit. bei Henrici / Koreik, 126). Krumm konstatiert eine eindeutige Rangfolge zwischen Unterrichtspraxis und sprachwissenschaftlicher Theorie: Empirisch zu untersuchende Aspekte des Lehrens und Lernens der Fremdsprache sind der Theorie vorgeordnet, im nachhinein werden die Ergebnisse des Unterrichtsprozesses mit Hilfe linguistischer und didaktischer Modelle analysiert.

Henrici betont gleichfalls die Orientierung an der Praxis und sieht DaF als „fremdsprachenwissenschaftliches“ Fach, dessen zentrale Aufgabe das Lehren und Lernen der deutschen Sprache ist (Henrici / Koreik 1994, 193; vgl. auch Henrici 1996). Henrici knüpft an Weinrichs Aufgabenbeschreibung an, wertet aber die Fremdsprachendidaktik deutlich auf, indem er sie als Wissenschaft versteht, „die das Lehren und Lernen von Fremdsprachen theoretisch und empirisch erforscht, praktisch erprobt und lehrt“ (1994, 195). In einem „Strukturogramm“ des Faches DaF entwirft Henrici (274) eine dreistufige Hierarchie der Bezugswissenschaften mit der Fremdsprachendidaktik im Zentrum. Von grundlegender Bedeutung („Grundlagenwissenschaften“) für DaF sind die Referenzwissenschaften erster Ordnung Zweitspracherwerbsforschung, L2-Classroom Research und angewandte Linguistik. Zu den Referenzwissenschaften zweiter Ordnung („Inhaltswissenschaften“) zählt Henrici die kontrastive und pragmatische Linguistik sowie die Psycholinguistik, außerdem die Literaturwissenschaft und Landeskunde. Von geringerer Relevanz sind die Referenzwissenschaften dritter Ordnung („Bezugswissenschaften“) Soziologie, Psychologie und Pädagogik.

Auch L. Götze und P. Suchsland (1996, 71) stellen eine Rangordnung der für das Fach Deutsch als Fremdsprache konstitutiven Wissenschaften auf. Am nächsten steht DaF der germanistischen Linguistik, der die Literaturwissenschaft, erweitert um ihre fremdkulturelle Dimension (Migrantenliteratur), folgt. Nach Götze / Suchsland schließen sich in der Hierarchie die Spracherwerbsforschung einschließlich des L2-Classroom Research, die Sprachlehrforschung, die Sozialwissenschaften sowie die Neuropsychologie an.

Im Folgenden werden die Zweitspracherwerbsforschung, die Fremdsprachendidaktik und die Sprachlehrforschung, die einen engen Bezug zu Deutsch als Fremd- und Zweitsprache haben, in ihren Grundzügen dargestellt.

1.2. Deutsch als Fremdsprache und benachbarte Disziplinen

1.2.1. Fremdsprachendidaktik und Zweitspracherwerbsforschung

Die Zweitspracherwerbsforschung (L2-Forschung) hat ihren Ursprung in der Forschung zum frühkindlichen Erstspracherwerb. Sie entwickelte sich in den USA und etablierte sich während der 70er Jahre in Deutschland. In der ersten Phase stand die Erforschung des außerschulischen Zweitspracherwerbs im Vordergrund, seit Mitte der 80er Jahre beschäftigt man sich zunehmend mit dem unterrichtlich gesteuerten Spracherwerb. Diesem Ansatz, der beide Erwerbskontexte berücksichtigt, liegt die Auffassung zugrunde, dass Spracherwerb in einem komplexen Zusammenspiel von internen und externen Faktoren stattfindet, und es die Aufgabe der Forschung ist herauszufinden, welche Unterschiede bzw. Gemeinsamkeiten zwischen den Erwerbskontexten bestehen (vgl. Wode 1988). Ob dem Fremd- bzw. Zweitsprachunterricht in spracherwerblicher Hinsicht eine Eigengesetzlichkeit zukommt, bildet einen Streitpunkt zwischen Vertretern der Zweitspracherwerbsforschung und der Sprachlehrforschung (vgl. 1.2.2.).

Eine der zentralen Annahmen der L2-Forschung ist die Auffassung von der aktiven und kreativen Rolle des L2-Lerners im Erwerbsprozess. Den zweitsprachlichen Input, den er in seiner Umgebung hört, verarbeitet der Lerner, indem er Hypothesen über die zu erlernende Sprache bildet und diese seinen Äußerungen zugrunde legt. Die dabei auftretenden Fehler ergeben sich aus der systematischen Anwendung der Hypothesen, sie konstituieren die *Lernersprache*. Obgleich veränderbar in Richtung auf die Zielsprache, zeichnet sich die Lernersprache durch eine gewisse Regelhaftigkeit aus, die darauf hindeutet, dass sich der Lerner auf die Norm der Zielsprache zubewegt.

Die Sprachverarbeitung des L2-Lerners vollzieht sich in einer festen Abfolge von Entwicklungssequenzen. Morphologische und syntaktische Strukturen wie z.B. Frageform, Negation oder Wortstellung werden nicht auf Anhieb gemeistert, sondern nach und nach erworben, wobei Interimsformen produziert werden, die Ausdruck der Lernersprache sind und den jeweiligen Entwicklungsstand innerhalb einer Sequenz markieren. Jeder L2-Lerner durchläuft zwar dieselben Entwicklungsstadien, und diese sind nicht durch äußere Steuerung manipulierbar, so dass von einer inneren Systematik des Spracherwerbs gesprochen wird. Während die *internen* Faktoren des Zweitspracherwerbs bei allen Lernern gleich sind, bestehen hinsichtlich der sprachexternen Faktoren wie Lerngeschwindigkeit, Motivation und Lernerfolg beträchtliche Unterschiede von einem Lerner zum anderen. So kann beispielsweise die Motivation den L2-Erwerb vorantreiben, hemmen oder gar zum Erliegen bringen. Im letzteren Fall kommt es zur *Fossilisierung*, einem Stillstand in der Entwicklung vor Erreichen der zielsprachlichen Varietät.

Die Erkenntnisse der L2-Forschung über die Gesetzmäßigkeiten des Zweitspracherwerbs erweiterten die Perspektiven der Fremdsprachendidaktik und gaben dem Fach Deutsch als Fremdsprache neue Impulse. Dadurch dass man dem Lerner eine aktive Rolle beim Spracherwerb zuschrieb, wurde die frühere Auffassung aufgegeben, wonach die Aneignung einer fremden Sprache ein mit Methoden der Verhaltenspsychologie zu erklärender Vorgang sei, den man durch geeignete Lehrmethoden (z.B. *pattern drills*) beeinflussen könne. Dagegen fanden jetzt die Eigenaktivitäten des Lerners ein verstärktes Interesse. Einige Fremdsprachendidaktiker griffen die Annahmen und Ergebnisse der L2-Forschung auf und prüften, inwieweit sie auf den Fremdsprachenunterricht zutreffen (Knapp-Potthoff / Knapp 1982; Butzkamm 1993).

So hebt W. Butzkamm den Wissenszuwachs hervor, den die L2-Forschung für das Lernen und Lehren einer Fremd- bzw. Zweitsprache gebracht hat, und sucht die Erkenntnisse über den natürlichen Spracherwerb (sowohl beim Kind, das seine Muttersprache lernt, als auch beim Zweitsprachlerner) für die Erforschung des Fremdsprachenunterrichts fruchtbar zu machen. Das Vorwort zur ersten Auflage (1989) der „Psycholinguistik des Fremdsprachenunterrichts" macht deutlich, in welchem Maße der Unterrichtspraktiker die Ergebnisse des natürlichen Zweitspracherwerbs als eine Herausforderung an die Fremdsprachendidaktik betrachtet: „Dieser natürliche Zweitspracherwerb ist der Fremdsprachendidaktik ein Stachel im Fleisch, eine fortwährende Provokation: wieso ist er oft soviel wirkungsvoller als die organisierten Bemühungen der Schule?", fragt Butzkamm (1989, XI) und versucht eine Antwort zu geben, indem er auf die verschiedenen außerschulischen Erwerbskonstellationen eingeht und diese mit dem Fremdsprachenunterricht vergleicht. Das Vorwort zur zweiten Auflage (1993) des Buches belegt die Fortschritte, die die Fremdsprachendidaktik in der Aufarbeitung der verschiedenen außerunterrichtlichen Erwerbstheorien in der Zwischenzeit gemacht hat. Butzkamm konstatiert, dass eine Sprachlehrmethodik ohne Berücksichtigung des natürlichen Spracherwerbs heute nicht mehr denkbar ist (1993, XIII).

Wie Butzkamm darlegt, steht der Unterricht vor der Aufgabe, einerseits das komplexe Regelwerk einer Sprache durch schrittweises Einüben der Strukturen leichter lernbar zu machen (Komplexitätsreduktion), andererseits die mitteilungsbezogene Kommunikation in der Fremdsprache von Anbeginn zu fördern. Nicht anders verfährt im Prinzip das Kind, das seine Muttersprache bereits gebraucht, bevor es sie beherrscht. Für den Unterricht empfiehlt Butzkamm eine „Mischstrategie", die formales Regellernen und freies Sprechen verbindet:

> „Der Unterricht muß die ihm gemäßen Mittel finden, die Komplexität verringern, und ein System aufbauen, ohne dies mit einem Verlust an gehaltvoller Kommunikation zu erkaufen. Das ist eben die Crux: die vorgenommenen Komplexitätsreduktionen geraten unter schulischen Bedingungen schnell in Widerspruch zur Kommunikation. Unterricht ist demnach ein schwieriger Balanceakt zwischen den Erfordernissen der Kommunikation und der Komplexitätsreduktion. Genau diese Balance hat die Natur mit den ihr eigenen Mitteln gefunden" (1993, 124).

Für Butzkamm bedeutet Unterricht die Fortsetzung und Ergänzung natürlicher Spracherwerbsvorgänge – eine Auffassung, für die er den aus der philosophischen Anthropologie Helmuth Plessners stammenden Begriff der „natürlichen Künstlichkeit" wählt.

Wie bereits erwähnt, verarbeitet der L2-Lerner Sprachstrukturen in sukzessiven Stadien, die in einer festen Abfolge auftreten. Es stellt sich nun die Frage, ob der Fremdsprachenunterricht in die natürliche Entwicklung eingreifen kann, indem er den Lernstoff so anordnet, dass dem Lerner die Verarbeitung erleichtert und der Erwerb zielgerechter Strukturen beschleunigt wird. Mit anderen Worten: Wie können natürliche Erwerbssequenzen und unterrichtliche Progression aufeinander abgestimmt werden, um den Lernerfolg zu optimieren (zur Diskussion vgl. Bahns 1989)?

Dieses Problem ist aus der Sicht der L2-Forschung von M. Pienemann hauptsächlich am Beispiel des Erwerbs der deutschen Wortstellung bei Lernern des Deutschen als Fremd- bzw. Zweitsprache untersucht und als *Lehrbarkeits-Hypothese* („teachability hypothesis") formuliert worden (vgl. Ellis 1990, 152ff.). Pienemann geht von der Annahme fester Erwerbssequenzen, einer sog. Implikationsskala, im Bereich der deutschen Wortstellung aus. Die Beherrschung einer Stellungsregel – z.B. Positionierung eines Adverbs an den Satzanfang in dem Satz * 'Jetzt wir gehen' – ist die Vorbedingung für den Erwerb der folgenden Regel – die Subjekt-Verb-Inversion 'Jetzt gehen wir' –, die einen höheren Grad an Verarbeitung durch den Lerner erfordert. Die Lehrbarkeits-Hypothese besagt nun, dass unterrichtliche Steuerung dann den Spracherwerb fördert, wenn der Lerner an dem Punkt seiner Entwicklung in L2 angelangt ist, wo er für die neu zu lernende Struktur aufnahmebereit ist. In diesem Fall beschleunigt die Unterweisung den L2-Erwerb. Pienemanns Hypothese schließt die Möglichkeit aus, dass der Unterricht die natürliche Entwicklungsfolge verändern kann. Dagegen kann die vorzeitige Einführung einer Struktur negative Folgen für den Lernprozess haben: Der Lerner wird zu vermehrter Fehlerproduktion verleitet oder flüchtet sich in Vermeidungsstrategien, die den Erwerb verzögern.

Ellis (1990, 158) weist auf die begrenzte Aussagekraft der Lehrbarkeits-Hypothese hin. Sie erklärt nicht, welcher Art die didaktische Instruktion ist, in welchem unterrichtlichen Kontext der Entwicklungsstand der Versuchspersonen getestet wurde und was genau unter Erwerb zu verstehen ist (vgl. auch Henrici 1995, 8). Aus der Sicht des Fremdsprachendidaktikers äußert sich Butzkamm zurückhaltend zur Frage der Abstimmung zwischen einer grammatischen Progression und der natürlichen Entwicklungssequenz („natural syllabus"), der der Lerner folgt (1993, 128). Nach seiner Meinung sollte der Unterricht natürliche Erwerbssequenzen dort berücksichtigen, „wo klare Ergebnisse vorliegen" (128). Auch räumt er ein, dass im Unterricht spezifische Fehler produziert werden, die im natürlichen Erwerbskontext nicht auftreten. Andererseits gibt Butzkamm zu bedenken, dass der Fremdsprachenunterricht eine Reihe von Bedingungen aufweist, die sich von einer natürlichen Erwerbskonstellation unterscheiden (geringer L2-Kontakt, fehlender Zwang zur Kommunikation, die Lehrperson als einziges sprachliches Vorbild). Diese unterschiedlichen Bedingungen erfordern nach Butzkamm eine genaue Abwägung, welche Erkenntnisse aus dem natürlichen L2-Erwerb in den Unterricht zu übernehmen sind.

Der Zweitsprachunterricht unterscheidet sich von den Bedingungen, die im Fremdsprachenunterricht anzutreffen sind. Hier ist der Lerner dem außerschulischen Sprachkontakt ausgesetzt und findet genügend sprachliche Vorbilder außerhalb des Unterrichts. Dieser Umstand macht das Problem der Abstimmung zwischen didaktischer Progression und natürlichen Entwicklungssequenzen noch komplexer. Da noch keine verallgemeinerbaren Ergebnisse zum Verhältnis von „äußerem" Lehrplan und „innerem" Syllabus vorliegen, muss das Problem der Abstimmung als offen bezeichnet werden.

1.2.2. Sprachlehrforschung

Die *Sprachlehr- und Sprachlernforschung* – der Kürze halber als „Sprachlehrforschung" bezeichnet – entwickelte sich in den 70er Jahren und ist wie die Zweitspracherwerbsforschung eine junge Wissenschaft. Wichtige Etappen auf dem Weg zur Konstituierung der Disziplin sind das von der Deutschen Forschungsgemeinschaft 1973 initiierte Schwerpunktförderungsprogramm „Sprachlehrforschung" sowie die Einrichtung von Studiengängen an der Ruhr-Universität Bochum – dort wurde 1976 das Seminar für Sprachlehrforschung gegründet – und 1978 an der Universität Hamburg (Edmondson / House 1993, 16). Im Unterschied zur Zweitspracherwerbsforschung konzentriert sich die Sprachlehrforschung auf die unterrichtlich gesteuerten Lernvorgänge. W. Edmondson und J. House (1993, 4) charakterisieren den Forschungsansatz als *lernerbezogen, empirisch* und *interdisziplinär / integrativ.* Der Begriff *'lernerbezogen'* (vgl. Bausch / Krumm 1995, 9; Königs 1991, 75) rückt den Fremdsprachenlerner in den Mittelpunkt und unterstreicht die Notwendigkeit, zunächst Klarheit über die Lernprozesse zu gewinnen, bevor Aussagen über geeignete Lehrverfahren gemacht werden können. Die Forderung nach einer empirischen Vorgehensweise zielt auf das Arbeitsfeld 'Fremdsprachenunterricht'. Hier sind Beobachtungen und Erfahrungen zu sammeln und auszuwerten; diese können in einem zweiten Schritt in Theorien und Hypothesen überführt werden (vgl. das Zitat von Butzkamm, S. 341). Eine umgekehrte Vorgehensweise, die zuerst theoretische Annahmen aus anderen Wissenschaften entlehnt und anschließend ihre

Anwendbarkeit auf die Unterrichtswirklichkeit prüft, wird dagegen abgelehnt. Ein Verfahren zur Gewinnung empirischer Daten ist beispielsweise das Instrument der *Introspektion*; hierbei verfolgt und protokolliert der Lerner seine eigene Sprachverarbeitung. Der interdisziplinär / integrative Ansatz verweist auf die Beziehung zu verwandten Disziplinen wie der Linguistik, der L2-Forschung und der Fremdsprachendidaktik, mit denen die Sprachlehrforschung viele Fragestellungen teilt.

In den 80er Jahren fand zwischen Vertretern der Sprachlehrforschung und der Zweitspracherwerbsforschung eine lebhafte Kontroverse statt über die Gewichtung der am Sprachlernprozess beteiligten Faktoren sowie den Anspruch der *universalistischen* Richtung innerhalb der L2-Forschung, Hypothesen aus dem natürlichen Erwerbskontext auf den Fremdsprachenunterricht zu übertragen. Vertreter der Sprachlehrforschung warfen der von Sascha W. Felix („Psycholinguistische Aspekte des Zweitsprachenerwerbs", 1982) und Henning Wode repräsentierten universalistischen Richtung vor, sich ausschließlich „auf das Lernen als intern im Individuum ablaufenden Automatismus" zu konzentrieren und die externen Faktoren, die das Unterrichtsgeschehen bestimmen, zu vernachlässigen (Bausch / Königs 1983, 315). Auch wenn sich die „Abgrenzungsdebatte" in der Folgezeit abschwächte, bestehen auch weiterhin gewisse Unterschiede, was die Bewertung einzelner Faktoren beim Spracherwerb betrifft (vgl. Bausch / Krumm 1995; Königs 1992; Krumm 1994). Dass Sprachlehrforschung und Zweitspracherwerbsforschung in Bezug auf ihren Forschungsgegenstand letztlich komplementäre Wissenschaften sind und ähnliche Erkenntnisinteressen verfolgen, geht aus der Tatsache hervor, dass beide Disziplinen das fremdsprachliche Klassenzimmer zu ihrem Forschungslabor gemacht haben und mit Daten aus dem gesteuerten Fremd- bzw. Zweitspracherwerb arbeiten (vgl. Ellis 1990; Henrici 1995; Wolff 1992).

2. Muttersprache und Zweitsprache

Kinder von eingewanderten Minderheiten erhalten ihre Schulausbildung in der Regel in der Sprache des Aufnahmelandes. Für ihre Schulleistungen und ihren Schulerfolg sind daher Zweitsprachkenntnisse von entscheidender Bedeutung. In Deutschland und in anderen Ländern, deren Bildungssysteme einen hohen Anteil an Minderheitenschülern aufweisen, ist die Frage diskutiert worden, welche Rolle die Erstsprache für das Erlernen der Zweitsprache spielt. Man hat beobachtet, dass Migrantenkinder häufig weder in ihrer Muttersprache noch in der Zweitsprache eine ausreichende Kompetenz erwerben, so dass Schulversagen und fehlende Berufsperspektiven die Folge sind. Zur Erklärung dieses Defizits lassen sich vielfältige Gründe anführen, die sowohl in der Entwicklung der Persönlichkeit als auch im gesellschaftlichen Umfeld liegen. Innerhalb dieses komplexen Faktorenbündels gilt es den Zusammenhang zwischen Erst- und Zweitsprache näher zu betrachten.

Der kanadische Bilingualismusforscher Jim Cummins ist der Frage nachgegangen, wie Muttersprache und Zweitsprache bei Kindern ethnischer Minoritäten zusammenwirken und unter welchen Bedingungen Zweisprachigkeit zum Erfolg führt oder sich negativ auf das Leistungsvermögen auswirkt (Cummins 1979 und 1981). Cummins geht von einer Untersuchung aus, die T. Skutnabb-Kangas und P. Toukomaa 1976 im Auftrag der UNESCO bei finnischen Kindern durchführten, die nach Schweden immigriert waren und Schwedisch als L2 in der Schule lernten. Die Befunde der skandinavischen Forscher waren ambivalent: Einerseits zeigten die Probanden eine flüssige Beherrschung des Schwedischen in der alltäglichen Interaktion mit einheimischen Sprechern, andererseits versagten sie in den schriftsprachlichen Anforderungen, die die Schule stellte.

Im Anschluss an Skutnabb-Kangas und Toukomaa nimmt Cummins zwei Schwellenniveaus in der Entwicklung zur Zweisprachigkeit bei Minoritätenkindern an. Eine untere Schwelle muss der Lerner in einer Sprache erreichen, um sich in der mündlichen Kommunikation behaupten zu können. Erreicht das Kind dieses Niveau nicht, so hat dies negative Auswirkungen auf seine weitere intellektuelle Entwicklung und behindert den Erwerb einer zweiten Sprache. In diesem Fall besteht die Gefahr, dass das Kind weder in der einen noch in der anderen Sprache eine ausreichende Kompetenz erwirbt.

Die von Skutnabb-Kangas und Toukomaa untersuchten finnischen Migrantenkinder hatten zwar das untere Schwellenniveau erreicht und besaßen die für die tägliche Kommunikation erforderliche Basisfähigkeit in der Zweitsprache, sie verfügten aber nicht über ein abstraktes Begriffsrepertoire, auf dem die Textfähigkeit, die eine Auseinandersetzung mit Anweisungen der Schriftsprache verlangt, beruht. Diese durch didaktische Instruktion vermittelte Fähigkeit bezeichnet die obere Schwelle in Cummins' Modell. (Cummins (1984) nennt die Textfähigkeit „kognitiv-akademische Sprachkompetenz“, Baur / Meder (1989) sprechen von „sekundären Sprachfähigkeiten“, Glück (1991) wählt den Ausdruck „schriftsprachliche Fähigkeiten“.) Das obere Schwellenniveau setzt das Vermögen zur Durchführung formallogischer Operationen, wie sie die Fertigkeiten des Lesens und Schreibens verlangen, voraus und ist nach Cummins an die kognitive Entwicklung gebunden. Erst das Erreichen der oberen Schwelle ermöglicht dem Kind ein erfolgreiches Lernen in der zweiten Sprache und führt zum „additiven Bilingualismus“.

Bilinguale Sprachfähigkeiten, kognitive Reife und schulische Leistungen stellen für Cummins ein kausal verknüpftes Schema dar, dessen Ausgangspunkt der Entwicklungsstand der Erstsprache bildet. Wie die genannten Variablen zusammenwirken, hat Cummins in der *Interdependenzhypothese* formuliert. Sie besagt, dass der Kompetenzgrad, den ein Lerner in der Zweitsprache erreicht, unter anderem von dem Entwicklungsstand in seiner Erstsprache abhängt, den er zu dem Zeitpunkt besitzt, an dem er mit der Zweitsprache in intensiven Kontakt kommt (Cummins 1979, 222). Cummins fasst die kognitive Reife als eine vom Entwicklungsstand der Erstsprache abhängige Variable auf. Ist nun die Muttersprache so weit entwickelt, dass sie die Bildung abstrakter Begriffe zulässt, erfolgt eine Übertragung dieser Konzepte auf die Zweitsprache, und es kann sich ein additiver Bilingualismus entfalten. Wird dagegen die Muttersprache in ihrer Entwicklung behindert oder gar durch eine zweite Sprache verdrängt, die unter ungünstigen Bedingungen erlernt wird, so kann ein

„subtraktiver Bilingualismus" die Folge sein. Das Kind beherrscht keine der beiden Sprachen – ein Zustand, der als *Semilingualismus* oder *doppelte Halbsprachigkeit* bezeichnet worden ist (Hansegard, zit. bei Graf 1987, 19). Der Begriff 'Semilingualismus' wird in der Bilingualismusforschung und Sprachdidaktik allerdings kontrovers diskutiert (vgl. Glück 1985; Baetens-Beardsmore 1986; Graf 1987; Butzkamm 1993); indes besteht Einigkeit darüber, dass ein hoher Entwicklungsstand in der Erstsprache den Erwerb einer zweiten Sprache begünstigt und sich positiv auf die Schulleistungen auswirkt (vgl. Apeltauer 1987, 30).

Cummins bindet einen erfolgreichen L2-Erwerb nicht ausschließlich an den vorhandenen Entwicklungsstand in der Muttersprache. Er spricht von einer teilweisen Interdependenz und misst ebenfalls externen Faktoren wie der Akzeptanz der Herkunftssprache durch die Mehrheitsgesellschaft, der Enkulturation im Elternhaus, der Integrationsbereitschaft in die Zielkultur und anderen Einflussgrößen eine Bedeutung hinsichtlich des Schulerfolgs von Minderheitenkindern bei.

Mit der Interdependenzhypothese begründete Cummins die Notwendigkeit des muttersprachlichen Unterrichts für Minderheitenkinder und verwies dabei auf bilinguale Erziehungsprogramme in Kanada, den USA und anderen Ländern (Cummins 1984; Skutnabb-Kangas / Cummins 1988; vgl. auch Schwenk 1988; Horn 1990). Je früher und intensiver die Kinder in ihrer Erstsprache gefördert würden, desto bessere Leistungen erzielten sie in einem Bildungssystem, das von einer anderssprachigen Mehrheit geprägt ist.

Die Gültigkeit der Interdependenzhypothese wurde in der Bundesrepublik von R. S. Baur und G. Meder (1989) empirisch überprüft. Baur und Meder wählten als Kriterium die durch Unterricht vermittelten und für den Schulerfolg entscheidenden schriftsprachlichen Fähigkeiten; die Versuchspersonen waren griechische, serbokroatische und türkische Schüler der Jahrgangsstufen 5 bis 10. Das Ziel der Untersuchung war es zu ermitteln, ob ein Zusammenhang zwischen den Leistungen in der Muttersprache und denen in der Zweitsprache Deutsch bestand. Das Ergebnis bestätigte die Interdependenzhypothese: Diejenigen Schüler, die im muttersprachlichen Test besser abschnitten, zeigten auch bessere Leistungen im Deutschen, während schlechtere Ergebnisse in der Herkunftssprache ebenfalls mit geringeren Leistungen in der Zweitsprache korrelierten. Daraus folgerten Baur und Meder: „Gute Muttersprachenkenntnisse werden demnach nicht anstelle oder auf Kosten des Deutschen erworben, sondern unterstützen dessen Erwerb" (1989, 130). Diese Feststellung dehnen die Autoren auch auf das Sprachverhalten in der Familie der ausländischen Schüler aus: Die Pflege der Muttersprache im Elternhaus behindert nicht den Erwerb guter Deutschkenntnisse; wo hingegen die Herkunftssprache vernachlässigt wird, können sich negative Folgen für den Erwerb des Deutschen ergeben (Baur / Meder 1992, 131).

Einen anderen Aspekt des Zusammenhangs zwischen L1- und L2-Kompetenz untersuchte J. Rehbein (1987). Er prüfte, welche Rolle die Muttersprache bei der mündlichen Wiedergabe in der Zweitsprache eines in L2 vorgelesenen Textes spielt. Bei dieser Aufgabe handelt es sich um eine Kompetenz, die Rehbein als „komplexe

Redefähigkeit“ bezeichnet, und die er zwischen der mündlichen Rede in Alltagssituationen und der schulisch vermittelten Textfähigkeit ansiedelt. Rehbeins Probanden waren türkische Schüler im Alter von 10 bis 12 Jahren, die in Deutschland aufwuchsen, im Türkischen dominant waren und Deutsch als Zweitsprache lernten. Den Schülern wurde eine Geschichte auf deutsch vorgelesen, die sie anschließend nur unvollständig in der Zweitsprache wiedergeben konnten. Erst nachdem ihnen dieselbe Geschichte in ihrer Erstsprache vorgelesen worden war, waren sie in der Lage, eine weitgehend vollständige Wiedergabe auf deutsch zu liefern. Aus dem Befund folgerte Rehbein: „Die größere Abstraktionsfähigkeit des Kindes liegt in der Muttersprache; außerdem ermöglicht erst die Rezeption in der Muttersprache eine Wiedergabe in der Zweitsprache Deutsch“ (1987, 123).

Einen weitreichenden Vorschlag, wie ein bilingualer Unterricht für Minderheitenkinder in der Herkunftssprache und in Deutsch bildungspolitisch umzusetzen sei, machte Mitte der 80er Jahre das „Memorandum zum Muttersprachlichen Unterricht“ (BAGIV 1985; zur Diskussion über das Memorandum vgl. das Themenheft „Muttersprachlicher Unterricht“ von *Deutsch lernen* 4/1983). Die Autoren – Vertreter von Immigrantenverbänden sowie deutsche Pädagogen und Linguisten – entwerfen darin das Modell eines bilingualen Unterrichts für Kinder, die in ihrer Erstsprache dominant sind. Als primäres Ziel gilt die Förderung und Festigung der Muttersprache; in ihr werden die Schüler alphabetisiert, sie ist die „Denksprache“, in ihr können die Kinder Begriffsinhalte am besten verstehen und verarbeiten. Für die Sekundarstufe I sieht das Lehrplanmodell einen Regelunterricht in deutscher Sprache vor, das Fach ‘Muttersprache’ bleibt indes als Pflichtfach bis zum Ende der Sekundarstufe I bestehen. Die Autoren betonen zwar: „Die besondere Gewichtung der Muttersprache darf aber nicht zur schulischen und gesellschaftlichen Separation (‘Segregation’ oder ‘Apartheit’) unserer Kinder führen“ (BAGIV 1985, 17), doch besteht diese Gefahr in dem vorgeschlagenen Schulmodell. Es tritt für getrennte Schullaufbahnen für Minderheitenkinder ein und verringert somit ihre Chancen, innerhalb des Regelschulsystems dieselben Abschlüsse wie deutsche Schüler zu erreichen. Auch wo von bilingualer Erziehung und der Teilnahme an zwei Kulturen die Rede ist, zielt das Memorandum primär auf den Schutz der Minderheitensprache und -kultur.

Trotz intensiver Öffentlichkeitsarbeit konnten die Verfasser des Memorandums ihre Vorschläge in die schulpolitische Wirklichkeit nicht umsetzen. Zwar ist das Recht auf muttersprachlichen Unterricht in der Bildungspolitik unbestritten, doch bestehen unterschiedliche Vorstellungen darüber, in welcher Form (muttersprachlicher Ergänzungsunterricht, der in den Regelunterricht integriert bzw. nicht integriert ist, Anerkennung der Erstsprache an Stelle einer Pflichtfremdsprache) und in wessen Verantwortungsbereich (diplomatische Vertretungen der Herkunftsländer oder deutsche Schulaufsicht) der Unterricht in der Sprache der ethnischen Minderheiten verwirklicht werden soll (vgl. die Übersicht über den muttersprachlichen Unterricht in den einzelnen Bundesländern bei Reich / Pörnbacher 1995).

3. Von der Ausländerpädagogik zur interkulturellen Erziehung

Die Ausländerpädagogik entstand Anfang der 70er Jahre, als die deutsche Schule eine Antwort der Wissenschaft auf die schulischen Schwierigkeiten der Migrantenkinder verlangte. Lehrkräfte an Grund- und Hauptschulen sahen sich mit dem Problem konfrontiert, Kinder, die aufgrund mangelnder Deutschkenntnisse dem Unterricht nicht zu folgen vermochten, zusammen mit einheimischen Schülern unterrichten zu müssen. Eine Lösung erblickte man in der Einrichtung von Vorbereitungsklassen, in denen die ausländischen Kinder Förderunterricht in Deutsch, aber auch in den Sachfächern erhielten. Sobald es ihr Kenntnisstand in der Zweitsprache erlaubte, sollten sie in den Regelunterricht integriert werden. Der Förderunterricht wie der muttersprachliche Ergänzungsunterricht entsprachen einer Doppelstrategie, wie sie die deutsche Bildungspolitik der 70er Jahre verfolgte: Einerseits sollten die ausländischen Kinder so schnell wie möglich in das deutsche Schulsystem integriert werden, andererseits galt es die Rückkehrbereitschaft der Arbeitsmigranten zu fördern.

Der kompensatorische und auf eine Assimilation der Minderheiten abzielende Ansatz der Ausländerpädagogik in ihrer Anfangsphase wurde in der Folgezeit einer scharfen Kritik unterzogen (Nieke 1986). Als nicht gerechtfertigt erschien die Annahme, die mangelnden Kompetenzen der Zuwanderer seien Ausdruck von Defiziten, die es durch Erziehungsmaßnahmen nach den Werten und Normen des Aufnahmelandes auszugleichen gelte. Kritisiert wurde ferner, dass eine auf Sprachförderung und Integration ausgerichtete Konzeption die vielfältigen sozialen und ökonomischen Probleme der Migranten nicht genügend beachte.

Eine selbstkritische Reflexion der Ausländerpädagogik setzte gegen Ende der 70er Jahre ein (Auernheimer 1990; Nieke 1986; Reich / Merkens 1993). Man erkannte die Unzulänglichkeit des kompensatorischen Ansatzes; das Bemühen um Sprachförderung hatte die Bildungschancen der Minoritätenkinder kaum verbessert. Umso stärker traten jetzt außerschulische Problembereiche ins Bewusstsein wie die Benachteiligung ausländischer Jugendlicher in der beruflichen Ausbildung und bei der Arbeitssuche sowie die allgemeine gesellschaftliche Diskriminierung der Migrantenfamilien. Unter dem Eindruck dieser vielfältigen Probleme wandte sich die Erziehungs- und Sozialwissenschaft den Ursachen der Arbeitsmigration zu. So entstanden Untersuchungen zur Sozialstruktur und zum Bildungswesen in den Herkunftsländern. Neben der Herkunftskultur gerieten die sich im Zielland ausbildenden Lebensformen der Zuwanderer in den Blick. Die unter den Bedingungen der Migration entstehende Lebensform unterschied sich von der Kultur im Herkunftsland, wobei sich gelegentlich Mischformen mit einheimischen Subkulturen feststellen ließen. Insgesamt erfuhr der Kulturbegriff eine Auffächerung, und es ergab sich ein vielfältiges Bild von Kulturvarietäten. An die Stelle der früheren Defizithypothese trat jetzt die Wahrnehmung von Differenzen und Gemeinsamkeiten zwischen fremden und einheimischen Lebensformen.

Der Begriff der *interkulturellen Erziehung* hat seinen Ursprung in der veränderten Sichtweise der Migrationsproblematik zu Anfang der 80er Jahre (vgl. Borrelli 1986;

Roth 1994). Die Diskussion in den Erziehungs- und Sozialwissenschaften empfing Impulse aus Großbritannien und Frankreich sowie aus den USA und Kanada, wo sich schon früher der Gedanke des ethnischen Pluralismus und der multikulturellen Gesellschaft durchgesetzt hatte. Der Begriff *interkulturelle Erziehung* fand in der Pädagogik und über sie hinaus eine schnelle Verbreitung und avancierte bald zu einem modischen Etikett für Veranstaltungen aller Art, die sich das Zusammenleben verschiedener Kulturen in einer multiethnischen Gesellschaft zum Thema setzten. Bereits 1985 bescheinigte Klaus Klemm dem Begriff „eine erstaunliche Karriere"; er vermutete allerdings, dass interkulturelle Erziehung „ihre Konjunktur dem Scheitern anderer Begriffe verdankt" (1985, 177). Damit waren vor allem die Bemühungen der Ausländerpädagogik in ihrer ersten Phase gemeint. Klemm konstatierte eine Reihe theoretischer Defizite bei dem Versuch einer Begriffserklärung und bemerkte, dass es bisher erst wenige Beispiele in der Praxis für eine gelungene interkulturelle Erziehung gebe – eine Einschätzung, die auch noch ein Jahrzehnt später ihre Gültigkeit behalten haben dürfte.

Eine Antwort auf die Frage, wie eine gleichberechtigte Teilnahme der Minderheiten am Prozess der interkulturellen Erziehung erreicht werden könne, sieht Klemm in einer Stärkung des Zugehörigkeitsgefühls zur eigenen Kultur bei den Zuwanderern. Ein mögliches Modell für interkulturelles Lernen kann nach seiner Meinung die Stadtteilschule sein, in der Deutsche und Migranten im Sinne der *community education* zusammenarbeiten (1985, 185). Ein anderes Beispiel für den gewachsenen Selbstbehauptungswillen der Minderheiten ist das „Memorandum zum muttersprachlichen Unterricht" (vgl. Abschnitt 2), das in dieselbe Zeit wie Klemms Ausführungen fällt.

Interkulturelle Erziehung verlangt von der Mehrheitsgesellschaft einen Verhaltenswandel gegenüber den Fremden. Ob und in welcher Weise ein solcher Wandel auf seiten der einheimischen Bevölkerung inzwischen erfolgt ist, versucht das von der Deutschen Forschungsgemeinschaft geförderte Projekt „Folgen der Arbeitsmigration für Bildung und Erziehung" (FABER) zu erforschen. Im FABER-Projekt „nehmen das Bildungshandeln der Mehrheit in der Einwanderungsgesellschaft – von Einstellungsveränderungen bei Lehrern über Funktionen von Schulen bis hin zu regionaler und nationaler Bildungspolitik – einen bedeutenden Raum ein" (Reich / Merkens 1993, 102).

Es stellt sich die Frage, ob eine interkulturelle Erziehung, die den Gedanken eines ethnischen Pluralismus ernst nimmt und jede Kultur zu ihrem Recht kommen lässt, nicht in den ethischen Relativismus führt und damit in Widerspruch zu universalistischen Werten gerät, denen sich die deutsche Schule verpflichtet fühlt (Auernheimer 1990). Das Problem des Werterelativismus (Nieke 1995), der sich aus dem Postulat der Gleichwertigkeit der Kulturen ergibt, stellt die interkulturelle Erziehung vor die Aufgabe, nach Lösungen bei Konflikten zu suchen, die im alltäglichen Zusammenleben von Angehörigen unterschiedlicher Kulturen auftreten. Eine „Ethnisierung" des Kulturbegriffs birgt zudem die Gefahr, den Menschen zum Träger einer Kultur abzustempeln und somit Verhaltensweisen auf die Merkmale einer bestimmten

Ethnie festzulegen. Auf die Gefahr eines Ethnozentrismus mit umgekehrtem Vorzeichen hat Heinz Wilms aufmerksam gemacht: „Eine Art kulturalisierter Rassismus droht also, der die Einzelmenschen im Käfig ihrer angenommenen Kultur gefangen hält und auf die Unvereinbarkeit der Lebensweisen Wert legt" (1993, 100).

Schließlich stellt sich die Frage, ob die deutsche Schule in ihrer gegenwärtigen Form auf die Idee einer interkulturellen Erziehung vorbereitet ist. Die Tatsache, dass eine zunehmende Vielfalt an Sprachen und Kulturen in deutsche Klassenzimmer Einzug gehalten hat, hat dennoch nichts an dem monolingualen Charakter der deutschen Schule geändert, wie Ingrid Gogolin konstatiert: „Das in der Schule geronnene nationale Selbstverständnis wirkt sich in sprachlicher Hinsicht als Monolingualität aus: Monolingualität als kollektive Selbstauffassung, der das Fremde, das Andere, das nicht dem Eigenen Zugehörige als verkehrt, störend, bedrohlich erscheint" (1992, 190). Allenfalls werden, so Gogolin, bilinguale und bikulturelle „Nischen" eingerichtet, die der größten Minderheitensprache (meistens dem Türkischen) zugestanden werden. Doch dies bedeutet nur eine eingeschränkte Wahrnehmung und wird nicht der Komplexität der Vielsprachigkeit gerecht.

Die Überlegungen Gogolins zeigen die Diskrepanz zwischen der faktischen Mehrsprachigkeit der Gesellschaft und dem überholten Selbstverständnis der Schule auf, die an ihrem „monolingualen Habitus" festhält. Die Diskussion um die interkulturelle Erziehung weist auf die zukünftige Aufgabe hinsichtlich einer Neubestimmung der sprachlichen Bildung hin. Ungeachtet des Beharrungsvermögens staatlicher pädagogischer Institutionen haben Zielsetzungen des interkulturellen Lernens bereits Eingang in Lehrpläne und Lehrmaterialien gefunden. Was den Unterricht in Deutsch als Fremd- bzw. Zweitsprache betrifft, so steht das Lehrwerk *„Sichtwechsel NEU"* exemplarisch für den interkulturellen Ansatz (vgl. 4.1.).

4. Aspekte des DaF/DaZ-Unterrichts

4.1. Didaktische Positionen

Bis in die 70er Jahre konnte von einer eigenständigen Didaktik des Unterrichts in Deutsch als Fremd- und Zweitsprache kaum die Rede sein. Es dominierte eine präskriptive Fremdsprachendidaktik, die weitgehend von audiolingualen Methoden beherrscht wurde. Im Zweitsprachunterricht für Migrantenkinder verfuhr man anfangs nach Prinzipien des muttersprachlichen Deutschunterrichts. Erst ab Mitte der 70er Jahre traten eigene didaktische Konzepte hervor, in denen – nicht zuletzt unter dem Eindruck der Forderung nach Integration der Einwandererkinder in Schule und Gesellschaft des Aufnahmelandes – handlungsorientierte Ansätze vertreten wurden. Ein gemeinsamer Unterricht von deutschen und ausländischen Schülern, wie ihn beispielsweise Irmintraud Hegele und Gabriele Pommerin in ihrem Buch „Gemeinsam Deutsch lernen" (1983) propagierten, sollte Minderheitenkinder zu selbstbewusstem Handeln in der fremden Zielkultur befähigen und ihnen die gleichen Teilhaberechte an gesellschaftlichen Gütern sichern wie den Deutschen.

Die kommunikative Didaktik, die zu Beginn der 80er Jahre in der Lernzieldiskussion vorherrschend wurde, verstärkte die Hinwendung zum Sprachhandeln. Besonders die im Unterricht für erwachsene Deutschlerner (vorwiegend Arbeitsimmigranten) verwendeten Lehrmaterialien basierten auf der Dominanz des Sprachhandelns und betonten die Notwendigkeit der sprachlichen Bewältigung des Alltags- und Berufslebens (vgl. das vom Deutschen Volkshochschulverband und vom Goethe-Institut entwickelte *Zertifikat Deutsch als Fremdsprache*). Freilich existierten neben dem kommunikativen Ansatz kognitive Konzeptionen. Diese unterstrichen die Bedeutung der Ausgangssprache und suchten mit Hilfe eines sprachstrukturellen Vergleichs Unterschiede zwischen Erst- und Zweitsprache einsichtig zu machen. Als Beispiel können die Untersuchungen J. Meyer-Ingwersens u. a. (1977) zur Struktur des Deutschen und Türkischen gelten.

Kommunikative und kognitive Lehrverfahren stellen keine einander ausschließenden Positionen dar. Die Vermittlung von Regelwissen kann – und sollte – mit der Befähigung zur Kommunikation eine Verbindung eingehen, um so der Komplexität des Lernprozesses und den Bedürfnissen der Lernenden gerecht zu werden (Wilms 1990). In der zweiten Hälfte der 90er Jahre setzte sich die Erkenntnis durch, dass es neben unterschiedlichen Lernweisen auch kulturspezifische Wahrnehmungsformen und Aneignungsweisen des Lernstoffs gibt, auf die Unterricht und Lehrmaterialien eingehen sollten. Die Einsicht, dass der Erwerb des Deutschen als Fremdsprache von den soziokulturellen Eigenvoraussetzungen der Lernenden geprägt wird, bedeutete den weitgehenden Verzicht auf „didaktische Universalien“ (Krumm zit. bei Henrici / Koreik 1994, 129), die bislang dominiert hatten. Damit trug der DaF/DaZ-Unterricht der Tatsache der Mehrsprachigkeit und dem Prinzip des interkulturellen Lernens Rechnung. Ein Beispiel für die veränderte didaktische Perspektive ist das für den Unterricht mit fortgeschrittenen Deutschlernenden konzipierte Lehrwerk „Sichtwechsel NEU“.

Die Autoren des Lehrwerks gehen von dem Gedanken aus, dass sprachliche Bedeutungen kulturgebunden sind und die Sichtweise der betreffenden Kultur reflektieren. Das Erlernen einer fremden Sprache geht mit dem Erwerb kulturspezifischer Handlungsweisen einher, aber gerade dies verlangt einen Sichtwechsel, der die Aufnahme fremder Deutungsmuster in das vertraute Verhaltensrepertoire ermöglicht (Bachmann u. a. 1995, 8). Die Vermittlung neuer Einstellungen und Strategien ist nicht mit dem Instrumentarium der kommunikativen Didaktik zu erreichen, die sich an den bewährten Mustern der Alltagskommunikation zwischen Muttersprachlern orientiert. Vielmehr umfassen die Lernziele einer interkulturellen Didaktik (1) eine Wahrnehmungsschulung, (2) den Erwerb von Strategien zur Bedeutungserschließung, (3) die Befähigung zum Kulturvergleich und (4) die Diskursfähigkeit in interkulturellen Situationen (Bachmann u. a., 9). Die Themen und Inhalte, die zu den genannten Lernzielen führen, reichen von einfachen Alltagsereignissen bis zu komplexen literarischen Texten.

Im Zusammenhang mit neuen lerntheoretischen Ansätzen, aber auch mit interkultureller Erziehung und Mehrsprachigkeit ist in jüngster Zeit der Begriff *language* awareness in der fremdsprachendidaktischen Diskussion aufgetaucht (Luchtenberg 1994; Wolff 1993 und 1996). Das aus Großbritannien stammende *language awareness*-Konzept (vgl. dazu Gillian Donmall „Language Awareness", hrsg. vom *Centre for Information on Language Teaching and Research*, London 1985), das mit Sprachbewusstsein übersetzt werden kann, ist ursprünglich für englische Grundschulen entwickelt worden mit dem Ziel, Schüler, bei denen muttersprachliche Defizite beobachtet wurden, zum Nachdenken über und zu einem bewussteren Umgang mit ihrer Muttersprache Englisch anzuleiten. Über die Sensibilisierung für die eigene Sprache sollte gleichzeitig das Interesse der Kinder für die fremden Herkunftssprachen ihrer Mitschüler geweckt werden. Dieser Ansatz wurde auf deutscher Seite in dem Projekt der Begegnungssprachen aufgegriffen, das Anfang der 90er Jahre an den Grundschulen in Nordrhein-Westfalen eingeführt wurde (Luchtenberg 1994; Wolff 1993).

Language awareness ist ein vielschichtiger Begriff, der sich nicht leicht in ein didaktisches Schema einordnen lässt. Er stammt aus der konstruktivistischen Lerntheorie und meint die bewusste und selbständige Verarbeitung von Wissen durch den Lerner. Der Begriff zielt auf die Autonomie des Lernenden und bezeichnet insofern den Gegenpol zum herkömmlichen Prinzip des *Instruktivismus*, der die Wissensvermittlung unter Anleitung einer Lehrperson meint (Wolff 1996, 542). Zum Aspekt der Lernerautonomie tritt die Vorstellung von ganzheitlichem Lernen hinzu. In der Kommunikation macht der Sprachlerner von seinem pragmatischen Wissen Gebrauch, bei der Analyse von und beim Experimentieren mit Sprache tritt die Sprachreflexion in den Vordergrund, während bei der Beobachtung des eigenen Lernprozesses der Lernende die Fähigkeit der Introspektion benutzt (Wolff 1996, 554). Jede dieser Handlungen ist von Sprachbewusstsein geprägt, freilich äußern sich die durch *language awareness* ausgelösten Aktivitäten in jeweils unterschiedlicher Weise. Das eine Mal wird eher die affektive, ein anderes Mal mehr die kognitive bzw. die soziale Komponente angesprochen. Insofern zielt das *language awareness*-Konzept auf ganzheitliches Lernen und lässt sich nicht auf eine einzige Dimension (kommunikativ oder kognitiv) festlegen. Auch geht es diesem Lernprinzip nicht allein um Bewusstmachung struktureller Regeln, wie sie noch immer der traditionelle Sprachunterricht anstrebt. Neben dem deklarativen Sprachwissen (welche Regeln sind anzuwenden?) ist das Bewusstsein prozeduraler Vorgänge (welche Strategien sind beim Verstehen bzw. bei der Produktion von Sprache einzusetzen?) gleichermaßen wichtig (Wolff 1993, 527).

Der Zweitsprachunterricht bietet für den Sprachvergleich ein weites Feld der Reflexion über und der Sensibilisierung für Unterschiede und Gemeinsamkeiten zwischen Ausgangssprache(n) und Zielsprache (Luchtenberg 1994, 6). So lassen sich Lautsysteme sowie Laut-Schrift-Relationen kontrastieren; der Vergleich setzt sich auf der Ebene der Wortbildung und -bedeutung fort und führt zur Pragmatik, wo sich soziale Konventionen und Rituale (z. B. sich vorstellen, sich begrüßen u. ä.) und ihre Realisierung in der jeweiligen Sprache untersuchen lassen. Nicht weniger fruchtbar für eine sprachvergleichende Betrachtung ist die Arbeit mit Gebrauchstexten sowie das Übersetzen bzw. Übertragen (dieses ist allerdings nicht mit der alten grammatisch orientierten Übersetzungsmethode gleichzusetzen). Die Literatur schließlich stellt einen eigenen Bereich dar, der den Einsatz von Lesestrategien und die Fähigkeit zur Textrezeption verlangt.

Das weite Feld des Sprachvergleichs, das sich dem *language awareness*-Konzept erschließt, macht deutlich, dass mit der Sensibilisierung für Sprache ein Bewusstmachen kultureller Verhaltensweisen verbunden ist. Die Wahrnehmung von Sprachkontrasten lenkt den Blick auf fremdkulturelle Erscheinungen, so wie dies am Beispiel des Lehrwerks „Sichtwechsel" aufgezeigt wurde. Von *language awareness* führt eine Brücke zu *cultural awareness*. Dadurch dass andere Sprachen und Kulturen in den Blick geraten, werden – so hoffen die Befürworter dieses Konzepts – Eigenschaften wie Toleranz, Verständnis für das Fremde und Solidarität gefördert, wie umgekehrt einem Ethnozentrismus entgegengewirkt wird.

Ein Zweitsprachunterricht innerhalb einer mehrsprachigen Konstellation ist gewiss ein geeigneter Ort für die Erprobung des Lernprinzips Sprachbewusstheit. Dessen Verwirklichung verlangt freilich eine Didaktik, die über die bisherigen kommunikativen bzw. kognitiven Positionen hinausführt und Erkenntnisse der konstruktivistischen Lerntheorie miteinbezieht.

4.2. Die Förderung der Textkompetenz

Die Ausbildung von Lese- und Schreibfertigkeiten ist die zentrale Aufgabe des Unterrichts in Deutsch als Zweitsprache. Mit dem Lernziel 'Entwicklung der Textkompetenz' führt die Schule über das Einüben alltäglicher Kommunikationsfertigkeiten hinaus und strebt eine neue Qualität des Sprachgebrauchs (Graf, 1987, 185) an. Dieser Sprachgebrauch ist auf der Ebene des „Symbolfelds" (K. Bühler) angesiedelt und setzt begriffliches Denken voraus. Die Auseinandersetzung mit Schriftsprache verlangt die Fähigkeit, Textbezüge und Argumentationsmuster zu erkennen sowie Wortbedeutungen zu entschlüsseln, die sich von der Verwendungsweise im Alltag unterscheiden. Der Umgang mit abstrakten Konzepten und einer Sprache, die sich aus dem Alltagskontext gelöst hat, bereitet manchem deutschen Schulkind Schwierigkeiten; umso mehr haben Schüler nichtdeutscher Muttersprache mit den schriftsprachlichen Anforderungen der Schule zu kämpfen, da sie mit Schriftsprache außerhalb der Schule oft wenig in Berührung kommen. In der Vermittlung der Fähigkeit, „die Zweitsprache als Text zu gebrauchen", sieht P. Graf (1987, 202) das für den Schulerfolg von Minderheitenkindern entscheidende Kriterium.

Nach Cummins ist ein Zweitsprachlerner nach zwei bis drei Jahren Kontakt mit der Zielsprache zwar in der Lage, sich in Alltagssituationen problemlos zu verständigen; indessen benötigt er für die Beherrschung kontextreduzierter Sprache, wie sie die Schule vermittelt, vier bis sechs Jahre. Diese im Vergleich zum Erwerb der mündlichen Sprachfähigkeit doppelte Lernzeit verdeutlicht den Aufwand, den die Entwicklung der Textkompetenz von einem Zweitsprachlerner erfordert.

Wie können nun die schriftsprachlichen Fähigkeiten im Zweitsprachunterricht gefördert werden? Ein Ansatz besteht in der Entwicklung des Leseverstehens, das von der Psycholinguistik und der Lesedidaktik in den letzten Jahren intensiv erforscht worden ist (vgl. Heringer 1987; Solmecke 1993; Westhoff 1987). So wird angenommen, dass sich der Leser einen Text durch eine Reihe von Aktivitäten erschließt. Wir lesen und verarbeiten einen Text vor dem Hintergrund von Wissensschemata (auch „frames“ bzw. „scripts“ genannt), die wir aufgrund unserer Welterfahrung erworben haben. Diese allgemeinen Rahmenvorstellungen tragen wir an einen Text heran und vergleichen sie mit den im Text enthaltenen Wissensstrukturen. Sofern die Informationen des Textes eine gewisse Ähnlichkeit mit unseren Schemata aufweisen, werden in uns Erwartungen geweckt, die uns erlauben, Hypothesen über den weiteren Verlauf des Textes aufzustellen.

Diese Form der Auseinandersetzung mit dem Text wird als *absteigende* Verarbeitung bezeichnet. Der Leser steigt gleichsam von oben in den Text ein und sucht in ihm nach Anhaltspunkten für seine Wissensschemata. Indes werden wir uns nicht ausschließlich auf unser Vorwissen verlassen können, um die Botschaft des Textes zu entschlüsseln. Notwendig ist ebenso eine Erschließung der Textzeichen und -strukturen; dies ist besonders dann der Fall, wenn der Text schwierig ist, sein Inhalt uns fremd ist und uns wenig Möglichkeiten zur Antizipation, das heißt zur absteigenden Verarbeitung bietet. In diesem Fall findet eine *aufsteigende* Verarbeitung statt. Wir gehen von den Daten, die uns der Text liefert, aus und versuchen, durch Rekonstruieren der einzelnen Zeichen zum Gesamtsinn vorzudringen – ein oft mühsames und zeitaufwendiges Verfahren.

Nach G. J. Westhoff (1987, 61) ist es das Ziel des Lesers, durch die Anwendung möglichst vieler Eigenkenntnisse die Unsicherheiten zu verringern, die ein unbekannter Text enthält. Wir machen so viel wie möglich von der absteigenden Verarbeitung Gebrauch, indem wir unser Wissen über Buchstabenfolgen, Wortkombinationen, Satzpläne, logische Strukturen sowie unser Weltwissen einsetzen. Auf diese Weise versuchen wir die Leerstellen des Textes zu füllen und uns das Verstehen zu erleichtern.

Nun verfügt ein fremdsprachiger Leser über eine – je nach seinen L2-Kenntnissen – eingeschränkte Sprachfähigkeit und kann sich nicht in gleichem Umfang wie ein Muttersprachler auf sein Eigenwissen stützen. Er ist in stärkerem Maße textabhängig und wird den Text von unten nach oben durcharbeiten, das heißt Wort für Wort und Zeile für Zeile, indem er Buchstabenfolgen, Wortbedeutungen, zusammengehörende Wortgruppen und Satzteile identifiziert und voneinander unterscheidet. Ein solches Dekodieren ist zeitraubend und ermüdend, es belastet das Kurzzeitgedächtnis und führt oft dazu, dass der Sinn des Textganzen trotz Verstehen der Einzelbedeutungen nicht erfasst wird. Doch nicht nur sprachliche Defizite erschweren dem Zweitsprachlerner den Leseprozess; hinzu kommt oft fehlendes Kulturwissen, welches verhindert, dass Unsicherheiten im Verstehen überbrückt werden und eine Erwartungshaltung aufgebaut wird (Westhoff 1987, 62).

Hier liegt nun die Aufgabe des Unterrichts, den Lernenden Strategien zu vermitteln, die das Leseverstehen erleichtern und es ihnen ermöglichen, zunehmend auf Eigenwissen zurückzugreifen. Die Förderung der fremdsprachlichen Textkompetenz betrifft alle Verstehensebenen – die semantische, morphologische, syntaktische und pragmatisch-fremdkulturelle. Wie zielsprachige Texte beschaffen sein müssen, damit sie eine verständnisfördernde Wirkung entfalten, ist ein Problem, das von den Unterrichtenden didaktisches Fingerspitzengefühl und eingehende Kenntnisse über Rezeptionsvorgänge beim Lesen sowie über den Leistungsstand der Lernenden, ihr Vorwissen und ihre Interessengebiete erfordert. Auch auf die Frage nach der Authentizität der Texte – ein Kernproblem für jeden Lehrwerkautor – lässt sich keine allgemeingültige Antwort geben. H. Wilms (1990, 118) spricht von einem „Balanceakt" zwischen dem Erfordernis der Authentizität und der Notwendigkeit, die Lernenden sprachlich und inhaltlich nicht zu überfordern. Einerseits muss ein Text ein Informationsprofil besitzen, das den wechselseitigen Prozess der auf- und absteigenden Verarbeitung in Gang setzt; dies werden in der Regel nur authentische oder leicht didaktisierte Texte sein, die die Qualität des Authentischen behalten. Auf der anderen Seite dürfen die Texte nicht zu schwierig sein, sondern müssen auf den Erwartungshorizont der Lernenden zugeschnitten sein.

Das gehäufte Vorkommen unbekannter Wörter ist oft ein Hindernis auf dem Weg zum Textverstehen. Hier bietet sich Wortschatzarbeit an. Vor der Benutzung eines (möglichst einsprachigen) Wörterbuchs sollten einige Strategien der Bedeutungserschließung geübt werden. Unbekannte Wörter lassen sich aus dem Kontext erschließen, ferner gibt die Bildungsweise eines Wortes oft Aufschluss über seine Bedeutung. Auch haben viele Wörter eine internationale Verbreitung, sie existieren – mit gewissen Bedeutungsnuancen – in anderen Sprachen, was ihre Identifizierung erleichtert. Diese und ähnliche Strategien verweisen im übrigen auf das in 4.1 erwähnte *language awareness*-Konzept.

Der Förderung der Lesekompetenz dient die Anwendung verschiedener Lesestile, auf die in didaktischen Handreichungen gern verwiesen wird (vgl. Häussermann / Piepho 1996; Tetzeli von Rosanor 1988). Das *orientierende* Lesen leitet dazu an, sich einen Überblick über den Text zu verschaffen; es ermöglicht dem Lesenden zu prüfen, ob der Text für ihn von Wichtigkeit ist, und trägt dazu bei, das Lesetempo zu erhöhen. Beim *kursorischen* Lesen handelt es sich darum, die Hauptaussagen eines Textes zu finden. Gefördert werden soll dadurch das rationelle Lesen, das sich auf das Wesentliche konzentriert. Das *selektive* Lesen richtet sich auf bestimmte Informationen, von denen der Leser im voraus weiß, dass sie im Text stehen. Oft wird selektives Lesen durch steuernde Fragen angeregt. Beim totalen Lesen wird der Inhalt des Textes vollständig aufgenommen. Es ist der am häufigsten praktizierte Lesestil eines Zweitsprachlerners. Durch Instruktion muss der Gefahr entgegengewirkt werden, dass der ungeübte Leser im Detail steckenbleibt und über die Einzelelemente nicht zum Sinnganzen vordringt. Freilich lassen sich die beschriebenen Lesestile in der Realität nicht scharf voneinander trennen; sie treten meistens in Kombination auf und sind ein didaktisches Hilfsmittel zur Steuerung des Leseprozesses und zur Förderung der Textkompetenz.

Vielfältig ist die Übungstypologie zum Lesetraining (vgl. Häussermann / Piepho 1996; Westhoff 1987; Wilms 1990). Da Textverstehen sowohl ein rezeptiver als auch ein produktiver Vorgang ist, beziehen sich die Aufgaben einerseits auf die Rezeption und dienen damit der Kontrolle, ob das Gelesene verstanden worden ist; andererseits sollen sie zur schriftlichen Produktion anregen. Sie reichen von Fragen zu Inhalt und Aufbau des Textes über das Ergänzen von Lücken bis hin zum Verfassen eigener Aufsätze, die sich auf das Gelesene beziehen. In jedem Fall zeigen die Aufgaben zum Leseverstehen den engen Zusammenhang zwischen Lese- und Schreibfertigkeiten auf.

Bei der Entwicklung der Textkompetenz kann der Zweitsprachunterricht von der Erstsprache nicht absehen. In welchem Umfang Erklärungen in der Muttersprache zu geben sind, hängt vom sprachlichen Entwicklungsstand des Zweitsprachlerners ab. Jedenfalls ist ein längerer Beobachtungszeitraum notwendig, um die sprachlichen Fähigkeiten des Schülers richtig einschätzen zu können. In der Anleitung zum Leseverstehen und zur schriftlichen Textproduktion liegt die zentrale Aufgabe des Unterrichts in Deutsch als Fremd- und Zweitsprache. Ohne eine Zusammenarbeit mit den Sachfächern und ohne Rückgriffe auf die Herkunftssprache wird diese Aufgabe nicht angemessen zu lösen sein.

Literaturverzeichnis

Apeltauer, Ernst: Einführung in den gesteuerten Zweitspracherwerb. In: Apeltauer, Ernst (Hrsg.): Gesteuerter Zweitspracherwerb. Voraussetzungen und Konsequenzen für den Unterricht. München 1987, 9–50

Auernheimer, Georg: Einführung in die interkulturelle Erziehung. Darmstadt 1990

Bachmann, Saskia / Gerhold, Sebastian / Müller, Bernd-Dietrich / Wessling, Gerd: Sichtwechsel Neu 1, 2, 3: Allgemeine Einführung. München 1995

Baetens-Beardsmore, Hugo: Bilingualism: Basic Principles. 2. Auflage, Clevedon 1986

BAGIV (Bundesarbeitsgemeinschaft der Immigrantenverbände in der Bundesrepublik Deutschland und Berlin West) (Hrsg.): Muttersprachlicher Unterricht in der Bundesrepublik Deutschland. Sprach- und bildungspolitische Argumente für eine zweisprachige Erziehung von Kindern sprachlicher Minderheiten. Hamburg 1985

Bahns, Jens: Die Anwendung von Ergebnissen der Zweitsprachenerwerbsforschung auf den Fremdsprachenunterricht. In: Kettemann, Bernhard u. a. (Hrsg.): Englisch als Zweitsprache. Tübingen 1989, 69–86

Baur, Rupprecht S. / Meder, Gregor: Die Rolle der Muttersprache bei der schulischen Sozialisation ausländischer Kinder. In: Diskussion Deutsch 20, 1989, 119–135

Baur, Rupprecht S. / Meder, Gregor: Zur Interdependenz von Muttersprache und Zweitsprache bei jugoslawischen Migrantenkindern. In: Baur, Rupprecht S. / Meder, Gregor / Previšć, Vlatko (Hrsg.): Interkulturelle Erziehung und Zweisprachigkeit. Baltmannsweiler 1992, 109–140 (Interkulturelle Erziehung in Praxis und Theorie, Bd. 15)

Bausch, Karl-Richard / Königs, Frank G.: 'Lernt' oder 'erwirbt' man Fremdsprachen im Unterricht? Zum Verhältnis von Sprachlehrforschung und Zweitsprachenerwerbsforschung. In: Die Neueren Sprachen 82, 4/1983, 308–336

Bausch, Karl-Richard / Krumm, Hans-Jürgen: Sprachlehrforschung. In: Bausch, K.-R. / Christ, H. / Krumm, H.-J. (Hrsg.): Handbuch Fremdsprachenunterricht. 3. Auflage, Tübingen 1995, 7–13

Borrelli, Michele (Hrsg.): Interkulturelle Pädagogik. Positionen – Kontroversen – Perspektiven. Baltmannsweiler 1986 (Interkulturelle Erziehung in Praxis und Theorie, Bd. 4)

Butzkamm, Wolfgang: Psycholinguistik des Fremdsprachenunterrichts. Natürliche Künstlichkeit: Von der Muttersprache zur Fremdsprache. 2. Auflage, Tübingen 1993

Cummins, Jim: Bilingualism and minority language children. Toronto 1981

Cummins, Jim: Bilingualism and special education. Issues in assessment and pedagogy. Clevedon 1984

Cummins, Jim: Linguistic interdependence and the educational development of bilingual children. In: Review of Educational Research 49, 1979, 222–251

Edmondson, Willis / House, Juliane: Einführung in die Sprachlehrforschung. Tübingen 1993

Ellis, Rod: Instructed Second Language Acquisition. Learning in the Classroom. Oxford 1990

Glück, Helmut: Zweisprachigkeit und Zweitspracherwerb: ökonomische, politische und linguistische Argumente zu einer aktuellen sprachenpolitischen Grundsatzdebatte. In: Deutsch lernen 3/ 1985, 15–42

Glück, Helmut: Meins und Deins = Unsers? Über „Deutsch als Fremdsprache" und „Interkulturelle Germanistik". In: Zimmermann, Peter (Hrsg.): Interkulturelle Germanistik. Dialog der Kulturen auf Deutsch? Frankfurt 1989, 57–92

Glück, Helmut: Deutsch als Fremdsprache und als Zweitsprache: eine Bestandsaufnahme. In: Zeitschrift für Fremdsprachenforschung 2, 1991, 12–63

Gogolin, Ingrid: Interkulturelles sprachliches Lernen. Überlegungen zu einer Neuorientierung der allgemeinen sprachlichen Bildung. In: Deutsch lernen 2/1992, 183–197

Götze, Lutz / Suchsland, Peter: Deutsch als Fremdsprache. Thesen zur Struktur des Faches. In: Deutsch als Fremdsprache 2/1996, 67–72

Graf, Peter: Frühe Zweisprachigkeit und Schule. Empirische Grundlagen zur Erziehung von Minderheitenkindern. München 1987

Häussermann, Ulrich / Piepho, Hans-Eberhard: Aufgaben-Handbuch Deutsch als Fremdsprache. Abriß einer Aufgaben- und Übungstypologie. München 1996

Henrici, Gert / Koreik, Uwe (Hrsg.): Deutsch als Fremdsprache. Wo warst Du, wo bist Du, wohin gehst Du? Zwei Jahrzehnte der Debatte über die Konstituierung des Fachs Deutsch als Fremdsprache. Baltmannsweiler 1994

Henrici, Gert: Deutsch als Fremdsprache. Quo Vadis? Konstituierungsprobleme eines jungen akademischen Fachs. In: Henrici / Koreik (Hrsg.): Deutsch als Fremdsprache 1994, 190–203

Henrici, Gert: Die Kontur des Fachs Deutsch als Fremdsprache. Ein Vorschlag. In: Henrici / Koreik (Hrsg.): Deutsch als Fremdsprache, 272–278

Henrici, Gert: Spracherwerb durch Interaktion? Eine Einführung in die fremdsprachenerwerbsspezifische Diskursanalyse. Baltmannsweiler 1995

Henrici, Gert: Deutsch als Fremdsprache ist doch ein fremdsprachenwissenschaftliches Fach! In: Deutsch als Fremdsprache 3/1996, 131–135

Heringer, Hans-Jürgen: Wege zum verstehenden Lesen. Lesegrammatik für Deutsch als Fremdsprache. München 1987

Horn, Dieter: Aspekte bilingualer Erziehung in den USA und Kanada. Unter Berücksichtigung des Unterrichts für Minderheitenkinder in der Bundesrepublik. Baltmannsweiler 1990 (Interkulturelle Erziehung in Praxis und Theorie, Bd. 11)

Klemm, Klaus: Interkulturelle Erziehung – Versuch einer Eingrenzung. In: Die deutsche Schule 2/ 1985, 176–187

Knapp-Potthoff, Annelie / Knapp, Karlfried: Fremdsprachenlernen und -lehren. Eine Einführung in die Didaktik der Fremdsprachen vom Standpunkt der Zweitsprachenerwerbsforschung. Stuttgart u. a. 1982

Königs, Frank G.: 'Lernen' oder 'Erwerben' Revisited. Zur Relevanz der Zweitsprachenerwerbsforschung für die Sprachlehrforschung. In: Die Neueren Sprachen 91, 2/1992, 166–179

Königs, Frank G.: Sprachlehrforschung: Konturen und Perspektiven. In: Neusprachliche Mitteilungen aus Wissenschaft und Praxis 44, 1991, 75–83

Krumm, Hans-Jürgen: Die Wissenschaftlichkeit eines praxisorientierten Faches Deutsch als Fremdsprache. In: Henrici / Koreik (Hrsg.): Deutsch als Fremdsprache 1994, 125–132

Krumm, Hans-Jürgen: Mehrsprachigkeit und interkulturelles Lernen – Orientierungen im Fach Deutsch als Fremdsprache. In: Jahrbuch Deutsch als Fremdsprache 20, 1994, 14–36

Luchtenberg, Sigrid: Zur Bedeutung von Language Awareness-Konzeptionen für die Didaktik des Deutschen als Fremd- und als Zweitsprache. In: Zeitschrift für Fremdsprachenforschung 5, 1/1994, 1–25

Nieke, Wolfgang: Multikulturelle Gesellschaft und interkulturelle Erziehung. Zur Theoriebildung in der Ausländerpädagogik. In: Die deutsche Schule 4/1986, 462–473

Nieke, Wolfgang: Interkulturelle Erziehung und Bildung. Wertorientierungen im Alltag. Opladen 1995

Rehbein, Jochen: Diskurs und Verstehen. Zur Rolle der Muttersprache bei der Textverarbeitung in der Zweitsprache. In: Apeltauer, Ernst (Hrsg.): Gesteuerter Zweitspracherwerb 1987, 113–172

Reich, Hans H. / Merkens, Hans: Einleitungsbeitrag zum Themenheft „Folgen der Arbeitsmigration für Bildung und Erziehung". In: Unterrichtswissenschaft 21, 2/1993, 100–105

Reich, Hans H.: Deutschlehrer für Gastarbeiterkinder. Eine Übersicht über Ausbildungsmöglichkeiten in der Bundesrepublik. In: Henrici, Gert / Koreik, Uwe (Hrsg.): Deutsch als Fremdsprache 1994, 90–104

Reich, Hans H. / Pörnbacher, Ulrike: Zur quantitativen Entwicklung des Muttersprachlichen Ergänzungsunterrichts in der Bundesrepublik Deutschland. In: Deutsch lernen 2/1995, 136–159

Roth, Hans-Joachim (Hrsg.): Integration als Dialog. Interkulturelle Pädagogik im Spannungsfeld von Wissenschaft und Praxis. Baltmannsweiler 1994 (Interkulturelle Erziehung in Praxis und Theorie, Bd. 18)

Schwenk, Helga: Das Sprachvermögen zweisprachiger türkischer Schüler. Tübingen 1988

Skutnabb-Kanags, Tove / Cummins, Jim (eds.): Minority education. From shame to struggle. Clevedon 1988

Solmecke, Gert: Texte hören, lesen und verstehen. Eine Einführung in die Schulung der rezeptiven Kompetenz mit Beispielen für den Unterricht Deutsch als Fremdsprache. Berlin / München 1993

Tetzeli von Rosador, Hans Jürg: Leseverstehen. In: Eggers, Dietrich, (Hrsg.): WEGE. Lehrerhandbuch. Deutsch als Fremdsprache Mittelstufe und Studienvorbereitung. München 1988, 26–29

Tumat, Alfred J. (Hrsg.): Zweitsprache Deutsch: Schwellenwortschatz. Anregungen zur praxisbezogenen Spracharbeit mit ausländischen Kindern. Baltmannsweiler 1986 (Interkulturelle Erziehung in Praxis und Theorie, Bd. 5)

Tumat, Alfred G. (Hrsg.): Deutsch als Fremdsprache: Konzeption und Unterricht. Baltmannsweiler 1989 (Interkulturelle Erziehung in Praxis und Theorie, Bd. 8)

Weinrich, Harald: Deutsch als Fremdsprache – Konturen eines neuen Faches. In. Jahrbuch Deutsch als Fremdsprache 5, 1979, 1–13

Wilms, Heinz: Communicare. In: Deutsch lernen 18, 2/1993, 99–103

Wilms, Heinz: Deutsch als Fremdsprache weltweit? Zur Reichweite von Materialien und Methoden. In: Deutsch lernen 15, 2/1990, 99–121

Wilms, Heinz: Ein ganz einfacher Text: Überlegungen und Beispiele zum Lesen in der Zweitsprache. In: Sandfuchs, Uwe (Hrsg.): Förderunterricht konkret. Materialien und Unterrichtsbeispiele für die Jahrgangsstufen 5–9. Bad Heilbrunn 1990, 112–121

Wode, Henning: Einführung in die Psycholinguistik. Theorien, Methoden, Ergebnisse. Ismaning 1988

Wolff, Dieter: Aspekte des Zweitsprachenerwerbs: Anmerkungen zu einem Themenheft. In: Die Neueren Sprachen 91, 2/1992, 110–114

Wolff, Dieter: Kognitionspsychologische Grundlagen neuer Ansätze in der Fremdsprachendidaktik. In: Informationen Deutsch als Fremdsprache 23, 5/1996, 541–560

Wolff, Dieter: Sprachbewußtheit und die Begegnung mit Sprachen. In: Die Neueren Sprachen 92, 6/1993, 510–531

III. MEDIENDIDAKTIK

WERNER ZIESENIS

Medientheorie, Mediendidaktik und Deutschunterricht

„Was Mediendidaktik, Medienpädagogik, Medienkunde oder Medientheorie etwa sei, ist bis heute keineswegs ausgemacht. Die Verwirrung in der Anwendung dieser Begriffe wächst vielmehr proportional zur wissenschaftlichen Beschäftigung mit dem durch sie ungenau beschriebenen Gebiet." (Baacke im Vorwort zu Dichanz 1974) Das von einem Medienexperten so beschriebene und in den Publikationen bis heute immer wieder beklagte Problem hat seine Ursache in dem vielfältigen, d. h. zugleich verbreiteten und heterogenen Interesse an den Medien. Für die Deutschdidaktik liegt das Medieninteresse einerseits auf der Hand, seitdem die Beschäftigung mit Comics, Werbung, massenhaft verbreiteter trivialer Literatur, mit Pressetexten und der Presse, mit Fernsehserien und dem Fernsehen zur Selbstverständlichkeit geworden ist. Zum anderen ist jedoch die Feststellung berechtigt, dass „der mediale Rahmen, in dem die Lehrer-Schüler-Interaktion steht", „in der neueren Diskussion um den Deutschunterricht nie mit dem besonderen Interesse seiner Theoretiker" habe rechnen können. (Müller-Michaels 1972, 70) Hierin liegt kein Widerspruch, denn im ersten Fall sind die Medien Gegenstand der Betrachtung, im zweiten Instrumente der Vermittlung von Unterrichtsinhalten. Sowohl die Behandlung von Massenmedien im Unterricht als auch die Erörterung von Problemen, die sich beim Einsatz von Medien in Lehr- und Lernprozessen ergeben, haben die Bezeichnung „Mediendidaktik" erfahren.

In diesem Beitrag soll der Versuch unternommen werden, auf einige Zusammenhänge zwischen medientheoretischen Konzepten, Ansätzen der Mediendidaktik und „Medien im Deutschunterricht" aufmerksam zu machen und einen gewissen Orientierungsrahmen abzustecken.

1. Medien und Medienbegriff

Pross (Pross / Beth 1976, 109 ff.) hat versucht, die Entwicklung und Differenzierung der Kommunikationsmedien durch eine dreigliedrige Klassifizierung zu erfassen. (Vgl. auch Baacke 1975, 12 ff.) „Primäre Medien" sind die Mittel des „menschlichen Elementarkontaktes", die Kommunikation erlauben, ohne dass dabei Geräte verwendet werden: also Gestik, Mimik, zeremonielle Zeichen und insbesondere die gesprochene Sprache. Wo Mitteilung aufgrund ihrer Tendenz zur zeitlichen Überlieferung durch Bild oder Schrift dauerhaft und damit vermehrbar gemacht wird, handelt es sich um „sekundäre Medien". Sekundäre Medien erfordern Gerät zur Hervorbringung einer Mitteilung, zur Produktion, nicht aber zur Wahrnehmung, der Rezeption. Die Erfindung des Buchdrucks stellt die wichtigste Entwicklungsstufe im Bereich der sekundären Medien dar. Vierhundert Jahre später dann erfolgt „die eigentliche Kommunikationsexplosion in den fortgeschritteneren Industriegesellschaften" (Baacke 1975, 13). Telegraphie, Telephon, Schallplatte, Film, Radio, Fernsehen werden in rascher Folge erfunden. Nunmehr müssen Geräte beim Sender *und* Empfänger installiert sein. Wo dies der Fall ist, handelt es sich um „tertiäre Medien".

Das Verhältnis von primären, sekundären und tertiären Medien zueinander ist für Interaktions- und Kommunikationsprozesse von größter Bedeutung. Für den schulischen Bereich, für Unterricht und die Interaktion im Klassenzimmer, das sich zum Informationsaustausch und zu aktiver öffentlicher Kommunikation öffnen sollte, wird der Stellenwert der drei Faktoren explizit diskutiert.

1.1. Massenmedien und Massenkommunikation

Unter den Kommunikationsmedien nehmen heute die Massenmedien, Presse, Film, Funk und Fernsehen eine besondere Stellung ein. Die Massenpresse entstand um 1830 in den großen Städten der USA und erreichte ihre größte Bedeutung in der Regenerationsphase nach dem Ersten Weltkrieg. Der Höhepunkt des Films – die erste öffentliche Filmvorführung fand im Jahre 1895 in Frankreich statt – liegt etwa zwischen den Jahren 1930 und 1950. Der deutsche Rundfunk begann am 29. Oktober 1923, drei Jahre nach Eröffnung des regelmäßigen Rundfunkdienstes in den USA, sein Programm. Das Fernsehen wurde überall auf der Welt erst nach dem Zweiten Weltkrieg zu einer öffentlichkeitswirksamen Einrichtung.

Zur Charakterisierung der Massenkommunikation im Unterschied zur personalen „face-to-face"-Kommunikation sind zunächst die folgenden Unterscheidungen hilfreich. Man kann unterscheiden (vgl. Noelle-Neumann 1971, 92ff. u. Maletzke 1978, 21ff.) zwischen direkter Kommunikation (von Angesicht zu Angesicht) und indirekter Kommunikation (die räumliche und / oder zeitliche Distanz muss durch ein technisches Medium überbrückt werden); zwischen gegenseitiger (ständiger Rollentausch zwischen Kommunikator und Rezipient) und einseitiger Kommunikation (ohne die Möglichkeit des Rollentausches); zwischen privater Kommunikation (sie richtet sich an einen eindeutig definierten und begrenzten Personenkreis) und öffentlicher Kommunikation (gerichtet an ein prinzipiell unbegrenztes und dem Kommunikator überwiegend unbekanntes Publikum). Ferner wird die Unterscheidung zwischen einem Präsenzpublikum (z. B. beim Vortrag, im Theater, beim Konzert) und einem dispersen Publikum getroffen (die Rezipienten sind räumlich verstreut und ohne Kontakt zueinander). (Vgl. Noelle-Neumann 1971, 92f.)

Der Wortbestandteil „Masse" in „Massenmedien" und „Massenkommunikation" legt pejorative Assoziationen im kulturkritischen oder sozialpsychologischen Sinne nahe, so dass an Vermassung, Niveausenkung oder spontane Massenbewegung gedacht wird. Eine solche Auffassung träfe jedoch nicht die Funktion der Massenkommunikation bzw. der Massenmedien trotz deren ambivalenter Stellung in der modernen Gesellschaft. Denn in den heutigen Industriegesellschaften „kann die notwendige Kommunikation nur in Form der Massenkommunikation gewährleistet werden". (Kerstiens 1976, 53)

Massenkommunikation ist Kommunikation der Gesellschaft, einer Gesellschaft, die immer komplexer und für den Einzelnen undurchschaubar geworden ist. In welch unvergleichlichem Maße die Massenmedien am gesellschaftlichen Modernisierungsprozess beteiligt sind, macht Baacke am Beispiel ihrer Bedeutung für die Dritte Welt sichtbar. (Baacke 1978, 18ff.) Um die falschen kulturkritischen Assoziationen zu vermeiden, schlägt er vor (Baacke 1975, 16), den Terminus „Massenmedien" durch „öffentliche Medien" zu ersetzen bzw. ihn deskriptiv und nicht wertend zu verwenden.

Nach dem Zerfall der bürgerlichen Öffentlichkeit des 18. und 19. Jahrhunderts (vgl. Habermas 1971) kommt den Massenkommunikationsmitteln die Aufgabe zu, Öffentlichkeit herzustellen. Wir sind auf mediale Informationen angewiesen, um nicht persönlich und gesellschaftlich orientierungslos zu werden, und bedürfen ihrer zur Teilhabe am öffentlichen Leben. Die Vermittlung des Notwendigen aus der „übermäßigen Komplexität von möglichen ‚öffentlichen' Kommunikationsgehalten" macht aber Selektion und Reduktion erforderlich. (Böckelmann 1975, 45) Das Publikum ist nur durch Reduktionsmuster zu erreichen. Am Rezipienten liegt es, aus dem Angebot den richtigen Nutzen zu ziehen. Er muss sich der Selektion bewusst sein. Er muss nicht nur lernen, „ihm mitgeteilte gesellschaftsrelevante Ereignisse auf seine Privatlage zu beziehen, sondern gleichzeitig die Differenz seiner persönlichen Bedürfnisse" gegenüber der Information und der Informationsweise aufrecht zu erhalten. (Baacke 1975, 181)

Die „legitimationswirksam hergestellte Öffentlichkeit" hat nach Habermas vor allem die Funktion, „die Aufmerksamkeit durch Themenbereiche zu strukturieren, d.h. *andere* Themen, Probleme und Argumente unter die Aufmerksamkeitsschwelle herunterzuspielen und dadurch der Meinungsbildung zu entziehen." (Legitimationsprobleme, S. 99, zitiert nach Böckelmann 1975, 46) Reguliert wird der so skizzierte Prozess durch gleichsam institutionalisierte „Aufmerksamkeitsregeln, die zugleich Ausschließungsregeln sind" (ebd. 62). Böckelmann führt zehn solcher Aufmerksamkeitsregeln auf, die wegen ihrer didaktischen Relevanz und Nähe zur Unterrichtspraxis hier genannt sein sollen (ebd. 63ff.): 1. der Bezug aufs Persönliche, Private und Intime; 2. Symptome des Erfolgs; 3. Neuheit, Neuartigkeit, „Modernität"; 4. Symptome der Herrschaftsausübung; 5. Unterscheidung von „Normalität" und „Anomalität"; 6. Gewalt, Aggressivität, Schmerzen und zivilisatorische Schmerzsurrogate; 7. Berücksichtigung von Formen des Wettbewerbs, der Statuskonkurrenz und der persönlichen Rivalität; 8. Bezug auf die Vergrößerung des Eigentums; 9. Krisen und Krisensymptome; 10. Beachtung des Außergewöhnlichen, Absonderlichen und Exotischen.

Unter den zahlreichen Versuchen, die zur *detaillierteren* Kategorisierung der Funktionen von Massenkommunikatiton unternommen worden sind, sei auf die Unterscheidungen von Feldmann zurückgegriffen, der in seiner „Kommunikationstheorie der Massenmedien" von „informierender", „regulierender" und „stimulierender" Kommunikation spricht (Feldmann 1972, 88ff.) und diese „Arten" als grundlegend für kommunikative Abläufe überhaupt versteht.

Die über Sprache und Schrift vermittelten „Kommunikationen des Alltags“ seien zumeist und zunächst „informierender Natur“. Sie geben „anderweitige Mitteilungen“, „eigene Erfahrungen und Erlebnisse“, „Ansichten und Sachverhalte“ an den Mitmenschen weiter. Potentiell ist Information auf Sachlichkeit und Objektivität angelegt. Aber schon im personalen Bereich erfährt sie durch Auswahl, Akzentuierung und die Art der Formulierung eine „Färbungs- und Wertungstendenz“. Diese Färbungs- und Wertungstendenz äußere sich dann im Bereich publizistischer Nachrichtengebung „mit größter Breitenwirkung“. Die „objektive Weitergabe eigenen Wissens oder fremder Mitteilung sollte als die eigentliche Information angesehen und im Bereich der Publizistik gepflegt werden“. Aber die Wirklichkeit sieht so aus, dass in jeder Information „neben der Substanz des Sachgehaltes eine vielseitige rationale und emotionale Tönung sowie eine regulierende Dynamik“ mehr oder weniger enthalten ist. (Ebd. 88)

Die „regulierenden Kommunikationen“ sind deshalb ganz anderer Art als die informierenden, weil sie von vornherein „auf Beeinflussung eingestellt sind“. Sie wollen den Empfänger „durch Auftrag, Befehl, Lob, Mahnung und Tadel zu einer vorbestimmten Haltung oder Handlung veranlassen“. Die „überragende Bedeutung dieser Kommunikationsart“ ergebe sich „aus den Tatsachen der Erziehung, der sozialen und wirtschaftlichen Organisation und der Politik innerhalb der Gesellschaft“. (Ebd. 89) Zu den regulierenden Kommunikationsformen müssen deshalb in gleicher Weise die kulturellen und die Bildungsangebote gerechnet werden wie Werbung, Propaganda und Agitation.

Schließlich „lassen sich alle Kommunikationen zur zerstreuenden Unterhaltung, ästhetischen Erhebung und erholsamen Beschäftigung zur Sonderart der stimulierenden Kommunikation zusammenfassen.“ Eine „stimulierende Wirkung“ bestehe „im Erfolg des genießenden Hinnehmens der Darbietung beim Empfänger“; stimulierende Tendenzen seien allen Künsten ihrem Wesen nach immanent (ebd. 91).

Es soll diese Typologie Feldmanns, der als Nestor der Medienwissenschaft im deutschsprachigen Raum gelten kann, hier nicht diskutiert werden. Angefügt aber sei – wiederum unter didaktischem Aspekt – der Hinweis darauf, dass diese Grundformen der „informierenden“, „regulierenden“ und „stimulierenden“ Kommunikation nun nicht als klar voneinander absonderbare Prozesse angesehen werden dürfen, sondern, wie Feldmann es selbst andeutet, vielfältig ineinander übergehen. Nicht nur unterliegen Nachrichten einer „Färbungs- und Wertungstendenz“, so dass sie regulierende Funktionen ausüben; auch von Unterhaltungsangeboten können ideologisierende und manipulative Wirkungen ausgehen. Auf der anderen Seite dienen Nachrichtensendungen zumal dem Fernsehpublikum oft zur „bloßen Unterhaltung“.

1.2. Unterrichtsmedien

Während es sich bei den Massenmedien nach der Unterscheidung von Pross um sekundäre (Zeitung, Zeitschrift und massenhaft in Buch- oder Heftchenform verbreitete Literatur) und tertiäre (Film, Funk und Fernsehen) Medien handelt, sind Unterrichtsmedien sowohl primäre als auch sekundäre und tertiäre. Dem entspricht in etwa die Unterteilung bei Müller-Michaels, der Medien „allgemein als Träger von Unterrichtsinformationen“ definiert, „die den Kommunikationsprozeß zwischen Lehrenden und Lernenden (in diesem Falle) im Gegenstandsfeld Sprache und Literatur in Gang setzen und in Gang halten“, und dann zwischen „so unterschiedlichen Medien wie Unterrichtssprache, Lehr- und Lernmitteln sowie technischen Medien“ unterscheidet. (Müller-Michaels 1974, 71) Dass die Deutschdidaktiker die Unterrichtssprache zu den Medien zählen, kann aufgrund ihres fachlichen Selbstverständnisses nicht überraschen. Sprachliche Kommunikation ist zugleich Gegenstand und Medium des Unterrichts, der eine Aspekt muss zwangsläufig den anderen hervortreten lassen.

Nach herkömmlicher Auffassung sind Unterrichtsmedien jedoch die technischen Mittler, im weitesten Sinne von der Kreide bis zum komplizierten elektronischen Gerät, nach Döring die sogenannten Lehr- und Lernmittel (Döring 1969). Wo die „technischen Medien“ zur Diskussion stehen, ob unter Abhebung von den „personalen“ oder nicht, werden oft Unterscheidungen zwischen dem Gerät, der „hardware“, deren Konstruktions- und Funktionsmerkmale die „Unterrichtstechnologie“ zu beschreiben habe, getroffen und der „software“, den vermittelten Informationsinhalten, um deren funktionsgerechte Verwendung sich dann eine „Mediendidaktik“ zu kümmern habe.

Lehr- und Lernmittel werden als Hilfsmittel verstanden, „die den Lernprozeß unterstützen und bereichern sollen“, aber keine eigenen Inhalte in den Unterricht bringen. (Müller-Michaels 1974, 77) Döring bezeichnet sie in ihrer elementarsten Form deshalb als „‘Präsentations-’ oder ‘Darbietungs’ –, mithin also als Instruktionshilfen für Unterrichtsgegenstände“. (Döring 1969, 92 nach Müller-Michaels 1974, 77) Dieses eingeschränkte Verständnis von Unterrichtsmedien versuchen neuere mediendidaktische Konzepte zu überwinden.

Kolb definiert in seinem Entwurf einer „kommunikationsorientierten Mediendidaktik“ Unterrichtsmedien als „Interaktionsvehikel, die eine mehr oder minder klar angebbare kommunikative Funktion im Lehr- und Lernprozeß übernehmen“, und unterscheidet zwischen Medien als „kommunikationsunterstützenden“, „kommunikationstragenden“ und „kommunikationssteuernden“ Faktoren des Lernprozesses. (Kolb 1974, 72) Die Arbeit mit traditionellen Schulbüchern, die Erklärung von Sachverhalten mit Hilfe der Tafel usw. ist kommunikationsunterstützend. Hier werden Medien „in das kommunikative Handeln der Interaktionspartner eingebunden“ und haben ergänzende oder auch nur beiläufige Funktion. (Ebd. 74) Die Aufgabe der „alten“ Lehr- und Lernmittel wird also kommunikativ interpretiert. Insbesondere die modernen elektronischen Medien – Videorecorder und Computer – können zu einer „eigenständigen Kommunikationsinstanz“ werden, wenn spezifische Lehrfunktionen an sie delegiert werden. (Ebd. 74ff.) Kommunikationssteuernde Funktion schließlich erhalten Medien, wenn sie zum Gebrauch in die Hand der Lernenden gegeben werden. Diese würden aus ihrer Konsumentenhaltung heraustreten und hätten die Möglichkeit, „aktiv mit Hilfe von Medien zu kommunizieren“ (ebd. 79), indem sie selbst Medienprodukte herstellen, im optimalen Fall Zeitungen, Filme, Ton- und Videoaufzeichnungen, mit denen sie sich auch über die Schule hinaus bewegen und an „die Öffentlichkeit" wenden könnten.

Wittern geht noch einen beträchtlichen Schritt weiter als Kolb, indem er Medien aus ihrer „dreifachen Zielsetzung" „im didaktisch organisierten Lernprozeß" definiert. (Wittern 1975, 57ff.) Sie „sind Informationsträger", „bewirken Kommunikation" und „ermöglichen Handlung". Wenn nicht alle drei Bedingungen gegeben sind, wenn das Medium seine Aufgabe, „Aktionsräume (zu) schaffen" (ebd. VII), nicht erfüllt, verliert es gleichsam den Medienstatus und sinkt zum bloßen Unterrichtsmaterial herab. Unterrichtsmedien sind aufgrund dieser Aufgabenzuschreibung für Wittern Kommunikationsfaktoren und heben sich damit eindeutig von den Lehr- und Lernmitteln ab.

Ein so gearteter Medienbegriff führt konsequenterweise zu bestimmten Anforderungen an die Unterrichtsmedien. Die wichtigste: „Unterrichtsmedien dürfen sich selbst nicht als ‚Fertigprodukt' von Wirklichkeit ausgeben. Vielmehr sollte 'die mit der Reduktion (mit der Notwendigkeit auszuwählen und zu vereinfachen) gegebene Vorläufigkeit und Einseitigkeit ... durch die Medien selbst ins Bewußtsein gehoben werden' ".(Meyer 1978, 248) Offen strukturierten didaktischen Entscheidungen sollen „offene Medien" (Wittern 1975, 166ff.), d. h. didaktisch zubereitete, aber disponible Medienangebote entsprechen.

In den Konzepten von Kolb, Wittern und Meyer werden „Unterrichtsmedien" als Kommunikationsmedien verstanden. Damit rücken sie funktional in die Nähe der „öffentlichen Medien". Der Rezipient befindet sich allemal im Spannungsfeld zwischen „personaler" und „medialer" Kommunikation. Mediendidaktik, wie immer sie auch aussehen mag, sollte beide Pole im Blick behalten. Gerade wer über den Einsatz moderner technischer Medien im Unterricht reflektiert, sollte auf die originäre Funktion der personalen Interaktion, d. h. hier auf die Wichtigkeit der Unterrichtssprache, die durch technische Medien nicht ersetzt werden kann, zurückverwiesen sein.

2. Medientheoretische Konzepte

2.1. Aspekte der Wirkungsforschung

In ihren Anfängen war Kommunikationsforschung auftragsgebundene (wirtschaftlich und politisch) Wirkungsforschung, deren Tradition in den USA bis in die 30er und 20er Jahre zurückreicht.

Diese Wirkungsforschung war zunächst vom schrankenlosen Medieneinfluss ausgegangen, indem vermutet wurde, „daß die Massenmedien Wirkungen in ein passiv rezipierendes Publikum injizierten". (Catton 1973, 64) Solche Vorstellungen von der Wirkungsweise der Massenkommunikation setzten bestimmte soziologische und psychologische Annahmen voraus, nämlich die Theorie einer Massengesellschaft sowie die behavioristischen Stimulus-Response-, d. h. Reiz-Reaktions-Theorien.

Theorien der Massengesellschaft gehen davon aus, „daß im Zuge von Industrialisierung und Demokratisierung der Gesellschaft die Primärgruppen zusammengebrochen sind". Die Folge dieser Entwicklung sei, „daß die einzelnen Individuen atomisiert, isoliert sind und in wechselseitiger Anonymität stehen". Eine solche Gesellschaft sei den Kommunikationsstimuli der Massenmedien relativ schutzlos preisgegeben. (Naschold 1973, 17)

Dieser soziologischen Auffassung entspricht auf der psychologischen Seite die Stimulus-Response-Annahme. Nach dem behavioristischen Reiz-Reaktions-Modell senden die Medien ihre Aussagen als Stimuli aus; diese führen gleichsam mechanisch zu entsprechenden Reaktionen beim Rezipienten. Und zwar glaubte man, dass Reize nicht nur irgendwelche, wie auch immer geartete Reaktionen hervorbringen, sondern dass auf bestimmte Reize auch ganz bestimmte und damit erforschbare Reaktionen erfolgen.

Die Stimulus-Response-Theorie der Massenmedien konnte sich jedoch nicht lange behaupten. Die entscheidende Neuerung in den nachfolgenden Untersuchungen war, „daß in das einfache S-R-Modell intervenierende Variablen eingebaut wurden". (ebd. 19) Auf solche vermittelnde Faktoren machte zuerst die psychologisch orientierte Kommunikationsforschung aufmerksam. „Einstellungen" und „Meinungen" schienen sich als Hindernisse auf dem Weg der Stimuli zu erweisen; ihre Bildung, Struktur und Veränderung wurde zum neuen kommunikationstheoretischen Problem. Hovland (vgl. Naschold 1973, 21) ging davon aus, dass Einstellungen und Meinungen so lange bestehen bleiben, bis das Individuum neue Lernerfahrungen gemacht hat. Das Publikum wendet sich von vornherein entsprechend den schon vorhandenen Interessen den medialen Inhalten zu. – Behalten werden z.B. eher Dinge, mit denen die Rezipienten übereinstimmen, als anderes, dem sie nicht zustimmen. – Die selektive Aufnahme bezieht sich auf das, was die Leute mit dem, was sie beim Hören und Zuschauen behalten, machen bzw. wie sie das Aufgenommene interpretieren. Denn die Menschen neigen dazu, „ihnen nicht genehmes Kommunikationsmaterial mißzuverstehen und falsch aufzufassen, und zwar so, daß daraus eine ihre Meinung stützende Aussage wird." (Klapper 1973, 54)

Klapper hielt die „Einstellungskonstanz" gegenüber der „Einstellungsänderung" für einen so stabilen Faktor, dass er diese Einschätzung des Sachverhaltes zur sog. „Verstärkungstheorie" entwickelte. Der Befund, den er aufgrund seiner Forschungsarbeiten am häufigsten bestätigt findet, ist also, „daß Massenkommunikation gewöhnlich eine Verstärkung für schon vorhandene Attitüden, Meinungen und Verhaltensdispositionen" bedeutet. In den seltensten Fällen kommen dementsprechend Umkehrungen von Einstellungen durch Massenkommunikation vor; es bleibt bei Modifizierungen im Sinne der Verstärkung oder Abschwächung. Nur wo sich zu einem Sachverhalt noch keine Meinungen gebildet haben, wo Einstellungen erst geschaffen werden müssen, hat sich nach Klapper – und das ist didaktisch von besonderem Interesse – die Massenkommunikation als sehr wirksam erwiesen. (Klapper 1973, 49f.)

Die Erkenntnis, dass Änderungen in der Meinung und Einstellung noch keine ausreichenden Bedingungen für Verhaltensänderungen sind, hat es ermöglicht und notwendig gemacht, neben den psychologischen Variablen nun auch soziologische in das S-R-Schema einzubeziehen. Man erkannte, dass Meinungen und Einstellungen nicht gleichsam an einem autonomen Individuum existieren können, und es kam zur Wiederentdeckung der Primärgruppe. Die Theorie der Massengesellschaft wurde ersetzt durch eine Gruppentheorie der zwischenmenschlichen Beziehungen. Zwischen Massenmedien und Individuen sind soziale Gruppen als Vermittlungsinstanzen gelagert.

In diesem Zusammenhang haben zwei Theorien mittlerer Reichweite von sich reden gemacht, die Hypothese des „two-step-flow of communication" und damit verbunden die Theorie der „Meinungsführer", der „opinion-leaders". Die Auffassung vom „Zwei-Stufen-Fluß der Kommunikation" besagt, dass der Einfluss der Medien nicht unmittelbar erfolgt, sondern erst über die Vermittlung persönlicher Kontakte wirksam wird. Der Vermittlungsvorgang über die soziale Gruppe war so aber noch zu einfach und linear beschrieben worden. Die Beziehungen zwischen Massenkommunikation und sozialer Gruppe bzw. sozialem System müssen für weit komplizierter gehalten werden, als man zunächst angenommen hatte. Das hat die sog. „Diffusionsforschung" inzwischen deutlich gemacht. Statt von einer „zwei-stufigen Ausbreitung von Botschaften" wird man von einer komplexen „mehrstufigen" ausgehen müssen. (Baacke 1978, 108; vgl. Naschold 1973, Dröge / Weißenborn / Haft 1973)

Weder durch die Einbeziehung der psychologischen noch durch die der soziologischen Faktoren in das S-R-Modell ist jedoch das ursprüngliche einseitige Ursache-Wirkungsschema überwunden worden. Das geschieht erst, indem R. A. Bauer die Denkrichtung umkehrt (vgl. Naschold 1973, 42) und das Publikum nicht mehr nur als reaktiv begreift, sondern seine relative Handlungsfreiheit gegenüber den Medien betont. (Vgl. Bauer 1973, 164)

Entsprechende Denk- und Forschungsansätze nimmt Renckstorf auf, um gegenüber der bisherigen Massenkommunikationsforschung ein alternatives Programm zu entwickeln. Die Grundformel aller seiner Beiträge (siehe Renckstorf 1977) heißt: „Wirkungsansatz versus Nutzenansatz".

Zwei grundlegende theoretische Zugänge zum sozialen Handeln seien das „mechanistische Verständnis" und das „interpretative Verständnis". Die gewählten Bezugspunkte bei der Medienbetrachtung könnten „medienzentriert" oder „rezipientenzentriert" sein. Während das Publikum bei Forschungen, die dem Wirkungsansatz zuzurechnen sind, als „passives Objekt der Beeinflussung" angesehen werde, gehe der Nutzenansatz davon aus, dass die Menschen als Medienbenutzer „in ihrem jeweiligen Handlungs- und Problemzusammenhang absichtsvoll handeln". (Ebd. 13 u. 15) Die soziale Interaktion des Menschen ist getragen von der Fähigkeit zur Distanzierung, zur Reflexion und zur Deutung, nämlich der „symbolischen Umwelt", in der er lebt. Diese Fähigkeit gestattet es dem Menschen, „gegenüber seiner Umwelt zu handeln, statt sich bloß in ihr zu verhalten." D. h. der Handelnde ist den auf ihn einwirkenden Faktoren nicht bedingungslos unterworfen, auch nicht den

Medien, und damit nicht in der Position des nur auf „Stimuli" reagierenden Wesens. (Ebd. 23f.)

Der von Renckstorf vertretene Ansatz geht also davon aus, „daß die Medien mit ihren Inhalten lediglich Gegenstände, Handlungen oder Ereignisse anbieten, die der Handelnde zu 'Objekten' seiner Umwelt machen wird – oder nicht." (Ebd. 30) Das Konzept einer „selektiven Wahrnehmung" werde durch die Konzepte der „Interpretation" und „Bedeutungszuweisung" erst erklärbar. (Ebd. 34)

Noch einmal einen neuen Schritt vollzieht eine Forschungsrichtung, die sich nicht mehr auf die Medien*inhalte* – ihre Wirkung oder aktive Nutzung – konzentriert, sondern „Medien als kulturelle Umwelten" begreift, die zu einer generellen Umstrukturierung sozialer Verhaltensweisen führen – so die These von Meyrowitz in „Die Fernseh-Gesellschaft I u. II" (1990). Der Grundgedanke bei Meyrowitz ist der folgende: *Vor* dem Fernsehzeitalter lebten die Menschen, verschiedener sozialer Gruppen, Entwicklungsstufen und Autoritätsgrade, in sehr verschiedenen Erfahrungs- und Informationswelten. Die neuen elektronischen Medien aber fördern in nie gekanntem Ausmaße die Angleichung des Informationsstandes zwischen den früher unterschiedlichen Erfahrungswelten. Es verschwindet die Trennungslinie zwischen privatem und öffentlichem Verhalten, so dass „sich die Gruppen-Zugehörigkeiten auflösen, unterschiedliche Sozialisations-Stadien sich vermischen und Hierarchien eingeebnet werden" (Meyrowitz 1990 I, 36)

Im Band II der „Fernseh-Gesellschaft" beschreibt Meyrowitz dementsprechend die Veränderungen im Verhältnis von „Männlichkeit und Weiblichkeit", „Kindheit und Erwachsensein", „Herrschenden und Untergebenen".

Durch die Angleichung männlicher und weiblicher Informationssysteme habe das Fernsehen die Mystifikation „des Anderen" verringert und vor allem zur Emanzipation der Frau beigetragen. Die Frauen hätten sich plötzlich als „Minorität" wahrnehmen können, das Fernsehen habe sie „aus der Informations-Isolation" „befreit", so dass sie ihre Unzufriedenheit zu artikulieren vermochten. (Meyrowitz 1990 II, 76)

Ähnlich wie die Frau gegenüber dem Mann gewinnt nach Meyrowitz das Kind gegenüber den Erwachsenen infolge eines veränderten Rollenverhaltens. Das Fernsehen ermögliche schon ganz kleinen Kindern, bei Interaktionen der Erwachsenen anwesend zu sein. Elektronische Medien machten den Kindern nicht nur soziale Probleme bewusst, sie schlössen sie auch in den allgemeinen Diskurs ein, der über solche Themen geführt werde. (Ebd. 120) Das Fernsehen vermittele den Kindern viele Erwachsenen-Geheimnisse und entlarve falsche Idealisierungen, die ihnen früher vorgegaukelt wurden. (Ebd. 126) Während Postman das *Verschwinden* der Kindheit durch die verderblichen Einflüsse des Fernsehens beklagt (Postman 1983), konstatiert Meyrowitz also eine *Veränderung* der Kindheit, die in mancher Hinsicht positiv einzuschätzen ist.

Der „politische Held" schließlich kann deshalb „vom Sockel gestoßen werden (ebd. 143ff.), weil die elektronischen Medien die Grenzen zwischen dem „Hintergrundbereich" und dem „Bühnenverhalten" von Politikern aufgehoben haben (ebd. 148). Ihr Privatleben, ihre Schwächen werden sichtbar. Die neuen Medien fördern „egalitäre Formen der Interaktion" und „unterminieren Hierarchien" (Meyrowitz 1990 I, 140ff.). Das Fernsehen beeinflusse unmittelbar politische Entscheidungen von großer Tragweite, als Beispiel nennt Meyrowitz u.a. die Aufdeckung des Watergate-Skandals und die Beendigung des Vietnam-Kriegs.

Interessant erscheint in diesen Zusammenhängen nicht zuletzt „die Neuinterpretation der Ursachen und der Bedeutung der sozialen Unruhen in den 60er Jahren", die Meyrowitz vornimmt. Seine Erklärung für das, „was in diesem Jahrzehnt so einzigartig war": „Die Aufhebung der Trennung früher separater sozialer Arenen und die Entstehung einer einzigen großen Bühne" waren es, „die zu einer moralischen Neubewertung sozialen und politischen Verhaltens führten". (Meyrowitz 1990 II, 218) Die weltweite Bewegung der 60er Jahre wäre in ihren Ursprüngen also ein Ergebnis der fundamentalen Veränderung unserer medialen Umwelt – der Fernseh-Gesellschaft.

Didaktisch müssen sich aus dem ursprünglichen „Wirkungsansatz" einerseits und dem „Nutzenansatz" andererseits, einschließlich der eben beschriebenen Weiterungen, höchst unterschiedliche Konsequenzen ergeben. So haben denn auch die Implikationen des in der Kommunikationsforschung vertretenen Wirkungsansatzes zur Bewahr- und Immunisierungspädagogik angesichts der Massenmedien geführt (vgl. Kap. 3.2.). Der sogenannte „Nutzenansatz" stellt eher eine Herausforderung dar, auf die mediendidaktische Konzepte erst neuerdings unter dem Signum „Medienrezeption als Aneignung" zu antworten versuchen. (Vgl. z.B. Holly u. Püschel 1993; Winter 1995 u. Der Deutschunterricht 1997, H. 3)

2.2. Kritische Medientheorie

Kritische Medientheorie wandte sich gegen die bisherige positivistische Vereinzelung von Forschungsansätzen, die z.B. auf Oberflächen- und Randerscheinungen wie opinion-leaders und den Einfluss der sozialen Gruppe gerichtet sind, und fragt stattdessen nach den strukturellen Ursachen von Einstellungen sowie Meinungsbildung durch Massenkommunikationen und damit nach deren Stellenwert im gesamtgesellschaftlichen Gefüge. (Vgl. Prokop 1973, 24ff.) Kommunikationswissenschaft, weil sie nach den gesellschaftlichen Bedingungen von Massenkommunikation fragt, wird zu einer übergreifenden Gesellschaftswissenschaft. Insofern sie sich – in der Nachfolge der Frankfurter Schule (Adorno, Habermas) – als kritische Wissenschaft versteht, gilt auch die Formel, dass kritische Medientheorie bzw. „Medienkritik zur Gesellschaftskritik" wird. (Baacke 1978, 52)

Die Anfänge der kritischen Medientheorie sind bei Adorno und Enzensberger zu sehen. Durch die Massenmedien verliert die Kultur nach Adorno den Charakter ihrer Enthobenheit, wird selbst zum Bestandteil des kapitalistischen Produktionsbetriebes und zu einem neuen Produktionszweig, nämlich zur allgegenwärtigen und egalisierenden „Kulturindustrie". (Adorno 1963) Enzensberger führt die Gedanken Adornos weiter, von der „Kulturindustrie" zur „Bewußtseinsindustrie". Nicht nur die Kultur unterliegt den industriellen Produktionsprozessen. Auch unser Bewusstsein wird durch die „Denkfabriken" von Film, Funk und Fernsehen produziert. „Hergestellt und unter die Leute gebracht werden nicht Güter, sondern Meinungen, Urteile und Vorurteile, Bewußtseins-Inhalte aller Art.“ (Enzensberger 1962, 13)

Aus den ideologiekritischen Ansätzen Adornos und Enzensbergers entwickelte sich eine dezidiert marxistische Medientheorie und -kritik mit unterschiedlichen Akzentuierungen und Richtungskämpfen.

Anhand des Konzeptes von Holzer (Holzer 1973) zu den Aufgaben einer materialistisch begründeten Kommunikationssoziologie sollen im Folgenden die Grundzüge der Argumentation marxistischer Medientheorie knapp skizziert werden. Holzers grundlegende Frage ist die nach dem Zusammenhang von gesellschaftlicher Kommunikation und gesellschaftswissenschaftlicher Tätigkeit. Gesellschaftliche Kommunikation unter den Voraussetzungen der massenmedialen Bedingungen sei der medientheoretische Vorwurf, sei die Herausforderung für soziologische Arbeit. – Gesellschaftswissenschaftliche Tätigkeit = soziologische Arbeit leistet einerseits radikale Kritik an der „falschen“ Massenkommunikation, andererseits die Theorievorgabe für die „richtig“ praktizierte gesellschaftliche Kommunikation.

Die so verstandene Gesellschaftswissenschaft beruft sich auf das „philosophische Instrumentarium des Historischen Materialismus“, das es ermöglicht, „die Produktionsverhältnisse als die wesentlichen Beziehungen der Menschen herauszuarbeiten und als Determinanten insbesondere politischer und kultureller Formen gesellschaftlichen Lebens bloßzulegen“ (Holzer 1973, 55f.), und weiß sich von daher im Besitze der Wahrheit. Als wissenschaftliche Disziplin muss diese Soziologie gleichzeitig ihr Praktischwerden ausweisen; insofern ist sie eine gesellschaftswissenschaftliche *Tätigkeit* bzw. *Arbeit*. Je nach dem Gegenstand, den diese Arbeit vorfindet oder herzustellen wünscht, ist sie radikale Kritik oder theorievorgebender Wegbereiter, „Theorie als Praxisvorgabe“ (Dröge 1974, 98): radikale Kritik am Kapitalismus und an kapitalistisch bedingter Massenkommunikation, Theorievorgabe für Veränderungen zum Sozialismus und zu einem demokratisierten Mediengebrauch. Wissenschaftliche Tätigkeit ist zugleich „wissenschaftliche Führungstätigkeit“. (Holzer 1973, 57)

Zu ermitteln, was Massenkommunikation sei und welche gesellschaftliche Funktion sie hat, ist weniger eine Sache der Deskription und Aufgabe empirischer Forschung, sondern lässt sich nur auf der fundamentalen Basis materialistischer Gesellschaftstheorie erfassen. Aus ihr wird deduziert, aus ihr werden die Funktionsbestimmungen im Ganzen und im Detail abgeleitet, vorab, dass Massenkommunikation ein Faktor im kapitalistischen Verwertungsprozess ist. Der ideologische Charakter der Medienware gibt sich darin zu erkennen, dass sie in der Regel „verkehrte Verkehrsformen“ transportiert, „während die Arbeitssphäre ausgeblendet“ bleibt. (Dröge 1974, 90) Sie vermittelt Information, die zu einem „Wissen ohne Bewußtsein“ (Dröge 1972) führt.

Richtiges Bewusstsein aber ist Klassenbewusstsein. „Die durchgeführte Wissenschaft von der Gesellschaft ist ... die Klassenanalyse.“ Eine auf dieser Basis arbeitende „Kommunikationswissenschaft hat die Aufgabe, die Medien als Instrumente zur Organisation von Klassenhandeln zu fassen.“ (Hoffmann 1973, 194) Kommunikationswissenschaft wird zu einer gesellschaftspraktischen Kraft, wenn es ihr gelingt, den Mediengebrauch zu demokratisieren. Dazu müsste als „Widerstandsform“ gegenüber der bürgerlichen „Scheinöffentlichkeit“ eine „proletarische Öffentlichkeit“ (Negt / Kluge 1972), eine „spontane Gegenöffentlichkeit“ (Prokop 1974) hergestellt werden.

Die Massen hätten die Medien in Gebrauch zu nehmen, so dass aus jedem Rezipienten prinzipiell jederzeit ein Kommunikator werden könnte. Mit solchen utopischen Überlegungen erfolgte der Umschlag radikaler Medienkritik in einen Medieneuphorismus, der sich allerdings über Enzensbergers Konzept eines „emanzipatorischen Mediengebrauchs“ (siehe Enzensberger 1970, insbesondere S. 173ff.) auf einen unbestechlichen Klassiker, nämlich auf Brecht und seine „Radiotheorie“ aus dem Jahre 1932, berufen kann. Brechts Hauptthese lautete: „Der Rundfunk ist aus einem Distributionsapparat in einen Kommunikationsapparat zu verwandeln“. Er „wäre der denkbar großartigste Kommunikationsapparat des öffentlichen Lebens“, „wenn er es verstünde, nicht nur auszusenden, sondern auch zu empfangen, also den Zuhörer nicht nur hören, sondern auch sprechen zu machen“. (Brecht 1967, 129)

Ihre unmittelbare Entsprechung fand die marxistische Medientheorie in Ansätzen „kritischer Mediendidaktik“; ja „kritische Medientheorie“ und „kritische Mediendidaktik“ bzw. „-pädagogik“ fielen im Sachanspruch zusammen wie bei Dröge, Egger und Streese, für die die Aufgabe der Medienpädagogik aus der „Konstitution von Klassenbewußtsein“ abzuleiten ist. Medienerziehung artikuliert sich hier als politische Agitation und dient dem Klassenkampf. (Dröge 1973, 181ff.)

2.3. Medientypologie

Unter dem Gesichtspunkt einer Medientypologie sollen drei Bereiche angesprochen werden, die auf den ersten Blick disparat erscheinen, zwischen denen sich aber leicht Verbindungslinien aufzeigen lassen: „alte und neue Medien“; die „Semiotik der Medien“; und das Problem der „unterrichtstechnologischen Klassifizierung“.

2.3.1. Alte und neue Medien

Eine Trennungslinie könnte entsprechend der Unterscheidung zwischen sekundären und tertiären Medien (vgl. Kap. 1) gezogen werden. Dann wären die elektronischen Medien Funk und Fernsehen die „neuen“, die Druckmedien und alles was davor liegt die „alten“. Zweckmäßiger, und hier gemeint, ist aber die Unterscheidung zwischen modernen Massenmedien und den früheren Vermittlungsformen. Von der Begriffsverwendung, nach der sich der Terminus „Neue Medien“ nur auf die neuen Informations- und Kommunikationstechnologien, Kabelfernsehen, Bildschirmtext, Computer u. a., erstreckt, soll hier abgesehen werden.

Die Massenkommunikationsforschung ist zumeist so auf Presse, Funk und Fernsehen fixiert, dass nur gelegentlich ein Hinweis auf die mögliche oder notwendige Ausweitung des Begriffs erfolgt; wie etwa bei Böckelmann, der kritisiert, dass die nichtperiodischen Formen gegenüber den periodischen zu wenig Berücksichtigung fänden: Bücher, Kinofilme, Plakate, Schallplatten, Bänder, Kassetten; auch Comics, Romanhefte, Rätselhefte. (Böckelmann 1975, 36f.)

Die Ausweitung des Medienbegriffs und damit die Unterscheidung von „alten“ und „neuen“ Medien erhält dagegen in der „Medienkunde für Literaturwissenschaftler“ von Schanze einen zentralen Stellenwert, weil er bei der Literatur und den Buchmedien ansetzt und zu überlegen gibt, „ob nicht der ausgegrenzte Bereich von Literatur, beschränkt auf das Buch, selber verändert wird durch neue Formen der Distribution und neue Weisen der Rezeption“ (Schanze 1974, 9). Schanze fragt, ob nicht die Buch-Literatur unter veränderten technischen Bedingungen der Herstellung und Verteilung eine andere werden muss und ob das Leseverhalten im Zeitalter des Fernsehens noch dasselbe sein kann wie vor dieser Zeit. Nicht minder wichtig ist für ihn die umgekehrte Frage, wie weitgehend die „alten“ Medien die „neuen“ bestimmen. Dafür sieht er eine Reihe von Anhaltspunkten, so dass die Wechselwirkungen zu erhellen zu einer vordringlichen Aufgabe von Literaturwissenschaft und Medienwissenschaft werden müsste. Das beträfe z. B. Auswirkungen der klassischen Dramaturgie auf die Herstellung von Fernsehspielen oder die Rolle der filmischen Optik für neuere Formen des Erzählens.

Die „alten“ Medien sind für Schanze das Buch, das Theater und die Rhetorik. Für die Regeln der Redekunst galten ähnliche Muster, wie sie heute wieder als Such- und Analyseformeln auf die Produkte der Massenkommunikation angewandt werden. (Die berühmte Lasswell-Formel aus der Massenkommunikationsforschung „Who says what in which channel to whom with what effect“? hat ihre unmittelbare Entsprechung in einer rhetorischen Formel aus dem 12. Jahrhundert: „Quis, quid, ubi, quibus auxiliis, cur, quomodo, quando“?; siehe Schanze 1974, 25) Die audiovisuellen Medien haben zu einem guten Teil den „Traditionsbestand des Theaters“ übernommen. (Ebd. 46) Der Film sei in großem Maße dem Roman verpflichtet. Bestimmte Aspekte der „neuen“ Medien können nicht ohne Bezug auf die noch mit ihnen konkurrierenden „alten“ dargestellt werden. Deshalb muss „eine Beschränkung auf die sogenannten ‘Massenmedien’ “ „durchbrochen werden.“ (Ebd. 51)

Unter dem Gesichtspunkt der wechselseitigen Abhängigkeit könnte dann auch die Rolle der „alten“ Medien, insbesondere die des Buches und damit die der Buch-Literatur, neu gesehen werden. Mediale Gesichtspunkte müssten die Aufmerksamkeit vermehrt auf den literarischen Markt, auf Bedingungen der Produktion und Formen der Konsumtion lenken. (Vgl. in ähnlicher Weise Schanze 1997)

2.3.2. Semiotik der Medien

Die Semiotik als die Lehre von den Zeichen, ihrer Anordnung, Bedeutung und ihrer Wirkung bezieht sich auf die vermittelte Botschaft in der Kette zwischen Sender und Empfänger.

Wenn von der Semiotik der *Medien* gesprochen wird, impliziert dies, dass es auch andere semiotische Felder gibt, die Medien eine „poetologische Eigengesetzlichkeit“ (Göbel 1975) haben, d. h. eine je eigene Sprache sprechen. So reiht Umberto Eco in seiner grundlegenden Arbeit zur Semiotik die „Massenkommunikationen“ in eine ganze Reihe anderer semiotischer Bereiche ein, worunter sich die der „musikalischen Kodes“, der „visuellen Kommunikation“ und der „natürlichen Sprachen“ befinden. (Eco 1972, 17ff.)

Eco geht von der These aus, dass die „Erforschung der Massenkommunikationen als Disziplin“ nicht schon besteht, wenn sie die Technik und die Wirkung einer besonderen „Gattung“, etwa des Kriminalromans oder des Schlagers untersucht, sondern erst dann, wenn sie ihren Gegenstand „als einheitliches Objekt erkennt“, indem sie davon ausgeht, „daß die Industrialisierung der Kommunikation nicht nur die Empfangs- und Sendebedingungen der Botschaft (...), sondern auch gerade den Sinn der Botschaft verändert.“ (Ebd. 25f.) Das Medium ist nicht nur technisches Vehikel, sondern es formt die Botschaft mit. „Das Medium ist die Botschaft“ (The medium ist the message) lautet deshalb die zugespitzte Formulierung von McLuhan. (McLuhan 1968)

Das Ergebnis „industrieller Massenkommunikationen“ sind die verschiedenen Realisierungsformen „symbolischer Umwelten“ (Renckstorf 1977, 28; vgl. Kap. 2.1.). Die Mitteilung, die Aussage, das Kommunikat ist nicht einfach auf die Wirklichkeit zu beziehen, sondern stellt vermittelte, „interpretierte Wirklichkeit“ (Kerstiens 1976, 39) dar, auch im Falle der scheinbar „objektiven“ Nachricht. Feldmann spricht von einer „sekundären Erfahrung“, die wir durch die Medien erlangen. Man müsse die „durch diese Erfahrungsfunktionen gegebene Welt demnach als eine ‘Zweite Welt’ künstlich gestalteter und technisch vermittelter Phänomene bezeichnen“. (Feldmann 1972, 159; vgl. dazu mit unterschiedlichen Vorzeichen Postman 1983 u. 1988 sowie Meyrowitz 1990)

Aus solchen generellen Einsichten leiten sich in zweifacher Weise Konsequenzen für eine Semiotik der Medien ab, a) in Richtung auf eine umfassende Produktanalyse, b) in Richtung auf eine differenzierte Aussagen- und Inhaltsanalyse.

Die Forderung nach einer erweiterten „Produktanalyse“ gegenüber einer eingeschränkten Deskription der Aussagen und Inhalte massenmedialer Produkte erhebt Prokop. Eine erweiterte Produktanalyse würde – auch im je konkreten Fall – die Bedingungen der Produktion, „institutionelle Muster“ und die allgemeinen materiellen Grundlagen der Produkte mit erfassen. (Prokop 1977, 28)

Die differenzierte Aussagenanalyse, die strukturelle Erfassung des jeweiligen Zeichengefüges und seine funktionale Deutung ist andererseits eine wesentliche Voraussetzung der allgemeinen Produktanalyse und für den Medienbenutzer konkrete „Lesehilfe“. Ihr originärer Ansatz müsste auf eine Typologie der Medien gerichtet sein. Die Druckmedien sind auf Wortzeichen, Wortbilder und Bildzeichen (photographische Abbildungen u.a.) angewiesen; die auditiven Medien auf die ganz anders gearteten akustischen Zeichen; Film und Fernsehen, die audiovisuellen Medien, arbeiten mit dem bewegten Bild, gleichzeitig mit Lautsprache, Geräuschen, Musik. „Dadurch entstehen spezifische Aufgaben der Codierung für jedes Medium“ (Kerstiens 1976, 49); dementsprechend unterschiedliche Bedingungen des Empfangs und d.h. unterschiedliche Anforderungen des Dekodierens und damit des „richtigen Lesens“.

Z. B. kann der Zuschauer aufgrund des Illusionseffektes filmische Erfindung für Wirklichkeit nehmen und so bewusst oder unbewusst manipuliert werden. So lange er z. B. nicht weiß, „unter welchen handwerklichen und strukturellen Zwängen ein Fernsehprogramm entsteht, bleibt er in der Rolle eines unmündigen Konsumenten, der die manipulierte Wiedergabe von Realität nur zu leicht für ein wahres Abbild der Wirklichkeit hält". (Greulich 1975, 164)

Deshalb „wird die Aussagenanalyse einer der wichtigsten Wege der Kommunikationserziehung sein. Der Rezipient wird (...) lernen müssen, die Aussage als Interpretation von Wirklichkeit zu verstehen." (Kerstiens 1976, 50) Aus der Sicht kritischer Medienforschung fordert Eubel dementsprechend „Untersuchungen, die danach fragen, ob es so etwas wie eine intersubjektive 'media literacy' = eine Fähigkeit, Medien 'lesen' zu können, gibt". (Eubel 1974, 146; vgl. die diesbezügliche prononcierte Forderung bei Glotz 1997, 15)

Das ist eine Fragestellung, die den noch weitgehenden „Analphabetismus" hinsichtlich der „neuen Medien" betrifft. Eine Semiotik der „industriellen Massenkommunikationen" ist auf die „Sprache der alten Medien" zurückverwiesen. Diese wiederum könnten von einer Zeichenlehre der modernen Bildmedien her in neuer Weise verständlich werden.

2.3.3. Unterrichtstechnologische Klassifizierung

Der systematische Anschluss unterrichtstechnologischer Typisierungsversuche ergibt sich aus dem Verständnis von technischen Unterrichtsmedien als Kommunikationsmedien, wodurch sie mit den Medien der Öffentlichkeit funktional vergleichbar werden. (Vgl. Kap. 1.2.) So betrachtet ist eine allgemeine Zeichen- und Bedeutungslehre der Unterrichtsmedien die konsequente „Verlängerung" der unter 2.3.2. angesprochenen semiotischen Fragestellungen. Die gedruckten, akustischen, visuellen, audiovisuellen Mittler arbeiten nach je eigenen Zeichensystemen, deren Unterschiede und Besonderheiten vom Schüler erkannt werden müssen. Ja es ergibt sich die paradoxe Situation, dass technische Medien zur Optimierung des Unterrichts herangezogen werden, ihre „Sprache" aber in gewissen Belangen weniger verstanden wird als die natürliche der Wortzeichen.

Als „pädagogische Theorie unterrichtlicher Medien" ist deren Klassifizierung natürlich zugleich Mediendidaktik. Eine Typologie der Unterrichtsmedien kann im Unterschied zu einer „selbständigen" Typologie der öffentlichen Medien von didaktischen Fragestellungen nicht abgelöst werden. Nach Heidt richtet sich das *praktische* Interesse an Klassifikation auf eine „Medien-Taxonomie", in der die Formen, die Funktionsweise, die „planerischen Qualitäten" der einzelnen Medien und ihre Beziehung zueinander für den Entscheidungsgebrauch beschrieben werden.

Da Medien nicht schablonenhaft zuzuordnende, sondern je verschiedene Lernprozesse auslösen, sind nach Heidt eher psychologische als die bisher üblichen technologischen Unterscheidungen nötig, bei denen gefragt wird, ob von bestimmten Medien stärkere Reize, Impulse, Motivationen ausgehen als von anderen. (Heidt 1976, 111) Die angemessene Fragestellung müsste sich auf das Beziehungsgefüge von Lernprozessen und medienspezifischen Merkmalen erstrecken. Dann sind Medien sinnvollerweise danach zu unterscheiden, „welche spezifischen psychologischen Funktionen (für das Lernen) sie aufgrund welcher spezifischen Attribute übernehmen können". (Ebd. 139)

2.4. Literaturwissenschaft als Medienwissenschaft

Schanzes Unterscheidung zwischen „alten" und „neuen" Medien, seine Ausführungen zu ihrer wechselseitigen Abhängigkeit, seine Frage, ob sich durch neue Formen der Distribution und andere Weisen der Rezeption die Literatur nicht verändert, markieren zugleich den systematischen Ort einer „Literaturgeschichte als Mediengeschichte" (Schanze 1974, 81 und wiederum 1997, 26f. u. 30ff.). Zu erforschen wären z. B. „die Wechselwirkungen zwischen dem frühen Rundfunk und dem frühen Film und der Literatur." Brechts Theorie vom „epischen Theater" „wäre unter medientheoretischem Aspekt sinnvoll zu interpretieren." „Zu fragen wäre (wie schon erwähnt) nach der Rolle des Films und der 'filmischen Optik' für neue Techniken des Erzählens im Roman der 20er Jahre" usw. (Ebd. 80; vgl. Kap. 2.3.1.)

Solche Überlegungen machen deutlich, welche prinzipielle Rolle das jeweils vorhandene Medium für die Textherstellung spielt. „Wahl des Argumentationsmusters", „Wahl der Argumentation" und „Wahl der sprachlichen Wirkmittel" sind von der Medienwahl abhängig. Die Textanalyse ist deshalb auf Medienanalyse verwiesen. „Literaturwissenschaftlich ist Medienanalyse", so Schanze, „also ein vorgeordneter Analyseschritt". (Ebd. 44 u. 45)

Aktuell wurde das Thema „Literaturwissenschaft als Medienwissenschaft" durch die „Veränderung des Literaturbegriffs" (vgl. Kreuzer 1975), d. h. durch ein verändertes Verständnis der Literaturwissenschaft von ihrem Erkenntnisgegenstand. Seit der Mitte der 60er Jahre ist in zunehmendem Maße die „Trivialliteratur als Forschungsproblem" gesehen, die nicht anerkannte Literatur in den verschiedensten Ausformungen vom Schlager bis zur Pornographie als literaturwissenschaftliches Aufgabenfeld akzeptiert worden oder zumindest in den Blick gerückt. Das „Fernsehen als Gegenstand der Literaturwissenschaft" (siehe Kreuzer 1975) folgte seit Anfang der 70er Jahre mit ersten zumeist ideologiekritischen Beiträgen zu Fernsehserien (z. B. Knilli 1971). Das Fernsehen schien sich als neues Gebiet der Trivialliteraturforschung anzubieten.

So stellt auch Schanze in seinem Aufsatz „Fernsehserien: Ein literaturwissenschaftlicher Gegenstand?" (Schanze 1972) die Frage nach dem Zusammenhang zwischen „Trivialität" und Mediengebrauch (ebd. 84), arbeitet dann aber die neuen medialen Möglichkeiten, die Möglichkeiten neuer „Poetologien", heraus (ebd. 86).

In einem anderen Beiträg führt er die doppelte Begründung für eine Literaturwissenschaft als Medienwissenschaft folgendermaßen: Rein quantitativ gesehen spielen Programme mit „literarischer" Vorlage – also Literaturverfilmungen, die inzwischen einen eigenen Gegenstandsbereich der Literaturwissenschaft und der Literaturdidaktik ausmachen – im Angebot des Fernsehens eine erhebliche Rolle. Weiter sei an bewusst für das Fernsehen konzipierte Literatur zu denken. (Schanze 1977, 136f.) Allein diese Faktoren verlangen eine „Fernsehgeschichte der Literatur und des Theaters“ (ebd. 131), d. h. eine auf die Distributionsform Fernsehen bezogene Literaturgeschichte. Die für das Fernsehen spezifische Serie – als Ablauf nach festen Grundmustern – bediene sich andererseits „in raffinierter Weise älterer literarischer Muster“ (ebd. 138), d. h. sie wird produziert nach dem Vorbild traditioneller dramaturgischer Kategorien. Verstehbar und kritisierbar seien „visuell-kinetische Texte“ deshalb „nur im Rahmen einer Geschichte von sich wandelnden Textnormen“, d. h. unter literarhistorischen Aspekten. Damit kehrt sich die Ausgangsthese „von einer Fernsehgeschichte der Literatur und des Theaters“ also um „in die Frage nach einer Mediengeschichte, die *auch* Literaturgeschichte ist“. (Ebd. 142)

3. Mediendidaktische Konzeptionen

Die Feststellung Baackes, dass bis heute keineswegs ausgemacht ist, „was Mediendidaktik, Medienpädagogik, Medienkunde (...) etwa sei“ (vgl. Einleitung dieses Beitrags), muss an dieser Stelle wieder aufgegriffen werden. Es schien sich eine Verwendungsweise des Begriffes „Mediendidaktik“, bezogen auf die Unterrichtsmedien, durchgesetzt zu haben. Mediendidaktik sei stärker an der Fragestellung nach dem unterrichtlichen Verwendungszusammenhang interessiert. In der Medienkunde, in der Medienpädagogik bzw. Medienerziehung würden die Medien selbst zum Gegenstand der Reflexion, wobei dann die Massenmedien als Unterrichtsgegenstand gemeint sind. (Vgl. z. B. Dichanz / Kolb 1974, 21 ff.)

In den von Baacke herausgegebenen „Mediendidaktischen Modellen“ (Baacke 1975 a) ist „Mediendidaktik“ demgegenüber gerade auf die Behandlung von Massenmedien und deren Produkten im Unterricht gerichtet. Der instrumentelle Ansatz, Medien als Unterrichtsmittel, erfährt seinerseits eine Ausweitung, welche die Begriffsverwendung in Frage stellt. Die Ausweitung erfolgt in zwei Richtungen: einmal dadurch, dass die Unterrichtsmedien von den Schülern als Kommunikationsmittel in Gebrauch genommen werden (vgl. Kap. 1.2.); dann in der Weise, dass auch Unterrichtsmedien zum Gegenstand des Unterrichts werden (siehe z. B. Boeckmann / Heymen 1978). Beide Male muss „Mediendidaktik“ – in der Unterscheidung von Dichanz / Kolb – die Grenze zur „Medienpädagogik“ bzw. „Medienerziehung“ überschreiten, weil die technisch-instrumentelle Fragestellung in eine funktional-lernzielorientierte überführt wird.

Meyer sieht angesichts solcher Tendenzen „den Objektbereich der Medien*pädagogik*“ – bisher nur die gesellschaftliche Kommunikation bzw. die Massenkommunikation umfassend – „um den der Unterrichtsmedien“ erweitert und stellt den Begriff von daher erneut zur Disposition. (Meyer 1978, 264)

Ich verwende angesichts des beschriebenen Sachverhaltes und wegen der partiellen Strukturgleichheit von Massenmedien und Unterrichtsmedien für den gesamten in Frage stehenden Bereich den Begriff „Mediendidaktik“ und subsumiere darunter die im Folgenden zu beschreibenden Konzepte.

Die doppelte Bewegung, die es hinsichtlich der Verschränkung von Massenmedien und Unterrichtsmedien nachzuzeichnen gilt, ist: Unterrichtsmedien verlieren ihre ausschließliche Funktion als „Mittel" und werden auch zum Gegenstand der Reflexion – Massenmedien verlieren ihre ausschließliche Funktion als „Gegenstand" des Unterrichts und werden ansatzweise kommunikativ in Gebrauch genommen. Die strikte Unterscheidung zwischen „Mediendidaktik" – auf Unterrichtsmedien als Mittel bezogen – und „Medienpädagogik" – auf Medien als Unterrichtsgegenstand bezogen – müsste sich im Prinzip aufheben. Bei der Beibehaltung der Begriffe wäre zumindest für die „Integration von Mediendidaktik und Medienpädagogik" zu plädieren. (Meyer 1978, 251)

3.1. Der unterrichtstechnologische Ansatz

Es lässt sich unmittelbar an die Funktionsbeschreibung der Unterrichtsmedien im Kap. 1.2. sowie an das in 2.3.3. beschriebene Problem der unterrichtstechnologischen Klassifizierung anknüpfen. Von Mediendidaktik, deren Objektbereich die technischen Unterrichtsmedien darstellen, kann erst gesprochen werden, seitdem der Medienaspekt als Faktor im didaktischen Entscheidungsfeld erkannt worden ist, nachdem der Schritt von den Lehr- und Lernmitteln als lediglich methodischen Hilfen zu den „kommunikationstragenden Medien" (vgl. Dichanz / Kolb 1974 u. Kap. 1.2.), die als eigene Instanzen im Kommunikationsprozess verstanden werden, getan war.

Als Wegbereiter einer solchen Mediendidaktik kann die Berliner Schule (Heimann und Schulz) angesehen werden, für die sechs Strukturmomente in ihrem interdependenten Zusammenwirken – Intentionen, Themen, Methoden, *Medien* sowie die anthropogenen und soziokulturellen Voraussetzungen – „Unterricht als absichtsvolles pädagogisches Geschehen" konstituieren. (Heimann / Otto / Schulz 1970, 23) Entscheidend für die weitere mediendidaktische Entwicklung war, dass die Medien von Heimann und Schulz mit in das didaktische Entscheidungsfeld aufgenommen wurden.

Dem entspricht die Beschreibung des systematischen Ortes der Mediendidaktik bei Dohmen. Die Mediendidaktik sei keine gesonderte Disziplin, sondern sie müsse „immer auf (den) didaktischen Gesamtzusammenhang bezogen werden". Den geht sie allerdings „von einem spezifischen, eben besonders auf die Informationsträger und -vermittler konzentrierten Blickpunkt aus an". „Die Mediendidaktik befaßt sich mit der Funktion der Medien in verschiedenen didaktischen Zusammenhängen und mit der veränderten Wirkung des Einsatzes verschiedener Medien auf die anderen didaktischen Wirkungsfaktoren und auf die Struktur des jeweiligen Lehr- und Lernprozesses." (Dohmen 1976, 69)

Zu den Aufgaben einer so verstandenen Mediendidaktik gehört eine Wirkungsforschung der Unterrichtsmedien, die Aussagen über die unterschiedlichen „Vertextungsstrategien" der verschiedenen Medien und deren Möglichkeiten sowie über reale Wirkungen macht. Ihren ersten Höhepunkt fand die mediendidaktische Erwartung, d. h. die Erwartung bezüglich der Möglichkeiten von Unterrichtsmedien, in der Artikulation der „technologischen Wendung“ in der Didaktik. (Flechsig 1976) Flechsig war der Überzeugung, dass die volle Entwicklung einer Unterrichtstechnologie, also einer auf den Möglichkeiten der technischen Medien aufliegenden Unterrichtssystematik, der Didaktik neue Dimensionen eröffnen, die Unterrichtspraxis zu nicht geahnten Vorteilen verändern würde.

Die erste Phase in der technologischen Wendung sei erreicht, wenn es gelinge, den Lehrer oder zumindest einige Lehreraktivitäten durch ein Gerät, das systematische Informationsdarbietung erlaubt, zu ersetzen. Eine Reihe von Unterrichtstechniken könnten schon durch ein relativ einfaches Gerät, nämlich durch das Buch, simuliert werden. Auf dieser Basis wurden dann auch zunächst die Lehrprogramme entwickelt. „Den am weitesten gehenden Versuch, das Verhalten eines guten Lehrers zu simulieren, stellt (...) die Informationsdarbietung und Beurteilung von Schülerantworten durch komplizierte Lehrapparate beziehungsweise Elektronenrechner dar.“ (Ebd. 19)

In der zweiten Phase geht es über die bloße Möglichkeit der Simulation des Lehrers hinaus um die Herstellung des Systemzusammenhanges von Zwecken und Mitteln, also um die Präzisierung der Lernziele in Bezug auf die Medien und umgekehrt darum, die Lehrtechniken zu entwickeln, die geeignet sind, Lernziele zu optimieren. Diesen Vorgang nennt Flechsig die „zweckrationale Konstruktion der Lehrtechniken“ (ebd. 20). Eine auf Operationalisierung von Lernzielen angelegte Curriculumforschung und das Konzept der Unterrichtstechnologie scheinen sich zu entsprechen und müssen nach Flechsig einander zuarbeiten.

Genau hier aber setzt die Kritik ein. Die Systematik unterrichtstechnologisch bestimmter Lernprozesse ist auf ein kontrolliertes Endverhalten angelegt, das in festgelegter technisch-materialisierter Schrittfolge angestrebt wird. Damit wird letztlich „kommunikative Interaktion auf reaktives Verhalten gemäß dem behavioristischen S/R Schema zurückgeführt“ (Heinze 1976, 260). Das Konzept der Unterrichtstechnologie „perfektioniert lehrerzentrierten Unterricht“ und „bedingt fremdbestimmtes Lernen“. (Scheffer 1976, 207)

Demgegenüber gelte es Medienverwendung als Repräsentationsweise von Wirklichkeit zu verstehen, an der Erfahrungen gemacht werden können, und Medien in Kommunikations- und Handlungszusammenhängen zu gebrauchen. Damit ist von den Kritikern der Unterrichtstechnologie nach deren emanzipatorischer Dimension gefragt (vgl. Heinze 1976, 270ff.) und auf die Konzepte einer kritischen und kommunikativen Mediendidaktik verwiesen.

Was für die Anfänge des „Programmierten Lernens“ zu konstatieren war, wiederholt sich auf einer zweiten Stufe beim „Computerunterstützten Unterricht“. Die anfängliche Euphorie weicht schnell der Ernüchterung (Ingenkamp 1984, 159). Zumal die Erwartungen, die sich für den Deutschunterricht an das „Lernen mit dem Computer“ (Bäumler 1991) geknüpft haben, lassen sich, wie es scheint, nur bedingt erfüllen. (Siehe z.B. Diskussion Deutsch: Computer im Deutschunterricht. 1992, H. 128) Die sich wiederholende Kritik an den Software-Angeboten mag aus der folgenden Einschätzung abgelesen werden:

„Die Gefahren liegen darin, daß die Technik sich verselbständigt, daß das Input-Output-Denken wieder in die Pädagogik zurückkehrt und daß Inhalte keine Rolle mehr spielen ... Wir haben Sorgen, daß Lernvorstellungen der 60er Jahre vom programmierten Lernen in Lerneinheiten über den Computer durch die Hintertür wieder in die Schule gelangen könnten, daß sich die Hardware- und Softwarehersteller die Klinke in die Hand geben und anstatt Sprachlabs jetzt Computerlabs ohne didaktisch gesicherte Erkenntnisse geordert werden." (Blatt u. a. 1992, 576)

„Computerunterstütztem Unterricht" mangelt es hiernach an zwei entscheidenden Faktoren, an der begründeten didaktischen Legitimation und daran, dass der Computer so nicht zum „kommunikationstragenden Medium" (siehe oben) wird.

Anders verhält es sich mit der instrumentellen Ingebrauchnahme des Geräts. So wurde vielfach die Integration eines eigenen Unterrichtsfachs Informatik in den Bereich der Schule vollzogen. Und speziell im Deutschunterricht kann der Einsatz des Computers als „Schreibwerkzeug" erfolgversprechend sein. (Vgl.Blatt u. a. 1992) Er komme „den Bedingungen beim Schreiben", das prozessorientiert verläuft und ständige Korrekturen erforderlich macht, „in einem Maße entgegen wie kein anderes Schreibwerkzeug bisher" (ebd. 576f.)

Neben seiner „kommunikativen" und „instrumentellen" Nutzung sollte der Computer selbst, als Medium, zum Gegenstand des Unterrichts werden, indem nach der Faszination wie der Bedrohung, die von ihm ausgehen mag, nach seiner gesellschaftlichen wie individuellen Bedeutung gefragt wird. (Siehe dazu z.B. Theunert 1991 und Turkle 1986)

3.2. Der Immunisierungsansatz

Der Immunisierungsansatz kann als der Prototyp aller medienpädagogischen Bemühungen bezeichnet werden. Wann immer öffentliche Medien zum Gegenstand oder zur Herausforderung pädagogischen Interesses wurden, entstand damit zugleich eine moralisch und ästhetisch begründete Abwehrhaltung gegenüber ihren verderblichen Einflüssen. Das pädagogische Bemühen muss sich deshalb auf die Gegenbeeinflussung des Rezipienten konzentrieren. (Vgl. Schwarz 1974, 87) Die bewahrpädagogische Haltung gegenüber den Medien erfordert „Medienerziehung".

„Auf ein Medium als Ganzes reagiert die Schule zum ersten Mal intensiv bei der Entstehung des Films um die Jahrhundertwende." (Hickethier 1974, 22) Eine vom Hamburger Lehrerverein im Jahre 1907 eingesetzte Kommission „für lebende Photographien" urteilte folgendermaßen:

„Da zur Zeit viele kinematographischen Bilder (lebende Photographien) in ihrer Ausführung mangelhaft sind, das Häßliche, Verbildende und sittlich Gefährdende in ihnen überwiegt und viele Theaterräume billigen Anforderungen der Hygiene nicht genügen, halten wir den Besuch der Theater lebender Photographien für Kinder für gefährlich. Dem Besuch von Vorführungen dieser Art hat die Schule erziehlich entgegen zu wirken." (Zitiert nach Hickethier, 1974, 22)

Die Filmerzieher konnten allerdings schon auf Bewertungskriterien zurückgreifen, nämlich auf die Schmutz- und Schund-Diskussion der Kunsterziehungsbewegung, insbesondere auf die Grundsätze der Jugendschriftenbewegung, die Wolgast bereits in seinem 1896 erschienenen Buch „Das Elend unserer Jugendliteratur" am nachhaltigsten formuliert hatte. „Schundliteratur“ und „spezifische Jugendliteratur“ sollte von den Kindern und Jugendlichen ferngehalten werden, weil sie den „natürlichen ästhetischen Sinn“ verwässerten und verwüsteten. Um den literarischen Geschmack der Jugendlichen zu bilden, müsse man sie „echte Dichterwerke genießen lassen.“ (Wolgast 1950, 25 u. 26; vgl. Meyer 1978, 19f.)

Kunsterziehungsbewegung und Kinoreformbewegung stellten zu Beginn des Jahrhunderts das Arsenal von Argumenten für den Immunisierungsansatz der Medienerziehung bereit, auf das in der Folge immer wieder zurückgegriffen werden sollte. So wurden in der Filmpädagogik nach 1945 die Bedenken gegen die „unaufhörliche Bilderflut“, der die Heranwachsenden ausgesetzt seien, sowie die Befürchtungen artikuliert, dass sie moralisch Schaden erleiden infolge des zersetzenden „tiefgreifenden Einflusses auf Geist und Gemüt“. (Meyer 1978, 79 nach Stückrath, Fritz: Der Film als Erziehungswelt. Hamburg 1953)

Ähnliche Argumente tauchten wieder auf beim Start des Fernsehens und tragen die andauernde Diskussion um die Brutalität auf dem Bildschirm. In den bewahrpädagogischen Zusammenhang gehört schließlich auch die Debatte um die jugendgefährdenden Comics und um die Heftchenliteratur, die in den 50er Jahren am heftigsten geführt wurde und geradezu Verfolgungskampagnen auslöste.

Zur Zeit stellt sich die Frage, ob mit dem zunehmenden Konsum von Horror- und Gewaltvideos durch Jugendliche und schon im frühen Kindesalter nicht in der Tat eine neue Dimension des Phänomens erreicht ist, so dass sich ein Aufgabenfeld für eine heutige Immunisierungspädagogik auftut, das es durchaus verdient, ernst genommen zu werden. (Vgl. z. B. Glogauer 1989, Büttner 1990, Büttner / Meyer 1991)

3.3. Der Manipulationsansatz

Der Manipulationsansatz, manchmal mit den eben beschriebenen Tendenzen zur Abwehr verderblichen Medieneinflusses zusammengefasst, lässt sich in zweifacher Weise vom Konzept der Immunisierung abheben. Er stellt einmal eine neue Stufe gegenüber dem Immunisierungsansatz dar, d. h. auch eine neue Stufe von Immunisierung. Zum anderen ist er inhaltlich anders ausgerichtet.

Bezieht sich die Bewahrpädagogik inhaltlich primär auf medial vermittelte Unterhaltung (Spielfilm, Fernsehserien, Comics, Heftchen und neuerdings vor allem auf Gewalt- und Pornovideos), so der Manipulationsansatz zunächst auf die Beeinflussung des Bewusstseins im Bereich der Information und der Appellation (Nachricht, Politische Rede, Werbung, Leitartikel, Kommentar). Der Grundgedanke dieses Ansatzes ist, dass der Rezipient vor direkter Beeinflussung geschützt wird, wenn er die rhetorischen Mittel des Kommunikators bzw. die Überredungstechniken und -strategien erkennt. Die Immunisierung ist hier also nicht als bloße Abwehr und Abschirmung aufgrund „bildungsbürgerlicher Qualitätsvorbehalte“ (Schwarz 1974, 82) gedacht, sondern sie realisiert sich in der kritischen Auseinandersetzung mit Tendenzen, von denen manipulative Wirkungen ausgehen.

Seine eigentliche Entfaltung erfuhr der Manipulationsansatz jedoch in fachdidaktischen Neuorientierungen, in der „Begründung eines neuen Unterrichtsfaches" „Visuelle Kommunikation" gegenüber dem traditionellen „Kunstunterricht" (siehe verschiedene Beiträge in Ehmer 1976) sowie, davon unmittelbar beeinflusst, in der „kommunikativen Wendung" des Deutschunterrichts.

Für die Deutschdidaktik wurde das Programm als „Lehrziel: Kommunikation" von Schlotthaus formuliert. Eine seiner Hauptforderungen zur Vermittlung situationsangemessenen Sprachverhaltens lautet „Dekodierungsfähigkeit im Sprachempfänger" als „Alphabetismus gegenüber den Selektionsmustern der Massenkommunikation". (Schlotthaus 1971, 19) Weitere Anstöße gingen z. B. von Ivo und Weisgerber mit den Zielvorstellungen der „kritischen Kompetenz" (Ivo 1969, 6) bzw. dem „Lehrziel: Sprachkritik" (Weisgerber 1972, 24ff.) aus.

Die Kritik am „Manipulationsansatz", dessen didaktische Bedeutung jedoch unbestritten sein sollte, wurde aus der Position einer „kritischen Mediendidaktik" vorgetragen. Sie richtet sich darauf: dass die Bedingungen, Erscheinungen und Folgen der Prozesse der Massenkommunikation im eigentlichen Sinne gar nicht thematisiert werden; dass nur Einzelkomplexe wie Nachricht und Kommentar oder Fernsehserie und Comic den traditionellen Hauptarbeitsrichtungen des Faches, nämlich der Sprachbetrachtung und der Literaturdidaktik zugeordnet werden, „ohne daß die außerhalb des Kommunikats liegenden gesellschaftlichen, wirtschaftlichen und politischen Bedingungen ... in die Reflexion einbezogen werden." (Hickethier / Lützen 1974, 129)

Auf das „medientheoretische Konzept" der Wirkungsforschung (vgl. Kap. 2.1.) kann der „mediendidaktische Manipulationsansatz" doppelt bezogen werden, nämlich auf den mechanistischen „Wirkungsansatz", aber auch auf den interpretativen „Nutzenansatz" (vgl. Kap. 2.1.) bzw. auf das Konzept der „Medienaneignung". Die Entsprechung zum „Wirkungsansatz" ist gegeben, wenn „linear von den Inhalten der Massenmedien auf die Resultate der Bewußtseinsbeeinflussung" geschlossen wird (Hickethier / Lützen 1974, 122f.); aber auch umgekehrt, wenn das Erkennen manipulativer Strukturen am Kommunikat schon als hinreichende Bedingung für die Immunisierung angenommen wird.

Die Einbeziehung des nicht nur reaktiven, sondern handlungsorientierten, zur distanzierten Interpretation und zur Objektivierung des Kommunikationsangebots fähigen Rezipienten (vgl. Kap. 2.1.) entspräche dem „Nutzenansatz". Gegenstand der didaktischen Überlegungen hätten also nicht allein die sprachlichen und rhetorischen Konstituenten des Kommunikats, sondern auch und insbesondere die dispositionellen Voraussetzungen beim Rezipienten zu sein. Damit ist zugleich gesagt, in welcher Form eine zu kurz greifende Manipulationsdidaktik weiterentwickelt werden müsste. Der sogenannte „Nutzenansatz" in der Wirkungsforschung, bisher von der Mediendidaktik weitgehend unbeachtet geblieben, könnte für eine solche Weiterentwicklung richtungsweisend sein.

3.4. Kritische Mediendidaktik

Kritische Mediendidaktik versteht sich im Kern als materialistisches Konzept. Als Vorstufe dazu können die sog. „ideologiekritischen Ansätze" (aus dem Bereich der Deutschdidaktik wären hier z. B. die Arbeiten des Bremer Kollektivs zu nennen) betrachtet werden, die im Unterschied zu den Manipulationskonzepten Sprache stärker in gesellschaftlichen Zusammenhängen begriffen wissen wollen, so, dass Manipulationsmechanismen auf ihre ökonomischen, politischen usw. Bedingungen und Ursachen befragt werden. Die Übergänge zwischen „Manipulationskonzepten" und „ideologiekritischen Ansätzen" sind jedoch fließend, genauso übrigens wie die zwischen diesen und im engeren Sinne materialistischen Positionen.

Für eine kritisch-materialistische Mediendidaktik brauchen Entsprechungen unter den medien*theoretischen* Konzepten nicht erst aufgesucht zu werden. Kritische Mediendidaktik wird unmittelbar aus den Ansätzen kritischer Medientheorie abgeleitet, ist teilweise mit ihr identisch. Für die Vertreter einer kritischen Mediendidaktik, die sich als solche von den bloßen Ideologiekritikern scharf absetzt (siehe Schwarz 1974, 110ff.), ist die Formel der dialektischen Einheit von Medientheorie, Medienpädagogik und Politik fester Bestandteil ihrer Lehre (siehe z. B. Kinter u. Maspfuhl 1974, 44 u. 46).

Kritische Mediendidaktik zielt, indem ihr Medien „zu einem gesellschaftlichen Begriff" werden (Knödler-Bunte 1971), in zwei Richtungen. Sie kritisiert den für sie formalistischen Manipulationsansatz ebenso wie die antiemanzipatorische Technologisierung der Didaktik und sieht Medien

a) als Gegenstand einer umfassenden gesellschaftskritischen Reflektion, insbesondere die Massenmedien, aber auch die Unterrichtsmedien, und
b) als Mittel zur Selbstproduktion, und zwar die Unterrichtsmedien und ansatzweise die öffentlichen Medien. (Vgl. Issing / Knigge-Illner 1976, 277)

„Marxistische Medienpädagogik thematisiert" nach Kinter u. Maspfuhl „den Entstehungs-, Begründungs- und Funktionszusammenhang der Ziele, Inhalte und Methoden der theoretischen, praktischen, pädagogischen und politischen Auseinandersetzung mit den Medien." (Kinter / Maspfuhl 1974, 64) Sie wolle den Schülern und Jugendlichen „sowohl Methoden der Analyse der gesellschaftlichen Verhältnisse und Methoden zur Ausarbeitung von Strategien über Veränderung wie auch die praktische Durchführung dieser Veränderung vermitteln." (Ebd. 65)

Aus dieser Bestimmung lassen sich zwei Hauptlernziele ableiten:

1. „Erkenntnis des Entstehungs-, Begründungs- und des Funktionszusammenhanges und der Organisation der Medien";
2. „Befähigung zur parteilichen Medienpraxis". (Ebd. 65f.)

Die erste Zielvorstellung richtet sich auf die Erkenntnis der Medien als Kommunikationsmittel, als Ware und Ideologieträger, auf das Erkennen ihres Klassencharakters sowie ihrer ökonomischen Strukturen und Bedingungen. Die zweite Zielsetzung bedeutet, „daß die Schüler und Jugendlichen sich des technischen Potentials der Medien bemächtigen und sie politisch einsetzen lernen." (Ebd. 66) Das Verhältnis marxistischer Medienpädagogik zur gesellschaftlichen Wirklichkeit sei daher „nicht ein bloß ideologiekritisches, sondern ein operativ eingreifendes, handelndes." (Ebd. 66)

Damit ist zugleich das Programm einer „emanzipatorischen Medienpraxis" formuliert, in der „Lernprozesse mit Medien sich aus der kritischen Auseinandersetzung mit schulischen Aufgaben und außerschulischen Erfahrungen und Interessen entwickeln" (Diel 1974, 272). Für Krauth begreift sich emanzipatorische Medienpraxis „als Teil außerschulischer, systematischer Reflexion und Aktion" (Krauth 1976, 288); für Knödler-Bunte hätte ein gesellschaftlich relevanter Unterricht die Aufgabe, die in den Massenmedien präsentierte Realität „als herrschaftliche zu entlarven und durch Gegenkommunikation praktisch zu durchbrechen", „durch exemplarische Aktionen überhaupt erst eine Öffentlichkeit herzustellen" (Knödler-Bunte 1971, 376).

Man sieht, wie die Thesen von der „proletarischen Öffentlichkeit" (Negt / Kluge) und der „spontanen Gegenöffentlichkeit" (Prokop) (vgl. Kap. 2.2.) didaktisch voll durchschlagen. Aber die utopischen Vorstellungen verkleinern sich nicht gerade, wenn sie auf den Bereich der Schule ausgedehnt werden.

Welche positiven Möglichkeiten bestehen, vom Rezipient-Sein gegenüber den Medien zum Kommunikator-Sein überzuwechseln und damit auch den außerschulischen Raum zu erreichen, machen dennoch die inzwischen nicht seltenen Versuche der Herstellung und Veröffentlichung von Videofilmen durch Schüler, auch in Zusammenarbeit mit Fernsehanstalten, deutlich (siehe Behrens 1975 a; Paech 1977; Jürgens / Lange 1974) (Vgl. Kap. 3.5.).

3.5. Der Kreativitätsansatz

Die eigene Produktion von Comics und Werbetexten, die Anfertigung von Drehbüchern oder Hörspielen, die Herstellung von Schülerzeitungen, die selbständige Filmarbeit von Schülern und in jüngster Zeit die Arbeit mit Videogeräten sowie das Schülerfernsehen und einiges mehr sind Möglichkeiten des kreativen Gebrauchs von Medien. Ein eigenes Kapitel zum „Kreativitätsansatz" gegenüber 3.4. u. 3.6. ist aufgrund einer spezifischen Perspektive gerechtfertigt: Der Blick wird auf didaktische Intentionen gelenkt, „zunächst lediglich die Freude an der Entwicklung eigener Tätigkeit und Selbstentfaltung" zu wecken (Rupp 1976, 322). Über den tätigen Umgang mit Medien aller Art, über ihren Gebrauch, über selbständige aktive Produktion anstelle des passiven Medienkonsums ist die „Chance zu größerer individueller Selbstverwirklichung" (Diel 1974, 275) gegeben; und zwar im emotionalen wie auch im kognitiven und sozialen Bereich.

Freilich müssen individuelle Selbstverwirklichung, die freie sich didaktischen Zwängen entziehende Tätigkeit, alternative und divergente Denk- und Verhaltensweisen wieder im Kontext gesehen werden. Die Möglichkeiten der „individuellen Selbstverwirklichung", die in der Isolation ins Leere stößt, sind in verschiedener Weise in die entsprechenden didaktischen Konzepte eingelagert. „Verstehen" und „eingreifendes Handeln" sind womöglich die beiden Pole, zwischen denen diese Konzepte zu sehen sind.

Medienarbeit zum Zwecke des Verstehens literarischer Texte ist seit langem von Ulshöfer als Methode der „mittelbaren Interpretation" propagiert worden. Die Dramatisierung, also die Umformung in eine dramatische Sprechhandlung, die Anfertigung eines Drehbuches, die Verfassung eines Hörspieltextes zu einer Erzählvorlage, die Herstellung des Hörspiels sollen der Interpretation z. B. von Novellen und Erzählungen dienen. (Siehe Ulshöfer 1970, 154 ff.)

In den Beispielen der 'neuen' „Fernseh- und Filmarbeit mit Schülern" (Behrens 1975 a) dominiert die politische Dimension, weil sie Medienarbeit als „eingreifendes Handeln" (Paech 1974, 212) verstehen. In der Beschreibung des Projektes von Behrens wird der weiter gehende Schritt sowie der Stellenwert des im engeren Sinne kreativen Moments recht deutlich:

(1) Über die Filmarbeit vom Drehbuchschreiben bis zur Distribution „sollen die Kinder Erfahrungen machen, die es ihnen ermöglichen, Fernsehprogramme und Filme als 'Gemachtes' zu erkennen" und zu beurteilen. (Behrens 1975 a, 89)

(2) Langfristig sollen Bewusstseinsprozesse in Gang gesetzt werden, die „Einsichten in Bedingungen und Bestimmungen der eigenen gesellschaftlichen Lage" möglich machen. (Ebd. 89) Das kann geschehen, weil bei den Bedürfnissen der Kinder angesetzt wird und sie lernen, über die Medienarbeit ihre Bedürfnisse auszusprechen.

Das „Bindeglied und Ergebnis beider Momente" ist für Behrens „die ästhetische Erziehung, das Bemühen um die Entfaltung der schöpferischen Fähigkeiten der Kinder". (Ebd. 89)

Die politisch noch prononciertere Variante dieses Dreischrittes findet sich in Paechs Beschreibung des Schülerfernsehens mit dem Westdeutschen Rundfunk. „Ziel des gesamten medienpädagogischen Projektes ist:

- Schüler reflektieren über ihre eigene Interessenlage,
- sie prüfen, wie sie ihre Interessen mit Hilfe des Mediums Fernsehen artikulieren und auf die gesellschaftlichen Verhältnisse Einfluß nehmen können.
- Sie nutzen das Massenmedium Fernsehen zur Vermittlung ihrer Interessen." (Paech 1977, 45)

3.6. Mediendidaktik als Kommunikationsdidaktik

In dem umfassenden Konzept einer „Mediendidaktik als Kommunikationsdidaktik" (Baacke 1973) wären die bisher beschriebenen Tendenzen zusammenzufassen, müssten die verschiedenen mediendidaktischen Ansätze aufgehoben werden. Der Grundtenor für ein solches Konzept ist die Aufhebung des starren Gegensatzes zwischen Rezipient-Sein und Kommunikator-Sein, so dass die strikte Rollenverteilung: „hier die, die handeln und mitteilen, dort die, die erfahren und aufnehmen" aufgebrochen würde (Baacke 1976, 345).

In den voraufgegangenen Kapiteln ist die doppelte Ausweitung des Medienbegriffs beschrieben worden: die Ausweitung des Funktionsverständnisses der öffentlichen Medien in Richtung auf einen kommunikativen Gebrauch (Kommunikator-Sein statt nur Rezipient-Sein), am prononciertesten in der kritischen Mediendidaktik vorgetragen; die Ausweitung des Funktionsverständnisses der Unterrichtsmedien in Richtung auf ihren kommunikativen Gebrauch, z. B. bei Kolb, Wittern und Meyer (vgl. Kap. 2.1.) oder bei Scheffer und Heinze (vgl. Kap. 3.1.). Im Schnittfeld beider Bewegungen hätte eine allgemeine „Mediendidaktik als Kommunikationsdidaktik" ihren zentralen Ort. Von ihm aus müsste dann auch der didaktische Stellenwert der „personalen" bzw. „primären Medien", d. h. der unvermittelten sprachlichen und geistigen Interaktionsformen neu diskutiert werden.

In dem umfangreichen Band „Kommunikation und Kompetenz. Grundlegung einer Didaktik der Kommunikation und ihrer Medien" (Baacke 1975) hat Baacke eine allgemeine Grundlegung einer Kommunikationsdidaktik vorgelegt. Eine Schlüsselposition nimmt darin die Zuordnung von „emanzipativer Kommunikation als personaler Kommunikation" (ebd. 324ff.) und „emanzipativer Massenkommunikation" (ebd. 333ff.) ein. „Emanzipation" zielt ab „auf die Selbstverfügung des Individuums: auf die Verwandlung fremder Autorität in eigene." (Ebd. 313) „Selbstbestimmte Kommunikation" ist deshalb eine, „die dem Menschen erlaubt, seine kommunikative Kompetenz unbeschränkt, aber durchaus situations- und gegenstandsadäquat zu entfalten, und zwar so, daß die eigenen Interessen und Bedürfnisse wie die der Kommunikationspartner den Spielraum wie das Bestimmungsziel abgeben." (Ebd. 326) Unter der Voraussetzung, dass Primärkommunikation und Massenkommunikation zusammengehören, „müssen die Bestimmungen emanzipativer Kommunikation" „auch auf Massenkommunikation anwendbar sein" (ebd. 333): Das bedeutet vor allem, dass eine „emanzipative Nutzung der Massenmedien" „die Befähigung zu emanzipativer Kommunikation voraussetzt"; aber auch, dass die Medien solcher Nutzung entgegenkommen. (Ebd. 336)

An anderer Stelle konkretisiert Baacke die Möglichkeiten einer emanzipativen Nutzung (vgl. den von Renckstorf beschriebenen Nutzenansatz), indem er drei regulative Prinzipien formuliert: Das erste dieser Prinzipien verlangt „Sensibilisierung", und zwar „für die nur äußerlich glatten, in Wahrheit (aber) gestörten Zusammenhänge von eigener Erfahrung, in den Medien reproduzierter Wirklichkeit und politischer Partizipation". (Baacke 1976, 347) Das heißt, es geht nicht nur darum, die Fähigkeit zur Entschlüsselung verschiedener Kodes zu vermitteln, sondern auch um die „Gewinnung einer eigenen kommunikativen Identität" (ebd. 351).

Die Bedingungen dafür gibt das zweite regulative Prinzip an. Es gilt, „die Spannung zwischen öffentlichem und privatem Interesse ... auszutragen", die diesbezüglichen „Blockierungszusammenhänge" zu überwinden, und zwar so, dass die Medien nicht als „Instrumente der Realitätsflucht" benutzt (ebd. 353), sondern dass ihre Angebote mit den Bedürfnissen der Rezipienten vermittelt werden. „Bestandteil einer Kommunikationsdidaktik" seien „nicht nur die Reflexion gestörter Kommunikation, sondern auch der Versuch, kommunikative Erfahrungen und gesellschaftliches Handeln zusammenzubringen." (Ebd. 348)

Wenn das geschehen soll, muß ein drittes kommunikationsdidaktisches Prinzip wirksam werden, „dessen regulatives Moment in der Verbindung von Kommunikation und Handeln liegt". (Ebd. 353) Es müsse darum gehen, nicht nur die Medienprodukte und die Medien als Institutionen zu analysieren, sondern „die Beziehungen der Rezipienten zu den Institutionen", zu den Sendeanstalten und Redaktionen durch Zusammenarbeit zu intensivieren. Zumindest die Nahbereiche, etwa der Wohnbezirk, der Arbeitsplatz, die Schule könnten durch eigene aktive Medienarbeit mit Hilfe von Videofilmen, Wandzeitungen, Flugblättern usw. aufgeschlossen werden. An dieser Stelle wären die Grenzen zwischen Rezeption und kommunikativem Handeln jedenfalls prinzipiell in Frage gestellt. (Ebd. 350f.)

Baackes mediendidaktisches Programm hebt sich deutlich von den überzogenen Vorstellungen der kritischen Mediendidaktik und deren politischer Einseitigkeit ab. Es müsste, da es bei der Massenkommunikation ansetzt, auf die Unterrichtsmedien ausgedehnt werden. Das scheint leicht möglich zu sein, konfrontiert man einmal die drei genannten regulativen Prinzipien mit der Funktionsbeschreibung der Unterrichtsmedien bei Wittern. Danach sind die Medien „Informationsträger", sie „bewirken Kommunikation", und „sie ermöglichen Handlung". (Wittern 1975, 57ff.; vgl. Kap. 2.1.) Die Entsprechungen liegen auf der Hand. Auch hinsichtlich der Unterrichtsmedien müsste es um Sensibilisierung für ihre je unterschiedliche Sprache und ihre Manipulationsanfälligkeit gehen. Sind dort die Spannungen zwischen öffentlichem und privatem Interesse auszuhalten, so hier die zwischen Institutionalisierung der Schule und den Bedürfnissen der Lernenden. Im dritten Punkt fallen die jeweiligen Anforderungen ohnehin zusammen.

Kommunikatives Handeln, auch Kommunikator statt nur Rezipient sein, realisiert sich im Gebrauch von Medien, die im Optimalfall zugleich öffentliche und unterrichtliche sind, deren intendierte Öffentlichkeitswirkung auf schulische Interaktionsformen zurückverweist. Kommunikator-Sein ist tendenziell auf „selbstbestimmte Kommunikation" (siehe obige Definition) gegründet, die zum Regulativ in allen didaktischen Entscheidungsbereichen zu werden und den Unterrichtsverlauf in allen Phasen und Formen zu bestimmen hätte. Hier liegen die besonderen Aufgaben und Möglichkeiten einer allgemeinen Mediendidaktik als Kommunikationsdidaktik, werden zugleich aber ihre Grenzen sichtbar.

3.7. Fachdidaktik als Mediendidaktik

Bei der Entwicklung allgemeiner mediendidaktischer Konzepte muss zwangsläufig die Frage nach einer eigenen fachdidaktischen Disziplin und einem entsprechenden Unterrichtsfach, z.B. „Kommunikation und ihre Didaktik" oder „Ästhetische Kommunikation" auftauchen. Sie wurde sowohl von der auf Unterrichtsmedien bezogenen Mediendidaktik als auch aus „medienpädagogischer" Sicht gestellt. Die Antworten fielen unterschiedlich aus. Wo es negative waren, wurden den Fachdidaktiken wichtige mediendidaktische Aufgaben zugeschrieben.

Für Dichanz u. Kolb kann „Mediendidaktik", bezogen auf Unterrichtsmedien, „keine neue, keine umfassende Didaktik" sein, sondern sie ist „ein Spezialbereich allgemein didaktischer Überlegungen" (Dichanz u. Kolb 1974, 22). Diese Überlegungen, da sie von der „Nutzung der kommunikationsverändernden Wirkung von Medien" ausgehen (Dichanz 1976, 363), sind auf fachdidaktische Fragestellungen zurückverwiesen. Weil von ihnen her erst die Vielfalt der unterrichtlichen Möglichkeiten erkannt und auch der Zugang zu allgemeineren mediendidaktischen Problemen erleichtert werde, z. B. zum Problem des Inhalts- und Beziehungsaspektes, das sich durch die Verwendung von „kommunikationssteuernden" Medien (Kolb) neu stellt, „sollten ganz bewußt Fragen des Medieneinsatzes aus der Sicht und Kompetenz der Fachwissenschaft, Fachdidaktik untersucht werden" (ebd. 364). Fachwissenschaft und Fachdidaktik müssen Aussagen zum Funktionswert der Medien im übergreifenden curricularen Zusammenhang machen, statt dass eine „isolierte" Medientaxonomie (vgl. Kap. 2.2.3.) fixe Funktionszuschreibungen vornimmt.

In einer neueren problemgeschichtlichen Arbeit zur „Medien*pädagogik*" (Meyer 1978) werden wichtige Ansätze zur „Neuorientierung" gegenüber der traditionellen Bewahrpädagogik gerade bei den Fachdidaktiken gesehen. In den Fachdidaktiken Deutsch, Musik und Kunst sind nach Meyer medienpädagogische Ansätze zur Neuorientierung von einiger Tragweite zu verzeichnen; und zwar aufgrund des erweiterten Literatur-, Musik- und Kunstbegriffs; der Veränderung überkommener ästhetischer Maßstäbe sowie durch das Hinzutreten politischer Gesichtspunkte. (Ebd. 176) Eine „prospektive Literaturdidaktik" habe begonnen, „den tatsächlichen literarischen Markt" zu beachten (ebd. 177), und es sei die Tatsache der „Sozialisation durch Massenkommunikation" erkannt worden (ebd. 180). Meyer bezieht sich hier beispielhaft auf Dahrendorf. Der sich bei ihm abzeichnende Versuch, „den Sozialisationseffekt der Massenkommunikation zu ermitteln", sei aber weitaus differenzierter in der Behandlung der Trivialmusik in der neueren Musikdidaktik, insbesondere bei der Entwicklung einer speziellen Schlagerdidaktik, fortgeführt worden. (ebd. 182)

Nach der Konzeption von Rauhe (Rauhe 1972) soll nicht die Bewertung oder Abwertung Ziel des Unterrichts sein, sondern „Konsumdifferenzierung". Um seine Zielvorstellung realisieren zu können, schlägt Rauhe drei interdependente Aufgabenbereiche für eine Schlagerdidaktik vor. Sie seien hier, weil sie in der beschriebenen Form Anregungen für diesbezügliche Ansätze in der Deutschdidaktik geben können, wenigstens genannt: die „Objektanalyse"; die „Veränderung der Bedürfnis- und Motivationsstruktur des Schlager-Konsumenten"; die „Aufdeckung und Durchbrechung des kommerziellen Regelkreises ästhetischer Massenkommunikation". (Meyer 1978, 186; Rauhe 1972, 361 ff.)

An den Zielvorstellungen des neuen Faches „Visuelle Kommunikation" kritisiert Meyer, dass sie Kunst ausschließlich als „Produkt der Kultur- und Bewußtseinsindustrie" sehen, dass als Gegenstand allein die „optischen Massenmedien wie Fotografie, Fernsehen, Illustrierte, Werbung, Comics usw." akzeptiert werden. (Meyer 1978, 189; Ehmer 1971) Damit ist zugleich aber konstatiert, dass sich die „Visuelle

Kommunikation“ am konsequentesten in Richtung auf ein „Medienfach“ umorientiert hat, dass sie sich als „kritische Mediendidaktik“ versteht.

Es sind unterschiedliche Bewegungsrichtungen, auf die Dichanz einerseits und Meyer andererseits hinweisen. Während Dichanz nach den Möglichkeiten einer Mediendidaktik unter fachdidaktischen Aspekten fragt, hier etwa also die Gleichung „Mediendidaktik als Fachdidaktik“ aufgestellt werden könnte, beschreibt Meyer Entwicklungen zum Medienunterricht, so dass umgekehrt die Gleichung „Fachdidaktik als Mediendidaktik“ gelten kann.

Eine spezielle Variante, nämlich Literaturdidaktik als Mediendidaktik, wird neuerdings als Parallele zum Konzept einer Literaturwissenschaft als Medienwissenschaft (vgl. Kap. 2.4.) evoziert. Dabei geht es nun nicht mehr um den quantitativen „Ausbau der Literaturdidaktik“ (Müller-Michaels 1972), um „Kontrastprogramme zum gewohnten Literaturunterricht“ (Schanze 1974, 32), indem massenmediale Texte, Trivialliteratur und Gebrauchsformen hinzuaddiert werden, sondern um „qualitative Veränderung“ (Gorsen / Paech 1974, 177).

Literatur, ob die der „alten“ Medien Buch, Presse und Theater (vgl. Kap. 2.3.1.) oder die der „neuen“ Film, Funk und Fernsehen, ob fiktionale oder expositorische, ob „triviale“ oder „höhere“, wäre prinzipiell unter medialem Aspekt zu begreifen. Sie wäre zu sehen von ihrem „Funktionswert“ her „im kommunikativen Feld zwischen Autor und Rezipienten“, hier dem Schüler und den situativen Faktoren, die das kommunikative Feld beeinflussen (Göbel 1975, 312).

Legitimieren sich einerseits Fachdidaktiken durch ihre Umorientierung als Mediendidaktiken, so sind sie andererseits notwendiges Pendant, wenn nicht gar Träger einer allgemeinen Kommunikationsdidaktik; denn an konkreten Inhalten und Themen müssen sich allgemeine Konzepte realisieren.

4. Medien im Deutschunterricht

Von Medien im Deutschunterricht war in allen voraufgegangenen Kapiteln mittelbar oder unmittelbar immer schon die Rede. Hier soll abschließend vor dem Hintergrund der medientheoretischen und mediendidaktischen Positionen eine Systematik vorgestellt und kommentiert werden, die den didaktischen Ort des Mediums im Deutschunterricht aufzeigt.

Medien haben ihre Aufgabe im Deutschunterricht

1. als Gegenstand der Analyse;
2. als Mittel aktiver Kommunikation; dabei kann unterschieden werden zwischen
   - dem kreativen Aspekt,
   - dem reflexiven Aspekt,
   - dem informativen und appellativen Aspekt;
3. als technische Hilfsmittel;
4. als Konstituenten für fächerübergreifende Projekte.

4.1. Medien als Gegenstand der Analyse

Wenn Medien Gegenstand des Unterrichts sind, dominiert das *Rezipient-Sein* eindeutig gegenüber dem Kommunikator-Sein. Der tätige Umgang mit den Medien hätte hier die Funktion, die Verstehens-, Analyse- und Bewusstwerdungsprozesse zu unterstützen.

Der *Objektbereich* umfasst sowohl die öffentlichen Medien als auch die Unterrichtsmedien; die „alten" Medien Buch, Presse und Theater wie die „neuen" Film, Funk, Fernsehen, Schallplatte, Kassette, Videogerät, Computer; die fiktionalen Texte wie die expositorischen, die Gebrauchstexte; „triviale" Formen der Literatur und sog. „höhere" Literatur.

Anmerkungen zum Objektbereich:

1. Die „Ausweitung des Literaturunterrichts" durch die Hereinnahme insbesondere der neuen Massenmedien und dort wiederum des immer noch vernachlässigten Fernsehens darf nicht zur Negation des traditionellen Literaturbegriffs, sondern muss zu einer neuen Sichtweise von Literatur führen.

2. Die „Ausweitung des Literaturunterrichts" darf nicht in eine andere Reduktion umschlagen, indem nun die „alten" Literaturformen des Buches und des Theaters zugunsten der „neuen" massenmedial vermittelten vernachlässigt werden.

3. Die Ausweitung des Objektbereiches muss in engem Zusammenhang mit der Wertungsproblematik gesehen werden. Nicht die Abwertung im Sinne einer letztlich immer noch vorherrschenden „Immunisierungsdidaktik" kann das Ziel sein, sondern allein die „Konsumdifferenzierung" (Rauhe) bzw. die richtige „Nutzung" (Renckstorf).

4. Kritische Medienanalyse bleibt um eine wichtige Dimension verkürzt, wenn nicht gleichzeitig die Unterrichtsmedien, die tendenziell ebenso manipulationsanfällig wie die Massenmedien sind, zum Gegenstand der Betrachtung gemacht werden.

Die *Analyse* von Medien im Unterricht bezieht sich auf die interdependenten Komplexe des Kommunikators, allgemeiner der Herstellung mit allen institutionellen Bedingungen; des Kommunikats bzw. des Produktes, des jeweiligen „Textes"; des Rezipienten und dessen situative und allgemeine Rezeptionsbedingungen.

Anmerkungen zur Analyse:

1. Mediale Betrachtungsweise verlangt, dass die Bedingungen der Produktion und das Rezipientenverhalten stärker als bisher beachtet werden. Dem Aspekt des Rezipienten sollte dabei wiederum die Priorität gelten, denn Rezipient-Sein ist in diesem Zusammenhang das zentrale didaktische Problem. Über das, was Rezipient-Sein de facto ausmacht und was es bei optimaler „Nutzung" der Medien sein könnte, sollte die Wirkungsforschung dem Didaktiker Auskünfte und Anregungen geben.

2. Andererseits darf infolge der stärkeren Beachtung von Produktion und Rezeption das Produkt, das Kommunikat, der „Text" – auch das komplexe Fernsehspiel

z. B. ist in diesem Sinne ein Text – nicht, wie es häufig bei den gesellschaftskritischen Ansätzen der Fall zu sein scheint, aus dem Blickfeld geraten.

3. Gerade die Semiotik der Medien ist ein vorrangiges mediendidaktisches Problem. Die „Sprache“ eines Mediums lernen verlangt sowohl Kenntnis unterschiedlicher Bedingungen der Herstellung als auch der verschiedenen Vertextungsstrategien. Der „Analphabetismus“ gegenüber den komplexen Medien, in denen Wort, Bild und Ton interferieren, scheint noch längst nicht behoben zu sein.

Literaturdidaktik als Mediendidaktik zu konzipieren ist vielleicht eine der wichtigsten Konsequenzen für den Deutschunterricht, die aus medientheoretischen Konzepten gezogen werden können. Dieser Neuansatz bedeutet nicht primär eine quantitative Veränderung durch die „Ausweitung des Literaturunterrichts“, sondern eine qualitative. „Mediale Betrachtungsweise“ wäre auch für die Texte der „alten“ Medien, für Buch und Theater gefordert. Mediale Betrachtungsweise impliziert zugleich aber kontrastive Verfahren. Die spezifische „Sprache“ eines Mediums ist nicht ohne die anderer, prinzipiell aller anderen zu verstehen. Es müssten also sowohl die „alten“ Medien unter dem Aspekt der „neuen“ gesehen als auch die „neuen“ von den „alten“ her begriffen werden.

Dem *Herstellen, um zu erkennen,* dem tätigen Umgang mit Medien, der freien oder durch Aufgabenstellung gebundenen Eigenproduktion, kommt sicher eine größere didaktische Bedeutung zu, als man es zwischenzeitlich bei didaktischen Konzepten „reiner Werkbetrachtung“ angenommen hatte.

4.2. Medien als Mittel der Interaktion

Hier ist gegenüber dem reaktiven Rezipieren und passiven Konsumieren von Medien die Möglichkeit des *Kommunikator-Seins* im Umgang mit den Unterrichtsmedien sowohl wie mit den öffentlichen Medien angesprochen.

Es hat sich gezeigt, dass dieser Aspekt für die neueren mediendidaktischen Ansätze am wichtigsten geworden ist. Er wurde über die kritische Auseinandersetzung mit den Massenmedien als Unterrichtsgegenstand einerseits und über die Kritik an unterrichtstechnologischen Konzepten andererseits gewonnen. Kommunikator-Sein und Rezipient-Sein werden dabei unmittelbar aufeinander bezogen gedacht. Deshalb ist das Zusammenwirken beider Momente konstitutiv für eine kommunikative Mediendidaktik. Die Unterscheidungen zwischen dem „kreativen“, „reflexiven“ und „informativ-appellativen“ Aspekt sind deshalb noch einmal herausgestellt worden, weil angesichts der mediendidaktischen Konzeptionen, trotz des zu konstatierenden „Kreativitätsansatzes“, eine Verengung auf den informativ-appellativen Aspekt unter dem Signum des „eingreifenden Handelns“ zu erfolgen droht.

Der im engeren Sinne *kreative Ansatz* sollte konsequent überdacht werden. Selbstentfaltung, Selbstverwirklichung und primäre Freude an der eigenen Tätigkeit wären nicht allein über das Herstellen von Hörspielen, Filmen, Zeitungen, Fernsehspielen, um die prononciertesten Beispiele zu nennen, zu ermöglichen; sondern es müsste von hier aus auch eine „Neuentdeckung“ des Spiels und des Theaters im

Unterricht und für eine begrenzte Öffentlichkeit erfolgen. Das Problem des Verhältnisses der „alten“ zu den „neuen“ Medien stellt sich hier analog zur Gegenstandsfunktion der Medien.

Der *reflexive Ansatz* hätte im Vergleich zum im engeren Sinne kreativen noch einmal eine anders gerichtete Aufgabe. Es handelt sich um den – methodisch durchaus abtrennbaren – Komplex des Problemlösens und der Problembewältigung, und zwar sowohl individueller als auch allgemeiner Probleme, auf dem Wege der Aussagen über und mit Medien. Es ist der Gedanke, dass die Schüler nicht nur in den „traditionellen“ Formen des Schreibens und des Unterrichtsgesprächs Probleme erörtern, sondern indem sie „Medien-Texte“ herstellen, was eine Fülle unterschiedlicher und komplexer Aktivitäten erfordert.

Zum *informativ-appellativen* Aspekt, insbesondere als „eingreifendes Handeln“ muss die Anmerkung gemacht werden, dass die Möglichkeiten der Institution Schule realistisch gesehen werden sollten. Das Schülerfernsehen, das durch die Zusammenarbeit mit den Rundfunkanstalten öffentlichkeitswirksam werden kann, ist die optimale Realisationsform, zugleich aber die absolute Ausnahme. Nur die eine oder andere Schulklasse kann einmal in den Vorzug solch einer Zusammenarbeit kommen. Anders verhält es sich mit den Publikationen im Nahraum: Schülerzeitungen, Filme und Videoaufnahmen, über die ein relativ überschaubarer Adressatenkreis angesprochen würde, z. B. auch bei der Herstellung von Filmen als Unterrichtsmittel für andere Klassen, wären positive Ansatzpunkte. Alles käme aber darauf an, dass die Erwartungen an die „Wirkung“ der eigenen Produkte nicht überhöht würden, im Gegenteil, dass die Wirkungs- und Manipulationsproblematik auch für die eigene Tätigkeit gesehen würde.

4.3. Medien als technische Hilfsmittel

Aus den Ausführungen der voraufgegangenen Kapitel ergeben sich hierzu die folgenden Anmerkungen:

1. Die Dominanz der Buchmedien muss zugunsten einer umfangreicheren Einbeziehung anderer Druckmedien und insbesondere der modernen elektronischen Medien aufgebrochen werden.

2. Die im engeren Sinne unterrichtstechnologischen Möglichkeiten, d. h. der Einsatz von Lehr- und Lernprogrammen müsste unter dem emanzipatorischen Aspekt der Medienverwendung neu überdacht werden. Die Grenzen des Einsatzes von Lehr- und Lernprogrammen im Deutschunterricht waren schnell sichtbar geworden, am meisten für den Literaturunterricht. Aber auch Grammatik- oder Rechtschreibprogramme müssten einer Überprüfung unter den Aspekten einer kommunikativen Mediendidaktik standhalten. Wie sich am Ende der „Computerunterstützte Unterricht“ auf das Fach Deutsch auswirkt, wie er kommunikativ nutzbar und effektiv gemacht werden kann, bleibt abzuwarten.

3. Neue Perspektiven ergeben sich u. U. durch das Lernen im „Medienverbund“. D. h. die jeweilige Thematik oder die jeweiligen Lernziele sollten gleichzeitig über

verschiedene Medien angegangen werden, so dass vergleichende, kontrastive Verfahren wirksam werden könnten. Im Literaturunterricht wäre ein solches kontrastives Verfahren z. B. der Vergleich zwischen Fernsehbearbeitungen literarischer Vorlagen und deren Originalen.

4. Die Ingebrauchnahme der Medien durch die Schüler zur Informationsentnahme und zur Kommunikation erfordert die Installation der entsprechenden Geräte sowie die Einrichtung von Mediotheken, Sammlungen von Schallplatten, Tonbändern, Filmen und Videokassetten, worauf die Schüler zurückgreifen können, wenn die Forderung nach „selbstbestimmter Kommunikation" (Baacke), die auch Kommunikation mit Medien ist, eingelöst werden soll.

5. Die verstärkte Verwendung technischer Medien sollte auf der anderen Seite Grund zu einer intensiveren didaktischen Auseinandersetzung mit den personalen Medien im Unterricht, also der verbalen und nichtverbalen Unterrichtssprache sein.

4.4. Medien als Konstituenten für fächerübergreifende Projekte

Dass Medien „fächerübergreifende Faktoren" sind, liegt auf der Hand. Hinsichtlich der Unterrichtsmedien ergibt sich eher umgekehrt die Frage, ob sie fachspezifische Komponenten haben. Bei der Behandlung der Massenmedien im Unterricht stellt sich das Problem, welche und ob bestimmte Fächer oder gar ein neu zu etablierendes zuständig seien für die Behandlung der Massenpresse, von Comics, Schlagern, von Fernsehfilmen usw. Zwei in unterschiedliche Richtungen weisende Aspekte müssten hier beachtet werden: einmal die den semiotisch komplexen Kommunikaten innewohnende Tendenz zum fächerübergreifenden Unterricht (Comics sind nicht nur Gegenstand des Deutschunterrichts usw.); zum anderen aber die relative Eigenständigkeit der Fächer, denen je spezifische Aufgabenstellungen auch bei einer „einheitlichen" Thematik zukommen.

Bis hierhin geht es in erster Linie um den Gesichtspunkt des „Fächerübergreifenden". Der „Projektgedanke" kommt ernsthaft erst beim tätigen Umgang mit Medien ins Spiel. Auch hier wäre zweierlei festzuhalten: Der kommunikative Gebrauch von Medien, so, dass die schulischen Grenzen überschritten werden, dass ansatzweise Öffentlichkeit hergestellt wird, lässt sich nur in Projekten realisieren. Umgekehrt gilt, dass Projektunterricht, zu dessen wesentlichen Komponenten der „Ernstfallcharakter" und das „selbstbestimmte Handeln" zählen, sich heute nur als kommunikativer Medienunterricht verstehen lässt.

Literaturverzeichnis

Adorno, Theodor, W.: Eingriffe. Neun kritische Modelle. Frankfurt/M. 1963

Aufermann, Jörg / Bohrmann, Hans / Sülzer, Rolf (Hrsg.): Gesellschaftliche Kommunikation und Information. Bd. 1 u. 2. Frankfurt/M. 1973

Baacke, Dieter: Kommunikation und Kompetenz. Grundlegung einer Didaktik der Kommunikation und ihrer Medien. 2. Aufl., München 1975

Baacke, Dieter (Hrsg.): Mediendidaktische Modelle: Fernsehen. 2. Aufl., München 1975a

Baacke, Dieter (Hrsg.): Mediendidaktische Modelle: Zeitung und Zeitschrift. München 1973

Baacke, Dieter (Hrsg.): Kritische Medientheorien. München 1974

Baacke, Dieter: Massenkommunikation. Stuttgart 1978

Baacke, Dieter: Kommunikationsdidaktik und Massenmedien. In: Issing / Knigge-Illner 1976, 341–355

Baacke, Dieter / Kübler, Hans Dieter (Hrsg.): Qualitative Medienforschung. Tübingen 1989

Bäumler, Claus E.: Lernen mit dem Computer. Weinheim und Basel 1991

Bauer, Raymond A.: Das widerspenstige Publikum. Der Einflußprozeß aus der Sicht sozialer Kommunikation. In: Prokop 1973, 152–166

Behrens, Gloria: Fernseh- und Filmarbeit mit Schülern. In: Baacke 1975a, 79–110

Blatt, Inge u. a.: Der Computer als Schreibwerkzeug im Deutschunterricht. Bericht aus einem Unterrichtsversuch in der Sekundarstufe I. In: Diskussion Deutsch 1992, H. 128, 593–602

Böckelmann, Frank: Theorie der Massenkommunikation. Frankfurt/M. 1975

Boeckmann, Klaus / Heymen, Norbert: Unterrichtlicher Medieneinsatz und Medienerziehung. In: Die deutsche Schule 1978, H. 6, 372–381

Bohn, Rainer / Müller, Eggo / Ruppert, Rainer (Hrsg.): Ansichten einer künftigen Medienwissenschaft. Berlin 1988

Brecht, Bertolt: Der Rundfunk als Kommunikationsapparat. In: Gesammelte Werke 18. Schriften zur Literatur und Kunst I. Frankfurt/M. 1967, 127–134

Büttner, Christian: Video-Horror. Schule und Gewalt. Weinheim und Basel 1990

Büttner, Christian / Meyer, Eberhard W. (Hrsg.): Rambo im Klassenzimmer. Wie Lehrer/-innen sich der Video-Faszination ihrer Schüler annähern können. Weinheim und Basel 1991

Catton, William Robert jr.: Massenmedien als Ursache von Wirkungen: Bericht über den Stand der Forschung. In: Aufermann u. a. 1973, 64–82

Charlton, Michael / Neumann, Klaus: Medienrezeption und Identitätsbildung. Tübingen 1990

Charlton, Michael / Bachmair, Ben (Hrsg.): Medienkommunikation im Alltag. Interpretative Studien zum Medienhandeln von Kindern und Jugendlichen. München 1990

Der Deutschunterricht 1997, H. 3: Medienaneignung

Dichanz, Horst u. a.: Medien im Unterrichtsprozeß. München 1974

Dichanz, Horst / Kolb, Günter: Mediendidaktik – Entwicklung und Tendenzen. In: Dichanz u. a. 1974, 16–41

Dichanz, Horst: Medien in der Schule und Hochschule. Aufgaben für einen Studienschwerpunkt „Mediendidaktik“. In: Issing / Knigge-Illner 1976, 356–370

Diel, Alex (Hrsg.): Kritische Medienpraxis. Ziele – Methoden – Mittel. Köln 1974

Diel, Alex: Ziele, Methoden und Mittel einer emanzipatorischen Medienpädagogik. In: Diel 1974, 271–281

Diskussion Deutsch: Computer im Deutschunterricht. 1992, H. 128

Dohmen, Günter: Aufgaben einer Mediendidaktik. In: Issing / Knigge-Illner 1976, 66–81

Döring, Klaus W.: Lehr- und Lernmittel. Zur Geschichte und Theorie unter besonderer Berücksichtigung der Arbeitsmittel. Weinheim 1969

Dröge, Franz: Wissen ohne Bewußtsein – Materialien zur Medienanalyse. Frankfurt/M. 1972

Dröge, Franz: Medien und gesellschaftliches Bewußtsein. In: Baacke 1974, 74–106

Dröge, Franz: Wissensvermittlung in der bürgerlichen Gesellschaft. Mit einer ergänzenden Diskussionsvorlage von F. Dröge, R. Egger u. J. Streese: Zur Frage der „Konstitution von Klassenbewußtsein". In: Aufermann u. a. 1973, 174– 189

Dröge, Franz / Weißenborn, Rainer / Haft, Henning: Wirkungen der Massenkommunikation. Frankfurt/M. 1973

Eco, Umberto: Einführung in die Semiotik. München 1972

Ehmer, Hermann K. (Hrsg.): Visuelle Kommunikation. Beiträge zur Kritik der Bewußtseinsindustrie. Köln 1971

Ehmer, Hermann K. (Hrsg.): Kunst / Visuelle Kommunikation. Unterrichtsmodelle. 4. Aufl., Gießen 1976

Enzensberger, Hans Magnus: Einzelheiten I. Bewußtseins-Industrie. Frankfurt/M. 1962

Enzensberger, Hans Magnus: Baukasten zu einer Theorie der Medien. In: Kursbuch 20, 1970, 159–186

Eubel, Klaus-Dieter: Ergebnisse und Methoden der bisherigen Medienforschung in kritischer Sicht. In: Dichanz u. a. 1974, 130–153

Faulstich, Werner: Medientheorien. Einführung und Überblick. Göttingen 1991

Feldman, Erich: Theorie der Massenmedien. München 1972

Flechsig, Karl-Heinz: Die technologische Wendung in der Didaktik. In: Issing / Knigge-Illner 1976, 15–38

Fröhlich, Arnold: Handlungsorientierte Medienerziehung in der Schule. Tübingen 1982

Geißner, Hellmut / Rösener, Rudolf (Hrsg.): Medienkommunikation. Vom Telephon zum Computer. Frankfurt a. M. 1987

Glogauer, Werner: Videofilm-Konsum der Kinder und Jugendlichen. Erkenntnisstand und Wirkungen. 2. Aufl., Bad Heilbrunn 1989

Glotz, Peter: Medienpolitik als Wissenschafts- und Bildungspolitik. In: Mitteilungen des Deutschen Germanistenverbandes 1997, H. 1, 10–22

Göbel, Klaus: Probleme der Mediendidaktik. In: Sowinski, Bernhard (Hrsg.): Fachdidaktik Deutsch. Köln, Wien 1975, 309–318

Gorsen, Peter / Paech, Joachim: Vom kritischen Literatur- zum emanzipierten Medienunterricht. In: Brackert, Helmut / Raitz, Walter: Reform des Literaturunterrichts. Eine Zwischenbilanz. Frankfurt/M. 1974, 165–201

Greulich, Helmut: Manipulation im Fernsehen. In: Baacke 1975 a, 163–200

Habermas, Jürgen: Strukturwandel der Öffentlichkeit. 5. Aufl., Neuwied u. Berlin 1971

Haueis, Eduard: Massenmedien im Deutschunterricht. In: Boueke, Dietrich (Hrsg.): Deutschunterricht in der Diskussion. Paderborn 1974, 194–215

Heidt, Erhard U.: Medien und Lernprozesse. Weinheim u. Basel 1976

Heidt, Erhard U.: Klassifikationsprobleme von Medien in Lehr- und Lernprozessen. In: Dichanz u. a. 1974, 210–244

Heimann, Paul / Otto, Gunter / Schulz, Wolfgang: Unterricht. Analyse und Planung. 5. Aufl., Hannover 1970

Heinze, Thomas: Handlungsorientierte Curriculumforschung als Kritik und Alternative zur Technologisierung der Didaktik und Unterrichtsforschung. In: Issing / Knigge-Illner 1976, 251–274

Hickethier, Knut: Zur Tradition schulischer Beschäftigung mit Massenmedien. Ein Abriß der Geschichte deutscher Medienpädagogik. In: Schwarz 1974, 21–52

Hickethier, Knut / Lützen, Wolf Dieter: Die Massenmedien als Aufgabenfeld der Kunstpädagogik – eine Bestandsaufnahme zur visuellen Kommunikation. In: Schwarz 1974, 117–165

Hoffmann, Burkhard: Zum Problem der Entwicklung einer materialistischen Kommunikationstheorie. In: Aufermann u. a. 1973, 190–206

Holly, Werner / Püschel, Ulrich (Hrsg.): Medienrezeption als Aneignung. Methoden und Perspektiven qualitativer Medienforschung. Opladen 1993

Holzer, Horst: Kommunikationssoziologie. Reinbek bei Hamburg 1973

Hülsewede, Manfred: Gegenwärtige Positionen der Medienpädagogik. In: Diel 1974, 12–24

Ingenkamp, Frank-D.: Neue Medien vor der Schultür. Weinheim u. Basel 1984

Issing, Ludwig J. / Knigge-Illner, Helga (Hrsg.): Unterrichtstechnologie und Mediendidaktik. Weinheim u. Basel 1976

Ivo, Hubert: Kritischer Deutschunterricht. Frankfurt/M. 1969

Jäger, Ludwig / Switalla, Bernd (Hrsg.): Germanistik in der Mediengesellschaft. München 1994

Jürgens, Till-Matthias / Lange, Eckhard: Schülerfernsehen als Akt eines emanzipatorischen Lernprozesses. In: Diel 1974, 156–197

Keck, Rudolf / Thissen, Walter (Hrsg.): Medien zwischen Kultur und Kult. Zur Bedeutung der Medien in Kultur und Bildung. Bad Heilbrunn 1987

Kerstiens, Ludwig: Unterrichtsthema: Massenkommunikation. Bad Heilbrunn 1976

Kinter, Jürgen / Maspfuhl, Renke: Ansätze einer marxistischen Medienpädagogik. In: Diel 1974, 42–69

Kittelberger, Rainer / Freisleben, Immo: Lernen mit Video und Film. Weinheim und Basel 1991

Klapper, Joseph Thomas: Massenkommunikation – Einstellungskonstanz und Einstellungsänderung. In: Aufermann u. a. 1973, 49–63

Knilli, Friedrich (Hrsg.): Die Unterhaltung der deutschen Fernsehfamilie. München 1971

Knödler-Bunte, Eberhard: Zu einem gesellschaftlichen Begriff des Mediums. In: Ehmer 1971, 374–390

Kolb, Günter: Kommunikationsorientierte Mediendidaktik? Mediendidaktische Überlegungen im Zusammenhang mit einigen Aspekten der Kommunikationstheorie. In: Dichanz u. a. 1974, 42–82

Krauth, Gerd: Kritisch-emanzipatorische Mediendidaktik und Medienpädagogik – Zielsetzungen und Medienpraxis. In: Knigge-Illner 1976, 281–298

Kreuzer, Helmut: Veränderungen des Literaturbegriffs. Göttingen 1975

Kreuzer, Helmut (Hrsg.): Literaturwissenschaft – Medienwissenschaft. Heidelberg 1977

Kübler, Hans-Dieter: Überlegungen zu Stand und Aussicht der Mediendidaktik. In: Diskussion Deutsch 1975, H. 25, 469–477

Maletzke, Gerhard: Psychologie der Massenkommunikation. Hamburg 1963 (hier Neudruck 1978)

McLuhan, Marshall: Die magischen Kanäle. Understanding media. Düsseldorf 1968 (Übersetzt aus dem Amerikan.)

Merten, Klaus / Schmidt, Siegfried J. / Weischenberg, Siegfried (Hrsg.): Die Wirklichkeit der Medien. Eine Einführung in die Kommunikationswissenschaft. Opladen 1994

Meyer, Peter: Medienpädagogik. Königstein/Ts. 1978

Meyrowitz, Joshua: Überall und nirgends dabei. Die Fernsehgesellschaft I. Weinheim und Basel 1990

Meyrowitz, Joshua: Wie Medien unsere Welt verändern. Die Fernsehgesellschaft II. Weinheim und Basel 1990

Mitteilungen des Deutschen Germanistenverbandes 1997, H. 1; Medienwissenschaft und Medienerziehung

Müller-Michaels, Harro: Fernsehen als Gegenstand und Medium des Unterrichts. Zum Ausbau der Literaturdidaktik. In: Vogt, Jochen (Hrsg.): Literaturdidaktik. Aussichten und Aufgaben. Düsseldorf 1972, 284–289

Müller-Michaels, Harro: Der Einsatz von Medien im Deutschunterricht. In: Boueke, Dietrich (Hrsg.): Deutschunterricht in der Diskussion. Paderborn 1974, 70–92

Naschold, Frieder: Kommunikationstheorien. In: Aufermann u. a. 1973, 11–48

Negt, Oskar / Kluge, Alexander: Öffentlichkeit und Erfahrung. Zur Organisationsanalyse von bürgerlicher und proletarischer Öffentlichkeit. Frankfurt/M. 1972

Noelle-Neumann, Elisabeth / Schulz, Winfried (Hrsg.): Publizistik. Fischer Lexikon. Frankfurt/M. 1971

Paech, Joachim (Hrsg.): Didaktik der Massenkommunikation 3. Schülerfernsehen. Stuttgart 1977

Paech, Joachim: Kritik der praktischen Medienarbeit. In. Schwarz 1974, 211–237

Postman, Neil: Wir amüsieren uns zu Tode. Urteilsbildung im Zeitalter der Unterhaltungsindustrie. Frankfurt/M. 1991 (1985)

Postman, Neil: Das Verschwinden der Kindheit. Frankfurt/M. 1983

Prokop, Dieter (Hrsg.): Massenkommunikationsforschung 1: Produktion. Frankfurt/M. 1972

Prokop, Dieter (Hrsg.): Massenkommunikationsforschung 2: Konsumtion. Frankfurt/M. 1973

Prokop, Dieter (Hrsg.): Massenkommunikationsforschung 3: Produktanalyse. Frankfurt/M. 1977

Prokop, Dieter: Chancen spontanter Gegenöffentlichkeit – Medienpolitische Alternatitven. In: Baacke 1974, 126–158

Prokop, Dieter: Medienprodukte. Zugänge – Verfahren – Kritik. Tübingen 1981

Pross, Harry / Beth, Hanno: Einführung in die Kommunikationswissenschaft. Stuttgart 1976

Rauhe, Hermann: Die Funktion des Schlagers im Leben Jugendlicher und Erwachsener. In: Helms, Sigmund (Hrsg.): Schlager in Deutschland. Wiesbaden 1972

Reiss, Erwin: Literaturwissenschaft, Kommunikationswissenschaft und Medienerziehung. In: Kolbe, Jürgen (Hrsg.): Neue Ansichten einer künftigen Germanistik. München 1973, 334–352

Renckstorf, Karsten: Neue Perspektiven in der Massenkommunikationsforschung. Beiträge zur Begründung eines alternativen Forschungsansatzes. Berlin 1977

Rupp, Gerhard: Massenmedien und Medienkunde. In: Stocker, Karl (Hrsg.): Taschenlexikon der Literatur- und Sprachdidaktik. Kronberg/Ts. u. Frankfurt/M. 1976, 315–323

Scarbath, Horst (Hrsg.): Mit Medien leben. Aktuelle Perspektiven der Medienpädagogik. Bad Heilbrunn 1988

Schanze, Helmut: Fernsehserien: Ein literaturwissenschaftlicher Gegenstand? Überlegungen zu einer Theorie der medialen Möglichkeiten. In: Zeitschr. für Literaturwissenschaft und Linguistik 1972, H. 6, 79–94

Schanze, Helmut: Medienkunde für Literaturwissenschaftler. München 1974

Schanze, Helmut: Literaturgeschichte als „Mediengeschichte"? In: Kreuzer 1977, 131–144

Schanze, Helmut: Medienkompetenz der Germanistik? In: Mitteilungen des Deutschen Germanistenverbandes 1997, H. 1, 24–35

Scheffer, Walther: Didaktische Perspektiven von Unterrichtstechnologie und Curriculumentwicklung. In: Issing / Knigge-Illner 1976, 207–224

Schlotthaus, Werner: Lehrziel: Kommunikation. In: betrifft: erziehung 1971, H. 4, 15–22

Schmidt, Siegfried J.: Die Welten der Medien. Grundlagen und Perspektiven der Medienbeobachtung. Braunschweig und Wiesbaden 1996

Schmidt, Siegfried J.: Medien, Kultur: Medienkultur. Ein konstruktivistisches Gesprächsangebot. In: Schmidt, Siegfried J. (Hrsg.): Kognition und Gesellschaft. Der Diskurs des Radikalen Konstruktivismus 2. Frankfurt a. M. 1992, 425–450

Schneider, Irmela: Literatur und Medien. In: Fischer Lexikon Literatur G–M. Bd. 2 Hrsg. von Ulfert Ricklefs. Frankfurt a. M. 1996, 1054–1097

Schulze, Gerhard: Die Erlebnisgesellschaft. Kultursoziologie der Gegenwart. Frankfurt a. M. 1993

Schwarz, Reent (Hrsg.): Didaktik der Massenkommunikation 1. Manipulation durch Massenmedien – Aufklärung durch Schule? Stuttgart 1974

Schwarz, Reent: Kritik der Massenkommunikation im Deutschunterricht – eine Bestandsaufnahme. In: Schwarz 1974, 81–116

Schwarz, Reent (Hrsg.): Didaktik der Massenkommunikation 2. Materialien zum Fernsehunterricht. Stuttgart 1974a

Theunert, Helga (Hrsg.): Faszination Computer. Nachdenken über ein neues Medium in der Jugendarbeit. München 1991

Tulodziecki, Gerhard: Medienerziehung in Schule und Unterricht. Bad Heilbrunn 1992

Turkle, Sherry: Die Wunschmaschine. Der Computer als zweites Ich. Reinbek 1986

Ulshöfer, Robert: Methodik des Deutschunterrichts 2. Mittelstufe I. 8. Aufl., Stuttgart 1970

Weisgerber, Bernhard: Elemente eines emanzipatorischen Sprachunterrichts. Heidelberg 1972

Winter, Rainer: Der produktive Zuschauer. Medienaneignung als kultureller und ästhetischer Prozeß. München 1995

Wittern, Jörn: Mediendidaktik. Bd. 1 u. 2. Opladen 1975

Wolgast, Heinrich: Das Elend unserer Jugendliteratur. Worms o.J. (1950). Neu hrsg. von Elisabeth Arndt-Wolgast und Walter Flacke

KURT FRANZ

Buch

1. Begriff und Entwicklung

Ein Kind kommt später aus der Schule nach Hause. Es hat mit seiner Klasse im Museum das letzte Buch besichtigt. Um welches Buch es sich handelt, kann es nicht beantworten, da dieses unter Glas liegt und nicht berührt werden darf, aber eben um ein Buch mit einem Deckel, einem Rücken und Seiten, die man umblättern kann. Das Kind wendet sich alsbald dem überdimensionalen Fernsehbild an der Wand des Wohnzimmers zu.

Die kleine Geschichte von Marie Luise Kaschnitz, die hier andeutungsweise zusammengefasst ist, hat einen gewissen Realitätscharakter, selbst wenn dieses Zukunftsbild von der Realität noch nicht ganz eingeholt wurde. Auch heute noch können die meisten Menschen den Begriff „Buch“ auf ähnliche Art wie das Kind umschreiben. Bei der Zuordnung zu den „Medien“ wird es problematischer, da man bei diesem Begriff zunächst spontan an elektronische Medien denkt. Entsprechend existiert auch bis heute keine explizite Medientheorie des Buches.

In einem neueren literaturwissenschaftlichen Standardwerk wird „Buch“ folgendermaßen definiert:

> Umfangreicheres, gebundenes, (meist) gedrucktes Schriftwerk; das kulturgeschichtlich wichtigste Medium zur Vermittlung von Ideen in Wort und Bild. (...)
> Das Buch ist der Form nach bestimmt durch die Verbindung mehrerer Blätter oder Bogen mittels Heftung / Bindung, die von einem Einband umschlossen sind; seiner Funktion nach ist es Informationsspeicher, in dem mittels graphischer Zeichen (Schrift und Bild) Wissen, Kenntnisse und Vorstellungen aus allen Bereichen menschlichen Seins (Wissenschaft, Literatur, Theologie, Kunst, Handel etc.) verbreitet werden.
> (Füssel 1997, 259)

Das Wort „Buch“ leitet sich von einem früheren Beschreibstoff ab, den Buchenholztafeln, doch hat es sich in seiner Bedeutungsentwicklung auf die uns heute geläufige Erscheinungsform verengt, während es in metaphorischem Gebrauch noch in anderen Bedeutungen auftritt („Buch des Lebens“, „ein Buch mit sieben Siegeln“).

Im Untertitel eines Fachbuchs wird von „5000 Jahre Buchgeschichte“ (Janzin / Güntner 1995) gesprochen, der Titel eines anderen verweist auf „6000 Jahre und ein Buch“ (Wegener 1958). Die Geschichte des Buches erstreckt sich also über einen sehr langen Zeitraum, ist aber trotz zahlreicher spezifischer Forschungsleistungen noch nicht hinreichend aufgearbeitet (Jochum 1996, 20). Zur orientierenden Übersicht lässt sie sich in *vier Entwicklungsphasen* einteilen (Faulstich 1994, 128 ff.):

(1) Die *erste Phase* reicht von den frühesten Anfängen, mit den Vorformen des Buches, bis zur Erfindung des Buchdrucks in der Mitte des 15. Jahrhunderts, d. h. bis zur Herausbildung der uns vertrauten Buchform. Es dauerte schon lange, bis man beschriebene Papyrusblätter zwischen zwei Holzdeckel – nach diesem Material

die Bezeichnung „codex“ – legte und damit das Vorbild für die Buchform schuf, denn das „Sammeln von schriftlichen Überlieferungen ist älter als unser Alphabet und die heute übliche Buchform“ (Hilka 1981, 7). So wurden in den alten Hochkulturen und bei den Griechen und Römern gebrannte Tontafeln, mit Wachs überzogene Holztäfelchen, Papyrusblätter (Begriff „Papier“) und Pergament verwendet. War lange Zeit noch die Form der Schriftrolle vorherrschend – in der berühmten „Bibliothek“ von Alexandria gab es über 700000 –, so wurde mit dem teuren Pergament (Leder) als Beschreibstoff allmählich der Übergang zur Buchform vollzogen, was eng mit der Ausbreitung des frühen Christentums verbunden ist. Bücher waren ein kostbarer Besitz, da das handschriftliche Schreiben / Abschreiben und Verzieren / Illustrieren äußerst zeitaufwendig war. Durch kunstvolle Einbände versuchte man zudem, auch äußerlich die Machtfunktion zu manifestieren. Bücher waren einer äußerst kleinen Oberschicht vorbehalten; sie waren kirchliches und damit auch weltliches Machtinstrument. Von der hohen Aufgabe des Buches in dieser Zeit, die vor allem in der Fixierung und Vermittlung religiöser Inhalte lag, rührt auch der Charakter der „Heiligkeit“ dieses Kultmediums her.

(2) Die *zweite Phase* beginnt um 1450 mit der revolutionären Erfindung Gutenbergs, des Buchdrucks mit beweglichen Lettern, und erstreckt sich bis in die Anfänge des 20. Jahrhunderts. Die frühen Drucke bis 1500, die Inkunabeln oder „Wiegendrucke“, knüpfen formal und typographisch noch eng an die Handschriftentradition an. In der Regel werden die Bücher noch längere Zeit ungebunden verkauft, die Bogen werden auf Messen gehandelt und getauscht. Aus der ein- oder mehrfachen Falzung entwickeln sich dann die verschiedenen Buchformate (Folio, Quart, Oktav usw.). In dieser Phase verändert sich das Buch „vom Kultmedium zum allgemeinen Kulturmedium“ (Faulstich 1994, 129), da sich die Buchinhalte allmählich auf sämtliche Lebensbereiche ausweiten und durch technische Erfindungen, besonders im 19. Jahrhundert („Schnellpresse“ durch Friedrich Koenig 1812, Rollenrotationsmaschine 1865), die Auflagenzahlen, die in den Anfängen des Buchdrucks noch gering waren, beliebig erhöht werden können. Zu dieser Entwicklung konnte von Anfang an nur die Verwendung eines geeigneten und billigeren Beschreibstoffes, des Papiers, das in Deutschland seit 1390 hergestellt wurde, beitragen. Hinzu kommen einfachere und preiswertere Bindetechniken, etwa die Broschur. Aber auch die Vertriebs- und Organisationsmodalitäten verändern sich. Frühe Zentren des Buchdrucks sind Wittenberg, Leipzig und Frankfurt a. M.; zunehmend entstehen Leihbibliotheken und Lesegesellschaften. Der Börsenverein des Deutschen Buchhandels wird als Standesorganisation der Verleger und Buchhändler 1825 gegründet, 1848 wird die staatliche Zensur aufgehoben, und 1888 werden feste Ladenpreise, also die Preisbindung bei Büchern, wie sie bis heute besteht, eingeführt. Die Aufhebung der Urheberrechts-Schutzfristen 1867 löst eine Flut von preiswerten Klassiker-Ausgaben aus (u. a. Reclams Universalbibliothek; „Taschenbücher“). Als Reaktion auf die Massenware „Buch“ entstehen bereits zu Beginn des 20. Jahrhunderts Privatpressen, die sich dem bibliophil gestalteten Buch widmen. Diese Tendenz findet in der Gründung der Buchkunst-Stiftung 1927 ihren Höhepunkt. Bei aller quantitativen

und qualitativen Weiterentwicklung in diesen knapp 500 Jahren muss man jedoch bedenken, dass sich die Leserschichten nur sehr langsam erweiterten. Bücher bleiben noch lange Zeit vornehmlich dem Adel und der Geistlichkeit vorbehalten. Erst allmählich rekrutieren sich Buchbesitzer und Leser aus dem höheren, dann auch aus dem niederen Bürgertum. Trotz hoher Auflagen und preiswerter Herstellung kann Rudolf Schenda selbst für das 19. Jahrhundert mit Recht noch von einem „Volk ohne Buch“ (1977) sprechen, da populäre Lesestoffe wie Kalender, Bilderbogen u. ä. am meisten verbreitet sind.

(3) Die *dritte Phase* wird vom Vordringen des Massenmediums „Taschenbuch“ geprägt, was nicht zuletzt durch die ungünstige wirtschaftliche Lage am Ende des Zweiten Weltkriegs mit ausgelöst wird. Die Buchproduktion in Deutschland war auf ein Minimum gesunken und stand vor einem Neubeginn. Die Preise für traditionell gebundene Bücher stiegen seither kontinuierlich an, so dass das preisgünstigere Taschenbuch immer stärkere Marktanteile errang, und zwar in der Form der „pocket books“ (Originalausgaben in riesiger Auflage), die Robert Fair de Graff seit 1939 in Amerika auf den Markt brachte. Sie sind überall präsent und können in Supermärkten, an Zeitungskiosken und aus Automaten erworben werden. Der Durchbruch setzte in Deutschland mit Rowohlts Rotationsromanen (rororo) ein, seit 1947 im Zeitungsformat, seit 1950 als Taschenbuch, obwohl die schon viel länger existierenden Reclam-Ausgaben bestimmte Leserschichten, vor allem auch Schüler und Lehrer, bedienten. Neue technische Errungenschaften wie EDV, Lichtsatz oder etwa Desk-Top-Publishing (DTP) in den 80er Jahren, womit der Seitenumbruch in einem Bruchteil der früher benötigten Zeit durchgeführt wird, ermöglichen eine stark beschleunigte Herstellung, tragen aber auch zur Umstrukturierung des Arbeitsmarktes bei. Das Buch entwickelt sich im 20. Jahrhundert immer mehr zum Gebrauchs- und Verbrauchsgegenstand, so dass es teilweise den Nimbus des Ewigkeitswertes einbüßt und verständlicherweise einem starken Entmythisierungsprozess ausgesetzt ist. Faulstich (1994, 130) spricht vom Vorgang der „Ent-kult-ivierung“.

(4) Die *vierte Phase* ist die Gegenwart, der Beginn des elektronischen Zeitalters, in dem sich die Abfolge der Neuerungen und Veränderungen immer schneller beschleunigt, was sowohl die Produktion wie auch die Distribution und Rezeption betrifft. Charakteristisch für unsere Zeit ist die Internationalisierung mit der stark zunehmenden Zahl an Übersetzungen, besonders auf dem Taschenbuchsektor, und mit der übergreifenden Konzentration in Verlagswesen und Buchhandel (internationale Buch- und Medienkonzerne). Die Anzahl der Buchtitel steigt mit dem Ziel eines differenzierenden Angebots rapide an, doch sinken im Durchschnitt die Auflagenhöhen pro Titel, so dass wiederum die Herstellungskosten und damit die Preise steigen. Die dadurch ausgelöste Kopierflut, gerade beim wissenschaftlichen Arbeiten, beim Studium und im Schulunterricht, greift in diesen Kreislauf negativ mit ein.

So entwickelt sich das Buch nicht nur als bibliophile Kostbarkeit, als antiquarische Rarität oder als teure Faksimile-Ausgabe, sondern auch als preislich überhöhte wissenschaftliche Veröffentlichung mit kleinster Auflage heute allmählich fast wieder zu einem elitären Medium. Entscheidend für die künftige Bedeutung des Buches wird allerdings sein, welche Funktionen es unter dem zunehmenden Konkurrenzdruck der neuen, elektronischen Medien erfüllen kann.

2. Buch und Lesen im elektronischen Zeitalter

„Bücher haben die Welt verändert" ist zu einer stehenden Formel geworden. Solche Meilensteine innerhalb der Menschheitsgeschichte werden immer wieder gerne beschrieben, ganz gleich ob es sich um die Verbreitung und Wirkung religiöser Ansichten, naturwissenschaftlicher Entdeckungen oder technischer Erfindungen handelt (vgl. u. a Carter / Muir 1976, Schottenloher 1968). Erst mit der revolutionären Erfindung Gutenbergs war allerdings die Verbreitung von Gedankengut in größerem Ausmaß möglich.

Aber auch ab diesem Zeitpunkt müsste man eher von „Ideen" sprechen, die das Weltgeschehen entscheidend beeinflussten. Denn wenn diese auch vornehmlich in der Form des Buches fixiert waren und verbreitet wurden, so handelt es sich dabei doch nicht um die einzige Möglichkeit der schriftlichen Aufzeichnung, Sammlung, Weitergabe und Rezeption. Das Buch war – und ist es heute in zunehmendem Maße – ein Medium unter anderen, wenngleich auch d a s Medium, das eine wesentliche Epoche der Menschheitsgeschichte beherrschte und bezeichnete, was sich nicht zuletzt im gängigen Schlagwort vom „Buchzeitalter" ausdrückt.

Allerdings hat man in verschiedenen Kulturkreisen die Entwicklung und Bedeutung dieses Mediums auch aus unterschiedlicher Sicht dargestellt. Im Gegesatz zum romanischen und angelsächsischen Raum, in dem man schon früher das Buch als spezifischen Zeichenträger entdeckte und würdigte, galt in Deutschland Sprache weit stärker als autonomes Medium und damit unabhängiger von der materiellen Manifestation im Buch. Dies führte innerhalb der Buchgeschichte meist zu positivistischen Beschreibungen, nämlich vordergründig der Form, ohne stärkere Beachtung der (literarischen) Inhalte und zu einer geringeren Etablierung einer „Bibliographie", worunter Uwe Jochum (1996, 21) „eine Disziplin" versteht, „die zunächst die Materialität des Objekts Buch historisch analysiert, um sodann diese Materialität als zeichenhaft in die Geistesgeschichte einzutragen". Heute ist man allerdings so weit, dass man die Aussage „The medium is the message" (ein Buchtitel McLuhans) teilweise umzukehren versucht.

Klagen über den Niedergang des Buches gab es schon immer, doch haben diese im 20. Jahrhundert im Kontext der elektronischen Revolution eine ganz andere Qualität erlangt. Der kanadische Anglist und Medientheoretiker Marshall McLuhan hat schon 1962 mit seinem Werk „Die Gutenberg-Galaxis" (1995) das Ende des Buchzeitalters und den Beginn des Bildzeitalters angekündigt, was bisher nur bedingt eingetreten ist. Mit der Zunahme neuer elektronischer Medien sind die Kassandra-Rufe aber nicht verstummt, sie haben im Gegenteil zugenommen, vor allem in den letzten Jahren.

Zahlreiche Titel und Schlagzeilen arbeiten mit der Formel vom „Ende des Buchzeitalters" und heben diese ins allgemeine Bewusstsein. Die implizierten Thesen sind mit Sicherheit dann richtig, wenn sie das Ende der Vorherrschaft eines einzelnen Mediums, des Buches, meinen, aber falsch, wenn sie das völlige Verschwinden des Buches – in absehbarer Zukunft – prognostizieren. Die Produktions- und Verkaufszahlen von Büchern steigen heute, global gesehen, in Höhen, wie sie vorher nie erreicht wurden. Die Gründe dafür liegen zum einen in den zur Verfügung stehenden technischen Möglichkeiten der Herstellung und der zwangsläufig daraus folgenden Bedarfsweckung, zum andern in der Verdoppelung der Weltbevölkerung in den letzten 30 Jahren, im Nachholbedarf in weiten Teilen der Erde und in den allgemeinen Alphabetisierungsbestrebungen.

Dasselbe gilt aber auch für die Industrieländer und speziell für die Bundesrepublik Deutschland. Hier hält sich die Buchproduktion seit Jahren auf hohem Niveau, die Verkaufszahlen steigen noch. Spiegel dafür sind u. a. die jährlichen Buchmessen in Leipzig und vor allem Frankfurt am Main, die fast immer wieder Rekordzahlen aufweisen können, gerade was die Vielfalt der Titel betrifft.

Diese Phänomene führen dazu, dass man, wohl mit einem gewissen Recht, sogar von einem „neuen Buchzeitalter" (Krättli 1990) sprechen kann. Bei allen Problemen, die sich mit der Massenware Buch ergeben, von der Rohstoffknappheit bis hin zur Verramschung und Entsorgung, eröffnet sie dem Leser doch auch die Möglichkeit, über ein nie dagewesenes Auswahlangebot und damit über ein Höchstmaß an (Gedanken-)Freiheit zu verfügen.

Differenzierter müssen wir Aussagen werten, die im Kontext der Gutenberg-Galaxis das Ende der Literatur, das Ende der Lesekultur oder gar der Schriftkultur zitieren, denn es „gibt kein Ende des Buches, erst recht kein Verschwinden der Schrift" (Kittler 1988, 289; vgl. Wetzel 1991), nur Veränderungen im Kommunikationssystem. Dies ist für pessimistische Literaturliebhaber und Bibliophile, die Lesekompetenz und Literaturgenuss mehr oder weniger mit dem Übertragungsmedium Buch gleichsetzen – u. a. stellt Hubert Winkels (1997) sehr treffende Gedanken dazu an –, Anlass genug, Zeitklage und laudatio temporis acti anzustimmen. Verlässliche Aussagen darüber, ob sich deren Befürchtungen bewahrheiten werden, sind schwerlich zu machen. Immerhin sah man schon in der Erfindung Gutenbergs selbst den Kulturverfall vorgezeichnet und versuchte sie teilweise zu verhindern, indem man bewusst die ehrwürdige traditionelle Form des handgeschriebenen Buches weiterpflegte (Zapf 1970, 19f.). Ähnlich war man den jeweiligen technischen Neuerungen gegenüber eingestellt; mit der Massenherstellung von Büchern würde deren singulärer Wert angetastet und eine indifferente „Lesewut" ermöglicht, und mit dem Aufkommen neuer Medien, zunächst des Films, dann des Fernsehens, sei das Ende der Buch- und Lesekultur endgültig erreicht.

Schrift bzw. Zeichen/Code und damit Lesen bzw. Entschlüsseln/Decodieren werden als materiale Basis und geforderte Kompetenz bestehen bleiben, einmal in geläufigen Formen, denn „Lesen" und „Schreiben" sind auch heute noch und weiterhin Basisbefehle in der Computersprache selbst. Dies gilt um so mehr für Aktivitäten, wie sie gegenwärtig elektronisch immer stärker ermöglicht werden, also schriftliche Kommunikation durch E-mail, Internet, vor allem Hypermedia.

Zum andern werden sich aber auch geläufige Formen, etwa die Schrift, ändern, da die Entwicklung von universalen Maschinenschriften, wie sie schon Leibniz u. a. als Binärsystem angedeutet haben, voranschreitet. Differenzierter werden auch die Speicherungs- und Übertragungsmedien, von denen eines, vor allem für bestimmte Funktionen, das Buch bleiben wird, denn noch nie konnte ein Medium durch ein neues vollständig ersetzt werden. Helmut Schanze vertritt sogar die These, „daß sich die Spielräume des 'Buchs' erweitert haben, daß man von einer metaphorischen Wiederkehr des Buchs sprechen könne" (1995, 53). Da die Digitalmedien offensichtlich die alten Medien simulierten und „die Verfahren des neuen Digitalmediums aus der Schrift- und Buchherstellung ableitbar sind, stehen Buch und digitale Datenverarbeitung in einem Verhältnis der Analogie und nicht der Differenz" (ebd., 57). Diese metaphorische Wiederkehr des Buches ist für viele eine anheimelnde Vorstellung, die aber nicht über die tatsächliche Bedrohung des spezifischen „Kanals" Buch hinwegtäuschen kann.

Nachteile der neuen elektronischen Medien und damit gleichzeitig Vorteile des alten Systems deutet der Germanist Wolfgang Frühwald in seinen Überlegungen zur Zukunft der Wissenschaften in Deutschland an:

Die Gutenberg-Galaxis geht unter und die neu entstehende Galaxis der Bildschirmmedien ist heute in einem Zustand, in dem die Gutenberg-Galaxis sich im 15. und 16. Jahrhundert befand. Die Schrift geht dabei nicht verloren, wohl aber der Buchdruck als wissenschaftliches Informationsmedium. Das Schriftwissen im elektronischen Medium hat nicht den gleichen Ewigkeitsanspruch, den das gedruckte Wissen hat. Das elektronische Medium ist auf Veränderbarkeit, auf schnelle Korrigierbarkeit und auf internationale Kommunizierbarkeit angelegt, nicht auf Nationalsprachlichkeit. Sprachliche Nuancen gehen dabei verloren. Und das Schriftwissen im elektronischen Medium erreicht eine Übergangsgeschwindigkeit und eine Halbwertszeit, wie wir sie beim Buchdruck nicht gekannt haben. (Altlasten des Geistes. In: Die Zeit 19, 3.5.1996, 33)

Die Fragen lauten heute vor allem, ob und wie weit die elektronischen Medien das Buch sinnvoll ersetzen können, denn immerhin können diese im Allgemeinen mit den besseren Zugriffsmöglichkeiten aufwarten, da die „Schrift als Wiedergabe von Gedanken (...) bislang immer an bestimmte Materialien gebunden" war (Kaltwasser 1997). Die Lösung des Textes vom materialen Kanal birgt neue Möglichkeiten, aber auch neue Gefahren in sich, denn trotz Zensur, Bücherverbrennung und Papierbedrohung sind Buch und Bibliothek als „Gedächtnis der Menschheit", ohne das Kultur nicht entstehen und sich nicht weiterentwickeln kann, sicherer als elektronische Medien, in denen Bewahrung des Originaltextes und Langzeitspeicherung bedeutend stärker gefährdet sind, die aber auch der Gefahr finanzieller und totalitärer Machtausübung weit größere Chancen eröffnen und schließlich zu einer unübersehbaren Publikationsflut und einer nicht mehr filterbaren Menge an „Informationsmüll" führen können. Schließlich werden aber auch kognitionspsychologische (bessere Verarbeitung des auf Papier Gedruckten im Gedächtnis) und gesundheitliche Argumente (augenschonendes Lesen) für das Buch ins Feld geführt.

Diese und andere Gründe könnten durchaus wieder die Hinwendung zur These, dass das Medium doch die Botschaft sei, bewirken, selbst wenn man die Diagnose

McLuhans von der linear und monokausal verengten Sicht des Buchbenutzers anerkennen und die nachlineare Einheit in einem von Hyperlinks zusammengehaltenen Textgewebe oder einzigen großen Hypertext erkennen will. Die Gefahr von Flüchtigkeit und Verwundbarkeit steigt: „Je stärker die Vernetzung eines Textes, desto geringer seine Integrität." (Klostermann 1997)

Bei all diesen vergleichenden Überlegungen zur spezifischen Funktion von Büchern und neuen Medien, die über die jeweilige gesellschaftliche Relevanz entscheiden, darf man natürlich die bisherige Primärfunktion des Buches, zum Lesen, speziell „Buchlesen", hinzuführen und die Lesekompetenz zu erweitern, nicht außer Acht lassen. Werden viele Bereiche, die bisher von Printmedien abgedeckt wurden, wie lexikalisches Nachschlagen, aktuelle Information, Handlungsanweisungen, von den elektronischen Medien übernommen, so wird man auch in absehbarer Zukunft buchspezifische Formen des Lesens (etwa von längeren wissenschaftlichen oder literarischen Texten) kaum über technische Medien praktizieren. Berufsbedingt gilt dies allerdings schon nicht mehr so pauschal für Philologen, aber auch für Lehrer und Schüler, denen Textkorpora, z. B. das Gesamtwerk eines Autors, auf Diskette, CD-ROM etc. gespeichert und auf dem Bildschirm bzw. im Druck abrufbar, zur Bearbeitung vorliegen.

Die noch immer äußerst positiven Durchschnittszahlen aus dem Wirtschaftsbereich sind für Folgerungen über die tatsächliche Einstellung zu Büchern und deren Benützung allerdings irreführend, auch wenn sie auf gesteigerten Buchkauf und Buchbesitz verweisen, also durchaus Indikatoren für den Stellenwert des Buches beim Einzelnen sein können. Hier muss man differenzieren, denn zum einen heißt „durchschnittlich", dass es relativ wenige Menschen (Bibliophile, Sammler, Vielleser) mit immer größerem Buchbesitz gibt, zum anderen, dass Buchbesitz heute immer weniger mit Nähe zum Buch und mit Bücherlesen korreliert. Es gibt neben den vielen Haushalten mit sehr wenigen Büchern immer mehr solche, die eine relativ hohe Zahl an Büchern aufweisen (Geschenk-, Gratis-, Billigst-, Gebrauchsbücher, Kataloge, Nachschlagewerke u. a.), ohne dass bei den Besitzern von Buchlesern im eigentlichen Sinn gesprochen werden kann.

Tatsache ist, dass das Bücherlesen seit Jahren stagniert und sich eher auf dem absteigenden Ast befindet. Leselust und Lesekompetenz nehmen ab, was nicht nur Lehrer, die bei ihrer Leseförderung unabdingbar auf die Vorarbeit des Elternhauses und auf die kontinuierliche Zusammenarbeit mit diesem angewiesen sind, bestätigen. Der Analpabetismus, weniger in der Form des Fundamentalanalphabetismus, sondern mehr des „Buchanalphabetismus", also des eingeschränkten Lesens, nimmt aus verschiedenen Gründen stark zu.

Viele Lesestatistiken der letzten Jahre verfälschten das Gesamtbild, da ihnen entweder unzureichende Parameter zugrunde lagen oder bei der Analyse die scheinbar immer noch positiven Zahlen, wie etwa Buchkauf, überbewertet wurden. Neueste Zahlen (Bertelsmann und Infas; Bayer. Rundfunk 3, 6.5.97) lassen ein eher pessimistisch stimmendes, aber realistisches Gesamtbild entstehen. Demnach haben 40 % der Deutschen kein Verhältnis mehr zu Büchern, nur 19 % weisen noch eine starke

Nähe dazu auf, und nur 3% beschäftigen sich intensiv damit. Begeistern sich noch 80% der Erst- und Zweitklässler für Bücher, so geht bei Schülern der 3. bis 6. Jahrgangsstufe die Freude am Lesen spürbar zurück, und von den Jugendlichen der 7. bis 10. Jahrgangsstufe lesen nur noch 29% gerne und oft.

Dass natürlich neue Medien, vor allem das Fernsehen, den größten Verdrängungseffekt haben, ist heute unbestritten, da die dem Umgang mit Büchern entzogene Zeit weitestgehend diesem zugute kommt. So geben inzwischen 70% an, dass sie lieber fernsehen als lesen. Schon bei den Drei- bis Fünfjährigen steigt der Fernsehkonsum beständig an; er erhöhte sich allein in den 90er Jahren von 55 auf etwa 80 Minuten pro Tag. Bei Erwachsenen beträgt er schon drei Stunden am Tag, bei Jugendlichen ab 14 Jahren liegt er noch darüber; von ihnen lesen nur noch 19% regelmäßig Bücher. Die eigentlichen Buchleser, „Romanleser", sind innerhalb der Gesamtbevölkerung mit 6% inzwischen eine Randgruppe.

Das bedeutet nicht, dass der Mensch nicht trotzdem täglich viel mit Büchern zu tun hat, in der Schule, im Beruf, bei der Fortbildung, im Alltagsgebrauch. Aber spezifische Funktionen des Bücherlesens, Bewältigung längerer gedruckter Texte zur Unterhaltung, zur Bildung, zum ästhetischen Genuss, gehen immer mehr verloren. Nach Bodo Franzmann hat das Fernsehen das Buch inzwischen als „kulturelles Leitmedium" abgelöst und es in die Rolle des „kulturellen Basismediums" gedrängt (s. Faulstich 1994, 128).

Trotzdem ist es vielsagend, dass im öffentlichen Bewusstsein bis in die Gegenwart Kultur, Bildung und Gelehrtheit fast ausschließlich mit „Buch" und „Lesen" in Verbindung gebracht werden, wie eine repräsentative STERN- und Allensbach-Umfrage Mitte der 80er Jahre eindrücklich nachwies. Wie die allgemeinen Bildungsvorstellungen für die Zukunft auszusehen haben, skizzierte Bill Clinton in seiner Regierungserklärung im Februar 1997. Demnach sollte jeder 8jährige Amerikaner lesen und jeder 12jährige sich ins Internet einklinken können.

3. Buchpädagogik und Deutschunterricht

Der Deutschunterricht ist – ähnlich wie das Universitätsfach Germanistik – noch heute das „buchintensivste" Schulfach. Diese Verbindung ist genuin, denn die wichtigsten Kulturtechniken, „Lesen" und „Schreiben", wurden über das Medium Buch vermittelt, umgekehrt konnte es erst mit dessen fortschreitender technischer Herstellung zur Unterrichtung und Bildung breiterer Schichten (Schulpflicht, Volksbildung) kommen. Waren es im Mittelalter und in der frühen Neuzeit Leselern-, Grammatik- und Rhetorikbücher (s. Franz 1997 u. a.), so sind es heute noch die in langer Tradition stehenden Fibeln, Sprach- und Lesebücher, die freilich zahlreiche innere und äußere Modifizierungen, bis hin zum Medienverbund, hinter sich haben. Hinzu treten immer stärker zusätzliche Klassenlektüren, vor allem klassische Werke, Dramen, Romane, Novellen, vor allem im gymnasialen Deutschunterricht des 19. Jahrhunderts. Dies führt zum Gebrauch entsprechender Buchausgaben bzw. eigens für die Schule publizierter Billigausgaben, wie sie der genannte Reclam-Verlag seit 1867 lieferte.

Endgültig tritt das Buch als Unterrichtsmedium im Deutschunterricht in den Mittelpunkt mit den reformpädagogischen Bestrebungen der Kunsterziehungs- und Jugendschriftenbewegung um 1900. Löst der Hamburger Lehrer Heinrich Wolgast mit den Forderungen in seiner Schrift „Vom Elend unserer Jugendliteratur" (1896), nicht nur im Volksschulbereich, verschiedene, vor allem literarästhetische Konsequenzen aus, so fördert er auch speziell das Buchlesen, vor allem mit seiner Feststellung: „Das Kind lernt in der Schule nur Lesestücke, keine Bücher lesen."

Jetzt beginnt der Kampf gegen die „Häppchenliteratur" des Lesebuchs, das die radikalen Reformer ganz abschaffen wollen. Gelingt dieses Vorhaben trotz weiterer Fürsprecher, u. a. Wilhelm Fronemann (Der Unterricht ohne Lesebuch, 1921), und trotz des Angebots von Alternativen (Bogenlesebuch, spezielle preiswerte Schulausgaben von verschiedenen Verlagen seit etwa 1900) regional und zeitlich nur sehr begrenzt, so ist doch jetzt das Bewusstsein für das Lesen von Büchern, „Ganzschriften" oder „Einzelschriften", gerade als Aufgabe der Schule, endgültig erweckt. Dem Buch wird die Qualität des Großen, Ganzheitlichen, Abgerundeten und Wertvollen zuerkannt, echter Leser ist nur der Buchleser. Der österreichische Literaturpädagoge Richard Bamberger hat dies in den 60er Jahren aufgrund zahlreicher empirischer Untersuchungen nachzuweisen versucht und im Zusammenhang mit dem Grad der Lesefähigkeit bei Kindern und Jugendlichen den Begriff der „Buchreife" geprägt.

Nach 1945 werden die Bemühungen gerade um die Berücksichtigung von Kinder- und Jugendbüchern im Unterricht fortgesetzt, wobei Anna Krüger mit ihrem Buch „Kinder und Jugendbücher als Klassenlektüre" (1963) einen Meilenstein bildet. Weitere Namen in dieser Reihe sind – außer den schon genannten – Alfred Clemens Baumgärtner, Hans E. Giehrl, Klaus Doderer, Malte Dahrendorf, Gerhard Haas, Horst Künnemann, Karl Ernst Maier u. a.

In den 70er Jahren, im Zuge ideologiekritischer Infragestellungen, kommt es zu einem Zwischenspiel, da man einerseits moniert, mit dem Buch würde man ein veraltetes Medium präferieren und damit an der außerschulischen Medienrealität vorbeigehen, zum andern den Einwand bringt, andere Medien, wie etwa das in Gruppen zu rezipierende Fernsehen, seien weniger exklusiv, monologisch und antikommunikativ als das Buch (vgl. Baumgärtner 1994, 388f.). Dieser zweite Kritikpunkt hat sich als nicht haltbar erwiesen, während der erste mit der weiteren technischen Entwicklung natürlich immer mehr Relevanz gewinnt, was sich schließlich auch in amtlichen Richtlinien und Lehrplänen zunehmend offenbart. Literaturunterricht wird immer mehr expressis verbis mit Medienerziehung im weiteren Sinn in Verbindung gebracht, so dass der Lernbereich „Literatur" in Lehrplänen, etwa in Bayern, spezifiziert mit „Literatur, Sachtexte, Medien" überschrieben ist.

Nun ist es erstaunlich, dass die Integration des Lernstoffes „Buch" gerade in den gegenwärtigen Lehrplänen für alle Schularten eine nie zuvor feststellbare Intensität erreicht. Das mag sich zum Teil aus dem üblichen „cultural lag" im schulischen Bereich erklären, aber es dürften darin ebenso eine Art von Reaktanz und ein gewisses Maß an Angst vor der Übermacht der neuen Medien aufscheinen.

Nicht nur die Lehrpläne machen diese späte hohe Würdigung des Buches – oder vielleicht Wiedergutmachung – deutlich, auch die Lesebücher enthalten jeweils Textsequenzen zum Medium Buch und zur Reflexion über Lesen; so finden sich Auszüge aus dem Kindersachbuch „Lesen macht stark" (Franz 1996) gegenwärtig in etwa 40 Lesebuchreihen. Spezifische Ausgaben für den Schulgebrauch, meist Taschenbuchreihen mit Materialien, Erläuterungen, methodischen Unterrichtshilfen etc., sind noch im Zunehmen begriffen, und die Rückkehr zur Klassenbibliothek und zur Aufwertung der Schulbibliothek ist unverkennbar. Eine nie gekannte Fülle an didaktisch-methodischen Hilfsmitteln für die Ganzschriftlektüre liegt vor, nicht nur von den Verlagen selbst, sondern auch von Leseinstitutionen und in Fachzeitschriften, und die Lehrer machen inzwischen regen Gebrauch davon. Dasselbe gilt für andere außerschulische Angebote wie Autorenlesungen, Ausstellungen, Empfehlungslisten, Wettbewerbe u. a.

Die Gefahr einer totalen Polarisierung Buch vs. alle anderen Medien ist groß, doch wird sich dieses Verhältnis zweifellos ausdifferenzieren, wenn man auch die Nachteile von Büchern in bestimmten Funktionen objektiv zur Kenntnis nimmt, d. h. die übergroße Materialität und notwendige Lagerkapazität, den Bedarf an Ressourcen, den hohen Preis und die Verfallsanfälligkeit, die ungefilterte Informationsfülle, den langsameren Zugriff und die in manchen Fällen unzweckmäßige feste Bündelung der Seiten. Buchpädagogik im weiteren Sinn scheint allerdings im Zeichen der medialen Wende schulische Hochkonjunktur zu haben. Was heißt aber „Buchpädagogik"?

Man muss sich im Klaren darüber sein, dass dieser Begriff indifferent verwendet wird. Primär stecken darin wesentliche Ziele des Deutschunterrichts, nämlich – einschließlich ethisch-moralischer Effekte – die Bildung zum mündigen Leser mit voller Lese-, Informations- und Literaturkompetenz. Indirekt impliziert der Begriff aber auch das Ziel, sich mit dem Übertragungssystem Buch selbst auseinanderzusetzen, nicht nur mit der Botschaft.

Johann Peter Hebel bietet in seinen Traumaufzeichnungen für dieses Verhältnis einen geläufigen, aber in seiner Weiterführung ungewöhnlichen Vergleich:

> Die Buchstaben eines Buches verhalten sich zu dem Buch, worin sie stehen, wie Seele zu Körper. Wenn das Buch verbrannt wird, vermodert etc., so ist's nur das Papier, die Buchstaben sind unsterblich und kommen an einen andern Ort. Dort werden sie wie unsre Seele mit einem neuen Körper vereinigt, der dem Werth dessen angemessen ist, was sie aussprechen. (Laengin 1882, 81 f.)

Der Theologe Hebel spricht selbst Büchern ewiges Leben zu und verhilft ihnen dabei je nach innerem Wert zu ihrem angemessenen Gewand. Im Weiteren konstruiert er geradezu eine Art „Kosmobibliographie" (Schipperges 1987, 96) und damit ein biliozentrisches Weltbild.

Die Materialität des Buches, sein „Körper", ist nicht als der weniger wertvolle Teil zu sehen, es handelt sich vielmehr um die formale Konstituente des Mediums Buch. Auch wenn Botschaft und Kanal, „Seele" und „Körper", eine Einheit darstellen, soll im Folgenden der zweite Aspekt im Mittelpunkt der Überlegungen stehen. Der Begriff „Buchpädagogik" schließt auch diesen Bereich ein, während das Lesen selbst primär Gegenstand des Lese- und Literaturunterrichts ist. Da aber beide Bereiche nie klar voneinander zu trennen sind, hat der Literaturunterricht auch diesen spezifischen Teil der Buchpädagogik mehr oder weniger intensiv mit abzudecken.

Die amtlichen Lehrpläne sagen darüber allerdings wenig oder nur indirekt im Kontext von Lesen und Literatur etwas aus, auf unteren Jahrgangsstufen mehr über den Zugang zu Büchern und deren Erwerb als Einzelaspekten, in höheren Jahrgangsstufen mehr über den Literaturbetrieb als Ganzem. Der Lernbereich, der hier vorgestellt wird, ist natürlich weitaus komplexer, und er könnte in seiner Gesamtheit aus verständlichen Gründen nie Gegenstand des Deutschunterrichts oder des Schulunterrichts überhaupt sein.

Zunächst sollte der Schüler erfahren, dass das Buch mit all seinen spezifischen Komponenten das wichtigste Kulturmedium war und bis heute geblieben ist, dass es aber, vor allem in der Gegenwart, ein Medium innerhalb eines größeren Mediensystems und als „System Buch" wiederum ein „Teil des Gesamtsystems Gesellschaft" ist (Grafik s. Faulstich 1994, 142):

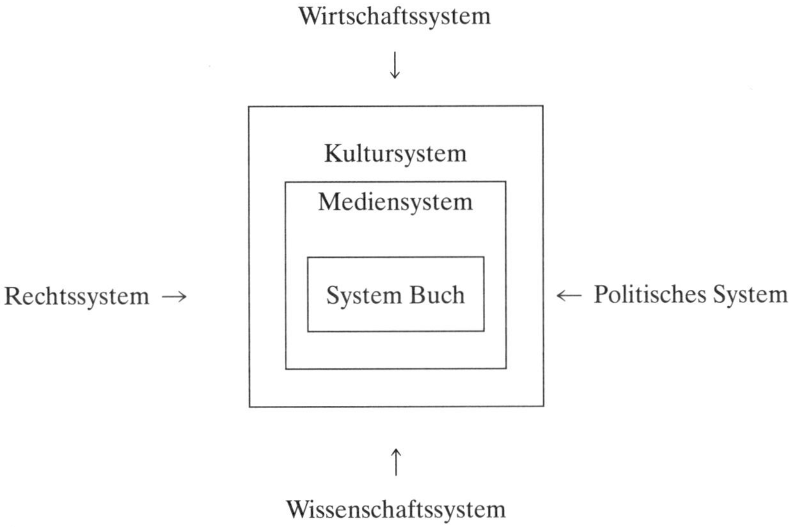

Abb. 1

Um Motivation und Kompetenzen für den Umgang mit Büchern zu schaffen, wird man sich mit Detailfragen aus den Bereichen Produktion, Distribution und Rezeption beschäftigen. Aber um der gegenseitigen Bedingtheit gerecht zu werden, wird man hier nicht mehr im literatursoziologischen Sinn von einem linear ablaufenden Prozess ausgehen, sondern versuchen, das Zusammenspiel der verschiedenen wesentlichen Instanzen als „Kommunikations- und Handlungssystem" zu begreifen und sichtbar zu machen (Grafik s. Faulstich 1994, 141):

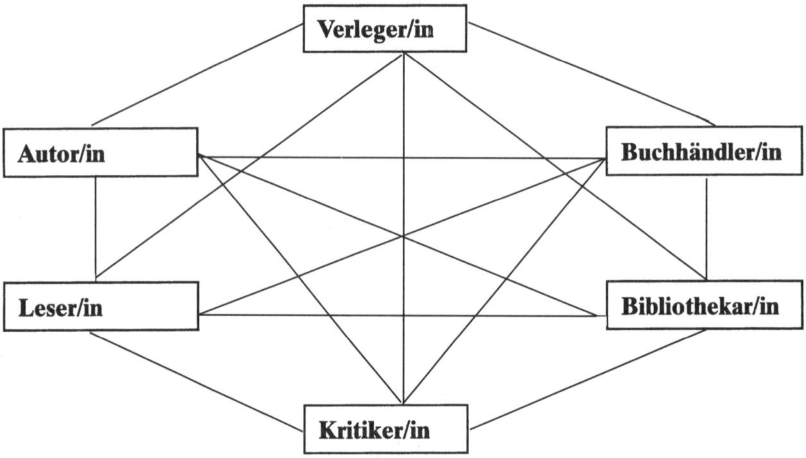

Abb. 2

Will man sich dieses „System" mit einem Beispiel verdeutlichen, braucht man nur an den heute besonders stark verbreiteten Veranstaltungstyp „Autorenlesung" oder „Buchvernissage" zu denken: Ein Autor tritt unmittelbar mit seinen Lesern / Zuhörern in Kontakt. Die Veranstaltung, von seinem Verleger ausgerichtet, findet in einer öffentlichen Bibliothek statt. Ein Buchhändler legt Exemplare des Buches oder überhaupt Werke des Autors, eventuell mit handschriftlicher Signierung, zum Kauf bereit. Ein anwesender Kritiker bereitet seinen Bericht für die Tageszeitung vor.

Die Bezüge werden nicht immer so modellhaft vollständig sein, doch ließen sie sich durchaus noch weiterspinnen, wenn man an die möglichen zusätzlichen Querverbindungen denkt, die zwischen Autor und (anderem) Verleger (künftige Zusammenarbeit), Bibliothekar und Autor (weitere Autorenlesung), Bibliothekar und Verleger (Buchspenden), Kritiker und Autor (Diskussion) usw. entstehen können.

Bezogen auf die drei genannten Bereiche, sollen Schüler also, jeweils möglichst selbst handelnd, produktiv und kreativ, Einsichten gewinnen in die Herstellung von Büchern, vom Schöpfungsakt des Autors bis hin zur Fertigstellung im Verlag, in Setzerei, Druckerei und Binderei, in die Verteilungsprozesse, besonders durch Buchhandel und Bibliothek, einschließlich der Werbung und einschlägiger Hilfsmittel, und schließlich in die Benützung des Buches mit seinen Bestandteilen, Funktionen und seiner Eigengesetzlichkeit.

4. Realisierungsmöglichkeiten im Unterricht

Durch die weitgehend latente Integration buchpädagogischer Ziele in den Schulunterricht bleibt es großenteils Lehrerinnen und Lehrern überlassen, ob sie zu diesen Themenbereichen eigenständige Unterrichtsstunden/-einheiten oder Projekte mehr oder weniger großen Ausmaßes konzipieren und durchführen. Aber es bietet sich an, im Deutschunterricht wie auch in anderen Fächern, situationsbezogen vorzugehen oder jeweils in einer Art „Unterrichtsprinzip" darauf zurückzugreifen. Das bedeutet, dass man immer auch die sich in anderen Zusammenhängen bietenden Gelegenheiten nützen sollte, also immer wenn man in irgendeiner Form mit Büchern und einschlägigen Fragen zu tun hat, was sehr oft der Fall ist. So sind alle Lernbereiche des Deutschunterrichts (Sprechen, Lesen, Schreiben) relevant (lernbereichsübergreifender Aspekt), aber ebenso kommt fächerübergreifender oder interdisziplinärer Unterricht stark zum Tragen, da auch historische, soziale, kunsterzieherische und technisch-mathematische Aspekte einzubringen sind.

Die folgende, nur in dieser komprimierten Form mögliche Auflistung kann nicht vollständig sein, gibt aber Anregungen für verschiedenste Aktivitäten, wie sie praktiziert werden können oder bereits durchgeführt wurden. Auf gängige oder sporadisch eingebrachte Formen deuten die in Anführungszeichen gesetzten Aktionen oder Einrichtungen hin. Zu zahlreichen finden sich – meist kurze – methodische Beiträge, die hier nicht im einzelnen aufgeführt werden können, in pädagogischen und didaktischen Fachzeitschriften, etwa im „Grundschulmagazin", in der „Pädagogischen Welt", in „Praxis Deutsch" und einigen anderen.

- Zusätzliche verbale bzw. visuelle Veranschaulichung von Lerngegenständen in allen Unterrichtsfächern durch Vorlesen, Vorzeigen, Ausstellen, Ausleihen usw. von geeigneten Büchern, Kinder- und Jugendbüchern, vor allem Sach- und Bildersachbüchern, auszuwählen anhand der zahlreichen zur Verfügung stehenden spezifischen Empfehlungslisten („Geschichtliche Kinder- und Jugendbücher", „Christliche Kinder- und Jugendliteratur" usw.)
- Vorlesen, Vortragen (Lehrer/Schüler) aus Büchern als Anfangs- oder Schlussakzent (z.B. Morgenfeier, Unterrichtsschluss), als eingeschobene psychohygienische Maßnahme, zu besonderen Anlässen und Gelegenheiten (Freistunde, Vertretung, Jahresfeste, Schuljahresende, Schullandheimaufenthalt u.a.); „literarische" Gestaltung des Schullebens
- Einführung einer regelmäßigen „freien" Lesestunde: Vorlesen, stilles Lesen, freies Gespräch
- Mitbringen und Vorstellen von Lieblingsbüchern durch die Schüler („Buchvorstellung", „Bücherstunde", „Mein Lieblingsbuch")
- Einrichtung einer „Lese-Ecke" im Klassenzimmer: Schaffen einer günstigen Lesesituation (Mobiliar etc.), der räumlichen Voraussetzungen; Bereitstellen eines Bücherbords, einer „Buchkiste", eines Bücherkoffers u.ä.
- Regelmäßiger Bezug von „Informationspaketen" (z.B. Broschüren des Arbeitskreises für Jugendliteratur, der Stiftung Lesen, der Deutschen Akademie für Kinder- und Jugendliteratur) und gemeinsame Auswertung
- Aufbau und regelmäßige Benützung (Ausleihe) einer Klassen-/Schülerbücherei (gemeinsame Anlage, Katalogisierung, Ergänzung); Benützung von Wander-/Autobüchereien im Schulbereich (Bücherbus, -mobil)
- Hinweise auf Neuerscheinungen, prämierte Bücher (Deutscher Jugendliteraturpreis u.a.); Informationsmaterial (Bücherbord, Schaukasten)

- Gestalten und Anbringen eines „Literaturbretts“ / „Schwarzen Bretts“ für literarische Mitteilungen, Veranstaltungshinweise (Autorenlesung) u. a. durch die Schüler
- Beiträge in der Schülerzeitung (Buchvorstellungen, -besprechungen, -empfehlungen; Hinweise auf literarische Veranstaltungen, auf Wettbewerbe, Verlosungen, Bücherspenden, Neuerwerbungen u. a.)
- Abhalten von Büchertauschveranstaltungen, Buch-Basaren, Bücher-Flohmärkten, etwa vor Weihnachten, von Sammel- und Verkaufsveranstaltungen für gemeinnützige Zwecke
- Beteiligung an Sammel- und Spendenaktionen (z. B. „Das fröhliche Krankenzimmer“, Buchspenden für die Dritte Welt)
- Ausgabe von individuellen „Lesepässen“ mit Eintrag der gelesenen Bücher, der Erwartungshaltung, der Bewertung; eventuell mit einer bestimmten Würdigung und Honorierung der Leseleistung, z. B. Buchpreis (als sehr alte Tradition der Honorierung von Schülerleistungen)
- Anlage eines gemeinsamen „Klassen-Lesetagebuchs“ mit Notizen (bibliographische Angaben, Inhalt, Wertung) über die dafür geeignet erscheinende Lektüre
- Durchführung von regelmäßigen oder sporadischen Buchprämierungen durch die Klasse bzw. Jurygruppen (Buch des Monats, des Jahres; „Schön unter Druck“, „Das schönste Buch“ u. ä.)
- Gemeinsame Zusammenstellung eines „Klassenlesebuchs“ mit den beliebtesten Texten bzw. Textstellen
- Bestandsaufnahme (Fragebogen, Interview) von Leseinteressen und -gewohnheiten in der Klasse, auf verschiedenen Jahrgangsstufen, in Parallelklassen; Auswertung und Vergleich mit vorliegenden empirischen Untersuchungen
- Korrespondenz (Anfragen, Auskünfte, Würdigung etc.) mit Autoren, Verlagen und anderen literarischen Institutionen
- Gründung eines Leseclubs; Verbindung zu anderen Buch- und Leseclubs, Austausch von Erfahrungen und Material
- Autorenlesungen in der Klasse / Schule oder außerhalb („Zu Gast bei uns“, „Leser treffen Autoren“) und anschließende Diskussion; Kennenlernen von Arbeitsweisen (für das eigene Schreiben); Beschaffung des Buches / der Bücher zur Vorbereitung und zum Zweck des Signierens (ideeller, materieller Wert!)
- Vorträge / Vorführungen von Fachleuten aus Produktion, Werbung, Vertrieb (Illustrator, Verleger, Buchhändler, Bibliothekar, Jurymitglied u. a.)
- Teilnahme an Führungen in Verlagen, Buchhandlungen, öffentlichen Bibliotheken und weiteren literarischen Institutionen
- Besuch von Sonderveranstaltungen wie Buchvorstellungen, -premieren, literarischen Nachmittagen und von Sonderausstellungen („Jugend im Buch“, „Taschenbücher sind Taschengeldbücher“, „Schöne alte Kinderbücher“, „Bücher / Illustrationen von …“) in anderen Schulen, Jugendheimen, öffentlichen Bibliotheken oder speziellen Institutionen (z. B. Internationale Jugendbibliothek)

- Ausrichtung einer Lesenacht, eines Kinder- und Jugendbuchtages, einer Buchwoche mit Aktivitäten verschiedenster Art
- Teilnahme an innerschulischen literarischen Wettbewerben wie Buchprämierungen, Verlosungen, Quizveranstaltungen u. a.
- Beteiligung an außerschulischen Aktivitäten wie Kinder- und Jugendbuchtagen, -wochen („Europa lies mit", Internationaler Kinderbuchtag am 2. April, Welttag des Buches am 23. April u. a.)
- Beteiligung an literarischen Wettbewerben, Quizveranstaltungen, Preisausschreiben von Verlagen etc. (Buch-Rätsel; „Papier"), an Schreib- und Malwettbewerben
- Teilnahme an Vorlesewettbewerben (z. B. des Börsenvereins des Deutschen Buchhandels für die 6. Jahrgangsstufen)
- Planung und Durchführung einer allgemeinen oder themenzentrierten Buchausstellung in der Klasse oder übergreifend (mit Büchern der Schule, der Schüler bzw. neu anzuschaffenden; Spendenbriefe, Einladungen, Werbeplakate, Buchannotationen)
- Übernahme von themenzentrierten Wanderausstellungen (z. B. „Jugend im Buch", „Dritte Welt im Jugendbuch") sowie Ausstellungen von Büchereien und anderen Einrichtungen
- Führung schulfremder Personen (Eltern) durch entsprechende schulische Einrichtungen wie Bibliothek, Buchausstellung („Tag der offenen Tür")
- Vorbereitung und Einstimmung auf außerschulische Unternehmungen mit einschlägigen (Sach-)Büchern: Theater-, Museums-, Bibliotheksbesuch; Besichtigungen aller Art usw.
- Mitgestaltung von überregionalen literarischen Ausstellungen und anderen Veranstaltungen (Feierstunden zu bestimmten Anlässen wie „Tag des Kindes", „Jahr des Kindes", Internationaler Kinderbuchtag u. a.)
- Ausgestaltung des Klassenzimmers bzw. der Schule mit Anschauungsmaterial (Poster, Bildmappen, Wandkalender, Bildrollen, Werbeplakate u. a.) oder eigenen Produkten nach literarischen Motiven (Kunsterziehung)
- Kreativ-spielerischer und produktionsorientierter Umgang mit Büchern („Komm und spiel mit dem Buch", „Kinderbücher erleben"); Umsetzung von Büchern in andere Medien: Hörspiel, Videofilm; Vertonung, Musikbegleitung u. a.
- Kennenlernen der Erfindung des Buchdrucks und vereinfachter Nachvollzug (Gutenberg-Museum Mainz, Deutsches Museum München u. a.); Literatur zu Gutenberg für verschiedene Altersstufen (Kapr 1987; Pollard 1992; Thadden 1996, Roman; Willard 1996, Ziehbilderbuch, u. a.)
- Überblick über den Werdegang eines Buches, vom Autor bis zum Leser (Franz 1996, dazu Poster mit allen wesentlichen Stationen; Kutsch 1993; Lucht 1989 u. a.; s. Auswahlbibliographie); u. a. Einblick in verschiedene Berufsbilder

- Kennenlernen verschiedener Formen und Funktionen von Büchern (Format, Größen; Handschriften, s. Schreibkunst 1994, Scriptorum Opus 1971; bibliophile Bücher / Buchkunst; Materialien wie Plastik, Holz, Stoff; Klapp-, Zieh-, Kulissen-, Verwandelbücher, Leporello u. a.; Geruchs-, Geschmacksbücher; Scheinbücher, Non-Books u. ä.)
- Übersicht über die wichtigen Teile des Buches: Schutzumschlag, Einband, Vorder-, Hinterdeckel, Rücken, Vorsatz, Wasserzeichen usw.
- Herstellen eines Buches mit eigenen Texten und Illustrationen (eventuell im Anschluss an eine Lektüre): Papierauswahl, „Setzen" (handschriftlich, Setzkasten, PC), Drucken (Drucktechniken; Schuldruckerei, in der Tradition Freinets), Binden, Umschlaggestaltung etc. (Kunsterziehung)
- Benützung von Informationen und Zusatzinformationen im Buch: Titel, Impressum, Vor-, Nachwort, Inhaltsverzeichnis, Register, Glossar, Umschlag-, Klappentext u. a.
- Besitzvermerke und Widmungen in Büchern: Exlibris, Buchsprüche u. a. (kunstgeschichtliche Aspekte; eigener Nachvollzug in verschiedenen Techniken wie Linol-, Holzschnitt, Einkleben von selbstgefertigten und vervielfältigten Exlibris; Schreiben von Buchbesitzreimen, Widmungen)
- Einblick in Lese-Hilfsmittel wie Lesegläser, Lesevorrichtungen (Pulte, „Maschinen") und Funktion und Formen von Lesezeichen (kultur- und kunstgeschichtliche Besonderheiten; eigene Herstellung in verschiedenen Materialien und Techniken)
- Sammeln und Erklären von Texten zum „Buch" als Symbol (u. a. Curtius 1954) und Metapher in Rätseln, Sentenzen, Sprichwörtern („Lieber barfuß als ohne Buch", Island) und Redewendungen („reden wie ein Buch")
- Provozierende Witze, Sprüche und Cartoons zum Buch und zum literarischen Leben sowie Werke der bildenden Kunst (lesende Menschen; Barlach-Skulpturen u. ä.) als Motivation, Hinführung und Denkanstoß (häufig in der Presse, in Sammlungen, teils in Lesebüchern)
- Reflexion über Buch und Lesen als Motiv oder Thema in Gedichten, essayistischer, anekdotischer, autobiographischer und erzählender Literatur: M. Ende, Die unendliche Geschichte; U. Eco, Der Name der Rose; K. Huizing, Der Buchtrinker; A. Schweiggert, Das Buch; E. Petzoldt, Die Reise ins Bücherland; D. Pennac, Wie ein Roman; R. Bradbury, Fahrenheit 451 (Truffaut-Verfilmung) u. v. a.
- Die Bedeutung anderer Medien als Konkurrenz für das Buch und als Vehikel der Buch- und Leseförderung (Sendungen zu Büchern, Berichte über Autoren, Messen etc.)

Literaturverzeichnis

Kinder- und Jugend(sach)bücher (Auswahl)

Brookfield, Karen: Schrift. Von den ersten Bilderschriften bis zum Buchdruck. Ill. v. L. Pordes. Aus d. Engl. v. C. Hartkamp. 2. Aufl. Hildesheim: Gerstenberg 1997 (Sehen – Staunen – Wissen)

Burger, Melitta [u. a.]: Treffpunkt Bücherei. Kleiner Bibliotheksführer für Kinder. München: Ellermann 1978

Die Geschichte des Buches. Schrift und Bild auf Seide, Leder und Papier: die Kunst des Büchermachens. Aus dem Französischen von Marc Würmli u. Hans Peter Thiel. Mannheim: Bibliogr. Institut u. Brockhaus 1996 (Meyers Jugendbibliothek)

Feld, Friedrich: Johannes Gutenberg. Das Abenteuer einer Erfindung. Stuttgart: Boje 1979

Franz, Kurt: Lesen macht stark. Alles über Bücher. Vom Autor bis zum Leser. Mit Bildern von Frantz Wittkamp. 9., überarb. Aufl. München: Deutscher Taschenbuch Verlag 1996 (dtv junior 79508)

Gelberg, Hans-Joachim (Hrsg.): Nussknacker. Über Kinderbücher und Autoren. Werkstattbuch. Weinheim: Beltz u. Gelberg 1986 (Gullivers Bücher)

Inkíow, Dimíter / Rettich, Rolf (Ill.): Das Buch erobert die Welt. Vom Schreiben und vom Büchermachen. 2. Aufl., Zürich / Wiesbaden: Orell Füssli 1991

Katz, Casimir: Leute kommt und seht, wie ein Buch entsteht. Bilder von Elisabeth Grauel. Gernsbach: Dt. Betriebswirte-Verlag (1978) (Die bunte DBV-Großband-Reihe)

Kunze, Horst: Das große Buch vom Buch. Eine Geschichte des Buches und des Buchgewerbes von den Anfängen bis heute vorgestellt in Wort und Bild. Berlin: Der Kinderbuchverlag 1983

Kutsch, Angelika: Angelika Kutsch erzählt vom Büchermachen. Bilder von Silke Brix-Henker. Hamburg: Oetinger 1993 (Erde – Wasser – Feuer – Luft)

Lapointe, Claude: Die Welt der Büchermacher. Ravensburg: Otto Maier 1991 (Die Welt erkennen; Bd. 23)

Lucht, Irmgard: Wie kommt der Wald ins Buch? Irmgard Lucht erzählt vom Bildermalen und Büchermachen. München: Ellermann 1989; 2. Aufl. 1990

Meyer, Hansgeorg: Bücher, Leser, Bibliotheken. Illustrationen v. Gisela Wongel. 3. Aufl. Berlin: Der Kinderbuchverlag 1976

Pleticha, Heinrich (Hrsg.): Lettern, Bücher, Leser. Würzburg: Arena 1970

Pollard, Michael: Johannes Gutenberg. Übersetzung aus dem Englischen von Hannah Madrigal. Recklinghausen: Bitter 1992

Thadden, Wiebke von: Thomas und die schwarze Kunst. Hamburg: Carlsen 1996

Willard, Nancy: Gutenbergs Geschenk. Nachgedichtet v. Hildegard Krahé. Mit Illustrationen v. Bryan Leister. Esslingen: Esslinger / Schreiber [1996]

Fachliteratur und didaktische Literatur

Arbeitstechniken. Praxis Deutsch 1977, H. 77

Auf den Schultern von Gutenberg. Medienökologische Perspektiven der Fernsehgesellschaft. Hrsg. v. Bodo Franzmann [u. a.]. Mit Beiträgen v. Heinz Bonfadelli [u. a.]. Berlin / München 1995 (Stiftung Lesen)

Aufsatz: Schreiben nach Texten. Praxis Deutsch 1984, H. 65

Autoren – Bücher – Leser. Zusammengestellt von Wolfgang Höfler. Stuttgart 1983 (Lesehefte für den Literaturunterricht; mit Lehrerheft)

Baumgärtner, Alfred Clemens (Hrsg.): Lesen – Ein Handbuch. Lesestoff, Leser und Leseverhalten, Lesewirkungen, Leseerziehung, Lesekultur. Hamburg 1974

Baumgärtner, Alfred Clemens: Buch. In: Lange, Günter u. a. (Hrsg.): Taschenbuch des Deutschunterrichts. 1. Bd. 5., vollst. überarb. Aufl. Baltmannsweiler 1994, 388–395

Baumgärtner, Alfred Clemens / Watzke, Oswald: Wege zum Kinder- und Jugendbuch. Ein Beitrag zur Buchpädagogik. Theoretische Überlegungen und praktische Beispiele für die Grundschule und Sekundarstufe I. Donauwörth 1985

Bellebaum, Alfred / Muth, Ludwig (Hrsg.): Leseglück. Eine vergessene Erfahrung? Opladen 1996

Carter, John / Muir, Perca H. (Hrsg.): Bücher, die die Welt verändern. Eine Kulturgeschichte Europas in Büchern. München 1976

Computer und Deutschunterricht. Praxis Deutsch 1994, H. 128

Curtius, Ernst Robert: Europäische Literatur und lateinisches Mittelalter. 2., durchges. Aufl., Bern 1954 (Kap. 16: Das Buch als Symbol, 306–352)

Eco, Umberto: Die Bibliothek. München / Wien 1987

Falschlehner, Gerhard: Vom Abenteuer Lesen. Salzburg / Wien 1997

Faulstich, Werner: Grundwissen Medien. München 1994 (UTB 1773) (Buch, 126–145)

Franz, Kurt: Bücher lesen und lieben – Der Beitrag der Kinder- und Jugendliteratur zur Gestaltung des Schullebens. In: Schmaderer, Franz Otto (Hrsg.): Die pädagogische Gestaltung des Schullebens. Beiträge zur Verwirklichung des Erziehungsauftrags der Schule. München 1979, 128–136

Franz, Kurt: Deutschunterricht. In: Weimar, Klaus (Hrsg.):Reallexikon der deutschen Literaturwissenschaft. Bd. 1, 3. neubearb. Aufl. Berlin / New York 1997, 341–345

Freies Arbeiten. Praxis Deutsch 1997, H. 141

Frühwald, Wolfgang: Altlasten des Geistes. In: DIE ZEIT 19 vom 3.5.96, 33

Füssel, Stephan: Buch. In: Weimar, Klaus (Hrsg.): Reallexikon der deutschen Literaturwissenschaft. Bd. 1, 3. neubearb. Aufl. Berlin / New York 1997, 259–263

Funke, Fritz: Buchkunde. Ein Überblick über die Geschichte des Buches. 5., neubearb. Aufl., München u. a. 1992

Göpfert, Herbert G.: Vom Autor zum Leser. Beiträge zur Geschichte des Buchwesens. München 1977

Greenfeld, Howard: Bücher wachsen nicht auf Bäumen. Vom Bücherschreiben und Büchermachen. Deutsche Fassung von Berthold Spangenberg unter Mitwirkung von Philipp Luidl. München 1979

Grund, Uwe / Heinen, Martin: Wie benutze ich eine Bibliothek. Basiswissen – Strategien – Hilfsmittel. 2., überarb. Aufl., München 1996 (UTB 1834)

Günther, Horst: Das Bücherlesebuch. Vom Lesen, Leihen, Sammeln: von Büchern, die man schon hat, und solchen, die man endlich haben will. Berlin 1992

Haarmann, Harald: Universalgeschichte der Schrift. Frankfurt a. M. 1990

Halbey, Hans Adolf: Druckkunde für Germanisten, Literatur- und Geschichtswissenschaftler. Bern u. a. 1994 (Germanistische Lehrbuchsammlung, Bd. 50)

Hausaufgaben. Praxis Deutsch 1992, H. 116

Hilka, Thomas: Bücher. Sammeln – Bestimmen – Pflegen. München 1981 (Keysers Sammlerbibliothek)

Hoffmann, Nadine / Hofmann, Sabine: Wie entsteht ein Buch? Vom Autor zum fertigen Buch. In: Grundschulmagazin 1996, H. 11, 23–24

Janzin, Marion / Güntner, Joachim: Das Buch vom Buch. 5000 Jahre Buchgeschichte. Neuausgabe (von Helmut Presser: Das Buch vom Buch. 2. Aufl. 1978). Hannover 1995

Jochum, Uwe: Kleine Bibliotheksgeschichte. Stuttgart 1993 (UB 8915)

Jochum, Uwe: Textgestalt und Buchgestalt. Überlegungen zu einer Literaturgeschichte des gedruckten Buches. In: Zeitschrift für Literaturwissenschaft und Linguistik 1996, H. 103, 20-34

Kaltwasser, Franz Georg: Verliert die Menschheit ihr Gedächtnis? Welche Gefahren sich für die Bibliotheken durch die moderne Informationstechnologie ergeben. In: Süddeutsche Zeitung 112 vom 17./18./19.5.1997, Beilage, II

Kapr, Albert: Johannes Gutenberg. Persönlichkeit und Leistung. München 1987

Kerckhove, Derrick de: Schriftgeburten. Vom Alphabet zum Computer. Aus dem Französ. v. Martina Leeker. Nachwort Friedrich Kittler. München 1995

Kinder- und Jugendliteratur im Unterricht. Praxis Deutsch, Sonderheft, 1995

Kittler, Friedrich A.: Aufschreibesysteme 1800/1900. 2., erw. und korr. Aufl., München 1987

Kittler, Friedrich A.: Am Ende der Schriftkultur. In: Smolka-Koerdt, Gisela / Spangenberg, Peter M. / Tillmann-Bartylla, Dagmar (Hrsg.): Der Ursprung von Literatur. Medien, Rollen, Kommunikationssituationen zwischen 1450 und 1650. München 1988, 289–300

Klostermann, Vittorio: Schluß mit den Scheuklappen. Das Zusammenleben von Druck- und anderen Medien am Ende der Gutenberg-Galaxis. In Süddeutsche Zeitung 5, vom 8.1.1997, 11

Knobloch, Jörg: Lesen und lesen lassen. Literaturunterricht bei Tag und Nacht, im Klassenzimmer und in einem Zug. 2. Aufl., Lichtenau 1995

Krättli, Anton: Ein neues Buchzeitalter. In: Schweizer Monatshefte 1990, 165–170

Laengin, Georg (Hrsg.): Aus Johann Peter Hebel's nachgelassenen Papieren. Tauberbischofsheim 1882

Landherr, Karl: Das Kinder- und Jugendbuch in der Schule. Unterrichtsmodelle für Grundschule und Hauptschule. Donauwörth 1984 (Exempla, Bd. 44)

Leseförderung. Praxis Deutsch 1994, H. 127

Lesen. Grundlagen, Ideen, Modelle zur Leseförderung. Hrsg.: Stiftung Lesen. 6. Aufl., Mainz 1996

Literarisches Leben in der Schule. Praxis Deutsch 1982, H. 52

Literaturbetrieb. Praxis Deutsch 1974, H. 7

Materialien Jugendliteratur und Medien 1989, H. 21: Den Machern über die Schulter geschaut. Kinder- und Jugendbücher über Autoren, Bücher, Medien (Schriftenreihe der Arbeitsgemeinschaft Jugendliteratur und Medien, VJA)

McLuhan, Marshall: Die Gutenberg-Galaxis. Bonn 1995 (zuerst 1962)

Presser, Helmut: Johannes Gutenberg in Zeugnissen und Bilddokumenten. Hamburg 1968 (rowohlts monographien, Bd. 134)

Röhring, Hans-Helmut: Wie ein Buch entsteht. Eine Einführung in den modernen Buchverlag. 3. Aufl., Darmstadt 1987

Rühle, Günther: Die Büchermacher. Von Autoren, Verlegern, Buchhändlern, Messen und Konzernen. Frankfurt a. M. 1985 (Suhrkamp Tb. 1205)

Schanze, Helmut: Die Wiederkehr des Buchs. Zur Metaphorik der Digitalmedien. In: Neue Medien. Osnabrücker Beiträge zur Sprachtheorie 1995, H. 50, 53–60

Schenda, Rudolf: Volk ohne Buch. Studien zur Sozialgeschichte der populären Lesestoffe 1770-1910. München 1977 (dtv Wissenschaftl. Reihe)

Schipperges, Heinrich: Lesen verändert. Vom Leben des Buches – vom Leben mit Büchern. Frankfurt a. M. 1987

Schottenloher, Karl: Bücher bewegten die Welt. Eine Kulturgeschichte des Buches. Stuttgart 1968

Schreiben: Texte und Formulierungen überarbeiten. Praxis Deutsch 1996, H. 137

Schreibkunst. Mittelalterliche Buchmalerei aus dem Kloster Seeon. Hrsg. v. Josef Kirmeier, Alois Schütz und Evamaria Brockhoff. Katalog zur Ausstellung [...]. Augsburg: Haus der Bayerischen Geschichte 1994 (Veröffentlichungen zur Bayerischen Geschichte und Kultur, Nr. 28)

Schrembs, Edigna: Buch und Leser. Schroedel 1976 (Materialien für die Sekundarstufe II, Deutsch, Reihe A)

Scriptorum Opus. Schreiber-Mönche am Werk. Prof. Dr. Otto Meyer zum 65. Geburtstag am 21. September 1971. Wiesbaden 1971

Stocker, Günther: Schrift, Wissen und Gedächtnis. Das Motiv der Bibliothek als Spiegel des Medienwandels im 20. Jahrhundert. Würzburg 1997

Wandhoff, Haiko / Wenzel, Horst: Literatur vor und nach Gutenberg: Perspektiven einer integrativen Mediengeschichte. In: Mitteilungen des Deutschen Germanistenverbandes 1997, H. 3, 18–29

Wegener, Günther S.: 6000 Jahre und ein Buch. Kassel 1958

Wetzel, Michael: Die Enden des Buches oder die Wiederkehr der Schrift. Von den literarischen zu den technischen Medien. Weinheim 1991

Winkels, Hubert: Leselust und Bildermacht. Literatur, Fernsehen und neue Medien. Köln 1997

Wittmann, Reinhard: Geschichte des deutschen Buchhandels. Ein Überblick. München 1991

Wolf, Hans-Jürgen: Schwarze Kunst. Eine illustrierte Geschichte der Druckverfahren. Frankfurt a. M. 1981

Zapf, Hermann: Schrift und Buch in der Welt von morgen. Vortrag gehalten in der Festsitzung der Gutenberg-Gesellschaft in Mainz am 22. Juni 1970. Mainz 1970 (Kleiner Druck der Gutenberg-Gesellschaft Nr. 91)

EKKEHART MITTELBERG

Zeitung und Zeitschrift

Beide Printmedien werden hier unter dem Oberbegriff 'Presse' abgehandelt, um die ihnen gemeinsamen Probleme in Forschung und Unterricht zusammenfassen zu können. Die in der Regel weniger gründlich untersuchten Zeitschriften werden unter 3. gesondert erörtert.

1. Die Presse im Deutschunterricht

Von 1967 bis etwa 1980 gehörten Presseanalysen zum Standard der Curricula des Deutschunterrichts der allgemeinbildenden Schulen. Warum sie heute in der vorherrschenden Unterrichtspraxis bei gleichbleibender Notwendigkeit eine geringere Rolle spielen, bedarf einer empirischen Untersuchung. Eine Ursache mag darin liegen, dass man Ende der 60er und Anfang der 70er Jahre mehr daran glaubte, durch eine kritische Mediendidaktik (vgl. Ziesenis 1980, 345) den Manipulationspraktiken der Massenmedien entgegenwirken und eine bloße Anpassung von Sprache und Inhalten der Presse an die Bedürfnisse der Leser begrenzen zu können. Eine zweite Ursache mag darin liegen, dass Unterrichtseinheiten zur Presse sehr anspruchsvoll sind, weil deren Textsorten nicht wie poetisch kodierte Texte werkimmanent behandelt werden dürfen. Der Umgang mit Presse im Deutschunterricht bedarf ansatzweise schon auf der Mittelstufe eines Grundwissens zur Pressegeschichte, zur Pressekonzentration, zur sozialen Zusammensetzung der Leser und ihrer Lesegewohnheiten, zur Werbung und zu Public Relations, zu systembedingter und bewusst gesteuerter Manipulation. Es besteht aber wieder berechtigte Hoffnung, der Resignation, ein Schulfach könne das alles nicht leisten, zu begegnen, weil bundesweit immer mehr Schulen mit dem Projektunterricht (s. 4. Unterrichtspraktische Konsequenzen), der lange Zeit nur theoretisch existierte, Ernst machen.

2. Unverzichtbares Basiswissen

Das notwendige Grundwissen und wichtige Grundeinsichten, ohne das/die der Umgang mit der Presse auf der Schule verkürzt und falsch bleibt, sei hier nur kurz umrissen. Je nach Schwerpunktsetzung kann es unterschiedlich intensiv vermittelt werden.

2.1. Geschichte der Presse

Für das Verständnis von Presse ist die Erkenntnis grundlegend, dass deren periodische Erzeugnisse von Beginn an (in Deutschland ab 1609 erste Wochenzeitungen, ab

1650 Tageszeitungen) Warencharakter hatten. Auszunehmen von dieser Feststellung sind die sog. Gelehrten Zeitungen, mit denen die Geschichte des Zeitschriftenwesens begann. Sie waren, von Wissenschaftlern herausgegeben, zunächst Rezensionsjournale (Beginn in Deutschland mit den „Acta Eruditorum", Leipzig 1682–1782) und entwickelten sich später zu Fachzeitschriften für verschiedene wissenschaftliche Disziplinen.

Die Existenz parteigebundener Presse mit eher aufklärerischen Zielen nach 1848, die nach dem Sozialistengesetz (1878–1890) verstummte, blieb und bleibt in einer Marktwirtschaft schwierig, weil deren Finanzierung nicht in dem Maße wie die der parteiunabhängigen Presse über Werbung erfolgen kann.

Der heute vorherrschende Zeitungs- und Zeitschriftentyp, der sich als überparteilich erklärt und primär unter wirtschaftlichen Gesichtspunkten zu betrachten ist, hat eine seiner Wurzeln in den gewinnbringenden Generalanzeigern, die in den 70er und 80er Jahren des 19. Jahrhunderts entstanden. Er verdankt sein Entstehen aber auch der sog. Massenpresse. Diese konnte sich mit dem Aufkommen von Großstädten infolge der Industrialisierung entwickeln, zunächst um die Mitte des 19. Jahrhunderts in den Vereinigten Staaten. Die Massenpresse als Straßenverkaufspresse verzichtete auf feste Abonnenten und musste durch einen attraktiv gestalteten Umbruch anziehend für Inserenten werden. Nach Anfängen wiederum in den USA entschloss man sich in Deutschland erst während des Zweiten Weltkrieges zu Schlagzeilen und anderen graphischen Hervorhebungen (vgl. Koszyk / Pruys 1981, 236). Zwei Entwicklungen waren es, die das heute dominierende Prinzip gefördert haben, den redaktionellen Teil zum stimmigen Umfeld des Inseratenteils zu machen. Zum einen war es die Entstehung der Yellow Press um 1850 in den USA, die durch Einzelschicksalsstories, Privatisierung von Politik und Atomisierung gesamtgesellschaftlicher Zusammenhänge in Einzelaspekte dem Prinzip 'human interest' den Weg bahnte. Je mehr Bedürfnisse und Interessen einzelner Menschen in den Mittelpunkt gestellt werden, desto besser ist das redaktionelle Umfeld für die Werbung. Die andere Entwicklung geht einher mit dem Aufkommen einer empirisch quantitativ arbeitenden Publizistikwissenschaft (vgl. Noelle-Neumann / Schulz 1971, 175 ff.) und dem Entstehen der Motivforschung in den 50er Jahren (ebenda, 183), die nach den Antriebskräften des Verbraucherverhaltens, nach Konsumgewohnheiten und Käuferentscheidungen fragt.

Der heute vorherrschende Zeitungs- und Zeitschriftentyp hat noch eine dritte Wurzel. Er erklärt sich zwar als überparteilich, doch nicht als unpolitisch, insofern er Meinungen vertritt. Die heute selbstverständliche Meinungsberichterstattung musste erst erstritten werden; denn staatliche und kirchliche Zensur erlaubten bis zum Ende des 18. Jahrhunderts nicht den Abdruck von Kommentaren. Pressefreiheit war zunächst ein Kampf um individuelle Meinungs- und Gedankenfreiheit. „Aufklärung, Französische Revolution und der Kampf gegen Napoleon, das Entstehen demokratischer und nationaler Ideale bringen die politische Publizistik und ein breites, daran interessiertes Publikum hervor." (Noelle-Neumann / Schulz 1971, 254) In unserer heutigen privatwirtschaftlich organisierten Presse ist das Nebeneinander von Nachrichten, Kommentaren und Werbung, das im 17. und 18. Jahrhundert noch weitgehend getrennt war, eine Selbstverständlichkeit. Insbesondere für die Geschichte der deutschen Presse ist wichtig, dass der Nationalsozialismus tendenziell die klare Trennung von Nachricht und Kommentar zugunsten von Propaganda aufzuheben versuchte. Die privatwirtschaftliche Pressestruktur blieb aber seit dem Ende des 19. Jahrhunderts erhalten und wurde auch durch die spätere Lizenzpolitik der Alliierten nicht angetastet (vgl. Noelle-Neumann / Schulz 1971, 269).

2.2. Ökonomische Fragen

Ökonomische Entscheidungen beeinflussen die Auswahl der Inhalte in der Presse bis hin zu einzelnen sprachlichen Formulierungen. Da Zeitungen und Zeitschriften zwischen 50 % und 70 % ihrer Einnahmen aus der Werbung beziehen, gerät der redaktionelle Teil in eine mehr oder weniger große Abhängigkeit von den Inserenten. Zumindestens kann die Presse nur in seltenen Ausnahmen (Folgen von Zigaretten- oder Alkoholkonsum) die Produkte oder Geschäftspraktiken ihrer Inserenten direkt kritisieren oder in Frage stellen, weil diese sonst ihre Anzeigen zurückzögen. Jedoch ist in jüngster Zeit dazu eine interessante Gegenbewegung dahingehend zu beobachten, dass sich das Bewusstsein der Leser gegenüber Auswüchsen der Werbung und gegenüber Werbung für bestimmte Produkte schärft, z. B. gegenüber Werbung für bekanntermaßen umweltschädigende Produkte, so dass der Hinweis auf Umweltfreundlichkeit zunehmend zum integralen Bestandteil der Werbung wird. Musste die Presse also früher nur auf die Inserenten Rücksicht nehmen, bahnt sich heute eine Entwicklung zu einem Balanceakt zwischen werbungstreibender Industrie und gesellschaftspolitischen Vorstellungen der Leser an, dies jedoch nur, wenn die Leserschaft einer Zeitung / Zeitschrift plural zusammengesetzt ist. Noch sind Annoncen gegen vorherrschende Meinungen eher die Ausnahme, z. B. wenn politische Parteien in Presseorganen Public Relations betreiben, deren anders denkendes Publikum sie damit umstimmen wollen. Der Regelfall ist eher, dass für Werbetreibende nur jene Zeitungen und Zeitschriften attraktiv sind, die genau umrissene Zielgruppen / Käufergruppen ansprechen, die häufig mit sozialen Schichten korrellieren. Frauen- und Männerzeitschriften beispielsweise stimmen mit Blick auf ihre Anzeigenkunden ihr redaktionelles Programm extrem darauf ab, ob ihre Leser in den unteren, mittleren oder oberen Einkommensschichten zu suchen sind. An den geschlechtsspezifischen Zeitschriften lässt sich gut nachweisen, dass Inhalte, Sprache und Werbung entweder auf Angsterregung oder Angstbeschwichtigung bzw. entweder auf das Sicherheitsbedürfnis ihrer Leser oder auf deren Wünsche abzielen, mit Statussymbolen in bestimmten gesellschaftlichen Kreisen eine Rolle zu spielen. (Vgl. Zoll / Hennig 1970, 225 ff.)

Von ganz außerordentlichem ökonomischen Gewicht sind die Formen der Pressekonzentration. Die hier notwendige Differenzierung in Verlagskonzentration, Auflagenkonzentration und publizistische Konzentration (vgl. Noelle-Neumann / Schulz 1971, 81 ff.) würde selbst auf der Oberstufe einen längeren juristischen Exkurs erforderlich machen. Deswegen empfiehlt sich eine didaktische Reduktion auf die publizistische Konzentration, die für Schüler einsichtig am Beispiel von Lokalzeitungen verdeutlicht werden kann. Unter publizistischer Konzentration versteht man den „Rückgang an publizistischen Einheiten, d. h. an Zeitungen, die einen selbständig redigierten redaktionellen Teil herausgeben" (Noelle-Neumann / Schulz 1971, 83), insbesondere einen eigenständigen politischen Teil veröffentlichen, den andere Zeitungen als Mantel übernehmen. Zeitungen, die keine Vollredaktion haben – ihre Auflage liegt meistens unter 40000 –, haben ihre publizistische Selbstständigkeit verloren. Noch gravierender ist die publizistische Konzentration in jenen Gegenden, wo nur noch eine Zeitung die lokale Berichterstattung gewährleistet. Auch wenn zwei Lokalzeitungen vorhanden sind, zieht die auflagenstärkere die meisten Anzeigen auf sich (Anzeigen-Auflagen-Spirale), so dass die auflagenschwächere entweder auf die Dauer nicht überleben kann oder eine so schwach besetzte Lokalredaktion hat, dass diese kaum selbst recherchieren kann und auf jene meist unkritischen Berichte angewiesen ist, die ihr Kommunalpolitiker und Vereine als Selbstdarstellung zusenden.

2.3. Funktionen der Presse

Im klassischen Sinne lassen sich die Funktionen der Presse in 1. Information durch Nachrichten, 2. Meinungsbildung durch Kommentare, Reportagen und Interviews und 3. Unterhaltung durch alle übrigen Textsorten, einschließlich Reportagen und Interviews, ordnen. Eine andere Einteilung bietet Feldmann (1972, 83ff.) an, der zwischen „informierender", „regulierender" und „stimulierender" Kommunikation unterscheidet. Bei der informierenden Kommunikation hat Feldmann sachliche Berichterstattung vor Augen, bei der regulierenden Beeinflussung des Lesers durch Propaganda und Agitation, Werbung, Kommentare und Kritik sowie durch das Feuilleton, bei der stimulierenden Kommunikation denkt er an „zerstreuende Unterhaltung, ästhetische Erhebung und erholsame Beschäftigung" (ebenda, 91). Der Einteilungsversuch Feldmanns ist praktikabler, weil er die Funktionen nicht mehr so einengend den Textsorten zuweist. Schon die erste Funktion beider Einteilungen, die Information, kann pädagogisch nutzbar gemacht werden, indem im Unterricht die Leitfrage gestellt wird, inwieweit privatwirtschaftlich organisierte Presse heute in ihrer Abhängigkeit von Inserenten und in ihrer Abhängigkeit von den Einstellungen der Leser überhaupt sachlich und objektiv informieren kann. Didaktisch interessanter noch werden Einteilungen der Funktionen von Presse, wenn man die Meinungsberichterstattung im weitesten Sinne unterteilt in die Kritikfunktion und in die Vermittlungsfunktion der Presse. „Danach kommt die Presse ihrer öffentlichen Aufgabe nach, indem sie erstens Nachrichten beschafft und verbreitet, zweitens Stellung nimmt und Kritik übt, drittens an der Bildung der öffentlichen Meinung mitwirkt und viertens der Bildung dient." (Ricker 1983, 14)

Kritischer Unterricht über Presseerzeugnisse sieht sich heute mit einigen fatalen Tatsachen konfrontiert; denn bei klarsichtiger Betrachtung ist es sowohl um die Kritikfunktion als auch um die Vermittlungsfunktion der Presse schlecht bestellt. Partei- und Meinungspresse, die die Kritikfunktion als bewusste Abgrenzung ihrer Standpunkte von anderen betreibt, muss eingestellt werden oder kämpft um ihr wirtschaftliches Überleben (siehe die katholische Wochenzeitschrift „Publik" oder die sozialdemokratische Zeitschrift „Vorwärts"). Aber auch die Anwälte der Vermittlungsfunktion haben einen schweren Stand. Sie fordern, dass die Presse sich als ein Forum zu verstehen habe, das kontroverse Meinungen in der Öffentlichkeit unter Hintansetzung der Auffassung der Publizisten aufgreift und referiert. Dem Scheine nach wird diese Auffassung von den meisten Tageszeitungen erfüllt, die sich auf der front page als unabhängig und überparteilich bezeichnen. Aber jeder nur halbwegs helle politische Kopf weiß seine Tageszeitung einer politischen Richtung zuzuweisen und durchschaut einen Teil ihrer Manipulationstechniken, denen er letztlich dennoch aufsitzt, weil er nicht die Zeit hat, mehrere Zeitungen gleichzeitig zu lesen.

Wenngleich zahlreiche Bundesdeutsche bereit sind, neben der Tageszeitung noch eine illustrierte Zeitschrift zu lesen, bietet dieses auch noch kein Forum kontroverser Meinungen. Denn illustrierte Zeitschriften, die nur bescheidene Versuche machen, aus dem Fron der Sensation herauszukommen, indem sie lediglich den Anteil der Meinungsberichterstattung vergrößern, laufen Gefahr, für die werbungstreibende Industrie weniger attraktiv zu sein, und müssen ihr Erscheinen einstellen. Es wäre auch mindestens aus zwei Gründen erstaunlich, wenn die Mehrheit von Zeitungslesern an einer vorwiegend vielfältigen (Vermittlungsfunktion) und kritischen (Kritikfunktion) Darbietung von Inhalten interessiert wäre. Zum einen ist es eine Binsenweisheit der Publizistikwissenschaft, dass fast alle Leser mit Vorliebe jene Artikel lesen, die sie in ihrer vorgefassten Meinung bestätigen. Zum anderen konditionieren die Fernsehanstalten in ihrem Kampf um höhere Einschaltquoten als Attraktion für die werbungstreibende Industrie ihr Publikum auf leicht konsumierbare Unterhaltung und verweisen tendenziell anspruchsvolle kritische Sendungen ins späte Abendprogramm. Eine letzte Chance für den aufklärenden Deutschunterricht sehe ich auf der Mittelstufe in der Erziehung zum kritischen Lesen von Lokalzeitungen, weil deren Leser der unkritischen Berichterstattung über lokale Veranstaltungen noch ihre eigenen Erfahrungen vor Ort gegenüberstellen können, und auf der Oberstufe in der Erziehung zur Lektüre solcher Wochenzeitungen, die in ihrer Meinungsberichterstattung noch mehrere Positionen zu Worte kommen lassen, wenngleich auch deren Verleger und Journalisten selten für eine ausgeprägte Vermittlungsfunktion autark genug sind.

2.4. Manipulation in der Presse

Wenn Schüler zu einer kritischen Einstellung gegenüber Massenmedien gelangen sollen, müssen sie eine klare Vorstellung davon gewinnen, was Manipulation ist. Dies ist deshalb besonders wichtig, weil sie Manipulation häufig mit Beeinflussung gleichsetzen, ohne zu wissen, dass dieser Begriff auch positiv verwendet werden kann. Manipulation als „zielbewußtes technisches Eingreifen in ein gegebenes Material" (Enzensberger 1978, 159ff.) ist beim Gebrauch der Massenmedien unvermeidbar. Dieses lässt sich grundsätzlich am Wege der Nachricht von ihrer Quelle bis zum Leser vermitteln. Bei Nachrichten aus dem Ausland z. B. sind drei Selektierungsvorgänge gegenüber der ursprünglich großen Fülle des Materials notwendig. Den ersten zielbewussten technischen Eingriff nimmt der Auslandskorrespondent vor, der ausgewähltes Nachrichtenmaterial an die Agenturen weitergibt; die zweite Selektion vollziehen die Nachrichtenagenturen, die dritte die Zeitungsredaktion bzw. einzelne Journalisten, bevor eine bestimmte Nachricht in eine Zeitung gelangt. Legt man die totale Nachrichtenquantität an den jeweiligen Geschehensorten zugrunde, so geht von dieser auf jeder Station des Nachrichtenweges etwa ein Zehntel verloren, so dass nur ein Tausendstel des Ausgangsmaterials zum Leser gelangt (vgl. Mittelberg 1980, 42ff.). Die Ursache für diese Manipulation liegt kaum in einer bewussten Täuschungsabsicht der Nachrichtenvermittler, sondern ist medienimmanent, weil die Agenturen und Redaktionen aus ökonomischen Gründen eine Auswahl treffen müssen. Mindestens die letzten Selektionsinstanzen, die Redaktionen, sollten aber grundsätzliche Eingriffe in Nachrichten mit Auswahlkriterien verantworten, die z. B. in Redaktionsstatuten bzw. publizistischen Grundsätzen festgehalten werden können (vgl. Dovifat / Wilke 1976, I, 70f.). Falls so verfahren wird, kann man bei medienspezifischen Selektionszwängen gegenüber Nachrichten auf den Manipulationsbegriff verzichten, damit dieser seine kritische Schärfe nicht einbüßt. Anders ist dies bei allen jenen Manipulationen, die unter dem Begriff des „ideologischen Kreislaufs“ zusammengefasst werden können (vgl. Ziesenis 1980, 361).

Es wurde bereits auf den harten Verdrängungswettbewerb durch die verschiedenen Formen von Pressekonzentration hingewiesen. Dieser bringt das Argument hervor, Zeitungen und Zeitschriften müssten sich mit ihren Inhalten und deren sprachlicher Aufbereitung dem Publikumsgeschmack anpassen. Dabei wird jedoch die Konsequenz unterschlagen, dass eben diese Anpassung die Bedürfnisse der Leser stabilisiert, auf die man sich dann wieder beruft. Die Manipulation besteht hier darin, dass einerseits ideologische Ziele und die durchaus berechtigten merkantilen Interessen der Zeitungsverlage – Zeitungen sind Ware – verschwiegen werden und andererseits durch Anpassung an die Unmündigkeit von Konsumenten die „im Grundgesetz verankerte Freiheit zur kritisch verantworteten Kontrolle“ aufgegeben wird (vgl. Grimminger 1972, 21). Selbstverständlich können ertragsorientierte Massenmedien bedenkenlose Anpassung an den Publikumsgeschmack nicht in ‘Volkserziehung’ umwandeln, aber gerade die heute so beliebten human interest stories (Mittelberg 1981) bieten die Möglichkeit, über den spannenden erzählenden Einstieg beim scheinbar unpolitischen Geschehen den Leser gleichsam in die gesellschaftspolitischen Implikationen der story hineinzulocken. Dies wäre, um auf den Ausgangspunkt zurückzukommen, Beeinflussung zur Mündigkeit und das Gegenteil von Manipulation, die entmündigt.

3. Zeitschriften

Lexika der Publizistik (Koszyk / Pruys 1981; Noelle-Neumann / Faulstich 1971) lassen erkennen, dass sich die Zeitungswissenschaft immer noch mehr mit definitorischen Problemen befasst, insbesondere mit der Frage, was überhaupt eine Zeitschrift sei, als mit dem Versuch, eine kritische Position zu dem ständig wachsenden Zeitschriftenmarkt in der Bundesrepublik Deutschland zu gewinnen. Einen Überblick über das Angebot von Zeitschriften bieten die jährlich erscheinenden „Presse-Porträts" von Presse-Report, dem monatlichen Magazin für den Presse-Einzelhandel. Für den Umgang mit Zeitschriften in der Schule reicht zur Abgrenzung von Zeitungen die folgende Definition völlig aus: „Die Zeitschrift dient einem umgrenzten Aufgabenbereich oder einer bestimmten Stoffdarbietung fortlaufend und in regelmäßiger Folge. Er bestimmt ihre Öffentlichkeit, ihre Tagesbindung, ihren Standort, die Massenhaftigkeit ihres Inhalts und die Häufigkeit ihres Erscheinens" (Noelle-Neumann / Schulz 1971, 351).

Am Anfang einer Unterrichtseinheit über Zeitschriften, die diese systematisch auf ihre wissensvermittelnde, unterhaltende und aufklärerische Funktion untersucht, sollte ein Überblick über die Erscheinungsformen von Zeitschriften stehen, der am besten den o. a. Presse-Porträts entnommen werden kann, nämlich Wochenzeitungen / Politische Presse, Aktuelle Illustrierte, Programmzeitschriften, Unterhaltungszeitschriften, Frauenzeitschriften, Erlebnismagazine, Modezeitschriften, Sportzeitschriften, Jugendzeitschriften, Kinderzeitschriften, Kultur- und Kunstzeitschriften etc. In kurzen Schülerreferaten sollten verschiedene Zeitschriftenarten vorgestellt werden, bevor eine Auswahl für eine gründliche Untersuchung einer Zeitschriftenform oder weniger sog. Objektgruppen getroffen werden kann. Diese Auswahl wird in erster Linie durch das Interesse der Schüler bestimmt. Kriterien dafür können zum einen die Vermeidung einer zu starken Spezialisierung auf Hobbyzeitschriften und zum anderen die Möglichkeit sein, im Umgang mit dem untersuchten Zeitschriftentyp eine aufklärerisch kritische Position erarbeiten zu können. Die Schüler sollen, zumindestens auf der Oberstufe, verpflichtet werden, einige Leitfragen zu erarbeiten, mit denen sie einen speziellen Zeitschriftentyp auf Inhalt und Form befragen. Diese Leitfragen können z. B. zielen auf: die soziale Zusammensetzung der Leserschaft, publizistische Grundsätze, Aufbau (Ressorts), grafische Präsentation, Zusammenwirken von Wort und Bild, Zusammenhang von redaktionellem Teil und Werbung, journalistische Darbietungsformen, blattspezifische Sprachmuster, sprachliche Manipulationen.

Sofern sich dies mit den Vorstellungen der Schüler vereinbaren lässt, seien hier drei Zeitschriftenformen für eine genauere Analyse empfohlen:

- Wochenzeitungen für die Oberstufe im Hinblick darauf, dass die Lektüre einer Wochenzeitung oder Wochenzeitschrift als Ergänzung zum Lesen einer Tageszeitung deswegen sinnvoll ist, weil aus größerer Distanz eine kritische Sichtung, Einordnung oder Verarbeitung tagespolitischer Ereignisse erwartet werden darf (vgl. Haacke / Pötter 1982, 45 ff.).
- Frauenzeitschriften für die Oberstufe, unter dem Gesichtspunkt einer stärkeren Motivation für Mädchen und unter den Aspekten: Ausrichtung auf bestimmte gesellschaftliche Gruppen von Frauen, Art der Werbung, Entpolitisierung der Leserinnen und zugleich Versuche ihrer Emanzipierung (z. B. „Emma") durch Gegenüberstellung erarbeiten zu können. Hilfreiche Hinweise zu der extrem schichten-

spezifischen Ausrichtung von Frauenzeitschriften finden sich bei Zoll / Hennig (1970, 225 ff.).

- Jugendzeitschriften für die Mittelstufe unter den Kriterien, wie diese offene oder unterschwellig vorhandene Unzufriedenheiten auffangen und kanalisieren, wie sie also junge Menschen mit dem Normensystem ihrer Gesellschaft bekannt machen und zu dessen Adaption führen (vgl. Zoll / Hennig 1970, 242 ff.). Als weiteres Kriterium der Untersuchung empfiehlt sich, in welchem Umfang individuelle Lebensschicksale, der intim persönliche Bereich, also im weitesten Sinne das Prinzip 'human interest' diese Zeitschriften prägen (vgl. Mittelberg 1981, 118 ff.). Dass sich die Jugendzeitschrift „Bravo", ein besonders geeignetes Paradigma für die Bewusstseinsindustrie, als Untersuchungsgegenstand auch deswegen anbietet, „weil es auch die 'andere Seite', die pädagogische" mit deren Zielgruppe zu tun hat, wird von Ziesenis unter ausführlicher Zitierung der Sekundärliteratur sorgfältig begründet (Ziesenis 1980, 368 ff.).

3.1. Wochenzeitungen

Am Beispiel der Wochenzeitungen soll das methodische Vorgehen im Unterricht der Oberstufe näher erläutert werden. Ausgehend von der Tatsache, dass es sich überwiegend um explizit politische Presse handelt, können die Schüler einige ihnen bekannte Periodika und deren vermutete politische Ausrichtung zu Beginn vorstellen. Im Hinblick auf Verbreitung, Bekanntheitsgrad und auf Gruppenarbeit schlagen wir eine nähere Untersuchung der „Zeit", des „Spiegels", von „Focus" und „Die Woche" vor. Die von der Zeitungswissenschaft akzeptierte Materialbasis von 6 Ausgaben dürfte in der Schule erst recht ausreichen (vgl. Haacke / Pötter 1982, 56).

Wichtig ist, eine grundsätzliche Entscheidung gegenüber der quantitativen und der qualitativen Methode zu treffen. Der ablehnenden Argumentation von Haacke und Pötter (1982, 48 ff.) gegenüber der quantitativen Methode können wir uns nicht anschließen. Zeitschriften sind in erster Linie Ware und werden deshalb immer im Blick auf die soziale Zusammensetzung der Leserschaft, auf deren Berufsgruppen, Einkommensniveau und vermutetes Bildungsniveau konzipiert, Größen, die statistisch exakt erfasst sind. (Vgl. die jährlich erscheinenden Berichtsbände der Arbeitsgemeinschaft Media-Analyse, Wolfsgangstr. 93, Frankfurt am Main). Ferner ist es sinnvoll, Sparten bzw. Inhaltsbereiche in Prozenten zu messen oder wenigstens zu schätzen, weil so deutlich wird, in welchem Umfang eine Zeitschrift ausgewiesenermaßen ihre Schwerpunkte setzt und welche Inhaltsbereiche in ihr nur am Rande oder gar nicht vertreten sind. Andererseits ist die qualitative Methode mit folgenden Ansätzen unverzichtbar: Welche redaktionellen Leitlinien vertraten die ausgewählten Wochenzeitungen in ihrer Startnummer, welche heute? Wie äußern sie sich anlässlich von Jubiläen und besonderen Ausgaben programmatisch (Weihnachten, Silvester)? Gibt es repräsentative Äußerungen zum Programm von Herausgebern und Chefredakteuren? (Vgl. dazu: Zoll / Hennig (1970) zu „Die Zeit" (192 ff.), „Der Spiegel" (247 ff.). H. M. Enzensberger: „'Spiegel'-Sprache und 'Spiegel'-Story", in: Hestermann (1978, 131 ff.); Dieter Just: „Die Funktion des 'Spiegels' in der bundesrepublikanischen Gesellschaft“, in: Hestermann (1978, 135ff.); Pressel: Der Rheinische Merkur und Die Zeit (1968); Haacke / Pötter (1982) zu „Die Zeit“ (162ff.), „Der Spiegel“ (508ff.), „Deutsche Nationalzeitung“ (130ff.); Claus Koch (1989) zu „Die Zeit – ein Ersatzprofil“ (39ff.), „Montagsmoral für Angestellte: Der Spiegel“ (63ff.)).

Falls eine Wochenzeitung typische stilistische Merkmale aufweist, ist es unverzichtbar, die Mikrostruktur einzelner ausgewählter Artikel sprachlich zu analysieren und durch den punktuellen Vergleich mit anderen Artikeln den Nachweis zu führen, dass bestimmte sprachliche Charakteristika repräsentativ sind.

Für die Analyse jeder beliebigen Wochenzeitung sind die folgenden Leitfragen hilfreich: 1. Beziehung zwischen sozialer Zusammensetzung der Leserschaft und Höhe der Auflage? 2. Inwieweit ist die Werbung adressatenbezogen, inwieweit wird der redaktionelle Teil darauf abgestimmt? 3. Inwieweit stimmen redaktionelle Leitlinien und tatsächliche Ausgestaltung des redaktionellen Teils überein / nicht überein? 5. Treffen Charakterisierungen aus der Sekundärliteratur auf die Wochenzeitungen zu, z.B.: „Ließe sich apolitisch steigern, verdiente die ‘Zeit’ mitsamt deren Intelligenzmilieu, das sie repräsentiert, den Superlativ.“? (Koch 1989, 48f.) Welche Ressorts bzw. Inhaltsbereiche gibt es in der untersuchten Wochenzeitung? 6. Folgen diese inhaltlich und stilistisch einem ideologischen Grundkonzept oder sind Unterschiede erkennbar? 7. Gibt es im politischen Teil eine Pluralität der Meinungen? 8. Ist die Wochenzeitung als Kampfblatt für eine bestimmte ideologische Position zu verstehen? 9. Lässt sie sich politisch als konservativ, liberal, rechts oder links stehend einordnen? 10. Welche Vorzüge oder Nachteile sind mit dem festen Abonnement einer bestimmten Wochenzeitung verbunden?

3.2. Jugendzeitschriften

Am Beispiel von Jugendzeitschriften soll der Umgang mit einer Zeitschrift auf der Mittelstufe exemplarisch skizziert werden. Es empfiehlt sich, die auflagenstarken und meistgelesenen Jugendzeitschriften „Bravo“ (Verbreitung 1992 lt. IVM 1305624) und „Bravo Girl“ (Verbreitung 1992 lt. IVW 739849) in den Mittelpunkt der Betrachtung zu stellen. In der Sekundärliteratur zu „Bravo“ findet sich eine weitgehende Übereinstimmung in dem globalen Lernziel, „Bravo“ kritisch zu lesen. Es wird jedoch Skepsis gegenüber dem hochgesteckten Lernziel geäußert (vgl. Ziesenis 1980, 369), die „Kommunikationsstrategie von ‘Bravo’“ als „eine Strategie zum Zwecke der Bestätigung und Verfestigung bestehender gesellschaftlicher Normen“ zu erkennen (Gutte 1973, 69). Es ist schon viel erreicht, wenn Schüler/-innen diese Jugendzeitschrift distanzierter lesen, indem sie Manipulationsversuche durchschauen. Lehrer/-innen sollten sich die gesamte Lektüre der Schüler vor Augen halten, den Einfluss der übrigen Miterzieher bedenken und sich dessen bewusst sein, dass „Bravo“ in der Entwicklung zahlreicher Jugendlicher ein „altersbedingtes Übergangsphänomen“ ist (Ziesenis 1980, 369), dessen Normen Schule freilich andere gegenüberstellen muss.

Die Methode der Analyse von Jugendzeitschriften auf der Mittelstufe sollte sich von drei Grundsätzen leiten lassen: a) Ermittlung zur Bedürfnisstruktur der Leserschaft einer Jugendzeitschrift unter Mithilfe des Lehrers, b) die Schüler müssen Gelegenheit erhalten, ihre emotionale Befindlichkeit gegenüber einer Jugendzeitschrift zu äußern, c) Erkenntnisse sollten, wo immer dies möglich ist, auch durch Selbstgestaltung gewonnen werden.

4. Unterrichtspraktische Konsequenzen

Die Darstellung dieses Artikels musste analytisch sein, um Licht in die komplexen Produktions-, Distributions- und Rezeptionszusammenhänge zu bringen, in denen Presse gestaltet, vertrieben und gelesen wird. Das darf nicht den Trugschluss nahelegen, als müsse im Deutschunterricht der Umgang mit Zeitungen und Zeitschriften ebenfalls nur analytisch sein. Wir stimmen Ziesenis und Baacke (1975, 326) zu, „daß der starre Gegensatz zwischen Rezipient-Sein und Kommunikator-Sein" (Ziesenis 1980, 367) in der Schule aufgehoben werden muss. Nur indem Schüler/-innen wenigstens teilweise gestaltend mit Presse umgehen, können sich Einsichten über den Aufbau einer Zeitung, über Probleme, die mit den Inhalten und der Sprache von Textsorten verbunden sind, ökonomische Fragen (möglichst hoher Absatz, optimale Positionierung von Werbung), Einschätzung rechtlicher Probleme (juristische Haftung für die Inhalte, Ansätze innerer Pressefreiheit im Redaktionsteam), Nachdenken über die Funktion von Presse und Vermeidung von Manipulationen durch eigene Erfahrung bilden und vertieft werden. Dem steht jedoch entgegen, dass Schule bei aller Bemühung um Erkenntnis durch Handeln immer nur ein Surrogat von echter Pressearbeit schaffen kann. Je mehr jedoch Schule durch projektbezogenen Unterricht Kontakte zur Öffentlichkeit schafft, desto zahlreicher werden die Möglichkeiten, den Ernstfall von Pressearbeit im Ansatz zu erfahren. Einige Beispiele dazu sollen im Folgenden aufgeführt werden:

- Projektwochen werden durch ein 'Zeitungsteam' von Schülern begleitet, das über jedes einzelne Projekt in Wort und Bild berichtet. Diese Berichte werden an Lokalzeitungen weitergeleitet und außerdem in einer Projektzeitung zusammengefasst, die in der Schulöffentlichkeit vertrieben wird. Zu deren Finanzierung werden Inserate aus der örtlichen Geschäftswelt beschafft.
- Über das gesamte Schulleben, d. h. aus dem Unterricht, über sportliche und musikalische Veranstaltungen sowie über Klassenfahrten wird regelmäßig in den heimischen Lokalzeitungen, z. B. unter der Rubrik „Schule intern", berichtet.
- Periodisch erscheinende Elternbriefe, als Zeitschriften aufgemacht, werden unter breiter Beteiligung der Schüler durch ein Team von Schülern und Lehrern bei redaktioneller Hauptverantwortung des Schulleiters verfasst.
- Projektarbeit über Zeitungen unter Mitarbeit von Lokalzeitungen setzt sich das Ziel, Einblick in praktische Pressearbeit zu vermitteln und mehr junge Leser für Lokalzeitungen zu gewinnen.

– Schul- oder Schülerzeitungen geben sich Rahmenthemen, die längerfristig verfolgt werden können, z.B. Vorbereitung eines Umweltprojektes, innere oder äußere Schulreform, Erweiterung von Freizeitmöglichkeiten im Rahmen der Schule.

Während einer Unterrichtseinheit über Zeitungen werden

- Motive des Zeitungslesens systematisch erfragt
- Umbrüche vorhandener Zeitungen umgestaltet und die neue Wirkung ermittelt
- Interviews geführt
- Reportagen selbst geschrieben
- aus Nachrichtenkernen unterschiedliche Textsorten entwickelt, z.B. Bericht, Kommentar, human interest story, Reportage, Feature, Kurzgeschichte
- Leserbriefe verfasst und deren Rezeption diskutiert
- ein Arbeitsblatt mit journalistischen Fachbegriffen entwickelt
- Journalisten über ihre Berufserfahrungen interviewt.

Literaturverzeichnis

Arbeitsgemeinschaft Media-Analyse e.V. (Hrsg.): Nationale Darstellungen Ost und West: Zeitschriften, Supplements, Tageszeitungen, erscheinen jährlich. Frankfurt a.M., Wolfsgangstr. 92

Baacke, Dieter: Kommunikation und Kompetenz. Grundlegung einer Didaktik der Kommunikation und ihrer Medien. 2. Aufl., München 1975

Brand, Peter / Schulze, Volker (Hrsg.): Medienkundliches Handbuch: Die Zeitung, 1. Teil: Zeitungssystematischer Teil. 2. Aufl., Braunschweig 1991; 2. Teil: Die Zeitung im Unterricht. 5. Aufl., Braunschweig 1996; 3. Teil: Die Zeitungsanzeige. 3. Aufl., Braunschweig 1990

Brielmaier, Peter / Wolf, Eberhard: Zeitungslayout und Zeitschriftenlayout. Reihe Praktischer Journalismus. 30, 1997

Donsbach, Wolfgang: Medienwirkung trotz Selektion. Einflußfaktoren auf die Zuwendung zu Zeitungsinhalten. Köln 1991

Dovifat, Emil / Wilke, Jürgen: Zeitungslehre I und II. 6. neubearb. Aufl., Berlin 1976

Enzensberger, Hans Magnus: Baukasten zu einer Theorie der Medien. Kritische Diskussion zur Pressefreiheit, hrsg. von Peter Glotz und Detlef Schröter. Ex Libris Kommunikation, Bd. 8, 1996

Enzensberger, Hans Magnus: 'Spiegel'-Sprache und 'Spiegel'-Story. In: Hestermann, Ottheinrich (Hrsg.): Presse und Pressewesen. Stuttgart 1978, 131–135

Faulstich, Werner (Hrsg.): Kritische Stichwörter zur Medienwissenschaft. München 1979

Feldmann, Erich: Theorie der Massenmedien. München 1972

Fröchling, Jürgen: Zeitungen von Schülern. In: Baurmann, Jürgen / Hoppe, Otfried (Hrsg.): Handbuch für Deutschlehrer. Stuttgart u.a. 1984, 427–441

Grimminger, Rolf: Kaum aufklärender Konsum. Strategie des Spiegels in der gegenwärtigen Massenkommunikation. In: Rucktäschel, Annamaria (Hrsg.): Sprache und Gesellschaft. München 1972, 15–68

Gutte, Rolf: Gesellschaftliche Identifikationsangebote – zum Beispiel „Bravo". In: Ide, Heinz (Hrsg.): Projekt Deutschunterricht 5. Massenmedien und Trivialliteratur. Stuttgart 1973, 42–74

Haacke, Wilmont / Pötter, Günter: Die politische Zeitschrift, Bd. II: 1900–1980. Stuttgart 1982

Hannig, Jürgen: Lokalpresse im Deutschunterricht. Mediendidaktische Überlegungen. In: Der Deutschunterricht 1987, H. 5, 18–33

Hestermann, Ottheinrich (Hrsg.): Presse und Pressewesen. Stuttgart 1978

Horn, Imme: Kinder und Medien. Ergebnisse der neuen ARD/ZDF-Studie. In: ZDF Jahrbuch 1991. Mainz 1992

Informationsgemeinschaft zur Feststellung der Verbreitung von Werbeträgern e. V. (IVW) (Hrsg.): Auflagenliste 2/1992

Just, Dieter: Die Funktion des 'Spiegels' in der bundesrepublikanischen Gesellschaft. In: Hestermann, Ottheinrich (Hrsg.): Presse und Pressewesen. Stuttgart 1978, 135–141

Klaus, Elisabeth: Frauen, Medien, Öffentlichkeit. Zur Bedeutung der Frauen in den Massenmedien und im Journalismus. Wiesbaden 1997

Koch, Claus: Meinungsführer. Die Intelligenzblätter der Deutschen. Berlin 1989

Koszyk, Kurt / Pruys, Karl H.: dtv-Wörterbuch zur Massenkommunikation. München 1981

Kübler, Hans-Dieter: Umgang mit Medien. In: Hopster, Norbert (Hrsg.): Handbuch Deutsch Sekundarstufe I. Paderborn u. a. 1984, 226–280

Kügler, Hans / Melenk, Hartmut: Die flüchtige Lektüre. Zum Umgang mit der Zeitung im Deutschunterricht. In: Praxis Deutsch 1986, H. 79, 16–23

Lüger, Heinz H.: Pressesprache. 2., neubearb. Aufl., Tübingen 1995

Mittelberg, Ekkehart: Human Interest Story. In: Ernst Nündel (Hrsg.): Lexikon zum Deutschunterricht. 2., durchgesehene Aufl., München 1981, 118–124

Mittelberg, Ekkehart: Stundenblätter Boulevardpresse. Erscheinungsform und Wirkung. Stuttgart 1980

Moilanen, Markku / Tiittula, Liisa (Hrsg.): Überredung in der Presse. Texte, Strategien, Analysen. In: Sprache, Politik, Öffentlichkeit. Bd. 3. Berlin 1994

Noelle-Neumann, Elisabeth / Schulz, Winfried (Hrsg.): Fischer Lexikon Publizistik. Frankfurt a. M. 1971

Noelle-Neumann, Elisabeth / Schulz, Winfried / Wilke, Jürgen (Hrsg.): Fischer Lexikon Publizistik / Massenkommunikation. 5. Aufl., Frankfurt a. M. 1991

Noelle-Neumann, Elisabeth: Umfragen zur inneren Pressefreiheit. Das Verhältnis Verlag – Redaktion. Journalismus Bd. 7. 1977

Pfendtner, Bernhard / Klimmer, Gerhard: Zeitung selber machen mit CD-ROM. Augsburg 1996

Praxis Deutsch: Zeitung. 1986, H. 79

Presse-Porträts: Das Angebot des Pressehandels, jährlich hrsg. vom Presse Fachverlag, Eidelstedter Weg 22, Hamburg 20

Pressel, Alfred: Der „Rheinische Merkur" und „Die Zeit". Berlin 1968

Ricker, Reinhart: Freiheit und Aufgabe der Presse. Individualrechtliche und institutionelle Aspekte. München 1983

Sonderhüsken, Hermann: Kleines-Journalisten-Lexikon. Fachbegriffe und Berufsjargon. Reihe Praktischer Journalismus Bd. 16., 1991

Schulte-Willekes, Hans: Schlagzeile. Ein Zeitungsreporter berichtet. Reinbek 1977

Weischenberg, Siegfried / Altmeppen, Klaus-Dieter / Löffelholz, Martin u. a.: Die Zukunft des Journalismus. Technologische, ökonomische und redaktionelle Trends. Wiesbaden 1994

Ziesenis, Werner: Zeitung und Zeitschrift. In: Wolfrum, Erich (Hrsg.): Taschenbuch des Deutschunterrichts, Bd. 1., 3. neubearb. Aufl., Göttingen 1980, 345–373

Ziesenis, Werner: Zeitung und Zeitschrift. In: Lange, Günter / Neumann, Karl / Ziesenis, Werner (Hrsg.): Taschenbuch des Deutschunterrichts. 4. Aufl., Hohengehren 1990, 387–410

Zoll, Ralf / Hennig, Eike: Massenmedien und Meinungsbildung. München 1970

RUDOLF DENK

Hörfunk und Fernsehen

1. Zum Gegenstandsbereich von Hörfunk und Fernsehen

1.1. Gegenstandsbestimmungen

Hörfunk und Fernsehen prägen als die wichtigsten Informations- und Unterhaltungsmedien der Gegenwart Kinder und Jugendliche von Anfang an. Vor allem das Fernsehen ist seit der Mitte des 20. Jahrhunderts zum Leitmedium geworden. Daraus folgt, dass auch die Schule mit ihren traditionellen Schulfächern sich mit beiden Phänomenen intensiv auseinanderzusetzen hat. Der Deutschunterricht nimmt dabei eine Sonderstellung ein: In ihm sind Hörfunk und Fernsehen nicht nur Vermittler, die die Verständigung und das Wissen von Lernenden steuern, sondern zugleich auch Gegenstände des Unterrichts, die Lehrer und Schüler gleichermaßen reflektierend analysieren und analysierend reflektieren. Damit ist der Deutschunterricht unter allen Schulfächern der einzige, der Hörfunk und Fernsehen sowohl als Gegenstand als auch als direktes Unterrichtsmedium und als Kommunikationsinstanz benutzt. Der Deutschunterricht beschäftigt sich mit den ästhetischen Produkten von Hörfunk und Fernsehen, also den einzelnen Hörfunksendungen und Fernsehfilmen bzw. Fernsehsendungen, und betrachtet damit die Gesamtheit der Hörfunkprogramme und Fernsehsendungen als ganzheitlichen Gegenstandsbereich. Das zentrale strukturbildende Moment für die Beschäftigung mit Hörfunk und Fernsehen im Deutschunterricht ist das Programm als Gesamtheit eines von einem Sender oder von allen Sendern Gesendeten. Es ist also für den heutigen Deutschunterricht nicht mehr möglich, nach ausschließlich literarischen Prinzipien, d. h. mit vornehmlich am Lesen orientierten Verfahrensweisen Unterrichtsprozesse zu konzipieren, zu realisieren und zu bewerten.

Innerhalb einer solchen Gegenstandsbestimmung ist es notwendig, die Buchmedien und die elektronischen Medien als Verbundsystem zu betrachten; Hörfunk, Computer und Fernsehen stehen sowohl in Konkurrenz als auch in einem Austauschverhältnis zueinander. Vielfältige Spannungen und Beziehungen bestehen zwischen Lesen, Sprechen, Schreiben, Hören, Darstellen und Zuschauen im übergreifenden Sinn. Aus dieser Sicht ist ein intermedialer, die einzelnen Ausdrucks- und Wahrnehmungsformen verbindender Deutschunterricht zukunftsweisend. Ein dermaßen gestaltetes Gegenstandsverständnis versucht die bisherigen Ansätze einer eher objektorientierten Analyse von Fernsehen und Hörfunk zu überwinden. Audiovision, digitaler Rundfunk, digitales Fernsehen sind als „Multimedia"-Ereignisse direkte Ergebnisse technischer Produktionsvorgänge, d. h. Resultate der mit technischen Apparaturen operierenden Inszenierungen und Realisierungen eines kommunikativ gemeinten Vorhabens. Hörfunk und Fernsehen sind das Ergebnis der Arbeit von Autoren, Hörfunkschreibern und Drehbuchautoren, von Regisseuren, Filmemachern, künstlerischen und technischen Mitarbeitern, also von einer Arbeit im Team. Die Sendungen entstehen innerhalb von Institutionen – sowohl in kommerziellen Unternehmen als auch in öffentlich-rechtlichen Anstalten. Die Produkte dieser Sendungen unterliegen also auch den Bedingungen, unter denen sie entstanden sind. Sobald sie jedoch aus dem Produktionszusammenhang in die Öffentlichkeit entlassen werden, d.h. den Zuhörern oder Zuschauern gegenübertreten, führen sie als ästhetische Produkte ein Eigenleben. Die ästhetische Dimension der Gegenstände Hörfunk und Fernsehen betrifft die Machart der Sendungen, die Strukturen, die Formen und Normen des Programms sowie die Gattungen von Fernsehen und Hörfunk. Es geht dabei um die Art und Weise, wie Hörfunk und Fernsehen „Realität" darstellen und überwinden. Dabei ist es aus der Sicht des Faches Deutsch unbedingt notwendig, Zuhören und Zuschauen als kognitive und emotionale Arbeit von Zuhörern und Zuschauern verschiedener Entwicklungs-, Lebens- und Altersstufen zu betrachten. Kulturelle Vorkenntnisse, Lebenserfahrungen und Erwartungen der Zuhörer und Zuschauer und deren Realitätsverständnis bedingen den Verstehensprozess, um den es auch im Unterricht geht. Damit entsteht Bedeutung eben nicht allein durch die Hörfunk- und Fernsehprogramme, also z. B. durch die Gesamtheit aller Programme, sondern erst durch die aktive Mitarbeit der Zuhörer und Zuschauer.

Dieser pragmatische Zugriff auf den Gegenstandsbereich betrachtet den Vorgang des Hörens und Sehens als Handlung: Zuhören und Zuschauen als Rezeption. Die Schüler werden nicht länger als Objekte der Wirkungen von Hörfunk und Fernsehen begriffen; die Schüler werden zu handelnden Subjekten, die sich der genannten Medien in bestimmten Anwendungssituationen bedienen. Durch gezielte Verstehensleistungen beherrschen die Zuhörer und Zuschauer die jeweilige Verwendungssituation: Sie selbst können sich Hörfunk und Fernsehen in ihrer Lebenswelt erschließen. Schule und Unterricht leisten dabei wesentliche Hilfe. Nicht die Akzeptanz allein gilt es in platter Befragungsmanier durch Umfragen zu ermitteln. Wissenschaftsorientierte Wirkungsforschung im eigentlichen Sinn entsteht erst dann, wenn die Objekt- und Produktseite mit der personalen Wirkung verbunden wird. Der Zuhörer oder Zuschauer ist kein leeres Gefäß: Seine Gedanken und Gefühle, sein Alter, seine Einstellungen und Vorerfahrungen sind zu berücksichtigen und zu erforschen.

1.2. Überblick über den aktuellen Forschungsstand

Die fachwissenschaftliche Auseinandersetzung mit Hörfunk und Fernsehen verlief lange Zeit auf einer ausschließlich soziologischen Ebene unter Einschluss gesellschaftskritischer Betrachtungsweisen. Diese Positionen lassen sich von Adornos (1963), Horkheimers (1955) und Benjamins (1963) Aufsätzen bis zu Postmans (1985) Kritik der Unterhaltungsindustrie verfolgen. Die sogenannte Massenkommunikationsforschung auf der Grundlage von Akzeptanzuntersuchungen blieb bis zur aktuellen Diskussion über „Gewalt in den Medien" (Groebel / Gleich 1993) dem Irrtum verhaftet, dass sich die Aussagen der Massenmedien unmittelbar in den Köpfen der Zuschauer abbildeten und damit direkt deren Bewusstsein strukturierten. Dieses

Wirkungsmodell funktioniert nicht in linearer Art und Weise. Man sah ausschließlich die Gefahren von Hörfunk und Fernsehen und versuchte deren manipulative Tendenzen aufzudecken. Dies führte aus pädagogischer Sicht zu einer Bewahrungs- und Abwehrhaltung, die sich didaktisch in einer pauschalen Aufwertung des Lesens und in der ausschließlichen Fixierung auf Leseprozesse ausdrückte. Eine kulturkritische und kulturpessimistische Grundstimmung war dabei nicht zu übersehen.

Eine Art kopernikanische Wende in den Forschungsansätzen trat durch die Beschäftigung mit der Semiotik und der Kommunikationstheorie ein: Der rezeptionsorientierte Ansatz brachte auf gesicherter empirischer Basis auch die psychische Situation von Zuhörern und Zuschauern zur Geltung. Aus dieser Sicht sind die psychosozialen Aspekte von Hörfunk und Fernsehen wesentlich wichtiger als die bewahrpädagogischen oder kulturkritisch-kulturpessimistischen Verdammungen des Fernsehens aus den 60er, 70er und 80er Jahren. Wahrnehmungspsychologische Aspekte werden für beide Bereiche immer wichtiger. Der Unterhaltungscharakter von Hörfunk und Fernsehen wird zunehmend in seiner Anziehungskraft auf Kinder und Jugendliche erkannt. Fernsehen wie Hörfunk müssen weithin als emotionale Medien betrachtet werden. Während sich der Hörfunk ausschließlich auf akustische Reize konzentriert, sind beim Fernsehen die audiovisuellen Reize in ihrer Gesamtwirkung zu betrachten (wichtige Ergebnisse brachte die sogenannte Medienwirkungsforschung seit Mitte der 80er Jahre: So das DFG-Projekt von 1986 mit den Arbeiten von Straßner, Schenk, Sturm, Vitouch u. a.).

Jede didaktische Standortbestimmung hat deshalb die rezeptionssteuernden Reizfelder von Hörfunk und Fernsehen zu berücksichtigen. Fernsehen und Hörfunk sind – solange das „interaktive Fernsehen" sich noch nicht flächendeckend durchgesetzt hat – Formen der Einwegkommunikation. Beim Hörfunk wird diese indirekte Kommunikation dadurch verstärkt, dass Hörtexte eben nur hörbar sind. In dieser Einseitigkeit des Kommunikationsprozesses sind Hörtexte ähnlich wirksam wie rein bildhafte Formen, z. B. der Stummfilm, der sich aus der Pantomime entwickelt hat. Jede Hörkommunikation ist deshalb auf auditive Wahrnehmung allein angelegt. Das Fernsehen ist dagegen als audiovisuelles Medium wesentlich komplexer. Es ist auf mehrere Rezeptionskanäle der Zuhörer und Zuschauer bezogen. Die Akzeptanz der Zuschauer soll auf vielfältige Weise geweckt, gesteigert und eingehalten werden. Aus wahrnehmungspsychologischer und rezeptionsorientierter, also anthropologischer Sicht, sind beim Fernsehen folgende Reizkanäle wichtig:

- die *Identifikation* der Zuschauer und Zuhörer mit dem Gezeigten und Gehörten, ganz gleich ob es sich dabei um Personen oder Situationen handelt. Diese Identifikation ist in jedem Fall die Grundlage für jede Form der Wiedererkennung von Einzelheiten. Es ist also didaktisch von größter Wichtigkeit, die Bedeutungsbündel, die die visuellen und akustischen Zeichen steuern, in ihrer Wirkung kennenzulernen.
- Eine zweite Möglichkeit besteht in der *Distanzierung*. Wären nur Identifikationen möglich, so wären die Zuschauer und Zuhörer unentwegt gefordert, sich wiederzufinden, sich dementsprechend einzubringen, was auf die Dauer eine unerträg-

liche Belastung der Zuhörer oder Zuschauer bedeutete. Deshalb werden andere Mittel eingesetzt, die es den Zuschauern oder Zuhörern gestatten, sich von den Identifikationen wieder zu lösen. Eines der wichtigsten Mittel ist die Distanz durch Komik, die als ein Reiz definiert werden kann, der entsteht, wenn eine wie immer geartete prekäre Situation sich auflöst, also in Nichts zerfällt. Die Situation ist dadurch gekennzeichnet, dass das Ganze nicht so ernst zu nehmen ist.

Als weiterer fundamentaler Rezeptionsreiz muss die *Spannung* gesehen werden, bei der durch Informationslücken der Fortgang eines Geschehens verzögert wird. Hier finden wir verschiedene wahrnehmungspsychologisch wichtige Mechanismen, die der Zuschauer als Attraktion empfindet. Zwischen den Polen von *Excitement* und *Relaxation* entstehen fortwährend Spannungen. Beide Pole sind wichtig: Spannung und Entspannung, Identifikation und Distanzierung. Zu diesen wesentlichen Polen der Spannung kommt die *Neugier* als ein Reiz, der sich als Wissensdrang und Informationsbedürfnis auf der inhaltlichen Ebene, als Sensationslust, als Lachsucht und Anteilnahme auf der Beziehungsebene repräsentiert. Anthropologische Grundlagen für diesen Reiz sind:

- das Bedürfnis des Menschen, sich die ungestaltete, d. h. quantitativ und qualitativ unübersichtliche und undurchschaubare Wirklichkeit verfügbar zu machen.
- die Fähigkeit des Menschen, sich durch Zuwendung hin oder Abwendung von Personen die Welt selbst wohnlicher zu gestalten, Normalität zuzulassen, das Abnormale zu verstehen und, was weiter unverständlich bleibt, als das sogenannte Böse (nicht mehr Fassbare) auszugrenzen.

Dazu kommen als weitere wichtige Reizbündel die *Triebe*. Mit diesem Sammelbegriff sind alle Reize zur Bedürfnisbefriedigung und zur Feindabwehr gemeint: Hunger, Durst, Sexualität, Machttrieb, Angst, Ekel, Zorn und ihre Sublimationen, also Erotik, Schönheitssinn, Entspannungsbedürfnis und Ästhetik. Diese tiefste Schicht der menschlichen Verhaltenssteuerung ist wahrnehmungspsychologisch von größter Bedeutung: So sind Menschen programmiert, Signale akustischer und visueller Art als Zeichen für die Wirklichkeit zu nehmen, d. h. Bilder, Düfte, Musik, Geräusche, Räume usw. auf ihre Aussagefähigkeit für die umgebende Welt zu interpretieren. Rezipienten können sich von dieser Grundanlage auch nicht befreien, wenn die Zeichen von vornherein nur als solche gedacht sind, also künstlich hergestellt sind. Insofern wird auch im ästhetischen Bereich von Interesselosigkeit nicht die Rede sein können, weil die Urschicht der Triebe immer mit „angereizt“ wird. Überzeugendes Musterbeispiel für diese Komponente dürfte der Reiz von Stars sein; sie wirken aufgrund ihrer erotischen oder sonstigen Signale ganz unabhängig davon, ob sie als Schauspieler besser oder schlechter agieren: Zu den Stars gehören nicht nur die Figuren in Spielhandlungen und Fernsehserien, sondern auch die Nachrichtensprecher, Moderatoren, Showmaster und Ansager, die zu den attraktiven Personen werden, in denen sich das Publikum in seinen Bedürfnissen wiedererkennt. Die Tendenz zur Personalisierung erleichtert dem großen Publikum die Aufrechterhaltung des Starwesens nach dem Verfall der Kinostars seit den 60er Jahren (vgl. Hallenberger / Foltin 1990).

Diese übergreifenden Ansätze zur Hörfunk- und Fernsehforschung nehmen nicht darauf Rücksicht, welche Unterschiede zwischen Film und Fernsehen bestehen (vgl. Arnheim 1932; [2]1974). Da der Film heute als Kunstform gleichrangig neben die traditionellen Künste – Literatur, Theater, Musik und Bühnenkunst – gestellt werden kann und durch die Filmtheorie spezifische filmästhetische Ansätze sich ergeben, gehen beide Ansätze im Begriff des Mediums auf. Der Begriff des Mediums wird heute als der umfassendere Begriff verstanden. Deshalb werden die wahrnehmungspsychologischen Unterschiede zwischen Kino und Fernsehen in diesem Zusammenhang nicht thematisiert. Festzuhalten bleiben

- die physische Präsenz der Zuschauer, das „Dabei-Sein";
- die Ausdehnung der elektronischen AV-Medien auf eine breite Öffentlichkeit, die Kenntnis dieser Öffentlichkeitsfunktion von Hörfunk und Fernsehen und
- die Korrektur einer ausschließlichen Fixierung auf die Manipulationstechniken von Hörfunk und Fernsehen hin zu einer personenbezogenen ganzheitlichen Wirkungs- und Handlungsforschung.

Insgesamt lässt sich also eine Abkehr von strukturalistischen Sichtweisen und eine Hinwendung zu funktionalistischen Ansätzen erkennen. Die Biographie der Rundfunk- und Fernsehteilnehmer, ihr Fühlen, Wollen, Wahrnehmen und Erkennen ist wichtiger als die Strukturen von Programmen und technischen Verfahrensweisen von Hörfunk und Fernsehen. Damit rücken die Anwendungssituationen von Funk und Fernsehen deutlich in den Mittelpunkt – auch des didaktischen Interesses. Die biographisch verankerten Gewohnheiten der Fernseh- und Hörfunkwirkung gehen in die didaktischen Überlegungen ein. So wird in Zukunft deutlicher als bisher zu entscheiden sein, welche Veränderungen beim Lesenlernen eintreten, wenn sich Kinder schon sehr früh und unmittelbar mit den Wirkungen von Funk und Fernsehen auseinandersetzen und damit im Deutschunterricht anders lernen als frühere Generationen.

2.1. Zur didaktischen Standortbestimmung von Hörfunk und Fernsehen

Schon bei kleinen Kindern lässt sich die starke Anziehungskraft des Fernsehens und des Fernsehapparates feststellen. Da der Fernseher zum häuslichen Inventar gehört, muss im Deutschunterricht ein sachgerechter Umgang mit Hörfunk und Fernsehen erfolgen. Die Chancen und Gefahren der Fernsehunterhaltung und des Rundfunkkonsums treten frühzeitig auf. Das Fernsehen als Geräuschkulisse beim Frühstück, der Hörfunk als Begleiter des Schülers auf dem Weg zur Schule, der Walkmanknopf im Ohr beim Bedienen des Computers, das Fernsehen als abendfüllende Unterhaltungseinheit können nicht negiert oder gar abgewehrt werden. Die Schule kann jedoch nur schwer einen Zusammenhang zwischen diesen unterschiedlichen Wahrmehmungsformen herstellen. Deshalb bietet sich für eine neukonzipierte Didaktik des Deutschunterrichts unter intermedialen Aspekten der Ansatz des Dispositivs an (Hickethier 1991, 1993 sowie Sierek 1991). Dieser Ansatz – von Michel Foucault geprägt – zielt eigentlich auf ganz andere gesellschaftliche Bereiche als die Medien ab. Das produktive und didaktisch Verwertbare des Dispositiv-Ansatzes liegt jedoch darin, dass bisher getrennt betrachtete Bereiche wie Fernsehtechnik, Wahrnehmung, psychische Verarbeitung, Abbildung, gesellschaftliche Konvention, schulisches Fernsehen und außerschulischer Fernsehkonsum in einen übergreifenden Zusammenhang gebracht werden. Der Ansatz des Dispositivs fragt nach der spezifischen Anordnung des Zuschauers vor dem Bildschirm; er untersucht in Einzelschritten die ästhetische Form des zu Vermittelnden innerhalb des unverrückbaren Rahmens dieses Bildschirms, der zugleich die alltägliche Wahrnehmung aus dem Ferngeschehen ausgrenzt und damit das Gezeigte immer deutlich als „Fernsehrealität“ bestimmt. Damit schafft die Einbindung des Fernsehgeräts in den privaten häuslichen Bereich ein anderes soziales Gefüge für die audiovisuelle Wahrnehmung, diese Integration lässt stärker Ablenkungen zu, führt zu einer größeren Freiheit des Zuschauers im Sinne einer interaktiven Reaktion gegenüber dem Angebot.

In der Schule sieht dann die Analyse von Fernsehsendungen in ihrer kommunikativen Anordnung wieder anders aus: Mediales Angebot, Zuschauer und situative Umgebung sind neu zu definieren. Beide Wahrnehmungsmuster lassen sich ergänzen durch die des Hörfunks und anderer audiovisueller und computerbezogener Varianten. Sie strukturieren die Wahrnehmung der Schüler, prägen ihr Weltbild auch dort, wo dieses auf den ersten Blick nichts mit Hörfunk, Fernsehen oder Rechner zu tun hat. Dieser allgemeine Bestimmungscharakter des Dispositivs wirkt längerfristig auf die kulturelle Veränderung von Wahrnehmungsmustern ein. Dabei spielen die Musikvideos, Videos im allgemeinen, das Switchen und Zappen durch die Programme eine entscheidende Rolle. Für den Deutschunterricht bedeutet dies, dass Deutschunterricht verbindend und medienintegrativ angelegt sein sollte. Hörfunk, Fernsehen, Videoclips und Videofilme erscheinen in direktem Verwendungszusammenhang. Hörfunk und Fernsehen lassen sich als „intertextuelle Systeme“ didaktisch fassen: Im Alltag erscheint das Fernsehen als „große Erzählung“, als „unendliche“ Programmfolge; der Deutschunterricht konzentriert sich auf eine televisuelle Teilwelt, indem er diese als Einzelerzählung (Familienserie, Abenteuerserie, Krimifolge) thematisiert und analysiert.

Dies bedeutet zum Teil eine Abwendung von bisherigen didaktischen Positionen:

- Diese bestanden darin, Fernsehkunde im weiteren Sinn unter wechselnden fachspezifischen Aspekten auf die Vermittlung von Sachinformationen über Funk und Fernsehen zu beschränken. Die einzelnen Sachbereiche einer Funk- und Fernsehkunde, die sich u. a. auch in einem Angebot von Unterrichtsfilmen und im Schulfernsehen dokumentieren, lassen sich häufig den engen Grenzen der Unterrichtsfächer zuordnen: Zum Beispiel der elektronisch-technischen Aufgabenstellung des Physikunterrichts, der Institutionenkunde im Bereich der Gemeinschaftskunde, soweit es um Organisations- und Arbeitsweisen der Fernsehanstalten, um Finanzierungs- und Verwaltungsprobleme, um Programmplanung und Programmgestaltung geht. In den Deutsch- und Kunstunterricht gehören aus dieser Sicht die eher filmkundlichen Fragestellungen: Filmsprache, filmische Mittel, semantische Probleme, textanalytische Fragen und Textsortenprobleme (Tagesschau, Fernsehshow, Fernsehspiel, Familienserie, Krimi usw.).

- Einer zweiten didaktischen Richtung ging es darum, die Schüler zur richtigen Nutzung von Funk und Fernsehen zu befähigen. Damit sollten die Gefahren eines übermäßigen Fernsehkonsums eingeschränkt werden. Gemeinsames Erziehungsziel dieses Ansatzes ist es, eine bestimmte, unter vorausgesetzten pädagogischen Normen für richtig gehaltene Einstellungs- und Benutzungskompetenz gegenüber Funk und Fernsehen zu erreichen. Die Begriffe Massenware oder Einheitsmenü entsprechen dem bereits genannten kulturpessimistischen Ansatz. Die trivialen Fernsehmuster, die Klischees des Menschen- und Weltbildes, die Auswahl des Sensationellen und Intellektuellen gewinnen im Zielspektrum dieser Ansätze an Bedeutung. Es genügt jedoch nicht, Schülern die manipulative Fremdbestimmung, die ausschließlich von der ideologiebedingten Realitätsverzerrung in den Darstellungen des Fernsehens ausgeht, bewusst zu machen.

- Neuere Ansätze müssen der erwähnten Wirkungsforschung entsprechen: Schon am Ende der Grundschule können die Absichten des Fernsehens, des Hörfunks, die eigenen Fernsehgewohnheiten oder die der nächsten Angehörigen (in Form eines Fernsehtagebuchs z. B.) ermittelt und analysiert werden. In höheren Klassen können die Schüler alters-, geschlechts-, bildungs- oder sozialschichtspezifische Interessen und Gewohnbeiten untersuchen und verschiedene Mediennutzungen feststellen. Dabei können sich Schüler das Fernsehen funktional erschließen: als Informations- und Unterhaltungsmedium zugleich, als Erzählanlass in der Grundschule, als Diskussionsanlass in der Sekundarstufe I und II. Die Verbindungen von Information und Unterhaltung, das „Infotainment" also, den Übergang zwischen Realität und Fiktion, gilt es zu erarbeiten. Durch die Fernsehdistribution von Filmen und die inzwischen weit verbreiteten Aufzeichnungsmöglichkeiten durch Videorecorder und anderes audiovisuelles Transfermaterial ist auch in der Schule eine Verfügbarkeit von Filmen bzw. Filmaufzeichnungen möglich, die nie zuvor so umfassend war. Bisher sind die didaktischen Ansätze viel zu sehr auf Vergleiche zwischen den lierarischen Vorlagen und den jeweiligen Filmfassungen beschränkt. Viel zu wenig wird gefordert und realisiert, dass für den Unterricht literarische Formen der Veröffentlichung audiovisueller Produkte wie Drehbücher oder Hörspieltexte zur Verfügung stehen; dabei sollten die Schüler zunehmend mehr mit ausführlichen Filmprotokollen, ausgefeilten Drehbuchanweisungen – unerlässlichen Hilfsmitteln also arbeiten können (Giesenfeld / Sanke 1988). Deshalb wird der bisherige Literatur- und Sprachunterricht in Zukunft als *intermedialer Deutschunterricht* zu konzipieren sein. Dabei wird der traditionelle Literaturbegriff nicht plötzlich verneint, sondern um entscheidende Funktionen erweitert, so dass er nicht mehr als das zu erkennen ist, was er bisher dargestellt hat. Die bisherigen Grenzen von Literatur, Kunst, Musik, Technik werden überschritten; Videotechniken, Computergrafik, Computermusik sowie elektronische Formen des Text- und Bilderzeugungsverfahrens führen zu Grenzüberschreitungen und Mischungen, die neue ästhetische Ausdrucksmöglichkeiten mit sich bringen.

Damit entsteht eine neue Qualität – auch des Unterrichts –, die die scheinbare Beliebigkeit der Postmoderne überwinden kann.

Während bisher beide Formen – Funk und Fernsehen – gleichzeitig und vergleichend behandelt wurden, stehen nun im Folgenden ausgewählte Modelle für eine adäquate Funk- und Fernseharbeit innerhalb des Deutschunterrichts im Mittelpunkt.

3. Hörfunk und Deutschunterricht

3.1. Hörformen und Hörarten

Die bisherige Hörfunkdidaktik war auf das Hörspiel als Rundfunkliteratur bezogen und bediente sich der klassischen Gattungspoetik. Die Einteilung der Hörfunkgenres in Hörspiel, Hörfolge, Hörbericht, Hörbildfeature, Funkspiel oder Hörbericht betrifft Wortsendungen des Rundfunks, in denen mit verteilten Rollen gesprochen wird und in die Grundgeräusche eingeblendet werden. Diese gattungsorientierte Auseinandersetzung besteht in einem Missverständnis. Auch wenn die frühen Originalhörspiele eine akustische Dramaturgie bevorzugen, die den Hörer, der im Spiel war und doch nichts sah, in eine Art „Theater für Blinde" führte, ist diese Position bereits bei den Autoren der frühen Hörspiele in den 20er Jahren überwunden. Brecht, Döblin u. a. erkannten die Möglichkeiten des Rundfunks, jede nur denkbare Geschichte erzählen zu können.

So führte diese Bewegung bis in die Blütezeit des sogenannten „Neuen literarischen Hörspiels" seit 1945 hinein, die eine bestimmte Dramaturgie pflegte: Diese setzte in der Phantasie des Hörers eine „innere Bühne" (Wickert 1954) voraus und übernahm vom Film den Schlüsselbegriff der akustischen Blende, also des Übergangs von einem Raum in den anderen. Die Blende ermöglicht, dass auf der genannten „inneren Bühne" des Hörers ein hintergründiges Spiel – ohne Akt, Auftritt und Abgänge – als Komposition akustischer Signale stattfindet, das alle Darstellungsmittel des Rundfunks ausnutzt: Raumakustik, Geräusch als Kulisse und als Symbol; Musik als Musikbrücke zwischen Spielphasen, als Affektmusik in Verbindung mit dem gesprochenen Wort. Die Sprache kann epische Elemente enthalten, dramatisch dialogisieren und lyrisch verdichten. Aber auch die Vieldeutigkeit der Sprache wird als Satire entlarvt oder stilisiert. Das Hörspiel bewertet z. B. Sprache als Gerede und Geschwätz oder löst sie zum akustischen Material auf. Bei dieser Auflösung ins Akustische setzt das neue Hörspiel der späten 60er Jahre an, bereits von Knilli (1961) im „totalen Schallspiel" gefordert, als quasi-literarische Form, die Wortmaterial, Musik und akustische Technik zu Spielpartituren verbindet, deren Theorie (Schöning 1970) sich mit Intentionen experimenteller Lyrik trifft. Zeitkritik kann sich so als Sprachkritik äußern, will aber von einem jüngeren Publikum auch sozialkritisch verstanden werden. Gleichzeitig setzt an dieser Stelle das dokumentarische Hörspiel, das Originaltonhörspiel, an: Als Komposition von Zitaten liegt Originalsprache als Materialsammlung vor (Schöningh). Die Autoren wollen im akustischen Verschnitt den Zeitgeist dokumentieren und damit auch interpretieren. Die Begrenzung auf das Hörbare war Autoren und Produzenten des Hörspiels stets Herausforderung zum Experiment, zur thematischen Ausweitung und dramaturgischen Differenzierung. Gegenwärtig ist das Hörspiel allen Formen und Themen offen, erweitert durch eine immer wieder neu verbesserte und aktualisierte Technik (Stereophonie, Kugelkopf, digitale Schnittechnik, CD-ROM, Soundkarte).

3.2. Hinweise zur Praxis des Unterrichts mit Funktexten

Der Deutschlehrer sollte die Zielsetzungen der Arbeit mit dem Hörfunk nicht isolieren und von den rundfunkspezifischen Formen der Sprache und des Sprechens, des Vermittelns durch den akustischen Kanal, trennen. Schon Kinder bedienen und nutzen heute Kassettenrecorder, Stereoanlagen, CD-Player und CD-ROMs. Jugendliche bestätigen, dass die auditiven Medien wesentlich zu ihrer Ichfindung beitragen: Sie „hören" Musik, bisweilen missbraucht als bloße „Musikkulisse", aber auch Wortprogramme, wenn sie den Einzelhörer in seinen privaten Problemen ansprechen. Laut einer Langzeitstudie von Berg (1989) hat das Radio das Fernsehen überholt. Bei jungen Menschen ist der Trend zum Radio besonders stark. Dabei erkennen Kinder und Jugendliche intuitiv: Hörinformationen können präzise und relativ vollständiger sein als Sehinformationen, weil sie einsinnig auf einen, den akustischen Kanal, bezogen sind:

Die stärkste Wahrnehmungsfülle des Menschen sitzt sozusagen im Ohr. Dennoch ist das Gleichgewicht unserer Weltwahrnehmung durch das Fernsehen aus den Fugen geraten. Der Sog der Teilnahme an Welt durch das Fernsehen ist intensiver. Radiomacher verwenden für die Art ihrer Programme den aufschlussreichen Terminus „Musikteppich". Die eigentliche didaktische Botschaft des Radios ist: Hören lernen, Zuhören lernen; sprachliche Vermittlung durch Hören, akustische Aktionen sollten deshalb im Mittelpunkt aller Unterrichtsversuche stehen.

Die Sprache im Rundfunk als Erzählung, Beschreibung, Zitat, Erklärung, Moderation, Überleitung und Kommentar, als Dialog zwischen handelnden und nichthandelnden Personen ist wichtig. Alle diese Elemente können Hörspielelemente im eigentlichen Sinn werden, wenn sie den Zeichencharakter des Akustischen annehmen: Erzählung, Bericht, Reportage, Interview, Statement oder Hörszene bekommen Verweisungscharakter; der Schulfunk benutzt sie in seinen Informations-, Unterhaltungs- und Werbesendungen erfolgreich. Besonders seit der Phase des produktionsorientierten Deutschunterrichts ist von der Primarstufe bis zur Sekundarstufe der Funk als Gegenstand des Hörens, des Lesens (von Textausgaben und Hypertextangeboten mit einer Fülle von Themen und Formen), des Schreibens (nach gehörten und gelesenen Vorlagen), schließlich als Gegenstand des Spielversuchs mit Hilfe des Tonbands, des Rechners, der CD in kreativer Verbindung mit anderen Aufgaben Zielsetzung eines Deutschunterrichts, der in der Hörspielsprache auf eigenwillige Weise die Sprache unserer Zeit dokumentiert findet. Die Euphorie der Hörspieldidaktik, mit dem Höhepunkt einer kompetenten Darstellung durch Klose (1958; [2]1977) sowie in mehreren Themenheften des „Deutschunterrichts" und der Zeitschrift „Praxis Deutsch“, ist abgeklungen. Das Hörspiel hat sich als eigenständige Kunstform neben anderen literarischen Gattungen völlig durchgesetzt, ohne wirklich dauernd präsent zu sein. Der Gattungsvergleich bringt nicht viel, wichtiger sind Rezeptionsvergleiche (Lesen – Hören – Sehen). Während sich früher die Hörspielarbeit auf das 5.–8. Schuljahr in allen Schulformen konzentrierte, sollte heute die Arbeit mit Hörtexten schon in der Grundschule beginnen. Das ganze Repertoire an Texten für Kinder – Märchen, Kinderbücher, Sachtexte – werden durch Kinderkassetten von Anfang an vor allem durch Hören vermittelt. Das damit vorhandene Potential an Texten literarischer Art kann als Einübung in literarische Sozialisation im Deutschunterricht positiv genutzt werden:

- Vergleiche mit den „originalen“ Märchen- oder Kinderbuchtexten führen zu der Frage, wie solche Hörspiele wirken. Die Unterschiede von Originaltext und Bearbeitung werden deutlich. Intermediale Zusammenhänge können dabei thematisiert werden.
- Der eigentliche Gewinn liegt dann im Sprechen und Darstellen der Texte durch die Schüler. Formen des gestaltenden Lesens, des Vortrags, des dialogischen und chorischen Sprechens, des nachgestaltenden Spielens, des Gesprächs und des Weiterspielens bieten sich an.
- Mit derartigen Vorübungen lassen sich Einsichten in dramaturgische Verfahrensweisen von Hörspielproduktionen vorbereiten (z.B. die Rolle eines Sprechers im *Off* als Märchenerzähler, die Funktion von Musik und Geräuschen, die Darstellungsmöglichkeiten von Raumübergängen, das Sprechen von Rollentexten, das Chorsprechen).
- Diese in der Grundschule vorbereiteten Schritte führen dann zu Beginn der Sekundarstufe I zur Hörspielproduktion. Dabei können sowohl fiktive Stoffe verarbeitet als auch Original-Ton-Hörspiele produziert werden. Die „Elemente“ des Hörspiels” (Klippert 1977) gilt es, handlungs- und werkstattorientiert zu erarbeiten. Die Faszination für die technischen Details – bis hin zum Schnitt per Computer oder zur Arbeit mit Soundkarten am Computer, zum Einsatz von CD-ROM – sollte genutzt werden. Ein Vergleich mit Hörspielprodukten der Sender lässt sich anschließen. Eine Art „Hör(funk)werkstatt“ kann innerhalb der Schule als Projekt aufgebaut werden. Ein Besuch bei der Funkanstalt, eine genauere Analyse des Jugendfunks und des Schulfunks kann sich anschließen.
- Gegen Ende der Sekundarstufe I sind in der Sekundarstufe II die produktionsorientierten Vorbereitungsformen, die zur Einsicht in dramaturgische Prinzipien allgemeiner Art weiter führen, fortzusetzen.

Wenn Schüler die Geschichte des Hörspiels kennenlernen, die sich aus der Geschichte des Funkmediums direkt ergibt, lässt sich anhand ausgewählter Beispiele aufzeigen, wie die dramaturgischen Entwicklungslinien zwischen Funk und Fernsehen gelaufen sind: Experimentelle Formen, aktuelle Beispiele aus dem Funkrepertoire stehen neben den traditionellen „Klassikern“ aus den 50er und 60er Jahren im Mittelpunkt des Unterrichts. Dabei sollten Sonderentwicklungen (z.B. das Hörspiel in der ehemaligen DDR, vgl. Bolik 1994) und europäische Bezüge zur Hörspielgeschichte (Thomsen / Schneider 1985) nicht fehlen. Am Ende der Sekundarstufe I sollten alle Schüler im Deutschunterricht wichtige Hörbeispiele aus dem fiktiven Bereich und alle dramaturgischen Prinzipien der praktischen Hörspielarbeit durch Eigenproduktion und Funktionsanalyse kennengelernt haben. Ein direkter Vergleich mit dem vielschichtigen Fernsehen kann sich anschließen.

4. Fernsehen im Deutschunterricht

4.1. Fernsehgenres und Fernsehformen

Die dezidierte Beschäftigung mit dem Akustischen verhindert bei einer Behandlung des Fernsehens, dass der auditive Wahrnehmungsraum vergessen wird. Die Schüler verbinden Geräusch, Musik, Sprache mit Positionen im Wahrnehmungsraum. Deshalb kann jede Beschäftigung mit dem Fernsehen an die Erfahrungen mit Hörräumen anschließen. Das Auditive ergänzt einerseits den visuellen Raum; das Bild erweitert andererseits den Hörkanal und schafft die Einheit der Audio-Vision. Wenn der Ton im Film wie im Fernsehen fehlt, sind die Zuschauer irritiert und vermissen etwas in ihrem audiovisuellen Wahrnehmungsraum. Die gleichzeitige Verbindung von Bild und Ton stellt als Verstehensleistung Anforderungen an den Zuhörer / Zuschauer, die ebenso erlernt werden müssen wie Lesen und Schreiben. In der digitalen Welt von heute erscheint das Fernsehen mit seinen – unter Umständen bis zu 500 – Programmen als ein Riesenangebot an Texten bzw. Erzählungen. Aus diesem beinahe „unendlichen" Erzählangebot hat der Deutschunterricht bestimmte televisuelle Teilwelten zu bearbeiten: Dies sind zum einen die Wort-Bild-Verbindungen, die den Sprachunterricht im engeren Sinn betreffen („Sprache des Fernsehens"). Das sind auf der anderen Seite alle fiktionalen Programmformen des Fernsehens, die sozusagen den Literaturunterricht um eine intermediale Komponente bereichern und ergänzen. Dazu gehören alle im Fernsehen gezeigten Kinofilme, alle Fernsehspiele, alle Fernsehfilme, die Serien, die Spiel- und Gameshows. Die als Dokumentation bezeichneten dokumentartigen Filme, Features und Realitätsberichte im eigentlichen Sinn stellen Grenzfälle dar, die man gerne als „Infotainment" bezeichnet. Sie gehören immer dann zum Gegenstandsbereich des Deutschunterrichts, wenn sie zwischen Wirklichkeit und Fiktion pendeln und nicht nur platte Wirklichkeit rein sachlich wiedergeben. In jedem Fall bezieht sich das filmische und televisuelle Erzählen, Darstellen und Informieren auf einen breiten kulturellen Kontext der Vermittlung von Welt, auf eine Form von Sinnstiftung und Sinnvermittlung durch die besondere Art und Weise der emotionalen und kognitiven Verarbeitung durch den Schüler. Wie sieht eine sinnvolle Erarbeitung des Fernsehens in einzelnen „Lebensbahnen" der Schüler aus?

4.2. Hinweise zur Unterrichtspraxis

Heutige Grundschüler haben bereits eine intensive Sozialisation durch Fernsehen hinter sich: Frühe Kindheit und Vorschulzeit sind deutlich durch weniger Primärerfahrungen, durch andersartige Familienbezüge geprägt. Das „Verschwinden der Kindheit" (Postman [14]1986) resultiert vor allem aus den ausschließlichen Sekundärerlebnissen durch Fernsehen. Das Kinderfernsehen selbst hat sich deshalb auf die Zielgruppe der Kinder eingestellt: Spannungsreize erfolgen in knappen Abständen, um die Wahrnehmungsleistungen der Kinder nicht zu überfordern. Die Folgen sind erkennbar: Physiologisch, d. h. körperlich messbare Erregungen bei jeder Folge laufender Bilder und dadurch bedingte motorisch umgesetzte Unruhe, die Verhaltensauffälligkeiten mit sich bringen kann. Bei diesen Phänomenen setzt die didaktische Konzeption eines fernsehbezogenen Deutschunterrichts für Grundschüler an: nicht durch pädagogische Gegensteuerung, sondern mit Konzentrationsübungen zur Verarbeitung von Fernsehreizen; diese führen zu handlungsbezogenen Dreh- und Produktionsaufgaben. Geeignet sind z. B. Showteile aus Kindersendungen, die ein Ausleben der eigenen Spiellust ermöglichen.

So sind Fernsehshow-Wettspiele geeignet, erste „Wahrnehmungsschulungen" (z. B. als Saalpublikum) mit Kindern einzuleiten. Spielende Schüler und zuschauende Schüler sind beteiligt. Durch Geschicklichkeitsspiele, Quizspiele, Gewinnspiele und Reaktionsspiele kann die bei Kindern im Grundschulalter beobachtete Egozentrik während des Fernsehens aufgebrochen werden. Die innere Unruhe der Kurzzeithandlungen, des Wechsels und des Durcheinanders von „wilden" Abfolgen kann in sinnvolle Handlungsschritte verwandelt werden. Damit erreicht der Lehrer gleichzeitig eine Schulung der Wahrnehmung: Kurzzeiteindrücke werden verbalisiert, gedeutet und als sinnvolle Handlungsmuster erklärt, ins Bewusstsein gehoben.

In dieser Stufe kann der fernsehgeschulte Lehrer im komplementären Umgang mit den fernsehgeübten Kindern (Kinder als Partner der Erwachsenen, Kinder als Zuhörer trotz kollektiver Verhaltensauffälligkeit) Animationsfilme und Kinderserien einsetzen. Dadurch lässt sich die Egozentrik der Kinder, ihr kurzatmiges Ausgeliefertsein an das Medium verändern: Statt einer Assimilation der Realität an das Denken kommen die Kinder allmählich zur Akkommodation des Denkens an die Realität.

Animationsfilme lassen sich so erarbeiten, dass die Schüler sich anhand gezeichneter Figuren, Puppen, Objekte ihrer Reaktionen bewusst werden. Deshalb sollten die Schüler den Pflegetrieb (z. B. beim Kindchen-Schema) ausspielen und anwenden können. Urschemata liegen in der Funktion der gezeigten Tiere als Identifikationsangebote und Einfühlungsmuster zugrunde. Die Kinder sind bereit, die geforderten positiven Assoziationen weiter zu verstärken. Die vorgestellten Figuren werden gerade durch ihre Typisierung zu positiven Symbolträgern exemplarischen Verhaltens.

Während also in der Grundschule eine handlungsbezogene Verarbeitung von Fernseherfahrungen im Mittelpunkt steht – sozusagen ein rezeptiver Zugang zum Fernsehen –, beginnt in der Sekundarstufe I eine kognitive Beschäftigung mit Fernsehinhalten und Fernsehformen. Am Schluss der Sekundarstufe I sollten sowohl Formenkenntnisse eingeübt als auch funktionsbezogene Analysen von Fernsehsendungen durchgeführt werden. Dabei kann der Deutschunterricht in der Sekundarstufe I zum ersten Mal vom Gesamttext des Fernsehens ausgehen. Damit versteht der Deutschunterricht Fernsehen als narrative Großform, in der Kinospielfilme, fiktionale Fernsehfilme, Fernsehspiele, Serien und dokumentarisch angehauchte Spielhandlungen zu einer Dauervorführungseinheit verschmelzen. Der genannte fernsehdidaktische Ansatz geht deshalb über bisherige Prinzipien hinaus, bei denen in erster Linie Vergleiche zwischen Literatur und Film, zwischen literarischer Vorlage und Fernsehverfilmung vorherrschen. Solche Bezüge sind zwar bei jeder Beschäftigung mit Fernsehtexten zu beachten, sie sollten aber nicht nur als Alibi für die Rückkehr der „ungemischten" Literatur in den Deutschunterricht dienen. Damit wird der *rezeptive Zugang* zum Fernsehen von der Grundschule her durch *informative Zugänge, produktive* und *reproduktive Verfahrensweisen* ergänzt und bereichert. Zu den informativen Zugängen gehören Unterrichtseinheiten, die den Prozess der Fernsehproduktion und der Fernsehvermittlung thematisieren: Programmkonzepte, Produktionsbedingungen und Produktionsformen werden sich auf diesem Wege erarbeiten lassen. Für den reproduktiven Zugang sind Vergleiche zwischen literarischem Text und verfilmter Erzählung notwendig. Der produktive Zugang bezieht sich dann auf die Umsetzung der Spielidee oder des Textes bis hin zum eigenen Spielversuch.

Als letzte und wichtigste Stufe dienen Analysen von ausgewählten Programmteilen in der Sekundarstufe I und vor allem in der Sekundarstufe II: Neben der Analyse des Visuellen mit den Verfahrensweisen des Filmprotokolls oder der computergestützten Filmanalyse (Giesenfeld / Sanke 1988; Korte 1986; Korte / Faulstich 1988) sind technische Verfahren des Protokollierens vorhanden, die die Auswertung von Filmen leichter möglich machen. Eine neue didaktische Qualität des computergestützten Umgangs mit Fernsehfilmen lässt sich erreichen, wenn mit dieser Analyse auch neue produktive Ausdrucksformen ermöglicht werden. So wird für die Schüler in einer spielerischen Rekonstruktion der Fernsehhandlung mit digital gespeicherten Bausteinen ein neuer, interaktiver Zugang zum Fernsehen möglich. Eigene computergesteuerte Fernsehspots entstehen und überwinden die gewohnte Passivität des Zuschauens.

Der Deutschunterricht sollte die Möglichkeiten des analytischen und produktiven Zugangs gleichzeitig nutzen. Auf der letzten Ebene der Anwendung und des Transfers sind die narrativen Funktionen des Fernsehens zu ergänzen. Das Fernsehen erscheint unter dieser Perspektive als ein besonderes Medium, das sich von den üblichen Filmdarstellungsformen unterscheidet. Die Schüler erfahren, wie Schauspieler, Darsteller, Aussagen usw. fernsehspezifisch agieren und interagieren. Die Eigenheiten der Fernsehstars können dabei ebenso systematisch untersucht werden wie die Darstellungsformen vor der Fernsehkamera. Auf einer relativ anspruchsvollen Ebene lassen sich zuletzt einige dramaturgische Prinzipien des Fernsehens nachvollziehen und begreifen: Die durch das Fernsehen veränderten Bedingungen des Erzählens können am Beispiel einzelner Serien oder Magazine analysiert und beurteilt werden. Dabei sind Serien von besonderer Wichtigkeit, da sie als Programmlinien den Zuschauer über längere Zeit an sich binden. Dabei sind auch die Phasen der deutschen, der europäischen und der amerikanischen Fernsehgeschichte aufzuarbeiten. Vor allem die deutschen Fernsehserien schreiben sozusagen eine historisch durchlaufende Familiensaga. So sind die frühen Familien-, Science-fiction- oder Kriminserien eingebettet in die Geschichte der Bundesrepublik. Sie zeigen die damaligen Herrschaftsebenen in fast unverhüllter Form. „Der Kommissar", „Die Firma Hesselbach" oder die „Raumpatrouille" zeigen gesellschaftliche Modelle ihrer Entstehungszeit und ihrer Einwirkungsversuche auf ein bestimmtes Publikum. So wird die Geschichte der deutschen Familienserien zur Geschichte einer Selbstbefreiung und Weiterentwicklung überkommener Muster. „Schimanski" zum Beispiel zerstört die überkommene „Wohnzimmerdramaturgie" der frühen 60er Jahre und bricht damit die traditionelle Krimiserie durch Action und Erotik auf. In den auf „Endlosigkeit" angelegten Serien (z. B. „Lindenstraße") wird der Anfang oft vergessen, das Ende ist nicht absehbar. Damit wird die Serie zum zweiten Leben, zum Abschluss des Lebens im Kleinen. Die beabsichtigte Unendlichkeit der Geschichte wird dadurch kaschiert, dass in ihr dann doch wieder Einzelgeschichten stattfinden, die kleinere Handlungsbögen darstellen und damit jeweils bis zum „Kliffhänger" einen gewissen dramaturgischen Abschluss finden.

Diese und ähnliche Tendenzen sind von den Schülern zu untersuchen. Das gesamte Fernsehprogramm lässt sich unter diesem didaktischen Aspekt als ein Knäuel verschiedener Stränge von Geschichten und Erzählanlässen verstehen, in die sich der Zuschauer andauernd „verwickeln" lassen kann. Damit bekommt das Fernsehen ähnliche Funktionen wie die Literatur seit der Entstehung der großen Romane des 19. Jahrhunderts; die Schüler können am Ende einer solchen Beschäftigung mit dem Fernsehen erkennen, worin die Grenzen der heutigen literarischen Formen liegen; gleichzeitig können sie einige Grenzüberschreitungen sinnvoller Art zwischen Literatur, Computer und Television selbständig vollziehen, analysieren und bewerten lernen, ohne die Literatur aufzugeben und das Fernsehen „unbesehen" zu verdammen.

Dieses Plädoyer gegen eine Trennung von Literatur und Leben, von Lesen und Fernsehen lässt sich begründen: Schüler und Lehrer werden gemeinsam in eine Kultur der Zukunft eingebunden sein und diese repräsentieren, wenn sie die „Medienliteratur" von Funk und Fernsehen als gleichberechtigte Partner der literarischen Tradition und der literarischen Avantgarde (an)erkennen. Der Sprach-, Literatur- und Medienunterricht der Schule entscheidet dann nicht zuletzt darüber, welche Zukunft die literarische Kultur hat. Nur über eine im Deutschunterricht erworbene ästhetische Kompetenz werden die Erwachsenen von morgen entscheiden können, welche sprachlich-literarische Ausdrucksform in welcher medialen Vermittlung sie zu welchem Zweck mit Blick auf ihren Kommunikationspartner adäquat benutzen können.

Literaturverzeichnis

Abarbanell, Stephan (Hrsg.): Fernsehen verstehen (Arnoldshainer Texte, Bd. 76). Frankfurt/M. 1993

Adorno, Theodor W.: Fernsehen als Ideologie. In: Eingriffe – neun kritische Modelle. Frankfurt/M. 1963

Arnheim, Rudolf: Film als Kunst. Berlin 1932 (Neuausgabe: München 1974)

Baacke, Dieter: Medienpädagogik. Tübingen 1997

Benjamin, Walter: Das Kunstwerk im Zeitalter seiner technischen Reproduzierbarkeit. Frankfurt/ M. 1963

Berg, Klaus: Media Perspektiven. Daten zur Mediensituation in der Bundesrepublik, Basisdaten 1989. Hrsg. im Auftrag der Arbeitsgemeinschaft Rundfunkwerbung. Frankfurt/M. 1989

Bleicher, Joan K.: Deutsches Fernsehen im Wandel. Perspektiven 1985–1992. DFG-Sonderforschungsbereich 240. (Arbeitshefte Bildschirmmedien, Bd. 40). Siegen 1994

Bloom, Margret: Die westdeutsche Nachkriegszeit im literarischen Hörspiel. New York 1985

Bolik, Sibylle: Das Hörspiel in der DDR – Themen und Tendenzen. Frankfurt/M. u. a. 1994. (Forschungen zur Literatur- und Kulturgeschichte Bd. 43)

Dehm, Ursula: Fernsehunterhaltung: Zeitvertreib, Flucht oder Zwang? Eine sozial-psychologische Studie zum Fernseherleben. Mainz 1984

Delius, Rudolf / Klose, Werner: Schule und Schulfunk. Kiel 1979

DFG: Deutsche Forschungsgemeinschaft. Medienwirkungsforschung der Bundesrepublik Deutschland. Teil I: Berichte und Empfehlungen. Enquete der Senatskommission für Medienwirkungsforschung unter dem Vorsitz von Wilfried Schulz und der Mitarbeit von Jo Gröbel. Weinheim 1986

Deutscher Gewerkschaftsbund. Abteilung Gewerkschaftliche Bildung Multi-Media?! Leben und Arbeiten in der Mediengesellschaft. DGB Schwerpunktthema 95/96. Hannover 1995

Döhl, Reinhard: Das neue Hörspiel. 2. Aufl., Darmstadt 1992

Erlinger, Hans Dieter: Fernsehen für Kinder. Vom Experiment zum Konzept. Programmstrukturen, Produkte, Präsentationsformen. (Arbeitshefte Bildschirmmedien, Bd. 16). Siegen 1990

Erlinger, Hans Dieter (Hrsg.): Handbuch des Kinderfernsehens. Konstanz 1995

Ernst, Gustav H. / Pluch, Thomas (Hrsg.): Drehbuch schreiben: eine Bestandsaufnahme. Wien 1990

Faulstich, Werner: Medientheorien. Einführung und Überblick. Göttingen 1991

Finke, Horst: Fernsehen im Unterricht. 1970

Foucault, Michel: Die Ordnung der Dinge. Frankfurt/M. 1980

Funkkolleg: Medien und Kommunikation. Konstruktionen von Wirklichkeit. Studienbriefe Funkkolleg-Medien. Weinheim / Basel 1990

Giesenfeld, Günter / Sanke, Philipp: Ein komfortabler Schreibstift für spezielle Aufgaben. In: Korte, Helmut / Faulstich, Werner (Hrsg.): Filmanalyse interdisziplinär. Göttingen 1988, 135–146

Glogauer, Werner: Die neuen Medien verändern die Kindheit. Nutzung und Auswirkungen des Fernsehens, der Videofilme, Computer- und Videospiel, der Werbung und Musikvideo-Clips. Weinheim 1995

Graf, Gerhard: Komplementäre Zeichen zur Interaktion von verbalem und non-verbalem Verhalten im Fernsehen. In: Bentele, Günter / Hess-Lüttich, Ernest W. B. (Hrsg.): Zeichengebrauch in Massenmedien: Zum Verhältnis von sprachlicher und nicht-sprachlicher Information in Hörfunk, Film und Fernsehen. Tübingen 1985

Greulich, Helmut: Manipulation durch Fernsehen. In: Baacke, Dieter (Hrsg.): Mediendidaktische Modelle Fernsehen. München 1973, 163–200

Groebel, Franz-Josef / Gleich, Uli: Die Wirkungen von Gewalt und Fernsehen. (Schriftenreihe Medienforschung der Landesanstalt für Rundfunk Nordrhein-Westfalen, Bd. 13). Opladen 1993

Hagen, Rochus: Fernsehen im Alltag von Kindern und Jugendlichen. Ergebnisse der Medienforschung und ihre Bedeutung für die Medienerziehung. (Schriftenreihe Studien zur Bildung und Wissenschaft; Bd. 26) Bonn 1985.

Hallenberger, Gerd / Foltin, Hans-Friedrich: Unterhaltung durch Spiel. Quizsendungen und Game Shows des deutschen Fernsehens. Berlin 1990

Hickethier, Knut: Das Fernsehspiel der Bundesrepublik: Themen, Form, Struktur, Theorie und Geschichte 1951–1977. Berlin 1988

Hickethier, Knut (Hrsg.): Bilderwelten – Weltbilder. Dokumentarfilm und Fernsehen. Marburg 1990

Hickethier, Knut: Apparat – Dispositiv – Programm. In: Ders. / Zielinski, Siegfried (Hrsg.): Medien/Kultur. Schnittstellen zwischen Medienwissenschaft, Medienpraxis und gesellschaftlicher Kommunikation. Berlin 1991, 421–447

Hickethier, Knut: Dispositiv Fernsehen, Programm und Programmstrukturen in der Bundesrepublik Deutschland. In: Ders. (Hrsg.): Institution, Technik und Programm. Rahmenaspekte der Programmgeschichte des Fernsehens. (Bd. 1 der Geschichte des Fernsehens der Bundesrepublik Deutschland, hrsg. v. Kreuzer, Helmut / Thomsen, Christian). München 1993a, 169–241

Hickethier, Knut (Hrsg.): Beiträge zur Fernsehanalyse. Berlin 1993b

Holly, Werner: Die Samstagabend-Fernsehshow. Zu ihrer Medienspezifik und ihrer Sprache. In: Muttersprache 1992, H. 1, 15–36

Horkheimer, Max: Kulturindustrie: Aufklärung als Massenbetrug. In: Horkheimer, Max / Adorno, Theodor W.: Dialektik der Aufklärung. Philosophische Fragmente. Amsterdam 1955

Hurrelmann, Bettina: Fernsehen in der Familie. Auswirkungen der Programmerweiterung auf den Mediengebrauch. Weinheim 1989

Kaiser, Reinhard: Spaziergänge im Internet. Bücher und Bibliotheken Online. Frankfurt/M. 1996

Keckeis, Hermann: Das deutsche Hörspiel 1923–1973. Ein grammatischer Überblick mit kommentierter Bibliographie. Frankfurt/M. 1973

Kellner, Hella / Horn, Imme: Gewalt im Fernsehen. Literaturbericht über Medienerziehungsforschung. (ZDF-Schriftenreihe; Bd. 8). 5. Aufl., Mainz 1977

Klippert, Werner: Elemente des Hörspiels. Stuttgart 1977

Klose, Werner: Didaktik des Hörspiels. 2. Aufl., Stuttgart 1977

Klose, Werner: Arbeitsbuch für den Unterricht. Hörspiele. Texte und Informationen. Hannover 1977ff.

Knilli, Friedrich: Das Hörspiel. Mittel und Möglichkeiten eines totalen Schallspiels. Stuttgart 1961

Knilli, Friedrich: Deutsche Lautsprecher – Versuche zu einer Semiotik des Radios. Stuttgart 1970

Koebner, Thomas (Hrsg.): Autorenfilme. Elf Werkanalysen. Münster 1990

Kofler, Georg / Graf, Gerhard (Hrsg.): Sündenbock Fernsehen? Aktuelle Befunde zur Fernsehnutzung von Jugendlichen, zur Wirkung von Gewaltdarstellungen im Fernsehen und zur Jugendkriminalität. Berlin 1995

Korte, Helmut (Hrsg.): Systematische Filmanalyse in der Praxis. Braunschweig 1986

Korte, Helmut / Faulstich, Werner (Hrsg.): Filmanalyse interdisziplinär. Göttingen 1988

Kotthoff, Helga: Witzige Darbietungen als Talk-Shows. Zur konversationellen Konstruktion eines sozialen Milieus. In: Kotthof, Helga (Hrsg.): Scherzkommunikation. Beiträge aus der emprischen Gesprächsforschung. Opladen 1996

Kottlorz, Peter: Fernsehmoral. Ethische Strukturen fiktionaler Fernsehunterhaltung. Berlin 1993

Kreuzer, Helmut (Hrsg.): Literaturwissenschaft – Medienwissenschaft. Heidelberg 1977

Kreuzer, Helmut / Schanze, Helmut (Hrsg.): Fernsehen in der Bundesrepublik Deutschland: Perioden – Zäsuren – Epochen. Heidelberg 1991

Lambertz, Peter: Stundenblätter Fernsehen im Deutschunterricht, Klasse 8–10. Programme, Sendeanstalten, Zuschauer-Werbung, Serie, Nachrichten. 2. Aufl., Stuttgart / Dresden 1993

Lermen, Birgit: Das traditionelle und das neue Hörspiel im Deutschunterricht. Paderborn 1975

Meyrowitz, Joshua: Die Fernseh-Gesellschaft. Weinheim / Basel 1987

Maresch, Rudolf (Hrsg.): Medien und Öffentlichkeit. Positionierungen, Symptome, Simulationsbrüche. München 1996

Martenstein, Harald: Das hat Folgen. Deutschland und seine Fernsehserien. Leipzig 1996

McLuhan, Marshall: Die magischen Kanäle. Understandig Media. Frankfurt 1992

Merten, Klaus / Schmidt, Siegfried J. (Hrsg.) Die Wirklichkeit der Medien. Eine Einführung in die Kommunikationswissenschaft. Opladen 1994

Müller-Michaels, Herro: Fernsehen als Gegenstand und Medium des Unterrichts. In: Vogt, Jochen (Hrsg.): Literaturdidaktik. Düsseldorf 1972, 284–289

Müllender, Bernd / Nöllenheidt, Achim (Hrsg.): Am Fuß der blauen Berge: Die Flimmerkiste in den 60er Jahren. Essen 1994

Paech, Joachim (Hrsg.): Schülerfernsehen. Didaktik der Massenkommunikation 3. Stuttgart 1977

Paech, Joachim: Literatur und Film. (Sammlung Metzler Bd. 235). Stuttgart 1988

Postman, Neil: Wir amüsieren uns zu Tode. Urteilsbildung im Zeitalter der Unterhaltungsindustrie. New York, 2. Aufl., Frankfurt/M. 1985

Postman, Neil: Das Verschwinden der Kindheit. New York, Frankfurt/M. 1986

Postman, Neil: Keine Götter mehr. Das Ende der Erziehung. Berlin 1995

Prokop, Dieter (Hrsg.): Massenkommunikationsforschung. I. Produktion. Frankfurt/M. 1972

Reimers, Karl Friedrich u. a. (Hrsg.): Von der Kino-Wochenschau zum Aktuellen Fernsehen. München 1983

Rogge, Jan-Uwe: Kinder können fernsehen. Vom sinnvollen Umgang mit dem Medium. Reinbek bei Hamburg 1992

Schäfer, Barbara: Hör-Räume. In: Sprache im technischen Zeitalter 1991, 29, H. 117, 28–48

Schanze, Helmut / Zimmermann, Bernhard (Hrsg.): Das Fernsehen und die Künste. München 1993

Schlewitt, Jörg: Lektüre und Medien. Angebote von Lesebüchern zum Umgang mit Literaturverfilmungen. In: Der Deutschunterricht 1995, 48, H. 1, 541–547

Schöning, Klaus (Hrsg.): Neues Hörspiel. Frankfurt/M. 1970

Schöning, Klaus (Hrsg.): Neues Hörspiel O-Ton – Der Konsument als Produzent – Versuche, Arbeitsberichte. Frankfurt/M. 1974

Schwarz, Rainer (Hrsg.): Materialien zum Fernsehunterricht. Didaktik der Massenkommunikation 2. Stuttgart 1976

Schwitzke, Heinz u. a.: Reclams Hörspielführer. Stuttgart 1969

Sierek, Karl: Geschichten am Schirm. Ein nützliches Vademekum aus der Theorie des televisionären Dispositivs. In: Haberl, Georg / Schlemmer, Gottfried (Hrsg.): Die Magie des Rechtecks. Filmästhetik zwischen Leinwand und Bildschirm. Wien 1991

Strassner, Erich (Hrsg.): Grundlagen der Medienkommunikation. Tübingen 1997

Stipp-Hagmann, Karin (Hrsg.):Fernseh- und Radiowelt für Kinder und Jugendliche. Villingen-Schwenningen 1996

Strobel, Ricarda / Reinecker, Herbert: Unterhaltung im multimedialen Produktverbund. Heidelberg 1992

Theunert, Helga / Lenssen, Margit / Schorb, Bernd (Hrsg.): „Wir gucken mehr fern als ihr!" Fernsehen für Kinder. München 1995

Theunert, Helga / Schorb, Bernd: Mordsbilder – Kinder und Fernsehinformation. Eine Untersuchung zum Umgang von Kindern mit realen Gewaltdarstellungen in Nachrichten und Reality-TV im Auftrag der Hamburgischen Anstalt für neue Medien und der Bayerischen Landeszentrale für neue Medien. Berlin 1995

Thomsen, Christian W. / Schneider, Irmela: Grundzüge der Geschichte des europäischen Hörspiels. Darmstadt 1985

Tulodziecki, Gerhard: Medienerziehung in Schule und Unterricht. 2. Aufl., Bad Heilbrunn 1992

TV total. Macht und Magie des Fernsehens. Hamburg 1995

Vorderer, Peter: Fernsehen als Handlung. Fernsehfilmrezeption aus motivationspsychologischer Perspektive. Berlin 1992

Weibel, Peter: Transformationen der Techno-Ästhetik. In: Rötzer, Florian (Hrsg.): Digitaler Schein. Ästhetik der elektronischen Medien. Frankfurt/M. 1991, 205–246

Wickert, Erwin: Die innere Bühne. Zur Dichtungsgattung Hörspiel. In: Akzente 1954, 1, 505–514

Wüllenwerber, Walter: Wir Fernsehkinder. Eine Generation ohne Programm. Berlin 1994

Zeitter, Ernst: Fernsehen: Unterhaltung, Ablenkung, Bildung? Über den mündigen Umgang mit einem Medium. München 1987

Zielinski, Siegfried: Audiovisionen. Reinbek 1989

Zielinski, Siegfried: Auslegung von elektronischen Texten. In: Brackert, Helmut / Stückrath, Jörn (Hrsg.): Literaturwissenschaft. Ein Grundkurs. Frankfurt/M. 1992, 237–249

Zimmermann, Peter (Hrsg.): Fernseh-Dokumentarismus. Bilanz und Perspektiven. München 1993

ANGELA VON PODEWILS

Theater als Medium und Werkstatt

Vorüberlegungen

„Auf den ersten Blick ein ödes Zimmer. Es verwandelt sich in einen Zauberraum. Nie war Prosperos Reich eine schäbigere, engere Szene – aber selten ist Shakespeares *Sturm-Insel* in den Phantasien eines Theaters und in den Köpfen seiner Zuschauer auf so verblüffende Weise aus dem Alltag aufgetaucht und hat sich mit Leben erfüllt und geweitet." (Becker 1993, 22. Über eine Inszenierung von Robert Lepage in Paris)

„Phantasie" – eine Vorstellung „in den Köpfen der Zuschauer" – „aus dem Alltag aufgetaucht" – „sich mit Leben erfüllend" – „geweitet" – der Spot richtet sich in diesem Beitrag zum Medium Theater genau auf dieses. Sein Licht allerdings und damit sein Wirkungskreis können in der Kürze nur begrenzt bleiben. Das schlaglichtartige Vorgehen soll aber dazu einladen, einerseits in der Praxis des Theaterbesuchers oder des Lehrers und andererseits in der Theorie – vor allem in der Beschäftigung mit körperpsychologischen und kulturtheoretischen Themen – die einzelnen Funktionen von Theater und die strukturellen Vorgänge des komplexen Gefüges weiterzuverfolgen.

Im ersten Teil stellt sich das Medium Theater vor; dabei entfaltet es seine künstlerischen, kommunikativen, transformatorischen, gesellschaftspolitischen und psychologischen Facetten. Im zweiten Teil werden diese Facetten auf ihre didaktischen Konsequenzen hin befragt, beispielhaft an der Auseinandersetzung mit Dramentexten. Es ist selbstverständlich, dass bei einer unterrichtlichen Beschäftigung mit Theater auch nicht-textgebundene, experimentelle und performance-ähnliche Ausdrucksarten praktisch erprobt werden. Denn nonverbale Ausdrucksmedien stellen Fragen. Sie fordern dadurch begriffliches Antworten oder das Erkennen begrifflicher Begrenztheit geradezu heraus.

Die Überlegungen zum Theater gehen in diesem Artikel von einem Kunst-Begriff aus, der sich an dem von Beuys geprägten Begriff der *sozialen Plastik* orientiert. Auf die Theaterkunst bezogen, sind damit Form, Inhalt und Verwendung der Theatermittel gemeint. Bezogen auf den Zuschauer meint *soziale Plastik* den aktiven Vorgang des Zuschauens. Dieser erschöpft sich dann nicht im reinen Konsumieren, sondern wird zu einer selbst-produzierenden, nach Erfahrung suchenden Tätigkeit. Beuys verstand die *soziale Plastik* als Kunstbegriff, bei dem jeder Mensch zum Gestalter einer lebendigen Substanz werden kann, nämlich dem *sozialen Organismus*. (Vgl. Harlan / Rappmann / Schato 1984) Dieser Kunstbegriff ist im Grunde für das Medium Theater nicht neu, denkt man an die ersten Theaterformen, die sich im Ritual als Vergewisserung über Wirklichkeit und Verständigung über das soziale Gefüge darstellten. Neu ist aber – und das war Beuys Zielsetzung –, dass Kunst, in diesem

Fall Theater, für alle Beteiligten eine Chance bedeutet, an dieser *sozialen Plastik* schöpferisch, verantwortlich mitzugestalten. Insofern wird Kunst dadurch zur Weltgestaltung und Lebenskunst im Sinne Foucaults. Kunst war für Beuys das Element, das *Wärme* in die sozialen Beziehungen der Menschen produziert. Wärme wird dabei über die Sinne wahrgenommen und als solche identifiziert.

Der Vorgang der Sinneswahrnehmung ist ein zentrales Charakteristikum von Theaterkunst-Erfahrung, sei es beim eigenen Spielen oder beim Zuschauen. Didaktische Überlegungen zu diesem Grundelement fehlen in der Dramendidaktik des Deutschunterrichts. (Vgl. Stocker 1990, 633) Ebenso fehlen dann auch die pädagogischen Konsequenzen, die sich aus dem Anspruch des o. g. Begriffes für den Prozess des Unterrichtens ergeben. Man kann nicht auf der Ebene von Kunst – sprich Literaturunterricht – einen institutionalisierten Unterricht praktizieren, der gerade dem widerspricht, was man da unterrichtet.

1. Zum Medium Theater

1.1. Theater unterscheidet sich von allen anderen Medien

Theater ist Live-Erlebnis, darin differiert es entscheidend von allen anderen Medien wie Film und Fernsehen. Die Konsequenzen sind weitreichend. Künstlerische Mittel und Live-Darstellung greifen ineinander und bedingen sich gegenseitig. Dabei vollzieht sich die Theateraufführung für Produzenten und Rezipienten in ihrer körperlichen Anwesenheit und im selben zeitlichen und räumlichen Rahmen. Der Theaterraum wird auf diese Weise selbst zum Medium, d. h. das über körperliche Präsenz und Tastsinn entstehende Raumbewusstsein wird zur Basis der Theaterkunst.

Live-Darstellungen sind nicht kopierbar. Jede Theateraufführung ist einmalig. Je nach aktuellem Befinden der Schauspieler verändern sich Timing, Dynamik und Lautstärke, differieren Richtungen und Positionen. Körperlich vollzogene verbale und nonverbale Handlungen auf der Bühne können nicht ein zweites Mal die Gleichen sein, zumal die Spieler sich im Spielprozess auf ihr jeweiliges Publikum einstellen. Natürlich darf dabei die Inszenierung nicht verfälscht werden.

Theateraufführungen leben von der Kommunikation zwischen Bühne und Zuschauerraum. Die idealtypische Kommunikation einer Theatervorstellung entwickelt sich auf mehreren Ebenen. Einerseits verständigen sich die Künstler auf der Bühne mit den Helfern in den Kulissen und untereinander auf der Spielfläche spielorganisatorisch, andererseits interagieren sie beim Spiel in ihren Rollen. Diese rollenspezifische Kommunikation bildet die Grundlage des Kommunikationsprozesses zwischen Bühne und Zuschauerraum. Im weiteren Verlauf greifen die Kommunikationssysteme Spieler-Spieler-Publikum ineinander und bedingen und beeinflussen sich gegenseitig. (Vgl. Platz-Waury 1980) „Ein Schauspieler ... weiß wohl um das untrennbare Band, das ihn mit dem Zuschauer verknüpft, wenn beide von ein und derselben Atmosphäre ergriffen sind. Der Zuschauer fängt dabei von sich aus an, mit dem Schauspieler *mitzuspielen*. ... Ein Schauspiel entsteht aus der Wechselwirkung zwischen Schauspieler und Zuschauer." (Čechov 1990, 26)

Erst im Zusammenspiel der Kommunikationssysteme entsteht Theaterkunst. Werden diese Kommunikationssysteme durch *private* Kommunikation auf der Bühne oder im Zuschauerraum gestört, d. h. fallen Spieler oder Zuschauer aus den Rollen, die ihnen diese Kommunikationssysteme zuschreiben (z. B. durch Flüstern, unangebrachtes Kichern), wird der Prozess der Theateraufführung zumindest unterbrochen, wenn nicht sogar zerstört.

Eine Theateraufführung kann nicht konserviert werden. Verfilmt verliert das Medium Theater gerade die Eigenschaften, die es charakterisiert. Die Live-Körperlichkeit mit der Möglichkeit für alle Beteiligten, aktuell zu reagieren, verkommt in der filmischen Aufzeichnung zu fixierten Körperbewegungen und Positionen. Darüber hinaus zwingt das Auge der Kamera den Zuschauer zu einem einzig möglichen Blickwinkel und Bildausschnitt.

1.2. Theaterkunst ist multimediale Ausdruckskunst

Theater verbindet verschiedene Kunstformen: Darstellende Kunst, Bildende Kunst, Literatur und Musik. Es verwendet visuelle und auditive Medien wie Licht, Ton, Fotographie, Video, Diaprojektion und Film. Die jeweiligen Ausdrucksmittel können je nachdem personell oder nicht-personell eingesetzt werden. Das jeweilige Zusammenwirken, Aufeinander-abgestimmt-Sein, Kontrastieren, Aussparen oder Verdoppeln charakterisieren die Einzigartigkeit der Inszenierung.

Personelle Theaterausdrucksmittel sind:

- Körper (Sprechen, Gesang, Geräusch, Gestik, Mimik, Haltung, Bewegung)
- Körper-Choreographie (Bewegungsrichtungen, Positionen, Distanzen, Bewegungsarten)
- geschminktes Gesicht oder das Tragen von Masken
- Publikumskontakt

Nicht-personelle Theaterausdrucksmittel sind:

- Bühnenbild
- Text
- Licht
- Kostüm
- Requisit
- Raum
- Vorhang
- Ausstattung
- Choreographie von beweglichen Elementen
- visuelle und auditive Medien.

1.3. In der Theaterkunst wird das Drama zum gelebten Wort

Der Begriff *Drama* weist auf das griechische Wort *drao* zurück, das Handeln im Sinne von Ausführen und Vollbringen meint. Ein Drama ist also eine *starke* Handlung. Sein dialogischer Text verlangt zumindest in der Imagination nach Verkörperung der Figuren und ihres Handelns.

Ein dramatischer Text ist fragmentarisch. (Vgl. Bachmann 1986) *Was leistet der Theatertext für seine Veranschaulichung auf der Bühne?* Der Dialog, die Handlungssituationen und die Handlungsabfolge erzählen eine Fabel. Dabei gibt der Text Aufschluss über die Charaktere, ihre Handlungsmotive und ihre Emotionalität. Es entsteht ein eigenes Wirklichkeitsmodell, in dem sich die handelnden Figuren psychologisch-logisch verhalten.

Was wird durch die Veranschaulichung des Dramentextes hinzugewonnen? Die Handlungsabläufe werden leiblich-konkret personifiziert. Die lückenhaften Informationen des Textes zu Gedanken und Gefühlen werden auf diese Weise sichtbar, d. h. die sogenannten Untertexte oder, mit Watzlawick gesagt, *die analoge Kommunikation* (vgl. Watzlawick 1985) können vom Zuschauer nun visuell entschlüsselt werden. Die Figurencharakterisierung differenziert den Text und die Handlung zu einem komplexen Gebilde menschlichen Verhaltens und Lebens.

Um seine Rolle zu erarbeiten, greift der Schauspieler nicht nur auf die Stück- und Rollenanalyse zurück, sondern bringt seine persönlichen Erfahrungen, Beobachtungen und Lebenserinnerungen, eigene Befindlichkeiten und Empfinden in die Probenarbeit ein. Auf diese Weise erweckt er die Sprache des Autors Wort für Wort zum Leben. Immer wieder überprüft und vergleicht er dabei Text- und Handlungsabläufe in den psychologischen Wechselbeziehungen und das soziale Gefüge der Figuren insgesamt. Über die Art, wie er die Theaterausdrucksmittel einsetzt, über den empfundenen Ausdruck in bestimmter Zeit, Kraft, Dynamik, Rhythmus und Intensität, werden die Untertexte sichtbar. (Vgl. Stanislawski bei Rellstab 1976) Der wechselseitige Prozess der Aufmerksamkeit, der Wahrnehmung, der Empfindung und Imagination wird zum Motor, die Sprache des Dramas nicht nur kognitiv zu begreifen. Dabei erlebt der Schauspieler im Zusammenspiel von körperlich-emotional-kognitivem Wahrnehmen den Eindruck, *als ob* er in seiner Rolle Trauer, Wut oder Glück empfände.

„Die Imagination ist ein Werkzeug, das vieles möglich macht. Sie verknüpft das Sinnliche des Lebens mit dem Geistigen, ruft Vergangenes zurück, projiziert die Zukunft und stellt das Mögliche dar. Dieses Werkzeug ist wie ein zweites paar Hände, ein drittes Auge." (Brook 1985, 28) Richard Schechner definiert dieses Phänomen als *doppelte Negativität*: „So ist Olivier (englischer Schauspieler) nicht Hamlet, aber er ist auch nicht Nicht-Hamlet. Die Umkehrung dessen ist genauso richtig. In dieser Inszenierung des Stücks ist Hamlet nicht Olivier, aber er ist auch nicht Nicht-Olivier. Innerhalb dieses Rahmens der doppelten Negativität bleiben Wahl und Virtualität aktiviert." (Schechner 1990, 217)

1.4. Theaterkunst eröffnet eine andere Wirklichkeit, die *Ästhetische Realität*

Das *théatron*, griechisch Schauplatz, war ursprünglich ein Kult-Ort. Noch heute haftet dem Theater als kulturellem Ort das Besondere und aus dem Alltag Heraushebende an. Theater ist ein Zwischen-Ort, der zwischen unseren alltäglichen Wirklichkeiten eine andere Wirklichkeit zaubert. Im Schutz des offiziell anerkannten kulturellen Ortes entfernen sich die Zuschauer für die Zeit der Aufführung von ihrer alltäglichen Wirklichkeit. Sie sind bereit, sich auf Neues, Ungelebtes einzulassen, weil sie wissen, dass das, was dort auf der Bühne geschieht, *nicht-wahr* ist. „Vor dem *nicht wahr* hat man allen Mut. Vor diesem erschaffenen Leben fühlt man sich sicherer, die Entscheidungen, wie man sich in dem oder in jenem Fall benehmen soll, werden einem klarer, man ist nicht mehr durch die Dringlichkeit des Gegenschlages verwirrt, man kann das Leben üben." (Barrault 1956, 10) Diese andere Wirklichkeit nennt Dagobert Frey *Ästhetische Realität*: „Wir wollen diese Realität des Schauspiels, die im vollen Miterleben für den Spieler wie für den Zuschauer echten Wirklichkeitscharakter besitzt oder zumindest besitzen kann, als ästhetische Realität bezeichnen" (Frey 1991, 494) Entfalten kann sich diese *Ästhetische Realität* nur über die Imagination, dass das, was auf der Bühne gezeigt wird, geschieht, *als ob* es wahr wäre. Das Weinen ist ein *als ob*-Weinen; der Stuhl spricht, *als ob* er ein Mensch sei, und der Mond geht auf, *als ob* er am Himmel erschiene. „Der Zuschauer, der zu spielen beginnt, beschränkt sich nicht auf das Gesehene, sondern erinnert sich, erfindet, konstruiert und rekonstruiert, er entwirft den vermuteten Zusammenhang, sucht den *garantierten* Sinn, d. h. er denkt mit Hilfe des Gesehenen. Er *betrachtet*." (Ritter 1987, 19)

Die *Ästhetische Realität* knüpft also an die Alltagswirklichkeit an. Der ideale Zuschauer ist unablässig damit beschäftigt, die *Ästhetische Realität* auf der Matrix seines alltäglichen Lebens, d. h. auf dem Hintergrund seiner subjektiven Erfahrungen, selektierend und sinndeutend zu gestalten und zu begreifen.

1.5. Die *Ästhetische Realität* kann Alltagswirklichkeit beeinflussen

Die Theateraufführung ist subjektives und kollektives Erlebnis. Wenn das Spiel auf ein sensibilisiertes Publikum trifft, bruchlos an der biographischen oder gesellschaftspolitischen Situation anknüpft und wenn der Zuschauer nicht gerade dieses aus seiner Wahrnehmung eliminiert, dann kann sich das Spiel erheblich transformatorisch bis in die Alltagsrealität hinein auswirken. In der Geschichte der Theaterzensur spiegelt sich die Angst politischer Machthaber vor solchen Einflüssen wider.

Doch, wie gesagt, der Zuschauer entscheidet selbst darüber, ob er solch weitgehende Transformation zulässt. „Was die Aufführung ihrem Publikum letztlich *sagen* wird, was sie für jedes Mitglied dieses kollektiven Gebildes *aussagt*, wird wiederum von der Kapazität oder *Kompetenz* jedes einzelnen Zuschauers abhängen, die einzelnen Zeichen und Zeichenstrukturen zu verstehen oder zu *dekodieren*, wie auch von seiner Bereitschaft, der Aufführung genügend Aufmerksamkeit zu widmen, um alles in sich aufzunehmen." (Esslin 1989, 132)

Theater kann also ebensogut Ort gemeinsamer Kompensation werden, ein Ort an dem alltägliches, unbequemes Leben verdrängt wird. Man kann solche Wirkungen in etwa einschätzen, wenn man anhand der jährlichen Bühnenstatistik der Bühnengenossenschaft Zusammenhänge zwischen Theatergenre (Oper, Operette, Ballett, Schauspiel, Kabarett u. a.), Opus und prozentualer Auslastung (Zuschauerzahlen) feststellt. Untersuchungen über Spielort, Anzahl der Aufführungen und Besucherumfragen könnten solches Vorgehen erweitern, Vergleiche mit den Medien Fernsehen und Film das Ereignis differenzieren.

Allgemein ist momentan ein Trend zum Musical und zur Show festzustellen, der an andere Rezessionszeiten, wie die 20er Jahre, erinnert. *Cats* und *Das Phantom der Oper* sind brisante Beispiele für Kompensationseffekte, die vom Theater angeboten und begierig vom Publikum angenommen werden. Immerhin: Das Fernsehen zu Hause scheint an Attraktivität verloren zu haben. Öffentliche kulturelle Räume gewinnen neu an Bedeutung.

Theaterkunst kann also in einer Gesellschaft, die nur auf Kompensation aus ist, ihren symbolisierenden Verweis-Charakter, das, was sie zu Kunst qualifiziert, verlieren. Transformatorische Auswirkungen auf die Alltagswirklichkeit bleiben aus, wenn das Theater die Zuschauer nicht fördert, sondern nur mit den reduzierten Wahrnehmungsfähigkeiten des Zuschauers arbeitet, ihn dafür aber – ohne Mühe – mit der Illusion von einer bedeutenden, wichtigen, dramatischen Welt beglückt, einer Welt, die für den Zuschauer in dem Maße die *eigentliche* Welt ist, in dem er darin nicht lebt.

Aber auch der symbolisierende Charakter der Theaterkunst kann dahin missbraucht werden, dass ideologische, inhumane Inhalte transportiert werden. Autoritäre und faschistische Systeme haben das gezeigt. Gegen diese Gefahren müssen Theater- und Zuschaukunst verantwortlich gehandhabt werden.

Kurz vor dem Fall der Mauer konnten Zuschauer solch einen verantwortlichen Umgang mit Theaterkunst – nämlich auf der Basis von Menschenrecht – am Schweriner Theater miterleben. Die Aufführung des „Wilhelm Tell“ zeichnete sich durch eine besondere Dichte der Kommunikation, initiiert durch ein wohl durchdachtes Inszenierungskonzept, aus. Elektrisch aufgeladen schien die Atmosphäre bei Sätzen wie: „Wann wird der Retter kommen in diesem Lande“ oder „Wir wollen sein ein einig Volk von Brüdern, in keiner Not uns trennen und Gefahr“. Am Ende der Vorstellung beantwortete das Publikum das Spiel mit minutenlangem Schweigen; dann erhoben sich die Zuschauer geschlossen von ihren Sitzen und applaudierten zwanzig Minuten lang. Die Schauspieler ihrerseits applaudierten zurück. Diese Kommunikation zwischen oben und unten zeigte ohne Worte gemeinsame Solidarität. Inzwischen wissen wir, welche entscheidende Unterstützung in der letzten Phase vor dem Aufstand der Bürger von den Künsten ausging und wie solche Orte der Kunst zum Treffpunkt kritischer Köpfe wurden.

1.6. Theaterkunst schützt unsere Sinne

Die Schriftstellerin Gerlind Reinshagen forderte in einem Artikel der Süddeutschen Zeitung am 24.1.92 unter der Überschrift „Wir müssen unsere Sinne schützen – für eine Ökologie in der Kunst“ das Theater auf, sich als eine der wichtigsten Institutionen zu begreifen. Ihrer Meinung nach hat Theater heute die Aufgabe eines *Greenpeace* oder *Robin-Wood-Unternehmens* „innerhalb unserer Überflußkultur“ (Reinshagen 1992). „Es mag Zeiten geben, in denen die Kunst überflügelt. In Epochen der Gefahr lehrt besser das Leben, muß Kunst vor allem auf das Leben reagieren.“ Ein sich solcher Art bewusst gewordenes Theater braucht ein Publikum, das nach Gerlind Reinshagen einen „Lernprozess“ (Reinshagen 1992) nötig hat. Erst dann kann es das wahrnehmen, was das Theater ihm anbietet: „Es wären dies in erster Linie unsere Sinne: das Hören, das Sehen, das Fühlen.“ (Reinshagen 1992) Wie sehr unsere Sinne im Kommunikationsprozess zwischen Bühne und Zuschauerraum beansprucht sind – die Aufmerksamkeit in der Wahrnehmung, das Hören, Sehen, das innere Fühlen, das Denken, die Imagination – wurde bereits gezeigt. Diese Fähigkeiten drohen in der mediatisierten Welt zu verkümmern, einerseits in der Unterforderung vorgefertigter Wahrnehmungen, andererseits durch die tägliche Überstrapazierung, also einseitiger visueller Überforderung. „Die Einheit der Sinne bildet die Voraussetzung einer ganzheitlichen Wahrnehmung und einer Aktivität, die heute weitgehend durch die Bestimmung des Auges als Leitorgan der Sinne außer Kraft gesetzt wird.“ (Verspohl 1984, 21) „Die Hypertrophie des Optischen hat die Belehrungsfunktion durch die Organe des Taktes – wie Goethe die übrigen Sinne gegenüber dem Auge charakterisiert hat – außer Kraft gesetzt und das Auge mit ausschließlich stabilisierenden und identifizierenden Leistungen betraut, die einen billigen Ersatz für den Anteil der Sinne an den Funktionen der Verkörperung und Vergegenwärtigung darstellen.“ (Verspohl 1984, 21) Gerlind Reinshagen hält das Theater für den einzigen Ort, an dem diese Einheit der Sinne wieder hergestellt werden kann: „Es geht um unsere Augen, unser Hirn und unsere Ohren, um jedes unserer stumpfgewordenen Organe, die – zum Überleben gebraucht – dringend angespitzt werden müssen.“ (Reinshagen 1992)

1.7. Zuschaukunst fördert das Theater als Kunstform, wenn sie fordert

„Die Schauspielkunst wird für gewöhnlich nicht in Büchern gelehrt, noch wird es die Zuschaukunst, die so gar nicht einmal als Kunst bekannt ist ... Man meint, je mehr an Schauspielkunst vorhanden ist, desto weniger an Zuschauerkunst braucht es.“ (Brecht 1991, 492) „Die Kunst braucht Kenntnisse. Die Betrachtung der Kunst kann nur dann zu wirklichem Genuß führen, wenn es eine Kunst der Betrachtung gibt“ (Brecht 1991). Genau dies gilt es, in Elternhaus, Schule und Fortbildungseinrichtungen zu unterstützen. Das Theater und seine Kunst leben vom Zuschauer und umgekehrt. Der kritische Zuschauer kann verantwortlich an einem *Greenpeace-Theater* (siehe 1.6) mitwirken; denn durch die Entscheidung, in welches Theater er geht, gewinnt er Einfluss auf Spielplan und Spielkunst. Theaterinstitutionen sind auf Subventionen angewiesen, d. h. sie müssen ihre Effizienz anhand von Zuschauerzahlen ausweisen. So können Zuschauer fördern, was sie fordern und umgekehrt.

Das Schaubild soll zusammenfassend idealtypisch die Situation während einer Theateraufführung verdeutlichen.

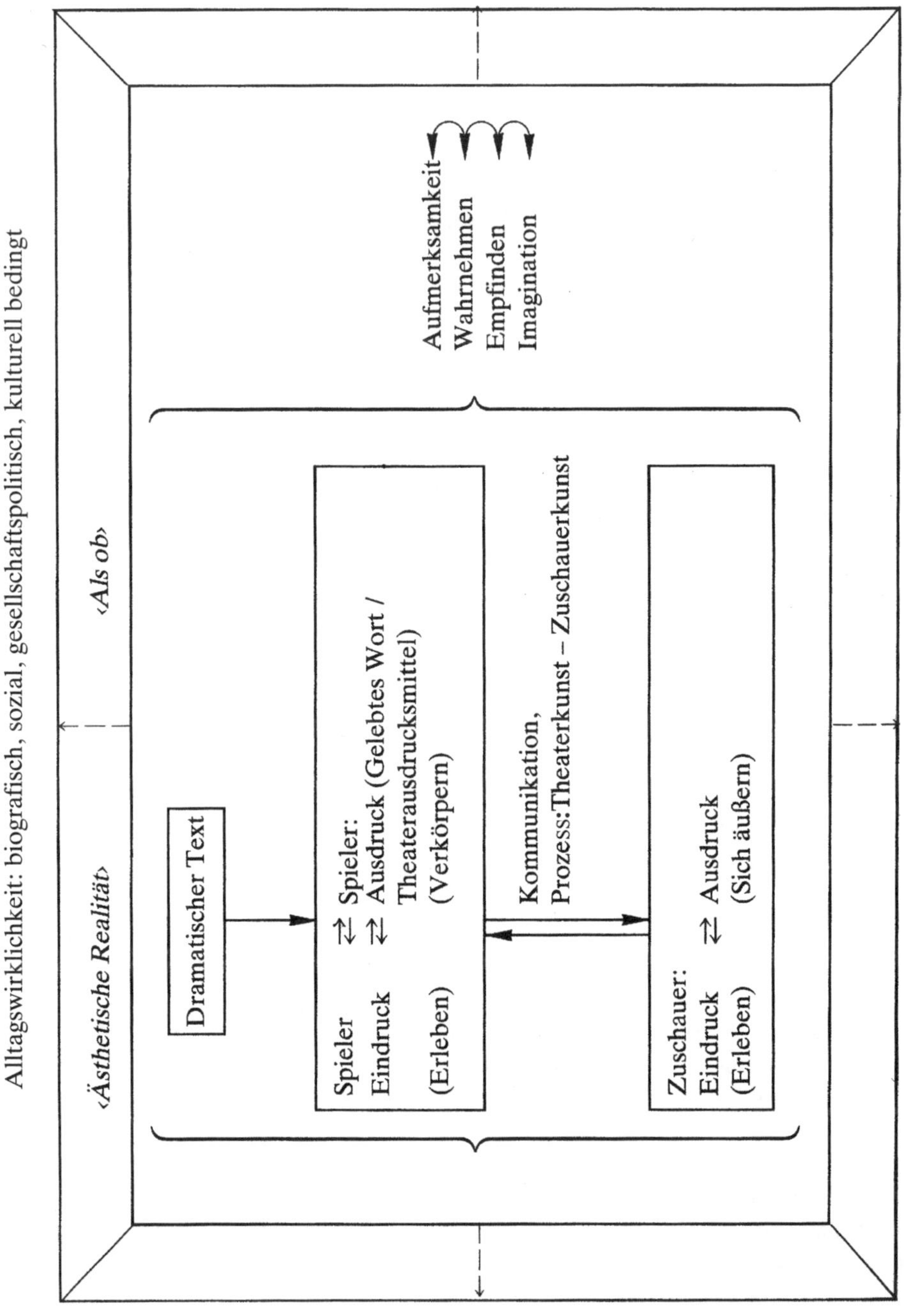

2. Zum Deutschunterricht

2.1. Die *Theaterwerkstatt* im Deutschunterricht versteht sich als *Ästhetische Werkstatt*

Die in Teil 1 entwickelten Prozesse und Wirkungsweisen von Theater sollen im Fach Deutsch Unterrichtsgegenstand für Schüler werden. Anhand des Werkstattbegriffs sollen neue Perspektiven für die Dramendidaktik und das Thema Theater zur Diskussion gestellt werden.

Eine *Theaterwerkstatt* orientiert sich dabei an der *Ästhetischen Werkstatt* als Ort *Ästhetischer Bildung.* Den Begriff *Ästhetische Werkstatt* will der Kunstpädagoge Gerd Selle nicht nur in Hinsicht auf den Kunstunterricht in Anspruch genommen wissen. „Eine neue *Werkstattschule* könnte über ihre Definition ästhetischer Bildung der vielleicht zeitgemäße Ansatz zu einer Öffnung der Schule sein, von der so viel geredet und so wenig gehandelt wird." (Selle 1992, 40)

Was charakterisiert eine gewöhnliche Werkstatt?

In solch einer Werkstatt werden aus unterschiedlichen Materialien Teile zu einem komplexen Gebilde zusammengesetzt oder an einem schon fertigen Produkt einzelne Teile ersetzt, erneuert oder verändert. Dieser Vorgang muss termingerecht erledigt werden. Der Arbeitsprozess erfolgt arbeitsteilig. Die Werkstatt ist darauf angewiesen, dass kooperativ zusammengearbeitet wird. Am fertiggestellten Produkt ist die Qualität dieses Zusammenwirkens ablesbar.

Was kennzeichnet eine Ästhetische Werkstatt?

Diese Werkstatt unterscheidet sich von einer gewöhnlichen in mehrfacher Hinsicht.

- Das ästhetische Produkt ist kein Gebrauchsgegenstand.
- Der Künstler gestaltet in einem schöpferischen Prozess, in dem anstelle präzisionsgerechter Planung bewusste, vor- und unbewusste Vorgänge beteiligt sind, ein ganz eigenes Objekt.
- Die darauf zu verwendende Zeit ist nicht exakt vorhersehbar.

Der schöpferische Prozess verlangt Entwerfen, Ausprobieren, Verwerfen und Neukonzipieren in Hinsicht auf Material, Form, Struktur usw.

- Das ästhetische Produkt will betrachtet werden; dazu braucht der Betrachter ebenfalls Zeit.

Beim Rezipienten werden dabei unterschiedliche Tätigkeiten der Wahrnehmung und Deutung ausgelöst. Diese Prozesse sind subjektiver Art. Genau wie beim Künstler als Produzent dieses Objekts symbolisieren sich beim Betrachter subjektive Erfahrungen und Vorstellungen. (Vgl. Bernd 1988) Das folgende Schaubild zeigt diese Vorgänge.

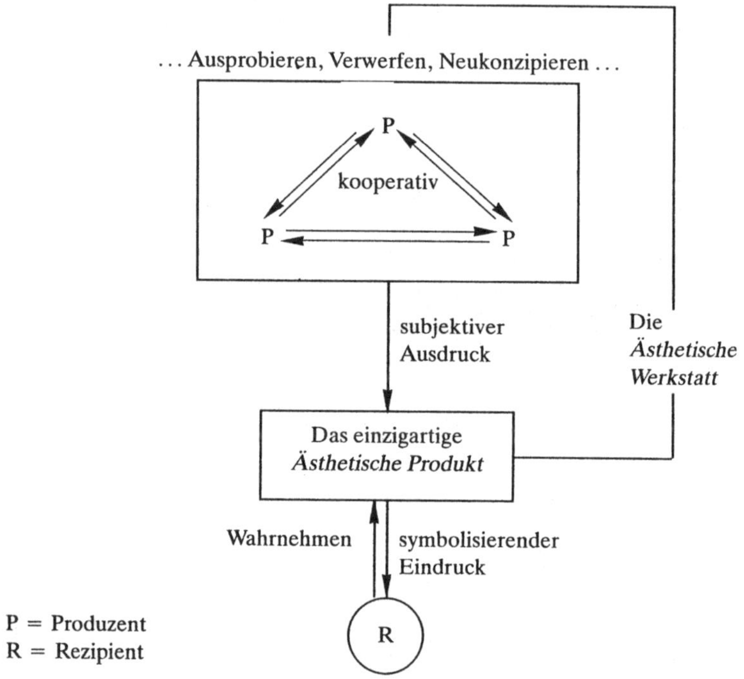

Was passiert in der Theaterwerkstatt des Deutschunterrichts?

Geht man von dem vorliegenden Text eines Dramas aus, können folgende ästhetische Produkte denkbar sein:

- Reaktionen auf den Dramentext durch Improvisation oder eigene schriftliche, musikalische, literarische o. a. Gestaltungen.
- Gestalten durch Vorlesen des Textes.
- Erarbeiten und Spielen einer Rolle.

Die Schüler bewegen sich dabei auf zwei Rollen-Ebenen, als Produzenten und Rezipienten, d. h. einerseits als Spieler und Sprecher und andererseits als Zuschauer. Über ihre Sinne nehmen sie Eindruck und Ausdruck wahr. Der Prozess subjektiven Erlebens löst innerpsychische Fühl- und Denkprozesse aus. „Die Antwort der Psyche auf den Wahrnehmungsakt ist kein isoliertes Ereignis, sondern Teil einer Kettenreaktion; Sinneswahrnehmung und Empfindungen sind vollkommen aufeinander abgestimmt, und kontrolliert wird die Reaktion durch das, was wir als Gefühl bezeichnen." (Read 1962, 49) Dabei betätigen sich Aufmerksamkeiten, Wahrnehmung, Empfindung, Imagination und Erfahrung (s. 1.3.) als Initiatoren; sie steigern, vertiefen, verändern und vervielfältigen die ästhetischen Gestaltungsexperimente. Das Schaubild ästhetischen Produzierens und Rezipierens sieht dann wie Seite 460 dargestellt aus.

Was will ästhetische Bildung in der Theaterwerkstatt?

Gert Selle warnt zurecht vor einer Fixierung auf den Begriff *Ästhetische Bildung*, denn solch eine feststehende Formulierung wird auf der Stelle womöglich ganze Erziehungskonzepte und -programme nach sich ziehen. Dies aber widerspräche gerade einer experimentierenden Theaterwerkstatt. Hier soll dieser Begriff allein als Verständigung über den aktiv öffnenden Zugang zur ästhetischen Erfahrung verwendet werden.

Ästhetische Erfahrung bezieht sich immer auf die Beteiligten, die Situation und Umstände, niemals nur auf das ästhetische Produkt allein. *Ästhetische Wahrnehmung* hat dabei den Anspruch, durch die Differenziertheit ihrer Tätigkeit, Komplexität in der Erfahrung zu bewirken. „Die entwickelte Aneignungsfähigkeit, das sichere Gespür, das kritische Urteil, ein flexibles Reagieren auf Ereignisse und ihren *Sinn*, Vorstellungskraft, ein Denken, das zwischen Begriff und Ausdruck zu vermitteln versteht – all dies wären Momente ästhetischer Bildung." (Selle 1990, 22) Wichtig ist dabei „die Mischung ästhetischer, intellektueller, moralischer, sozialer, politischer, praktischer usw. Erfahrung des Lebens." (Selle 1990)

In einer Theaterwerkstatt bezieht sich *Ästhetische Wahrnehmung* selbstverständlich auf die von Gert Selle geforderte Mischung. Denn die Auseinandersetzung mit einem dramatischen Text beinhaltet die Frage nach dem Anliegen des Autors, den biographischen, gesellschaftspolitischen Umständen, der Herkunft und dem Verhalten der Menschen usw.: Menschen fühlen sich aufgrund bestimmter Umstände in bestimmten Situationen zu Aktionen und Reaktionen gedrängt. *Physische und psychische* Handlungen (vgl. Stanislawski bei Rellstab 1976) bedingen sich dabei gegenseitig. Über diesen wechselseitigen Vorgang entstehen Motive und umgekehrt. Um die Aktionen und Reaktionen zu verstehen, geht es darum, diesen Motiven auf die Spur zu kommen. Das gedruckte und gesprochene Wort des Dramentextes erwacht dann zum Leben, wenn sich Leser und Spieler in die Situation und Umstände der Figuren einfühlen. Dabei ist es wichtig, dass die Schüler sehr wohl Text und eigenes Erleben auseinander halten können. Auf drei Ebenen wird der Text beim Lesen oder Hören wahrgenommen:

1. Ebene: Die Wahrnehmung des gedruckten Textes Wort für Wort
2. Ebene: Die innere körperlich-sensorisch-emotionale Wahrnehmung des Textes (Beispiel „Dieser Satz macht mir kalt.")
3. Ebene: Die innere Wahrnehmung der sich auslösenden Vorstellungen, Erinnerungen, Gedanken, Assoziationen, Meinungen und Gefühle. (Beispiel: „Dieser Satz erinnert mich an ..." oder „Dieses Wort löst in mir ein trauriges Gefühl aus.")

Die Analyse der sich wechselseitig beeinflussenden Wahrnehmungsebenen lässt den Schüler äußere und innere Realität unterscheiden. Darüber hinaus fasziniert die Entdeckung, dass die subjektive Wahrnehmung, wenn sie durch Konzentration focussiert wird, abenteuerlich ist und ein unerschöpfliches Potential für *Ästhetische Gestaltung* bedeutet.

Die Theater-Werkstatt:

Das fremde
Ästhetische Produkt:
a) Der dramatische Text
b) Die Theateraufführung

↓ Eindruck durch Ausdruck

Der Schüler als Rezipient:
a) Lesender
b) Zuschauer
Subjektives Erleben durch:
Aufmerksamkeit
Wahrnehmen
Empfinden
Imagination

↓ Experimentieren, Erforschen

Ästhetische Erfahrung durch
ästhetisches Handeln.
Der Rezipient wird zum Produzent.

↓ Eindruck in Ausdruck

Das eigene
Ästhetische Produkt
a) Gestaltendes Lesen
b) Körperliche Darstellung

2.2. Aus der Praxis der Theaterwerkstatt

„Hamlet: Ist's nicht erstaunlich, daß der Spieler hier bei einer bloßen Dichtung, einem Traum der Leidenschaft, vermochte seine Seele nach eigenen Vorstellungen so zu zwingen, daß sein Gesicht von ihrer Regung blaßte, sein Auge naß, Bestürzung in den Mienen, gebroch'ne Stimmen, und seine ganze Haltung gefügt nach seinem Sinn." (Shakespeare, Aufzug 3, Szene 1) „Hamlet [zu den Schauspielern]: Seid auch nicht all zu zahm, sondern laßt Euer eignes Urteil Euren Meister sein. Paßt die Gebärde dem Wort, das Wort der Gebärde an; wobei Ihr sonderlich darauf achten müßt, niemals die Bescheidenheit der Natur zu überschreiten." (Shakespeare, Aufzug 3, Szene 2)

Shakespeare macht hier deutlich, was *das Wort zum Leben erwecken* heißt, nämlich den dramatischen Text so zu lesen, zu sprechen, zu spielen, dass er am eigenen Körper, *als ob* man selber die Theaterfigur wäre, empfunden wird. D. h. nicht, und das meint das zweite Hamlet-Zitat, dass man sich selbst dabei aufgibt, sondern dass man den Text mit eigenem natürlichen Erleben füllt. Michail A. Čechov nennt diesen Vorgang „die Synthese des Darsteller-Bewußtseins, also der Wahrnehmung, die der Schauspieler in seiner Befindlichkeit von sich selbst hat, und des Rollen-Bewußtseins, d. h. der Wahrnehmung der Eigenexistenz und inneren Biographie der fiktiven Figur, die sich ... dem Schauspieler offenbart." (Knebel 1990, 232)

Das Imaginative *als ob*, das mit der Wahrnehmung eng verbunden ist, bedarf in der Theaterwerkstatt der Vorbereitung. Durch Körpersensibilisierungs- und Konzentrationsübungen wird die Bereitschaft entwickelt, sich auf Imagination und Wahrnehmung einzulassen. Das folgende Beispiel soll nur einen möglichen Weg der Dramentextauseinandersetzung skizzieren. Die Lektüre des Stückes muss der Beschäftigung mit diesem folgenden Szenensegment vorausgegangen sein.

Hamlet verabschiedet die Schauspieler sowie Rosenkranz und Güldenstern:
„Hamlet: Nun, Gott geleite Euch. Jetzt bin ich allein.
(Oh welch ein Schurk' und niedrer Sklav' bin ich!)"
(Shakespeare, Aufzug 3, Szene 1)

1. *Übungsangebot*

   Alle stehen im Kreis und sprechen den ersten Satz mit Blickwechsel zu anderen Schülern, den zweiten zu sich selbst.

2. *Übungsangebot*

   Alle gehen durch den Raum und experimentieren mit den beiden Sätzen. (Anfänger trauen sich meistens nicht. Bei ihnen geht der Lehrer schneller zum nächsten Übungsangebot über.)

3. *Übungsangebot*

   Auf entsprechende Zurufe des Lehrers experimentieren die Schüler entsprechend mit ihren Sätzen.

   Zum Beispiel:
   - Sprich die Sätze so, als ob du seufzt.
   - Sprich den ersten so, als ob du fröhlich bist, den zweiten, als ob du etwas verbirgst.
   - Sprich den ersten so, als ob du höflich bist, den zweiten, als ob du wütend bist etc.

4. *Übungsangebot*

   Die Schüler teilen sich auf: einige entscheiden sich für die Rolle des Hamlet, andere für das stumme Spiel der Schauspieler und der Freunde Rosenkranz und Güldenstern. Wer nicht mit Spielen dran ist, hat die Rolle des Zuschauers. Mehrere kleine Szenenteile entstehen.

5. *Übungsangebot*

   Alle nehmen sich Papier und Schreibzeug. Anfänger erhalten vorgefertigte Fragen. Fortgeschrittene entwickeln ihre Fragen selbst, allein oder in der Kleingruppe. Es geht um Fragen zur äußeren und inneren Wahrnehmung. Die Fragen zur inneren Wahrnehmung werden in der Ich-Form beantwortet. (I. W. = innere Wahrnehmung)

Zum Beispiel:
- An welchem Ort oder in welchem Raum befindet sich Hamlet gerade?
- Stelle dir den Raum vor, als ob du dich als Hamlet darin aufhalten würdest. Wie sieht er aus, was für ein Mobiliar steht in ihm und wo, welche Farben überwiegen? (I. W.)
  - Was hat Hamlet gerade erlebt?
  - Mit welchen Personen hat er sich unterhalten, und wie steht er zu ihnen?
- Wenn du Hamlet wärest, in welcher Stimmung wärest du dann jetzt? (I. W.) Ein Tip: Sieh dir auch den nächsten Satz von Hamlet an!
- Wenn du Hamlet wärest, wie würdest du aufgrund deiner Stimmung die Schauspieler und Freunde verabschieden? Säßest du? Stündest du? Bewegtest du dich dabei vom Platz? Wo genau auf der Spielfläche würdest du sie verabschieden? (I. W.) Probier es für dich aus.
- Und wie würdest du als Hamlet den zweiten Satz sprechen? Traurig, heimlich, erleichtert, erregt ...? (I. W.)

Reflexionsphase

Die Schüler setzen sich in kleinen Gruppen zusammen und diskutieren ihre Antworten.

6. *Übungsangebot*

Es werden evtl. Kleingruppen gebildet, in denen die Schüler sich für eine Rollenverteilung entscheiden. Sie sprechen ab, wer, wo, welche Position auf der Spielfläche einnimmt und welche Haltung. Es soll ein Standbild gebaut werden, über das durch die körperlichen Haltungen, Positionen, Blickrichtungen und Distanzen die Beziehungen einerseits zwischen den Schauspielern, zwischen Güldenstern und Rosenkranz und zwischen diesen beiden Gruppen und andererseits zwischen Hamlet und den genannten Gruppen deutlich werden. (Vgl. Boal 1989) Anschließend führen die Schüler ihre Standbilder vor. Die Zuschauer haben dabei die Aufgabe, hinter die Spielenden zu treten, dieselbe Haltung einzunehmen und einen Satz in der Ich-Form oder einen Ausruf zu sprechen (als Minimonolog), von dem sie annehmen, dass die Figur dies gerade sagt oder denkt. Anschließend werden die Darsteller gebeten, ihrerseits ihre imaginierten Sätze oder Ausrufe zu verbalisieren.

7. *Übungsangebot:*

Die Spieler bringen sich ein Requisit oder ein Kostümteil mit, das sie als wichtig für ihre Figur erachten. Sie suchen sich einen Platz im Raum. (In der Theaterwerkstatt sind Tische und Stühle beiseite geräumt.) Sie setzen sich bequem hin, legen ihr Schreibzeug neben sich und nehmen das Requisit in die Hände. Sie schließen die Augen. Es folgen einige Wahrnehmungsübungen zur Körpersensibilisierung:

- Nimm deinen Atem wahr, akzeptier ihn, wie er ist, nimm ihn nur wahr,
- Spür die Auflageflächen deiner Körperteile beim Sitzen etc.

Dann erforschen die Schüler Gegenstand und Kostümteil, *als ob* sie Hamlet bzw. Schauspieler oder einer von den Freunden wären, mit den Sinnen, d. h.: (Die Augen sind noch geschlossen) sie tasten, spüren Wärme oder Kälte, Beschaffenheit, Form, assoziieren, erinnern, halten an das Gesicht, erforschen mit dem Geruchssinn, nehmen andere Empfindungen wahr, befragen auf Sympathie und Antipathie, wann der Gegenstand erworben wurde, bei oder mit oder von wem, welche Beziehung zu demjenigen bestand, wo der Gegenstand zu Hause bei der Figur liegt oder steht etc. Später öffnen sie die Augen und betrachten den Gegenstand und erforschen seine Farben und nehmen sie innerlich wahr etc.

Anschließend an diese Übung können die Schüler ihre Sinnesarbeitserlebnisse notieren.

Reflexionsphase

In Kleingruppen oder der Großgruppe werden Erfahrungen ausgetauscht.

8. *Übungsangebot*

Die vorhin gebildeten Gruppen sprechen eine kurze Improvisation ab, in der sie mit ihren Requisiten und Kostümteilen spielen, sich dabei der vorhergehenden Übung bewusst sind und die Erfahrungen aus dem Standbild in das szenische Spiel mit einbeziehen.

Diese sehr ausführliche Arbeit anhand einer Textstelle soll nicht dazu verleiten, diese Übungen zu übernehmen und zu glauben, dass die Arbeit immer genauso aussehen müsste oder dass der Lehrer immer, wie hier vorgeführt, das Vorgehen anhand von Übungsangeboten bestimmt o. ä. Auch sagt dieses Beispiel nichts über die Atmosphäre, das Lehrerverhalten oder die Arbeit in Relation zur Zeit aus. Die Prozesse einer Theaterwerkstatt sind schwer so zu beschreiben, dass Wahrnehmungen und Empfindungen beim Gestalten und das Erleben innerpsychischer Prozesse festgehalten werden können. Diese Schwierigkeit ist ästhetischen Prozessen eigen; man denke an die Probleme eines Theaterzuschauers oder Schauspielers, ihr Erleben in Worte zu fassen.

Erfahrungsgemäß stellen sich Erlebensereignisse aber über solche oder ähnliche Übungsangebote ein. Der Text wird zur Rollenpartitur, das Gestalten und Verkörpern werden immer differenzierter, und die jeweiligen Zuschauer hören und empfinden immer gespannter und genauer. In Er-leben, Durch- und Nach-leben wächst auch das Interesse, genauere Informationen über den Autor und seine Zeit zu erfragen. Die Arbeit weitet sich aus. Rollenbiographien, imaginierte Tagebuchaufzeichnungen etc. werden verfasst. (Vgl. Scheller 1981) Die Zeitsprünge im Dramentext füllen sich durch Improvisationen; Szenen aus der Vergangenheit der Figuren werden erfunden und Kostüme und Ortszeichnungen entworfen. Womöglich entsteht erst hier das Interesse, einen Theaterbesuch zu unternehmen, eine Vorstellung zu sehen oder auch hinter die Kulissen zu blicken, um die Institution Theater kennenzulernen.

2.3. Die Theaterwerkstatt braucht eine *andere Pädagogik*

In der Theaterwerkstatt arbeiten Lehrer und Schüler anders als im üblichen Deutschunterricht.

- Der äußere Rahmen, d. h. der Raum und die Sitzorganisation, werden verändert.
- Die zur Verfügung stehende Unterrichtszeit wird nicht in einzelne wiederkehrende *Unterrichtsschritte* mit festgelegter Zeit eingeteilt.
- Individuelle Erarbeitungs-, Experimentier- und Gestaltungs-Zeiten bestimmen den Unterrichtsrhythmus.
- *Lernziele* und *Leistungsbeurteilungen* verändern sich etc.

Auf den ersten Blick klingen diese Darstellungen als Forderung für die normale Organisationsschule utopisch. Erfahrungsgemäß aber werden die anfangs verunsichernden Theaterwerkstattbedingungen selbstverständlich. Die Aktivität der Schüler und ihre Aufmerksamkeit nehmen derart zu, dass z. B. Disziplinierungsmaßnahmen unnötig werden, denn das notwendige kooperativ-soziale Miteinander regelt dieses Problem von selbst. Leistungsbeurteilung, wenn sie weiter getroffen werden muss, bestimmt sich über gemeinsame Entscheidungen, wie z. B.: „Habe ich mich auf Wahrnehmung eingelassen, hat meine Gruppe kooperativ zusammengearbeitet, haben wir Szenen oder ähnliches produziert?"

All diese Veränderungen fordern allerdings ein anderes pädagogisches Selbstverständnis. Der Lehrer wird zum Berater und zu jemandem, der nicht Ideen, sondern Übungen anbietet und animiert. Alte pädagogische Verhaltensmuster, z. B. Regie führen zu wollen, werden aufgegeben. Der Lehrer ist nicht mehr der, der alles weiß und die Schüler belehrt. (Vgl. Paulo Freires *Bankierskonzept*) Das liegt, um es noch mal ins Gedächtnis zu rufen, in der Natur der Sache: es geht um ästhetische Produkte, die immer subjektiven Gestaltungscharakter haben. In der Theaterwerkstatt erfährt der Lehrer an sich selbst, was *Ästhetische Bildung* meint: Aufmerksamkeit, Wahrnehmung, Empfinden und Imagination. Diese Sinnesarbeit braucht er in doppelter Weise, bezogen auf den Dramentext und bezogen auf jeden einzelnen Schüler, der in der ästhetischen Arbeit psychische Prozesse an sich erlebt: *Jeden Schüler wirklich anzuschauen und nicht nur zu ihm hinzusehen, ihm zuzuhören und nicht nur hinzuhören, in ihn hineinzuspüren und mit ihm mitzuempfinden.* Von daher entwickelt der Theaterwerkstattlehrer seine Planungen, und von daher handhabt er sie selbstverständlich flexibel, je nach aktueller Werkstatt-Situation.

Es muss an dieser Stelle mit Nachdruck darauf hingewiesen werden, dass das Ziel in einer Theaterwerkstattarbeit nicht *die Interpretation des Textes* ist. Aus der subjektiven ästhetischen Arbeit darf kein Vehikel gemacht werden, über das Aufgaben der *Dramenanalyse* vermeintlich objektive und bewertbare Lösungen finden. Die ästhetische Arbeit will Konkretisierung des Dramentextes, nicht Abstraktion und Verallgemeinerung. Nur so kann sie zur Entwicklung der Zuschaukunst (und damit zur Weiterentwicklung des Theaters) beitragen. Ziele einer Theaterwerkstatt sind deswegen: Wahrnehmung, Empfinden und Imagination als Grundlagen des konkreten Denkens.

Aus- und Fortbildungseinrichtungen haben solchem veränderten Dramenunterricht Folge zu leisten. Deutschlehrer müssen die Möglichkeiten haben:

- sich selbst in der o. g. Weise auf dramatische Texte einzulassen,

- Wahrnehmungs- und Körperübungen am eigenen Leibe zu erfahren,
- mit Theaterausdrucksmitteln zu experimentieren und über Supervision theoretische, psychologische und pädagogische Ansätze zu der Praxis zu erproben.

Solange dies für Deutschlehrer nicht möglich ist, empfiehlt es sich, in solchen Einrichtungen wie z.B. der Akademie Remscheid auf eigene Faust Erfahrungen zu sammeln und ganz allmählich den Dramenunterricht in eine Theaterwerkstatt zu verwandeln. Lehrer haben dabei auch persönliche Chancen. Nach der neuesten Statistik fühlt sich jeder zehnte Lehrer ausgebrannt (Burnout-Effekt). In der Theaterarbeit können sie

- selbst ihr Wahrnehmungspotential vergrößern und genussbereiter für ästhetisches Erleben werden und
- im Schulalltag einen Zugang zu ihren Schülern gewinnen.

Denn für beide, Lehrer und Schüler, gilt das, was Gert Selle zur *Ästhetischen Werkstatt* sagt:

„Es sind ja nicht nur Praxisorte der *unordentlichen*, d.h. individuellen Erfahrung, sondern auch Transformationsorte des Bewußtseins, Impulsgeber für Ahnung und Erkenntnis – eben die Stellen, an denen der stockende Selbstbildungsprozeß erneut in Fluß kommt. Oder wo er überhaupt erst beginnt." (Selle 1992, 46)

Literaturverzeichnis

Bachmann, Ueli: Theatertext im Bühnenraum. Zürich / Schwäbisch Hall 1986

Barrault, Jean-Louis: Ich bin ein Theatermensch. Zürich 1956

Batz, Michael / Schroth, Horst: Theater zwischen Tür und Angel. Handbuch für freies Theater. Reinbek 1983

Becker, Peter von: Shakespeare Heute. Theater Heute Heft 1. Hannover 1993, 22–24

Beimdick, Walter: Theater und Schule. Grundzüge einer Theaterpädagogik. 2. Aufl., München 1980

Bernd, Christine: Bewegung und Theater. Lernen durch Verkörpern. Frankfurt / Main 1988

Boal, Augusto: Theater der Unterdrückten. Übungen und Spiele für Schauspieler und Nicht-Schauspieler. Frankfurt / Main 1989

Boner, Georgette: Schauspielkunst. Von der theatralischen Sendung und dem Wunder der Verwandlung. Zürich 1988

Brauneck, Manfred: Theater im 20. Jahrhundert. Programmschriften, Stilperioden, Reformmodelle. Reinbek 1982

Brauneck, Manfred / Schneilin, Gérard: Drama und Theater. Bamberg 1987

Brauneck, Manfred / Schneilin, Gérard: Theaterlexikon. Begriffe und Epochen, Bühnen und Ensembles. 2. Aufl., Reinbek 1990

Brecht, Bertolt: Betrachtung der Kunst und Kunst der Betrachtung (1939). In: Lazarowicz, Klaus / Bahne, Christopher (Hrsg.): Theorie des Theaters. Stuttgart 1991, 488–492

Brook, Peter: Spielen, d.h. sein Leben entfalten. In: Mainusch, Herbert: Regie und Interpretation. München 1985, 25–36

Bubner, Claus / Mienert, Christiane: Bausteine des Darstellenden Spiels. Ein Übungsbuch für Theater mit Jugendlichen. Frankfurt/M. 1978

Čechov, Michail A.: Die Kunst des Schauspielers. Stuttgart 1990

Doll, Hans-Peter / Erken, Günther: Theater. Eine illustrierte Geschichte des Schauspiels. Stuttgart / Zürich 1985

Ebert, Gerhard: Improvisation und Schauspielkunst. Über die Kreativität des Schauspielers. Berlin 1989

Esslin, Martin: Die Zeichen des Dramas. Reinbek 1989

Fischer-Lichte, Erika: Semiotik des Theaters. 3 Bde. Tübingen 1983

Freire, Paulo: Pädagogik der Unterdrückten. Reinbek 1973

Frey, Dagobert: Zuschauer und Bühne, Baden 1946. In: Lazarowicz, Klaus / Bahne, Christopher (Hrsg.): Texte zur Theorie des Theaters. Stuttgart 1991, 493–495

Geiger, Heinz / Haarmann, Hermann: Aspekte des Dramas. 2. Aufl., Opladen 1982

Giffel, Herbert (Hrsg.): Theater machen. Ein Handbuch für die Amateur- und Schulbühne. Ravensburg 1982

Harlan, Volker / Rappmann, Rainer / Schato, Peter: Soziale Plastik. 3. Aufl., Achberg 1984

Hoffmann, Christel: Die Pfosten sind, die Bretter aufgeschlagen, und jedermann erwartet sich ein Fest. Berlin (DDR) 1984

Jenisch, Jakob: Der Darsteller und das Darstellen. Grundbegriffe für die Praxis und Pädagogik. Berlin 1996

Knebel, Marija O.: Zum Konzept seiner Schauspielkunst. In: Čechov, Michail A.: Die Kunst des Schauspielers. Stuttgart 1990, 173–258

Payrhuber, Franz-Josef: Das Drama im Unterricht. Rheinbreitenbach 1991

Pfister, Manfred: Das Drama. München 1982

Platz-Waury, Elke: Drama und Theater. Eine Einführung. Tübingen 1980

Podewils, Angela Hünke von: Erleben und Verkörpern. Theaterspielen in der Erlebnispädagogik. Lüneburg 1993

Popp, Helmut: Theater und Publikum. 2. Aufl., München 1979

Poppe, Reiner: Absurdes Theater. Hollfeld 1979

Read, Herbert: Erziehung durch Kunst. München / Zürich 1962

Reinshagen, Gerlind: Wir müssen unsere Sinne schützen – für eine Ökologie der Kunst. In: Süddeutsche Zeitung vom 24.1.1992

Rellstab, Felix: Stanislawskibuch. Wädiswil 1976

Ritter, Hans Martin: Handel und Betrachtungen. In: Fragstein, Thomas von (Hrsg.): Theaterpädagogik. Berlin 1987, 10–13

Ritter, Hans Martin: Spiel und Theaterpädagogik: Ein Modell. Berlin 1990 (Hrsg. Hochschule der Künste, Berlin)

Schechner, Richard: Theateranthropologie. Reinbek 1990

Scheller, Ingo: Erfahrungsbezogener Unterricht. Königstein 1981

Scheller, Ingo: Szenische Interpretation. In: Praxis Deutsch 1996, H. 136, 22–32

Selle, Gerd: Experiment Ästhetische Bildung. Reinbek 1990

Selle, Gerd: Das Ästhetische Projekt. Köln 1992

Somplatzki, Herbert: Körpertraining und Bewegungsgestaltung im Darstellenden Spiel. Grundlagen und Basisübungen. Recklinghausen 1976

Stanislawski, Konstantin S.: Die Arbeit des Schauspielers an der Rolle. Neuausgabe Berlin 1984

Stocker, Karl: Dramatische Texte im Unterricht. In: Lange, Günter / Neumann, Karl / Ziesenis, Werner (Hrsg.): Taschenbuch des Deutschunterrichts. Bd. 2. 4. Aufl., Baltmannsweiler 1990, 633–657

Verspohl, Franz-Joachim: Das Kapitel Raum 1970–1977. Frankfurt / Main 1984

Watzlawick, Paul / Beavin, Janeth H. / Jackson, Don D.: Menschliche Kommunikation. 7. Aufl., Bern 1985

Namensregister

Sachregister

Taschenbuch des Deutschunterrichts

Grundfragen und Praxis
der Sprach- und Literaturdidaktik

Band 2

Literaturdidaktik: Klassische Form,
Trivialliteratur, Gebrauchstexte

Herausgegeben von

Günter Lange
Karl Neumann
Werner Ziesenis

6., vollständig überarbeitete Auflage

Jubiläumsausgabe

Schneider Verlag Hohengehren GmbH

Umschlaggestaltung:
Wolfgang H. Ariwald, BDG, 59519 Möhnesee

Gedruckt auf umweltfreundlichem Papier (chlor- und säurefrei hergestellt).

Die Deutsche Bibliothek – CIP-Einheitsaufnahme

Taschenbuch des Deutschunterrichts : Grundfragen und Praxis der Sprach- und Literaturdidaktik / hrsg. von Günter Lange ... –
Baltmannsweiler : Schneider-Verl. Hohengehren.
Bis 3. Aufl. hrsg. von Erich Wolfrum
ISBN 3-89676-073-4
Bd. 2. Literaturdidaktik : klassische Form, Trivialliteratur, Gebrauchstexte. –
6., vollst. überarb. Aufl., Jubiläumsausg. – 1998
ISBN 3-89676-075-0

Printed in Germany – Druck: Wilhelm Jungmann, Göppingen

Verzeichnis der Autorinnen und Autoren

Bachem, Rolf, Dr. phil., Studienprofessor im Hochschuldienst am Institut für deutsche Sprache und Literatur der Philosophischen Fakultät der Universität Köln

Conrad, Wolfgang, Dr. phil., Professor für Deutsche Literatur und ihre Didaktik am Erziehungswissenschaftlichen Fachbereich der Technischen Universität Carolo-Wilhelmina zu Braunschweig

Denk, Rudolf, Dr. phil., Professor für Deutsche Sprache und Literatur und ihre Didaktik an der Pädagogischen Hochschule Freiburg

Dringenberg, Brunhilde (†), Akademische Oberrätin am Fachgebiet Deutsche Sprache und Literatur und ihre Didaktik im Fachbereich II der Universtität Hildesheim

Eichler, Wolfgang, Dr. phil., Professor für Didaktik der Deutschen Sprache und Literatur und Germanistische Sprachwissenschaft am Fachgebiet Germanistik im Fachbereich 2 der Universität Oldenburg

Franz, Kurt, Dr. phil. habil., M.A., Professor für Didaktik der deutschen Sprache und Literatur am Institut für Germanistik der Universität Regensburg

Fritzsche, Joachim, Dr. phil., Professor für Didaktik der deutschen Sprache und Literatur am Germanistischen Institut der Martin-Luther-Universität in Halle/Saale

Grünewald, Dietrich, Dr. phil. habil., Professor für Kunstwissenschaft und Kunstdidaktik am Institut für Kunstwissenschaft/Bildende Kunst der Universität Koblenz-Landau, Abteilung Koblenz

Haas, Gerhard, Dr. phil., Professor für Deutsche Sprache und Literatur und ihre Didaktik an der Pädagogischen Hochschule Heidelberg

Hassenstein, Friedrich, Dr. phil., Professor für Deutsche Sprache und Literatur und ihre Didaktik am Fachbereich Erziehungswissenschaften der Georg-August-Universität Göttingen

Henze, Walter, Dr. phil., Professor für Deutsche Sprache und Literatur und ihre Didaktik am Erziehungswissenschaftlichen Fachbereich der Universität Hannover

Hinney, Gabriele, Dr. phil., Akademische Rätin am Fachgebiet Deutsche Sprache und Literatur und ihre Didaktik im Fachbereich II der Universität Hildesheim

Horn, Dieter, Dr. phil., Interkulturelle Bildung e. V., Hamburg

Lange, Günter, Akademischer Oberrat für Deutsche Sprache und Literatur und deren Didaktik am Erziehungswissenschaftlichen Fachbereich der Technischen Universität Carolo-Wilhelmina zu Braunschweig

Lesch, Hans-Wolfgang, Dipl.-Pädagoge, Akademischer Direktor für Deutsche Sprache und Literatur und ihre Didaktik am Fachbereich Erziehungswissenschaft der Universität Lüneburg

Lieberum, Rolf, Akademischer Oberrat für Deutsche Sprache und Literatur und deren Didaktik am Erziehungswissenschaftlichen Fachbereich der Technischen Universität Carolo-Wilhelmina zu Braunschweig

Mann, Christine, Dipl.-Psychologin, Dr. phil., Ausbilderin von LegasthenietherapeutInnen, Göttingen

Marquardt, Doris, Akademische Oberrätin für Deutsche Sprache und Literatur und ihre Didaktik am Fachbereich Erziehungswissenschaften der Georg-August-Universität Göttingen

Meiers, Kurt, Dr. phil., Professor für Schul- und Grundschulpädagogik an der Pädagogischen Hochschule Ludwigsburg

Menzel, Wolfgang, Dr. phil., Professor am Fachgebiet Deutsche Sprache und Literatur und ihre Didaktik am Fachbereich II der Universität Hildesheim

Mittelberg, Ekkehart, Dr. phil., Studiendirektor und Koordinator an der Gesamtschule Homberg/Ohm

Naumann, Carl Ludwig, Dr. phil., Sprecherzieher (DGSS), Professor für Deutsche Sprache und ihre Didaktik am Institut für Deutsche Sprache und Literatur und ihre Didaktik an der Universität Hannover

Neumann, Karl, Dr. phil., Professor für Schulpädagogik am Erziehungswissenschaftlichen Fachbereich der Technischen Universität Carolo-Wilhelmina zu Braunschweig

Oksaar, Els, Dr. phil., fil.dr., Professor für Allgemeine Sprachwissenschaft und Kommunikation am Institut für Allgemeine Sprachwissenschaft und Indogermanistik der Universität Hamburg

Payrhuber, Franz-Josef, Dr. phil., Akademischer Direktor, Fachbereichsleiter Deutsch am Institut für Lehrerfort- und -weiterbildung Mainz (ILF)

Podewils, Angela von, Wiss. Mitarbeiterin am Fachbereich Kulturwissenschaft, Fach Kulturarbeit, an der Universität Lüneburg

Schober, Otto, Dr. phil., Professor für Didaktik der Deutschen Sprache und Literatur an der Erziehungswissenschaftlichen Fakultät der Friedrich-Alexander-Universität Erlangen-Nürnberg

Schuster, Karl, Dr. phil., Studiendirektor im Hochschuldienst für Didaktik der Deutschen Sprache und Literatur an der Erziehungswissenschaftlichen Fakultät der Friedrich-Alexander-Universität Erlangen-Nürnberg

Tumat, Alfred J., Dr. phil., Professor für Deutsch als Fremd-/Zweitsprache an der Erziehungswissenschaftlichen Fakultät der Christian-Albrecht-Universität zu Kiel

Waldmann, Günter, Dr. phil., Professor für Deutsche Sprache und Literatur und ihre Didaktik an der Pädagogischen Hochschule Freiburg

Wangerin, Wolfgang, Dr. phil., Akademischer Oberrat am Institut für Fachdidaktik der Georg-August-Universität Göttingen

Ziesenis, Werner, Akademischer Oberrat für Deutsche Sprache und Literatur und ihre Didaktik am Fachbereich Erziehungswissenschaften der Georg-August-Universität Göttingen

Inhaltsverzeichnis

Band 1

II. Sprachdidaktik

Band 2

IV. Literaturdidaktik

Klassische Form

Vorwort

Die erste Auflage des „Taschenbuches des Deutschunterrichts“, herausgegeben von Erich Wolfrum, erschien im Jahr 1972. Den rasch errungenen Platz unter den grundlegenden fachdidaktischen Werken zum Deutschunterricht kann das „Taschenbuch“ seit nunmehr einem Vierteljahrhundert erfolgreich behaupten, so dass die vorliegende 6. Auflage als „Jubiläumsausgabe“ an die Öffentlichkeit tritt. Die große Zahl der Neuauflagen, die erforderlich wurden, gaben dem Werk, den jeweiligen Entwicklungen der fachwissenschaftlichen und fachdidaktischen Diskussion folgend, einen neuen Charakter. Das einstmalige „Taschenbuch“ wurde zu einem umfassenden Handbuch, das in breiter Ausfächerung das gesamte Spektrum des Deutschunterrichts, seine Grundlagenfragen ebenso wie seine Teilgebiete, repräsentiert.

Auch für die jetzt vorgelegte Auflage haben sich die Herausgeber entschlossen, die Grunddimensionen des bisherigen Aufbaus zu belassen, also die Gliederung des Gesamtwerkes in die Hauptteile: Grundlagen, Sprachdidaktik, Mediendidaktik und Literaturdidaktik. Wie die vorherigen Auflagen hat die „Jubiläumsausgabe“ der fachdidaktischen Diskussion Rechnung getragen. Sie enthält eine ganze reihe völlig neuer Artikel, so z.B. zum mündlichen und schriftlichen Sprachgebrauch, zur Didaktik des Rechtschreibens, zu Sprech- und Sprachstörungen, zur DDR-Literatur im Deutschunterricht; alle übrigen Beiträge wurden einer gründlichen Überarbeitung unterzogen.

Das „Taschenbuch des Deutschunterrichts“ hätte sich schwerlich zu einem weitverbreiteten Standardwerk entwickeln können, wenn nicht der Aspekt des Gebrauchswertes in Studium und Unterrichtspraxis als ein leitender Gesichtspunkt der Konzeption des Werkes durchgehalten worden wäre. Lernbereichs- und Textsortengliederung sind deswegen auch in der jüngsten Auflage beibehalten.

Die Herausgeber haben das Prinzip der Pluralität hinsichtlich der wissenschaftstheoretischen und fachdidaktischen Grundlagenfragen akzeptiert und den Verfassern der einzelnen Beiträge diesbezüglich keine Vorgaben aufzwingen wollen. Sie machen für sich selbst gleichwohl keinen Hehl daraus, dass für sie, analog zur Entwicklung der Diskussion in der Sprach- und Texttheorie wie der Theorie sprachlichen und kommunikativen Handelns, die didaktische Ortsbestimmung des Deutschunterrichts, seiner Lernziele und Lernbereiche, im Rahmen einer kommunikativen Didaktik liegen sollte. Schülerinnen und Schüler sollten im Deutschunterricht als eigentätige, produktive Lernende wahrgenommen und Sprach- und Literaturunterricht zugleich sach- und schülerorientiert konzipiert werden.

Alle Artikel folgen dem Gliederungsschema, dass die Darlegung des fachwissenschaftlichen und fachdidaktischen Diskussionsstandes nach Möglichkeit mit unterrichtspraktischen Hinweisen verknüpft wurde. Das „Taschenbuch des Deutschunterrichts“ richtet sich auch in seiner jüngsten Gestalt an ein breites Leserpublikum, also nicht vorrangig an Hochschullehrer, sondern vielmehr an Lehrerinnen und Lehrer, Referendarinnen und Referendare sowie Studentinnen und Studenten.

Der Verlag hat ein weiteres Mal erhebliche Mühe in eine sorgfältige Texterstellung investiert und die Kosten für ein großzügiges und leserfreundliches Erscheinungsbild nicht gescheut. Für eine in allen Phasen verständnisvolle Kooperation sagen die Herausgeber dem Verlag und seinen Mitarbeitern herzlichen Dank.

Göttingen, im Sommer 1998

Günter Lange
Karl Neumann
Werner Ziesenis

IV. LITERATURDIDAKTIK KLASSISCHE FORM

FRIEDRICH HASSENSTEIN

Literaturwissenschaft und Literaturdidaktik

Die Literaturdidaktik als Wissenschaft von den Zielen, Inhalten und Verfahren des Literaturunterrichts ist als Gegenstand der Forschung und Lehre an den Hochschulen eine junge Disziplin, der es erst seit kurzem vergönnt ist, ihr Eigenrecht gegenüber der Literaturwissenschaft zu behaupten. Diese wurde in ihrer neueren Geschichte weitgehend dadurch geprägt, dass sie als Abteilung der Germanistik oder deutschen Philologie – die anderen Philologien können hier außer Betracht bleiben – die großen deutschen Dichter und deren Werke erforschte und darstellte, während die Literaturdidaktik aus dem bereit gestellten Bestand dasjenige auszuwählen und für den Unterricht zuzubereiten hatte, was den Schülern im Einklang mit den von der Obrigkeit gesetzten Erziehungszielen nahe gebracht werden sollte. Diese Vorstellung vom dienenden Auftrag der Literaturdidaktik gegenüber der Literaturwissenschaft herrscht auch heute noch vielfach in der Öffentlichkeit, während das Selbstverständnis von Literaturwissenschaftlern und vor allem Literaturdidaktikern sowie der von beiden ausgebildeten Deutschlehrer in andere Richtungen weist, die im Folgenden darzustellen sind. Vorweggenommen werden kann als Ergebnis neuerer Entwicklungen, dass sich Literaturwissenschaft und Literaturdidaktik heute in dem gemeinsamen Interesse daran begegnen, wie Literatur aufgenommen wird; der lesende und lernende Schüler wird zum Sonderfall des Literatur-„Rezipienten“, für den sich die Fachwissenschaft seit einiger Zeit kaum weniger interessiert als für den „Produzenten“ und dessen Werk.

1. Geschichtlicher Rückblick

Wer weiter als nur auf die kurze Geschichte der Universitätsdisziplin Germanistik und des fachspezifischen Deutschunterrichts an den Schulen zurückblicken mag, kann feststellen, dass der Wechselbezug zwischen Autor, Werk und Rezipienten (= Zuhörer, Zuschauer, Leser) als literaturtheoretisches Thema nicht neu ist, sondern nur wiederzuentdecken war. Der Eindruck, wie eng gerade am Anfang die Frage nach dem Wesen der Literatur mit der nach ihrer Wirkung verbunden war, also auch mit der nach Belehrung und Erziehung durch Literatur, legt es nahe, die Trennung von Literaturwissenschaft und Literaturdidaktik nur als Episode zu sehen. Die Lehre des Aristoteles, die Tragödie habe im Zuschauer Furcht und Mitleid zu wecken und ihn zugleich von diesen Leidenschaften zu reinigen – so jedenfalls wurde der Philosoph verstanden und übersetzt – und die Forderung des Horaz an den Dichter, zu nützen oder zu ergötzen bzw., wie es später hieß, beides zugleich zu leisten, waren im Abendland kanonische Aussagen über die mithin „didaktische“ Funktion der Literatur. Noch im 18. Jahrhundert war es eine geläufige Vorstellung, dass der Dichter ein Gelehrter und Lehrer sei, der es versteht, die bittere Pille Wahrheit mit seiner

Kunst zu überzuckern. Die künstlerische Form einer Dichtung war also Vehikel ihrer didaktischen Zwecke, und Literaturwissenschaft, damals noch nicht so genannt, war auf weiten Strecken die Lehre von den Aufgaben und Wirkungen der Literatur, also eine pädagogisch engagierte Wissenschaft.

Die folgende Generation der Romantiker schuf die Germanistik. Schon Herder hatte in seinen Schulreden außer erzieherisch-humanen Zwecken poetischer Schullektüre einen ganz anderen genannt: den zu erweckenden „Nationalcharakter". Gefühl und Verständnis für die Größe deutscher Sprache und Dichtung wurden zu dem, was sich aus der neuen Wissenschaft als Bildungsziel ableiten ließ, während im übrigen die „Frage der Wirkung eines Werkes auf den Menschen aus dem Bereich der Ästhetik verwiesen" wurde (Mayer 1965, 320). Mit der noch von den Weimarer Klassikern verkörperten Personalunion zwischen Dichter, Philologe, Philosoph und Pädagoge war es vorbei, und es begann die Epoche der Arbeitsteilung und wechselseitigen Entfremdung, die bis vor kurzem das Verhältnis zwischen Literaturwissenschaft und Literaturpädagogik charakterisiert hat.

Die Wissenschaft von deutscher Sprache und Dichtung entwickelte sich im Laufe des 19. Jahrhunderts zu einer mächtigen nationalen Institution. Wissenschaftlichkeit wurde im wachsenden Maße als Kausalitätsdenken verstanden, das sich in der Literaturwissenschaft als „Erforschung von Lebensgeschichten, Entstehungsgeschichte der Werke, Vergleich von Fassungen, Aufspüren von Einflüssen" (a. a. O., 327) manifestierte. Diesem „positivistischen" Forschungsprogramm galt es als unwissenschaftlich, nach den Lesern der Werke zu fragen. Um so weniger angefochten herrschte in den Köpfen der meisten Germanisten ein Nationalismus, dessen liberale Komponenten nach dem Scheitern der Einheitsbestrebungen von 1848/49 immer mehr in Vergessenheit gerieten. Dafür öffnete sich die Germanistik als Wissenschaft vom „deutschen Wesen" in wachsendem Maße mystischen, aber auch chauvinistischen Ausprägungen des Nationalismus, die sich im 20. Jahrhundert nur noch wenig zu modifizieren brauchten, um in die Dienste nationalsozialistischer Gewaltpolitik treten zu können.

Das unreflektierte Nebeneinander positivistischer Wissenschaft und nationaler Gesinnung, das im 19. Jahrhundert die Universitätsgermanistik kennzeichnete, spiegelte sich im Literaturunterricht der Schulen. Auf den Gymnasien hatte sich das Fach Deutsch allmählich gegen die Vormacht des altsprachlichen Unterrichts durchgesetzt. Die literaturgeschichtlichen Kenntnisse, die der Deutschunterricht reichlich vermittelte, boten mit den Fakten zugleich Gegenstände unkritischer Verehrung und Exempel für kasuistisches Moralisieren, eine seltsame Verquickung, wie in den Klassikerkommentaren und Aufsatz-Musterbüchern der Epoche nachzulesen ist. Gegen eine verbindliche Methodik des Literaturunterrichts wehrten sich die Deutschlehrer an den Gymnasien allerdings mit Nachdruck, da sie keine „Automaten" oder „willenlose Organe der richtigen Methode" sein wollten, wozu die Volksschullehrer nach ihrer Meinung herangebildet wurden (Brunner 1895, 9).

Tatsächlich war auf den Volksschulen „Literaturunterricht" weit von dem entfernt, was Universität und Gymnasium betrieben. Das vorgeschriebene Formalstufenschema gipfelte in der Literaturstunde in der obligatorischen „Anwendung", d. h. einer abgezogenen Moral zu Nutz und Frommen des gehorsamen Untertans seiner Eltern, seiner Kirche und seines Herrscherhauses, den die Volksschule zu produzieren hatte. Zudem bewirkten der ungefächerte Unterricht in der Hand *eines* Lehrers und das vornehmlich als Realienbuch konzipierte Lesebuch, dass Texte in erster Linie als „Anschlußstoffe" zu Sachthemen durchgenommen wurden und insofern Gefahr liefen, ihre eigene Überflüssigkeit zu demonstrieren.

Die Wende zwischen dem 19. und 20. Jahrhundert brachte dem Deutschunterricht aller Schularten neue Anstöße. Wilhelm Dilthey (1833–1911) lieferte das theoretische Rüstzeug für eine Umorientierung der positivistischen Literaturwissenschaft zur Geistes-, Problem- und Ideengeschichte. Als Psychologe und Pädagoge trug er dazu bei, die Herrschaft der Formalstufen-Didaktik zu brechen. Den Deutschunterricht beflügelte vor allem sein Stichwort des „Erlebnisses". Das Erlebnis des Dichters, im Kunstwerk zum Ausdruck gebracht, bietet sich nach Dilthey dem „Verstehen" dar, das wiederum als ganzheitlich-intensives Nacherleben ausgelegt wurde. Der Erlebnis-Begriff beflügelte auch einen aus anderem Lager stammenden Neuerer der Epoche, den Hamburger Lehrer Heinrich Wolgast (1860–1920). Er ist der erste einflussreiche Verfechter eines Literaturunterrichts, der auf die unmittelbare Wirkung der Dichtung als Kunstwerk im Klassenzimmer vertraut. In seinem zuerst 1896 erschienenen Buch „Das Elend der Jugendliteratur" proklamiert er die „Erkenntnis, daß das Gedicht da ist, um genossen zu werden, und daß die Behandlung nicht mehr und nicht weniger als die Einführung in den poetischen Genuß bezweckt" (Wolgast 1950, 14). „Die Dichtkunst kann und darf nicht das Beförderungsmittel für Wissen und Moral sein" (a. a. O., 32). Nur Dichtung hohen Ranges habe ein Daseinsrecht als Jugendlektüre. Wolgasts These, dass Literatur in der Schule unmittelbar darzubieten und nicht durch didaktische Zubereitung zu verfälschen sei, wurde auf dem zweiten Kunsterziehungstag 1903 in Weimar zum Programm erhoben. Wieweit sich der Literaturunterricht an deutschen Schulen dadurch verändert hat, steht auf einem anderen Blatt. Auch innerhalb der reformpädagogischen Bewegung waren Bestrebungen wirksamer, die mehr auf die Selbsttätigkeit des Schülers als auf seine Empfänglichkeit zielten. Aber durch Wolgast und die anderen „Kunsterzieher" war eine literaturpädagogische Position formuliert worden, die seitdem immer wieder, wenn auch in neuen Zusammenhängen und mit Hilfe neuer Kategorien, in die Debatte geworfen wird.

Das Entstehen der Weimarer Republik brachte weder der Literaturwissenschaft noch dem gymnasialen Deutschunterricht eine Wendung. Der nationale Akzent war eher noch kräftiger als in der Kaiserzeit. So sollte in den zwanziger Jahren ein umfassendes Programm wissenschaftlicher „Deutschkunde" die Universitäts- und Schulgermanistik auf gemeinsame nationale Bahnen lenken. Die unter dem Namen ihres Verfassers Richert bekannten „Richtlinien für die Lehrpläne der höheren Schulen Preußens" von 1925 verpflichteten den Deutschunterricht zu einem „überwissenschaftlichen Ziel", nämlich der „Erziehung zu vergeistigtem, willensstarkem und freudigem Deutschtum". Neue Anregungen erfuhr die Literaturpädagogik eher durch andere Wissenschaften als die Germanistik: Entwicklungspsychologie und Ansätze einer Soziologie der Jugend fanden Beachtung. So bemühte man sich, zwischen den Phasen der individuellen Entwicklung einerseits und literarischen Epochen, Stilen, Gattungen oder Werken andererseits Beziehungen nachzuweisen und dadurch zu wissenschaftlich besser gesicherten Grundlagen für eine moderne Literaturpädagogik zu gelangen. Ein noch heute geläufiger Begriff wie „Märchenalter" (Charlotte Bühler 1918) hat hier seinen Ursprung.

Die phasenpsychologische Begründung literaturdidaktischer Entscheidungen hat im Deutschunterricht bis in die jüngste Vergangenheit hinein gewirkt. In der nach dem Zweiten Weltkrieg verbreitetsten „Methodik des Deutschunterrichts" für Gymnasien, der von Robert Ulshöfer, bezog der Autor die Gattung Ballade auf die Entwicklungsphase Pubertät: „Die Ballade stellt geradezu die dichterische Gestaltung der Gemütslage des jungen Menschen der Umbruchszeit mit ihrer Gefährdung und Hintergründigkeit dar" (Ulshöfer 1966, MI, 179). Ein anderes, seinerzeit ähnlich erfolgreiches Handbuch wollte es sich sogar „bei der Begegnung der Kinder mit Dichtungen im 5. und 6. Schuljahr besonders angelegen sein lassen, durch die Dichtung die entwicklungsbedingte Rationalität dieser Altersstufe zu überwinden" (Nentwig 1959, 129). Literaturpädagogik solcher Art ist historisch geworden, nicht zuletzt, weil die Modelle einer gleichsam naturgesetzlich ablaufenden Entwicklung umfassenderen der „Sozialisation" und „Enkulturation" des Heranwachsenden gewichen sind. Die Tendenz, literaturdidaktische Konzeptionen aus Ergebnissen der Human- und Sozialwissenschaften abzuleiten, ist aber auf neuer Stufe der Wissenschaftsgeschichte wieder aktuell. So beruht die wissenschaftstheoretisch wohl am gründlichsten fundierte Literaturdidaktik aus jüngerer Zeit, von Jürgen Kreft 1977 vorgelegt, weitgehend auf einer umfassenden Theorie der gesellschaftlichen und individuellen Evolution.

2. Werkbezogene Literaturwissenschaft und Literaturdidaktik

In der Literaturwissenschaft schwand nach 1945 mit dem Abschied von nationalistischer, stammeskundlicher oder gar rassistischer Germanistik auch das Interesse für historische und politische, soziale und psychologische Aspekte der Literatur. Von analogen Entwicklungen der ausländischen Literaturwissenschaft vorbereitet und begleitet, setzte sich an den meisten westdeutschen Germanistik-Instituten das Prinzip der werkimmanenten Interpretation als beliebteste literaturwissenschaftliche Methode durch. Sie lehrte genaues Lesen und sensibilisierte in bisher nicht gekanntem Maße für die literarische Formensprache; ihre Vorstellung von der Autonomie des sprachlichen Kunstgebildes verführte aber auch dazu, für das Ganze der Literaturwissenschaft zu halten, was in Wirklichkeit nur den Zugang zu bestimmten Schichten oder Aspekten eines Textes öffnete.

Wer in den fünfziger Jahren an der Universität einen solchen Umgang mit Dichtung gelernt hatte, konnte als Studienreferendar noch wenig damit anfangen; der werdende Volksschullehrer hatte ihn gar nicht erst kennen gelernt. Denn noch herrschte in der Lehrerbildung und den Schulen eine Didaktik, für die Literatur in erster Linie Quelle für Lebenshilfe und Leitbilder war. Das nach 1945 entstandene weltanschauliche Vakuum hatte den alten Hang, Dichtung als Religionsersatz zu gebrauchen, gefördert; in ihr schienen Offenbarungen ewiger Werte und Anweisungen zum rechten Leben aufbewahrt. Dazu gehörte zum Beispiel die Einsicht, dass es gut sei, auf dem Platz zu verharren, den die göttliche Vorsehung dem Einzelnen durch Geburt oder Schicksal zugewiesen hat. Der schon zitierte Literaturdidaktikter Paul Nentwig sah den Auftrag der Dichtung darin, dass sie „die Dinge und Verhältnisse der realen Welt in den Ursprung und die Ordnung zurückbringt und die Realität der Welt zugunsten einer höheren Wirklichkeit überwindet" (Nentwig 1959, 162). Die Schüler sollen „ihren Anruf vernehmen und zu dem ‚Besseren' in sich geführt werden" (a.a.O.). Als Ulshöfer seine Methodik herausbrachte, verstand er Deutschunterricht als „Lebenslehre schlechthin". Zwar entfernte er schon vor Beginn der literaturdidaktischen Reformdiskussion nicht mehr zeitgemäße Unterrichtsbeispiele und änderte missverständliche Formulierungen, doch dominierte sein existenzialistisches Leitbilddenken auch noch in der Neubearbeitung der „Methodik" von 1966; „Vorbildhaft für die Lebensführung des Jugendlichen ist immer der Mensch, der den Widerständen zum Trotz seinen Weg geht und aus dem Glauben an die Sinnhaftigkeit der Welt und der Einsicht in die Tragik des Daseins zur Ordnung der Welt beiträgt" (Ulshöfer 1966, M II, 66).

Die Vertreter der Literaturwissenschaft kümmerten sich entweder gar nicht um das, was im Literaturunterricht der Schulen geschah, oder sie äußerten im Namen sachbezogener Wissenschaftlichkeit ihre Verachtung gegenüber der Pädagogisierung der Literatur durch Lebenshilfe- und Leitbilddidaktik. Einige von ihnen eröffneten Ende der fünfziger Jahre die öffentliche Kritik am deutschen Schullesebuch, wobei die einen mehr die mangelnde literarische Qualität der ausgewählten Texte, die anderen eher deren Gesellschaftsferne und Geschichtslosigkeit aufs Korn nahmen. Mit der Kritik gelangten zugleich Anregungen von der Universität in den Deutschunterricht der Schulen, wo nun das Prinzip der werkimmanenten Interpretation Fuß fasste oder zumindest Kompromisse mit dem einging, was es dort vorfand. Viele Lehrer sahen jetzt die Chance, ohne den Ballast literaturgeschichtlicher Wissensvermittlung und trotzdem sachgerecht mit Texten umgehen und die Schüler entsprechend zu selbständiger Arbeit aktivieren zu können. Noch wichtiger war, dass dem Pädagogenlaster Einhalt geboten schien, erzieherisch Wertvolles aus den Texten herauszuholen oder von außen in sie hineinzutragen. Der neue Umgang mit Literatur verhieß seinen eigenen Erziehungswert als Beitrag zur Schulung sachbezogenen Denkens. Dass der Lehrer die richtige Interpretation zu kennen meinte und in den Unterricht mitbrachte, zwang ihn allerdings dazu, die einzelnen Schülerbeiträge jeweils als falsch oder treffend zu erklären, womit das Prinzip der Selbsttätigkeit der Schüler wieder in Frage gestellt war. Die Autorität des sachkundigen Lehrers, also der richtig erkannten Sache, drohte das Gespräch zwischen Lehrer und Schüler ebenso einzuengen oder abzubrechen, wie es früher die Autorität der Überzeugung oder Haltung getan hatte, die aus dem Text abzuleiten war.

3. Ergebnisse der Reformdiskussion

Ende der sechziger Jahre begann fast gleichzeitig in der Universitätsgermanistik, den Instituten der Lehrerbildung und dem Deutschunterricht der Schulen die Umwälzung, zu deren vorläufigen Ergebnissen die gegenwärtige Verfassung der Literaturwissenschaft, der Literaturdidaktik und ihres Wechselbezuges gehört. An den Hochschulen brach der Streit der Methoden mit nie gekannter Schärfe aus; so wurde werkimmanentes Interpretieren nicht nur (wie schon vorher zum Teil aus pädagogischer Warte) als formalistisch-ästhetisierend, sondern nun auch als geschichts- und gesellschaftsfeindlich, elitär, ja faschistoid verdammt. Vielen Studenten und jungen Wissenschaftlern genügte nicht die von der Germanistik eilends geübte Selbstkritik, sie forderten vielmehr ihre Abschaffung, so wie es um 1968 auch Literaten gab, die den Tod der Literatur proklamierten. Der Literaturunterricht an den Gymnasien geriet rasch in den Strudel der an den Hochschulen entfesselten Diskussion. Ein neuer geschlossener Entwurf einer „Didaktik der deutschen Sprache", erst 1966 von Hermann Helmers nicht mehr für das Gymnasium, sondern für alle Schularten bzw. die Gesamtschule vorgelegt, fand sich ebenso bald im Schussfeld der Kritik wie die zur gleichen Zeit entstandenen neuen Lesebücher, die aus der vorangegangenen Kritik ihre Konsequenzen gezogen hatten und als „literarische Arbeitsbücher" sach- und fachgerecht der Sache Literatur dienen wollten. Die Literaturdidaktiker, meist Lehrende an Pädagogischen Hochschulen, formierten sich bald in Gruppen und diskutierten miteinander auf Tagungen, in Fachzeitschriften und Sammelbänden. Die Zahl der literaturdidaktischen Veröffentlichungen stieg explosionsartig an. Die konkurrierenden Positionen, etwa seit 1970 deutlich voneinander abgesetzt, erscheinen in den einschlägigen Forschungsberichten (Dithmar 1973; Heuermann u. a. 1973; Hopster 1974; Kreft 1974; Röttger 1974; Schober 1977; Stocker 1976) in ähnlicher Zuordnung, so dass sich für die Kennzeichnung der Haupttendenzen der Literaturdidaktik der siebziger Jahre eine Einteilung anbietet, die den individuellen Ausprägungen nicht allzuviel Gewalt antut.

Vor der Markierung der unterschiedlichen Standorte ist jedoch ein Ergebnis der Reformbewegung festzuhalten, das bei aller Verschiedenheit der Akzente als gemeinsame Errungenschaft der Forschung, des Lehrangebots der Hochschulen, der Schul-Lehrpläne und Lesebuch-Inhalte ins Auge fällt: die enorme Ausweitung dessen, was als Literatur verstanden, erforscht und in Lehre und Unterricht vermittelt wird. Der traditionelle Kanon literarischer Überlieferung, wie er in den Literaturgeschichten festgelegt war und auf den sich Lehre und Unterricht hatten beschränken können, wurde jetzt als Fessel empfunden und abgestreift. Hinzu kam außer den jeweils neuesten Erscheinungen der anspruchsvollen Literatur auch die bisher nur von Soziologen, Volkskundlern und Publizistikwissenschaftlern beachtete, von den Germanisten übersehene Trivialliteratur. Es waren aber nicht nur die gedruckten Zeugnisse der Kulturindustrie wie Illustrierten- und Heftromane, Schlagertexte und Comicstrips, sondern auch Rundfunk- und Fernsehsendungen, Schallplatten und Filme, die zum Objekt von Literaturwissenschaft und Deutschunterricht avancierten, und wie bei den Druckerzeugnissen mit ihnen zugleich die zuständigen Medien,

Produzenten und Vermittlungsinstanzen. So war das Thema „Massenkommunikation“ zum Gegenstand des Faches geworden; Buch und Bühne, die Medien der literarischen Tradition, liefen Gefahr, mit ihren Inhalten als Residuen bildungsbürgerlicher Kultur an den Rand gedrängt zu werden.

Ein fast selbstverständlicher Aspekt der genannten Entwicklung war, dass ein anderer adressatenbezogener Bereich der Literatur, für den sich bisher zwar manche Pädagogen, aber keine Germanisten interessiert hatten, zumindest in der Lehrerausbildung und als Schullektüre ein neues Gewicht bekam: die Kinder- und Jugendliteratur. Während zuvor allenfalls deren Klassiker in Betracht gekommen waren, wurden nun auch ihre trivialen, bisher ästhetisch und pädagogisch verpönten Formen mitsamt ihren Medien zum Unterrichtsstoff. Nicht nur in den Augen konservativer Kulturkritiker schickten sich Donald Duck, Tarzan und die in den Jugendzeitschriften verherrlichten Schlageridole dazu an, die Helden der Märchen und Sagen, Novellen und Dramen aus dem Klassenzimmer zu vertreiben. Bei Trivial- und Jugendliteratur handelt es sich wie bei anspruchsvoller nicht nur um Erdichtetes, sondern zum Teil auch um jene Literatur, die im Englischen der „fiction“ als „nonfiction“ gegenübergestellt wird und für die es im Deutschen keinen treffenden und zugleich gebräuchlichen Sammelbegriff gibt. Die Wissenschaft spricht von „expositorischen Texten“, hier möge der einfachere, aber ungenauere Begriff „Sachtext“ genügen. Zum traditionellen Literaturkanon hatten an Sachtexten fast ausschließlich solche von klassischen Autoren – etwa Lessings „Laokoon“ – gezählt, und in den Schulen waren Sachtexte, wenn nicht in den jeweils zuständigen Fächern, in einem entsprechend konzipierten Deutschunterricht als Sprachmuster oder Vermittler von „Realien“ benutzt worden. Die „literarischen Arbeitsbücher“ aus der Mitte der sechziger Jahre nahmen, wie das „Klett-Lesebuch“, Sachtexte nicht in ihren Kanon auf, oder sie hoben sie, so das „Lesebuch 65“, als Zeugnisse aus der „Welt der Wirklichkeit“ deutlich von der „Welt der Dichtung“ ab. Immerhin fanden auf diese Weise Berichte, Beschreibungen, Betrachtungen, Briefe und Memoiren, aber auch politische Reden sowie Gesetzes- und Vertragstexte im Literaturunterricht ihren Platz, und zwar, wie die Gliederung des Lesebuchs anzeigte, weniger ihres Inhalts wegen denn als Beispiel für Textsorten. Dieses Repertoire wurde in den folgenden Lesewerken rasch ergänzt. Neben verschiedenen journalistischen Formen setzten sich vor allem Werbetexte als Unterrichtsstoffe durch, wobei die maßgebliche Rolle ästhetischer Mittel in der Werbesprache dazu führte, dass Helmers in seiner „Didaktik“ die „Werbeliteratur“ als dritte Sorte ästhetischer Literatur neben Unterhaltungsliteratur und Dichtung einordnete. Das Beispiel weist darauf hin, dass die Abgrenzung der Sachliteratur von der Belletristik Probleme aufwirft, die als Fragen der „Poetizität“, „Ästhetizität“ und „Fiktionalität“ zu zentralen Themen moderner Literaturtheorie führten.

Für den Literaturdidaktiker und Deutschlehrer sind andere Fragen, die sich aus dem Vordringen der Sachliteratur ergeben, aktueller. Es stellt sich die Frage der Fachkompetenz. Wer bei der Untersuchung von Sachtexten den Inhalt nicht von der Form abspalten möchte, sieht sich fortlaufend zur Überschreitung seiner Grenzen gezwungen. Im Fall der Werbetexte dürfte er es sich nicht erlauben, das ökonomische und sozialpsychologische System, dem die Wirtschaftswerbung ihr Dasein und ihren Erfolg verdankt, aus dem Spiel zu lassen. Wenn der Deutschlehrer für Texte aller Art zuständig ist, dann auch für Inhalte aus allen Sachbereichen; er wird zum Superlehrer und das Fach Deutsch zum Superfach, wie es das früher unter deutschkundlich-nationalem oder lebenskundlichem Vorzeichen gewesen war. Für die Literaturwissenschaft besteht das Problem der Grenzüberschreitung in anderer Hinsicht, nämlich insofern sie sich als universale Kommunikations- und Zeichenwissenschaft versteht. Die säuberliche wechselseitige Zuordnung von Welt- und Lebensbereichen, zuständigen Wissenschaften und diese vermitteltenden Schulfächern, die früher auch die fachdidaktische Orientierung leicht gemacht hat, verliert angesichts der komplexen Wirklichkeit ihre Glaubwürdigkeit.

4. Positionen der Literaturdidaktik

Vor dem Hintergrund des explosiv ausgeweiteten Inhaltsrepertoires lassen sich nun die konkurrierenden Positionen der Literaturdidaktik besser übersehen. Als erste wäre noch einmal die Richtung zu nennen, der es vor allem auf die Strukturen von Texten und innerliterarische Zusammenhänge ankommt. Ihr Inbegriff ist die „werkimmanente Interpretation", so selten diese vor allem im Schulbereich mit ganzer Konsequenz betrieben worden ist. Dem Interesse für die Struktur der Texte entspricht das für deren Ordnung nach Gattungen oder Textsorten und damit für eine sachgerechte Systematik auch im Dienste der lehrenden Vermittlung. Die Rezeption dieser Methoden in der Didaktik dokumentiert sich in unzähligen unterrichtsbezogenen Textinterpretationen, die z. B. die Fachzeitschriften und die Lehrerbände der Lesebücher füllen, in der Anordnung von Lesebuchtexten nach Gattungen, in dem Prinzip der „lehrplankonstituierenden Relevanz der literarischen Strukturen" (Helmers 1970, 33), das Helmers in seiner verbreiteten „Didaktik der deutschen Sprache" walten ließ. Die Methode brachte die Gefahr problematischer Wertungskriterien für Texte wie Gattungsreinheit oder innere Stimmigkeit aller Stilmerkmale; an ihnen konnte sich der Vorwurf des Formalismus und Ästhetizismus entzünden. Die Strukturalisten, wie die Gruppe oft ungenau bezeichnet wird, gerieten in Verruf, unhistorisch vorzugehen, d. h. die Entstehungs- und Rezeptionsbedingungen eines Textes zu vernachlässigen und die eigenen Voraussetzungen unreflektiert zu lassen. Schließlich zielte die Kritik auf die Tendenz vieler Vertreter der Strukturanalyse, sich auf die kanonisierten Werke und Gattungen der „Hochliteratur" zu beschränken und somit die Aufarbeitung des neuen, erweiterten Textreservoires zu versäumen.

Seit dieser Kritik hat sich der Strukturalismus in Fachwissenschaft und Didaktik in vielfältiger Weise fortentwickelt. Einige ihrer Verfechter streben einen höheren methodischen Präzisionsgrad an, indem sie durch Anwendung strenger quantifizierender Verfahren alles Subjektive, Nicht-Kontrollierbare aus der Analyse fernhalten. Auf ähnlichen Geleisen bewegt sich die Textlinguistik, die Texte untersucht, um mit ihrer Hilfe Einsichten in komplexe Strukturen des Sprachsystems zu gewinnen; das Individuelle des Textes droht dabei allerdings aus dem Blick zu geraten. Anfang der siebziger Jahre erschienen bedeutende literaturdidaktische Entwürfe, die sich bemühten, die Strukturbetrachtung durch Einarbeitung von Ergebnissen der Hermeneutik (Geißler 1970) oder der Kommunikations- und Zeichentheorie (Kügler 1971) zur Grundlage einer wissenschaftstheoretisch fundierten Literaturdidaktik auszugestalten, Versuche, die gleichfalls kritisiert und revidiert wurden und später im Bereich kommunikations- und rezeptionsbezogener Literaturdidaktik mündeten.

Der Protest gegen die „Werkimmanenten", der Ende der sechziger Jahre laut wurde, richtete sich nicht nur gegen (oft nur unterstellten) Formalismus und Ästhetizismus, sondern auch gegen die erlebnis- und gesinnungspädagogische Anfälligkeit mancher Vertreter der Methode sowie gegen deren angebliche oder tatsächliche Vernachlässigung der Schülerinteressen. Die didaktische Position dieser Kritiker hatte besonders dort ihre fachwissenschaftliche Stütze, wo die Psychologie und Soziologie des literarischen Publikums mit empirischen Methoden erforscht wurde. So schienen die Erfahrungen der Volks- und Jugendbibliothekare jetzt wichtiger als die Ergebnisse der Werkuntersuchung und Literaturgeschichte. Die Ausweitung des Literaturbegriffs wurde ja auch damit begründet, dass vor allem das Aufmerksamkeit verdient, was Schüler wirklich lesen. Dass zu ihrer Privatlektüre im Allgemeinen keine Klassiker und anspruchsvollen modernen Autoren zählen, schien als Argument zu genügen, solche Texte auch aus dem Unterricht zu verbannen. Die Beschäftigung mit Jugend- und Trivialliteratur, mit den Massenmedien usw. sollte die Schüler mit der Vielfalt des kulturindustriellen Angebots, aber auch mit ihren eigenen Lesebedürfnissen und deren sozialpsychologischen Ursachen bekannt machen. Den einen von diesen „Lesepädagogen" war es mehr um neutrale Stoffvermittlung, um eine Einführung in das literarische Leben zu tun, andere strebten die kritische Distanzierung vom Gelesenen, Gesehenen, Gehörten an. Diese anderen verfolgten ihr Ziel wiederum entweder, um ein allmähliches „Hinauflesen" zu anspruchsvollerer Literatur anzubahnen, oder sie taten es aus ganz anderen Gründen: die Texte sollten als Manipulationswerkzeug der Herrschenden, als Mittel zur Stabilisierung bestehender schlechter Verhältnisse durchschaut werden. Neben die systemkritischen Leseerzieher, die zwar die Trivialliteratur entlarvten, aber die Hochliteratur deshalb keineswegs wohlwollend, sondern eher als besonders raffiniertes Herrschaftsmittel besitz- und bildungsbürgerlicher Eliten sahen, traten andere, die Hochliteratur als Potential konkreter Utopie priesen, in dem die Hoffnung des Menschen auf ein erfüllteres Leben, eine humanere Zukunft aufbewahrt ist.

Die Frage der Wertung sowohl trivialer als anspruchsvoller Literatur verstrickte die Psychologen und Soziologen des Lesens oder allgemeiner des Kulturkonsums immer wieder in Probleme, die mit ihren empirischen Methoden schwer auflösbar waren. Indem sie aber das Leseverhalten und die Befürfnisse des Schülers in den Mittelpunkt der Diskussion rückten, gaben sie wichtige Anstöße zur Konkretisierung literaturdidaktischer Fragestellungen, z. B. nach Lesemotivation und Leserrollen der Schüler, nach den unterschiedlichen sozialen Voraussetzungen des Literaturgebrauchs, nach den Folgen literarischer Unter- und Überforderung, nach der Differenz zwischen individueller Privat- und kollektiver Klassenlektüre. Wieweit die

Methoden empirischer Sozialforschung bei der Beantwortung solcher Fragen helfen können, wird die Praxis erweisen müssen; noch liegen wenig Ergebnisse vor. Gefordert wird viel: „Es sind Experimente zu veranstalten, aus denen hervorgeht, wieweit Art, Richtung, Intensität etc. der Rezeption gesteuert werden von der vorherigen Leseerfahrung und -gewohnheit, der Intelligenz, der psychologischen Entwicklungsstufe, der Lesemotivation, dem Geschlecht etc. (auf der Schülerseite) und von der Thematik, der Stilebene, der Gattungszugehörigkeit, der historischen Bedingtheit, der Komposition etc. (auf der Textseite)“ (Heuermann u. a. 1973, 30). Um keinem theorieblinden Empirismus zu verfallen, wird die Psychologie und Soziologie des lesenden (fernsehenden usw.) Schülers das Bündnis mit der Rezeptionsästhetik brauchen, die seit einigen Jahren den wichtigsten fachwissenschaftlichen Beitrag für die Literaturdidaktik zu versprechen scheint.

Parallel mit dem Ausbau der lesepädagogischen, von Psychologie und Soziologie unterstützten Position konstituierte sich um 1970 eine bewusst politisch argumentierende, radikal ideologiekritische Richtung der Literaturdidaktik, für welche die Autorengruppe „Bremer Kollektiv“ stellvertretend genannt sei (1974; Ide 1970). Sie verstand Literatur überwiegend, manchmal ausschließlich als Widerspiegelung sozialer und politischer Verhältnisse, als offene oder verhüllte Parteinahme für die Herrschenden oder die Unterdrückten. Der vorweg festgelegte politische Standort bewirkte, dass sich die Ideologiekritik nicht gegen Texte zu richten hatte, die vorher als progressiv oder emanzipatorisch eingestuft worden waren, während die anderen, wenn sie ihre Ideologie nicht selber explizierten, „gegen den Strich“ gelesen und auf diese Weise entlarvt werden sollten. Damit drohte eine Literaturdidaktik, die im Zeichen des Kampfes gegen Entmündigung und Unterdrückung angetreten war, selber autoritär zu werden. Ihre Vertreter zielten wie die Leitbildpädagogen und die Sachwalter der „richtigen“ Interpretation im Unterricht auf die Bestätigung von etwas vorher Entschiedenem, in die Klasse Mitgebrachtem, statt dass sich Lehrer und Schüler gemeinsam dem Wagnis „Entdeckenden Lesens“ (Klein 1971) aussetzten, dessen Ausgang jeweils offen ist. So ist mit H. Kügler zu fragen: „Welche Einsichten könnten aus Texten gewonnen, welche Kritik im Textumgang geübt, welche Erfahrungen durch Texte antizipiert werden, wenn die Antworten bereits vorliegen, bevor die Fragen überhaupt ausgearbeitet sind?“ (Kügler 1977, 119).

Die Literaturdidaktik des „Bremer Kollektivs“ wird im allgemeinen als marxistisch verstanden, da sie u. a. zur Kritik an den Besitz- und Herrschaftsverhältnissen des Kapitalismus erziehen will. Mit der Zuordnung literaturdidaktischer Richtungen zum Marxismus ist aber wenig gewonnen. Auch H. Helmers kritisiert die „bürgerliche Gesellschaft“, ihre Wissenschaft und ihre Schule, auch er fordert ihre Reform. Was aber die Autoren des „Bremer Kollektivs“ oder die des ersten Entwurfs der Hessischen Rahmenrichtlinien Deutsch (1972) verfochten, war für Helmers nur „Scheinreform“, Variante bürgerlichen Gesinnungsunterrichts, sogar „als Reform getarnte Restauration“ (Helmers 1974, 7). Auch die Literaturdidaktik der DDR zog aus ihren marxistischen Voraussetzungen ganz andere Konsequenzen als etwa das „Bremer Kollektiv“ aus den seinen. Für sie war die staatlich verordnete „Erbeaneignung", also eine mit einem beträchtlichen Maß an Wissensvermittlung verknüpfte Tradierung nationaler Bildungsgüter und sprachlich-literarischer Normen, ein wichtiger Aspekt sozialistisch-humanistischer Menschenbildung; unter diesem Blickwinkel ist die Literaturdidaktik des „Bremer Kollektivs" oder des ersten Hessischen Rahmenrichtlinien-Entwurfs schon wegen ihrer Textauswahl keineswegs „marxistisch", sondern eher Ausdruck spätbürgerlichen Kulturverfalls.

Die linksradikale westdeutsche Literaturwissenschaft, die um 1968 unter dem Banner „Schlagt die Germanistik tot, färbt die blaue Blume rot!" angetreten war, ist heute fast schon vergessen, aber auch die „linke" Literaturdidaktik wich Schritt für Schritt aus Theoriekonzepten und Lesebüchern zurück. Die Didaktiker, die sich gegen einseitig soziologisch und politisch ausgerichtete Strömungen gewehrt hatten, stimmten durchaus nicht allem zu, was durch Richtlinien, behördliche Empfehlungen und Prüfungsanforderungen an Zielen gesetzt und an Leistungen gefordert wurde. Sammelbände wie „Zurück zum Literaturunterricht?" (1977) und „Literaturunterricht heute – warum und wie?" (1978) sowie wissenschaftstheoretisch argumentierende Literaturdidaktiker wie L. Bredella (1976) oder J. Kreft (1977) zeigten, dass, trotz vieler Meinungsunterschiede im Einzelnen, nicht nur ein politische Affirmation fordernder Literaturunterricht zurückgewiesen wurde, sondern auch ein solcher, der „zweckrational" und „technokratisch" Lernprozesse vorprogrammiert und operationalisierte Lernziele abzurufen vorschreibt. Gewiss gibt es unentbehrliches und auch nachprüfbares Faktenwissen, doch im Hinblick auf die wesentlichen Lernziele des Literaturunterrichts gilt, dass sich „Gewichtigkeit und Meßbarkeit eines Lernerfolg in unserem Fach nahezu umgekehrt proportional zueinander verhalten" (Gidion 1973, 36). Als gewichtige Lernziele werden zum Beispiel „Veränderung unseres Bewußtseins, die Differenzierung unserer Wahrnehmung oder die Sensibilisierung unseres Gewissens" (Gerth 1977, 68) genannt, und dergleichen Vorgänge sind weder kontrollierbar, noch wird der schulische Umgang mit Literatur sie auslösen oder fördern können, wenn er nicht zugleich von Leistungskontrollen entlastet wird. Wie schon die klassische Ästhetik lehrte, gehört zum Gelingen des Umgangs mit Kunst die vorübergehende Freisetzung vom Druck des Alltags, und das Beurteiltwerden ist für den Schüler Alltagspraxis und Lebensernst in ihrer drückendsten Gestalt.

5. Rezeptionsbezogene Literaturwissenschaft und Literaturdidaktik

Nach den Voraussetzungen, die auf der Schülerseite einen sinnvollen Umgang mit Literatur im Klassenzimmer ermöglichen, hatten schon die Psychologen und Soziologen des Lesens gefragt. Auf dem Felde der Literaturwissenschaft war es die seit Ende der sechziger Jahre sich profilierende Rezeptionsforschung, die strukturalistischer Selbstgenügsamkeit und ideologiekritischem Dogmatismus Einhalt gebot und die Forderung aufstellte, „das Erkenntnisinteresse und das Erkenntnisvermögen des Rezipienten in ihrer situativen Gebundenheit als für den Verstehensprozeß konstitutive Faktoren einzubeziehen“ (Heuermann u. a. 1975, 92). Die Literaturdidaktik griff solche Anregungen auf und trug durch eigene Bemühungen zu ihrer Realisierung bei. Eine Reihe von Sammelpublikationen, in denen Literaturwissenschaftler und Literaturdidaktiker gemeinsam zu Wort kommen (Dehn 1974; Grimm 1975; Heuermann u. a. 1975; Hoppe 1976; Warning 1975; Weber 1977), dokumentiert die neue Verschwisterung der beiden Disziplinen, durch die veraltete Vorstellungen von Abgrenzung und Unterordnung widerlegt werden. Aber auch Kommunikationswissenschaften, Semiotik und Pragmalinguistik trugen dazu bei, Barrieren zwischen Fachwissenschaft und Didaktik abzubauen. Der Rezipient, seine Kommunikation mit dem Text und die Situation, die diese bedingt und ermöglicht, rückten so in den Mittelpunkt des Interesses, dass die strukturelle Eigengesetzlichkeit des Textes dessen jeweiliger „Konkretisierung“, „Aktualisierung“ oder „Applikation“ im Bewusstsein des Empfängers zum Opfer gebracht schien. Die sachtheoretische Frage, ob es die „richtige“ Interpretation eines Textes überhaupt geben kann, verknüpfte sich mit der didaktischen nach dem Recht des Schülers, einen Text den eigenen Bedürfnissen anzuverwandeln, sich seinen „Privattext“ herzustellen.

Das neue Problem ist keineswegs ausgestanden, wie die Diskussion um einen solchen nun „produktionsorientiert“ genannten Literaturunterricht zeigt.[1] Oft schwanken die Stellungnahmen der Autoren, die sich zu Rezeptionsprozessen im Klassenzimmer äußern, zwischen den Polen: einerseits der Rechtfertigung je individueller Einverleibung des Textes, andererseits der Anerkennung seines Anspruchs, eben doch ein Text zu sein, der als solcher Gegenstand des Unterrichts bleibt. Wenn eine Didaktikerin das Ziel formuliert, „herauszufinden, welche Vielzahl von Sinngebungen ein Text bewirken kann“ (Meckling 1977, 87), fragt man sich wieder, wie ein so radikal schülerbezogener Unterricht Willkür und Beliebigkeit vermeiden will, denn es sind vielleicht 30 Schüler, die ihre jeweils verschiedene Subjektivität an den Text herantragen, um sich in ihm wiederzufinden. Nach Jürgen Kreft erlaubt der Text zwar „unbegrenzt viele, aber nicht *alle* Interpretationen; er schließt bestimmte falsche aus“ (Kreft 1977, 213). Darüber hinaus bleibt der Anspruch des Textes, adäquat aufgenommen zu werden, als Regulativ für die einzelnen Rezeptionsprozesse bestehen, zumal er vermutlich sein Wirkungspotential sonst gar nicht erst entfalten könnte. Auch wer überzeugt ist, dass ein Text nur Partiturcharakter hat und seine Konkretisierung im jeweiligen Rezeptionsprozess erfährt, muss so vorgehen, als gäbe es „den“ Text und die Möglichkeit seiner adäquaten Rekonstruktion im Bewusstsein, ähnlich wie jemand, der den Menschen für determiniert hält, sich in der Lebenspraxis doch nicht anders verhalten kann, als verfüge er über einen freien Willen.

Die Frage, wie Selbstaufklärung der Schüler und sachgerechte Textverarbeitung im Unterricht in Einklang zu bringen sind, rührt an viele andere, deren Lösung für die Literaturdidaktiker und Rezeptionsforscher noch in weiter Ferne liegen, zumal die empirische Untersuchung von Rezeptionsvorgängen noch in den Anfängen steckt. Die Deutschlehrer haben jedoch keine Zeit, lange auf die Ergebnisse der Forschung zu warten. Für sie ist schon viel gewonnen, wenn sie in der Abwehr des drohenden „technokratischen Reform-Formalismus“ (Geißler 1977, 48) von der Rezeptionsforschung Anstöße und Rechtfertigungen für die Praxis eines Literaturunterrichts empfangen, der die Subjektivität der Schüler ernst nimmt und eine liberale Atmosphäre garantiert. Diese soll zulassen, dass die Schüler „im Umgang mit einem Text lernen, Selbsterfahrungen zu sammeln, die eigenen Wertvorstellungen zu klären, latente Vorurteile, Wahrnehmungsraster, Leseerwartungen und Bedürfnisse im Gespräch mit anderen zu reflektieren" (Meckling 1977, 85). Doch darüber ist nicht zu vergessen, dass auch und gerade ein schülerbezogener Literaturunterricht nicht auf Kenntnisvermittlung und Aufgabenstellung verzichten darf. Jede Textrezeption ist „Textverarbeitung", in der Rezeptivität und Produktivität miteinander verbunden sind.[2] Schon zur erschließenden Aneignung des Textes selbst gehört, wie die Rezeptionsästhetik betont, Aktivität oder gar Kreativität, darüber hinaus kann dann Textverarbeitung im Literaturunterricht auch gemeinsame Arbeit am Text heißen: durch dessen Wiedergabe, Darstellung (z. B. im Rollenspiel), Raffung oder Erweiterung, durch seine Umformung (z. B. mit Hilfe eines Wechsels der Perspektive oder der Textsorte) bis hin zum Verfassen von Parallel- oder Gegentexten als Antwort auf die Provokation, die der Text selbst darstellt. Um solche Aufgaben sinnvoll lösen zu können, muss man vorher jedoch etwas von der Intention und Struktur des Textes erfasst haben, und die Verständigung hierüber ist unmöglich ohne die Kenntnis von Kategorien und Zusammenhängen. Die historische Rezeptionsforschung hat überdies dazu beigetragen, eine Fülle neuen gedruckten Lehrmaterials für den Literaturunterricht bereitzustellen: Sammlungen von Sekundärtexten zur Rezeptionsgeschichte der Primärtexte. Hier droht nun, ähnlich wie bei gar zu weit ausholender Dokumentation der Produktionsbedingungen, also des politisch-sozial-ökonomischen Umfeldes der Textentstehung, die Gefahr einer neuen Überfrachtung des Unterrichts mit Wissensballast, der die Schüler einschüchtert, statt die angestrebte Einsicht in die Geschichtlichkeit eines jeden Textes und einer jeden, auch der eigenen, Rezeption zu fördern. Erfolgsversprechender als die überfrachtete Beschäftigung mit „Rezeptionsdokumenten" scheint die persönliche Auseinandersetzung der Schüler mit „mentalitätsgeschichtlichen Fragestellungen" in der Literatur zu sein (vgl. Spinner 1993, 24ff.), d. h. mit Vorstellungen und Auffassungen der Menschen von grundlegenden Problemen des individuellen und gesellschaftlichen Lebens, wie sie sich, zu verschiedenen Zeiten, in literarischen Texten niederschlagen, von Liebe und Tod, vom Kindsein und vom Erwachsenwerden, von der Natur u. a. mehr.

In seinem Aufsatz über „Literaturdidaktik der 90er Jahre" sieht Spinner „vier Schwerpunkte der literaturdidaktischen Diskussion, in denen die Perspektiven eines zugleich subjekt- und textorientierten Literaturunterrichts erörtert werden" (Spinner 1993, 23f.): 1. Die „Einbeziehung von Rezeptions- und Mentalitätsgeschichte", wodurch die strukturelle Textanalyse überwunden würde; 2. den „produktionsorientierten Ansatz", der den Schüler als aktiven Rezipienten in den Vordergrund rückt; 3. „poststrukturalistische" und „postmoderne" Konzepte, die die Vorstellung von einem einheitlichen Sinn im Text auflösen; und 4. das „Gespräch über literarische Texte", das nun aber nicht mehr nur als Mittel zur Texterschließung gefasst wird, „sondern auch eine humane Form des menschlichen Miteinanders erfahrbar macht" (ebd., 36).[3]

Seit Beginn der Reformdiskussion ist oft das Lernziel „Mündiger Leser“ diskutiert worden. Es lässt sich pragmatisch auf den Schüler und späteren Erwachsenen beziehen, den der Literaturunterricht zu Auswahlentscheidungen befähigt und mit Rezeptionskompetenzen ausgestattet hat, die vor allem sein Freizeitverhalten steuern. Wie Heinrich Wolgast schon 1896 gefordert hat, „den Schüler mit denjenigen Fähigkeiten auszurüsten, die ihn in den Stand setzen, die im Leben auf ihn eindringende Flut der Lesestoffe zu seinem Vorteile zu verwenden“ (Wolgast 1950, 18), so gilt es heute, ihn zu befähigen, die eigenen Bedürfnisse nach Unterhaltung, Information, Besinnung und ästhetischem Genuss zu erkennen und am geeigneten Ort und Gegenstand zu befriedigen. Der „mündige Leser“ oder – allgemeiner – mündige Kulturkonsument wagt sich in die öffentliche Bibliothek oder Buchhandlung und in das Theater, bestellt im Buchclub nicht immer nur den gerade fälligen Vorschlagsband, weiß im Radio- und Fernsehprogramm das ihm Gemäße zu finden. Er kennt sich im literarischen Leben aus. Hinter dem Leitbild des mündigen Lesers steht das umfassendere des mündigen, zur Autonomie und Selbstidentität gelangten Menschen, der nicht der Enge seines Jetzt und Hier ausgeliefert ist, und zwar unter anderem deshalb, weil er mit Hilfe der Literatur seine Grenzen zu überschreiten gelernt hat. Lothar Bredella formuliert: „Literatur hebt ins Bewußtsein, was diesem zunächst fremd und unverständlich ist, und vergrößert dadurch die Erfahrungsmöglichkeiten und den Erfahrungsspielraum des Rezipienten. Der Mensch als ein endliches Wesen, das immer nur einen begrenzten Zugang zur Welt hat, bedarf der Vermittlung über andere Entwürfe, die Welt zu deuten und zu verstehen, um aus seiner Befangenheit und Vereinzelung herauszutreten und sich in seiner Verschiedenartigkeit wie in seiner Beziehung zu anderen begreifen zu können“ (Bredella 1976, 31). Von der Endlichkeit des Menschen spricht auch ein anderer Literaturdidaktiker, A.C. Baumgärtner, wenn er fragt, „ob das Verlangen des Menschen, in seiner Lektüre auch einen Ausgleich für ungelebtes Leben und einen Ersatz für nie zu lebendes Leben zu finden, auf eine von keinem sozialen Prozeß zu verändernde Grundgegebenheit menschlichen Daseins verweist, nämlich mit dem Bewußtsein der eigenen Endlichkeit existieren zu müssen“ (Baumgärtner 1977, 21). Vor solchen Fragen gelangt die Literaturdidaktik wie auch die Literaturwissenschaft an die Grenzen ihrer Zuständigkeit. Immerhin ist zu hoffen, dass eine Literaturdidaktik, – und ansatzweise vielleicht ebenso eine Literaturwissenschaft[4] – die ihre Ziele auch aus der Einsicht in die Endlichkeit und kreatürliche Bedürftigkeit der menschlichen Existenz ableitet, nicht mehr wie noch vor kurzem in den Verdacht gerät, deshalb alles Bestehende um jeden Preis erhalten zu wollen. Das Ziel der Reformbewegung, die Emanzipation, wird durch Einsichten solcher Art nicht außer Kraft gesetzt.[5]

Anmerkungen

1 Zum Konzept eines „handlungs- und produktionsorientierten Literaturunterrichts“, für das inzwischen oftmals ein literaturdidaktischer „Alleinvertretungsanspruch“ (Spinner) erhoben wird, vergleiche den nachfolgenden Beitrag in diesem Buch und z. B. Haas 1984 bzw. 1997, Waldmann 1984, Waldmann 1988 u. 1998, Köppert 1995, Belgrad / Fingerhut 1998, 24–109 sowie Der Deutschunterricht 1993, H. 4 u. Praxis Deutsch 1994, H. 123. Zur Kritik am „handlungs- und produktionsorientierten Literaturunterricht“ sowie zu seiner Relativierung siehe Spinner 1987, Kügler 1988 u. 1996, Bremerich-Vos 1996 u. Fingerhut 1997.

2 Das unterschlägt ein „handlungs- und produktionsorientierter Literaturunterricht“, der sich als didaktisches Konzept absolut setzt, statt zu sehen, dass es sich dabei immer nur um ein *Verfahren*, und zwar *eines* unter anderen, innerhalb einer rezeptionsbezogenen Literaturdidaktik handeln kann.

3 Zu so genannten „postmodernen“, „poststrukturalistischen“, „dekonstruktivistischen“ Konzepten siehe Fohrmann 1990, Bogdal 1993 u. 1993 a, Fingerhut 1993 u. 1994, Spinner 1995 (Poststrukturalistische Lektüre am Beispiel der Grimmschen Märchen), Frizen 1996, Belgrad / Fingerhut 1998, 24–109 sowie Diskussion Deutsch 1990, H. 116, Der Deutschunterricht 1995, H. 6 u. 1996, H. 3 („Postmoderne“ Didaktik am Beispiel von Patrick Süskind „Das Parfüm).
Zum „literarischen Gespräch“, dem – nun auch im Gegenzug zu produktionsorientierten Konzepten – eine neue Wertigkeit zuzuwachsen scheint, siehe z. B. Spinner 1993, Christ u. a. 1995, Werner 1996, Köppert + Spinner 1996, Wieler 1998 und auch Fingerhut 1997.

4 So weist Griesheimer – in der Einleitung zu „Wozu Literaturwissenschaft?“ (Griesheimer / Prinz 1992) – einen „einseitig nach wissenschaftsimmanenten Leitvorstellungen zugerichteten Wissensbegriff“ in der Literaturwissenschaft zurück und macht ihn verantwortlich „für die Ausgrenzung existentialer, das heißt: subjekt- und lebensbezüglicher Ansprüche an den Wissensstoff“ (ebd., 36f.).
Diese Ansprüche einzufordern, subjektives oder gar „existentiales Verstehen“ (Griesheimer) sowie, damit verbunden, „kreative Verfahren“ in der Literaturwissenschaft bzw. im literaturwissenschaftlichen Studium zu postulieren, ist der Tenor fast aller – von Literaturwissenschaftlern verfasster – Beiträge des Sammelbandes.
Es gibt also gleichzeitig eine Tendenz zu „produktionsorientierter Literaturwissenschaft“ zu konstatieren. Siehe dazu auch Waldmann 1988, Scholz / Hermann 1990, Fricke / Zymner 1991.

5 Zum „mündigen Lesen“ siehe auch Daniel Pennac „Wie ein Roman“ (1994). Der französische Schriftsteller und Lehrer handelt vom Leseglück und der Last des schulischen Lesens, er sieht Lesen als Geschenk und beschreibt „die unantastbaren Rechte des Lesers“, darunter auch „Das Recht, nicht zu lesen“, wobei doch sein ganzer Enthusiasmus wie sein methodisches Geschick darauf gerichtet sind, zum Lesen zu verführen.

Literaturverzeichnis

Arnold, Heinz Ludwig / Detering, Heinrich (Hrsg.): Grundzüge der Literaturwissenschaft. München 1996 (dtv 4704)

Barner, Wilfried / König, Christoph (Hrsg.): Zeitenwechsel. Germanistische Literaturwissenschaft vor und nach 1945. Frankfurt a. M. 1996 (Fischer Tb. 12963).

Baumgärtner, Alfred Clemens (Hrsg.): Lesen – ein Handbuch. Hamburg 1973

Baumgärtner, Alfred Clemens / Dahrendorf, Malte (Hrsg.): Wozu Literatur in der Schule?. Braunschweig 1970

Baumgärtner, Alfred Clemens: Offene Fragen der Literaturdidaktik. In: Baumgärtner / Dahrendorf 1977, 8–23

Baumgärtner, Alfred Clemens / Dahrendorf, Malte (Hrsg.): Zurück zum Literaturunterricht?. Braunschweig 1977

Baurmann, Jürgen: Textrezeption und Schule. Stuttgart 1980

Belgrad, Jürgen / Fingerhut, Karlheinz (Hrsg.): Textnahes Lesen. Annäherung an Literatur im Unterricht. Baltmannsweiler 1998

Belgrad, Jürgen / Melenk, Hartmut (Hrsg.): Literarisches Verstehen – Literarisches Schreiben. Positionen und Modelle zur Literaturdidaktik. Baltmannsweiler 1996

Bogdal, Klaus-Michael (Hrsg.): Neue Literaturtheorien. Eine Einführung. Opladen 1990

Bogdal, Klaus-Michael (Hrsg.): Neue Literaturtheorien in der Praxis. Textanalysen von Kafkas 'Vor dem Gesetz'. Opladen 1993

Bogdal, Klaus-Michael: Postmoderne, die neue Gründerzeit. In: Praxis Deutsch 1993a, H. 121, 7–10

Boueke, Dietrich (Hrsg.): Deutschunterricht in der Diskussion. 2. Aufl., Paderborn 1974 (= UTB 403 + 909)

Bredella, Lothar: Einführung in die Literaturdidaktik. Stuttgart 1976

Bremerich-Vos, Albert (Hrsg.): Handlungsfeld Deutschunterricht im Kontext. Festschrift für Hubert Ivo. Frankfurt a. M. 1993

Bremerich-Vos, Albert: Hermeneutik, Dekonstruktivismus und produktionsorientierte Verfahren. Anmerkungen zu einer Kontroverse in der Literaturdidaktik. In: Belgrad / Melenk 1996, 25–49

Bremer Kollektiv: Grundriß einer Didaktik und Methodik des Deutschunterrichts. Stuttgart 1974

Brunner, August: Literaturkunde und Literaturgeschichte in der Schule. In: Euphorion 1895, 1–28

Bühler, Charlotte: Das Märchen und die Phantasie des Kindes. Leipzig 1918

Christ, Hannelore / Fischer, Eva / Fuchs, Claudia / Merkelbach, Valentin / Reuschling, Gisela: „Ja aber es kann doch sein ...“ In der Schule literarische Gespräche führen. Frankfurt a. M. 1995

Conrady, Peter: Schüler beim Umgang mit Texten. Kronberg/Ts. 1976

Dahrendorf, Malte: Literaturdidaktik im Umbruch. Düsseldorf 1975

Dehn, Wilhelm (Hrsg.): Ästhetische Erfahrung und literarisches Lernen. Frankfurt 1974

Der Deutschunterricht 1993, H. 4: Literaturunterricht heute

Der Deutschunterricht 1995, H. 6: Neue Lesearten. Texte im Literaturunterricht

Der Deutschunterricht 1996, H. 3: Lektüre-Praxis, Lektüre-Vielfalt

Diskussion Deutsch 1990, H. 116: Leit(d)motiv Postmoderne

Dithmar, Reinhard: Krise und Wandlung der Literaturdidaktik. In: Blätter für den Deutschlehrer 1973, 43–56 und 65–74

Dithmar, Reinhard (Hrsg.): Literaturunterricht in der Diskussion. 2 Bde., Kronberg/Ts. 1973 und 1974

Eggert, Hartmut / Berg, Hans Christoph / Rutschky, Michael: Schüler im Literaturunterricht. Köln 1975

Eggert, Hartmut / Garbe, Christine: Literarische Sozialisation. Stuttgart und Weimar 1995 (Sammlung Metzler 287)

Essen, Erika: Methodik des Deutschunterrichts. Heidelberg 1956 (viele Auflagen)

Fingerhut, Karlheinz: Affirmative und kritische Lehrsysteme im Literaturunterricht. Frankfurt 1974

Fingerhut, Karlheinz / Melenk, Hartmut / Waldmann, Günter: Kritischer und produktiver Umgang mit Literatur. In: Diskussion Deutsch 1981, H. 58, 130–150

Fingerhut, Karlheinz: Die unendliche Suche nach der Bedeutung: Kafka in der Schule. In: Praxis Deutsch 1993, H. 120, 13–21

Fingerhut, Karlheinz: Intelligenter Eklektizismus. Über die fachdidaktische Anwendung literaturwissenschaftlicher Methoden. In Der Deutschunterricht 1994, H. 5, 32–47

Fingerhut, Karlheinz: L-E-S-E-N: Fachdidaktische Anmerkungen zum „Produktiven Literaturunterricht“ in Schule und Hochschule. In: Kämper-van den Boogaart, Michael (Hrsg.): Das Literatursystem der Gegenwart und die Gegenwart der Schule. Baltmannsweiler 1997, 98–125

Fischer Lexikon Literatur. 3 Bde. Hrsg. von Ulfert Ricklefs. Frankfurt a. M. 1996

Foerster, Jürgen: Literaturunterricht zwischen Aufklärung und Gegen-Aufklärung. Düsseldorf 1980

Foerster, Jürgen: Rezeptionsästhetik und Literaturdidaktik. In: Wirkendes Wort 1983, H. 5, 295–309

Fohrmann, Jürgen: Über Autor, Werk und Leser aus poststrukturalistischer Sicht. In: Diskussion Deutsch 1990, H. 116, 577–588

Fohrmann, Jürgen / Müller, Harro (Hrsg.): Literaturwissenschaft. München 1995 (UTB 1874)

Frank, Horst Joachim: Dichtung, Sprache, Menschenbildung – Geschichte des Deutschunterrichts von den Anfängen bis 1945. München 1976 (= dtv WR 4271/72)

Fricke, Harald / Zymner, Rüdiger: Einübung in die Literaturwissenschaft: Parodieren geht über Studieren. Paderborn 1991 (= UTB 1616)

Friedrich, Wolf Hartmut / Killy, Walther: Das Fischer Lexikon „Literatur" II, 1, 2, 2 Bde., Frankfurt 1965

Frizen, Werner: Patrick Süskinds „postmoderne" Didaktik. In: Der Deutschunterricht 1996, H. 3, 26–31

Geißler, Rolf: Prolegomena zu einer Theorie der Literaturdidaktik. Hannover usw. 1970

Gerth, Klaus: Zwischenbilanz – Zur Situation der Literaturdidaktik. In: Baumgärtner / Dahrendorf 1977, 64–74

Gidion, Jürgen / Bahrdt, Hans Paul: Praxis des Deutschunterrichts. Göttingen 1973 (= Kleine Vandenhoeck-Reihe 378)

Griesheimer, Frank / Prinz, Alois (Hrsg.): Wozu Literaturwissenschaft? Kritik und Perspektiven. Tübingen 1992 (= UTB 1640)

Griesheimer, Frank: Unmut nach innen. Ein Abriß über das Enttäuschende an der gegenwärtigen Literaturwissenschaft. In: Griesheimer / Prinz 1992, 11–43

Griesheimer, Frank: Begreifen, was uns betrifft. Über personales und existentiales Verstehen in der Literaturwissenschaft. In: Griesheimer / Prinz 1992, 368–382

Grimm, Gunther (Hrsg.): Literatur und Leser. Stuttgart 1975

Haas, Gerhard: Handlungs- und produktionsorientierter Literaturunterricht in der Sekundarstufe I. 1. Aufl., Hannover 1984 (neue Fassung Seelze-Velber 1997)

Hegele, Wolfgang: Literaturunterricht und literarisches Leben in Deutschland (1850–1990). Historische Darstellung – Systematische Erklärung. Würzburg 1996

Helmers, Hermann: Didaktik der deutschen Sprache. Stuttgart 1966 (viele Auflagen)

Helmers, Hermann: Die Wahrheit in der Dichtung und der Lehrplan des Literaturunterrichts. In: Der Deutschunterricht 1970, H. 3, 15–33

Helmers, Hermann: Fortschritt des Literaturunterrichts. Stuttgart 1974

Hermand, Jost: Geschichte der Germanistik. Reinbek bei Hamburg 1994 (re 534)

Heuermann, Hartmut / Hühn, Peter / Röttger, Brigitte: Literatur und Didaktik. Band I: Berichte und Kommentare. Göttingen 1973

Heuermann, Hartmut / Hühn, Peter / Röttger, Brigitte (Hrsg.): Literarische Rezeption. Paderborn 1975

Heuermann, Hartmut / Hühn, Peter / Röttger, Brigitte: Modell einer rezeptionsanalytischen Literaturdidaktik. In: Heuermann u. a. 89–112

Hoppe, Otfried (Hrsg.): Kritik und Didaktik des literarischen Verstehens. Kronberg/Ts. 1976

Hopster, Norbert: Didaktische Konzeption des Literaturunterrichts. In: Boueke 1974, 260–290, bzw. Boueke, Bd. 2, 142–166

Ide, Heinz (Hrsg.): Bestandsaufnahme Deutschunterricht. Stuttgart 1970

Janota, Johannes (Hrsg.): Germanistik und Deutschunterricht im historischen Wandel. Tübingen 1993 (Vorträge des Augsburger Germanistentags 1991, Bd. 2)

Klein, Ulrich: Entdeckendes Lesen – Offenheit und Planung in der Literaturbetrachtung. Hannover usw. 1971

Köppert, Christine: Imagination und Interpretation im Deutschunterricht. In: Spinner 1995 a, 11–28

Köppert, Christine / Spinner, Kaspar H.: Zum Gespräch im Literaturunterricht. In: SPIEL 15, 1996, H. 1, 24–43

Kreft, Jürgen: Literaturbericht zum Thema Literaturdidaktik. In: Westermanns Pädagogische Beiträge 1974, 46–55 und 165–173

Kreft, Jürgen: Grundprobleme der Literaturdidaktik. Heidelberg 1977 (= UTB 714)

Kreft, Jürgen / Wellner, Klaus / Vollertsen, Peter: Der Schüler als Leser. Paderborn 1981

Kügler, Hans: Literatur und Kommunikation. Stuttgart 1971, 2 Aufl. 1975

Kügler, Hans: Die funktionalisierte Literatur – Der funktionierende Leser: Zur Kritik der Literaturdidaktik (1970–1976). In: Baumgärtner / Dahrendorf 1977, 103–120

Kügler, Hans: Erkundung der Praxis. Literaturdidaktische Trends der 80er Jahre zwischen Handlungsorientierung und Empirie. In: Praxis Deutsch 1988, H. 90, 4–9; H. 91, 9–11

Kügler, Hans: Die bevormundete Literatur. Zur Entwicklung und Kritik der Literaturdidaktik. In: Belgrad / Melenk 1996, 10–24

Ladenthin, Volker: Erziehung durch Literatur? Zur moralischen Dimension des Literaturunterrichts. Essen 1989

Lange, Günter / Marquardt, Doris / Petzoldt, Leander / Ziesenis, Werner: Textarten – didaktisch. Baltmannsweiler 1993, 2. Aufl. 1998

Lecke, Bodo (Hrsg.): Literaturstudium und Deutschunterricht. Frankfurt a.M. 1996

Mayer, Hans: Literaturwissenschaft in Deutschland. In: Friedrich / Killy 1965, 317–333

Meckling, Ingeborg: Leseorientierter Deutschunterricht – Rezeptionsanalyse und Produktivität. In: Weber 1977, 83–103

Müller-Michaels, Harro (Hrsg.): Literarische Bildung und Erziehung. Darmstadt 1976

Nentwig, Paul: Dichtung im Unterricht. Braunschweig 1959, 4. Aufl. 1969

Paefgen, Elisabeth K.: Schreiben und Lesen. Ästhetisches Arbeiten und literarisches Lernen. Opladen 1996

Payrhuber, Franz-Josef / Weber, Albrecht (Hrsg.): Literaturunterricht heute – warum und wie?. Freiburg usw. 1978

Pennac, Daniel: Wie ein Roman. Köln 1994

Praxis Deutsch 1994, H. 123: Handlungs- und produktionsorientierter Literaturunterricht

Rosebrock, Cornelia (Hrsg.): Lesen im Medienzeitalter. Biographische und historische Aspekte literarischer Sozialisation. Weinheim und München 1995

Röttger, Brigitte: Literaturdidaktik und Literaturwissenschaft. In: Boueke 1974, 36–56, bzw. Boueke 1979, Bd. 2, 124–142

Rudloff, Holger: Produktionsästhetik und Produktionsdidaktik. Kunsttheoretische Voraussetzungen literarischer Produktion. Opladen 1991

Scheffer, Bernd: Interpretation und Lebensroman. Zu einer konstruktivistischen Literaturtheorie. Frankfurt a.M. 1992 (stw 1028)

Schober, Otto: Studienbuch Literaturdidaktik. Kronberg/Ts 1977

Scholz, Rüdiger / Hermann, Hans Peter: Literatur und Phantasie. Schöpferischer Umgang mit Kafka-Texten in Schule und Universität. Stuttgart 1990

Schuster, Karl: Einführung in die Fachdidaktik Deutsch. Baltmannsweiler 1993 (7. überarb. u. erweiterte Aufl. 1998)

Schutte, Jürgen: Einführung in die Literaturinterpretation. 4. aktualisierte Auflage. Stuttgart 1997 (Sammlung Metzler 217)

Seiler, Bernd W.: Vieldeutigkeit und Deutungsvielfalt, oder: Das Problem der Beliebigkeit im Umgang mit Literatur. In: Der Deutschunterricht 1982, H. 6, 87–104

Sowinski, Bernhard (Hrsg.): Fachdidaktik Deutsch. Köln und Wien 1975

Spinner, Kaspar H.: Wider den produktionsorientierten Literaturunterricht – für produktive Verfahren. In: Diskussion Deutsch 1987, H. 98, 601–611

Spinner, Kaspar H.: Literaturdidaktik der 90er Jahre. In: Bremerich-Vos 1993, 23–36

Spinner, Kaspar H.: Poststrukturalistische Lektüre im Unterricht – am Beispiel der Grimmschen Märchen. In: Der Deutschunterricht 1995, H. 6, 9–18

Spinner, Kaspar H.: Imaginative und emotionale Lernprozesse im Deutschunterricht. Frankfurt a. M. 1995 a

Stein, Peter (Hrsg.): Wieviel Literatur brauchen Schüler?. Stuttgart 1980

Stocker, Karl (Hrsg.): Taschenlexikon der Literatur- und Sprachdidaktik. 2 Bde., Kronberg/Ts. 1976

Stocker, Karl: Literaturdidaktik. In: Stocker 1976, 244–264

Ulshöfer, Robert: Methodik des Deutschunterrichts, Mittelstufe I, Stuttgart 1952; Mittelstufe II, Stuttgart 1957; Unterstufe, Stuttgart 1963, Zitate nach der 6. Aufl. (M I) bzw. 4. Aufl. (M II) 1966

Waldmann, Günter: Grundzüge von Theorie und Praxis eines produktionsorientierten Literaturunterrichts. In: Hopster, Norbert (Hrsg.): Handbuch „Deutsch“ für Schule und Hochschule. Sekundarstufe I. Paderborn 1984

Waldmann, Günter: Produktiver Umgang mit Lyrik. Eine systematische Einführung in die Lyrik, ihre produktivere Erfahrung und ihr Schreiben. 5. Aufl., Baltmannsweiler 1998

Waldmann, Günter: Produktiver Umgang mit Literatur im Unterricht. Baltmannsweiler 1998

Warning, Rainer (Hrsg.): Rezeptionsästhetik. München 1975 (= UTB 203)

Weber, Albrecht: Grundlagen der Literaturdidaktik. München 1975

Weber, Heinz-Dieter (Hrsg.): Rezeptionsästhetik = Der Deutschunterricht 1977, H. 2

Welsch, Wolfgang: Unsere postmoderne Moderne. 4. Aufl., Berlin 1993

Werner, Johannes: Literatur im Unterrichtsgespräch – Die Struktur des literaturrezipierenden Diskurses. München 1996

Wieler, Petra: Gespräche über Literatur im Unterricht. Aktuelle Studien und ihre Perspektiven für eine verständigungsorientierte Unterrichtspraxis. In: Der Deutschunterricht 1998, H. 1, 26–37

Willenberg, Heiner: Zur Psychologie literarischen Lesens. Paderborn 1978

Willenberg, Heiner (Hrsg.): Zur Psychologie des Literaturunterrichts. Frankfurt a. M. 1987

Wolgast, Heinrich: Das Elend der Jugendliteratur. 1986, 7. Aufl. Worms 1950

GÜNTER WALDMANN

Produktiver Umgang mit Literatur

1. Einleitung

Produktiver Umgang mit Literatur ist nichts Neues. Er war Teil der literarischen Geselligkeit in der höfischen Gesellschaft und im Barock, in der Früh- und Spätromantik, im Biedermeier, bei den Surrealisten, in der Gruppe Oulipo. Er war das Programm der frühen russischen Linken (Arvatov, Tretjakov) und des Proletkult, er gehörte zum Konzept der Reformpädagogik und Freinets, ist als composition und creative writing wichtiger Bestandteil des Literaturstudiums in den USA, und heute widmet sich ihm bei uns eine weitverbreitete Schreibbewegung. Für den Literaturunterricht wurden Formen produktiven Literaturumgangs schon seit den fünfziger Jahren vorgeschlagen (Ulshöfer); stärker gefordert werden sie seit wenigstens fünfzehn Jahren.

So lustvoll, anregend und förderlich es im Einzelnen ist, mit produktiven Zugriffen im Unterricht zu arbeiten, so ist es doch insgesamt noch nicht damit getan, beliebige produktive Verfahren etwa aus der Literaturgeschichte oder von der Schreibbewegung zu übernehmen und damit im Literaturunterricht zu werkeln. Wenn man sicher sein will, dass hier nicht ein vielleicht doch literaturfremdes methodisches Verfahren der Literatur übergestülpt wird, wenn im Unterricht mehr herauskommen soll als letztlich zufälliges literarisches Basteln, wenn nämlich wirklicher *Literaturunterricht* daraus werden soll, braucht es eine hermeneutische und literaturdidaktische Verständigung darüber,

- wieso *Literatur* strukturell einen produktiven Umgang mit ihr trägt und fordert;
- wieso *literarisches Verstehen*, in dieser Struktur von Literatur begründet, notwendigerweise produktive Formen aufweist;
- welche produktiven Verfahren der Vermittlung von Literatur und literarischem Verstehen deshalb *literaturdidaktisch* angemessen und angezeigt sind.

Einige Grundzüge solcher *produktiven Hermeneutik und Didaktik* sollen im Folgenden knapp (für eine genauere Darstellung im Rahmen des Entwurfs eines didaktischen Phasenmodells literarischen Verstehens s. Waldmann 1998a, Kap. 1 u. 2) skizziert werden.

2. Der literarische Text: Texttheoretische Überlegungen

Ein *Gebrauchstext* ist bestimmt durch die Wirklichkeit, auf die er sich bezieht (auf die er referiert): Die Zeitungsnachricht durch das Ereignis, das sie berichtet, der Reiseführer durch das Land, das er darstellt, das Sachbuch durch die Sache, die es behandelt usw. Ihr Kriterium ist, wie sachlich, informativ, sachgerecht sie die Wirklichkeiten berichten, darstellen, behandeln, auf die sie sich beziehen. Anders ein *literarischer Text*: ein Gedicht, ein Roman, ein Drama. Sie sind nicht wie Gebrauchstexte durch eine Wirklichkeit bestimmt, auf die sie sich beziehen (auf die sie referieren), etwa indem sie, wie die marxistische Literaturtheorie es sah, sie 'widerspiegeln' oder 'abbilden'. Sie stellen zwar unablässig 'Wirklichkeiten' dar: Personen, Handlungen, Ereignisse, Dinge, Räume. Aber ihr Status als literarische Texte hängt nicht davon ab, ob diese auf reale Personen, Handlungen, Ereignisse, Dinge, Räume bezogen sind. Sie können sogar lebende oder historische Personen, tatsächliche Ereignisse, bestehende Räume oder Landschaften ganz verändert oder verfremdet darstellen. Für ihren literarischen Status spielt keine Rolle, ob und wie ihre 'Wirklichkeiten' auf reale Wirklichkeit referieren. Ihre Kriterien sind allein Komposition, Strukturiertheit, Stimmigkeit, Intensität ihrer literarischen Gestalt, ist ihre Literarizität selbst. Der literarische Text ist selbstbezüglich, „autoreflexiv" (Eco): ist *selbstreferierend* (autoreferentiell).

Das bedeutet nicht, dass der literarische Text selbstursprünglich, selbstgegeben, selbstgesetzlich, autonom wäre, wie die *Autonomieästhetik* möchte. Gerade weil er selbstreferierend ist, ist er *fremdkonstituiert*: Was er ist, ist er dadurch, dass ein *Autor* die in ihm dargestellte 'Wirklichkeit' produziert hat und ein *Leser* ihn rezipiert.

3. Der literarische Autor 1: Produktionsästhetische Überlegungen

Beginnen wir mit dem *Autor*. Was welche Romanfigur zu welcher Zeit an welchem Ort denkt, fühlt, zu welchen anderen Figuren sagt und in Bezug auf sie tut, liegt allein an ihm. Er bringt es hervor, er *produziert* es. Aber wie? Indem er Figuren und Figurenkonstellationen, Konflikte, Raumsituation und Zeitverhältnisse stets komplett neu erfindet? Oder emphatischer: Indem seine inspirierte Seele sie jeweils intuitiv-eruptiv und vollständig hervorströmt, – wie die *Genieästhetik* es sah? Der Autor nimmt stets mehr oder weniger große 'Anleihen' bei der Wirklichkeit auf, aber nicht, um sie 'abzubilden', sondern um mit ihnen zu arbeiten: um sie ganz oder teilweise zu verändern, umzuformen, neu zu kombinieren und zu mischen, mit erfundenen und phantasierten Teilen zu versetzen usw. (Warum er das tut, lassen wir hier außer Betracht.)

Und das ist kein willkürliches Jonglieren mit Wirklichkeits- und Phantasieteilen, sondern geschieht im Rahmen bestimmter literarischer Regularitäten. Denn was aus einem gegebenen Wirklichkeits- und Phantasiematerial erst das literarische Kunstwerk werden lässt, ist die Anwendung literarischer Techniken und Kunstmittel auf es, ist seine Formung in *literarische Formen*: Was aus Sprache lyrische Sprache macht, die verschieden von Alltagssprache ist, was Erzählen zu literarisch-fiktionalem Erzählen macht, das verschieden ist von alltäglichem Erzählen, ist die Anwendung literarischer Formen auf das Sprach-, Wirklichkeits- und Phantasiematerial.

Lyrische Sprache ist *verschieden* von Alltagssprache, weil sie phonologisch etwa durch Metrum, Rhythmus, Reim, semantisch etwa durch Metapher, Leitmotiv, Wiederholungsformen, syntaktisch etwa durch Enjambement, Inversion, harte Fügung, textuell etwa durch Strophen- und Gedichtformen bestimmt ist. Literarisch-fiktionales Erzählen ist *verschieden* von Alltagserzählen, weil es beispielsweise in bestimmter Erzählerrolle (Ich-, Du-, Er-Erzähler), in bestimmter Erzählhaltung (omniskient, personal, neutral), in bestimmter Perspektive (Innen- – Außensicht, ein- – mehrspektivisch), in bestimmten Redeformen (episches Präteritum, historisches Präsens, erlebte Rede, innerer Monolog usw.), mit bestimmten Raum- und Zeitstrukturen, in bestimmten Dialogformen erzählt.

Der literarische Text stellt eine Abweichung von den Regeln und Normen von Alltagstexten dar; er verändert, erweitert, verkürzt, verdichtet, überstrukturiert, verletzt, überlagert, verfremdet sie. Er erhält seinen literarischen Status durch seine *Differenz* (seine Außendifferenz) zu Alltagstexten (vgl. Waldmann 1987, 32–35; 1998a, Abschn. 1.1). Und diese Differenz wird dadurch *produziert*, dass der Autor bestimmte literarische Formen zur Bearbeitung seines Sprach-, Wirklichkeits- und Phantasiematerials wählt.

Einen Text *literarisch zu verstehen*, bedeutet damit, seine *Produziertheit* zu verstehen:

- zunächst die Tatsache aufzufassen, *dass* er produziert worden ist: dass er nicht aus und durch sich besteht, sondern das Produkt literarischer Arbeit seines Autors ist;
- sodann zu vollziehen, als *was* er produziert worden ist: welche literarischen Merkmale, Formen und Strukturen er als von seinem Autor produzierter aufweist.

Bei diesem hermeneutischen Ansatz geht es nicht um den *Autor* als Person und wie diese und ihre Biographie sich im Text abbilden: Welcher Autor mit welchem Charakter und wann er und warum er wohl und unter welchen Umständen er dann einen literarischen Text geschrieben hat. Es geht nicht um den 'persönlichen' Autor, sondern um die „Funktion Autor“ (Foucault) und dabei zunächst um den *Text* und das Dass und Was seiner Produziertheit. Doch ist der zweite Aspekt – als *was* ein literarischer Text produziert ist – noch genauer zu fassen: Ein literarischer Text weist bestimmte Merkmale, Formen, Strukturen auf,weil sein Autor sie, und das bildet den Kern des literarischen Produzierens, *gewählt* hat. Er wählt bestimmte Sprach- und Formmittel

- aus seinem literarischen Repertoire, aus dem gegenwärtigen oder traditionellen literarischen Fundus;
- aus literarischen Vorbildern der Vergangenheit und der Gegenwart;
- aus früheren eigenen Versuchen, aus Früh- und Vorformen des jetzt zu schreibenden Textes.

Und er verwendet sie entweder so, wie sie sind, oder er modifiziert, verändert sie, formt sie ganz um, parodiert sie, schreibt die Gegenform zu ihnen, demontiert und destruiert sie. In jedem Fall ist er, wenn er seinen Text produziert, orientiert an den jeweilig vorliegenden Formmitteln, die er *wählt* und deren bestimmte Verwendung er *wählt*.

Die Formmittel eines literarischen Textes zu *verstehen*, bedeutet so, ihre Produziertheit, nämlich ihre *Gewähltheit* durch den Autor zu verstehen. Das wird nicht jedem gleich einleuchten, mancher wird denken: Dieser bestimmte Text liegt mit diesen bestimmten Merkmalen vor und ist doch wohl zu verstehen, wie er ist; dazu braucht man nicht zu wissen, dass und wie seine Merkmale gewählt wurden. Außerdem ist doch fast nie bekannt, wie ein Autor eine bestimmte Wahl getroffen hat; das ganze Verfahren ist also rein illusorisch. Dazu ist zu sagen: Einen literarischen Text zu verstehen, „wie er ist", bedeutet ja gerade, ihn als etwas Gegebenes und nicht als etwas Produziertes zu nehmen. Sodann geht es gar nicht darum, die jeweilige bestimmte Wahl eines Merkmals aufzufassen, was fast immer unmöglich ist, sondern seine *Gewähltheit* und damit seine *Produziertheit* zu verstehen, was etwas anderes ist. Um es verständlich zu machen, muss ich etwas weiter ausgreifen (genauer s. Waldmann 1987, 35–39; 1998a, Abschn. 1.3.).

4. Der literarische Autor 2: Differenztheoretische Überlegungen

Wenn man jemandem etwas beschreiben will, das er nicht kennt (und das sich nicht einfach durch seine Funktion bestimmt), dann geht man i.a. so vor, dass man zunächst sagt, wem es ähnelt oder auch zu welchem Bereich es gehört, und dann angibt, wie es sich davon bzw. darin *unterscheidet*. Platon hat als erster dieses Verfahren (als Dihairesis) entwickelt, Aristoteles hat es für die Definition systematisiert: Etwas wird dadurch als etwas bestimmbar, dass es innerhalb seines näheren Bereichs (innerhalb seines genus proximum) eine Verschiedenheit oder eine spezifische Differenz (eine differentia specifica) zu allem anderen aufweist. Es ist das, als was es auffassbar und verstehbar ist, nicht durch sich, sondern durch das, von dem es unterschieden ist. Derrida formuliert es heute so:

> Jeder Begriff ist seinem Gesetz nach in eine Kette oder in ein System eingeschrieben, worin er durch das systematische Spiel von Differenzen auf den anderen, auf die anderen Begriffe verweist. (Derrida 1976, 16).

Das betrifft nun nicht nur logisches oder wissenschaftliches Erkennen, sondern gerade auch das Verstehen von Texten. Texte sind sprachliche Gebilde, und für *Sprache* gilt (nach wie vor), was Saussure entwickelt hat:

Sprache ist nicht etwas substantiell Gegebenes: „*Die Sprache ist eine Form und nicht eine Substanz*" (1967, 146). Ihre Bestandteile, Laute und Bedeutungen, sind nicht substanziell vorhanden, sondern jeder Laut ist formal bestimmt durch die Differenz zu anderen Lauten, jede Bedeutung ist formal bestimmt durch die Differenz zu anderen Bedeutungen: „Ihr bestimmtestes Kennzeichen ist, daß sie etwas sind, was die andern nicht sind" (139f.). Sprache ist so ein in viele Differenzreihen gegliedertes Bedingungssystem: ein „System [...], dessen Glieder sich alle gegenseitig bedingen" (136); Sprache ist ein „System von Differenzen" (Derrida 1976, 22), in dem jedes einzelne sprachliche Element nicht aus sich existiert und verstanden werden kann, sondern durch seine Differenzbeziehung zu den anderen sprachlichen Elementen.

Was für Sprache gilt, gilt natürlich auch für sprachliche Gebilde, für Texte und für *Literatur*: Ein literarischer Text ist ein *System von Differenzen*. Er erhält seinen literarischen Status, sagten wir, durch seine Differenz, genauer: seine *Außendifferenz*, zu Alltagstexten. Diese Außendifferenz wird realisiert, d. h., als literarischer Text ist er konstituiert durch ein System von literarischen Differenzen, von *Binnendifferenzen*. Dazu ein *Beispiel* aus der Sprache: Eine bestimmte Wortbedeutung, sagen wir die von 'verscheiden', besteht nicht isoliert aufgrund etwa phonetischer oder etymologischer Merkmale dieses Wortes, sondern aufgrund des bestimmten Ortes, den das Wort innerhalb des Wortfeldes 'aufhören zu leben' auf der bestimmten paradigmatischen Reihe einer allgemeinsprachlichen – nicht z. B. religiösen, militärischen, medizinischen – Wortfeldschicht von euphemistischen ('entschlafen', 'den Geist aufgeben' ...) zu sachlich benennenden ('sterben', 'ableben' ...) bis zu krassesten ('abkratzen', 'verrecken' ...) Wörtern einnimmt. Was es ist, ist es durch seine Differenz zu den nächsten, näheren und entfernteren Wörtern, die es nicht ist, die man aber kennen muss, wenn man es richtig gebrauchen bzw. verstehen will. Eine Sprache beherrscht und versteht man nur dann wirklich – denn das ist ein wesentlicher Teil sprachlicher Kompetenz –, wenn man ihre Wörter in dieser Weise semantisch richtig zuzuordnen vermag. Entsprechendes gilt für alle anderen Sprachformen – und für die *literarische Kompetenz*.

Ich wähle ein schlichtes *Beispiel*, den Kreuzreim:

> Der Himmel ist einsam und ungeheuer.
> Der Acker leuchtet weiß und kalt.
> Dohlen kreisen über dem Weiher
> Und Jäger steigen nieder vom Wald.
>
> Ein Feurschein huscht aus den Hütten.
> Ein Schweigen in schwarzen Wipfeln wohnt.
> Bisweilen schellt sehr fern ein Schlitten
> Und langsam steigt der graue Mond.[1]

Was dieser Reim, was der Kreuzreim (abab) im Unterschied (in der *Außendifferenz*) zu nicht reimenden Alltagstexten ist, ist er dadurch, dass er einerseits kein Paarreim (aabb), auch kein unterbrochener Reim (xaxa) und schon gar kein Reihenreim (aaaa), dass er andererseits aber auch kein umarmender Reim (abba) oder gar Schweifreim (aabccb) oder vielleicht sogar Terzinenreim (aba bcb ...) usw. ist. Was er ist, ist er durch die *Binnendifferenz* zu den Reimstellungen, die er nicht ist. Wer aus einer Kultur käme, in der es überhaupt keinen Reim gibt, könnte den Kreuzreim nur als ein merkwürdiges Lautgebilde zur Kenntnis nehmen. Literarisch kompetent *verstehen* kann ihn nur, wer ihn – und sei es auch nur ansatzweise – der literarischen Formreihe, d. h. dem System von Binnendifferenzen, dem er zugehört, zuordnen kann.

Das gilt für den *Gesamtbereich* der literarischen Merkmale, Formen, Strukturen. Es gilt etwa für lyrische Klang-, Reim-, Metrum-, Vers-, Bild-, Satz-, Strophenformen (im einzelnen aufgewiesen in Waldmann 1998b); für Erzählsituationen und -perspektiven, Figuren-, Raum-, Zeitstrukturen, Rede- und Dialogformen des Erzählens; für Handlungs-, Raum-, Zeitformen, Figurenkonzeptionen und -konstellationen, Dialog- und Monologformen des Dramas usw. Und es gilt nicht nur für die jeweilig verwendeten (synchronen), sondern ebenso für die in der Vergangenheit verwendeten und die literarische Entwicklung bestimmenden (diachronen) Merkmale, Formen, Strukturen der Literatur.

Das bedeutet: Ein literarischer Text ist, was er ist, nicht allein aus sich oder durch sich. Er ist nicht so einfach mit sich identisch. In jedem literarischen Text sind viele andere literarische Texte der Vergangenheit und der Gegenwart enthalten: *Positiv*, weil sein Autor ihre Merkmale, Formen, Strukturen gewählt und verwendet hat: „Jeder Text baut sich als Mosaik von Zitaten auf, jeder Text ist Absorption und Transformation eines anderen Textes." (Kristeva 1972, 348) Jeder literarische Text ist aufgrund seiner Produziertheit in diesem Sinne „dialogisch" (Bachtin) oder „intertextuell" (Kristeva); das ist inzwischen allgemein anerkannt. *Negativ*, und darum geht es hier vor allem, weil sein Autor sehr viele ihrer Merkmale, Formen, Strukturen eben *nicht* gewählt und verwendet hat, diejenigen, die er gewählt und verwendet hat, in dem, was sie sind, aber durch ihre Differenz zu den nicht gewählten bestimmt und verstehbar sind. Jeder literarische Text ist aufgrund seiner Produziertheit positiv und negativ *intertextuell*: „Der Text ist immer auch Intertext." (Fohrmann 1990, 583)

Die Gewähltheit und Produziertheit literarischer Texte zu verstehen, bedeutet damit, sie als Differenzsysteme und so in ihrer Intertextualität zu verstehen. Literarisches Verstehen ist *intertextuelles Verstehen*. Wie geschieht es? Dazu wenden wir uns dem Leser zu.

5. Der literarische Leser: Rezeptionsästhetische Überlegungen

Ein literarischer Text, sagten wir, ist selbstreferierend. Er referiert nicht auf eine bestehende Wirklichkeit, sondern entwirft seine Wirklichkeit selbst, und zwar als durchaus realitätsanaloge Wirklichkeit. Seine Personen, Handlungen, Ereignisse, Räume sollen möglichst wie wirkliche Personen, Handlungen, Ereignisse, Räume erscheinen: Seine Personen soll man richtig vor sich sehen, soll sich mehr oder weniger mit ihnen identifizieren, ihre Perspektive einnehmen, ihre Gefühle mitfühlen und ihre Handlungen miterleben, seine Ereignisse soll man möglichst lebhaft und emotional beteiligt mitvollziehen, seine Räume mehr oder weniger deutlich zu erblicken meinen. Reale Personen, Handlungen, Ereignisse, Räume sind aber durch unendlich viele einzelne Merkmale bestimmt; literarische Personen, Handlungen, Ereignisse, Räume i. a. nur durch einige wenige, das Äußere von Personen etwa oft nur durch ein halbes Dutzend oder noch weniger. Literarische Wirklichkeiten haben daher unendlich viele unbestimmte Merkmale, haben unendlich viele *Unbestimmtheitsstellen*[2], – anders als reale Wirklichkeiten: „Im Wesen eines jeden realen Gegenstandes liegt [...]: Er weist in seinem Sosein *keine Unbestimmtheitsstelle* auf." (Ingarden 1965, 261) Und da literarische Wirklichkeiten nicht auf reale Wirklichkeiten referieren und deshalb auch nicht (wie Gebrauchstexte) bei ihren Unbestimmtheitsstellen auf die Bestimmtheiten der realen Wirklichkeiten verweisen können, andererseits aber realitätsanaloge Wirklichkeiten entwerfen, sind sie darauf angewiesen, dass ihre *Leser* die vielfach unbestimmten, gleichsam nur schematischen

Anzeigen und Entwürfe von Wirklichkeiten, die sie bieten, emotional und imaginativ als konkrete Wirklichkeiten realisieren.

Der literarische Text ist so, eben weil er selbstreferierend ist, *fremdkonstituiert*: Er existiert, weil er von seinem *Autor* produziert ist, und er existiert in der Weise, dass er literarisch konkret erst in der jeweiligen Realisation seiner schematischen Entwürfe durch den *Leser* wird. Der Leser ist *Koproduzent* des literarischen Textes, und das im strengen Sinne des Wortes: Er füllt ja nicht nur mechanisch 'leere' Stellen des literarischen Textes aus (Iser), sondern er aktualisiert mit der Art seiner Ausfüllung der schematischen Entwürfe jeweils das vom Text entworfene literarische Sinnsystem. Diese Sinnaktualisierung ist nicht einfach durch den Sinnentwurf des Textes gesteuert oder vorprogrammiert, sondern ist bedingt durch das individuell wie gesellschaftlich geprägte Sinnsystem des Lesenden, ist getragen von der Emotionalität und Imagination, von der individuellen wie sozialen Phantasie des Lesers: Sie ist ein jeweilig eigenes, originär produktives Handeln des Lesers, der so wirklich Koproduzent des literarischen Textes ist (s. Waldmann 1998a, Abschn. 1.4. u. 1.5.).

Das ist die (seit über 60 Jahren häufig dargelegte) *inhaltliche* Seite der produktiven Realisation des literarischen Textes durch den Leser. Zu ihr kommt eine *formale*, auf der Intertextualität des literarischen Textes beruhende Seite, die die inhaltliche Seite präzisiert: Ein literarischer Text hat seinen literarischen Status durch seine *Außendifferenz* zu Alltagstexten. Als literarischer Text gegeben ist aber immer nur das einzelne Gedicht, die jeweilige Erzählung, der bestimmte Roman und mit ihnen nicht gleichzeitig auch die Alltagstexte, von denen sie verschieden sind. Die Differenz zu ihnen erscheint nicht am literarischen Text, sie muss jeweils vom *Leser* vollzogen werden, – wenn er den Text nicht als Alltagstext, den Roman etwa als Bericht über wirkliches Geschehen lesen will.

Ein literarischer Text realisiert seine Außendifferenz zu Alltagstexten als ein System von *Binnendifferenzen*: Was die einzelnen literarischen Merkmale sind und wodurch sie verstehbar sind, sind sie durch die jeweils 'benachbarten' Merkmale, die sie nicht sind. Im literarischen Text gegeben erscheint aber immer nur ein bestimmtes literarisches Merkmal, im lyrischen Text beispielsweise eine bestimmte Klang- oder Reim- oder Metrum- oder Vers- oder Bild- oder Satzform und mit ihr nicht gleichzeitig auch alle anderen 'benachbarten' Klang-, Reim-, Metrum-, Vers-, Bild-, Satzformen, die die bestimmte lyrische Form nicht ist, durch die Differenz zu welchen sie aber erst als sie selbst existiert und verstehbar ist. Sie erscheinen nicht am literarischen Text, sie müssen jeweils vom *Leser* vollzogen werden, – wenn er die Klangform nicht als zufälliges Wortgeklingel, die Reimform nicht als komisches Lautecho, das Metrum nicht als seltsame Betonungshäufung, die Versform nicht als Papierverschwendung, die Bildform nicht als abartigen Wortgebrauch, die Satzform nicht als mutwillige Verständniserschwerung lesen soll.

Was meint aber, dass der Leser die Außen- und Binnendifferenzen eines literarischen Textes „vollzieht“? Es meint keinesfalls, dass er sie 'weiß' oder benennt oder analysiert. Es meint weit schlichter, dass er in derselben Kultur- und Literaturtradition lebt, aus der der Text stammt, so über einen größeren oder kleineren Fundus an kulturellen und literarischen Erfahrungen verfügt, also irgendeinen *literarischen Erfahrungshorizont* besitzt, in den er den gelesenen Text hineinstellen und einordnen kann, – und ihm nicht gegenübersteht wie dem Gilgamesch-Epos, dem I Ging, den Upanishaden oder sonst einem Text aus einer völlig fremden fernen Kultur. Und das bedeutet, dass er über einen mehr oder weniger großen Fundus an Differenzerfahrungen verfügt: an Außendifferenzerfahrungen, mit denen er einen Text als literarischen (z. B. ein Gedicht als lyrischen Text) identifizieren kann, an Binnendifferenzerfahrungen, mit denen er die literarische Gestalt des Textes (etwa Vers-, Reim- und Strophenform eines Gedichts) als solche auffassen kann.

Bei üblichem Lesen und Verstehen von Literatur geht es so weniger um ein Wissen über Literatur als um Erfahrung mit ihr: um *literarische Erfahrung* (vgl. Waldmann 1990). Sie ist es auch, die die inhaltliche Realisation des Textes durch den Leser trägt, die i. a. nicht beliebig und zufällig, sondern innerhalb des Erfahrungshorizonts, in dem ein literarischer Text für seinen Leser steht, erfolgt. Dass der Leser mit seinen – mehr oder weniger großen – literarischen Erfahrungen (formal) den Text als literarischen Text und nach seiner literarischen Gestalt vollzieht, dass er (inhaltlich) im Horizont seiner literarischen Erfahrungen die schematischen Entwürfe des literarischen Textes imaginativ realisiert und ihn sinnaktualisiert, bedeutet ein aktives, kreatives, *produktives* Handeln des *Lesers*. Auf es ist der literarische Text angelegt, es trägt das Verstehen eines literarischen Textes, – und an ihm kann die Literaturdidaktik nicht einfach vorbeigehen. Es ist kein didaktischer Luxus, den man sich leisten oder auch nicht leisten kann, ob man produktive Formen des Umgangs mit Literatur im Literaturunterricht wählt, sondern durch die Literatur selbst strukturell gefordert. *Lesen und Verstehen* literarischer Texte sind *produktive* Vorgänge und sollten – u. a. – produktiv erkundet, erprobt, geübt, erfahren: sollten *produktiv vermittelt* werden.

6. Didaktische Überlegungen zum produktiven Umgang mit Literatur

Für einen produktiven Umgang mit Literatur im Unterricht wird der Begriff der *Erfahrung* wichtig (s. Waldmann 1987, 40–43; 1998a, Abschn. 1.6.). In der Pädagogik ist das Prinzip des „learning by doing“ (Dewey), das Konzept des ‘Lernens durch Erfahrung’ seit langem fest etabliert. In Ästhetik und Literaturtheorie ist ‘ästhetische’ bzw. ‘literarische Erfahrung’ ein gut eingeführter Begriff. Und auch in der Literaturdidaktik gibt es entschiedene Ansätze eines ‘erfahrungsoffenen’ oder ‘erfahrungsbezogenen’ Unterrichts (z. B. Scheller 1981; 1991 u. 1993). Erfahrung aber ‘weiß’ man nicht, man hat sie. Und man ‘lernt’ sie nicht, das ist schon sprachlich nicht möglich, sondern man *macht* sie: *aktiv, produktiv.*

Daher kommt es im Literaturunterricht darauf an, Gelegenheiten zu schaffen und Möglichkeiten zu bieten, bei aktivem und produktivem Umgehen mit Literatur eigene literarische Erfahrungen (u. a. Differenz- und Intertextualitätserfahrungen) zu machen. Etwa so, dass die Schüler durch Umschreiben literarischer Texte in Gebrauchstexte und umgekehrt oder durch das Schreiben eigener literarischer Texte die Verschiedenheit (Außendifferenz) von literarischen und Alltagstexten erfahren. Etwa so, dass die Schüler durch unterschiedlichstes Arbeiten an Texten die Verschiedenheit (Binnendifferenz) beispielsweise einer literarischen Form von 'benachbarten' Formen erfahren. Ein *Beispiel*: Die Schüler formen die oben abgedruckten beiden Kreuzreimstrophen aus dem Textmaterial Trakls in Strophen mit umarmendem Reim um (das ist ihre Form bei Trakl) und dann in Paarreimstrophen, vielleicht noch in Strophen mit unterbrochenem und Reihenreim und in eine Strophe mit Schweifreim. Sie erfahren so (vor allem wenn sie die verschiedenen Texte laut lesen), dass der originale Text Trakls mit umarmendem Reim merklich verschieden von der (manchmal auch von ihm verwendeten) Kreuzreimform und völlig verschieden von der das Gedicht ganz verändernden (und nie von ihm verwendeten) Paarreimform sowie von anderen Reimformen ist: Was der Reimverstext als spezifisch Traklscher Text ist, *erfahren* die Schüler aus der Differenz zu den Reimstellungen, die der Text nicht aufweist, erfahren sie in *aktiv-produktivem* Umgehen mit dem Text.

Eine andere wichtige Erfahrung der Schüler durch den produktiven Umgang mit Literatur ist, dass sie größere emotionale Nähe zu literarischen Texten gewinnen, wenn sie sich bei eigenem Erschreiben imaginativ auf sie einlassen und sich dabei gegebenenfalls aktiv in sie einleben und einfühlen (s. Spinner 1995).

Was produktive Verfahren des Umgangs mit Literatur für die Schüler bringen sollen, ist so vor allem,

- dass sie Freude und Lust am Umgang mit Literatur empfinden;
- dass sie allgemein Sensibilität für Literatur, ihre Inhalte und Formen, ihre Wirkungen und besonders für ihre Leistungen gewinnen;
- dass sie erproben und üben, sich aktiv in literarische Texte zu involvieren, eigene emotionale und imaginative Erfahrungen mit Literatur machen und sich selbst in ihr Verstehen mit einbringen können;
- dass sie auf eigene Praxis gestützte kognitive Einsicht in die Funktionen literarischer Techniken und Strukturen gewinnen, aktive Differenz- und Intertextualitätserfahrungen literarischer Texte machen und Literatur so auch nach spezifisch literarischen Merkmalen operativ-kognitiv verstehen lernen;
- dass sie die Erfahrung prinzipieller Produziertheit literarischer Texte machen;
- dass sie lernen, literarische Formen zu verwenden, und dazu angeleitet werden, in kleinerem oder größerem Umfang selbst literarische Texte zu schreiben und sich in ihnen zu artikulieren, und so eigene – und sei es noch so begrenzte – Erfahrung mit dem Schreiben von literarischen Texten machen.

Worum es bei einem produktionsorientierten Literaturunterricht vor allem geht, ist so, den Schülern *Erfahrungen im Umgang mit Literatur* zu vermitteln. Das meint zunächst allerdings in ganz schlichtem Sinne, dass die Schüler überhaupt mit der Welt der Literatur in Beziehung treten: Viele Schüler lesen kaum noch oder gar nicht. Sie haben dann fast keine Erfahrungen mit Literatur, die sie beim Umgang mit einem literarischen Text einbringen könnten. Den Zustand werden wir nicht oft merklich verändern können. Aber wir können die Schüler an einigen wenigen literarischen Texten, mit denen sie aktiv und produktiv umgehen, zwar begrenzte, aber dafür intensive (etwa explizit intertextuelle), also *exemplarische* literarische Erfahrungen machen lassen.

Der meist häufige, nicht selten exzessive Fernseh- und Videokonsum der Schüler bringt oft ein Kulturverhalten hervor, das weithin konsumptiv, rezeptiv und passiv ist. Hier bedeutet ein produktionsorientierter Literaturunterricht eine wichtige *Alternative* von aktivem, produktivem *kulturellen Verhalten*. Sehr häufiger Konsum audiovisueller Medien reduziert bei manchen Schülern das *Lesevermögen*: Lesen (sagten wir) ist ein koproduktiver Vorgang, bei dem der Leser mit seiner Vorstellungskraft und Phantasie die im literarischen Text gegebenen schematischen Entwürfe zu konkreten Realitäten auffüllt. Bei Film, Fernsehen und Video sind alle Realitäten bereits visuell gegeben. Sie brauchen nicht mehr *vorgestellt*, sondern nur noch als bereits komplett vorhandene *wahrgenommen* zu werden. Vorstellungskraft und Phantasie sind für ihre Rezeption wenig gefordert. Das kann dazu führen, dass jemand, der ganz an visuellen Konsum gewöhnt ist, nicht-visuelle Darstellungen gar nicht mehr richtig aufnehmen kann. Er liest Wörter und Sätze, seine Vorstellungskraft setzt sie aber nicht um in Wirklichkeiten, seine Phantasie lässt vor seinem inneren Auge nichts mehr entstehen. Hier vermag aktives und produktives Umgehen mit Literatur, das die Vorstellungskraft fordert, Phantasie zu entbinden und Erfahrungen mit den eigenen Phantasiekräften einzurichten (s. Waldmann 1985).

Produktives Umgehen mit Literatur kann oft in Partner- und Gruppenarbeit, kann als kollektives Schreiben und in Spielformen erfolgen; es kann viel Spaß machen, kann Lust auf Literatur machen, Freude am Lesen von Literatur wecken. Das alles kann es deshalb, weil der Schüler an den produktiven Prozessen innerlich beteiligt ist mit seiner Emotionalität, seiner Phantasie, mit seiner Kreativität. Ihm Gelegenheit dazu zu geben, sie zu üben und Erfahrungen mit ihnen zu machen, ist die wichtige Leistung eines lustvollen und ertragreichen produktiven Literaturunterrichts. Mehr noch: Dass ein Literaturunterricht in der Lage ist, in dem einzelnen Schüler Vorstellungskraft, individuelle und soziale Phantasie, Produktivität und Kreativität zu entbinden, entscheidet meist darüber, ob der Schüler mit der Literatur, mit der er umgeht und umgehen wird, die er liest und lesen wird, wirklich *selbst* etwas zu tun hat. Mit seinen Emotionen und Erfahrungen, seinen individuellen und gesellschaftlich geprägten Interessen und Bedürfnissen, seinen Lebensperspektiven und Sinnentwürfen kann er sich nur dann in einen literarischen Text einbringen (ihn konkretisieren und sinnaktualisieren), wenn er Übung und Erfahrung damit hat, seine Vorstellungskraft und Phantasie kreativ und produktiv zu betätigen. Nur so schließt sein Umgang mit Literatur an seinen eigenen Erfahrungsbereich an, wird zu *literarischer Eigenerfahrung* des Schülers.

Aktive, produktive Verfahren des Umgangs mit Literatur sind so für eine Hinführung zur Literatur, wie sie der Literaturunterricht leisten möchte, unabdingbar. Deshalb sind sie aber nicht das einzige Verfahren des Textumgangs im Literaturunterricht, können und dürfen es nicht sein. Ein Literaturunterricht, in dem die Schüler unablässig produzieren müssten, wäre unerträglich und ertraglos. Neben dem produktiven Umgang mit literarischen Texten muss das Anhören, das gemeinsame Erlesen, das Vorlesen, das Darstellen, das Erörtern, das Interpretieren und Analysieren von Texten stehen. Zum Aspekt der Analyse literarischer Texte: Eine wichtige Aufgabe des Literaturunterrichts ist nach wie vor, die Schüler zu bewusstem und kritischem Lesen von Literatur zu führen. Er sollte ihnen vermitteln, einen literarischen Text seiner Gesamtgestalt wie seinen literarischen, kulturellen, geschichtlichen, gesellschaftlichen, politischen Bezügen nach zu verstehen. Das kann manchmal auch ein produktives Verfahren, oft aber nicht. Dazu braucht es analytischer Textarbeit. Doch sind *produktive und analytische Textarbeit* keine konkurrierenden und sich ausschließenden Verfahren. Sie können sich oft ergänzen, sich gegenseitig zuarbeiten, sie können ineinander verschränkt sein und sich gelegentlich auch vertreten oder ersetzen. Üblicherweise wird das produktive Verfahren jedenfalls nur einen Teil des Spektrums aller Verfahren des Literaturunterrichts bilden. Nur: es sollte nicht fehlen!

7. Methodische Aspekte des produktiven Umgangs mit Literatur

7.1. Zur Verwendung produktiver Formen des Literaturumgangs

Wann, bei welchen Gelegenheiten können oder sollten produktive Formen des Literaturumgangs verwendet werden?

- Bei der Behandlung der meisten *Texte* (etwa aus dem Lesebuch) oder von *Lektüren* sind kleinere oder größere produktive Arbeitsschritte bei der Besprechung oder ergebnissichernde und weiterführende produktive Arbeitsaufgaben nach der Besprechung möglich.
- Bei der Besprechung einzelner literarischer *Formen* und *Gattungen* sind bei ihrer Erarbeitung und für ihre Anwendung und Erprobung produktive Verfahren angezeigt.
- Kleinere oder größere produktive *Unterrichtssequenzen, Unterrichtseinheiten* oder auch *Projekte*, in denen entweder (mehr oder weniger systematisch) bestimmte literarische Aspekte und Bereiche erarbeitet werden oder in denen auch (etwa gattungsmäßig oder thematisch orientiert) freie Texte geschrieben werden, sind wenigstens zweimal im Schuljahr sinnvoll und notwendig (das neue Klett-Lesebuch „Unterwegs“ [1992–96] bietet in jedem Band mehrere produktive Unterrichtseinheiten an).
- Auch ohne Anbindung an die Besprechung literarischer Texte, Gattungen und Formen sind *zwischendurch* immer einmal einzelne literarische Produktionsaufgaben, etwa solche mit spielhaftem Charakter, in Wettkampf- oder Rateform, als Partner-, Gruppen- oder Kollektivarbeit, möglich.

Wenn größere Texte geschrieben werden, die mehr als nur eine Teilfunktion in einem Arbeitsprogramm haben, sollten für das Schreiben und Besprechen der Texte Doppelstunden benutzt oder eingerichtet werden. Und es ist elementar wichtig, dass die

Lehrerin / der Lehrer dann mitschreibt. – Welche *Formen* produktiven Textumgangs jeweils gewählt werden, hängt ganz von den literarischen Texten oder Formen und davon ab, was bei ihnen durch das produktive Verfahren erreicht werden soll; es lässt sich nicht verallgemeinern. Bei der Fülle von Vorschlägen, Modellen, Zugriffen und Verfahren, die inzwischen vorliegen, ist es in diesem Rahmen nicht möglich, eine umfassende Auflistung (für diese s. Waldmann 1998a, Abschn. 4.1. mit 166 Verfahren) zu erstellen, aus der man dann auswählen kann. Ich gehe deshalb so vor, dass ich zunächst für eine erste Orientierung ein knappes *Grundrepertoire* von produktiven Zugriffen und Verfahren aufliste, das sich aber nur auf den Umgang mit kürzeren oder längeren Erzähltexten bezieht und Lyrik, Drama, aber auch die systematische Erarbeitung von Erzählformen ausspart, und dann die wichtigsten Titel nenne, die sich auf die einzelnen Bereiche und Gattungen beziehen. Sehr wichtig ist, dass alle in dem Grundrepertoire genannten Zugriffe und Verfahren, die ja nicht spielerischer Selbstzweck sind, sondern dem produktiven Verstehen literarischer Texte dienen sollen, nicht beliebig und mechanisch, sondern ausschließlich dann verwendet werden, wenn die genaue Analyse des Textes und die Klärung der eigenen Verstehensabsichten sie als eindeutig funktional für die Verwirklichung bestimmter unterrichtlicher Intentionen mit ihm erwiesen haben.

7.2. Grundrepertoire von Formen produktiven Umgangs mit Erzähltexten

Erzählhandlung

- Antizipierendes Weiterführen des Erzählanfangs oder von Erzählteilen; Rekonstruieren eines Textes, dessen Abschnitte miteinander vertauscht wurden; Ergänzen getilgter Sätze und Passagen; bei weggelassenem Schluss Finden eines eigenen Schlusses.
- Kommentierendes Lesen eines Textes (oder eines wichtigen Teils von ihm), indem darüber, darunter, daneben und zwischen die Zeilen Bemerkungen, Einwände, Berichtigungen, Fragen, Ausrufe usw., gegebenenfalls auch mit Buntstiften und als Sprech- und Denkblasen, geschrieben werden.
- Ausführen von im Text nur knapp erzählten Stellen; Ausfüllen von Handlungslücken und -sprüngen; Schreiben von Parallelepisoden; Erfinden einer Rahmenhandlung.
- Hineindichten von sich selbst in eine schwierige Situation oder einen Konflikt des Textes und Ausführen der Szene.
- Herstellen von Varianten der Kernstellen; Umschreiben des Schlusses; Transponieren der (unveränderten) Handlung aus der Vergangenheit in die Gegenwart und umgekehrt; Aktualisieren des Textes.
- Schreiben einer Fortsetzung, in der die Folgen oder Auswirkungen der Handlung nach einigen Jahren dargestellt werden.

Erzählfiguren

- Vorstellen der Figuren in der Ich-Form; genaueres Beschreiben einer Figur (gegebenenfalls als Steckbrief), Hinzuerfinden einer Vorgeschichte; genauere Darstellung von Randfiguren und Erfinden ihrer Lebensgeschichte.
- Einfügen von Äußerungen und Überlegungen der Figuren zu wichtigen Vorgängen und Handlungen (als Sprech- und Denkblasen, im inneren Monolog, im Dialog mit Figuren des Textes, als Brief an sie, als Tagebucheintragung).
- Verändern des Äußeren und des Charakters einer Figur; Verändern bzw. Vertauschen von Alter, Beruf, Geschlecht der Hauptfiguren; Umdrehen einer Figur von der Freund- zur Feindfigur und umgekehrt.
- Schildern des Erscheinens einer Hauptfigur in der eigenen Lebenswelt (Familie, Schule, Sportverein usw.); Darstellen der eigenen Einstellung zu ihr durch Schildern einer Begegnung mit ihr oder durch Schreiben einer Grabrede oder eines Nachrufs auf sie.

Erzählform

- Verändern der Erzählform von der Er- in die Ich-Form (gegebenenfalls innerer Monolog) und umgekehrt; Erzählen eines Vorgangs aus der Perspektive einer anderen Figur oder gleichzeitig aus der Perspektive mehrerer Figuren.
- Umformen des Erzähltextes in Dialogform, in ein Theaterstück, ein Hörspiel, ein Drehbuch, einen Comic; Illustrieren des Textes.
- Umschreiben des Textes in eine realistische (etwa Zeitungsbericht), triviale, utopische, parodistische usw. Fassung; Schreiben eines gegenläufigen '2. Teils' oder einer Gegen-Erzählung.
- Auserzählen von möglichen Fragmenten, Skizzen, Entwürfen, Früh- und Vorformen, Varianten des Textes und Vergleich mit ihm.
- Schreiben einer eigenen Erzählung in der Form des Textes mit aktuellem Inhalt.

Stellungnahme zu dem Erzähltext

- Nachspielen wichtiger Entscheidungs- oder Konfliktsituationen im Rollenspiel mit gegebenenfalls anderen Lösungen.
- Vorbereiten und Durchführen einer Befragung, eines Verhörs, einer Gerichtsverhandlung über Fehlverhalten, Verfehlung, Schuld oder Unschuld einer Erzählfigur.
- Verfassen von Briefen an Erzählfiguren und von (von anderen Schülern geschriebenen) Antwortbriefen der Figuren; Schreiben einer Diskussion zwischen einer Erzählfigur und dem Autor; Verfassen von (wirklichen oder fingierten) Briefen an den Autor.
- Schreiben einer Buchbesprechung, eines Informations- oder Werbetextes zu dem Erzähltext; Illustrieren des Textes.
- Reagieren mit einem eigenen (freien) Text auf den Erzähltext.

Dieses Grundrepertoire kann auch einer (höheren) Klasse fotokopiert in die Hand gegeben werden, damit sie nach dem Lesen des Erzähltextes zusammen mit ihrer Lehrerin / ihrem Lehrer darüber diskutieren und dann selbst bestimmen kann, mit welchen produktiven Zugriffen sie – gegebenenfalls arbeitsteilig – an dem Text arbeiten will und wie seine Behandlung insgesamt produktiv und analytisch organisiert werden soll.

7.3. Literatur zum produktiven Umgang mit Literatur und zum kreativen Schreiben (Auswahl)

Theoretische und grundlegende Arbeiten

Fingerhut / Melenk / Waldmann 1981; Rico 1984; Waldmann 1984; Diskussion Deutsch 1987, H. 98; Fröchling 1987; Waldmann 1987; Haas / Rupp / Waldmann 1989; Wermke 1989; Fingerhut 1990; Waldmann 1990; Rudloff 1991; Haas / Menzel / Spinner 1994; Bremerich-Vos 1996; Waldmann 1998a

Schreiben

Boehncke / Humburg 1980; Hein / Koch / Liebs 1984; Koch / Pielow 1984; Diskussion Deutsch 1988, H. 102; Gössmann 1991; Schuster 1997

Kreatives und freies Schreiben

Werder 1986; Fritzsche / Bothe / Rammoser 1989; Scheidt 1989; Brenner 1990; Ermert / Bütow 1990; Werder 1990; Praxis Deutsch 1993, H. 119

Mehrere literarische Gattungen

Mattenklott 1979; Herrmann 1980; Diskussion Deutsch 1985, H. 84; Meckling 1985, 1987; Rupp 1987; Ingendahl 1991; Merkelbach 1993; Praxis Deutsch 1994, H. 123; Haas 1997

Lyrik

Gatti 1979; Katthage 1990; Payrhuber 1993; Stocker 1993; Spinner 1995; Waldmann 1998b

Erzählende Literatur und Erzählformen

Fingerhut 1982; Merkel / Nagel 1982; Scholz / Herrmann 1990; Spinner 1990; Fingerhut 1991; Waldmann 1992; Waldmann / Bothe 1992; Waldmann 1998a, Kap. 5

Dramatische Formen

Eggert / Rutschky 1978; Frommer 1995; Schuster 1996; Waldmann 1996

Szenisches Interpretieren

Scheller 1993/1991; Schau 1991, 1996

Jugendbuch

Göttler 1993

Trivialliteratur

Waldmann 1980

Literaturgeschichte

Werder / Mischon / Schulte-Steinicke 1992

Lesebuch

Treffpunkte 1988–94; Unterwegs 1992–96

7.4. Umgehen mit Schülerproduktionen

Produktiver Umgang mit literarischen Texten soll Freude und Lust auf Literatur machen; sie ist aber i. a. nicht Selbstzweck, geschieht nicht spaßeshalber und um des Spieles willen, sondern soll dem produktiven Verstehen literarischer Texte, ihrer Inhalte und Formen, ihrer Funktionen, Wirkungen und Leistungen dienen. Deshalb sollte über die Produktionen der Schüler gesprochen werden: es sollte, wenn irgend möglich, ausdrücklich verbalisiert, diskursiv erörtert und kognitiv erfasst werden, was die produktive Arbeit für das Verstehen des literarischen Textes gebracht hat. Wenn das aber nicht möglich ist, wenn das Gespräch darüber mühsam und karg bleibt oder vielleicht einmal gar nicht zustande kommt, ist nicht gleich aller Ertrag der produktiven Arbeit in Frage gestellt:

Die Arbeit an Literatur mit produktiven Verfahren richtet ja vor allem ein *Erfahrungslernen* ein (s. o. Kap. 6). Für es ist primär wichtig, welche – u. a. auch emotionalen und imaginativen – Erfahrungen die Schüler bei ihrem produktiven Umgang mit Literatur machen. Diese Erfahrungen können und sollten nach Möglichkeit, wie gesagt, verbalisiert und kognitiv erfasst werden. Der entscheidende Lernertrag der produktiven Textarbeit liegt aber in den verschiedenen Erfahrungen, die die Schüler durch sie mit Literatur gemacht haben, und der bleibt auch bestehen (und wird gegebenenfalls erst längerfristig wirksam), wenn er – etwa bei Schülern, die dazu weniger disponiert oder in der Lage sind – wenig, kaum und sogar wenn er einmal gar nicht explizit verbalisiert und kognitiv verarbeitet ist.

Wie geht man nun konkret mit den Texten um, die die Schüler bei produktiven Arbeitsaufgaben geschrieben haben? Über sie sollte, wie gesagt, gesprochen werden, sie sollten auch beurteilt werden. Aber sie sollten nicht als Klassenarbeits- oder Prüfungsaufgaben gestellt, und sie sollten nicht *benotet* werden. (Fordern institutionelle Zwänge es aber doch, so sollte man wenigstens keine freien Aufgaben stellen, sondern solche, die die Anwendung bestimmter literarischer Formen und Kunstmittel verlangen, um dadurch, wie angemessen, überzeugend, ertragreich, kunstvoll usw. sie verwendet werden, Kriterien für eine Beurteilung und Benotung der Texte zu haben.)

Nach Möglichkeit sollten Texte, die in einer Klasse oder Gruppe geschrieben worden sind, auch in und von ihr *besprochen* werden. Doch ist es gar nicht so leicht, in der Klasse ein ertragreiches Gespräch über einen Schülertext zustande zu bringen: Schüler reagieren oft abwehrend und verweigern sich, wenn ihre Texte – und vor allem dann, wenn sie sich persönlich stärker in sie eingebracht haben – von der Klasse diskutiert und beurteilt werden sollen. Auch sind die Schüler meist nicht gewohnt, mit eigenen Texten ihrer Klassenkameraden umzugehen, und sie verhalten sich dann oft unbeholfen und dabei schroff, unsachlich und verletzend. Da kann es nützlich sein, auch das Besprechen von Schülertexten zu üben, und hilfreich, wenn dafür feste Formen zur Verfügung stehen, an die die Schüler sich halten können. Ich mache einige Vorschläge, wie man mit größeren eigenen Texten der Schüler in der Klasse oder Gruppe umgehen kann (meist nach Fritzsche / Bothe / Rammoser 1989, 116f.):

'*Autorenfolter*'

Der Autor liest seinen Text vor. Danach sprechen und diskutieren die anderen darüber. Der Autor muss während der Besprechung schweigen, – auch wenn es ihm schwer fällt. Am Ende hat er dann Gelegenheit zu einer Stellungnahme.

'*Feed back*'

Der Autor liest seinen Text vor. Jeder Zuhörer notiert sich dabei oder danach einen Satz: eine Frage, eine Beobachtung, einen Einfall, einen Kommentar. Die Zuhörer lesen reihum ihre Sätze vor, danach nimmt der Autor (der sich Notizen gemacht hat) zu ihnen Stellung.

Variante: Die Notizen der Zuhörer werden eingesammelt und dem Autor gegeben, der sie liest und seine Stellungnahme etwas genauer vorbereiten kann.

'*Ritual*'

Der Autor liest seinen Text vor. In einer 1. Runde sagt jeder Zuhörer, was ihm an dem Text gefallen hat; in einer 2. Runde („Lupe"), welches Detail ihm besonders aufgefallen ist; in einer 3. Runde stellt er dem Autor eine Frage zu seinem Text.

'*Kommentarlawine*'

Der Text liegt schriftlich vor und geht reihum. Jeder Leser schreibt etwas – nicht zu viel – darunter: eine Frage, einen Kommentar, eine Idee, ein Urteil. Er kann dabei auch auf die Bemerkung eines anderen Lesers eingehen.

'*Antworttexte*'

Der Text wird vorgelesen oder liegt schriftlich vor. Jeder Leser bzw. Hörer antwortet mit einem eigenen Text auf ihn, etwa indem er ihn weiterführt, ein Detail oder einen Satz aus ihm aufgreift und ausführt, ihn umschreibt, einen Gegentext zu ihm schreibt usw.

'*Lektorieren*' (vor allem, wenn Texte veröffentlicht werden sollen)

Der Text wird einem 'Lektor' vorgelegt, der sagt, ob er veröffentlicht und wie er gegebenenfalls verändert werden sollte. Er kann auch von einem spezialisierten Team von 'Lektoren' durchgesehen werden, die – gegebenenfalls reihum – verantwortlich sind für 1. inhaltliche Stimmigkeit, 2. Wortwahl, Stil, 3. Grammatik, Satzbau, Gliederung, 4. Rechtschreibung. Für andere Texte sind unter Umständen andere 'Lektoren' zuständig.

Was soll mit den Schülertexten *geschehen*? Die einzelnen Schüler können ihre Produktionen während des Schuljahres oder über die Schuljahre hinweg sammeln und etwa ein 'Text-', ein 'Lyrik-' oder 'Erzählbuch' anlegen. Die Schülerproduktionen können auch veröffentlicht werden, etwa als

- ‘Klassengedichtbuch’ oder ‘Klassenerzählbuch’, in dem die nach Ansicht der Schüler besten Gedichte bzw. Erzählungen einer Unterrichtseinheit, handgeschrieben, getippt oder gedruckt, zusammengestellt werden und das vervielfältigt wird;
- als Ausstellung in der Klasse oder in der Schule;
- bei Rezitationsveranstaltungen oder Leseabenden aus Anlass von Elternabenden, Klassen- oder Schulfesten, gegebenenfalls visualisiert, von Musik eingerahmt, mit ihr unterlegt, als Multi-Media-Show.

Anmerkungen

1 Nach Trakl, Georg: Im Winter. In: Killy, Walther / Szklenar, Hans (Hrsg.): Dichtungen und Briefe. Historisch-kritische Ausgabe. Bd. 1. Salzburg 1969, 39; die beiden ersten von drei Strophen; die Zeilenfolge ist umgestellt, die originale ist 2-1-3-4.

2 Nach Eco haben literarische Texte die „Hauptcharakteristika der Ambiguität und der Autoreflexivität“ (1972, 147).

Literaturverzeichnis

Boehncke, Heiner / Humburg, Jürgen: Schreiben kann jeder. Handbuch zur Schreibpraxis für Vorschule, Schule, Universität, Beruf und Freizeit. Reinbek 1980

Bremerich-Vos, Albert: Hermeneutik, Dekonstruktivismus und produktionsorientierte Verfahren. Anmerkungen zu einer Kontroverse in der Literaturdidaktik. In: Belgrad, Jürgen / Melenk, Hartmut (Hrsg.): Literarisches Verstehen – Literarisches Schreiben. Positionen und Modelle zur Literaturdidaktik. Baltmannsweiler 1996, 25–49

Brenner, Gerd: Kreatives Schreiben. Ein Leitfaden für die Praxis. Mit Texten Jugendlicher. Frankfurt/M. 1990

Derrida, Jacques: Die différance. In: Derrida, Jacques: Randgänge der Philosophie. Frankfurt / Berlin / Wien 1976

Diskussion Deutsch 1985, H. 84: Schreibfreiheiten

Diskussion Deutsch 1987, H. 98: Handlungsorientierung

Diskussion Deutsch 1988, H. 102: Ist Schreiben lernbar?

Eco, Umberto: Einführung in die Semiotik. München 1972

Eggert, Hartmut / Rutschky, Michael (Hrsg.): Literarisches Rollenspiel in der Schule. Heidelberg 1978

Ermert, Karl / Bütow, Thomas (Hrsg.): Was bewegt die Schreibbewegung? Kreatives Schreiben – Selbstversuche mit Literatur. Rehburg-Loccum: Loccumer Protokolle (63/1989) 1990

Fingerhut, Karlheinz / Melenk, Hartmut / Waldmann, Günter: Kritischer und produktiver Umgang mit Literatur. In: Diskussion Deutsch 1981, H. 58, 130–150

Fingerhut, Karlheinz: Umerzählen. Ein Lesebuch mit Anregungen für eigene Schreibversuche in der Sekundarstufe II. Frankfurt/M. 1982

Fingerhut, Karlheinz: Autor – Koautor – Autorfunktion. Einige unterrichtspraktische Anmerkungen zu Gerhard Katthages Destruktion der Frage nach der „Absicht des Autors“. In: Diskussion Deutsch 1990, H. 116, 630–638

Fingerhut, Karlheinz: Umarbeiten – Überarbeiten – Ergänzen. Von der Phantasiearbeit im produktiven Literaturunterricht. Erörtert an Beispielen eingreifenden Lesens in Kafkas *Prozeß*-Roman. In: Kruse, Joseph A. u. a. (Hrsg.): Literatur. Verständnis und Vermittlung. Düsseldorf 1991, 350–371

Fohrmann, Jürgen: Über Autor, Werk und Leser aus poststrukturalistischer Sicht. In: Diskussion Deutsch 1990, H. 116, 577–588

Fritzsche, Joachim / Bothe, Katrin / Rammoser, Karl Günter: Schreibwerkstatt. Geschichten und Gedichte: Schreibaufgaben, -übungen, -spiele. Stuttgart 1989

Fröchling, Jürgen: Expressives Schreiben. Untersuchungen des Schreibprozesses und seiner Funktionen als Grundlage für eine Laienschreibdidaktik. Frankfurt/M. 1987

Frommer, Harald: Lesen und Inszenieren. Produktiver Umgang mit dem Drama auf der Sekundarstufe. Stuttgart 1995

Gatti, Hans: Schüler machen Gedichte. Ein Praxisbericht mit vielen Anregungen und Beispielen. Freiburg 1979

Gössmann, Wilhelm: Wege zu einer neuen Schreibkultur. Bd. 1: Sätze statt Aufsätze. Schriftliches Arbeiten auf der Primarstufe. Bd. 2: Schülermanuskripte. Schriftliches Arbeiten auf der Sekundarstufe I. Bd. 3: Theorie und Praxis des Schreibens. Wege zu einer neuen Schreibkultur. Bielefeld / Düsseldorf 1991

Göttler, Hans: Moderne Jugendbücher in der Schule. Modelle zu einem handlungs- und produktionsorientierten Literaturunterricht. Baltmannsweiler 1993

Haas, Gerhard: Handlungs- und produktionsorientierter Literaturunterricht. Theorie und Praxis eines „anderen" Literaturunterrichts für die Primar- und Sekundarstufe. Seelze-Velber 1997

Haas, Gerhard / Menzel, Wolfgang / Spinner, Kaspar H.: Handlungs- und produktionsorientierter Literaturunterricht. In: Praxis Deutsch 1994, H. 123, 17–25

Haas, Gerhard / Rupp, Gerhard / Waldmann, Günter: Produktionsorientierter Umgang mit Literatur in der Schule. Abschließende Bemerkungen zur Theoriediskussion und Anregungen für die Praxis (nebst einem geharnischten Brief). In: Praxis Deutsch 1989, H. 98, 6–13

Hein, Jürgen / Koch, Helmut / Liebs, Elke (Hrsg.): Das Ich als Schrift. Über privates und öffentliches Schreiben heute. Baltmannsweiler 1984

Herrmann, Manfred: Schule der Poetik. Literarische Kreativität im Deutschunterricht der Sekundarstufe II. Paderborn 1980

Ingarden, Roman: Das literarische Kunstwerk. 3. Aufl., Tübingen 1965

Ingendahl, Werner: Umgangsformen. Produktive Methoden zum Erschließen poetischer Literatur. Frankfurt/M. 1991

Katthage, Gerhard: Vom Intertext zum Interdiskurs – eine Unterrichtseinheit zur modernen Lyrik. In: Diskussion Deutsch 1990, H. 116, 613–629

Koch, Helmut H. / Pielow, Winfried: Schreiben und Alltagskultur. Voraussetzungen und Haltungen des Schreibens in Schule, Hochschule und in außerschulischen Bereichen. Baltmannsweiler 1984

Kristeva, Julia: Bachtin, das Wort, der Dialog und der Roman. In: Ihwe, Jens (Hrsg.): Literaturwissenschaft und Linguistik. Bd. 3. Frankfurt/M. 1972, 345–375

Mattenklott, Gundel: Literarische Geselligkeit – Schreiben in der Schule. Mit Texten von Jugendlichen und Vorschlägen für den Unterricht. Stuttgart 1979

Meckling, Ingeborg: Fragespiele mit Literatur. Übungen im produktiven Umgang mit Texten. Frankfurt/M. 1985 (mit Lehrerheft)

Meckling, Ingeborg: Metapher. Einführung in bildhaftes Denken und Schreiben. Frankfurt / M. 1987

Merkel, Johannes / Nagel, Michael (Hrsg.): Erzählen. Die Wiederentdeckung einer vergessenen Kunst. Geschichten und Anregungen: Ein Handbuch. Reinbek 1982

Merkelbach, Valentin (Hrsg.): Kreatives Schreiben. Braunschweig 1993

Payrhuber, Franz Josef (Hrsg.): Gedichte im Unterricht – einmal anders. Praxisbericht mit vielen Anregungen für das 5.–10. Schuljahr. München 1993

Praxis Deutsch 1993, H. 119: Kreatives Schreiben

Praxis Deutsch 1994, H. 123: Handlungs- und produktionsorientierter Literaturunterricht

Rico, Gabriele L.: Garantiert schreiben lernen. Sprachliche Kreativität methodisch entwickeln – ein Intensivkurs auf der Grundlage der modernen Gehirnforschung. Reinbek 1984

Rudloff, Holger: Produktionsästhetik und Produktionsdidaktik. Kunsttheoretische Voraussetzungen literarischer Produktion. Opladen 1991

Rupp, Gerhard: Kulturelles Handeln mit Texten. Fallstudien aus dem Schulalltag. Paderborn 1987

Saussure, Ferdinand de: Grundfragen der allgemeinen Sprachwissenschaft. 2. Aufl., Berlin 1967

Schau, Albrecht: Szenisches Interpretieren im Unterricht. Stuttgart 1991

Schau, Albrecht: Szenisches Interpretieren. Ein literaturdidaktisches Handbuch. Stuttgart 1996

Scheidt, Jürgen vom: Kreatives Schreiben. Texte als Wege zu sich selbst und zu anderen. Selbsterfahrung / Therapie / Meditation / Denkwerkzeug / Arbeitshilfe / Abbau von Schreibblockaden. Frankfurt/M. 1989

Scheller, Ingo: Erfahrungsbezogener Unterricht. Praxis, Planung, Theorie. Königstein/Ts. 1981

Scheller, Ingo: Wir machen unsere Inszenierungen selbst (1). Szenische Interpretation von Dramentexten. Theorie und Verfahren zum erfahrungsbezogenen Umgang mit Literatur und Alltagsgeschichte(n). 3. Aufl., Oldenburg 1993; (2) [...] Verlaufspläne und Materialien für einen erfahrungsbezogenen Umgang mit Literatur und Alltageschichte(n). 2. Aufl. Oldenburg 1991

Scholz, Rüdiger / Herrmann, Hans Peter: Literatur und Phantasie. Schöpferischer Umgang mit Kafka-Texten in Schule und Universität. Stuttgart 1990

Schuster, Karl: Das Spiel und die dramatischen Formen im Deutschunterricht. 2. Aufl., Baltmannsweiler 1996

Schuster, Karl: Das personal-kreative Schreiben im Deutschunterricht. Theorie und Praxis. 2. Aufl., Baltmannsweiler 1997

Spinner, Kaspar H.: Umgang mit Lyrik in der Sekundarstufe I. 3. Aufl., Baltmannsweiler 1997

Spinner, Kaspar H.: Vorschläge für einen kreativen Literaturunterricht. Frankfurt/M. 1990

Spinner, Kaspar H. (Hrsg.): Imaginative und emotionale Lernprozesse im Deutschunterricht. Frankfurt/M. 1995 (Beiträge zur Geschichte des Deutschunterrichts 20)

Stocker, Karl: Wege zum kreativen Interpretieren: Lyrik. Sekundarbereich. Baltmannsweiler 1993

Treffpunkte. Lesebuch für das 5.–10. Schuljahr. Hrsg. v. Wolfgang Menzel. Hannover 1988–1994 (Schroedel; mit Lehrerheften)

Unterwegs. Lesebuch. 5.–10. Schuljahr. Hrsg. v. Bleier-Staudt, Elke / Bothe, Katrin / Lange, Günter / Meyer-Bothling, Jörg Ulrich / Schröer, Karin / Thürmann, Eike / Waldmann, Günter. Stuttgart 1992–96 (Klett, mit Lehrerheften)

Waldmann, Günter: Literatur zur Unterhaltung. Bd. 1: Unterrichtsmodelle zur Analyse und Eigenproduktion von Trivialliteratur. Bd. 2: Texte, Gegentexte und Materialien zum produktiven Lesen. Reinbek 1980

Waldmann, Günter: Grundzüge von Theorie und Praxis eines produktionsorientierten Literaturunterrichts. In: Hopster, Norbert (Hrsg.): Handbuch „Deutsch" für Schule und Hochschule. Sekundarstufe I. Paderborn 1984, 98–141

Waldmann, Günter: Von der Sprachkultur zur Bildkonsum-Kultur. In: Rolff, Hans-Günter / Zimmermann, Peter (Hrsg.): Neue Medien und Lernen. Herausforderungen, Chancen und Gefahren. Weinheim / Basel 1985, 159–166

Waldmann, Günter: Produktive literarische Differenzerfahrung. Skizze eines literaturtheoretischen Konzepts – am Beispiel Lyrik. In: Wirkendes Wort 1987, H. 1, 32–45

Waldmann, Günter: Literarische Bildung als produktive literarische Erfahrung – ein alternatives Konzept. In: Der Deutschunterricht 1990, H. 5, 80–85

Waldmann, Günter: Produktives Verstehen mehrperspektivischen Erzählens: E. T. A. Hoffmann, „Der Sandmann". In: Diskussion Deutsch 1992, H. 127, 411–425

Waldmann, Günter / Bothe, Katrin: Erzählen. Eine Einführung in kreatives Schreiben und produktives Verstehen von traditionellen und modernen Erzählformen. Stuttgart 1992

Waldmann, Günter: Produktiver Umgang mit dem Drama. Eine systematische Einführung in das produktive Verstehen traditioneller und moderner Dramenformen und das Schreiben in ihnen. Für Schule (Sekundarstufe I und II) und Hochschule. Baltmannsweiler 1996

Waldmann, Günter: Produktiver Umgang mit Literatur im Unterricht. Grundriss einer produktiven Hermeneutik: Theorie – Didaktik – Verfahren – Modelle. Baltmannsweiler 1998a (= Deutschdidaktik aktuell, Bd. 1)

Waldmann, Günter: Produktiver Umgang mit Lyrik. Eine systematische Einführung in die Lyrik, ihre produktive Erfahrung und ihr Schreiben. Für Schule (Primar- und Sekundarstufe) und Hochschule sowie zum Selbststudium. 5., neubearb. u. erweit. Aufl., Baltmannsweiler 1998b

Werder, Lutz von: ... triffst Du nur das Zauberwort. Eine Einführung in die Schreib- und Poesietherapie und in die Arbeit literarischer Werkstätten. München / Weinheim 1986

Werder, Lutz von: Lehrbuch des kreativen Schreibens. Berlin 1990

Werder, Lutz von / Mischon, Claus / Schulte-Steinicke, Barbara: Kreative Literaturgeschichte. Berlin / Milow 1992

Wermke, Jutta: „Hab a Talent, sei a Genie!“. Kreativität als paradoxe Aufgabe. 2 Bde. Weinheim 1989

OTTO SCHOBER

Lesebuch

1. Begriffsklärung

Der Ausdruck „Lesebuch“ ist nicht ausschließlich, aber doch weitgehend auf eine Anthologie für den (Deutsch-)Unterricht zu beziehen. Zu den wenigen außerschulischen Textsammlungen, die auch unter der Bezeichnung „Lesebuch“ stehen, zählt Hofmannsthals „Deutsches Lesebuch“ aus dem Jahre 1922; in der Gegenwart finden sich vergleichbare Editionen von Schriftstellern und Literaturkennern, die sich mit ihrer jeweiligen Textauswahl an ein breites Publikum richten. Von der Wortgeschichte her wird „Lesebuch“ schon im 17. Jahrhundert verwendet, wobei das hier Pate stehende „Leßbüchlein für die angehenden Schulknaben“ (1637) von Ch. Fischer jedoch ein Leselernbuch im Sinne der ABC-Büchlein bzw. unserer Fibeln darstellt. So ist offenbar „das Wort ‘Lesebuch’ älter als die Art von Schulbuch, als deren Bezeichnung wir es heute verwenden“ (Baumgärtner 1981, 35).

Früher konnten statt „Lesebuch“ mehrere andere Bezeichnungen stehen: „Chrestomathien“ waren nicht nur Zusammenstellungen vorbildhafter lateinischer und griechischer Autoren, sondern auch Mustersammlungen und sonstige Auswahlbände zur deutschen Poesie. Auch „Auszüge“, „Sammlungen“, „Anthologie“ / „Blumenlese“ („Florilegium“), „Früchte“, „Garten“, „Spiegel“ und vergleichbare Ausdrücke finden sich gerne in alten Lesebuchtiteln. „Kinderfreund“, auch „Jugendfreund“, „Mädchenfreund“, „Schulfreund“ und Ähnliches waren in der Aufklärungszeit gängige und noch länger fortgeschriebene Gattungsbezeichnungen für den Buchtyp „Lesebuch“. Dass seit Mitte des 19. Jahrhunderts dann fast nur noch vom „Lesebuch“ gesprochen wird, hängt mit der Verdrängung der moralischen Lesebücher (der „Kinderfreunde“) der Aufklärungszeit durch literarische Schullesebücher mit entsprechenden Titeln zusammen. In unserem Jahrhundert kommt bei den einzelnen Lesebuchreihen in aller Regel zur Gattungsbezeichnung Lesebuch noch ein phantasievoller etikettierender Eigenname dazu. „Bausteine“, „Leselust“, „Ansichten“, „Treffpunkte“ und „Unterwegs“ sind Beispiele für die äußerst vielfältig gewordenen Lesebuch-Titel.

Heute kann das Lesebuch in pädagogischem Zusammenhang definiert werden als „von Kultusbürokratie geprüfte und zum Gebrauch in Schulen eigens zugelassene Textsammlung für weiterführenden Leseunterricht, Literaturunterricht“; diese Textsammlung schließt an die Fibel an, also an das Arbeitsbuch für den Leselehrgang und oft auch für den Schreiblehrgang im ersten Schuljahr (Ulrich 1979, 90. Vgl. weiterführend zur Frage der Schulbuch- und Lesebuchzulassung Willberg (1992) und Schober (1997)). Das Wort Fibel wird als kindersprachliche Entstellung aus „Bibel“ (aus der Bibel waren früher viele Lesestücke entnommen) erklärt, manchmal auch als Ableitung aus „fibula“, der Klammer oder Spange, die ein Buch zusammenhält. Trotz der Unterschiede von Lesebuch und Fibel unterliegen beide Schulbucharten dann einer identischen Betrachtungsweise, wenn gefragt wird, welches Weltbild sie durch die in ihnen angebotenen Texte vermitteln.

Als Arbeitsmittel für den Deutschunterricht besteht neben dem Lesebuch noch das Sprachbuch. Beide Buchtypen können relativ unabhängig voneinander bestehen, sind aber manchmal – obwohl getrennt vorliegend – doch strukturell aufeinander bezogen (so etwa „Deutschstunden" (1986) – mit einer Sprachbuchreihe und einer Lesebuchreihe). Einige wenige Schulbuchkonzeptionen versuchen freilich, beide Typen in ein Werk sowohl für den Literaturunterricht als auch für den Sprachunterricht zu integrieren. Der bekannteste Versuch dieser Art war „Lesen, Darstellen, Begreifen" (1981, mit Neubearbeitungen bis in die 90er Jahre hinein). „Deutschbuch" (im gleichen Verlag) setzt 1997 diese Tradition fort und will das Integrationsproblem mit einem teilweise nach neuen Prinzipien gestalteten Sprach- und Lesebuch für alle Anforderungen im gymnasialen Deutschunterricht lösen. Vergleichbare Anstrengungen liegen in anderen Sprachbuch-Lesebuch-Kombinationen wie „Deutsch in ..." (1992) und „Tandem. Ein Deutschbuch für die Realschule" (1996) vor. Bücher dieser Art erfordern eine aufwendige Gestaltung, machen oft auch ausführliche Benutzungshinweise für die Schülerinnen und Schüler notwendig und führen meist zu sehr umfangreichen Einzelbänden.

Für die unmittelbare Gegenwart fällt auch noch eine andere Neuentwicklung oder zumindest eine Erweiterungstendenz des Sprachbuchs auf, die dieses Medium u. U. in Konkurrenz zum klassischen Lesebuch treten lässt. Jüngste Sprachbuchreihen wie zum Beispiel „textnah" (1995) oder „Klartext" (1996) arbeiten stark mit literarischen Texten und enthalten Teile zum Erzählen, szenischen Spielen, Interpretieren und dergleichen, so dass bei Schulanschaffungen die Überlegung aufkommen kann, sich auch für den Literaturunterricht des derart breit angelegten Sprachbuchs zu bedienen und ihn ansonsten mittels der Ganzschriften oder besonderer Textsammlungen, wie sie reichlich zur Verfügung stehen, zu gestalten. Allerdings gibt es keine genauen Zahlen darüber, was jetzt im Einzelnen bevorzugt wird: Das integrierte Sprach- und Lesebuch, nur das Sprachbuch, nur das Lesebuch – oder konventionellerweise beide Buchtypen nebeneinander.

Die Eigenständigkeit des Lesebuchs und der Lesebucharbeit ist aber vielfach noch eine selbstverständliche Position.

Diese Sichtweise hat auch der Pädagoge Wilhelm Flitner in seiner immer wieder herangezogenen programmatischen Schrift „Zur Lesebuchfrage" (1957) markant vertreten. Er geht davon aus, dass während der reformpädagogischen Bewegung am Anfang unseres Jahrhunderts zugunsten der Lektüre von Ganzschriften auf das Lesebuch verzichtet werden sollte. Diese Reserve gegenüber dem Lesebuch war aber u. a. darin begründet, „daß viele Abschnitte als bloßer Rohstoff für grammatische und stilistische Übungen verbraucht wurden, wodurch der ästhetische Genuß anderer Stücke dann nicht mehr zu seinem Recht kommen konnte" (ebd., 263). Flitner begrüßt deswegen die Delegation sprachunterrichtlicher Aufgaben an ein eigenes Sprach(lehr)buch. So kann das Lesebuch als „der rein literarische Typus" übrig bleiben: „Seine Aufgabe ist es, solche Sprachkunstwerke darzubieten, die Kindern und jugendlichen Schülern den Zugang zum Literaturverständnis erleichtern. Vor allem sollen sie in die eigentlich poetischen Gattungen einführen, aber auch den Sinn für die gut geformte Prosa und das Werk des Schriftstellers wecken." (Ebd.) Hierbei kann freilich noch nicht in den Blick kommen, dass sich der Gegenstandsbereich des Literaturunterrichts bald erweitern sollte (etwa um Sachtexte und triviale Texte, aber auch um Einsichten ins literarische Leben) und dass sich auch seine jeweilige Methodik auf neuartige Strukturierungen auswirken würde.

2. Zugriffe und Ergebnisse der Lesebuchforschung

Das Lesebuch hat in seiner über zweihundertjährigen Geschichte und in seinem Einsatz für viele Schularten mit ihren jeweiligen deutschunterrichtlichen Zielen auch entsprechend vielfältige Ausprägungen erfahren. Ein Gesamtbild dieses zentralen Mediums des Faches Deutsch müsste sich als Zusammenschau aller bestehenden Forschungsbemühungen ergeben. Sie sind äußerst umfangreich und setzen im Einzelnen sehr unterschiedlich an. Die wichtigsten Arten der Forschungszugriffe auf das Lesebuch und einige ihrer Hauptergebnisse zeigt die folgende Übersicht auf.

(1) Darstellungen der *Fachgeschichte*, seien sie nun umfassend angelegt oder nur auf Ausschnitte gerichtet, berücksichtigen in aller Regel auch die *Lesebuchentwicklung*. Dabei stoßen sie auf die Tatsache eines sehr unterschiedlichen Lesebuchgebrauchs an den Schulen. Da sich Deutschunterricht und Sachfächer erst allmählich auseinander differenzieren, müssen frühe Lesebücher oft als komplexe Textgrundlage aller schulischen Arbeit dienen. Auch im Deutschunterricht im engeren Sinne sind Lesebücher häufig unentbehrliche Lehrmittel, aber es lösen sich, wie Baumgärtner (1991, 40) zeigt, „lesebuchfreundliche, ja lesebuchfixierte" und dem Lesebuch reserviert gegenüberstehende Phasen ab.

Ein Beispiel für die erstgenannte Phase ist der Volksschulunterricht nach der „anlehnenden Methode", wie er zur Mitte des 19. Jahrhunderts vorherrscht und dabei die Stücke des Lesebuchs zum Ausgangspunkt auch der Schulung des logischen, grammatischen und stilistischen Verständnisses macht; ein Beispiel für die zweitgenannte Phase ist die darauf folgende Jahrhundertwende mit ihren literaturdidaktischen Diskussionen zur Buchlektüre, die ein distanziertes Verhältnis zum Lesebuch bewirkten. Beides sind extreme Positionen, die aus heute nicht mehr vertretbaren Grundauffassungen von Deutschunterricht resultierten: „Das Lesebuch, von seinem Inhalt her als 'Universalbuch' angelegt, war Grundlage aller Arbeit nicht nur im Fach Deutsch, sondern in sämtlichen Schulfächern. In anderen Epochen wurde die Existenzberechtigung des Lesebuchs grundsätzlich angezweifelt, zum Beispiel zur Zeit der pädagogischen Reformbewegungen am Anfang unseres Jahrhunderts, als man die 'Häppchenkost' der damaligen Lesebücher durch die Lektüre von Ganzschriften, also in sich geschlossenen umfangreicheren Texten, ablösen wollte. Heute haben wir ... ein Nebeneinander von Lesebuch und Einzelschriften; sie stehen nicht mehr in einem Konkurrenzverhältnis, sondern ergänzen einander infolge ihrer unterschiedlichen Funktionen im Literaturunterricht." (Ebd.)

Geschichtsschreibungen des Faches Deutsch stoßen nicht nur auf solche Unterschiede im Lesebuchgebrauch. Sie machen auch die einzelnen unterschiedlichen Lesebuchformen und -inhalte deutlich. So stellt die (auf die höheren Schulen bezogene) „Geschichte des deutschen Unterrichts“ von Matthias (1907) für das 18. Jahrhundert ausführlich den Buchtyp des (Stil-)Lehrbuchs für „Oratorie, Beredsamkeit und Wohlredenheit“ heraus, um dann für das 19. Jahrhundert Lesebücher im engeren Sinne des Wortes zu erläutern, die der Lektüre und Literaturgeschichte dienten. Solche literarischen Schulbücher sind beispielsweise Echtermeyers 1836 erschienene Auswahl deutscher Gedichte, die von ihm bis zu einer dritten Auflage (1842) fortgeführt und später von Hiecke bis zu einer elften Auflage (1861) weitergeführt wurde, und von Wackernagel ebenfalls eine Gedichtauswahl (1832) sowie dessen „Deutsches Lesebuch“ (1843) mit einem breiten Angebot insbesondere vieler Arten schöner Literatur. Franks „Geschichte des Deutschunterrichts. Von den Anfängen bis 1945“ (1973) berührt aufgrund ihrer umfassenden Zielsetzung alle Vorformen und Formen des Lesebuchs.

Unter anderem erläutert Frank über das bei Matthias Genannte hinaus Comenius' „Orbis pictus“ von 1658 (ohne die Bezeichnung „Lesebuch“ für dieses „Bilderlexikon“ zu verwenden) in seiner Funktion in der Muttersprachschule, zeigt Rochows „Kinderfreund“ (1776) als Instrument aufklärerischer moralischer Erziehung und arbeitet die Unterschiede heraus, die zwischen den moralischen Lesebüchern der Aufklärungszeit und den danach aufkommenden deutschen Chrestomathien bestehen. Ein Hauptunterschied ergibt sich aus dem Selbstverständnis der Herausgeber: Die Herausgeber des Morallesebuches sind einerseits die Verfasser der von ihnen angebotenen Lesestücke, übernehmen aber andererseits auch „früh bewährte Stücke ihrer Vorgänger (Weiße, Rochow)“ und machen von der Möglichkeit Gebrauch, „lehrhafte Texte außerschulischer Herkunft (Fabeln, Erzählungen, Beschreibungen) den Lesebüchern einzuverleiben“ (Frank 1973, 264). Dadurch nähern sich die späteren moralischen Lesebücher teilweise den Chrestomathien an. Die Herausgeber der literarischen Lesebücher gestalteten mit ihren Chrestomathien von vornherein Auswahlbände und standen so im Zwang, sowohl ästhetische als auch pädagogische Entscheidungen zu treffen. Sie verfuhren selektiv, „indem man aus dem Ganzen das Beste und für den Schüler Geeignetste auswählte. Die Lesebücher mußten dann 'vorzügliche' und 'auserlesene' Stücke bringen.“ (Ebd., 265) Weitere Themen zum Lesebuch im Kontext der Ziele von Deutschunterricht behandelt Frank unter den Aspekten der Nationalerziehung und des Nationalhasses zur Zeit der Befreiungskriege, der nationalen Aufgaben des Deutschunterrichts im Kaiserreich, der „Deutschkunde“ in der Weimarer Republik und des politisierten (insbesondere wehrerzieherischen und rassekundlichen) Literaturunterrichts des „Dritten Reiches“. (Als weitere Gesamtdarstellungen der Entwicklung des Deutschunterrichts, die auch Fragen des Lesebuchs berühren, vgl. u. a. Steinmüller 1979 und Zimmer 1983).

(2) Zahlreiche *Spezialuntersuchungen* bedienen sich der umgekehrten Herangehensweise wie die Gesamtdarstellungen zur Fachgeschichte und setzen an *ausgewählten Einzelfragen* zum Lesebuch an. Auch hier gibt es wieder Darstellungen, die

sich auf längere historische Abschnitte des Deutschunterrichts beziehen. Rentner (1993, ursprünglich 1949 als Dissertation erschienen) hat in seinem grundlegenden Werk die, so der Titel, „Wesenszüge und Wandlungen des literarischen Kanons in den deutschen Volksschullesebüchern“ untersucht. Er kann insbesondere die sozialgeschichtlich problematische Tatsache aufzeigen, dass seit dem 19. Jahrhundert einheitliche Stilmerkmale der „Kindertümlichkeit“ gelten, was auch zur Ausbildung einer eigenen Lesekultur des Volksschülers führte. (Vgl. auch Tischer 1969) Das gymnasiale Lesebuch in seinem Zusammenhang mit der Herausbildung des Lektürekanons ist u. a. Gegenstand einer großen Untersuchung von Roeder (1961). Auch diese Arbeit hat nicht nur deskriptiven Charakter, sondern reflektiert angesichts der Gegenwart und der Informationen, die Schülerinnen und Schüler in den anderen Fächern erhalten, wie im Lesebuch „die Welt als eine friedliche Idylle erstehen [kann], ohne daß eine solche Diskrepanz zur Wirklichkeit schon den jungen Menschen zu der Annahme führen muß, beim Lesebuch handele es sich um ein ganz unverbindliches – eben ‘poetisches’ – Bilderbuch“ (ebd., 200). Solche Kritik stand im Einklang mit Stellungnahmen zu Nachkriegslesebüchern in Presse, Politik und Literaturwissenschaft und wirkte sich auf die Neukonzipierung von Lesebüchern in den sechziger und siebziger Jahren aus.

Weitere Arbeiten (ideologie-)kritischen Zuschnitts gehen unter einer spezifischen sozialen Perspektive an die Lesebücher von Vergangenheit und Gegenwart heran und werden damit ebenfalls jeweils Teil der Reformdiskussionen. Kreisten entsprechende Themen in den sechziger und siebziger Jahren stark um die Vernachlässigung der modernen industriellen Arbeitswelt im zeitgenössischen Lesebuch (vgl. z.B. Rebel 1965 oder Watzke 1973 sowie einzelne Beiträge in Menzel 1975), werden später Problembereiche aufgegriffen wie das konservative Frauen- und Familienbild im Lesebuch und im Schulbuch überhaupt (vgl. wiederum einzelne Beiträge in Menzel 1975 sowie z. B. Backes u. a. 1988, Heidecker 1990 und DER SPIEGEL 1992) oder die mangelnde Berücksichtigung von Migranten im Lesebuch (vgl. z.B. Hauff 1990).

Eigene Untersuchungen liegen auch für bestimmte kürzere Zeitabschnitte vor, so zum Lesebuch des „Dritten Reiches“, das somit sowohl in speziellen Monografien (vgl. Hasubek 1972 und Hohmann 1988) als auch im Rahmen von schon erwähnten Gesamtdarstellungen zur Fachgeschichte gründlich behandelt wurde. Wie für das Lesebuch, so gilt auch schon für die Fibel: In diesen Büchern „wird der Held, insbesondere der Kriegsheld, glorifiziert und der Krieg mythisiert“ (Hasubek 1972, 74); durchweg herrschen z. B. die Verherrlichung des „Führers“ und des „Führerprinzips“, die Verwendung nationalsozialistischer Symbole und das Prinzip der Identifikation der Kinder und Jugendlichen mit Repräsentanten der rassistischen Ideologie. Das Frauenbild der faschistischen Lesebücher war Gegenstand eigener Analysen (Hohmann 1986). Von den Schwierigkeiten, nach 1945 zu einem neuen Lesebuch zu kommen, wird später noch eigens zu handeln sein; sie sind u. a. in Rückblicken auf die Zeit von 1945–1968 bei Hohmann (1992) dokumentiert.

Ein weiterer Typ von Spezialuntersuchungen, die Lesebücher unter einer einzelnen Fragestellung analysieren, richtet sich auf Einzeltexte und auf ausgewählte Textsorten und -bereiche. So untersuchte Zabel (1977) die Verwendung oder auch Nichtverwendung von Hebels Kalendergeschichten in neuen Lesebüchern und kommt dabei zu einer Bewertung der unterschiedlichen Konzeptionen. Oder es wurde beispielsweise nach der Medienerziehung durch das Lesebuch gefragt (Wermke 1980) und die Rolle der Ballade im Lesebuch verfolgt (Meyer 1991). Derartige Thematisierungen sind geeignet, die Didaktik der jeweils gewählten Textsorten zu fördern, indem die Lesebuchgestaltungen samt den oft dazu gegebenen Erläuterungen für den Lehrer in die Diskussion einbezogen (und u. U. kritisiert) werden. Noch weiter reichende Folgen haben auf einzelne Textbereiche des Lesebuchs bezogene Forschungen, die nach allgemein erzieherischen Wirkungen fragen. Dies geschieht in gewissem Umfang in der schon oben erwähnten Arbeit zum Volksschullesebuch von Rentner (1993) und mit sehr umfassenden Zielen bei Tomkowiak (1993). Sie konzentriert sich auf die Erzählstoffe der historischen Lesebücher und kommt so zur Darstellung einer „Geschichtenpädagogik“ mit hoher Relevanz für die Erziehungswissenschaft und die Erzählforschung.

(3) Eine Geschichte des Lesebuches, die alle seine Erscheinungsformen und Funktionen erfasst, liegt nicht vor, wohl aber eine *Typologie des Lesebuches.* Helmers' „Geschichte des deutschen Lesebuchs in Grundzügen“ (1970; in kurzer Fassung auch in Helmers 1984, 361–369) geht von sechs verschiedenen historischen Aufgabenstellungen für dieses Unterrichtsmedium aus und erhält dabei sechs Typen von Lesebüchern. Sie treten wohl in einer gewissen zeitlichen Reihenfolge auf, doch können sich in einzelnen Werken verschiedene ältere und neuere Zielsetzungen mischen.

Der Lesebuchbegriff wird bei Helmers weit gefasst, und so steht am Anfang seiner Klassifikation das „Lesebuch als Leselern- und Leselehrbuch“ – also der seit dem 16. Jahrhundert sich entwickelnde Buchtyp, den wir heute in Verbindung mit unserer Fibel bringen (obwohl er von der Textauswahl her zunächst nur mit religiösen Übungstexten arbeitete und sich damit an die alte Praxis anlehnte, das Lesen anhand der Bibel und des Katechismus zu lehren). Als zweiter Lesebuchtyp werden die ebenfalls schon erwähnten Chrestomathien genannt, die dem griechischen Wortsinn („nützliches Wissen“) gemäß Muster für die eigene (ursprünglich lateinische, ab 1700 aber auch deutsche) Sprachgestaltung abgaben. Helmers erkennt, dass eine derart praktische, zunehmend auch die Alltagssprache einbeziehende Aufgabe durch einen an der poetischen Sprache orientierten Buchtyp auf Dauer nicht geleistet werden konnte, sodass das Sprachbuch an seine Stelle treten musste. Auch der dritte Buchtyp in Helmers' Klassifikation ist mit unseren heutigen Lesebüchern noch nicht in Zusammenhang zu bringen: der Typ des Lesebuchs als Sachbuch. Am Beginn seiner Entwicklung steht der schon oben erwähnte „Orbis pictus“ (= „Sichtbare Welt“, deutsche Übersetzung 1658) des Comenius, der Bearbeitungen bis ins 19. Jahrhundert hinein erfährt.

Von diesen reich bebilderten und für den normalen Schulgebrauch oft zu teuren „Anschauungsbüchern“, die Spracharbeit und Wirklichkeitserfassung entgegen dem früheren Verbalismus zusammenführten, ging und geht z. T. noch heute große Faszination aus. (Vgl. dazu Baumgärtner 1981, der den Bezug zum heutigen Sachbilderbuch herstellt, und Schober 1993). Auch ein Teil der Lesebücher der Aufklärungszeit sind Sachbücher oder Mischungen aus Morallesebüchern und Sachbüchern. In Sulzers „Vorübungen zur Erweckung der Aufmerksamkeit und des Verstandes“ (1768) sieht Baumgärtner (1991) eine erste Verwirklichung des Schulbuchtypus „Lesebuch“ für das höhere Schulwesen, eine zweite Verwirklichung für das niedere Schulwesen in Rochows „Kinderfreund“ (1776), in dem die Sachinformation allerdings zurücktritt. Besonders verbreitet war Wilmsens „Der deutsche Kinderfreund“ (1801), der neben der Morallehre und Religionslehre dem Sach- und Sprachunterricht diente. (Vgl. Rudloff 1993)

Mit den folgenden drei Lesebuchtypen, nämlich

- dem Lesebuch im Dienste einer Morallehre durch Beispielgeschichten
- dem Lesebuch im Dienste einer bürgerlichen Gesinnungsbildung durch Dichtung und
- dem Lesebuch als literarischem Arbeitsbuch,

stellt Helmers die Verbindung zu der unmittelbaren Gegenwart her. Morallehre und Hilfe zur Lebensführung durch selbst geschriebene Beispielgeschichten erfolgt in Rochows „Kinderfreund“ (1776). Hiermit wird zwar ein bedeutender Beitrag zur Förderung des bürgerlichen Selbstbewusstseins geleistet, wie Helmers einräumt (vgl. auch Freyer 1989). Insgesamt bleibt das Buch aber auf Grund der formalen Textqualität eine Zwischenstufe in der Entwicklung zum neuen Lesebuch: „Die moralischen Beispielgeschichten verbrauchten sich rasch, weil sie der poetischen Kraft ermangelten“ (Helmers 1984, 364).

Die Aufnahme dichterischer Texte kennzeichnet dagegen Wackernagels „Deutsches Lesebuch“ (1843), das von seinem Herausgeber selbst damit charakterisiert wird, ihm hätte „das Bild eines schönen Gartens“ für das lesende Kind vorgeschwebt. Dieses Werk wird von Helmers unter der Klammer „Gesinnungslesebuch“ mit dem Lesebuch des „Dritten Reiches“ in Verbindung gebracht. Beim Vergleich des „Deutschen Lesebuchs“ mit einem hundert Jahre späteren Buch heißt es: „Was beim faschistischen Lesebuch aufs Äußerste verschärft ist, findet man im Kern bereits bei Wackernagel.“ (Helmers 1970, 198f.) Zwar gibt es den Vergleichspunkt, dass Dichtung „gesinnungsbildend“ verwendet wird. Auch erfolgt der gliederungsmäßige Aufbau in inhaltlich und nicht formal überschriebenen Kapiteln (bei Helmers „Gesinnungskreise“ genannt). Dennoch stößt hier die Helmers'sche Typisierung auf Grenzen. Hasubek hält in seiner Spezialuntersuchung das Lesebuch des „Dritten Reiches“ nicht in gleicher Weise wie das „Deutsche Lesebuch“ einordbar: „Die Bezeichnung 'Gesinnungsbuch' ist zwar generell nicht zu bestreiten, doch ist sie blaß und verharmlosend angesichts der tatsächlichen Intentionen, die die Nationalsozialisten mit dem Lesebuch verfolgten. Gesinnungsbildung, zurückverweisend auf den aufklärerisch-rationalen Geist des 18. Jahrhunderts, verstanden dort als Entfaltung und Empfehlung einer humanistischen Morallehre, wird von den Faschisten unter ganz bestimmten Gesichtspunkten eingeschränkt und manipuliert. Gesinnungsbildung ist da nicht scharf genug, wo es um handfeste Propaganda für vorgegebene politische Ziele und massiven geistigen Druck geht." (Hasubek 1972, 11) Wackernagels „Lesebuch" hat inzwischen eine differenzierte Würdigung erfahren (vgl. Baumgärt ner 1979). Paefgen (1990) zeigt die textmäßig sehr breite Anlage und geht auf den „nationalen Verlauf" der Lesebuchentwicklung im 19. Jahrhundert, insbesondere nach der Reichsgründung, ein (ebd., 134). Schober (1991) hebt trotz mancher Schwierigkeiten mit dem Buch dessen Beitrag zur Weckung von Naturliebe und auch zur Vermittlung biologischer Kenntnisse sowohl durch Sachtexte als auch durch Dichtung hervor.

Für Helmers müssen nach „Gesinnungskreisen", also nach thematischen Gesichtspunkten, aufgebaute Lesebücher generell durch den sechsten Typ seiner Typologisierung abgelöst werden. Dieses „literarische Arbeitsbuch", dessen Textsequenzen nunmehr formal nach wissenschaftlich abgesicherten Gattungsmerkmalen zusammengestellt sind, entsteht aber erst um 1965.

(4) Bei der Frage nach der Lesebuchforschung und ihren Ergebnissen haben wir bisher nur Bemühungen im engeren deutschdidaktischen Sinne berücksichtigt: Die Geschichtsschreibung des Faches, soweit sie auch die Lesebuchentwicklung einschließt; Spezialuntersuchungen, die von Einzelfragen zum Lesebuch ausgehen; den Typologisierungsversuch von Helmers. Nun ist aber auch noch zu fragen, wie ganz allgemein *auf das Schulbuch gerichtete Forschung* vorgeht und welche Erkenntnisse daraus für das Lesebuch resultieren.

Von weiter gefassten Gesichtspunkten aus (z. B. der Rolle der Kultusministerien mit ihren Prüfungsverfahren und der Verlage bei der Schulbucherstellung) gehen u. a. Marenbach (1970) und Schober (1977) auf das Lesebuch und seine in der Öffentlichkeit besonders exponierte Stellung ein. Allgemein didaktische Überlegungen haben u. a. auch Kügler (1984) und Melzer (1984) im Blick und können so auf curriculare Grundfragen des Buchaufbaus und der Buchnutzung durch Lehrer und Schüler fundierter eingehen. Insgesamt nutzt die engere Lesebuchforschung aber die Impulse, die sie aus der pädagogischen (vgl. bes. Hacker 1970; 1980; 1984) und kulturanthropologischen (vgl. Liedtke 1983) Beschäftigung mit dem Schulbuch und anderen Formen von Lernmaterialien erhalten könnte, kaum aus. Es ist zu hoffen, dass wenigstens die eindringlichen Hinweise von Bamberger (1993, 159), das Lesebuch unter neuer Perspektive wieder zu einem aktuellen Forschungsgegenstand zu machen, mehr Beachtung finden: „Versucht man, die großen Literaturgattungen Dichtung ..., Sachliteratur, wissenschaftliche Literatur und Schulbuch ... zu unterscheiden, so könnte man als ein entscheidendes Kriterium anführen: Die ersten drei Gattungen werden vorwiegend von den Absichten der Autoren bestimmt ... Anders beim Schulbuch: Sein Inhalt und seine Form entsprechen den Forderungen, die von außen her ... herangetragen werden: den Forderungen des Lehrplans und der Schulbuchbegutachter sowie den Erkenntnissen der Didaktik." Mit dieser zunächst überraschenden (und noch zu undifferenzierten, weil die Marktorientierung vieler Buchproduktionen übergehenden) Einreihung der Schulbücher als „vierte Literaturgattung“ wird eine Schulbuchkritik möglich, die sich nicht mehr (wie häufig geschehen) auf Inhaltsfragen beschränkt, sondern zentral an den Strukturelementen ansetzt und Jugendgemäßheit sowie Verständlichkeit so exakt wie möglich überprüft. Mit solch neuer „Schulbuchbewußtheit“ würde nach Bamberger dem Jugendbuch für das Schulbuch insgesamt und für das Lesebuch insbesondere eine Leitfunktion zukommen. Die Fähigkeiten der Jugendbuchautorinnen und -autoren, ihr spezifisches Publikum anzusprechen, sollten genutzt werden, um die Gestaltung, Beurteilung und Auswahl von Schulbüchern zu verbessern. Solche Überlegungen könnten zu einer engeren Kooperation der verschiedenen Bemühungen um die Förderung guter Schulbücher führen; für das Lesebuch sind sie zudem aus historischen Gründen nahe liegend, muss doch von gemeinsamen Anfängen von Jugendbuch und Schulbuch (als Sach- und Lesebuch) gesprochen werden. Solche Überlegungen dürfen aber natürlich nicht von einer spezifischen Aufgabe des Lesebuchs ablenken. In diesem Schulbuchtyp wird es immer auch um authentische Texte mit u. U. hohen Anforderungen an die Lesefertigkeit gehen – bereits in der Grundschule (siehe dazu im Folgenden Baumgärtner 1991, 42f.).

3. Lesebuchkonzeptionen um 1965 und 1974

Die bisherigen Darlegungen haben schon verdeutlicht, dass neue Lesebücher als Arbeitsbücher zu konzipieren sind. Diese Entwicklung setzt aber erst sehr spät, nämlich um 1965, ein. Die Zeit zwischen 1945 und 1965 ist zwar durch heftige Auseinandersetzungen um das Lesebuch geprägt, findet aber zu keinem strukturellen Neuanfang. Die Übergangsschwierigkeiten nach dem Kriegsende waren aus verschiedenen Gründen sehr groß und über eine lange Zeit wirksam. So gab es keine Lesebücher des „Dritten Reiches“, die hätten fortgeschrieben werden können, aber auch die Lehrerschaft selbst konnte in ihren Verhaltensweisen nicht an die unmittelbare Vergangenheit anknüpfen, in der es um eine Praxis der Indoktrinierung im nationalsozialistischen Unterricht sowohl durch die Stoffe als auch durch die Art der Vermittlung gegangen war. Dies betont Lauf-Immesberger (1987, 289) in ihrer Untersuchung zu Literatur und Schule im „Dritten Reich“, und sie zeigt die Umstände auf, unter denen viele Deutschlehrer in die Propagandarolle für den Unrechtsstaat hineingeführt wurden: „Fachwissenschaftler und Fachdidaktiker unterstützten den Prozeß der Ideologievermittlung durch Schule und Literaturunterricht, indem sie dem Lehrer eindeutige Anweisungen zur Indoktrinierung der Schüler durch die Literatur und deren Interpretation an die Hand gaben.“

Es ist gründlich beschrieben worden, wie diese Situation eines Vakuums an erwünschten Lehrmitteln und Lehrerverhaltensweisen zu bewältigen oder wenigstens übergangsweise zu füllen versucht wurde; auch die Kritik an der Unhaltbarkeit dieser Versuche wurde ausführlich dokumentiert (vgl. Roeder 1961; Helmers 1969; Schulz 1970; Frank 1973; Schober 1977 und Hasubek 1990). Am auffallendsten ist das Zurückgreifen auf Lesebücher vor 1933, wodurch nicht nur Lesebücher der Weimarer Zeit zu einer Neuherausgabe kamen, sondern für bayerische Schulen sogar der Aufwand betrieben wurde, Adalbert Stifters umfangreiches „Lesebuch zur Förderung humaner Bildung“ (1854) nachzudrucken. Renommierte Autorinnen und Autoren aus Politik und Literaturwissenschaft (z. B. Hamm-Brücher 1964 und Minder 1953) greifen die verschiedenen wieder herausgebrachten oder auch bearbeiteten bzw. neu zusammengestellten Bücher wegen ihrer Untauglichkeit für eine Erziehung zur Demokratie sowie wegen ihrer Rückständigkeit und ihrer nationalistischen Implikationen an. Auch der hier tradierte Literatur- und Erlebensbegriff wird Gegenstand schärfster Attacken von Wissenschaftlern, etwa von Kayser und Killy (vgl. die Dokumentationen bei Schober 1977). Tatsächlich konnte es für solche Lesebücher allenfalls die Teilrechtfertigung geben, mit ihnen zunächst einmal auf das bewährte Vergangene zurückzugreifen: „Allein schon Titel wie ‘Die gute Saat’, ‘Der gute Garten’, ‘Lebensgut’ ... machen das ... Bemühen deutlich, Werte zu vermitteln, die zwar traditionell waren, aber in der selbst heraufbeschworenen Unordnung Ordnung, in der allgemeinen Unsicherheit Sicherheit und angesichts der erschreckend sichtbar gewordenen Unmenschlichkeit wenigstens ein Mindestmaß an Menschlichkeit zu verheißen schienen.“ (Krejci 1981, 160)

Die Konsequenzen, die aus diesen Zuständen und der breiten Front der Kritik gezogen wurden, gingen in verschiedene Richtungen. Eine erste Richtung, die in äußerster Konsequenz und mit klaren Ergebnissen Mitte der sechziger Jahre eingeschlagen wurde, war das literarische Arbeitsbuch. Gerade auch in Orientierung an Forderungen der Literaturwissenschaft, Dichtung nicht als „Lebenshilfe“ zu pädagogisieren, sondern sachlich und im Blick auf ihre Struktur zu vermitteln, verabschiedeten sich diese Bücher gemäß Helmers’scher Forderungen von der thematischen Gliederung nach „Gesinnungskreisen“ (vgl. als Beispiele zur alten Gliederungsweise Krejci 1981, 161: „‘Von guten Mächten treu und still umgeben’, ‘Allen Gewalten zum Trutz sich erhalten’, ‘Das alte Wahre, faß’ es an!’ (Lebensgut, Band 4, 1958)“). Das Aufbauprinzip folgte jetzt vielmehr einer Strukturenkunde der Dichtung: „Die eigentliche Struktur von Dichtung liegt in keinem Fall allein in ihrer möglichen Aussage zur Welt, sondern in der ästhetischen Seinsweise des sprachlichen Kunstwerks. Es ist nun aber eine Grunderfahrung allen Unterrichts, daß ein Schüler allein durch Erschließen der spezifischen geistigen Strukturen bestimmte Inhalte erfassen lernt. Aufgabe der literarischen Bildung ist daher die Einführung in die Struktur der Literatur.“ (Helmers 1966, 113)

Ähnlich dem von Gerth herausgegebenen „Lesebuch 65“ (vgl. dazu Gerth 1965) gliedert Helmers in dem von ihm konzipierten Lesewerk „Lesebuch“ (Varianten für alle drei Schularten, auch drei Grundschulbände) nach den Gattungen Epik, Lyrik, Dramatik, und dies schon für die Primarstufe. Das hier erkennbare wissenschaftliche Fundament wird im Sinne eines Spiralcurriculums über die einzelnen Jahrgangsstufen hinweg entfaltet. In jedem Schuljahr der Primar- und Sekundarstufe kehren die drei Gattungen wieder, und zwar mit nach und nach komplexer werdenden Textbeispielen.

Dieses „gattungsorientiert-strukturenkundliche“ Lesebuchkonzept mit den beiden genannten Lesewerken bestimmt den Literaturunterricht von den ausgehenden sechziger Jahren bis weit über das folgende Jahrzehnt hinaus in großem Ausmaß. Daneben tritt (ohne es abzulösen) am Anfang der siebziger Jahre eine modifizierte, aber ebenfalls noch text(sorten)orientierte Lesebuchform: Auch sie gliedert nach den drei fundamentalen Säulen der Dichtungsgattungen, stellt daneben aber als weitere curriculare Säulen Sachtexte und Trivialtexte. Das derart formale Gliederungsprinzip kann aber gelegentlich auch durchbrochen sein. So erscheinen in dem ebenfalls weit verbreiteten Lesebuch „schwarz auf weiß“ (herausgegeben von Bauer, vgl. Bauer 1973) von Klasse 5 bis 8 in jedem Band nur Sequenzen zu Trivialtexten, Sachtexten, epischen, lyrischen und dramatischen Texten. Die Bände 9 und 10 weisen dagegen Sequenzen auf, die thematisch bestimmt sind (z. B. „Das Thema 'Alter' in der Dichtung“) oder sich auf Literaturgeschichtliches oder Fragen des literarischen Lebens und dergleichen beziehen. Das Lesebuch der ehemaligen DDR folgt etwa zeitgleich einem ähnlichen Aufbau: „Die Bände des 'literaturkundlichen' Lesebuches der DDR sind bis Klasse 7 nach dem Gattungsprinzip gegliedert, die Bände für das 8. bis 10. Schuljahr sind nach dem historischen Prinzip aufgebaut: die Texte werden historisch nach Autoren geordnet.“ (Hasubek 1990, 493 f.)

Das dem letzten der sechs Lesebuchtypen der Helmers'schen Typologie entsprechende literarische Arbeitsbuch ist insbesondere auf Grund der qualitativ nunmehr einwandfreien Textauswahl und auch auf Grund der lernpsychologisch günstig auf Wiedererkennen von Formen gerichteten Anlage positiv zu würdigen. Zweifellos fördert es die Kenntnis von literarischen Strukturen und auch von literaturgeschichtlichen Zusammenhängen. Ganz offensichtlich wirft es aber Fragen nach der Motiviertheit der Schülerinnen und Schüler auf, wenn diese weniger thematisch, sondern wegen der Lesebuchanlage stark formal-systematisch mit Literatur umgehen sollen. Diese Problematik wird auch von Helmers gesehen und dahin gehend abgemildert, dass es ihm um die ständige Verquickung gegenstandsspezifischer und inhaltlicher Ziele gehe (vgl. Helmers 1974). Auch Gerth (1965, 29) bemerkt von vornherein: „Kein Kind soll an dieser Einteilung Gattungspoetik treiben und definierend herbeten, was eine Kurzgeschichte ist oder inwiefern sich eine Parabel von einer Fabel unterscheidet.“ Nun ist durch das Buch sicherlich die Möglichkeit nicht verstellt, mit Texten unter verschiedensten Gesichtspunkten umzugehen, doch bietet es von sich aus erst wenig Anregungen zu einem „kritischen Weltverständnis“, wie Gerth (in Helmers 1969, 179) wenig später selbst vermerkt. Das, was Minder (1953) in seinem Vergleich französischer und deutscher Lesebücher bemängelte, nämlich dass die Deutschen „neben der Zeit“ leben, bleibt auch bei der so reformwilligen Neukonzeption bestehen: „Gerade in ihrem kulturhistorischen Zusammenhang aber wurde Literatur im literaturkundlichen Arbeitsbuch nicht dargestellt. Sie war hier nicht als Prozeß aufgefaßt, der mit dem gesamtkulturellen Entwicklungsvorgang aufs engste verflochten ist, sondern als Bestand mit Gliederungen und Untergliederungen, ohne Berücksichtigung seiner Verbindung zum gesellschaftlichen, politischen, wirtschaftlichen, technischen etc. Entwicklungsvorgang“ (Krejci 1981, 162; vgl. auch Schober 1977).

Eine Reihe von Didaktikern und Lesebuchherausgebern nahm – anders als Gerth und Helmers mit ihrer auf die Gesamtform bezogenen Reaktion – die Kritik an der Rückständigkeit des Lesebuchs zum Anlass, eine Konzeption mit einer radikal neuen thematischen Orientierung zu entwerfen. Auch diese zweite Reformrichtung kommt zu konkreten Resultaten, allerdings erst mit um 1974 herausgegebenen Lesewerken. Bereits im Jahre 1965 markiert die Herausgabe von „Versäumte Lektionen" durch Glotz und Langenbucher eine wichtige Etappe auf diesem Weg. Ihr „Entwurf eines Lesebuches" hat noch keinen ausgearbeiteten Schulbuchcharakter. Der umfangreiche Einzelband versteht sich angesichts des Vorliegenden als ein „polemischer Gegenentwurf zu dieser Idylle deutscher Lesebuchliteratur" (1965, 11) und ist als anregendes Textarsenal für künftige Lesebuchmacher gedacht. Durch dieses Buch und ebenso durch zahlreiche theoretische Schriften der sechziger und angehenden siebziger Jahre entsteht ein neues Paradigma der Textauswahl, bei dem die „Tradition der Aufklärung" (ebd., 17) mit entsprechenden Schriften zur Geltung kommt und auch über Industrie- und Arbeitswelt und die moderne Gesellschaft insgesamt informiert wird.

Damit richtet sich die Kritik aber oft nicht nur gegen die Nachkriegsbücher und deren Orientierung an Lesebüchern der zwanziger Jahre mit ihrer deutschkundlichen und gemüthaften Ausrichtung. Vielfach erfolgen auch Auseinandersetzungen mit dem neukonzipierten literarischen Lesebuch wegen dessen ästhetisch-bildungsbürgerlichen Anspruchs. Wichtig wird das Stichwort vom „Lesebuch als Informatorium der Wirklichkeit" (Gail 1966), das dazu beizutragen habe, die Arbeitswelt in den Bildungsprozess zu integrieren und generell für politische, soziale, technische und industrielle Aspekte aufgeschlossen zu machen. Die Vertreter der literarischen Bildung verteidigen sich. Sie sehen die welterschließende Funktion der Literatur und den Zugang zu ihren Inhalten an die Beachtung ihrer Strukturen gebunden und lehnen die primär inhaltliche Vermittlung deshalb ab; Helmers insbesondere warnt vor einem Rückfall zum thematisch ausgerichteten (und wieder nach „Gesinnungskreisen" gegliederten) Lesebuch. So sind die Jahre nach 1965 eine Zeit, in der sich Vertreter einer „textorientierten" und einer „inhaltsbezogenen" (vgl. Schober 1977; Payrhuber 1982) Lesebuch- bzw. Literaturdidaktik deutlich und nicht selten polemisch voneinander abgrenzen.

Eine der typischen Neukonzeptionen der inhaltsbezogenen Richtung, die Anfang der siebziger Jahre großes Aufsehen erregte, ist neben dem parallel erarbeiteten „Kritischen Lesen" das von Dahrendorf (1973) herausgegebene und erläuterte Lesewerk „Drucksachen". Die öffentliche Aufmerksamkeit richtete sich aus politischen Gründen darauf, denn dieses Werk wurde wie einige ähnliche Lehrmaterialien in den Kontext von Politisierungsversuchen des Lesebuchs und des Deutschunterrichts insgesamt gerückt. Danach sollten die Lehrmaterialien nicht nur informativ und gesellschaftlich relevant sein, sondern fundamental ideologiekritisch gegenüber kapitalistischen Produktionsverhältnissen, um systemüberwindende Basisveränderungen zu bewirken. Geiger (1977) hat die entsprechende, stark vom „Bremer Kollektiv" mit Ide und anderen ausgelöste Diskussion bis zur Mitte der siebziger Jahre dokumentiert. (Vgl. weiterhin Frommholz 1974; Schober 1977; Krogoll 1978; Krejci 1981; Hasubek 1990)

Unabhängig von der Einschätzung, ob und inwieweit die öffentlichen Vorwürfe einer indoktrinierenden Intention bei den neuen inhaltsbezogen-ideologiekritischen Werken zutreffen, wirft ihre Konzeption eine Reihe engerer fachlicher Fragen auf. Zunächst enthält ein Werk wie „Drucksachen“ zweifellos höchst anregende Textsequenzen und dürfte dem selbst formulierten Anspruch genügen, auch nicht aus der Mittelschicht stammende Schülerinnen und Schüler zum Lesen und zur Auseinandersetzung mit dem Gelesenen motivieren zu können. Die Gründe dafür liegen im Aufgreifen aktueller Themen und in einer leicht zugänglichen Mischung von alten und neuen Texten aus höchst verschiedenen Textbereichen.

Die Eigenart der Anlage und der Textauswahl erhellt aus folgendem Beispiel aus einem Band für die siebte Klasse. Um den Unterschied der Anlage gegenüber einem gleichzeitigen textsortenorientierten Lesebuch der anfänglichen siebziger Jahre nochmals zu verdeutlichen, wird zunächst die Inhaltsübersicht des siebten Bandes von „schwarz auf weiß“ wiedergegeben. Darunter folgt links die Auflistung der acht Sequenztitel des siebten Bandes von „Drucksachen“, danach steht die Binnengliederung der ersten Sequenz.

„schwarz auf weiß“

Sachbuchausschnitte Kommentierende Texte und Glossen Meinung und Gegenmeinung	Western	Anekdoten Satiren Erzählungen	Scharaden / Dramat. Texte	Balladen Erzählgedichte Bänkelsang / Moritat

„Drucksachen“

Preis der Freizeit
Sprache und Wirklichkeit
Tier und Natur – anders gesehen
Familienverhältnisse
Einige stehen am Rande
Sportlicher Wettkampf
Angepaßt?
Kein Kinderspiel

1. Preis der Freizeit

Nikolaus Lenau	Die drei Zigeuner
(Schülerzeitung)	Warum man sich ...
Herbert Görne	Warum Urlaub?
Manfred Schmidt	Auf dem Wege nach Griechenland
Guy Abecassis	Fragen
M. C. Kolb	Meine Ferien an der See
Detlev Block	Vom Drei-Meter
Eugen Roth	Verse übers Reisen
Joseph von Eichendorff	Sehnsucht
(Reiseprospekt)	costa brava / costa dorado
Clemens A. Andreae	Die Freizeit der einen als Einkommensquelle der anderen
DIVO-Repräsentativ-Erhebung	Was man in der Freizeit tut
Walter Menningen	Fernsehen
Friedrich Knilli	Die Unterhaltung der deutschen Fernsehfamilie

In dem Beispiel aus „Drucksachen" fällt die Gliederung nach thematischen Textsequenzen sofort auf. Sie „Gesinnungskreise" zu nennen, wie es Helmers auf der Grundlage seiner Typologie tut, verbietet sich jedoch. Dazu ist zu deutlich, dass ein historischer Vergleich zu allgemein bleiben muss und nicht erfassen kann, dass hier anders als in alten Lesebüchern alle Texte der Auseinandersetzung mit wichtigen gesellschaftlichen Problemen dienen. Aber so deutlich der formale Unterschied gegenüber dem nach Textsorten gegliederten Lesebuch ist, es lassen sich doch einige gemeinsame Grundintentionen ausmachen. Auch „schwarz auf weiß" basiert auf einem erweiterten Literaturbegriff und nimmt (wenn auch in je eigenen curricularen Gruppierungen) sowohl Sachtexte als auch triviale Texte auf. (Bei Helmers war dafür im Lesebuch kein Platz, der Deutschunterricht sollte dazu mit je aktuellen Beispielen arbeiten.) Das bei beiden Büchern dahinter stehende Lernziel ist das kritische Lesen, auch wenn es mit verschiedenen Medien und Methoden zu erreichen versucht wird.

Nun ist der Anteil von Sach- und Gebrauchstexten sowie von trivialen Texten in „Drucksachen" allerdings sehr hoch, sodass zu fragen ist, ob so überhaupt an Literatur herangeführt werden kann. Noch gravierender ist der Einwand, dass ja auch die hier in thematischem Zusammenhang benutzten Texte der literarischen Tradition nur in einem Gemenge mit andersartigen Texten vorkommen und somit – sozusagen als Drucksachen unter anderen Drucksachen, wie die Kritik schon früh vermerkte – in ihrer Besonderheit zu wenig Beachtung finden dürften. Zudem kann das wichtige Ziel, literaturhistorische Entwicklungslinien zu erarbeiten – so Hasubek (1990, 503) zu dem vergleichbaren Lesebuch „Kritisches Lesen" – „nicht annähernd realisiert werden, weil unter dem Gesichtspunkt der Aktualität eine geschichtliche literarische Tradition in den Lesebüchern nur sehr begrenzt dargeboten wird."

Als weiteres kritisches Argument kommt hinzu, dass die Schülerinnen und Schüler zusätzlich durch Leitfragen mit vorrangig ideologiekritischer Orientierung gelenkt werden, statt sich selbstständig der Anregung durch die Texte selbst zu überlassen. Wiederholt wurde sogar von Befürwortern eines kritischen Lesens auf den Widerspruch hingewiesen, in solchen Lesebüchern zur Kritikfähigkeit in der Weise hinführen zu wollen, dass man Texte, insbesondere literarische Texte, im Rahmen enger Vorgaben „kritisch“ für die jeweils beabsichtigte Gesellschaftsanalyse auswerten ließ (vgl. z. B. Fingerhut 1974). Zur Auseinandersetzung mit dem Typ des ideologiekritischen Lesebuchs gehört in diesem Zusammenhang zudem die Frage, ob die oft ausschließliche Betonung von Konflikt, Kritik und Analyse nicht auch noch unter entwicklungspsychologischen Aspekten zu reflektieren wäre.

Mit der Herausstellung des gattungs- bzw. textsortenorientierten Lesebuchs einerseits und des thematisch gegliederten ideologiekritischen Lesebuchs andererseits sowie der entsprechenden wechselseitigen Auseinandersetzungen zwischen text- und inhaltsbezogenen Positionen ist die lesebuchtheoretische Situation des Anfangs der siebziger Jahre noch nicht vollständig gekennzeichnet. Nachdem eine Alleingültigkeit des strukturenkundlichen Gliederungsprinzips nicht mehr aufrecht erhalten werden konnte, sich aber auch bei den Gegenentwürfen deutliche Grenzen zeigten, wurde von mehreren Seiten auf hohem Niveau nach Lösungen ohne Einseitigkeiten gesucht. Fingerhut (1974) erkannte, dass die Sequenztypen der literaturpädagogischen wie der ideologiekritischen Konzeption im Rahmen einer didaktischen Theorie gewichtet und erweitert werden mussten. Er fordert für „Inhalts- bzw. Problemsequenzen“ und für „Formalsequenzen“ sowie zusätzlich für „motivationserzeugende Sequenzen“ und „Verfahrens- bzw. Methodensequenzen“, sie im Unterricht so variabel zu verwenden, dass die jeweiligen Probleme und Vorteile im Blick bleiben und die Rezeptionskompetenz der Schülerinnen und Schüler in vielfältiger Weise erweitert wird. Dazu gehört auch ein Textumgang, der es ermöglicht, Texte selbst zu analysieren und die Frage der persönlichen Anwendung von Einsichten von sich aus zu thematisieren (vgl. dazu ebd., 142, die Beachtung der drei Teilkompetenzen „Analysekompetenz“, „Sachkompetenz“ und „Kompetenz zum Engagement“). Wie auch für die Grundschule gegen Mitte der siebziger Jahre konzeptionelle Einseitigkeiten zunehmend überwunden werden, ergibt sich u. a. aus der Darstellung verbreiteter Lesewerke (Grundschulbände) wie „Lesarten“, „Texte und Fragen“, „Ehrenwirth-Lesebuch 2–4“, „Auswahl“, „Bunte Drucksachen“, „Zwischen den Zeiten“ und „Texte für die Primarstufe (TP)“ bei Walz (1975).

Kreft / Ott (1971) gehen schon früher von der Notwendigkeit aus, Lesebücher als komplexes Curriculum anzulegen. Sie entwerfen den Typ des „kommunikativen Lesebuches“. Dieses erfasst alle Faktorenbereiche der literarischen Kommunikation (des „kommunikativen Handlungsspiels Literatur“) und thematisiert jeweils einzelne Faktoren wie die Sprache von Autor und Leser, die benutzten Strukturen und Traditionen, Interessen der Produzenten- wie Rezipientenseite, mediale Bedingungen sowie lebensweltliche Zusammenhänge der Themenwahl (vgl. Kreft / Ott 1971, 114). Das „Schwann Arbeitsbuch Literatur“ (1971) ist eine Verwirklichung dieses Konzeptes, doch auch die beiden eben behandelten ideologiekritischen Lesebücher von 1974 sehen sich auf dieser kommunikativen Linie; Ähnliches gilt für das schon in anderem Zusammenhang erwähnte integrierte Sprach- und Lesebuch „Lesen, Darstellen, Begreifen“ (1971; vgl. dazu Krogoll 1978). Weitere frühe Beispiele von „kommunikativen Lesebüchern“ nennt Krejci, wobei sie für ihn vor allem dadurch gekennzeichnet sind, dass sie die beim literaturkundlichen Lesebuch offensichtliche Vernachlässigung des Lesers vermeiden und entsprechende neue Sequenztypen, insbesondere auch solche zu den Teilaspekten des literarischen Lebens, anbieten: „Neben dem zweifelsohne sehr wichtigen Aspekt der Strukturen von Literatur darf der Aspekt von deren Rezeption und Konsumtion im Lesebuch ebenso wenig vernachlässigt werden wie jener der Produktion. Ferner darf auch der Aspekt der Distribution von Literatur nicht unbeachtet bleiben.“ (Krejci 1981, 163)

4. Neue Lesebücher im Kontext vielfältiger Ziele und Methoden

Für die Zeit von 1945 bis zur Mitte der siebziger Jahre ließ sich eine gewisse Reihung von Lesebuchkonzepten, die nacheinander oder auch nebeneinander bestanden, aufweisen. So folgten auf das „Gesinnungslesebuch“ der Nachkriegszeit das gattungsorientierte und später das textsortenorientierte „literarische Arbeitsbuch“, neben das dann wiederum das „ideologiekritische Lesebuch“ trat. Dabei konnte mit Jahreszahlen wie 1965, 1971 und 1974 sogar sehr genau gesagt werden, wann jeweilige Entwicklungen ihren Anfang nahmen. Zusätzlich sorgten theoretische Schriften für markante Bezeichnungen für Lesebuchtypen oder angestrebte Entwicklungen („Lesebuch als Informatorium der Wirklichkeit“, „kommunikationstheoretisch konzipiertes Lesebuch“, usw.). Dieser Aufbruchsphase zwischen 1965 und 1975 mit ihren vehementen Auseinandersetzungen folgt eine „lesebuchtheoretische Beruhigungsphase“ (Melzer 1984). Dies aus mindestens drei Gründen:

– Das Dogma vom Lesebuch als literarästhetischer Strukturenkunde war sowohl durch bald erfolgende Modifizierungen in Frage gestellt (so durch Bauers „schwarz auf weiß“ und, noch weiter gehend, durch das neue Lesewerk „Texte für die Sekundarstufe“ des Herausgebers von „Lesebuch 65“) als auch durch die völlig andersartigen Gliederungen und Gliederungsvorschläge z. B. von Kreft / Ott, Dahrendorf und Fingerhut. Einer Mischung von formalen und inhaltlichen Sequenztypen und der Erweiterung um neue Sequenztypen stand dadurch nichts mehr im Wege. Insbesondere aus grundschuldidaktischer Sicht stieß das gattungstypologische Konzept auch in späteren Jahren immer wieder auf schroffe Ablehnung. So erklärt Bartnitzky noch 1987 im Blick auf die lange Zeit stark verbreiteten Lesebücher auf Helmers'scher Grundlage: „Eine auf das Niveau von Grundschülern heruntergeschnittene Fachdidaktik und -systematik konnte in den eigenständigen pädagogischen Zusammenhang der Primarstufe nicht integriert werden.“ (Ebd., 15) Aber auch für höhere Jahrgangsstufen gilt zunehmend, dass Misstrauen gegenüber komplexen Theoriebildungen aufkommt und am Entwicklungsstand der Schülerinnen und Schüler orientierten Lösungen der Vorzug gegeben wird.

- Die ideologiekritischen Lesebücher verlieren auch auf Grund veränderter politischer Konstellationen (vgl. Krogoll 1978) an Unterstützung. Ihre Wirkung war ohnehin in der Theoriediskussion stärker als in der Praxis: „Kritisches Lesen" konnte nur bis zum 8. Band produziert werden, bei „Drucksachen" gab es Verlagswechsel und Verramschung.
- Für beide konträren Lesebuchtypen gilt, dass sie Lernwege definitiv vorplanen. Zwar wird die Lernzielorientierung auch in allen späteren Lesewerken klar eingehalten. Spätestens seit Fingerhuts Überlegungen von 1974 und dem damit zusammenhängenden Lesebuch „Umgang mit Texten" aus dem gleichen Jahr besteht aber Unbehagen gegenüber zu exakt festgelegten Lernzielfolgen, machen sie die Schülerinnen und Schüler doch „zum Konsumenten der vom Programmhersteller vorgefertigten Denkbahnen" (Melzer 1984, 223, nach dem Lehrerhandbuch zu „Umgang mit Texten"). Solche Bedenken werden umso größer, je stärker sich rezeptionsästhetisch fundierte literaturdidaktische Positionen herausbilden, in denen gefordert wird, beim Lesen selbstständige Verstehensprozesse und je persönliche Sinnkonkretisationen der ja vielfältig deutbaren literarischen Texte zu ermöglichen (vgl. u.a. Schober 1977; Kügler 1978).

Nachdem „die Zeit hoch gesteckter, aus vorgeschalteten Theorien deduktiv abgeleiteter Unterrichtsziele vorüber ist" (Baumgärtner 1991, 42), öffnen sich die Lesebücher den neu aufkommenden produktionsorientierten Verfahren und versuchen insgesamt, den allgemeinen pädagogischen Forderungen nach Methodenvielfalt zu entsprechen. Dadurch wird ihr Arbeitsbuchcharakter ganz entschieden intensiviert. Für das Lesebuch der Grundschule hat Baumgärtner (1991, 42f.) präzise herausgestellt, in welche Richtung seine Entwicklung weitergelaufen ist bzw. welche Änderungen erstrebenswert sind:

- Berücksichtigung der Leseneigungen und damit der außerschulischen Lesegewohnheiten. Der „Neigung zum unterhaltenden, entspannenden, konsumierenden Lesen" kommen Grundschullesebücher durch die starke Berücksichtigung von Märchen und Sagen sowie Tier- und Abenteuergeschichten nach. Es werden hier und bei der sonstigen Auswahl Texte bevorzugt, die kurz und einfach sind und – anders als in Konzepten eines ausschließlich kritischen Lesens – auch zur Identifikation anregen.
- Mit einfachen Texten der genannten Art soll die Bereitschaft zum Lesen gefördert und wach gehalten werden. Gleich wichtig sind aber Schritte, die über nur konsumierende Lesegewohnheiten hinausführen. „Das geschieht vor allem durch eine Steigerung des Schwierigkeitsgrads der Texte innerhalb der einzelnen Kapitel und eine Problematisierung von Themen durch entsprechende Textkombinationen". Einfachheit des Textangebots darf also nicht zum einseitigen Prinzip werden. (Baumgärtner warnt in diesem Zusammenhang auch vor der häufig beobachtbaren Tendenz, statt authentischer Texte mit höherer Anforderung an die Lesefertigkeit relativ viele eigens für die Bücher verfasste „Originalbeiträge" zu benutzen.)

- Nach „inhaltlichen Gesichtspunkten wie 'Kinder', 'Schule', 'Reisen', 'Alltag' oder 'Krankheit'" zusammengestellte Sequenzen sollen Realitätskenntnis und -verständnis erweitern. Bei der Textarbeit ist aber die Art des Zugriffs herauszustellen, also „daß Wirklichkeit hier nicht direkt, sondern immer vermittelt durch die Subjektivität der Autoren erscheint". Das Gliedern nach Inhalten ist wiederum kein verabsolutiertes Prinzip. Neben der problemorientierten Textgruppierung gibt es der Textart nach homogene Gruppierungen. Sie führen im Blick auf die Eigenarten des Kindes meist zu Sequenzen, „die Formen der Volksdichtung – wie Märchen, Sagen und Schwänke – umfassen". Weiterhin besteht beim Gliedern nach Inhalten insofern kein einseitiges Prinzip mehr, als weder die „heile Welt" der Gesinnungslesebücher noch die „unheile Welt" bestimmter Jugendbücher und auch des gesellschaftskritischen Lesebuchs Leitlinien sind: „Die Texte eines Lesebuchs dürfen Probleme nicht aussparen; eine totale Problematisierung führt jedoch letztlich zu einer Neurotisierung des Kindes und vermittelt ihm keineswegs eine größere Sicherheit bei der Bewältigung seines Lebens."
- Neue Grundschullesebücher führen in alle Textarten ein. Es stehen neben den „wichtigsten Formen der poetischen, fiktionalen Literatur in kindertümlicher Gestaltung wie Gedicht, Geschichte und Dialogtext ... auch Formen der Sachliteratur, vorab ... Berichte und Beschreibungen, dann aber auch Spiel- und Bastelanleitungen, schließlich Grenzformen wie die Bildergeschichte oder die Fotosequenz erzählenden oder beschreibenden Charakters". Bringen Sachtexte nicht nur wichtige Informationen, sondern machen auch kompetent für den alltäglichen Umgang mit Texten, so sollen Texte aus der aktuellen Kinderliteratur zur intensiveren Freizeitlektüre hinführen. Auch spezielle Sequenztypen, die sich mit Buch, Buch- und Büchereinutzung und Autorinnen und Autoren von Kinderbüchern beschäftigen, dienen diesem Brückenschlag hin zum privaten Lesen.

Für das Lesebuch der Sekundarstufe I geht es parallel zur Entwicklung beim Grundschullesebuch in der jüngeren und jüngsten Zeit nicht mehr um die Diskussion um das „richtige" Lesebuch, sondern um eine möglichst breite Einsetzbarkeit im Rahmen effizienter Methoden heutigen Literaturunterrichts. Melzer (1984, 222) sieht dies durch eigene Lehrerbefragungen bestätigt. In diesem Zusammenhang verweist er auf „die Anpassung der Lesebücher an allgemein akzeptierte Positionen der literaturdidaktischen Theorie", wie sie beispielsweise bei „Ansichten" von 1981 ff. und schon „Westermanns Texte Deutsch" von 1977 ff. erreicht ist. Er beschreibt (ebd., 240 f.) deren Zielsetzung und Aufbau als charakteristisch auch für eine ganze Reihe weiterer Lesewerke seit Ende der siebziger Jahre: Ziel ist die Erziehung zur Kommunikationsfähigkeit bzw. zur literarischen Kompetenz; der Aufbau ist überwiegend durch Sequenzen zu zwischenmenschlichen und gesellschaftlichen Problemfeldern bestimmt, doch gibt es auch Sequenzen zu Methoden des Umgangs mit Texten und zur Beachtung ihrer jeweiligen Bedingungen, zu Formtypen, zu Autorinnen und Autoren, zum literarischen Leben, zur Literaturgeschichte usw.

Die zahlreichen einzelnen Lesebuchreihen der achtziger und anfänglichen neunziger Jahre versuchen nach der Durchsetzung des Lesebuchs als Mischung sehr verschiedenartiger Sequenztypen, sich ein jeweils eigenes Profil zu geben und nach individuellen Lösungen für schwer zu erfüllende Anforderungen der Lehrerinnen und Lehrer zu suchen. Da man bei aller Lernzielorientiertheit zu starke Rezeptionslenkungen ablehnt, suchen die Lesebucheditoren zum Beispiel nach neuen Wegen, literarische Texte einerseits für sich allein wirken zu lassen und andererseits getrennt davon in offenerer Weise Hilfen und Arbeitsanregungen zu geben, so durch „Vortexte" und manchmal sogar durch farbige Seiten, durch Anhangsteile im Lesebuch oder durch Begleithefte mit Informationen zu Autoren und Gattungen sowie mit geschichtlichen Bemerkungen zur Textentstehung. Vielfältig sind auch die Lösungsversuche, zur Verstärkung des historischen Wissens über Literatur nicht nur durch vereinzelte Zusatzinformationen, sondern auch durch eigene Sequenzen beizutragen (vgl. dazu Schanze 1981 und Härter 1991 sowie Schlewitt 1993, der hierbei auch auf modifizierte Anknüpfungen an DDR-Traditionen in neuesten Lesebüchern verweist). Weiterhin konkurrieren die einzelnen Werke darin, didaktisch kreativ auf andere wichtige Aufgaben zu reagieren, wie etwa auf die Aufnahme von Übersetzungen von Weltliteratur ins Lesebuch (vgl. dazu Mörchen 1985 und Schlewitt 1993) und auf multikulturelle Arbeit mit volkstümlicher Erzählliteratur, die zum Erfahrungsschatz der Schülerinnen und Schüler aus dem Ausland gehört (vgl. dazu Ulich / Oberhuemer 1985).

Für die neuesten Reihen spricht Härter (1991, 105) von einem pluralistischen Lesebuch, das einen Unterricht anpeilt, „der nicht auf Ideologisierung aus ist, sondern auf eine kreative Offenheit im Umgang mit Texten: eine wache, aufmerksame Offenheit, die nicht einfach an ideologischen Entlarvungen interessiert ist, sondern vor allem an Text- und Leseerfahrungen". In diesem Zusammenhang hat das jetzige Lesebuch wieder den Mut, die Schönheit von Texten auch in problemorientierten Sequenzen wirken zu lassen. Beispiele sind Sequenzen zur Umweltthematik. Sie legen oft den Schwerpunkt auf ansprechende Darbietung alter und neuer Dichtung. Identifizierendes, emotionales Lesen wird auch durch poetische Sequenztitel gefördert.

In besonders deutlichem Kontrast zu den kognitiv-analytisch ausgerichteten gesellschaftskritischen Lesebüchern steht „Lesereise" (1985). Für die siebte Klasse z. B. wird die Sequenz „Von Bäumen und Wäldern" zunächst mit einem Einleitungstext eröffnet, der vom Bild eines Licht durchdrungenen Waldes eingerahmt ist. Texte von Eichendorff, Stifter, Brecht und Fontane sowie weitere Bilder vom Erleben des Waldes folgen. Erst dann wird ein literarischer Text zur Eibe, der auch auf ihre mythologische Bedeutung eingeht, mit einem modernen Sachtext gekoppelt. Den Abschluss bilden Fotos zum Waldsterben mit einem „Neues vom Waldfriedhof" betitelten Text, der in klarer Sprache die Genese dieser Katastrophe und die Reaktion der Menschen darauf darstellt. Niemand wird durch Leitfragen zu kritischen Einsichten oder Bekenntnissen gezwungen. Vom Text selbst geht – gerade als Abschluss dieser Sequenz – große Beunruhigung aus. Da die davor stehenden schönen Texte der Tradition nicht in lenkende Kommentare verpackt sind, ist freier Umgang mit ihnen in verschiedenste Richtungen möglich. Der Einfluss einer solchen Sequenz auf die Fähigkeit, das Erleben von Natur und ihrer Gefährdung mitzuteilen, ist wahrscheinlich hoch einzuschätzen.

Allerneueste Lesewerke tragen in auffallend hohem Maß der Entwicklung zu kreativem Textumgang im Deutschunterricht mit vielen Anregungen zu Eigenproduktionen Rechnung; auch unterstützen sie den Einbau von Freiarbeitsphasen, wie sie für den Unterricht überhaupt an Bedeutung gewinnen. Nicht nur Grundschullesebücher (vgl. z. B. „Pusteblume") arbeiten mit „Werkstätten" für Geschichten, Gedichte und Theaterspielen, mit „Leseecken" und dergleichen, auch in Lesebüchern für die Sekundarstufe fallen schon von der Gliederung her solche Angebote zum selbstständigen Textumgang auf. Schlewitt (1993) hat fünfzehn solcher neuesten Lesebuchreihen aus acht Verlagen untersucht und stellt als Ergebnis u. a. heraus, dass sie

- zum Weiterführen und Umformen von Texten anhalten und Hinweise zum integrativen Arbeiten mit Texten geben
- Leseproben aus aktuellster Jugendliteratur enthalten
- mit speziellen Formen wie „Autorenecken", „Ideenkisten", „Schmökerecken", „Theaterwerkstätten", „literarischen Magazinen" und dergleichen arbeiten und
- Angebote machen, die Lesefertigkeit zu trainieren.

Ein typisches Beispiel für die aufgelockerte Form vieler neuester Lesebücher ist „Treffpunkte" (1992 ff.). Das Buch ist gegliedert in literarische Magazine (Märchenmagazin, Sagenmagazin ...), Lesetraining, Werkstätten (Gedichte, Geschichten, Theater ...), thematische Sequenzen, auf Bücher und das literarische Leben bezogene Sequenzen, literarische Porträts (hier werden z. B. zu Till Eulenspiegel und Münchhausen Texte mit dem geschichtlichen Kontext vermittelt) und auf regionale Dichtung bezogene Magazine. Ein anderes Beispiel dafür, wie sich hier eine neue Lesebuchkategorie und eine fortentwickelte Auffassung des literarischen Arbeitsbuches herausbildet, stellt „Unterwegs" (1992 ff.) dar. Hauptcharakteristikum ist eine Zweiteilung. Im Teil „Themen und Texte" ermöglichen entwicklungsgerechte Inhaltssequenzen vielfältige Leseerfahrungen (in Band 5 mit *Träumen; Mädchen und Jungen; Schelme, Narren und seltene Vögel; Tiere und Menschen; Jahreszeiten und Tageszeiten; Kinder anderswo; Den Römern auf der Spur; Auf dem Meer der Phantasie* – alles illustriert, aber ohne Arbeitsanweisungen dargeboten), in „Unterrichtseinheiten und Projekte" werden u. a. literarische Kenntnisse und selbstständig anwendbare Techniken für den Textumgang erarbeitet – und zwar auf alternative Weisen, die vor allem den Prinzipien des handlungs- und produktionsorientierten Literaturunterrichts entsprechen (in Band 5 sind die Unterrichtseinheiten *Leseabenteuer in Hieroglyphien*; *Was tun mit Geschichten? Bilder, Laute, Klänge; Es war einmal, es war keinmal; Bücher – was kann da schon drinstehen? Sprechende Bilder.*)

Große Freiheit im Textumgang gehört zum Konzept solcher Bücher – aber zur Unterstützung der Kreativität der Schülerinnen und Schüler nehmen oft auch die Arbeitsanweisungen stark zu. Literaturdidaktiker verweisen auf die Schwierigkeit, ja Widersprüchlichkeit der Aufgabe, im Sinne eines rezeptionsästhetisch fundierten Unterrichts persönliche Textkonkretisationen zu ermöglichen und andererseits doch durch Fragen und Gestaltungsaufgaben erst zu Eigentätigkeiten zu motivieren. So befürchtet Bütow (1996, 422, in einer Analyse von „Brücke 3" [1994], „Unterwegs 8" [1994], „Treffpunkte 8" [1993] und „Lektüre 8" [1992]), dass durch lenkende

Begleittexte und ihre Vermischung mit eher für die Lehrerbände passenden methodischen Empfehlungen „das Abarbeiten von 'Aufgabensets' an die Stelle des lebendigen Austausches über Literatur tritt". Schlewitt (1996) rechtfertigt dagegen in einer Erwiderung die kritisierten Arbeitsvorschläge im Einzelnen, sieht aber ebenfalls das Problem der Platzierung bei für sich genommen brauchbaren, aber im Unterrichtsalltag nicht in jedem Fall situationsangemessenen Arbeitsanregungen. Derartige Einwände müssten freilich im Rahmen der jeweiligen Einzelkonzeptionen mit ihren unterschiedlichen Teilen und deren Bezogenheit aufeinander genauer überprüft werden. Aus solchen Auseinandersetzungen erhellt aber doch, dass neue Lesebuchreihen wohl große Lebendigkeit in den Unterricht bringen, aber von den Lehrerinnen und Lehrern auch verlangen, souverän und variabel sowohl mit den angebotenen literarischen Texten als auch mit den vorgeschlagenen Produktionsweisen umgehen zu können.

Literaturverzeichnis

Backes, Adelheid u. a.: Mädchen und Frauen in Büchern der Grundschule. Gutachten der Komission „Rollenklischees in Schulbüchern". Saarbrücken: Ministerium fur Kultus, Bildung und Wissenschaft 1988

Bamberger, Richard: Jugendliteratur und Schulbuch. In: Schober, Otto (Hrsg.): Abenteuer Buch. Bochum 1993, 158–166

Bartnitzky, Horst: Sprachunterricht heute. Frankfurt am Main 1987

Bauer, Johann: Einführung in die Konzeption schwarz auf weiß Sekundarstufe. In: Bauer, Johann (Hrsg.): Lernziele, Kurse, Analysen zu schwarz auf weiß Sekundarstufe 5. Darmstadt 1973, 5–21

Baumgärtner, Alfred Clemens: Wackernagel, Philipp Karl Eduard. In: Doderer, Klaus (Hrsg.): Lexikon der Kinder- und Jugendliteratur. Bd. 3, Weinheim 1979, 753

Baumgärtner, Alfred Clemens: Aus der Geschichte des Schulbuchs. Anmerkung zu einigen exemplarischen Lehrwerken. In: Blickpunkt Schulbuch 1981, H. 24, 33–38

Baumgärtner, Alfred Clemens: Lesebücher – zweihundert Jahre alt und immer im Wandel. In: Die Grundschule 1991, H. 1, 40–44

Bütow, Wilfried: Lesebuchaufgaben. Indikator für Verstehens- und Lernkonzepte. In: Der Deutschunterricht 1996, 49, H. 9, 419–426

Dahrendorf, Malte: Eine neue Lesebuch-Generation. Das Lesebuch als Antwort auf eine konkrete gesellschaftliche Situation. In: Bertelsmann Briefe 1973, 78, 7–20. Auch in: Geiger, Heinz (Hrsg.): Lesebuchdiskussion 1970–1975. München 1977, 171–207

DER SPIEGEL: Braves Gebaren. In Schulbüchern und Klassenzimmern werden Mädchen immer noch benachteiligt. In: DER SPIEGEL 1992, H. 41, 146

Fingerhut, Karlheinz: Affirmative und kritische Lehrsysteme im Literaturunterricht. Beiträge zu einer Theorie lernziel- und lernbereichsorientierter Textsequenzen. Frankfurt am Main 1974

Flitner, Wilhelm: Zur Lesebuchfrage. In: Hammelsbeck, Oskar (Hrsg.): Überlieferung und Neubeginn. Ratingen 1957, 263–266. Auch in: Helmers, Hermann (Hrsg.): Die Diskussion um das deutsche Lesebuch. Darmstadt 1969, 24–27

Frank, Horst Joachim: Geschichte des Deutschunterrichts. Von den Anfängen bis 1945. München 1973

Freyer, Michael: Rochows „Kinderfreund". Wirkungsgeschichte und Bibliographie. Bad Heilbrunn 1989

Frommholz, Rüdiger: Lesebuchkritik. In: Boueke, Dietrich (Hrsg.): Deutschunterricht in der Diskussion. Forschungsberichte. Paderborn 1974, 419–441

Gail, Anton J.: Das Lesebuch – ein „Informatorium" der Wirklichkeit? In: Wirkendes Wort 1966, 16, 49–57. Auch in: Helmers, Hermann (Hrsg.): Die Diskussion um das deutsche Lesebuch. Darmstadt 1969, 192–205

Geiger, Heinz (Hrsg.): Lesebuchdiskussion 1970–1975. München 1977

Gerth, Klaus: Gedanken zu einem neuen Lesebuch. In: Die deutsche Schule 1965, 57, 23–31. Auch in: Helmers, Hermann (Hrsg.): Die Diskussion um das deutsche Lesebuch. Darmstadt 1969, 165–179

Glotz, Peter / Langenbucher, Wolfgang R. (Hrsg.): Versäumte Lektionen. Entwurf eines Lesebuchs. Gütersloh 1965

Hacker, Hartmut (Hrsg.): Das Schulbuch. Funktion und Verwendung im Unterricht. Bad Heilbrunn 1970

Hacker, Hartmut: Anmerkungen zu einer Didaktik des Schulbuchs. In: Bildung und Erziehung 1980, 33, H. 2, 127–135

Hacker, Hartmut: Vom Begleit- zum Leitmedium. Tendenzen beim Schulbuch. In: Ehrenwirth Grundschulmagazin 1984, H. 4, 3–6

Hamm-Brücher, Hildegard: Wie es im Schulbuch steht. In: Kalow, Gert (Hrsg.): Sind wir noch das Volk der Dichter und Denker? 14 Antworten. Reinbek 1964, 107–115. Auch in: Helmers, Hermann (Hrsg.): Die Diskussion um das deutsche Lesebuch. Darmstadt 1969, 73–83

Härter, Andreas: Textpassagen. Lesen – Leseunterricht – Lesebuch. Frankfurt am Main 1991

Hasubek, Peter: Das Deutsche Lesebuch in der Zeit des Nationalsozialismus. Ein Beitrag zur Literaturpädagogik zwischen 1933 und 1945. Hannover 1972

Hasubek, Peter: Das Lesebuch nach 1945. In: Lange, Günter / Neumann, Karl / Ziesenis, Werner (Hrsg.): Taschenbuch des Deutschunterrichts. Grundfragen und Praxis der Sprach- und Literaturdidaktik. Band 2. 4. Aufl., 1. korrigierter Nachdruck. Hohengehren 1990, 486–507

Hauff, Mechthild: Grundschullesebücher und Arbeitsmigration. In: Die Grundschulzeitschrift 1990, H. 37, 51 f.

Heidecker, Margit: Das Frauenbild im Schulbuch. In: Bayerische Schule 1990, H. 6, 11 f.

Helmers, Hermann: Das Lesebuch als literarisches Arbeitsbuch. In: Der Deutschunterricht 1966, 18, H. 4, 9–18. Auch in: Helmers, Hermann (Hrsg.): Die Diskussion um das deutsche Lesebuch. Darmstadt 1969, 180–191

Helmers, Hermann (Hrsg.): Die Diskussion um das deutsche Lesebuch. Darmstadt 1969

Helmers, Hermann: Geschichte des deutschen Lesebuches in Grundzügen. Stuttgart 1970

Helmers, Hermann: Fortschritt des Literaturunterrichts. Modell einer konkreten Reform. Stuttgart 1974

Helmers, Hermann: Didaktik der deutschen Sprache. 11., neu bearb. Aufl. Stuttgart 1984

Hohmann, Joachim S.: Frauen und Mädchen in faschistischen Lesebüchern und Fibeln. Köln 1986. 2. Aufl., Frankfurt am Main 1991

Hohmann, Joachim S. (Hrsg.): Erster Weltkrieg und nationalsozialistische „Bewegung" im deutschen Lesebuch 1933–1945. Frankfurt am Main 1988

Hohmann, Joachim S. (Hrsg.): Deutschunterricht zwischen Bildungsnot und Bildungskrise. Rückblicke auf die Zeit 1945/46 bis 1968. Frankfurt am Main 1992

Kreft, Jürgen / Ott, Günther: Lesebuch und Fachcurriculum. Düsseldorf 1971

Krejci, Michael: Unterrichtsmedien: Lesebuch und Sprachbuch. In: Lehmann, Jakob / Stocker, Karl (Hrsg.): Fachdidaktisches Studium in der Lehrerbildung. Deutsch 2. München 1981, 157–178

Krogoll, Johannes: Lesebuchforschung. In: Mitteilungen des Deutschen Germanistenverbandes 1978, 25, H. 4, 6–32

Kügler, Hans: Lernen – Kommunizieren – Verstehen. Kritische Bemerkungen zum praktischen Gebrauch einiger Schlüsselbegriffe der Literaturdidaktik. In: Payrhuber, Franz Josef / Weber, Albrecht (Hrsg.): Literaturunterricht heute – warum und wie? Freiburg 1978, 18–34

Kügler, Hans: Grundschullesebuch und Textumgangsformen. In: Baurmann, Jürgen / Hoppe, Otfried (Hrsg.): Handbuch für Deutschlehrer. Stuttgart 1984, 201–221

Lauf-Immesberger, Karin: Literatur, Schule und Nationalsozialismus. Zum Lektürekanon der höheren Schule im Dritten Reich. St. Ingbert 1987

Liedtke, Max: Die Kultur des Menschen als Faktor und Produkt von Erziehung und Schule. In: Kriss-Rettenbeck, Lenz / Liedtke, Max (Hrsg.): Schule im Zusammenhang der Kulturentwicklung. Bad Heilbrunn 1983, 40–52

Marenbach, Dieter: Das Lesebuch. In: Hacker, Hartmut (Hrsg.): Das Schulbuch. Funktion und Verwendung im Unterricht. Bad Heilbrunn 1970, 69–86

Matthias, Adolf: Geschichte des deutschen Unterrichts. München 1907

Melzer, Helmut: Das Lesebuch in der Sekundarstufe I. In: Baurmann, Jürgen / Hoppe, Otfried (Hrsg.): Handbuch für Deutschlehrer. Stuttgart 1984, 221–242

Menzel, Wolfgang (Hrsg.): Fibeln und Lesebücher für die Primarstufe. Paderborn 1975

Meyer, Friedhilde: „Historische Balladen“ in neueren Hauptschul-Lesebüchern. Eine Untersuchung zum Verhältnis von Literatur und Geschichte in Text und Unterricht. Band 1. Hamburg 1991

Minder, Robert: Soziologie der deutschen und französischen Lesebücher. In: Döblin, Alfred (Hrsg.): Minotaurus. Dichtung unter den Hufen von Staat und Industrie. Wiesbaden 1953, 74–87 Auch in: Helmers, Hermann (Hrsg.): Die Diskussion um das deutsche Lesebuch. Darmstadt 1969, 1–13

Mörchen, Helmut: Übersetzung im Lesebuch. Zur Lektüre ausländischer Literatur innerhalb des Deutschunterrichts. Heidelberg 1985

Paefgen, Elisabeth Katharina: Der „Echtermeyer“ (1836–1981) – Eine Gedichtanthologie für den Gebrauch in Höheren Schulen. Frankfurt am Main 1990

Payrhuber, Franz-Josef: Literaturunterricht und Leseunterricht. Zur Diskussion in den siebziger Jahren. In: Ehrenwirth Hauptschulmagazin 1982, H. 2, 3–6

Rebel, Karlheinz: Die industrielle Arbeitswelt in den deutschen Lesebüchern der gymnasialen Oberstufe. In: Der Deutschunterricht 1965, 17, H. 6, 14–30. Auch in: Helmers, Hermann (Hrsg.): Die Diskussion um das deutsche Lesebuch. Darmstadt 1969, 108–129

Rentner, Georg: Wesenszüge und Wandlungen des literarischen Kanons in den deutschen Volksschullesebüchern. Herausgegeben und eingeleitet von Joachim S. Hohmann. Frankfurt am Main 1993

Roeder, Peter-Martin: Zur Geschichte und Kritik des Lesebuchs der höheren Schule. Weinheim 1961. Auszug in: Helmers, Hermann (Hrsg.): Die Diskussion um das deutsche Lesebuch. Darmstadt 1969, 44–72

Rudloff, Holger: Die Lebenswelt in den Lesebüchern für Volksschulen des 19. Jahrhunderts. Dargestellt anhand von Friedrich Wilmsens Lesebüchern. In: Beisbart, Ortwin / Bleckwenn, Helga (Hrsg.): Deutschunterricht und Lebenswelt in der Fachgeschichte. Frankfurt am Main 1993, 91–100

Schanze, Helmut: Literaturgeschichte und Lesebuch. Düsseldorf 1981

Schlewitt, Jörg: Lesebuchexpertise (I, II, III). Eine vergleichende Betrachtung zu Angeboten verschiedener Verlage. In: Der Deutschunterricht 1993, 46, H. 4, 209–217; H. 5, 258–264; H. 6, 315–326

Schlewitt, Jörg: Zu Lesarten von Aufgabenstellungen in Lesebüchern. In: Der Deutschunterricht 1996, 49, H. 11, 566ff.

Schober, Otto: Studienbuch Literaturdidaktik. Neuere Konzeptionen für den schulischen Umgang mit Texten. Analysen und Materialien. Kronberg/Ts. 1977

Schober, Otto: Ökologisches Verhalten als Unterrichtsprinzip. Beispiel: Deutschunterricht und Ökologie. Wien 1991

Schober, Otto: Schulbücher: wirksame Medien. Hochschuldidaktische Erfahrungen. In: Paefgen, Elisabeth Katharina / Wolff, Gerhart (Hrsg.): Pragmatik in Sprache und Literatur. Tübingen 1993, 67–73

Schober, Otto: Schulbücher. In: Liedtke, Max (Hrsg.): Handbuch der Geschichte des bayerischen Bildungswesens, Vierter Band: Das Schulwesen von 1950–1990. Bad Heilbrunn 1997, 1147–1161

Schulz, Bernhard: Lesebuch und Einzelschrift. In: Beinlich, Alexander (Hrsg.): Handbuch des Deutschunterrichts im ersten bis zehnten Schuljahr. 2. Band, 5. Aufl., Emsdetten 1970, 1111–1155

Steinmüller, Ulrich: Lernziele des Deutschunterrichts. Ein historischer Überblick über ihre Entwicklung. In: Linguistik und Didaktik 1979, 40, 269–281

Tischer, Heinz: Geschichte des deutschen Volksschullesebuches von den Anfängen bis zur Mitte des neunzehnten Jahrhunderts. Diss. Erlangen 1969

Tomkowiak, Ingrid: Lesebuchgeschichten. Traditionelle Erzählstoffe in deutschsprachigen Schullesebüchern 1770–1920. Berlin 1993

Ulich, Michaela / Oberhuemer, Pamela (Hrsg.): Es war einmal, es war keinmal ... Ein multikulturelles Lese- und Arbeitsbuch. Weinheim 1985

Ulrich, Winfried: Grundbegriffe des Deutschunterrichts. Kiel 1979

Walz, Ursula (Hrsg.): Lesewerke und Texte für die Grundschule (Beiträge zur Reform der Grundschule – Sonderband S 21/22). Arbeitskreis Grundschule e. V.: Frankfurt am Main 1975

Watzke, Oswald: Die Arbeitswelt im Lesebuch der Grund- und Hauptschule. Bad Heilbrunn 1973

Wermke, Jutta: Medienerziehung im Lesebuch? In: Wirkendes Wort 1980, H. 6, 403–426

Willberg, Klaus: Von der Arbeit des Schulbuchmachers. Chancen und Hindernisse. In: Pädagogik 1992, H. 1, 39–42

Zabel, Hermann: Deutschunterricht zwischen Lernzielen und Lehrplänen. Düsseldorf 1977

Zimmer, Hasko: Bedingungen und Tendenzen der Entwicklung des Deutschunterrichts im 19. und 20. Jahrhundert. In: Mannzmann, Anneliese (Hrsg.): Geschichte der Unterrichtsfächer I. München 1983

WERNER ZIESENIS

Märchen und Sage im Unterricht

Wie alle anderen literarischen Kleinformen haben Märchen und Sage, im Unterschied etwa zur Großform des Romans, der sich zumal im Bereich der Sekundarstufe I eher als „resistent“ erweist (Seifert 1975, 232), ihren selbstverständlichen Platz im Literaturunterricht. Allein der überschaubare Umfang macht Kurztexte – und das gilt auch für die epischen Kurzformen des Märchens und der Sage – zu prädestinierten literarischen Unterrichtsgegenständen (vgl. Scherl 1974, 334). Im Einzelnen aber wird dem Märchen und der Sage ein unterschiedlicher didaktischer Stellenwert zugeschrieben.

Das liest sich schon an der Quantität der jeweils vorliegenden didaktischen Literatur ab. Sind die Arbeiten zum Märchen äußerst zahlreich, so zeigt sich eine Literaturdidaktik der Sage, wenn man einmal von volkskundlichen Tendenzen früherer Jahrzehnte absieht, die sich vor allem für den „Heimatkundeunterricht“ ausgewirkt haben, von jeher als defizitär; ein Sachverhalt, der durch die von Christa Bürger vorgenommene wertende Gegenüberstellung von Märchen und Sage – das Märchen sei „emanzipatorisch“, die Sage hingegen „repressiv“ (s. u.) – nicht gerade verbessert werden konnte.

Während die Sage zumeist nur beiläufig zusammen mit anderen epischen Kurzformen erwähnt wird, stellt sich für das Märchen die didaktische Situation äußerst vielfältig und vielschichtig dar. Sie ist gekennzeichnet durch die grundsätzliche Fragestellung „Märchen – Erziehungshilfe oder Gefahr?“ (siehe Ellwanger / Grömminger 1977); die Positionen reichen von dem unumstößlichen Verdikt „Böses kommt aus Märchen“ (siehe Gmelin 1975) bis zu der ebenso uneingeschränkten Feststellung „Kinder brauchen Märchen“ (siehe Bettelheim 1977).

Verbunden ist die jeweilige grundsätzliche Diskussion mit der Altersstufenproblematik. Während für die Sage – auch die Darstellung von Psaar und Klein (1980) kann hier keine Abhilfe schaffen, zumal sie Sage und Sachbuch in oft unzulässiger Weise aufeinander bezieht – eine Didaktik, bezogen auch auf die Altersstufen, überhaupt erst entwickelt werden müsste, käme es wohl darauf an, das Märchen aus seiner immer noch vorherrschenden Bindung an den Primarbereich zu lösen.

1. Märchen und Sage als Textsorten

1.1. Terminologie und Abgrenzung

Das Wort „Märchen“ ist eine Verkleinerungsform zu „Mär“, mhd. diu maere = Kunde, Bericht, Erzählung, Gerücht. Es bezeichnete ursprünglich also eine kurze Erzählung. Wie andere Diminutiva unterlag es einer Bedeutungsverschlechterung und wurde auf erfundene und unwahre Geschichten angewendet (lügenmaere, tandmaere u.a.). Eine Gegenbewegung gegenüber der Bedeutungsverschlechterung des Wortes „setzte im 18. Jahrhundert ein, als unter französischem Einfluß Feenmärchen und Geschichten aus 'Tausendundeiner Nacht' in Mode kamen" (Lüthi 1974, 1). Seine Etablierung zur Kennzeichnung der Erzählgattungen „Volksmärchen" und dann auch „Kunstmärchen" erfolgte aufgrund der Märchenforschung und der Märchensammlung der Brüder Grimm. Da sich der deutsche Ausdruck „Märchen" so „auf eine besondere Art Erzählung spezialisiert" hatte, wurde er in anderssprachigem Kontext sogar als Fremdwort zur genaueren Textsortenbeschreibung verwendet (ebd. 1f.).

Nahezu parallele Ausführungen müssen zur Terminologie von „Sage" gemacht werden. „Das deutsche Wort 'Sage' läßt sich im Grunde nicht übersetzen. Im Unterschied zu englisch 'legend' – im Deutschen ist 'Legende' auf die 'zu lesende' Heiligenvita eingeschränkt (d. Vf.) – betont es die mündliche Überlieferung, das was 'gesagt' wird" (Röhrich 1971, 1); und zwar ursprünglich im Sinne seiner Glaubwürdigkeit. „Trotz des deutschen Ausdrucks ist 'Sage' aber ursprünglich kein Begriff der volkstümlichen Tradition selbst. Erst die Brüder Grimm – ihre Sammlung 'Deutsche Sagen' erschien in zwei Bänden 1816 und 1818 (d. Vf.) – haben den Ausdruck 'Sage' bekannt gemacht; ihre Begriffsbildung wurde übernommen und ist im Laufe der Zeit im Sinne der wissenschaftlichen Terminologie auch in die allgemeine Umgangssprache eingedrungen." (Ebd. 1)

Eine Textsortenbeschreibung bzw. die Abgrenzung der Gattungen gegeneinander wird sowohl durch die Vielfalt der Erscheinungsformen als auch durch Übergänge und Mischformen erschwert, wobei „Schwank" und „Legende" noch einbezogen werden müssten.

Jacob und Wilhelm Grimm haben in der Vorrede zum ersten Band der „Deutschen Sagen" *gleichzeitig* auf die grundlegenden Unterschiede zwischen „Märchen" und „Sage" wie auf die Problematik, sie voneinander abheben zu wollen, aufmerksam gemacht. Der viel zitierten Formel „Das Märchen ist poetischer, die Sage historischer", wobei für die Sage auf die Bindung an einen Ort oder einen durch die Geschichte gesicherten Namen hingewiesen wird (Deutsche Sagen, 7), steht die Einschränkung gegenüber „Auch soll durch diese Darlegung ihrer Verschiedenheit weder ihr Gemeinschaftliches übersehen, noch geleugnet werden, daß sie in unendlichen Mischungen und Wendungen ineinandergreifen und sich mehr oder weniger ähnlich werden." (Ebd. 8) So enthält denn auch die Sammlung der „Kinder- und Hausmärchen", was häufig nicht genügend beachtet wird, neben den Märchen im „engeren Sinne" zahlreiche Schwank-, Legenden- und Sagenformen. Allerdings wird mit diesem relativierenden Hinweis auch wieder die Typik der Formen unterstellt.

Noch deutlicher tritt das Abgrenzungsproblem in Erscheinung, wenn man über den Bereich des „europäischen Volksmärchens", auf das Lüthi seine Aufmerksamkeit konzentriert, hinausgeht, etwa zu den Märchen im indisch-asiatischen Raum oder den „Naturvölkererzählungen" (siehe dazu Röhrich 1974, 159ff.), denen Lüthi dann kurzerhand die Berechtigung abspricht, Märchen genannt zu werden (siehe Lüthi 1974, 36).

Trotz der beschriebenen Abgrenzungsproblematik hat es durchaus einen heuristischen Wert, Perspektiven zur Unterscheidung von „Märchen" und „Sage" aufzuzeigen, nämlich dann, wenn die zu nennenden Aspekte auf den Typus des „Zauber- und Wundermärchens" einerseits, auf die „dämonologische Sage" als die Kernform dieser Erzählart andererseits bezogen werden.

Als gemeinsame charakteristische Merkmale für das Zaubermärchen und die dämonologische Sage können gelten: die Darstellung phantastisch-wunderbarer Begebenheiten, das Eingreifen übernatürlicher Gewalten in die Alltagswelt, die Metamorphose – es gibt redende und Menschengestalt annehmende Tiere und Dinge und verwunschene Menschen –, das Vorkommen von Riesen, Drachen, Zwergen, Feen, Hexen, Zauberern, Teufeln, das Vorkommen unglaublicher Erscheinungen, die Durchbrechung der Wirklichkeitserfahrung und der Kausalität, die Konfrontation mit dem Außergewöhnlichen bzw. Ungewöhnlichen, das Außer- und Ungewöhnliche als Erzählanlass.

Unterschiedlich stellt sich nun aber den genannten Phänomenen gegenüber die Erzählhaltung bzw. die Wirklichkeitserfahrung dar. So weist Ranke darauf hin, dass sich „die formalen Unterschiede der beiden Gattungen samt und sonders verstehen lassen als die natürlichen und notwendigen Folgen eines über das Formale hinausgehenden, im Wesen der Gattungen liegenden Unterschiedes in ihrem subjektiven Verhältnis zur Wirklichkeit des von ihnen Erzählten" (Ranke 1969, 3). Es ist zur *Unterscheidung der Textsorten* gesagt worden, die Sage sei vergleichsweise einfach, realistisch und pessimistisch, das Märchen dagegen kunstvoll, poetisch, optimistisch. (Vgl. Baumgärtner 1968, 8) Mehr als das Märchen sei die Sage „Wissensgut, Tatsachen- oder Erlebnisbericht", in der ursprünglichen Vermittlung „alter Wahrheiten" komme ihr Wirklichkeitsanspruch zum Ausdruck. (Röhrich 1976, 44) Die Sage zeige den Menschen im Banne des Wahns und der bedrohlichen Mächte, das Märchen gestalte die Befreiung von den Mächten des Bösen und der schicksalhaften Bedrohtheit. In der Sage sei der Held der Geschlagene, im Märchen der Sieger. (Vgl. Baumgärtner 1968, 8) Die Sage wolle das Tragische, denn der Mensch in der Sage erleidet ein Schicksal; das Märchen wolle das Glück. (Bausinger 1956, 40f.) In der Sage stünden Wirklichkeit und Nichtwirklichkeit einander gegenüber. Im Märchen gelte dagegen das Prinzip der „Eindimensionalität" (Lüthi); denn diesseitige und jenseitige Wesen begegnen sich wie selbstverständlich und unbefremdet auf *einer* Ebene. (Siehe Lüthi 1961, 25ff.) Im Mittelpunkt des Märchens stehe im Unterschied zu Sage und auch Legende immer der Mensch. Die dämonologische Sage habe keinen Helden im Sinne des Märchens. „Im Mittelpunkt ihres Geschehens stehen die jenseitigen Figuren" (Röhrich 1971, 15) bzw. das Außergewöhnliche und Bedrohliche, das dem Menschen begegnet und nach einer Erklärung verlangt. Während der Held des Märchens handelnd seinen Weg gehe, sei der Mensch in der Sage „in anderer Weise doch zugleich aktiver, selbständiger als die Märchenfiguren: Er versucht das Geschehen zu durchdringen." „Der Märchenheld interessiert sich nicht für das Woher und Warum der jenseitigen Figuren und Vorgänge, der Mensch der Sage aber grübelt über diese Dinge nach." (Lüthi 1970, 28 u. 35) Das Märchen flöße Vertrauen und

Sicherheit ein, es gebe Antwort, während die Sage beängstigend frage. (Lüthi 1973, 110) Die Märchenhandlung sei aus der Perspektive des „scharf auf Glück Ausziehenden" (Bloch) organisiert und im Gegensatz zur Sage, die sich an den vorgegebenen Normen orientiere, dementsprechend „aus der Perspektive von unten" erzählt. (Bürger 1974, 251)

1.2. Themen und Motive

a) *Märchen.* Themen und Motive des Märchens spiegeln die ganze Fülle menschlicher Möglichkeiten und zwischenmenschlicher Beziehungen. Auf den ersten Blick scheinen die Motive des Wunderbaren sowie die Darstellung menschlicher Wünsche und deren Befriedigung das Märchen thematisch zu konstituieren. Wichtiger sollte aber dennoch eine innere realitätsbezogene Thematik sein, die sich als grundlegend und durchgängig unter verschiedenen Aspekten sehen lässt (vgl. zum folgenden Gedankengang auch Röhrich 1974, 232ff.): Die erzählerische Grundkonstellation ist eigentlich immer durch eine Konfliktsituation gegeben; menschliche Nöte, Schwierigkeiten, Probleme stehen am Anfang und müssen behoben und bewältigt werden. So gesehen wäre das zentrale Märchenthema die Überwindung der Hindernisse sowie die Lösung der Probleme, die sich dem Helden in den Weg stellen. Damit korrespondiert das Grundmotiv der Wanderschaft oder gar der Suchwanderung: „der Märchenheld ist wesentlich ein Wandernder" (Lüthi 1973, 108), er ist auf dem Wege, nämlich auf dem Wege der Selbstfindung. Aber sich selbst zu finden ist immer auch eine Frage der Be-Gabung. Der Märchenheld bedarf der Gaben der jenseitigen Helfer, die sich zur rechten Zeit einstellen, und „ist (so) der Begabte im eigentlichen Sinne des Wortes" (ebd. 110). Auf diese Weise wird die Frage nach dem Glück zum Grundgedanken des Märchens. Jedoch nicht jeder findet sein Glück: die Bedingung dafür ist die Bewährung, die Erprobung und häufig eine im religiösen Sinne zu begreifende Opferbereitschaft. Unter dem Aspekt der Bewährung und Erprobung bedeutet das Märchenglück für den Märchenhelden Befreiung, von äußeren Nöten und inneren Problemen. Freisetzung und Befreiung als Grundmotiv verweist auf einen weiteren Aspekt, so dass die Läuterung des Menschen, seine Reifung als zentrales Thema des Märchens verstanden werden kann. Und schließlich: der Märchenkonflikt spielt sich nicht selten im sozialen Spannungsgefüge ab; Arm und Reich, Unten und Oben stehen einander gegenüber. Das Märchen stellt für seine Helden „immer wieder einen Aufstieg dar" (Lüthi 1973, 107), d.h. wiederum allgemeiner, als nur auf den sozialen Aufstieg bezogen, es stellt den Menschen dar als einen, „der über sich hinauszuwachsen vermag" (ebd. 108).

b) *Sage.* Themen und Motive der Volkssage lassen sich an den unterscheidbaren Funktionsformen sowie an den Klassifizierungen ablesen, die von der Sagenforschung vorgenommen worden sind. Die Frage nach der Funktion der Sage stellte sich zunächst gleichlautend mit der Frage nach ihrer Entstehung. „Drei grundsätzlich verschiedene Antworten" meinte Ranke 1925 geben zu können, deren Brauchbarkeit für die Sagenforschung sich inzwischen erwiesen hat und die – gerade auch in dieser Reihenfolge – für eine Didaktik der Sage von Bedeutung sein könnten. Eine große Anzahl von Volkssagen verdanke ihre Entstehung „dem Bedürfnis des Volkes nach einer Erklärung für gewisse auffallende reale Gegebenheiten seiner Umwelt" (Ranke 1969, 6). Nach Deutung und Erklärung verlangen etwa besondere Auffälligkeiten in der Natur wie die Form eines Berges, ein Steinkreuz an einsamer Stelle, ungewöhnliche Orts- und Familiennamen, besondere – nicht mehr verstandene – Bräuche u. a. Angesprochen ist hier also die Gruppe der Ursprungs-, Erklärungs- oder ätiologischen Sagen. „Eine zweite Gruppe von Volkssagen sind nachweislich entstanden und herausgewachsen aus irgendeinem tatsächlichen Ereignis" (ebd. 7); zumeist sind das Dinge von eng begrenztem lokalgeschichtlichem Interesse, aber auch historische Geschehnisse von weitreichenderen Dimensionen. Wiederum ist die Erklärungsbedürftigkeit bzw. die vermeintliche Unerklärlichkeit eines Ereignisses der Erzählanlass. Zur ätiologischen Entstehung sowie der Entstehung aus dem Ereignis tritt nach Ranke ein drittes Entstehungsprinzip hinzu, nämlich „die Entstehung aus dem Erlebnis" (ebd. 10). Das betrifft die Gruppe der Volkssagen, in denen von der Begegnung eines Menschen mit einem Wesen der Geisterwelt, mit Spukerscheinungen, mit umgehenden Toten, mit Waldgeistern, Kobolden, Zwergen usw. erzählt wird. Bausinger nahm entsprechend diesen Unterscheidungen eine Kategorisierung vor, indem er der Entstehung aus dem Erlebnis die „dämonische Sage" zuordnete, der Entstehung aus dem Ereignis die „historische Sage", der Entstehung aus der Objektivation, d. h. einer gegenständlichen Realität, die „ätiologische". (Bausinger 1965, 177 f.) (Vgl. dazu auch Pellens / Petzoldt 1978, 11 f.; den Vorschlag einer Expertenkommission für ein Internationales Klassifizierungssystem von Sagen, siehe Hand 1969, 424 f. sowie die daran orientierte Gliederung der „Deutschen Sagen" in Petzoldt 1978)

Auf die Klassifizierungsproblematik, weil sich überall und immerfort Überschneidungen ergeben, wurde vielfach hingewiesen; ja die Volkssagenforschung ist über Gebühr von Kategorisierungs- und Klassifizierungsversuchen in Anspruch genommen worden.

Sagen thematisieren den Menschen in einer spezifischen Sichtweise seiner selbst und der Welt. Das zeigt sich insbesondere für die dämonologischen Sagen im Niederschlag von „binären Oppositionen" (Röhrich, 1976, 32). „Dämonologische Sagen enthalten im allgemeinen nur zwei handelnde Personen: den Menschen und ein übernatürliches Wesen. Sie sprechen von Glaubensvorstellungen, Konflikten, Provokationen, Tabuverletzungen, Normübertretungen zwischen diesen beiden Partnern." (Ebd. 32) War für das Märchen auf die Anlage von Konfliktsituationen erst aufmerksam zu machen, so gilt für die (dämonische) Sage, dass konfliktbildende Situationen all ihre zentralen Motive konstituieren, dass sie primär aus dem Konflikt lebt. Dieser Konflikt nun wird erfahrbar in der Projektion auf das Jenseitige, Unheimliche oder Unerklärliche. „Mensch und Dämon (als Projektion, d. Vf.) begegnen sich in einem Spannungsverhältnis, wobei der Mensch fast stets eine Norm verletzt und dafür negative Konsequenzen zu tragen hat." (Ebd. 32) Das impliziert zweierlei, nämlich, dass „das Dämonische" in der Sage als „ein Aspekt des Menschen" erscheint (ebd. 40) und dass „dämonologische Sagen Bestrebungen des Menschen sind, seine Ängste (die aus Spannungen und Konflikten resultieren, d. Vf.) zu bewältigen“ (ebd. 39). „Die Sage sucht das Unerhörte und Unerklärliche, das die allgemeinen Normen Übersteigende in die erklärenden Kategorien und Formen zu bannen“, und zwar solche, „die vom Volksglauben und in überlieferten motivischen Mustern bereitgestellt sind.“ (Bausinger 1968, 178)

Röhrich bemerkt, dass jede Sage eine oder auch mehrere Funktionen habe, „sei es eine unterhaltende, eine didaktisch-moralisierende, eine erklärende, eine die Angst bezwingende, eine sozialkritische oder was immer“. (Röhrich 1976, 39f.) Aufgrund der obigen Überlegungen lässt sich dazu die folgende Differenzierung vornehmen.

Auf den Sagenerzähler bezogen wären zunächst einmal drei Motivaspekte herauszuheben: das Bestreben nach Erklärung und Deutung; das Bestreben, Ängste und Konflikte, und zwar im psychischen wie sozialen Kontext, zu bewältigen; die Realisation von Glaubensvorstellungen. Adressatenbezogen wären diese Aspekte dann zu ergänzen, da die Sage nicht nur „Erlebtes“ oder etwas, „das sich zugetragen haben soll“, vermitteln will, durch die Kategorien Unterhaltung, Moraldidaxe, praktische Verhaltenslehre und auch Sozialkritik.

Auf die in der Sage auch vorhandene soziale Funktion weist Lüthi hin, indem er dem „Warnbild“ in der Sage und der Warnsage, in der eine „rigorose Ethik“ und ihr „Vergeltungsglaube“ (Röhrich 1976, 48) zum Ausdruck kommen, die Kategorie des „Leitbildes“ gegenüberstellt. Wenn die Warnsage in den Dienst normierender Gruppeninteressen trete, so zeige die Leitbildsage „auffallend oft das Ideal der (interessenunabhängigen) Selbstlosigkeit.“ (Lüthi, Warnbild und Leitbild in der Volkssage, in Lüthi 1970, 47)

1.3. Zur formalen Struktur

a) *Märchen.* Hinsichtlich der formalen Struktur des Märchens soll hier nur auf zweierlei hingewiesen werden – was allerdings Überschneidungen einschließt –, nämlich auf das von Lüthi bereitgestellte Instrumentarium zur Beschreibung der Bauprinzipien des Märchens sowie auf die Formelhaftigkeit (z. B. Eingangs- und Schlussformeln), das Grundmuster der Wiederholung (Dreizahl u. a.) und insbesondere auf das kompositorische Grundprinzip des Kontrasts, die den Märchenstil kennzeichnen. Auf die lesedidaktische Bedeutung der einfachen Polarisierung hat Bettelheim hingewiesen; für ihn ermöglichen Märchen ein kinderspezifisches und entwicklungspsychologisch notwendiges „Denken in Kontrasten“ (siehe Bettelheim 1977, 73). Vom Prinzip des Kontrasts her, indem er nun die Opposition des Schönen und Hässlichen als grundlegendes Strukturmuster beschreibt, versucht Lüthi in einer neueren Arbeit sowohl eine „Ästhetik“ wie eine „Anthropologie“ des Märchens, die Grundbefindlichkeit des Menschseins betreffend, zu entwickeln. (Siehe Lüthi 1975)

Seine bekannten auf einen Idealtypus des europäischen Volksmärchens bezogenen Kategorien der „Eindimensionalität“, der „Flächenhaftigkeit“, des „abstrakten Stils“, der „Isolation und Allverbundenheit“ sowie der „Sublimation und Welthaltigkeit“ (siehe Lüthi 1976) erscheinen dort in einem neuen Zusammenhang. Sie stellen als solche ein etabliertes Instrumentarium der Bauformen des Märchens dar, sind aber wegen ihrer Idealtypik (hier besonders die Kategorien „Flächenhaftigkeit“ und „Sublimation“) und ihrer geringen Trennschärfe kritisierbar, es sei denn, man versteht sie als mehrperspektivische Zugriffe auf immer wieder denselben Sachverhalt.

b) *Sage* . Offenbar weil die Sage seit den Grimms als weniger poetisch oder unkünstlerisch im Vergleich zum Märchen gilt und den volkskundlichen Sagenforschern die Sageninhalte wichtiger sein mussten, wurde ihrer formalen Struktur zunächst wenig Aufmerksamkeit geschenkt (vgl. Röhrich 1976, 32) – bis auf Zuschreibungen, die sie durch Lüthis strukturell vergleichende Arbeiten gleichsam ex negativo erfuhr.

Eine funktional begründete, d. h. eine auf „das komplizierte Verwobensein von Form, Inhalt und Aussage der Sage“ sowie auf ihre gesellschaftlichen Entstehungsbedingungen zielende Forderung auch zur Beschreibung von „Form“ und „Struktur“ der Sage erhebt die ungarische Sagenforscherin Linda Dégh. (Dégh 1969, 375 f.) Über Feldforschungen, d. h. die Untersuchung der originären, also mündlich erzählten Volkssage (versteckte Tonbandmitschnitte bei Zusammenkünften, wo Sagen erzählt wurden, Anfang der 60er Jahre), kommt sie selbst zu dem zunächst allgemeinen Ergebnis, „das wesentliche Charakteristikum der Sage“ sei „lockere Form und lockerer Inhalt, die um einen festen Kern oszillieren (d. h. die verschiedenen Erzähler liefern Varianten um einen deutlich identifizierbaren Erzählkern, d. Vf.), und ihre Verbindung zum wirklichen Leben und Glauben.“ (Ebd. 376) Das Gesamtergebnis wird dahingehend spezifiziert: Die Sage besitze einen leicht erkennbaren Rahmen, eine Einführung und einen Schluss. Sie dienen dazu, die Glaubwürdigkeit der Geschichte zu erhöhen. Die Einleitung enthalte „als wichtigstes den Grund für die Erzählung, den Kern, den Rat, die allgemeine oder konkrete Warnung.“ Weiterhin sei wichtig die Identifizierung der handelnden Personen, die genaue Festlegung der Zeit und des Ortes. Die Handlung selbst verläuft nach ähnlich wiederkehrenden Abfolgemustern. Wie die Einleitung zeichne sich die Geschichte selbst durch Genauigkeit aus. „Das betrifft vor allem die äußerst realistische Beschreibung des sogenannten sozialen Hintergrundes des Ereignisses ... und die ausführliche Darstellung der seelischen Disposition, d. h. der Wirkung des in der Sage erzählten Erlebnisses auf die Betroffenen.“ (Dégh 1969, 387) Gewiss sind je nach den Untersuchungsvoraussetzungen (heute noch lebendig erzählte, literarisch fixierte Sage u. ä.) und den verschiedenen Sagenformen unterschiedliche Ergebnisse zur formalen Struktur der Sage zu erwarten. Der funktionale Ansatz Déghs könnte gerade auch didaktisch von einigem Interesse sein.

2. Zur Forschungslage

Die kontroversen didaktischen Positionen zum Märchen sind sicher mitbedingt durch die Forschungslage. „Der wissenschaftlichen Forschung“, so behauptet Dieter Barber, „ist bis heute eine überzeugende Deutung des Phänomens Märchen nicht gelungen.“ (Barber, Bd. 12, 5239) Dem muss wohl zugestimmt werden, denn das leitende Interesse der Märchenforschung ist jeweils von einseitigen Fragestellungen bestimmt. Als Forschungsansätze sind vor allem der literaturwissenschaftliche, der psychologische, der volkskundliche und der soziologische zu nennen.

a) *Der literaturwissenschaftlichen Märchenforschung* liegt es bisher insbesondere an einer genauen Phänomen- und Strukturbeschreibung der Textsorte sowie an deren Abgrenzung gegenüber anderen Gattungen. Sie wird kritisiert und ist kritisierbar, insofern sie zu formal bleibt und zu wenig nach der Funktion des Märchens fragt.

In erster Linie sind in diesem Bereich die Arbeiten Max Lüthis zu nennen, für den sich neben der dominierenden Beschreibung der Bauform und der Stilmerkmale des Märchens die Bedeutungs- und Funktionsfrage doch von vornherein mitstellt. (z. B. Lüthi, 1976, 76ff.) In dem schon erwähnten Buch „Das Märchen als Dichtung. Ästhetik und Anthropologie" (1975) intendiert er am deutlichsten mehr als eine formale Strukturbeschreibung, indem er zugleich nach der „künstlerischen Gestalt des Volksmärchens" fragt und „ob im Märchen ein bestimmtes Bild des Menschen und seiner Welt enthalten sei" (ebd. 7). Das heißt – da der historische, kulturelle, gesellschaftliche Kontext ausgeklammert bleibt –, dass die „anthropologische Aussage" des Märchens für Lüthi unmittelbar aus der Form ablesbar ist. Damit verbleibt er in der Konsequenz seines ursprünglichen Forschungsansatzes. Der Mensch erscheint im Märchen – unter anderem, ein wichtiges Korrektiv liefere die Sage, denn „Märchen und Sagen komplementieren einander" (ebd. 169) – als das, was er auch in Wirklichkeit ist: als ein „Mängel-" und „Umwegwesen", als „leicht von seiner Umwelt ablösbar und eben deshalb vielseitig beziehungsfähig." (Siehe ebd. 151 ff., insbesondere 168)

Eine konsequent strukturalistische „Morphologie des Märchens" legte schon 1928 der russische Forscher Vladimir Propp als „wichtigste Voraussetzung für eine historische Erforschung des Märchens" vor (Propp, 1975, 22). Propps Methode zielt auf die Isolierung und systematische Erfassung der Bestandteile des Märchens. Er „geht dabei von der strukturellen Gleichheit aller Zaubermärchen aus" (Schödel, 1977, 112), wobei die Funktion der handelnden Personen als Konstante, die Zahl der Funktionen als begrenzt und ihre Reihenfolge als feststehend angenommen wird (siehe Propp, 1975, 27f.).

b) Die *psychologische Märchenforschung* versteht Märchen als Darstellung seelischer Reifungsprozesse und unterzieht sie psychoanalytischer Deutung. Ihre Schwäche liegt darin, dass die Deutungsansätze die Grenze der spekulativen Konstruktion oft beträchtlich überschreiten.

Die direkte Affinität zwischen Kind und Märchen nachzuweisen, unternahm mit der erstmalig 1918 veröffentlichten Arbeit „Das Märchen und die Phantasie des Kindes" Charlotte Bühler. (Bühler / Bilz, 1977) Von dem Konstrukt eines entwicklungspsychologisch statischen „Märchenalters" ausgehend, leitete sie eine doppelte Fragestellung, nämlich Aufschlüsse über die Phantasie des Kindes aus dem Märchen, das als originäre Kinderliteratur betrachtet wurde, zu erhalten und die für das Märchen charakteristischen Merkmale auf die kindliche Vorstellungswelt zu beziehen. Entsprechungen sah sie zunächst in der formalen Struktur. Formelhaftigkeit, Wiederholungen und Polarisation; der lineare Handlungsaufbau und die Reihung spannender Ereignisse und Taten; die Typisierung der Figuren statt der Zeichnung individueller Personen kommen dem kindlichen Wahrnehmungsvermögen und dem analogiebildenden Denken entgegen. (Bühler / Bilz, 1977, 32 ff.) Das „Wanderbedürfnis der vorstellenden Phantasie" (ebd. 52) korrespondiert mit der Wanderschaft des Märchenhelden. Das Ungewöhnliche, das Wunder ist dem Kinde bedeutsam, um sich geistig und richtungssuchend daran zu erproben. (Ebd. 59) Dem Gerechtigkeitsbedürfnis wird im Sinne einer „einfachen Volksmoral" (ebd. 34) entsprochen; das Kind kann Sympathien und Antipathien verteilen; das Gute siegt über das Böse. Die – ungünstige – Auswirkung der Märchenalter-Theorie für die Literaturdidaktik war beträchtlich, so dass das Märchen als die genuine aus sich selbst wirksame Textsorte für den Primarbereich angesehen wurde. Über die Affinitätsstrukturen erneut nachzudenken, dürfte sich lohnen.

Tiefenpsychologische Deutungen des Märchens setzten unter dem unmittelbaren Einfluss Freuds ein, indem dessen Prinzipien der Traumdeutung auf das Märchen angewandt wurden. Märchensymbole wurden wie die von Freud beschriebenen Traumsymbole als Spiegelungen des Unbewussten verstanden, Märchen wie Träume vor allem sexualsymbolisch gedeutet. Märchendeutung unter diesen Vorzeichen musste zwangsläufig zum Versuch werden, vorgegebene „psychoanalytische Kategorien am Märchen zu verifizieren" (Barber, Bd. 12, 5239).

Eingehender als alle anderen psychologischen Richtungen beschäftigte sich die Schule C. G. Jungs, auf der Theorie des Kollektiv-Unbewussten fußend, mit dem Märchen. Die von Jung angenommenen „Archetypen", Urbilder des Menschseins und „Urbereitschaften, in typischen Situationen typisch zu reagieren" (Laiblin, 1969, XIX), manifestieren sich u. a. auch in den Phantasiegebilden des Märchens. „So wird für Jung und seine Schüler das Märchen zu einer Darstellung innerseelischer Vorgänge" (Lüthi, 1974, 103), d. h. die Mächte des Bösen, die Hexen und Stiefmütter usw., hätte man nicht in erster Linie als äußere Gegenspieler, sondern als seelische Projektionen zu verstehen.

Eine spezielle Variante tiefenpsychologischer Märchendeutung findet sich in einer Reihe entwicklungspsychologisch orientierter Arbeiten, wie etwa der von Josefine Bilz (in Bühler / Bilz 1977), die Märchen als Darstellung von Reifungsprozessen begreifen. Bilz beschreibt diese Reifungsvorgänge in „Kindheit und Jugend und beim Eintritt in Ehe und Mutterschaft" am Beispiel des Märchens „Rumpelstilzchen", KHM 55 (Bühler / Bilz 1977, 125 ff.) und bezieht sie auf Realerlebnisse ihrer Patienten. (Eine Zusammenstellung von Arbeiten zu „Märchenforschung und Tiefenpsychologie" findet sich in dem gleichnamigen Sammelband von Laiblin 1969)

Tiefenpsychologische, entwicklungspsychologische und pädagogische Aspekte unter Einbeziehung literaturwissenschaftlicher Forschungsergebnisse verbindet die Arbeit von Bettelheim „Kinder brauchen Märchen" (1977), welche der Märchendiskussion wieder Auftrieb gegeben hat. Auch bei ihm sind die psychologischen Deutungen nicht frei von Überzeichnungen, in vielem aber überzeugender als die auf mechanistischer Symbolübertragung beruhenden psychoanalytischen Arbeiten. Das Buch enthält didaktisch wertvolle Anregungen. Hingewiesen sei hier nur auf einige rezeptionsästhetische Gesichtspunkte, die sich aus Bettelheims Argumentationen ergeben: Die Wirkung von Märchen ist dadurch gegeben, dass sie das Unbewusste und das Bewusste (ebd. 61), die Phantasie und den Intellekt ansprechen (ebd. 114), dass sie darauf aus sind, Freude zu bereiten und zu belehren; dass sie mit all dem die notwendige psychische Entwicklung fördern. Märchen können entlastend (ebd. 39 u. 127) und therapeutisch (ebd. 29) wirken; sie vermitteln Optimismus und wecken Hoffnung (ebd. 30 u. 43); sie spenden Trost und richten auf (ebd. 136ff.); sie ermöglichen dem Kind Projektionen, z. B. von Aggressionen und Ängsten (ebd. 66).

c) Die *volkskundliche Märchenforschung* betont den Bezug des Märchens zur Realität stärker als zum Nichtwirklichen; sie bezieht in Märchen vorkommende Elemente auf reales historisches Brauchtum. Sie fragt grundsätzlich nach der allgemeinmenschlichen, der anthropologischen Disposition für das Märchen. Hier besteht die Gefahr darin, voreilig Schlüsse von einzelnen Märchenelementen auf die Wirklichkeit zu ziehen.

Volkskundlich orientiert war die gesamte Märchenforschung des 19. Jahrunderts bis hin zur historisch-geographischen Methode und der vergleichenden Motivforschung der finnischen Schule zu Beginn dieses Jahrhunderts, die schließlich zur Erstellung des Typenregisters von Aarne und Thompson führte. (Siehe Lüthi 1974, 18ff.) Die Märchenforschung des 19. Jahrhunderts fragte nach Ursprung und Entstehungszeit der Märchen, nach dem Niederschlag der Sitten und Denkgewohnheiten primitiver Völker im Märchen und verstand sich wiederum in der Nachfolge der Brüder Grimm als Mythenforschung. (Siehe ebd. 62ff.)

Als neuere wichtige Arbeit auf diesem Gebiet ist insbesondere Lutz Röhrich, „Märchen und Wirklichkeit" (1974) zu nennen, der den Wirklichkeitsbezug im Märchen und seine Wirklichkeitselemente in verschiedenen Zusammenhängen aufsucht, z. B. in der ätiologischen Erzählung, wo sie besonders deutlich greifbar sind, hinsichtlich Sitte und Brauchtum, oder der Grausamkeit im Märchen, in der Naturvölkererzählung, die „das Märchen auf einer noch geglaubten Stufe zeigt" (ebd. 160) u. a.

d) Ansätze der *soziologischen Forschung* oder besser der soziologischen Betrachtungsweise versuchen das Märchen zu den gesellschaftlichen Strukturen der mutmaßlichen Entstehungszeit in Beziehung zu setzen und achten besonders auf seine potentielle soziale Funktion. Hier müssen die sich aus der jeweiligen eigenen ideologischen Position ergebenden Generalisierungen und Absolutsetzungen kritisiert werden.

Die soziologisch-didaktische sich als ideologiekritisch verstehende Einschätzung des Märchens zeigt die gesamte Spannweite zwischen rigoroser Ablehnung und uneingeschränkter positiver Beurteilung. Nahezu gleichzeitig sorgten die diesbezüglichen Ausführungen von Gmelin und Bürger für lebhafte Diskussionen.

Für Gmelin stellt das Märchen „jeweils einen historischen gesellschaftlichen Modellfall" dar. Märchen als verdinglichte Bestandteile einer bestimmten Zeit haben

„nichts Ewiges, nichts Archetypisches". Sie sind „keine freien Phantasiegeschichten, sondern wie alle sprachlichen Gebilde konkrete, historisch bedingte, ökonomisch notwendige Handlungsanweisungen für Kinder und Erwachsene. Sie spiegeln bestimmte historische Zustände und Familiensituationen wider. Mehr: Sie sind Diktate zur Arbeitsanweisung, die notwendig aus einer historischen Situation und ihrer ökonomischen Produktionsweise kommen bzw. zu ihr im Wechselbezug stehen. Insofern sind sie – auf heute bezogen – immer 'falsch', d.h. immer ideologisch." (Gmelin 1977, 25)

Im Unterschied dazu geht es Christa Bürger unter Berufung auf diesbezügliche philosophische Überlegungen bei Ernst Bloch darum, „den in der Rezeptionsgeschichte verschütteten Protest der Märchen freizulegen bzw. die ideologische Wirkung der Sagen erkennen zu lassen" (Bürger 1971, 28). Ihr dichotomisches Denkmodell ist bei Bloch vorgezeichnet (vgl. Sauer 1973, 229). Bürger meint die emanzipatorische Funktion des Märchens einerseits, die antiaufklärerische, repressive der Sage andererseits aus der Strukturform vor allem des Märchens, wobei sie sich auf Kategorien Lüthis bezieht, sowie aus der unterschiedlichen Erzählperspektive ablesen zu können. Die Märchenhandlung ist aus der Perspektive des „scharf auf Glück Ausziehenden" (Bloch) organisiert und dementsprechend „aus der Perspektive von unten" geschrieben. (Bürger 1974, 251) „Der Sagenerzähler (dagegen) ordnet das Geschehen an aus der Perspektive der Herrschenden." (Bürger 1971, 49) Ganz abgesehen davon, dass Bürger – wie auch Bloch – ihre Thesen aus wenigen „geeigneten" und dementsprechend interpretierten Märchenbeispielen gewinnt, muss sowohl die kurzschlüssige Argumentation zurückgewiesen werden, dass sich aus dem „optimistischen Weltbild" des Märchens sowie aus dem „pessimistischen" der Sage sogleich auch eine „befreiende" bzw. „bannende" Wirkung ergebe, wie auch die Unterstellung, die Sage werde aus der Perspektive der Herrschenden erzählt. Mit Recht bemerkt Psaar, es lasse sich „schwer vorstellen, dass Märchen- und Sagenerzähler gleichsam oppositionelle Fraktionen innerhalb der Volksdichtung bildeten." (Psaar / Klein 1976, 80; zur Kritik an Bürger bzw. marxistisch orientierter Märchendeutung siehe außerdem Sauer 1973 und Haas 1976, 157f.)

Eine mittlere Position etwa zwischen Gmelin und Bürger nehmen Richter und Merkel (1974) ein. Auf die Frage nach der emanzipatorischen Funktion von Märchen geben sie Antworten in zwei Richtungen. Nachdem Märchen, zur Kinderliteratur geworden, ihren ursprünglichen realistischen und sozialen Sinn verloren haben, gelte es, sie „wiederzuentdecken als historische Bilder", Märchenbilder „mit ihrem historischen Ursprung in Beziehung zu setzen, Märchen als eine Art Beispiel dafür zu nehmen, wie Unterdrückte von der Überwindung der Unterdrückung träumten ..." (Richter / Merkel 1974, 115 u. 114). Die positivere Möglichkeit scheinen die Autoren jedoch darin zu sehen, „Modellgeschichten zu entwickeln", die der gegenwärtigen gesellschaftlichen Wirklichkeit entsprechen und gleichzeitig die Vorzüge der überschaubaren und verfremdeten Märchenstruktur enthalten (siehe ebd. 135).

e) Der didaktischen Vernachlässigung der Sage entspricht der Stand der *Sagenforschung*. Im Vergleich zur Erforschung des Märchens setzte nach Petzoldt (Petzoldt

1969, Einleitung) die wissenschaftliche Beschäftigung mit der Volkssage 100 Jahre später ein. Sie habe sich erst in den letzten Jahrzehnten als eigenständiger Forschungszweig der Volkskunde etablieren können. Das anfängliche Fehlen einer wissenschaftlichen Terminologie der Sagenforschung bedingte, „daß man die Kategorien oftmals im Gegensatz, also an der Gegenüberstellung von Sage und Märchen gewann" (ebd. 7) und führte dazu, so kann man hinzufügen, dass Definitions- und Klassifizierungsprobleme (siehe die Beiträge in Petzoldt 1969) dann zu sehr und zu lange dominierten. So ist die Kritik zu verstehen, dass Sagenforschung ihren Gegenstand bisher zu statisch aufgefasst habe (Röhrich, Was kann und soll Sagenforschung leisten, in 1976, 31).

Röhrich nennt die folgenden Erkenntnisziele und Forschungsansätze einer heutigen Sagenforschung (Röhrich 1976, 31), die insgesamt den oben zum Märchen vorgestellten Forschungsrichtungen entsprechen. Ich will sie, geringfügig variiert, in zwei Gruppen aufteilen: a) in die der dominierenden Forschungsansätze, nämlich 1. Terminologie und Klassifizierung, 2. kulturgeschichtliche Sagenforschung; b) in die der neueren Ansätze und Desiderate, nämlich 3. Strukturalismus, 4. psychologische Deutungen, 5. funktionalistische und sozialgeschichtliche Fragen.

Für die kulturgeschichtliche Sagenforschung sieht Röhrich auch in Zukunft ein fruchtbares Arbeitsfeld. Sie berührt sich mit der funktionalistisch und sozialgeschichtlich orientierten (siehe Dégh). Die so orientierte Sagengeschichte – das betont Röhrich gegenüber Bürger – „ist auch Aufklärungsgeschichte". Die Welt der Sage sei irrational, aber auch „voll von Erklärung, von Kausalität und von Logik." Die „Aufklärungsarbeit" der Sagengeschichte liegt auch darin, „festzustellen, wo die sozialgeschichtlichen, geistes- und religionsgeschichtlichen Gründe liegen, die die Sagen auf Jahrhunderte empirischer Rationalität entzogen haben." (Röhrich 1976, 35) Psychologische Sagenforschung werde berücksichtigen müssen, dass auch Sagen – zumal die aus dem Erlebnis entstandenen ursprünglichen „Memorate" – Projektionen sind, z.B. Darstellungen personifizierter Angst (ebd. 57). Strukturalistische Forschungen lägen noch kaum vor, obwohl die Gattung sich dazu anbieten würde. (Ebd. 32) Abschließend verlangt Röhrich – was auch für die Märchenforschung gelten sollte – einen „Methodenpluralismus", der „funktionalistische, strukturalistische, historische und psychologische Sichtweisen miteinander verbindet." (Ebd. 43) Eine detaillierte Aufarbeitung zur Geschichte und Erforschung der Volkssage unter gattungstypologischen, anthropologischen, morphologischen, motivischen und funktionalen Gesichtspunkten liefert Petzoldt 1989.

3. Zur didaktischen Situation

Didaktische Fragestellungen wurden in den vorausgegangenen Kapiteln immer schon mit angesprochen, in Kap. 2. insbesondere bei den Ausführungen zur psychologischen und zur soziologisch-pädagogischen Forschungslage des Märchens.

Die Textsortenbeschreibung in Kap. 1. kann als Grundlage für eine jeweilige Sachanalyse dienen, aus der sich dann textsortenbezogene und Lernziele für die einzelnen ausgewählten Textbeispiele unmittelbar ableiten ließen. Im Folgenden soll zur Kennzeichnung der didaktischen Situation nun nicht stationenweise verfahren, sondern ein systematischer Aufriss gegeben werden.

3.1. Systematischer Aufriss

Die *Situation der Märchendidaktik* ist gekennzeichnet

a) durch den kontinuierlichen Wechsel von Ablehnung und Zuwendung bzw. durch die nahezu beständige Opposition von positiver und negativer Beurteilung;
b) durch eine didaktisch-methodische „Entwicklungslinie“, die mit der allgemeinen Diskussion um die Literaturdidaktik in den letzten Jahren und Jahrzehnten korrespondiert;
c) durch die Wendung zur intensiveren Arbeit am Text im Primarbereich einerseits, durch die Aufhebung der primären Bindung des Märchens an den Primarbereich andererseits;
d) durch die zunehmende Berücksichtigung des mediendidaktischen Aspekts zum Märchen;
e) durch die Ausweitung der Fragestellungen über das Märchen hinaus auf phantastische Literatur überhaupt.

Zu a) Zur Zusammenfassung der „Argumente für und gegen das Märchen“ kann auf eine Auflistung zurückgegriffen werden, die Röhrich vorgenommen hat. Einwände gegen das Märchen lauteten: es sei „weltfern und anachronistisch“, „unwahr und kitschig“, es zeige „antiquierte gesellschaftliche Verhältnisse“ sowie „Rollenzwänge aus der patriarchalischen Welt“, gegen die „Grausamkeit des Märchens“ seien immer wieder pädagogische Bedenken vorgetragen worden, es discipliniere die Kinder und sei „Ausdruck repressiver und autoritärer Erziehung“, (Röhrich 1976, 21f.) Dagegen stehen – auch von Röhrich vertreten – die Positiva: Märchen sind immer „didaktisch“, sie haben „Modellcharakter“ – was auch die neuen sowohl unter materialistisch-kritischen als auch unter idealistischen Vorzeichen vorgenommenen Umfunktionierungen von Märchen wiederum zeigen –; das Märchen „schildert Wege der Emanzipation“ – was nicht gleichbedeutend mit einer automatischen emanzipatorischen Wirkung ist –; es zeigt „psychische Möglichkeiten der Angstüberwindung auf“; es bedeutet oft „eine Befreiung im weitesten Sinne“ und zeige „Glücksverwirklichung“. (Ebd. 23f.)

Bei den Einwänden gegen das Märchen, um dann seine positiven Möglichkeiten herauszuarbeiten, setzt auch Haas an. (Haas 1976, 156ff.) Für das Thema Grausamkeit im Märchen sei u. a. auf die diesbezüglichen relativierenden und einordnenden Kap. bei Psaar / Klein (Psaar / Klein 1976, 145ff.) sowie bei Richter / Merkel (Richter / Merkel 1974, 76ff.) hingewiesen, für die umfassendste derzeitige Apologie noch einmal auf Bettelheims „Kinder brauchen Märchen“ (Bettelheim 1977).

Die faktische Wirkung des Märchens, hinsichtlich welcher der genannten Faktoren auch immer, wird selbst empirisch schwer fassbar sein. Weder wirkt das Märchen für sich bzw. aus sich selbst heraus in die eine noch in die andere Richtung. Entscheidend für die Märchenrezeption sind vielmehr die unterschiedlichen Bedingungen des jeweiligen situativen Kontextes – Disposition des Rezipienten, Erzählatmosphäre, Erzähler, Möglichkeiten der Aufarbeitung, Art der medialen Vermittlung u. ä. Ellwanger und Grömminger heben deshalb auf eine „kommunikationspsychologische Betrachtungsweise" ab, die „das Märchen in keinem Fall isoliert, d. h. nur von seinem Inhalt her und ohne Einbeziehung der kommunikativen Situation sehen" darf (Ellwanger / Grömminger 1977, 71). Bei Psaar u. Klein wird auf das auch für das Wirksamwerden literarischer Motive bei kindlichen Rezipienten konstitutive Prinzip der „Selektion" hingewiesen. Märchen sind für die Autoren Wahrnehmungsangebote, die dem kindlichen Rezipienten in hohem Maße die für die psychisch-geistige Entwicklung erforderliche „Identifikation mit 'Attrappen' " und umgekehrt „Projektionen" von Wünschen, Gefühlen usw., nämlich auf die Negativfiguren, erlauben. (Psaar / Klein 1976, 131).

Zu b) Unter dem Primat der Erlebnis- und Gesinnungspädagogik nach 1945 konnten Märchen im Primarbereich nur erzählt oder vorgelesen werden. Sie sollten aus sich selbst heraus wirken. So beruft sich noch Baumgärtner auf den Grundsatz Severin Rüttgers' „Die einzige Behandlung, die dem Märchen nottut, besteht darin, daß es gut erzählt wird. Dann ergreift es aus eigener Gewalt Besitz von der kindlichen Seele und erklärt seine Dunkelheit selber", warnt vor einer „ausgedehnten Besprechung des Märchens, die unvermeidlich auf ein Zerreden des Eindrucks hinausläuft" und lässt als Fortsetzung der Märchenstunde nur musisch-gestalterische Formen wie Malen und Spielen zu. (Baumgärtner 1968, 10ff.) Die Mitte der 60er Jahre einsetzende strukturelle Literaturdidaktik verlangte detaillierte literarische Arbeit am Text. Konsequenterweise entwickelten sich, wenn auch nur langsam (siehe Wacker u. a. 1968), entsprechende Zielvorstellungen für die „Arbeit mit dem Märchen". Beobachtungen an seiner sprachlichen Form wurden als erste Versuche der Hinführung der Primarschüler zur Literatur verstanden. Das Märchen schien die dominierende literarische Form für den Primarbereich zu werden. Als Anfang der 70er Jahre grundsätzlich gefragt wurde „Wozu Literatur in der Schule?" (Siehe den Sammelband von Baumgärtner / Dahrendorf 1970, mit dem gleichnamigen Titel), blieb auch für das wirklichkeitsfremde Märchen kein Platz mehr in den neu erscheinenden Lesebüchern. Als diese auf den Markt kamen, waren Märchen aber schon wieder didaktisch gefragt. Die auf die strukturelle Literaturdidaktik antwortenden ideologiekritischen Konzeptionen hatten überraschenderweise die Entdeckung des emanzipatorischen Potentials von Märchen ermöglicht (siehe Bürger, Wollenweber u. Richter / Merkel), zum anderen wurde unter literaturästhetischen Gesichtspunkten erneut auf ihre Bedeutung hingewiesen.

Zu c) Die weitgehende Einschränkung des Umgangs mit Märchen auf den Primarbereich konnte überwunden werden, nachdem die entwicklungspsychologische Fixierung auf bestimmte Lesealter, so auch auf das sog. „Märchenalter" (Bühler, siehe oben), ihre Gültigkeit verloren hatte und als die strukturelle, die ideologiekritische und schließlich die rezeptionsästhetische Literaturdidaktik Ansprüche stellten, die im Primarbereich nicht mehr eingelöst werden konnten. Dass der Literaturunterricht „den eigentlichen Adressaten zahlreicher Märchen gar nicht trifft“ (Lange 1983, 147), wenn er auf den Primarbereich beschränkt bleibt, arbeitet z. B. Günter Lange unter dem Aspekt „Märchen und Adoleszenz“ heraus. Eine andere Richtung, die die Ausweitung der Märchendidaktik, in den Bereich der gymnasialen Oberstufe, verlangt, ist die „feministische Betrachtungsweise (siehe Jungblut 1986), die Märchen als „in die volkstümliche Subkultur abgesunkene – und zwar vom einfachen Weltbild des Matriarchats bestimmte (W. Z.) – Mythen“ versteht (ebd., 498); die nach der Rolle der Frau und auch nach der Rolle des Mannes u. ä. im Märchen fragt (siehe zu diesem Themenaspekt z. B. auch Franz 1979; Kast 1984).

Die Forderung eines „textstrukturellen“ und „hermeneutischen“ Literaturunterrichts in der Primarstufe ist am konsequentesten wohl von Reger erhoben worden, der bei der Kenntnisvermittlung ansetzt und textsortenspezifische Strukturmerkmale verdeutlichen will, der darauf aufbauend die Funktionen der Textsorten verständlich machen und auf diese Weise problemorientiert und praktisch verfahren will. (Reger 1973, 18ff. u. 170ff.)

Zu d) Dass den Kindern ungeachtet der Frage, ob sie ihnen helfen oder schaden, Märchen durch Filme, durch das Fernsehen, vor allem aber durch die Märchenkassette, ferner durch Bilderbücher, in Comicform und als „Weihnachtsmärchen“ auf dem Theater vermittelt werden, macht den mediendidaktischen Aspekt zum Märchen immer wichtiger. Ausführlich wurde dieser Gesichtspunkt von Psaar u. Klein (siehe 1976 das Kap. „Märchen und Medien“, 163–210) berücksichtigt. Ziel einer auf das Märchen bezogenen Medienpädagogik wäre für die Autoren, „dem Kind eine angemessene Rezeption dieser vor allem durch die Massenmedien angebotenen Märcheninhalte zu ermöglichen.“ (Ebd. 163) Damit ist das für die Rezeption entscheidende semiotische Problem angesprochen. Die Märcheninhalte erscheinen in jeweils anderem Zeichensystem und bekommen von daher eine veränderte Aussagequalität. Das Bild z. B. steht in einem „bestätigenden oder konkurrierenden“ Verhältnis zum Märchentext. (Ebd. 169) Für das Bühnenmärchen muss u. a. der Märchentext ausgeweitet werden, so dass er notwendigerweise aus seiner „Eindimensionalität“ heraustritt. „In der freien dramatischen Nutzung des Stoffes liegen die Möglichkeiten für das Bühnenmärchen“ (ebd. 183f.), aber auch die Gefahren der Verflachung. Ähnliches gilt für Film und Fernsehen, wo es nun zusätzlich noch darauf ankommt, die spezifische audio-visuelle Zeichensprache und ihre Bedingungen zu erkennen. Unter den medialen Vermittlern nehme die Märchenplatte bzw. -kassette, „eine in vieler Hinsicht herausragende Stellung ein“, schon dadurch, dass die „äußeren Rezeptionsbedingungen des Tonträgers“ denen des Buches sehr ähnlich sind. (Ebd. 196 u. 199) Die besonderen auditiven Mittel der Umsetzung wollen aber wieder erkannt sein. Erst auf dieser Erfahrungsbasis sei es dem Kinde möglich, „seine Märchenplatte kritisch darauf zu überprüfen, ob die ihr immanenten Möglichkeiten genutzt werden oder nicht.“ (Ebd. 206f.) Diese knappen Hinweise sollten schon deutlich machen, wie sehr es Aufgabe der Schule sein muss, den Kindern Verarbeitungsmöglichkeiten anzubieten und der medienspezifischen Vermittlung des Märchens angemessene Rezeptionsweisen zu erleichtern.

Zu e) Die Ausweitung märchendidaktischer Fragestellungen auf Fantasy-Literatur ergibt sich für Haas aus dem Konzept eines „erkenntnisstrukturellen Angebots", mit dem er sich gegen die einseitige inhaltliche Vereinnahmung des Märchens aus psychologischer, soziologischer oder pädagogischer Sicht wendet (siehe Haas 1983, 160 ff.). Was Märchen, Fantasy-Literatur und Sage trotz aller Unterschiede der Textarten gemeinsam haben, ist ihre spezifische Form der Bildlichkeit, die „Lévi-Strauss als 'wildes Denken' beschreibt". Bestimmend für ihre Aussageweise ist „nicht der schlußfolgernde Gedanke, sondern das unvermittelte, komplexe, vieldeutige Bild" (ebd. 166). Phantastische Texte fordern das Denken in Bildern als notwendiges Pendant zum logisch-rationalen Weltverstehen, sie „halten Grenzen offen", verhindern die „Verfestigung von Denk- und Verhaltensgewohnheiten" (ebd. 172). Die strukturelle Funktion märchenhafter Texte ist nach Haas wichtiger als die von bestimmten Positionen her unterstellte inhaltliche. Das beobachtbare faktische Rezeptionsverhalten von Kindern und Jugendlichen, die nicht textartenspezifisch lesen, hören, sehen, sondern nach der Bilderwelt des Phantastischen überhaupt verlangen, kommt diesem didaktischen Denkansatz entgegen. Eine Didaktik des Märchens kann folgerichtig als eine umfassende Didaktik der Fantasy-Literatur konzipiert werden. (Vgl. Haas 1990 und 1982)

Die *Situation der Sagendidaktik* ist, wie schon in der Einleitung erwähnt, zunächst gekennzeichnet durch ihren defizitären Status. Es fehlt an einer geschlossenen didaktischen Darstellung zu dieser Textsorte, die weder eingeschränkt sein darf auf einen negativen Reflex auf didaktische Überlegungen zum Märchen, noch auf eine punktuelle Apologie, noch auf einen in der Systematik eines Lesebuchaufbaus erscheinenden didaktischen Kommentar.

Negative Beurteilungstendenzen zur Sage sind aus zwei Richtungen zu verzeichnen. Einmal wird unter dem erlebnis- und bewahrpädagogischen Einfluss vor der Behandlung der Sage im Primarbereich gewarnt, zumindest größte Vorsicht bei der Auswahl anempfohlen. Es könne nicht „die Aufgabe der Erziehung sein, die Jugend durch den Druck abergläubischer Wahnvorstellungen zu ängstigen und zu unverantwortlichem Handeln zu führen" (Helmich 1961, 932), zumal im „eigentlichen Märchenalter". „Aber auch nach dem 3., 4. Schuljahr ist sorgfältig auszuwählen. Weit mehr als im Märchen, das alle Motive, auch die grausamen, leicht und schwerelos macht, kann in der Sage die Schilderung von Unheimlichem und Grausigem ängstigen und bedrücken." (Baumgärtner 1968, 14) Sodann wird unter ideologiekritischem Anspruch der vermeintlich antiaufklärerische und repressive Charakter der Sage gegenüber dem Märchen herausgestellt. (Siehe oben; insbesondere Bürger) Auch für den Primarbereich trägt Bürger ihre Gedanken in leicht variierter Form wieder vor (Bürger 1977). Dabei bleibt die Autorin Auskünfte über die methodischen Umsetzungsmöglichkeiten für ihren Ansatz gerade im Primarbereich schuldig; die angegebenen Lernschritte sind vielmehr ihre eigenen Argumentationsstufen.

Zwischen der erlebnispädagogischen und der ideologiekritischen Position steht zeitlich die etwas ambivalente Haltung der strukturalistisch orientierten Literaturdidaktik zur Sage in der Primarstufe. Einerseits finden sich bewahrpädagogische Nachklänge auch hier, auf der anderen Seite ist die konsequente Berücksichtigung auch der Sage, wohl um für den Lesebuchaufbau alle (in Frage kommenden) Textsorten zu erfassen (siehe z.B. Wacker u.a. 1968, 134ff.), zu konstatieren. Für den Gymnasialbereich war die Position Ulshöfers repräsentativ, für den der Sinn der Beschäftigung mit Sagen darin liegt, „eine mythisch-symbolische Vorstellungswelt im Kinde auf(zu)bauen" sowie „Urbilder des Menschlichen kennen lernen (zu lassen), weil sie zum Grundbestand menschlicher Lebensfreude gehören." (Ulshöfer 1969, 291) Dies geschieht bei Ulshöfer primär über die griechischen und germanischen Götter- und Heldensagen sowie über Sagen mit geschichtlichem Hintergrund, und zwar im sogenannten Sagenalter – hier zeigt sich Ulshöfer noch ganz der Lesealterpsychologie verhaftet –, das er zwischen acht und zwölf Jahren ansetzt. Denn die Sage lebe wie das Kind in diesem Alter aus dem „Spannungsverhältnis von Mythos und Logos" (ebd. 286). Kritik am ideologiekritischen Ansatz zur Sage und zum Märchen hat zuerst Sauer vorgetragen (siehe oben), um seinerseits eine „positive didaktische Analyse" zur Sage darzulegen, wobei er eine dreifache Funktion unterscheidet: die heimatkundliche, die literarische (d.h. die Sage „in ihrer didaktisch-propädeutischen Funktion in bezug auf die Hochliteratur", Sauer 1973, 237) und die anthropologisch-pädagogische Funktion (menschliche Grunderfahrung und Grundbefindlichkeiten betreffend). (Ebd. 229 u. 235ff.) Weitere Ansätze für den Bereich der Sekundarstufe oder primär der Sekundarstufe II liegen mit den Arbeiten von Pellens u. Petzoldt „Historische Sagen im Unterricht" (1978), Petzoldt „Deutsche Sagen. Arbeitstexte für den Unterricht" (1977a) sowie dem prägnanten Kapitel „Die Sage im Literaturunterricht" bei Monika Schrader, „Epische Kurzformen" (1980, 50–54) vor. Für den Primarbereich ist Reger „Prosakurzformen im Literaturunterricht der Primarstufe" (1973, Kap. Sage, 91ff.) zu nennen.

3.2. Das veränderte Märchen

Die Aktualisierung von Märchentexten, die seit etwa 1970 in zunehmendem Maße zu beobachten ist, so dass „man von einer 'neuen Gattung der Kinderliteratur' sprechen kann" (Pischke 1977, 97), stellt eine besonders interessante, weil ambivalente, Form der Zuwendung zum Märchen sowie der aktuellen Märchenrezeption und Märchendidaktik dar. Die in der Fassung der Brüder Grimm erstarrten Märchentexte – in der vorherigen mündlichen Überlieferung konnten sie sich in ihrem Requisitenbestand ständig verändern und erneuern – werden einerseits als verstaubte, wirklichkeitsfremde Museumsstücke betrachtet, die es gilt von einer „Überdosis Grimm" zu befreien (Gelberg in Janosch 1972, 249). Andererseits geht offenbar für die „neuen Märchenautoren" so viel Reiz von ihnen aus, dass sie sich veranlasst sehen, sich so oder so mit dem traditionellen Märchen auseinanderzusetzen. Als gemeinsamen Nenner der sehr unterschiedlichen Formen umerzählter Märchentexte hat Kaiser (1975) die „Requisiterneuerung" erkannt, worin ihm Pischke allerdings teilweise widerspricht (Pischke 1977, 98). Die Märchenautoren versuchen, durch Einbeziehung zeitgemäßer Wirklichkeitselemente die so veränderten alten Texte auf gegenwärtige Bedingungen und Probleme zu beziehen: „moderne Berufe, Technik, Weltraumfahrt, heutige Verkehrsmittel, die Arbeitswelt, das Geld- und Wirtschaftswesen, die Massenmedien, die Wohlstandsgesellschaft“ usw. (Kaiser 1975, 450) werden vorgeführt. Kaiser unterscheidet zwischen „pädagogischen Bearbeitungen“ – zu einem vermeintlich autoritären Text der Brüder Grimm wird z. B. ein unautoritärer Gegentext geschrieben; das gilt für die Umformungen von Gmelin (Gmelin 1973) –, „sozialkritisch-politischen Bearbeitungen“ – die wie bei Waechters „Tischlein deck dich“ zur totalen Ideologisierung führen können –, „parodierten Märchen“ – dafür sind die Verwirrspiele von Fetscher (Fetscher 1974), mit denen er die wissenschaftliche Märchenforschung attackiert, Musterbeispiele – und „freien dichterischen Variationen“ – hier leitet die Schreiber nicht primär die Absicht umzufunktionieren, sondern neue literarische Möglichkeiten zu erproben. Mit „Jorinde und Joringel“ und „Fundevogel“ sind Janosch (siehe Janosch 1972), der ansonsten parodiert, gesellschaftskritische Gegenentwürfe liefert („Vom tapferen Schneider“) und sprachspielerisch experimentiert („Das elektrische Rotkäppchen“), neue märchenhafte Gebilde gelungen, die in ihrer märchenhaft-volkstümlichen Sprache eher noch verfeinert, in ihrem strukturellen Aufbau (im Sinne des abstrakten Stils) eher noch präziser sind. Die umfunktionierten und aktualisierten Märchen haben ebenso viel Ablehnung wie Beifall erfahren. Auf jeden Fall sind sie eine didaktische Herausforderung, können sich methodisch als sehr wertvoll erweisen und haben nicht selten den Blick für das Volksmärchen neu geöffnet. (Zu modernen Märchen und ihrer Verwendung im Unterricht siehe auch Psaar / Klein 1976, 86 ff. u. 224 ff.)

3.3. Lernzielaspekte

Lernzielaspekte, die sich aus den voraufgegangenen Ausführungen und Überlegungen ergeben, sollen unter fünf Gesichtspunkten umschrieben werden, wovon sich die ersten drei nur auf das Märchen beziehen, Punkt 4) gesondert auf die Sage und Punkt 5) auf beide Textsorten.

1. Märchen sollten gleichsam absichtslos, um ihrer selbst willen, und das heißt gleichzeitig um des unvoreingenommenen und unbefangenen Rezipienten willen gelesen werden. Es geht um ein intensives, nicht an Altersstufen gebundenes Kennenlernen einer Textsorte, die offenbar Leser/Hörer verschiedensten Alters und der verschiedenen Schichten immer wieder anzusprechen und herauszufordern vermag; die als „elementare“ sowohl wie auch als „einzigartige Kunstform“ bezeichnet wird und von der Komplexität ihrer „existentiellen Aussagen“ getragen ist; die den Intellekt und die Phantasie anspricht und die darauf angelegt ist, gleichzeitig zu belehren – im weitesten Sinne und ohne vordergründig zu moralisieren – und Freude zu bereiten.
2. Bei den Versuchen, „fiktionale Texte“ von „nicht-fiktionalen“, also im engeren Sinne literarische von pragmatischen zu unterscheiden, spielen in der heutigen Textwissenschaft zwei Kategorien eine Rolle, nämlich die Kategorien „referentielle Mehrdeutigkeit“ und „Deviation“ (Referenz = Bezug auf die Wirklichkeit; Deviation = Abweichung). Fiktionale Texte werden dann so definiert, dass „re-

ferentielle Mehrdeutigkeit“ für sie konstitutiv ist. D. h. hinsichtlich der Wirklichkeit, auf die sie sich beziehen, können und wollen sie keine eindeutigen Aussagen machen. Sie weichen so gesehen (Deviation) von der Tendenz auf Eindeutigkeit, die für pragmatische Texte bestimmend sein muss, ab. „Deviation“, Abweichung von deskriptiv-realitätsbezogener Darstellung, und „Mehrdeutigkeit“ sind in der Erzählstruktur des Märchens besonders ausgeprägt. Wer Märchen lesen lernt, lernt exemplarisch den Umgang mit literarischen Texten überhaupt. Die Intention des Umgangs mit Märchen ist auch literarische Propädeutik.

3. Der Umgang mit Literatur soll aber gerade nicht zum Selbstzweck werden, sondern Literatur soll in ihrem vielfachen „Gebrauchswert“ erkannt werden. Die Schüler sollen erfahren, dass Literatur ihnen auch Antwort auf sie aktuell bedrängende Fragen geben kann. Sie sollen die Realitätsbezogenheit gerade auch von Märchen erkennen – das könnte einen Transfer auf andere literarische Formen bewirken, die man geneigt ist von vornherein viel wörtlicher zu nehmen als Märchen. Die Schüler müssen dazu einmal die „realen Anschlussstellen“ in Märchen aufsuchen und insbesondere lernen, dass die Märchenwahrheit symbolisch vermittelt ist.
4. Didaktische Intention für den Umgang mit Sagen im Unterricht sollte zunächst einmal sein, sie in der Breite ihrer Erscheinungsformen wieder stärker zu berücksichtigen; sodann und insbesondere, nicht Oppositionen zwischen Märchen und Sage aufzubauen, sondern sie als komplementäre Sichtweisen und Deutungen von Wirklichkeit zu begreifen; als Erzählformen, die sich nicht nur aufgrund unterschiedlicher Erzählhaltungen voneinander abheben, sondern auch in vielfältiger Weise ineinander übergehen, was schnell deutlich wird, wenn die Fixierung auf das europäische Volksmärchen und den Typus Grimm einmal aufgegeben ist. Sofern es auf Unterscheidungen ankommt, müsste bei der Sagenbehandlung das Interesse eben ihrem besonderen, leichter erkennbaren, Erzählanlass, ihrer anders akzentuierten Erzählhaltung und dem spezifischen Wirklichkeitsbezug gelten.
5. Voraussetzungen zur Realisation dieser Zielvorstellungen sind die detaillierte und genaue Arbeit am Text, und zwar in der Art eines Spiralcurriculums vom Primarbereich an, die Reflexion (soweit jeweils möglich) über dessen eventuelle Entstehensbedingungen sowie das Nachdenken über seine aktuelle (d. h. hier die Schüler betreffende) und potentielle (d. h. überhaupt denkbare) Wirkung und nicht zuletzt die Versuche eigener Produktion: des Umerzählens und Erfindens, wozu die umfunktionierten Märchen Anregung geben können, wie auch des Findens und Sammelns, nämlich von Sagentexten, die auch unsere heutige Zeit hervorbringt (siehe dazu das Kap. „Moderne Sagenbildung und Alltagserzählungen“ in Petzoldt 1989, 122–127).

Literaturverzeichnis

Arbeitskreis für Jugendliteratur: Phantasie und Realität in der Jugendliteratur. 3. Jahrbuch des Arbeitskreises für Jugendliteratur. Bad Heilbrunn 1976

Barber, Dieter: Kinder- und Hausmärchen. In: Kindlers Literaturlexikon im dtv., Bd. 12

Baumgärtner, Alfred Clemens: Märchen und Sage. In: Literarische Erziehung in der Grund- und Hauptschule. 2. Aufl., Frankfurt a.M. 1968, 5–14

Baumgärtner, Alfred Clemens / Dahrendorf, Malte: Wozu Literatur in der Schule? Braunschweig 1970

Bausinger, Hermann: Sage – Märchen – Schwank. Ein Weg zum Verständnis dichterischer Formen. In: Der Deutschunterricht 1956, H. 6, 37–43

Bausinger, Hermann: Formen der Volkspoesie. Berlin 1968

Bausinger, Hermann: Märchen, Phantasie und Wirklichkeit. Frankfurt a.M. 1987

Bausinger, Märchen. In: Fischer Lexikon Literatur G–M, Bd. 2. Hrsg. von Ulfert Ricklefs. Frankfurt a.M. 1996, 1244–1252

Bettelheim, Bruno: Kinder brauchen Märchen. Stuttgart 1977

Brackert, Helmut (Hrsg.): Und wenn sie nicht gestorben sind ... Perspektiven auf das Märchen. Frankfurt a.M. 1980

Brauneck, Manfred: Der Rattenfänger von Hameln. Ein Beitrag zur Sagenbehandlung auf der Unterstufe. In: Der Deutschunterricht 1968, H. 6, 28–41

Bühler, Charlotte / Bilz, Josefine: Das Märchen und die Phantasie des Kindes. 4. Aufl., Berlin / Heidelberg, New York 1977

Bürger, Christa: Die soziale Funktion volkstümlicher Erzählformen – Sage und Märchen. In: Ide, Heinz (Hrsg.): Projekt Deutschunterricht 1.Stuttgart 1971, 26–56

Bürger, Christa: Märchen und Sage. In: Dingeldey, Erika / Vogt, Jochen (Hrsg.): Kritische Stichwörter zum Deutschunterricht. München 1974, 245–253

Bürger, Christa: Sage und Märchen im Deutschunterricht der Primarstufe. Für eine ideologiekritische Textinterpretation. In: Zander, Sönke (Hrsg.): Deutschunterricht in der Grundschule. Bad Heilbrunn 1977, 108–120

Dégh, Linda: Prozesse der Sagenbildung. In: Petzoldt 1969, 374–389

Dehn, Mechthild: Märchen als Lernmodell. In: Praxis Deutsch 1981, H. 47, 7–15

Dinges, Ottilie u.a. (Hrsg.): Märchen in Erziehung und Unterricht. Rheine 1986

Diskussion Deutsch 1986, H. 91: Grimms Märchen

Doderer, Klaus (Hrsg.): Über Märchen für Kinder von heute. Essays zu ihrem Wandel und ihrer Funktion. Weinheim, Basel 1983

Ellwanger, Wolfram / Grömminger, Arnold: Märchen – Erziehungshilfe oder Gefahr? Freiburg i. Br. 1977

Franz, Marie-Louise von: Das Weibliche im Märchen. 2. Aufl., Stuttgart 1979

Freund, Winfried: Deutsche Märchen. Eine Einführung. München 1996

Giehrl, Hans E.: Märchen, Sage, Legende. In: Stocker, Karl (Hrsg.): Taschenlexikon der Literatur- und Sprachdidaktik. Kronberg/Ts. / Frankfurt a.M. 1976, 303–306

Gmelin, Otto F.: Böses aus Kinderbüchern und ein roter Elefant. 2. erw. Aufl. Frankfurt a.M. 1977

Gmelin, Otto F.: Böses kommt aus Märchen. In: Die Grundschule 1975, H. 3, 125–131

Haas, Gerhard: Märchen, Sage, Schwank, Legende, Fabel und Volksbuch als Kinder- und Jugendliteratur. In: Haas, Gerhard (Hrsg.): Kinder- und Jugendliteratur. Zur Typologie und Funktion einer literarischen Gattung. 2. Aufl., Stuttgart 1976, 144–177

Haas, Gerhard: Wozu Märchen gut sind. Überlegungen zur zeitgenössischen Märchendiskussion und Märchendidaktik. In: Doderer 1983, 157–174

Haas, Gerhard: Phantasie und Phantastik. Phantastische Literatur als didaktische Herausforderung. In: Praxis Deutsch 1982, H. 54, 15–23

Haas, Gerhard: Märchen heute. In: Praxis Deutsch 1990, H. 103, 11–17

Hand, Wayland D.: Der Stand der europäischen und amerikanischen Sagenforschung. In: Petzoldt 1969, 402–425

Helmich, Wilhelm: Die erzählende Volks- und Kunstdichtung in der Schule. In: Beinlich, Alexander (Hrsg.): Handbuch des Deutschunterrichts, Bd. 2. 2. Aufl., Emsdetten 1961, 895–987

Jungblut, Gertrud: Märchen der Brüder Grimm – feministisch gelesen. In: Diskussion Deutsch 1986, H. 91, 497–510

Kaiser, Erich: „Ent-Grimm-te" Märchen. In: Westermanns Pädag. Beiträge 1975, H. 8, 448–459

Kast, Verena: Mann und Frau im Märchen. Olten, 4. Aufl., Freiburg i. Br. 1984

Klotz, Volker: Das europäische Volksmärchen. Stuttgart 1985

Laiblin, Wilhelm (Hrsg.): Märchenforschung und Tiefenpsychologie. Darmstadt 1969 (Wege der Forschung 102)

Lange, Günter: Märchen und Adoleszenz. In: Wangerin, Wolfgang (Hrsg.): Jugend, Literatur und Identität. Braunschweig 1983, 147–168

Lüthi, Max: Das europäische Volksmärchen. 5. Aufl., München 1976 (10. Aufl. 1997)

Lüthi, Max: Märchen. 5. Aufl., Stuttgart 1974

Lüthi, Max: Es war einmal ... Vom Wesen des Volksmärchens. 4. Aufl., Göttingen 1973

Lüthi, Max: So leben sie noch heute. Betrachtungen zum Volksmärchen. Göttingen 1969

Lüthi, Max: Volksmärchen und Volkssage. Zwei Grundformen erzählender Dichtung. Bern /München 1961

Lüthi, Max: Volksliteratur und Hochliteratur. Bern / München 1970

Lüthi, Max: Das Volksmärchen als Dichtung. Ästhetik und Anthropologie. Düsseldorf / Köln 1975

Lüthi, Max: Märchen. 9. Aufl. bearb. von H. Rölleke. Stuttgart 1996 (1. Aufl. 1962)

Lypp, Maria (Hrsg.): Literatur für Kinder. Zeitschr. für Literaturwissenschaft und Linguistik. 7. Beiheft. Göttingen 1977

Märchen-Stiftung Walter Kahn (Hrsg.): Die Volksmärchen in unserer Kultur. Berichte über Bedeutung und Weiterleben der Märchen. Frankfurt a. M. 1993

Mallet, Carl-Heinz: Kennen Sie Kinder? Wie Kinder denken, handeln und fühlen, aufgezeigt an vier Grimmschen Märchen. Hamburg 1980

Pellens, Karl / Petzoldt, Leander: Historische Sagen im Unterricht. Freiburg i. Br. 1978

Petzoldt, Leander (Hrsg.): Vergleichende Sagenforschung. Darmstadt 1969. (Wege der Forschung 152)

Petzoldt, Leander: Sage als aktualisierter Mythos. In: Wirkendes Wort 1977, H. 1, 1–9

Petzoldt, Leander (Hrsg.): Deutsche Sagen. Arbeitstexte für den Unterricht. Stuttgart 1977

Petzoldt, Leander (Hrsg.): Deutsche Volkssagen. 2. Aufl., München 1978

Petzoldt, Leander (Hrsg.): Historische Sagen. 2 Bde. München 1976/77

Petzoldt, Leander: Dämonenfurcht und Gottvertrauen. Zur Geschichte und Erforschung unserer Volkssagen. Darmstadt 1989

Peuckert, Will-Erich: Sagen. Geburt und Antwort der mythischen Welt. Berlin 1965

Pischke, Hildegard: Das veränderte Märchen. Untersuchungen zu einer neuen Gattung der Kinderliteratur. In: Lypp 1977, 94–113

Poser, Therese: Das Volksmärchen. Theorie – Analyse – Didaktik. München 1980

Praxis Deutsch 1981, H. 47: Märchen

Praxis Deutsch 1982, H. 54: Phantasie und Phantastik

Praxis Deutsch 1985, H. 72: Sage und Legende

Praxis Deutsch 1990, H. 103: Märchen heute

Propp, Vladimir: Morphologie des Märchens. Frankfurt a. M. 1975 (stw)

Psaar, Werner / Klein, Manfred: Wer hat Angst vor der bösen Geiß? Zur Märchendidaktik und Märchenrezeption. Braunschweig 1976

Psaar, Werner / Klein, Manfred: Sage und Sachbuch. Paderborn 1980

Ranke, Kurt: Einfache Formen. In: Friedrich, Wolf-Hartmut / Killy, Walther (Hrsg.): Fischer Lexikon Literatur 2, 1. Frankfurt a. M. 1965, 184–200

Ranke, Friedrich: Grundfragen der Volkssagenforschung. In: Petzoldt 1969, 1–19

Reger, Harald: Prosakurzformen im Literaturunterricht der Primarstufe. Ratingen / Kastellaun / Düsseldorf 1973

Richter, Dieter / Merkel, Johannes: Märchen, Phantasie und soziales Lernen. Berlin 1974

Röhrich, Lutz: Sage. 2. Aufl., Stuttgart 1971

Röhrich, Lutz: Märchen und Wirklichkeit. 3. Aufl., Wiesbaden 1974

Röhrich, Lutz: Sage und Märchen. Erzählforschung heute. Freiburg i. Br. 1976

Röth, Diether / Kahn, Walter (Hrsg.): Märchen und Märchenforschung in Europa. Frankfurt a. M. 1993

Rötzer, Hans Gerd (Hrsg.): Sage. Bamberg 1982

Rötzer, Hans Gerd (Hrsg.): Märchen. Bamberg 1981

Sauer, Paul Ludwig: Märchen und Sage. In: Wirkendes Wort 1973, H. 4, 228–246

Scherf, Walter: Bedeutung und Funktion des Märchens. München 1982

Scherf, Walter: Das Märchenlexikon. 2 Bde. München 1995

Scherl, Hermann: Kleine epische Formen. In: Boueke, Dietrich (Hrsg.): Deutschunterricht in der Diskussion. Paderborn 1974, 334–361

Schödel, Siegried (Hrsg.): Märchenanalysen. Arbeitstexte für den Unterricht. Stuttgart 1977

Schrader, Monika: Epische Kurzformen. Theorie und Didaktik. Königstein/Ts. 1980

Seifert, Walter: Literarische Prosaformen im Unterricht. In: Sowinski, Bernhard (Hrsg.): Fachdidaktik Deutsch. Köln / Wien 1975, 232–253

Spinner, Kaspar H. (Hrsg.): Ereignisse, Sagen, Balladen. Texte und Hinweise für den Lehrer. Frankfurt a. M. 1980 (Hirschgraben Lesereihe)

Spinner, Kaspar H.: Die „Kinder- und Hausmärchen" der Brüder Grimm. In: Geppert, Hans Vilmar (Hrsg.): Große Werke der Literatur. Tübingen 1992, 143–162

Spinner, Kaspar H.: Poststrukturalistische Lektüre im Unterricht – am Beispiel der Grimmschen Märchen. In: Der Deutschunterricht 1995, H. 6, 9–18

Ulshöfer, Robert: Methodik des Deutschunterrichts 1: Unterstufe. 4. Aufl., Stuttgart 1969

Uther, Hans-Jörg (Hrsg.): Märchen in unserer Zeit. Zu Erscheinungsformen eines populären Erzählgenres. München 1990

Wacker, Hermann u. a.: Die Arbeit mit dem Lesebuch im zweiten bis vierten Schuljahr. Hannover 1968

Wardetzky, Kristin / Zitzlsperger, Helga (Hrsg.): Märchen in Erziehung und Unterricht heute.
Bd. 1: Beiträge zur Bildung und Lehre. Rheine 1997
Bd. 2: Didaktische Perspektiven. Baltmannsweiler 1997

Wollenweber, Bernd: Thesen zum Märchen. In: Ideologiekritik im Deutschunterricht. Sonderband der Ztschr. Diskussion Deutsch 1972, 103–107

Wollenweber, Bernd: Märchen und Sprichwort: In: Ide, Heinz / Lecke, Bodo (Hrsg.): Projekt Deutschunterricht 6. Stuttgart 1974, 12–92

WERNER ZIESENIS

Fabel und Parabel im Unterricht

Wie andere epische Kurzformen, z. B. Märchen und Sage, haben Fabel und Parabel ihren selbstverständlichen Platz im Literaturunterricht. Allein der überschaubare Umfang macht literarische Kleinformen zu prädestinierten Unterrichtsgegenständen. Die parabolischen Kurzformen haben gerade in jüngerer Zeit zusätzlich an Wertschätzung gewonnen, nachdem die Fabel als originäre literaturdidaktische Herausforderung wiederentdeckt wurde und die moderne Parabel, im Deutschunterricht der Sekundarstufen, zu *der* Textart avanciert, die in exemplarischer Weise literarische Erfahrung zu vermitteln vermag.

Dabei stellt sich die didaktische Forschungslage recht unterschiedlich dar. Während für die Fabel, nach der Überwindung moralisierender Zielvorstellungen, eine Reihe didaktischer Neuansätze vorliegen, ist die Situation für die Parabel, es sei denn, sie wird als eine spezifische Variante parabolischen Erzählens zugleich mit der Fabel in den Blick genommen, eher defizitär. Eine kohärente Didaktik der Parabel, will man sie denn als Textart von der Fabel trennen, müsste erst noch entwickelt werden.

Verbunden sind die grundsätzlichen didaktischen Fragestellungen mit der Altersstufenproblematik. Scheint die moderne Parabel weitgehend dem Bereich der Sekundarstufe II vorbehalten zu sein, so die Fabel vor allem dem der Sekundarstufe I. Während für das Märchen als epische Kurzform die Forderung erhoben werden muss, es aus seiner immer noch vorherrschenden Bindung an den Primarbereich zu lösen (vgl. den Beitrag über „Märchen und Sage im Unterricht"), gilt es umgekehrt für die Didaktik des parabolischen Erzählens, die Möglichkeiten für den Umgang mit der Fabel und einfacheren parabelartigen Erzählungen in der Grundschule stärker herauszuarbeiten und Konzepte für den Umgang mit der modernen Parabel zu entwickeln, die nicht auf den Bereich der Sekundarstufe II beschränkt bleiben.

1. Fabel und Parabel als Textarten

1.1. Terminologie und Abgrenzung

Fabel wie Parabel sind Formen gleichnishafter Rede. Die ihnen gemeinsame parabolische Struktur hat Anlass dazu gegeben, Unterscheidungsversuche als verfehlt zurückzuweisen, denn es gebe „keinen Unterschied zwischen Fabel und Parabel, der als grundsätzlich und allgemeingültig gelten" könne (Dithmar 1971, 98; siehe auch Ecker 1976, 121). Mit der so vorgenommenen Zusammenfassung zwischen Fabel und Parabel, wofür in der Tat einiges spricht, scheint das Problem aber nicht gelöst zu sein. Es bleibt eines sowohl im definitorischen Bereich als auch hinsichtlich der extensiven Zuordnungen.

Für Lindner, der um eine deutliche Trennung von „Fabel“ und „Parabel“ bemüht ist, beginnen „die Schwierigkeiten mit der Fabel“ nicht erst bei der Gattungsdefinition, sondern „bereits beim Wort ‘Fabel’ “ (Lindner 1978, 12), das von jeher in seinem Gebrauch vieldeutig war. Das Wort „Fabel“ geht auf lat. „fabula“ zurück, das mit „fari“ „sprechen“, aber auch mit „fateri“ „bekennen“ verwandt ist (siehe Leibfried 1967, 1). Noch ganz unscharf, lediglich bezogen auf alles „was bloß erfunden ist“, ist deshalb die Bedeutung in der Antike (vgl. Lindner 1978, 12). Über das altfranz. „fable“ im Sinne von „Märchen, Erzählung, unwahre Geschichte“ gelangte das Wort zu Beginn des 13. Jhs. ins Mittelhochdeutsche. (Leibfried 1967, 1) Allmählich kristallisiert sich dann ein fester Begriff heraus. „Seit dem 18. Jh. wendet man das Wort ‘Fabel’ als Gattungsbezeichnung“, so Leibfried, „nurmehr auf die Form einer Erzählung an, in der Tiere, Pflanzen oder Dinge eine führende Rolle spielen und in der eine bestimmte Lehre verdeutlicht werden soll“. (Ebd. 1) Erhalten hat sich daneben die Bedeutung von „Fabel“ zur Bezeichnung der Handlungsstruktur dramatischer und erzählerischer Werke.

Das Wort „Parabel“ geht auf griech. „parabole“ zurück. „Das griechische Wort *parabole* aus *ballein* = werfen und der Präposition *para* = daneben, jenseits wäre etwa mit „das eine für das andere setzen“ zu übertragen. Es wurde zu einem Terminus der antiken Rhetorik und bedeutete dort eine Weise des Sprechens, die nicht im eigentlichen und wörtlichen Sinne verstanden werden soll, sondern in der Weise der Übertragung“. (Brettschneider 1971, 10) Doch blieb auch dieser Terminus durchaus allgemein und konnte sich so mit der Bezeichnung „Fabel“ überlagern; er steht „nicht nur für Gleichnis und Parabel, sondern für alle Arten bildlicher Rede und noch für einiges mehr“ (Dithmar 1970, 27). „Parabole“ entspricht dem hebräischen Wort „maschal“, das auch „zunächst nichts anderes als eben Wort oder Erzählung meint, aber bald eingeengt wird und nun gleichnishafte Erzählungen der verschiedensten Art bezeichnet. Bei der Übersetzung des Alten Testaments ins Griechische wurde daher das Wort *maschal* durch *parabole* wiedergegeben.“ (Brettschneider 1971, 10f.) Der biblische Bezug von „Parabel“ ist sowohl für die Renaissance der Parabel in der modernen Dichtung wie für die Parabelforschung von Bedeutung.

Strittig ist nicht allein die Abgrenzung bzw. die Nichtabgrenzbarkeit von „Fabel“ und „Parabel“. Auch die Frage ihrer (beider Textsorten) Nähe zum Märchen muss hier aufgenommen werden. Auf strukturelle Parallelen zwischen „Fabel“ und „Märchen“ weist vor allem Doderer hin, ohne dabei die markanten Unterschiede außer Acht zu lassen (siehe Doderer 1977, 184). Parallelen sieht er in Anlehnung an die Beschreibungskategorien Lüthis zum Märchen sowohl in der Eindimensionalität wie auch in der Flächenhaftigkeit, Allverbundenheit und Polarisation. Die Fabelfiguren sind keine individuellen Geschöpfe, sondern Typen; sie „haben kein Eigenleben, sie sind außengesteuerte Hülsen“ (Doderer 1977, 80); das Figurenarsenal ist wie im Märchen auf einer Ebene beliebig kombinierbar (ebd. 76). Es muss sogleich angemerkt werden, dass die Eindimensionalität in der Fabel doch anders geartet ist als im Märchen; denn in der Fabel befinden sich von vornherein nur irreale Wesen auf dieser einen Ebene. Grundsätzliche Kritik an der Auffassung Doderers zum Verhältnis von Fabel und Märchen übt Gebhard, indem er das reflexiv-argumentative Moment der Fabel betont, die „im Prozeß ihrer traditionalen Selbstreflexion ein Spiel von Einsicht und Gegeneinsicht" und damit dem Märchenglück zuwiderlaufende „desillusionistische Werte" entwickele. (Gebhard 1974, 140f.)

Auf die Affinität zwischen Märchen und moderner Parabel, d.h. auf märchenhaft verfremdete Züge in zeitgenössischen parabolischen Texten macht u.a. Brettschneider aufmerksam. Im modernen „Antimärchen als einer neuen Ausprägung der Parabel" erhält vor allem das Wunder eine neue Funktion. „Seine religiöse Kraft" sei hier „ebenso vernichtet wie seine helfende Rolle im Märchen"; die Verwandlung Gregor Samsas in Kafkas „Verwandlung" ist „einfach ein – letztlich unergründliches – Faktum." (Brettschneider 1971, 60 u.62; siehe dazu auch Billen 1986, 443ff.)

Zur Bestimmung des Verhältnisses von „Fabel" und „Parabel" scheint von entscheidender Bedeutung zu sein, welcher Stellenwert in diesem Zusammenhang der „Allegorie" zugemessen wird. Bei Leibfried und Lindner fungiert das Allegorische als Diskriminationsfaktor. Die Parabel sei „in bestimmter Weise allegorisch", „eine aesopische Fabel dagegen symbolisch" (Leibfried 1967, 16), d.h. die eine Form explizit verschlüsselt, die andere offen auslegbar. Parabel und Gleichnis „bleiben unverständlich ohne explizite, die Analogie entschlüsselnde Auslegung des Erzählten", weil hier das Prinzip – im Unterschied zur Fabel – der „tota allegoria" angewendet würde. (Lindner 1978, 35f.) Gerade eine solche – nun neuerdings wieder vorgenommene Abgrenzung – hatte Dithmar als fehlerhafte Verwechslung kenntlich gemacht, Verwechslung nämlich zwischen allegorischer Rede und parabolischer Rede. Denn Parabeln müssen gerade nicht Zug um Zug enträtselt und entschlüsselt werden, damit man sie verstehen kann. „Im Gegensatz zur Allegorie geht es in der parabolischen Rede nicht um eine Reihe von Ähnlichkeiten, die man einzeln deuten muß, sondern um die zentrale Aussage, um das sogenannte tertium comparationis." (Dithmar 1970, 13)

Bei dem Versuch, „Fabel" und „Parabel" aufeinander zuzudenken, wie es Dithmar am konsequentesten unternommen hat, ergeben sich nun interessante und widersprüchliche Zuordnungen. Bei Doderer, welcher der Parabel keinen eigenen Gattungsstatus zuerkennt, erhält die Fabel die dominierende Position, die als „sprachliche Konstruktionseinheit" „gleichsam ihr Gehäuse den parabolischen Belangen zur Verfügung stellt." (Doderer 1977, 179) Bei Brettschneider wird genau umgekehrt die Fabel zu einer Subkategorie allen parabolischen Erzählens. (Siehe Brettschneider 1971, 10) So kann er in seinem Aufriss zur „Geschichte der deutschen Parabel" von den bekannten Stationen der „Fabelgeschichte" bis hin zu Lessing – indische und antike Fabeln, Rezeption in der mittelhochdeutschen Periode, Reformation und Aufklärung – ausgehen (ebd. 16ff.), um dann die Strukturmerkmale der modernen, d.h. der zeitgenössischen Parabel zu beschreiben. Der Unterschied zwischen den beiden Textsorten wird aus dieser Blickrichtung zu dem zwischen „alter" Parabel = Fabel in der aesopischen Tradition, die eine geschlossene Form aufweist, und „neuer" Parabel, für die Offenheit zum konstitutiven Merkmal wird.

Wollte man gemeinsame Merkmalsbestimmungen für Fabel und Parabel angeben, die sie zugleich von anderen Formen, wie etwa Märchen und Sage, abgrenzen, so müssten die folgenden Tendenzen aufgelistet werden:

Basales Merkmal ist das uneigentliche, gleichnishafte Sagen; d. h. „das Gesagte ist nicht bereits das Gemeinte" (Brettschneider 1971, 9), sondern es muss auf ein Gemeintes bezogen werden. Da das Gesagte und auf eine Wirklichkeit hin Gesprochene im Bild erscheint, ist es üblich geworden, hinsichtlich der gleichnishaften Rede zwischen „Bildhälfte" und „Sachhälfte" (siehe z. B. Dithmar 1971, 86 u. Philippi 1969, 310), weniger irritierend wäre „Bildhälfte" und „Sinnhälfte", zu unterscheiden. Der vergleichende Rückbezug auf das Gemeinte erfolgt über das tertium comparationis: Der Löwe (als Bild) in der Fabel z. B. ist auf die Herrschenden (in der Wirklichkeit) über den Vergleichsfaktor „Eigenschaft des Mächtigseins" beziehbar (siehe Ecker 1976, 121). Reduktion der Sprache, Aussparung und Verfremdung sind formale Grundzüge von Fabel und Parabel. (Vgl. Brettschneider 1971, 71) Daraus wiederum – es lässt sich allerdings auch umgekehrt argumentieren – ergibt sich zweierlei: die dialogisch-argumentative (siehe Brettschneider 1971, 13) und rhetorisch bedingte, d. h. aus praktischen Redeanforderungen hervorgehende (siehe Dithmar 1970, 15) Struktur sowie das Phänomen der Distanzierung und der Übertragung als Grundzug parabolischer Rede. „Im Bild also wird eine Sache fremd" und gleichzeitig „ein Ich auf der Suche nach der Sache". (Gebhard 1974, 142) „Dieses Doppelte der Parabel – daß man fremdes Verhalten distanziert beurteilen kann und es dann als das eigene (bzw. als eines, das einen selbst auch angeht, d. Vf.) erkennen muß" (Dithmar 1970, 18), macht im Kern das reflexive Moment der parabolischen Rede aus. Damit ist gesagt, dass sie prinzipiell auf Erkenntnisgewinnung aus ist und potentiell immer auch eine „pragmatisch-appellative Dimension" aufweist (Gebhard 1974, 152; siehe auch Dithmar 1970, 17; Elm 1982 u. Zymner 1991). Lehrhaftigkeit und im weitesten Sinne didaktische Grundtendenz (siehe u. a. Doderer 1977, 95 ff.) sind konstitutiv für Fabel und Parabel. Sie haben „problematischen Charakter", in der Weise, dass sie durch einen Vorwurf provozieren (Dithmar 1970, 17), und darin, dass „ihre Figuren in eine Welt mit intelligiblen Problemen" versetzt sind (Doderer 1977, 100).

1.2. Themen und Motive

Die eben skizzierten Merkmalsbestimmungen zu „Fabel" und „Parabel" beschreiben zugleich ihren motivationalen Hintergrund. Ihre Themen und Aussagetendenzen sind im Kern immer didaktisch. Das macht, wie es Doderer ausgedrückt hat, ihr „Fundament" aus. (Doderer 1977, 95) Von der im weitesten Sinne zu verstehenden didaktischen Basis her müssen dann Differenzierungen vorgenommen werden.

Das Problemfeld der Fabel ist, da auch sie wie Märchen und Sage anthropologische Aussagen machen will, umfassend: „Bosheit und Anstand, Zufriedenheit und Unzufriedenheit, Anmaßung und Bescheidenheit, Gier und Beherrschung, Falschheit und Ehrlichkeit, Schläue und Dummheit, Prahlerei und Zurückhaltung, Stärke und Schwäche" erscheinen als Merkmale des Menschen in der fabulosen Verkleidung bzw. Verfremdung. Für jeden nur möglichen Konflikt, für jede Störung scheint es schon gemachte Erfahrungen zu geben. (Ebd. 104) Ins Bild gesetzt und als Abstraktion von einem jeweiligen Fall werden sie vermittelt. Darin zeigt sich nun im Gegensatz zum umfassenden Themenfeld eine andere Seite der Fabel, nämlich die Eingeschränktheit ihrer Lehrhaftigkeit. Die Fabel präsentiert die jeweiligen „intelligiblen Probleme" (Doderer 1977, 100) immer nur ausschnitthaft, kasuistisch. Sie ist weder geeignet, „psychologische Situationsinterpretation" zu geben, noch komplexe Problemzusammenhänge zu erhellen. Ihre zahlreichen Lehrsätze können zudem widersprüchlich sein, so dass sich auch aus diesem Grunde „keine einheitliche Morallehre" aus ihnen ablesen lässt. (Ebd. 106)

Ausgangspunkt der Fabel ist nach Doderer gewöhnlich eine Zwangslage. Daran könne dreierlei demonstriert werden: dass der entstandene Zustand eine berechtigte Folge falschen Verhaltens ist; wie sich die Figuren aus der gegebenen Zwangslage befreien; die Unabänderlichkeit, die Ausweglosigkeit einer Situation. (Siehe Doderer 1977, 109 ff.) In der Konsequenz des Denkansatzes bei Doderer hätte es (wie bei Gebhards Argumentation) gelegen, die Problemkonstellation als Ausgangspunkt zu betrachten; die Zwangslage wäre dann – und das erscheint plausibler – als Sonderfall von Problemlage einzuführen. An dem Modell der Zwangslage können andererseits weitere wichtige Einsichten gewonnen werden. Einmal: Da die Zwänge in bestimmten Situationen, Konstellationen und Oppositionen erscheinen, kann die *Macht* als ein Hauptmotiv der Fabel identifiziert werden und als ihr Pendant zugleich der *Protest* sowie der in ihm sich manifestierende Glaube an bessere Möglichkeiten und Veränderung. (Siehe Doderer 1977, 112 f.; zur gesellschaftskritischen Dimension der Fabel insbesondere Dithmar 1971, 115 ff.; Koch 1973 u. Kreis 1971) Zum anderen: Wenn die Fabel primär Bewältigung von Zwängen ins Bild setzt, können in ihr nicht Motive wie Demut, Mitgefühl, Gläubigkeit und Glück wirksam werden, sondern gefragt sind „Schläue, Listigkeit, Klugheit, Einsichtigkeit" (Doderer 1977, 115).

Hinter diese Überlegungen muss nun wieder zurückgegangen werden; denn die Erzählformen „Fabel" und „Parabel" können in dem umfassenden Feld menschlicher Probleme in sehr verschiedener Weise in den Dienst genommen werden: nämlich sowohl kritisch-appellativ als auch affirmativ und schließlich ästhetisch-literarisierend. Die Richtungen und Lehrtendenzen ändern sich je nach gesellschaftlich-historischer Situation und persönlicher Intention. So ist die Fabel zur Demonstration von „Anpassung *und* Widerstand" (Doderer 1977, 115) benutzt worden, konnte sie sowohl zum „Predigtmärlein" wie zum „politischen Lehrstück" (ebd. 130) werden, war ihre Aussagetendenz religiöse Belehrung, politisch-soziale Kritik, lebensphilosophische Erfahrungsvermittlung, moralisch-pädagogische Einflussnahme und auch literarisch-ästhetische Selbstaussage. (Siehe u. a. Doderer 1977, 132) Gebhard fächert auf nach „forensisch-rhetorischen", nach „eschatologisch-missionarischen" und „literarisch fundierten Fabelformen". (Gebhard 1974, 138) In der Geschichte der Fabel und Parabel spiegeln sich diese unterschiedlichen Aussagetendenzen in „Aktualisierungs- und Latenzphasen" (Doderer) wider. Latenzphasen sind solche, „in denen die Fabel ohne wesentliche Versuche, sie zu verändern beziehungsweise sie provokatorisch einzusetzen, tradiert wird". „Dies dürfte im Mittelalter, im Barock und im 19., ja auch im beginnenden 20. Jahrhundert weithin der Fall gewesen sein." „Zeiten jedoch, in denen der Fabel größere Beachtung in der Öffentlichkeit geschenkt wird, in denen sie literarische Bedeutung erlangt . . ., entsprechen interessanterweise Zeiten gesellschaftlicher Umstrukturierung." So fallen die Reformation, die Bauernkriege, die Entwicklung des Bürgertums im 15. und 16. Jahrhundert mit der Aktualisierung der Fabel bei Luther, Burkard Waldis, Erasmus Alberus, Hans Sachs u.a. zusammen. Die Zeit der Aufklärung bildet den geistigen, politischen und sozialen Hintergrund der Blütezeit der Fabel im 18. Jahrhundert. (Doderer 1977, 261f.)

Latenz- und Aktualisierungstendenzen konstatiert Koch in ihrer ausführlichen Untersuchung (Koch 1973) speziell auch für die schon mehrfach totgesagte Fabel im 20. Jahrhundert. Die jüngste Aktualisierungsphase – nach der der sozialistisch-proletarischen Fabelliteratur in den 20er Jahren –, für die Autoren wie Schnurre, Arntzen, Anders, Thurber stehen, zeigt formal wie thematisch aber eine deutliche Umorientierung gegenüber der traditionellen Fabel. Die thematische Neuorientierung weist, grob umrissen, in drei Richtungen: in die der Umkehr bzw. Negierung der hergebrachten Fabellehre und -moral, damit „den Gültigkeitsanspruch von Normen" in Frage stellend (Koch 1973, 80); sie zeigt sich als Entlarvung „typischer Schwächen der modernen Gesellschaft und des Menschen" (Dithmar 1971, 76), bemüht, nun gerade „Zweifel zu wecken" (Koch 1973, 81), statt sie wie die historische Fabel in der Lehre aufzuheben; sie ist drittens explizite „zeitkritische und politische Dichtung" (ebd. 81).

Wenn Koch die „Wirktendenzen der modernen Fabeldichtung" herauszuarbeiten versucht, hat sie dabei die am Typus der aesopischen Fabel orientierte Umstrukturierung im Blick.

Davon abgehoben werden müssen noch einmal die vielfältigen Erscheinungsformen der „modernen Parabel", wie sie z.B. Brettschneider beschreibt, „die religiöse und metaphysische Parabel" etwa bei Buber, Kafka und Broch, „die politische Parabel" bei Brecht, Kunert, Kunze, „die phänomenologische Parabel", die auf Existenzdeutung angelegt ist, bei Musil, Dürrenmatt, Strittmatter, Meckel u.a. (siehe Brettschneider 1971, 26; Elm 1982, 22, Billen 1986, 431ff. und die Kritik bei Zymner 1991, 173ff.). In ihr komme „eine neue Art dichterischen Sprechens" (ebd. 7) zum Ausdruck, die in ihrem Ursprung eben eine sehr alte ist, die sich wie die biblische Gleichniserzählung wieder vor letzten Endes unauflösliche Fragen gestellt sieht und die versucht, „ihre Fragen zu Bildern und zu Erlebnissen zu verdichten und in der Erdichtung Antworten zu finden" (Brettschneider 1971, 25).

1.3. Zur formalen Struktur

Die formale Struktur von Fabel und Parabel soll unter drei Aspekten angesprochen werden.

a) die *„Welt der Fabelfiguren"* ist, wie es Doderer treffend beschreibt, allgemein gekennzeichnet durch die „verdünnte Atmosphäre" (Doderer 1977, 41), in der sie leben, durch die Denaturalisierung der Dinge, „die ohne (ihr) reales Beziehungsgeflecht gezeigt werden"; sie ist stilisierter „Bühnenraum" (ebd. 41), in dem die „Konstruiertheit" (ebd. 54) der prinzipiell auswechselbaren Requisiten, Kulissen und Figuren auffällt. Die in dem Bühnenraum der Fabel agierenden anthropomorphisierten Figuren sind „außengesteuerte Konturwesen" (ebd. 60), d. h. der intellektuellen Problematisierungsabsicht unterstellt. Sie werden wie im Märchen „mechanistisch, zerleg-, verschieb- und reparierbar aufgefaßt" (ebd. 61). Sie sind keine realen Wesen, sondern eher typische Kontrastbilder. Das macht ihre Flächenhaftigkeit aus (siehe ebd. 80), die beliebige Kombinierbarkeit des Figurenarsenals auf einer Ebene die Eindimensionalität (siehe ebd. 76) der Fabel (vgl. oben). Die Kontrastierung ist als Abbild von Problemkonstellationen und Konfliktsituationen zu begreifen. Die Bühnenkonfiguration bedingt die Dialogstruktur der Fabel. Als Gesprächspartner kommen diejenigen in Frage, die möglichst konträr zueinander stehen, groß und klein, schlau und dumm, arm und reich, mächtig und ohnmächtig usw. (vgl. Doderer 1977, 82) Die Fabelfiguren sind nicht Individuen, sondern Akteure in gedanklichen Modellspielen, Verkörperungen von abstrakten und gesellschaftlichen Funktionen.

b) Das uneigentliche gleichnishafte Sagen, von dem bei der Merkmalsbestimmung der parabolischen Formen auszugehen ist (siehe 1.1), verlangt das strukturelle Prinzip der *bildlichen Rede*. Es wurde schon erwähnt, dass das Gesagte auf das Gemeinte, die Bildseite auf die sog. Sachseite, besser die Sinnseite, und zwar deutend, bezogen werden muss. Denn beim Gleichnis handelt es sich im Unterschied zur Beispielerzählung um ein „räumliches Nebeneinander", um die „Zusammenschau verschiedener Bereiche" (Dithmar 1971, 85f.). D.h. der Vergleichsbereich kann nicht zur abstrakten Aussage reduziert werden. Da er „in seiner ganzen Fülle und Bildhaftigkeit für den Grundbereich, die gemeinte Sache" steht (ebd. 87), verbietet sich eine lineare, einsinnige Interpretation – wie sie durch das Epimythion, die nachgestellte Lehre, das explizierte fabula docet von Fabelautoren selbst gegeben wurde.

Dass Dithmar in anderer Weise Einsinnigkeit herzustellen versucht, indem er nämlich „eine genuine Beziehung (der) Sachseite zu einer 'konkreten Situation' im Sinne einer einmaligen geschichtlichen Lage, 'in die hinein eine Fabel gesprochen wurde'", behauptet, trägt ihm die Kritik Gebhards ein. (Gebhard 1974, 124; siehe Dithmar 1971, 116)

Für die „moderne *Parabel*" scheint sich das Verhältnis von Bildseite und Sinnseite ohnehin prinzipiell verschoben zu haben. Kann für die traditionelle aesopische Fabel davon ausgegangen werden, dass das Gemeinte – zwar nicht in rest-loser Übertragung – greifbar bleibt, so gilt für die moderne Parabel, dass sie eher „die Kennzeichen des Paradoxes" (Philippi 1969, 319), der Unauflösbarkeit des Gemeinten trägt.

„Die Sachhälfte ist als Frage im Bereich der Bildhälfte angelegt." Der „Sitz im Leben" „ist nicht mehr gegeben, sondern zu erfragen." (Ebd. 330) Ähnlich Brettschneider: ,,Die Möglichkeit, das auf der Bildebene Gesagte eindeutig auf die Sinnebene zu übertragen, ist nicht mehr gegeben." (Brettschneider 1971, 54; siehe dazu auch die umfassenden, in einen komplexen theoretischen Zusammenhang gestellten Arbeiten von Elm 1982 und Zymner 1991 sowie Billen 1986).

Ein ambivalentes Spiel mit Bildseite und Sinnseite, so dass ein Sinn aufscheint, dann aber in sein Gegenteil verkehrt, zumindest jedoch verfremdend bzw. parodistisch gebrochen wird, ist charakteristisch für die moderne nach- oder antiaesopische „*Fabel*" (vgl. Koch 1973, 125 ff.).

c) Die unter dem Gesichtspunkt der bildlichen Rede aufgezeigten Unterschiede zwischen dem traditionellen Typus „aesopische Fabel" (bis Lessing), dem „veränderten Typus Aesop" in der zeitgenössischen Fabeldichtung und der „modernen Parabel" spiegeln sich in ihrer *Bauform* bzw. umgekehrt, die unterschiedliche Bauform ist Bedingung für die unterschiedliche Funktion der Bildlichkeit.
Darauf, dass die Fabel „knapp, gezielt und pointiert" sein muss (Dithmar 1971, 99), um ihre Wirkung zu erreichen, hat vor allem Lessing hingewiesen.

„Wenn ich mir einer moralischen Wahrheit durch die Fabel bewußt werden soll, so muß ich die Fabel auf einmal übersehen können; und um sie auf einmal übersehen zu können, muß sie so kurz seyn als möglich." (G. E. Lessings sämtl. Schriften Bd. 7, S. 470; zitiert nach Dithmar 1971, 99)

Der Typus „aesopische Fabel" ist zugleich episch und dramatisch, „das in eine Erzählung eingefügte Drama in knappster Form" (Dithmar 1971, 103). In ihrer von Lessing geforderten ökonomischen Form „beschränkt (die Fabel) das dramatische Geschehen auf einen Dialog als einmalige Rede und Gegenrede oder auf eine einmalige Handlung und Gegenhandlung" (ebd. 104). Dieses Grundschema kann variiert werden. Es stellt sich insgesamt als vierteilige Abfolge dar, nämlich von „Situation – actio (Rede / Handlung) – reactio (Gegenrede / Gegenhandlung) – Ergebnis". (Ebd. 106)

Die formale Umstruktuierung der „modernen Fabel" zu einer thematischen Antiform erfolgt, sieht man einmal von den ausgeweiteten Erzählparodien Thurbers ab, gleichsam durch die Potenzierung der traditionellen Faktoren, d. h. durch weitere „Straffung und Pointierung der Form" (siehe Koch 1973, 89 ff.). Der szenischen Verkürzung zur zweigliedrigen Dialogfabel, die damit zum Aphorismus tendiert, sowie dem Wegfall des Epimythions (wieder mit Ausnahme von Thurber, wo es aber gerade parodistisch eingesetzt wird) entsprechen die sprachlichen Reduktionen: Rede und Gegenrede in knappster Form; Aussparungen, Andeutungen und Anspielungen; die ironische Mehrdeutigkeit und Verrätselungen. Zu diesen Stilmitteln der verfremdenden Darstellung treten verfremdende und zugleich sinnsteuernde Fabeltitel hinzu.

Die „moderne Parabel" ist aufbaumäßig am wenigsten mit den beiden Fabelvarianten zu vergleichen. Sie bleibt nicht an die Dialogstruktur gebunden. D. h. das epische Moment wird formbestimmend, die sprachliche Reduktion muss nicht dominieren. Angesichts der Vielfalt der Erscheinungsformen verbieten sich jedoch weitergehende globale Aussagen. Erwähnt sei nur noch einmal die schon angesprochene Tendenz zur offenen Form gegenüber der geschlossenen der Fabel bzw. nach Brettschneiders Unterscheidung der „alten“ Parabel (siehe Brettschneider 1971, 68), was unter dem Sinnaspekt zugleich den hermetischen Charakter des parabolischen Erzählens bedingt. (Vgl. die ausführliche Darstellung bei Billen 1986, 431 ff.)

2. Zur Forschungslage

Die derzeitige Forschungslage zu Fabel und Parabel ist gekennzeichnet durch eine erneute Hinwendung zu einer schon mehrfach totgesagten und von der Literaturwissenschaft nicht mehr beachteten Gattung, nämlich der aesopischen Fabel sowie ihrer modernen Varianten und Antiformen; durch die Ausweitung des Gegenstandsbereiches, so dass Fabel und Parabel als Varianten parabolischen Erzählens zusammen gesehen werden können; dadurch, dass die wissenschaftliche Beschäftigung mit Fabel und Parabel oftmals an didaktisches, politisches, theologisches Interesse zurückgebunden ist.

Nach der Auffassung Scherls (vgl. 1974) lassen sich die Arbeiten zur Fabel in zwei Gruppen einordnen, nämlich in eine literarästhetisch ausgerichtete und in eine soziologisch ausgerichtete. Ecker (1976) sieht eine Abwendung vom genetisch-stofflichen und beschreibend-normativen Aspekt zugunsten stärkerer oder besonderer Beachtung literatursoziologischer Implikationen sowie der Wirkfunktion der Fabel, speziell der zeitgenössischen.

Ich möchte etwas anders akzentuieren, von phänomenologisch-strukturellen Ansätzen auf der einen Seite, von literatursoziologisch und rezeptionsästhetisch orientierten auf der anderen sprechen und dabei spezielle Untersuchungen zur Parabel mit einbeziehen; nach dem Wirkaspekt fragen neuerdings beide Richtungen. Als Beschreibungsverfahren bietet sich eine (weitgehend) chronologische Skizzierung an, aus der deutlich gegenläufige Richtungsänderungen abzulesen sind.

a) *Phänomenologische Ansätze zur Fabel* liegen mit den Arbeiten von Leibfried und Doderer vor.

Leibfried bietet eine allgemeine Überblicksdarstellung zu Begriff, Wesen und Geschichte der Fabel. Das „Mißverhältnis zwischen der Fabel und ihrer Theorie“ (Leibfried 1967, 15) – eine Formel, auf die Gebhard in seiner Kritik insbesondere an Dithmar zurückkommen wird – sieht er in einer unzureichenden Beschreibung der unterschiedlichen Erscheinungsformen der Fabel begründet bzw. in der ausstehenden „Ergänzung ... theoretischer Bestimmungen durch phänomenale, morphologische Eigenschaften“ der Textsorte Fabel (ebd. 15). Er selbst sucht diesem Anspruch gerecht zu werden, indem er formale Variationen beschreibt und vier verschiedene Stilzüge der Fabel voneinander abhebt, den belehrenden Stil, den kritisierenden Stil, den satirischen Stil, den fabulosen Stil (ebd. 31 ff.). Diesen verschiedenen Stilzügen, so muss man es verstehen, würden unterschiedliche Wirkfunktionen der Fabel entsprechen. Seine Kritik richtet sich gegen die verabsolutierenden sozialkritischen Ansätze von Spoerri (Der Aufstand der Fabel, in Trivium, Jg. I, Heft 1, Zürich 1942), Meuli (Herkunft und Wesen der Fabel. In: Schweizerisches Archiv für Volkskunde, Bd. 50, Basel 1954) und Schirokauer (Die Stellung Aesops in der Literatur des Mittelalters. In: Festschrift für Wolfgang Stammler, Berlin u. Bielefeld 1953). Leibfried verfällt aber seinerseits in eine reduktionistische Sinnzuschreibung, indem er die „Weltsicht der Fabel" dahingehend bestimmt, dass sie „die Gesetze der Natur in ihrer Unabänderlichkeit" registriere. (Leibfried 1967, 36)

Bei Doderers informativer und argumentativ ausgewogener Darstellung zeigt sich der phänomenologische Aspekt im induktiven Verfahren sowohl wie in der Berücksichtigung der Perspektivenvielfalt. Seine Prämisse bzw. Grunderkenntnis lautet: „Die Wirklichkeit der vorhandenen Fabeln – wobei er die Parabel als besondere Variante einbezieht (siehe oben) – ist offensichtlich weiter, als die bisherigen Versuche der Bestimmung eines uniformen Strukturgesetzes es ahnen lassen." (Doderer 1977, 10) So setzt er, um die Vielfalt der Erscheinungsformen zu verdeutlichen, mit „Fallbeschreibungen" ein, d. h. mit der Interpretation von „Fabelmodellen" bei Aesop, Luther, Lessing und Kafka und stellt die Ausführungen zu Fabeltheorien an das Ende seines Buches. Eckpositionen der historischen Fabeltheorie sieht er bei Luther, Lessing und Jacob und Wilhelm Grimm. Für Luther sei die Fabel, indem er sie im „Spannungsfeld zwischen Ästhetik und Didaktik" sehe, Möglichkeit, „weltliche Klugheit im Narrengewande" zu vermitteln. (Ebd. 223 ff.) Lessing dagegen – und diese erkenntnistheoretische Verengung kritisiert Doderer – wolle in der Fabel „Gesetzeserkenntnis am Fall" demonstrieren (ebd. 232 ff.); eine Gegenposition wiederum zu den poetologischen Ansichten der Aufklärung nehmen Jacob und Wilhelm Grimm ein, an denen zu kritisieren ist, dass sie die Fabel undifferenziert in mythische Zusammenhänge, d. h. in eine allgemeine Genese der Volksdichtung stellen, die keiner rationalen Aufhellung bedürfe (siehe ebd. 244 ff.). Doderers offener Haltung gegenüber seinem Untersuchungsgegenstand muss die Position Luthers am meisten entsprechen, und so stellt er fest, dass seine „Auffassung von der Fabel als Kunststück und zugleich als Lehrstück weltlicher Weisheit (der Fabelforschung, d. Vf.) am besten weiterhelfen" könne. (Ebd. 256) Die Fabel wäre also nicht nur und nicht primär als „rhetorische Figur" anzusehen, sondern „ebenso als eine umgrenzbare, kleine literarische Kunstgattung". (Ebd.257)

Die nicht auf *eine* Perspektive eingeengte Sichtweise Doderers dokumentiert sich darin, dass er verschiedene originäre Funktionsfelder und dementsprechend Wirkungsmöglichkeiten der Fabel gelten lässt, die er zu drei „Bezirken" zusammenfasst, dem „religiöser Belehrung", dem „politisch-sozialer Kritik" sowie dem „lebensphilosophischer und moralischer Einflußnahmen" (ebd. 132). Sie zeigt sich in dem Nachweis, dass die Fabel als grundlegend didaktische Form, die ausschnittweise intelligible Probleme präsentiert, sowohl für Anpassung wie für Widerstand in Anspruch genommen werden kann (siehe oben); in der richtungsweisend gewordenen Herausarbeitung von Aktualisierungs- und Latenzphasen (siehe oben). Als strukturell kann der Ansatz Doderers insofern bezeichnet werden, als es ihm darum geht, wiederkehrende Grundmuster der Textsorte kategorial, und zwar teilweise mit den Termini, die Lüthi auf das Märchen angewandt hat, wie Eindimensionalität und Flächenhaftigkeit, zu erfassen (siehe oben).

b) Als *literatursoziologisch orientierte Arbeiten* zur Fabel sollen die Darstellungen von Dithmar und Koch angesprochen werden. Sie sind gleichsam als kritische Antworten auf die phänomenologisch oder literarästhetisch genannten Positionen zu verstehen.

Dithmars Position zur Fabel lässt sich am besten aus der Einleitung zu der von ihm herausgegebenen Sammlung „Fabeln, Parabeln, Gleichnisse" ablesen (Dithmar 1970). Am Anfang der Argumentationskette steht die für die Fabelforschung wie für die Didaktik der Fabel wichtige Aussage, dass Fabel, Parabel und Gleichnis als Formen der parabolischen Rede grundsätzlich nicht voneinander zu trennen seien. (Dithmar 1970, 11) Sodann unter Bezugnahme auf theologische Forschungsansätze (z. B. Jülicher): die Fabel habe ihren Ursprung in der Rhetorik, d. h. „die gleichnishafte Rede wird ihrem Wesen nach in eine konkrete Situation hinein gesprochen" (ebd. 15). Das macht ihren „Sitz im Leben" aus sowie ihre prinzipiell auf Veränderung gerichtete Intention. Die Beziehung zwischen dem Verständnis gleichnishafter Rede und der „Veränderung von Denken und Handeln" sieht Dithmar nun so, dass diese (die Veränderung) Bedingung für Verstehen ist (ebd. 17). Damit ist gleichzeitig der umgekehrte problematische Wirkmechanismus behauptet: wer eine Fabel versteht, wird zu der von ihr intendierten Verhaltensänderung geführt. Einen entscheidenden Faktor in diesem Prozess stellt die Distanz bzw. die Verfremdung als „wesentlicher Grundzug der parabolischen Rede" dar; sie macht Erkenntnis und Selbsterkenntnis erst möglich (ebd. 17f.) Aus dem Veränderungsaspekt ergibt sich die politische Bedeutsamkeit der parabolischen Rede, die schon in frühester Zeit als Kampfmittel eingesetzt worden sei. Das gelte „für die alttestamentlichen Texte ebenso wie für die orientalische und griechisch-römische Fabel" (ebd. 19) und zeigt sich insbesondere wieder in der zeitgenössischen Fabel, die „nicht nur eine grundsätzliche Unterscheidung zwischen Fabel und Parabel fragwürdig, wenn nicht unmöglich" mache, sondern auch „eine neue Brücke zu den biblischen Texten" schlage. (Ebd. 26) Damit sind die Verklammerungen für Dithmars theologischen Erkenntnissen verpflichteter Fabeltheorie gesetzt: Parabolische Rede als spezifische Sprachform ist nicht teilbar und genuin an rhetorische Situationen gebunden; das macht zugleich ihre religiöse, didaktische oder alles in allem politische Dimension aus.

Der literatursoziologische *und* wirkästhetische Forschungsansatz von Ruth Koch ist teilweise hoch eingestuft worden (siehe z. B. Ecker 1976 u. Scherl 1974). Es ist ihr Verdienst, unter wirkungsästhetischen Gesichtspunkten die neuere sozialkritisch orientierte Fabelforschung umfangreich aufgearbeitet, eine eingehende Inhalts- und Strukturanalyse der modernen Fabel (vgl. Kap. 1.2. u. 1.3.) sowie eine geschlossene Didaktik der Textsorte Fabel geliefert zu haben. Ihre Sachkenntnis bewahrt sie trotz des monistischen sozialkritischen Ansatzes vor Vergröberungen und Fehlschlüssen, wie sie etwa bei Kreis (1971) vorliegen. Das zeigt sich z. B. in der allerdings unter didaktischen Gesichtspunkten vorgenommenen Kategorisierung der Fabel, indem sie zwischen P-Fabeln, I-Fabeln und G-Fabeln unterscheidet (und ihnen eine je verschiedene didaktische Funktion zuschreibt). P-Fabeln bilden „perspektivisches", d. h. abhängiges und von Vorurteilen geleitetes Denken ab (Koch 1973, 180ff.); I-Fabeln demonstrieren „Interessendenken und -handeln", wodurch jeweilige Konfliktverläufe bestimmt werden (ebd. 181ff.); G-Fabeln sind solche, „die von den Themen Macht und Gewalt beherrscht werden" (ebd. 182ff.).

Aber auch zu Koch müssen kritische Anmerkungen gemacht werden: Ihre zumindest zu relativierende Grundannahme, „das wiedererwachte Interesse der Fachwissenschaft an der Fabelform" sei „identisch mit der Absicht, ihre gesellschafts- und sozialkritische Wirkfunktion unter Beweis zu stellen" (ebd. 58), ist zugleich Leitlinie für ihre Aufarbeitung der diesbezüglichen Forschungslage. Fraglich erscheint nun, ob von den so bereitgestellten Untersuchungsergebnissen, also von Forschungsrichtungen her, unmittelbar auf *bestimmte* Wirkungen der *Fabel* geschlossen werden darf. D. h. es hätte unter dem wirkästhetischen Anspruch, den die Autorin erhebt, explizit das Verhältnis von faktischer historischer Wirkung von Fabeln, von in Fabeln angelegten Wirkmöglichkeiten und den didaktischen Wirkungserwartungen und -bedingungen diskutiert werden müssen, ein Problem, das nur im didaktischen Teil der Arbeit eher beiläufig angesprochen wird. Außerdem reduziert Koch „moderne Fabelforschung" auf soziologisch orientierte Fabelforschung; so bleiben im 1. Teil der Arbeit, der die Fabelforschung betrifft, Leibfried (1967), Doderer (1977), aber auch Dithmar (1970 u. 1971) ausgespart.

Zur Strukturbeschreibung der modernen Fabel im 2. Teil der Arbeit muss angemerkt werden, dass auch bei ihr die Zusammenhänge zwischen den so beschriebenen formal-strukturellen Besonderheiten der Fabel und der modernen Gesellschaftsstruktur (worauf es der Autorin ihrem Ansatz in Kap. 2.4. entsprechend hätte ankommen müssen) allenfalls angedeutet werden. Aber das Problem wird gerade darin bestehen, hier umfassende Zusammenhänge aufzuzeigen. Umgekehrt argumentiert: durch den theoretischen Zusammenschluss von Fabelstruktur und Gesellschaftsstruktur wird der „kleinen Textsorte" prinzipiell zu viel zugemutet. Wie die Arbeiten von Dithmar, Brettschneider und Philippi es deutlich gemacht haben, ist es ferner zu problematisch, die „moderne Fabel" auf eine aesopische Antiform reduzieren zu wollen, statt sie im umfassenderen Kontext parabolischer Rede zu sehen.

Das grundlegende wirkungsästhetische Problem, das sich in der Arbeit Kochs zeigt, ist die Annahme einer „formimmanenten Wirkfunktion" (Koch 1973, 63). Nicht nur die Fabel ist in ihrer situativen Gebundenheit zu sehen, sondern auch der Rezipient.

c) Grundsätzliche Kritik an der monistischen literatursoziologischen Fabeltheorie, die sich als richtungsweisend zu etablieren schien, erhebt sich in den Arbeiten von Gebhard und Lindner, indem nun das Pendel wieder zu weit zur anderen Seite ausschlägt.

Das „Mißverhältnis zwischen der Fabel und ihrer Theorie" sieht Gebhard prinzipiell in der Diskrepanz zwischen der Vielfalt der Fabelwirklichkeit und einseitigen Theorieansätzen. Mit seiner Kritik zielt er insbesondere auf Dithmar; sie betrifft drei Komplexe: dessen Gleichsetzung von Fabel und Parabel, die Begründung der Irrelevanz des Unterschiedes zwischen Fabel und Parabel aus theologischen Denkansätzen; und insbesondere die einseitige Festlegung der Fabel auf den „Sitz im Leben“ und damit auf ihre politische Dimension. (Gebhard 1974, 122f.)

Im Einzelnen wendet er sich gegen die Behauptung einer „genuinen Beziehung“ der Sachseite der Fabel zu einer „konkreten Situation“ im Sinne einer einmaligen geschichtlichen Lage“ (ebd. 124); konfrontiert die Theorie vom „Sitz im Leben“ mit der seiner Ansicht nach zutreffenderen Formel vom „Sitz im Geist“, der nicht auf eine konkrete Situation, sondern auf einen „Deutungszusammenhang“ verweise (ebd. 126); bezweifelt, dass Kurzformen wie die Fabel gesellschaftspolitische Verhältnisse einer bestimmten Zeit abbilden können (ebd. 135); und weist die dogmatische Formulierung des Konnexes von „Erkenntnis“ und „handlungsverändernder Entscheidung“ bei Dithmar zurück (ebd. 131). Auch für Gebhard „steht die Fabel als Gattung unabdingbar in der pragmatisch-appellativen Dimension“ (ebd. 152); aber „neben der (Ur)form des forensisch-rhetorischen wie des eschatologisch-missionarischen Sprechens“ seien „literarisch fundierte Fabelformen zu beachten, deren ‘Sitz im Leben’ kein unmittelbar dialogisches Moment enthält“ (ebd. 138).

Die Geschichte der Fabel bis zur modernen Antiform wäre in der Tat als Geschichte ihrer Literarisierung zu beschreiben, insofern ihre Motive immer wieder aufgegriffen und in Varianten fortgeschrieben werden. Lindners Kritik ist ähnlich gelagert wie die Gebhards. Auch er wendet sich gegen monistische Sichtweisen. Gerade die „Adaptierfähigkeit der Fabel an ständig wechselnde Kommunikationssituationen ..., mithin ihre Freiverfügbarkeit für die Erfüllung vielfältigster Funktionen“ habe der Gattung ihre „bis in die Gegenwart hereinreichende kommunikative Energie allererst ermöglicht.“ (Lindner 1978, 23) Um bisheriges statisches bzw. axiomatisches Fabelverständnis zu überwinden, unterbreitet er „Vorschläge zu einer strukturalistisch-dynamischen Fabeldefinition“ (siehe 23ff.). Über „relativ konstante Tiefenstrukturen“ der Fabel sollen ihre „sich wandelnden historischen Transformationen“ greifbar werden. (Ebd. 24) Die Tragfähigkeit eines solchen Konzeptes müsste sich erst erweisen; es zwingt offenbar zu einer erneuten strikten Trennung zwischen „Fabel“ und „Parabel“, wobei Lindner, sich kritisch von Dithmar und Brettschneider absetzend, die „Parabel“ als „tota allegoria“ bezeichnet, als vollkommene Allegorie, die ohne explizite Entschlüsselung unverständlich bleibe. (Ebd. 35f.) Damit verfährt Lindner seinerseits reduktionistisch.

d) Einen konsequent *rezeptionsästhetischen Forschungsansatz* vertritt Theo Elm (1982) in seiner umfangreichen Untersuchung zur Theorie und Geschichte der *modernen Parabel*, deren konstitutive Merkmale er in der „beziehungsreichen“, deutungsoffenen und bewußtseinsirritierenden Bildlichkeit“ sieht (ebd., 60). Die offene Form der modernen Parabel, ihre Verfremdungsstrukturen und ihre immanente Dialektik sind es, so Elm, die eine Sichtweise „der Parabel vom Leser und dessen Verstehensvorgang her“ verlangen, im Unterschied zu einer traditionellen Parabelvorstellung, die grundsätzlich von „der Sinnträchtigkeit und Wahrheitskundgabe des Textes aus“ argumentiere (ebd. 13). „Nicht nur der Text, sondern auch seine Intention, nicht nur die Intention, sondern auch die Reaktion des Lesers“ seien „Bestandteil des Systems“ der Gattung Parabel. Im Rezeptionsprozess zwischen Text und Leser baut sich das gattungsspezifische Kommunikationssystem auf. (Ebd. 23)

Von dieser Sichtweise her ist es nur folgerichtig, wenn sich Elm zur Begründung seiner Parabeltheorie auf kompatible Konzepte der Rezeptionsästhetik bezieht, und zwar auf Isers Konzept der „Leer- oder Unbestimmtheitsstellen“ sowie auf die „kommunikationstheoretische Ästhetik“ des Prager Strukturalisten Jan Mukarovsky. Nach Iser übernehmen die absichtsvoll gesetzten „Leer- oder Unbestimmtheitsstellen“ in literarischen Texten die „Steuerung der Leserreaktionen“, d. h. der Leser ist aufgefordert, die „Leerstellen“ gleichsam aufzufüllen, die im Geschriebenen unausformulierte Bedeutung hervorzubringen, den Text durch Sinnkonstitution zu konkretisieren. Was so für die Rezeption literarischer Texte allgemein gilt, werde, so Elms grundlegende These, „angesichts der ‘hermeneutischen’“ – d. h. auf Verstehensaktivität und Sinnkonstitution angelegten – „Parabel-Gattung geradezu provoziert“ (ebd. 34). Ganz ähnlich verläuft Elms Argumentation in Bezug auf Mukarovsky, nach dem der „ästhetische Wert“ eines Textes in der Möglichkeit und Notwendigkeit besteht, ihn mit „praktischen Werten“, mit „außerästhetischen Aspekten“ in Bezug zu setzen: „Mukarovskys Grundgedanke, mit dem fiktionale Literatur ... als ästhetisches Gebilde faßbar ist“, werde „von der Parabel nicht nur bestätigt, sondern geradezu demonstriert.“ (Ebd. 48)

Die moderne Parabel kann also – aufgrund ihrer deutungsoffenen Bildlichkeit und ihrer Polyfunktionalität – als genuine Herausforderung für rezeptionsästhetische Forschung verstanden werden.

Für den Leser erwächst aus ihrer spezifischen Wirkungsstruktur, ihrem appellativen und dialektischen Charakter nicht allein die Notwendigkeit, „den Sinn selbst zu entdecken“, sondern auch die Aufforderung, „sich dabei zu erkennen und zu verändern“ (ebd. 37).

Im Ganzen entwickelt Elm den Begriff der „modernen Parabel“ als Antithese zur „traditionellen aufklärerischen Parabel“ des 18. Jahrhunderts. Das verbietet einerseits die axiomatische Setzung einer Parabeldefinition (ebd. 25), erlaubt auf der anderen Seite aber die Ausdehnung der Untersuchung über die Kurzform der Parabel hinaus auf parabolische Strukturen in anderen Gattungen, insbesondere im modernen Drama und im modernen Roman (siehe 96ff., 111ff., 190ff. u. 228ff.).

e) Hinter den Ansatz Elms zur Parabelforschung fällt das *strukturelle und definitorische* Konzept Zymners wieder zurück (Zymner 1991). Zwar konstatiert auch er, dass „die Uneigentlichkeit der Parabel“ „durch ihre semantische Indefinitheit eine erhöhte Rezeptionsaktivität“ fördere (ebd. 121). Aber nicht auf diesen rezeptionsästhetischen Aspekt ist seine Forschungsarbeit angelegt, sondern darauf, einen „trennscharfen Parabelbegriff“ zu erarbeiten, die Trennschärfe „in der Konfrontation mit anderen Gattungen“ – die ebenfalls definitorisch fixiert werden – zu erproben und die erarbeitete begriffliche Festlegung literarhistorisch anzuwenden (ebd. 30f.). Die rigide Definition der Parabel (siehe ebd. 101) muss zu einer strikten Unterscheidung parabolischer Textarten führen, z. B. von Parabel und Gleichnis (ebd. 122ff.) sowie von Fabel und Parabel (ebd. 144ff.), zu eigenwilligen literarhistorischen Einordnungen, bei denen sich die Klassifizierung nach den vorgegebenen Definitionen zu richten hat, und schließlich auch zu der Konsequenz, dass es unzweckmäßig sei, eine eigene Gattung 'parabolischer Roman' oder 'parabolisches Drama' konstruieren zu wollen (ebd. 171 ff. u. 103 ff.).

f) Im Unterschied zu solchen verengenden Zuschreibungen sollte die Forschung sich eher der Aufgabe zuwenden, „Fabel“ und „Parabel“, wenngleich mit unterschiedlichen Akzentuierungen, als Formen parabolischer Rede bzw. parabolischen Erzählens zusammen zu sehen. Untersuchungen zur Parabel wie die von Brettschneider und Philippi (Vgl. Kap. 1.) sollten für die „Fabeltheorie“ entsprechende Berücksichtigung finden. Umgekehrt wird eine „Theorie der Parabel“, ohne die Fabel einzubeziehen, zu kurz greifen. Während Zymner und auch Elm (Elm 1982, z. B. 50 ff.) aber die Unterschiede gerade wieder betonen, wird in Hasubeks Sammelband zur „Fabel“ (Hasubek 1982) der Blick auf den bisher kaum erkannten Facettenreichtum der Textart gelenkt.

3. Zur didaktischen Situation

3.1. Didaktische Positionen

a) *Historischer Rückblick.* Die Didaktik der Fabel ist wegen ihrer lehrhaften Grundtendenz so alt wie ihre Geschichte. Didaktisch sind auch die Ursprünge der biblischen Parabel. Die jahrhundertealte Einstufung der Fabel als Jugendliteratur bzw. Jugendlektüre und Unterrichtsgegenstand hat relativ ausführlich Doderer beschrieben. (Doderer 1977, 187–220) Die „lange Schultradition der Fabel“ beginnt in der Antike; „das ganze Mittelalter hindurch ist sie Element des Unterrichts in Klosterschulen, Lateinschulen; und nach der Reformation wird sie auch in den deutschen Schulen neben den biblischen Geschichten zentraler Lesestoff.“ (Haas 1976, 172) Einen neuen Höhepunkt erreicht die Entwicklung mit expliziten didaktischen Begründungen in der Aufklärung. „Christian Felix Weiße, Campe, Gellert, Lessing argumentieren in ihren Ausführungen zur Fabel entweder ausschließlich oder doch *auch* unter dem Aspekt der Jugendlektüre“ (ebd. 172). Die dem Vernunftglauben der Aufklärung entgegengesetzten antirationalistischen Tendenzen des 19. Jahrhunderts haben für die Fabeldidaktik zweifache Auswirkungen: einmal kann gesagt werden, dass nunmehr das Märchen die Fabel in ihrer dominanten jugendliterarischen Position ablöst; zum anderen erlebt die Fabel in märchenhaft-sentimentalen für Kinder zubereiteten Ausformungen gerade während einer Latenzphase eine zweifelhafte Blüte. Unter dem Einfluss der Kunsterziehungsbewegung erfolgte eine fast völlige Abkehr von der Textsorte als eine die ratio ansprechende Form und wegen der ihr anhaftenden Moraldidaxe (vgl. Koch 1973, 143). Die Abwendung der Literaturwissenschaft von der unliterarischen Gattung dürfte die didaktische Abstinenz weiter verstärkt haben. Erst in den 60er Jahren dieses Jahrhunderts setzt eine didaktische Fabelrenaissance ein.

b) *Fabeldidaktik unter erlebnispädagogischen und literarästhetischen Vorzeichen.* Anders als in der Märchendidaktik, die auf die pädagogische Wirkung des Märchens durch das Erlebnis vertraute, musste sich unter erlebnis- und gesinnungspädagogischen Einflüssen die didaktische Einschätzung der Fabel abzeichnen, nämlich durch eine weitgehende Distanzierung, so dass von einem Vertreter dieser Richtung im Grunde nur konstatiert werden konnte: „Die Fabel als Lehrdichtung erfreut sich heute nicht mehr der Beliebtheit wie früher." (Nentwig 1962, 317) Die bewahrpädagogische Einstellung als eine typische Artikulationsform der Gesinnungspädagogik, und damit ergibt sich eine Parallele zur Abwehr der Sage (vgl. den voranstehenden Beitrag), kommt deutlich bei Helmich zum Ausdruck, indem er, wie es in seiner Nachfolge häufiger geschieht, zwischen zeitkritisch-satirischer und moralisch-belehrender Fabel unterscheidet. Die Fabel sei aufgrund ihrer „uneigentlichen Darstellung" der Jugend erst in der Reifezeit wirklich zugänglich. „Zudem stört die zeitkritische und satirische Spielart der Fabel wenigstens mit ihrer Zeichnung der negativen Eigenschaften des Menschen den noch in der 1. Phase der Reifezeit sich erhaltenden Glauben der Jugend an den Wert des Menschen." (Helmich 1961, 967)

Welche Faktoren für die didaktische Fabelrenaissance im Einzelnen maßgebend waren und auch, ob von literarästhetisch orientierten literaturdidaktischen Ansätzen dabei besondere Anstöße ausgingen, lässt sich ohne weiteres nicht ausmachen. Wichtig ist in diesem Zusammenhang der Hinweis Doderers auf das Erscheinen einer Reihe von Fabelbüchern als Jugendbücher zu Beginn der 60er Jahre (Doderer 1977, 210), also *vor* der didaktischen Umorientierung, aus deren Einrichtung abzulesen sei, dass die Fabel „aus ihrer Latenzzeit in der Erwachsenenliteratur, in der Jugendliteratur aus der Zeit sentimentaler und allzu braver Auslegungen" wieder herausgerückt werde (ebd. 210). Eine hilfreiche Erklärung für den wahrscheinlich sehr komplexen Vorgang der Einschätzungsveränderung zur Fabel liefert Baumgärtner. Neuere Lesebücher enthielten Fabeln wieder in größerer Zahl, was daran liegen könne, „daß uns gewisse Eigentümlichkeiten eines Teils der modernen Literatur – Rationalität, Gleichnischarakter, didaktische Grundtendenz – ähnlich geartete Texte der Vergangenheit in einem neuen Licht erscheinen lassen; es kann seinen Grund auch darin haben, daß die Abkehr der Schule vom bloßen Erleben literarischer Texte zugunsten rationaler Durchdringung und Erhellung unsere Aufmerksamkeit auf jene Gattungen richtet, die ein solches Verfahren begünstigen." (Baumgärtner 1974, 203)

Zu den Fabeldidaktikern, die auf Ergebnisse einer beschreibend-normativen Poetologie zurückgreifen und mit dem poetologisch-ästhetischen ein inhaltlich-gehaltliches Argument in Richtung auf das Menschlich-Existenzielle und damit eine allgemeine Lebenshilfe verknüpfen, zählt Ruth Koch (vgl. 1973, 147ff.) Eschbach (1972), Essen (1968) und Ulshöfer (1969). Für Eschbach ist „Erzählen, Lesen und Spielen ... bis etwa zum 7. Schuljahr die angemessene Art, Kinder die erzieherische Energie der Fabel erleben zu lassen." (Eschbach 1972, 31) Später kommt es darauf an, den Schüler erkennen zu lassen, „daß die betreffende Beispielgeschichte als Sprachkunstwerk in all ihren Teilen wie als Ganzheit aus ihrem Wahrheitskern herauswächst." (Ebd. 33)

Für Doderer, dessen phänomenologischer Forschungsansatz (siehe Kap. 2a) die rhetorische Situierung der Fabel bzw. ihren Problemcharakter ebenso berücksichtigt wie ihre ästhetische Form, ergeben sich drei didaktische Zielaspekte: der hermeneutische, der heuristische und der kritische. Der hermeneutische Aspekt zielt auf die „Produktivität" der „genauen und eindringlichen Interpretation des Textes", dessen jeweilige Verfremdungsstrukturen als Mittler der Fabelwahrheit freizulegen wären. Der heuristische Aspekt verlangt, „daß das Übertragen aus der Fabelgeschichte heraus auf andere Fälle und allgemeine Weisheiten mitbedacht bleiben muß" (Doderer 1977, 216); die Prozesse einer so intendierten Wahrheits-Findung verlaufen auch – gemäß der Weisung Lessings – über das selbständige Erfinden bzw. Variieren von Fabeln. „Kritisches Lesen" heißt bei Doderer von der jeweilig gebotenen Fabelweisheit distanziertes Lesen. (Ebd. 218)

c) *Literatursoziologische Fabeldidaktik.* Sind die Gründe für die didaktische Fabelrenaissance in den 60er Jahren nur ungefähr zu erfassen, so kann mit Sicherheit gesagt werden, dass sie unter den Vorzeichen einer ideologiekritischen bzw. soziologisch orientierten Literaturdidaktik eine ganz neue Qualitätsstufe erreicht bis hin zu Ruth Kochs Versuch, „Theoriebildung und Lernzielentwicklung in der Literaturdidaktik" (so der Titel ihres Buches) schlechthin am Beispiel der Fabel zu erproben. Am Anfang dieser Entwicklungsphase ist, von theologischen Denkansätzen herkommend und an literarästhetische Betrachtungsweisen anknüpfend, die didaktische Position Dithmars zu sehen. Sie muss sich unmittelbar, was auch für Koch gilt, aus dem vom didaktischen Interesse geleiteten „Forschungsansatz" ergeben und wäre direkt aus seiner in Kap. 2b beschriebenen „Position zur Fabel" abzulesen, d. h. die dort wiedergegebene Argumentationskette ist zugleich als eine didaktische zu verstehen. Überraschend bei Dithmar – zugleich aber erklärlich, weil dort Fabel und Parabel zusammengenommen werden – ist die Befürwortung des poetologisch, also nach Gattungen aufgebauten „Literarpädagogischen Arbeitsbuches", an dem sich u. a. ja gerade die Kritik der soziologisch orientierten Literaturdidaktik entzünden sollte. In derem Sinne verläuft seine weitere den besonderen literaturdidaktischen Stellenwert der Fabel markierende Argumentation. Der wichtigsten Aufgabe des modernen Deutschunterrichts, der Erziehung zum kritischen Lesen und zum kritischen Denken, „dient die Fabel in besonderer Weise". Denn „als parabolische Rede ist sie eine spezifische Sprachform des kritischen Denkens". (Dithmar 1971, 173) Von der Zielvorstellung des kritischen Denkens werden formalistische und moralistische „Verirrungen der Literaturdidaktik" abgesetzt. (Ebd. 175) Solche Verirrungen korrespondieren nach Dithmar mit einem Fehlverständnis der Fabel. Diese sei dynamisch zu verstehen, „als eine auf Veränderung drängende Sprachform". Dementsprechend scharf wird ihr didaktisch-politischer Stellenwert hervorgehoben: „Die echte Fabel ... erzieht zur kritischen Prüfung und gegebenenfalls zum Ungehorsam. Sie ist antiautoritär und revolutionär." (Ebd. 182)

Vielleicht wird mit einem solchen Zusammenschnitt der didaktischen Konzeption Dithmars Gewalt angetan. Kreis jedenfalls, dessen Arbeiten (Kreis 1971 u. 1971a) bei ihrem Erscheinen gleichzeitig begrüßt und heftig kritisiert wurden, hebt die politische Dimension der Fabel so konsequent als Modelle von Klassengegensätzen hervor – darin lag andererseits das Eingängige seines Ansatzes –, dass kritisches Lesen und kritisches Denken durch diese Konsequenz wieder in Frage gestellt werden.

Der umfassende Versuch zu einer Grundlegung der Fabeldidaktik und damit zugleich einer Begründung des gesamten literarischen Unterrichts von Ruth Koch (Koch 1973) bedürfte einer eingehenden Erörterung. Hier können allenfalls die Grundgedanken skizziert werden. Die Eckwerte ihrer festumrissenen Konzeption sind aus folgendem Zitat ablesbar:

„Die Zielvorstellung von der emanzipatorischen Funktion des Literaturunterrichts und die Erkenntnis, daß nur die Literatur diese Funktion erfüllen kann, die kritische Einblicke in die Umwelt gewährt und implizit dazu auffordert, an der Veränderung bestehender Verhältnisse mitzuwirken, charakterisieren prinzipielle Wirkerwartungen einer progressiven Literaturpädagogik an die Literatur.“ (Koch 1973, 172)

Von der gesellschaftskritischen Fabel, insbesondere der zeitgenössischen, würden „diese Wirkerwartungen in besonders ausgeprägter Weise erfüllt“. (Ebd. 172) Die Analysen zur „formimmanenten Wirkfunktion“ der Fabel – auf die grundsätzliche Problematik solcher wirkästhetischer Annahmen wurde oben schon hingewiesen – erlauben es nun, vier Teilergebnisse zu ihrer didaktischen Relevanz zu formulieren. Erstes Ergebnis: Die Fabel ermöglicht „Erziehung zur kritischen Weltbetrachtung“; sie „schärft mit poetischen Mitteln die Erkenntnis- und Kritikfähigkeit des Lesers.“ (Ebd. 173) Unter diesem Aspekt wird die in Kap. 2b schon angesprochene kategoriale Durchgliederung nach P-, I- und G-Fabeln vorgenommen. (Im Hintergrund stehen an Klafki orientierte Modellvorstellungen einer „kategorialen Bildung“; siehe Koch 1973, 176)

Der didaktische Wert von P-Fabeln ist darin zu sehen, daß sie „den Leser zur kritischen Analyse der Parteilichkeit von Äußerungen der anderen und auch seiner eigenen“ befähigen. „P-Fabeln legen Wurzeln der Intoleranz frei. Damit zielen sie auf Erziehung zu tolerantem Verhalten und schaffen Voraussetzungen für das Verstehen des Anders- und Fremdartigen.“ (Ebd. 187) „I-Fabeln machen eine Grundstruktur zwischenmenschlicher, sozial- und staatspolitischer Konfliktursachen sichtbar: das ausschließliche Orientiertsein an den eigenen Interessen. Damit provozieren sie die Frage nach der Begründung und „Rechtmäßigkeit“ bestimmter Interessen ...“ (ebd. 188). „G-Fabeln führen vor Augen, daß Machtpositionen zu Rechtsbruch und Gewaltanwendung verleiten. Sie lehren, Machtverhältnisse richtig einzuschätzen. G-Fabeln gewähren Einblick in die „Spielregeln“ der Pressionen und Unterdrückung. Sie appellieren an den Leser, sich gegen Machtmißbrauch jeder Art zur Wehr zu setzen.“ (Ebd. 188)

Zweites Ergebnis: Die Fabel ermöglicht „als Modell für die Aufbaugesetze einer fiktiven Welt“ die „Förderung des Sprachbewußtseins“. (Ebd. 189) Intention ist nun aber „als Gegenposition gegen eine nur literarästhetische Erziehung“ eine „allseitige literarische Erziehung“ (ebd. 190), die am Beispiel der Fabel besonders gut erlaubt, den „Möglichkeitssinn“ über „didaktische Sprachstrukturen und verfremdende Darstellung“ zu schärfen, „ästhetische *und* soziologische Phantasie“ zu stimulieren. In diesem Sinne nennt Koch dann ihre Konzeption eine „literarsoziologische Didaktik“. (Ebd. 192f.) Sie wird durch differenzierte Lernzielkataloge und die Beschreibung von Unterrichtsmodellen konkretisiert.

Drittes Ergebnis: Die Beschäftigung mit der Fabel ermöglicht „Einsichten in den historisch-soziologisch bedingten Wandel literarischer Formen am Beispiel." (Ebd. 214) Mehrere Vergleichsreihen (von Fabeltexten) von der Antike bis zur Gegenwart bietet die Vfn. im Anhang an.

Alle drei bisher genannten „Ergebnisse" eröffnen Perspektiven für eine Fabeldidaktik. Erst die vierte allerdings grundlegende These Kochs zur Aktualität und zur didaktischen Relevanz der Fabel bringt die problematischen Verengungen:

> „Die echte Fabel wirkt desillusionierend, emanzipatorisch und aggressiv. Sie gehört zu den literarischen Kleinformen, in deren Struktur Gegenkräfte gegen affirmative Tendenzen unserer Massenkultur angelegt sind. In der zeitgenössischen Fabel kommen diese Gegenkräfte optimal zur Wirkung." (Ebd. 221)

Zu dieser These, die innerhalb der didaktischen Analyse eine Sonderstellung einnehme, werden keine Einzellernziele formuliert. „Die Zielvorstellung" „verbleibt im Bereich der Wirk*erwartung*." (Ebd. 222) Damit ist der wirkungsästhetische Theorieansatz Kochs am Ende jedoch erheblich relativiert.

d) *„Weiterentwicklung".* „Weiterentwicklung" zur Charakterisierung der Tendenzen *nach* der gut lokalisierbaren soziologisch orientierten Phase der Fabeldidaktik zu Beginn der 70er Jahre ist auch ein Verlegenheitsbegriff. Er bezieht sich so gesehen auf das, was nach dieser Phase zu konstatieren und nicht einfach zu etikettieren ist.

Es zeichnen sich zunächst zwei Tendenzen ab. 1. In Entsprechung zu diesbezüglichen Gegenbewegungen im Bereich der Literaturwissenschaft und auch allgemein der Literaturdidaktik wird die *Einseitigkeit* rein soziologisch-gesellschaftskritischer Auslegung der Fabel zurückgewiesen. 2. Hinter die grundsätzlichen Erkenntnisse einer literarsoziologischen Fabeldidaktik, deren Verdienst es ist, den besonderen Realitätsbezug der Textsorte ins Bewusstsein gehoben zu haben, kann man offenbar nicht wieder zurückgehen. Die Alternative ist nicht literarästhetisch versus soziologisch, sondern unter dem als richtungsweisend erkannten Wirkungsaspekt „monistisch" versus „pluralistisch", wobei mit dem letzteren nicht der Unverbindlichkeit das Wort geredet, sondern auf verschiedene situationsbedingte Wirkmöglichkeiten, vom jeweiligen Text wie vom Rezipienten her gesehen, hingewiesen wird.

So sieht Haas die Fabel als „Modell für eine Erkenntnis über die anthropologischen, sozialen *und* politischen Bedingtheiten des Menschen." (Haas 1976, 171) Sie ist, betrachtet man ihren Gesamtbestand, nicht nur ein „Aufstand gegen die Paläste", sondern in gleicher Weise „gegen die Unmoral, Feigheit und Trägheit" des Einzelnen. „Nicht nur die böse Gesellschaft korrumpiert das Individuum, sondern auch die Bosheit, Dummheit und der Egoismus des Individuums verhindern eine menschlichere Gesellschaft." (Ebd. 172) Ähnlich wie Haas und teilweise mit ihm argumentiert Payrhuber in seinem Buch „Wege zur Fabel", das die unterschiedlichsten methodischen Möglichkeiten des Zugriffs vorstellt und diskutiert. Sich von traditionellen literarästhetischen wie von einseitigen soziologischen Vorstellungen absetzend, formuliert er:

„Wir wollen den Versuch unternehmen, von einem integrativen Ansatz her Möglichkeiten eines zeitgemäßen Umgangs mit Fabeln aufzuzeigen." „Wir wollen am Beispiel der Fabel verdeutlichen, wie der Schüler instand gesetzt werden kann, Literatur bewußt zu rezipieren, d. h. ein literarisches Werk rational zu durchdringen, sich kritisch mit ihm auseinanderzusetzen und Wertungen und Entscheidungen daraus abzuleiten." (Payrhuber 1978, 14)

Speziell auf den Primarbereich bezogen sind die Arbeiten von Reger und Jung. Reger entwirft das Konzept eines „textstrukturellen und hermeneutischen Literaturunterrichts". Der Fabel weist er den Bezug auf vier Bereiche menschlichen Lebens zu, den religiösen, den moralischen, den der Lebensweisheiten, den sozialen und politischen. Die didaktische Bedeutung der Fabel sieht er u. a. darin, dass „die Fabel ein realistisches Bild menschlichen Daseins verfremdet entwirft", womit die Schüler herausfordernd konfrontiert werden, sowie darin, dass sich „die Fabel als eine Grundform der verfremdeten Literatur schlechthin" präsentiert. (Reger 1973, 151 f.) Enttäuschend ist dann jedoch die Einschätzung, „dem Verstehen der Grundschulkinder" seien nur Fabeln angemessen, „die eine Lebensweisheit vermitteln wollen." (Ebd. 152)

Der Wert der Arbeit von Doris Jung liegt vorab im Aufweis dessen – durch ein Stundenprotokoll –, was im Grundschulbereich, hier 3. Schj., an Textarbeit und Textverständnis schon möglich ist. Sie übt unter Berufung auf Gebhard gezielte Kritik an Kreis, Dithmar und Koch und setzt neue Akzente, indem sie die didaktischen und methodischen Probleme über die Analyse des Rezeptionsverhaltens der Schüler erörtert. In diesem Verfahren liegt eine Möglichkeit, wirkungsästhetische Fragestellungen – im Unterschied zum Theorieansatz bei Koch – rezipientenbezogen weiterzuverfolgen. Wichtige Konsequenzen aus der Analyse des Rezeptionsverhaltens ergeben sich ebenfalls für die Lernzielproblematik: „Die beste Lernzielbeschreibung ist diejenige, die die meisten Alternativen einschließt." (Jung 1978, 148) Statt Operationalisierung und einengende Vorgabe ist ein eher zurückhaltendes Lehrerverhalten gefordert, „dem es obliegt, die Eigenbewegung des Schülergesprächs in Gang zu halten, das Sprech- und Denkhandlungen aus eigener Initiative" (Vorwort Hannig, S. 8) und – so muss man hinzufügen – aufgrund der Herausforderung des Textes hervorbringt.

Für den Bereich der Sekundarstufe II konzipiert und an wissenschaftlichen Fragestellungen orientiert, so dass Theorieansätze und Interpretationen mit zum Unterrichtsgegenstand werden, sind die von Poser herausgegebenen „Arbeitstexte für den Unterricht. Fabeln" (1975) und „Arbeitstexte für den Unterricht. Parabeln" (1978), die Kapitel zu Fabel und Parabel in Pelster, „Epische Kleinformen. Methoden der Interpretation" (1976), wobei bei Pelster positivistische Wissensvermittlung die Hauptintention zu sein scheint, sowie das Kapitel „Die Parabel im Literaturunterricht" bei Schrader (1980, 150 ff.).

Eine 3. Tendenz der derzeitigen Entwicklung didaktischer Fragestellungen zu „Fabel" und „Parabel" zeigt sich, wie überall in der gegenwärtigen Literaturdidaktik, mit der Akzentuierung rezeptionsästhetischer Konzepte, genauer gesagt, mit der Hinwendung zu operativen und produktionsorientierten Verfahren. So weist Monika Schrader ausdrücklich auf die Möglichkeit „analogen Verstehens" und den Einsatz „kreativer Verfahren“ (Schrader 1980, 152f.) neben der herkömmlichen hermeneutischen und funktionalen Text*betrachtung* hin. Ebenso hebt Reinhard Dithmar in der Neuauflage seines Buches über ‘Geschichte, Struktur und Didaktik’ der Fabel den „produktiven Bereich“ des Umgangs mit der Textart besonders hervor (Dithmar 1988, 246ff.). Die Spannweite reicht vom Nachspielen über das Verändern bis zum eigenen Erfinden, von diesbezüglichen Ansätzen schon in der Primarstufe bis zu für die Veröffentlichung vorgesehenen Gestaltungen – von Fabeln, Parabeln und Gleichnissen – in der Sekundarstufe II.

In besonderer Weise scheint sich die offene Form der „modernen Parabel“ (siehe oben) für produktionsorientierte Verfahren anzubieten. Die Argumentation verläuft dann etwa nach folgendem Muster: Wenn die deutungsoffene Bildlichkeit der Parabel Verstehensaktivität und Sinnkonstitution durch den Leser in extremer Form provoziert (siehe oben), wenn parabolisches Erzählen „Sinnsuche ins Leere laufen“ lässt, indem sie die „Referenzbezüge auf eine außertextliche Wirklichkeit“ verwirrt (Fingerhut 1993, 26), dann kann die Antwort auf solche Herausforderung nicht mehr allein auf der kognitiv-analytischen Ebene gesucht werden, sondern sie muss ihrerseits durch kreatives Gestalten erfolgen. Der Leser ist nicht mehr Hermeneut, der einen im Text verborgenen Sinn ans Licht hebt, sondern „kreativer Textbearbeiter“, der den Text, oder Textteile, „mit anderen Diskursen – also auch mit eigenen Erfahrungen (d. Vf.) – verknüpft“ und ihn durch eingreifendes Verändern, durch Erzählvarianten, Gegenentwürfe, Parodien seinem Verständnis zugänglich macht. „‘Bedeutung’ konstituiert sich ... im jeweiligen subjektiven Gebrauch des Geschriebenen.“ Die „mögliche ‘Botschaft’“ ist nicht im Text vorhanden, sondern sie „entsteht erst in der Textarbeit des Lesers.“ (Ebd. 27)

Als Exponent modernen parabolischen Erzählens gilt Franz Kafka. Und so kommt es nicht von ungefähr, dass sich gegenwärtig das Interesse produktionsorientierter Literaturdidaktik – wie auch produktionsorientierter Literaturwissenschaft bzw. Hochschuldidaktik – gerade an seinen „hermetischen“ Texten entzündet. Um nur einige Beispiele zu nennen: Rüdiger Scholz und Hans Peter Hermann veröffentlichen das Ergebnis eines empirischen Forschungsprojekts unter dem Titel: „Literatur und Phantasie. Schöpferischer Umgang mit Kafka-Texten in Schule und Universität“ (1990). „Praxis Deutsch“ bringt – unter produktionsorientierten Vorzeichen – ein Themenheft „Franz Kafka“ (1993) heraus. Karlheinz Fingerhut schreibt in einem programmatisch zu verstehenden Themenheft „Literaturunterricht heute“ der Zeitschrift „Der Deutschunterricht“ über „Textstruktur, Interpretationen und produktive Aneignung. Untersuchungen an Kafkatexten und deren Lektüren“ (1993). Die kritische Frage wird bleiben müssen, ob die Schüler bei produktionsorientierter Kafka-Lektüre am Ende wirklich Kafka lesen oder nur noch ihre Eigenversuche, die zum Gegenstand – wiederum eines, zuvor in Frage gestellten, Interpretationsgesprächs werden.

3.2. Lernzielaspekte und Perspektiven

Lernzielaspekte sind bei der Darstellung der didaktischen Positionen fortlaufend erörtert, Perspektiven aufgezeigt worden. Hier sollen abschließend, teilweise auch im Vergleich zu den entsprechenden Ausführungen im Beitrag zu „Märchen und Sage" nur einige Punkte noch einmal hervorgehoben bzw. einige zusätzliche Anmerkungen gemacht werden:

1. Konnte für das Märchen gesagt werden, dass es – auch – absichtslos, um seiner selbst willen, zur „bloßen Unterhaltung", ohne den Intellekt herauszufordern, gehört und gelesen werden könne, so gilt dies nicht für die Fabel. Die ihr eigene dialogisch-argumentative Struktur, Distanzierung und Verfremdung, die Fabel als kritische Sprachform verlangen die gedankliche Auseinandersetzung, verlangen, dass das Gesagte und das Gemeinte deutend aufeinander bezogen werden – auch im Primarbereich, sonst sollte man sich dort den Formen parabolischer Rede nicht zuwenden.

2. Das Ziel des Umgangs mit Märchen (im Primarbereich) als literarische Propädeutik gilt in gleicher Weise für die Fabel sowie einige parabelartige Erzählformen (die schon in der Grundschule gelesen werden können). Dabei verschiebt sich die Akzentuierung auf eine „Verstehenslehre" gleichnishafter und verfremdeter Texte, was für den Umgang besonders mit zeitgenössischen literarischen Großformen und damit für die Teilhabe am literarischen Leben von erheblicher Bedeutung sein dürfte.

3. Für die Fabel – und Parabel – braucht nicht erst wie beim Märchen hervorgehoben zu werden, dass sie auch in ihrem „Gebrauchswert" erkannt werden soll, denn die parabolische Rede lebt aus ihrem Realitätsbezug. Es gilt: das Gemeinte zu erkennen; sich kritisch damit auseinanderzusetzen; Entscheidungen im Sinne eigener Verhaltensänderung bzw. in Bezug auf Veränderung daraus abzuleiten.

4. Die für das Märchen geforderte detaillierte Arbeit am Text, die dort auch entfallen könnte, indem man sich auf Erzählen / Lesen und Hören beschränkte, ist hier, das ergibt sich unmittelbar aus dem vorher Gesagten, unabdingbar. Voraussetzungen zur Realisation der Zielvorstellungen für den Umgang mit Fabel und Parabel sind vom Primarbereich an: die detaillierte und genaue Arbeit am Text; die Reflexion (soweit jeweils möglich) über seinen Realitätsbezug; das Nachdenken über seine aktuelle (d. h. hier die Schüler betreffende) und potentielle (d. h. überhaupt denkbare) Wirkung.

5. Als methodischer Vorschlag für die Behandlung der Fabel wird neben Illustrieren und Spielen immer wieder das „Erfinden" genannt, d. h. Schüler sollen selbst Fabeln schreiben. Gerade weil man sich dazu bequem auf Lessing berufen kann, müsste die Legitimation eines solchen Verfahrens einmal gründlich diskutiert werden, denn von den verschiedensten Positionen her wird beinahe unbedenklich darauf zurückgegriffen. Bei Ulshöfer (siehe 1969), der dieses methodische Prinzip generell anwendet, ist das Verfertigen von Fabeln formales Denk- und Erkenntnistraining; Kreis (1971 a) intendiert damit die Übertragung des durch die Fabel erlernten

Wissens auf die eigene Situation; Payrhuber bietet die Formel „Schreiben für eine literarische Öffentlichkeit" an (Payrhuber 1978, 122), aber auch das bleibt eine formale Begründung.

Zwischen produktionsorientierten Verfahren und der offenen Form der modernen Parabel scheint eine besondere Affinität zu bestehen (siehe oben). Was solche Verfahren wirklich leisten können, auf welche Weise sie die literatur-didaktischen Zielvorstellungen verschieben, ob sie als Verfahren funktional werden oder sich verselbständigen, diese und andere Fragen bedürften jeweils der genauen Überprüfung.

6. In der Frage der viel diskutierten Altersproblematik, nämlich von welchem Zeitpunkt an es möglich sei, Fabeln im Unterricht zu behandeln, ist der hier vertretene Standpunkt schon mehrfach deutlich gemacht worden. Ich schließe mich denen an, die Fabeln möglichst früh behandeln wollen. Das von Jung vermittelte Unterrichtsprotokoll zeigt, in welchem Umfang Primarschülern „anschauende Erkenntnis" möglich ist.

7. In diesem Beitrag wurden Fabel und Parabel als Einheit parabolischen Erzählens und voneinander getrennt behandelt. Dass dabei die Ausführungen über die Fabel überwogen, spiegelt die didaktische und die literaturwissenschaftliche Diskussionslage. Es heißt weder, dass die Parabel aus dem Blick verloren noch dass unter der Hand eine Gleichsetzung beider Textsorten vollzogen wurde. Die Unterscheidung von „aesopischer Fabel", „moderner Antiform" und „Parabel" scheint uns sinnvoll zu sein, ebenso aber die Betonung ihrer Einheit als parabolische Rede sowie ihre „didaktische Zusammenfassung". (Vgl. Gerth 1966)

8. Eine Anmerkung muss schließlich dahingehend gemacht werden, dass in diesem Beitrag ja nur Kurzformen der parabolischen Rede Gegenstand der Betrachtung waren. Der didaktische Gesamtzusammenhang wäre gegeben, wenn die parabelartigen Elemente in der Literatur überhaupt sowie die Großformen, der parabolische Roman und das parabolische Drama, für das Brecht paradigmatisch steht, in die Überlegungen einbezogen würden. (Vgl. dazu unter literaturwissenschaftlichem Aspekt Elm 1982)

9. Mit der folgenden Textgruppierung (die Texte sind bis auf den letzten in Lesebüchern für die Grundschule zu finden) soll ein unterrichtspraktischer Vorschlag für den Primarbereich (4. vielleicht sogar schon 3. Schj.) gemacht werden: Lessing, „Die Sperlinge"; Kirsten, „Berechnung"; Hetmann, „Das kältere Eis" (in: Bunte Drucksachen 3); altchinesische Parabel: „Der Axtdiebstahl" (in: Bunte Drucksachen 4); Thurber, „Die Kaninchen, die an allem schuld waren". Mit einer solchen Zusammenstellung ist es möglich, gleichzeitig textartenbezogen und thematisch zu arbeiten. Die Gruppierung ist eine Kombination – wenn man die Unterscheidung will – aus Fabeln und parabelartigen Texten. Das durchlaufende Thema ist das des Vorurteils in verschiedenen Ausformungen und Abstufungen.

Literaturverzeichnis

Ader, Dorothea / Kress, Axel. Ein Fabeltext als Gegenstand textlinguistischer Beschreibung in der Sekundarstufe I. In: Der Deutschunterricht 1977, H. 6, 7–21

Baumgärtner, Alfred Clemens: Literaturunterricht mit dem Lesebuch. Bochum 1974

Billen, Josef (Hrsg.): Deutsche Parabeln. Stuttgart 1982 (Reclam)

Billen, Josef (Hrsg.): Die deutsche Parabel: Zur Theorie einer modernen Erzählform. Darmstadt 1986 (Wege der Forschung)

Billen, Josef: Erzählform Parabel – Traditionshintergrund und moderne Erscheinungsformen. In: Billen 1986, 389–446

Brettschneider, Werner: Die moderne deutsche Parabel. Berlin 1971 (2. Aufl. 1980)

Brettschneider, Werner: Die Parabel vom verlorenen Sohn. Das biblische Gleichnis in der Entwicklung der europäischen Literatur. Berlin 1978

Dithmar, Rainhard: Fabeln, Parabeln und Gleichnisse. München 1970

Dithmar, Reinhard: Die Fabel. Geschichte, Struktur, Didaktik. Paderborn 1971 (7. neu bearb. Aufl. 1988)

Dithmar, Reinhard (Hrsg.): Texte zur Theorie der Fabeln, Parabeln und Gleichnisse. München 1982

Doderer, Klaus: Didaktische Überlegungen zur Fabel und Kurzgeschichte. In: Literarische Erziehung in der Grund- und Hauptschule. Frankfurt a. M. 1965, 15–25

Doderer, Klaus: Fabeln. Formen, Figuren, Lehren. München 1977

Ecker, Alfred: Fabel, Parabel. In: Stocker, Karl (Hrsg.): Taschenlexikon der Literatur- und Sprachdidaktik. Kronberg/Ts 1976, 121–128

Elm, Theo: Die moderne Parabel. Parabel und Parabolik in Theorie und Geschichte. München 1982 (2. überarb. Aufl. 1991 / UTB)

Elm, Theo / Hiebel, Hans (Hrsg.): Die Parabel. Parabolische Formen in der deutschen Dichtung des 20. Jahrhunderts. Frankfurt a. M. 1986 (suhrkamp materialien)

Eschbach, Maria: Die Fabel im modernen Deutschunterricht. 3. Aufl., Paderborn 1972

Essen, Erika: Methodik des Deutschunterrichts. 2. Aufl., Heidelberg 1968

Fingerhut, Karlheinz: Textstruktur, Interpretationen und produktive Aneignungen. Untersuchungen an Kafkatexten und deren Lektüren. In: Der Deutschunterricht 1993, H. 4, 26–47

Gebhard, Walter: Zum Mißverhältnis zwischen der Fabel und ihrer Theorie. In: Deutsche Vierteljahresschrift für Literaturwissenschaft und Geistesgeschichte 1974, 122–153

Gerth, Klaus: Die Arbeit mit dem Lesebuch im siebenten bis neunten Schuljahr. Hannover 1966

Haas, Gerhard: Märchen, Sage, Schwank, Legende, Fabel und Volksbuch als Kinder- und Jugendliteratur. In: G. H. (Hrsg.): Kinder- und Jugendliteratur. Zur Typologie und Funktion einer literarischen Gattung. 2. Aufl., Stuttgart 1976, 144–177

Hasubek, Peter (Hrsg.): Die Fabel. Theorie, Geschichte und Rezeption einer Gattung. Berlin 1982

Hasubek, Peter (Hrsg.): Fabelforschung. Darmstadt 1983 (Wege der Forschung)

Helmich, Wilhelm: Die erzählende Volks- und Kunstdichtung in der Schule. In: Beinlich, Alexander (Hrsg.): Handbuch des Deutschunterrichts Bd. 2, 2. Aufl., Emsdetten 1971, 895–987

Jung, Doris: Die Fabel in der Grundschule. In: Hannig, Christel (Hrsg.): Deutschunterricht in der Primarstufe. Neuwied u. Darmstadt 1978, 135–154

Koch, Ruth: Theoriebildung und Lernzielentwicklung in der Literaturdidaktik. Ein Entwurf gegenstandsorientierter Lernzielentwicklung am Beispiel der Fabel. Weinheim 1973

Kreis, Rudolf: Fabel und Tiergleichnis. In: Ide, Heinz (Hrsg.): Projekt Deutschunterricht I. Stuttgart 1971, 57–103

Kreis, Rudolf: Die Fabel im Deutschunterricht des 6. Schuljahres. Von der historisch-soziologischen Analyse bis zur eigenen Gestaltung. In: Diskussion Deutsch 1971 a, H. 4, 115–130

Leibfried, Erwin: Fabel. Stuttgart 1967 (4. Aufl. 1982)

Leibfried, Erwin (Hrsg.): Fabel. Bamberg 1984

Lindner, Hermann: Fabeln der Neuzeit. München 1978

Nentwig, Paul: Dichtung im Unterricht. Braunschweig 1962

Payrhuber, Franz-Josef: Wege zur Fabel. Freiburg i. Br. 1978

Pelster, Theodor: Epische Kurzformen. Methoden der Interpretation. Düsseldorf 1976

Philippi, Klaus-Peter: Parabolisches Erzählen. In: Deutsche Vierteljahresschrift für Literaturwissenschaft und Geistesgeschichte 1969, 297–332

Poser, Therese: Fabeln. Arbeitstexte für den Unterricht. Stuttgart 1975

Poser, Therese: Parabeln. Arbeitstexte für den Unterricht. Stuttgart 1978

Praxis Deutsch 1993, H. 120: Franz Kafka

Reger, Harald: Prosakurzformen im Literaturunterricht der Primarstufe. Ratingen / Kastellaun, Düsseldorf 1973

Schemme, Wolfgang: Die Problematik der Operationalisierung von Lernzielen im Literaturunterricht (dargestellt am Arbeitsbogen zu einer Aesop-Fabel). In: Wirkendes Wort 1972, H. 5, 317–336

Scherl, Hermann: Kleine epische Formen. In: Boueke, Dietrich (Hrsg.): Deutschunterricht in der Diskussion. Paderborn 1974, 334–361

Schneider, Grete: Die Wiederkehr der Parabel. Frankfurt a. M. 1966

Scholz, Rüdiger / Hermann, Hans Peter: Literatur und Phantasie. Schöpferischer Umgang mit Kafka-Texten in Schule und Universität. Stuttgart 1990

Schrader, Monika: Epische Kurzformen. Theorie und Didaktik. Königstein/Ts. 1980

Sternberger, Dolf: Figuren der Fabel. Frankfurt a. M. 1950

Ulshöfer, Robert: Methodik des Deutschunterrichts I: Unterstufe. 4. Aufl., Stuttgart 1969

Zymner, Rüdiger: Uneigentlichkeit. Studien zur Semantik und Geschichte der Parabel. Paderborn 1991

DORIS MARQUARDT

Erzählung, Novelle und Kurzgeschichte im Unterricht

1970 schloss eine Veröffentlichung zum literarischen Unterricht mit den Worten: „Wenn alles vergänglich ist, können Lyrik, Epik und Dramatik sicher nicht ewig dauern. Daß die Zeit der sogenannten 'Schönen Literatur', wie man sie vor einem Menschenalter noch verstanden hat, ihrem Ende entgegengeht, dürfte kaum noch zu widerlegen sein; mitunter hat man den Eindruck, daß sie bereits vorüber ist und man es sich nur noch nicht eingestehen möchte. Liegt der Grund aller Schwierigkeiten der literarischen Erziehung vielleicht darin, daß sie zu etwas erziehen will, das es schon gar nicht mehr gibt?“ (Baumgärtner / Dahrendorf 1970, 26)

Inzwischen wird man feststellen können, dass es sie noch gibt, die sogenannte „Schöne Literatur“; Buchmessen und Produktionsziffern beweisen es. Und auch ihre Leser scheint sie zu finden. Dennoch ist mit diesem Hinweis das Problem der Literaturdidaktik nicht einfach erledigt; auch eine erleichterte Rückkehr in den Zustand einer unbezweifelten Herrschaft der poetischen Texte im Unterricht nicht erlaubt. Die mühselige Legitimationskrise der vergangenen drei Jahrzehnte hat entscheidende Veränderungen gebracht; Sach-, Zweck- und Trivialliteratur haben ihren Anspruch auf Berücksichtigung im Deutschunterricht durchgesetzt. Aber der ohnehin schmale Bewegungsraum ist damit noch enger geworden. Und so zeichnet sich in neueren Veröffentlichungen zur Literaturdidaktik die Tendenz ab, der poetischen Literatur, mit veränderter Argumentation, ein größeres Gewicht gegenüber den expansiven neuen Textsorten zu erkämpfen. Auch das Problem der literarischen Tradition findet Berücksichtigung. „Was authentische Literatur unter anderem von trivialer unterscheidet, das dürfte sein, daß die triviale gerade unter einem Schein von heiler oder gesund-brutaler, jedenfalls geordneter Welt die Deformationen verbirgt und zugleich damit deformierend fungiert, während die authentische in der Art der Deformation und ihrer Mechanismen Ansätze zu ihrer Überwindung enthält. Das macht den Tasso und Kafkas Schloß zu authentischen Werken, zu großer Literatur, nicht die Tatsache, daß sie von herrschenden Schichten anerkannt sind.“ (Kreft 1977, 336)

Und zur Funktion solcher Art authentischer Literatur sagt der gleiche Autor: „Wenn aber Literatur (...) ein für die Gewinnung und Bewahrung von Identität, für Ich-Entwicklung unentbehrliches Medium ist, und das, weil in ihr Bedürfnisse entdeckt und im Horizont gesellschaftlicher Normativität interpretiert werden, weil die Menschen in der Literatur ausmachen, als was sie die Welt und sich verstehen und wozu, dann stellt sich das Auswahlproblem immer und erst recht für den LU als ein normatives. Es ist dann nicht von nackten Bedürfnissen, sondern von normativ interpretierten auszugehen, und nicht allein von den Individuen, sondern zugleich von den geschichtlich-gesellschaftlichen Traditionen, in denen die Individuen ihre Identität gewinnen.“ (Kreft 1977, 314f.)

Trotz dieser sich abzeichnenden Rehabilitation poetischer Texte wie der literarischen Tradition bleiben wichtige, unser Thema betreffende Fragen in der Schwebe. Weder ist die Literaturwissenschaft in der Lage, eindeutige Antworten auf die sich stellenden Formprobleme zu geben, noch hat die Literaturdidaktik ihre Auseinandersetzungen so weit geklärt, dass über Textauswahl, Methoden und Ziele verbindlich entschieden wäre.

Erzählung, Novelle, Kurzgeschichte sind Ausformungen erzählender Prosa, die diese im Unterricht exemplarisch zu repräsentieren vermögen. Dass die Schule diese kürzeren Formen begünstigt, hängt mit der Begrenzung der zur Verfügung stehenden Zeit ebenso zusammen wie mit der Überschaubarkeit der Texte selbst und der Einschätzung der Fähigkeiten und Bedürfnisse der jugendlichen Rezipienten.

Obgleich, wie sich zeigen wird, die literaturwissenschaftlichen und die didaktischen Fragen im Hinblick auf die zu erörternden Textsorten Parallelen, z.T. auch Überschneidungen aufweisen, sollen sie doch nacheinander dargestellt werden. Die Kurzgeschichte, als die jüngste Ausformung, soll am Schluss gesondert betrachtet werden.

1. Erzählung und Novelle

1.1. Das literaturwissenschaftliche Feld

Wenn wir uns der Gattungspoetik und ihren Ergebnissen zunächst für Erzählung und Novelle zuwenden, so ergibt sich auf den ersten Blick ein wenig ermutigendes Bild. Der Streit um die Novelle wird seit dem 19. Jahrhundert geführt; ein Spiegel der wechselnden Theorien ist der Forschungsbericht Polheims (Polheim 1965), auf den wir später eingehen werden.

Orientieren wir uns, was die Fachwissenschaft an Bestimmungsmerkmalen für die Novelle bietet. Im „Sachwörterbuch der Literatur“ wird vermerkt: „Novelle = (...) kürzere (...) Prosaerzählung einer neuen, unerhörten (...), tatsächlichen oder möglichen Einzelbegebenheit mit einem einzigen Konflikt in gedrängter, gradlinig auf ein Ziel hinführender und in sich geschlossener Form und nahezu objektivem Berichtstil ohne Einmischung des Erzählers (...) häufig in Gestalt der Rahmen- oder chronikalischen Erzählung, die dem Dichter eine eigene Stellungnahme oder die Spiegelung des Erzählten bei den Aufnehmenden ermöglicht und den streng tektonischen Aufbau (...) betont.“ (Wilpert 1989, 628f.) Ähnlich lauten die Angaben Wolfgang Kaysers, die sich verstreut in seinem Werk „Das sprachliche Kunstwerk“ finden. „Innerhalb der Formen der Erzählkunst braucht wohl die Novelle eine klar erfaßte Fabel. Es gehört zum Wesen dieser Form, daß in ihr alles auf den Fortgang einer Handlung bezogen ist.“ (Kayser 1969, 80) „So blendet zum Beispiel die Novelle sehr stark ab und zeigt sich, wie das Drama, in erster Linie an der Längsspannung, an dem Verlauf einer Begebenheit interessiert.“ (Kayser 1969, 179) „Eine andere

Form erfaßt ein Geschehen als zunächst 'reales' und einmaliges, das heißt zeitlich und örtlich genau festgelegtes Geschehen. Im weiteren erfaßt sie es als *Ereignis*, das heißt nicht als gradlinige Durchführung einer Absicht, sondern gerade als plötzliche, unerwartete Fügung, die die Absicht durchkreuzt. Überall gibt es solche seltsamen Punkte, die geheimnisvoll aufeinander bezogen sind, bis das Ereignis auf dem Höhepunkt wieder schicksalbestimmend ist. Diese Form (...) heißt *Novelle*" (Kayser 1969, 355).

Dass die Novelle im allgemeinen Bewusstsein eine so feste Verbindung mit dem 19. Jahrhundert eingegangen ist, hat seine Ursache wohl nicht allein in einer einseitigen und seit Jahrzehnten geübten Schulpraxis. Über die Affinität der Literatur des 19. Jahrhunderts zur Novelle finden wir bei Martini einige aufschlussreiche Hinweise: „Die Form mußte zusammenfassen, zur sinnhaltigen ästhetischen Einheit bilden, was in der realen Welt, die immer komplizierter wurde, im nur Subjektiven, nur Psychologischen zerstreut auseinanderstrebte, zum Zufälligen und Ungelösten offen war. Das stellte neue Ansprüche an ihre ästhetische Gestaltung, in der eine Sinndeutung durch die Symbolbezüge, durch die Formordnung und die Sprachordnung verwirklicht werden mußte." (Martini 1962, 69)

An anderer Stelle ergänzt Martini in ähnliche Richtung weisende Gedanken Wieses, dass nämlich in der Novellistik des Realismus sich „die gesamte verbürgerlichte Welt des 19. Jahrhunderts mit ihren sittlichen, weltanschaulichen und metaphysischen Problemen" (Wiese 1956, 29) spiegele, und er schließt an: „Es hätte hinzugefügt werden sollen, daß in ihr nicht eine Einstimmung mit dieser Verbürgerlichung, vielmehr gerade deren Aufsprengung zum Krisenhaften und Fragwürdigen sich vollzieht, sie nicht nur für, sondern ebenso gegen diese bürgerlich normierte Weltauffassung geschrieben wurde." (Martini 1962, 34). Gerade dieser letzte Hinweis wird uns später, bei den Fragen der Unterrichtsgestaltung, noch beschäftigen müssen.

Diese wenigen Belege aus der umfangreichen Literatur zur Novellenforschung werden bereits eine Vorstellung vermittelt haben von der engen Verbindung normativer und historischer Fragestellungen. Nachdem Polheim diese beiden Positionen, in steter Spannung zueinander, aber dennoch nicht gänzlich voneinander zu isolieren, in seinem Forschungsbericht von 1965 herausgearbeitet hat, kommt er zu dem Schluss: „Ob man von der Erzählhaltung und einer fiktiven Bindung des Erzählers ausgeht, die typisch für die Novelle sei (Erné, Schunicht, Wiese), ob man eine teleologische Struktur – oder wie immer man das nennt – für die Novelle in Anspruch nehmen will (Schunicht, Mackensen, Mulot, Mayer, Zimmermann), ob man von doppeltem Boden und von bilateraler Struktur spricht (Erné, Schunicht, Mulot), ob man schließlich andere Merkmale sucht: Zufall, Zeichen, Ironie (Wiese), ob man die Eröffnung der Novelle als typisch ansieht (Mulot, Erné) – das alles gilt nicht nur für die Novelle, sondern für jede erzählende Dichtung (...) So sind alle diese Merkmale nicht typisch für die Novelle allein. Damit verlieren sie ihre Bedeutung, wohlgemerkt keinesfalls für die erzählende Dichtung im allgemeinen, wohl aber als Kriterium für die spezielle Gattung Novelle. Die Novelle stellt sich aus dieser Sicht nur als ein künstlerisch hochstehendes Werk der Erzählkunst dar." (Polheim 1965, 104) „Blickt man auf diesen Forschungsbericht zurück, so zeigt sich, daß ein fest bestimmter Novellenbegriff weder auf die historische Wirklichkeit zutraf, da sich die Novelle immerfort gewandelt hatte, noch auch einen Zugang zum einzelnen Kunstwerk vermittelte. Sollte man sich daher nicht entschließen, den Novellenbegriff aus einer engen Beschränkung auch theoretisch zu befreien, nachdem er praktisch seine Fesseln ohnehin gesprengt hatte? Der Novellenbegriff wäre dann nur als durchaus veränderlich und wandelbar aufzufassen. Neben ihm könnte frei der Begriff der Erzählung stehen, so daß man sich in Zukunft nicht mehr zu scheuen brauchte, von der deutschen Erzählung zu sprechen." (Polheim 1965, 109)

Dieses Fazit, sowenig konkrete Hilfe es dem Lehrer im Unterricht zu bieten scheint, hat dennoch eine befreiende Pointe: Ist schon die zuständige Fachwissenschaft nicht in der Lage, eindeutige, allgemeingültige Kriterien für Novelle und Erzählung bereitzustellen, so kann es nicht Aufgabe des Unterrichts sein, Formdefinitionen erarbeiten zu wollen.

Aber noch in einer anderen Hinsicht ist gerade der letzte Satz Polheims für unser Thema von Bedeutung. Hebt von Wilpert die Erzählung, sofern die Bezeichnung im engeren Sinne, also für eine bestimmte epische Gattung, gebraucht wird, von der Novelle ab, indem er „von weniger kunstvollem und tektonisch straffem Aufbau" spricht, die „somit alle weniger gattungshaft ausgeprägten Formen der Erzählkunst umfaßt" (Wilpert 1989, 266), so deutet sich darin eine Wertung an. Darauf weist Müller nachdrücklich hin, der seinerseits versucht, dem Problem Erzählung-Novelle von anderer Seite beizukommen, indem er zwischen beiden Formen zwar eine scharfe Trennung anstrebt, aber zugleich die Erzählung aus ihrem Schattendasein befreien und zu eigner formaler Würde bringen will (Müller 1968, 463ff.).

Es fragt sich, ob diese Ehrenrettung nötig ist, wenn man bedenkt, dass viele Autoren selbst auf eine genaue Festlegung ihrer kleineren epischen Werke verzichtet haben; auch ein Blick in Himmels „Geschichte der deutschen Novelle" (Himmel 1963) oder in von Wieses Interpretationsbände „Die deutsche Novelle von Goethe bis Kafka" (Wiese 1956 u. 1962) lehrt, wie fließend die Grenzen zwischen Erzählung und Novelle verlaufen. Diesem Sachverhalt trägt Polheim Rechnung, wenn er beide gleichwertig nebeneinander gelten lässt und damit jedes Konkurrenzverhältnis vermeidet.

Dass Helmers in der Zuordnung anders verfährt, indem er die Erzählung in die Nähe der Kurzgeschichte rückt (Helmers 1972, 345f.), braucht uns nicht in neue Abgrenzungsnöte zu stürzen; im Gegenteil deutet sich gerade in dieser Zusammenstellung eine weitere Möglichkeit unterrichtlicher Ergiebigkeit an.

In neuerer Zeit hat Aust (1995) eine faktenreiche Darstellung der Novellentheorie und ihrer Geschichte gegeben und das Weiterleben der Novelle als Erzählform auch bei Gegenwartsautoren verfolgt.

Konsequenzen unter didaktischem Aspekt

Von hier aus müsste es gelingen, erste Konsequenzen für die Auswahl von Texten für den Unterricht zu ziehen. (Vgl. hierzu Psaar 1969, 71 ff.)

1. Die Auswahl kann nicht geleitet werden von der Frage, ob der Text *die Novelle* repräsentiere; jeder Text ist an seinem eigenen Formanspruch zu messen.
2. Die Arbeit an der Struktur des Textes richtet sich auf die allgemeinen Bauformen des Erzählens und die jeweils individuelle Textgestalt.
3. Besonderes Interesse verdienen diejenigen Texte, deren Formgrenzen offen sind (z. B. zum Märchen, zur Kurzgeschichte, zum Roman hin), weil sie den Prozess der Entwicklung neuer Formen oder der Adaption alter sichtbar werden lassen und zugleich dem Betrachter die Möglichkeit eröffnen, diese anderen Formen in Beziehung zum vorliegenden Text zu setzen. (Das deutet auf Methodenfragen voraus.)
4. Novelle und Erzählung werden nicht mehr durch einen Graben, der auch eine Wertgrenze markiert, getrennt. Das könnte die Auswahl bei manchen selbst nicht auf diese Unterscheidung drängenden Erzählern erleichtern.
5. Gerade bei der Betonung des historischen Charakters der Erzählformen könnte für den Schüler auch ein Zugang zum Verständnis literarhistorischer Erscheinungen geweckt werden, wobei nicht ein Lehrgang in Literaturgeschichte (oder eine Verwendung der Literatur zum Zweck der Illustration historischer Fakten) gemeint ist, sondern die Erkenntnis des Wandels auf Grund größerer Zusammenhänge punktuell einsichtig gemacht werden soll. Neben dem Zugang zur Formensprache der Dichtung – und aufs engste mit ihr verknüpft – sollte auch ein Weg angebahnt werden, der Literatur als Prozess erkennen lässt.
6. Für die Texte des 19. Jahrhunderts wird auf die Ergebnisse Martinis zurückverwiesen. Soll die Novelle in ihrer spezifischen Ausprägung – soweit man davon sprechen kann – untersucht werden, so wird ein Text dieser Zeit gerade wegen seiner gesellschaftlich-historischen Implikationen diese Funktionen besser erfüllen als eine nach „klassischem" Muster geformte Novelle späterer Zeit, die, gerade weil sie eine historisch bedingte Form konservieren will, leicht epigonale Züge trägt und antiquiert wirkt.

1.2. Das didaktische Feld

Jede Beschäftigung mit Kunst bedeutet eine geistige Anstrengung, die in der Regel nicht nur den Jugendlichen, sondern häufig auch den Erwachsenen überfordert. Insofern werden alle Überlegungen zur „Altersgemäßheit", zu psychologischen Voraussetzungen nur sehr bedingt unsere Textauswahl und -vermittlung stützen können. Zeigt sich doch, dass im freien außerschulischen Leseverhalten Jugendliche auch nach dem greifen, was nach gängiger Meinung jenseits ihres Horizontes liegt, sofern sie zum Lesen überhaupt motiviert sind. Stets sollte die Frage nach dem möglichen Vergnügen – als der natürlichsten Motivation –, das die Lektüre bereiten könnte, gestellt werden; sie wird aber nicht immer ein hinreichendes Kriterium bieten. Vergnügen und Genuss können auch sekundär, durch gewecktes Interesse und erfolgreiche Beteiligung, entstehen. Darin unterscheidet sich die Schule von der Freizeitsituation, dass sie Anstrengungen fordert und Erfahrungen ermöglicht, denen der frei Wählende wahrscheinlich ausweichen würde.

Überwog bei den vorangegangenen Überlegungen, bedingt durch den literaturwissenschaftlichen Aspekt, die formale Problematik, so ist es nun an der Zeit, auch und besonders die Frage nach den möglichen Inhalten zu stellen. Denn wenn uns daran liegt, das Interesse der Schüler zu gewinnen, so muss die Auswahl wesentlich unter diesem Gesichtspunkt erfolgen; für den „normalen“ Leser liegt die Motivation im Stofflichen. Dass die Absicht des Lehrgangs auch andere Ziele verfolgt, bleibt davon unberührt. Was einen Text tauglich erscheinen lässt für den Unterricht, bestimmt sich weder allein nach seiner formalen Vollkommenheit noch nach seiner inhaltlichen Problematik, auch nicht nach seinem Ethos („im Dienste der Gemüts- und Geistesbildung“) oder der Tatsache, dass er methodisch vielseitig praktikabel ist; er muss als besondere Qualität die Eignung besitzen, Schüler und Lehrer zur verstehenden und erkennenden, d.h. denkenden Auseinandersetzung herauszufordern. Das kann das ganz Fremde wie das ganz Gegenwärtige gleichermaßen leisten.

Um mit den vielfältigen Voraussetzungen psychologischer, soziologischer und pädagogischer Art nicht ins Uferlose zu geraten, soll der Versuch unternommen werden, am konkreten Beispiel die Verflechtung deutlich zu machen und, soweit es erlaubt ist, zu abstrahieren, anschließend grundsätzliche Folgerungen zu ziehen. Dabei bilden die Vorstellungen Rolf Geißlers über Aufgaben und Ziele des literarischen Unterrichts, wie sie ausführlich in seinem Buch „Prolegomena zu einer Theorie der Literaturdidaktik“ (Geißler 1970) dargelegt sind, den Orientierungshorizont. Geißler nennt drei Aufgaben, die er folgendermaßen charakterisiert:

1. die Herausbildung der Zeitgenossenschaft: „Diese Aufgabe hätte eine Literatur zu leisten, die in direkter Korrespondenz zu den Gegenwartsfragen steht und diese sozialadäquat in Inhalt und Form repräsentiert“ – unter Einschluss aller literarischen Erscheinungsformen unserer Zeit.
2. die Hinwendung zur Vergangenheit: „Hier käme die Tradition mit neuem Grund zur Geltung“, denn: „Die Geschichte und Einsicht in die Geschichtlichkeit des Menschen wäre eine ‘subversive’ Macht gegen etablierte Normen, Denk- und Geschmacksurteile“. Zum Problem der Textauswahl heißt es in diesem Zusammenhang: „Denn diese Auswahl kann hier nicht auf der Grundlage eines fragwürdigen Historismus geschehen, demzufolge bewährtes Bildungsgut ungeprüft zu tradieren wäre, sondern nur unter der leitenden Fragestellung, welche Texte etwas hergeben zum Verständnis der eigenen gegenwärtigen Situation, sie tragend oder kritisch korrigierend.“
3. der Zukunftsaspekt: er ist neben der Auseinandersetzung mit der Tradition vorwiegend durch die Analyse von Gegenwartstexten zu gewinnen: „In ihr zeichnen sich Tendenzen ab, aus denen Rückschlüsse auf die weitere Entwicklung zu ziehen sind. Literatur bringt fixierte Formen und Verhaltensweisen in die Schwebe, sie stellt kritisch in Frage und gibt neue Möglichkeiten zu sehen.“ (Alle Zitate aus: Geißler 1970, 85ff.)

Für die Beschäftigung mit der Tradition wählen wir stellvertretend einen in mehreren didaktisch-methodischen Werken bereits behandelten Text, nämlich Gottfried Kellers „Kleider machen Leute“.[1] Dabei geht es nicht darum, die vorhandenen Auseinandersetzungen mit dem Text und die daraus resultierenden Arbeitsvorschläge total auf den Kopf zu stellen; versucht werden soll eine Erweiterung der Fragestellung mit dem Ziel, die bisher wenig beachtete gesellschaftlich-historische Dimension der Erzählung zu thematisieren.

Alle Didaktiker kommen zu dem Ergebnis, dass der Text für ein 8. Schuljahr etwa geeignet sei; sie stützen sich dabei auf die „spannenden und lustigen Überraschungen“ (Helmich), „die Verstehbarkeit der Kellerschen Sprachgebung und die Durchsichtigkeit seiner Komposition“ (Schulz), „die humorvolle Vorstellungsweise“ und den „glücklichen Ausgang“ (Nentwig) – der immerhin nicht verdeckt, wie knapp er gewonnen wurde. Einschränkend vermerkt Helmich Verstehensschwierigkeiten auf Grund folgender Geschehenszüge: „Der Betrüger als wertvoller Mensch und die guten Bürger als zwar geschäftige, aber oberflächliche und eingebildete Leute, das ist ein Wechsel der gewohnten Vorzeichen: der gesellschaftliche Außenseiter Wenzel Strapinski kommt zu seinem Glück, und der angesehene, tüchtige Melchior Böhni, der den Betrüger entlarvt (...), macht sich lächerlich und geht leer aus“ (Helmich 1970, 1233).

Uns will scheinen, dass hier für heutige Schüler keine besonderen Schwierigkeiten liegen; dass der bürgerliche Schein zu trügen vermag, sollte einem einigermaßen gewitzten Dreizehn- oder Vierzehnjährigen kaum verborgen geblieben sein. Und wäre es der Fall, dann läge in dieser Desillusionierungsfunktion des Textes unbedingt ein Kriterium für seine Eignung als Schullektüre. Eher wäre zu befürchten, dass heutige Schüler, verführt durch die Struktur der „didaktischen Wundergeschichte“ (Muschg 1977, 368) und den Humor des Erzählers, den gefährlichen Ernst nicht erfassen. Denn ist das Problem Wenzels nicht auch das der Selbstfindung, nicht nur, wie es manchmal gedeutet wird, das des Künstlers, sondern auch des jugendlichen Menschen, der mit der Kostümierung seine Träume wenigstens einmal als Realität erfahren will, der vor der immer beschränkenden Banalität des Alltags zurückweicht und Mut und Tapferkeit des Standhaltens im unsensationell Normalen erst lernen muss? Dass gerade darin die Würde der eignen Person und die befreiende Zuwendung des Lebenspartners erst sichtbar werden – das sind Einsichten, die den jugendlichen Lesern nicht gänzlich unvertraut, wenn auch noch jenseits eigner Erfahrung sein dürften.

Der kritische Blick des Erzählers auf die gesellschaftlichen Mechanismen, an der Modellsituation Seldwyla abzulesen, sollte den Schülern erkennbar werden und sie zur Auseinandersetzung auffordern. Dazu könnte auch für diese Altersstufe der weitere Rahmen („Die Leute von Seldwyla“), in den die Erzählung gestellt ist, herangezogen werden, so dass die didaktisch-kritischen Absichten des Erzählers dieser am Rande der Heiterkeit angesiedelten Geschichte unmissverständlich deutlich

[1] Interpretationen finden sich u. a. in: Wiese 1956, 238ff.; Schulz 1963, 95ff.; Helmich 1970, 1233; Giehrl 1980; Nentwig 1962, 352ff.

werden. Die kräftige Bildhaftigkeit der Gestaltung Kellers sollte ein hinreichendes Gegengewicht gegen die Gefahr zu großer Abstraktion bieten.

Um den etwa entstandenen Eindruck, einseitig thematischer Stoffhuberei verfallen zu sein, zu korrigieren, sollen andere im Text verankerte Arbeitsansätze erwähnt werden.

Die Nähe zum Märchen ist bei Keller oft beobachtet, manchmal gerügt worden. So bietet dieser Text einen Anlass, den Prozess der Verwandlung des Märchens in die Wirklichkeit – die Kunstwirklichkeit – zu verfolgen. Eine genaue Beobachtung der sprachlichen Mittel, der Motiv- und Kausalverknüpfungen, führt zu Ergebnissen, die auch von den Schülern, einmal auf die Spur gelenkt, selbständig zusammenzutragen wären. (Vgl. Psaar 1969, 70) Darüber hinaus rückt bei diesem Verfahren der Erzähler mit seiner ganz eigentümlich zwischen liebevoller Zuwendung und ironischer Distanz schwebenden Haltung ins Blickfeld. Diese Erzählhaltung ist es, die das Vergnügen an der Geschichte gewährleistet und die vor allem beim Zuhören sofort die adäquate Aufnahmebereitschaft aus sich selbst erzeugt. Deshalb hat Schulz Recht, wenn er vorschlägt, der Lehrer solle statt aller Vorbereitungen einen größeren Abschnitt vorlesen. Breitet sich dabei Heiterkeit aus, was kaum ausbleiben kann, so ist die nötige Motivation zur Fortsetzung der Lektüre in der Regel gegeben.

Fassen wir zusammen, welche Ergebnisse bei einer intensiven Auseinandersetzung mit dem vorliegenden Werk angestrebt werden könnten:

- eine von der Freude am Gegenstand getragene Lektüre;
- Einsicht in die Textstruktur, Beobachtung der erzählerischen Mittel;
- Kenntnis eines repräsentativen Beispiels der literarischen Tradition;
- Innewerden des Zeitabstandes zwischen Text und Gegenwart zur Herstellung der kritischen Distanz (und zugleich Erfassen der menschlich-gesellschaftlichen Modellsituation);
- Überschreiten und Ausweiten des jugendlichen Verstehenshorizontes in der Betrachtung von Lebenschancen, Lebenshoffnungen, Versagungen und Selbstfindung am Beispiel einer literarischen Figur;
- Aufnehmen der dem Werk immanenten kritischen Position – besonders der von Keller einigermaßen hinterhältig gestaltete Schluss mit dem pausbäckig-zahlreichen Familienglück der Strapinskis bietet eine letzte Gelegenheit zum Nachdenken. (Vgl. hierzu Giehrl 1980, 278ff.)

Um den Einzeltext auch für den Schüler in größere Zusammenhänge bringen zu können, greifen wir noch einmal auf das vorhin zitierte Werk Rolf Geißlers zurück. Unter den dort gemachten didaktisch-methodischen Vorschlägen findet sich ein für unser Thema besonders geeigneter, nämlich die Behandlung eines Themas in Unterrichtsreihen. Geißler führt dazu aus: „Die Gestaltungsmöglichkeiten solcher Reihen sind vielfältig. Sie reichen vom wertenden und kritischen Lesen bis zum Aufriß einer geschichtlichen Dimension und zu sprachlichen Einsichten. Nur sollte nicht der Fehler gemacht werden, die Reihe vorgängig zu harmonisieren. Jeder Text sollte wirklich für sich erarbeitet werden, so daß bei der Arbeit die Perspektive für die anderen Werke erst mit produziert wird und nicht wieder vorgängig und unmittelbar aus dem Ganzen der Konstellation sich ergibt. Ein Text erwüchse aus der Erkenntnis eines anderen. Die Texte wären dann Korrektiv und Gegenstand der Interpretation zugleich." (Geißler 1970, 94f.)

Ein so angelegter Lehrgang hätte den Vorzug, dass auf bereits Bekanntes nicht nur beiläufig zurückgegriffen werden könnte; ein Text erschiene unter Umständen in wechselnden Konstellationen; der Unterricht müsste dem Schüler nicht mehr – wie es vermutlich häufig der Fall ist – als mehr oder weniger beliebige Abfolge von isolierten Textinterpretationen erscheinen; die planende Absicht würde durchschaubar, und es böte sich den Schülern Gelegenheit, bei Aufgabenstellung und Textauswahl je nach Interessenlage und Vorkenntnissen mitzuwirken. Mit diesem Modell ist nicht an eine Abfolge vorwiegend inhaltlich bestimmter Lernsequenzen gedacht, wie ihn neuere Lesebücher häufiger repräsentieren, auch nicht an ein literaturwissenschaftlich lernzielorientiertes Curriculum. Die Problematik der „Nutzbarmachung" von Literatur wird besonders von Jürgen Kreft sehr deutlich gesehen. „Wenn die Texte dem Schüler die Möglichkeit bieten – und der LU die Realisierung dieser Möglichkeit fördern soll –, indem er sich in sie verliert, etwas über sich zu erfahren und in solchen Erfahrungen eine ästhetische Sensibilität zu entwickeln, dann darf der Text nicht einer Sequenz-Struktur subordiniert werden, dann muß umgekehrt die 'Sequenz'-Struktur aus den Erfahrungen mit dem Text, aus dem Lernen durch den Text hervorgehen, 'Sequenz' kann dann nur noch heißen, daß aus solchem Lernen, solchen Erfahrungen nach anderen primären Texten und nach sekundären Texten gegriffen wird, die eine Erweiterung oder auch eine Korrektur der Erfahrungen versprechen. Gewiß wird auch hier der Lehrer Texte vorschlagen müssen, die weiterführen, d. h. er wird antizipieren müssen, was die Schüler an den Texten und durch sie für Erfahrungen machen, aber nur als riskante Vermutung." (Kreft 1977, 322f.)

Zur Verdeutlichung sei an einigen Beispielen eine solche Zusammenordnung mehrerer Texte unter übergreifender Fragestellung belegt, wobei in Erinnerung behalten werden muss, dass 1. ein Text unter verschiedenen Aspekten erscheinen, 2. die Thematik je anders formuliert werden könnte. Verständlicherweise müssen wir hier auf das Regulativ, das die Interessenlage und Verstehensmöglichkeit der Schüler zu bilden hätte, verzichten, so dass das Folgende nur Andeutungscharakter haben kann.

Unter der Frage nach dem nichtangepassten Menschen können betrachtet werden: Pole Poppenspäler (Storm), Kleider machen Leute (Keller), Regine (Keller), Die unwürdige Greisin (Brecht), Andorra (Frisch) – wir fassen hier ein Überschreiten der Gattungsgrenzen ins Auge. Ein weiterer Vorschlag zum Thema „der jugendliche Außenseiter": Leiden eines Knaben (Meyer), Steppenkopp (Schnurre), Jenö war mein Freund (Schnurre), Die neuen Leiden des jungen W. (Plenzdorf), oder „Vertrauen und Misstrauen als zwischenmenschliches Problem": Die Verlobung in St.

Domingo (Kleist), Der blinde Jeronimo und sein Bruder (Schnitzler), Das Brot (Borchert), Die Waage der Baleks (Böll), oder „der Einzelne im politisch-gesellschaftlichen Konflikt“: Höxter und Corvey (Raabe), Sansibar oder der letzte Grund (Andersch), Der Ausflug der toten Mädchen (Seghers).

Selbstverständlich erfordert ein solches Vorgehen variable Arbeitsformen, Gruppen- und Einzelarbeit; Voraussetzung ist, dass die Schüler über Arbeitstechniken verfügen, die in gründlicher gemeinsamer Arbeit erworben wurden, und in ihren Bemühungen bei individualisierenden Verfahren nicht allein gelassen werden.

Dem Einwand, auf diese Weise käme jeder Text für sich zu kurz, möchten wir mit dem Hinweis auf die konstitutionelle Unerschöpfbarkeit poetischer Texte und den pädagogisch legitimierten Entschluss zur Beschränkung begegnen.

Für die Beobachtung des Formenwandels vom 19. zum 20. Jahrhundert, auf den im literaturwissenschaftlichen Teil schon verwiesen wurde, scheint uns als Beispiel Anna Seghers „Ausflug der toten Mädchen“ besonders geeignet. Hellmuth Himmel fasst den Inhalt so knapp zusammen: „Während ihres Exils in Mexiko erlebt die Erzählerin einen Schulausflug in Deutschland vor dem 1. Weltkrieg als Tagtraum wieder; in die geschauten Ereignisse mischt sich aber ihr Wissen vom späteren Schicksal ihrer Mitschülerinnen, so daß eine Reihe von Lebensabrissen novellenartig eingearbeitet erscheinen. Die Aufspaltung der Klasse in Verfolgte, Verfolger und Gleichgültige ist der stets anwesenden Erzählerin aus der Perspektive ihrer Jugend kaum denkbar (...)“ (Himmel 1963, 472). Auf engstem Raum gibt diese Erzählung eine Zusammendrängung von Figuren, historischem Zeitablauf und den Landschaften von Rheingegend und mexikanischer Bergwelt. Die Ereignisse werden dabei simultan erlebt, so dass ständig perspektivische Brechungen eintreten. Trotz des „offenen“ Beginns und der mosaikartig an- bzw. ineinandergeschobenen Erzählpartikel – worin sich die Nähe zur Kurzgeschichte andeutet – wird das spannungsreiche Gefüge durch die übergreifende Perspektive der Erzählerin und ihre ständige Anwesenheit (sie überlässt das Wort kaum jemals ihren Figuren) gebändigt.

Rückt die Offenheit der Form diesen Text in die Nachbarschaft der Kurzgeschichte, so findet sich bei Hans Mayer ein weiterer interessanter Hinweis auf Gattungsfragen: „Betrachtet man die Erzählung genau, so behandelt sie, diesmal in der verkürzten Form der Novelle, das gleiche Thema wie der Roman vom siebten Kreuz“ (Mayer 1962, 90). So wäre denn von diesem Text aus nicht nur die Frage nach dem Verhältnis zur Kurzgeschichte, sondern gleichzeitig mit gleichem Recht nach dem zum Roman – in der speziellen Ausprägung des Zeitromans – zu stellen.

In diese Richtung könnten die Überlegungen der Schüler zum Zweck eines deutlicheren Formbewusstseins und seiner inhaltlichen Implikationen gelenkt werden. Vielfältige Arbeitsansätze sind denkbar, z. B.:

- Herauslösen der einzelnen Figuren; chronologisch angelegte Lebensskizzen;
- der Versuch, eine dieser Figuren und ihr Schicksal weiter auszuführen;
- Erzählprobleme zu erörtern bei dem Experiment, den nicht geschriebenen Roman zu entwerfen;
- die Umsetzung in ein anderes Medium (Hörspiel? Bühne? Film?) zu erproben.

Die letztgenannte Aufgabe wird sehr schnell zu dem Ergebnis führen, dass der Film die adäquaten Mittel bereithielte, um der Erzählung gerecht zu werden, filmische Techniken, soweit sie dem Laien bekannt sind, könnten erörtert werden. Vor allem würde das Gestaltungsprinzip, das bildhafte Vorübergleiten der Erinnerungssegmente, evident und damit das Verfahren der Transponierung in ein anderes Medium nicht einfach als modischer Gag, sondern als nützliches Experiment ausgewiesen. Nach allem ist wohl kaum noch zu betonen, dass dieser voraussetzungsreiche Text erst einem 9. oder 10. Schuljahr zugänglich sein dürfte. Interpretatorische Verfahren, ein Bezugsrahmen hinsichtlich anderer epischer Formen, geschichtliche Kenntnisse müssen vorhanden sein, damit die Arbeit gelingt. Doch ist es keineswegs nötig, dass alle Schüler zu allem gleichermaßen befähigt sind; differenzierte Arbeitsaufgaben, nach Schwierigkeitsgrad und Interessenlage unterschieden, liegen auch hier im Bereich des Möglichen, ja des Wünschbaren. In Einzel- oder Gruppenarbeit könnten folgende Aufgaben bearbeitet werden: Fakten zum geschichtlichen Hintergrund; Gegenüberstellung zweier Landschaften (und ihre Funktion); Einzelschicksale der Figuren; Kontrastfiguren und Gruppierungen; die Erzählerin; biographische Daten der Autorin. Dieser letzte Punkt ist keine literarische Zusatzaufgabe oder Pflichtanstrengung: Hans Mayer weist darauf hin, wie sehr diese Erzählung, im Gegensatz zum übrigen Werk, durch stark autobiographische Züge geprägt ist.

Zwei Gestaltungsfaktoren, auf denen die Einheit des Werkes basiert, müssten wohl von der Klasse gemeinsam untersucht werden, nämlich die Perspektivenverschmelzung und ihre Technik, zum anderen der Grundakkord in der Haltung der Erzählerin zum Berichteten, die gänzlich unsentimentale Klage, jenseits von Anklage und Gericht: Chronik und Requiem (nach Hans Mayer) zugleich.

Rückblickend fragen wir nun nach dem Beitrag, den die „Erzählung mittlerer Länge“ (Arx 1953, 9) für den Gesamtbereich des literarischen Unterrichts zu leisten vermag. Dabei sei nur das hervorgehoben, was aus der Eigenart dieser Form resultiert, nicht also auf Zielsetzungen des literarischen Unterrichts allgemein eingegangen. Denn unsere Ausgangsfrage bezog sich auf die Rechtfertigung von Novelle / Erzählung als Schullektüre, die allein aus ihren Spezifika herzuleiten ist.

1. Die „Erzählung mittlerer Länge“ hat gerade in dieser zunächst nur quantitativen Besonderheit eine wichtige Aufgabe zu übernehmen. An ihr lernt und übt der Schüler die Fähigkeit, einen umfangreicheren und nicht auf einen Blick zu überschauenden Text zu strukturieren, Schwerpunkte der Betrachtung zu finden, geheime Verweisungen zu entdecken und so eine dicht geknüpfte Textur zu durchschauen. Das erfordert und trainiert ein gewisses Durchhaltevermögen, das ein Leser braucht, um z. B. dem Roman gewachsen zu sein.

2. Der Textumfang, nun im Vergleich zu den kürzeren Geschichten früherer Schulstufen, verhindert, die Werke allein erlebend aufzunehmen, und erzwingt die Reflexion, ohne doch durch zu große Ausdehnung von vornherein zu entmutigen. Dieses distanzierte Leseverhalten ist eines der angestrebten Ziele.

3. Stellvertretend für andere Gattungen der erzählenden Prosa kann der Formenwandel sichtbar gemacht werden. Der Roman ist dafür seines Umfangs, die

Kurzgeschichte ihrer verhältnismäßig späten Ausformung in der Moderne wegen weniger geeignet.

4. In den Texten des 19. Jahrhunderts dokumentiert sich eine Vergangenheit, die heutigem Verständnis noch nahe genug steht, um unmittelbar zu interessieren, und fern genug, um historische Veränderungen in der Problemstellung und -lösung zu erkennen zu geben. Auseinandersetzung mit der Vergangenheit und Wendung zur Gegenwart sind gleichermaßen gewährleistet.

2. Die Kurzgeschichte

Die Kurzgeschichte als aus mancherlei Gründen praktikable Gattung hat, nach anfänglichen Anlaufschwierigkeiten (vgl. Rohner 1973, 57 ff.), in den sechziger Jahren eine bevorzugte Stellung im Deutschunterricht eingenommen. Heftreihen, Lesebücher und Interpretationssammlungen boten Grundlagen und Hilfe für Schüler und Lehrer. Ziemlich bald erfolgte eine Art Kanonbildung, so dass heute, wenn schon Texte der Klassiker oder des 19. Jahrhunderts weithin unbekannt sind, wenigstens die frühen Kurzgeschichten, vornehmlich Borcherts und Bölls, einen gemeinsamen Besitz darstellen.

Aber auch für die Kurzgeschichte gilt, was für den gesamten Bereich der authentischen Literatur eingangs festzustellen war: Sie hat an Boden verloren, wenn auch nicht in gleichem Maße wie andere poetische Textsorten. Für sie lassen sich eher noch einmal 45 Minuten abzweigen, in denen man einen solchen Text „schaffen" kann. Außerdem spricht ihre Modernität, bezogen auf die literarische Formensprache, vor allem aber auf die Thematik, für sie und lässt sie leichter legitimierbar erscheinen vor einem zeitbedingt wachen didaktischen Gewissen.

2.1. Das literaturwissenschaftliche Feld

Auch hier soll uns das „Sachwörterbuch der Literatur" den ersten Anhaltspunkt bieten:

„Kurzgeschichte – (...) kurze ep. Prosa-Zwischenform von Novelle, Skizze und Anekdote, charakterisiert durch zielstrebige, lineare straffe und bewußte Komposition auf eine unausweichliche Lösung hin (vom Schluß her geschrieben), die auf Erschütterung abzielt oder einen Lebensbruch bringt oder den Ausgang offen läßt. Zusammendrängung eines in sich gerundeten Geschehens auf einen entscheidenden Moment mit unvermuteter Pointe auf engstem Raum, Summe eines Menschenlebens, besonders eines Außenseiters, aus dem Augenblick belebt, realistische Tatsachenwiedergabe, provozierende Erkenntnis, Umschlag ins Surreale oder impressionistische Stimmungsbilder bilden die Skala ihrer Möglichkeiten, die in ständiger Erweiterung begriffen ist" (Wilpert 1989, 493). Trotz der Hinweise bei Doderer, Kilchenmann u. a. auf Vorläufer der Kurzgeschichte im 19. und frühen 20. Jahrhundert hat sich der Begriff inzwischen zur Bezeichnung der deutschen Kurzgeschichte nach dem 2. Weltkrieg eingebürgert (die Beziehungen zur short story sollen hier nicht berücksichtigt werden). Was anfänglich als einigermaßen stichhaltigen gattungsmäßigen Gesetzen folgende Form erschien, hat bereits ebenfalls eine Geschichte aufzuweisen und unterliegt demzufolge ähnlichen Problemen zwischen Normativität und Historizität, wie wir es für die Novelle schon beobachtet haben. (Vgl. hierzu die Untersuchung Durzaks 1980)

Innerhalb der fünfzig Jahre ihrer Nachkriegsgeschichte hat die Kurzgeschichte nicht nur Veränderungen der von ihr bevorzugten Themen erfahren (Generationskonflikte, Eheproblematik, gesellschaftliche Deformationen der Nachkriegszeit z.B.), sondern auch ihrer Form, z.T. mit noch stärkerer Eliminierung der Handlung und der Figurendarstellung, im Übergang zur Kürzestprosa, zum Aphorismus u.ä. Kurzformen.

Für Lehrerbildung und Schule bedeutsam wurden die von Gerth herausgestellten Gattungsmerkmale: Kürze, Offenheit, Alltäglichkeit, Symbolhaftigkeit, von denen er gleichzeitig die literaturpädagogische Eignung der Kurzgeschichte ableitete (Gerth 1972, 90f.). Sie wurden in vielfältiger interpretatorischer Praxis erprobt (und u.U. im Unterricht strapaziert), dennoch gibt es Einwände gegen eine solche Festlegung. Denn Offenheit, Alltäglichkeit, Symbolhaftigkeit finden sich auch im modernen Roman, in der Lyrik, Dramatik, im Hörspiel; und so bliebe allein die Kürze, scheint es, um die spezielle Form „Kurzgeschichte“ zu definieren.

In Schwierigkeiten gerät man auch mit dem von Doderer einst geprägten Begriff des „Schicksalsbruchs“, der in einem gewissen Kontrast zur Alltäglichkeit steht, zum gerade nicht dramatisch gestalteten Geschehen, das die Texte vermitteln. (Dennoch handelt es sich häufig um Ereignisse, die so alltäglich – zum Glück! – auch nicht sind: Mord, Verbrechen, Krieg.)

Es dürfen also offenbar weder Einzelphänomene isoliert, noch ihr komplettes Vorhandensein zur Bedingung der Gattungszuweisung gemacht werden. Wie so häufig lässt sich auch in diesem Falle durch Vergleich und Abgrenzung eher zu einer zutreffenden Aussage kommen als durch positive Merkmalsbestimmung. Die vielfältigen Abgrenzungsversuche zu den anderen kleinen Formen erzählender Prosa seien hier nicht wiederholt; Angaben dazu finden sich bei von Wiese (1982), Doderer (1969), Kilchenmann (1978), Höllerer (1976), Rohner (1973) u.a.

Höllerer zählt sieben Grundbedingungen für das Entstehen der Kurzgeschichte auf, weist aber darauf hin, dass sie auch in anderen Formen moderner Erzählprosa eine Rolle spielen.

„Die Autoren gehen darauf aus

Erstens: sich auf die Augenblicksfixierung und dabei auf die Rolle der Einzelgegenstände, der einzelnen Worte und Gesten zu besinnen.

Zweitens: die Ansichten über Wichtigkeiten und Belanglosigkeiten zu revidieren: an scheinbar belanglosen Situationen entzünden sich die entscheidenden Stellen; sie werden zu Impulsen. Einmalige bedeutende Ereignisse im Stil der Haupt- und Staatsaktion werden dagegen zum Schattenspiel.

Drittens: Geschehnisse erscheinen mehrdeutig, labyrinthisch, und werden dementsprechend andeutend dargestellt.

Viertens: Subjekt und Objekt, Personen und Gegenstände nähern sich in den Momentsituationen einander an. Die Objekte bleiben nicht manipulierbar, sondern spielen mit; werden zuweilen grotesk vergrößert und erscheinen übermächtig.

Fünftens: Die Handlung baut sich oft auf einzelne, unverwechselbar festgehaltene, atmosphärisch genau bezeichnete Abschnitte auf, auf Kabinen des Erzählens, die in sich zusammenhalten, die sich gegenseitig stützen oder sich Widerpart geben.

Sechstens: Der Erzähler sucht nicht zu vertuschen, daß er erzählt; er zeigt das ganz offen und desillusionierend. (...) Es steht im Gegensatz zu Versuchen einiger Novellen, durch Erfinden eines Berichts, durch das Auffinden einer Chronik das Erzählen zu motivieren. [2]

Siebentens: Unabgeschlossenheit am Anfang und am Ende treten an die Stelle von Streckenberechnungen und Streckenvermessungen mit aufsteigender und abfallender Handlung" (Höllerer 1976, 74).

Wolpers untersucht die „Aspekte stoffbedingter Kürze" und kommt dabei zu aufschlussreichen Ergebnissen (Wolpers 1971). Im Blick auf die *Personendarstellung* heißt das, dass Personen und Charaktere „nur als Schnittpunkt weniger Eigenschaften und Probleme dargestellt werden" können. Das führt zur Bevorzugung solcher Figuren, an denen in Modellsituationen das Typische betont wird, nicht das Individuelle (Randexistenzen, Jugendliche, Alte etc.; Verzicht auf Eigennamen wie auf Kennzeichnung der historischen Zeit und des Ortes). „Die Kurzform hat wohl nur die Möglichkeit, eine sehr begrenzte Wandlung, die Veränderung der Bewußtseinslage in einem Charakter, voll darzustellen" (1971, 57). Entsprechendes gilt für die *Raumgestaltung*; es handelt sich um idealtypische Orte der Begegnung und Trennung (Straße, Brücke, Restaurant, Bahnhof u. ä.). Hinsichtlich der zur Darstellung kommenden *Ideen und Probleme* heißt es: „Wo es vorwiegend um Grunderfahrungen wie Liebe, Geburt und Tod im Sinne von typischen Lebensalterskrisen (...) sowie um die vom Alter unabhängigen Krisen des Alleinseins, des Verlustes und der Frustration geht – und damit um ein In-Frage-Stellen von Sinn und Zusammenhang –, bedarf es nicht so differenzierter und nicht so zahlreicher Materialien wie dort, wo etwa die Wirksamkeit oder Steigerung von Werten oder die soziale Integration des einzelnen vergegenwärtigt werden soll" (ebd., 58).

Diese Krisendarstellung erfordert den *signifikanten Augenblick*. „Je signifikanter dieser Augenblick für etwas Allgemeinmenschliches ist, desto mehr kann an weiterem Geschehen oder Kommentar eingespart werden" (ebd., 58).

Folgende Konzentrationsmöglichkeiten des *Handlungsverlaufs* – soweit von Handlung noch gesprochen werden kann – bieten sich an:

- auf die Schlussphase eines Geschehens
- durch Auflösen des Nacheinander in ein (unkommentiertes, sich selbst erhellendes) Nebeneinander

[2] Diese Grundbedingung scheint eher dem modernen Roman zuzugehören, während die Kurzgeschichte vielmehr durch die Reduktion der Erzählfunktion gekennzeichnet wird. (Vgl. dazu Piedmont 1973)

- durch Betonung der Momente großer Gefühlsintensität oder
- der Momente plötzlicher Bewusstseinserhellung.

Die *Sprache* ist gekennzeichnet durch Suggestivität, Doppelsinn der Bedeutungen, Ironie, Anspielungen und Wiederholungen, durch alle Mittel, die auf engstem Raum Bedeutungsfülle konstituieren und weitreichende Assoziationen wecken.

Während Wolpers im Weiteren nun in einem historischen Durchgang die „inneren Formen kurzen Erzählens“ untersucht (z. B. Parabel, Fabel, Witz, Satire u. a.), soll uns die Frage nach der *Rolle des Erzählers* in der Kurzgeschichte beschäftigen. Auch sie unterliegt dem Prinzip der Reduktion. „Wenn man die typischen Erzählsituationen, die Franz Stanzel für den Roman definiert hat, auf die zeitgenössische deutsche Kurzgeschichte anwendet (...), so fällt auf, daß die typisch auktoriale Erzählsituation in diesem Bereich äußerst selten anzutreffen ist. Vielmehr scheint die Kurzgeschichte eine besondere Vorliebe zu besitzen für die begrenzte Perspektive des personalen Erzählers und für diejenige Form des Ich-Erzählers, bei der das erzählende Ich eng in das Geschehen verwickelt, also zugleich erlebendes Ich ist. Der Erzähler der Kurzgeschichte liebt es, hinter den handelnden Personen oder dem erlebenden Ich zurückzutreten, ja in manchen Fällen sich bis zu einem Grade zu verflüchtigen, daß der Leser gezwungen wird, gewisse Funktionen des Erzählens selbst zu übernehmen“ (Piedmont 1973, 538).

Hier deuten sich Konsequenzen für die *Rezeptionshaltung* bereits an. Der Leser „muß aus sparsamsten Andeutungen Erzählsituationen rekonstruieren und Aussparungen innerhalb des tatsächlich Erzählten aus eigner Einsicht ergänzen“ (Piedmont 1973, 547). „Damit wird vom Leser eine aktive Mitwirkung am schöpferischen Prozeß der Kurzgeschichte gefordert, die er in den meisten Fällen während eines einmaligen Lesens gar nicht leisten kann. So entsteht denn auch nach der ersten Lektüre einer Kurzgeschichte oft der Eindruck einer Ratlosigkeit. (...) So gesehen, ist die Kurzgeschichte ein Ärgernis, aber ein produktives, das auf die Überwindung traditioneller Lesegewohnheiten zielt.“ „Das traditionelle Erzählen der älteren epischen Gattungen des Romans, der Novelle, der Erzählung leitet in der Regel den Leser kontinuierlich von Einsicht zu Einsicht und läßt ihn durch einmaliges Lesen zu einem gewissen Verständnis des Gesamtzusammenhangs kommen. Das kurzgeschichtliche Erzählen verzichtet auf solche Hilfeleistungen, drängt dagegen den Leser selbst in die Rolle des Erzählers, indem es ihm die Aufgabe überträgt, seine Reaktionen auf das tatsächlich Erzählte als wesentlichen Bestandteil in die Geschichte zu integrieren“ (Piedmont 1973, 548). Die Ergebnisse, zu denen Durzak bei seinen Untersuchungen zu Formelementen und Typologie der Kurzgeschichte kommt, weisen in die gleiche Richtung (Durzak 1980, 301 ff.).

Konsequenzen unter didaktischem Aspekt

Gerade die zuletzt in den Blick genommenen, die Rezeption steuernden Faktoren führen unmittelbar in die didaktische Problematik der Textauswahl. Wir werden im folgenden Abschnitt auf sie zurückkommen. Zunächst sei versucht, ähnlich wie für die Novelle und z. T. in Übereinstimmung mit dem dort Gesagten, Aspekte der Textauswahl zu skizzieren.

1. Da es *die Kurzgeschichte* so wenig gibt wie *die Novelle*, muss jede Kurzgeschichte zuerst als je eigene poetische Gestalt betrachtet werden.
2. Erst nach Kenntnis unterschiedlicher Ausformungen des Typus Kurzgeschichte können durch Vergleich – eventuell auch mit anderen Formen erzählender Prosa – Strukturmerkmale beobachtet und bewusst gemacht werden.
3. Auch hier könnten jene Texte von besonderem Interesse sein, deren Formgrenzen offen sind (z. B. zur Erzählung, zum Hörspiel, zum Drama) oder sich in größeren Texten als funktionaler Bestandteil eingefügt finden.
4. Die Kurzgeschichte als moderne Erzählform ist gerade deswegen immer wieder als besonders geeignet erschienen für einen zeitgemäßen Literaturunterricht: „In ihr begegnet der Heranwachsende der Welt, in der er lebt.“ (Gerth 1972, 9)
5. Das Prinzip der Reduktion, das strengste Funktionalität aller Elemente zur Folge hat, zwingt zu genauem, denkendem Lesen – oder der Text verschließt sich dem Verständnis.
6. Die häufig der Umgangssprache angenäherte Sprachform verringert die Kluft zwischen Lebensrealität und literarischer Fiktion, so dass zu erwarten ist, dass dem Literaturungeübten der Eintritt in eine sinnkonstituierende ästhetische Welt erleichtert wird.
7. Die Zurücknahme der Erzählfunktion erzwingt die aktive Mitwirkung des Lesers und macht damit extrem deutlich, was im Grunde jeder Rezeptionsvorgang erfordert: Sinn erschließt sich nur in der Beteiligung.

2.2. Das didaktische Feld

Gerade von diesem letzten Punkt aus können nun aber auch Einwände gegen die Kurzgeschichte im Unterricht formuliert werden, die bei der Auswahl der Texte zu bedenken wären: nicht Einwände, wie sie aus der Frühzeit des Eindringens der Kurzgeschichte in die Schule bekannt sind, etwa im Hinblick auf die in ihr repräsentierte „unheile Welt“ oder mögliche „sprachverderberische“ Wirkungen durch den Gebrauch der Alltagssprache bis hin zum Jargon. Vielmehr ist es die Struktur der Texte, die im Unterricht problematisch werden könnte.

„Dem Leser wird nicht so sehr ein mehr oder weniger kunstvoll zubereitetes ‘Lesefutter’ angeboten (...), sondern Material menschlicher Erfahrung, und zwar so, daß er sich zur Miterzeugung, zur Ergänzung, zur eignen Stellungnahme veranlaßt fühlt. Es ist vor allem der andeutende Erzählstil, die Differenz und Spannung zwischen dem konkret Erzählten selbst und dem – damit modellhaft repräsentierten – weiteren Bereich menschlicher Erfahrung, wodurch die Fähigkeit des Lesers zum Nachschaffen, Ergänzen, kritischen Weiterdenken angeregt, herausgefordert wird“ (Donnenberg 1973, 85). Und noch schärfer, sozusagen existentieller, formuliert Piedmont: „Der Leser wird sich der Tatsache, daß er *getroffen* ist, gar nicht sofort bewußt, er wird lediglich in Unruhe versetzt, *betroffen* gemacht, und er muß die eigentliche *Wunde* erst an sich ausfindig machen. Mit anderen Worten: In der Kurzgeschichte zwingt der Autor den Leser zur Selbstdiagnose seiner Betroffenheit" (Piedmont 1973, 551).

Wenn dies zutrifft – und für die wirklich bedeutenden Texte wird man zustimmen müssen –, dann wird verständlich, welchen unerhörten Anspruch solche Kurzgeschichten an den Leser stellen. Wenn auch Literatur Lebenserfahrung antizipieren, ergänzen (vielleicht sogar teilweise ersetzen?) kann, so gehört eben doch Erfahrung und Bewusstsein eigener Verletzlichkeit dazu, um derartige Texte überhaupt als bedeutsam zu erkennen und zu erfassen, d. h. „ausfüllen" zu können. Niemand wird bezweifeln, dass auch der jugendliche Leser bereits Erfahrungen dieser Art gemacht hat; dennoch werden sie normalerweise beschränkt sein und von daher dem Verständnis Grenzen setzen. Da die Kurzgeschichte dem Leser die Sinngebung in exemplarischer Weise überantwortet, fordert sie eine hohe Ambiguitätstoleranz. So gewiss dies Ziele sind, gerade aus pädagogischer Sicht aufs dringendste zu wünschen, so gewiss machen sie deutlich, wo die Grenzen der Auswahl liegen. Zu bedenken wäre auch, wie schnell gerade Texte, die jeweils aktuell auf die Realität reagieren, historisch und damit schon für die nächste Generation z. T. unverständlich werden. (Beispiel: eine ganze Reihe der Nachkriegs-Kurzgeschichten). Hier müssten viel häufiger, als es bereits geschieht, die für die Schule herausgegebenen Textsammlungen kommentiert und mit Materialien versehen werden.

Die weitgehend zu beobachtende, sich pädagogisch legitimierende Verunsicherungstaktik (Lernziel „Emanzipation" / „Kritikfähigkeit") fände in der Kurzgeschichte ihr geeignetes Objekt. Es scheint uns jedoch nicht sicher, ob das angestrebte Ziel tatsächlich so zu erreichen sein wird, wenn es, ausgehend von einem noch in der Entwicklung begriffenen und deshalb instabilen Identitätsbewusstsein, dieses immer schon zu erschüttern versucht.

Greifen wir noch einmal das Problem der Textauswahl auf und konkretisieren, was für die Arbeit mit Kurzgeschichten berücksichtigt werden sollte:

- Bevorzugung von Texten mittleren Schwierigkeitsgrades: also ein noch erkennbares Handlungs- oder Erlebnismuster;
- Bevorzugung kindlicher und jugendlicher „Helden" zur Erleichterung des Identifizierungs- und Verstehensvorganges – was nicht mit Affirmation gleichzusetzen ist; man kann, gerade verstehend, auch ablehnen. (Beispiele finden sich bei Schnurre, Borchert, Lenz, Wohmann u. a.);
- Bevorzugung von Texten, in denen die Erzählfunktion nicht nahezu bis zur Unkenntlichkeit getilgt ist, d. h. Berücksichtigung von Texten auf der Grenze zur Erzählung (z. B. aus dem „Roman in Erzählungen" von Schnurre „Als Vaters Bart noch rot war", Kalendergeschichten u. ä.);
- Bevorzugung von Texten, die formal und inhaltlich ein Anknüpfen an die Arbeit der Primarstufe nahelegen, wo z. B. die moderne Umweltgeschichte sich als Kurzgeschichte präsentiert (Wölfel, Nöstlinger u. a.). Der Beispielcharakter dieser Texte bereitet die auf Typisierung hin auszulegenden einer späteren Phase vor und legt u. U. nahe, sie mit schwierigen Texten in Beziehung zu setzen (z. B. Wölfels

„Mannis Sandalen" mit H.J. Schädlichs „Nirgend ein Ort" aus dem Band „Versuchte Nähe").

Für Schüler des 8./9. Schuljahrs müsste dieser Katalog erweitert werden. Hierher gehört die satirische Kurzgeschichte, eine altersspezifisch „passende" Textsorte, da sie durch Einseitigkeit und Überzeichnung Anstöße zur Befragung der Wirklichkeit bietet bei zugleich häufig erheiternder Wirkung (z. B. Tucholsky, Böll, Kishon).

Schließlich kann auch die parabelartige Kurzgeschichte ihren Platz finden und durch Vielfalt – nicht Beliebigkeit – ihrer Deutung zu kontrollierter, durch den Text geleiteter Kreativität führen.

Auf methodische Vorschläge sei im Blick auf ein reichlich vorliegendes Angebot didaktisch-methodischer Literatur an dieser Stelle verzichtet (vgl. Literaturverzeichnis).

Wichtiger scheint es mir, mit einer grundsätzlichen Überlegung zum Umgang mit Literatur in der Schule abzuschließen. Auch hier wird der Kenner der Diskussion nicht auf absolut neue Vorstellungen treffen, aber sie haben in der augenblicklichen Situation der Literaturdidaktik neue Aktualität gewonnen. So erheben sich Forderungen nach:

- weniger Orientierung an „obersten Lernzielen", auch nicht einmal an denen mittlerer Reichweite, weil dadurch die beabsichtigte Emanzipation des Schülers eher eingeschränkt und behindert, statt gefördert wird;
- weniger Funktionalisierung der Literatur, weil sie damit um das ihr innewohnende emanzipative Potential gebracht wird;
- weniger Pädagogisierung des Verhältnisses von Schüler und Lehrer, sondern Ernstnehmen des Kommunikationsangebotes, das Literatur immer schon darstellt, indem der Lehrer – heute oft ersetzt oder gegängelt durch ein steuerndes Lesebuch – nicht vorgibt, in welcher Richtung ein Text befragend zu lesen ist, statt dessen Offenhalten der Möglichkeit, dass vielleicht gerade die begrenzte Erschließungskompetenz des Schülers dem Text auch für den Lehrer neue Fragestellungen abgewinnt.

Das hieße Rückgewinnung eines verstehenden Umgangs mit Literatur, unter Einschluss des etwa geäußerten und begründeten Nichtverstehens, also der hermeneutischen Dimension, zu der die Subjektivität des Rezipienten als Organ der Erkenntnis gehört.

Unbeschadet davon bleiben lehr- und lernbare Teilbereiche des Literaturunterrichts wie Grundkenntnisse textmethodischer Art, Heranziehung und Benutzung von Sekundärliteratur, Überschreiten der Textimmanenz durch Rekurs auf die historisch-gesellschaftliche Realität oder benachbarte bzw. vergleichbare Texte.

Nach Kreft „sollte der Literaturunterricht sich an der Rezeption von Literatur orientieren, wie sie im Zusammenhang mit der Lebenspraxis bei intelligenten Lesern seit eh und je stattfindet. Bei dieser Orientierung hätte der Literaturunterricht die Chance, mit dem Szientismus zugleich die Verschulung des Umgangs mit Literatur zu überwinden. Ein Literaturunterricht, der literaturwissenschaftliche Methoden, reflektiert und dosiert, in Anspruch nimmt, im übrigen aber den Zusammenhang mit dem auf Lebenspraxis bezogenen außer-universitären und außer-schulischen Umgang mit Literatur wahrt, ihn aber zugleich durch seine Bemühungen steigert und reflektierend durchdringt, ist zugleich der Literaturunterricht, der den Funktionen von Literatur in der Ich-Entwicklung Raum gibt" (Kreft in: Baumgärtner / Dahrendorf 1977, 102).

Literaturverzeichnis

Arx, Bernhard von: Novellistisches Dasein. Spielraum einer Gattung in der Goethezeit. Zürich 1953 (Züricher Beiträge zur deutschen Literatur- und Geistesgeschichte Bd. 5)

Aust, Hugo: Novelle. Stuttgart (1990) 2. Aufl. 1995 (= SM 256)

Baumgärtner, Alfred Cl. / Dahrendorf, Malte (Hrsg.): Wozu Literatur in der Schule? Braunschweig 1970

Baumgärtner, Alfred Cl. / Dahrendorf, Malte (Hrsg.): Zurück zum Literatur-Unterricht? Literaturdidaktische Kontroversen. Braunschweig 1977

Degering, Thomas: Kurze Geschichte der Novelle. Von Boccaccio bis zur Gegenwart. Dichter – Texte – Analysen – Daten. München 1994 (UTB 1798)

Doderer, Klaus: Die Kurzgeschichte in Deutschland. (1953) Neudruck: Darmstadt 1969

Doderer, Klaus: Didaktische Überlegungen zur Fabel und Kurzgeschichte. In: Jungmann, Ernst (Hrsg.): Literarische Erziehung. 3. Aufl., Frankfurt/M. 1973

Donnenberg, Josef: Bevorzugte Gattungen I: Kurzgeschichte, Reportage, Protokoll. In: Weis, Walter u. a.: Gegenwartsliteratur. Stuttgart 1973, 78–93

Durzak, Manfred: Die deutsche Kurzgeschichte der Gegenwart. Stuttgart 1980

Durzak, Manfred: Die Kunst der Kurzgeschichte. München (1989) 2. Aufl. 1994

Eisenbeiß, Ulrich: Didaktik des novellistischen Erzählens im bürgerlichen Realismus. Frankfurt/Main 1985

Freund, Winfried (Hrsg.): Deutsche Novellen. Von der Klassik bis zur Gegenwart. München 1993 (UTB 1753)

Geißler, Rolf: Prolegomena zu einer Theorie der Literaturdidaktik. Hannover 1970

Gerth, Klaus: Die Kurzgeschichte in der Schule. In: Helmers, Hermann (Hrsg.): Moderne Dichtung im Unterricht. 2. Aufl., Braunschweig 1972, 90–100

Giehrl, Hans E.: Gottfried Keller: Kleider machen Leute. In: Lehmann 1980, Bd. I, 275–287

Helmers, Hermann: Didaktik der deutschen Sprache. 7. Aufl., Stuttgart 1972

Helmich, Wilhelm: Die erzählende Volks- und Kunstdichtung. In: Beinlich, Alexander (Hrsg.): Handbuch des DU im ersten bis zehnten Schuljahr. Bd. II. 5. Aufl., Emsdetten 1970

Himmel, Hellmuth: Geschichte der deutschen Novelle. Bern 1963

Höllerer, Walter: Die kurze Form der Prosa (1962). In: Arnold, Heinz L. / Buck, Theo (Hrsg.): Positionen des Erzählens. Analysen und Theorien zur deutschen Gegenwartsliteratur. München 1976

Interpretationen. Erzählungen und Novellen des 19. Jahrhunderts. Bd. 1. Stuttgart 1988; Bd. 2, Stuttgart 1990 (Reclam UB 8413 u. 8414)

Interpretationen. Erzählungen des 20. Jahrhunderts. 2 Bde. Stuttgart 1996 (Reclam UB 9462 u. 9463)

Kayser, Wolfgang: Das sprachliche Kunstwerk. 14. Aufl., Bern 1969

Kilchenmann, Ruth J.: Die Kurzgeschichte. Formen und Entwicklung. 5. Aufl., Stuttgart 1978

Klein, Johannes: Geschichte der deutschen Novelle von Goethe bis zur Gegenwart. 4. Aufl., Wiesbaden 1960

Krämer, Herbert (Hrsg.): Theorie der Novelle. Stuttgart 1977 (= Reclams Arbeitstexte für den Unterricht 9524)

Kreft, Jürgen: Grundprobleme der Literaturdidaktik. Eine Fachdidaktik im Konzept sozialer und indvidueller Entwicklung und Geschichte. Heidelberg 1977

Kunz, Josef F.: Die deutsche Novelle zwischen Klassik und Romantik. Bielefeld 1966 (Grundlagen der Germanistik Bd. 2)

Kunz, Josef F.: Die deutsche Novelle im 19. Jahrhundert. Berlin 1970 (Grundlagen der Germanistik Bd. 10)

Kunz, Josef F.: Die deutsche Novelle im 20. Jahrhundert. Berlin 1977 (Grundlagen der Germanistik Bd. 23)

Kunz, Josef F. (Hrsg.): Novelle. Darmstadt 1968 (Wege der Forschung Bd. 55)

Lange, Günter: Die deutsche Kurzgeschichte nach 1945. In: Lange, Günter (Hrsg.): Deutsche Kurzgeschichten II. 11.–13. Schuljahr. Stuttgart 1989, 5–14

Lehmann, Jakob (Hrsg.): Deutsche Novellen von Goethe bis Walser. Interpretationen für den Literaturunterricht. (2 Bde) Königstein/Ts. 1980

Manger, Klaus: Novelle und Erzählung. In: Ricklefs, Ulfert (Hrsg.): Fischer Lexikon Literatur. Bd. 3, Frankfurt/M. 1996, 1434–1449 (= Fischer TB 4567)

Martini, Fritz: Deutsche Literatur im bürgerlichen Realismus. 1848–1898. Stuttgart 1962 (Epochen der deutschen Literatur. Geschichtliche Darstellungen Bd. V/2)

Martini, Fritz: Die deutsche Novelle im „bürgerlichen Realismus“. In: Kunz 1968, 346–384. (Wege der Forschung Bd. 55)

Marx, Leonie: Die deutsche Kurzgeschichte. Stuttgart (1985) 2. Aufl. 1997

Mayer, Hans: Ansichten. Zur Literatur der Zeit. Reinbek 1962

Müller, Joachim: Novelle und Erzählung. In: Kunz 1968, 469–476

Muschg, Adolf: Gottfried Keller. München 1977

Nayhauss, Hans-Christoph Graf von (Hrsg.): Theorie der Kurzgeschichte. Stuttgart 1977 (= Reclams Arbeitstexte für den Unterricht 9538)

Nentwig, Paul: Die moderne Kurzgeschichte im Unterricht. 2. Aufl., Braunschweig 1969

Nentwig, Paul: Dichtung im Unterricht. Braunschweig 1962

Piedmont, Ferdinand: Zur Rolle des Erzählers in der Kurzgeschichte. In: Zeitschrift für deutsche Philologie 1973, 537–552

Polheim, Karl Konrad (Hrsg.): Theorie und Kritik der deutschen Novelle von Wieland bis Musil. Tübingen 1970 (= Deutsche Texte 13)

Polheim, Karl Konrad (Hrsg.): Handbuch der deutschen Erzählung. Düsseldorf 1981

Polheim, Karl Konrad: Novellentheorie und Novellenforschung 1945–1964. In: Deutsche Vierteljahresschrift für Literaturwissenschaft und Geistesgeschichte 1964, Sonderdruck. Stuttgart 1965

Psaar, Werner: Novellistische Erzählformen im Unterricht. Probleme und Aufgaben. Wuppertal 1969

Reger, Harald: Prosakurzformen im Literaturunterricht der Primarstufe. Ratingen / Kastellaun / Düsseldorf 1978

Rohner, Ludwig: Theorie der Kurzgeschichte. Frankfurt/M. 1973

Schlaffer, Hannelore: Poetik der Novelle. Stuttgart 1993

Schulz, Bernhard: Der literarische Unterricht. Bd. II. 2. Aufl., Düsseldorf 1963

Skorna, Hans-Jürgen: Die Kurzgeschichte der Nachkriegszeit im Unterricht. Ratingen 1967

Weber, Albrecht: Deutsche Novellen des Realismus. Gattung, Geschichte, Interpretation, Didaktik. München 1975

Wiese, Benno von: Die deutsche Novelle von Goethe bis Kafka. Bd. I, Düsseldorf 1956; Bd. II, Düsseldorf 1962

Wiese, Benno von: Novelle. 8. Aufl., Stuttgart 1982

Wilpert, Gero von: Sachwörterbuch der Literatur. 7. Aufl., Stuttgart 1989

Wolpers, Theodor: Kürze im Erzählen. In: Anglia. Zeitschrift für englische Philologie 1971, Bd. 89, H. 1, 48–86

Zimmermann, Werner: Deutsche Prosadichtung unseres Jahrhunderts (Interpretationen). Bd. I, Düsseldorf 1966; Bd. II, Düsseldorf 1969

Textsammlungen zur Kurzgeschichte

Durzak, Manfred (Hrsg.): Erzählte Zeit. 50 deutsche Kurzgeschichten der Gegenwart. Stuttgart 1980 (= Universal-Bibliothek 9996).

Lange, Günter (Hrsg.): Deutsche Kurzgeschichten II. 5.–6. Schuljahr. Stuttgart 1988 (= Reclams Arbeitstexte für den Unterricht 15007).

Lange, Günter (Hrsg.): Deutsche Kurzgeschichten II. 7.–8. Schuljahr. Stuttgart 1988 (= Reclams Arbeitstexte für den Unterricht 15008).

Lange, Günter (Hrsg.): Deutsche Kurzgeschichten II. 9.–10. Schuljahr. Stuttgart 1989 (= Reclams Arbeitstexte für den Unterricht 15011).

Lange, Günter (Hrsg.): Deutsche Kurzgeschichten II. 11.–13. Schuljahr. Stuttgart 1989 (= Reclams Arbeitstexte für den Unterricht 15013).

WOLFGANG WANGERIN

Romane im Unterricht

1. Über die Schwierigkeit, den Gegenstand zu beschreiben

1.1. Der Roman als literarische Gattung

Der Roman ist die am meisten verbreitete literarische Gattung. Er ist ein historisches Phänomen mit stark sich wandelnden Erscheinungsformen, voller Vielfalt der Thematik, der Form, der formalen Experimente, weitgefasste Zusammenhänge aufgreifend und darstellend. Romane befriedigen die verschiedensten Lesebedürfnisse; es gibt große Unterschiede in ihrem literarischen Anspruch, ihren Intentionen, ihrer literarischen Qualität sowie in ihrer ästhetischen Wertschätzung durch den Kulturbetrieb. Von daher wird deutlich, dass es keine allgemeingültige Definition des Romans und keine einheitliche Theorie geben kann und dass eine knappe Beschreibung der Erscheinungsformen nur sehr vereinfachend möglich ist.

„Es gibt nicht *den* Roman, sondern *viele* Romane. Sie bilden zusammen eine historische Erscheinung. Die Mannigfaltigkeit ihrer Formen ist für sie bezeichnend und hängt mit ihrem Wesen zusammen. In den letzten 450 Jahren war in jeder Epoche für die jeweils repräsentativen Romanwerke anderes charakteristisch, und produktive Romanautoren schufen immer wieder originale, bis dahin unbekannte Formen, erfanden neue Erzählweisen und eigenständige Stilarten. Gebilde sehr verschiedener Strukturen wurden mit dem gleichen Terminus Roman betitelt." (Emmel 1977, 490)

Das gleiche gilt im Prinzip für die Romantheorie. Zwar gibt es berühmt gewordene theoretische Versuche unter dem Titel „Theorie des Romans" (Lukács und Koskimies), aber angesichts der Vielfalt der theoretischen Äußerungen seit dem 17. Jahrhundert, die alle auf sehr unterschiedliche Weise versuchen, einer allgemeinen Gattungsdefinition näherzukommen, ist es mehr als fraglich, „ob eine überhistorische, allgemeinverbindliche *Theorie* je geschrieben werden kann" (Hillebrand 1980, 12f.).

Solche Aussagen der Literaturwissenschaft orientieren sich so gut wie ausschließlich an den großen, anerkannten Romanschriftstellern. Wer in literaturwissenschaftlichen Darstellungen, in Handbüchern, Romanführern, literarischen Lexika nachliest, findet eine Fülle von Darstellungen über Wieland, Goethe und Jean Paul, über Keller und Fontane, über Heinrich und Thomas Mann, Kafka, Musil und Broch, Döblin, Böll und Grass, um nur einige zu nennen, aber nicht etwa über Karl May, Hedwig Courths-Mahler, nicht einmal über Traven, auch nicht über Simmel.

Unterhaltungsromane (wie z. B. Abenteuerromane, Kriminal- und Detektivromane, Liebes- und Gesellschaftsromane), ob gebunden oder in Heftform (wie die Kolportageromane des 19. Jahrhunderts oder die massenhaft verbreiteten Illustrierten-

und Groschenromane der Gegenwart), ob eher anspruchsvoll und sogar gesellschaftskritisch oder eher stereotyp und ideologisch in Thematik und Weltbild – sie alle werden in literaturwissenschaftlichen Darstellungen über den Roman in aller Regel trotz ihrer breiten Wirkung ebenso ausgeblendet wie die 200jährige Tradition und die gegenwärtige Vielfalt der Romane für Kinder und Jugendliche, gleichgültig, wie „gut" oder wie „trivial" oder wie erfolgreich sie sind, gleichgültig, wie bekannt ihre Verfasser sind. Die Literaturwissenschaft geht in der Regel von den Romanen aus, die ein bestimmtes (keineswegs festgelegtes und festlegbares) ästhetisches Niveau erreichen, verurteilt und verschweigt alle anderen und schafft damit eine von der gesellschaftlichen Lesewirklichkeit her nicht gerechtfertigte Dichotomie. Das Gesamtfeld Roman kommt daher nirgends in den Blick. Geht man aber von diesem Gesamtfeld aus, wie es die Literaturdidaktik tun muss, nämlich von dem, was als Roman tatsächlich gelesen wird, so wird eine knappe, allgemein gültige Beschreibung noch schwieriger.

1.2. Zu den Gattungsmerkmalen

Gleichwohl verbinden sich mit dem Begriff Roman selbst umgangssprachliche Vorstellungen, die auf Merkmalen beruhen, die allen Formen gemeinsam sind. Die allgemeinste Bestimmung stammt von dem englischen Theoretiker E. M. Forster, danach kann jedes fiktionale Prosawerk mit mehr als 50000 Wörtern als Roman bezeichnet werden. Der Roman ist also die epische Großform, abgegrenzt von der Erzählung (wobei die Übergänge fließend sind), fast immer in Prosa, nur sehr selten in Versen. „Der Roman ist ein Leben, als Buch", sagt Novalis (Vorarbeiten zu verschiedenen Fragmentsammlungen, 1798), „Enzyklopädie des ganzen geistigen Lebens" (Friedrich Schlegel, Kritische Fragmente, 1797), „der Punkt, wo die Literatur das gesellige Leben am unmittelbarsten berührt" (August Wilhelm Schlegel, Athenaeum Bd. 1, 1798), „ein Spiegel der Welt, des Zeitalters" (Schelling, Philosophie der Kunst, 1802), eine Formulierung, die sich häufig findet. Für Hegel (Vorlesungen über die Ästhetik, 1828) ist der Roman die moderne bürgerliche Epopöe, „die Totalität einer Welt- und Lebensanschauung, deren vielseitiger Stoff und Gehalt innerhalb der individuellen Begebenheit zum Vorschein kommt, welche den Mittelpunkt für das Ganze abgibt", und zwar im Sinne einer Repräsentativität der Darstellung, die es erlaubt, das Eigene auch im Fremden zu erkennen (Koopmann 1983, 19). Hegels Äußerungen haben viele Romanautoren und die Forschung stark beeinflusst, ebenso wie später Lukács, für den der Roman „die Epopöe der gottverlassenen Welt" ist (Die Theorie des Romans, 1920). Der Roman wird seit dem 18. Jahrhundert mehr und mehr zum Spiegel der bürgerlichen Gesellschaft. Der realistische Roman des 19. Jahrhunderts, für den das in besonderem Maße gilt, hat unser allgemeines Verständnis davon, was ein Roman sei, besonders beeinflusst, ungeachtet der Entwicklungen im 20. Jahrhundert. Der Roman soll „ein Bild der Zeit sein", sagt z. B. Fontane, und nicht nur für ihn, sondern für den Roman allgemein gilt, dass selbst im privatesten Bereich die Gesellschaft mit ihren Konventionen und Vorstellungen gegenwärtig bleibt. So ist der vermeintliche Liebesroman „Irrungen

Wirrungen“ für ihn ein „breites, weite Kreise umfassendes Stadt- und Lebensbild“ (3.1.1888 an Emil Dominik); die individuelle Geschichte erhält jeweils symptomatische gesellschaftliche Bedeutung.

Der Realismus hat das allgemeine Romanverständnis auch noch in anderer Hinsicht beeinflusst. Nicht nur für Fontane soll der Roman „eine Geschichte erzählen, an die wir glauben“; „er soll uns eine Welt der Fiktion auf Augenblicke als eine Welt der Wirklichkeit erscheinen“ lassen (Fontane 1875 über Gustav Freytags „Die Ahnen“). Fontane ist es dabei wichtig, „alles in jenen Verhältnissen und Prozentsätzen zu belassen, die das Leben selbst seinen Erscheinungen gibt.“

Diese realistischen Grundmuster, zusammen mit realistischer Erzählweise, gelten nicht nur für viele anspruchsvolle (Erwachsenen-) Romane, sondern auch für Unterhaltungsromane und für Kinder- und Jugendromane, hier freilich orientiert an den Rezeptionsfähigkeiten der jungen Leser und in besonderem Maße auf Verständlichkeit und Anschaulichkeit bedacht (was keineswegs Trivialisierung bedeuten muss).

1.3. Zur Geschichte des Romans

Der französische Bischof Huet hat sich bereits 1670 in seinem „Traité de l'Origine des Romans“ mit dem Roman beschäftigt. Er bezeichnet ihn als eine „erfundene Geschichte von Liebesabenteuern, in kunstvoller Prosa verfaßt zur Unterhaltung und Belehrung der Leser“. In Deutschland ist der Roman lange auf Ablehnung gestoßen, er enthält lauter „LügenKram“ (Gotthard Heidegger, Mythoscopia Romantica, 1698): „Wer Romane list der list Lügen“. Die Romane waren zu dieser Zeit handlungsreich, populär, Liebe und zumeist unglaubliche Abenteuer waren ihre Inhalte. Doch seit dem Ende des 18. Jahrhunderts treten mehr und mehr soziale und gesellschaftliche Themen in den Mittelpunkt. In dieser Zeit setzt sich u. a. mit Wieland, dem jungen Goethe, K. Ph. Moritz, dem Theoretiker Blanckenburg auch die Anerkennung des Romans durch, er wird zum literarischen Medium der bürgerlichen Emanzipation (obgleich Schiller noch 1797 vom Romanschreiber als dem Halbbruder des Dichters spricht). Um die Jahrhundertwende ist für Jean Paul der Roman „die einzige erlaubte poetische Prose“ (Vorschule der Ästhetik, 1804); für die Romantik wird der Roman zur wichtigsten literarischen Gattung, zum universalen Kunstwerk.

Die Entstehung des modernen Romans am Ende des 18. Jahrhunderts wird besonders deutlich u. a. an Johann Karl Wezels Vorrede zu seinem Roman „Hermann und Ulrike“ (1780). Die populären Lesestoffe jener Zeit waren Ritter-, Räuber- und Schauerromane. Kunst- und Trivialromane bemühten sich gleichermaßen um die Gunst der Leser. Im Blick auf die weit verbreiteten Unterhaltungsromane geht es Wezel um die *poetische Wahrscheinlichkeit* des Romans. „Der Roman ist eine Dichtungsart, die am meisten verachtet und am meisten gelesen wird.“ Ein Teil der Geringschätzung des Romans „entstund aus dem Vorurteile, daß Werke, wovon die Griechen und Römer keine Muster, und worüber Aristoteles keine Regeln gegeben hat, unmöglich unter die edleren Gattungen der Dichtkunst gehören könnten“. Aber er sieht noch einen anderen Grund: „Die häufigen Mißgeburten (...), die in dieser Gattung erschienen und lange den Ton darinne angaben". Er moniert „gezwungene unnatürliche Charaktere ohne Sitten, Leben und Menschheit", die sich „plagen, hauen, erwürgen und niedermetzeln"; er verspottet die Mode, „einen Helden, der kaum ein Mensch ist, durch die ganze Welt herumzujagen und ihn Türken und Heiden in die Hände zu spielen". Ein „solches Chaos von verschlungenen, gehäuften, unwahrscheinlichen Begebenheiten, (...) solche Massen ohne Plan, poetische Haltung und Wahrscheinlichkeit" bringen den Roman nicht „aus der Verachtung und zur Vollkommenheit". Wezel warnt seine Leser vor: Wenn sie wünschen, dass „die Personen recht winseln, brav küssen und oft sterben", so werden sie in seinem Roman enttäuscht werden. Denn er als Verfasser „geht mit den Küssen außerordentlich knickerig um und steigt nie zu einer großen Quantität, um ihren Wert und Effekt nicht abzunutzen. Keine von seinen Personen wird bis zum Wahnsinne melancholisch, keine ist so sanft und schmelzend, als wenn sie nur ein Fluidum von Tränen wäre." Von dieser allgemeinen Vorstellung, was ein Roman sei und wovon er zu erzählen habe, setzt sich Wezel ab. Er bezeichnet den Roman als „bürgerliche Epopöe", und was für ihn entscheidend neu ist, liegt „*in dem gewöhnlichen Menschenleben, aus welchem sie ihre Materialien nimmt*": das ist eine Position, die mit ihrem Interesse an einer Entwicklung vom äußeren zum inneren Romangeschehen im Blick z. B. auf romanähnlich erzählende Fernsehserien und auf aktionsgeladene Unterhaltungsromane noch 200 Jahre später durchaus ihre Aktualität hat.

Ähnlich wie Wezel hatte etwas eher schon Wieland in der Vorrede zu seinem Roman „Geschichte des Agathon" (1767) argumentiert; ihm geht es darum, dass die Wahrheit des Erzählens „mit dem Laufe der Welt übereinstimme; daß die Charakter nicht bloß willkürlich nach der Phantasie oder den Absichten des Verfassers gebildet, sondern aus dem unerschöpflichen Vorrate der Natur selbst hergenommen seien; daß in der Entwicklung derselben sowohl die innere als die relative Möglichkeit, die Beschaffenheit des menschlichen Herzens, die Natur einer jeden Leidenschaft mit allen den besonderen Farben und Schattierungen, welche sie durch den Individualcharakter und die Umstände jeder Person bekommen, aufs genaueste beibehalten, das Eigene des Landes, des Ortes, der Zeit (...) kurz, daß alles so gedichtet sei, daß sich kein hinlänglicher Grund angeben lasse, warum es nicht gerade so, wie es erzählt wird, hätte geschehen können."

Mit Wielands „Geschichte des Agathon" beginnt der moderne Roman; sein „Vorbericht" enthält ein poetologisches Programm, das dem Kunstroman den Weg in die Zukunft weist und lange Gültigkeit behält.

Wenige Jahre später orientiert sich v. Blanckenburg in seinem „Versuch über den Roman" (1774) an Wielands „Agathon" und ergänzt Wieland in eine Richtung, die für den Roman des 19. Jahrhunderts bestimmend wird: der Roman handelt von „Empfindungen des Menschen", sein Hauptwerk ist „das *Sein* des Menschen, sein *innrer* Zustand", seine „innre Geschichte". Diese Vorstellung gilt auch für die aus dem allgemeinen Erziehungsgeist der Aufklärung heraus entstehende Literatur für Kinder und Jugendliche, freilich dergestalt, dass das allgemeine Interesse an der Entwicklung individueller Charaktere und an Bildung und Vervollkommnung des

Menschen aus der Jugendliteratur ein Medium direkter bürgerlicher Erziehung werden lässt, wie z. B. in Campes „Robinson der Jüngere“ (1779), einer aus pädagogischen Absichten heraus erfolgten Bearbeitung von Defoes „Robinson Crusoe“ (1719/20). Campes Robinson-Version ist ein Erziehungsbuch, und „innere Entwicklung“ bedeutet hier soviel wie Domestizierung, Selbstdisziplinierung und Entwicklung zur Industriosität.

Auch Karl Philipp Moritz spricht (freilich fern jeder Domestizierungspädagogik, die eine Besonderheit der Jugendliteratur bleibt) 1785 in Bezug auf seinen psychologischen Roman „Anton Reiser“ über „die innere Geschichte des Menschen“, die der Roman schildern soll; Sophie von La Roche hatte das mit ihrer „Geschichte des Fräuleins von Sternheim“ schon 1771 versucht, einem Briefroman wie Goethes „Die Leiden des jungen Werthers“ (1774), der im gleichen Jahr wie Blanckenburgs „Versuch“ erschien, von ungeheurer Wirkung war, die Gattung endgültig durchsetzte und dabei die Geschichte des armen Werther als eine innere Geschichte erzählt. Goethe hat später mit „Wilhelm Meisters Lehrjahre“ (1795/96) und mit den „Wahlverwandtschaften“ (1809) sehr starken Einfluss ausgeübt, mit ersterem auf die große Tradition des Bildungs- und Entwicklungsromans, mit letzterem auf die Erzählweise bis hin zu Fontanes Andeutungsstil.

Über das Verhältnis von innerem und äußerem Leben äußert sich 1851 auch Schopenhauer: „Die Aufgabe des Romanschreibers ist nicht, große Vorfälle zu erzählen, sondern kleine interessant zu machen. Ein Roman wird desto höherer und edlerer Art seyn, je mehr *inneres* und je weniger *äußeres* Leben er darstellt; und dies Verhältnis wird, als charakteristisches Zeichen, alle Abstufungen des Romans begleiten, vom ‘Tristram Shandy’ an bis zum rohesten und thatenreichsten Ritter- und Räuberroman herab.“ (Zur Metaphysik des Schönen und Aesthetik, 1851). Diese Charakterisierung Schopenhauers gilt über den Bildungsroman hinaus bis ins 20. Jahrhundert, bis zu James Joyce und Broch, wenn es auch später nicht mehr allein darum geht, die kleinen Vorfälle interessant zu machen; sie werden vielmehr deswegen interessant, „weil sie zum Abbild der großen Vorfälle geworden waren“ (Koopmann 1983, 9). Das innere Moment gilt im 19. Jahrhundert auch für jene Unterhaltungsromane, die sich am Entwicklungs- und Gesellschaftsroman orientieren, während die massenhaft verbreiteten handlungsstarken Unterhaltungsromane auf direkte Effekte setzen, auf große Leidenschaften, Liebe, Abenteuer oder Kriminalität, und dabei in der Regel stereotypen Handlungsschemata, konventioneller Erzählweise und (freilich keineswegs immer) konservativ-stereotypem Weltbild verpflichtet sind.

Fontane dagegen, dessen realistische Romane dem großen Thema des 19. Jahrhunderts, dem Konflikt zwischen dem Einzelnen und der Gesellschaft, verpflichtet sind, warnt seine Leser: „Wer auf plots und große Geschehnisse wartet, ist verloren“ (30.8.1883 an seine Frau). „Mord und Brand und große Leidenschaftsgeschichten“, „Lärm und Eklat“ wollte er nicht bieten. Er bezieht solche Aussagen auf seinen ersten Roman „Vor dem Sturm“, in dem es ihm darum geht, „wie das große Fühlen, das damals geboren wurde, die verschiedenartigsten Menschen vorfand und wie es auf sie wirkte.“ (17.6.1866 an W. Hertz) In Fontanes letztem Roman, rund 30 Jahre später, sagt der junge Stechlin, durchaus symptomatisch, „die Dinge an sich sind gleichgültig. Alles Erlebte wird erst was durch den, der es erlebt“.

Schon in einigen Romanen Fontanes deutet sich an, dass innere und äußere Welt im Begriff sind, ineinander zu fließen (was nach der Jahrhundertwende vollends in Rilkes „Die Aufzeichungen des Malte Laurids Brigge“, 1910, der Fall ist), deutet sich die Einsamkeit des einzelnen, z. T. vereinzelten Menschen an. Die teilweise Reduzierung der Wirklichkeit auf das Erleben des Einzelnen, die Subjektivierung und Perspektivierung des Erzählvorgangs geben einen wichtigen Weg des Romans im 20. Jahrhundert an, den Weg zu radikaler Subjektivität, in der vielfach das isolierte Ich der einzige Fixpunkt bleibt.

Für den Roman des 20. Jahrhunderts gilt, dass es eine verbindliche Auffassung der Wirklichkeit nicht mehr gibt. Die weitgehend aus den Fugen geratene Realität ist in ihrer Zusammenhanglosigkeit und Unüberschaubarkeit im Roman nicht mehr zu ordnen und führt für die Romankunst zu einem Relativismus, den Musil in „Der Mann ohne Eigenschaften“ (1930/33) symptomatisch artikuliert: „Nun, es könnte wahrscheinlich auch anders sein.“ Was im Vergleich zum traditionellen Roman verloren geht, ist ein stabiler „Wirklichkeitssinn“, der bei Musil durch den „Möglichkeitssinn“ ersetzt wird (Hillebrand 1980, 348). Dem entspricht eine Offenheit für vielerlei Formexperimente: „Wir werden aus dem Roman machen, was uns gut dünkt“ (Döblin). Mit dem Verzicht auf einen ordnenden oder gar allwissenden Erzähler gehen Überschaubarkeit und Einordnung des Erzählten verloren. Nur noch Teileinblicke öffnen sich dem Leser, Handlung wird oftmals zu einem anachronistischen Erzählmoment (Hillebrand 1980, 347): Dem Verlust an Kommunikationsfähigkeit, sozialer Einbindung und Orientierung entsprechen Simultan-, Montage- und Collagetechniken sowie stream of consciousness und Innerer Monolog. Thomas Mann dagegen, der sich in seinem Vortrag „Die Kunst des Romans“ (1940) auf Schopenhauer beruft und die „Verinnerlichung“ als Hauptmerkmal des modernen Romans bezeichnet, entwickelt seine an einen auktorialen Erzähler gebundene ironische Erzählweise, mit der auch die Rolle des Erzählers ironisiert wird.

Dezidiert sozialkritische, politisch engagierte Romane der Zwischenkriegszeit, der Exilzeit (hier besonders antifaschistische Romane) und der Gegenwart (Böll u. a.) sind in der Regel weniger experimentell und einem breiten Publikum zugänglich. Sie setzen sich kritisch mit gesellschaftlichen Zuständen auseinander. Doch findet sich in der Gegenwart auch eine Tendenz, Realität auf die Ich-Erfahrung zu reduzieren. „Ich habe keine Themen, über die ich schreiben möchte, ich habe nur ein Thema: über mich selbst klar, klarer zu werden.“ (Handke „Ich bin ein Bewohner des Elfenbeinturms“, 1972).

In der Gegenwart werden Romane mehr und mehr in Fernsehversionen rezipiert. Genannt seien u. a. Verfilmungen von Grimmelshausens „Simplizissimus“, Fontanes „Vor dem Sturm“, Thomas Manns „Buddenbrooks“, Döblins „Berlin Alexanderplatz“ in jeweils vielteiligen Serien. Fast alle Fontane-Romane wurden verfilmt, mehrere Thomas-Mann-Romane; Heinrich Manns „Untertan“, Grass’ „Blechtrommel“, Bölls „Katharina Blum“ u. a. (als Kinofilme). Auch Romane für Kinder und Jugendliche werden vom Fernsehen häufig adaptiert (Emmy von Rhodens „Trotzkopf“, Else Urys „Nesthäkchen“, Max von der Grüns „Vorstadtkrokodile“, Leonie Ossowskis „Die große Flatter“, Christine Nöstlingers „Ilse Janda, 14“ usw.), immer zahlreicher werden dabei die Versionen als Zeichentrickfilme (Alice im Wunderland, Biene Maja, Heidi, Nils Holgerson u. a.).

1.4. Romane für Kinder und Jugendliche

Seit 200 Jahren gibt es Romane, die für Kinder und Jugendliche geschrieben werden. Kinder- und Jugendliteratur wird z. T. noch immer ghettoisiert, obwohl kindliche, jugendliche und erwachsene Leser in ein und derselben Welt leben, obwohl auch diese Literatur „Literatur“ ist und Fiktionalität für sie ebenso gilt wie für Erwachsenenliteratur, obwohl ihre ästhetische wie ‘pädagogische’ Qualität thematisch wie formal in den letzten Jahren z. T. ein hohes Niveau erreicht hat. Sie ist nur insofern ein Sonderfall der Literatur, als sie durch die Rezeptionsfähigkeit der jungen Leser mitbestimmt wird und Einfachheit, Verständlichkeit und Anschaulichkeit zu ihren charakteristischen Merkmalen werden. Literatur für Kinder und Jugendliche steht heute (wo es ihr im allgemeinen nicht mehr darum geht, eine heile Kinderwelt und eine fest geordnete Erwachsenenwelt zu errichten) vor besonderen Problemen: nämlich einer komplexen, diffusen Wirklichkeit und *zugleich* den Lesebedürfnissen und entwicklungsbedingten Verstehensmöglichkeiten der jungen Leserinnen und Leser gerecht zu werden.

Romane haben in der Kinder- und Jugendliteratur einen besonderen Stellenwert, obwohl die Bezeichnung „Roman“ hier selten Verwendung findet. Doch „Roman“ ist nicht nur das, was durch Komplexität und komplizierte Struktur gekennzeichnet ist und vom Leser Leseerfahrung und Vorwissen verlangt, damit es überhaupt verstanden wird. Peter Härtling, um auf ein bekanntes Beispiel zu verweisen, schreibt *Romane* für Kinder, die gleichwohl, ebenso wie viele Jugendromane, von Erwachsenen gelesen werden. Viele klassische Jugendbücher sind ursprünglich für erwachsene Leser geschriebene Romane. Die Einheit der Literatur zeigt sich hier ebenso wie in der Tatsache, dass viele Romanschriftsteller für Erwachsene wie für Kinder und Jugendliche schreiben (ich erinnere nur an Selma Lagerlöf, Gorki, Kipling, an Kästner, Härtling, von der Grün, Herburger, Kirsch). Bei zahlreichen in Jugendbuchverlagen erschienenen Romanen der letzten Jahre ist die Frage wohl kaum zu beantworten, ob es „Jugend“- oder „Erwachsenen“-Romane sind (Renate Welshs „Johanna“, Irina Korschunows „Er hieß Jan“, Gudrun Pausewangs „Die letzten Kinder von Schewenborn“ oder Frederik Hetmanns „Bettina und Achim“, um nur wenige eher zufällige Beispiele zu nennen).

Literatur für Kinder und Jugendliche trägt dazu bei, „die jungen Generationen zu ‘literarisieren’, wie sie schon zur Literarisierung der Gesellschaft im 18. und 19. Jahrhundert beigetragen hat“ (Dahrendorf 1982, 84). Es ist daher sinnvoll, sich auf das Literarische der Kinder- und Jugendliteratur zu besinnnen. Das allein reicht freilich nicht aus, wenn man sich mit ihr beschäftigt. Kinder- und Jugendliteratur hat in ihrer

Geschichte nicht wenig dazu beigetragen, das bürgerliche Bild von Kindheit, Jugend und Familie zu konstituieren und zu festigen. Sie hat über zwei Jahrhunderte der Domestizierung der Jugend gedient und tut das in ihren trivialen, an überkommenen Grundmustern festhaltenden Formen noch heute.

Der Roman für junge Leser dient ja nicht nur der Unterhaltung. Er liefert auch Modelle für das eigene Verhalten und wird so zu einem Teil der Auseinandersetzung der jungen Leser mit ihrer Umwelt. Das gilt zwar im Prinzip für jede Literatur, hier aber wird von Erwachsenen für Kinder und Jugendliche geschrieben, und die Erwachsenen legen fest, wie Kindheit und Jugend in diesen Bereichen aussehen, wie die Generationen miteinander umgehen, wie die Welt gesehen werden soll. Sie legen den Rahmen, die Bedürfnisse, die Normen fest, innerhalb derer die nachwachsende Generation sich bewegen darf. Das heißt: Kinder und Jugendliche lesen in ihren Büchern das, was den Interessen und Vorstellungen der Erwachsenen entspricht, und das war nicht immer, aber doch in der Regel, die nachwachsende Generation „in ihrem Interesse zu sozialisieren" (Dahrendorf 1980, 70).

Wir müssen daher von ideologiekritischen und sozialisationstheoretischen Ansätzen her fragen, mit welchen Weltbildern die jungen Leser konfrontiert werden und welche Wirkung das Gelesene für ihre Entwicklung hat.

Es gibt aber in den letzten 20 Jahren eine Fülle anderer Kinder- und Jugendromane, die weder trivial noch ideologisch sind, in denen sich Einfachheit und Anschaulichkeit mit literarischer Qualität verbinden und die bei aller Unterhaltsamkeit Fragen aufwerfen, die auch wirklich die Fragen vieler junger Leser sind. Es gibt zahlreiche Romane, die Einspruch erheben gegen Verhältnisse, unter denen junge Menschen leiden, die aufklären wollen und Freiheit und Selbständigkeit, Phantasie und Veränderungsbereitschaft ihrer Leser fördern möchten. Die Darstellung von Problemen des Erwachsenwerdens (Ablösungsprozesse, neue Beziehungen, die Frage nach dem Ich, Zukunftsfragen, Kritik an der aus den Fugen geratenen Erwachsenengesellschaft mit ihren Widersprüchen usw.) zeigt z. B., dass viele Jugendromane Anpassung nicht mehr betreiben, sondern aufdecken. Statt von der Wirklichkeit abzulenken, provozieren sie Fragen, ohne dabei fertige und endgültige Antworten zu geben. Gerade junge Leser/innen können mit ihrer Hilfe noch Unbekanntes, Utopisches, Historisches, Phantastisches erfahren. Sie können noch nicht erfasste Zusammenhänge der eigenen Realität verstehen und sich noch unklarer Vorstellungen bewusst werden. Man darf dabei freilich nicht übersehen, dass die dominierende Supermarktliteratur diese Funktion in der Regel nicht erfüllt.

Formale Experimente sind im Kinder- und Jugendroman nur begrenzt möglich. In Romanen für jüngere Leser findet sich häufig eine einfache Episodenreihung, die das Romanganze unterteilt und damit leichter rezipierbar macht; der Handlungsverlauf ist meistens linear-einsträngig, chronologisch, mit großem Dialoganteil. Die Personen werden in der Regel direkt und ausführlich beschrieben. Durchgängig finden sich die auch für den Erwachsenenroman geltenden Erzählhaltungen (personaler / auktorialer Erzähler, Ich-Erzähler; vgl. Stanzel 1979). Romane für jugendliche Leser, die in der Regel schon über eine gewisse Leseerfahrung verfügen, sind keineswegs immer konventionell erzählt: Es finden sich Tagebuch- und Briefformen, vielfältige Montage- und Collagetechniken, mit deren Hilfe auch dokumentarische Teile verarbeitet werden, Simultantechniken wie das Erzählen auf verschiedenen Ebenen, Perspektivenwechsel, innerer Monolog u. a.

2. Zur didaktischen Situation

Viele Schüler/innen lesen in ihrer Freizeit Romane. Mädchen- und Pferdebücher, Abenteuerromane, problembewusste Jugendbücher, Heftromane in allen möglichen Varianten gehören zum Lesestoff der meisten Schüler. Auch in der Freizeitlektüre Erwachsener sind Romane die meistgelesenen literarischen Texte. Die Lesegewohnheiten des Romanlesers jedoch entwickeln sich außerhalb der Schule und werden von ihr kaum beeinflusst, obwohl doch Leseerziehung eine zentrale, in Richtlinien fixierte Aufgabe des Literaturunterrichts ist und dessen Orientierung an der Freizeitlektüre der Schüler im Prinzip nicht umstritten. Ein Grund dafür ist sicher, dass in Lesebüchern, Richtlinien, didaktischen Veröffentlichungen und somit im Unterricht mit kleinen Prosatexten, Gedichten, selbst Dramen gerade jene literarischen Texte gegenüber dem Roman dominieren, die für die Freizeitlektüre von Schülern und Erwachsenen vergleichsweise geringe Bedeutung haben.

Der Roman ist in didaktischen Veröffentlichungen und in Lehrplänen stets vernachlässigt worden. Immer wieder gab es grundsätzliche Bedenken gegen Romanbehandlung im 5. bis 10. Schuljahr. In den fünfziger und sechziger Jahren lag das u. a. daran, dass erlebnisbezogene Literaturauffassung und erlebnisbetonte Unterrichtsgestaltung den Roman als Großform aus der Unterrichtsplanung von vornherein ausgeschlossen haben (vgl. Geißler 1972a). Zudem orientierten sich didaktische Ansätze oftmals am Bildungs- und Entwicklungsroman, der mit Schülern vor dem 11. Schuljahr kaum gelesen werden kann. Auch einer Didaktik, „deren Primärziel die Entwicklung ästhetischen Formsinns war, mußte der Roman, der immer Stoffmassen bewegt, dubios erscheinen" (Dahrendorf 1975, 68). Umfang und Vielschichtigkeit und die daraus resultierenden methodischen Schwierigkeiten wurden dann auch oft als Argumente gegen die Behandlung des Romans angeführt; in der neueren Diskussion gelten sie dagegen als Gründe für seine Berücksichtigung im Unterricht. Nun wird Romanlektüre in neueren einschlägigen Veröffentlichungen mittlerweile ganz allgemein als notwendig angesehen. Dennoch ist der Roman, obwohl dieser Zustand oft genug beklagt worden ist, ein Stiefkind der Didaktik geblieben. So gerät der Roman für die Sekundarstufe I auch in neueren Gesamt- oder Sammeldarstellungen zumeist überhaupt nicht ins Blickfeld oder wird nur am Rande abgehandelt. Von einer Forschungslage des Gesamtbereichs der Romandidaktik kann nach wie vor kaum gesprochen werden. Wer als Lehrer auf zentrale Fragen der Romanbehandlung Antwort sucht, muss sie sich weitgehend aus Aufsatzveröffentlichungen mühsam zusammensuchen. Es fehlen ausführlichere Gesamtdarstellungen, die zu klären versuchen, in welchem Alter welche Romane mit welchen Intentionen und möglichen Fragestellungen gelesen werden können, wie Romanlesen „gelernt" wird, was man dazu im Deutschunterricht lernen muss, welche Kenntnisse über narrative Texte nötig sind und ob und wie der Deutschunterricht sie vermitteln kann, wie die private Romanlektüre der Schüler durch den Unterricht beeinflusst werden kann, schließlich: welche Methoden sich für die gemeinsame Romanlektüre eignen und auf welche Methoden man mit Schüler/innen besser verzichtet. Produktive Rezeptionsverfahren werden mittlerweile von Rahmenrichtlinien gefordert, und die Behandlung von Romanen im Unterricht kann auf sie kaum verzichten. Dennoch gibt es bislang keine zusammenfassende Darstellung kreativer Möglichkeiten für die Romanlektüre.

Es ist ohne Zweifel notwendig, an die privaten Leseerfahrungen der Schüler anzuknüpfen und von ihren jeweiligen Leseinteressen und ihrer jeweiligen Lesefertigkeit die Auswahl der Romane abhängig zu machen. In der Primarstufe und in den Klassen der Sekundarstufe I (auch des Gymnasiums) wird es sich bei der Lektüre epischer Großformen überwiegend um Kinder- und Jugendbücher handeln. Sie sind die altersgemäße Lektüre. Auch der Jugendroman ist ein Roman und verlangt von seinem Leser, dass er die eigene Rezeption organisiert, um das Gelesene durchschauen und verstehen zu können: auch die Lektüre von Jugendromanen übt das Überblicken komplexer Zusammenhänge und kann auf analysierendes, beurteilendes und auf das Wesentliche gerichtete Lesen zielen, wenn auch die Darstellungsmittel in der Regel weniger artifiziell sind. Dabei darf die Jugendbuchlektüre nicht nur eine Brückenfunktion für die spätere Lektüre „wertvollerer" Romane haben. Vielmehr ermöglichen viele Jugendbücher von ihren Inhalten her Einsichten, die für Schüler bedeutsam und die didaktisch wünschenswert sind. Sie sind dazu geeignet, dass der kindliche bzw. der jugendliche Leser sie (im Gegensatz zu vielen für Erwachsene geschriebenen Romanen) auf seine eigene Realität beziehen kann; sie enthalten Themen, deren Entfaltung für kindliche und jugendliche Leser bei der Weltbewältigung und Ich-Findung hilfreich sein kann (Spinner 1984, 366). Sie sind insgesamt gesehen von der Erfahrungswelt der jungen Leser weit weniger entfernt und ermöglichen es dem Lehrer, bei der Auswahl der Texte die Lesebedürfnisse der Schüler ernst zu nehmen und das Leseangebot nach und nach zu erweitern. Sie sind auch am ehesten geeignet, die weniger lesebegeisterten und leseerfahrenen Kinder und Jugendlichen anzusprechen. Auch ist bei der Verwendung von Jugendbüchern die Gefahr geringer, dass der Literaturunterricht durch eine Textauswahl, die die Interessen der jugendlichen Leser ignoriert, das Lesevergnügen verdirbt und eher dazu beiträgt, dass Schüler Nicht-Leser bleiben. Gerade in der Jugendbuchlektüre liegt auch eine gute Möglichkeit, Literaturunterricht nicht ausschließlich auf zukünftige Anforderungen hin anzulegen, sondern ausdrücklich auch auf jene an der Lektüre hängenden gegenwärtigen Bedürfnisse der Schüler, die zu den legitimen Intentionen des Unterrichts gehören und die der Gefahr begegnen helfen, Romanlektüre im Unterricht zu sehr auf literaturwissenschaftlich definierte literarische Kompetenz auszurichten (Kreft 1977, 254ff.). Diese Gefahr findet sich vor allem in Veröffentlichungen zur Romanbehandlung in der Sekundarstufe II, die zum Teil literaturdidaktischen Vorstellungen verpflichtet sind, die allzu einseitig auf objektives Wissen als letzten Zweck ausgerichtet sind.

Das heißt nicht, Erzählstrukturen und die behutsam zu fördernde Erschließungskompetenz der Schüler zu vernachlässigen. Im Roman wird Erkenntnis ästhetisch vermittelt, doch die ästhetische Dimension, von der ja auch der Lesegenuss nicht unwesentlich abhängt, erschließt sich nur dem, der in der Lage ist, sie wahrzunehmen. Dafür sind Grundkenntnisse über narrative Texte nötig. Doch hier liegt ein Problem, das didaktisch so gut wie ungeklärt ist. Welche Kenntnisse über narrative Texte brauchen junge Leser, um Erzählinhalte und -intentionen zu erfassen, und wie können sie sie in der Schule erwerben, ohne dass der Unterricht literaturwissenschaftliche Exerzitien betreibt und den Schüler/innen die Leselust verdirbt, die für den Literaturunterricht so wichtig ist, wenn er Schüler/innen zu Lesern machen möchte? Der Literaturunterricht ist weitgehend von seiner alleinigen Orientierung am Gegenstand Literatur abgekommen, ebenso von seinem Interesse, vor allem literaturwissenschaftliche Kenntnisse zu vermitteln (durch die der Schüler für *spätere* Lektüre kompetent werden sollte). Literatur wird heute vielmehr „als ein Medium gesehen, das den Heranwachsenden in ihrer intellektuellen und affektiven Entwicklung eine Hilfe sein kann“ (Spinner 1984, 366). Wie verträgt sich mit einer solchen Zielsetzung die Absicht, Schülern Kenntnisse der Elemente des Erzählens (z. B. über Erzählhaltungen, Perspektiven, Montage- und Collagetechniken, Rückblenden und Vorausdeutungen, Techniken andeutenden Erzählens, innere Monologe) zu vermitteln und wie ist sie methodisch realisierbar?

Die Literaturdidaktik hat sich mit diesem Bereich lange Zeit überhaupt nicht beschäftigt, für die Ausbildung von Lesetechniken hat sie sich nicht interessiert. Klaus Gerth hat 1983 ähnlich wie Seifert (1982) eine „Leselehre“ für die Sekundarstufe I entworfen, die ihren Blick auf Strukturelemente epischer Texte richtet und systematisch angelegte Unterrichtsmodelle entwickelt. Gerth sagt, „ohne die Berücksichtigung der Elemente des Erzählens halten wir nur die halbe Wahrheit in der Hand“ (Gerth 1983, 9). Ihm geht es in seinem Entwurf um das „Darstellen“, nicht um das „Dargestellte“, was für ihn allerdings die andere Seite derselben Sache ist. Zwar möchte auch Gerth „der personalen Dimension beim Umgang mit Literatur in der Schule wieder mehr Raum schaffen“, aber Schule ist „eine Einrichtung zur Veranstaltung planmäßiger Lehrgänge“, und „soweit wir Unterricht entwerfen, müssen wir uns auf das beschränken, was gezielter Planung zugänglich ist“ (ebd., 7).

Von diesem gegenstands- und lernzielorientierten Konzept her entwirft Gerth seine „angewandte Poetik“.

Sein Buch teilt sich in die Kapitel Erzählerrolle, Funktionalität und Fiktionalität. Es bietet Modelle u. a. zum Ich-Erzähler, zum auktorialen und personalen Erzähler, zur Raum- und Zeitgestaltung. Es enthält zahlreiche wichtige Anregungen. Doch eine Leselehre, die nicht nur den Gegenstand sieht, sondern auch die legitimen Leseinteressen von Kindern und Jugendlichen berücksichtigt und dabei im Auge behält, warum Romane und Erzählungen eigentlich geschrieben werden, ist Gerths Versuch keineswegs.

Gegen seinen Versuch lässt sich einiges einwenden. Kunst dürfe keine „Schulaufgabe und Mühseligkeit“ sein, sagt Thomas Mann, „keine Beschäftigung contre coer, sondern sie will und soll Freude bereiten, unterhalten und beleben, und auf wen ein Werk diese Wirkung nicht übt, der soll es liegenlassen und sich zu andrem wenden." Er sagt dies 1939 vor Studenten der Universität Princeton; sollten wir als Lehrer von 10- bis 19jährigen Schülern mehr erwarten als Thomas Mann von seinen erwachsenen Lesern? Kinder und Jugendliche wollen zu Recht Handlungen, Geschichten, Erzähltes (Baacke 1983, 11), und was sie interessiert, ist zu Recht der „Inhalt". Gerth bedenkt nicht, was Schüler davon haben, wenn sie zwar wissen, was es mit dem Verhältnis von Erzählzeit und erzählter Zeit oder mit der Funktion von Naturdarstellungen auf sich hat, aber nicht mehr lesen. Sein Konzept insgesamt ist ein didaktischer Rückschritt, weil es Gefahr läuft, Literatur wieder auf ihre Strukturen zu reduzieren. Warum Kenntnisse *über* Literatur wichtiger sind als das Lesen selbst, das Lesen als Abenteuer, als gemeinsames Entdecken, als Prozess, in dem Schüler sich packen lassen und sich auf erzählte Geschichten einlassen können (was einschließt, dass sie der Frage nachgehen, wie ein Text gemacht ist) – das wird nicht plausibel.

Das gilt in noch stärkerem Maße für Köpfs Textauswahl „Erzählen 3 (Roman)" (1979) für die Sekundarstufe II. Da finden sich mit dem Ziel, eine „Einführung in die Romanlektüre" zu geben, u. a. sieben Ausschnitte aus Romanvorreden von Cervantes bis Walter Jens, acht Romananfänge von Balzac bis Christa Wolf, sieben Romanschlüsse usw. Die Textauswahl enthält z. B. zwei Seiten „Stechlin", zwei Seiten „Homo Faber", zwei Seiten „Blechtrommel". Köpf ist einer strukturell orientierten Literaturdidaktik verpflichtet, die nicht von einem exemplarisch ausgewählten Roman ausgeht, sondern „die funktionale Vielfalt von Elementen und Kennzeichen anhand ausgewählter Textausschnitte" herausarbeiten will (Köpf 1979, 5). Ob das literaturwissenschaftlich haltbar ist, ist zumindest fraglich. Zwar geht es Köpf nach eigenem Bekunden um eine rezeptionsorientierte Literaturdidaktik, nämlich um das Zusammenwirken von Autor, Text, Erzähler und Leser, aber der *Schüler als Leser* kommt nirgendwo vor. Köpfs Arbeitsvorschläge mögen manchem Hochschullehrer für germanistische Proseminare geeignet erscheinen; wenn sie auf die Schule übertragen werden, bleibt außer Acht, dass das Interesse von Schülern / Lesern an literarischen Texten ebenso wie das des Literaturunterrichts ein anderes ist als das Interesse der Literaturwissenschaft an diesen Texten. So werden Jugendliche nicht zu literarisch interessierten Lesern, mehr noch: so wird der Literaturunterricht manchen Leser zum Nicht-Leser machen. Für eine andere Art von Literaturunterricht, die gerade auch für die Romanlektüre gilt, wirbt Kreft mit einem Vergleich: Literaturunterricht sei mit einer Forschungsreise zu vergleichen, bei der das Reiseziel nicht ganz genau vorweg bestimmt sein müsse, wie es die „Objektivisten" unter den Literaturdidaktikern zu tun pflegen. „Als A. v. Humboldt nach Südamerika aufbrach, war ein Kontinent sein Ziel. Weder hat er die Einzelziele und Reisewege vorher endgültig festlegen, noch hat er wissen können, was er alles entdecken, was er lernen wird. Das alles hat sich im Verlauf der Forschungsreise erst entschieden, weil sie ein großer Lernprozeß war. Und deshalb ist sie so gut zum Vergleich mit einem guten Literaturunterricht geeignet." (Kreft 1977, 395).

3. Notwendigkeit der Romanlektüre im Unterricht

Vor allem der moderne Roman mit seinem gesellschaftlichen Problembewusstsein enthält im allgemeinen gerade jenes Einstellungs- und Kognitionssyndrom, das dem Ziel der Selbstaufklärung des Schülers entspricht – im Gegensatz zu den auf Befriedigung von Eskapismus und Sicherheitsbedürfnis ausgerichteten Massenkommunikationsmitteln (Groeben / Scheele 1975, 71). Der Roman verunsichert eher und widerspricht der eigenen Problemsicht des Lesers, durchbricht und kritisiert häufig verfestigte Erwartungsmuster und erweitert den Erwartungshorizont und die Erfahrungsbereiche des Lesers. Er ist also nicht allein auf Lesegenuss, sondern auch auf Erkenntnisse aus, wobei beides zusammengehört. Eine legitime identifikatorisch-unterhaltungsorientierte Lektüre sollte dabei nach und nach vor allem auf der Sekundarstufe II durch die Fähigkeit ergänzt werden, Romane auch distanziert-erkenntnisorientiert zu lesen. Dabei ist es wichtig, dass Schüler den gelesenen Roman auch von den historisch-gesellschaftlichen Bedingungen her verstehen lernen, unter denen er entstanden ist, ebenso wichtig aber ist es, dass die Leser die Texte von ihren eigenen Erfahrungen und Bedürfnissen her in Gebrauch nehmen können. Dann kann es gelingen, z. B. durch Literatur gesellschaftliche Abhängigkeiten, aber auch den Spielraum zu erkennen, den der Einzelne hat, sich in der Gesellschaft zu verwirklichen. Wenn Schüler lernen, den gelesenen Roman im Literaturunterricht zur eigenen und zur gesellschaftlichen Praxis in Beziehung zu setzen, und im Gespräch versuchen, Denk- und Fragehemmungen zu überwinden und soziale Haltungen zu erproben, so dient Literaturunterricht der Selbstaufklärung der Schüler. Solche Selbstaufklärung muss immer auch die Aufarbeitung der uns bestimmenden Geschichte mit einbeziehen. Gerade der Roman eignet sich, die historische Dimension menschlichen Handelns in den Literaturunterricht einzubringen.

Es kommt noch ein anderer Aspekt hinzu. Pädagogische Aufgabe ist es u. a., kritisches Denken angesichts der Informations- und Unterhaltungsüberflutung zu bewahren und das Erkennen als einen Prozess in Gang zu bringen. Die Lektüre eines Romans erfordert eine Verlangsamung der Wahrnehmung, also das Gegenteil des flüchtigen Blicks, den wir, durch die elektronischen Medien sozialisiert, gelernt haben. Das gilt um so mehr, wenn Lehrer/innen sich für produktive Rezeptionsverfahren entscheiden. Die eigene kreative Tätigkeit ist geeignet, den Erfahrungen aus zweiter Hand primäre Erfahrungen entgegenzusetzen und den Schüler/innen zu helfen, der passiven Faszination einer durch die Massenmedien vorgefertigten Ästhetik zu entkommen.

4. Textauswahl

Allgemein lässt sich sagen, dass die ausgewählten Romane für die Sekundarstufe I verständlich, gut zu lesen und spannend sein sollten, damit die Schüler Spaß an der Lektüre haben und Romanlesen nicht als eine lästige Pflicht empfinden. Von daher eignen sich zunächst solche Romane, in denen Ereignisse, Handlungen, Abenteuer im Vordergrund stehen. Das Bauprinzip der additiven Episodenreihung oder des klaren Handlungsverlaufs ist für den Anfang besonders günstig. Inhaltlich sollten solche Romane gewählt werden, die eine Fragehaltung schaffen, die das Denken der jugendlichen Schüler provozieren, nicht beschwichtigen, damit sie im Gespräch über die Romane – mit Heißenbüttel gesprochen – ausprobieren, was möglich ist. Das heißt, bei der Auswahl nicht allein auf den Text, sondern ebenso auf die Situation der Schüler/innen und auf den thematischen Zusammenhang zu achten, da Lesen von den Erfahrungen, Erwartungen und Einstellungen des Lesers und von der Lesesituation ebenso abhängt wie von den Konstituenten des Textes. Jeder Lehrer wird selbst ausprobieren wollen, welche Romane geeignet sind. In der didaktischen Literatur gibt es inzwischen eine Reihe von Vorschlägen, die z. T. auf Unterrichtsversuchen beruhen. Schon für die Primarstufe eignen sich viele Romane für Kinder: Härtlings „Ben liebt Anna", Richters „Damals war es Friedrich", v. d. Grüns „Vorstadtkrokodile" können schon in Klasse 4 gelesen werden. Die bekannten Kinderbuchreihen bieten eine große Auswahl guter Romane in preiswerten Ausgaben.

Für die unteren Klassen der Sekundarstufe I werden u. a. Defoe, Kipling, Selma Lagerlöf, Jack London genannt, dazu Schnurres „Als Vaters Bart noch rot war", Arthur Conan Doyles Detektivgeschichten, Kästner („Emil und die Detektive", „Das fliegende Klassenzimmer") sowie zahlreiche neuere Kinder- und Jugendbücher.

Für die höheren Klassen der Sekundarstufe I eignen sich alle massenhaft verbreiteten Romane, Groschen- und Illustriertenromane ebenso wie Karl May oder Simmel. Aus der Reihe lesenswerter Jugendromane sei nur auf die von Angelika Kutsch, Christine Nöstlinger, Leonie Ossowski, Renate Welsh, Mirjam Pressler, Gudrun Pausewang, Irina Korschunow, Höhn, Fährmann, Hetmann hingewiesen. Doch in den höheren Klassen der Sekundarstufe I sind auch für Erwachsene geschriebene Romane durchaus mit Gewinn zu lesen. Alfred Andersch („Sansibar oder der letzte Grund" z. T. im Zusammenhang mit Twains „Huckeleberry Finn") wird ebenso genannt wie Dürrenmatt, Lenz, Anna Seghers, Christa Wolf, Gisela Elsner, Heinrich Böll. Unterrichtsvorschläge gibt es u. a. zu Max v. d. Grün und zu Traven; zu erwähnen sind Bichsel, Bobrowski, Plenzdorf, evtl. Rolf Schneider. Wer die angelsächsische Literatur kennt, denkt u. a. an Joseph Conrad, Carson McCullers, Salinger, Golding, Hemingway. Zu versuchen sind schließlich trotz fehlender didaktischer Hilfen auch ältere Romane, wie z. B. Fontanes „Irrungen Wirrungen" in 10. Klassen. Zu einigen anderen älteren Romanen gibt es bereits für den Unterricht bereit gestelltes Material.

Für die Sekundarstufe II sind nur besonders schwer zu lesende Romane auszuschließen. Die Auswahl hängt ab von der übergeordneten Kursthematik. Besondere didaktische Möglichkeiten ergeben sich, wenn man (triviale) Jugendromane auf der Kollegstufe liest. Solcher Art verspätetes Lesen macht eine distanzierte, (ideologie-) kritische Rezeption möglich, zu der 14jährige nur bedingt in der Lage sind. Affirmation kann zum Thema werden, wenn man diese Texte gegen den Strich liest, untersucht und, anstatt ihre Identifikationsangebote zu vollziehen, den geforderten Vollzug thematisiert.

Es ist oft vorgeschlagen worden, Romane im Unterricht nur in Ausschnitten zu lesen. Das ist zumindest in solchen unterrichtlichen Situationen sinnvoll, in denen die Ausschnitte, kombiniert mit anderen Texten, in einen bestimmten thematischen Zusammenhang gestellt werden. So könnte etwa aus Ernst Tollers 1933 erschienener Autobiographie „Eine Jugend in Deutschland" der erste Teil in einer Unterrichtseinheit „Jugend" gelesen werden, der zweite Teil in einer Unterrichtseinheit „Krieg / Pazifismus". Ist der Roman gut gewählt, aus dem ein Ausschnitt behandelt wird, werden die Schüler den übrigen Text ohnehin für sich lesen. In Kursen der Sekundarstufe II findet sich häufig das Gegenextrem, dass sich die Behandlung eines Romans ein ganzes Schulhalbjahr hinzieht. Kunst wird hier leicht zur Mühseligkeit, der Roman wird zu Tode behandelt. Positive Leseerfahrungen vermag ein derartiger Unterricht kaum zu vermitteln.

5. Methodische Probleme

Soll Romanlektüre im Literaturunterricht Spaß machen, der Erkenntnis der Schüler und zugleich der Leseerziehung dienen, so darf man den Roman keineswegs nur zum Methodenlernen benutzen, sondern muss vielmehr „die Sache selbst und die Schüler durch die Sache zum Sprechen" bringen (Weber 1974, 124).

Wir dürfen nicht vergessen, dass das Lesen für viele nicht Genuss, sondern Anstrengung ist. Wenn sich Schüler aber der Anstrengung der Lektüre unterziehen, dann lesen sie Romane nicht aufgrund didaktischer Zweckbestimmung, sondern aus Gründen der Ich-Motivation. „Ich-Motivation, das meint: Bücher werden 'richtig' gelesen nicht aufgrund von Aufgaben, die andere stellen" (Baacke 1983, 8), sondern weil die jugendlichen Leser hoffen, sich „gut zu unterhalten, aufgeklärt zu werden, etwas über die Welt zu erfahren" (ebd.), sie hoffen, etwas *für sich selbst* zu finden. Baacke hält ein Plädoyer für die Freiheit des Lesens auch in der Schule: „Was sich während der Lektüre ereignet, das entzieht sich jeder pädagogischen Verfügbarkeit." (Ebd., 10) „Wir sind geneigt, Analysen und Interpretationen vor den Ausdruck von Begeisterung und Engagement zu stellen" (ebd., 13). Der Literaturunterricht neigt zu einer Enteignung des Lesens aus der Selbstverfügbarkeit des Heranwachsenden und zur Benutzung des Buches als Vehikel pädagogischer Intentionen. Auch im Literaturunterricht ist es möglich, dass sich Lesen einfach ereignen darf.

Dabei sollte man berücksichtigen, dass jeder Text Sinnüberschüsse hat, denen keine Planung gerecht werden kann und die sich im jeweiligen Horizont des Lesenden unterschiedlich aktualisieren. Wo die Schüler ihre eigenen Leseerfahrungen aktualisieren dürfen, tritt an die Stelle der älteren Unterwerfung unter die exegetische Weisheit des Lehrers ein „ganzes Ensemble von Bedeutungserfahrungen" (Lämmert 1978, 14), das sich in offenen und kontroversen Auslegungsspielen artikuliert, legitimerweise auch in „einander widersprechenden Bedeutungsfunden", da Texte auf Bedeutungsvielfalt eigens angelegt sind. Das gilt besonders für den komplexen Roman. Wo der Literaturunterricht dies zulässt (was nicht mit Beliebigkeit gleichzusetzen ist), können die Schüler eigene Erfahrungen und Romanwelt aufeinander beziehen (wie wir es in privater Lektüre immer tun) und dabei erfahren, dass Lesen Genuss und Gewinn sein kann.

Solche Prozesse müssen sich auch im Unterricht in Ruhe entwickeln können. Dabei sind, methodisch gesehen, folgende Aspekte von Bedeutung:

1. Die Schüler/innen müssen (auch auf der Sekundarstufe II) zunächst die Möglichkeit haben, ihre eigenen ersten Leseerfahrungen (die auch Abneigungen sein können) ungesteuert und ausführlich zu aktualisieren. Das setzt allerdings voraus, dass sie zuvor auch wirklich hineingekommen sind in den fiktionalen Zusammenhang des Romans. Wenn wir im Unterricht gleich loslegen mit festen lernzielorientierten Anweisungen, mit rein kognitiver Analyse und ich-ferner Interpretation, dann bringen wir die Schüler/innen um die Möglichkeit, sich bewusst zu werden und zu artikulieren, was der gelesene Roman für sie selbst bedeutet.

2. Sie brauchen sodann Raum, um das Gelesene zu verarbeiten. Das kann sich im konventionellen Klassengespräch vollziehen, doch sind dessen didaktische Möglichkeiten begrenzt. Verfahren *kreativer Rezeption* bieten sich hier in besonderem Maße an. Sie basieren auf einer *Verschränkung von Rezeption und eigener Produktion der Schüler/innen*. Über die eigene kreative Tätigkeit lernen sie den jeweiligen Roman kennen. So können Lehrer/innen nach methodisch sehr genau zu überlegenden Vorgaben zu Schlüsselszenen z. B. eigene Texte schreiben oder szenisch spielen lassen – nicht als Selbstzweck, sondern als Möglichkeit, intensiv und ungestört in den jeweiligen Romanausschnitt hineinzukommen, sich in ihm imaginativ zu bewegen, ihn von der eigenen produktiven Tätigkeit her wahrzunehmen und zu entfalten und dabei *zugleich* die eigenen, durch die Rezeption wachgerufenen Erlebnisse zu gestalten, sie „dingfest" und damit der Reflexion zugänglich zu machen. Kreative Rezeption ermöglicht jedem die lebensgeschichtliche Anbindung des Kunstwerks. Das liegt in der Methode begründet. Zugleich aber schult sie den genauen Blick auf den Text und die Imaginationsfähigkeit (die eine grundlegende Rezeptionskompetenz ist), und sie intensiviert den Rezeptionsprozess. (Mann / Schröter / Wangerin 1995; Wangerin 1997)

3. Von hierher kann sich dann ein verschärftes Hinsehen ergeben, exaktes Lesen unter bestimmten Fragestellungen und unter Hinzuziehung des Kontextes usw., das mit älteren Schülern umfangreicher sein wird als mit jüngeren. Hier kann auch ein reflektierter Umgang mit Texten geübt werden, hier können auch Elemente des Erzählens erarbeitet werden, und hier kann der Unterricht das vermitteln, „was sich außerschulisch gerade nicht 'von selbst' ergibt" (Dahrendorf 1980, 283).

Lernzielformalismus jedoch, wie er in etlichen Unterrichtsvorschlägen begegnet, und die allzu unflexible Einplanung literarischer Wirkung können den Schülern die Bereitschaft nehmen, aus der Vieldeutigkeit der Texte heraus eigene Fragen zu stellen und in kommunikativer Praxis Antworten zu suchen, ebenso eine zu starke Dominanz des Lehrers, wenn er seine Interpretation, seine Lernziele und seine Planung durchsetzen will.

In Verfahren kreativer Rezeption kommen die Anteile des Romans und die Anteile der lesenden Schüler/innen so zusammen, dass sie durch das entstehende Produkt auch bewusst, sichtbar und dem Gespräch und der Reflexion zugänglich werden. Didaktisch gesehen geht es darum, dass der Unterricht einen Erfahrungsraum arrangiert, den die Schüler/innen selbständig ausschreiten können. Dabei kann es nicht darum gehen, „irgendwie" kreativ zu werden, sondern eng angebunden an die von den jeweiligen Romanausschnitten vorgegebenen Situationen. Kreative Aufgabenstellungen setzen i. d. R. an Leerstellen an, die dann im produktiven Prozess ausgefüllt werden. Schüler/innen können zu Einzelszenen assoziieren, aus verschiedenen Perspektiven (innerhalb und außerhalb des Romans) schreiben (z. B. innere Monologe, Dialoge, Briefe), können Standbilder bauen (besonders um Beziehungskonstellationen und Erzählhaltungen zu verdeutlichen), können sich szenisch in Romanfiguren einfühlen und szenisch interpretieren (Scheller 1998), sie können aber auch bildnerisch gestalten (wie Handlungsräume entwerfen, Bild-Text-Collagen anfertigen, malen, modellieren) oder sich bewegen, Haltungen einnehmen oder mit Video filmen. Was bei solch produktiv-ganzheitlicher Rezeption herauskommt, ist eine lebendige Auseinandersetzung mit dem jeweiligen Roman und den eigenen Sichtweisen und Haltungen. Es kommt der Lesemotivation und dem Textverständnis zugute.

Zu erreichen ist ein solcher Unterricht nur bei offener Planung, sehr gründlicher Vorbereitung des Lehrers, klarer Konzeption und Flexibilität während des Unterrichtsverlaufs.

Ein produktionsorientierter Literaturunterricht kann damit rechnen, das Interesse der Schüler zu finden, weil er sie als Leser ernst nimmt, und dazu beitragen, dass Schüler zu Lesern werden. Das heißt aber, dass er sich gegen eine Verwissenschaftlichung entscheidet, gegen ein Konzept, das Romanlektüre nur als „Einführung in die Form des Romans" versteht.

Es kommt darauf an, den Roman in der Sekundarstufe I in höchstens 8 bis 12 Unterrichtsstunden zu bewältigen. Einzelne Aspekte sind unter Zurückstellung anderer hervorzuheben, dabei können die Besprechungspunkte aus den umfangreichen Texten vom Lehrer und den Schülern gemeinsam ausgewählt werden.

Viele methodische Vorschläge gehen davon aus, dass der Roman in freier Lektüre zu Hause vollständig gelesen sein soll, bevor die Behandlung beginnt. Manche halten das zumindest bei schwierigen Romanen für falsch, vor allem wegen des unterschiedlichen Lesetempos und der unterschiedlichen Leseerfahrungen innerhalb der Klasse, die sich aus Viellesern, Gelegenheitslesern und Nichtlesern zusammensetzt. Der Lehrer sollte die von den Schülern geforderte Leseleistung nicht unterschätzen.

Die häusliche Lektüre reicht bei Romanen, die nicht für jugendliche Leser/innen geschrieben worden sind, i. d. R. nicht aus, um zu gewährleisten, dass der Roman „verstanden" wird, geschweige denn, dass seine Lektüre als Gewinn empfunden wird. Zu Hause lesen lassen und im Unterricht gleich analysieren oder interpretieren, d. h. sich mit den Schüler/innen auf eine Metaebene begeben, bevor sie von dem Gelesenen überhaupt sinnliche Vorstellungen haben entwickeln können, ist wohl einer der

Hauptfehler im Literaturunterricht. Kreative Verfahren sind besonders geeignet, in einen Roman oder in Teile eines Romanes hineinzuführen. Die Schritt-für-Schritt-Methode der szenischen Interpretation, für Theaterstücke entwickelt (Scheller 1989), lässt sich mit gattungsspezifischen Modifikationen auf die Romanlektüre im Unterricht übertragen. Sie geht nicht davon aus, dass die Lektüre zuvor abgeschlossen sein muss.

Schon in älteren Veröffentlichungen wird vorgeschlagen, zunächst nur den Anfang zu lesen. Notizen über Kapitel, Personen(-konstellationen), Schauplätze, Zeitablauf, Lebensbedingungen usw. können von Fall zu Fall hilfreich sein. Auch durch gezielte inhaltliche Aufgaben oder den Zugang von einer ausgewählten Problemstellung her können Rezeptionshilfen gegeben werden. Bei der Einordnung des zu lesenden Romans in einen thematischen Zusammenhang ist das naheliegend, wenn auch nicht zwingend. In jedem Fall ist zu überlegen, ob man die Perspektive der lesenden Schüler einengen möchte.

Für Kinder- und Jugendliteratur findet man schon bei Dahrendorf (1980, hier besonders S. 280ff.; 1996, 28–47) sehr detaillierte Vorschläge für entschulte Verfahren, für Techniken der Auseinandersetzung und Analyse, für kritisches Lesen und für produktive Formen. Zahlreiche Hilfen gibt es auch durch die Lehrerhefte von rororo-Rotfuchs und dtv-junior und durch die zu zahlreichen Romanen erhältlichen Materialien, Erläuterungen und Interpretationen der Verlage Reclam, Klett, Schöningh, Oldenbourg, Diesterweg, die allerdings mitunter didaktisch nicht hinreichend durchdacht und oft einseitig gegenstandsorientiert sind.

Das unterrichtliche Gespräch kann durch begrenzte Leseaufträge ebenso vorbereitet werden wie durch Textstellen, die von Schülern zu den ausgewählten Besprechungspunkten zusammengestellt werden. An solchen kurzen Textausschnitten kann es auch sinnvoll sein, genaues Lesen zu üben. Die Erschließung der Einzelprobleme bietet sich auch in Gruppen an, die zwar klare Aufgaben haben, aber als Gruppen selbständig genug sind, ihre jeweilige Sichtweise zu artikulieren und nicht nur am Faden des geführten Unterrichtsgesprächs Bausteine zur Ergänzung eines feststehenden Konzepts zu liefern.

„Wichtig ist, daß Bücher reizvoll sind und in mannigfachen Mischungen lockend zur Verfügung stehen“ (Baacke 1983, 12). Eine brauchbare Schulbibliothek ist ebenso wichtig wie die Zusammenarbeit mit den Eltern. Eine einfache und preiswerte Möglichkeit, eine Bücherkiste zum Schmökern für die ganze Klasse bereitzustellen, besteht darin, dass jeder Schüler den Preis eines Taschenbuches entrichtet und Lehrer und Schüler davon gemeinsam soviel Bücher anschaffen, wie Schüler in der Klasse sind. Diese Bücher stehen dann das ganze Schuljahr über jedem zur Verfügung.

Literaturverzeichnis

Auts, Astrid / Grenz, Dagmar / Josten, Kristina: Ben liebt Anna. Szenische Interpretation der Erzählung von Peter Härtling. In: Praxis Deutsch 1996, H. 136, 35–43

Baacke, Dieter: Adoleszenz: Weltkonstruktion durch Lesen? In: Wangerin 1983, 1–13

Brauneck, Manfred (Hrsg.): Der deutsche Roman im 20. Jahrhundert. Analysen und Materalien zur Theorie und Soziologie des Romans. Bd. 1, 2. Bamberg 1976

Bräutigam, Kurt: Romanbetrachtung. Zu ihrer Didaktik und Methodik. 2. Aufl., Heidelberg 1977

Buch und Lesen in Kindheit und Jugend. Ein kommentiertes Auswahlverzeichnis von Literatur und Modellen zur Leseförderung. Weinheim 1992

Bürger, Christa (Hrsg.): Zeitgenössische Unterhaltungsliteratur. Historischer Roman, Sachbuch, Eheroman, Jugendroman. Mit Lehrerkommentar. Frankfurt 1974

Dahrendorf, Malte: Jugendliteratur im Literaturunterricht der Sekundarstufe I. In: Schröter, G. (Hrsg.): Die Schule der Zehn- bis Fünfzehnjährigen. Ratingen 1975, 61–74

Dahrendorf, Malte: Das Mädchenbuch und seine Leserin. 3. Aufl., Weinheim 1978

Dahrendorf, Malte: Kinder- und Jugendliteratur im bürgerlichen Zeitalter. Beiträge zu ihrer Geschichte. Kritik und Didaktik. Königstein 1980

Dahrendorf, Malte: Literaturdidaktik und Kinder- und Jugendliteratur. In: Informationen Jugendliteratur und Medien 1982, H. 5, 82–90

Dahrendorf, Malte: Anpassung-Widerstand-Verweigerung. Jugendprobleme und Jugendliteratur. In: Wangerin 1983, 36–48

Dahrendorf, Malte / Knobloch, Jörg (Hrsg.): Kinder- und Jugendliteratur im offenen Unterricht. 3. Beiheft zu „Informationen Jugendliteratur und Medien". Weinheim 1992

Dahrendorf, Malte: Kinder- und Jugendliteratur. Plädoyer für einen lese- und leserorientierten Literaturunterricht. Berlin 1996

Diskussion Deutsch 1992, H. 128: Zugänge zum Roman

Diskussion Deutsch 1995, H. 144: Theodor Fontane

Dörfler, Heinz: Moderne Romane im Unterricht. Frankfurt/M. 1988

Eggert, Hartmut / Garbe, Christine: Literarische Sozialisation. Stuttgart 1995

Emmel, Hildegard: Roman. In: Kohlschmidt, Werner / Mohr, Wolfgang (Hrsg.): Reallexikon der deutschen Literaturgeschichte. Berlin 1977, 490ff.

Engel, Manfred: Roman. In: Ricklefs, Ulfert (Hrsg.): Fischer Lexikon Literatur. Bd. 3. Frankfurt 1996, 1669–1709

Geißler, Rolf (Hrsg.): Möglichkeiten des modernen deutschen Romans. Analysen und Interpretationsgrundlagen zu Romanen von Thomas Mann, Alfred Döblin, Hermann Broch, Gerd Gaiser, Max Frisch, Alfred Andersch und Heinrich Böll. 2. Aufl., Frankfurt 1965

Geißler, Rolf / Hasubek, Peter: Der Roman im Unterricht (5.–9. Schuljahr). Didaktische Erörterungen und Interpretationshilfen. 2. Aufl., Frankfurt 1972

Geißler, Rolf: Der Roman im Unterricht. In: Wolfrum, Erich (Hrsg.): Taschenbuch des Deutschunterrichts. Baltmannsweiler 1972a, 323–329

Geißler, Rolf: Der moderne Roman im Unterricht – zum Beispiel: „Die Blechtrommel" von Günter Grass. In: Helmers, Hermann (Hrsg.): Moderne Dichtung im Unterricht. 2. Aufl., Braunschweig 1972, 126–141

Gerth, Klaus: Elemente des Erzählens. Lesen und Verstehen epischer Texte (Sekundarstufe I). Hannover 1983 (Deutschunterricht konkret)

Göttler, Hans: Moderne Jugendbücher in der Schule. Modelle zu einem handlungs- und produktionsorientierten Unterricht. Baltmannsweiler 1993

Grawe, Christian (Hrsg.): Interpretationen: Fontanes Novellen und Romane. Stuttgart 1991 (Reclams UB 8416)

Grenz, Dagmar (Hrsg.): Kinderliteratur. Literatur für Erwachsene? München 1990

Groeben, Norbert / Scheele, Brigitte: Zur Psychologie des Nicht-Lesens. In: Göpfert, Herbert G. u. a. (Hrsg.): Lesen und Leben. Frankfurt/M. 1975, 81–114

Haas, Gerhard (Hrsg.): Literatur im Unterricht. Stuttgart 1982 (mit 6 Beiträgen zum Roman)

Hansen, Volkmar (Hrsg.): Interpretationen: Thomas Mann. Romane und Erzählungen. Stuttgart 1993 (= Reclams UB 8810)

Hasubek, Peter: Romanausschnitte im Lesebuch? In: Lebendige Schule 27. 1972, 224–238

Hasubek, Peter: Die Detektivgeschichte für junge Leser. Bad Heilbrunn 1974

Hillebrand, Bruno: Theorie des Romans. München 1972

Hurrelmann, Bettina (Hrsg.): Klassiker der Kinder- und Jugendliteratur. Frankfurt 1995 (= Fischer TB 12668)

Informationen zur Deutschdidaktik 1993, H. 1: Lesen

Interpretationen. Romane des 17. und 18. Jahrhunderts. Stuttgart 1996

Interpretationen. Romane des 19. Jahrhunderts. Stuttgart 1992

Interpretationen. Romane des 20. Jahrhunderts. Stuttgart 1993

Kaiser, Herbert / Köpf, Gerhard (Hrsg.): Erzählen, Erinnern. Deutsche Prosa der Gegenwart. Interpretationen. Frankfurt/M. 1992

Kahrmann, Cordula / Reiß, Gunter / Schluchter, Manfred: Erzähltextanalyse. Bd. 1, 2. Kronberg 1977

Karst, Theodor (Hrsg.): Kinder- und Jugendlektüre im Unterricht. Bd. 1: Primarstufe. Bad Heilbrunn 1978. Bd. 2: Sekundarstufe. Bad Heilbrunn 1979

Kimpel, Dieter / Wiedemann, Conrad (Hrsg.): Theorie und Technik des Romans im 17. und 18. Jh. Bd. 1, 2. Tübingen 1970

Köpf, Gerhard / Popp, Helmut (Hrsg.): Erzählen 1 (Erzähltheorie). München 1978 (Studientexte für die Kollegstufe)

Köpf, Gerhard (Hrsg.): Erzählen 3 (Roman). München 1979 (Studientexte für die Kollegstufe)

Koopmann, Helmut (Hrsg.): Handbuch des deutschen Romans. Düsseldorf 1983

Koopmann, Helmut: Vom Epos zum Roman. In: Koopmann 1983, 31 ff.

Kreft, Jürgen: Grundprobleme der Literaturdidaktik. Heidelberg 1977

Lämmert, Eberhard: Bauformen des Erzählens. Stuttgart 1955

Lämmert, Eberhard u. a. (Hrsg.): Romantheorie. Dokumentation ihrer Geschichte in Deutschland. Köln 1975

Lämmert, Eberhard: Literatur im Unterricht. In: Eggert, Hartmut / Rutschky, Michael (Hrsg.): Literarisches Rollenspiel in der Schule. Heidelberg 1978,11–24

Lange, Günter / Steffens, Wilhelm (Hrsg.): Literarische und didaktische Aspekte der phantastischen Kinder- und Jugendliteratur. Würzburg 1993 (Schriftenreihe der Deutschen Akademie für Kinder- und Jugendliteratur Bd. 13)

Lange, Günter / Steffens, Wilhelm (Hrsg.): Moderne Formen des Erzählens in der Kinder- und Jugendliteratur der Gegenwart unter literarischen und didaktischen Aspekten. Würzburg 1995 (= Schriftenreihe der Deutschen Akademie für Kinder- und Jugendliteratur Bd. 15)

Lange, Günter: Adoleszenzroman. In: Baumgärtner, Alfred C. / Pleticha, Heinrich (Hrsg.): Kinder- und Jugendliteratur. Ein Lexikon. Meitingen 3. Erg.-Lfg. 1997

Lange, Günter: Zeitgeschichtliche Kinder- und Jugendliteratur. In: Baumgärtner, Alfred C. / Pleticha, Heinrich (Hrsg.): Kinder- und Jugendliteratur. Ein Lexikon. Meitingen 5. Erg.-Lfg. 1998

Lehmann, Jakob (Hrsg.): Deutsche Romane von Grimmelshausen bis Walser. Bd. 1 u. 2. Königstein/Ts. 1982

Lindken, Hans-Ulrich (Hrsg.): Theorie des Romans Stuttgart 1977 (Arbeitstexte für den Unterricht)

Literatur und Erfahrung 1992, H. 24/25: Gift im Bücherschrank. Kinder- und Jugendlektüre im Nationalsozialismus

Ludwig, Hans-Werner (Hrsg.): Arbeitsbuch Romananalyse. Tübingen 1982

Mann, Christine / Schröter, Erhart / Wangerin, Wolfgang: Selbsterfahrung durch Kunst. Methodik für die kreative Gruppenarbeit mit Literatur, Malerei und Musik. Weinheim 1995

Mayer, Dieter (Hrsg.): Texte zur Romantheorie. Frankfurt 1976 (= Texte und Materialien zum Literaturunterricht)

Müller, Michael (Hrsg.): Interpretationen. Franz Kafka. Romane und Erzählungen. Stuttgart 1994 (= Reclams UB 8811)

Peuckmann, H.: Unterrichtseinheit Heinrich Böll: Die verlorene Ehre der Katharina Blum oder: Wie Gewalt entstehen und wohin sie führen kann. In: Hensel, Horst (Hrsg.): Unterrichtseinheiten zur demokratischen Literatur. Eine Publikation des „Werkkreis Literatur der Arbeitswelt". Frankfurt 1977, 15–43

Popp, Helmut (Hrsg.): Der Bestseller. München 1975 (Studientexte für die Kollegstufe)

Praxis Deutsch 1992, H. 111. Aktuelle Kinder- und Jugendliteratur (Hrsg.: Bettina Hurrelmann)

Praxis Deutsch 1993, H. 119: Kreatives Schreiben (Hrsg.: Kaspar H. Spinner)

Praxis Deutsch 1994, H. 123: Handlungs- und Produktionsorientierter Literaturunterricht (Hrsg.: Gerhard Haas / Wolfgang Menzel / Kaspar H. Spinner)

Praxis Deutsch 1994, H. 127: Leseförderung (Hrsg.: Bettina Hurrelmann)

Praxis Deutsch 1995, H. 133: Christa Wolf (Hrsg.: Karin Richter)

Praxis Deutsch 1996, H. 135: Klassiker der Kinder- und Jugendliteratur (Hrsg.: Bettina Hurrelmann)

Scheller, Ingo: Wir machen unsere Inszenierung selber. Bd. 1, 2. Oldenburg 1989

Scheller, Ingo: Szenisches Spiel. Handbuch für pädagogische Praxis. Berlin 1998

Schober, Otto: Roman – Novelle – Erzählung. In: Boueke, Dietrich (Hrsg.): Deutschunterricht in der Diskussion, Bd. 2. München 1979, 268–304

Seifert, Walter: Theorie und Didaktik der Erzählprosa. Köln 1982

Spinner, Elisabeth / Spinner, Kaspar, H.: Kinder- und Jugendliteratur. In: Baurmann, Jürgen / Hoppe, Otfried (Hrsg.): Handbuch für Deutschlehrer. Stuttgart 1984, 362–378

Stanzel, Franz K.: Typische Formen des Romans. Göttingen 1964

Stanzel, Franz K.: Theorie des Erzählens. Göttingen 1979

Steinecke, Hartmut (Hrsg.): Theorie und Technik des Romans im 20. Jahrhundert. Tübingen 1972

Steinecke, Harmut: Theorie und Technik des Romans im 19. Jahrhundert. Tübingen 1970

Vogt, Jochen: Aspekte erzählender Prosa. Düsseldorf 1972 (7. erweit. Aufl., Opladen 1990)

Wangerin, Wolfgang: Kinder und ihre Medien. Kinderbücher. In: Neumann, Karl (Hrsg.): Kindsein. Göttingen 1981, 91–104

Wangerin, Wolfgang: Unterdrückung-Reflexion-Veränderung. Erzählungen von Birgit Pausch und Verena Stefan im Literaturunterricht der Sekundarstufe II. In: Heuser, Magdalene (Hrsg.): Frauen – Sprache – Literatur. Paderborn 1982, 235–255

Wangerin, Wolfgang (Hrsg.): Jugend, Literatur und Identität. Anregungen für den Deutschunterricht der Sekundarstufe I + II. Braunschweig 1983

Wangerin, Wolfgang: Lesen, um sich selbst auf die Spur zu kommen. Vorschläge für einen Oberstufenkurs zum Thema Jugend und Identität. In: Wangerin 1983, 225–255

Wangerin, Wolfgang / Schröter, Erhart: Kreative Rezeption als Gruppenprozeß. Über Möglichkeiten, Kunstwerke als Erfahrungsräume zu entdecken. In: Hoffmann, Dietrich u. a. (Hrsg.): Freizeitlernen. Weinheim 1993, 227–258

Wangerin, Wolfgang: Sich in den Künsten selbst erfahren. Kreative Rezeption als Gruppenprozeß. Weinheim 1997

Weber, Albrecht: Das Phänomen Simmel. Freiburg 1977

Weber, Albrecht (Hrsg.): Ein Roman in der Hauptschule. Alfred Andersch „Sansibar oder der letzte Grund". Ein Projekt. München 1974

Wolff, Gerhart (Hrsg.): Theorie und Praxis des Erzählens. Stuttgart 1988 (= Reclams Arbeitstexte für den Unterricht)

FRIEDRICH HASSENSTEIN

Gedichte im Unterricht

1. Was ist ein Gedicht?

1.1. Probleme der Begriffsbestimmung

Der Begriff „Gedicht“ bezeichnet keine eigene Textsorte wie z. B. der Begriff „Fabel“, denn diese kann statt in Prosa auch in Versen abgefasst, also ein Gedicht sein und bleibt trotzdem eine Fabel. Natur- oder totenmagische Sagen dagegen, die in Versen nach- oder neuerzählt werden, heißen nicht mehr „Sagen“, sondern „Balladen“ und gehören neben der „Lyrik“ in den inneren Bereich dessen, was wir unter „Gedichten“ verstehen. Aber auch „Lyrik“ präsentiert sich nicht notwendig in Versen, denn es gibt „Prosalyrik“ (vgl. Fülleborn 1970), und viele Gedichte, vor allem der Gegenwart, sind in Zeilen abgeteilte Prosatexte, die in ihrem Druckbild Gedichte imitieren. Andererseits sind buchfüllende epische und dramatische Werke wie der „Parzival“ und der „Faust“ Gedichte, nämlich Texte in Versen, und in früheren Zeiten, als Bücher noch selten waren, pflegten alle möglichen Arten von umfangreichen Texten wie Lehrbücher, Chroniken und Gesetzeswerke versifiziert zu sein, weil ihr Inhalt auf diese Weise besser im Gedächtnis haftete. Von einer Systematik der Textsorten her ist also nicht zu bestimmen, was ein „Gedicht“ ist. Dagegen ist festzuhalten, dass es eine Weise zusätzlicher sprachlicher Kodierung, die Versifizierung, gibt, die, unabhängig von allen Inhaltsfragen, ein Gedicht von einem Prosatext unterscheidbar macht. Die seit einigen Jahren bestehende Unsitte, das Wort „Prosa“ mit „Erzählprosa“ gleichzusetzen, ist ein Grund mehr, einen Aufsatz über das Thema „Gedichte im Unterricht“ mit scheinbar trivialen Begriffsabgrenzungen zu beginnen.

Es ist keine Sache einer Textsortensystematik, sondern das Ergebnis von Tradition und Konvention, dass wir mit „Gedichten“ in erster Linie kurze Verstexte meinen, die wir wegen ihrer Inhalte in die Schubfächer „Lyrik“ und „Ballade“ einordnen, während andere, wie die oben erwähnte Versfabel, anderwärts unterkommen. Weshalb die Ballade, die ja wie die Fabel ein erzählender Text ist, in der Gesellschaft der Lyrik bleibt, hat mancherlei Ursachen vor allem historischer Art: in den alten Volksliedhandschriften, im Gedichtwerk der Klassiker, im Repertoire der zeitgenössischen Liedermacher finden sich lyrischer Text und Ballade in derselben geschwisterlichen Eintracht wie in der Anthologie- und Lesebuchtradition, und es gibt zahllose Gedichte von Goethes „Fischer“ bis zu Degenhardts „Schmuddelkindern“, die mit gleichem Recht dem einen oder dem anderen Feld zugeordnet werden können. In den letzten Jahren ist die Unterscheidung vollends problematisch geworden. Der Begriff „Ballade“ hat seine Grenzen durch die Praxis der Liedersänger ausgeweitet und ist fast zur Kennzeichnung einer Darbietungsweise – vom Autor öffentlich gesungen und begleitet – geworden, während Anthologien mit modernen Buchballaden den Begriff meiden und das unverfänglichere Wort „Erzählgedicht" vorziehen (Piontek 1964), worunter denn auch viele Texte fallen, die – wie etwa Celans „Todesfuge" – sich nur durch konkretere inhaltliche Bezüge, nicht durch eine eigentliche Erzähl-„Handlung", von Lyrik im engeren Sinn unterscheiden.

Wenn Lyrik und Ballade als zentraler Bereich dessen, was wir „Gedicht" nennen, empfunden werden, hat das auch Gründe, die von den bloßen Vokabelfragen zu komplizierteren hinführen. Mit der Lösung des Problems, was „Lyrik" sei, tut sich die Wissenschaft schwer. In Deutschland gibt es seit der Goethezeit die Tradition, als Kernzone der lyrischen Dichtkunst das „liedhafte", „sangbare" „Stimmungsgedicht" zu verstehen, in dem das „lyrische Ich" sein „inneres Erleben", seine „Subjektivität", mithin „die Seele", durch „Wortmusik" und „Bildersprache" so zum „Ausdruck" bringt, dass „gleichgestimmte" Gemüter in die Lage versetzt werden, mit den Versen „mitzuschwingen" und das Gesagte „nachzuerleben". Manche Lyriktheoretiker betonen, Lyrik bzw. das sie konstituierende „Lyrische" sei im Grunde „monologisch" und der Lyriker durch seine „Einsamkeit" gekennzeichnet, aus der heraus er das „verschwimmende Ineinander" und daher letzten Endes „Unaussprechliche" seines Seelenlebens gegen den Widerstand der Sprache eben doch zum „Ausdruck" brächte. (Vgl. Staiger 1946) W. Killy, der in dem wohl wichtigsten neueren deutschen Buch zur Lyriktheorie solchen Begriffen kritisch zu Leibe rückt, hat darauf hingewiesen, dass das „ausgehende 18. Jahrhundert" – gemeint sind die Schöpfer des umschriebenen Lyrikkonzepts von Herder bis Hegel – „seinen Sinn für die poetischen Emotionen an derjenigen lyrischen Gattung entdeckte, die dem subjektiven Moment am fernsten und dem erzählenden am nächsten schien, nämlich der Ballade" (Killy 1972, 41). Umso mehr scheint es berechtigt, für Lyrik und Ballade gemeinsam zu erörtern, wie weit sich die Frage nach den Merkmalen des künstlerisch anspruchsvollen Gedichts – von dessen „Trivialformen" soll erst später die Rede sein – auf anderer Ebene als der der traditionellen Lyriktheorie beantworten lässt.

Ein Gedicht im genannten eingegrenzten Verständnis lässt sich als ein besonders reich und dicht strukturierter Text beschreiben, bei dem die normalsprachliche syntaktisch-semantische Kodierung von der metrischen, also der Versifikation, noch einmal überformt ist. Es handelt sich jedoch nicht um eine bloße Zweischichtigkeit, denn der „Reichtum" und die „Dichte" kommen durch einen Wechselbezug der Elemente zustande, zu denen neben den klanglichen Faktoren (Lautmalerei, Lautsymbolik, Rhythmus) die evokative Wortwahl, unkonventionelle sprachliche Bilder, Durchbrechungen stilistischer und grammatischer Gewohnheiten und andere Abweichungen von der Alltagssprache gehören. Diese Merkmale werden, wenn sie wie z. B. ein ungewollter Gleichklang funktionslos in der Alltagssprache auftreten, meist als störend oder „komisch" empfunden. Im übrigen können alle Faktoren bis auf das Metrum nicht nur im „Gedicht", sondern in jedem sprachlich anspruchsvollen, bewusst gestalteten Text auftreten, und so ist auch kritisch anzumerken, dass Lyriktheorie selten bei ihrem Gegenstand bleibt, sondern sich meist unversehens zu einer allgemeinen Theorie des Poetischen ausweitet.

1.2. Elemente des Gedichts

Der Wechselbezug der Elemente, die das Gedicht konstituieren und seine ästhetisch reizvolle „Polyphonie“ ausmachen, bedarf näherer Erläuterung, soweit das auf abstrakter Ebene möglich ist. Wichtig ist, dass die klanglichen und inhaltlichen Faktoren keine getrennten Sphären darstellen, was ebenso für die normalsprachlich gegebenen Anteile gilt wie für die, welche durch die bewusste künstlerische Gestaltung hinzukommen. Die semantischen und syntaktischen, metaphorischen und metrischen Elemente enthüllen und überlagern, unterstützen und unterdrücken sich wechselseitig. Diese Beziehungen können als Wiederholungen, Entsprechungen, Variationen, Spannungen, Kontraste oder Diskrepanzen auftreten, was voraussetzt, dass das Gedicht als Ganzes wahrgenommen wird, und zwar auf der Folie normalsprachlicher Erwartungen, aber auch der Kenntnis anderer Gedichte bzw. der Vorstellungen davon, wie Gedichte zu sein haben. Das Wechselspiel zwischen Überraschungen und erfüllten Erwartungen bereitet ästhetisches Vergnügen. Geläufiges und ungewohntes Reimwort, metrisches Gleichmaß und aufstörende Synkope, alltägliche und erlesene Wortwahl, vertraute und fremdartige Metapher, übliche und ausdrucksvoll verstellte Wortfolge im Satz stellen schon auf ihrer jeweiligen Ebene solche Bezüge her; umso wirksamer sind die vertikalen Verschränkungen, für die einige Beispiele genannt sein mögen:

Endreime bewirken nicht nur Gleichklang, sondern können die gereimten Wörter auch in ihrer Bedeutung einander annähern, falls sie nicht, was seltener vorkommt, gerade deren semantische Diskrepanz sichtbar machen. Eine solche „Semantisierung“ klanglicher Elemente findet sich erst recht in der Lautmalerei oder Schallnachahmung, also einem schon bei Kindern beliebten Mittel sprachlicher Musikalität. Hier und bei der schwerer fassbaren „Lautsymbolik“ (z. B. dunkle Töne = dunkle Stimmung) ist allerdings der Eindruck der Verwandtschaft zwischen sprachlichem Klang und inhaltlicher Bedeutung stärker durch Konvention und Tradition geprägt, als es der ästhetische Sinn wahrhaben möchte, der einen unmittelbaren Bezug zwischen Sprache und Wirklichkeit empfindet. Beziehungen zwischen Klang und Sinn sind jedenfalls keine festen Größen, sondern realisieren sich erst im Kontext des jeweiligen Gedichts. Das gilt auch für den Wechselbezug zwischen Rhythmus und inhaltlicher Bewegung des Gedichts, sei diese nun der Ablauf von Stimmungen, von Gedanken oder einer balladesken Handlung. Der Rhythmus eines Gedichts ist übrigens nicht dasselbe wie dessen Versmaß. Der natürliche Rhythmus eines Satzes mit seinen Akzenten, Pausen, Melodie- und Temposignalen ist das jeweils Individuelle, das zum Allgemeinen, dem gesetzten Versmaß, in eine spannungsreiche Beziehung tritt, aus der sich erst der Rhythmus des Gedichts ergibt.

Man weiß, dass Versmaß und Reim dem Satzinhalt eine Wirkungskraft geben, die ihm in bloßer Prosa versagt bliebe; eine Wirkung, die von jeher als „magisch“ empfunden und beschrieben wurde. Zufällige Reime geben der in dem Spruch „Eichen sollst du weichen, Buchen sollst du suchen“ enthaltenen Anweisung, wie man sich bei Gewitter im Walde zu verhalten habe, ihre Einprägsamkeit und Überzeugungskraft zu Lasten von Einsicht und Erfahrung. So drücken End- und Stabreime, Metrum und Rhythmus und andere Sprachmittel der Wiederholung, Kontrastierung usw. auf das Bewusstsein des Empfängers. Ähnlich verhält es sich mit der Bildlichkeit der Dichtersprache. Was als Bedeutungs-Zuweisung, Sinn-Anreicherung infolge klanglicher oder bildlicher Wirkungen poetischer Sprache empfunden wird, kann im Kontext der Denk- und Erfahrungszusammenhänge Sinn-Entleerung sein. Diese Tatsache erklärt z.B. das Unbehagen gegenüber Gedichten, die wie etwa Celans „Todesfuge" Unmenschlichkeit beschreiben wollen; die sprachlichen Mittel sind für diesen Zweck zu „schön"; die Sinnträchtigkeit der Klänge, Rhythmen und Bilder entfaltet sich auf Kosten der drückenden Last des Inhalts. Was dem Thema „Auschwitz" nicht zukommt, kann sonst gerade die Legitimation des lyrischen Gedichts bedeuten: die Entlastung vom seelischen Druck, der im Gedicht Gestalt gefunden hat und dadurch mitteilbar geworden ist. Die „Prägnanz", „Kohärenz", „Intensität" des Gedichts, oder wie man dessen spezifische Struktur umschreiben will, und seine von der traditionellen Lyriktheorie entwickelte Charakterisierung als Ausdruck des „Seelischen" oder „Unaussprechlichen" sind zwei Beschreibungsebenen, die man nicht gegeneinander auszuspielen braucht.

Zum Reichtum und zur Dichte des „Gewebes" – das Wort „Text" bedeutet ja nichts anderes – gesellen sich beim Gedicht weitere Merkmale, die seine Unterscheidung von anderen Texten ermöglichen. So wie sich das gesprochene und gehörte Gedicht durch metrische und strophische, oft auch mit Hilfe von Reimen abgesicherte Ordnung in der Zeit mühelos als Gedicht erkennen lässt, offenbart sich das geschriebene oder gedruckte optisch-räumlich durch sein Schriftbild. So kurz das Gedicht ist und so arm an „Stoff" und „Zweck" es sein kann, es trifft auf Grund seiner äußeren Merkmale beim Leser auf keine falschen Erwartungen, denn er weiß, dass sein Verständnis keine Kenntnis von Sach- oder Erzählzusammenhängen voraussetzt; ein Gedicht „steht für sich". Weiterhin helfen bei dieser Orientierung die Art des Buches oder der Platz in der Zeitung, wo man das Gedicht findet, und schließlich auch das, was man so über Gedichte weiß: wie wörtlich man Verse nehmen darf, welche Themen darin üblich sind, dass sie uns fürs erste mit der gleichen Unverbindlichkeit entgegentreten wie andere Texte der Belletristik oder des Feuilletons. Kompensation für das, was Gedichten an Stofflichkeit und Zweckbezügen mangelt, können die Überschrift, textinterne Anspielungen auf Reales und Aktuelles oder der Gedichtschluss sein, der durch eine Pointe oder rationale Sentenz den Leser gleichsam in die Prosa der Lebenszusammenhänge entlässt. Vielleicht kennt dieser auch den Verfasser und gewinnt sein Textverständnis dadurch, dass er das Gedicht dem Bild zuordnet, das er von diesem Menschen hat, oder er erkennt eine Gedichtart wieder: ein Sonett, ein Haiku, einen Limerick, und freut sich daran, wie diese Form neu und kunstreich gefüllt worden ist. Wenn er einen Gedichtzyklus liest, können sich die einzelnen Gedichte gegenseitig erklären. Es zeigt sich: die reiche und dichte Struktur eines Gedichtes bewirkt zwar, dass dieses weniger von situativen und kommunikativen Stützen abhängig ist als andere Texte, aber eine Theorie vom absoluten, autonomen, in sich ruhenden und einzig aus eigener Kraft wirkenden Kunstgebilde „Gedicht" lässt sich daraus nicht ableiten.

Es ist keineswegs gesagt, dass dem Dichter selber bewusst ist, was sich alles an seinem Gedicht entdecken lässt. Hier zeigt sich die Geschichtlichkeit seines Schaffens, die zugleich die Vielfalt möglicher gesellschaftlicher Funktionen der Gedichte bedingt; über beides ist im nächsten Abschnitt mehr zu sagen. Der Dichter kann nicht wissen, was mit den Worten, Klängen und Bildern seiner Verse für den einzelnen Leser oder Hörer mitschwingt, denn dieser bringt seine sprachliche Sozialisation mit und trägt sie an das Gedicht heran. Dieses ist vieldeutig, und zwar insofern, als es von vielen je auf ihre Weise gedeutet werden kann, ganz abgesehen von jener anderen Vieldeutigkeit, die ein Dichter seinen Versen vorsätzlich geben kann, um den Beziehungsreichtum, von dem die Rede war, zu intensivieren. Der Dichter weiß auch nicht, was sich im Lauf der Zeit an seine Verse anheften und was aus ihnen verloren gehen wird. Ein Gedicht ist ein historisches Gebilde, dessen Evokationskraft schwinden oder wachsen kann. Das Schwinden ist wahrscheinlicher, denn Reime und Metaphern nutzen sich ab, Anspielungen und Vergleiche stoßen eines Tages ins Leere, Symbole und Mythen geraten in Vergessenheit. Vielleicht ist der Hintergrund, auf dem die poetische Abweichung vom alltäglichen Sprachgebrauch sichtbar wurde, verloren gegangen, so dass sie unverständlich geworden ist, vielleicht ist sie auch konventionell geworden wie so manche Errungenschaften der klassisch-romantischen Lyrik, von denen die heutigen Schüler nicht recht einsehen wollen, was daran das Besondere ist.

1.3. Geschichtlichkeit und Funktion des Gedichts

Die Geschichtlichkeit des lyrischen Gedichts und erst recht des theoretischen Konzepts, das es als Seelenausdruck des einsam-schöpferischen Individuums versteht, zeigt sich am deutlichsten, wenn man sich vom künstlerisch hochkarätigen Text der Goethezeit oder der Moderne weg jenem lyrischen Schaffen zuwendet, das es von jeher in allen Kulturen gibt und dort, wo sich eine Tradition der Kunst- und Buchlyrik entwickelt, zumindest als Unterströmung wahrnehmbar bleibt. Dieser Blick löst sich vom Werkcharakter des Gedichts und von dem, was in dessen Schöpfer vor sich gegangen sein mag, und widmet sich stattdessen den Situationen, in denen sichtbar wird, welche Funktionen Gedichte im Leben der menschlichen Gemeinschaft haben. Eine kurze Aufzählung erweist deren Vielfalt: Arbeits-, Kriegs-, Kult-, Klage- und Preislied bewirken kollektive Leistung, Aggressionsbereitschaft, Unterwerfung oder Erbauung. In anderen, gefälligeren Situationen fungieren Ess- und Trinklied, Jagd- und Tanzlied als stimulierende und solidarisierende Kräfte. Warn-, Schelt- und Spottgedicht dienen der – wörtlich zu nehmenden – „Auseinandersetzung", während gedichteter Zuspruch und Trost, Wiegenlied, erotisches Lock- und Werbelied die Seelen in Einklang versetzen. Hinter diesen archaischen Lyrikmustern wird „magischer" Sprachgebrauch sichtbar: Zauber und Segen, Beschwörung, Bannung und Verwünschung. Diesem „Zauber" dienen Vers, Reim und Rhythmus, Wohlklang und Bildersprache des Gedichts, unterstützt durch die Musik, denn das Gedicht wird ja von der Gemeinschaft oder dem Einzelnen gesungen und meist auch instrumental begleitet. „Lyrik" bedeutet wörtlich „Zur Leier-Begleitung Gesungenes".

Wenn wir uns umsehen, wo heute Lyrik so handfest „gebraucht" wird, rücken die archaischen Muster und moderne Kommunikationssituationen einander oft überraschend nahe. Kirchenchoral und Bundeswehrlied, Protestsong und Nationalhymne, Gratulationsgedicht und Stammbuchvers, die Lyrik der Reklame und Schlagerindustrie, der gemeißelte Reimspruch auf der Gedenktafel und der gesprühte an der Mauer: alle haben ihren „Sitz im Leben", wollen etwas bewirken, nutzen dazu die Magie der Verskunst. Selbst der Dichter, der einsam um den Ausdruck seines Inneren oder die Versprachlichung seiner Vision ringt, hat sein Gedicht mit der Publikation nicht nur dem Markt mit seinem Gesetz von Angebot und Nachfrage, sondern auch beliebigem Gebrauch und Missbrauch preisgegeben. Es kann dem Leser dazu dienen, sich sentimental selbst zu genießen, eine Botschaft an jemand anderen zu verschlüsseln, den Dichter oder dessen Gesellschaftsschicht zu entlarven, alles Mögliche zu dokumentieren, woran der Dichter niemals gedacht hat. Das Gedicht kann auch dazu benutzt werden, Schüler zu langweilen oder zu ängstigen, worüber gerade manche Dichter selbst Klage geführt haben.

Wenn das Gedicht Genuss und Erkenntnisse, die in anderer Sprache nicht zu vermitteln wären, wenn es neue Möglichkeiten der Empfindung und Wahrnehmung und damit für den Leser ein Stück Selbstbegegnung bewirken konnte, hat es vermutlich den Adressaten erreicht, der dem auch noch so „monologischen" Dichter eben doch als Kommunikationspartner vorgeschwebt hat.

2. Arten und Formen des Gedichts

2.1. Traditionelle und moderne Lyrik

Die Beschreibung dessen, was ein Gedicht sei, ging in diesen Ausführungen wie in den meisten Hand- und Lehrbüchern (z. B. für den gymnasialen Oberstufenunterricht) von dem Typus aus, der vom jungen Goethe über die Romantiker und das spätere 19. Jahrhundert bis in die Epigonenlyrik unserer Tage reicht: dem Stimmungs-, Erlebnis- oder Ausdrucksgedicht. Goethe selbst nannte es auch „Gelegenheitsgedicht" und meinte mit „Gelegenheit" die Situation, die den Dichter zum Seelenausdruck drängt bzw. dazu, „zu sagen, was er leidet". Gegenläufig ist die übliche Definition des Begriffs, die mit „Gelegenheit" den konventionellen Anlass meint, zu dem das Gedicht von der Gesellschaft oder einer Gruppe erwartet wird. Vor Goethe war auch das künstlerisch anspruchsvolle Gedicht in diesem anderen Sinn „Gelegenheitsdichtung" für ein höfisches oder bürgerliches Publikum, das mit der Erfüllung von Spielregeln, aber kaum mit Stimmungen und Bekenntnissen eines Individuums rechnete. Mag uns heute der Ton der Ausdruckslyrik auch aus manchen vor der Goethezeit entstandenen Gedichten entgegenklingen, z. B. aus Versen der Sappho oder alten Volksliedstrophen, so gilt doch dieser Gedichttypus seit längerem als begrenztes, historisch zu beurteilendes Phänomen. Vor allem ein 1956 erschienenes Buch (Friedrich 1956) hat dazu beigetragen, dass es üblich geworden ist, von der klassisch-romantisch inspirierten Ausdruckslyrik nicht nur die ihr vorangegangene Gesellschaftspoesie, sondern vor allem die „Moderne Lyrik“ abzuheben, die in Frankreich seit der Mitte des vorigen Jahrhunderts und bei uns fünfzig Jahre später die ältere Tradition abgelöst hat. In dieser Sicht ist alles, was seitdem in deren Manier weitergedichtet, Epigonentum. Diese Wende und die daraus resultierende Dichotomie Traditionelles Gedicht / Modernes Gedicht ist zu einem Angelpunkt nicht nur lyriktheoretischer, sondern auch lyrikdidaktischer Diskussion geworden. Die folgenden Ausführungen gelten dementsprechend nicht nur der Charakterisierung besonderer Gedichtarten und -formen, sondern auch deren Rolle im gegenwärtigen Literaturunterricht.

Das „Moderne Gedicht“ appelliert nicht mehr an den Leser mitzuschwingen, sich einzufühlen und nachzuerleben. Vielmehr widersetzt es sich solchen Bedürfnissen: es befremdet, schockiert, provoziert ihn, wenn auch auf faszinierende Weise. Es leistet dies, indem es auf vieles verzichtet wie auf sprachliche „Korrektheit“ und Konventionen der Dichtersprache, auf Nachvollziehbarkeit der Bilder und Vergleiche, auf realistische Raum-, Zeit- und Objektbezüge, auf „Aussage“, „Sinn“ und „Schönheit“. So wie moderne Architektur auf Symmetrie und Ornament, moderne Malerei auf Perspektive, moderne Musik auf Harmonie in vielen Fällen keine Rücksicht nimmt, gebärdet sich auch das moderne Gedicht gern als aperspektivisch und dissonant, es deformiert und demontiert die gewohnte Welt bzw. deren Sicht durch den Leser. Im „Traumlabor“ des Dichters, der solche Verse herstellt, vermischen sich Intellekt und Kalkül mit Phantasie und Imagination; der Dichter wird zum Experimentator. Ambivalent ist sein Verhältnis zur Sprache: einerseits misstraut er ihr als der Trägerin von Tradition und Konvention, andererseits vertraut er ihr umso blinder, als er mit ihr als seinem vorgegebenen Material experimentiert, um auf diese Weise Neues zu entdecken. „Der Dichter überläßt die Initiative den Worten“ (Mallarmé), und je komplexer, vieldeutiger das Ergebnis ist, desto gelungener ist die durch Sprache geschaffene Gegenwelt.

Die – notgedrungen stilisierende und vereinfachende – Diagnose des modernen Gedichts hat unversehens in die Nähe der Bestimmungen geführt, die das lyrische Gedicht schlechthin kennzeichnen sollten: Reichtum und Dichte seiner „polyphonen“ Struktur. An dieser Stelle treffen sich traditionelles und modernes Gedicht, und so ist denn auch Friedrichs Buch wenig später mit einer Abhandlung über die „Struktureinheit klassischer und moderner deutscher Lyrik“ (Burger 1966) widersprochen worden. Von einer solchen Einheit zu sprechen, ist zwar überspitzt, aber der gemeinsame Nenner der reichen und dichten Struktur sollte Anlass sein, die Dichotomie Traditionelles Gedicht / Modernes Gedicht weniger als bisher zum Leitfaden lyrikdidaktischer Diskussion zu machen. In den 50er und 60er Jahren, als moderne Gedichte ins Lesebuch gerieten, gaben ihre „Dunkelheit“ und „Destruktivität“ Anlass zu pädagogischen Besorgnissen, die wiederum ihre Verfechter bewog, das spezifisch Moderne an ihnen programmatisch als didaktisch wertvoll hervorzuheben (vgl. Helmers 1963; Gerth 1964). Inzwischen darf man gelassener sein: die moderne Lyrik hat neben ihren esoterischen und hermetischen auch besonders verständliche, zugängliche Repräsentanten, und der Begriff der Modernität gerät ins Schwimmen, sobald man die Aufmerksamkeit auf die „modernen“ Stilzüge vieler älterer Gedichte richtet. Die Dichotomie bringt auch deshalb nicht viel ein, weil quer zu ihr jene andere steht, die der delikaten Unterscheidung von Hoch- und Trivialliteratur entspricht und zum didaktischen Problem wird, wenn man z. B. in der Schule neben „literarischen“ Gedichten auch Schlagertexte oder Agitationsverse analysieren möchte.

In dieser Darstellung soll also zwischen einer Didaktik des traditionellen und einer Didaktik des modernen Gedichts nicht weiter unterschieden werden. Dagegen empfiehlt es sich, bestimmten Arten und Formen von Gedichten eigene Abschnitte zu widmen, weil sie, aus der Masse der lyrischen Produktion ausgegrenzt, zur Zeit in literaturkritischen und -didaktischen Darstellungen, Textsammlungen und Lernsequenzen (z. B. Oberstufenkursen) ein auffälliges Eigenleben führen. In dieser Reihe lassen sich dann auch Sonderthemen wie „Ballade“, „Kindergedicht“ und „Schlager“ erörtern.

Einer der Trends moderner Lyrik isolierte den Anteil des Experimentellen und Spielerischen, so dass sich den Klassikern poetischer Sprachspiele vom Barock bis Morgenstern nun eine ganze Reihe von Dichtern hinzugesellt, so nach dem ersten Weltkrieg die Dada-Dichter und nach dem zweiten viele Experimentatoren verschiedener Gruppen und Schulen wie die Vertreter konkreter und visueller Lyrik (vgl. Hartung 1975). Zwischen Sprachexperimenten mit hohem Anspruch und lustigem Spiel mit dem Spielzeug Sprache lässt sich ein gleitender Übergang beobachten, ebenso zwischen Tiefsinn und Nonsens als Ergebnissen solcher Eskapaden – man denke nur an Ernst Jandl. Dass auf diesem Feld etwas für Lehrer und Schüler zu ernten ist, wurde bald entdeckt und auch von den Autoren gutgeheißen. Die Zahl der Textangebote und Unterrichtsvorschläge, die der Schulbuchmarkt und die Fachliteratur bereithalten, ist beträchtlich (z. B. Langheinrich 1979). Es liegt so nahe: Schüler, vor allem jüngere, lassen sich eher zum Spiel als zum Ernst motivieren, sie entdecken bei diesem Thema Freiräume, die nicht zum Alltag des Deutschunterrichts gehören. Es macht Spaß, Rätsel zu lösen, denn als solche stellen sich experimentelle Gedichte meistens dar; es macht Spaß, sprachliche Regeln und Normen außer Kraft gesetzt zu sehen oder gar selber außer Kraft setzen zu dürfen; es macht Spaß, Sprachliches zu zerlegen und mit den gewonnenen Materialien zu basteln, bis Neues entsteht, sei es im Bewusstsein oder auf dem Papier. Gerade bei dieser Textart lassen sich Rezeption und Produktion auch methodisch kaum trennen. Die Phantasie der Kinder, ihr unbefangeneres Verhältnis zum eingefahrenen Sprachgebrauch, ihr originärer Sinn für das Komische sowohl im Sinne des Lustigen wie des Seltsamen – alles dies lässt sie beim Spielen mit Sprache, wozu schon die Lektüre entsprechender Texte gehört, kreativer werden als gegenüber anderen Textarten. Wenn es Schülern allerdings entsprechend ihrer Entwicklungsstufe vornehmlich um Sinn und Aussage eines Textes geht, kann selbstgenügsames Spiel mit der Sprache leicht für sie zu einem Pensum werden, das wieder einmal offenbart, dass Schule und Leben wenig miteinander zu tun haben. Auch Sprachspiele und experimentelle Texte sind kein automatisch zum Erfolg führender Unterrichtsinhalt.

2.2. Politische, Alltags- und Gedankenlyrik

Weniger verrätselt und interpretationsbedürftig, aber umso mehr mit Bezügen zur Realität befrachtet ist eine Art ebenfalls vornehmlich zeitgenössischer Lyrik, der sich vermutlich gerade viele Lehrer verpflichtet fühlen, die für Sprachexperimente weniger Neigung mitbringen: sozialkritische und politische Gedichte. Seit der Politisierung des Deutschunterrichts Ende der 60er Jahre spielen sie in der zuständigen Fachliteratur (vgl. Girschner-Woldt 1971) eine ähnlich große Rolle wie die Experimentallyrik. Vorher waren politische Gedichte, wenn überhaupt, am ehesten als Negativbeispiele für tendenziöse Un-Kunst gelesen worden, wofür etwa Preislieder auf Hitler und Stalin zur Verfügung standen (vgl. Schöne 1965), jetzt wurde die Legitimität politischer Lyrik als Kunst und als Unterrichtsgegenstand wieder entdeckt; ihr Thema durfte sogar brandaktuell sein (vgl. Fingerhut / Hopster 1972). Der Grad, in dem ihr Kunstcharakter neben der Inhaltsfrage zur Debatte stand, war je nach der didaktischen Konzeption verschieden; vielfach wurden die Texte nur noch als Dokumente für eine beherzigenswerte Parteinahme oder auch zwecks ihrer eigenen ideologiekritischen Entlarvung gelesen. Die Parteilichkeit politischer Gedichte (von Walther von der Vogelweide bis Erich Fried) bot und bietet in vielen Fällen Gelegenheit, sprachliche Mittel der Satire und Polemik vorzustellen und insofern eine besonders wichtige Teilkompetenz des Textverstehens zu vermitteln. Ist der Inhalt bzw. der Appell des politischen Gedichtes aktuell, kann allerdings ein Problem auftreten, das jeden politischen Unterricht belastet: die Stellungnahme zum Inhalt droht zur Kundgabe einer Gesinnung zu werden, und der Lehrer, der aus pädagogischen Gründen unparteilich bleiben möchte, steht plötzlich als Formalist da, der das Gedicht neutralisiert und kastriert. Handelt er anders, trägt er vielleicht dazu bei, eine Minderheit der Klasse mit Meinungszwang zu terrorisieren. So wirft die Arbeit mit politischer Lyrik Probleme auf, die über das literaturdidaktische Feld hinausweisen, aber ein Deutschlehrer, der nichts als dieses ist, wäre ohnehin schon durch die Inhalte politischer Gedichte überfordert.

Auf verschlüsseltere Weise sind politische Parteilichkeit und Sozialkritik in einer Gedichtart enthalten, die erst seit wenigen Jahren programmatisch verfochten und reichlich produziert wird; sie wurde von der Didaktik rasch und begierig aufgegriffen: die „Alltagslyrik". Viele ihrer Produzenten sind in ihrem Engagement enttäuschte ehemalige Vertreter der Jugendrevolte, die nun der „Neuen Subjektivität" oder gar „Innerlichkeit" zugerechnet werden. Von daher wird ein Brückenschlag zur traditionellen Lyrik und ihrer Theorie möglich, denn das Gedicht darf wieder als Ausdruck von Gefühl und Stimmung und als Zeugnis für die Weltbegegnung eines exemplarischen Individuums gelesen werden. Insofern ist es beinahe wieder „Gelegenheitsdichtung" im Goetheschen Sinn, wenn auch der geringe Grad der künstlerischen Gestaltung an andere Traditionen anknüpft. Der schlichte Ausdruck dessen, „was er leidet", rückt die Sprache des Alltagslyrikers in die Nähe realistischer Prosa. Umso mehr kommt es darauf an, ob das, was der Dichter sagt, trotz seiner Alltäglichkeit mitteilenswert ist. Ein gutes Alltagsgedicht sagt das auf den ersten Blick Nicht-Mitteilenswerte auf eine Art, dass es sich plötzlich als mitteilenswert erweist.

Der zündende Funke, der vom Alltagsgedicht auf die Didaktik übersprang, scheint neben dessen Verständlichkeit die Tatsache zu sein, dass es sich leicht nachahmen lässt. Ältere Schüler finden ihr Lebensgefühl in Gedichten vor, deren Sprache beinahe ihre eigene ist, und haben es nicht schwer, sich selbst mit ähnlichen Mitteln zu artikulieren.

Zum Alltag des Dichters gehören nicht nur die Seiten des täglichen Lebens, deren „Prosa" sich die traditionelle Poesie verschlossen hatte, sondern auch die Bereiche, die seit je der Seele und damit der Lyrik Nahrung gaben: Liebe, Abschied und Einsamkeit, Stimmungen der Tages- und Jahreszeit, Lebensfreude und Weltschmerz, Vergänglichkeit und Tod. Die Aufzählung dieser Themen bedeutet nicht etwa deren Subsumierung in die Zuständigkeit der Alltagslyrik, vielmehr partizipiert diese an der lyrischen Tradition, die als Unterströmung weiterwirkt und die Folie ist, von der sich die aktuellen Sonderentwicklungen abheben. So war es auch nur eine Episode, als sich Anfang der 70er Jahre formalistische Experimentatoren und gesellschaftskritische Programmatiker in der gemeinsamen Tendenz begegneten, die herkömmlichen Themen und Motive der Lyrik zusammen mit den Formen, in denen sie zur Sprache gekommen waren, als verbraucht beiseite zu schieben oder gar als Ausdruck parasitärer Bürgerlichkeit verächtlich zu machen.

Inzwischen ist das Recht des Individuums auf seine Emotionen und seine reflexive Selbstbegegnung wieder entdeckt worden und mit ihm auch das große alte Thema „Natur". Diese, einst eher als drohend, dann als mütterlich bergend empfundene Übermacht diente zumindest seit der Goethezeit dem Lyriker als Resonanzraum seiner Innerlichkeit und – neben der Mythologie – als Schatzhaus seiner Bildersprache. So ist es kein Wunder, dass mit der neuen Subjektivität auch die Natur als lyrisches Thema wieder präsent ist. Es erscheinen wieder Anthologien mit Liebesgedichten oder Naturgedichten sowohl für die intime Lektüre des privaten Lesers wie die öffentliche des Oberstufenkurses. Die neuen Liebesgedichte sprechen allerdings häufiger von der Trennung als dem Glück, und die Natur ist nicht mehr die ewige, sondern die von und mit uns Menschen tödlich bedrohte. Themen wie „Liebe" und „Natur" sind nicht mehr sich selbst genug, vielmehr werden sie als gesellschaftliche gesehen; insofern ist die Kluft zwischen der sozialkritisch-politisch orientierten Lyrik und der einer neuen Innerlichkeit, aber auch die zwischen den didaktischen Konzeptionen, die sich ihnen jeweils verschrieben haben, nicht so groß, wie es auf den ersten Blick erscheinen mag.

Zu den überlieferten Gedichtarten, die sich schwer in die traditionelle Lyriktheorie einordnen ließen, gehört auch die „Gedankenlyrik", für uns repräsentiert vor allem in den Werken Goethes, Schillers und Hölderlins. In ihr dienen Vers und Rhythmus, gehobene Wortwahl und Bildersprache nicht so sehr dem Ausdruck der Empfindung, als vielmehr der Entfaltung von Ideen; oft handelt es sich im Grunde um philosophische Lehrgedichte. Gerne bedienten sich die Gedankendichter besonderer Vers- und Strophenformen, in deren Struktur sich antithetische Gedankenschritte gut einpassen ließen, seien es reimlose antike Metren wie das Distichon oder Oden-Strophen, seien es gereimte romanischer Herkunft wie Sonett und Stanze. Gedichte in freien Rhythmen, oft als „Hymnen“ oder „Dithyramben“ klassifiziert, gelten als Errungenschaft der deutschen Versgeschichte. Bei diesen Begriffen für Gedicht-Arten überkreuzen sich inhaltliche und formale Bestimmungen, so dass z. B. eine „Elegie“ sowohl Klagegedicht (auch in Reimstrophen) wie Gedicht aus Distichen (auch freudigen Inhalts) sein kann; Beleg dafür, dass man mit der historisch vielfältig belasteten, in sich widersprüchlichen Terminologie der Verslehre Schüler nicht unnütz beschweren sollte. Das Kurzgedicht aus einem oder wenigen Distichen, das Epigramm, ist wie das gereimte Spruchgedicht nichts anderes als eine Sentenz, ein Aphorismus, eine Anekdote, vielleicht nur eine witzige Pointe in Versgestalt. So ist es von jeher ein legitimer Auftrag des Lyrikers, nicht nur Gefühlen Ausdruck zu geben oder Bilder zu imaginieren, sondern auch Denkergebnissen ihre gültige, einprägsame Form zu geben. Emotionalität, Phantasie und Intellekt haben gleichermaßen am lyrischen Schaffen teil, und schon Hegels klassische Ästhetik lehrt, dass der „Reiz in der lyrischen Poesie teils im zarten Hauche des Gemüts, teils in der Neuheit frappanter Anschauungsweisen und dem Witz überraschender Wendungen und Pointen liegen kann“.

2.3. Volkslied, Ballade, Schlager, Kindergedicht

Als im ersten Kapitel das Thema „Lyrik“ von Situationen, Funktionen, Produzenten- und Rezipientenrollen her ins Blickfeld geriet, tauchte bereits ein Gesichtspunkt auf, der in den anschließenden Ausführungen wieder vernachlässigt werden musste: die Dichotomie zwischen anspruchsvoller Kunst-, meist Buchlyrik, und dem volkstümlichen, oft trivialen und handfest zweckgebundenen Leben der Verse des täglichen Gebrauchs. Diese Unterscheidung wurde in früheren Jahrhunderten viel strenger gesehen als heute. Bekanntlich bedeutet die Goethezeit auch in dieser Hinsicht einen Einschnitt, indem die bisher verachteten Volkslieder von nun an schriftlicher Überlieferung gewürdigt und sogar als Ausdruck der Volksseele aufs Höchste geschätzt wurden. „Lied“ wurde zum Inbegriff „reiner Lyrik“, die im volkstümlichen Liebes- oder Jahreszeitenlied ebenso ihr Muster sah wie die neu erstehende Kunstballade im erzählenden Volkslied, wenn nicht sogar in der Moritat des Bänkelsängers. Lyrische Volksdichtung hat seitdem im kulturellen Leben und damit auch in der Schule ihren festen Platz, sei es ihres Kunstcharakters wegen oder als Dokument für das Gesellschaftliche, das sich in den Versen manifestiert. Zum Volkslied gehört allerdings immer die Melodie, die Beschäftigung mit ihm sollte sich deshalb nicht zu weit von der einzig angemessenen Darbietungsweise dieser im Gegensatz zur Buchlyrik öffentlichen, geselligen, im Grunde „unliterarischen“ Kunst entfernen. Deutsch- und Musikunterricht sind aufeinander angewiesen.

Wer den Begriff „Ballade“ von der anonymen Volksballade vor Bürger und Goethe, aber auch von dem anfangs umschriebenen erweiterten Wortgebrauch der Gegenwart – Ballade = Vortragslied – abstrahiert und auf die traditionelle Gattungsvorstellung reduziert, gewinnt die Bezeichnung für eine Gedichtart, die zum klassischen Bestand poetischer Schullektüre zählt und in der Literaturdidaktik gewöhnlich als eigenes Thema behandelt wird. Dass und warum sie in dieser Darstellung als

Spielart der Lyrik eingeordnet ist, braucht nicht wiederholt zu werden. Seit Goethe ist es üblich, in der Ballade eine Art Ur-Dichtung zu sehen, in der lyrische, epische und dramatische Elemente verschmolzen sind. Ihre Meister im 18. und 19. Jahrhundert machten ihr die Errungenschaften der neuen Ausdrucks- und Erlebnisdichtung dienstbar. So lag es nahe, im Schulunterricht die Ballade mit ihrem spannenden Erzählgeschehen als Propädeutikum für die Beschäftigung mit lyrischer Dichtung zu nutzen, ein Brauch, der später durch jugendpsychologisch-literaturdidaktische Theoreme abgestützt wurde, die eine spezifische Entsprechung zwischen der Ballade und der Entwicklungsphase der (Vor-)Pubertät behaupteten (Ulshöfer 1966, 179). Dieses Schulbeispiel literaturpädagogischer Theoriebildung gehört inzwischen der Geschichte der Didaktik an, und ein Begriff wie „Balladenalter" ist obsolet geworden; Balladen werden auf allen Stufen mit jeweils verschiedenen Zielen und Methoden gelesen. Aber auf dem Hintergrund des Themas werden allgemeine, ungelöste Fragen der Ästhetik sichtbar, die zugleich Fragen der Pädagogik sind: ob die Kunst, hier ihr „Schulbeispiel" Ballade, gleichsam therapeutisch wirken kann, ob es „ästhetische Erziehung" gibt.

Die „Ballade" in ihrer aktuellen Bedeutung als Lied, das von jemandem in der Personalunion Autor / Komponist / Begleiter / Sänger zum Vortrag gebracht wird, ist zweifellos die lyrische Textsorte, die auf die junge Generation von heute die größte Wirkung ausübt. Ihr verdankt die Verskunst als Ganzes eine Art Renaissance, woran die Darbietungsform gewiss noch größeren Anteil hat als die vermittelten Inhalte. Diese sind nur zum Teil „erzählend", aber stets auf Realität bezogen und zugleich auf ein gleichgestimmtes Publikum, das sich in seinem Lebensgefühl und seiner Weltsicht bestätigt fühlt, wenn die bestehenden Zustände und die für sie verantwortliche Gesellschaft Gegenstand von Klage, Spott und Angriff werden. Der Begriff „Protestsong" kennzeichnet immer noch einen großen Teil der Produktion der „Liedermacher" (Rothschild 1980), wenn auch zur direkten politischen und sozialkritischen Thematik vieles aus dem allgemeineren Motivbereich und Stimmungsfundus der „Alltagslyrik" hinzugekommen ist. Anspruch und Breitenwirkung der Lieder differieren erheblich: Vieles ist wie der klassische Chanson der elitären Kleinkunstbühne und einem intellektuellen Publikum zugedacht, anderes wiederum setzt sich, marktgerecht produziert, in Funk und Fernsehen, auf Platten und Kassetten so wirkungsvoll durch, dass kritische Lyrik zum Inhalt von Massenkommunikation wird. Hier zeigt sich der gleitende Übergang zum Thema „Schlager", dem sich die Trivialliteratur-Forschung und -Didaktik seit den 60er Jahren widmen (vgl. Würffel 1980), wobei sich Kritik aus ästhetischer sowie politisch-soziologischer Sicht und Billigung aus sozialpsychologischen Rücksichten wie bei den anderen Textsorten der Massenunterhaltung oft im Wege stehen. Man ist sich wohl einig, dass Schlagertexte „kollektive Wachträume", „trügerische Identifikationsangebote" und „Leermuster einer vergangenen Epoche ohne deren Voraussetzungen und Legitimationen" (Killy 1971, 268) unters Volk bringen, ist sich aber uneinig, ob dieses auf solche Seelennahrung einen legitimen Anspruch habe oder zu seinem eigenen Heil von ihr zu entwöhnen sei. Dahinter steckt letztlich die geschichtsphilosophische Frage nach der

Möglichkeit einer Gesellschaft, in welcher der Alltag so beschaffen ist, dass er nach Feierabend keiner Kompensation bedarf.

Die Ambivalenz der Wertungsfrage gegenüber Verstexten wurde besonders deutlich, als 1967 ein bekannter Lyriker eine ihrer meistverachteten Sorten buchfähig machte (Rühmkorf 1967). Er meinte, den literarischen Untergrund des unanständigen und aufsässigen Volks- und vor allem Kindermunds, wie er in Versform mündlich, zum Teil auch an Mauern und Wänden tradiert wird, als die wahre Volksdichtung entdeckt zu haben. Das, wovon früher Eltern und Lehrer nichts wissen durften, war jetzt in Büchern zu lesen, auf Platten zu hören und sogar in der Schule zu reflektieren. Die Frage: „Weshalb haben Kinder so etwas nötig?" ist tatsächlich des Nachdenkens wert. So hat das „Kindergedicht" nicht nur als Gedicht für Kinder, sondern auch als Gedicht von Kindern in den letzten Jahren in der Literaturdidaktik einen neuen Stellenwert gewonnen, der dem Trend zum Adressaten- d. h. Schülerbezug entspricht. Seitdem es Lesebücher gibt, werden jüngeren Schulkindern kindgemäße Gedichte angeboten, aber die Vorstellung davon, was kindgemäß ist, wandelt sich. Dabei verknüpfen sich erzieherische Gesichtspunkte bald mit denen, die aus der Beobachtung abzuleiten waren, dass gerade jüngere Kinder an Reim und Rhythmus, Klängen und sprachlichen Bildern elementare Freude haben und somit eine Empfänglichkeit für Gedichte zeigen, die mit dem Heranwachsen verloren geht. Ob dieser oft beklagte Befund einem Entwicklungsgesetz entspricht oder vielmehr eine Folge dessen ist, wie in der Schule mit Gedichten umgegangen wird, ist strittig. Auf jeden Fall ist förderlich, dass sich Fachwissenschaft und Fachdidaktik in wachsendem Maße für das Kindergedicht interessieren (vgl. Franz 1979), mehr noch, dass seit den 60er Jahren immer mehr Kindergedichte gedruckt werden, die den Bedürfnissen ihrer Leser entgegenkommen und zugleich literarischen Ansprüchen genügen. Dabei treten die spielerisch-poetischen Verse allmählich gegenüber solchen zurück, die nicht weniger Bezug zur Wirklichkeit der Kinder haben als die, denen Rühmkorf zu ihrem Recht verhalf. Nach dem Intermezzo der antiautoritären Kinderlyrik mit ihrer oft wider Willen desorientierenden und entmutigenden Wirkung gibt es nun Kindergedichte, die zum Leben in dieser Welt Mut machen, ohne sie poetisch zu verklären. Thematik und Art der Aussage nähern sich dabei der Alltagslyrik, so wie seit einigen Jahren auch eine eigens für heranwachsende Jugendliche geschriebene Lyrik entsteht, die sich zwischen Kinder- und Erwachsenenlyrik geschoben hat und somit das Spektrum der Jugendliteratur ergänzt (z. B. Fuhrmann 1976).

3. Didaktik des Gedichts

3.1. Konzeptionen der Gedichtdidaktik

Nach der Übersicht über eine Reihe von Gedichtarten, die heute aus verschiedenen Gründen im literarischen Leben und im Deutschunterricht eine besondere Rolle spielen, ist es an der Zeit, die wesentlichen Konzeptionen der Gedichtdidaktik vorzustellen, soweit sie für den Literaturunterricht von heute von Belang sind. Allerdings ist es schwierig, dabei die Wiederholung dessen zu vermeiden, was allgemein zu literaturdidaktischen Konzeptionen gesagt werden kann. So wie in der Fachwissenschaft auffällt, dass das zur Lyrik Gesagte meist das Poetische überhaupt betrifft, so hat auch die Gedichtdidaktik die Eigenschaft, Literaturdidaktik im weiteren Sinn zu sein, die sich ergänzend, oft nur additiv zum Verscharakter der Lyrik äußert, um an dieser Stelle gleich zu methodischen Konsequenzen überzuleiten. Diese Feststellung ist kein Vorwurf, sondern spiegelt wider, dass es kaum möglich ist, die Frage der Lyrik als Textsortenproblem in den Griff zu bekommen. Während sich die Gedichtdidaktik als Wissenschaft nur undeutlich von allgemeiner Literaturdidaktik abhebt, besteht im Bewusstsein der Schüler und Lehrer, besonders auffallend bei den meisten Lehrerstudenten, zwischen der Gedichtstunde und der „gewöhnlichen" Literaturstunde, die sich z.B. mit erzählender Prosa befasst, ein beträchtlicher Unterschied. So meiden z.B. Studenten gern im Praktikum das Thema Lyrik; schon vom Druckbild des Verstextes scheint eine einschüchternde Wirkung auszugehen. Die Vorstellung von einem besonderen Anspruch des Gedichts, der den Unterricht für den Lehrer schwierig macht, wird in der Klasse oft als Abwehrhaltung spürbar und kann mit der komplizierten Frage einer historisch bedingten grundsätzlichen Befangenheit der Deutschen gegenüber ihrer Lyrik zusammenhängen, für die bei einem Teil unserer Nachbarvölker keine Parallele zu entdecken ist. Andererseits mag eine Ambivalenz mitschuldig sein, die Gedicht und Schule schwer zusammenkommen lässt: die Vorstellung von der „Intimität" des Gedichts, für das man eben empfänglich ist oder nicht, und die Furcht gerade der Empfänglichen vor dem schulischen, also öffentlichen „Zerpflücken" dessen, was einem am Herzen liegt.

Wer einen Blick in alte „Präparationsbücher" wirft, die den schulischen Umgang mit Gedichten in früheren Jahren geprägt haben, kann verstehen, dass die Schule vielen Menschen den Umgang mit Gedichten für ihr Leben verleidet hat. Gedichte, die nicht von vornherein für diesen Zweck geschrieben sind, sind empfindlich dagegen, moralpädagogisch in Dienst genommen zu werden, worauf ja die alten Stundenmodelle zumeist hinausliefen. Auch wo es nicht um Vorbilder oder abschreckende Beispiele, Mahnung oder Warnung ging, trat so etwas wie ein moralischer Anspruch auf: die vom Gedicht verkündete Frühlingsfreude, Mutterliebe oder Vergänglichkeitswehmut glich einer von hoher Warte erlassenen Vorschrift, dieselben Empfindungen und Erlebnisse zu haben wie die poetische Autorität. Das Programm der Stimmungs- und Erlebnislyrik, „edlen Seelen vorzufühlen" (Goethe), verkehrte sich in der Gedichtstunde zur Verordnung des kollektiven Nachvollzugs von Haltungen und Wertungen, deren Anspruch durch ihre Verschlüsselung in das, was man als „schön" wahrzunehmen verpflichtet war, noch potenziert wurde. Die geforderte Empfänglichkeit sollte der Schüler nun in der Atmosphäre des Klassenzimmers, unter der Kontrolle des Lehrers und der Mitschüler entfalten, und dieser Prozess war in eine abrufbare Leistung wie etwa ausdrucksvollen Gedichtvortrag umzumünzen. Wenn zu diesen Forderungen, vor allem für ältere Schüler, noch die weiterreichende hinzutrat, in dem Gedicht die Schöpferkraft eines Genies zu erkennen, wird im nachhinein begreiflich, dass die Gedicht-„Durchnahme" selten Freude an der Lyrik aufkommen ließ bzw. den, der Gedichte zu genießen verstand, in den Zwiespalt zwischen schulischer Pflichtübung und privatem Lesebedürfnis versetzte.

So wie sich in älterer didaktischer Literatur, von der es durchaus noch lebendige Nachfahren gibt, Moralpädagogik, Erlebnispsychologie und Vorstellungen von Nationalbildung in unterschiedlichen Mischungsverhältnissen zusammenfanden (z. B. bei Ulshöfer 1966), führte auch die literaturdidaktische Wende zur „werkimmanenten Interpretation" und Strukturbetrachtung in den 50er Jahren noch keineswegs zu einer eindeutigen Verwissenschaftlichung des Umgangs mit Lyrik. Zwar verloren die nationalen Vorzeichen und auch die christlich-abendländischen, die diese nach dem Kriege weitgehend abgelöst hatten, immer mehr an Bedeutung, aber eine lebens- und existenzphilosophisch inspirierte Leitbilddidaktik blieb, jeweils nach Schulart und -stufe verschieden ausgeprägt, wirksam und vermischte sich mit der ebenfalls ethisch fundierten Forderung, werkbezogen, also sachgemäß mit dem Gedicht umzugehen. Fachlich fundierte, hingabevolle und zugleich exakte Arbeit am Text sollte dessen Geheimnis preisgeben und zugleich erzieherisch auf den interpretierenden Schüler wirken. Die Forderung nach methodischer Sauberkeit und analytischer Genauigkeit der Strukturerkenntnis kreuzte sich in der Didaktik mit einer Tradition, die zwar aus der Pädagogik stammte, sich aber partiell wie Vorläuferschaft zum Programm der werkimmanenten Interpretation ausnahm: die Gedichtdidaktik der Kunsterziehungsbewegung vom Beginn unseres Jahrhunderts. Deren Forderung war, jede Pädagogisierung des Gedichtumgangs zu vermeiden und das Werk ganz aus seiner eigenen Kraft als Kunstwerk wirken zu lassen; ästhetischer Genuss war einziges Ziel des Unterrichts. So trafen zwei sehr verschiedene Konsequenzen aus der Theorie vom Gedicht als autonomem Kunstgebilde aufeinander, wobei sie sich zum Teil ergänzten, zum Teil in die Quere gerieten. Wer die zahllosen Musterinterpretationen aus entsprechenden Sammlungen, aus Lehrerbänden zu Lesebüchern, die sich wie das „Lesebuch 65" von Gerth oder das Klett-„Lesebuch" von Helmers als „literarische Arbeitsbücher" verstanden, aus Unterrichtsvorschlägen der Fachliteratur und ähnlichen Quellen kritisch durchsieht, wird bildungsphilosophische, strukturalistische und kunsterzieherische Einflüsse in jeweils verschiedener Akzentuierung wiederfinden; ein gleichsam keimfrei-werkimmanentes Interpretieren ist kaum zu entdecken. Doch war die Autorität der Strukturanalyse groß genug, um vor allem bei der Anwendung im Unterricht und erst recht bei deren Reproduktion im Schüleraufsatz zu einem Formalismus zu verleiten, der über die Aufzeichnung des metrischen Schemas, die Diagnose heller und dunkler Vokale – mithin fröhlicher oder düsterer Stimmung – bis zur obligatorischen Feststellung der stilistischen Geschlossenheit des Gedichts führte. So konnte das Ideal der werkimmanenten Interpretation neuen Schematismus und neue Rezeptologie zur Folge haben. Gewiss bleibt die Forderung, sich auf einen Text einzulassen, ihn genau zu lesen und so viel wie möglich an ihm selbst zu beobachten, auch für andere Konzepte gültig. Vers- und Strophenformen, Stilfiguren und Textsortenmerkmale mit allem Aufwand der Fachterminologie und dem Anspruch auf Vollständigkeit zu registrieren, sollte man jedoch den Germanisten überlassen, sonst ist die Klage der Schüler, dass das zergliederte Gedicht alles Leben und allen Zauber für sie eingebüßt habe, schwer abzuweisen. Wenn Brecht auch im gleichen Zusammenhang gesagt hat: „Zerpflücke eine Rose, und jedes Blatt ist schön!" (Brecht 1964, 119), so fragen die Schüler doch mit Recht, wie man die Blätter wieder zusammenfügen könne, damit die Rose als Ganzes weiterblüht.

Ein Gedicht als ein Stück Literaturgeschichte zu lesen – gewiss stets nur als Aufgabe für ältere Schüler gedacht – gilt vielen Lehrern als charakteristische Gegenposition zur strukturalistischen Textarbeit, obwohl ein Blick in die einschlägigen Interpretationssammlungen der Literaturwissenschaft schnell davon überzeugen kann, dass in der Praxis kaum je auf die historische Perspektive verzichtet worden ist. Dass der Literaturunterricht eher zu dieser Enthaltsamkeit neigte und damit die Gefahr des Formalismus heraufbeschwor, hatte, so paradox das klingen mag, auch pädagogische Gründe: wenn alle Erkenntnisse aus dem Text selbst zu holen waren, ergab sich umso mehr die Chance, gemäß dem Ideal des Arbeitsunterrichts die Selbsttätigkeit der Schüler walten zu lassen; historische Kenntnisse und Einsichten bedürfen dagegen der Vorgabe durch den Lehrer. Inzwischen bestreitet niemand mehr, dass ein Gedicht ein geschichtliches Gebilde ist und missverstanden wird, wenn man von dieser Tatsache absieht. Während es jedoch früher als Zeugnis deutscher Nationalliteratur oder der Lebensgeschichte eines Dichters aufgenommen werden sollte, steht jetzt Geschichtlichkeit als relativierende Perspektive im Vordergrund. Dem politischen, sozialen, ökonomischen Umfeld, in dem das Gedicht entstanden ist, wird dabei oft mehr Aufmerksamkeit zugewendet als den Fragen künstlerischer Tradition. Da nicht nur die Entstehung, sondern auch die Aufnahme des Gedichts als etwas Historisches erkannt ist, gesellen sich Zeugnisse der Rezeptionsgeschichte hinzu. Wenn ein Gedichtverständnis dieser Art ernstgenommen wird, kann es geschehen, dass z. B. in einem Oberstufenkurs zur Lyrik die Gedichte selbst von einer Fülle historischer Dokumente überlagert werden; das überspitzte Werkimmanenz-Ideal hat dann eine ebenso überspitzte Gegenposition provoziert. Richtig ist, so viel historische Information zu vermitteln, wie einem angemessenen Textverständnis dienlich ist, und dass mit der Textlektüre je nach Schulstufe eine wohldosierte Vermittlung von Kenntnissen über Epochen und Autoren einhergehen sollte.

Fast gleichzeitig mit dem eher soziologisch orientierten neuen Sinn für das Geschichtliche des literarischen Kunstwerks traten seit Ende der 60er Jahre literaturdidaktische Tendenzen an die Öffentlichkeit, die zwar gleichfalls die Geschichtlichkeit aller Texte betonten, aber von der Endzeitvorstellung einer klassenlosen Gesellschaft her das einzelne Werk als Ausdruck einer Klassenlage und eines Klassenbewusstseins interpretierten. Ihre Vertreter waren durchweg vom Marxismus inspiriert, aber es entwickelte sich eine Vielfalt rivalisierender Richtungen, die zu den unterschiedlichsten Resultaten gelangten. Die einen kehrten nach der 68er Devise „Die Literatur ist tot" den Blick vom Kunstcharakter des Gedichts weg, zumal wenn dieses als bürgerliches Bildungsgut galt, und ließen allenfalls Verse gelten, die zur politischen Bewusstseinsbildung der Massen beitragen konnten. Im übrigen bedeutete Beschäftigung mit Gedichten für diese Schule ihre ideologiekritische Entlarvung als Ausdruck und Werkzeug von Herrschaftsverhältnissen. Im scharfen Gegensatz zu dieser kulturrevolutionär anmutenden Theorie argumentierten die von der „Frankfurter Schule“ beeinflussten Didaktiker, die in der ästhetischen Autonomie des Gedichts den wahren Protest gegen die bürgerliche Gesellschaft und den „Vorschein“ einer menschlicheren Zukunft entdeckt zu haben meinten. Vertreter einer dritten Richtung äußerten sich wiederum ähnlich wie die Literaturdidaktiker der DDR, welche die „Aneignung des Erbes“ und ästhetische Erziehung durch Dichtung als Wege zur sozialistischen Menschenbildung verstanden. Ein weiterer Akzent der DDR-Didaktik und ihrer westdeutschen Bundesgenossen war folgerichtig die Beschränkung auf die gültigen Leistungen der Hochliteratur, während die soziologisch und kommunikationswissenschaftlich orientierte Didaktik ihr Interesse den Gebrauchs- und Trivialtexten, z. B. dem Schlager, zuwandten. Dabei braucht, um ein Beispiel zu nennen, die Beschäftigung mit Schlagern und mit der Lyrik der deutschen Romantik keine Alternative zu sein, denn wenn die Schüler in der Schlagerpoesie die zu Leerformeln erstarrten Sprachmuster der romantischen Stimmungslyrik entdecken, können sie beides mit neuen Augen sehen lernen und gewinnen ein Organ für die Geschichtlichkeit eines so elementaren menschlichen Phänomens, wie es die Evokation von Stimmungen durch Verse ist.

Jeder Unterricht sollte schülerbezogen sein; trotzdem ist „Schülerbezug“ in jüngster Zeit zu einem Fanal besonderer literaturdidaktischer Bestrebungen geworden. Das Wort bekommt seinen besonderen Sinn in einer Didaktik, die wie die fachwissenschaftliche Rezeptionsforschung ihr Interesse von Dichter und Werk abwendet und auf den Lesenden und Lernenden richtet, in dessen Bewusstsein das Gedicht seine jeweilige konkrete Gestalt gewinnt. Schülerbezug heißt dann zugleich entwicklungs- und sozialpsychologische Rücksicht auf das, was dem Schüler erreichbar und bekömmlich ist, was ihn interessiert und ihm Freude macht. Mit diesem Programm ist aber auch die Einsicht verbunden, dass das, wozu das Gedicht in den einzelnen Köpfen und Herzen wird, je nach den individuellen Voraussetzungen und Bedürfnissen höchst unterschiedlich ist. Gerade beim lyrischen Gedicht, wo es auf ästhetische Empfänglichkeit ankommt, bestehen so große Differenzen, dass es für den Lehrer sehr schwierig werden kann, den Anspruch des Gedichts, also was er für dessen angemessene Interpretation hält, mit der Vielfalt der Schülerrezeptionen didaktisch zu vermitteln. Eine Konsequenz ist der Einbau der Gedichtlektüre in offene Curricula oder Lernsequenzen, die auf verbindliche Ziele und kontrollierbare Resultate verzichten. Ein Lehrer, der seine eigene Interpretation des Gedichts, sei es aufgrund von Strukturanalyse oder ideologiekritischer Durchleuchtung, in den Unterricht einbringt, würde danach dem Gedicht wie den Schülern Gewalt antun. Die textwissenschaftliche, kunstphilosophische, letzthin erkenntnistheoretische Problematik, die hinter der Frage steckt, ob es „die richtige Interpretation“ geben kann, soll hier nicht diskutiert werden, wohl aber die literaturpädagogische Frage, ob ein in diesem Sinn schülerbezogener Umgang mit Gedichten den Schülern den Weg zur Lyrik öffnet oder gerade insofern verschließt, als er zu Willkür und Beliebigkeit verführt.

Das angesprochene Thema ist nicht so neu, wie es auf den ersten Blick erscheinen mag, vielmehr reicht seine Diskussion in die Zeit vor der literaturdidaktischen Reformepoche zurück. Bereits über 30 Jahre alt ist die in einer verbreiteten pädagogischen Zeitschrift leidenschaftlich geführte Debatte, ob ein darin dokumentierter Unterrichtsversuch mit Celan-Gedichten in einem 4. Schuljahr (Venus 1961) – zugespitzt formuliert – ein Verbrechen an der Poesie und den Kindern war, oder ob die offenbar mit Lust und kreativer Rate-Freude gefundenen Auslegungen als Zeichen dafür gelten durften, dass Grundschulkinder mit esoterischer Lyrik der Moderne mehr Sinnvolles anfangen können als die meisten Erwachsenen. Auch später wurden lyrikdidaktische Beiträge veröffentlicht, die von ähnlichen Versuchen berichten und ähnliche Schlüsse ziehen. Das Buch von Weinzierl (1971) markiert sowohl den sachbezogenen wie den pädagogischen Pol des von Venus angeregten Gedichtumgangs. Es beruft sich auf die These Hilde Domins, dass es keine richtigen und falschen Interpretationen gäbe, sondern „nur intensive und weniger intensive Vollzüge" (Domin 1968, 170), und kommt zu dem Ergebnis: „Zeitgenössische Lyrik ist wie kein anderer Unterrichtsgegenstand dazu geeignet, den Lehrer aus seiner Rolle des Erst-Informanten und Alles-besser-Wissenden herauszubringen und ernstgemeinte, nicht nur gespielte Gleichberechtigung von Lehrer und Schüler zu praktizieren" (Weinzierl 1971, 87). Mag dieses Programm auch nur als Regulativ, nicht als umfassendes Prinzip für den schulischen Umgang mit Gedichten taugen, so ist es doch ein freundlicheres Ergebnis „antiautoritärer" Pädagogik als z. B. die Vermittlung mancher „antiautoritärer" Kindergedichte, die Grundschulkindern vor Augen führen wollten, wie „mies" es ist, ein Kind zu sein.

3.2. Lernziele und Auswahlfragen

Der Versuch, allgemeine Lernzielbestimmungen für einen sach- und schülergerechten Lyrikunterricht von heute zu formulieren, kann sich kaum anders denn als eine Synthese aus den verschiedenen Tendenzen darstellen. Eine solche Synthese ist kein fauler Kompromiss, sondern das Ergebnis des Bestrebens, der Darstellung einer komplexen, perspektiven- und spannungsreichen Problematik, die eben doch nach Lösungsvorschlägen verlangt, eine wenigstens vorläufige Orientierung abzugewinnen. Da wir nicht mehr an eine gesetzmäßige Entwicklung vom „Bilderbuch-" zum „Balladen-" und „Lyrikalter" glauben können, werden die Lernziele nicht nach dem Alter der Kinder geschichtet; sie lassen sich erst auf niedrigerer Abstraktionsebene, also bei konkreter Unterrichtsplanung weiter differenzieren. Ausgangspunkt ist, dass „Eindeutigkeit" weder das Wesen eines so komplexen Gebildes wie des lyrischen Gedichts ist noch das Ziel eines Unterrichts sein kann, der die Individualität der Schüler ernst nimmt. Damit gleicht die Planung des Lehrers eher einer „Rezeptionsprognose" (Pielow 1978, 188) mit entsprechender Fächerung vorausgedachter Möglichkeiten als der Festschreibung eines Ergebnisses, das sich als Nachweis des Erfolges der Stunde oder der Lernsequenz herausstellen ließe. So bleiben die Zielformulierungen zwangsläufig allgemein, wenn auch nicht in solchem Maße, wie es die geläufigen Begriffe „Kommunikationsfähigkeit" und „Sprachkompetenz",

„Emanzipation“ und „Selbstbestimmung“ sind, von denen sie sich herleiten lassen, wenn es das Legitimationsbedürfnis verlangt.

Obwohl die Ziele wechselseitig verschränkt sind, sollen sie der Übersicht halber der Reihe nach aufgeführt werden:

- Die Schüler sollen eine Auswahl von Gedichten als Angebot kennenlernen, Handwerkszeug zu deren Erschließung erwerben und Hinweise dafür bekommen, wie man bei entsprechendem Bedürfnis als privater Leser seine Beschäftigung mit Lyrik ausweiten und intensivieren kann.
- Schüler sollen am Umgang mit Gedichten exemplarisch lernen, wie man Texte interpretiert. Kürze und struktureller Reichtum des Gedichts machen dessen Analyse „zum exemplarischen Fall von Sprachanalyse überhaupt. Wir finden hier ein ideales Trainingsfeld für eine der wichtigsten Kompetenzen, die der Deutschunterricht vermitteln will, für das kritische Sprachbewußtsein“ (Gerth 1975, 15).
- Schüler sollen durch Lektüre entsprechender Gedichte ihr historisches Verständnis schärfen, wobei die Einsicht in die Historizität der eigenen Position als Leser mitgemeint ist.
- Schüler sollen durch Umgang mit Gedichten ästhetisch und moralisch sensibilisiert werden. So sollen sie Gelegenheit finden, Urteile wie „schön / häßlich“ oder „gut / böse“ zu wagen, aber auch kritisch und selbstkritisch zu reflektieren (vgl. Hassenstein 1979). Es handelt sich um Schritte zu einer „Wertungskompetenz“, die von der wachsenden Einsicht in die Geschichtlichkeit von Werten und Normen nicht zu trennen ist, zugleich aber auch das Gespräch über die Unabweisbarkeit von Geschmacks- und Gewissensentscheidungen für den Einzelnen möglich macht.
- Schüler sollen angesichts der Vieldeutigkeit lyrischer Gedichte und ihrer Aufnahme durch die Rezipienten lernen, Vieldeutigkeit zu ertragen und für die wechselseitige Verständigung fruchtbar zu machen (Austermühl 1982, 66u.98ff.).
- Schüler sollen durch den Umgang mit Lyrik ihr eigenes Ausdrucksvermögen erweitern, indem sie Möglichkeiten für die Verbalisierung ihrer Wahrnehmungen, Erfahrungen, Empfindungen, Gedanken, Phantasien und Träume kennen lernen.
- Wenn Schüler versuchen, sich lyrisch zu artikulieren, können sie im Umgang mit dem Materialwiderstand der Sprache, der Vers- und Reimordnungen erfahren, wie sich Kreativität gerade innerhalb vorgegebener Regeln entfalten kann.

Die Frage nach dem Kanon der Gedichte, die der Schüler kennen lernen soll, ist nach dem heutigen Diskussionsstand und der Richtlinienpraxis offen. Bei der Konstruktion eines Lyrik-Curriculums, wie sie etwa Lesebuch-Herausgebern aufgegeben ist, werden die einzelnen Aspekte der Auswahl- und Zielproblematik vor allem für die Frage wichtig, wofür das jeweilige Gedicht exemplarisch dastehen soll: für ein Thema oder Motiv, einen Dichter oder eine Epoche, eine Textsorte oder Versform. So werden die Gedichte jeweils als Exempel oder Dokument für etwas in den Horizont der Schüler treten, wobei die heute wieder übliche Einordnung in thematische Sequenzen ihnen mancherlei Vorentscheidungen für deren Rezeption aufnötigt. Eigentlich hat ein Gedicht wie jedes Kunstwerk den Anspruch, als „Individuum“ vor seinen Betrachter zu treten, denn so wie im Museum sich die nebeneinander hängenden Bilder wechselseitig beeinflussen, wirken Gedichte nach Brecht „meist unangenehm in Rudeln und vertragen sich schlecht ... Sie färben auch aufeinander ab und fallen sich ins Wort“ (Brecht 1964, 124). Dieses Sich-ins-Wort-Fallen ist nun vom Sequenzbauer gewollt; es lenkt die Rezeption und reduziert so auch die Vieldeutigkeit, was zugleich Erleichterung und Manipulation bedeutet. Wer ein Gedicht für curriculare Zwecke in eine Sequenz einordnet, potenziert also die Problematik, die schon mit dessen Auswahl gegeben war; er muss sich dessen bewusst sein, was er dem Gedicht und den jeweiligen Schülern antut.

3.3. Hinführung, Darbietung, Erschließung, Lernkontrollen

Wenn Pielow in seinem lesenswerten Buch „Das Gedicht im Unterricht“ behauptet, dass eine „runde Gedichtstunde keine gute“ sein könne (1978, 43), kann das aufgrund der Offenheit und Vieldeutigkeit sowohl des Gedichts wie auch seiner Rezeption nicht verwundern. Einen Idealablauf der Gedichtstunde, wie er früher gemäß der Formalstufen-Doktrin gefordert wurde, wird heute niemand mehr verfechten. Wohl gibt es Grundmuster etwa mit der Phasenfolge Hinführung / Darbietung / Erschließung / Sicherung des Ergebnisses, aber unter solchen Begriffen verbirgt sich heute eine Vielfalt methodischer Möglichkeiten, die sich aus den jeweils zugrunde liegenden didaktischen Entscheidungen ableiten.

Für die Hinführung zum Gedicht gab es in der alten Didaktik das Wort „Einstimmung“, das in Verruf geraten ist, weil es allzu sehr an irrationale Lyriktheorien und Didaktikkonzepte anknüpft. Mit „Einstimmung“ konnten sowohl unterrichtsorganisatorische Maßnahmen zur Herstellung einer dem Gedicht gemäßen Atmosphäre im Klassenraum gemeint sein wie eine bestimmte Erzähl- und Fragetechnik des Lehrers, mit deren Hilfe es den Schülern erleichtert werden sollte, in den Stimmungsraum z. B. des Unheimlichen oder der Festesfreude einzutreten. So pädagogisch es gedacht war, die Klasse, die vielleicht vom Schulhoflärm oder der Mathematikarbeit kommt, auf solche Weise für die Gedichtstunde um- und einzustimmen, so widerspricht diese Methode doch sehr dem Prinzip, vorschnelle Affirmation und Identifikation zu vermeiden. Die oft geäußerte These, das „gute“ Gedicht brächte eben selbst so viel Wirkungskraft mit, dass es überflüssig sei, die Schüler künstlich für seinen Empfang zu prädisponieren, geht aber doch an der Realität vorbei. Für viele Gedichte gilt, dass eine Hinführungsphase die Aufgabe übernehmen muss, Barrieren zwischen Schüler und Gedicht vorsorglich wegzuräumen, z. B. durch Anknüpfen an vorangegangene Unterrichtsinhalte, Klärung sprachlicher oder inhaltlicher Schwierigkeiten, Informationen über Autor und Entstehungsbedingungen. Dabei ist allerdings zu beachten, dass die Bereitstellung von „Vorwissen“ auch das Aufkommen von Voreinstellungen und Vorurteilen fördern kann, so dass die Hinführung Barrieren errichtet, statt sie zu beseitigen.

Im Allgemeinen wird der Einstieg in eine Gedichtstunde heute so gestaltet, dass die Hinführungsphase und die Darbietungsphase ineinander greifen. Vielleicht liefert ja schon die Überschrift des Gedichts die geeignete Handhabe, sich den Zugang zu ihm zu erarbeiten oder auch dazu, Misstrauen gegen eine allzu widerstandslose Rezeption des scheinbar zugänglichen Textes zu wecken. Zu den klassischen Modellen: a) der Lehrer trägt vor (nicht zu schön, um nicht zu viel vorwegzunehmen), b) ein Schüler liest vor (der Star, der sich das zutraut), c) die Schüler lesen still – bietet die Didaktik eine Reihe von Alternativen an, die einen Schematismus der Gedichtstunde vermeiden helfen und der jeweiligen Eigenart des Textes gerecht werden sollen. Es ist ja auch nicht so, dass jedes Gedicht zum Vorlesen oder Vortrag geeignet wäre, was schon für die Darbietung und erst recht für eine mögliche spätere Erarbeitung durch interpretierendes „Erlesen" (Pielow 1978, 77) gilt. Gottfried Benns Vortrag „Probleme der Lyrik" galt lange als eine Art Kleiner Katechismus der Lyriktheorie, aber das darin enthaltene Diktum, das moderne Gedicht sei prinzipiell nicht „vortragsfähig" (Benn 1951, 44), hat nicht verhindern können, dass die Didaktik lange Zeit den mündlichen Vortrag als unentbehrlichen Bestandteil jeder Gedichtbehandlung forderte. Andere Einstiegsmöglichkeiten gehen von der optischen Darbietung aus, wobei eine methodisch hergestellte Leseverzögerung (Frommer / Lindenhahn 1981) den Mitvollzug der Schüler intensivieren kann. Zu diesem Zweck wurde z. B. vorgeschlagen, das Gedicht sozusagen portionsweise nach und nach an der Tafel entstehen und abschreiben zu lassen, aber auch, es den Schülern „zerschnippelt" im Kuvert zur eigentätigen Montage zu offerieren (Haas 1971) oder es nur fragmentarisch vorzustellen: das Gedicht ohne Reimwörter, ohne Schlusszeilen oder nur als Gerippe aus Schlüsselwörtern.

Die Beispiele für fragmentarische Textdarbietung belegen die wechselseitige Verschränkung der Phasen, denn sie lenken noch einmal zum Prinzip der Hinführung zurück. Diese kann nämlich darin bestehen, dass Schüler aufgrund der Vorgaben eigene „Vorgestaltungen" (Pielow 1978, 130) erarbeiten, nicht nur gesprächsweise, sondern auch in eigenen schriftlichen Entwürfen zum Thema, zur Überschrift, zum Anfang des Gedichts. Selber Gedichte schreiben zu lassen, die, nachträglich mit dem „Original" verglichen, notgedrungen zugleich an diesem gemessen würden, dürfte eher entmutigen als zur Kreativität anregen, aber eine Wortsammlung (Weinzierl 1971, 38 ff.) oder Prosaskizze erzeugt noch keine schiefe Konkurrenz zwischen Schüler und Dichter. Ähnliche Aufgaben können zum komplett vorliegenden Text gestellt werden, so dass sich Texterschließung und Experimentieren mit dem Text in einem Textverarbeitungsprozess vereinigen, dessen Resultate wiederum der Ergebnissicherung zugute kommen. Interpretieren heißt ohnehin Fragen an den Text zu stellen, zu deren Bearbeitung auch analytische Gedankenarbeit nötig ist; diese Fragen können mit Hilfe von Arbeitsblättern vorformuliert sein und somit gemeinsames „Entdeckendes Lernen" initiieren. So machen „Proben", wie sie Glinz für den Grammatikunterricht vorgeschlagen hat, die reiche und dichte Struktur des Gedichts sichtbar: die Ersetzung von Wörtern durch scheinbar gleichbedeutende andere, die „Übersetzung" von Metaphern, die Umstellung der Wörter im Satz, Kürzungen und Erweiterungen des Textes, Experimente mit Versmaß und Reim, probeweises Einfügen des Gedichts in einen Kontext oder ein Medium, Erfindung einer Situation zur Einbettung des Gedichts („Situationalisierung“ bei Pätzmann 1976), schließlich auch – mit Hilfe von farbigen Stiften oder Kreiden – die wechselseitige Zuordnung von lautlichen, semantischen oder stilistischen Entsprechungen bzw. Kontrasten. Alle diese Verfahren setzen die Präsenz des ganzen Textes voraus und gesellen sich somit zu den traditionellen Methoden der Textarbeit, wie es das gemeinsame „freie“ Gespräch über das Gedicht ist, bei dem der Lehrer die Assoziationen, Spekulationen und Entdeckungen der Schüler einsammelt und gegebenenfalls an der Tafel sortiert, so dass sich eine Strukturierung ergibt und die Klasse den Eindruck gewinnt, eine kollektive Interpretationsleistung vollbracht zu haben. Dass es Gedichte gibt, sogar moderne, bei denen die gemeinsame Erarbeitung des angemessenen Vortrags zur „akustischen Textanalyse“ (Ockel 1980) und damit zur zielgerichteten Interpretation wird, ist unbestreitbar. Auch hierbei kann durch Beschreibung von Höreindrücken, Erprobung von Sprechvarianten, vielleicht auch vorsätzliche akustische Textverfremdung (wie übertriebenes Skandieren oder Verschleifen der Verse) „Entdeckendes Lernen“ exemplarisch betrieben werden.

Die Voraussetzung für eine weitere Reihe methodischer Möglichkeiten liegt darin, dass nicht nur der Gedichttext, sondern ein oder mehrere weitere Texte vorgelegt werden. Bewährt sind Vergleiche: der zwischen verschiedenen Fassungen desselben Gedichts („Schulbeispiel“: C. F. Meyers „Römischer Brunnen“), dann der Vergleich zwischen motivverwandten Gedichten aus verschiedenen Epochen oder Stilebenen oder der zwischen Gedicht und stofflicher Vorlage („Schulbeispiel“: Fontanes „Brücke am Tay“ mit Zeitungsmeldung). Um andere Ziele geht es, wenn der Gedichttext zusammen mit Dokumenten zu seiner Entstehung und/oder seiner Rezeption dargeboten wird, wobei auch die Beschäftigung mit Texten, welche unterschiedliche Möglichkeiten schulischen Gedichtgebrauchs und -missbrauchs belegen, für die Schüler interessant sein kann (vgl. Hassenstein 1975). Zu den Möglichkeiten des Vergleichs zählen auch die zwischen einem Gedicht und dessen Umsetzung in eine andere Textsorte, zwischen Gedichten und Illustrationen (z. B. in Balladenanthologien) und – besonders naheliegend – zwischen Gedicht und seiner Vertonung. Die Breitenwirkung der deutschen Lyrik des ausgehenden 18. und des 19. Jahrhunderts erklärt sich bekanntlich weitgehend aus der Popularität des deutschen Klavierlieds. Auch der Vergleich zwischen Klavierlied- und Chorkomposition desselben Gedichts (Beispiel: Mörike-Lieder von Hugo Wolf und Distler) kann die Erschließung des Textes, vor allem seiner metrisch-rhythmischen Struktur fördern. Gewiss wird sich nicht jeder Lehrer berufen fühlen, zu solcher Arbeit anzuleiten, aber grundsätzlich ist jeder Gedichtunterricht willkommen, welcher der ursprünglichen und heute, im Zeitalter der Liedermacher, wieder so aktuellen Verschwisterung von Lyrik und Musik Rechnung trägt. Wie bei dem Gedichtunterricht in Sequenzen ist bei dem, der Vergleiche vornimmt, stets zu reflektieren, was Text und Vergleichstext (bzw. Illustration oder Vertonung) wechselseitig verdecken und enthüllen, wo der gemeinsame Nenner und wo die aufschlussreichen Gegensätze zu finden sind. Vergleich ist eine rationale Methode, die den Zauber des poetischen Vergleichsobjekts beeinträchtigen kann, aber Entsprechendes gilt ja auch für die Analyse des einzelnen Textes.

Der letzte augenfällige Entwicklungsschritt der literaturdidaktischen Diskussion war der zum „produktiven“ oder „kreativitätsfördernden“ Literaturunterricht. (Z. B. Haas 1984, Waldmann 1988/1998) Die Schüler sollen durch Gedichte angeregt werden, Paraphrasen, Fortsetzungen, Varianten (Austausch inhaltlicher oder sprachlicher Textelemente, Umsetzung in eine andere Textsorte), Parodien und Collagen herzustellen. Es zeigt sich, dass sich solche Methoden mit denen entdeckender und experimentierender Texterschließung eng berühren oder gar überschneiden. Anregungen zur Eigenproduktion, die der Vorlage nicht so nahe treten, waren auch in der traditionellen Lyrikdidaktik üblich: Illustration oder Vertonung von Gedichten, vor allem aber die Produktion eigener Verse. Wie sehr diese von Mustern abhängig sind, wird jugendlichen Gedichtschreibern selten bewusst und ist für sie auch nicht wichtig. Während es früher mehr darum ging, dass die Schüler beim Selberdichten das Funktionieren sprachlicher Mittel erproben konnten, wird heute die Chance des Schülers betont, im Lyrikunterricht Kompetenzen zu erwerben, sich selbst sprachlich zum Ausdruck zu bringen. Selbstbegegnung und Selbstbestimmung sind auch hier zeitgemäße und menschenfreundliche Zielbestimmungen, deren Spannungsverhältnis zum Lernraum des Klassenzimmers, zum Veröffentlichungszwang vor Lehrern und Mitschülern, zur Gefahr der Bloßstellung allerdings besondere pädagogische Probleme heraufbeschwört. Wer das Risiko scheut, kann den Schülern das poetische Handwerkszeug auch beim gemeinsamen Nachdichten z. B. englischer oder mittelhochdeutscher Verse zu vermitteln versuchen, um die lyrische Selbstartikulation ihrer Privatsphäre zu überlassen.

Schlimm wäre der Gedanke, die dichterische Eigenproduktion der Schüler zur Lernkontrolle oder gar zur Leistungsbewertung auszubeuten. Aber auch sonst wird die Frage der Lernkontrolle im Gedichtunterricht durch dessen offene Didaktik immer prekärer. Wenn dem Schüler gemäß rezeptionsästhetischen Einsichten das Recht eingeräumt wird, dem Gedicht die Wirkung abzugewinnen oder den Sinn zuzuschreiben, der den eigenen Bedürfnissen entspricht, sind keine Lernerlebnisse verbindlich zu machen, es sei denn positive Kenntnisse über Versformen oder Dichterbiographie. Deshalb ist zu betonen, dass einer voreiligen, bequemen Harmonisierung zwischen Subjekt und Objekt des Gedichtunterrichts auch im Rahmen eines offenen Curriculums nicht das Wort zu reden ist. Auch wenn es nicht die einzige richtige Interpretation eines Gedichtes gibt, so muss doch jede einzelne am Text nachweisen, woher sie ihr Recht nimmt, diesen so oder so zu sehen. Dafür ist die Reflexion der eigenen Voraussetzungen und Ziele unentbehrlich. Die schriftliche Gedichtinterpretation, eine Zeit lang zumindest auf dem Gymnasium als Werkzeug der Leistungsbeurteilung und Schülerauslese von zentraler – für manche verhängnisvoller – Bedeutung, sollte nicht verbindlich, sondern nur im freien Angebot schriftlicher Aufgabenstellungen in Erscheinung treten, und der Lehrer muss imstande sein, Fehldeutungen, die durch ungenaues Lesen, mangelndes Wortverständnis und dergleichen verursacht sind, von individuellen Abweichungen im Rahmen legitimer Textaneignung zu unterscheiden. Das ist sehr schwierig und mit der Aufgabe vergleichbar, kontroverse Interpretationen desselben Gedichts zu analysieren und wertend zu vergleichen.

Erst recht problematisch ist es, das Auswendiglernen und fließende und ausdrucksvolle Aufsagen von Gedichten zur Lernkontrolle und Leistungsbeurteilung zu nutzen. Das Verhältnis zwischen Kind und Gedicht kann für sein ganzes späteres Leben gestört werden. Es tut wohl, Gedichte im Kopf und im Herzen (auswendig = by heart) vorrätig zu haben, und jüngere Schüler eignen sie sich im Allgemeinen auch gern und mühelos an. Wenn ältere freie Wahl haben, sind auch sie zumeist bereit, ein Gedicht zu lernen, vielleicht sogar, es in der Klasse vorzutragen, wenn sie nicht zu große Sorge haben müssen, dass ihre Lieblingsverse dann gleich Gefahr laufen, „zerpflückt" zu werden. Ein Schüler, der ein Gedicht vorträgt, sollte Buch oder Blatt in der Hand behalten dürfen, um notfalls hineinzuschauen; schließlich gilt es ja nicht, seine Unerschütterlichkeit in Extremsituationen zu testen. Er soll nur Gelegenheit zu der Erfahrung finden, dass es schön ist, mit einem Gedicht vertraut zu sein und durch dessen Vortrag etwas von sich selbst mitteilen zu können, was sich auf andere Weise schlecht sagen ließe.

Literaturverzeichnis

Adam, Lothar / Busse, Klaus Peter: Lyrik im heutigen Deutschunterricht. In: Braun, Peter / Krallmann, Dieter (Hrsg.): Handbuch Deutschunterricht. Düsseldorf 1983, Bd. II, 357–374

Arbeitsbuch Lyrik = Praxis Deutsch, Sonderheft 1981

Asmuth, Bernhard: Aspekte der Lyrik. 4. Aufl., Düsseldorf 1976 (= Grundstudium Literaturwissenschaft 6)

Austermühl, Elke: Lyrik in der Sekundarstufe I. Hannover 1982

Ballade = Praxis Deutsch 1979, H. 35

Baumgärtner, Alfred Clemens: Ballade und Erzählgedicht im Unterricht. 3. Aufl., München 1979

Benn, Gottfried: Probleme der Lyrik. Wiesbaden 1951

Binneberg, Karl / Menzel, Wolfgang: Modelle für den Literaturunterricht. Entwurf einer Elementarlehre Lyrik. Braunschweig 1970

Brecht, Bert: Über Lyrik. Frankfurt am Main 1964

Burger, Heinz-Otto: Von der Struktureinheit klassischer und moderner deutscher Lyrik. In: Grimm, Reinhold (Hrsg.): Zur Lyrik-Diskussion. Darmstadt 1966, 225ff.

Domin, Hilde: Wozu Lyrik heute? München 1968

Fingerhut, Karl-Heinz: Zeitgenössische politische Naturlyrik. In: Lyrik der Gegenwart = Praxis Deutsch 1981, H. 46, 52–60

Fingerhut, Karl-Heinz / Hopster, Norbert: Arbeitsbuch Politische Lyrik. Frankfurt am Main 1972

Fingerhut, Karl-Heinz und Margret: Liebeslyrik. Arbeitsbuch und Begleitheft für den Lehrer. Frankfurt am Main 1983

Fingerhut, Karl-Heinz und Margret: Naturlyrik. Arbeitsbuch und Begleitheft für den Lehrer. Frankfurt am Main 1985

Franz, Kurt: Kinderlyrik. Struktur, Rezeption, Didaktik. München 1979

Freund, Winfried: Die deutsche Ballade. Theorie, Analysen, Didaktik. Paderborn 1978

Freund, Winfried: Deutsche Lyrik. Interpretationen vom Barock bis zur Gegenwart. München 1990 (MTB 1583)

Friedrich, Hugo: Die Struktur der modernen Lyrik. Hamburg 1956, (erw. Neuausgabe Hamburg 1967)

Frommer, Harald / Lindenhahn, Rudolf: Beiträge in: Leseprozesse im Unterricht = Der Deutschunterricht 1981, H. 2

Fülleborn, Ulrich: Das deutsche Prosagedicht. Zur Theorie und Geschichte einer Gattung. München 1970

Fuhrmann, Joachim (Hrsg.): Tagtäglich. Gedichte. Reinbek 1976

Garbe, Burckhardt: Experimentelle Texte im Sprachunterricht. Düsseldorf 1976

Gedichte und Interpretationen. 6 Bde., Stuttgart 1982 (= Reclams Universal Bibliothek 7890ff.)

Gedicht-Vergleich = Praxis Deutsch 1991, H. 105

Gerth, Klaus: Moderne Lyrik in der Volksschule. In: Westermanns Pädagogische Beiträge 1964, 337–350

Gerth, Klaus: Lyrische Texte (Basisartikel). In: Praxis Deutsch 1975, H. 11, 13–16

Girschner-Woldt, Ingrid: Theorie der modernen politischen Lyrik. Berlin 1971

Grimm, Reinhold (Hrsg.): Zur Lyrik-Diskussion. Darmstadt 1966 (= Wege der Forschung 111)

Haas, Gerhard: Textkombination als Form der Interpretation. In: Westermanns Pädagogische Beiträge 1971, 473–481

Haas, Gerhard: Handlungs- und produktionsorientierter Literaturunterricht in der Sekundarstufe I. 1. Aufl., Hannover 1984 (neue Fassung Seelze-Velber 1997)

Haase, Klaus C.: Versdichtung im Deutschunterricht. In: Wolfrum, Erich (Hrsg.): Taschenbuch des Deutschunterrichts. 3. Aufl., Baltmannsweiler 1980, 618–647

Hartung, Harald: Experimentelle Literatur und konkrete Poesie. Göttingen 1975 (= Kleine Vandenhoeck-Reihe 1405)

Hassenstein, Friedrich: Gebrauchslyrik im Unterricht. In: Sprache im technischen Zeitalter 1972, 322–327

Hassenstein, Friedrich: Der „Erlkönig" – und was man mit ihm machen kann. In: Praxis Deutsch 1975, H. 11, 45–48

Hassenstein, Friedrich: Böse Gedichte – schlechte Gedichte? In: Praxis Deutsch 1979, H. 37, 44–46

Hassenstein, Friedrich: Die deutsche Ballade. Grundlagen und Beispiele. Hannover 1986

Helmers, Hermann: Moderne Lyrik in der Volksschule. In: Westermanns Pädagogische Beiträge 1963, 330–339

Helmers, Hermann: Lyrischer Humor. Strukturanalyse und Didaktik der komischen Versliteratur. Stuttgart 1971

Hinck, Walter: Die deutsche Ballade von Bürger bis Brecht. Göttingen 1968 (= Kleine Vandenhoeck-Reihe 1273)

Hinderer, Walter (Hrsg.): Geschichte der deutschen Lyrik vom Mittelalter bis zur Gegenwart. Stuttgart 1984

Hinderer, Walter (Hrsg.): Geschichte der politischen Lyrik in Deutschland. Stuttgart 1981

Kayser, Wolfgang: Kleine deutsche Versschule. Bern 1946 (viele Neuauflagen)

Killy, Walther: Gedanken über deutsche Schlagertexte. In: Neue Rundschau 1971, 259–272

Killy, Walther: Elemente der Lyrik. München 1972

Klein, Ulrich: Lyrik nach 1945. München 1972

Kliewer, Hans-Jürgen: Elemente und Formen der Lyrik. Ein Curriculum für die Primarstufe. Esslingen 1975

Köpf, Gerhard (Hrsg.): Neun Kapitel Lyrik. Paderborn 1984

Korte, Hermann: Geschichte der deutschen Lyrik seit 1945. Stuttgart 1989 (Sammlung Metzler 250)

Kügler, Hans: Lyrik des Alltags – alltägliche Lyrik? In: Praxis Deutsch 1983, H. 60, 50–56

Lamping, Dieter: Das lyrische Gedicht. Definitionen zu Theorie und Geschichte der Gattung. 2. Aufl., Göttingen 1993

Lamping, Dieter: Moderne Lyrik. Eine Einführung. Göttingen 1991

Langheinrich, Claus: Konkrete Poesie – visuelle Texte. Beispiele für Grund- und Hauptschule. München 1979

Ludwig, Hans-Werner: Arbeitsbuch Lyrikanalyse. Tübingen 1977

Lyrik der Gegenwart = Praxis Deutsch 1981, H. 46

Lyrische Texte = Praxis Deutsch 1975, H. 11

Müller-Seidel, Walter (Hrsg.): Balladenforschung. Königstein / Taunus 1980

Ockel, Eberhard: Akustische Textanalyse. Eine Methode des Literaturunterrichts. In: Diskussion Deutsch 1980, H. 54, 406–425

Pätzmann, Klaus: Realisierung eines Lyrik-Textes in der Schülerrezeption. In: Diskussion Deutsch 1976, H. 32, 558–568

Payrhuber, Franz-Josef: Gedichte im Unterricht – einmal anders. Praxisbericht mit vielen Anregungen für das 5.–10. Schuljahr. München 1993

Pielow, Winfried: Das Gedicht im Unterricht. Wirkungen, Chancen, Zugänge. München 1965 (4. erg. Aufl. 1978)

Piontek, Heinz (Hrsg.): Neue deutsche Erzählgedichte. Stuttgart 1964

Riemenschneider, Hartmut: Lyrische Texte. In: Boueke, Dietrich (Hrsg.): Deutschunterricht in der Diskussion. 2. Aufl., Paderborn 1979, Bd. 2, 166–196

Reger, Harald: Kinderlyrik in der Grundschule. Literaturwissenschaftliche Grundlegung – Schülerorientierte Didaktik. 3. Aufl., Baltmannsweiler 1996

Rothschild, Thomas: Liedermacher. 23 Portraits. Reinbek 1980

Rühmkorf, Peter: Über das Volksvermögen. Reinbek 1967

Schmieder, Doris / Rückert, Gerhard: Kreativer Umgang mit Konkreter Poesie. Freiburg 1977

Schöne, Albrecht: Über politische Lyrik im 20. Jahrhundert. Göttingen 1965 (= Kleine Vandenhoeck-Reihe 228/29)

Spiele mit der Sprache = Praxis Deutsch, Sonderheft 1977

Spinner, Kaspar H.: Umgang mit Lyrik in der Sekundarstufe I. Baltmannsweiler 1984 (3. Aufl. 1997)

Staiger, Emil: Grundbegriffe der Poetik. Zürich 1946 (viele Auflagen)

Stocker, Karl: Wege zum kreativen Interpretieren: Lyrik. Baltmannsweiler 1993

Ulshöfer, Robert: Methodik des Deutschunterrichts, Mittelstufe I. 6. Aufl., Stuttgart 1966

Venus, Dankmar: Celans „Sprachgitter" im 4. Schuljahr. In: Westermanns Pädagogische Beiträge 1961, 446–450

Völker, Ludwig (Hrsg.): Lyriktheorie. Texte vom Barock bis zur Gegenwart. Stuttgart 1990

Völker, Ludwig: Lyrik. In: Fischer Lexikon Literatur G–M, Bd. 2. Hrsg. von Ulfert Ricklefs. Frankfurt am Main 1996, 1186–1222

Waldmann, Günter: Produktiver Umgang mit Lyrik. Eine systematische Einführung in die Lyrik, ihre produktive Erfahrung und ihr Schreiben. Baltmannsweiler 1988 (5. Aufl. 1998)

Weber, Albrecht: Lyrik im Unterricht. In: Sowinksi, Bernhard (Hrsg.): Fachdidaktik Deutsch. Köln / Wien 1975, 319–327

Weinzierl, Klaus: Vorurteil: Gedicht. München 1971

Weißert, Gottfried: Ballade. Stuttgart 1980 (= Sammlung Metzler 192)

Würffel, Stefan B.: Schlager und Schule. In: Wolfrum, Erich (Hrsg.): Taschenbuch des Deutschunterrichts. 3. Aufl., Baltmannsweiler 1980, 835–848

FRANZ-JOSEF PAYRHUBER

Dramen im Unterricht

1. Warum und wozu Dramen in der Schule?

In „melancholisch(n) Bemerkungen zu einem verdrängten Thema" (Hensel 1987) fragt der Theaterkritiker Georg Hensel: Könnten wir nicht eigentlich ganz gut ohne Dramen und ohne Theater leben? Sorgen nicht „Stadtteilfeste und eine hochentwikkelte Kneipenkultur" sehr viel angemessener für eine „zeitgemäße Unterhaltung"? Wird „das Restbedürfnis nach dialogischem Vergnügen, nach spielerischem Verhör, nach dieser Urform des Theaterdialogs", auf dem Bildschirm nicht durch Krimis, Ratespiele und Talkshows sehr viel besser befriedigt?

Keineswegs melancholisch, sondern mit durchweg progressivem Impetus haben in den vergangenen Jahren auch Literaturdidaktiker gefragt, ob es nicht zeitgemäß wäre, in der Schule auf einen „Dramen"-Unterricht zu verzichten oder, wenn man dies nicht wolle, ihn zumindest in einen „Medien"-Unterricht zu integrieren.

Ihre Antworten lassen drei einander teils ergänzende, teils widerstreitende Positionen erkennen. Eine erste Gruppe bezog sich auf den erweiterten Textbegriff und schlug eine Öffnung des Unterrichts für „dramatische Werke" aller Art vor, die strukturelle Gemeinsamkeiten aufweisen, einschließlich Hörspiel, Film und Fernsehspiel (Müller-Michaels 1971, 1975; vgl. auch Nayhauss 1977). Vom konkreten Konsumverhalten der Schüler angestoßen und auch mit Blick auf ihren Umgang mit literarisch-kulturellen Gegenständen nach Abschluss der Schulzeit, verlangte eine zweite Gruppe die Erweiterung des Unterrichts allererst um die medial bedingten und vermittelten „dramatischen Formen" (Stocker 1972; vgl. auch 1976) und schloss dabei auch die trivialen Produkte grundsätzlich nicht mehr aus (Renk 1978). Wieder eine andere vertrat von einem gesellschaftskritischen Ansatz her die Auffassung, solche am bürgerlichen Literaturkanon orientierten „Bildungsgüter" wie das Drama seien ganz zu eleminieren und durch Inhalte zu ersetzen, die den Interessen der Schüler angemessener seien, vorzugweise durch triviale und andere massenhaft verbreitete Formen der Literatur (Ivo 1969; Ide 1970; Bremer Kollektiv 1971).

Keine dieser drei Positionen erwies sich als so überzeugend, dass sie sich gegenüber den anderen hätte durchsetzen können. Die Diskussionen haben zwar das beachtenswerte Ergebnis gebracht, dass heute grundsätzlich alle dramatischen „Darbietungsarten" (Asmuth 1980, 22) im didaktischen Fragehorizont sind, die herausgehobene Bedeutung des „eigentlichen" Dramas vermochte dies jedoch nicht zu schmälern, weder was das kulturelle Interesse der Schüler angeht (vgl. Payrhuber 1991, 91 ff.) noch hinsichtlich der literaturpädagogischen Relevanz (ebd., 140ff.). Zudem spricht für das Drama seine unvermindert gültige Kulturwertigkeit. Es ist nicht nur „Ursprungs- und Vollform der theatralischen Gattung" (Asmuth 1980, 22), sondern zugleich die einzige literarische Gattung überhaupt, die auf eine ungebrochene Geschichte von der Antike bis zur Gegenwart zurückblicken kann und trotz der ihr immer wieder einmal nachgesagten Sinnkrisen ihren kulturellen Rang gewahrt hat.

1.1. Dramen als „Bilder des Lebens"

„An sich", sagt Friedrich Dürrenmatt in den *Sätze(n) über das Theater* (1980/24, 1976), „käme der Mensch ohne Theater auch aus". „Daß er es dennoch hin und wieder ausübt oder sich mit ihm abgibt", fährt er fort, ist in der „Beziehung des Theaters zur Wirklichkeit" begründet (ebd.). Diese Beziehung hat die Menschen interessiert und fasziniert, seit und solange sie Theater spielen.

Seit Platon gilt die Metapher, dass das Weltgeschehen ein Schauspiel sei, in dem die Menschen ihre Rollen spielen, so wie die Schauspieler die ihren, literarische Figuren verkörpernd, auf der Theaterbühne. *Totus mundus agit histrionem*, dass die ganze Welt wie ein Schauspiel verlaufe, stand als Motto über dem Globe Theatre. Das Zeitalter des Barock fasste entsprechend die antike Vorstellung in die Form vom *Theatrum mundi* und hat sich im Bild vom *großen Welttheater* „seine Antwort (...) auf die Frage nach dem Sinn der Welt" gegeben (Alewyn 1985, 60). Weil es „dem Wesen der barocken Welt" entsprach, „der Wirklichkeit jede metaphysische Substanz" abzusprechen und sie „zum bloßen Schein" zu erklären, war diese damit in eben diesen Stoff verwandelt, „aus dem Theater gemacht ist" (ebd., 99). „Großartiger", resümiert der Barockforscher Richard Alewyn, „kann man vielleicht von der Welt, aber schwerlich vom Theater denken" (ebd., 60). Spätere Epochen kehren denn auch in ihren Sinndeutungen das Verhältnis von Theater und Wirklichkeit um, begreifen die Bühne nicht mehr als „emblematisches Schaugerüst" (Schöne 1964, 220), sondern als Welt im kleinen und die Dramen, die auf ihr gespielt werden, als „Bild(er) des Lebens" (Pikulik 1982, 126), als „Spiegel und Gleichnis(se) menschlicher Existenz" (Frühwald 1990, 21). Selbst moderne und zeitgenössische Autoren, die unsere Welt nur noch als undurchschaubar, labyrinthisch, rätselhaft oder chaotisch wahrnehmen (vgl. Dürrenmatt 1980/ 26, 67ff.) und sie in ihren Werken darum wie durch einen geborstenen Spiegel gesehen darstellen, beanspruchen nicht weniger als die Dramatiker vergangener Epochen, in ihren Werken die Wirklichkeit zu zeigen. „Auch ein Beckett prätendiert noch, ein Bild der 'Welt' zu geben und das Spiel der Welt auf eigene Weise zu spielen, sei es auch nur als 'Endspiel'" und mit dem Ziel, die Welt „als gottloses Chaos bloßzustellen" (Pikulik 1982, 129).

Dramatische Werke sind also eine „Spiegelung des Lebens" (Wellershoff 1986, 81), der Dichter „ahmt" in ihnen, wie seit Aristoteles immer wieder gesagt und in der Theaterpraxis bestätigt wurde, Wirklichkeit „nach", bildet in ihnen „sein Lebensdrama, sein Leben in den Konflikten" ab (Rühle 1986). „Im Theater werden Gedanken, Reflexionen, Gefühle, Handlungsanweisungen plausibel vorweggenommen und 'diskutabel' zum Nachvollzug gebracht – die jeweilige 'Gegenposition' inbegriffen." (Glaser 1992, 9) Im fiktionalen „Kunst-Raum" der Bühne, sagt Frisch (1967, 78), erstelle der Dramatiker „eine Welt, die Varianten zuläßt" (ebd.), durchdenke er andere Möglichkeiten als die bloß vertrauten, bekannten, alltäglichen, setze er „Marksteine" mit dem Hinweis: „es ginge auch so, auch so wäre es möglich, es wäre auch eine andere Welt denkbar, eine andere Vernunft“ (Dürrenmatt 1976, 63). Selbst Botho Strauß – um einen der jüngeren Dramatiker anzuführen – spiegelt in seinen zuweilen verwirrend komplexen Stücken nicht lediglich den Sinnverlust, von dem unsere gegenwärtige Gesellschaft betroffen ist, er will mit ihnen auch das bedrohte Bewusstsein des Zuschauers erreichen. Kein Autor behauptet, dass die Welt anders liefe, wenn es das Drama nicht gäbe; wie Max Frisch sind die meisten von ihnen aber davon überzeugt, dass sie dann „anders gesehen“ würde: „nicht in Frage gestellt“ (Frisch 1967, 87). Während Brechts Dichtung und die seiner Nachfolger in Ost- und Westdeutschland eine Antwort auf unsere Welt geben (vgl. Dürrenmatt 1980/26, 93), bescheiden sich er und andere damit, dass ihre (Ab-) Bilder und Denk-Modelle „nur“ Fragen präszisieren, und überlassen es dem Zuschauer, seine Antwort selbst zu geben. Eine Wirkung aber intendieren sie alle gleichermaßen. Max Frisch sagt es so: „Als Stückeschreiber hielte ich meine Aufgabe für durchaus erfüllt, wenn es einem Stück jemals gelänge, eine Frage dermaßen zu stellen, daß die Zuschauer von dieser Stunde an ohne eigene Antwort nicht mehr leben können – ohne ihre Antwort, ihre eigene, die sie nur mit dem Leben selber geben können.“ (Frisch 1976, 467)

1.2. Dramenrezeption als Chance, sich selbst und die Welt zu erkennen

Lässt der Rezipient sich auf die Begegnung mit Dramen ein und nimmt er das Angebot an, das deren (Ab-)Bilder und Denkmodelle für ihn bereithalten, erschließen sich ihm neue Erfahrungs- und Erkenntnisdimensionen. Verständlicherweise wird er zuerst seine eigenen Lebens- und Welterfahrungen auf das Drama projizieren; denn der erste Bezugsrahmen einer Aneignung ist immer der eigene Horizont, weil Verstehen erst einmal darauf gerichtet ist, Einsicht über sich selbst und die eigenen Denk- und Handlungsvoraussetzungen zu gewinnen. Wir gehen ins Theater, konstatiert der Literaturwissenschaftler Volker Klotz (1976, 11), „um dort – besser, schlimmer, glücklicher, trauriger, mitunter völlig entrückt – uns selbst zu finden. In dem, was uns betroffen macht.“ Unter dem Eindruck der im Drama gezeigten (Ab)Bilder des Lebens kann der Zuschauer im Theater also erkennen, was er ist, was er sein kann, was er soll.

Kernelement des Sollens ist, dass der Mensch über die Fähigkeit verfügt, das Denken, Wollen und Handeln anderer Menschen zu verstehen und zu tolerieren, weil ohne eine solche soziale Kompetenz menschliches Zusammenleben nicht gelingen kann (vgl. Müller-Michaels 1987, 32). Vollzieht ein Leser oder Zuschauer die Perspektiven nach, in denen die ästhetischen Entwürfe des Dramas Wirklichkeit darstellen, Welt deuten und Erklärungen anbieten, setzt er verschiedene Erfahrungen und Erkenntnisse miteinander in Beziehung, ordnet er sie in größere – zum Beispiel historische, gesellschaftliche, politische – Zusammenhänge ein und denkt er über Gründe und Folgen verschiedener Haltungen und Handlungsweisen nach (vgl. Spinner 1989, 16), gibt ihm das wertvolle Anstöße, aus der Begrenztheit eigener Erfahrung und der Gebundenheit an die eigene Weltsicht heraustreten zu können.

Der Nachvollzug und die Übernahme von Fremdperspektiven fordern vom Zuschauer (oder Leser) keineswegs, dass er deren Sichtweise immer gutzuheißen, für sich zu akzeptieren und auf das eigene Leben anzuwenden hätte; er ist aber aufgerufen, sich ernsthaft mit anderen Einstellungen, Haltungen und Lebensentscheidungen auseinanderzusetzen, und das schärft das eigene Denk- und Urteilsvermögen und trägt zu Klärungen der eigenen Einstellungen bei. Was sich aus diesem Prozess an Wirkung auf die reale Lebensgestaltung eines Menschen ergeben kann, ist offen. In der Einschätzung der Dramatiker selbst sind die optimistischen Erwartungen im Laufe der Jahrhunderte immer mehr einer Skepsis gewichen. Doch selbst wo gegenwärtig vom Risiko einer völligen Wirkungslosigkeit gesprochen wird (Dürrenmatt 1988, 97f.), schlägt dies nicht in Defätismus um. Tragen die Dramen, die das Theater spielt, heute auch nicht mehr wie etwa zu Schillers Zeiten zu einer allgemeinen und in ihren Zielen allseits akzeptierten „moralischen Erziehung" bei, so doch immerhin im Präzisieren von Fragen zu einer Erfahrungs- und Bewusstseinserweiterung und mit dieser auch zu einer sittlichen Urteilsbildung, die bezogen ist auf das, was menschliche Zustände und humane Gesellschaftsformen sein können. So gesehen ist das Drama für den Zuschauer (oder Leser) bis heute „eine der Chancen geblieben" (Dürrenmatt 1980/24, 175), sich selbst und, wie Dürrenmatt gegen Ende des Vortrags *Dramaturgie des Publikums* sagt, „die Welt zu erkennen", sich von ihr „ein Bild" zu machen. Und das ist gewiss nicht zu wenig – auch nicht für schulische Lehr- und Lernprozesse.

1.3. Der pädagogische Wert des Dramas

Offenkundig, weil das Drama über das Medium Theater sein Publikum ganz unmittelbar erreichen kann, war es immer auch als „pädagogisches" Medium interessant, in erster Linie gewiß für das Theater selbst, wie man an Schillers Plädoyer für die „Schaubühne als moralische(r) Anstalt" gleichermaßen wie an Brechts auf politische Pädagogik angelegten Theaterarbeit exemplarisch nachvollziehen kann, nicht minder aber auch für den Schulunterricht.

Um dies zu belegen, müssen wir gar nicht sehr weit in die Geschichte zurückgehen. „Musische" (Beiss 1970, 1280), an idealistisch-existentialistischen Leitbildern orientierte „Lebenshilfe" (Ulshöfer 1966, 66) solle das Drama leisten, wenn es „im Bildungsprozeß" der Schule zum „Einsatz" komme (Beiss 1970), postuliert die traditionelle Dramendidaktik noch in den sechziger Jahren. Und ein gutes Jahrzehnt später hat die ideologiekritische, sofern sie das Drama überhaupt als Unterrichtsinhalt akzeptierte, diese moralerzieherische durch eine gesellschaftskritische Absicht ersetzt und damit gleichermaßen das Prinzip „Erziehung *durch* Literatur" beschworen. Weil sie die Begegnung und Beschäftigung mit dem Drama außerliterarischen Zwecken dienstbar machen wollen, sind beide Positionen inakzeptabel. Gleichwohl ist die Erwartung einer vom Drama ausgehenden *pädagogischen* Wirkung nicht per se unzulässig. Sie ist legitim, wenn damit nicht die unkritisch affirmative Übernahme der „Botschaft" respektive der didaktischen Tendenz des Dramas verbunden ist, vielmehr, auf dem ästhetischen Sinnpotential des Dramas basierend, in einer Impulsfunktion für Personalisations- und (Enkulturation einschließende) Sozialisationsprozesse gesehen wird.

Die zentrale Leistung, die dem Jugendlichen auf seinem Weg zum Erwachsensein abverlangt wird, besteht im Finden einer eigenständigen Identität und im Erwerb einer Kommunikations- und Interaktionskompetenz, die sich erweisen in der Selbständigkeit des Denkens, Urteilens und Handelns, in der Fähigkeit und Bereitschaft, für sich selbst wie für andere Verantwortung übernehmen zu können, und im Verfügen über Werte, die dem Leben einen Sinn geben.

Wenn im Unterricht Lernprozesse initiiert werden, die eine Verschmelzung der im Drama dargestellten Perspektiven mit dem Erfahrungshorizont des Rezipienten zulassen und durch Selbständigkeit und Freiheit des Denkens gekennzeichnet sind, kann das die jungen Menschen in ihrem Erwachsenwerden unterstützen. Allein die Vielfalt der „Bilder des Lebens", die das Drama in seiner Geschichte auf unterschiedlichste Weise ausgeprägt hat, erweitert die Blickrichtung und bewahrt das Denken vor Einseitigkeiten und Engführungen. Vor allem aber wirkt anregend, dass sich Dramen dadurch auszeichnen, keine Lösungen und Antworten zu geben; „es werden Lebens- und Weltentwürfe 'durchgespielt', durch 'Inszenierung' (der sinnlichen Erschließung von Gedankenräumen) der reflektierenden Betrachtung wie der emphatischen Anmutung 'angeboten'." (Glaser 1992, 8) In diesem Angebot gründet der pädagogische Wert des Dramas.

1.4. Aufgabe und Ziel des Dramenunterrichts

Ein Unterricht, der lediglich vermittelnde „Belehrung" betreibt und sich in einem Übernahme- und Aneignungsprozess vorgegebener Deutungen erschöpft, gibt dem Drama keine Chance auf pädagogische Wirkung. Das didaktische Bewusstsein für diese Einsicht ist entwickelt und geschärft worden, seit sich die Erkenntnis der Rezeptionsästhetik durchgesetzt hat, an die Stelle der Autorität des literarischen „Kunstwerks" (W. Kayser) habe die es konkretisierende Erfahrung durch den Leser zu treten. Folglich kann auch der Schüler nicht länger mehr nur der Empfänger einer zumeist vom Lehrer vermittelten „Botschaft" des Werkes bleiben, die er anzuerkennen und in die Lebenswirklichkeit zu übernehmen hat, wie das die Lehrsysteme der traditionellen und ideologiekritischen Literaturpädagogik ebenso erwarten wie die curricular organisierten Konzepte, einzig mit dem Unterschied, dass letztere statt auf affirmative Übernahme des Textsinns auf Operationalisierung vorgegebener Lernziele bauen.

Ich sehe demgegenüber die Aufgabe des Dramenunterrichts darin, den Schüler zu motivieren, die Begegnung und Beschäftigung mit Dramen zu bejahen – was nicht als selbstverständlich gegeben vorausgesetzt werden kann –, und ihn dann mit diesen Produkten „schöpferischer (...) Einbildungskraft" (Dürrenmatt 1980/26, 68) so umgehen zu lehren, dass er das Angebot der „Erfahrungserweiterung" (Jauß 1975, 338), das sie bereithalten, auch annehmen kann.

Motivieren heißt, neugierig machen, Interesse wecken und stabilisieren, heißt, wie Karl Stocker formuliert hat, hinzuführen zum Drama und vertraut zu machen mit ihm, nicht zuletzt mit Blick „auf das laufende Kulturangebot, mit Zukunftsperspektive und Gegenwartsnähe“ (Stocker 1986, 637).

Das Umgehen-Lehren zielt zuerst auf die Bereitschaft der Schüler, sich in den Rezeptionsprozess mit den eigenen Erfahrungen und Deutungen, mit den „Wert- und Normenvorstellungen“ (Spinner 1987, 23) einzubringen. Es zielt dann auch auf die Befähigung zu rationaler Analyse, kritischer Auseinandersetzung und als Voraussetzung dafür auf das Verfügen über kognitive Fähigkeiten und Kenntnisse. Die Schüler sollten zum Beispiel über elementare Begriffe verfügen, die zur Beschreibung ihrer Wahrnehmungen und Beobachtungen am Text notwendig sind; etwa: Handlung, Figur, Dialog, Monolog, Arten und Gliederung des Dramas. Sie sollten Kenntnisse gewinnen über die Dramengeschichte und die spezifischen Beziehungen von Drama und Theater; zum Beispiel: Wer ist der Autor? Was ist oder war das für eine Zeit, in der er lebt(e)? Was ist oder war das für eine Form, in der er schreibt oder schrieb? Welche gattungs- und medienspezifischen Mittel dramatischer Fiktion und Darbietung (wie z. B. Szenen- und Regieanweisungen) verwendet er? Wie kommt ein Drama auf die Bühne? Schließlich sollten die Schüler sich auch – insbesondere in der gymnasialen Oberstufe – mit repräsentativen Dramentheorien und Fragen der Wirkung sowie mit Beispielen produktiver Rezeption befassen.

So wichtig die analytischen Fähigkeiten für eine Beschäftigung mit dem Drama sind, sie haben jedoch nur dienende Funktion und sind dem Ziel eines aneignenden Verstehens untergeordnet. Es kommt zuerst darauf an, die Bedingungen dafür zu schaffen, dass der Schüler in der Begegnung und Beschäftigung mit dem Drama etwas „ausmachen“ kann, was mit seinen „eigene(n) Belangen“ (Klotz 1976, 20) zu tun hat; anders gesagt: es ist den Schülern zuerst zu vermitteln, dass man durch das Drama „etwas über sich selbst und das Leben anderer Menschen erfahren kann“ (Wellershoff 1986, 81). In zweiter Hinsicht kann dann die „Kulturwertigkeit“ zum Thema werden, können Strukturen und Stilelemente analysiert, Rezeptionslinien verfolgt und Wirkungsfunktionen untersucht werden (vgl. ebd.). Der umgekehrte Weg, den insbesondere die strukturorientierte Didaktik der sechziger und siebziger Jahre gegangen ist (vgl. u. a. Helmers 1966 ff.), hat, wie empirische Untersuchungen belegen (vgl. Payrhuber 1991), mehr vom Drama weggeführt, als dass er dafür interessiert hätte. Wenn literarisches Verstehen als „geistiges Erschließen aufgrund eines Erkennens von Strukturen“ (Helmers 1970, 295) definiert wird, mag als Ergebnis der Vermittlungsbemühungen zwar ein „literarisch Gebildeter“ (ebd., 344) stehen, der über reiches Faktenwissen verfügt und klug Sentenzen zitieren kann, einen personalen Bezug hat sein Wissen jedoch nicht.

Das Ergebnis des Unterrichts sollte demgegenüber ein junger Mensch sein, der eine positive Einstellung zum Drama erworben und seine Relevanz für die eigene Lebensgestaltung erfahren hat, der „kenntnisreich“ (Müller-Michaels 1978, 17), kompetent und vergnüglich mit ihm umgehen kann und willens ist, es auch nach dem Ende seiner Schulzeit noch zu rezipieren, sei es lesend über das (Text-)Buch, hörend oder sehend über die Medien Rundfunk und Fernsehen, wie vor allem und zuerst als Zuschauer einer Theateraufführung.

2. Auswahl und Organisation der Inhalte

Solange der traditionelle Kanon mit seinem festen Bestand an vorgeblich zeitlos gültigen Werken konsensfähig war, verursachte die Auswahl der Unterrichtsinhalte kein Problem, über das eigens nachgedacht werden musste. In den Diskussionen der siebziger Jahre um eine Neubestimmung des Faches wurde allerdings immer klarer herausgearbeitet, dass eine „bloß wissensmäßige Anhäufung und elitäre Ornamentik“ von Bildungsgütern „für eine konkrete Gestaltung der Lebenswirklichkeit“ untauglich ist (Geißler 1982, 20). Eine Verbesserung der Situation ist jedoch nicht zu erwarten, wenn lediglich neue Inhalte an die Stelle der alten treten oder wenn, im Verfolg neuer Auswahlgesichtspunkte, etwa das Prinzip der Aktualität (vgl. Eggert / Berg / Rutschky 1975) kontrovers gegen das der Historizität (vgl. Bürger 1982) gesetzt wird, und schon gar nicht, wenn die Auswahl der Inhalte, wie in strukturorientierten Konzepten (vgl. z.B. Nobis 1977; Popp 1980) praktiziert, völliger Beliebigkeit überlassen bleibt. Die Entscheidung über die Inhalte sollte – unter weitmöglichster Mitwirkung der Schüler – vom Lehrer selbst getroffen und verantwortet werden können, orientiert an Kriterien, die seiner begründeten Zielsetzung entsprechen.

Für den Dramenunterricht halte ich drei Kriterien für maßgeblich: thematische Bedeutsamkeit, Bühnenrelevanz, beispielhafte Gestaltung und dramaturgische Fügung. Im konkreten Vollzug wird es nicht immer einfach sein, die Auswahl so zu treffen, dass alle drei Kriterien in gleicher Gewichtung angewendet werden können, und es mögen auch zuweilen noch andere Gesichtspunkte wie beispielsweise Lehrplanvorgaben hinzukommen. Darum ist es wichtig, über eine Leitlinie zu verfügen, auf die alle Einzelaspekte zu beziehen sind. Diese resultiert hier aus der Beantwortung der Frage, ob ein Drama geeignet ist, die gegenwärtigen und die geschichtlichen Erfahrungen, die in sein literarisches Modell eingegangen sind, für heutige Rezipienten „fruchtbar zu machen“ (Brackert 1974, 156).

2.1. Auswahlkritierien

2.1.1. Thematische Bedeutsamkeit

Schule hat mit dem Theater gemeinsam, dass das Drama im Kontext der jeweiligen Veranstaltungen nur dann seine – unterhaltenden, bildenden, aufklärerischen, utopischen – Wirkungen entfalten kann, wenn es mit dem von ihm eröffneten Erwartungshorizont in den der Rezipienten trifft. Auch die Theatermacher müssen eine Auswahl treffen „aus der Fülle möglicher Gegenstände und Ansichten, die szenischer Nachahmung zugänglich sind“ (Klotz 1976, 209). Wollen sie das Interesse ihrer Zuschauer ansprechen und erreichen, dass das Publikum „aufmerkt und geistig mitarbeitet“, sind sie gut beraten, „wenn sie Gegenstände aus dem gemeinsamen historischen Erfahrungsbereich ins Spiel bringen“ oder, wenn sie zeitlich ferner liegende wählen, diese „wenigstens aus dem gemeinsamen historischen Blickwinkel angehen“ (Klotz 1976, 209). Der Faktor der „Zeitgenossenschaft“, der damit für die Bühne in ihrem Verhältnis zum Publikum reklamiert wird, hat ebenso für die Schule

Geltung. Anders als die Literatur- und Theaterwissenschaft, die auch unabhängig von aktuellen Bezügen „Tradition aufarbeiten und diskutieren“, muss sie stets darauf bedacht sein, dass die auszuwählenden Dramen „den Problemhorizont der Schüler treffen oder ihn aufreißen können“ (Müller-Michaels 1981 a, 141). Das wichtigste Auswahlkritierum ist darum die Frage nach der *thematischen Bedeutsamkeit*, die ein Drama für den einzelnen Schüler gewinnen, die es für seine Beschäftigung mit den – politischen, gesellschaftlichen und kulturellen – Fragen und Problemen seiner Gegenwart erlangen kann (vgl. Müller-Michaels 1987, 25). Es ist also zuerst und vor allem unter dem Gesichtspunkt auszuwählen, ob es zu einer Erweiterung der Selbst- und Fremderfahrung beitragen kann, ob es Antworten auf die „Fragen“ – „Wünsche, Interessen, Ängste, Hoffnungen, Erkenntnisse“ (Wellershoff 1986, 81) – anbietet, die junge Menschen heute beschäftigen.

Relevant ist die Fragerichtung für die Gesamtheit der Dramen in Geschichte und Gegenwart. Es gilt, den Zusammenhang von „Historizität und Aktualität“ (vgl. Müller-Michaels 1981 a, 140 f.) zu wahren und nicht ein Prinzip gegen das andere auszuspielen. Das heißt: Sowohl die dramatischen Werke der Tradition wie diejenigen der Gegenwart sind auf die Themen hin zu untersuchen, derer sie sich annehmen und von denen begründet vermutet werden darf, dass sie das Interesse der Schüler treffen und ihrem Erfahrungs- und Verständnishorizont zugänglich sind.

2.1.2. Bühnenrelevanz

Auch das zweite Auswahlkriterium nimmt die Frage der thematischen Bedeutsamkeit auf, diesmal aber von der Seite des Theaters her. Theaterarbeit ist künstlerische Auseinandersetzung mit Themen und Tendenzen der Gegenwart, mögen die Bühnen dabei auf das Arsenal der klassischen Dramenliteratur zurückgreifen oder Stükke moderner und zeitgenössischer Autoren aufführen (vgl. Haas / Willenberg 1988, 8). Es besteht darum eine grundsätzliche, wenn auch graduell unterschiedliche Parallelität zwischen den vom Theater aufgenommenen Themen und Tendenzen und den Fragen und Problemen, die Schüler beschäftigen oder angehen (können). Ein Unterricht, der an das Potential heranführen will, welches das Drama bzw. das Theater für die Lebensgestaltung gewinnen kann, darf nicht darauf verzichten, die Themen zu beachten, die sich im aktuellen Stückangebot der Bühnen spiegeln. Darum ist der Spielplan ein unentbehrliches Überprüfungsinstrument didaktischer Auswahlentscheidungen, will man den Dramenunterricht vor unreflektiert fixierender Traditionsbildung bewahren. Zudem ist die Aufgabe, mündige, kulturell interessierte Rezipienten heranzubilden, nicht zu leisten, wenn darunter nicht auch die Befähigung verstanden wird, wahrzunehmen und für sich fruchtbar zu machen, was im öffentlich-literarischen Gespräch ist, was die im Theater gespielten Dramen an Sinnfindungsangeboten für die Fragen der Gegenwart bereithalten.

2.1.3. Beispielhafte Gestaltung und dramaturgische Fügung

Auch für das Drama gilt schließlich, was Dichtung insgesamt auszeichnet: eine Aussage wird immer von der Form mitgetragen, Form lässt ein Textgebilde überhaupt erst zu einem ästhetisch-literarischen Werk werden. Darum darf unter den Kriterien, nach denen ein Drama auf seine Eignung als Unterrichtsinhalt geprüft wird, das formale Element nicht fehlen, die Frage also, wie die Form zur Funktion des Inhalts wird oder geworden ist. Maßstab der Wahl muss sein, ob ein Stück sein Thema in einer Gestaltung und dramaturgischen Fügung gesucht bzw. gefunden hat, die für die Geschichte wichtig und für die Gegenwart beispielgebend geworden ist. So sind „aus der Perspektive des Gegenwärtigen heraus", aus der „zunächst und vor allem ausgewählt wird" (Müller-Michaels 1978a, 142), beispielsweise „die klassische deutsche Tragödie mit ihren primär kathartischen Wirkungsabsichten und das Epische Theater" mit seinen auf reflektorische Distanz gerichteten „Verfremdungseffekten" zwei bedeutsame Gegenstände „für das Verständnis der Entwicklung von Formen zur Gegenwart hin" (Müller-Michaels 1981 a, 142). Oder es kann das bürgerliche Trauerspiel, das vor allem in *Emilia Galotti* und *Kabale und Liebe* eine interessante und vom „Standpunkt der künstlerischen Vollendung" wie „des menschlichen Gehalts" wertvolle (Guthke 1972, 1) Gestaltung gefunden hat, zum Vergleich motivieren mit dem sozialen Drama in der Prägung Gerhart Hauptmanns und den Milieubildern im Neuen Volksstück des Franz Xaver Kroetz. Oder ein Geschichtsdrama wie Goethes *Götz von Berlichingen*, eine „Geschichtsparabel" (Hinck 1981, 13) wie Brechts *Leben des Galilei* und ein Dokumentarstück wie *Die Ermittlung* von Peter Weiss können in das Blickfeld rücken, wie unterschiedlich historische Stoffe ästhetisch bewältigt wurden und werden.

2.2. Organisation der Inhalte

Die traditionelle Literaturpädagogik hat die Frage sehr beschäftigt, welchem Drama die Schüler als erstem begegnen sollen (vgl. u. a. Beiss 1966/1970; Essen 1955/1969); es ist als „Tell"-Problem in die Didaktik eingegangen. Die Schwierigkeiten mit der Erstbegegnung dürften sich heute – zumindest in der didaktischen Theorie – eigentlich erledigt haben, seit Konsens darüber besteht, dass die Beschäftigung mit dem Drama integraler Bestandteil eines „dramatischen" Lehrgangs ist, der sich kontinuierlich vom Eintritt der Kinder in die Grundschule bis zum Abschluss der Sekundarstufe II über die gesamte Schulzeit erstreckt. Müller-Michaels (1971) hat einen solchen Lehrgang, nach Vorarbeiten von Helmers (1966ff.), erstmals erarbeitet, neuerdings wurde er von Henze (1987) mit geringfügigen Varianten fortgeschrieben.

Das Konzept des Lehrgangs bedingt, dass auch darüber nachgedacht werden muss, wie er zu beginnen und aufzubauen sei. Müller-Michaels entscheidet sich für das Prinzip des Spiralencurriculums, was heißt, dass die einzelnen Strukturelemente der dramatischen Texte auf immer neuer Komplexionsstufe und in immer neuer Variation der Dominanz bestimmter Elemente behandelt werden: Die einfache Figurenkonstellation und der zweidimensionale Bühnenraum des Puppenspiels wiederholen sich auf der komplexeren Stufe im Fernsehkriminalfilm; die knappe Situationsanalyse in Dialogen der Kleinkunstbühnen wird in den Dramen analytischer Bauart wiedererkannt; die Adressen an die Zuschauer im Fastnachtsspiel weiten sich zum verfremdenden Kommentar im epischen Theater. Das „mehraktige Drama" erhält seinen Platz vom 7. Schuljahr an, vorgeschlagen werden bis zur zehnten Klasse Goethes *Götz*, Grillparzers *Weh dem, der lügt* und Brechts *Mutter Courage*; für die Klassen 11 bis 13 stehen Komödie, Tragödie, absurdes und episches Theater auf dem Plan. (Müller-Michaels 1975, 203)

Müller-Michaels' Lehrgang kann bis heute als ein tragfähiges Grundkonzept des Dramenunterrichts gelten. Die dominierende Orientierung an „Formen, Arten bzw. Genres und Formtypen der dramatischen Gattung" (Müller-Michaels 1975, 205) ist allerdings um die Benennung von Dramen zu bereichern, die von der 7. Jahrgangsstufe an geeignet sind. Hierzu nachfolgend einige Vorschläge.

2.2.1. Jahrgangsbezogene Vorschläge

Während in den Jahrgangsstufen der Sekundarstufe II „das volle literarische Verständnis und das uneingeschränkte Spektrum literarischer Interessen, natürlich potentiell verstanden, gegeben" ist (Beinlich 1980, 71), was die Auswahlentscheidungen vereinfacht, sind für die Klassenstufen der Sekundarstufe I sehr sorgfältig die entwicklungsspezifischen Verstehensweisen (vgl. Spinner 1984, 1989) zu bedenken. Ihre Missachtung baut bei den Schülern Barrieren auf, die sich als Widerwillen und Abwehrreaktionen gegen die Beschäftigung mit einem Stück äußern, tatsächlich aber ihre Ursache in dessen thematischer und formaler Komplexität haben (vgl. Payrhuber 1991, 191 ff.), die dem Denk- und Verstehenshorizont (noch) nicht zugänglich sind. Aus entwicklungspsychologischen Gründen empfiehlt es sich, zuerst Stücke zu wählen, die dramaturgisch einfach strukturiert sind und in denen das unterhaltende Moment im Vordergrund steht, und dann sukzessiv thematisch und formal komplexere Stücke zum Unterrichtsgegenstand zu machen.

Ohne Anspruch auf curriculare Lehrgangssystematik und Vollständigkeit benenne ich im Folgenden dramatische Werke, die den beschriebenen Auswahlkriterien entsprechen, und ordne sie Klassenstufen zu, von wo an sie Thema werden können.

Ab 7. Schuljahr:

Hans Sachs: Fastnachtsspiele
Jean B. Molière: Der eingebildete Kranke
Jean B. Molière: Der Bürger als Edelmann
Carlo Goldoni: Der Diener zweier Herren
Johann Nestroy: Der Talisman
Johann Wolfgang Goethe / Peter Hacks: Das Jahrmarktsfest zu Plundersweilern
Carl Zuckmayer: Der Hauptmann von Köpenick

Ab 9. Schuljahr:

Friedrich Schiller: Die Räuber
Friedrich Schiller: Kabale und Liebe
Johann Wolfgang Goethe: Götz von Berlichingen
Heinrich von Kleist: Der zerbrochene Krug
Bertolt Brecht: Die Ausnahme und die Regel
Bertolt Brecht: Furcht und Elend des Dritten Reiches
Bertolt Brecht: Mutter Courage und ihre Kinder
Max Frisch: Biedermann und die Brandstifter
Max Frisch: Andorra

Friedrich Dürrenmatt: Die Physiker
Franz Xaver Kroetz: Oberösterreich
Franz Xaver Kroetz: Das Nest
Franz Xaver Kroetz: Mensch Meier

Ab 11. Schuljahr:

Gotthold Ephraim Lessing: Minna von Barnhelm
Gotthold Ephraim Lessing: Emilia Galotti
Gotthold Ephraim Lessing: Nathan der Weise
Friedrich Schiller: Wilhelm Tell
Johann Wolfgang Goethe: Egmont
Johann Wolfgang Goethe: Faust I
Heinrich von Kleist: Prinz Friedrich von Homburg
Georg Büchner: Dantons Tod
Georg Büchner: Woyzek
Gerhart Hauptmann: Die Weber
Gerhart Hauptmann: Der Biberpelz
Ödön von Horváth: Geschichten aus dem Wienerwald
Bertolt Brecht: Der aufhaltsame Aufstieg des Arturo Ui
Bertolt Brecht: Der gute Mensch von Sezuan
Bertolt Brecht: Der kaukasische Kreidekreis
Bertolt Brecht: Das Leben des Galilei
Carl Zuckmayer: Des Teufels General
Max Frisch: Biografie
Friedrich Dürrenmatt: Der Besuch der alten Dame
Friedrich Dürrenmatt: Romulus der Große
Peter Weiss: Die Ermittlung
Franz Xaver Kroetz: Nicht Fisch, nicht Fleisch
Ernst Jandl: Aus der Fremde
Botho Strauß: Die Zeit und das Zimmer
Botho Strauß: Groß und klein
Thomas Bernhard: Der Theatermacher
Christoph Hein: Passage
Christoph Hein: Die Ritter der Tafelrunde
Heiner Müller: Philoktet

2.2.2. Literarische Reihen

Die in den einzelnen Stufen nach der Entstehungszeit geordnete Auflistung der Dramen ist zwar keineswegs willkürlich, soll aber auch nicht das Missverständnis kanonischer Geltung evozieren. Werden die Auswahlkriterien und die entwicklungsbedingten Verstehensfähigkeiten berücksichtigt, sind zweifelsohne auch andere Stücke denkbar (vgl. die Vorschläge in diesem Abschnitt). Gegen die immer noch, insbesondere in der Hauptschule, gängige Praxis, bis zum Ende der Sekundarstufe nur ein einziges Drama als Unterrichtsinhalt einzuplanen, plädiere ich für ein breiteres Angebot, nicht zuletzt deshalb, weil sonst die Frage nach der Repräsentativität des Beispiels ein kaum zu lösendes Problem darstellt. Werden mehrere Dramen vorgesehen, ist allerdings darauf zu achten, dass es nicht zu einer „beliebige(n) und letztlich sinnleere(n) Addition von Werken“ kommt, „die auf den ersten Blick nichts miteinander zu tun haben“ und darum „in der Zufälligkeit ihrer Anordnung dem Schüler weder eine literarische noch eine geschichtliche Orientierung“ (Geißler 1982, 21) geben. Eine Reihenbildung kann diese Gefahr vermindern oder gar verhindern, sei es, dass ein Drama zusammen mit anderen Texten in eine Sequenz integriert wird, sei es, dass eine literarische Reihe mit mehreren Dramen konzipiert wird. „Daß auf diese Weise auch größere Textquantitäten zu bewältigen sind, ist wohl aus der Tatsache der alle Texte der Reihe gemeinsam umfassenden Thematik einsichtig." (Geißler ebd.) Ist das Grundproblem an einem zentralen Text entfaltet, können die Folgetexte aber konzentrierter behandelt werden, ohne dass substantielle Verkürzungen eintreten (vgl. ebd.). Wichtig für den Verstehensprozess ist allerdings, dass durch den Textverband kein „Übertext" (Grimm 1977, 108) entsteht, der durch die Kontextuierung die Deutung der Texte im vorhinein festlegt. Nur wenn die Reihe auf die wechselseitige Sinnerhellung von Texten setzt, bleibt immer eine „Sinnfrage offen und kann zur eigentlichen Motivation des Unterrichts werden" (Geißler 1982, 21).

Einige Beispiele thematischer Perspektivierung sollen Möglichkeiten von Reihenbildungen konturieren. Rolf Geißler, der hervorhebt, „die Frage nach Stellung, Bewertung und Problematik des subjekthaften Ichs in der Welt" solle der „immer anwesende Aspekt" einer literarischen Behandlung sein (Geißler 1982, 17), entwirft unter der literaturgeschichtlichen Perspektive der Subjektivität eine Reihe zum bürgerlichen Trauerspiel, in die er Lessings *Emilia Galotti* und *Miß Sarah Sampson*, Schillers *Kabale und Liebe*, Hebbels *Maria Magdalene* und Schnitzlers *Liebelei* einbezieht. Der spezifischen Sicht zeitgenössischer Autoren begegnend, könnten die Schüler an Dramen wie Frischs *Biografie*, Handkes *Kaspar* sowie Stücken von Thomas Bernhard (z.B. *Macht der Gewohnheit*), Ernst Jandl (*Aus der Fremde*) oder Botho Strauß (z.B. *Die Zeit und das Zimmer*) nachvollziehen, wie der Einzelne mit seinen Versuchen, „Ich-Identität und damit Lebenssinn zu verwirklichen" (vgl. Buddecke / Fuhrmann 1984), fertig wird. Oder: Über die Beschäftigung mit Stücken von Martin Sperr (*Münchner Freiheit*), Rolf Hochhuth (*Hebamme*) oder Franz Xaver Kroetz (z.B. *Stallerhof; Oberösterreich; Nicht Fisch, nicht Fleisch*) könnten die Schüler an Erfahrungen teilhaben, die den Zusammenhang von Sozialstruktur und humaner Selbstverwirklichung in unserer Gegenwart (vgl. Ismayr 1985, 402ff.) betreffen.

Die Frage, ob Wissenschaft alles erforschen darf, was sie erforschen kann, und damit zusammenhängend, ob der Wissenschaftler für die Anwendung und Verwertung seiner Forschungsergebnisse auch persönlich die Verantwortung zu übernehmen hat, formuliert eine gesellschaftlich und politisch höchst relevante Thematik, die gleich auf mehrere Bereiche zutrifft, am augenfälligsten auf Kernkraft, Gentechnologie, Mikroelektronik. So hat die Erforschung der Kernkraft einerseits zur Atombombe geführt und damit erstmals die totale Weltvernichtung möglich gemacht, andererseits werden auch die Grenzen ihrer friedlichen Nutzung heute bewusster wahrgenommen und diskutiert. Der zunehmend als Bedrohung empfundene militärische und energiepolitische Umgang mit der Kernkraft spiegelt sich in Dürrenmatts Stück *Die Physiker*, das am exemplarischen Modell Denk- und Handlungsmöglichkeiten zum Thema entwirft. In dem – erfundenen – Schlusswort von Heinar Kipphardts Dokumentarstück *In der Sache J. Robert Oppenheimer* reflektiert der „Vater der Atombombe" über die Verantwortung der Wissenschaftler für die militärischen, politischen, gesellschaftlichen Folgen ihrer Forschung und fragt sie und sich, ob man Gewissen einfach delegieren dürfe. Die Problematik des Wissenschaftlers wird schon in Goethes Faust I thematisiert, Brecht hat sie als Frage nach der Verantwortung in *Das Leben des Galilei* gestellt, und sie ergibt sich neu angesichts der gegenwärtigen Entwicklung in der Genforschung, Versuchen mit künstlicher Befruchtung, mit dem Klonen von Menschen oder anderer medizinischer und pharmazeutischer Forschung. Die Möglichkeit der Leihmutterschaft, die sich als eines der vielen in diesen Zusammenhang gehörenden Probleme hier auftut, hat beispielsweise Rolf Hochhuth in dem Stück *Unbefleckte Empfängnis* thematisiert.

Die Problematik der Beziehung des Staates zur Macht lässt sich an Schillers *Maria Stuart* und Dürrenmatts *Romulus der Große* erhellen, mit aktuellem Bezug darüber hinaus in Christoph Heins *Die Ritter der Tafelrunde*. Erinnerungen an die Gewaltherrschaft der Nationalsozialisten werden wachgehalten und die noch immer unerledigte Aufarbeitung der Zeit wird herausgefordert in der Begegnung mit Brechts Stück *Der aufhaltsame Aufstieg des Arturo Ui* oder Frischs Parabeln *Biedermann und die Brandstifter* und *Andorra*, Rolf Hochhuths Geschichtsdrama *Der Stellvertreter*, Christoph Heins „Kammerspiel" (Untertitel) *Passage*, Peter Weiss' Oratorium *Die Ermittlung*, Kipphardts Dokumentarstück *Bruder Eichmann* und – das Gegenmodell zur Diskussion stellend – mit Lessings *Nathan der Weise*.

Teilweise dieselben Dramen sind zu nennen, wenn in einer literarischen Reihe die Frage nach der Verantwortung in der Gewaltherrschaft akzentuiert wird. Max Frischs Herr Biedermann verneint sie ja ebenso wie die unbelehrbaren Andorraner, die sich keiner Schuld bewusst sind, die Henker von Auschwitz nicht weniger als der „Stellvertreter" Gottes.

Wenn auf der Bühne Geschichte passiert, ist dies nie das historische Ereignis selbst, sondern immer nur die ganz subjektive Auseinandersetzung des Autors mit ihm. Und sofern dieser um die „Funktion der Geschichte für die Selbsterkenntnis der Gegenwart weiß" (Hinck 1981, 18), wird er danach trachten, im Zuschauer die Einsicht zu evozieren, dass seine Belange hier mitverhandelt werden, denn anders wäre das von ihm gestaltete historische Thema bloßes Schauobjekt. Von diesem zentralen Gedanken ausgehend, kann das Interesse sich auf die Motivation des Dramatikers richten, beispielhaft festgemacht an der Frage, welches Bild er von den Trägern der Geschichte entwirft. Dabei wird sich zeigen, dass im Geschichtsdrama der Klassik und Nachklassik – sein eigentlicher Beginn wird zumeist mit Goethes *Götz von Berlichingen* gleichgesetzt (vgl. Hinck 1981, 9) – noch „das große Individuum und der dynamische Held" in den „Mittelpunkt der Handlungen" gestellt werden konnte (ebd., 18), mit dem Anbruch der Moderne – z. B. in Hauptmanns *Die Weber* – aber andere Mächte an deren Stelle traten und zumal der zeitgenössische Autor diese Konzeption nicht mehr mitzuvollziehen vermag. Im zeitgenössischen Geschichtsdrama kann der individuelle „Held" nur noch „kritisch" „parodistisch", „seiner Einmaligkeit entkleidet" (Hinck 1981, 18) und schuldig dargestellt werden.

Gerade das Thema der geschichtlichen, der politischen Schuld ist im Gegenwartsdrama fast durchgängig. Schuldig machen sich – sie wurden oben bereits genannt –

die Andorraner (Frisch) und die KZ-Henker (Weiss) gleichermaßen wie der Papst (Hochhuth), schuldig werden die Physiker, Galilei (Brecht) und Oppenheimer (Kipphardt), schuldig sind die „Juristen“ und „Ärztinnen“ (Hochhuth), schuldig geworden sind aber auch die Güllener in *Der Besuch der alten Dame*, einer „tragischen Komödie“, mit der Dürrenmatt in den fünfziger Jahren inhaltlich wie dramaturgisch neue Maßstäbe gesetzt hat.

Die „Gerichtsbarkeit“ der Bühne zwingt in diesen Dramen auch den Zuschauer (oder Leser) vor den Spiegel des Gewissens, fordert von ihm eine Reaktion. „Duckt euch“, sagt der Lehrer in Andorra, noch ehe der Todesschrei des von den Andorranern verratenen angeblichen Judenjungen verklungen ist. „Geht heim, ihr wißt von nichts. Ihr habt es nicht gesehen. Ekelt euch. Geht heim vor euren Spiegel und ekelt euch.“

3. Gattungsspezifische Umgangsmethoden

In der Literaturwissenschaft wie im Unterricht ist bis heute vielfach üblich, das Drama allein über seinen Text zu rezipieren, ohne „das Theatralische“ an ihm zu berücksichtigen (vgl. Hasler 1982, 71) und anzuerkennen, dass es ganz eigentlich nicht zum Lesen, sondern zum Anschauen im Theater geschaffen wird. „Komplett“, um eine Formulierung Hofmannsthals (1959, 328) aufzunehmen, wird das Drama erst, wenn es auf der Bühne versinnlicht, in Szene gesetzt, wenn es als „dramatisch-szenischer Ereignistext“ (Klotz 1976, 17) öffentlich aktualisiert wird. Die kritisierte Rezeptionspraxis kann sich allerdings darauf berufen, dass der schriftliche Text und seine szenische Realisierung nicht ein und dasselbe Werk sind, sondern zwei eigenständige „Werktypen“ (Schmid 1985, 23) darstellen, die auch eine je eigene Begegnungsweise zulassen: der schriftliche Text die lesende Aufnahme, die szenische Realisierung das Anschauen im Theater. Und daraus folgt weiter, dass auch zwei Arten der Interpretation möglich sind: „die Theateraufführung und die theoretisierende Explikation der Texte. Die eine überträgt die Vorlage in die unmittelbare sinnliche Präsentation der Bühne, die andere übersetzt die Fiktion in den Diskurs; die eine vermittelt den Text durch die Anschauung, die andere durch den Begriff.“ (Pütz 1980, 11)

Auch in der Schule kommen beide Arten der Interpretation vor: theoretisierende im Dramenunterricht, die aufführende im darstellenden Spiel des Schultheaters. Didaktisch reflektierte Beziehungen zwischen beiden gibt es nicht, sie führen – fast in genauer Parallelität zum Verhältnis von Literaturwissenschaft und Theaterpraxis – jeweils ein Eigendasein. Solange das Interesse der Dramendidaktik ausschließlich dem „Wortkunstwerk“ galt, bestand von dieser Seite auch gar keine Veranlassung, über die theatralische Dimension des Dramas nachzudenken und Konsequenzen daraus für die Begegnungs- und Interpretationsweisen zu ziehen. Erst Müller-Michaels fordert, der Dramenunterricht solle „die analysierende Textbetrachtung durch darstellende Dialoggestaltung ergänzen und erweitern“. Denn: „Das Spiel dient der Interpretation, wie die Deutung des Textes der Darstellung zugute kommt“ (Müller-Michaels 1973, 235).

Seit die Didaktik das gattungsbedingte Spezifikum als Problem erkannt hat, wurden mehrere Lösungsansätze zur Diskussion gestellt. Sie sollen nachfolgend daraufhin befragt werden, was sie an Integrationsleistung für den Rezeptions- und Interpretationsprozess erbringen.

3.1. Theaterpädagogische Konzepte

Unter dem Gesichtspunkt der Theaterpädagogik subsumiere ich Vorschläge, denen eine Akzentuierung dramatischen Spiels gemeinsam ist.

- Von dem Erfordernis einer „Theaterpädagogik" spricht als erster Walter Beimdick (1975/1980). Es gehe „allein" darum, den Schüler „zu einer nüchternen, sachlichen und kritischen Auseinandersetzung mit der Bühne zu bringen (ebd., 124). Beimdick erkennt zwar an, „daß eine genaue Interpretation des Dramas den Theaterbesuch vorbereitet und motiviert" (ebd., 125), er entwickelt zu dieser Basisarbeit, die einen sachlogischen Zusammenhang von Dramen- und Theaterunterricht fundieren könnte, aber keine Vorschläge, favorisiert stattdessen, wie Müller-Michaels (1978, 16) in einer kritischen Analyse zutreffend anmerkt, „die Hinführung zur professionellen Theaterpraxis".
- Während Beimdicks Ansatz auf die Entwicklung der Kunst des Zuschauens zielt, gibt sich eine neuere Richtung der Theaterdidaktik handlungsorientiert und subjektbezogen. Sie will dramatisches Gestalten „nicht durch Lesen und Spielen fertiger (fremder) Texte, sondern durch spielerisch-tätige Aneignung von Ausdrucksmöglichkeiten" eigener „Wahrnehmungen, Gefühle, Verhaltensweisen, Lebensentwürfe" realisieren (Abraham 1992, 31). Obwohl diese Intention einer therapeutisch motivierten Rollenspielpädagogik sehr nahe zu sein scheint, grenzen sich die Vertreter dieser Position dagegen ab, weil der Schwerpunkt ihrer Arbeit auf dem Prozess des Spielgeschehens liege (vgl. u. a. Theunissen 1984).
- Für eine prozessorientierte, ganzheitlich verstandene „Theaterarbeit" anstelle der Fixierung auf das große Drama, die intentional fast immer an das Produkt der Aufführung gekoppelt sei, plädiert Karl Schuster (1996). Er will sie integriert wissen in eine Gesamtheit von Spielformen, die dem Schüler auch „Körperbewusstsein" vermitteln.
- Weniger am produktorientierten Hinarbeiten auf eine aufführungsfähige Inszenierung als an „der Theaterprobe und -improvisation" orientiert sich das Verfahren der „szenischen Interpretation", das Ingo Scheller (1987, 1989) an exemplarischen Dramenszenen (z. B. aus Büchners *Woyzek*) entwickelt hat. Intention ist, im Spiel zu erproben, „was die Teilnehmenden bei der Auseinandersetzung mit dem Text und den dort skizzierten Szenen, Rollen und Handlungsmustern über sich in Erfahrung bringen können" (Scheller 1989, 25).
- Auf eine Integration von Deutung und Darstellung zielt dagegen Klaus Göbel mit dem „Prinzip der simulierten Dramaturgie und Inszenierung" (1980, 520 ff.; vgl. auch 1977, 20), das akzeptable Möglichkeiten impliziert, „Verfahren der theatralischen Realisierung an einzelnen Szenen von Dramen zu diskutieren und zu

skizzieren“ (Müller-Michaels 1978, 17). Allerdings verbleibt Göbel auf der Ebene theoretischer Erörterungen und gewinnt dadurch für die praktische Umsetzung wenig Relevanz. Konkreter wird da schon Herta-Elisabeth Renk (1984) mit ihren anregenden Vorschlägen für den Prozess des „In-Szene-Setzens“. Die latente Gefahr einer Grenzüberschreitung in Richtung Spieldidaktik sucht sie dadurch zu vermeiden, dass sie vor dem Darstellen gründliche Analysetätigkeiten einfordert. Spielbare „Moderne Szenen und Stücke“ stellt Rudolf Denk in seinen beiden „Theaterbüchern“ (1990, 1991) zusammen.

3.2. Aufführungsbezogene Lektüre

Der Dramenunterricht kann als Voraussetzung für Analysen und Interpretationen auf die Lektüre des Textes nicht verzichten, andererseits muss er aber auch die theatralische Dimension angemessen berücksichtigen. Das Problem, wie beide angemessen integriert werden können, haben die beschriebenen theaterpädagogischen Konzeptionen nicht befriedigend gelöst. Einen diskutablen Ansatz bieten am ehesten noch die Arbeiten von Göbel und Renk sowie die Vorschläge von Denk, die übrigen betonen in einseitiger Weise mal nur die Bühnendimension des Dramas, mal geben sie die Beziehung zum Dramentext zugunsten freien dramatischen Gestaltens weitgehend auf.

Eine Chance zur Lösung des Problems sehe ich in einem Prinzip, das ich *aufführungsbezogene Lektüre* nenne (Payrhuber 1991, 74 ff.). Dieser Ausdruck subsumiert alle theaterorientierten Methoden im Umgang mit dem Drama und besagt zugleich, dass bei keiner dieser Verfahrensweisen der literarische Text selbst aus dem Blick verloren werden darf.

Auf einer ersten Ebene bedeutet „aufführungsbezogene Lektüre“, dass der das Drama lesende Schüler zusammen mit der Figurenrede des „Haupttextes“ die zumeist im „Nebentext“ enthaltenen Hinweise für die theatralische Realisierung wahrnimmt und möglichst viele ihrer Elemente in seine hier noch „rein literarische Rezeption“ (Pfister 1977, 36) einbezieht. Anstatt im Theater sinnlich real erfahren zu werden, wird das Drama, indem „die verbleibenden Leerstellen ‘von der Leserphantasie besetzt’“ werden (Hasler 1982, 82), gleichsam auf der „inneren Bühne“ des Lesers imaginiert.

Soll diese Imagination gelingen, setzt dies jedoch einen kompetenten Rezipienten voraus, der nicht nur gelernt hat, den Dramentext gegenstandsadäquat zu lesen, sondern aufgrund seiner Zuschauer-Erfahrung als Theaterbesucher auch weiß, von welcher Art die Imagination ist, die er erzeugen soll oder möchte. Der Schüler verfügt in aller Regel über diese Fähigkeit noch nicht, er muss sie sich erst aneignen; sie ihm zu vermitteln, ist eine der Aufgaben des Unterrichts.

Es wäre allerdings noch keine Weiterführung didaktischer Einsichten, wenn der Dramenunterricht nur die Leserphantasie ansprechen und anregen wollte, und zudem wäre es auch sachwidrig, sich auf das „Konzept der ‘gedachten’ Inszenierung“ (Hasler 1982, 82) zu beschränken; denn imaginierte Aufführung und Bühneninszenierung sind durchaus „wesensverschieden“ (ebd.). Wie das Drama erst „komplett“ ist in dem von den Theaterschaffenden bewerkstelligten „Bühnenereignis“ (Klotz 1976, 17), ist der Dramenunterricht erst seiner Aufgabe gerecht geworden, wenn die Schüler gelernt haben, als Adressaten dieses Ereignisses im Theater ihre Publikumsrolle aktiv wahrzunehmen; das heißt, dass sie erfahren können, wie das Drama sich ihnen aktuell erschließt, indem sie, was sie „zu sehen und zu hören“ kriegen, als „sinnvollen Zusammenhang“ verarbeiten, durch Bewusstseinsakte, mit denen sie für sich einordnen und zurechtrücken, was „in Bildern und Sprache von der Bühne kommt“ (ebd.).

Die methodischen Möglichkeiten des Vermittlungsprozesses, der hier zu leisten ist, reichen vom Lesen mit verteilten Rollen über das sogenannte Lesespiel, das die sprecherische „Interpretation“ meint, die – zumeist improvisierte – spielerische Umsetzung einer oder einiger Szene(n), dem „Anspielen“ oder richtiger „szenischen Übersetzen“ bis zur szenischen Interpretation bzw. dem „In-Szene-Setzen“. Auf solche Weise werden die Schüler im Rahmen einer zwar fiktiven, gleichwohl aber wirklichkeitsnahen schulischen Situation handelnd auf ihre Rolle als Theaterpublikum vorbereitet. Analog der Vorgehensweise, wie sich im Theater die Schauspieler zusammen mit dem Regisseur ein Drama über Lese-, Stell- und Bühnenproben erarbeiten, wählen sich auch die Schüler eine Figurenrolle aus, lesen den Sprechtext, aktivieren ihre Vorstellung von der Figur, stellen sie in Spielversuchen einzelner Szenen den anderen vor und diskutieren mit ihnen darüber, markieren oder spielen Situationen, in denen mehrere Figuren miteinander in spannungsvolle Aktion treten. Die Schüler sind also von vornherein gehalten, den Dramentext unter dem Blickwinkel seiner Aufführung zu lesen, in den Spielversuchen die szenische Übersetzung auch selbst vorzunehmen.

Unterstützt, erweitert oder vertieft werden das Rollenlesen und die Rollenarbeit, die bei der aufführungsbezogenen Lektüre im Vordergrund stehen, durch Tätigkeiten, die auf eine – simulierte – theatralische Realisierung hinzielen, wie zum Beispiel das Anfertigen von Entwürfen zu Bühnenbild, Kostümen und Masken oder das Gestalten von Theaterplakaten. Ein Schritt in Richtung theatralischer Interpretation wird getan, wenn ein – fiktives – Regiebuch erarbeitet oder ein – fiktives – Programmheft zusammengestellt wird. Die theatralische Interpretation selbst wird zu einem eigenen Thema im Zusammenhang mit dem Theaterbesuch, der – zumindest prinzipiell – als unverzichtbarer Bestandteil des Unterrichts zu gelten hat. Von hier aus wird dann unmittelbar die Verbindung zum literarischen Leben der Gegenwart möglich, indem die Rezeption eines Werkes durch die öffentliche Theaterkritik in den Unterricht einbezogen wird und die Schüler dadurch selbst an der Diskussion um dessen Bewertung teilnehmen können. Auch ihre produktiven Fähigkeiten lassen sich in diesem Zusammenhang aktivieren, wenn sie sich nicht nur mit vorliegenden Rezensionen auseinandersetzen, sondern eigene Theaterkritiken schreiben.

Aufführungsbezogene Dramenlektüre im aufgewiesenen Sinne steht in engem Konnex mit der handlungsorientierten Konzeption, die Müller-Michaels (1978) entworfen hat. Müller-Michaels hat für die Verfahren des Textumgangs den Begriff der

„Rezeptionshandlungen" (1987, 23) geprägt. Als gattungsspezifische Methoden benennt er sechs „Aktionsformen", in denen sich darstellendes Handeln und interpretatorisches Reflektieren verknüpfen (1975, 205 ff.): „lesen, darstellen, umformen, entwerfen, interpretieren, rezensieren" (ebd., 206). Beachtenswert ist, dass er die theaterbezogenen Methoden im unterrichtlichen Umgang mit dem Drama gleichermaßen „nicht nur als Instrument" versteht, „sich Texte (...) zu erarbeiten" (ebd., 17), d. h. also als Instrumente zum besseren Verständnis des Dramas bzw. seiner Interpretation, sondern auch „als Mittel zur Entfaltung selbstbestimmter, kenntnisreicher, kultureller Handlungsfähigkeit" (1978, 17) und dadurch zur Förderung und Erweiterung der „kulturelle(n) Mündigkeit" (vgl. auch Donnenberg 1980, 83). Zielsetzung und Methodik der handlungsorientierten Konzeption von Müller-Michaels lassen sich mit meinem Ansatz gut in Beziehung bringen, weil sie übereinstimmend rezeptionsästhetisch fundiert sind und gleichermaßen erlauben, „auf die Vieldeutigkeit der Werke mit einer Vielzahl von Zugängen zu antworten" (Müller-Michaels 1987, 38). Die Dramen sind so nicht mehr nur Objekte des Wissenserwerbs, sondern „Medium lernender Rezipienten" (ebd.), was heißt, dass sich in den Rezeptionshandlungen „die zunächst nicht literarisch vermittelten Alltagserfahrungen der Schüler" mit den „literarisch verdichteten Erfahrungen (...) verhaken" (ebd.). Die Schüler üben sich nicht nur im Vollziehen von Tätigkeiten, die in der kulturellen Praxis vorkommen, sondern auch und zuerst im sinnerschließenden, aneignenden Verstehen des Dramas.

3.3. Produktive Umgangformen

Anknüpfend an frühere Anregungen und angestoßen durch Verfahren eines handlungs- und produktionsorientierten Literaturunterrichts hat die Dramendidaktik in jüngster Zeit Impulse zu einem produktiven Umgang mit dem Drama erhalten, die einerseits das Konzept der aufführungsbezogenen Lektüre erweitern, andererseits eigene Formen literarischer Aneignung erproben.

- Einen Vorschlag zur Erkundung des Dramas durch eigene Produktion von Szenen oder eines ganzen Stückes hat Winfried Pielow (1975, 1976) bereits vor Jahren mit seinen „Produktionsprojekten" exemplarisch vorgeführt. Ihn interessierten dabei, im Unterschied zu den theaterpädagogischen Entwürfen, nicht die Verfahren szenischen Erarbeitens vorhandener Dramentexte, er wollte die szenische Darstellung vielmehr an die eigenen literarischen Produktionen gebunden wissen.
- Unter Bezug auf die in der Struktur des Dramas begründete „doppelte Rezeption", entwirft Harald Frommer (1995) das Konzept eines „produktiven Umgangs" (Untertitel). Er unterbreitet allerdings, anders als der Titel seiner Arbeit dies signalisiert, keine Vorschläge zu einer Integration von „Lesen und Inszenieren" (Titel), seine erklärte Absicht ist vielmehr, neben und vor dem Inszenieren „das Lesen wieder in sein Recht einzusetzen" (ebd., 5). Folgerichtig rückt der Dramentext als literarischer Text in den Mittelpunkt des Interesses. Angesichts einer beobachteten Überbetonung der „szenischen Interpretation" scheint dieser Revisionsversuch plausibel, er führt aber die didaktische Reflexion kaum weiter. Einen

innovativen Ansatz enthält erst der mit Beispielen belegte Vorschlag, an die Stelle der traditionellen Dramenanalyse dramenspezifische Schreibaufgaben treten zu lassen, die den Lesevorgang als Wahrnehmungs-, Konkretisations- und Interpretationsprozess konstituieren.

- Für Günter Waldmann (1996) ist, ähnlich wie bei Frommer, die These, dass das Drama „faktisch ein literarischer Text wie andere literarische Texte" ist und darum „auch die Prozesse seines Rezipierens und Verstehens prinzipiell nicht anders" sind, Grundlage seiner didaktischen Reflexionen. Obgleich er auch auf das szenische Erarbeiten von Dramentexten verweist, steht im Zentrum seiner Überlegungen der „Produktive(r) Umgang mit dem Drama" (Titel). Das Adjektiv „produktiv" bezeichnet dabei ein Zweifaches: Es meint zum einen die Erkundung des Dramas durch eigenes Schreiben einer dramatischen Sequenz oder eines ganzen Stückes und zum anderen einen rezeptionsästhetisch rückgebundenen aktiven und produktiven Umgang mit Dramentexten. Beide Aneignungsweisen zielen auf die Erarbeitung von Grundstrukturen und Formtypen bzw., rezeptionsästhetisch formuliert, auf die formale, intertextuell erschließbare Konkretisation der literarischen Dramentexte durch den Leser (ebd., 140ff.). Von diesem Ansatz her entwickelt Waldmann einen umfangreichen Katalog in der Beschäftigung mit dem Drama bisher kaum genutzter und durchweg motivierender Verfahrensweisen, die vom aktiven Aufnehmen über die Erfahrung des Mitschaffens bis zu produktiven Veränderungen reichen. Wie die produktiven Verfahren umgesetzt werden können, demonstriert er aspektreich an Dürrenmatts Komödie *Der Besuch der alten Dame*.

Die knapp umrissenen Konzepte einer produktiven Dramendidaktik setzen Akzente, die einer erprobenden Übernahme in die Unterrichtspraxis wert sind. Allerdings sollten die Chancen, die sie bereitstellen, nicht mit neuen Einseitigkeiten erkauft werden müssen: nicht mit der Zurückdrängung der szenischen Interpretationsverfahren und vor allem nicht mit der Vernachlässigung der inhaltlichen Seite der produktiven Konkretisation. Der Umgang mit dem Drama kann sich nicht in der Vermittlung – gegenwärtiger wie historischer – Dramenformen und -strukturen erschöpfen, auch wenn die Kenntnisse hierüber wie bei Waldmann nicht analytisch-begrifflich, sondern durch literarische Erfahrungen erworben werden. Schulische Beschäftigung mit dem Drama ist, wie eingangs ausgeführt, zuerst dadurch zu legitimieren, dass die in den Stücken entworfenen „Bilder des Lebens" zur Wirkung kommen können. Es erscheint lohnend, die noch unausgeschöpften Möglichkeiten produktiver Verfahren im Interesse dieser Aufgabe weiterzuentwickeln.

Literaturverzeichnis

Abraham, Ulf: Mehr als Nachspielen und Vorspielen: Dramatisches Gestalten zwischen Prozeß- und Produktorientierung. In: Literatur und Sprache – didaktisch. Bamberger Schriftenreihe zur Deutschdidaktik 1992, H. 4, 30–48

Alewyn, Richard: Das große Welttheater. Die Epoche der höfischen Feste. 2. erw. Aufl., München 1985

Asmuth, Bernhard: Einführung in die Dramenanalyse. Stuttgart 1980 (Sammlung Metzler 188)

Beimdick, Walter: Theater und Schule. Grundzüge einer Theaterpädagogik. 2. durchges. u. erw. Aufl., München 1980

Beinlich, Alexander: „Lesealter"? Die literarische Entwicklung der Kinder und Jugendlichen. In: Maier, Karl Ernst (Hrsg.): Kind und Jugendlicher als Leser. Beiträge zur Jungleserforschung. Bad Heilbrunn/Obb. 1980, 13–85

Beiss, Adolf: Einführung in das große Bühnenstück. In: Beinlich, Alexander (Hrsg.): Handbuch des Deutschunterrichts im ersten bis zehnten Schuljahr. 2 Bde. 5. Aufl., Emsdetten 1970, 1265–1323

Brackert, Helmut: Literarischer Kanon und Kanon-Revision. In: Brackert, Helmut / Raitz, Walter (Hrsg.): Reform des Literaturunterrichts. Frankfurt/M. 1974, 134–164

Bremer Kollektiv (Ehlert, Klaus / Hoffacker, Helmut / Ide, Heinz): Thesen über Erziehung zu kritischem Lesen. In: Diskussion Deutsch 1971, H. 4, 101–107

Buddecke, Wolfram / Fuhrmann, Helmut: Zur Geschichte und Didaktik des zeitgenössischen deutschsprachigen Dramas. In: Der Deutschunterricht 1984, H. 3, 3–21

Bürger, Christa: Thesen zur Traditionsaneignung. In: Diskussion Deutsch 1982, H. 64, 105–107

Denk, Rudolf (Hrsg.): Theaterbuch 1. Moderne Szenen und Stücke für die Sekundarstufe I. Frankfurt/M. 1990

Denk, Rudolf (Hrsg.): Theaterbuch 2. Moderne Szenen und Stücke für die Sekundarstufe II. Frankfurt/M. 1991

Donnenberg, Josef: Vom klassischen zum modernen Drama. Mit einer Interpretation der Johanna-Dramen von Friedrich Schiller und Bertolt Brecht (für die Sekundarstufe II). Wien 1980

Dürrenmatt, Friedrich: Gespräch mit Heinz Ludwig Arnold. Zürich 1976

Dürrenmatt, Friedrich: Theater. Essays und Reden. Werkausgabe in dreißig Bänden, Band 24. Zürich 1980

Dürrenmatt, Friedrich: Literatur und Kunst. Essays und Reden. Werkausgabe in dreißig Bänden, Band 26. Zürich 1980

Dürrenmatt, Friedrich: Das Theater als moralische Anstalt heute. Rede zur Verleihung des Schiller-Gedächtnispreises das Landes Baden-Württemberg. In: Dürrenmatt, Friedrich: Versuche. Zürich 1988, 96–106

Eggert, Hartmut / Berg, Hans Christoph / Rutschky, Michael: Schüler im Literaturunterricht. Köln 1975

Essen, Erika: Methodik des Deutschunterrichts. 8. überarb. Aufl., Heidelberg 1969

Frisch, Max: Öffentlichkeit als Partner. Frankfurt/M. 1967

Frisch, Max: Gesammelte Werke in zeitlicher Folge. Hrsg. v. Hans Mayer unter Mitwirkung von Walter Schmitz. Bd. 2. Frankfurt/M. 1976

Frommer, Harald: Lesen und Inszenieren. Produktiver Umgang mit dem Drama auf der Sekundarstufe. Stuttgart 1995

Frühwald, Wolfgang: Die Freiheit des Theaters. Zwischen moralischer Anstalt und politischer Propagandabühne. In: Frühwald, Wolfgang (Hrsg.): Theater. Es darf alles! Darf es alles? Düsseldorf 1990, 13–37

Geißler, Rolf: Arbeit am literarischen Kanon. Perspektiven der Bürgerlichkeit. Paderborn 1982

Glaser, Hermann: Zur kulturellen Dimension der Politik und des Theaters in der Bundesrepublik Deutschland. In: Aus Politik und Zeitgeschichte. Beilage zur Wochenzeitung Das Parlament. B 20, 1992, 3–12

Göbel, Klaus (Hrsg.): Das Drama in der Sekundarstufe. Kronberg/Ts. 1977

Göbel, Klaus: Das Drama im Unterricht. In: Hinck, Walter (Hrsg.): Handbuch des deutschen Dramas. Düsseldorf 1980, 515–524

Greiner, Norbert / Hasler, Jörg / Kurzenberger, Hajo / Pikulik, Lothar: Einführung ins Drama. 2 Bde. München 1982

Grimm, Gunter: Rezeptionsgeschichte. Grundlegung einer Theorie. Mit Analysen und Bibliographie. München 1977

Guthke, Karl S.: Das deutsche bürgerliche Trauerspiel. Stuttgart 1972 (Sammlung Metzler 116)

Haas, Roland / Willenberg, Heiner: Theater lesen, sehen, spielen. Ein Unterrichtsmodell am Beispiel von Büchners „Woyzeck". Stuttgart 1988

Hasler, Jörg: Szene. In: Greiner u. a., Bd. 2. 1982, 69–122

Helmers, Hermann: Didaktik der deutschen Sprache. Einführung in die Theorie der muttersprachlichen Bildung. 5. Aufl., Stuttgart 1970

Hensel, Georg: Schluß mit dem Theater? Melancholische Bemerkungen zu einem verdrängten Thema. In: F. A. Z. (11.4.1987), Nr. 86

Henze, Walter: Dramen lesen – Dramen spielen. Dramentexte in der Sekundarstufe I. Hannover 1987

Hinck, Walter (Hrsg.): Geschichte als Schauspiel. Deutsche Geschichtsdramen. Interpretationen. Frankfurt/M. 1981

Hofmannsthal, Hugo von: Aufzeichnungen. Frankfurt/M. 1959 (Gesammelte Werke in Einzelausgaben)

Ide, Heinz (Hrsg.): Bestandsaufnahme Deutschunterricht. Ein Fach in der Krise. Stuttgart 1970

Ismayr, Wolfgang: Das politische Theater in Westdeutschland. 2. Aufl., Königstein/Ts. 1985

Ivo, Hubert: Kritischer Deutschunterricht. Frankfurt/M. 1969

Jauß, Hans Robert: Der Leser als Instanz einer neuen Geschichte der Literatur. In: Poetica 1975, H. 3/4, 325–344

Klotz, Volker: Dramaturgie des Publikums. Wie Bühne und Publikum aufeinander eingehen, insbesondere bei Raimund, Büchner, Wedekind, Horváth, Gatti und im politischen Agitationstheater. München 1976

Müller(-Michaels), Harro: Dramatische Werke im Deutschunterricht. 2. Aufl., Stuttgart 1975 (1. Aufl. 1971)

Müller-Michaels, Harro: Drama. In: Ehni, Jörg u. a.: Literaturunterricht im 7. Schuljahr. Literarische, didaktische und methodische Analysen zum Lesebuch C 7. Stuttgart 1973, 234–235

Müller-Michaels, Harro: Drama. Basisartikel. In: Praxis Deutsch 1978, H. 31, 13–18

Müller-Michaels, Harro: Literarische Wertung. Anmerkungen zur Kanon-Diskussion. In: Müller-Michaels (Hrsg.): Jahrbuch Deutschdidaktik 1980. Königstein/Ts. 1981 (a), 136–148

Müller-Michaels, Harro (Hrsg.): Deutsche Dramen. Interpretationen zu Werken von der Aufklärung bis zur Gegenwart. 2 Bde. Königstein/Ts. 1981 (b)

Müller-Michaels, Harro: Deutschkurse. Modell und Erprobung angewandter Germanistik in der gymnasialen Oberstufe. Frankfurt/M. 1987

Nayhauss, Hans-Christoph Graf von: Von der Pantomime zum Kleinen Stück. Bochum 1977

Nobis, Helmut: Einführung in die strukurale Dramenanalyse. Ein praxisorientierter Beitrag zum wissenschaftspropädeutischen Deutschunterricht in der Sekundarstufe II. Limburg 1977

Payrhuber, Franz-Josef: Deutsches Gegenwartsdrama im Literaturunterricht der Sekundarstufe I. München 1978

Payrhuber, Franz-Josef: Drama: Lesen, verstehen, inszenieren. München 1983 (Deutsch aktuell)

Payrhuber, Franz-Josef: Das Drama im Unterricht. Aspekte einer Didaktik des Dramas. Analysen und empirische Befunde – Begründungen – Unterrichtsmodelle. Rheinbreitbach 1991

Pfister, Manfred: Das Drama. Theorie und Analyse. München 1977

Pielow, Winfried: Produktionsprojekt: Ein Theaterstück. In: Pielow, Winfried (Hrsg.): Theorie und Praxis des Deutschunterrichts. Projekte und Vorschläge. München 1975, 109–128

Pielow, Winfried: Ein Stück schreiben. In: Praxis Deutsch 1976, H. 20, 55–57

Pikulik, Lothar: Handlung. In: Greiner u. a. Bd. I. 1982, 11ff.

Popp, Helmut: Strukturelemente des Dramas. München 1980

Pütz, Peter: Grundbegriffe der Interpretation von Dramen. In: Hinck, Walter (Hrsg.): Handbuch des deutschen Dramas. Düsseldorf 1980, 11–25

Renk, Herta E.: Dramatische Texte im Unterricht. Materialien und Kursmodelle für die Sekundarstufe I und II. Stuttgart 1978

Renk, Herta E.: Theaterdidaktik und Spiel. In: Baurmann, Jürgen / Hoppe, Otfried (Hrsg.): Handbuch für Deutschlehrer. Stuttgart 1984, 393–427

Rühle, Günther: Was soll das Theater? Überlegungen zur Funktion des Dramas und seiner szenischen Darstellung. In: Frankfurter Rundschau (10.12.1986), Nr. 286

Scheller, Ingo: Szenische Interpretation. Wedekind, Frank: Frühlings Erwachen. Oldenburg 1987

Scheller, Ingo: Wir machen unsere Inszenierungen selber. Szenische Interpretation von Dramentexten. 2 Bände. Oldenburg 1989

Scheller, Ingo: Szenische Interpretation: In: Praxis Deutsch 1996, H. 136, 22–32

Schmid, Herta: Das dramatische Werk und seine theatralische Konkretisation im Lichte der Literaturtheorie Roman Ingardens. In: Fischer-Lichte, Erika (Hrsg.): Das Drama und seine Inszenierung. Tübingen 1985, 22–36

Schöne, Albrecht: Emblematik und Drama im Zeitalter des Barock. München 1964

Schuster, Karl: Das Spiel und die dramatischen Formen im Deutschunterricht. 2. Aufl., Baltmannsweiler 1996

Spinner, Kaspar H.: Der mißverstandene Humpf und die verstehenden Schüler. Beobachtungen zur kognitiven Verstehenskompetenz vom 5. bis 12. Schuljahr. In: Müller-Michaels, Harro (Hrsg.): Jahrbuch der Deutschdidaktik 1983/84. Tübingen 1984, 23–35

Spinner, Kaspar H.: Interpretieren im Deutschunterricht. In: Praxis Deutsch 1987, H. 81, 17–23

Spinner, Kaspar H.: Literaturunterricht und moralische Entwicklung. In: Praxis Deutsch 1989, H. 95, 13–19

Stocker, Karl: Die dramatischen Formen in didaktischer Sicht. Donauwörth 1972

Stocker, Karl: Dramatische Texte. In: Stocker, Karl (Hrsg.): Taschenlexikon der Literatur- und Sprachdidaktik. Kronberg/Ts. 1976, 89–99

Stocker, Karl: Dramatische Texte im Unterricht. In: Lange, Günter / Neumann, Karl / Ziesenis, Werner (Hrsg.): Taschenbuch des Deutschunterrichts. Bd. 2. 4. Aufl., Baltmannsweiler 1986, 633–657

Theunissen, Gert: Schüler machen Theater. Unterricht mit schwierigen Schülern. Frankfurt/M. 1984

Ulshöfer, Robert: Methodik des Deutschunterrichts. Mittelstufe II. 4. neubearb. Aufl., Stuttgart 1966. (Neufassung 1974)

Waldmann, Günter: Produktiver Umgang mit dem Drama. Baltmannsweiler 1996

Wellershoff, Dieter: Was Schüler lesen sollen. In: Kohlbecher, Guido (Hrsg.): Umfrage „Was sollten Schüler lesen?“ Schriftsteller antworten. Neustadt/Wied 1986 (Festschrift Wiedtal Gymnasium, Band II)

BRUNHILDE DRINGENBERG

Das Hörspiel im Unterricht

1. Zur Hörspieltheorie und zur Geschichte des deutschen Hörspiels

Das Hörspiel gibt es nicht. Zwar schien es in den 60er Jahren, als sei eine eindeutige Definition des „originalen" Hörspiels erreicht worden, die eine klare Abgrenzung des radiophonen Kunstwerkes gegenüber anderen Sendeformen des Funks, audiovisuellen Medien und Literaturgattungen ermögliche. Doch inzwischen sind neue Hörspielformen entwickelt worden, die nicht mehr einer Definition entsprechen, die allein auf das *Literarische Hörspiel* bezogen war. In bewusster Abwendung von der in den 50/60er Jahren vorherrschenden normativen Gattungspoetik (vgl. Schwitzke 1963/69; Fischer 1964), aber auch in kritischer Distanz zu einer ideologisch fixierten Neubestimmung des „eigentlichen" Hörspiels und der Funktion des Rundfunks in den frühen 70er Jahren, kam es in der Folgezeit zu einer offeneren Gegenstandsbestimmung, die den Blick frei machte für die Vielfalt von Hörspielformen, die im Verlauf der Geschichte des Funks entwickelt worden sind. Infolge grundlegender Veränderungen in der Literatur-, Medien- und Kommunikationswissenschaft richtete sich das Forschungsinteresse auf den historisch-gesellschaftlichen Kontext der jeweiligen Erscheinungsformen, die Produktions- und Verwertungsinteressen und -bedingungen der Institution Rundfunk, auf die Rezeptions- und Wirkungsgeschichte des Hörspiels. Verwiesen sei auf mehr beschreibende Materialuntersuchungen (u. a. Keckeis 1973; Klippert 1977; Karst in: STZ 1991, H. 117) und historisch-soziologische, z. T. ideologiekritische Arbeiten (u. a. Hörburger 1973; Würffel 1978 a; Döhl 1992). Die anfangs polemische Kritik am *Literarischen Hörspiel* (vgl. u. a. Wondratschek 1970) wich allmählich einer differenzierteren Betrachtungsweise. Umgekehrt wurden die Wirkmöglichkeiten neuerer Hörspielexperimente relativiert (u. a. Würffel 1978 a). Ab Mitte der 80er Jahre verschwand das Hörspiel fast ganz aus der Diskussion. Dem versuchten die Herausgeber der Zeitschrift „Sprache im technischen Zeitalter" mit einem eigenen Themenheft „Hörspiel" 1991 entgegenzuwirken, indem sie eine erneute Grundsatzdiskussion über die „gattungstheoretische Bestimmung" und „Entwicklungsmöglichkeit des Hörspiels" und über „Funktionen der Radiokultur" anregten, da infolge „postmoderne(r) Pluralisierungstendenzen" das Ende des Hörspiels drohe (Mixner in: STZ 1991, H. 117, 3). Ob diese kulturkritische Einschätzung der gegenwärtigen Hörspiel- und Mediensituation gerecht wird, sei vorerst dahingestellt. Richtig ist, dass die Hörspielforschung noch erhebliche Defizite aufweist: philologische, medien- und rezeptionswissenschaftliche Untersuchungen, eine systematische Sicherung der Texte und Hörspielrealisationen (Döhl 1982 a, 489–511). Besonders desolat ist die Forschungslage hinsichtlich des *Kinderhörspiels*.

Im Folgenden sollen einige wichtige Stationen der Entwicklung des Hörspiels und der Hörspieltheorie aufgezeigt werden (detailliertere Informationen bietet u. a. Würffel 1978 a).

1.1. Das Hörspiel in der Weimarer Republik

In den frühen Jahren der Weimarer Republik wurden in den Sendeanstalten des 1923 gegründeten öffentlichen Rundfunks vielfältige Formen von Literatursendungen erprobt: Dichterlesungen, Rezitationen, Gestaltung klassischer Dramen, Dramatisierungen anderer Literaturformen. Der Rundfunk *reproduzierte* mit solchen *Funkspielen* bereits vorhandene Literatur, wobei man rundfunkspezifische Möglichkeiten und Bedingungen des Nur-Hörens kaum beachtete. Daneben wurden ebenfalls *reproduktive* Sendeformen wie *Hörbild / Hörbericht* (Kurzszenen mit Sprach- und Geräuschdokumentationen, Musik, poetischen, berichtenden, kommentierenden Texten) und *Features* (thematische Reihungen von *Hörbildern*) entwickelt. Als erste *originale*, d. h. eigens für den Rundfunk geschriebene Hörspiele, die erst durch die Produktion des Rundfunks realisiert werden, gelten Fleschs „Zauberei auf dem Sender“ (1924) und Gunolds „Spuk“ (1925). Während Flesch in einem Hörexperiment die Entmündigung des Hörers durch die übermächtige Institution Rundfunk thematisierte, gestaltete Gunold ein Handlungsspiel in einem nur akustisch wahrnehmbaren Raum (Nacht). Die Konzentration auf funkadäquate Mittel wie Geräusche und Stimmen berücksichtigte eine nur auditive Rezeption der Hörer. „Spuk“ wurde deshalb zum Vorbild für die Weiterentwicklung des Hörspiels. An Fleschs Hörexperiment knüpften erst wieder Vertreter des experimentellen Hörspiels in den 60/70er Jahren an. In der sog. „ersten großen Hörspielzeit“ (Schwitzke 1983) gegen Ende der Weimarer Republik setzte sich die vorrangige *Wort*handlung in der Hörspieldramaturgie durch. Musik und Geräusche erhielten als realistische Geräuschkulisse, z. T. auch als symbolisches Ausdrucksmittel dienende Funktion. Die Entdeckung der Blende mit ihren verschiedenen Möglichkeiten des Ein-, Aus-, Rück-, Überblendens erlaubte es Hörspielautoren und -regisseuren, über Zeit, Raum, reale und irreale Welten zu verfügen und den inneren Monolog in das Spiel einzubeziehen. Diese Werke begründeten die Gattung des *Literarischen Hörspiels* (z. B. Reinacker: Der Narr mit der Hacke / 1930; Döblin: Berlin-Alexanderplatz / 1930). Typisch für viele Spiele war eine Tendenz zur Innerlichkeit oder eine Hinwendung zur Vergangenheit. Sie zielten auf identifizierendes Hören. Wegen des unpolitischen Selbstverständnisses der Rundfunkanstalten und des zunehmenden Drucks völkisch-nationaler Kräfte auf die Sender waren Übertragungen politisch engagierter Hörspiele selten (z. B. Becher: Tragödie des William Fox / 1931; Brecht: Heilige Johanna der Schlachthöfe / 1932).

1.2. Das Hörspiel während des „Dritten Reichs“

Bereits Ende der 20er Jahre enthielten viele Hörspiele Themen und Ideologien, die im Sinne der NS-Ideologie benutzt werden konnten. Die weltanschauliche Anpassung vieler Hörspielautoren bewirkte bei den Neuproduktionen des Rundfunks eine

Verstärkung bereits vorhandener Tendenzen (Hörburger 1973, 378; Würffel 1978a, 57). Während anfangs noch unpolitische *Literarische Hörspiele* z. B. von Hoerschelmann, Huchel, Eich gesendet wurden, setzten sich in der Folgezeit chorisch-hymnische Hörspielformen und Tendenzstücke durch. In den Kriegsjahren konnten sich nur noch agitatorische, propagandistische Kurzhörspiele behaupten.

Das *Hörspiel im Exil* ist wegen der schwierigen Materiallage kaum erforscht. Spiele antifaschistischer Autoren wurden zur Gegenpropaganda von ausländischen Rundfunkanstalten gesendet (z. B. Seghers: Prozeß der Jeanne d'Arc zu Rouen 1431 / Antwerpen 1937; Brecht: Das Verhör des Lukullus / Radio Beromünster 1940).

1.3. Blütezeit des Literarischen Hörspiels (1950–1958)

Nach 1945 wurde an das Hörspielschaffen am Ende der Weimarer Republik angeknüpft. Neben *literarischen* Antikriegshörspielen (z. B. Borchert: Draußen vor der Tür / 1947) entstanden hervorragende politische, sozialkritische *Features* (u. a. von Eggebrecht, Schnabel, Andersch), die ein großes Echo in der Öffentlichkeit fanden. Erst ab 1950 begann man, zwischen dem fiktionalen *Hörspiel* und dem dokumentarischen *Feature* zu unterscheiden und getrennte Hörspiel- und Featureredaktionen einzurichten. Das Hörspiel wurde im extremen Sinn zum Wortkunstwerk, von dem man annahm, es erzeuge eine „innere Bühne" (Wickert 1954, 505–514) in der Vorstellung des Hörers (zur Kritik vgl. Knilli 1961; Mixner in: STZ, 1991, H. 117, 63). Sprache wurde zur Symbolsprache verdichtet. Musik und Geräusche hatten überwiegend symbolische, die Suggestionskraft des Wortes unterstützende Funktion. Immer raffinierter setzte man die Blendentechnik ein. Fast alle namhaften Autoren der Nachkriegszeit schrieben Hörspiele (Aichinger, Bachmann, Böll, Dürrenmatt, Eich, Frisch, Hildesheimer u. a.) mit unterschiedlichem dramatischen, epischen, lyrischen Akzent, die bei Hörern und in der Literaturkritik starke Resonanz auslösten (ab 1951 jährlicher Preis der Kriegsblinden). Die Spiele tendierten zur verrätselten Darstellung innerseelischer und irrealer Vorgänge in einem imaginären ort- und zeitlosen Raum. Eichs „Träume" (1951) wurden zum Maßstab des Hörspiels schlechthin. Zwar lassen Themen vieler Hörspiele auf eine Auseinandersetzung mit der politischen Vergangenheit oder auf Zeitkritik schließen, aber zeitgeschichtliche und soziale Bezüge wurden häufig ins überzeitliche Allgemeine gewendet oder gesellschaftliche Erfahrungen individualisiert. Unpolitisch war auch die Rezeption. In der Hörspieltheorie, in Rezensionen und Interpretationen wurden Innerlichkeit, Irrationalität, die lyrisch-magische Sprachqualität und deren Wirkung – Imagination, Einfühlung und Identifikation des Hörers – als Merkmale des *Literarischen Hörspiels* gepriesen. Diese Entwicklung muss auf dem Hintergrund restaurativer Tendenzen in der Bundesrepublik jener Zeit gesehen werden (Würffel 1978a, 122).

1.4. Neues Hörspiel und O-Ton-Hörspiele

Anfang der 60er Jahre wurde Kritik am *Literarischen Hörspiel* laut. Eich distanzierte sich 1960 von seinen Hörspielen wegen ihrer Eingängigkeit (Würffel 1978a, 93ff.,

147ff.). Knilli stellte 1961 das *Literarische Hörspiel* als inadäquate radiophone Ausdrucksform radikal in Frage. Angesichts neuer technischer Möglichkeiten (Stereophonie) propagierte er als Konkurrenz zu den audiovisuellen Medien das bildfreie „Totalhörspiel“, in dem die Grenzen zwischen eigenwertigen Schallvorgängen von Klängen, Geräuschen, Stimmen aufgehoben sein sollten (Knilli 1961, 20ff., 106ff.) In der Folgezeit entstanden vielfältige „Schallspiel-Experimente“ (z.B. Pförtner: Schallspiel I / 1964). Doch gegen Ende der 60er Jahre bahnte sich infolge politisch motivierter Kritik am öffentlichen Sprachgebrauch, an dem manipulativen Einfluss der Medien generell und speziell an den suggestiven Wirkmöglichkeiten des *Literarischen Hörspiels* eine Repolitisierung solcher Hörspielexperimente an. Mit dem Ziel der Sprach-, Medien- und Gesellschaftskritik und der Veränderung distanzloser, passiver Rezeptionsgewohnheiten wurde konkretes Sprachmaterial – Gesprochenes, Gedrucktes, Sprachklischees – „collagiert, alliteriert, seziert“, unter Nutzung radiophoner Mittel (Raumstereophonie) verfremdet und transparent gemacht (Schöning 1969, 7ff.). Autoren waren zumeist Vertreter der „konkreten Poesie“ (u.a. Harig, Heißenbüttel, Mayröcker, Mon, Jandl, Rühm – Texte in: Schöning 1969). Am Anfang dieser neuen Entwicklung stand das Hörspiel „Fünf Mann Menschen“ von Mayröcker / Jandl (1969). Da allen experimentellen Spielen, für die Schöning 1969 den Begriff *Neues Hörspiel* prägte, eine durchgängige Fabel fehlt und ein Verstehen nur über das Erfassen von Elementen und Strukturprinzipien möglich ist, erfordern sie den aktiven, kreativen Hörer als Mitspieler (Schöning 1969, 16). Es änderte sich auch die Produktionsweise. Der Autor wurde zum Ideen- und Materiallieferant, Textbücher glichen Partituren. Autor, Dramaturg, Regisseur, Techniker, Sprecher waren gleichrangige Mitglieder eines Produktionsteams. Die Hoffnung, damit auch hierarchische Institutionsstrukturen des Rundfunks aufbrechen zu können, erfüllte sich jedoch schon deshalb nicht, weil nur eine Minderheit für das *Neue Hörspiel* zu interessieren war (Klose 1974, 67ff.; Würffel 1978a, 182f.).

Zu noch weitergehenden Veränderungen der Hörspielproduktion führten in den 70er Jahren emanzipatorisch begründete Versuche, entsprechend Brechts Radiotheorie von 1932 (Brecht 1967, 139), den Rundfunk zum Aussageinstrument für den Hörer zu machen. In sog. *Original-Ton-Hörspielen* wurden zum einen öffentliche Sprache und authentische Tondokumentationen von Höreräußerungen zu featureartigen Collagen zusammengestellt (z.B. Faecke: Hier ist das deutsche Fernsehen und die Tagesschau / 1973). Zum anderen sollte die „nicht veröffentlichte Sprache“ vor allem der Unterschicht hörbar gemacht werden (Schöning 1974, 24ff.). Der Autor (besonders Vertreter des „Werkkreises Literatur der Arbeitswelt“ – Texte in: Schöning 1974) wurde mit dem Tonbandgerät außerhalb des Studios Interviewer, Sekretär oder Arrangeur von Rollen- und Aktionsspielen, der Hörer zum Co-Autor bzw. Co-Produzenten (z.B. Göhre u. Lehrlinge: Berufsbild I / 1971). Auf technischen Aufwand und ästhetische Überformung verzichtete man bewusst (Scharang, in: Schöning 1974, 261ff.). Die geringe öffentliche Resonanz, das Abdrängen der Spiele ins III. Programm zeigen, dass die intendierte breite politische Wirkung und eine Veränderung der Institution Rundfunk nicht erreicht wurden.

Gegenwärtig enthält das Rundfunkprogramm immer noch eine beachtliche Anzahl von festen Sendeterminen für Hörspiele (Programmübersicht in: Haas 1991). Es werden alle bisher entwickelten Hörspielformen, anspruchsvolle und unterhaltende Spiele produziert und Wiederholungen früherer Hörspielsendungen aus dem Repertoire angeboten. Anders als Haas vermutet (Haas 1991, 14), schreiben auch heute namhafte Autoren Hörspiele, oder ihre literarischen Werke werden zu Hörspielen umgestaltet (vgl. Angaben im „KLG"). Zu beobachten ist eine Weiterentwicklung des Hörspiels. Zum einen wurden ideologische Fixierungen des *Literarischen*, des *Neuen* und des *O-Ton-Hörspiels* aufgegeben, zum anderen kam es infolge eines undogmatischen Gattungsbegriffs zu einer wechselseitigen Beeinflussung und Bereicherung literarischer und neuerer Hörspieltypen. Es gibt also wenig Veranlassung, die eingangs erwähnte Besorgnis Mixners über die Hörspielentwicklung zu teilen (vgl. Karst in: STZ, 1991, H. 117, 10). Offen ist, wie sich neue technische Möglichkeiten, Quadrophonie und Kunstkopf-Stereophonie (Klippert 1977, 16ff.) und die Zulassung von Privatsendern auf die zukünftige Entwicklung des Hörspiels auswirken werden.

1.5. Hörspiele in der ehemaligen DDR

Erst 1978 hat Würffel ahd. seiner Forschungsergebnisse eine von Schwitzkes Verdikt (Schwitzke 1969, 107) beeinflusste pauschale Verurteilung des DDR-Hörspiels als ungerechtfertigt zurückgewiesen (Würffel 1978a, 1982c). Er registriert nach einer ersten Phase reproduktiver Literaturbearbeitungen in einer zweiten Phase (1950–1957/58) eine Zunahme von Original-Hörspielen, deren „undialektische Geschichtsdarstellungen und deklamatorisches Pathos", „schematisch vereinfachte Darstellung der Protagonisten" auch er bemängelt (ebd., 1978a, 191ff.). Ab 1959 (Bitterfelder Konferenz) seien jedoch als Wortkunstwerke zu bewertende originale *Literarische Hörspiele* entstanden, die sich im Unterschied zum westdt. Hörspiel der 50/60er Jahre zum „realistischen Problem-Hörspiel" mit offenen Formen und sublimerer psychologischer Figurenzeichnung entwickelt hätten (ebd., 1978a, 210ff.). Nach Würffels Ermittlungen haben eine Reihe von Hörspielen internationale Beachtung gefunden. In der Theoriediskussion (ab Anfang der 60er Jahre) seien westdt. Hörspielexperimente zwar zur Kenntnis genommen, aber strikt abgelehnt worden (ebd., 1978a., 219; 1982c, 7–36).

1.6. Kinderhörspiele

Kinderhörspiele sind selten *originale* Hörspiele. Es überwiegen Adaptionen von Kinder- und Jugendliteratur (KJL), Fernseh-, Theater-, Puppenspielen. Bevorzugt werden Formen des *literarischen* Illusions-Hörspiels, noch häufiger sind Mischformen (Wechsel von Erzählpassagen, szenischer Gestaltung, Musik). In jüngster Zeit werden auch Möglichkeiten des experimentellen *Neuen Hörspiels* und des *O-Ton-Hörspiels* genutzt. Außerdem sendet der Kinderfunk *Features*.

Erst in den 50er Jahren wurden vom Rundfunk erste *originale Kinderhörspiele* produziert (z.B. Krüss: Arthur, der Träumer), die in ihrer ästhetischen Qualität den Hörspielen für Erwachsene nicht nachstehen. Heute ist das *Kinderhörspiel* zur Domäne der Phonoindustrie geworden. Ca. 90% aller *Kinderhörspiel*-Kassetten sind schlampig gemachte Billigprodukte: viel Märchenhaftes – bewährte Stoffe der „klassischen", auch trivialen KJL – Simple-Serien (z.B. TKKG, Benjamin Blümchen) – gekürzte Sound-Tracks beliebter Fernsehserien (z.B. Alf, Biene Maja). Gerade dieser akustische Schrott erreicht millionenfach über Kaufhäuser, Supermärkte etc. eine breite Käuferschicht. Es gibt aber auch ein bemerkenswertes alternatives Angebot einiger qualitätsorientierter Phonoverlage, das aber nur eine Minderheit erreicht. Original-Hörspiele sind auch hier selten. Aber es werden zunehmend neuere realitätsbezogene, problemorientierte realistische und phantastische KJL, Spiele des Grips-Theaters u.ä. meist sensibel zu Hörspielen umgestaltet. Außerdem sind reizvolle Geräusch-Klang-Musik-Stimmspiel-Experimente zu finden (zum Phonomarkt s. *Hinweise*). Der Rundfunk sendet immer noch ein vielfältiges, vergleichsweise gutes Hörspiel- und Featureprogramm für Kinder (Programmübersicht in: Haas 1991). Seit Mitte der 80er Jahre gelangen durch Kooperation zwischen Rundfunk, Phonoindustrie und dem Schwann-Verlag Neuproduktionen und der beachtliche Archivfundus der Sender auf den Markt (SCHWANNI-Kassetten bei PATMOS). Rundfunkanstalten übernehmen ausgewählte *Kinderhörspiele* der Phonoverlage.

Obwohl *Kinderhörspiele* von Kindern zwischen ca. 4–12 Jahren intensiv genutzt werden, sind sie immer noch Stiefkinder des öffentlichen und wissenschaftlichen Interesses. Außer dem internationalen *Kinderhörspiel*-Preis von „terre des hommes" (ab 1985) gibt es keinen speziellen Preis zum Zweck der Qualitätsförderung. Bisher vorgelegte Bewertungskriterien und Empfehlungslisten (s. *Hinweise*) bieten nur eine ungefähre Orientierungshilfe, da vielfach zu linear von den Inhalten und/oder Strukturen der Hörspiele auf eine automatische Beeinflussung von Kindern geschlossen wird. Alle Aussagen über die Wirkung von *Kinderhörspielen* sind solange spekulativ, bis die Rezeptionsforschung fundierte Informationen bereitstellt.

2. Zur didaktischen Diskussion

2.1. 50/60er Jahre

Erst 1953 wird das Hörspiel in die didaktische Diskussion einbezogen. Um das *Literarische Hörspiel* für einen der bewährten „hohen" Dichtung verpflichteten Literaturunterricht „hoffähig" zu machen, bemüht man sich vom Standpunkt eines bildungsidealistischen Dichtungsbegriffs und der vorherrschenden Erlebnispädagogik, beeinflusst durch die Hörspieltheorie und -rezeption der 50er Jahre, um den Nachweis seiner ästhetischen Qualität und pädagogischen Wirkmöglichkeiten. Erziehung zur „Innerlichkeit", Vermittlung „zeitlos gültige(r) Wahrheit", Sittlichkeits- und Geschmacksbildung, Abkehr vom „Konsum von Ton- und Bildmassen", Hinführung zum Buch glauben *Ulshöfer, Klose* u.a. durch affirmatives ästhetisches Erleben des Hörspiels als „Wortkunstwerk" erreichen zu können (Ulshöfer, u.a. in: DU, 1958, H. 3; Klose 1958, 17, 70). Durch „produktives Schaffen" (u.a. Umformung liter. Vorlagen zu HS-Texten, Tonbandrealisierungen) sollen Einsichten in gattungsspezifische Gestaltungsmittel und in die Hörspielproduktion vermittelt und „schöpferische", „musische" Kräfte entfaltet werden (u.a. Klose 1958, 9, 20, 23, 50). „Elite"-Bildung (ebd., 19f.), Beschränkung auf Medien*kunde*, vor allem die starke Akzentuierung des distanzlosen Erlebens sind die Merkmale dieser bewahrpädagogischen Konzeption, der Geißler in seiner grundsätzlichen Kritik an der Erlebnisdidaktik vorhält, sie bewirke „apolitisches Bewußtsein" (Geißler 1970, 46f.).

Eine Neuorientierung der Hörspieldidaktik erfolgt in dem von *Helmers* vorgelegten Konzept einer strukturorientierten literarischen Bildung (Helmers 1966). Aus gattungspoetischen Gründen dienen ihm Hörspiele als Dramenersatz und Vergleichsgegenstand zur Einführung in die „dramatische Bildung", wobei allerdings auch das spezifisch Hörspielmäßige durch *kognitive* Formen der Texterfassung (Hören, Lesen, Analyse, Vergleiche, produktives „Nachgestalten") erkannt werden soll (ebd., 326f., 334). 1970 erweitert er diesen Ansatz durch die Forderung nach einer planmäßigen Erziehung zum Hören „ästhetischer Sprache" (ebd., 1970, 85f.) und 1972 durch die Einbeziehung „vorpoetischer" Kinderhörspiele und „literaturpragmatische(r)" Hörspiele (Schulfunk, Feature) als Vor- und Kontrastformen (!) für „poetische" Hörspiele (ebd., 1972, 302, 338f., 355f.). Abgesehen davon, dass die Auffassung von der „überwiegend dramatischen Grundhaltung" des Hörspiels den unterschiedlichen *Literarischen Hörspielen*, schon gar nicht (dem nicht berücksichtigten) *Neuen Hörspiel* gerecht wird, kritisiert Schemme, der Weg über das Hörspiel zum Drama vermittle weder Erkenntnis des spezifisch Dramatischen noch Einsicht in das spezifisch Hörspielmäßige (Schemme 1970, 77–79). Problematisch sind auch das Festhalten an einer illusionären Immunisierungsdidaktik und einer „werkimmanenten" Betrachtungsweise.

2.2. 70er Jahre

In den Beiträgen zur Hörspieldidaktik der 70er Jahre spiegelt sich die Umorientierung der Deutschdidaktik zur „Kommunikationsdidaktik" mit den Lehrzielen Kommunikationskompetenz, kritische Kompetenz bzw. Sprachkritik einschließlich ihrer Lernzielorientierung.

Von einem erweiterten Textbegriff her bezieht *Stocker* (1972) im Rahmen seines Konzepts einer „prospektiven Literaturdidaktik" (Befähigung zu außer- und nachschulischer Literaturrezeption) neben audiovisuellen Medien auch Hörspiele in die Gruppe dramatischer Textformen ein (Stocker 1972, 16, 19ff.). Hörspiele „repräsentieren" für ihn: a) als „exemplarische" Werke dramatische Formen des Hörfunks – b) als Spielart dramatischer Gegenwartsformen „thematische Aktualität". Wegen ihrer Kürze und „Praktikabilität" sollen sie auch der „Einführung in dramatische Formen" dienen. Anders als bei Helmers sind Hörspiele nicht in erster Linie Hinführungs- und Ersatzmittel für die Dramenbehandlung (ebd., 14, 16, 17, 18, 271ff., 302ff.). Neue Akzente setzt Stocker auch dadurch, dass er in seinen Unterrichtsvorschlägen neben strukturellen auch problemorientierte thematische Gesichtspunkte, den literarischen Kontext und textlinguistische, literatur- bzw. mediensoziologische und kommunikative Aspekte berücksichtigt. Die Zuordnung von Hörspielen zu den dramatischen Formen ist aber auch in diesem Konzept problematisch. Der Dramenbegriff wird nicht nur im Hinblick auf das einbezogene *Neue Hörspiel* überdehnt. Außerdem folgt daraus eine einseitige Auswahl von Texten und Untersuchungsaspekten. Auch in Stockers Konzept bleibt es bei einer Medien*kunde*, in der medien- und gesellschaftskritische Aspekte weitgehend ausgespart sind. Die konzipierten Lernzielkataloge lassen wohl kaum offene Lernprozesse zu.

Klose vertritt in seiner „Didaktik des Hörspiels" (1974) ebenfalls einen „Literaturunterricht(s) im Medienverbund". Die Begründung erfolgt jedoch unter Berufung auf Dahrendorfs Konzept der „Leseerziehung" (vgl. Baumgärtner / Dahrendorf 1970, 27–50). Er will Schüler mit einer „unbegrenzte(n) Vielfalt von Texten (...) für (...) wechselnde Kommunikationsbedürfnisse vertraut" machen und sie zur „kritischen situationsgerechten Auswahl" und zur Herstellung der „jeweils besten Kommunikationsvoraussetzungen" befähigen (Klose 1974, 16ff., 201). Konsequenz ist die Berücksichtigung von Hörfunk- und Fernsehspielen, Film, Buch – die Einbeziehung *verschiedener* radiophoner Spielformen einschließlich trivialer Hörspiele – die Aufnahme literarischer, soziologischer, historischer Kontextaspekte in den vorgeschlagenen Unterrichtsreihen. In dem Curriculum sollen triviale Hörspiele in den Klassen 5–10 ohne Diskriminierung „Brückenfunktion" zur „'hohen' literarischen Literatur" haben (ebd., 17f., 201). Die Vorliebe gilt jedoch den *Literarischen Hörspielen* der 50er Jahre. Die widersprüchliche Forderung nach „Hinaufhören" einerseits und Verzicht auf jegliche Wertung andererseits bringt Klose in ein Dilemma, das auch Dahrendorf nicht hat lösen können. Sieht man genauer hin, wird kräftig ästhetisch, moralisch, kulturkritisch, politisch gewertet. Zwar sollen Wertungen nicht verordnet werden, gleichwohl werden sie in einem „heimlichen Lehrplan" vermittelt (ebd., 19, 34, 157–182, 212, 258–261, 263f.). Wie bereits 1958 geht es Klose um Hinführung zum „Guten", unterstützt durch Medien*kunde* (Hörschulung, Hörspielproduktion, Information). Die Einbeziehung des historisch-gesellschaftlichen Kontextes soll nur die „Kontinuität unserer Kultur" aufzeigen (ebd., 251).

Ein radikal anderes Konzept der Hörspieldidaktik vertritt *Knilli* (1974). Von einer gesellschaftskritisch-materialistisch-parteilichen Position her begründet er eine „aktive(n) Medienpädagogik", die in erster Linie gesellschaftskritische Analysen der Institution Rundfunk und deren politökonomischen Produktionsbedingungen intendiert. Außerdem sollen Schüler durch Hörspielproduktion lernen, „individuelle, gruppen- und klassenspezifische Erfahrungen und Interessen" zu artikulieren und durchzusetzen (Knilli 1974, 121). Hörspiele sind nur noch Anlass für gesellschaftspolitische Erkenntnisse und Mittel für die Einübung politischen Agierens (vgl. Kleinschmidts Kritik an entspr. didaktischen Konzepten, in: PD, 1975, H. 8, 16–20).

Im Unterschied zu Klose hebt *Lermen* (1975) die „große Differenz" zwischen *Literarischen* und *Neuen Hörspielen* hervor (Lermen 1975, 7). Für sie „begünstig(t)en" gerade *Neue Hörspiele* wegen ihrer sprach- und gesellschaftskritischen Intentionen und der sich gegen eine konsumierende Rezeption sperrenden Strukturen einen „emanzipatorischen“, „kritischen Deutschunterricht“ (ebd., 321, 317–327). Ihr Konzept einer kritischen Kommunikations- und Mediendidaktik führt zur Lösung der Hörspieldidaktik aus der Fixierung auf den Literaturunterricht (lernbereichs-, fachübergreifender Unterricht). Nach Lermen sollen kurze *Neue Hörspiele* bereits in der Sek.-Stufe I vor den *Literarischen Hörspielen* behandelt werden (ebd., 316). Der methodische Weg führt vom „Abhören“ über das „Erschließen“ zum „Realisieren“ (ebd., 329–334). Obwohl Lermen die Bedeutung von Gestaltungsversuchen für die Erschließung der Hörspielstrukturen und für die Kreativitätserziehung hoch einschätzt, legt sie besonderen Wert auf die „Interpretation“ (ebd., 331). Sekundärliteratur soll eine selbständige, „problemorientierte Auseinandersetzung der Schüler mit Sprache, Hörspielen, Rundfunk“ und deren „gesellschaftlichen Implikationen“ ermöglichen (ebd., 331f.). Angestrebt wird eine Erziehung zum „mündigen Rezipienten“ (ebd., 324f.). Es verwundert, dass Lermen aus ihren Überlegungen zum *Neuen Hörspiel* keine Konsequenzen für die Behandlung *Literarischer Hörspiele* zieht, vielmehr nur eine „inhaltsbezogene Deutung“ vorsieht (ebd., 313, 320). Zu fragen ist auch, ob nicht bei diesem sprach- und medienkritischen Ansatz das hedonistische Potential der experimentellen Hörspiele verloren geht.

Noch deutlicher als Lermen hält *Würffel* (1975) einen „Rückbezug“ auf das *Literarische Hörspiel* für ungeeignet, um Verständnis für das *Neue Hörspiel* zu vermitteln (Würffel 1975, 378). Das *Neue Hörspiel* müsse „in seiner eigenen Tradition“ begriffen werden. Ein Traditionsstrang führe zu Brechts Radiotheorie, der andere zu den „Theorien der dadaistischen ‘Lautdichtung’“ (Würffel 1975, 378, 379). Er empfiehlt, „sich an der Praxis der experimentellen Literatur (zu) orientieren“ (ebd., 379), denn die Bedeutung des *Neuen Hörspiels* „für einen kritischen Deutschunterricht“ vermittle sich „zu allererst über dessen Sprache“ und deren „Verwendungsweise“ (ebd., 376f., 379). Sein Unterrichtsvorschlag lautet:

1. Kreativer Umgang mit modernen und dadaistischen „Schallsprachspielen“ von Jandl, Ball (Hörerfahrung – Einsichten in Strukturzusammenhänge, Wirkabsichten und den Traditionszusammenhang – Erfahrung mit der Realisierungstechnik),
2. ebensolcher Umgang mit Bachmanns „Reklame“ (Erhellung der Collagetechnik und deren sprach- und gesellschaftskritischen Funktion),
3. Vergleich mit *Neuen Hörspielen* (u.a. Becker: Häuser),
4. Produktionsversuche (ebd., 379–382, 384f.).

Die Auseinandersetzung mit *Neuen Hörspielen* ermögliche dann eine „kritische Betrachtung“ des *Literarischen Hörspiels*, oder sie könne in das Thema „Rundfunktheorie und allgemeine Kommunikationsprobleme“ einmünden (ebd., 400). Man darf Würffel zustimmen, dass nach einer solchen Vorbereitung *Neue Hörspiele* „früher (...) als (...) angenommen“, zu behandeln sind (ebd., 379).

2.3. 80/90er Jahre

Ansätze einer kritischen Kommunikations- und Mediendidaktik werden in den 80er Jahren in Veröffentlichungen zum Hörspiel modifiziert fortgeschrieben. Es werden aber auch ältere Konzepte aufgegriffen. Anfang der 90er Jahre prägt der in den 80er

Jahren angebahnte Paradigmenwechsel zum handlungs- und produktionsorientierten Deutschunterricht die Beiträge zur Hörspielarbeit.

Für *Kliewer* (1984/1988) ist *Hörerziehung* zentraler Bezugspunkt einer didaktischen Legitimation auditiver Medien im Deutschunterricht *aller* Schulstufen. Wegen des hohen Stellenwertes „rhetorischer Kommunikationsprozesse" in und außerhalb der Schule sei eine „allgemeine Hörerziehung" unumgänglich (Kliewer 1984, 380–383). Dafür eigneten sich besonders medial vermittelte „Hörtexte" (u.a. alle Arten von Hörspielen, Rezitationen, Autorenlesungen, pragmatische „Hörtexte") als „akustische Phänomene" – nicht als Lesetexte – aufgrund ihrer „wiederholbare(n), beobachtbare(n) Sprech- und Hörsituation" (ebd., 1984, 378, 381, 388; 1988, 20f.). Es müsse aber auch eine „medienspezifische Hörkompetenz" aufgebaut werden. Er begründet sie für die Primarstufe aus dem Hör-Medienkonsum von Kindern, für die Sek.-Stufen I/II aus den „Inhalten, Themen, Formen (...) und der Bedeutung von Hörtexten im gesamtkulturellen Zusammenhang" (ebd., 1984, 380, 388; 1988, 21).

Hörerziehung bedeutet:

1. *Wahrnehmungssensibilisierung* („aufmerksames Zuhören" mittels präziser „Höraufgaben" – Beschreibung der „akustischen Signale" und des Zusammenspiels – Produktionsversuche),
2. Entfaltung eines differenzierten „*Hörverstehens*" (Bewußtmachung, Diskussion der „Hörangebote" unter besonderer Beachtung der „Mittler"-Funktion von Stimmen – Reflexion der „rationalen" und „emotionalen" Dekodierungsprozesse),
3. „Erziehung zum *kritischen Hören*" auf der „Grundlage genauen Beobachtens und differenzierten Erlebens".

Triviale „Hörtexte" und „Konsumverhalten" sollen nicht verurteilt werden, aber Schüler sollen lernen, ihre Bedürfnisse zu reflektieren, den „Stellenwert" der „Entlastungsfunktion" solcher „Hörtexte" im „kulturellen Kommunikationsgefüge" zu erkennen und gesellschaftliche „Ursachen und Folgen des Hör-Konsums (...) ein(-zu)schätzen" (ebd., 1984, 380–383, 388; 1988, 21). Kliewer konkretisiert sein Konzept 1984 durch ein *Spiralcurriculum* für alle Schulstufen und 1988 durch einen Katalog von Beobachtungsaufgaben. Richtungweisend dürfte dieser didaktische Ansatz sein, weil die Semiotik von „Hörtexten" und deren Wirkungen sowie das Rezipientsein als zentrales didaktisches Problem gesehen und zum Thema des Unterrichts werden. (Vergleichbare Position s. Dringenberg, in: Wolfrum 1980, 673–702).

Everling (1988) stellt in ihrer „Handreichung" zur Realisierung eines „Hörspielprojekts" (Sek.-Stufe I) ein „induktives" Verfahren vor (Everling 1988, 8, 9), nach dem Schüler durch eigene Produktionsversuche allmählich hörspieltypische Gestaltungsmittel, Inszenierungs- und Produktionsvorgänge erkunden und ihre Versuche kritisch beurteilen und verbessern lernen sollen. Erst danach ist eine Begegnung mit radiophonen Hörspielen vorgesehen. Die methodischen Vorschläge und praktischen Hinweise für die Produktionstechnik sind sicherlich hilfreich. Dennoch sind Vorbehalte anzumelden: 1. Everlings didaktische Begründung fußt noch auf dem medienpädagogischen „Manipulationsansatz" aus den frühen 70er Jahren (vgl. Ziesenis, in: Lange u.a., 1986, 363f.). Sie glaubt, durch „aktive Medienarbeit" „kritische Einsichten in die „Machbarkeit" einer „inszenierten Realität" (Manipulation) und damit automatisch Immunisierung gegen die Macht der „allgegenwärtigen Medien" bewirken zu können (ebd., 7–10). Brüchig wird die Argumentation, wenn Schüler am Ende „die Präsentation eines Gesamtkunstwerkes zu würdigen wissen" sollen (ebd., 9). 2. Eine unzureichende fachliche Fundierung führt nicht nur zur Desinformation (ebd., S. 11 f.), sondern auch zu bedenklichen didaktisch-methodischen Entscheidungen. *Eine* Form des Hörspiels – das realistische dramatische Handlungsspiel – wird zum Prototyp des Hörspiels schlechthin, an dem Schüler das „'Wesen' des Hörspiels" und dessen Wirkung – „ein 'Kino im Kopf' " – erfahren sollen (ebd., 8, 12).

Haas (1991) begründet die Hörspielarbeit mit der Bedeutung auditiver Medien als „Gegengewicht" zur „dominanten visuellen Vereinnahmung des Menschen" und mit der Stellung von Hörspielen im literaturgeschichtlichen (!) Zusammenhang (Haas 1991, 17, 18). Er nennt folgende „Arbeitsbereiche" für den Deutschunterricht *aller* Schulstufen:

1. Hörspiele als Gegenstand des Unterrichts (nur in den Sek.-Stufen I/II: *Literarische Hörspiele* „speziell der Nachkriegszeit" – „Adaptionen" der „Weltliteratur") (ebd., 18),
2. Hörspielproduktion zur „Erschließung" anderer Literaturgattungen („Übersetzung" als „produktiv-aktive Aneignung" – „Sinnkonstitution" durch „erfahrungsbezogene(n)-subjektive(n) Rezeption") (ebd., 18, 23, 24 f.),
3. *experimentelle* Sprache-Klang-Geräusch-Spiele als Anreiz für kreative Gestaltungsversuche (Förderung aller „sinnlichen Fähigkeiten" – Berücksichtigung „affektiver Bedürfnisse") (ebd., 18),
4. „dokumentarische Eigenproduktion" nach dem „Modell" der *O-Ton-Hörspiele* (ebd., 18),
5. Hörspielproduktion „als alternative Ausdrucksform" (Erweiterung von Ausdrucksmöglichkeiten) (ebd., 19, 25).

Die auffällige Dominanz der Vermittlungsfunktion von Hörspielen, insbesondere der Hörspielproduktion, erklärt sich aus der von Haas vertretenen Position eines handlungs- bzw. produktionsorientierten Literaturunterrichts (Haas 1984). Primär bietet ihm die Hörspielarbeit Chancen zur Überwindung von Einseitigkeiten und Defiziten herkömmlicher Methoden und Erziehungsziele. So facettenreich und anregend die Unterrichtsvorschläge sind, beinhaltet das Konzept jedoch neue Einseitigkeiten und Defizite: Vernachlässigung von Hörspielen als Gegenstände des Unterrichts – Beschränkung auf eine werkimmanente Textbetrachtung – mangelnde Entfaltung der Fähigkeit zum Fremdverstehen bzw. Perspektivenwechsel – Unterschätzung der Bedeutung einer reflexiven Auseinandersetzung mit Texten und eigener Rezeption – Verengung auf einen subjektiven Kreativitätsbegriff, der die Dimension kritischer Bewusstseinserweiterung ausspart.[1]

In zwei Grundschulzeitschriften des Westermann Verlages werden 1993 die Notwendigkeit und Möglichkeiten einer Einbeziehung von Kinderhörspielen bzw. des Kassettenrekorders in den Unterricht der Primarstufe aus medienpädagogischer Sicht begründet. Gemeinsam ist allen Unterrichtsvorschlägen die Bevorzugung handlungs- bzw. produktionsorientierter Verfahren. Die didaktischen Begründungen orientieren sich auf unterschiedliche Weise an schon bekannten didaktischen Positionen. Vergleichbar dem medienkritischen Ansatz Everlings, will *Engel* Kinder zur

[1] Zur Kritik am produktionsorientierten Deutschunterricht: Spinner 1987, 601–611; Kügler 1988, 4–9; zum Wandel des Kreativitätsbegriffs: Spinner 1993, 17–23.

aktiven Nutzung des Kassettenrekorders anleiten (Geräuschexperimente, Hörspielproduktion) und damit zugleich kritische Distanz „gegenüber dem medial Vermittelten“, also Immunisierung, erreichen (Engel in: PGS 1993, H. 4, 14–19). Aspekte des didaktischen Ansatzes Kliewers enthalten zwei weitere Unterrichtsempfehlungen. *Engel* intendiert eine allgemeine „Hörerziehung mit Hörspielen“ im Sinne einer „adäquaten Rezeption“ akustischer Phänomene (Vorkurs mit vielfältigen Geräusch- und Hörexperimenten – Auseinandersetzung mit Kinderhörspielen ahd. von Höraufgaben) (Engel in: GS 1993, H. 7/8, 9–11). *Heidtmann* präsentiert einen umfangreichen Lehrgang zur Hörsensibilisierung (Geräusch-, Klang-, Stimmexperimente – Produktion von Hörsequenzen und -spielen) als Vorkurs für die Behandlung von Hörspielen (Heidtmann in: GS 1993, H. 7/8, 27–29).

Die Beiträge enthalten viele Anregungen für einen kreativen Umgang mit dem Kassettenrekorder. Da sich die Bedeutung akustischer Signale erst in Situationen entfaltet, müsste allerdings der Wert isolierter Geräusch-, Klang-, Stimmexperimente für die Schulung des *Hörverstehens* überdacht werden. Außerdem dürfte sich die Hörspielarbeit auch in der Primarstufe nicht auf eine Förderung der Wahrnehmungs- und Dekodierfähigkeit beschränken.

3. Ziele und Wege für die heutige Unterrichtspraxis

3.1. Didaktische Überlegungen

Kliewer kommt 1984 aufgrund einer Befragung von Lehrern zu dem Ergebnis, dass Hörspiele in der Unterrichtspraxis ein Schattendasein führen (Kliewer 1984, 379f.). Die seit langem raren Beiträge zur Hörspieldidaktik in einschlägigen Fachzeitschriften für den Deutschunterricht könnten ein Indiz dafür sein, dass Hörspiele in der Unterrichtspraxis heute immer noch zur „vergessenen Gattung“ (Haas 1991, 13) gehören. Dafür gibt es sicherlich plausible Gründe. Wegen der größeren Bedeutung audiovisueller Medien in der Öffentlichkeit, wegen der Beliebtheit des Fernsehens bei Kindern und Jugendlichen hat sich das didaktische Interesse offensichtlich vom Rundfunk zum Fernsehen verlagert. Außerdem fand in den vergangenen Jahren eine Fülle neuer Inhalte und Aufgaben Eingang in den Deutschunterricht. Wo bleibt da noch Raum für das Hörspiel? So muss erneut vor dem Hintergrund bisheriger Legitimationsansätze nach dem Stellenwert der Hörspielarbeit gefragt werden.

Vom „Hörspielmarkt“ kann aufgrund der geringen öffentlichen Resonanz auf die derzeitige Hörspielproduktion keine Rechtfertigung der Hörspielarbeit abgeleitet werden. Allenfalls ließe sich von daher eine Beschäftigung mit Kinderhörspielen begründen. Außerdem kritisiert Geißler bereits 1970, dass das „literarische Leben“ als Orientierungsrahmen für den Literaturunterricht zu bedenklichen Einseitigkeiten und Vernachlässigungen führt (Geißler, in: Baumgärtner / Dahrendorf 1970, 62ff.). Weil die literatur- und mediendidaktische Grundlagenreflexion in den 80er Jahren zugunsten einer Methodenreflexion abgebrochen wurde und von daher keine neuen Einsichten für eine Legitimation der Hörspielarbeit zu gewinnen sind, soll an das schon einmal erreichte Niveau umfassender literatur- und rezeptionsdidaktischer Begründungsansätze angeknüpft werden.

Eine Orientierungshilfe für die Hörspieldidaktik kann immer noch Geißlers 1970 in seinen „Prolegomena zu einer Theorie der Literaturdidaktik" dargestellte und 1977 präzisierte literaturdidaktische Konzeption sein (Geißler 1970; ders., in: Baumgärtner / Dahrendorf 1977, 48–63). Daher seien einige, für unsere Überlegungen wichtige, Gesichtspunkte skizziert:

Geißler begründet seine didaktische Konzeption, indem er die „Leistung von Literatur" einerseits und die Bedingungen und Möglichkeiten eines „Verstehensvorganges" andererseits aufdeckt. Dichtung ist in Aussage, Wertvorstellung und Gestaltungsweise jeweils Antwort auf eine bestimmte historisch-gesellschaftliche Situation. Eine Auseinandersetzung mit Gegenwartsliteratur in all ihren Erscheinungsformen führt zur „synchronen (...) Horizonterweiterung". Die „Herausbildung der Zeitgenossenschaft" darf nicht angepasst erfolgen. Distanz kann durch „rationale Arbeitsformen", durch Einbeziehung kritischer Fragestellungen, durch Erhellung der „soziologischen Aspekte der Literatur und ihrer Verbreitungsweisen" erreicht werden. Unverzichtbar ist eine „diachrone (...) Horizonterweiterung". Erst die Auseinandersetzung mit der „Geschichtlichkeit eines Werkes" der Vergangenheit (Auswahl und Fragestellungen von Gegenwartsproblemen her) führt eine „synchrone Horizontveränderung" herbei. Die SchülerInnen erkennen, dass die „geistigen und gesellschaftlichen Positionen", auch ihre individuelle Situation, geschichtlich „geworden" und „veränderbar" sind. Durch diese „Selbstaufklärung" wird eine Befreiung aus der „Abhängigkeit (...) von der eigenen Geschichte" erreicht, wird erst eine Kritik am „gegenwärtige(n) Zustand", ein Weiterdenken in die Zukunft, aber auch neue Offenheit gegenüber dem Vergangenen möglich. In dem Beitrag zur „Selbstaufklärung" liegt die pädagogische und politische Relevanz des Literaturunterrichts. Im Vergleich zur „gedanklichen Sachliteratur", die Geißler durchaus behandelt wissen will, hat Dichtung nach seiner Auffassung besonderen Bildungswert, weil aufgrund ihres artifiziellen Charakters zwischen einer vollständigen Werkerschließung und dem seitens des Lesers rational Erfassbaren immer ein Rest, eine „didaktische Differenz" bleibt. Das „Ungenügen des Verstehens" reizt dazu, sich immer erneut um ein Verstehen zu bemühen (Geißler 1970, 29, 71ff.; ders. in: Baumgärtner / Dahrendorf 1977, 54–63).

Für den „Verstehensvorgang" hat die „Semiotik" eines Werkes Schlüsselfunktion. Eine „Bedeutungsgewinnung" muss „in der Praxis eines Verstehens- oder Kommunikationsprozesses" am Text gleichsam „probiert" werden. Als „Sperre gegenüber der Willkür der Auslegung" sind vom Rezipienten die „sozio-historischen Bedingungen" der Zeichen und die „soziokulturelle Gebundenheit" der eigenen Deutung und Wertung aufzudecken und zu reflektieren. Indem der Rezipient so sein eigenes Verstehen und Urteilen als „geschichtlich, als kritisierbar und veränderbar" erfährt, eröffnet ein solches „interpretatorisches Tun" Möglichkeiten des Fremd- und Selbstverstehens (Geißler, in: Baumgärtner / Dahrendorf 1977, 60–62).

Aus Geißlers Überlegungen ergeben sich für die Hörspieldidaktik folgende Konsequenzen:

1. Alle Arten von Hörspielen sind mit dem Ziel der Erfahrungserweiterung und „Selbstaufklärung", auch wenn oder gerade weil SchülerInnen zu ihnen außerschulisch keinen Zugang haben, in den Unterricht einzubeziehen.
2. Die Auseinandersetzung mit den Hörspielen als Gegenständen des Unterrichts hat wegen der in ihnen aufgehobenen Wirklichkeitserfahrungen und wegen der besondern Rezeptionsbedingungen zentrale Bedeutung.
3. Die einzelnen Hörspiele sind darüber hinaus als Modelle für unterschiedliche, in der Geschichte des Hörspiels herausgebildete, medienspezifische Ausdrucksformen zu betrachten.

4. Eine Höreralphabetisierung ist unabdingbar. D. h.: a) Wahrnehmungssensibilisierung für die akustischen Zeichen (Sprache; Stimmen / Stimmqualität, Sprecherausdruck, interpretatorische Gestaltung; Geräusche; Klänge; Musik; Stille; technische Gestaltungsmittel wie Blende, Schallräume, Positionen der Sprecher vor dem Mikrophon) und für die Vertextungsstrategien und deren rezeptionslenkende Funktion – b) Erweiterung und Differenzierung des Hörverstehens durch Bewusstmachung und Reflexion der Rezeptionsprozesse.
5. Der Umgang mit Hörspielen darf sich nicht auf werkimmanente Struktur- und Inhaltsanalysen beschränken. Vom Text her muss nach den ihn und die Rezeption konstituierenden Bedingungen gefragt werden. Dazu gehören: a) der historisch-gesellschaftliche Kontext der in den Hörspielen dargestellten „Wirklichkeit“ – die biographische, geschichtlich-soziale und kulturelle Erfahrungswelt des Autors – Bezüge zu literarischen Trends der jeweiligen Entstehungszeit – Rezeption der Hörspiele von verschiedenen sozialen Gruppen in verschiedenen Zeiten – b) Aufdeckung der geschichtlichen, soziokulturellen, individuellen Bedingtheit der Textrezeption – Auseinandersetzung mit der Relevanz des Bedeutungspotentials der Hörspiele und der gewonnenen Einsichten für die gegenwärtige individuelle und kollektive Situation der Rezipienten.
6. Zur pragmatischen Dimension der Hörspiele zählt auch der gesamte Komplex der Bedingungen medienspezifischer Kommunikationsformen und -probleme: die Herstellung, Verbreitung bzw. Vermarktung von Hörspielen. Es sind medienkundliche Kenntnisse und darüber hinaus im Sinne einer kritischen Mediendidaktik Aufklärung über die gesellschaftliche Funktion und Bedingtheit der Institution Rundfunk und der Phonoindustrie zu vermitteln. Das Interesse der SchülerInnen an solchen Fragestellungen und die Kompetenz für eine angemessene kritische Reflexion müsste aus dem Umgang mit den Hörspielen erwachsen. Hörspiele sollten dabei nicht nur Anlass für die Beschäftigung mit derartigen Problemen sein. Wie weit solche Untersuchungen gehen sollen, wäre unter Berücksichtigung der Voraussetzungen einer Lerngruppe zu entscheiden.

Aus den bisherigen Überlegungen folgt, dass die *Auswahl* der Hörspiele von der Frage geleitet werden müsste, was die „Texte“ zur „Horizonterweiterung und -veränderung“ hergeben. Das verweist uns zunächst auf Hörspiele der Gegenwart. „Historische Hörspiele sollten erst dann behandelt werden, wenn die Distanz zur Gegenwart erfaßt werden kann, eine Einbettung in die Bedingungen der Entstehungszeit möglich ist“ (Kliewer 1984, 382).

Neue Hörspiele haben insofern Bedeutung, als diese experimentellen und kritischen Gegenentwürfe zu gesellschaftlich vermittelten Konventionen der Sprache und des Sprachgebrauchs Normendistanz und Einsicht in neue sprachliche Möglichkeiten bewirken können. Sie fordern heraus, über die Funktion von Sprache als Mittel gesellschaftlicher Steuerung bzw. Sozialisierung nachzudenken, Reduktionen sozialer Kommunikationsformen und individueller Selbstverwirklichung zu entdecken. Verfestigte Hörgewohnheiten (Identifikation, Konsum einer „Story“) könnten aufgebrochen werden, denn diese Hörspiele verlangen und fördern neue Rezeptionsweisen. Da das verbindende Prinzip einer Fabel fehlt, müssen die SchülerInnen lernen, die sprachlichen und radiophonen Gestaltungsmittel und deren Funktion innerhalb des Strukturzusammenhangs zu erkennen und in einem kreativen, additiven Hörverfahren zu antizipieren und weiterzudenken (vgl. Lermen 1975). Die Analyse und Reflexion der Wahrnehmungsprozesse ermöglicht zugleich, SchülerInnen für auditive Umweltwahrnehmung zu sensibilisieren (vgl. Kliewer 1984/88). Die Behandlung dieser Hörspielformen dürfte heute leichter sein, weil SchülerInnen vom ersten Schuljahr an mit Sprachspielen aller Art vertraut gemacht werden. Wenn sie nach solcher Vorbereitung die Strukturen, Wirkabsichten und -möglichkeiten der *Neuen Hörspiele* und deren Traditionszusammenhänge begreifen lernen, könnten sie auch für medienpolitische Probleme zu interessieren sein (vgl. Würffel 1975, 376f.). Außerdem bietet es sich an, Bezüge zu entsprechenden Experimenten in audiovisuellen Medien, in der visuellen Kommunikation, in der neuen Musik (fächerübergreifender Unterricht) und speziell in der Gegenwartsliteratur zu entdecken, den Intentionen und Zusammenhängen, aber auch den Kommunikationschancen und -problemen nachzugehen. Schließlich kann der in den *Neuen Hörspielen* praktizierte spielerische Umgang mit akustischen Phänomenen aller Art (Collagetechnik) SchülerInnen zu kreativen Experimenten mit Sprache und anderen Klangelementen anregen (vgl. Würffel 1975; Haas 1991).

O-Ton-Hörspiele, in denen oft soziale Randgruppen zu Wort kommen, vermitteln Einblick in die soziale Erfahrungswelt verschiedener gesellschaftlicher Gruppen. Zudem wären gerade diese technisch wenig aufwendigen Hörspielformen geeignet, SchülerInnen zur aktiven Ingebrauchnahme des Kassettenrekorders (Hörspielproduktion) anzuregen (vgl. Klose 1974, 291; Lermen 1975, 322f.; Haas 1991, 19). Dabei erfahren sie neue Möglichkeiten des Sprachhandelns in realen Situationen (Kommunikationsförderung, soziales Lernen). Die Eigentätigkeit gibt wiederum Anlass zur Reflexion über Wirkmöglichkeiten, aufklärende Leistung und Kommunikationsprobleme dieser dokumentarischen Hör-Textsorten. Die Hörspiele selbst wären an den (zeitbedingten) Intentionen ihrer Hersteller zu messen, Hörervoraussetzungen und -bedürfnisse, Bedingungen der Institution Rundfunk müssten reflektiert werden. Bezüge ergeben sich von den *O-Ton-Hörspielen* zum *Feature*, aber auch zur dokumentarischen Literatur der 70er Jahre.

Literarische Hörspiele der *Gegenwart* sind aufgrund ihrer aktuellen Thematik relevant. Das Entdecken ihrer funkspezifischen Darstellungsmittel, Einsichten in die Vertextungsstrategien, die Deutung ihrer Funktion und Wirkung, das Wahrnehmen der Rezeptionsvorgänge (Beeinflussung der Phantasie, Identifikation – aber auch textinterner und textexterner Bedingungen für distanziertes Hören) führen zum differenzierten Verstehen und ermöglichen eine sachkundige kritische Auseinandersetzung mit der Aussage und Wirkung dieser „Texte“ und deren Bedeutung für die eigene Lebenssituation. Von diesen Hörerfahrungen her ergibt sich die Chance, im Vergleich mit *Neuen Hörspielen* darüber nachzudenken, was *Literarische Hörspiele*, die mit Modellen menschlicher Existenz konfrontieren, zur Fremd- und Selbsterkenntnis beitragen können.

Ob auch sog. Unterhaltungshörspiele des Rundfunks zu behandeln sind (vgl. Klose 1974), ist fraglich. Aus Zeitgründen wäre es wohl wichtiger, mit trivialen audiovisuellen und literarischen Textarten zu arbeiten, die SchülerInnen tatsächlich konsumieren und die sie durchschauen lernen müssen.

Kurz-Hörspiele, die in Magazin- und Werbesendungen den Hörer für einen Augenblick fesseln sollen, wären auf eben diese Funktion und Wirkung hin zu untersuchen und zu erproben. Eine kritische Auseinandersetzung mit diesen heute dominierenden Programmformen des Rundfunks bietet sich an.

Neben vielfältigen Hörspielformen der Gegenwart wären *historische Literarische Hörspiele* der 50/60er Jahre und der Weimarer Republik zu berücksichtigen. Denn „Kritik unserer Bedingungen und Kritik der geschichtlichen Position der Texte gehören zusammen und sind nur von verschiedenen Bezugspunkten zu gewinnen" (Geißler, in: Baumgärtner / Dahrendorf 1977, 56). Zum einen gibt es eine Reihe von Hörspielen, deren Thematik durchaus noch aktuell ist. Zum anderen könnten vor allem Hörspiele der 50/60er Jahre SchülerInnen im Sinne einer „diachronen Horizonterweiterung" auf Zeitfragen der jüngsten Vergangenheit, auf die zeitbedingte Dramaturgie der Hörspiele und ihre Rezeption, auf vergleichbare Tendenzen in der zeitgenössischen Literatur aufmerksam machen. Einsichten in die kulturelle Bedeutung der Hörspiele und des Rundfunks jener Jahre regen zur Auseinandersetzung mit der heutigen Mediensituation an. Die Arbeit mit diesen Hörspielen muss nicht die von Kritikern des *Literarischen Hörspiels* aufgezeigte Wirkung haben, denn die von einem Text ausgehenden Signale haben keine automatische Steuerungsfunktion. Einer distanzlosen identifizierenden Rezeption kann durch Arbeit am Text, durch rationales Strukturieren, durch produktives „Mitspielen", durch kritische Fragen von der Gegenwart her entgegengewirkt werden. Es wird z. B. bei den so oft gerühmten „Träumen" Eichs zu fragen sein, ob eine Wirklichkeitsauffassung, in der sich die Bedrohung der Menschheit als anonyme Schicksalsmacht darstellt („Termiten"), statt zur politischen Aufklärung und zum politischen Handeln („seid wachsam") lediglich zur Beunruhigung oder Resignation des Hörers führt. Die historischen gesellschaftspolitischen Hintergründe der Aussage, der Aussageweise, aber auch der Rezeption wären deutlich zu machen. So würde den SchülerInnen verständlich, wogegen sich die *Neuen Hörspiele* wenden. Eine „synchrone Horizonterweiterung" könnte erreicht werden, wenn SchülerInnen ihre Erkenntnisse auf die Bedeutung für ihre gegenwärtige Situation überprüfen lernen.

Was eine Beschäftigung mit *Hörspielen aus der ehemaligen DDR* – aus einem anderen historisch-gesellschaftlichen Kontext – für das Fremd- und Selbstverstehen leisten kann, hat Würffel ahd. eines Unterrichtsmodells aufgezeigt, das trotz oder gerade wegen inzwischen veränderter politischer Vorzeichen von Interesse sein dürfte (Würffel 1978b, 330–346).

Da *Kinderhörspiele* von Kindern tatsächlich gehört werden, hat die Hörspielarbeit in der Primar- und Orientierungsstufe unmittelbare – nicht nur propädeutische – Relevanz für die Kinder. Aufgabe der Schule wäre es, den Kindern ein Alternativprogramm zu ihrem Medienalltag nahe zu bringen. Alternative Hörspiele bieten den

Kindern Modelle der Wirklichkeitserfahrung, aber auch phantastische Gegenwelten. Sie regen zur Auseinandersetzung mit sich, mit anderen, mit der umgebenden Welt an und können eine Erweiterung des eingeschränkten Erfahrungshorizontes bewirken. Die medienspezifische Semiotik spricht alle Sinne und „affektiven Bedürfnisse“ an und kann zur Entfaltung der Phantasie und Kreativität beitragen (Haas 1991, 18). Von Anfang an sollten unterschiedliche Hörspielformen berücksichtigt werden, damit die Kinder verschiedene Gestaltungsweisen entdecken und deren Wirkung erfahren können. Für die Auswahl der verschiedenen Hörspielformen und für die Ziele gilt prinzipiell, was für die verschiedenen Formen der „Erwachsenen“-Hörspiele aufgezeigt wurde. Da es sich bei den Kinderhörspielen häufig um Adaptionen handelt, bieten sich Vergleiche zwischen Kinder- und Jugendliteratur, TV-Sendungen und Hörspielbearbeitungen an. Sie ermöglichen Einsicht in die jeweils medial bedingte Formensprache und in die unterschiedlichen Chancen und Beeinträchtigungen verschiedener medialer Vermittlung. Bezugspunkt für die Hörspielarbeit kann aber nicht nur das sog. „gute“ Hörspiel sein. Auch wenn den trivialen „Billig-Hörspielen“ ihre „Unterhaltungs-, Ablenkungs-, Kompensations- und Identifikationsfunktion“ nicht genommen werden darf und kann, müssen Kinder befähigt werden, die banalen Inhalte, problematischen Botschaften dieser Hörspiele, deren Machart und Wirkung zu durchschauen (vgl. Lange: Trivialliteratur und ihre Didaktik, in: Lange u. a., 1986, 727–748; Kliewer 1984). Voraussetzung dafür ist eine Einflussnahme auf ihr Rezeptionsverhalten. Die Schulung der Beobachtungsfähigkeit für akustische Signale und deren Funktion, Wahrnehmungssensibilisierung für die Rezeptionsprozesse, Kommunikation über die eigene Wertung, die individuell und sozial bedingten Aneignungsbedürfnisse fördern nicht nur eine differenzierte Bedeutungsgewinnung, sondern befähigen zu einer vertraut-kenntnisreichen, kritisch urteilenden Rezeption *aller* Hörspielarten. Dabei sollten „affirmativ-unterhaltungsorientierte“ Hörweisen nicht unterdrückt, sondern um „distanziert-erkenntnisorientierte“ Rezeptionsweisen erweitert werden. Ziel müsste es sein, dass Kinder allmählich ihr Rezeptionsverhalten nach wechselnder „Disposition“ und Situation „selbst bestimmen“ können (Lange ebd., 744; Kliewer 1984, 380–383). Indem Kinder lernen, Programmankündigungen zu lesen, sie auf ihren Informationswert zu befragen und entsprechend Kassetten- und Schallplattencover zu untersuchen, sie in Gegenentwürfen zu verändern, Programme verschiedener Phonoverlage zu vergleichen, Angebote in Mediotheken der Stadtbibliotheken, in Warenhäusern, Supermärkten etc. zu erkunden, und sie erste Einblicke in Produktions- und Vertriebsweisen und deren Bedingungen erhalten, gewinnen sie ein kundig-kritisches Verhältnis zum Rundfunk und zur Phonoindustrie, und sie entdecken, wodurch ihr Medienkonsum mitbedingt ist.

3.2. Unterrichtspraktische Möglichkeiten

3.2.1. Textkonstellationen

Die Arbeit mit Textkonstellationen ist umstritten. Geißler lehnt eine „wahllose Reihenfolge in der Textbehandlung" ab. Erst durch eine „Kombination von Lektüretexten" sei „gleichsam die Konstellationsgebundenheit zeichenhafter Bedeutung sichtbar zu machen", werde eine „wechselseitige" „Erhellung der Werke" möglich, könnten „historische Einsichten am besten gewonnen" werden (Geißler 1970; ders., in: Baumgärtner / Dahrendorf 1977, 56, 62). Dagegen kritisieren Kügler und Kreft: 1. Die „Konstruktion eines solchen Lektürefelds" bewirkt, dass Schüler vom Lehrer „vorgegebene Interpretationen, Argumentationen, Einstellungen" reproduzieren und dass sie „bevormundet" werden. 2. Die „Texte sind 'kastriert' (...) und können ihr volles Bedeutungspotential nicht voll entfalten." 3. Die didaktische Zubereitung der Lektüre widerspricht den außerschulischen Formen der Literaturrezeption (Kügler, in: Baumgärtner / Dahrendorf 1977, 111 ff.; Kreft 1977, 322). Sollen die von Geißler aufgewiesenen Chancen von Textkonstellationen genutzt werden, müssen die aufgezeigten Gefahren gesehen werden. Geißler macht für die Arbeit mit Textreihen deshalb zur Bedingung, dass „jeder Text (...) wirklich für sich erarbeitet" und „bei der Arbeit die Perspektive für die anderen Werke erst mit produziert wird (...)" (Geißler 1970, 95).

Die Kombinationsmöglichkeiten solcher Textkonstellationen sind vielfältig:

z. B. thematisch / problemorientierte – biographische – motivorientierte – historische – strukturorientierte Reihen.

Dabei lassen sich verschiedene Aspekte auch untereinander mischen:

z. B. Einordnung desselben Hörspiels unter verschiedenen Fragestellungen in verschiedene Reihen – Kombination von Hörspielen mit anderen Medienformen (Film, Fernsehen, Buch) – Vergleiche der Behandlung eines Stoffes im Hörspiel, im Roman, Bühnenstück oder in der Novelle, Erzählung – Vergleiche zwischen Literaturbearbeitung (Funkspiel) und Orginaltext.

Es sollten nicht nur thematische Reihen zusammengestellt werden. Im Interesse einer Hör- und Verstehenslehre müsste unter semiotischen Gesichtspunkten auch eine Konzentration der Beobachtung auf medienspezifische Strukturen und Gestaltungsmittel erfolgen, was nicht bedeutet, dass damit eine traditionelle Struktur- und Gattungslehre befürwortet werden soll. Denkbar wären folgende Konstellationen:

z. B. Sprache, Geräusche, Musik, Stimmen in traditionellen Hörspielformen mit überwiegend dramatischen, epischen oder lyrischen Akzenten und in *Neuen Hörspielen* – „Sprachspiele" in der modernen Lyrik und in *Neuen Hörspielen*.

(Anregungen, die jedoch zu variieren wären, können u. a. folgenden Veröffentlichungen entnommen werden: Kliewer 1973; Klose 1974; Lermen 1975; Stocker 1972; Würffel 1975, 1978 b; Friedrichs 1982).

Viel zu wenig beachtet wurden bisher Möglichkeiten, Text- oder Textausschnittsequenzen unter pragmalinguistischen Aspekten für Analysen textinterner und textexterner Kommunikation zu nutzen:

z. B. Dialog, Monolog, reduzierte Kommunikationsstrukturen im *Literarischen* und *Neuen Hörspiel* – bedeutungskonstituierende Funktion von Stimmen.

Im Folgenden sei angedeutet, wie aus der vollen Interpretation eines Hörspiels – Eich: „Träume" – Textkonstellationen aufgebaut werden könnten, die kontrastive Vergleiche zulassen:

- Zeitkritik im Verhör:
  Eich: Träume – Eich: Die Mädchen von Viterbo – Hoerschelmann: Das Schiff Esperanza – Weyrauch: Die japanischen Fischer (Umwandlung zeitgeschichtlicher, politischer Bezüge in existentielle Problematik)
  (evtl. Einbeziehung vergleichbarer Nachkriegskurzgeschichten u. Lyrik, Auszüge aus Kritiken, Texte zur Zeitgeschichte – mögl. Ausweitung zum Hörspiel am Ende der Weimarer Republik oder Motivvergleich des *Literarischen Hörspiels* „Die japanischen Fischer" von Weyrauch mit dem *Neuen Hörspiel* „Eskalation" von Kühn)
- Mittel der „Verfremdung" in *Literarischen Hörspielen*:
  Eich: Träume (Rahmengedicht, ironische Berichte) – Vergleich mit Veränderungen der zweiten Fassung – Böll: Klopfzeichen (epischer Erzähler, Rückblenden, Wechsel von Monolog u. Dialog) – Frisch: Biedermann und die Brandstifter (epischer Erzähler, Ironie, Satire) (evtl. Ausweitung zu Brechts epischem Theater und Brechts Theatertheorie)
- Vom Illusionshörspiel zur Zerstörung der Illusion:
  Eich: Träume (Collage von Lyrik, Berichten, Traumszenen) – Änderungen der zweiten Fassung – Eich: Man bittet zu läuten (Übergang zum *Neuen Hörspiel*: Sprach- u. Handlungsreduktion, Sprachspiele, Collage) – Jandl / Mayröcker: Fünf Mann Menschen (Aufhebung der Fabel, Sprachspiel, Collage) – Mon: das gras wies wächst (Zerstörung der Illusion) – Becker: Häuser (erfundenes Zitieren ohne Story)
  (evtl. Ausweitung zu Brechts Radiotheorie – Untersuchungen von Rundfunk- und Fernsehsendungen – u. U. eigene Collagen zu und mit Eichs Rahmengedicht – auch der umgekehrte Weg vom *Neuen Hörspiel* zu Eichs „Träumen" ist denkbar)
- Sprache – Denken – Wirklichkeit:
  Eich: 1. Traum, Lyrik (Motiv Sprache) – Bachmann: Hörspiele, Erzählungen, Lyrik („Gaunersprache") – *Neue Hörspiele*, Konkrete Poesie (die „neue Grammatik" der Sprachspiele)
  (evtl. Einbeziehung von Sekundärliteratur in Sek.-Stufe II).

Selbstverständlich ist nicht daran gedacht, diese Textkonstellationen alle oder gar aufeinander folgend zu behandeln. Sie sind als variierbare Anregung aufzufassen, zumal in der konkreten Unterrichtssituation Fragen und Interessen der SchülerInnen zu berücksichtigen sind.

Was eine *Verschränkung* von Struktur- und Inhaltsaspekten leisten kann, soll ahd. einer Textkonstellation aus dem Lesebuch „Lesezeichen" Grundausgabe, 6. Schulj. (Klett Verlag), dessen Curriculum grundsätzlich nach diesem Prinzip strukturiert ist, aufgezeigt werden:

Unter dem Rahmenthema „Ich hab geträumt" sind folgende Textarten zusammengestellt worden: Erzählungen – Gedicht – Parabel – Hörspiel – Comic – Kalendergeschichten – Schwank – Sage – Jugendbuchausschnitt. *Inhaltlich* geht es um verschiedene Arten und Funktionen von Träumen. Unter *strukturellem* Aspekt sollen Elemente und Formen der „Phantastischen Kindergeschichte" im Vergleich mit den Bauformen unterschiedlicher Textarten bewusst gemacht und auf ihre Funktion für die Aussage untersucht werden. Dabei geht es dann auch um medienspezifische Gestaltungsmittel des Hörspiels (Krüss: Arthur, der Träumer), die durch Produktionsversuche ahd. einer Textvorlage entdeckt werden sollen (vgl. Lehrerband und „Arbeitsvorschläge").

Unter hörspieldidaktischen Gesichtspunkten ließe sich über die vorgelegten Unterrichtsanregungen hinaus an der orginalen Hörspiel-Realisation beobachten, mit welchen hörspielspezifischen Mitteln jeweils der „Umsteigepunkt" von der Realität in die irreale Welt des Tagtraums und zurück gestaltet wird (leitmotivische symbolische Klänge – Überblendungstechnik – Wechsel des Schallraums – leitmotivisches kommentierendes Lied) und wie diese Gestaltungsmittel wirken. Ferner bieten sich an: Erprobung alternativer Gestaltungsmöglichkeiten durch eigene Produktionsversuche – Erfindung und Produktion eines weiteren Tagtraums – Vergleiche mit der Gestaltung des „Umsteigepunkts" oder auch der Träume in den anderen Textarten – Umgestaltung eines der „Umsteigepunkte" oder der Träume aus anderen Textarten in eine Hörspielszene (Was muss bei der „Übersetzung" in ein anderes Medium verändert werden?). Diese Hörspielarbeit differenziert zugleich die Literaturrezeption.

3.2.2. Arbeitsformen

Hörspiele sind keine Buchlektüre. *Neue Hörspiele* müssen *gehört* werden, und zwar stereophon, da die Texte nur Skizzen, Partituren sind, die erst in der akustischen Realisation existieren. Aber auch für *Literarische Hörspiele* und *O-Ton-Hörspiele* gilt, dass sich ihre volle Bedeutung erst beim Hören realisiert (zur Beschaffung von Tonträgern s. *Hinweise*). Kliewer empfiehlt für den Umgang mit Hörspielen:

prinzipiell Ausgang vom Hören des gesamten Spiels – „Detailarbeit" an kleinen „Höreinheiten" („Beoachtungsaufgaben", „wiederholtes Abhören der Stelle", „Besprechen des Gehörten", „Kontrolle der Analyse durch nochmaliges Hören") – Produktionsversuche (Sprechgestalten, Produktion begrenzter „Höreinheiten") sollen „die Rezeption begleiten" (Kliewer 1988, 22).

Die von ihm angeregten Beobachtungsaufgaben für *Abhörgespräche* mit dem Ziel der Wahrnehmungssensibilisierung und der Erhellung von Kommunikationssteuerung müssten ergänzt und ausdifferenziert werden [2]. Für die Arbeit in der Primarstufe eignen sich z. B. durchaus folgende Beobachtungsaufträge, deren Ergebnisse im Gespräch zu reflektieren wären:

- Was sehe ich, wenn ich das höre? (Mdl. oder schriftl. Hör- / Sehprotokolle bzw. Malen von Personen und Szenen). – Entsteht eine „innere Bühne"? (Reflexion des Wahrnehmungsvorganges)
- Warum sehen z. B. Pippi Langstrumpf oder Tom Sawyer bei allen Kindern fast gleich aus? (Beeinflussung der Vorstellung d. d. Fernsehen)
- Warum sehen andere Figuren / Szenen trotz gleicher Textsignale verschieden aus? Woran erinnern mich meine Bilder? (Beeinflussung durch individuellen, sozio-kulturell determinierten Erfahrungshorizont)
- Woran denke ich, was fühle ich, was denken und fühlen die anderen Kinder beim Hören? (Assoziationen bzw. „Appräsentationen" durch Textsteuerung u. „Ergänzungsleistung des Bewußtseins" – vgl. Scherner in: DU 1977, H. 6, 78ff.)
- Ist das (wie von einem Kasper gesprochene) „Sams" des Hörspiels noch der (situationsüberlegene, Ich-Stärke verkörpernde) Kobold aus Paul Maars „Eine Woche voller Samstage"? (Bedeutungskonstitution durch Stimmauswahl, interpretatorische Gestaltung)
- Entsprechend: Abhörübungen und -gespräche zum Bewusstmachen und zur Erhellung erworbener (Vor-)Urteile gegenüber Stimmen.

Derartige Untersuchungen wären in den folgenden Schulstufen auszufächern. Dafür eignen sich besonders *Neue Hörspiele*. An Mons Hörspiel „das gras wies wächst" lassen sich z. B. Bedeutungsveränderungen gleicher Äußerungen a) durch unterschiedlichen Kontext, b) durch verschiedene Stimmen und Artikulationen bewusst machen. Die Abhörgespräche können wiederum in Experimente mit dem Kassettenrekorder münden.

[2] Anregungen und Informationen sind den semiologischen Untersuchungen von Knilli (1961), Klippert (1977) und Scherners Beitrag zur Analyse von Kommunikationssteuerung (in: DU 1977, H. 6, 70ff.) zu entnehmen.

Hörspiele sollten aber nicht nur gehört werden. Für eine differenzierte Erschließung müssen auch *Texte* zur Verfügung stehen. Nicht immer wird man, wie Kliewer es fordert, vom Hören einer Hörspiel-Realisation ausgehen. Es ist ebenso möglich, z. B. vom Lesen zur Sprechgestaltung oder zur Produktion einer Hörsequenz und zum vergleichenden Hören einer originalen Realisation zu gelangen. Jede methodische Entscheidung wird sich nach der Art des einzelnen Hörspiels, nach dem jeweiligen Lernzusammenhang und nach den Lernvoraussetzungen, Bedürfnissen und Interessen einer konkreten Lerngruppe richten müssen.

Aus methodischen und motivationalen Gründen sollten in allen Schulstufen die vielfältigen Möglichkeiten einer *kreativen, produktiven Hörspielarbeit* besonders genutzt werden (vgl. Waldmann, in: Mainusch 1979, 328, 344; Haas 1984). Die meisten Beiträge zur Hörspielarbeit enthalten eine Fülle von Anregungen für produktive Arbeitsformen. Es müsste allerdings jeweils geprüft werden, welcher didaktischen Konzeption sie entstammen, welche Funktion die Hörspielproduktion hat. Oftmals zielt die Produktion zu sehr auf bloßes Nachgestalten bzw. auf Antizipation literarischer und radiophoner Gestaltungsmittel. Gattungspoetische Gesichtspunkte werden verabsolutiert. Oder es werden Motivation und Kreativität zum Selbstzweck, ohne dass nach dem Erkenntniswert der Aktivitäten gefragt wird. So ist es z. B. – nicht nur wegen des Zeitaufwandes – fraglich, ob das Entwerfen und Realisieren ganzer Hörspiele oder das Umgestalten einer ganzen Novelle oder anderer Literaturformen (u. a. Klose 1958, 1974) immer so gewinnbringend ist, wie behauptet wird. Vor allem bei Formen des *Literarischen Hörspiels* sind SchülerInnen häufig sowohl in ihrer sprachlichen Gestaltungskraft als auch in der Beherrschung technischer Möglichkeiten überfordert. Für die Produktion eines ganzen Hörspiels eignen sich besser O-Ton-Hörspielformen oder begrenzte experimentelle Hörcollagen. Um genuine sprachliche, akustische, technische Möglichkeiten des Hörspiels als Bedingung von Aussagen zu erfassen und Wirkungen zu erproben, bietet sich beim *Literarischen Hörspiel* das Produzieren einzelner Szenen oder Szenenausschnitte eher an:

z. B.: Umwandeln einer Erzählpassage in einen Dialog oder Monolog – Entwerfen einer Exposition – Erproben verschiedener Blendentechniken und deren Wirkungen an einzelnen Szenen – Experimente mit Collagemöglichkeiten, mit technischen Verfremdungsmitteln, mit Schallraumeffekten, mit Positionen vor dem Mikrophon.

Produktive Arbeitsformen sollten vor allem stärker auf ein experimentelles Erproben von Gestaltungsmitteln und Aussagen, auf kritisches Verändern und Entwerfen von Gegenlösungen zielen. Dabei dürfte sich die Produktion nicht im Machen erschöpfen. Schriftliche und akustische Produktionsversuche müssten als „Unterrichtstexte" wiederum Gegenstand einer beurteilenden „Hörspiel-Konferenz" werden (vgl. Everling 1988, 20f.).

Nicht immer wird es möglich und notwendig sein, bis zur Produktion mit dem Kassettenrekorder zu gelangen. Es kann auch daran gedacht werden, in *Inszenierungsgesprächen* Realisationsmöglichkeiten durchzuspielen oder im *Rollen- und Simulationsspiel* Hörsequenzen zu entwerfen und zu modifizieren.

So wichtig produktive Arbeitsformen sind, können sie doch nicht eine *reflexive* Beschäftigung mit den Hörspielen völlig ersetzen. Waldmanns literaturdidaktische Konzeption, nach der eine „Analyse literarischer Kommunikation (...) durch Textproduktion bzw. als sie erfolgen" soll (Waldmann, in: Mainusch 1979, 338ff.; ebenso Haas 1984) und Haas' Vorschläge für eine produktionsorientierte Hörspieldidaktik (Haas 1991) geben sicher notwendige Anstöße zur Überwindung einer einseitig kognitiven Textbehandlung. Aber beide radikalisieren das Prinzip der Textproduktion und unterschätzen die Bedeutung einer *mentalen* Auseinandersetzung mit einem Text im Unterrichtsgespräch. Hören, Lesen, Beobachten, Beschreiben, Benennen und In-Beziehung-Setzen der Darstellungsmittel, Deuten ihrer Funktion und der Aussageabsicht des Autors, Reflexion intendierter, tatsächlicher und möglicher Wirkungen, Nachdenken über den Bezug des Textes zur eigenen Lebenswirklichkeit etc. sind keine passiven Rezeptionsweisen, sondern höchst kreative, aktive Denk- und Verstehensprozesse, die im Unterricht nicht zu kurz kommen dürfen. Das Anwenden, spielerische Erproben und experimentelle Modifizieren radiophoner Darstellungsmittel oder eine kreativ-produktive Auseinandersetzung mit den Aussagen eines Textes müsste aus der Kommunikation mit dem Text und den anderen Rezipienten hervorgehen und wieder in sie münden. Für *alle* Arbeitsformen sollte dabei der Grundsatz gelten, dass die individuellen Rezeptionsspielräume der SchülerInnen nicht unnötig begrenzt, sondern genutzt und erweitert werden und dass SchülerInnen Subjekte des Lernprozesses sein dürfen. Das bedeutet jedoch im Unterschied zu der von Haas geforderten prinzipiell „subjektiven" Textaneignung (Haas 1991, 25), dass auch eine Orientierung an dem „Verstehensanspruch" der Hörspiele unerlässlich ist (vgl. Kügler 1988, 6). Voraussetzung für eine solche Textrezeption ist, dass LehrerInnen die Kunst einer Gesprächsführung beherrschen, bei der die sog. Spontanäußerungen, die egozentrische Rezeption der SchülerInnen Grundlage eines offenen Unterrichtsgesprächs sind, in dem SchülerInnen durch offene Leitfragen und Impulse zum entdeckenden Hören und Lesen und durch behutsame Anstöße zur sich ständig korrigierenden Beschäftigung mit dem Text angehalten werden und in dem sie – „vermittelt über die Kommunikation mit den anderen Rezipienten und deren Rezeption" – ihre „eigene Biographie, die in die Interpretation eingeschlossen ist, aufarbeiten" können, um so zu einer „Interpretation" zu gelangen, „die immer noch die (...) (ihre) ist" (vgl. Kreft, in: Baumgärtner / Dahrendorf 1977, 102; ders., 1977, 379ff.).

3.2.3. Curricularer Aufbau

Die immer wieder geführte Diskussion über eine Hinführung zum Hörspiel ist müßig. Es bedarf keiner Vorkurse. Hörender, lesender, analysierender, experimenteller Umgang mit dem Hörspiel kann in allen Lernbereichen des Deutschunterrichts und im fächerübergreifenden Unterricht *aller* Schulstufen stattfinden und unmittelbar einsetzen. Mittelbar dienen alle Übungen zur Analyse und Deutung von Literatur, mündliche und schriftliche Textproduktion, Sprach- und Kommunikationsreflexion der Hörspielarbeit, wie umgekehrt die Auseinandersetzung mit Hörspielen die

Arbeit in allen Aufgabenfeldern des Deutschunterrichts bereichert. Wegen der besonderen Anforderungen des Hörverstehens kann eine Höreralphabetisierung jedoch nicht gelegentlich und nebenbei geleistet werden, sie muss planmäßig erfolgen.

Die meisten Vorschläge für einen Aufbau der Hörspielarbeit sehen einen *linearen* Kursaufbau vor, wonach bestimmte Hörspielformen zumeist nach gattungspoetischen Gesichtspunkten, z.T. auch psychologischen Überlegungen zum Lese- bzw. Höralter bestimmten Schulstufen zugeordnet und stufenspezifische Arbeitsformen ausgewählt werden (u.a. Helmers 1972; Klose 1974). Als Beispiel sei hier Kloses Curriculum vorgestellt:

Orientierungsstufe: „Vorkurs durch Kinderschallplatten und Kinderfunk" – Sek.-Stufe I: Handlungs-Hörspiele (Unterhaltungs-Hörspiele, einige wenige literarische Hörspiele) – Sek.-Stufe II: verschiedene Formen des literarischen Hörspiels und Neue Hörspiele. – Interpretation und Hörspielkritik nur in der Sek.-Stufe II.

Gegen einen solchen Aufbau ist einzuwenden: 1. Die Primarstufe, in der eine Einwirkung auf das Hörverhalten besonders dringlich ist, wird vernachlässigt. 2. Die Arbeit in der Orientierungsstufe wird nur als Propädeutikum angesehen. 3. SchülerInnen, die nach der Sek.-Stufe I die Schule verlassen, werden *Neue Hörspiele* vorenthalten. 4. SchülerInnen der Sek.-Stufe I werden sowohl hinsichtlich der Auswahl von Hörspielen als auch bzgl. der Lernziele und Arbeitsformen unterfordert. 5. Es könnte von Interesse sein, gleiche Hörspiele in verschiedenen Schulstufen mit unterschiedlichen Fragestellungen zu behandeln (z.B. vergleichende Untersuchungen verschiedener Hörspielbearbeitungen eines Märchens unter literatur- und hörspieldidaktischen einschließlich mediensoziologischen und -ökonomischen Gesichtspunkten in der Sek.-Stufe II). Ein *Spiralcurriculum*, das die Auswahl *aller* Hörspielformen für *alle* Schulstufen, eine schrittweise Entfaltung der Rezeptions- und Produktionskompetenz und eine stetige, vertiefende Einbeziehung von Kontextaspekten vorsieht, ist daher vorzuziehen. Kliewers Curriculumvorschlag für alle Hörtext-Arten könnte Modellfunktion haben (Kliewer 1984), allerdings müsste seine Auswahl von Hörspielen um unterschiedliche Hörspielformen für alle Schulstufen ergänzt werden. Bereits in der Primar- und Orientierungsstufe sollten die Kinder mit allen Spielarten (*Literarische Hörspiele* und Mischformen – phonetische Sprachspiele – Sprach-Klangexperimente – einfache O-Ton-Formen – Feature) vertraut gemacht werden (zur Auswahl s. *Hinweise*). Wenn entsprechend ihre Rezeptionskompetenz gefördert, elementare Kenntnisse der akustischen Ausdrucksmittel und ihrer Herstellung, erste (kritische) Einsichten in Kontextbedingungen und Produktionserfahrungen vermittelt worden sind, können die erworbenen Kenntnisse, Fertigkeiten und Fähigkeiten in den weiteren Schulstufen erweitert und differenziert werden. So wäre es möglich, bis zum Ende der Sek.-Stufe I alle unterschiedlichen Formen des Rundfunkhörspiels unter Einbeziehung mediensoziologischer und -politischer Probleme zu behandeln. Ob man in der Sek.-Stufe I mit dem *Literarischen Hörspiel* oder dem *Neuen Hörspiel* beginnt, sollte dann kein Streitpunkt mehr sein. *Neue Hörspiele* wie z.B. Jandl / Mayröckers „Fünf Mann Menschen", Harigs „Starallüren", Beckers „Häuser" sind bei entsprechender Vorbereitung leichter zu erschließen als das immer wieder als Einführungs-Hörspiel vorgeschlagene „Schiff

Esperanza“ von Hoerschelmann. Dieses Hörspiel hat zwar eine einfache Dramaturgie, aber eine notwendige kritische Auseinandersetzung mit der Aussage und den zeitgeschichtlichen Bezügen des Textes dürfte jüngere SchülerInnen überfordern. In der Sek.-Stufe II wären schließlich thematisch oder strukturell schwierigere Hörspiele wie z.B. Mon: „das gras wies wächst“, Eich: „Man bittet zu läuten“, Bachmann: „Zikaden“ zu behandeln (zur Auswahl für die Sek.-Stufen s. *Hinweise*).

Die Effektivität der Hörspielarbeit sollte nicht an der Zahl neu gewonnener Hörspiel-Fans gemessen werden. Vorrangiges Ziel müsste sein, Kindern und Jugendlichen zu helfen, im Prozess der Auseinandersetzung mit Hörspielen ihren eingeschränkten Erlebnis-, Erfahrungs- und Erkenntnisbereich zu verändern, ein kundiges und kritisch-distanziertes Verhältnis zum Rundfunk und zur Phonoindustrie zu erlangen und sie zu „autonome(n) Medienbenutzer(n)“ (Kliewer 1984, 381) zu erziehen. Voraussetzung für das Gelingen ist, dass ihnen die Beschäftigung mit Hörspielen bei aller geistigen Anstrengung Freude macht. Dem kommt entgegen, dass der Umgang mit Hörspielen reizvolle Unterrichtsformen zulässt. Das Problem der Zeitnot entschärft sich insofern, als die Hörspielarbeit in Korrespondenz mit anderen unverzichtbaren Aufgaben des Deutschunterrichts durchgeführt werden kann. Eine Intensivierung der Arbeit könnte in Projektwochen oder in Wahlkursen erfolgen.

Hinweise

- Schallplatten und Kassetten sind über Landes-, Kreis-, Stadtbildstellen auszuleihen. Das Angebot müsste jedoch dringend erweitert werden.
- Seit einigen Jahren haben i. d. R. auch Stadtbibliotheken Mediotheken eingerichtet.
- „Cotta's Hörbühne“ (Klett Verlag) bietet Kassettenaufnahmen wichtiger Hörspielproduktionen aus dem Repertoire des Rundfunks. Die Reihe soll fortgesetzt werden. Bestellnummer des Gesamtverzeichnisses: 760297.
- Schallplattenaufnahmen *Neuer Hörspiele* hat der Luchterhand-Verlag in Zusammenarbeit mit der Dt. Grammophon-Gesellschaft in der inzwischen eingestellten Reihe „Hörspiele heute“ herausgebracht. Sie sind jedoch weitgehend vergriffen.
- Neuerdings senden verschiedene Rundfunkanstalten Wiederholungen früherer Hörspielproduktionen, die mitgeschnitten werden können. Auf Mitschnitte wird man auch bei den Gegenwartshörspielen angewiesen sein.
- Informationen über Hörspielprogramme werden halbjährlich von den Rundfunkanstalten der ARD herausgegeben und auf Bestellung kostenlos zugeschickt. Hörspielmanuskripte können bei den Hörspielabteilungen angefordert werden.
- Orientierungshilfen für die Auswahl von Kinderhörspielen bieten: Kallbach 1988; Heidtmann / Weber 1988.
- Einen guten Überblick über den Phonomarkt für Kinder und Jugendliche, der für die Auswahl hilfreich ist, gibt Germann, in: Kallbach 1988; GS 1993, H. 7/8.
- Beurteilungskriterien für Hörspiel- und Literaturkassetten für Kinder und Jugendliche enthalten: Heidtmann / Weber 1988, 3 ff.; Kallbach 1988, 17.
- Auswahlvorschläge für Rundfunkhörspiele bieten: Klose 1974; Lermen 1975; Friedrichs 1982 (besonders geeignet); Kliewer 1984/88. Mit einer Reihe von Hörspielen kann früher, als angegeben, sinnvoll gearbeitet werden.

- Erschwingliche Hörspiel-Textausgaben sind im Hanser-, Klett-, Reclam-, Schöningh-, Suhrkamp-Verlag erschienen.

Literaturverzeichnis

Baumgärtner, Alfred Clemens / Dahrendorf, Malte (Hrsg.): Wozu Literatur in der Schule? Braunschweig 1970

Baumgärtner, Alfred Clemens / Dahrendorf, Malte (Hrsg.): Zurück zum Literatur-Unterricht? Braunschweig 1977

Brecht, Bertolt: Der Rundfunk als Kommunikationsapparat. Gesammelte Werke, Bd. 18, Frankfurt 1967, (Werkausgabe), 127–134

Dedner, Burghard: Das Hörspiel der fünfziger Jahre und die Entwicklung des Sprechspiels seit 1965. In: Durzak, Manfred (Hrsg.): Die deutsche Literatur der Gegenwart. Stuttgart 1971, 132–151

Döhl, Reinhard: Hörspielphilologie? In: Jahrbuch der Deutschen Schiller-Gesellschaft, Bd. XXVI, 1982a, 489–511

Döhl, Reinhard: Nichtliterarische Bedingungen des Hörspiels. In: Wirkendes Wort 1982b, H. 3, 154–178

Döhl, Reinhard: Das neue Hörspiel. 2. Aufl., Darmstadt 1992

Everling, Esther: Ein Hörspiel produzieren. Frankfurt / M. 1988

Fischer, Eugen Kurt: Das Hörspiel. Form und Funktion. Stuttgart 1964

Friedrichs, Rainer: Hörspiele aus der Sicht des Unterrichtspraktikers. Zwischen Rezeptivität und Produktivität. In: Wirkendes Wort 1982, H. 3, 208–231

Geißler, Rolf: Prolegomena zu einer Theorie der Literaturdidaktik. Hannover / Berlin / Darmstadt / Dortmund 1970

Haas, Gerhard: Handlungs- und produktionsorientierter Literaturunterricht in der Sekundarstufe I. Hannover 1984 (Neubearbeitung: Seelze 1997)

Haas, Gerhard: Das Hörspiel – die vergessene Gattung? und: Hörspiel und Hörspielelemente im Unterricht der Primarstufe. In: Praxis Deutsch 1991, H. 109, 13–21; 22–25

Heidtmann, Horst / Weber, Hans (Hrsg.): Hörspiel- und Literaturkassetten für Kinder und Jugendliche. Materialien Jugendliteratur und Medien 1988, H. 19 (zu beziehen über H. Dörr, Bahnhofstr. 43, Überlingen)

Helmers, Hermann: Didaktik der deutschen Sprache. 7. Aufl., Stuttgart 1972 (1. Aufl. 1966)

Hörburger, Christian: Das Hörspiel der Weimarer Republik. Stuttgart 1973

Informationen des Arbeitskreises für Jugendliteratur 1989, H. 1 (Themenheft: Kinderliteratur für Kopfhörer)

Kallbach, Konrad (Hrsg.): Hören – Lesen – Hören. Kassetten für Kinder. Verzeichnis – Annotationen – Kommentare. 1. Folge. Bad Homburg 1988 (erscheint alle zwei Jahre)

Keckeis, Hermann: Das deutsche Hörspiel 1923–1973. Frankfurt / M. 1973

Kliewer, Heinz-Jürgen: Kinder hören Platten. Vorschläge für die Primarstufe. In: Der Deutschunterricht 1973, H. 5, 25–33

Kliewer, Heinz-Jürgen: Texte zum Hören. In: Baurmann, Jürgen / Hoppe, Otfried (Hrsg.): Handbuch für Deutschlehrer.Stuttgart 1984, 378–392

Kliewer, Heinz-Jürgen: Texte für Hörer – im Deutschunterricht vernachlässigt. In: Praxis Deutsch 1988, H. 88, 20–23

Klippert, Werner: Elemente des Hörspiels. Stuttgart 1977

Klose, Werner: Das Hörspiel im Unterricht. Hamburg 1958

Klose, Werner: Didaktik des Hörspiels. Stuttgart 1974

Knilli, Friedrich: Das Hörspiel. Mittel und Möglichkeiten eines totalen Schallspiels. Stuttgart 1961

Knilli, Friedrich: Hörspiel. In: Dingeldey, Erika / Vogt, Jochen (Hrsg.): Kritische Stichwörter zum Deutschunterricht. München 1974, 114–122

Kreft, Jürgen: Grundprobleme der Literaturdidaktik. Heidelberg 1977

Kügler, Hans: Erkundung der Praxis. Literaturdidaktische Trends der 80er Jahre zwischen Handlungsorientierung und Empirie. In: Praxis Deutsch 1988, H. 90, 4–9; H. 91, 9–11

Lange, Günter / Neumann, Karl / Ziesenis, Werner (Hrsg.): Taschenbuch des Deutschunterrichts. Bd. 2, 4., neubearb. u. erw. Aufl., Baltmannsweiler 1986

Lermen, Birgit: Das traditionelle und das neue Hörspiel im Deutschunterricht. Paderborn 1975

Mainusch, Herbert (Hrsg.): Literatur im Unterricht. München 1979

Schemme, Wolfgang: Dramatische Dichtung im achten bis zehnten Schuljahr. In: Walz, Ursula (Hrsg.): Literaturunterricht in der Sekundarstufe. Stuttgart 1970, 71–88

Schneider, Irmela: Literatur und Medien. In: Ricklefs, Ulfert (Hrsg.): Fischer Lexikon Literatur. Bd. 2, Frankfurt/M. 1996, 1054–1079

Schöning, Klaus (Hrsg.): Neues Hörspiel. Texte – Partituren. Mit Anmerkungen des Herausgebers. Frankfurt / M. 1969

Schöning, Klaus (Hrsg.): Neues Hörspiel. Essays, Analysen, Gespräche. Frankfurt / M. 1970

Schöning, Klaus (Hrsg.): Neues Hörspiel O-Ton. Der Konsument als Produzent. Frankfurt / M. 1974

Schöning, Klaus (Hrsg.): Schriftsteller und Hörspiel. Reden zum Hörspielpreis der Kriegsblinden. Königstein / Ts. 1982

Schwitzke, Heinz: Hörspielmacher. Autorenportraits und Essays. Königstein / Ts. 1983

Schwitzke, Heinz (Hrsg.): Reclams Hörspielführer. Stuttgart 1969

Spinner, Kaspar H.: Wider den produktionsorientierten Literaturunterricht – für produktive Verfahren. In: Diskussion Deutsch 1987, H. 98, 601–611

Spinner, Kaspar H.: Kreatives Schreiben. In: Praxis Deutsch 1993, H. 119, 17–23

Stocker, Karl: Die dramatischen Formen in didaktischer Sicht. Donauwörth 1972

Wickert, Erwin: Die innere Bühne. Akzente 1954, H. 1, 505–514

Wolfrum, Erich (Hrsg.): Taschenbuch des Deutschunterrichts. Bd. 2. 3., völlig neubearb. u. erw. Aufl., Baltmannsweiler 1980

Wondratschek, Wolf: War das Hörspiel der fünfziger Jahre reaktionär? Eine Kontroverse am Beispiel Ingeborg Bachmanns „Der gute Gott von Manhattan". Merkur Jg. 24, 1970, 190–194

Würffel, Stefan Bodo: Das Neue Hörspiel im Deutschunterricht. In: Wolfrum, Erich (Hrsg.): Kommunikation. Baltmannsweiler 1975, 375–402

Würffel, Stefan Bodo: Das deutsche Hörspiel. Stuttgart 1978a

Würffel, Stefan Bodo: Das Hörspiel der DDR. Diskussion Deutsch 1978b, H. 42, 330–346

Würffel, Stefan Bodo: > ... denn heute gehört uns Deutschland < – Anmerkungen zum Hörspiel im Dritten Reich. In: Schnell, Ralf (Hrsg.): Kunst und Kultur im deutschen Faschismus. Stuttgart 1978c

Würffel, Stefan Bodo: Die Vergangenheit der Gegenwart. Erinnerung und Projektion als Kompositionsmittel des DDR-Hörspiels. In: Wirkendes Wort 1982a, H. 3, 193–207

Würffel, Stefan Bodo (Hrsg.): Frühe sozialistische Hörspiele. Frankfurt / M. 1982b

Würffel, Stefan Bodo (Hrsg.): Hörspiele aus der DDR von Stephan Hermlin, Günter Kunert, Heiner Müller, Rolf Schneider u. a. Frankfurt / M. 1982c

Der Deutschunterricht (DU): 1953, H. 1; 1958, H. 3; 1960, H. 6; 1965, H. 6; 1966, H. 1; 1969, H. 1; 1971, H. 5; 1973, H. 5; 1975, H. 1; 1977, H. 6

Praxis Deutsch (PD): 1975, H. 8; 1978, H. 31; 1980, H. 44; 1991, H. 109 (Themenheft)

Sprache im technischen Zeitalter (STZ): 1991, H. 117 (Themenheft: Hörspiel-Positionen)

Grundschule (GS): 1993, H. 7/8 (Themenheft)

Praxis Grundschule (PGS): 1993, H. 4

GÜNTER LANGE

Film und Fernsehspiel im Unterricht

1. Audiovisuelle „Texte“ als Gegenstand des Deutschunterrichts

Der Deutschunterricht ist traditionell dem Buch als Leitmedium verpflichtet; im Zentrum des Literaturunterrichts stehen gedruckte Texte vom Lesebuch bis hin zu selbständigen literarischen Texten. Didaktik und Methodik des Faches werden im Hinblick auf schriftlich Fixiertes konzipiert. Das wird erkennbar bei einer Analyse der einschlägigen Didaktiken, Zeitschriften und Lehrpläne. Zwar beschäftigte sich „Der Deutschunterricht“ schon 1958 mit Film und Hörspiel, bei genauerer Untersuchung stellt sich aber heraus, dass hier gerade die AV-Texte in erster Linie als Hilfsmittel, nicht aber als selbstständige literarische Texte benutzt werden. Die Nichtbeachtung, ja Ablehnung von Film und Fernsehen im Deutschunterricht hat seine Ursachen in der traditionellen bewahrpädagogischen Einstellung der mit Erziehung befassten Wissenschaften und staatlichen Institutionen, die modernen Entwicklungen jeweils skeptisch gegenüberstanden: dem Hörfunk, dem Kino, dem Fernsehen, ja bisweilen auch der modernen Literatur. Die didaktische Forschung seit Ende der 60er Jahre hat diese Tradition aufzubrechen versucht. Grundlagen der Neuorientierung sind allgemeine Veränderungsprozesse im gesellschaftlichen Bewusstsein, das Überprüfen und Infragestellen traditioneller Normen und Werte sowie ein auf diesen Voraussetzungen sich bildendes verändertes Gesellschafts-, Wissenschafts- und Bildungsverständnis. Diese Entwicklung hat sich in der Deutschdidaktik niedergeschlagen in der Auseinandersetzung mit der Linguistik und im Literaturunterricht in der Veränderung des Literaturbegriffs. Das bis dahin vorherrschende bildungstheoretische erziehungswissenschaftliche Denken verlor seine Bedeutung insofern, als nun der Schüler mit seinen Bedürfnissen und Interessen zum Mittelpunkt unterrichtlicher Reflexion, seine Selbstfindung/-verwirklichung zum erzieherischen Globalziel wurde.

Durch diese Entwicklung fanden in der literaturdidaktischen Diskussion der 70er Jahre neben der Trivialliteratur und den pragmatischen Texten auch Film und Fernsehspiel Beachtung, ihre unterrichtliche Bedeutung wurde reflektiert und diskutiert, und Unterrichtsversuche wurden durchgeführt. Aber es dauerte noch bis 1980, ehe sich mit dem Thema Medien und Deutschunterricht ein Germanistentag beschäftigte (vgl. Schaefer 1981). Die Zeitschriften reagierten schon eher, obwohl auch in ihnen Film und Fernsehspiel als Thema des Deutschunterrichts erst seit Ende der 70er Jahre verstärkte Beachtung finden (vgl. LiLi 1979, H. 36; DU 1981, H. 4; PD 1983, H. 57). Während sich die Fachdidaktik relativ schnell auf die veränderten Inhalte einstellte, verharrt die Germanistik größtenteils noch immer in Zurückhaltung. In der Unterrichtspraxis haben die Massenmedien und ihre Produkte, allen voran die Werbung und Zeitungen, Beachtung gefunden, Film und Fernsehspiel hingegen werden im Vergleich zum Hörspiel höchst selten Gegenstand des Deutschunterrichts.

Das hat mit ihrer Komplexität, ihrer technischen Vermittlung, aber auch mit der Qualifikation der Lehrer und mit unterrichtsökonomischen Problemen zu tun. Zudem wird erst in den letzten Jahren verstärkt an einer didaktischen Begründung von Film und Fernsehspiel gearbeitet.

Unbestritten und vielfach belegt ist die Tatsache, dass in unserer Gesellschaft das Lesen von Büchern im Vergleich zur Nutzung der elektronischen Unterhaltungsmedien auf allen Altersstufen stagniert, wenn nicht gar zurückgeht. Radio, Film und vor allem Fernsehen nehmen einen immer größeren Teil der Freizeit von Jugendlichen und Erwachsenen in Anspruch (vgl. Hebel 1981, 21–22, Hurrelmann 1993 und Bonfadelli 1993). Diese Tatsache, die von zahlreichen Kritikern von Guardini bis Adorno bedauert oder sogar kritisiert worden ist, lässt sich nicht aus der Welt schaffen. Gesellschaft und Schule müssen auf sie reagieren und dürfen sie nicht negieren oder gar bekämpfen, wie es über Jahrzehnte der Fall war. Sollen die Schüler in unserer Gesellschaft kommunikativ handlungsfähig werden, müssen auch Film- und Fernsehtexte zum Gegenstand schulischer Auseinandersetzung werden. Wie der Deutschunterricht es schon immer als seine Aufgabe ansah, die Schüler im Hinblick auf Geschriebenes zu alphabetisieren, muss es heute ebenfalls seine Aufgabe sein, die Schüler auch im Hinblick auf audiovisuelle Texte „lesefähig" zu machen.

2. Merkmale audiovisueller Texte

Film und Fernsehspiel als audiovisuelle Texte arbeiten mit einem sehr ähnlichen „Sprachsystem", so dass sie in ihren Grundlagen hier gemeinsam behandelt werden können. Beide Medien verwenden für ihre Aussage ein optisches und ein akustisches Zeichensystem, die sich beide gegenseitig bedingen; sie beziehen sich aufeinander und rufen gemeinsam die filmspezifische Wirkung hervor. Heimann (1963) hat die Besonderheit beider Zeichensysteme und ihre Wechselwirkung beschrieben und die Filmsprache mit textilen Webvorgängen verglichen. Das Ineinander-Verwobensein beider Systeme hat er als „Interferenz", die Filmsprache selbst als „Tonbild-Teppich" bezeichnet. Andere Autoren sehen in der Filmsprache ein Konstrukt aus vier Zeichensystemen, dem des Bildinhalts, der Bildbewegung (eigentlicher filmischer Code), der Sprache und der Musik (z. B. Schaaf, in: Silbermann u. a. 1980, 40). Während das Bild in seiner Aussage unmittelbar und unzweideutig ist, sind Wörter Abstraktionen, bereits Gedeutetes. In der Kombination aber von Sprache und Bild sowie Bildinhalt und Musik werden neue, zusätzliche Erfahrungs- und Wahrnehmungsräume erschlossen.

Filmtheoretiker wie Metz (1972) und Eco (1972) haben in den 60er Jahren versucht, die Filmsprache mit Hilfe der Semiotik zu beschreiben und eine spezielle Theorie der Filmzeichen zu entwickeln. Ihr Ziel war es, Kategorien und Klassifikationen zu finden, mit deren Hilfe eine Beschreibung und Analyse von Filmen möglich sei. Die Filmsemiotik weist aber gerade im Hinblick auf die Filmanalyse Probleme auf (vgl.

Hickethier 1981, 9), so dass man heute zwar noch von Filmsprache in filmanalytischer Sicht spricht, aber darunter Kategorien versteht, die der Filmproduktion entstammen und die sich auf die Kamera und die Aufnahmetechnik beziehen. Auf diese Grundelemente der Filmsprache wird an späterer Stelle noch genauer eingegangen.

Die Unterschiede zwischen Film und Fernsehspiel liegen in ihren unterschiedlichen Produktions- und Verarbeitungsmechanismen begründet. Ursprünglich war das Fernsehen ein ausgesprochenes Live-Medium und dadurch dem Hörfunk und Theater wesentlich näher als dem Film. Montage- und Schnittechnik waren und sind auch heute bei den elektronischen Kameras eher ein arbeitsökonomisches Prinzip und kein ästhetisches, da sie ad hoc im Regieraum vollzogen werden (Kübler 1981, 352). Die elektronischen Kameras sind zudem sehr schwerfällig und unhandlich, so dass sie sich für Außenaufnahmen kaum eignen. Die elektronische Fernsehproduktion zeigt daher die Tendenz, eine Spielhandlung vornehmlich *abzubilden*, besondere Charakteristika sind die sehr häufig verwendeten Groß- und Nahaufnahmen, der häufige Gebrauch von Schuss- und Gegenschussaufnahmen bei Dialogen und des Zoomobjektivs im Gegensatz zur echten Kamerafahrt beim Film (Waldmann / Waldmann 1980, 130). „Eine quantitative Analyse der verbalen Sprache in Kino und Fernsehen würde (zudem – GL) rasch zeigen, wie der Film durch das Bild lebt und das Fernsehen durch das gesprochene Wort" (Waldmann / Waldmann 1980, 131). Der Zuschauer des Fernsehens bekommt keine Gelegenheit, in Bildern zu schwelgen, vielmehr wird seine Konzentration auf die verbale Auseinandersetzung gelenkt. Kinofilme, die im Fernsehen gesendet werden, verlieren auf Grund des kleinen Bildschirms ihre spezifische Wirkung, vor allem bei Totalaufnahmen und Landschaftsbildern. Hingegen besitzen Detail- und Großaufnahmen hier besondere Ausdruckskraft. Im Fernsehen kann zudem die Montage- und Tricktechnik erweitert werden und dadurch im Bereich der Symbol- und Chiffretechnik zu neuen fernsehspezifischen Wirkungen gelangen. Diese neuen ästhetischen Formen setzen aber einen Zuschauer mit großer Verstehensfähigkeit voraus, so dass die technischen Möglichkeiten im Fernsehen oft nicht ausgeschöpft werden.

Damit sind zwei weitere wesentliche Unterschiede zwischen Film und Fernsehen angesprochen, das Publikum und die Rezeption. Während das Filmpublikum in einem großen Saal versammelt ist, der von allen Umwelteinflüssen abgeschottet ist, auf eine riesige Leinwand blickt, durch die Dunkelheit des Raumes sich allein auf den Film konzentriert, rezipiert der Fernsehzuschauer in der familialen Kleingruppe oder allein. Das Fernsehangebot ist allzeit verfügbar; es bedarf keiner Anstrengung oder zusätzlicher Kosten, oft geschieht die Nutzung nebenbei. Die relative Flüchtigkeit der Wahrnehmung, der unabänderliche und unwiederholbare Ablauf der Bilder ist hingegen beiden Medien eigen. Sie können zwar eine starke emotionale Wirkung beim Zuschauer hervorrufen, zumal auf akustischem und visuellem Kanal gesendet wird, aber die Gefahr des Vorbeirauschens, der Flüchtigkeit des Eindrucks ist offenbar eher gegeben, es sei denn, ihr wird durch filmeigene Techniken oder durch erlernte Konzentration des Zuschauers entgegengewirkt (Kadelbach, in: Schaefer 1981, 1–22).

In den 80er Jahren ist in der Diskussion gerade dem Gedanken von der Flüchtigkeit, der emotionalen Beeinflussung, ja Manipulation durch Film und Fernsehen widersprochen worden. Ging man in der Forschung bisher davon aus, dass die AV-Medien im Sinne der behavioristischen Theorie nach dem Reiz-Reaktions-Prinzip wirken, wurde jetzt im Zuge der Anwendung interaktionistischer Theorien die Position vertreten, der Mensch reagiere nicht bloß auf Reize und Handlungen anderer unmittelbar, sondern interpretiere und definiere diese zunächst für sich, ehe er reagiere. Das heißt auf Film und Fernsehspiel angewendet, der Zuschauer lässt sich keineswegs lediglich „berieseln", sondern rezipiert aktiv, indem er das Gesehene auf sich und seine Erfahrung bezieht und für sein alltägliches Leben verfügbar macht (Kübler 1981, 36; Hebel 1981, 24). Ähnlich wie in der Leserforschung hat man nach diesen Überlegungen auch im Hinblick auf Film und Fernsehen den Zuschauer als „zweiten Schöpfer" bezeichnet, der die gezeigten Bilder seinem Bewusstsein und seiner Erfahrung entsprechend zu einer Wirklichkeit rekonstruiert. „Der fiktionale (Bild-)-Text erweist sich als Impuls für verschiedene Rekonstruktionsversuche seiner Bedeutung, durch die die Zuschauer sich ihn als den Text ihrer Bedeutung aneignen" (Hebel 1981, 26).

Unterstützt wird diese Sichtweise durch die Intentionen vieler moderner Regisseure wie Kluge, Fassbinder u. a., die in ihren Filmen durch Leerstellen, Brüche und Widersprüche die Zuschauer zur Eigentätigkeit im Sinne der Rekonstruktion einer möglichen Aussage herauszufordern versuchen. Zweifellos ist richtig, dass der Zuschauer eines Films / Fernsehspiels, anders als der Buchleser, in seiner Rezeption nach Dauer, Tempo, Umfang und Perspektive durch das Medium weitgehend festgelegt wird. Trotzdem bleiben Freiräume, die ihn das Dargestellte differenziert wahrnehmen, über das Gezeigte reflektieren und Gegenentwürfe entwickeln lassen (Gast 1981, 67). Diese Überlegungen zur Rezeption besitzen eine nicht zu unterschätzende didaktische Bedeutung.

3. Zum Verhältnis von Film / Fernsehspiel zur Literatur

Der Film war ursprünglich keineswegs auf das Erzählen einer Handlung angelegt, sondern wollte in erster Linie bewegte Bilder vermitteln. Aber der Film hat von der Literatur gelernt, vor allem von den Romanen des 19. Jahrhunderts. Die berühmten Regisseure und Filmtheoretiker wie Griffith und Eisenstein haben immer wieder betont, dass sie die narrative Struktur vor allem der Romane von Charles Dickens auf den Film übertragen haben; erst dadurch setzte sich das literarische Paradigma im filmischen Erzählen durch (vgl. Paech 1988, 85 ff.).

Literarische Ausdrucksformen wie der innere Monolog, der Dialog und Kommentar wurden so zu Elementen filmischer Darstellungskunst. Auch die Metaphorik, die Darstellung der Vergangenheit durch Rückblenden, die figurale Typisierung, die Verklammerungstechnik von Rahmen- und Binnenhandlung, die Leitmotivtechnik übertrugen die Regisseure von der Literatur auf den Film (vgl. Heimann /Kandt 1981, 426). Selbst die im eigentlichen Sinne filmspezifische Montagetechnik hat

Griffith von Dickens gelernt. Eisenstein verweist 1944 in seinem Aufsatz „Dickens, Griffith und wir" auf die großen Gemeinsamkeiten zwischen dem literarischen Erzählen im 19. Jahrhundert und der narrativen Struktur des Films. Die Filmhistoriker betonen, dass die berühmten Regisseure vor allem deswegen die narrativen Strukturen der anerkannten Romanliteratur übernommen haben, weil sie hofften, auf diese Weise den Film für das bürgerliche Publikum akzeptabel zu machen.

Die hier beschriebene enge Beziehung zwischen Film und Literatur vertiefte sich dadurch, dass die Filmregisseure, nachdem sie einmal den erzählenden Film als Modell entwickelt hatten, einen großen Bedarf an erzählenden Stoffen besaßen. Was lag da näher, als die vorhandenen Stoffe der Weltliteratur aufzugreifen und für das neue Medium zu adaptieren? Hier waren es vor allem die realistischen Romane des 19. Jahrhunderts, die sich als Filmstoffe geradezu aufdrängten. Verfilmt wurden so in den Anfängen die Romane Zolas, Hugos, Racines, Sues, Balzacs, „Quo vadis?" von Sienkiewicz u. v. a. Daneben griffen die deutschen Stummfilmer auf die „Lesestoffe der kleinen Leute" (Schenda) zurück und verfilmten die oft gelesene Trivialliteratur dieser Zeit. „Die pseudo-literarische Dutzendware, die dem primitiven Verlangen der damals traditionslosen Massen entsprach, findet ihre Ergänzung im Kintopp: Der Film übertrug nur ins Bildhafte, was als Handlungsstoff im Schrifttum längst vorhanden war" (Panofsky, zit. in: Paech 1988, 89).

Um aber das kulturelle Niveau anzuheben und den Film für das Bürgertum akzeptabel zu machen, musste das Kino aufgewertet und der Film mit anerkannten Stoffen ausgestattet werden. „Das Kino sollte zum 'Theater' werden, der Film zur 'Literatur', damit das Kino als Medium bürgerlicher Wertvorstellungen fungieren konnte, die noch immer durch Literatur und Theater repräsentiert wurden" (Paech 1988,90). Historisierende Monumentalfilme entstanden in Italien, französische Literaturverfilmungen sollten als Verwirklichung des Kinos in der Form des Theaters und der Literatur dienen. Die Schriftsteller der beiden ersten Jahrzehnte unseres Jahrhunderts wurden wiederholt aufgefordert, sich zu einer Zusammenarbeit mit der Filmindustrie bereitzufinden und Drehbücher zu verfassen. 1913 kam auf Initiative des Schriftstellers Kurt Pinthus eine Sammlung von Erzählungen für das Kino zustande. Unter dem Eindruck der Kinoerfahrungen wollten die Autoren eine andere filmische Literatur produzieren. Die Texte dieses „Filmbuchs" sind allerdings nie verfilmt worden.

Aus der Zusammenarbeit zwischen Schriftstellern und Filmindustrie entstanden „Kunstfilme", die im Unterschied zu den bisher üblichen Adaptionen als „Autorenfilme" bezeichnet werden können, da die Schriftsteller selbst an der Verwirklichung beteiligt waren. Dazu gehören z. B. „Das fremde Mädchen", das nach einem Buch von Hofmannsthal, und „Liebelei", das nach einem Drama von Schnitzler entstand. Infolge dieser Zusammenarbeit begann sich zunehmend die Literatur- und Theaterkritik für den Film zu interessieren. „Die Anfänge des literarischen Films in Deutschland sind auch die der ernsthaften Filmkritik" (Paech 1988, 97).

Die Entwicklung des Tonfilms intensivierte die Zusammenarbeit zwischen Schriftstellern und Filmindustrie, wenn auch immer wieder Distanzierungen seitens berühmter Schriftsteller zu beobachten waren. Andererseits interessierten sich Schriftsteller wie Thomas und Heinrich Mann sehr für das hier entstehende neue Medium. Die bis dahin zu beobachtende einseitige Einflussnahme der Literatur auf den Film kehrte sich nun teilweise um oder wurde zu einer Wechselbeziehung. Schriftsteller lernten durch den Film andere Darstellungsformen und Erzählweisen kennen und übernahmen sie für die Literatur. Sehr deutlich sind diese filmischen Einflüsse in Döblins „Berlin Alexanderplatz" oder in Brechts epischem Theater zu erkennen, aber auch in Thomas Manns Romanen kann man sie nachweisen.

In den sechziger und siebziger Jahren schließlich wurde die Zusammenarbeit zwischen Literatur und Film in Deutschland in einem erheblichen Maße gesteigert. Zahlreiche Schriftsteller verfassten Drehbücher für Filme und Fernsehspiele; im Dritten Programm des Fernsehens entstand die Sparte „Das kleine Fernsehspiel", für die bekannte Schriftsteller Drehbücher zu Verfügung stellten. Einige von ihnen, wie z. B. Alexander Kluge, Herbert Achternbusch und Peter Handke, verfilmten ihre Drehbücher selbst und kreierten so den deutschen „Autorenfilm", andere, wie z. B. Gabriele Wohmann, arbeiteten an der Verfilmung ihrer Werke intensiv mit. Schließlich diente die Literatur nicht mehr nur als Stofflieferant für den Film, sondern wurde umgekehrt der Film zum Stofflieferanten für die Literatur. Gerhard Zwerenz schrieb nach Fassbinders Film „Die Ehe der Maria Braun" seinen gleichnamigen Roman. Beispiele dafür gab es schon früher in den USA.

Mittlerweile – so kann man sagen – ist der Film als künstlerisches Ausdrucksmittel allgemein anerkannt; er wird wie die Literatur als Teil unserer Kultur akzeptiert. Befürchtungen, der Film könnte die Literatur verdrängen, die von Kulturpessimisten immer wieder geäußert wurden, erwiesen sich als falsch; statt dessen sind Film und Literatur – wie hier dargestellt – zahlreiche für beide Seiten fruchbare Verbindungen eingegangen.

4. Didaktische Überlegungen zum Umgang mit Film und Fernsehspiel im Deutschunterricht

Nach dem 2. Weltkrieg griff man in der Medienpädagogik auf die „bewährten" Konzepte der Weimarer Zeit zurück, deren Tendenz in einer bewahrpädagogischen, ablehnenden Haltung gegenüber Hörfunk und Film bestand. Neue Impulse erhielt speziell die Filmpädagogik in den 50er Jahren durch Martin Keilhacker und seine Schüler, die sich später im Münchener „Arbeitskreis für Jugend und Film" zusammentaten. Ihnen ging es, in Anknüpfung an progressive Bestrebungen in den 20er Jahren, um die Entwicklung einer Theorie des Filmerlebens bei Kindern und Jugendlichen und deren Umsetzung in die Praxis. Als filmpädagogisches Konzept galt die Desillusionierung des Films durch Erwerb von Kenntnissen und Erfahrungen im Hinblick auf die Technik und Tricks der Filmproduktion. Das Filmgespräch als didaktischer Weg wurde neu konzipiert; dessen Ziel sollte die Herausarbeitung des wertvollen Films und das Erlernen des rechten Mediengebrauchs sein.

Als 1953 in der Bundesrepublik die ersten Fernsehprogramme ausgestrahlt wurden, wiederholten sich, wie Jahre zuvor im Zusammenhang mit dem Hörfunk und Film, bei vielen Pädagogen und Publizisten Zurückhaltung, Skepsis und Ablehnung. Dieselben Argumente wie früher wurden auch gegen das neue Medium vorgebracht: Das Fernsehen rufe bei den Schülern körperliche und seelische Schäden hervor, es sei der heimliche Miterzieher, der durch das Jugendschutzgesetz, Eltern und Lehrer nicht mehr kontrollierbar sei.

Seit Beginn der 60er Jahre entwickelte sich – nicht zuletzt auf Grund der immer weiter fortschreitenden Verbreitung des Fernsehens – auch in der Medienpädagogik eine nüchternere und sachbezogenere Einstellung zum Medium Fernsehen; trotzdem werden bis in die Gegenwart in Publikationen auch weiterhin kulturpessimistische und bewahrpädagogische Positionen vertreten.

Wichtiger Vertreter und Anreger zu einer neuen Medienpädagogik war der Berliner Pädagoge Paul Heimann. Er betrachtete Fernsehen und Film nicht mehr lediglich als technisches Unterrichtsmittel, sondern als ein neues Bildungsmittel. Die Massenwirksamkeit dieser Medien und ihre massenkommunikative Funktion wurden von ihm erkannt und herausgestellt und als Argument für ihre Verwendung im Unterricht genutzt. Ein doppelter Aspekt war für Heimann wichtig:

- Eine Erziehung *für* die Medien durch Erwerb einer Sozialtechnik, die ebenso wichtig wie Lesen und Schreiben ist.
- Eine Erziehung *durch* die Medien auf Grund ihres spezifischen Bildungspotentials und ihrer unterrichtsmethodischen Möglichkeiten (Heimann o. J., 7).

Die pädagogische Diskussion der Folgezeit, vor allem die Curriculumdiskussion, hat gezeigt, dass der unterrichtstechnologische Aspekt im Sinne einer Optimierung von Lernprozessen ein deutliches Übergewicht erhielt, dass der andere Aspekt Heimanns aber erst durch die Veränderung der pädagogischen Grundkonzepte um und nach 1970 wieder aufgegriffen wurde.

Im Verlauf dieser Diskussion wurden die gegenwärtig relevanten kritischen, kreativen und kommunikationsdidaktischen Ansätze entwickelt (vgl. Hülsewede, in: Diel 1974; Kübler 1981; Ziesenis 1994). Grundlage aller dieser Ansätze bildet die Erkenntnis, dass eine bewahrpädagogische Einstellung an der gesellschaftlichen Realität von Film und Fernsehen vorbeigeht und den Schülern als Mitgliedern einer massenkommunikativen Gesellschaft nicht gerecht wird. Massenmedien bilden heute eine wesentliche Sozialisationsinstanz, daran kommt auch eine Mediendidaktik nicht vorbei.

Eine weitere Grundlage dieser Ansätze besteht in der Erkenntnis, dass die Massenmedien gesellschaftliche Phänomene sind, die nur im Kontext der gesellschaftlichen Realität und ihrer Komplexität betrachtet werden dürfen. Die Überlegungen der Kommunikationswissenschaft haben dazu geführt, dass eine Auseinandersetzung mit den Medienprodukten allein, die die wichtigen Aspekte der Produktion und der Rezeption außer Acht lässt, den Massenmedien nicht gerecht wird.

Die Besonderheiten der kritischen mediendidaktischen Ansätze (gesellschaftskritisch, ideologiekritisch) sind darin zu sehen, dass ihr Ziel in der Aufdeckung und Aufhebung gesellschaftlicher Zwänge, Fremdbestimmung und Manipulationsmechanismen besteht. Durch die Analyse von Produktion, Distribution und Rezeption massenmedialer Produkte sollen die Schüler zu Kapitalismuskritik und Gesellschaftsveränderung im Sinne marxistischer Systemüberwindung geführt werden. „Aufklärung" ist das Schlüsselwort dieser kritischen Ansätze. (Vgl. dazu ausführlicher Ziesenis 1994, 366 ff.).

Das Problem der kritischen Ansätze liegt „in der Ausweglosigkeit ihrer totalen Kritik, die sie häufig genug in die Nähe der erwähnten Kulturpessimisten treibt" (Kübler 1981, 21). Unreflektiert bleiben in diesen Ansätzen die tatsächliche Rezeption und der Rezeptionsvollzug. Im Deutschunterricht stößt die kritische Mediendidaktik schnell an ihre Grenzen, da sie den Schüler und seine Rezeptionsbedürfnisse und -interessen nicht beachtet.

Die Auseinandersetzung der kritischen Ansätze mit der Radiotheorie Brechts und Enzensbergers „Baukasten zu einer Theorie der Medien" führte zu der Forderung, die Einwegkommunikation der Massenmedien aufzuheben und die Medien zur Darstellung und Übermittlungen eigener Erfahrungen, Probleme und Erwartungen umzufunktionieren. Diese Überlegungen, die sich als Mittel im politischen Kampf verstanden, korrespondieren mit Überlegungen, in denen der emanzipatorische und kreative Umgang mit Medien gefordert wird (Rupp 1976, 276–301). Diese Gedanken wurden entfaltet im Sinne einer medialen Selbstverwirklichung, und zwar im emotionalen, kognitiven und sozialen Bereich (Diel 1974). Das eigene Tun, so die Vertreter dieses Ansatzes, vermittle Einsichten in die Machart filmischer Produkte, führe zur Fähigkeit, sie zu durchschauen, fördere die Fähigkeit zur Reflexion über sie und ihre möglichen Wirkungen und setze frei von ihren Manipulationsabsichten. Mit dem eigenen Tun seien zudem Möglichkeiten und Wege zur Selbstdarstellung und Selbstverwirklichung gewonnen, die ein Nachdenken über sich selbst in seiner gesellschaftlichen Gebundenheit einschließt. Insofern besitze kreativer Mediengebrauch emanzipatorische Funktion (Jürgens / Lange und Paech / Wolff, in: Diel 1974; Behrens, in: Baacke 1973).

Der kommunikationsdidaktische Ansatz bildet das wohl umfassendste mediendidaktische Konzept (z. B. Baacke 1973). In ihm werden die bisher dargestellten Konzepte zusammengefasst, indem die gesellschaftliche Eingebundenheit der Medien reflektiert, die konsequente Aufhebung des starren Gegensatzes von Kommunikator- und Rezipient-Sein betrieben und schließlich über den kreativen Umgang mit den Medien die Gewinnung einer kommunikativen Kompetenz und Identität angestrebt wird. Ausgangspunkt aller Überlegungen dieser Didaktik ist der Schüler, Ziel ist die Entwicklung seiner Reflexionsfähigkeit und seiner Fähigkeit zum Durchschauen seiner Rezeptionssituation und ihrer Bedingungen und schließlich seiner Fähigkeit zum kommunikativen Handeln in der Gesellschaft.

Dazu ist die Kenntnis der medialen Zusammenhänge in der Gesellschaft notwendig, die Kenntnis von den Institutionen und ihrer gesellschaftlichen Bedeutung; letztlich bezieht sich auch auf sie sein kommunikatives Handeln.

In seiner jüngsten Publikation zur „Medienpädagogik“ formuliert Baacke (1997, 96–102) seine Überlegungen in ähnlicher Weise: Als Zielbegriff verwendet er hier die „Medienkompetenz“, deren Arbeitsfeld folgende Faktoren umfasst: die Fähigkeit zur Medienkritik (analytisch, reflexiv und ethisch verstanden), die Medienkunde (das Wissen über die heutigen Medien und Mediensysteme), die Fähigkeit zur Mediennutzung (rezeptiv und interaktiv) und die Fähigkeit zur Mediengestaltung (innovativ und kreativ). Die so beschriebene „Medienkompetenz“ darf aber nicht „subjektiv-individualistisch verkürzt“ werden, sondern muss in einem überindividuellen, gesellschaftlichen „Diskurs der Informationsgesellschaft“ ihr Gestaltungsziel sehen. „Ein solcher Diskurs würde alle wirtschaftlichen, technischen, sozialen, kulturellen und ästhetischen Probleme einbeziehen, um so die ‘Medienkompetenz’ auf dem Laufenden zu halten.“ (Baacke 1997, 99)

4.1. Literaturdidaktik als Mediendidaktik

Die Anwendung dieser kommunikativen Mediendidaktik auf den Deutschunterricht hat zu neuen Anregungen geführt (vgl. Ziesenis 1994). Parallel dazu hat sich der Gedanke einer Literaturwissenschaft als Medienwissenschaft zumindest in der Diskussion etabliert (Kreuzer 1977). In Anwendung dieses mediendidaktischen Konzepts kann es im Literaturunterricht nicht um einen quantitativen Ausbau der Literaturdidaktik gehen, indem neue Textarten wie Trivialliteratur, Film- und Fernsehtexte in den Kanon aufgenommen werden, sondern um einen qualitativ veränderten Literaturunterricht. Literarische Texte im weitesten Sinne, seien es nun Texte der traditionellen Medien wie Buch, Theater und Presse oder die der neuen Medien wie Hörfunk, Film und Fernsehen, seien es nun fiktionale oder pragmatische, müssten prinzipiell unter medialem Aspekt betrachtet werden, d. h., sie sind unter funktionalem Aspekt in ihrem medialen Feld zwischen Autor und Rezipient und den jeweiligen situativen Faktoren der Herstellung und der Rezeption zu betrachten (Ziesenis 1994). Zwar wird in einem medialen Literaturunterricht der Rezipientenaspekt im Vordergrund stehen, aber der Produktionsaspekt dürfte unter keinen Umständen vernachlässigt werden, denn er hätte neben einer kreativen und emanzipatorischen Funktion auch die Funktion, die Verstehens-, Analyse- und Bewusstwerdungsprozesse zu unterstützen. „Kommunikator-Sein und Rezipient-Sein werden dabei unmittelbar aufeinander bezogen gedacht. Deshalb ist das Zusammenwirken beider Momente konstitutiv für eine kommunikative Mediendidaktik.“ (Ziesenis 1994, 381)

4.2. Film und Fernsehspiel in einem mediendidaktischen Literaturunterricht

Ein mediendidaktischer Literaturunterricht darf nicht von einem Gegensatz Medienkultur – Lesekultur ausgehen, sondern muss Buch, Hörspiel, Film und Fernsehspiel als grundsätzlich gleichberechtigte „Texte“ betrachten. Zwar wird das Geschriebene auf Grund seiner leichteren Verfügbarkeit, seiner guten Überschaubarkeit und Analysierbarkeit weiterhin im Vordergrund der Textbetrachtung stehen, mediale Betrachtungsweise impliziert aber kontrastive Verfahrensweisen, da die besondere Sprache und Ausdrucksweise des einen Mediums nicht ohne die der anderen zu verstehen sind (vgl. Ziesenis 1994, 380).

Film und Fernsehspiel können wie das Buch eine informatorische, ästhetische, reflexive oder unterhaltende Funktion besitzen, wobei die einzelnen Funktionen nicht isoliert auftauchen, denn jeder Film oder jedes Fernsehspiel kann hinsichtlich des Zuschauers mehrere Funktionen erfüllen. Stocker (1981, 15–16) schlägt diesbezüglich sogar eine noch stärkere Differenzierung vor. Er unterscheidet das informatorisch-pragmatische Sehen, das ästhetische Sehen, das kritische, das Unterhaltungs- und Ablenkungssehen, das identifizierende und das kreative Sehen.

Wie oben schon ausgeführt, laufen die Rezeptionsprozesse bei Film und Fernsehspiel auf dem visuellen und auditiven Kanal ab, so dass eine Beschäftigung mit diesen Texten im Unterricht ihr besonderes Augenmerk dem Audiovisuellen zuwenden muss. Diese audiovisuelle Darstellungsweise hat zudem Konsequenzen für Inhalt, Struktur und Dramaturgie der Film- und Fernsehspieltexte.

Ebenfalls ein besonderes Augenmerk sollte im Unterricht den Rezeptionsbedingungen gelten. Die Fragen, welche Rezeptionsprozesse während der Betrachtung audiovisueller Texte bei den einzelnen Schülern ablaufen, welche Erfahrungen sie machen, welche Gefühle sie haben, sollten überleiten zu Fragen nach den Bedingungsfaktoren beim Aufnehmen, nach den psychischen und kognitiven Prozessen, schließlich zu Fragen nach den Darstellungsarten und -techniken, die die jeweilige Rezeption steuern. Das Nachdenken über seine individuelle Rezeption kann zum Nachdenken über sich selbst als Rezipienten überhaupt führen, um so zu lernen, sein Rezeptionsverhalten zu beobachten und zu steuern.

Die Rezeptionsästhetik in Anlehnung an Jauß hat deutlich gemacht, dass beim Lesen eines Buches der Leser gleichsam zum zweiten Schöpfer des Textes wird. Der Autor hat ihm lediglich eine „Partitur" vorgelegt, die durch die Phantasietätigkeit des Lesers im Lesevollzug zum Klingen gebracht wird, denn indem der Leser den Text auf seine Realität bezieht, füllt er ihn mit seinen Erfahrungen auf, erweckt ihn quasi zum Leben. Der Text, ein Roman oder eine Kurzgeschichte, liefert keine Totalität, sondern nur Elemente, Aspekte, Bilder, Assoziationen, die mit Leerstellen, Brüchen, Sprüngen ausgestattet sind, aus denen der Leser eine Ganzheit schafft.

Wie oben schon ausgeführt worden ist, liefert ein Film oder ein Fernsehspiel durch seine sprachliche, visuelle und inhaltliche Komponente im Vergleich zum Buch wesentlich mehr an Informationen, engt den Interpretationsspielraum des Zuschauers stärker ein. Trotzdem bedarf das Zuschauen der Tätigkeit des Betrachters; er muss aus den Einstellungen und Sequenzen eines Films für sich eine filmische Aussage schaffen. Die Auseinandersetzung mit Film und Fernsehspiel muss aber noch einen Schritt weitergehen. Die Tätigkeit des Rezipienten muss zur Rekonstruktion der filmischen Aussage und ihrer affektiven Wirkung führen. Rekonstruktion des audiovisuell Aufgenommenen ist als eine kognitive Tätigkeit, als eine begriffliche Umsetzung zu verstehen, wie Hebel in Anlehnung an Piaget entwickelt (1981, 24f.). Die

Rekonstruktion führt schließlich zur Reflexion über den Film oder das Fernsehspiel, ihre Produktions- und ihre Rezeptionsbedingungen im jeweiligen gesellschaftlichen Kontext.

Grundlage und Hilfsmittel des Rekonstruktions- und Reflexionsprozesses audiovisueller Texte ist das Analyseinventar, das sich Lehrer und Schüler gemeinsam aneignen müssen. Es ist zu vergleichen mit dem Analyseinventar, das zu einer Textinterpretation notwendig ist. Eine Reihe dieser Analyseelemente sind sogar übertragbar wie z.B. Erzählperspektive, Motiv, Leitmotiv, Personen und Personenkonstellation, mit Einschränkungen Montage. Eine Reihe anderer sind aber medienspezifisch. Sie sind aus den Produktionsvorgängen abgeleitet, bzw. aus diesen übernommen. Auf sie wird im nächsten Abschnitt näher eingegangen.

Film und Fernsehspiel gehören in den Bereich des Fiktiven; sie sind nicht photographierte Wirklichkeit, sondern deren fiktionale Widerspiegelung, Interpretation, Deutung wie Roman, Drama oder Hörspiel auch. Diese Feststellung gilt z.B. auch für amerikanische Serienfilme. Für den Zuschauer bedeutet das, er macht mit Hilfe von Film und Fernsehspiel Erfahrungen mit der Wirklichkeit und mit Menschen, die er auf sich übertragen kann; er hat die Möglichkeit des identifizierenden Auslebens von Emotionen und Ängsten; er kann in fiktiven Episoden eigene Erfahrungsbereiche, Erinnerungen und Erlebnisse aufarbeiten und bewältigen; er kann Unerfülltes auf fiktive Personen projizieren, Tagträume ausleben; er kann fremdes Schicksal identifizierend miterleben, erschüttert oder befreit werden; er erfährt eine Erweiterung seiner eigenen Realitätskenntnis und seines psychologischen Verständnisses von sich und anderen; er erfährt Deutungen von Wirklichkeit, Gesellschaft, menschlichem Leben, mit denen er sich auseinandersetzen muss; er macht heterogene Erfahrungen und erfährt Widersprüchlichkeiten und muss sie aushalten lernen. Diese Reihe ließe sich durchaus noch erweitern (vgl. Brinckmann 1973, 340ff.), sie soll hier nur deutlich machen, dass Film und Fernsehspiel eine der Literatur vergleichbare Bedeutung haben, dass sie vergleichbare Funktionen besitzen und damit im schulischen Bildungsprozess, aber auch in der Freizeit, eine vergleichbare Aufgabe übernehmen können.

Als fiktionale Texte im eben beschriebenen Sinn haben Film und Fernsehspiel ihren Platz im Deutschunterricht. Sie können als einzelner „Text" einer Analyse und Interpretation unterzogen werden oder aber in thematischen Einheiten ihre Funktion erfüllen – ein medial anders gearteter Text mit seiner spezifischen Aussagemöglichkeit. Film und Fernsehspiel erschließen „Geschichten", sie sind auf Grund ihrer audiovisuellen Ausdrucksweise in besonderer Weise geeignet, „komplexe und komplizierte Strukturen von Kommunikationsakten sinnvoll deutlich zu machen" (Baacke 1978, 182).

Die begrenzte Dauer von Filmen und Fernsehspielen ermöglicht es, sie in einem Zuge und in relativ kurzer Zeit anzuschauen. Zugleich erleichtert die audiovisuelle Darstellungsweise die Konzentration und lässt Störungen weniger wirksam werden. Die Realitätsnähe lässt zudem das Gesehene als gegenwärtig erscheinen. Alles dieses kann auch als Vorteil audiovisueller „Geschichten" gelten.

Film und Fernsehen besitzen weiterhin als Vermittlungs- und Transformationsmedien von Literatur Bedeutung für den Deutschunterricht, da sie den Schülern, auch in ihrer Freizeit, den Zugang zur traditionellen oder modernen Literatur eröffnen. Es hat sich in den letzten Jahren in zunehmendem Maße gezeigt, dass die Schüler Romane oder Erzählungen zuerst über ihre Verfilmung kennengelernt haben, die ihnen Anregungen bot, ihr Interesse weckte und im Nachhinein zum Buch greifen ließ. Diese Form des Zugangs zur Literatur ist bisweilen bedauert, oft auch kritisiert worden. In einem medialen Literaturunterricht sollten diese Möglichkeiten eines Zugangs zur Literatur aber genutzt werden, da sie im Kontext des Lesens zu einem vertieften Verständnis von Literatur überhaupt führen können. Bei Verfilmungen von Literatur handelt es sich um unterschiedliche Arten der Annäherung, Umsetzung und Interpretation der literarischen Vorlage. Kreuzer (1981, 36ff.) unterscheidet vier Arten der Adaption, die einen je unterschiedlichen Grad der Nähe zur literarischen Vorlage markieren:

- Aneigung von literarischem Rohstoff
  (Der Regisseur entnimmt der literarischen Vorlage das grobe Handlungsgerüst und die Figuren, die er für seinen Film gebrauchen kann. Der Film ist im strengen Sinn keine Literaturverfilmung, sondern ein eigenständiger Film, der sehr frei mit seiner Vorlage umgeht.)
- Illustration im Sinne einer Bebilderung der Literatur
  (Sie hält sich, soweit das in dem anderen Medium möglich ist, an den Handlungsverlauf und die Figurenkonstellation der literarischen Vorlage, übernimmt z.T. sogar deren Dialoge wörtlich, bisweilen auch einen längeren auktorialen Erzähltext, der dann aus dem Off gesprochen wird.)
- interpretierende Transformation
  (Hier wird nicht vordergründig der Inhalt eines literarischen Textes ins Bild übertragen, sondern die Form-Inhalt-Beziehung, ihr Sinn und ihre spezifische Wirkungsweise werden erfasst und in das andere Medium mit seiner anderen Kunst- und Darstellungsart übertragen, so dass ein „analoges" Werk entsteht. Eine interpretierende Transformation will den *Sinn* eines literarischen Werkes erfassen und wiedergeben, sie will es aber nicht ersetzen.)
- Dokumentation
  (Sie ist verfilmtes Theater, sei es, dass eine vorgegebene Theateraufführung aufgezeichnet, sei es, dass eine speziell für die Leinwand oder den Bildschirm bestimmte Aufführung abgebildet wird. Im strengen Sinn ist die Dokumentation keine Literaturverfilmung.)

Die „Dokumentation" nimmt unter diesen vier Adaptationsformen einen besonderen Platz ein, da sie anderen Kriterien unterliegt. Die Zuordnung einer Literaturverfilmung zu den drei anderen Adaptationsformen ist in vielen Fällen eine Frage der Interpretation. Kreuzer hält im fachwissenschaftlichen und didaktischen Sinne die „interpretierende Transformation" für die interessanteste Form, da in ihr die Möglichkeiten und Grenzen von Literaturverfilmungen am deutlichsten zutage treten.

Nach den Überlegungen von Gast (1993, 49) stellt die Typologie von Kreuzer von der reinen „Stoffübernahme“ bis zur „interpretierenden Transformation“ eine „hierarchisch aufsteigende Skala“ dar, mit deren Hilfe man sich gut über die Gesamtkonzeption einer Adaption verständigen könne; sie sage aber „nichts über die inhaltliche Seite der jeweiligen Adaption“ aus. Daher entwickelt Gast – ohne Anspruch auf Vollständigkeit – eine Reihe von Adaptionsformen, die der inhaltlichen Füllung des Adaptionskonzepts dienen könnten:

- *die aktualisierte Adaption*
  Ein literarischer Stoff der Vergangenheit wird „modern“ interpretiert und inszeniert, um dessen Gegenwartsbedeutung aufzuzeigen.
- *die aktuell-politisierende Adaption*
  Die literarische Vorlage wird so adaptiert, dass sie in der aktuellen politischen Diskussion eine Funktion bekommt.
- *die ideologisierende Adaption*
  In totalitären Staaten wird diese Form der Adaption häufig verwendet. Sie lässt sich ebenso in Oertels Verfilmung des „Schimmelreiters“ von 1933 erkennen wie in Luderers Verfilmung von „Effi Briest“ 1967 in der DDR.
- *die historisierende Adaption*
  Sie versteht Gast in zweifacher Hinsicht: als geschichtliches „Kostüm“ oder als bewusste Herausarbeitung des unter der Oberfläche liegenden Historischen.
- *die ästhetische Adaption*
  Hier wird nicht nur die inhaltliche, sondern auch die ästhetische Rezeption eines Werkes filmisch umgesetzt. Als Beispiel nennt Gast die Effi-Briest-Verfilmung von Rainer Werker Fassbinder.
- *die psychologische Adaption*
  Die filmische Adaption arbeitet insbesondere die psychologischen Aspekte der Personenkonstellationen und Konfliktlösungen heraus, die durchaus über die Vorlage hinausgehen können.
- *die popularisierende Adaption*
  Zu dieser Adaptionsart zählen die Verfilmungen, die das Schwierige und Sperrige einer literarischen Vorlage so reduzieren oder umarbeiten, dass das Publikum den Film ohne größere Anstrengungen verstehen kann. Die jeweilige Zuordnung zu dieser Adaptionsform hängt von der Strenge des Beurteilers ab. Gast sieht die Grenze zur *popularisierenden Adaption* bei der Verfilmung des „Schimmelreiters“ durch Alfred Weidenmann überschritten.
- *die parodierende Adaption*
  In dieser selten verwendeten Adaptionsform werden meist triviale oder pathetische Vorlagen parodiert. Gast nennt z. B. die Griseldis-Verfilmung nach dem Roman von Hedwig Courths-Mahler, in der mit allen Genreklischees gearbeitet wird. (Gast 1993, 49–52)

Der mediale Literaturunterricht sollte bei der Rezeption, Analyse, Interpretation von Film und Fernsehspiel nicht stehenbleiben, denn der Produktionsaspekt, die

Selbsttätigkeit der Schüler, der kreative produktive Umgang mit den Medien und damit die Aneignung der Ausdrucksmöglichkeiten dieser Medien stellt einen wichtigen Gegenpol zum rezeptiven Unterricht dar.

Die Ausstattung der Schulen mit Videogeräten und -kamera sind für den medialen Literaturunterricht eine notwendige Voraussetzung. Die Einübung in den Umgang mit ihnen müsste schon in der Primarstufe beginnen, indem die Aneignung des audiovisuellen Vokabulars nicht nur rezeptiv, sondern produktiv vorgenommen wird. Peter Conrady z. B. macht für diese Altersstufe Vorschläge für eine Einübung in Wahrnehmungsspiele mit Hilfe der Wunderscheibe, des Rollkinos, des Daumenkinos und des Stroboskops (in: Kübler 1981, 338 ff.). Das Schreiben von Drehbüchern für kleine Szenen, das Üben des Spiels, das Aufzeichnen und schließlich die Herstellung eines eigenen Films kann ein solcher produktiver Weg in der Primarstufe sein.

In der Sekundarstufe I und II soll dieses produktive Umgehen mit den audiovisuellen Medien erweitert und vertieft werden. Ihr Einsatz bleibt dabei nicht auf den Literaturunterricht beschränkt; andere Fächer wie Kunst oder Musik könnten sich den Projekten anschließen, um so Fächer übergreifend die kreativen Möglichkeiten von Film und Fernsehen zum Ausdruck eigener Erfahrungen, Aussagen und Phantasien benutzen zu lernen.

5. Die Grundbegriffe der Film- und Fernsehsprache und der Film- und Fernsehanalyse

Das Handwerkszeug für den Umgang mit Film und Fernsehspiel im Unterricht bilden die Grundbegriffe der Film- und Fernsehsprache. Zu ihnen wie zur Filmanalyse allgemein liegen inzwischen eine Reihe von Darstellungen vor, die für den Lehrer eine große Hilfe sein können, zumal sie übersichtlich und verständlich geschrieben sind: Kuchenbuch 1978, Silbermann / Schaaf / Adam 1980, Faulstich 1980, Becker / Schöll 1983, Gast 1993, Hickethier 1981, 1983 und 1993.

Die Grundbegriffe der Film- und Fernsehsprache sind – wie schon oben erwähnt – ursprünglich produktionstechnische Kategorien. Dennoch sind sie auch für eine von der Rezeption ausgehende Analyse gut brauchbar. Die Kamera als technisches Aufnahmegerät mit begrenztem Blickwinkel bildet die Wirklichkeit nicht in ihrer Totalität ab, sondern wählt aus und akzentuiert. Der Kamerablick legt bei der Rezeption die Sichtweise des Zuschauers fest; seine Wahrnehmung des Dargestellten wird so durch die Kamera gesteuert. Weitere Akzentuierungen finden am Schneidetisch in Form der Montage statt, z. B. die Einstellungsdauer, Schuss-Gegenschuss oder Einstellungskombinationen.

Das Grundelement der Filmanalyse ist die Einstellung; sie ist das, was zwischen zwei Schnitten zu sehen ist. Mehrere Einstellungen können filmisch zu einer Einheit, einer Sequenz, zusammengebunden werden, die als ein „konsistenter Handlungsbogen“ bezeichnet werden kann (Hickethier 1983, 23). Oft ist der Sequenzenwechsel mit einem Orts-, Zeit- und/oder Personenwechsel verbunden. Sequenzen können in unterschiedlicher Art miteinander verknüpft werden; dadurch ergeben sich jeweils besondere Erzählstrukturen: Zeitsprünge, Parallelität von Handlungssträngen, Identität von realer und filmischer Zeit u. ä. Die Gesamtheit der Sequenzen bildet schließlich den Film mit seiner Erzählstruktur und Handlungsdramaturgie. In der Makrostruktur ist die Analogie der verwendeten Begriffe zur Textanalyse sehr deutlich, und zwar sowohl zur Erzähltext- wie auch zur Dramenanalyse. In Anlehnung an die Erzählforschung spricht man von der „narrativen Struktur" des Films. Die Filmanalyse kennt und verwendet die Begriffe Erzählperspektive, Erzählphase, Rückblick, Vorausdeutung, View-point-Technik, Figurenkonstellation, Konfliktaufbau, Wendepunkt, Retardation u. ä. Auf Grund dieser Terminologie wird dem Deutschlehrer der Umgang mit dem Film oder Fernsehspiel leicht fallen.

Anders verhält es sich hingegen im Bereich der Mikrostruktur, der Beschreibung und Benennung der Einstellungen und ihrer Kombination. Die Filmanalyse unterscheidet verschiedene Einstellungsgrößen. Sie legen fest, wie groß eine Person oder ein Gegenstand im Bild zu sehen ist und wie groß der Wahrnehmungsraum des Zuschauers ist; vom Zuschauer aus formuliert: Wie nah oder wie entfernt ist der Zuschauer den Personen oder dem Geschehen. Diese Entfernung kann – da die Kamera beweglich ist – stufenlos verändert werden. Für bestimmte markante Entfernungen haben sich folgende Bezeichnungen durchgesetzt:

- Weit: Weite Landschaft, Panorama; im Film meist als Eingangs- oder Schlussbild verwendet, oft mit symbolischer Bedeutung.
- Total: Ein Überblick über ein Geschehen wird vermittelt, die einzelnen Personen sind noch erkennbar.
- Halbtotal: Eine Person ist in voller Größe zu sehen, ihre Körpersprache dominiert. Der Zuschauer sieht, wie die Person in ihrer Umgebung handelt.
- Amerikanisch: Eine Person ist bis zur Hüfte zu sehen, bis dahin, wo beim Westernhelden der Colt sitzt. Der Zuschauer erkennt, wie die Person zu anderen in Beziehung tritt, die Gestik spielt eine besondere Rolle.
- Nah: Brustbild – normale Distanz des Ansagers im Fernsehen. Neben der Gestik im allgemeinen werden auch die Gestik der Hände und die Mimik wichtig.
- Groß: Bild eines Kopfes bis zum Hals. Die Mimik bekommt entscheidende Bedeutung; jeder Lidschlag oder das Zucken des Mundes teilen sich dem Zuschauer mit. Eine wichtige Einstellung für Dialoge.
- Detail: Ein kleiner Ausschnitt des Gesichts ist zu sehen, die Augenpartie, der Mund oder aber ein kleiner Gegenstand, ein wichtiges Detail. Die Detailaufnahme lenkt die Aufmerksamkeit des Zuschauers, dient der Spannungssteigerung, wird bei emotionalen Höhepunkten eingesetzt.

Diese Einteilung kann noch weiter differenziert, aber auch für den Unterricht vereinfacht werden. Paech (in: Hickethier / Paech 1979) z. B. macht den Vorschlag einer Reduzierung auf die drei Grundgrößen Weit, Mittel und Groß.

Neben den Einstellungsgrößen spielt in der Filmanalyse die Einstellungsperspektive eine wichtige Rolle, denn sie prägt ebenfalls die Sichtweise des Zuschauers. Drei grundlegende Perspektiven werden unterschieden:

- Normalsicht: Sichtweise der Kamera aus etwa 170 cm Höhe (Augenhöhe eines Erwachsenen); in Kinderfilmen müsste diese Perspektive entsprechend verändert werden.

- Vogelperspektive: Kamerablick von oben nach unten, aus der Sicht eines Vogels. Der Zuschauer erlebt das Geschehen aus einer erhöhten Sicht, er blickt auf Personen und Geschehen herab. Diese Perspektive kann Überlegenheit und Macht zum Ausdruck bringen.
- Froschperspektive: Von unten blickt die Kamera schräg nach oben; dem Zuschauer wird eine dem Abgebildeten gegenüber untergeordnete Position signalisiert.

Einstellungsgrößen und -perspektiven wirken emotionalisierend, da sie dem Zuschauer eine Person in einer bestimmten Art präsentieren. Mit ihnen erfolgen aber keine generellen Bedeutungszuweisungen, da letztlich die jeweilige Wirkung erst durch den filmischen „Kontext“ und die Gesamtgeschichte festgelegt wird. „So kann eine Untersicht den Abgebildeten bedrohlich und unheimlich wirken lassen, aber auch lächerlich, überheblich“ (Hickethier 1983, 21).

Einen weiteren Bereich der Grundbegriffe bilden die Kamera- und Objektbewegungen. Bei den Objektbewegungen werden zwei Grundformen unterschieden:

- Die Handlungsachse zwischen zwei Personen befindet sich im rechten Winkel zur Kamera; der Zuschauer erlebt daher das Geschehen als Außenstehender, er wird nicht in die Handlung einbezogen.
- Dagegen wird er einbezogen, wenn die Kameraachse gleich der Handlungsachse ist oder parallel dazu verläuft. Der Schauspieler blickt und spricht in Richtung Kamera, der Zuschauer hat das Gefühl, er selbst wird angesprochen.

Im Dialog ist das oben schon erwähnte Schuss-Gegenschuss-Verfahren ein wichtiges Hilfsmittel, um den Zuschauer einzubeziehen. Der jeweils Sprechende ist im Bild zu sehen und spricht zur Kamera, also zum Zuschauer hin.

Die Kamera kann beim Filmen beweglich eingesetzt werden. Beim Schwenk vollführt sie auf einem Stativ eine Bewegung zur Seite, als bewege der Zuschauer den Kopf. Bei der Kamerafahrt wird die Kamera auf einem Wagen gefahren: Man unterscheidet die Ranfahrt, Rückfahrt oder Parallelfahrt.

Beim Zoom wird eine Kamerafahrt durch eine Veränderung der Brennweite des Objektivs vorgetäuscht; stufenlos kann so eine Person oder ein Gegenstand vergrößert oder verkleinert werden, ohne dass sich die Kamera bewegt. Beim Zoom erscheinen – anders als bei einer Kamerafahrt – die Räume nicht räumlich, sondern flächig, denn ihm fehlt die perspektivische Verschiebung von hintereinander liegenden Objekten. Das Zoom wird – wie schon oben erwähnt – aus technischen Gründen vor allem im Fernsehspiel verwendet.

Neben den bisher genannten Grundbegriffen spielen in der Filmanalyse auch Licht, Bildkomposition, Raum, Sprache, Geräusche und Musik eine wesentliche Rolle. Auf sie soll aber hier aus räumlichen Gründen nicht näher eingegangen werden. Verwiesen sei auf die sehr klare Darstellung von Hickethier (1981 und 1983) und Gast (1993). Lediglich die Einstellungsverknüpfung, die Montage, soll hier noch gesondert erwähnt werden, weil sie ein filmtheoretisch und -analytisch wichtiges Element darstellt. Die Art der Aneinanderfügung von Einstellungen oder ihre Verschachtelung ineinander, die erst am Schneidetisch erfolgt, stellt ein wichtiges Kompositionsverfahren im Film dar. Man unterscheidet einmal die Verknüpfung einzelner Einstellungen zu Einstellungsfolgen oder Sequenzen, zum anderen die Verknüpfung umfangreicherer Einstellungsfolgen (Handlungseinheiten) zum ganzen Film. Die erstere Form ist das eigentliche Feld der Montage, das zweite das Feld der Dramaturgie. Hickethier (1981, 21) formuliert: „Montagetheorie gilt als eigentliche Filmtheorie."

Der entscheidende Gedanke der Montagetechnik ist der, dass durch die Kombination zweier Einstellungen nicht einfach eine Addition des Gezeigten erfolgt, sondern etwas Neues, hervorgerufen durch die Assoziationen des Zuschauers. Der russische Regisseur und Filmtheoretiker Eisenstein entwickelte das Prinzip der Kontrastmontage, in der zwei Einstellungen zusammenmontiert werden, die völlig unabhängig voneinander sind: Eine Einstellung, die ein Kind in der Wiege zeigt, wird montiert mit einer anderen, in der eine weinende Frau zu sehen ist. Im Kopf des Zuschauers entsteht die Bedeutung: Eine Mutter beweint ihr totes Kind.

In Hollywood entwickelten amerikanische Regisseure die Technik des „unsichtbaren Schnitts". Hier treffen Einstellungen nicht hart aufeinander, sondern gleiten ineinander über. Dem Zuschauer werden Übergänge angeboten, die eine ununterbrochene, widerspruchsfreie Illusion gewährleisten, da er die Schnitte nicht wahrnimmt. Heutige Fernsehspiele benutzen diese Technik besonders gern.

Die Parallelmontage stellt ein wichtiges dramaturgisches Element der Filmtechnik dar. In ihr werden zwei oder mehrere Handlungsstränge, die gleichzeitig ab- und aufeinander zulaufen, ineinander montiert. Der Zuschauer gewinnt den Eindruck von einer Handlungsbeschleunigung, Spannung entsteht, bis dann beim Zusammentreffen der Handlungsstränge eine Lösung erfolgt.

Das Erlernen und das Umgehen mit der Film- und Fernsehsprache ist notwendige Grundlage für einen mediendidaktischen Literaturunterricht. Beginnen kann man damit durchaus schon in der Primarstufe. Am einfachsten zu erfassen und in ihrer Funktion und Bedeutung zu durchschauen, sind auch für jüngere Schüler die Einstellungsgrößen und -perspektiven. Sie kennen sie aus Comics und Bildergeschichten. Daher sollten auch diese Texte zum Lernen, zur Funktionsanalyse und zur Deutung herangezogen werden. Ein Modell hierfür findet man im Lesebuch „Lesezeichen Grundausgabe 5" (Klett Verlag), das neben der optischen Darstellung und funktionalen Deutung die Schüler auch mit Hilfe eines selbst gebastelten Kamerablicks Einstellungsgrößen und -perspektiven selbst ausprobieren lässt – ein einfaches Hilfsmittel mit großem Lerneffekt. Diese Arbeit mit Comics und Kamerablick verbindet auf niedriger Stufe die Rezeption mit der Produktion. Ergänzt werden sollten diese Versuche auch durch den Umgang mit der Videokamera. Sie eignet sich deswegen besonders gut, weil die Schüler ihre Aufnahmen sofort auf dem Bildschirm sehen, überprüfen, korrigieren, wiederholen und verändern können.

6. Film- und Fernsehspielanalyse im Unterricht

Die Analyse von Film und Fernsehspiel im Literaturunterricht sollte nicht die Durchdringung und Aufarbeitung aller filmischen Details anstreben, nicht nur, weil dabei die Gefahr besteht, dass der Film in seiner Ganzheit aus dem Auge verloren werden kann, sondern vielmehr, weil eine derartige Analyse sehr viel Zeit kostet und daher den Schülern leicht den Spaß und die Motivation nehmen kann. Die zahlreichen Produktanalysen, die publiziert worden sind, entgehen dieser Gefahr nicht immer.

Film- und Fernsehspielanalysen müssen problemorientiert an den Gegenstand herangehen und dürfen die spontanen Reaktionen der Zuschauer auf den Film nicht gering achten, vielmehr sollten diese nach dem ersten Anschauen im Vordergrund stehen.

Der Film ist in erster Linie eine Interpretation von Wirklichkeit, er führt in ein Problem ein oder ermuntert zur Auseinandersetzung mit ihm, er greift Bedürfnisse und Interessen der Zuschauer / Schüler auf und setzt sich mit ihnen auseinander.
Die folgenden Aspekte für die Behandlung von Filmen im Unterricht können dem Unterrichtenden als Leitfaden dienen.

6.1. Überlegungen zum Einsatz eines Films / Fernsehspiels

Am Beginn der Planung steht die Überlegung, warum und wie ein Film / Fernsehspiel im Unterricht eingesetzt werden soll. Steht der Film im thematischen Zusammenhang eines Unterrichtsvorhabens, bildet er einen selbständigen Text neben anderen, dient er als Adaption zum Vergleich mit einem Roman oder einer Novelle, dient er als interessanter Einstieg in ein Thema oder Problemfeld, oder geht es im Unterricht um den Film als audiovisuellen Text?

6.2. Darbietung des Films / Fernsehspiels

Als Einstieg in die Analyse eines Films / Fernsehspiels dient die Begegnung der Schüler mit dem Produkt selbst. Es muss hierbei nicht unbedingt das Produkt in seiner vollen Länge betrachtet werden. Ausschnitte oder lediglich der Anfang eines Films können einen guten Ausgangspunkt für ein Gespräch über den ersten Eindruck, den thematischen Zugriff des Regisseurs, über die Personendarstellung, über Stimmungen u. ä. bilden. Das erste Betrachten eines Films sollte nach Möglichkeit nicht mit Beobachtungsaufgaben verbunden werden. Ein unbefangenes Sehen und die spontanen Äußerungen über den Film bieten meistens eine gute Zugriffsmöglichkeit. Spontane Äußerungen geben zudem Aufschluss darüber, wie ein Film bei seinen Zuschauern „angekommen“ ist, welche Empfindungen er ausgelöst hat.

In der Erarbeitungsphase sollten dann einzelne wichtige Sequenzen des Films wiederholt angesehen werden, um auf diesem Wege die besondere Filmtechnik zu erkennen oder der speziellen Filmwirkung auf die Spur zu kommen.

Für den Einsatz von Film oder Fernsehspiel im Unterricht und für die Formen der Darbietung hat Gast (1996, 22–23) eine „Typologie didaktischer Filmanalyse“ entworfen, die dem Unterrichtenden zwanzig verschiedene Umgangsformen anbietet und dabei sowohl deren Methoden als auch ihre didaktischen Funktionen beschreibt. Dieser Katalog ist als offene Reihe konzipiert. Dabei werden die hier aufgeführten Umgangsformen aufgegriffen und z. T. ergänzt bzw. spezifiziert. Der produktive Umgang mit Film/Fernsehspiel erfährt in Gasts Typologie eine angemessene Berücksichtigung.

6.3. Drehbuch oder Filmprotokoll als Grundlage der Analyse

Um einen Film / ein Fernsehspiel strukturell genauer oder sogar bis ins Detail analysieren zu können, benötigen Lehrer und Schüler das Drehbuch des Films oder ein Filmprotokoll. Leider stehen bisher erst wenige Drehbücher gedruckt zur Verfügung (siehe Beilage zu Praxis Deutsch 1983, H. 57, XVI), so dass der Lehrer in den meisten Fällen auf ein Filmprotokoll zurückgreifen muss, das er selbst oder mit seinen Schülern gemeinsam herstellt. Ein solches Filmprotokoll kann unterschiedlich ausführlich sein, je nachdem für welchen Zweck es verwendet werden soll.

Am einfachsten herzustellen, für eine Filmbesprechung aber unerlässlich, ist ein *Sequenzen-Inhalts-Protokoll.* Es enthält lediglich zu jeder einzelnen Sequenz eine kurze Inhaltsangabe, die über den Handlungsort, die Personen und das Geschehen Auskunft gibt.

Das folgende Sequenzen-Inhalts-Protokoll zum Film „Die Vorstadtkrokodile“, Regie Wolfgang Becker, nach dem Jugendbuch von Max von der Grün, soll dieses Verfahren verdeutlichen.

Nr. der Sequenz	Handlung: Ort, Personen, Inhalt
	Vorspann: Film von W. Becker nach dem Jugendbuch von Max von der Grün
1	Mutprobe: Hannes muss, um Mitglied der Krokodilerbande zu werden, auf das Dach der stillgelegten Ziegelei klettern. Er rutscht ab und bleibt zum Schrecken der Bandenmitglieder an der Dachrinne hängen.
2	Aus seinem Fenster beobachtet der querschnittsgelähmte Kurt mit einem Fernglas den Unfall und benachrichtigt die Feuerwehr.
3	Die Bandenmitglieder versuchen vergeblich, Hannes zu helfen.
4	Kurts Mutter erfährt von der Gefahr und läuft zu Hannes' Mutter, um sie zu informieren.
5	Die Feuerwehr kommt. Die Krokodiler laufen weg und beobachten aus sicherer Entfernung, wie Hannes gerettet wird.

(vgl. dazu Gast, in: Praxis Deutsch 1983, H. 57, 54).

Ein *ausführlicheres Sequenzenprotokoll* sollte neben diesen Informationen auch Aussagen über den Einsatz von Musik und Geräuschen, die Dauer der einzelnen Sequenzen sowie die Anzahl der Einstellungen enthalten.

Das Sequenzenprotokoll zum Film „Abstieg in die Unterwelt“ aus der Krimi-Serie „Straßen von San Franzisco“ sieht folgendermaßen aus:

Sequenz	Anzahl der Einstellungen	Handlung: Ort, Personen, Inhalt	Musik / Geräusche
(0.51 min.)		Vorspann: Überblick über San Franzisco	zuerst langsame, dann immer hektischere Musik
(2.15)	25	San Franzisco: Auf der Straße verfolgen zwei Polizisten einen Dieb und stellen ihn in einer Tiefgarage.	Hektische Musik
(0.40)	4	Polizeirevier: Der Dieb wird verhört.	
(0,47)	6	Polizeirevier: Dan Segal, Heller, dann Stone unterhalten sich über einen neuen Fall: Der Unterweltkönig Garson ist in der Stadt und muss beschattet werden.	

Die differenzierteste Form des Filmprotokolls stellt das *Protokoll der einzelnen Einstellungen* dar. Neben den genannten Faktoren werden hier auch die Dialoge, die Einstellungsgrößen und -perspektiven und die Kamerabewegungen festgehalten. Diese Art des Protokolls wird auf Seite 715 am Beispiel eines Ausschnitts aus dem Film „39 Stufen" von Alfred Hitchcock gezeigt.

Zur Filmanalyse wird man, je nach Zeitaufwand und Intention, mit dem Sequenzen-Inhalts-Protokoll oder dem ausführlicheren Sequenzenprotokoll arbeiten. Nur für die genaue Analyse einzelner, besonders wichtiger Einstellungen eines Films wird man ein differenziertes Einstellungenprotokoll anfertigen. Mit seiner Hilfe sind Lehrer und Schüler in der Lage, auch die Details und filmischen Besonderheiten eines Films zu erfassen: den Spannungsaufbau, die Schnittechnik, die Bildführung, das Verhältnis von Bild und Inhalt, die Bedeutung der Musik. Obwohl ihre Herstellung recht aufwendig ist, sollten alle drei Protokollarten auch immer wieder mit den Schülern gemeinsam durchgeführt werden, da die Herstellung sowohl den Umgang mit den Grundbegriffen übt als auch zunehmend den Blick für das Erkennen und Durchschauen der Filmtechnik schult.

Als unterrichtliches Verfahren bietet sich hier die Teamarbeit an, in der jeweils einzelne Gruppen einen bestimmten Aspekt des Films protokollieren. Häufiges Unterbrechen (evtl. nach jeder Sequenz) ist erforderlich, um sogleich die Ergebnisse der einzelnen Gruppen festzuhalten und aufeinander zu beziehen. Mit Hilfe der Filmprotokolle lässt sich Folgendes erarbeiten:

- eine Inhaltsanalyse
- die Bauformen der Filmhandlung: allgemeine Struktur und Spannungsaufbau
- eine Beschreibung der Personenkonstellation
- eine Charakteristik einzelner Personen
- Verwendung von Musik (u. a. Verwendung musikalischer Leitmotive)

	Bildtrakt				Tontrakt	
	Äußere Handlung Einstellung	Zeit (sec)	Kamera Größe	 Bewegung	Geräusch	Gesprochener Text
1	Mrs. Crofter führt Hannay in die Wohnküche der armseligen Hütte, öffnet das Wandbett, räumt Sachen heraus	17,5	HT	–	Geräusch von Schritten	*Mrs. C.:* Das ist Ihr Bett, ich nehme die Sachen hier weg; hoffentlich können Sie darin schlafen. *H.:* Ich glaub', heute nacht schlafe ich überall.
2	Hannay geht auf das Bett zu, setzt sich aufs Bett	12,8	N (Schulter bis Hüften)	–	–	*Mrs. C.:* Sie sind wohl sehr müde? *H.:* Das kann man wohl sagen, ich such' schon eine Woche nach einem Job.
	(beide im Bild)		HN			*Mrs. C.:* Nehmen Sie doch am Tisch Platz, bis ich das Essen fertig habe.
3	Sie im Hintergrund, er setzt sich an den Tisch: Im Vordergrund, auf dem Tisch liegend, eine Zeitung und darauf Lebensmittel; rechts davon H.'s Arm; sie am Küchenschrank hantierend	7,5	HN	–	–	*H.:* Sehr freundlich, danke.
4	H.'s Blick fällt auf die Zeitung, die unter den Lebensmitteln liegt	1,9	G	–	Schritte	
5	H. versucht, Zeitung hervorzuziehen; sie kommt aus dem Hintergrund auf den Tisch zu, trägt Lebensmittel	40	HN		–	

Zeichenerklärung für das Filmprotokoll:

D	=	Detail-Aufnahme	HN	=	Halbnah-Aufnahme	T	=	Total-Aufnahme	SR	=	Schwenk nach rechts
G	=	Groß-Aufnahme	A	=	Amerikanische Aufnahme	W	=	Weit-Aufnahme	US	=	Untersicht (...)
N	=	Nah-Aufnahme	HT	=	Halbtotal-Aufnahme	SL	=	Schwenk nach links	AS	=	Aufsicht (...).

(Adam, in: Silbermann / Schaaf / Adam 1980, 160).

- Einsatz und Funktion von Geräuschen
- die Schnitttechnik
- die Verwendung von Einstellungsgrößen, -perspektiven und Kamerabewegungen und Überlegungen zu ihrer filmischen Funktion.

Die Untersuchung dieser einzelnen Aspekte eines Films sollte immer unter funktionalem Gesichtspunkt erfolgen, denn ein wichtiges Ziel der Filmanalyse stellt die Frage nach dem Wirkungsaspekt dar. Folgende Fragen können hier eine Hilfe sein:
- Wie wirkt der Film auf den Zuschauer?
- Wodurch werden die beobachteten Wirkungen hervorgerufen?
- Welche Sequenzen haben besonders beeindruckt und sind in lebhafter Erinnerung? (vgl. Silbermann / Schaaf / Adam 1980 und Faulstich 1980).

Erst nach dieser Erarbeitung sollten auch die kritischen, ideologiekritischen Aspekte diskutiert und in die Gesamtbewertung eines Films einbezogen werden.

6.4. Weitergehende Untersuchungsaspekte

Bei der Untersuchung eines Films / Fernsehspiels stehen – wie ausgeführt – die Inhaltsanalyse, die Filmsprache und die Überlegungen zur unmittelbaren Rezeption und Wirkung im Vordergrund. Im Verlaufe der schulischen Filmarbeit in der Sekundarstufe I und II sollten aber auch die weitergehenden Problemfelder des Mediums Film, bzw. Fernsehen erarbeitet werden:
- die Produktion von Film und Fernsehspiel: vom Exposé zum fertigen Film
- das Kino als gesellschaftliche Institution: Filmverleih, Kino als Sammelraum, das Kinopublikum, seine Intentionen und Interessen
- das Fernsehen als gesellschaftliche Institution
- die Rezeption von Film / Fernsehspiel, die Rezeptions- und Wirkungsforschung.

Das folgende Schaubild von Gast (1996, 16) verdeutlicht das „Medienkommunikationsfeld 'Literaturverfilmung'" und zeigt die einzelnen Faktoren auf, die bei einer Analyse relevant sein können. Das Schaubild ist aber nicht so misszuverstehen, dass alle diese Aspekte erfasst werden müssten, vielmehr sollte der Unterrichtende lediglich einzelne Aspekte aufgreifen und eine individuelle Schwerpunktsetzung vornehmen.

– politisch gesellschaftliches System –

Autor Drehbuchautor Fernsehredaktion	Literarisches Werk Drehbuch Fernsehspiel	Fernsehen Programmplatz	Fernsehzuschauer Zielgruppe Rezeptionssituation
Produzent ——	Film ————	Medium ——	Rezipient
Regisseur Filmproduzent	Kinofilm Drehbuch	Kinoprogrammzeiten Kino	Rezeptionssituation Kinozuschauer

– ökonomisches System –

Eine gute Unterstützung bei der Erarbeitung der hier aufgeführten Problemfelder bieten die Einführungen in die Filmanalyse von Faulstich (1980), Silbermann / Schaaf / Adam (1980), Waldmann / Waldmann (1980), Gast 1993 und Hickethier 1993.

6.5. Modelle der Filmanalyse

Inzwischen sind für den Unterricht eine ganze Reihe hilfreicher Filmanalysen und praktikabler Unterrichtsmodelle publiziert worden, die sich in erster Linie auf Literaturverfilmung beziehen, die aber auch Produkte des Fernsehens (Fernsehfilme, Serien) und Kinderfilme einbeziehen.

Besonders hervorgehoben werden muss dabei das fünfbändige Werk von Wolfgang Gast u. a. „Film und Literatur" (1993–1995), das neben einem „Grundbuch. Einführung in Begriffe und Methoden der Filmanalyse" vier Bände mit Filmanalysen enthält, in denen Literaturverfilmungen klassischer und moderner Werke (u. a. Heinrich Manns „Der Untertan", Fontanes „Effi Briest", Storms „Schimmelreiter", Frischs „Homo Faber)" wie auch der Kinder- und Jugendliteratur (u. a. von der Grüns „Vorstadtkrokodile", Nöstlingers „Die Ilse ist weg") aufbereitet und mit Filmtranskripten, Materialien und Kopiervorlagen versehen worden sind. Liegen zu einem literarischen Werk mehrere Verfilmungen vor wie z. B. bei Fontanes „Effi Briest", werden alle Adaptionen in den Analyseprozess einbezogen.

Zahlreiche Anregungen bieten ebenso die Hefte der Zeitschriften, die Filme und Verfilmungen thematisiert haben, wie „Der Deutschunterricht" 1981, H. 4: „Literatur und Film"; „Praxis Deutsch" 1983, H. 57: „Verfilmte Literatur – Literarischer Film"; 1993, H. 121: „Fernsehserien" und 1996, H. 140: „Filmanalyse".

Eine wichtige Hilfe für den Umgang mit dem literarischen Kinderfilm bietet das Buch von Michael Sahr (1997), in dem er auf Märchen- und Sagenverfilmungen („Hans mein Igel", „Der Rattenfänger von Hameln" und die „Bremer Stadtmusikanten") sowie auf Kinder- und Jugendbuchverfilmungen wie die „Vorstadtkrokodile" von Max von der Grün und den „Krabat" von Otfried Preußler eingeht. Sein Buch enthält zahlreiche unterrichtspraktische Hilfen.

Literaturverzeichnis

Albersmeier, Franz-Joseph / Roloff, Volker (Hrsg.): Literaturverfilmungen. Frankfurt 1989

Baacke, Dieter (Hrsg.): Mediendidaktische Modelle: Fernsehen. München 1973

Baacke, Dieter: Der Spielfilm und die Erschließung von „Geschichten". Einige theoretische und methodische Probleme. In: medien + erziehung 1978, H. 3, 181–196

Baacke, Dieter: Medienpädagogik. Tübingen 1997

Becker, Wolfgang / Schöll, Norbert: Methoden und Praxis der Filmanalyse. Opladen 1983

Beling, Claus (Hrsg.): Theorie des Fernsehspiels. Heidelberg 1979

Bonfadelli, Heinz u. a.: Leseerfahrung und Lesekarrieren. Lesesozialisation, Bd. 2. Gütersloh 1993

Brinckmann, Christine: Legitimation und Funktion des Spielfilms als Unterrichtsgegenstand. In: Diskussion Deutsch 1973, H. 14, 340–358

Buddecke, Wolfram / Hienger, Jörg: Verfilmte Literatur. Probleme der Transformation und der Popularisierung. In: Zeitschrift für Literaturwissenschaft und Linguistik 1979, H. 36, 12–30

Buddecke, Wolfram / Hienger, Jörg: Fernsehunterhaltung in der Sekundarstufe I. Zur Rolle von Spiel- und Sachfilmen im Literaturunterricht. Hannover 1986

Conrady, Peter: Film im Deutschunterricht der Primarstufe. In: Kübler 1981, 330–343

Der Deutschunterricht 1981, H. 4: Literatur und Film

Diel, Alex (Hrsg.): Kritische Medienpraxis. Ziele – Methoden – Mittel. Köln 1974

Eco, Umberto: Einführung in die Semiotik. München 1972

Faulstich, Werner: Einführung in die Filmanalyse. 3. Aufl., Tübingen 1980

Faulstich, Werner: Die Filminterpretation. Göttingen 1988

Faulstich, Werner und Inge: Modelle der Filmanalyse. München 1975

Gast, Wolfgang: Plädoyer für eine integrierte Literatur- und Medienerziehung. Am Beispiel von Nöstlingers „Ilse Janda, 14" als Buch und Fernsehspiel. In: Der Deutschunterricht 1979, H. 3, 82–100

Gast, Wolfgang: Lesen oder Zuschauen? Produktive Folgerungen aus einer falschen Alternative (am Beispiel von Roman und Film „Die Vorstadtkrokodile"). In: Schaefer 1981, 59–78

Gast, Wolfgang: Film und Literatur. Analysen, Materialien, Unterrichtsvorschläge. Grundbuch (Einführung in Begriffe und Methoden der Filmanalyse) und 4 Bände. Frankfurt ab 1993

Gast, Wolfgang: Literaturverfilmung. Bamberg 1993

Gast, Wolfgang: Filmanalyse. In: Praxis Deutsch 1996, H. 140, 14–25

Grabes, Herbert (Hrsg.): Literatur in Film und Fernsehen: von Shakespeare bis Beckett. Königstein 1980

Hebel, Franz: Sehen als „gelenktes Schaffen"? Vorbereitende Überlegungen zu einem Forschungsvorhaben über die Rolle des Rezipienten beim Fernsehen. In: Mitteilungen des Deutschen Germanistenverbandes 1981, H. 2, 19–30

Hebel, Franz: Zu „Fernsehmuffeln" erziehen? Zur Verantwortung des Deutschunterrichts für die Medienerziehung. In: Der Deutschunterricht 1981, H. 4, 83–96

Heimann, Bodo / Kandt, Angela: Film und deutsche Gegenwartsliteratur. In: Durzak, Manfred (Hrsg.): Deutsche Gegenwartsliteratur. Ausgangspositionen und aktuelle Entwicklungen. Stuttgart 1981, 423–443

Heimann, Paul: Massenmedien in der Volksschule. Stuttgart o. J.

Heimann, Paul: Zur Dynamik der Bild-Wort-Beziehung in den optisch-akustischen Massenmedien. In: Heiß, Robert u. a.: Bild und Begriff. München 1963, 79–113

Heimann, Paul / Frister, Erich / Schulz, Wolfgang: Fernsehen schulintern. Berlin 1965

Hickethier, Knut / Lützen, Wolf Dieter / Schwarz, Reent: Unterrichtsgegenstand Fernsehen. In: Diskussion Deutsch 1973, H. 14, 320–340

Hickethier, Knut / Paech, Joachim (Hrsg.): Modelle der Film- und Fernsehanalyse. Stuttgart 1979

Hickethier, Knut: Das Fernsehspiel der Bundesrepublik. Themen, Form, Struktur, Theorie und Geschichte 1951–1977. Stuttgart 1980

Hickethier, Knut: Filmsprache und Filmanalyse. Zu den Kategorien der filmischen Produktanalyse. In: Der Deutschunterricht 1981, H. 4, 6–27

Hickethier, Knut: Begriffe der Film- und Fernsehanalyse. In: Praxis Deutsch 1983, H. 57, 20–23

Hickethier, Knut: Film- und Fernsehanalyse. Stuttgart 1993 (= Sammlung Metzler 227)

Hurrelmann, Bettina u. a.: Leseklima in der Familie. Lesesozialisation, Bd. 1. Gütersloh 1993

Kanzog, Klaus (Hrsg.): Erzählstrukturen – Filmstrukturen. Erzählungen H. v. Kleists und ihre filmische Realisation. Berlin 1981

Klose, Werner: Analyse von Spielfilmen. Überlegungen zur Mediendidaktik im Literaturunterricht. In: Mitteilungen des Deutschen Germanistenverbandes 1981, H. 1, 18–29

Klose, Werner: Im Vorfeld der Spielfilmanalyse. Drehbuch-„Lektüre" im 7./8. Schuljahr. In: Der Deutschunterricht 1981, H. 4, 28–46

Knilli, Friedrich / Hickethier, Knut / Lützen, Wolf Dieter (Hrsg.): Literatur in den Massenmedien. Demontage von Dichtung? München / Wien 1976

Korte, Helmut / Faulstich, Werner (Hrsg.): Filmanalyse interdisziplinär. Göttingen 1988 (= LiLi Beiheft 15)

Kreuzer, Helmut (Hrsg.): Literaturwissenschaft – Medienwissenschaft. Heidelberg 1977

Kreuzer, Helmut / Prümm, Karl (Hrsg.): Fernsehsendungen und ihre Formen. Typologie, Geschichte und Kritik des Programms in der Bundesrepublik Deutschland. Stuttgart 1979

Kreuzer, Helmut: Medienwissenschaftliche Überlegungen zur Umsetzung fiktionaler Literatur. Motive und Arten der filmischen Adaption. In: Schaefer 1981, 23–46

Kuchenbuch, Thomas: Filmanalyse. Theorien, Modelle, Kritik. Köln 1978

Kübler, Hans-Dieter (Hrsg.): Massenmedien im Deutschunterricht. Frankfurt 1981

Lange, Günter: Literaturverfilmung. In: Lange, Günter / Marquardt, Doris / Petzoldt, Leander / Ziesenis, Werner: Textarten – didaktisch. Eine Hilfe für den Literaturunterricht. 2. Aufl., Baltmannsweiler 1998, 93–100

Metz, Christian: Semiologie des Films. München 1972

Paech, Joachim (Hrsg.): Methodenprobleme der Analyse verfilmter Literatur. Münster 1984

Paech, Joachim: Thema: Literaturverfilmung. In: Diskusion Deutsch 1986, H. 88, 188–193

Paech, Joachim: Film und Fernsehen in der Literaturwissenschaft. In: Diskussion Deutsch 1987, H. 95, 200–208

Paech, Joachim: Literatur und Film. Stuttgart 1988 (= Sammlung Metzler 235)

Praxis Deutsch 1983, H. 57: Verfilmte Literatur – Literarischer Film

Praxis Deutsch 1993, H. 121: Fernsehserien

Praxis Deutsch 1996, H. 140: Filmanalyse

Rüden, Peter von (Hrsg.): Das Fernsehspiel. Möglichkeiten und Grenzen. München 1975

Rüden, Peter von: Fernsehen und deutsche Gegenwartsliteratur. In: Durzak, Manfred (Hrsg.): Deutsche Gegenwartsliteratur. Ausgangspositionen und aktuelle Entwicklungen. Stuttgart 1981, 460–475

Rupp, Barbara: Überlegungen zum kreativen Mediengebrauch. In: Müller-Michaels, Harro (Hrsg.): Arbeitsmittel und Medien im Deutschunterricht. Kronberg 1976, 276–301

Sahr, Michael: Kinder-Bücher-Verfilmung. Der literarische Kinderfilm im Unterricht. Kallmünz 1997

Schaefer, Eduard (Hrsg.): Medien und Deutschunterricht. Vorträge des Germanistentages Saarbrücken 1980. Tübingen 1981

Schanze, Helmut / Zimmermann, Bernhard: Fernsehen und Literatur. In: Kreuzer, Helmut / Thomsen, Christian W. (Hrsg.): Geschichte und Ästhetik des bundesdeutschen Fernsehens. Bd. 2: Das Fernsehen und die Künste. München 1993, 19–65

Schneider, Irmela (Hrsg.): Dramaturgie des Fernsehspiels. Die Diskussion um das Fernsehspiel 1952–1979. München 1980

Schneider, Irmela: Literatur und Medien. In: Ricklefs, Ulfert (Hrsg.): Fischer Lexikon Literatur. Bd. 2. Frankfurt 1996. 1054–1079

Seitz, Gabriele: Film als Rezeptionsform von Literatur. Zum Problem der Verfilmung von Thomas Manns Erzählungen „Tonio Kröger", „Wälsungenblut" und „Der Tod in Venedig". München 1979

Silbermann, Alphons / Schaaf, Michael / Adam, Gerhard: Filmanalyse. Grundlagen, Methoden, Didaktik. München 1980

Stocker, Karl: Möglichkeiten und Leistungen des Schulfernsehens für den Literaturunterricht auf der gymnasialen Oberstufe / Kollegstufe. In: Mitteilungen des Deutschen Germanistenverbandes 1981, H. 2, 8–19

Waldmann, Werner: Das deutsche Fernsehspiel. Ein systematischer Überblick. Wiesbaden 1977

Waldmann, Werner / Waldmann, Rose: Einführung in die Analyse von Fernsehspielen. Tübingen 1980

Weber, Albrecht: Literatur: Lesen, Hören oder Sehen? In: Mitteilungen des Deutschen Germanistenverbandes 1981, H. 1, 4–14

Wolff, Jürgen: Einführung in den Problemkreis Literaturverfilmung – ein Literaturbericht. In: Mitteilungen des Deutschen Germanistenverbandes 1980, H. 2, 10–21

Wolff, Jürgen: Literaturverfilmungen im Deutschunterricht. In: Mitteilungen des Deutschen Germanistenverbandes 1981, H. 2, 32–41

Wolff, Jürgen: Literaturverfilmungen. Textband und Materialien. Landesbildstelle Württemberg 1983

Zeitschrift für Literaturwissenschaft und Linguistik 1979, H. 36: Film und Fernsehanalyse

Ziesenis, Werner: Medientheorie, Mediendidaktik und Deutschunterricht. In: Lange, Günter / Neumann, Karl / Ziesenis, Werner (Hrsg.): Taschenbuch des Deutschunterrichts, 5. Aufl., Baltmannsweiler 1994, 349–387 (auch in dieser Taschenbuchausgabe, Bd. 1)

GERHARD HAAS

Kinder- und Jugendliteratur im Unterricht

Die Frage *Wie salonfähig ist Kinder- und Jugendliteratur im Deutschunterricht?* als Titel eines Aufsatzes aus dem Jahre 1989 (Merkelbach 1989, 441) mag Verwunderung auslösen. Ist die Einbeziehung von Kinder- und Jugendliteratur in den Unterricht denn nicht längst eine blanke Selbstverständlichkeit, und wenn (noch) nicht praktiziert, so doch letztlich überall als legitime Möglichkeit anerkannt? Der Autor macht allerdings deutlich, dass diese Einschätzung eine äußerst kurze Tradition besitzt und die didaktische Basis für eine unterrichtliche Vermittlung von Kinder- und Jugendliteratur erst in den 60er Jahren gegen anfänglich beträchtliche Vorbehalte ausgebildet wurde. Ein Blick auf die Geschichte der Kinder- und Jugendliteratur wie auf die der Literaturdidaktik im ganzen ist deshalb unumgänglich.

1. Zur historischen Situation

1.1.

Von dem Augenblick an, da die erste Mutter ihrem Kind einige Laute, Silben und Worte vorsummte, um es zu unterhalten oder in den Schlaf zu wiegen, und da sie begann, ihm Bruchstücke einer kleinen Geschichte darunter zu mischen, begleitete die Kinder aller Zeiten und Kulturen im weitesten Sinn 'Literatur'. Es macht nun allerdings die Besonderheit und Problematik dieser Art von Literatur aus, dass ihr so von allem Anfang an der erziehlich-belehrende Aspekt inhärent ist. Ein bezeichnender Beleg dafür findet sich für den europäischen Kulturkreis in Platons *Politeia*. Hier schlägt nämlich Sokrates vor, von den Müttern und Ammen nur ausgewählte Märchen – gemeint sind aber wahrscheinlich alle volkstümlichen erzählerischen Texte für Kinder – erzählen zu lassen, um auf diese Weise die „Seele" der Kinder „zu formen" (Der Staat, 377a–377c). Das bedeutet, dass die Gesellschaft neben dem Moment der Unterhaltung und neben dem der Tradierung einer poetischer Erzählform sehr entschieden auch den erziehlichen Aspekt bei der Vermittlung der Literatur für junge Menschen betont sehen will; und dieser Wunsch, mittels Literatur auf junge Menschen einzuwirken, ist offensichtlich mit wechselnder Begründung und Füllung bis heute dominant geblieben.

Im deutschsprachigen Bereich liegen so seit dem 16. Jahrhundert Sittenlehren, moralische und religiöse Erbauungsschriften, ABC-Büchlein und seit dem 18. Jahrhundert vermehrt Erzählungen, Bilderbücher und Zeitschriften zur Lektüre für junge Leser vor. Diese Texte mit ihrer belehrenden, erziehlichen und bildenden Funktion hatten zunächst ihren Platz im Kinderzimmer, waren also für die Freizeitlektüre gedacht, zumal im Zusammenhang einer zunehmend komplexer werdenden gesellschaftlichen und wirtschaftlichen Struktur und eines sich stark ausbildenden pädagogischen Bewusstseins dem jungen Menschen jetzt vor dem Eintritt ins Arbeitsleben eine Phase spezifisch kindlicher Existenz zugebilligt wird. Dabei erhält die Kinder- und Jugendliteratur ihre bis heute scheinbar selbstverständliche Funktion: Sie wird zu einer die schulische Erziehung vorbereitenden, ergänzenden und verstärkenden Institution.

1.2.

Es bleibt demnach festzuhalten, dass sich einerseits zugleich mit dem Ausbau des allgemeinen Schulwesens ab dem 16. Jahrhundert eine Art didaktische Kinder- und Jugendliteratur belehrenden und erzählerischen Inhalts entwickelt, dass aber andererseits die 'neue' Kinder- und Jugendliteratur des 18. Jahrhunderts, die Kindheit und Jugend als eigenwertige und spezifische Lebensform voraussetzt, in einer gewissen Opposition zur Schule steht. Kinder- und Jugendbücher, die ein rasch wachsender Markt auch schon am Ende des 18. Jahrhunderts in großer Zahl hervorbrachte, in der Schule zu lesen, wäre in dieser Zeit schlichtweg undenkbar gewesen, und das gilt weithin auch noch für das ganze 19. Jahrhundert. Eine Ausnahme bilden lediglich Märchen, die in der Grimmschen, vor allem aber der Bechsteinschen Adaption von der zweiten Hälfte des Jahrhunderts an endgültig zur Kinderliteratur geschlagen werden.

Die wesentlichste Barriere gegenüber der Kinder- und Jugendliteratur stellen im 19. Jahrhundert die ab 1830 entstehenden Didaktiken des Deutschunterrichts, speziell die von Robert Hiecke und Adolph Diesterweg, dar. Diesen Entwürfen entsprechend ist nur von der 'großen' Literatur, vornehmlich der Literatur der deutschen Klassik, bildende Wirkung zu erwarten. Besonders konsequent, um nicht zu sagen rigoros ist dabei Diesterweg, der strikt die Interpretationsverfahren der Literaturwissenschaft auf den Unterricht überträgt und in seinem *praktischen Lehrgang für den Unterricht in der deutschen Sprache* von 1830 vorschlägt, bei der Lektüre dichterischer Texte so zu verfahren „wie der Arzt, wenn er einen Leichnam seciert". Robert Hiecke steht dem nicht nach und wettert gegen „das niederträchtige Theegeschwätz ... über Göthe und Schiller"; es rühre daher, dass „man ihre Lectüre nur als eine Sache der Erholung, der Unterhaltung, nicht als eine Sache der Anstrengung und der Arbeit betrieben" habe (Hiecke 1842, 81). Dass von einem solchen Ansatz aus für eine wie auch immer geartete Kinder- und Jugendliteratur, die noch 1962 Rolf Geißler als bloße Konsumliteratur abqualifiziert, kein Raum ist, liegt auf der Hand.

1.3.

Gleichwohl konnte die Schule nicht völlig gleichgültig an Kinder und Jugendliteratur vorbeigehen. Schließlich bestimmt ja die Freizeitlektüre das pädagogische Feld in nicht geringerem Maße als die offizielle Schullektüre mit. Aus der Logik dieses Sachverhalts heraus heißt es dementsprechend in der *Vorrede* zur ersten Auflage von Adalbert Mergets *Geschichte der deutschen Jugendliteratur* von 1866: „Mein

Amt verpflichtet mich, angehende Lehrerinnen und Erzieherinnen mit der Kenntnis nicht nur der deutschen Litteratur überhaupt, sondern auch guter Jugendschriften, die sie ihren zukünftigen Zöglingen in die Hand geben können, zu versehen"; und das Problem der herrschenden Didaktik bzw. des herrschenden Lektürekanons sehr deutlich bezeichnend, fügt Merget an: „Sie möchten öfter nach solchen, als nach den Werken Lessings oder Jean Pauls gefragt werden". Dass diese Spannung zwischen der verordneten Hochliteratur und der aus eigenem Antrieb gelesenen Kinder- und Jugendliteratur irgendwann nach einer unterrichtlichen Antwort verlangen würde, klammert die Didaktik dieser Zeit noch entschlossen aus. Wie drängend allerdings das Problem inzwischen geworden war, belegte die 3. Auflage des Mergetschen Werks von 1882. Da wird nämlich „im Interesse der zur Privatlektüre fähigen Volksschulkinder" ein Katalog von Jugendschriften beigefügt. Von einem solchen Ansatz aus entwickelten sich dann in der Folgezeit die von Lehrern initiierten Jugendschriften-Prüfausschüsse, die für Schulbibliotheken und Eltern Listen 'guter' Kinder- und Jugendbücher bereitstellten – eine Einrichtung, der bis heute das jährlich neu erscheinende Verzeichnis *Das gute Jugendbuch* seine Existenz verdankt.

Insofern die pädagogischen Instanzen so die Auswahl der Titel in den Schul- und Gemeindebüchereien lenken, muss bis zu einem gewissen Grade von schulisch überwachter *Privatlektüre* der jungen Leser gesprochen werden. Die für gut befundenen kinder- und jugendliterarischen Texte sollen diesem Verständnis nach „auf die Bildung" des „Geistes und Herzens einen nachhaltigen Einfluß ausüben"; nicht zuletzt soll „die in ihrer Harmlosigkeit glückliche Jugend (...) für opferfreudige Liebe zum engeren und weiteren Vaterlande und für treue Anhänglichkeit an das angestammte Fürstenhaus begeistert, aber nicht in das ihr unverständliche und an sich oft widerliche Parteitreiben der Erwachsenen hineingezogen werden" (Merget 1882, VII). Grundzüge einer solchen zweifellos zutiefst problematischen Vorstellung von Art und Funktion der Kinder- und Jugendliteratur wirken im bildungspolitischen Feld bis in die zweite Hälfte des 20. Jahrhunderts herein nach. Lediglich die Inhalte und Zielvorstellungen wechseln im Laufe der Zeit.

1.4.

Die erste ausführliche Diskussion des inzwischen als unauflöslich erkannten Zusammenhangs von Schullektüre und privater Jugendlektüre findet sich in Heinrich Wolgasts epochemachendem Buch *Das Elend unserer Jugendliteratur* (1896). Anders als Diesterweg und Hiecke zieht er sich nicht allein auf die Hochliteratur der Erwachsenen zurück. Wolgast weiß, dass Kinder- und Jugendliteratur ein Potential darstellt, das seinem Verständnis nach allerdings sorgfältig kritisch gesichtet werden muss, ob es künstlerischen Grundsätzen genügt. (Dass Wolgast dabei keineswegs einem isolierten Ästhetizismus huldigt, sondern in der Tradition der Arbeiterlesevereine des 19. Jahrhunderts durch die Rezeption der bisher den 'oberen' Schichten vorbehaltenen klassisch-humanistischen Literatur eine „Wiederherstellung des zertrümmerten Menschenbilds" erhoffte, sei nur am Rande bemerkt).

Das Muster, das Wolgast den Lehrern vor Augen stellte, Storms *Pole Poppenspäler*, verfehlte allerdings seinen Zweck völlig, weil es zu keiner Zeit als Repräsentant der 'normalen' Kinder- und Jugendliteratur verstanden werden konnte. Die Konsequenz: die Schule legte zwar auf die Wahl der 'richtigen' kinder- und jugendliterarischen Freizeitlesestoffe nach wie vor größten Wert; aber nach wie vor auch hatte das kaum Auswirkungen auf den *Unterricht*. Gleichwohl deutet sich von hier aus so etwas wie eine Brücke an, über die dann später die Kinder- und Jugendliteratur in die Schule gelangt. Die Deutschdidaktik nach 1900, die von der kreativen und künstlerischen Kompetenz des Kindes ausgeht, kann sich nämlich nicht mehr mit der Lektüre von Lesebuchhäppchen begnügen, sondern bezieht nun auch umfangreichere Texte und ganze Bücher in den Unterricht mit ein; und speziell für die Volksschule schreiben Didaktiker und Lehrer wie Heinrich Scharrelmann oder Fritz Gansberg selbst jugendliterarische Erzählungen. Damit legte sich aber auch mehr und mehr die Frage nahe, ob das, was für Storms *Böttjer Basch* oder Raabes *Schwarze Galeere* galt, nicht auch für *Robinson Crusoe* oder *Pinocchio* oder irgendein anderes Kinderbuch Gültigkeit haben konnte. Die Logik dieser Frage scheint unabweisbar zu sein; doch erst in den 60er Jahren dieses Jahrhunderts setzt sich, zunächst eher zögernd, eine bejahende Antwort durch und entwickelt sich eine tragfähige theoretische Basis dafür.

2. Kinder- und Jugendliteratur als Klassenlektüre

2.1.

Dass da und dort Kinder- und Jugendliteratur von engagierten Lehrerinnen und Lehrern seit längerem auch in unterrichtliche Prozesse mit einbezogen wurde, ändert nichts an der Tatsache, dass erst Anna Krüger mit ihrem in diesem Sinne grundlegenden Buch *Kinder- und Jugendliteratur als Klassenlektüre* (1966) endgültig der spezifischen Literatur für junge Menschen eine legitime Funktion im alltäglichen Deutschunterricht zugewiesen hat. Welche Probleme es auf diesem Weg zu überwinden galt, macht die Bestandsaufnahme von Alexander Beinlich einige Jahre nach dem Erscheinen des Buches deutlich: „Krüger geht in der Argumenation von der Lesebuchkritik und von den nicht zureichend vorhandenen Ganzschriften aus, die zudem das Lebensgefühl unserer Epoche gar nicht mehr (...) treffen". Aber voller Skepsis fügt der Berichterstatter an: „Die praktischen Auswirkungen dieses theoretisch dem Ansatz nach epochemachenden Vorstoßes scheint, wenigstens zur Zeit, ausgesprochen gering zu sein. Gründe dafür sind Zeitmangel, Kostenfrage, Unerfahrenheit der Lehrer in dieser Sache und nicht zuletzt die trotz aller scharfen Auswahl nur relativ selten gegebene volle sprachliche Qualifiziertheit und die fast immer festzustellende sehr geringe stoffliche und auch 'gehaltliche' Ergiebigkeit der Kinder- und Jugendbücher" (Beinlich 1973, 499).

Dieser heute kaum noch nachvollziehbare Vorbehalt hat offensichtlich zwei Gründe: zum einen steht Beinlich im Zusammenhang einer von Wolgast und Dilthey, aber mit anderen Grundlagen auch noch von Hiecke und Diesterweg ausgehenden Tradition, die auf sehr problematische Weise die Literaturdidaktik nach 1945 geprägt hatte. Das Dichterische wird dabei zu einem Absolutum, gültig über jede Zeit hinaus. Wie sollte da eine nicht für die Ewigkeit, sondern für den täglichen Gebrauch und Verbrauch geschriebene Kinder- und Jugendliteratur bestehen können! Zum anderen zielte diese Didaktik auf eine dominant analytische Form der Vermittlung. Das heißt: Formwissen und gedankliche Erkenntnisse stehen im Zentrum jeder Lektüre. Da Kinder- und Jugendliteratur in dieser Hinsicht weniger ergiebig ist als die strukturell meist komplexe 'große Literatur' und da subjektbezogenes individuelles Lesen (noch) nicht als alternativer Wert verstanden werden kann, räumt ihr die Schule nur sehr zögernd einen Platz im Lektürekanon ein.

An einem solchen Beispiel wird deutlich, dass die Diskussion über den Bildungswert von Kinder- und Jugendliteratur und über die unterrichtlichen Möglichkeiten, die sie bietet, nicht abgetrennt von den jeweiligen didaktischen Positionen der Zeit geführt werden kann. So argumentierte etwa Beinlich von den Entwürfen einer erlebnisorientierten und ab 1965 einer literarästhetischen Didaktik aus. Für den letztgenannten Ansatz, der alles Gewicht auf die Vermittlung poetologischer Kenntnisse legte, die Gattungen und Genres als Grundformen des Dichterischen erkennbar zu machen trachtete und formales Wissen als Voraussetzung für die Möglichkeit verstand, nach der Schule dichterischen Texten angemessen 'begegnen' zu können, kam Kinder- und Jugendliteratur natürlich allenfalls am Rande in Betracht. Ausdrücklich betonte in diesem Zusammenhang etwa J. Bauer unter Berufung auf ein Diktum Dürrenmatts den besonderen Realitätsgehalt der 'großen' Dichtung, die es deshalb in ihren hervorragendsten Ausprägungen aufzunehmen gelte (Bauer 1969, 13). Für literarische Zweckformen und eben die Literatur der Kinder und Jugendlichen bleibt da wenig Raum, und darin ist denn auch die Skepsis von Didaktikern wie Beinlich oder Geißler begründet.

2.2.

Auf eine äußerst intensive Weise kommt dagegen die Konzeption Anna Krügers in den 70er Jahren zur Geltung. Im Zusammenhang der sich in dieser Zeit ausbildenden Position des 'Kritischen Lesens' erhält die Kinder- und Jugendliteratur eine ganz neue unterrichtliche Qualität. Wenn das zentrale Ziel des Literaturunterrichts nämlich nicht mehr vorrangig die Vermittlung überzeitlicher Bildungsgüter, sondern die Ausbildung eines kritischen Vermögens ist, und wenn es zugleich darum geht, gesellschaftliche Probleme sichtbar zu machen, kritisch zu diskutieren und sie vielleicht sogar zu lösen, dann kann das nicht mehr allein mit der häufig auf die Vergangenheit bezogenen 'großen' Literatur bewerkstelligt werden. Viel eher sind diese Ziele über die Lektüre und kritische Sichtung der rasch auf zeitgenössische Bedürfnisse und Gegebenheiten reagierenden Kinder- und Jugendliteratur zu erreichen. Im Unterricht werden dementsprechend gesellschaftliche, soziale und politische Verhältnisse an Texten untersucht, in denen sich die Erfahrungen der Schüler selbst spiegeln oder in denen auf adressatenbezogene Weise zeitgenössische Wirklichkeit und Probleme dargestellt werden. In einer ersten Phase richtet sich dabei das Interesse vor allem auf ideologiekritisch zu hinterfragende Verhältnisse der Gesellschaft: „Kinderbücher (...) spiegeln wie jede Literatur den Zeitgeist (...); kein Kinderbuch, das nicht die Wirklichkeit abschildert. Sie unterscheiden sich nach dem Grad der Ehrlichkeit oder Verlogenheit, der Liebe oder des Machthungers, die sich in ihnen mitteilen" (Hunscha 1974, 8). Als M. Dahrendorf zusammen mit H. Bödecker 1972 für die Hand des Lehrers *Das Taschenbuch im Unterricht. Analysen an Beispielen der Ravensburger Taschenbücher* herausgibt und damit auch die anderen Kinder- und Jugendliteratur-Taschenbuchverlage zu ähnlichen Publikationen anregt (s.u.), da heißt es dementsprechend in der Einleitung: „Eine (...) grundlegende Aufgabe des literarischen Unterrichts heute ist die Erziehung zur Kritikfähigkeit und Kritikbereitschaft. (...) Dabei ist endlich davon abzugehen, Kritik lediglich auf literarische Gestaltungsqualität zu beschränken; Inhalte sowie explizite und implizite Absichten sind miteinzubeziehen." Lesestücke seien anzubieten, „nicht damit sie akzeptiert und hingenommen werden, sondern damit daran bestimmte Verhaltensweisen gelernt und eingeübt werden" (Dahrendorf / Bödecker 1972, 12f). Unterrichtlich so benutzt, wird Kinder- und Jugendliteratur zum Mittel bzw. Instrument einer aufklärerisch-emanzipatorischen Bewusstseinsbildung.

In der Folgezeit entfalten sich mit dem kritischen Ansatz weitere Aspekte. Nach dem Abklingen der dogmatisch bzw. naiv marxistischen Argumentation, etwa im Bereich des ‘Bremer Kollektivs’, richtet sich der Blick vor allem auf im weitesten Sinne soziale Themenfelder, und bald erhalten die Lehrenden von den verschiedenen Institutionen der Kinder- und Jugendbuchszene die entsprechenden Titellisten in die Hand: Kinder- und Jugendliteratur zum Thema ‘Friede’, ‘Behinderte in der Gesellschaft’, ‘Umweltproblematik’, ‘Drogenproblematik’, ‘Die Dritte Welt und wir’, ‘Faschismus’, ‘Fremde in Deutschland’, ‘Rassismus’ usw. Solche Themen waren und sind für Schulen weithin nur über Kinder- und Jugendliteratur, die außergewöhnlich schnell – wenn auch in Hinblick auf die literarische Qualität oft sicherlich *zu* schnell – aktuelle Tendenzen spiegelt, anschaulich zu machen. Anknüpfend an die Anfänge im 18. Jahrhundert dient so Kinder- und Jugendliteratur wieder sehr zielgerichtet der Leser-Sozialisation (Dahrendorf), d.h. der Einführung und Einbindung des jungen Menschen in die Formen, Normen und Wertvorstellungen einer aufgeklärt und progressiv gedachten Gesellschaft. Neu ist allerdings, dass jetzt dieser Prozess im Rahmen des Unterrichts abläuft und dass die Zielvorstellungen dabei auch diskutiert und thematisiert werden. Wenn M. Dahrendorf es gleichwohl als „vorrangiges Ziel des Umgangs mit Jugendliteratur" ansieht, das „Interesse am Lesen außerhalb der Schule zu wecken" und „Literatur als ein mögliches Mittel der Unterhaltung" kennenzulernen, aber gleichzeitig „die Bereitschaft zur Auseinandersetzung mit individuellen und sozialen Problemen via Literatur zu entwickeln" (Dahrendorf 1984, 212), dann tut sich hier eine Diskrepanz auf, die von allem Anfang an das Verhältnis von Schule und Literatur, im speziellen aber von Schule und Kinder- bzw. Jugendliteratur bestimmt hatte: alle diese Ziele verbinden ja die auf Erziehung und Bildung bedachten *Erwachsenen* mit den Texten und machen sie zu einem Unterrichtsmittel selbst da noch, wo scheinbar die subjektiven Bedürfnisse („... Lesen außerhalb der Schule ... Unterhaltung ...“) im Vordergrund stehen.

Diese gewissermaßen naturgegebene „Divergenz von Lehrer- und Schülerzielen“ (Dahrendorf) könnte nur durch die Art der Vermittlung wenigstens phasenweise aufgehoben oder gemildert werden. Es bezeichnet aber nun eine gewisse Paradoxie, dass im Rahmen des ‘kritischen Lesens’ Kinder- und Jugendliteratur einerseits ein so deutliches unterrichtliches Gewicht erhält, gewürdigt und gleichberechtigt neben die ‘große’ Literatur gestellt wird, dass aber andererseits im Prozess der unterrichtlichen *Vermittlung* einer Literatur, die ja betont bei den Erfahrungen und Fühlweisen der jungen Menschen ansetzt und sie in vielen Fällen direkt spiegelt, das Subjekt des Leseprozesses weithin unberücksichtigt bleibt, also individuelle Leseinteressen, aber auch die Entwickeltheit oder eben Nicht-Entwickeltheit der Lesefähigkeit und Lesebereitschaft bei den Planungsüberlegungen so gut wie keine Rolle spielen. Dieses Fazit am Ende des Jahrzehnts durch praktisch alle führenden Vertreter der Position eines ‘kritischen Lesens’ ist so eindeutig wie letztlich vernichtend (vgl. Stein 1980). Dabei waren die Signale für eine neben den quasi objektiven, im weitesten Sinne gesellschaftlich-politischen Gegebenheiten in gleicher Weise ihr Recht beanspruchende subjektive Erfahrungswelt gerade im Bereich der Kinder- und Jugendliteratur ab Mitte der siebziger Jahre unübersehbar geworden. 1973 erschien Astrid Lindgrens *Die Brüder Löwenherz*, ein ‘Trostmärchen’, wie die Autorin selbst das Buch bezeichnete; und 1978 erhielt Elfie Donelly für *Servus Opa sagte ich leise* den Deutschen Jugendliteraturpreis – beides Erzählungen, die die neben der Liebe wohl subjektivste Erfahrung des Menschen, Sterben und Tod, zum Thema haben. Diese Linie setzt sich in die 80er und 90er Jahre herein fort. Auswahlverzeichnisse zu den Themen ‘Liebe – Sexualität – Partnerschaft’, ‘Kind und Tod’, ‘Von der Fähigkeit zu trauern’, ‘Vom Angst haben, Mut machen und Angst behalten’ sowie zum jeweils individuellen Schicksal von Scheidungskindern belegen das hinreichend. Auch die sogenannte Phantastik-‘Welle’ Ende der 70er Jahre im Zusammenhang mit dem spektakulären Erfolg von Michael Endes *Die unendliche Geschichte* ist Ausdruck eines Bedürfnisses nach phantasiebetonten, nicht-kognitiven Inhalten, das die Schule zu lange unberücksichtigt gelassen hatte.

Das eigentliche Problem der Didaktik des ‘Kritischen Lesens’ war jedoch lernpsychologischer und methodischer Natur: nicht nur, dass die subjektiven Interessenlagen der Schüler weithin unbeachtet blieben und grundsätzlich mit den Bedürfnissen, Erkenntnissen, Erziehungsabsichten und Sehnsüchten der Erwachsenen gleichgesetzt wurden (vgl. Haas 1973) – darüber hinaus ging die Planung von Unterricht generell und sehr unreflektiert von einem quasi fertigen Leser aus. Die übliche Zweischritt-Vorstellung: ‘Ausbildung von Lesefertigkeit’ – ‘reflektierend-analysierendes Lesen’, die einem solchen Verfahren zugrunde liegt, übersieht jedoch, dass Lese*fertigkeit* noch keineswegs Lese*fähigkeit*, d. h. Bereitschaft zum Lesen und die Lust am Lesen mit einschließt. Ist Lesefertigkeit ein technisches Vermögen, so Lesefähigkeit eine wertorientierte Einstellung und Haltung, die zahlreiche positive Erfahrungen mit Lektüre voraussetzt. Erst auf dieser Grundlage ist auch motiviertes analytisches

Arbeiten an Texten möglich. Die abverlangte, gewissermaßen 'objektive' Textanalyse dagegen erzeugt weitaus eher Widerstand gegen das Lesen und lässt gerade die, die erst für Lektüre gewonnen werden müssten, frustriert als Nicht- oder Wenig-Leser zurück.

2.3.

Aus dieser Einsicht entwickelt sich in den 70er und 80er Jahren der Ansatz eines handlungs- und produktionsorientierten Literaturunterrichts, der davon ausgeht, dass Lesemotivation grundsätzlich immer erst entwickelt werden muss und dass das nur möglich ist, wenn sich die Schüler mit allen Sinnen, so weit als möglich eigenbestimmt und grundsätzlich auch eigenproduktiv mit den Texten verbinden können.

Die *Zielvorstellungen* eines anthropologisch-pädagogisch wie gesellschaftsbezogen-kritischen Umgangs mit Texten sind damit nicht als falsch erklärt. So sehen K. H. Spinner und E. Spinner die wesentlichste Leistung der Kinder- und Jugendliteratur im Unterricht darin, dass sie in „altersadäquaten Formen der Ich-Findung und Weltorientierung“ dient. Sie entfalten diese Funktion unter 6 Aspekten: „Von der Weltaneignung zur Weltdeutung“ – „Von der Vergegenwärtigung von Triebregungen, Wünschen und Träumen zum utopischen Denken“ – „Von der Handlungsbezogenheit zur Innenperspektive“ – „Vom anekdotischen zum historischen Geschichtsverständnis“ – „Von der Rollen- und Normenfixierung zur Auseinandersetzung mit Verhaltenserwartungen“ – „Vom Lachen über Normverstöße zur Gesellschaftskritik“ (Spinner / Spinner 1984, 368–373). Jeder dieser Aspekte beschreibt eine in ihrer pädagogischen Wünschbarkeit letztlich zeitlos gültige geistige und psychische Entwicklung der jungen Leser im Zusammenhang der Lektüre.

Es gilt allerdings auch für solche Zielvorstellungen unverändert das, was zu den Zielprojektionen des kritischen Lesens gesagt wurde: sie sind nur realisierbar auf der Grundlage einer erst zu entwickelnden Lesefähigkeit und Leselust, und das heißt: die Ausbildung des Schülers zum selbstbestimmten, interessegeleiteten, im weitesten Sinne lustvollen Leser liegt notwendig *vor* der Entwicklung aller darauf aufbauenden Erkenntnisse, Haltungen, Einsichten und angestrebten Verhaltensänderungen.

2.3.1.

Zieht man daraus unterrichtliche Konsequenzen, dann steht zunächst eindeutig die *Wahl* des Textes im Vordergrund. Da nach einem gängigen Verständnis der/die Lehrende den Unterricht autonom organisiert und im Rahmen der Bildungspläne die Unterrichtsziele festlegt, bestimmt diese Instanz in aller Regel auch allein die Auswahl der Texte. Kriterien können dabei sein:

- Wie ist es mit der Verständlichkeit und dem Schwierigkeitsgrad des Buches bestellt?
- Bietet der Text genügend Leseanreize?
- Welchen Bezug zur Lebenspraxis hat das Buch?

- Und im Sinne einer kritisch-aufklärerischen Didaktik: Welchen Beitrag zur Aufklärung der Schüler bzw. generell zur Vermittlung von Bildungszielen leistet das Buch? (Dahrendorf 1987, 13)

Es ist jedoch keineswegs eine Naturnotwendigkeit, dass die Lehrerin / der Lehrer allein bestimmt, was gelesen wird. Die gängige Formel des 'Wir wollen in den nächsten Tagen / Wochen ... lesen' dient neben der Vortäuschung von Einvernehmlichkeit (die 'wir'-Formel!) im Wesentlichen der Verschleierung einer autokratisch-einsamen Entscheidung. Werden dagegen einer Klasse in einem ersten Schritt drei, vier Titel genannt und werden diese Bücher durch Leseproben (der Anfang, eine charakteristische Passage aus dem Mittelteil), gegebenenfalls durch Illustrationselemente und durch die interesseweckende Vorstellung der Hauptperson(en) vorgestellt, dann kann es ihrer Entscheidung anheim gegeben werden, welches der Bücher sie lesen will. Im Übrigen ist es auch keineswegs ausgeschlossen, dass, wenn bei der Wahl zwei ungefähr gleichstarke Gruppen für unterschiedliche Bücher votieren, diese Texte parallel gelesen werden. Ein solches Verfahren hat zudem den Vorteil, dass es jeweils eine Adressatengruppe gibt, die das Buch noch nicht kennt und der Handlung, Handlungsfeld, Problemlagen, Figuren und Eigentümlichkeiten des jeweiligen Buches vermittelt werden müssen. Das setzt allerdings voraus, dass Lektüreformen und Formen des Reagierens auf diese Lektüre gefunden werden, die eine solche interesseweckende, den Verstand und die Sinne ansprechende Vermittlung ermöglichen.

Eine aktional-aktive Realisierung der bereits vorhandenen Leseerwartungen oder überhaupt erst ihre Weckung im handelnden und produktionsorientierten Umgang mit den Texten entspricht dieser Vorstellung am genauesten. Es geht dabei nicht zuerst darum, sich entsprechend der Formel aus der Ära des Kritischen Lesens mit dem jeweiligen Text 'auseinanderzusetzen', sondern im Gegenteil kommt es darauf an, sich zuerst mit ihm zu verbinden, sich auf ihn einzulassen, ihn zu genießen, mit ihm gewissermaßen auf Du und Du zu kommen, ihn vom Podest der unangreifbaren Größe herab- und aus dem Dickicht der kognitiven Lernziele herauszuholen und sich im aktiven Umgang mit ihm vertraut zu machen. Die im Folgenden aufgeführten Formen einer solchen Annäherung an Texte und des Umgehens mit ihnen schließen darauf aufbauende analytische Prozesse nicht nur nicht aus, sondern sind schlichterdings erst die tragfähige Grundlagen dafür:

- Personen der Handlung führen ein Tagebuch; vgl. z.B. Jaap te Haars *Oleg oder die belagerte Stadt* (dtv junior), zu dem Schüler in der Rolle der in Leningrad Eingeschlossenen Tagebuchnotizen verfassen können. Das Verfahren ist in variierter Form auf viele andere Texte anwendbar
- Figuren des Textes werden von Schülern in Ich-Form vorgestellt und dabei charakterisiert: Ich heiße Pippi ... ich bin Lukas Bienmann ... usw.

Die Schüler können ferner:

- als handelnde Figur selbst in eine Geschichte hineingehen und eine Szene gestalten, in der dieses lesende Ich aktiv mitwirkt;

- eine Figur aus einer Erzählung in einer anderen auftreten lassen und auch dazu Handlungskonstellationen entwerfen: Tolkiens kleiner Hobbit Bilbo begegnet Bastian Balthasar Bux in der *Unendlichen Geschichte* u. a.;
- ein Geschehen aus veränderter Perspektive erzählen: den misslichen Besuch bei Kaninchen erzählt Pu der Bär in der Ich-Form, einer der 'grauen Herren' in Endes *Momo* erzählt, was er von Momo weiß und hält; Preußlers *Krabat* wird aus der Perspektive des Müllers / aus der Sicht Juros erzählt usw.
- für Figuren der Handlung Steckbriefe anfertigen. Variante: der Lehrer / die Lehrerin gibt diesen Steckbrief der Hauptperson(en) vor, die Schüler denken sich in der Erzählrunde mögliche Geschehnisse dazu aus. Oder: in welcher Beziehung stehen die Figuren möglicherweise zueinander? usw.
- zentrale Szenen eines Textes spielen (Hörspiel, darstellendes Spiel, Rollenspiel, Puppenspiel, Schattenspiel; wenn technisch möglich mit Videoaufzeichnung);
- sich dazu eignende Szenen eines Buches pantomimisch darstellen (vgl. z. B. die Duschszene in H. G. Noacks *Rolltreppe abwärts*);
- ein Buch illustrieren (zwei Taschenbücher werden zerlegt und mit den eingefügten Illustrationen zu einem neuen Buch gebunden.
- Die Schüler entwerfen mit dem Bestand der vorhandenen oder mit zusätzlichen Figuren neue Episoden und fügen sie in die Handlung ein;
- sie spinnen von einer bestimmten Stelle aus die Handlung selbst ein Stück weiter.
- Die Schüler gestalten eine Text-Bild-Collage oder eine reine Bildcollage (Materialgrundlage: Zeitungen, Zeitschriften), mit deren Hilfe sie wesentliche Aspekte oder aber die Grundaussage des Buches zum Ausdruck bringen;
- sie gestalten eine reine Textcollage, zu der jede Schülerin / jeder Schüler den ihr/ihm wichtigsten Satz beisteuert bzw. in der alle charakteristischen Aussagen über eine Person / über ein Problem / über das ablaufende Geschehen usw. zusammengestellt sind.
- Für eine Erzählung wird die graphische Verlaufskurve mit eingefügten Schlüsselwörtern und -sätzen gestaltet.
- Die Schüler schreiben zu einem Buch einen Verlags-Werbetext, und/oder gestalten ein Werbeplakat;
- sie schreiben eine Buchbesprechung: Lob oder Verriss.
- Jede Schülerin / jeder Schüler formuliert nach der Lektüre eine Quiz-Frage, die sich auf ein Detail des Textes bezieht. In der Gesprächs- und Leserunde werden diese 'Nüsse' geknackt (und wird dadurch nochmals ein intensiver Kontakt zu der Geschichte hergestellt!).
- In höheren Klassen können die Schüler ein Lesetagebuch führen, in dem sie ihre Leseeindrücke, ihre inneren Widerstände, ihr Interesse am Text usw. festhalten. Dieses Lesetagebuch kann aber auch von der Klasse gemeinsam und öffentlich geführt werden; es enthält dann gewissermaßen das Arbeitsprotokoll, in dem die Ergebnisse der verschiedenen Gruppentätigkeiten sowie alle sonstigen Dokumente festgehalten sind (vgl. als Beispiel Linke / Tatz in *Lesen in der Schule mit dtv junior*, Tb 1 Sekundarstufe, 1991).

- Zu Büchern mit einer ausgeprägten Positiv-negativ-Figurenkonstellation lassen sich Gerichtsverhandlungen inszenieren, in denen Schüler die Rollen von Richtern, Schöffen, Verteidigern, Gutachtern, Zeugen usw. übernehmen. In unteren Klassen kann das aus dem Stegreif gespielt, in oberen Klassen projektartig intensiv ausgebaut werden (vgl. dazu beispielhaft I. Drews in *Praxis Deutsch* 1982, H. 54).
- In mehreren Gruppen wird der Handlungsgang eines Buches in ein Brett-Stationenspiel übersetzt; die Schüler spielen das Spiel mit allen dabei entstehenden varianten Brettern (und machen sich dabei nochmals auf im genauesten Sinne 'spielerische' Weise mit dem Inhalt vertraut! Vgl. Praxis Deutsch 1994, H. 123). Der Auftrag, ein solches Stationenspiel zu entwerfen, kann im übrigen sehr sinnvoll auch am *Anfang* der Lektüre stehen, wie überhaupt generell zu sagen ist, dass alle diese Tätigkeiten und Verfahren ihren Zweck verfehlen, wenn sie nur als Verzierung an die 'eigentliche' (?) analytische Textarbeit angehängt werden. Umgekehrt ist es richtig: handlungs- und produktionsorientierter Umgang mit Texten bildet die Grundlage für alle weiterführenden und nun durchaus immer wieder auch analytischen Prozesse.

Aus den Konstellationen der jeweiligen Texte heraus ergeben sich zusätzlich eine Fülle weiterer Möglichkeiten oder zumindest Varianten zu den hier zusammengestellten Vorschlägen, die natürlich keineswegs den Anspruch auf Vollständigkeit erheben.

2.3.2.

Für all das liegen inzwischen zahlreiche Modelle vor. So haben G. Haas / J. Burann am Beispiel von W. Fährmanns *Es geschah im Nachbarhaus*, J. Cervenkovas *Dana* und G. Noacks *Rolltreppe abwärts* erstmals die Konzeption des handlungs- und produktionsorientierten Literaturunterrichts auf Jugendbücher übertragen und gezeigt, wie durch Text-Bild-Collagen, Umsetzung in ein Hörspiel, musikalische oder graphisch-zeichnerische Interpretation einer Schlüsselszene, pantomimische Gestaltung, die Kommentierung des Handlungsgeschehens mit Hilfe eines Songs usw. Lektüreprozesse lebendiger, aktiver, schülerzentrierter und lustvoller arrangiert werden können (Haas / Burann 1977). Ebenso gab W. Fährmann in seinem Buch *Schule ist mehr als Unterricht* Ratschläge für eine entsprechende Lektüre von Kinder- und Jugendliteratur im Unterricht (Fährmann 1978). Dabei geht es nicht mehr allein darum, etwas 'herauszubekommen', sondern es werden die vielfältigsten Begleitprozesse mit der Lektüre verbunden: Ein Plakat zur Lesewerbung entwerfen – eine Buchausstellung vorbereiten – einen Bücherquiz durchführen – ein Buch in ein Spiel umsetzen und vorspielen – Vorlesepartys veranstalten – einen Vorlesewettbewerb durchführen usw.

Seit 1981 erscheinen die von G. Haas herausgegebenen Unterrichtsmodelle zu dtv junior-Büchern *Lesen in der Schule*, die zu einem größeren Teil solchen handlungs- und produktionsorientierten Verfahren verpflichtet sind und zahlreiche Beispiele für eine leserorientierte, zum Lesen motivierende und nicht das analytische Gespräch als einzige Möglichkeit der Reaktion betrachtende Lektüre enthalten (seit 1990 in Taschenbuchform). Entsprechendes gilt für die von P. Conrady konzipierten und unter dem schönen Titel *Zum Lesen verlocken* laufenden Lehrerhandreichungen zu Arena-Taschenbüchern. Da heißt es etwa in den 'Zielüberlegungen' zu einem von W. Dartmann erarbeiteten Modell unter Anlehnungen an Überlegungen bei G. Haas (vgl. WPB 10/1976): „Wenn der Literaturunterricht darauf abzielt, eine lebenslange Lesehaltung zu erziehen, dann darf der Leseunterricht nicht vorrangig oder ausschließlich von kognitiven Lernzielen bestimmt werden. Gerade bei Grundschulkindern, die stark affektiv-emotional beeindruckbar sind, muß der Literaturunterricht die Spannungs-, Spiel- und Unterhaltungsbedürfnisse des Kindes besonders berücksichtigen (...) Vorrangige Ziele sind: – der Aufbau von Lesefreude, Spaß an Texten; – die Weckung der Bereitschaft, sich in Erzähltes hineinziehen zu lassen; – die Förderung der Fähigkeit, Erzähltes aktiv und produktiv zu genießen. Diese Zielvorstellungen lassen sich besonders in einem offenen Unterricht einlösen" (Conrady 1985, 142). Auch die 'rotfuchs Lehrerhefte', von M. Dahrendorf / P. Zimmermann herausgegeben und in den 70er Jahren schlichterdings *die* Beispiele für eine kritische Erschließung von Kinder- und Jugendbüchern enthaltend, öffnen sich auf interessante Weise den Vorgaben eines Unterrichts, in dem der kreativ-spielerische Umgang mit Texten im Vordergrund steht, ohne dass damit – und das gilt für alle genannten Handreichungen – analytische Prozesse ausgeschlossen wären. Am stärksten in der analytisch-kognitiven Spur bleiben bis jetzt die zu einzelnen Texten vom Otto Maier Verlag herausgegebenen *Ravensburger Arbeitshilfen für Lehrer* (vgl. z.B. das Modell zu M. Rhue: *Die Welle*). Auch die von der Stiftung Lesen betreuten und über die Kultusministerien interessierten Lehrerinnen / Lehrer angebotene Reihe *Jugendbücher zum Thema* sowie die von Konrad Kallbach je zu einem Titel zusammengestellten Hinweise *Jugendtaschenbücher für Schule und Freizeit* akzentuieren in den knappen 'didaktisch-methodischen Anmerkungen' eher den instrumentalen Aspekt: Lesen, um etwas Bestimmtes zu lernen, zu erkennen, einzusehen. Seit 1990 gibt schließlich der Verlag Beltz + Gelberg zu seinen Gulliver-Taschenbüchern *Lehrerbegleit-Hefte* heraus, die jeweils interessantes Zusatzmaterial (Rezensionen, Informationen zum Autor und zum Thema usw.) enthalten und didaktisch-methodisch einen gewissermaßen mittleren Kurs steuern.

Zahlreiche praktische Anregungen enthält ein Buch, das den Ansatz von A. Krüger im Bereich der Grundschule fortführt und sich dabei den methodischen Impulsen der 80er Jahre öffnet: M. Sahr / M. Born: *Kinderbücher im Unterricht der Grundschule* (1985). Ausdrücklich betont und in den Mittelpunkt gerückt wird die Konzeption eines handlungs- und produktionsorientierten Umgangs mit Jugendliteratur schließlich in H. Göttlers Handreichung für die Sekundarstufe *Moderne Jugendbücher in der Schule* (1993).

2.3.3.

Nicht zuletzt muss unter dem Aspekt der Vermittlung auch die Schulbibliothek genannt werden. Dass es sie nicht als Regeleinrichtung wie in Dänemark und Schweden gibt, ist kein Ruhmesblatt bundesrepublikanischer Kulturpolitik. Aber da, wo initiative Schulträger und engagierte, in der Regel viel Freizeit opfernde, ideenreiche Lehrerinnen oder Lehrer zusammenkommen, lassen sich doch wichtige Ansätze zur Entwicklung von literarischem Leben in der Schule realisieren.

Anregungen dazu finden sich in *Praxis Deutsch* 52 und 92 sowie bei Jörg Knobloch in *Bock auf Bücher* (1988 a) und *Lesen mit Frühstück* (1988 b). Die Aktion von Schulen schließlich, an denen Schüler (!) in regelmäßiger Folge Kinder- und Jugendbücher, die in der Bibliothek neu angeschafft wurden, den Mitschülern vorstellen, ruft zur Nachahmung auf.

3. Diskussionsperspektiven

Als Wolgast am Ende des vergangenen Jahrhunderts seine These vertrat, Kinder- und Jugendliteratur müsse aus der gängigen Funktion eines instrumental verwendeten Erziehungsmittels heraustreten, Kinder- und Jugendbücher hätten in vergleichbarer Weise wie Erwachsenenliteratur Kunstwerke zu sein, da unterschied er dabei nicht so sehr zwischen richtigen und falschen Tendenzen, sondern er lehnte grundsätzlich *jede*, also beispielsweise auch eine erziehliche Tendenz als kunstfeindlich und den Geschmack der Leser verbildend ab. An diese Position erinnerte, eine heftige Diskussion auslösend, Ende der achtziger Jahre ein Aufsatz mit dem Titel *Das Elend der didaktisch ausgebeuteten Kinder- und Jugendliteratur* (Haas 1988).

Bezeichnenderweise begrüßten vor allem Schriftsteller/innen die striktere Trennung von Literatur und Erziehung, die in dem Aufsatz vertreten wurde. Dass auch danach noch Literatur entstehen könne, die, in der Schule gelesen, sich auf ihre Bedeutung für den Lebensvollzug junger Menschen in der zeitgenössischen Gesellschaft untersuchen ließe, wurde dabei von niemandem ausgeschlossen.

Selbstverständlich bleibt es legitim, am Beispiel von Texten der Kinder- und Jugendliteratur zeitgenössische Themen wie Gewalt, Ausländerfeindlichkeit, Neonazismus, Rassismus zu diskutieren, und selbstverständlich können junge Menschen sie bewegende Fragen wie Sterben und Tod, Ehescheidung, Sexualität, Liebe und Partnerschaft, Drogenmissbrauch u. a. in der Jugendliteratur exemplarisch aufsuchen und Antworten prüfen bzw. gedanklich erproben. Aber auch ein solcher zielorientierter Unterricht in den „Zwängen institutionalisierten Lernens" (Hurrelmann) muss und darf eine gewisse autonome Zone des Lesens nicht grundsätzlich in Frage stellen. Möglich wird das dann, wenn die Schule die praktizierte Erfahrung vermittelt, dass nicht aus *jedem* Text eine Erkenntnis / Einsicht / Botschaft oder was auch immer abgezogen werden muss, und wenn die oben genannten Formen einer aktiven, die Sinne mit einbeziehenden und individuelle Annäherungsformen zulassenden Lektüre so ideenreich und frei als nur denkbar praktiziert werden. Dass sie in keinem Gegensatz zu gedanklich-interpretatorischer Arbeit stehen, sondern deren unerlässliche Grundlage bilden, wurde bereits gesagt. In diesem Sinn betont etwa B. Hurrelmann in ihren *Fünf Thesen zum Verhältnis von Kinder- und Jugendliteraturforschung und Didaktik* (1989) zwar den grundsätzlichen Adressatenbezug und die instrumentelle Verwendung dieser Literatur („Hilfe zur Wahrnehmung jugendkultureller Veränderungen“) als unumstößliches Faktum, aber in fruchtbarer Spannung dazu auch die Erkenntnis, dass der Literaturunterricht zugleich mitverstanden werden müsse als ein „Ort primärer kindlicher Leseerfahrungen“, bei der „Kinder- und Jugendliteratur eine wichtigere Rolle (...) als je zuvor“ spiele.

Man kann mit Büchern selbstverständlich immer, von der Didaktik wie der Gesellschaft denn auch in der Regel eingefordert, „mehr als lesen“ (Stiftung Lesen, 1990), also auch die jeder Zeit eigenen Bildungsvorstellungen zu befördern trachten, aber gerade die Schule darf darüber nicht vergessen, dass durch das ungeduldig betriebene ‘Mehr’ eine individuelle Entwicklung auf Lesebereitschaft und Leselust entscheidend gestört und verhindert werden kann. Das heißt: ein Unterricht, der nicht alles daransetzt, zuerst *Leser* zu gewinnen und die Lust des „das ist es für *mich*“ (R. Barthes) auch durch die Lektüre von Kinder- und Jugendbücher im Lesenden zu erhalten, ist kontraproduktiv und letztlich wirkungslos. Jede Didaktik der Kinder- und Jugendliteratur, die auf alltäglich-konkrete *Praxis* zielt, muss sich an dieser Gegebenheit messen lassen.

Literaturverzeichnis

Abraham, Ulf / Beisbart, Ortwin (Hrsg.): Grenzerfahrungen in Texten für junge Leser. Die psychosozialen Erfahrungen Trennung und Tod in Kinder- und Jugendbüchern als Herausforderung für den Literaturunterricht. Bamberg 1994 (Bamberger Schriftenreihe zur Deutschdidaktik 6)

Bauer, Johann: Einführung in das literaturpädagogische Lesebuch. Hannover 1969

Baumgärtner, Alfred C. (Hrsg.): Jugendliteratur im Unterricht. 14 Unterrichtsvorbereitungen. Weinheim 1972

Baumgärtner, Alfred C. / Watzke, Oswald: Wege zum Kinder- und Jugendbuch. Ein Beitrag zur Buchpädagogik. Theoretische Überlegungen und praktische Beispiele. Donauwörth 1985

Beinlich, Alexander: Das Jugendbuch als Lesebuch. In: Baumgärtner, Alfred C. (Hrsg.): Lesen. Ein Handbuch. Hamburg 1973, 499–500

Brenner, Gerd / Kolvenbach, Hans Jürgen: Praxishandbuch Kinder- und Jugendliteratur. Materialien, Texte, Handlungshilfen. Königstein 1982

Conrady, Peter: Für Jugendliche schreiben, damit Jugendliche lesen. Anmerkungen zu Jugendbüchern für leseungewohnte Jugendliche. In: Heidtmann, Horst (Hrsg.): Jugendliteratur und Gesellschaft. 4. Beiheft zu ‘Beiträge Jugendliteratur und Medien’ 1993, 219–224

Conrady, Peter (Hrsg.): Zum Lesen verlocken. Kinderbücher im Unterricht / Jugendbücher im Unterricht. Würzburg: Arena 1985 u.ö.

Dahrendorf, Malte / Bödecker, Hans: Das Taschenbuch im Unterricht. Ravensburg 1972

Dahrendorf, Malte: Moderne Kinderbücher auf der Primarstufe. In: Hannig, Christel (Hrsg.): Deutschunterricht in der Primarstufe. Neuwied 1978, 155–171

Dahrendorf, Malte: Kinder- und Jugendliteratur im bürgerlichen Zeitalter. Beiträge zu ihrer Geschichte, Kritik und Didaktik. Königstein 1980

Dahrendorf, Malte: Umgang mit Jugendliteratur. In: Hopster, Norbert (Hrsg.): Handbuch 'Deutsch', Sekundarstufe I. Paderborn 1984, 205–225

Dahrendorf, Malte / Zimmermann, Peter (Hrsg.): Das Rowohlt-Lehrerbuch. Taschenbücher im Unterricht. Reinbek b. Hamburg 1985. – Neue Reihe 1986: 'Spaß am Lesen'

Dahrendorf, Malte: Kinder- und Jugendbücher – didaktisch. Materialien Jugendliteratur und Medien. Überlingen 1987, H. 16. (2. Aufl. 1993, H. 29)

Dahrendorf, Malte: Zur Frage der Eigenständigkeit einer Didaktik der Kinder- und Jugendliteratur. In: Diskussion Deutsch 1989, H. 109, 456–471

Daubert, Hannelore: Lehrerbegleitheft Peter Härtling 'Ben liebt Anna'. Weinheim 1990

Eckhardt, Juliane: Umweltzerstörung und Umweltschutz als Thema von Kinder- und Jugendbüchern. Literaturvorschläge für die Sekundarstufe I. In: Diskussion Deutsch 1994, H. 135, 40–46

Ewers, Hans-Heino: Kinder- und Jugendliteratur und Literarische Bildung. In: Deutschunterricht 1995, H. 7/8, 348–357

Fährmann, Willi / Dinges, Ottilie: Kinder lernen Bücher lieben. Tips und Texte für Familie, Gruppe, Unterricht. Würzburg 1977

Fährmann, Willi: Schule ist mehr als Unterricht. Würzburg 1978

Fischer, Helmut: Umgang mit Kinderliteratur. Essen 1995 (mit Beiträgen von M. Born, S. Zägel u.a.)

Franz, Kurt / Meier, Bernhard: Was Kinder alles lesen. Kinder- und Jugendliteratur in Erziehung und Unterricht. 2. Aufl., München 1980

Frei, Brigitte: Eine Woche voller Lesen. In: Beiträge Jugendliteratur und Medien 1995, H. 3, 149–153

Gansel, Carsten: Die moderne Kinder- und Jugendliteratur als literaturdidaktische Herausforderung. In: Deutschunterricht 1994, H. 7/8, 352–361

Geißler, Rolf: Für eine literarische Verfrühung. In: Pädagogische Rundschau 16 (1962), 793–800

Göttler, Hans: Moderne Jugendbücher in der Schule. Modelle zu einem handlungs- und produktionsorientierten Unterricht in der Sekundarstufe. Baltmannsweiler 1993

Grömminger, Arnold / Ritz-Fröhlich, Gertrud: Umgang mit Texten in Freizeit, Kindergarten und Schule. Freiburg i. Br. 1974

Grützmacher, Jutta (Hrsg.): Didaktik der Jugendliteratur. Analysen und Modelle für einen leseorientierten Deutschunterricht. Stuttgart 1979

Haas, Gerhard: Gegenideologie oder kritisches Bewußtsein. Anmerkungen zur Zieldiskussion im Deutschunterricht. In: Westermanns Pädagogische Beiträge 1973, H. 7, 367–374

Haas, Gerhard (Hrsg.): Kinder- und Jugendliteratur. Ein Handbuch. 3. Aufl., Stuttgart 1984

Haas, Gerhard / Burann, Josef: Mit Texten umgehen – auf Texte reagieren. In: Westermanns Pädagogische Beiträge 1977, H. 11, 443–448

Haas, Gerhard (Hrsg.): Lesen in der Schule mit dtv junior. Unterrichtsvorschläge für die Primarstufe / für die Sekundarstufe. Lehrertaschenbuch 1 (1991)–6 (1993) (Als Loseblattsammlung seit 1980)

Haas, Gerhard: Das Elend der didaktisch ausgebeuteten Kinder- und Jugendliteratur. In: Praxis Deutsch 1988, H. 89, 3–5 (Die Diskussion dazu in: Praxis Deutsch H. 90–94)

Haas, Gerhard: Im Dienste der Gesellschaft. Anmerkungen zu einem so alten wie unerledigten Thema. In: Heidtmann, Horst (Hrsg.): Jugendliteratur und Gesellschaft. 4. Beiheft zu 'Beiträge Jugendliteratur und Medien' 1993, 17–25

Haas, Gerhard: Handlungs- und produktionsorientierter Literaturunterricht. Theorie und Praxis eines 'anderen' Literaturunterrichts für die Primar und Sekundarstufe. Seelze-Velber 1997

Hiecke, Robert: Der deutsche Unterricht auf deutschen Gymnasien. Ein pädagogischer Versuch. Leipzig 1842

Hopster, Norbert: Umgang mit Literatur über den Nationalsozialismus im Deutschunterricht. In: Beiträge Jugendliteratur und Medien 1994, H. 3, 140–149

Hunscha, Christa: Struwwelpeter und Krümelmonster. Die Darstellung der Wirklichkeit in Kinderbüchern und Kinderfernsehen. Frankfurt/M. 1974

Hurrelmann, Bettina (Hrsg.): Kinderliteratur und Rezeption. Baltmannsweiler 1980

Hurrelmann, Bettina: Für eine Wiederaufnahme des Gesprächs. Fünf Thesen zum Verhältnis von Kinder- und Literaturforschung und Didaktik. In: Diskussion Deutsch 1989, H. 109, 472–480

Hurrelmann, Bettina: Wider die neue Eindimensionalität. In: Praxis Deutsch 1988, H. 90, 2–3

Hurrelmann, Bettina (Hrsg.): Aktuelle Kinder- und Jugendliteratur. In: Praxis Deutsch 1992, H. 111

Hurrelmann, Bettina (Hrsg.): Klassiker der Kinder- und Jugendliteratur. Frankfurt/M. 1995

Karst, Theodor (Hrsg.): Kinder- und Jugendlektüre im Unterricht. Bd. 1: Primarstufe, Bd. 2: Sekundarstufe. Bad Heilbrunn 1978/79

Kast, Bernd: Jugendliteratur im Kommunikativen Deutschunterricht. Berlin 1985

Knobloch, Jörg: Bock auf Bücher. Anregungen für einen projektorientierten Literaturunterricht. Lichtenau 1988 a

Knobloch, Jörg: Lesen mit Frühstück. In: Börsenblatt des deutschen Buchhandels 77 (1988 b), 2782 f.

Knobloch, Jörg: Nun red doch endlich – ein Mädchenbuch im Unterricht der Hauptschule. Möglichkeiten der Freiarbeit und produktionsorientierten Arbeitens. In: Dahrendorf, Malte (Hrsg.): Grenzen der Literaturvermittlung. Leseverweigerung – Sprachprobleme – Analphabetismus. 6. Beiheft zu „Beiträge Jugendliteratur und Medien" 1995, 46–57

Kohl, Eva Maria: Wo wohnen die Geschichten? Geschichten erfinden für und mit Kindern. In: Rank, Bernhard (Hrsg.): Erfahrungen mit Phantasie. Analysen zur Kinderliteratur und didaktische Entwürfe. Baltsmannweiler 1994, 130–144

Krüger, Anna: Kinder- und Jugendbücher als Klassenlektüre. Analysen und Schulversuche. Ein Beitrag zur Reform des Leseunterrichts. 3. Aufl., Weinheim 1973

Kuhl-Greif, Martha (Hrsg.): Stolpersteine. Literatur und Kinderbücher der südlichen Kontinente im Unterricht. Wuppertal 1993

Lange, Günter / Steffens, Wilhelm (Hrsg.): Literarische und didaktische Aspekte der phantastischen Kinder- und Jugendliteratur. Würzburg 1993 (Schriftenreihe der Deutschen Akademie für Kinder- und Jugendliteratur Volkach, Bd. 13)

Lange, Günter / Steffens, Wilhelm (Hrsg.): Moderne Formen des Erzählens in der Kinder- und Jugendliteratur der Gegenwart unter literarischen und didaktischen Aspekten. Würzburg 1995 (Schriftenreihe der Deutschen Akademie für Kinder- und Jugendliteratur Volkach, Bd. 15)

Maier, Karl Ernst: Jugendliteratur. Formen, Inhalte, pädagogische Bedeutung. 10. Aufl., Bad Heilbrunn 1993

Merget, Adalbert: Geschichte der deutschen Jugendlitteratur. Berlin 1866 (Nachdruck der 3. Aufl. Hanau 1967)

Merkelbach, Valentin: Wie salonfähig ist das Kinder- und Jugendbuch im Unterricht? In: Diskussion Deutsch 1989, H. 109, 441–455

Payrhuber, Franz-Josef: „... weil es doch eine Absicht hat". Literaturdidaktische Anmerkungen zu Büchern für junge Leser über den Nationalsozialismus. In: Volkacher Bote 1995, H. 55, 5–8

Rabl, Petra: Jugendbücher im Deutschunterricht der Sekundarstufe I. Didaktische Überlegungen und methodische Hinweise zum Umgang mit einem umstrittenen Unterrichtsgegenstand. Pädagogisches Zentrum Berlin 1983

Rank, Bernhard: Nacherzählen oder Weitererzählen? Zum Einfluß der Kinderliteratur auf die Erzählfähigkeit. In: Rank, Bernhard (Hrsg.): Erfahrungen mit der Phantasie. Analysen zur Kinderliteratur und didaktische Entwürfe. Baltmannsweiler 1994, 159–186

Richter, Karin: Zum Lesen verlocken. Interessante Unterrichtsstunden mit neuen Kinderbüchern. In: Grundschulunterricht 1995, H. 11, 2–6

Rückert, Gerhard: Wege zur Kinderliteratur. Eine praxisnahe Einführung für Lehrer und Erzieher. Freiburg i. Br. 1980

Sahr, Michael / Born, Monika: Kinderbücher im Unterricht der Grundschule. 3. Aufl., Baltmannsweiler 1993

Sahr, Michael: Problemorientierte Kinderbücher im Unterricht der Grundschule. Baltmannsweiler 1987

Sahr, Michael: Von Anderland nach Wunderland. Phantastische Kinderbücher im Unterricht der Grundschule. Baltmannsweiler 1990

Sahr, Michael: 5 × Kinderbücher im Unterricht. Möglichkeiten im Umgang mit Kinderliteratur in der Grundschule. Baltmannsweiler 1994

Spinner, Elisabeth / Spinner, Kaspar H.: Kinder- und Jugendliteratur. In: Baurmann, Jürgen / Hoppe, Otfried (Hrsg.): Handbuch für Deutschlehrer. Stuttgart 1984, 362–377

Spinner, Kaspar H.: Die Dialektik des Pädagogischen in der Geschichte der Kinder- und Jugendliteratur. In: Rank, Bernhard (Hrsg.): Erfahrungen mit Phantasie. Analysen zur Kinderliteratur und didaktische Entwürfe. Baltmannsweiler 1994, 14–24

Stein, Peter (Hrsg.): Wieviel Literatur brauchen Schüler? Kritische Bilanz und neue Perspektiven des Literaturunterrichts. Stuttgart 1980

Stiftung Lesen (Hrsg.):Jugendtaschenbücher in der Schule. Mit Büchern kann man mehr als Lesen!? (Sonderheft). Mainz 1990

Ulshöfer, Robert (Hrsg.): Neue Tendenzen im Jugendbuch – Hinführung zur Privatlektüre. Der Deutschunterricht 1975, H. 1 und H. 5

Vogt, Gabriele: Literaturunterricht auf der Jahrgangsstufe 5/6. Unterrichtseinheiten zu Kinderbüchern. Hess. Inst. f. Bildungsplanung und Schulentwicklung Wiesbaden 1981

Wolgast, Heinrich: Das Elend unserer Jugendliteratur. Ein Beitrag zur künstlerischen Erziehung der Jugend. Worms 1896 (7. Aufl. 1950)

Unterrichtsmodelle

Zahlreiche Unterrichtsbeispiele zur Kinder- und Jugendliteratur finden sich in dem von Gerhard Haas herausgegebenen Sonderheft zu „Praxis Deutsch“: Kinder- und Jugendliteratur im Unterricht. Seelze 1995 (31 Modelle) sowie in „Praxis Deutsch“ H. 123, 131 und 138

Entsprechendes gilt für die Lehrerhandreichungen der Taschenbuchverlage:

Conrady, Peter (Hrsg.): Zum Lesen verlocken. Klassenlektüre für die Klassen 6 / 6.–10. Überarbeitete Neuausgabe. Würzburg: Arena 1995

Dahrendorf, Malte / Zimmermann, Peter (Hrsg.): rotfuchs Lehrerhefte. Reinbek: Rowohlt, ab 1977 bis 1989

Haas, Gerhard (Hrsg.): Lesen in der Schule. Lehrertaschenbuch 1–6. Primar- und Sekundarstufe. München: dtv junior 1991–1994. – 1996 weitergeführt von Daubert, Hannelore / Ewers, Hans-Heino mit TB 7 „Moderne Kinderromane“.

Knobloch, Jörg (Hrsg.): L wie Lesen. Anregungen zur Leseförderung. Kl. 1–4, Kl. 5–6, Kl. 7–10. München: Franz Schneider 1988–1991

Ravensburger Arbeitshilfen. (Unterrichtsvorschläge zu ausgewählten Taschenbüchern). Ravensburg: Otto Maier, ab 1987

Zu den Gulliver Taschenbüchern im Beltz & Gelberg Verlag liegen für eine Reihe von Titeln, vor allem zu Büchern von Peter Härtling, Lehrerbegleithefte oder Begleitmaterialien vor.

Der Thienemann Verlag publiziert zu einigen signifikanten Titeln wie O. Preußlers 'Krabat', S. Heucks 'Saids Geschichte', M. Hagemann 'Schwarzer, Wolf, Skin' Schulausgabe mit Materialien und Lehrerbegleitheft.

Schatzinseln für die Schule. Unterrichtsentwürfe für die Jahrgangsstufe 6–11. Frankfurt/M.: Fischer TB-Verlag 1996

WOLFGANG CONRAD

DDR-Literatur im Deutschunterricht

1. Zur Problematik

„DDR-Literatur im Deutschunterricht, das mag auf Neugier, aber auch immer noch und schon wieder auf Befremden stoßen."

Mit dieser so aktuell scheinenden Feststellung leitete Heinz Blumensath schon 1983 seinen Basisartikel „DDR-Literatur im Unterricht" im 63. Heft von „Praxis Deutsch" ein. Sicher lässt sich darüber streiten, ob und in welchem Maße heute „Neugier" im Spiele wäre, „Befremden" allerdings (was ja nicht nur Erstaunen bedeutet, sondern auch ein unwilliges Berührtsein, das durchaus als unangenehm empfunden werden kann) wäre es wohl allemal, wenn Texte aus „jenem Teilbereich der deutschen Nachkriegsliteratur" (Krauss 1996, 3) bewusst als DDR-Literatur mit ihren Besonderheiten rezipiert werden sollten. Ganz offensichtlich befindet sich ein umfangreicher Literaturbestand „unter den Vorzeichen forcierter 'Abwicklung'" (ebd.).

Wenn diese Literatur „für den westdeutschen Rezipienten weitgehend eine terra incognita geblieben" (Meyer 1994, Vorwort) ist, könnte das Verschwinden – zumindest im Westen – kaum Lücken reißen, würde also nur wenigen bewusst. Im Osten hingegen bildet sich möglicherweise ein „regionales [...] Subsystem [...], das an spezifische DDR-Traditionen anschließt und sich (selbst-)bewußt auf sie beruft" (Krauss / Vogt 1996, 75).

Die Ergebnisse einer von Bogdal u. a. durchgeführten Umfrage unter westdeutschen Studentinnen und Studenten lassen Krauss schlussfolgern: „Schon 1994 waren die einschlägigen Kenntnisse westdeutscher Schüler und Studentinnen allenfalls fragmentarisch." Und auf die Folgejahre bezogen: „Es ist zu vermuten, daß solche rudimentären Kenntnisse mit wachsendem Abstand zur Existenz der DDR noch vager geworden sind." (Krauss 1996, 4) Daraus leitet er ab: „[...] mit zunehmender Entfernung zur historischen Realität DDR wächst die Notwendigkeit der schulischen Auseinandersetzung mit einer Literatur, die eben nicht nur Ausdruck eines gescheiterten pädagogischen Großversuchs ist, sondern die auch deutsche Nachkriegs(kultur)-geschichte repräsentiert und bewahrt." (Ebd.)

Käme dieser Prozess in Gang, könnte er nach Krauss' Meinung „kollektive Verdrängung und rapide wachsenden Erinnerungsverlust aufhalten" und dadurch „eine ernsthafte Alternative zur juristischen Aufarbeitung [...] offerieren" (ebd.). Wie immer das gemeint sein mag, das Ausbleiben einer intensiven Beschäftigung mit DDR-Literatur im Deutschunterricht (v. a. in den alten Bundesländern) ist eine Leerstelle, die es aus unterschiedlichen Gründen zu füllen gilt. Deshalb fällt dieser Aufsatz aus der gewohnten Gliederung des Taschenbuches heraus, indem er sich einem literaturgeschichtlichen Aspekt, nicht einer Textsorte oder einem Lernbereich zuwendet.

Sein Gegenstand ist sehr komplex und noch von zahlreichen, z. T. erhitzten Debatten überschattet. Die Forschung bleibt davon nicht unberührt. Das erschwert eine *einfache* sachliche Beschreibung der DDR-Literatur sowie ihre *folgerichtige* Empfehlung für den Deutschunterricht ebenso wie ein *vorurteilsfreies* Lesen der Texte. Da es eine „Didaktik der DDR-Literatur" nicht geben kann, werden aus einer historischen Analyse lediglich Diskussionsperspektiven bzw. Grundvoraussetzungen schulischer Rezeption abgeleitet. Im Einzelfall muss jeweils auf die gattungs- und genrespezifischen Einträge diese Taschenbuches verwiesen werden.

2. Zu Geschichte und Implikationen des Begriffs „DDR-Literatur"

2.1. DDR-Sicht

Die Literaturgeschichtsschreibung der DDR benutzte neben dem Terminus „DDR-Literatur", der allgemein alle in der DDR entstandenen Texte meinte, zur Kennzeichnung der besonderen Merkmale dieser Literatur den Begriff „sozialistische Nationalliteratur der DDR". Das wurde durch Johannes R. Becher auf dem IV. Deutschen Schriftstellerkongress (Januar 1956) in seinem Vortrag „Von der Größe unserer Literatur" begründet. Er ging davon aus, dass sich die DDR-Literatur zur sozialistischen Nationalliteratur entwickeln müsse, und formulierte – v. a. Abgrenzung im Blick – damit ein strategisches Ziel, das die „Primatsetzung des Gesellschaftlich-Politischen gegenüber dem Ästhetischen" (Emmerich 1996, 18) voraussetzte, indem es die Geschichte der Literatur dem herrschenden teleologischen Denkmodell vom „Aufbau des Sozialismus / Kommunismus" unterordnete. Zwanzig Jahre später, im 11. Band der „Geschichte der deutschen Literatur" (1976), konnte dann dieser Prozess, orientiert an den „geschichtsphilosophischen Wunschbilder[n] der realsozialistischen Ideologie" (Emmerich 1996, 20/21), in „Vorbereitung, Entstehung und Entfaltung der sozialistischen Nationalliteratur der DDR" (Haase 1976, 21) periodisiert werden und so die *Sprachregelung* für die folgenden, vom Wunschdenken immer deutlicher abweichenden Jahre festschreiben.

Wie ungerechtfertigt einigen DDR-Autoren die politisch gewünschte Abgrenzung von der deutschen bzw. deutschsprachigen Literatur schien – trotz aller offiziellen Beteuerungen, „alle in unserem Volke wirksamen fortschrittlichen und humanistischen Bestrebungen der Vergangenheit und Gegenwart auf höherer Stufe" (Kasper 1975, 126) fortzusetzen –, mag ein Zitat aus Stephan Hermlins Rede auf dem VIII. Schriftstellerkongress (Mai 1978) belegen:

> „Ich bin ein Schriftsteller der DDR, da ich hier lebe und arbeite, woran sich, wenn es nach mir geht, nichts ändern soll [...] Aber so bin ich denn ein deutscher Schriftsteller, ich sei nur immer, wer ich sei, verbunden mit allem, im Positiven wie im Negativen, was deutsch geschrieben wurde und deutsch geschrieben wird [...] Die Existenz einer Literatur ist nicht deckungsgleich mit der Existenz von Staaten." (Hermlin 1983, 387)

Der Affront ist deutlich, gleichzeitig die Anspielung auf die Ausweisung Biermanns und anderer unüberhörbar. Außerdem bietet sich – exemplarisch – die Gelegenheit, das nach 1989 verfestigte Negativ-Image Hermlins mit den historischen Tatsachen zu vergleichen und zu einem differenzierteren Verständnis zu gelangen. Das Problem für Literaturvermittler ist damit sinnfällig, aber es ist nur eines von vielen. Im übrigen wäre es interessant, diese Vorgänge einzubetten in das Verständnis von „Nationalliteraturen" überhaupt, denn beide Seiten – Ost wie West – beriefen sich in der Auseinandersetzung darauf und argumentierten auch mit Beispielen aus der Entwicklung bürgerlicher Nationen, wobei der Begriff „Nation" selbst verschieden interpretiert wurde.

In seiner Rede bezeichnete Hermlin die DDR-Literatur dann als „die hier entstandene und entstehende deutsche Literatur" (ebd., 388). Er bekannte sich zu dem Attribut „deutsch", als es längst politisch verdächtig geworden war, und er insistierte auf Traditionen und Kontexte, die verdrängt werden sollten. Zur Erinnerung und Illustration: Im Verlauf des Jahres 1972 wurde aus der „Deutschen Akademie der Künste" die „Akademie der Künste der DDR". Der Text der Nationalhymne (von Johannes R. Becher) mit der inzwischen wieder berühmten Formulierung „Deutschland, einig Vaterland" durfte nicht mehr gesungen werden. Überall wurden Bezeichnungen verändert. Die DDR-Repräsentanten kürten ihr Land endgültig zur eigenständigen Nation, die These von der einheitlichen deutschen Kulturnation wurde vehement bekämpft, denn seit 1961 galt offiziell (1956 bereits formuliert) die Auffassung von den zwei deutschen Literaturen (vgl. Emmerich 1996, 518). Dem widersetzte sich Hermlin. Dem setzte er sich aus, als er die deutsche Kultur mit einem „so alten, so vielgestaltigen, so mächtig schattenden Baum" (Hermlin 1983, 387) verglich, der „seit jeher daran gewöhnt ist, über mehr als einem Staat zu rauschen" (ebd., 388). Die Kritik, nicht nur an kulturpolitischen Vorgaben, die hier ein Autor äußerte, der sich für ein Leben in der DDR entschieden und zum Sozialismus bekannt hat, macht deutlich, in welchem Dilemma sich Autoren befanden, deren lebensgeschichtliche Erfahrungen in Widerspruch gerieten zu politischen Entscheidungen und Entwicklungen (hier: der siebziger Jahre). Die Aporie zwischen dem utopischen Konzept und der gesellschaftlichen Wirklichkeit wurde unabweisbar und führte letztlich in den achtziger Jahren zur Sinnkrise (vgl. Emmerich 1996, 24). Unberührt von solchen Vorgängen sollte die Schule der DDR den offiziellen Festschreibungen folgen, die sich auch im „Sachwörterbuch für den Literaturunterricht" von 1975 unter dem Eintrag „Nationalliteratur" finden:

> „Die sozialistische Nationalliteratur der DDR leistet als eigenständiger und eigenverantwortlicher Bestandteil der Weltliteratur einen wesentlichen Beitrag zur Weiterentwicklung der sozialistischen Nation der DDR. Mit spezifisch künstlerischen Mitteln grenzt sie sich parteilich von der imperialistischen Ideologie und der ihr dienenden Literatur konsequent ab. Hierbei stützt sich die sozialistische Nationalliteratur der DDR auf die fortgeschrittensten internationalen Errungenschaften, vor allem die der Sowjetunion und der anderen sozialistischen Bruderländer, und steht in engen Wechselbeziehungen mit den Nationalliteraturen dieser Länder." (Kasper 1975, 126)

Die Funktionssetzung für die Literatur macht zweierlei deutlich: zum einen die Unterordnung unter den Primat des Politischen, zum anderen den hohen Stellenwert der Literatur in der Gesellschaft. Darin liegt begründet, weshalb die angenommenen Wirkungen der Texte so ernst genommen und deshalb kanalisiert, also fremdbestimmt worden sind.

Gleichzeitig tradiert die Formulierung dieser Aufgabe der Literatur die Vorstellung einer „Art pädagogischer Funktion“, die bis in die sechziger Jahre aus der „Verpflichtung zur antifaschistisch-demokratischen Erziehung“ (Schlenstedt 1991, 174) erwuchs und in dem Bild vom Autor als Erzieher des Volkes sichtbaren Ausdruck fand. Mitte der siebziger Jahre jedoch war ein solches Modell, wie Hermlins Widerborstigkeit zeigt, anachronistisch geworden. Nur ein Beweis: Unter Leitung von Manfred Naumann erschien 1973 der Band „Gesellschaft-Literatur-Lesen. Literaturrezeption in theoretischer Sicht“, der ein Leserbild entwarf, wo Leser „dem Autor gleichberechtigt sind, denen man nicht mehr erzieherisch, sondern diskutierend gegenübertritt, denen man Bilder zeigt, in denen sie sich selber erkennen können“ (ebd., 174/175). Das war gleichbedeutend mit einem „Bekenntnis zur Subjektivität“ (ebd., 174), seit der zweiten Hälfte der sechziger Jahre einhergehend mit einem Zuwachs an „Flexibilität, ‘Modernität’ “ (Barner 1994, 512) der literarischen Texte.

Während der Begriff DDR-Literatur weitgehend wertneutral gebraucht worden ist, sollte ihre besondere Qualität durch den Terminus „(sozialistische) Nationalliteratur der DDR“ als „eine dem Sozialismus eigene nationale Literatur“ (Träger 1986, 363) näher bestimmt werden, die „in der Hauptsache von Schriftstellern geprägt [werden sollte], deren marxistisches Weltbild für ihre Schreibweise genauso verbindlich ist wie ein auf Weite und Vielfalt gegründetes Konzept des Realismus, das allen wirklichkeitsbezogenen Schreibweisen – von der dokumentarischen bis zur phantastischen Darstellung – geöffnet ist und den einzelnen Autoren ermöglicht, ihre künstlerische Subjektivität zu verwirklichen“ (ebd., 364). Mitte der achtziger Jahre sind demnach der „Realismus“-Begriff erweitert und die künstlerische Subjektivität anerkannt worden. Ein „‘Liberalisierungsprozeß’ “ (Barner 1994, 878) war in Gang gekommen, selbst wenn das Akzentuieren des „marxistischen Weltbildes“ als wichtiges Unterscheidungskriterium das Weiterführen der bekannten politischen Vorgaben signalisiert und Abgrenzung von anderen, nichtmarxistischen Autoren bedeutet, damit deren Schreiben im Rahmen der DDR-Literatur aber implizit anerkennend und mehr oder weniger – zähneknirschend – akzeptierend.

Im Gegensatz zu westlichen Auffassungen von „eine[r] weitgehend uneingeschränkte[n] literarische[n] Öffentlichkeit als eigengesetzliche[r] gesellschaftliche[n] Wertsphäre“ (Emmerich 1996, 40) wurde mit den Termini „Literaturverhältnisse“ bzw. „Literaturgesellschaft“ (letzterer nach Becher) der Zusammenhang „der materiellen Seite der Literatur“ mit „literaturästhetischen Strukturen“ und mit dem „geschichtlichen Wandel ihrer Gattungen und Genres“ (Träger 1986, 319) hervorgehoben. Dabei ist der Begriff „Literaturgesellschaft“ „stärker kulturprogrammatisch orientiert, da mit ihm der Ensemblecharakter der Literatur und die harmonische Durchbildung der Gesellschaft in eine sich gegenseitig vermittelnde Beziehung gesetzt werden sollen“ (ebd.). Auf diese Weise erfolgte die Begründung für „eine größere Verbreitung und somit gesellschaftlich-politische Wirkung einer Literatur, die man sich automatisch 'demokratisch' und fortschrittlich vorstellte" (Emmerich 1996, 40).

2.2. BRD-Sicht

Auch im westdeutschen Verständnis war DDR-Literatur die in der DDR von DDR-Autoren geschriebene, wenn auch nicht immer dort erschienene. Jedoch gab es verschiedene Stufen der Annäherung und des Verstehens. „Bis Mitte der sechziger Jahre wurde DDR-Literatur – sofern sie dem westlichen Rezipienten überhaupt bekannt war – mit dem Stigma einer Interimsliteratur belegt, der die Zugehörigkeit zum literarischen Spektrum aberkannt und deren Eigenständigkeit beharrlich geleugnet wurde." (Meyer 1994, 13) Zur Veranschaulichung erinnert Meyer an Werner Wilks These „von der DDR-Belletristik als deutschsprachige Unterabteilung der sowjetischen Literatur" (ebd.) aus dem Jahre 1954. Diese Auseinandersetzung – so Meyer – bezog „bis weit über die sechziger Jahre hinaus ihr wesentliches Motiv aus der ökonomischen – viel stärker noch aus der ideologischen – Konkurrenzsituation, die in beiden deutschen Staaten vorherrschte." (Ebd.) Wie rigide in der Hochphase des Kalten Krieges vorgegangen wurde, ist heute weitestgehend in Vergessenheit geraten:

> „Die westdeutsche Beschäftigung mit DDR-Literatur wurde auch von einer [...] literaturpolitischen Entscheidung erschwert – durch das 'in ›objektiven Verfahren›, das heißt ohne Verteidigungsmöglichkeit, vom Karlsruher Bundesgerichtshof zu Beginn der fünfziger Jahre gefällte Urteil gegen Druckerzeugnisse aus den bedeutendsten Verlagen der DDR, mit dem künftig alles, ob bei ‹Dietz›, ob bei ‹Aufbau› erschienen, ohne weiteres (...) als ‹staatsgefährdend› eingezogen werden konnte, ab Grenzübergang bis zum privaten Bücherschrank.'" (Ebd., 34)

So erklärt es sich, dass westdeutschen Lesern erst gegen Mitte der sechziger Jahre – nach dem „Mauerschock" – ein allerdings „breites Spektrum an Anthologien mit Beiträgen ostdeutscher Autoren zur Verfügung" (ebd., 30) stand. Am Ende des Jahrzehnts leiteten politische Veränderungen (Willy Brandts Ostpolitik, internationale Anerkennung der DDR, Aufhebung der Hallstein-Doktrin) einen Entwicklungsabschnitt ein, in dessen Verlauf sich DDR-Literatur wachsender Popularität erfreuen konnte. Meyer nennt drei Ursachen für die verstärkte Rezeption von DDR-Literatur in den siebziger Jahren:

> „* der im Zusammenhang mit dem Wunsch nach einer neuen Form der Beziehungen zur DDR wachsende Bedarf an Informationen aus dem anderen Deutschland,
>
> * die durch die Aufhebung der Hallstein-Doktrin und das Zustandekommen zwischenstaatlicher Abkommen ermöglichte größere Reisefreiheit für Westdeutsche und
>
> * die von Politologen und Sozialwissenschaftlern diagnostizierte zunehmende Konvergenz beider Staaten sowie die dadurch bewirkte langsame Aufhebung der Konkurrenz-Situation zwischen Ost und West." (Ebd., 83/84)

In dieser Situation war es also geboten, eine Antwort auf die Frage danach, was DDR-Literatur denn nun sei, zu suchen. 1972 wurde Raddatz' These „Es gibt zwei deutsche Literaturen" (vgl. ebd., 87) kontrovers diskutiert. „Mitte der siebziger Jahre ist fast jede wissenschaftliche Neuveröffentlichung von der ungeklärten Zugehörigkeitsfrage der DDR-Literatur durchdrungen", konstatiert Meyer (1994, 88). 1976 verlieh Mandelkow der Diskussion um die Spezifika von Texten der DDR-Literatur einen entscheidenden Impuls, als er sein Regelkreistheorem vorstellte: „Die DDR-Literatur ist eine Literatur des geschlossenen Regelkreises, geschrieben von Bürgern der DDR für Bürger der DDR.“ (Mandelkow 1976, 141) Das hatte Konsequenzen für das Verständnis von DDR-Literatur im Westen. Bisherige Interpretationen und damit verbundene Wertungen hatten den Adressatenbezug weitgehend unberücksichtigt gelassen. Das sollte jetzt korrigiert werden, beispielsweise durch die von Behn 1977 aufgestellten Thesen:

> „* Die Deutung der DDR-Literatur nach einem konvergenztheoretischen Modell erfaßt nicht die Spezifik der sozialistischen Literatur. Ihre auf Veränderung der eigenen Umwelt gerichtete Praxis wird dadurch nicht berücksichtigt.
>
> * Kulturtheorie und Kulturpolitik der DDR müssen in die Reflexion der Literatur eingehen.
>
> * Die Rezeption muß den Vorrang der Adressierung der Literatur an die DDR-Bevölkerung anerkennen.
>
> * Die Rezeption muß die Bedingungsrahmen von DDR-Literatur in die Interpretation einbeziehen.“ (Meyer 1994, 94)

Damit kam DDR-Literatur v. a. dem Informationsbedürfnis westdeutscher Rezipienten entgegen, d. h., sie wurde begriffen als „soziopolitische Ausdrucksform“ (ebd., 97). Insofern wird ihre Eigenständigkeit betont, wie beispielsweise im 62. Heft von „Praxis Deutsch“ ausgeführt: „Es gibt in der DDR eine eigene Kultur – und wer über dieses Land etwas erfahren will, tut gut daran, die Literatur seiner Autoren zu lesen.“ (1983, 3)

Heinz Blumensath betonte in seinem Basisartikel:

> „Eine bemerkenswerte Vielfalt der Handschriften und Sujets, die die Prinzipien des sozialistischen Realismus durch die Literatur selbst, aber auch assistiert von differenzierten (sic! besser: differenzierenden) Literaturwissenschaftlern, fortzuentwickeln versuchten, entstand nach 1971, dem Jahr der Ablösung Walter Ulbrichts durch Honecker und des VIII. Parteitages. Aber schon 1976 versuchte die DDR mit der Ausbürgerung Wolf Biermanns, dem bis heute rund 50 Künstler in den Westen folgten, engere Grenzen zu markieren.“ (Ebd., 23)

Im Gegensatz zu anderen Vermittlungsansätzen (vgl. Meyer 1994, 172) wird hier Teilen der Literatur der 70er Jahre nicht nur Eigenständigkeit, sondern auch eine gewisse literarische Qualität zugestanden, was das Bemühen um Entideologisierung erkennen lässt. Das Erstaunen über die trotz Zensur und Reglementierung durch die Kulturpolitik der SED entstandene „Vielfalt“ der Texte gehört wohl mit zu den wichtigsten Erfahrungen jener neuen, vorurteilsarmen Begegnungen.

1989 erschien bei Reclam (Stuttgart) in der Reihe „Arbeitstexte für den Unterricht“ das Bändchen „Erzählungen aus der DDR“, herausgegeben von Werner Brettschneider. Auf die Frage, weshalb es sinnvoll erscheine, die Literatur der DDR gesondert darzustellen, antwortet er: „Einmal, damit etwas weithin Unbekanntes näher in unseren Blickkreis rückt; zum anderen, weil in dem deutschen Staat jenseits der Elbe in den vergangenen vierzig Jahren eine Literatur eigenen Charakters entstanden ist, sich aus den Bedingungen eben dieses Staates entwickelt hat.“ (Ebd., 5)

Damit wird der Konsens der 80er Jahre deutlich: Das Konzept der soziologisch-ideologischen Literaturbetrachtung beeinflusste die wesentlichen – für die Schule relevanten – Vermittlungsansätze, selbstverständlich auch die Textauswahl. Ob das ständige Wiederholen des Zusammenhangs “Gesellschaftssystem – Kulturpolitik – literarisches Schaffen“ (Greiner 1983, 241), wie Greiner vermutet, eine produktive Auseinandersetzung mit DDR-Literatur eher verhinderte als begünstigte, muss noch erforscht werden. Zum anderen ist zu beachten, dass literarische Grenzverschiebungen in Westdeutschland – Meyer bezeichnet sie als „Hinwendung des Westens zu einer realistisch-politischen Literatur“ (Meyer 1994, 157) – die Toleranzschwelle gegenüber DDR-Literatur absinken ließen. Trotzdem ist der sich ausbildende Kanon, also das aus der DDR-Literatur Ausgewählte und damit als Literatur Anerkannte, oft unter einem politisch motivierten Blickwinkel heraus entstanden und nicht repräsentativ für die Palette der tatsächlich existierenden DDR-Literatur.

2.3. Sicht nach dem Ende der Zweistaatlichkeit

Mit dem Ende der DDR und der sich anbahnenden deutschen Vereinigung änderte sich der Blickwinkel. DDR-Literatur war nicht mehr eine eigentlich fremde Angelegenheit, sondern mit einem Mal Erbmasse, über deren Wert „im eigenen Hause“ und „für das eigene Haus“ nachzudenken war. Obgleich man diese Erbschaft nicht ausschlagen konnte – einige wollten durchaus –, setzte sich der Prozess des Klassifizierens und Sortierens fort, nunmehr gerichtet auf die „Chancenbewertung von DDR-Literatur im vereinten Deutschland“ (Meyer 1994, 180). Drastisch erhellt wird das durch Äußerungen, wie die von Heinz Ludwig Arnold zitierte:

> „DDR-Literatur tauge nichts, alles, was an der in der DDR entstandenen Literatur etwas tauge, sei nicht DDR-Literatur, sondern deutsche, europäische oder Welt-Literatur.“ (Arnold 1991, 7)

Reinhard Baumgart erfuhr auf der Buchmesse 1990, dass „allenthalben kummervoll bis schadenfroh über das Ende der DDR-Literatur nachgedacht wurde“ (Baumgart 1994, 547).

Es hat den Anschein, als wollten in jener frühen Phase der Vereinigung einige, dass nichts mehr an den anderen deutschen Staat erinnern sollte. In seiner Analyse des Feuilletons schreibt Meyer dazu:

> „Von Christa Wolf zu den Schriftstellern, von ihnen zu den Malern, Schauspielern, Nachrichtensprechern, Musikern, Verlagslektoren, Theater- und Filmregisseuren, weiter zu Zirkusdirektoren, Artisten und Entertainern. Schließlich stand insgesamt die Kultur der ehemaligen DDR am Pranger.“ (Meyer 1994, 177)

Dieser Rigorismus konnte von Betroffenen eigentlich nur als Vandalismus, Siegermentalität oder Marktgebahren reflektiert werden. Dabei war schon blamabel genug, dass Ostdeutsche selbst in „vorauseilendem Gehorsam“ ihre Bibliotheken und Buchhandlungen „gesäubert“ hatten. Hunderttausendfach waren Bücher aus DDR-Produktion vernichtet worden, darunter auch solche, die bereits im Westen als Lizenzausgaben erschienen waren (vgl. ebd., 180). Ein solches Vorgehen galt also nicht nur der Kunstform „DDR-Literatur“, sondern hatte auch einen marktwirtschaftlichen Hintergrund.

Was aber im Eifer aller Auseinandersetzungen vergessen worden war, soll die Aussage Christoph Dieckmanns vom August 1990, aus dem Nachwort zum Bildband „Olle DDR“, andeuten:

> „Erst spät, beim Abschied, erfuhr ich, was die DDR auch noch gewesen ist: mein geliebtes Land. Nichts ist vorbei, solange das Herz sich entsinnt.“ (Dieckmann 1993, 155)

DDR-Literatur wird abseits akademischer Diskussionen und ohne Respekt vor dem schein-moralischen Rigorismus des Feuilletons von einem nicht geringen Teil von Lesern als Folie für Erinnerungen und als „Auskunftsmittel dazu, 'wie es eigentlich gewesen ist' “ (Emmerich 1996, 27), *gebraucht*.

Der Terminus DDR-Literatur ist allerdings nach wie vor nicht fest umrissen (vgl. Emmerich 1994, 9). Er befindet sich an der Schnittstelle mehrerer möglicher Bedeutungen, und zwar mindestens der folgenden:

1. der thematischen: Literatur über die DDR,
2. der zeitgeschichtlich-politischen: Literatur aus der Zeit des Bestehens der DDR,
3. der räumlich-geographischen bzw. -territorialstaatlichen: Literatur aus dem Staat DDR,
4. der funktional-wirkungsästhetischen: Literatur v. a. für das DDR-Publikum, und
5. der produktionsästhetischen: Literatur von Autoren der DDR.

Wolfgang Emmerich ist zuzustimmen, dass der Begriff keine „Hinweise auf einen ästhetischen Epochenstil“ enthält, ebenso nicht festlegt, ob „die 'eigentliche' DDR-Literatur diejenige gewesen sei, in der sich der 'reale Sozialismus' affirmativ manifestiert habe (also die der J. R. Becher, Hermann Kant und Helmut Sakowski) – oder ob nicht umgekehrt jene der Dissidenten von Uwe Johnson, über Hans Joachim Schädlich und Jürgen Fuchs, bis zu Jan Faktor, geschrieben aus dem Geist der Verweigerung, des Protests und pochend auf die Souveränität der Literatur“. Er vertritt die These, dass „am charakteristischsten für den kontrastreichen Gesamtfundus namens 'DDR-Literatur' eben jene [sei], die *zwischen* diesen beiden Polen der blinden Affirmation einerseits und der radikalen Dissidenz andrerseits angesiedelt ist, indem sie das Unmögliche versuchte – bis zu ihrem Scheitern spätestens in der Wende: nämlich Literatur aus dem 'Geist der Utopie' (nüchterner gesagt: aus dem Geist der reformsozialistischen Illusionen) zu schaffen, die einerseits, und zunehmend, auf die *Eigengesetzlichkeit der Kunst* pochte (also der ästhetischen Moderne verpflichtet war), andererseits aber doch, den alten Impetus der Avantgardebewegungen wieder aufgreifend, die *Kunst ins Leben zurückführen* wollte.“ (Emmerich 1994, 9)

Emmerichs Empfehlung, die Begriffe nicht künstlich eindeutig zu machen, sondern „beharrlich“ offenzuhalten, um „Multiperspektivität“ zu gestatten (Emmerich 1996, 21), dürfte auch im Deutschunterricht uneingeschränkt zu folgen sein.

3. Periodisierungsfragen

Nach Einsichten der hermeneutischen Historik ist davon auszugehen, dass Literaturgeschichte „nicht mehr als mimetischer Diskurs, als Abbildung einer ›wahren Wirklichkeit‹, des Vergangenen *wie es eigentlich gewesen ist*, verstanden werden“ (Pechlivanos 1995, 178) kann. Es gilt, und das macht der vorliegende Gegenstand in exemplarischer Weise deutlich: „Der Historiograph muß erst einen Gegenstand konstruieren oder konstituieren, nach bewußten oder unbewußten Erkenntnisinteressen muß er Entscheidungen über die Gestalt der Vergangenheit treffen [...]" (Ebd.)

Dieser Prozess, die DDR, nicht nur ihre Literatur, betreffend, ist erst am Anfang, deshalb werden einige Vorschläge vorgestellt.

1983 periodisierte Heinz Blumensath, repräsentativ für eine bis zur Wende gültige Literaturgeschichtsschreibung:

> „A: Antifaschistische-demokratische Ordnung (1945–1949) [...]
>
> B: Schaffung der Grundlagen des Sozialismus – sozialistische Produktionsweise in Landwirtschaft und Industrie (1950–1957) [...]
>
> C: Entfalteter Aufbau [des Sozialismus] (1958–1970) [...]
>
> D: Entwickelte sozialistische Gesellschaft nach dem VIII. Parteitag (1971 ff.)" (Blumensath 1983, 23)

Es sei nur am Rande angemerkt, dass die „sozialistische Produktionsweise" in der Landwirtschaft nicht schon 1957, sondern erst 1960 mit dem sogenannten „sozialistischen Frühling auf dem Lande", d. i. die (auch Zwangs-) Kollektivierung der Landwirtschaft durch Gründung der LPG (Landwirtschaftliche Produktionsgenossenschaften), als eingeführt betrachtet werden konnte. So „nebenbei" verdeutlicht das, wie schwierig es aus westlicher Perspektive war (und ist?), den DDR-offiziellen Begriffen die tatsächlichen Ereignisse zuzuordnen.

Blumensaths Periodisierung folgte, indem er im wesentlichen das Phasenmodell der DDR-Literaturwissenschaft übernahm, der „Primatsetzung des Gesellschaftlich-Politischen gegenüber dem Ästhetischen": „Literarische Texte wurden so nur selten als *Texte* untersucht und weit häufiger als Widerspiegelung gesellschaftlich-politischer Verhältnisse – oder umgekehrt (was methodisch wenig ändert): als Protest gegen sie." (Emmerich 1996, 18)

Überblicks- und Gesamtdarstellungen der DDR-Literatur beschrieben demnach die Prozesse und Entwicklungen nach einem für heutige Verhältnisse „allzu simplen Schema: erst das gesellschaftlich-politische System im Wandel, dann die Kulturpolitik in Gestalt der Verlautbarungen von Parteitagen, ZK-Plenen und Schriftstellerkongressen, dann schließlich die Literatur selber in Gattungs- und thematischen Längsschnitten." (Ebd., 19)

Emmerich konstatiert die „dilemmatische Situation zwischen den Polen Kulturpolitik / institutionalisiertes System und der Reihe der literarischen Texte" auch für die Periodisierung der Geschichte der DDR-Literatur. So folgt er selbst in seiner überarbeiteten „Kleinen Literaturgeschichte der DDR" noch partiell dem o. g. Darstellungsmuster, um aber gleichzeitig „die wichtigsten literarischen Texte als individuelle Produktionen mit ästhetischen Mitteln vorzustellen, die gerade nicht als Ausfluß irgendwelcher kulturpolitischer Direktiven zu begreifen und ihrer ›Endstellung‹ im Darstellungsprozeß zum Trotz nicht als Nebensache anzusehen sind" (ebd.). Er begründet sein Vorgehen damit, dass eine Konzentration nur auf „Text- und Formgeschichte", literaturimmanente Fragen also, historisch verfehlt wäre, weil sie die

„machtvolle Systemvorgabe“ der Kulturpolitik ignorierte. Andererseits würde eine Engführung auf das „literarische / kommunikative System“ die literarischen Texte vernachlässigen (vgl. ebd., 19). Ein Ausweg scheint ihm das Wahrnehmen notwendig wechselnder Perspektiven zur Darstellung der literarischen Entwicklung in der DDR zu sein (vgl. ebd., 20):

- Literarische Entwicklung folgt „über den Transmissionsriemen der Kulturpolitik explizit politischen Daten [...]“, wobei es folgende Zäsuren gäbe: 1945, 1949, 1951, 1953, 1956, 1959, 1965, 1971, 1976, 1985.
- Da sie es nicht schematisch und nicht in kurzer Schrittfolge tut, wäre ein „großräumiges Periodisierungsmodell“ möglich, „das von einer Phase der Konstituierung der DDR-Literatur bis etwa 1961, einer anschließenden Stabilisierungsphase bis 1976 und schließlich einer Auflösungsphase von etwa 1976 bis 1990 ausgeht.“
- Durch die Frage „nach dem Verhältnis der DDR-Literatur zur ästhetischen Moderne“ erhält man eine Zäsur „im Lauf der 60er Jahre“, wo sich ein besonders wichtiger Modernisierungsschub vollzog.

Die von Wilfried Barner herausgegebene „Geschichte der deutschen Literatur von 1945 bis zur Gegenwart“, in der DDR-Literatur nicht in Form einer Teilmonographie behandelt wird, versucht den Weg einer „sorgsam kontrastierenden Synopse“, um durch die Analyse von „Parallele und Differenz“ „übergreifende Orientierungslinien zu ziehen“ (Barner 1994, XVIII). Dabei werden literarisch-ästhetische Strukturtendenzen und künstlerisch-innovative Verdienste ebenso herausgearbeitet wie Merkmale des „literarischen Lebens“, jenes Bereichs also, „der in komplexen Gesellschaften literarische Kommunikation allererst ermöglicht“ (ebd., XIX). So wird politische, ökonomische und Sozialgeschichte konkret fassbar, ohne sich zu verselbständigen, denn: „Literarisches Leben bleibt [...] auf dasjenige bezogen, was den bestimmenden Gegenstand aller Literaturgeschichtsschreibung ausmacht: auf das Entstehen, Bekanntwerden und Rezipiertwerden der literarischen Texte selbst. Dieses Eingespanntsein zwischen die Kollektivität der bedingenden Prozesse und die Individualität der Autoren, der Texte und der Rezipienten – auch der sich einschaltenden Kritiker – ist konstitutiv für das Feld ›literarisches Leben‹.“ (Ebd.) Dessen grundlegende Unterschiedlichkeit zwischen den drei westlichen Teilliteraturen und der der DDR liefert dann auch die Begründung für die letztlich doch zweigeteilte Darstellung.

Die Periodisierung folgt im wesentlichen einem Dekadenschema, das locker gehandhabt werden kann und v. a. „die kontrastive Engführung zwischen Literatur im ‘Westen’ und im ‘Osten’“ (ebd., XXI) erlaubt. Allerdings berücksichtigen die ersten fünfzehn Jahre die „Etablierung der Systeme, die sich auch literaturspezifisch niederschlägt“ (ebd.), also die Verzahnung politischer mit literarischen Zäsuren. Für die darauf folgenden Jahre werden mitunter „leichte Binnenzäsuren um die Mitte der Jahrzehnte“ (ebd.) festgestellt.

Greiner hat 1983 empfohlen, DDR-Literatur in ihrer Eigenschaft „als Medium und Vollzug einer strukturell gewandelten Öffentlichkeit“ zu beschreiben und damit die „deutsche Literatur nach ’45 nicht nach politischen Systemen zu scheiden (westliche Literatur – Literatur der DDR), sondern nach der Struktur von Öffentlichkeit, auf die sie sich jeweils bezieht, also etwa zu unterscheiden: Literatur, die sich auf eine strukturell neue Öffentlichkeit bezieht – Literatur, die sich auf eine reglementierte, manipulierte Öffentlichkeit bezieht – Literatur, die sich weiter am Modell bürgerlicher Öffentlichkeit orientiert, obwohl diese faktisch zerfallen ist." (Greiner 1983, 252) Folgte man diesem Diskussionsmodell, könnte der Streit über DDR-Literatur aus seiner moralisierenden Beschränktheit heraustreten und Literatur ließe sich wie jede andere auch an ihren Entstehungsbedingungen messen. Deren Rekonstruktion ist jedoch ein nicht einfach zu lösendes wissenschaftliches Problem.

Allem Anschein nach bleibt also die Periodisierungsfrage noch längere Zeit offen, ehe kanonische Festschreibungen erneut den Blick versperren könnten.

Literarhistorische Sinnkonstitution kann sich auf unterschiedlichen Ebenen vollziehen:

> „[...] einer semiologischen, die Texte und Institutionen als Zeichensysteme auffaßt, einer semantischen, die die Frage nach den sozialen und kulturellen Funktionen stellt, und einer phänomenologischen, die die Relationen zwischen den Texten und den Rezipienten unter die Lupe nimmt [...]. Je nach der Richtung der Fragestellung treten in den Vordergrund Beziehungen der ›intertextualité‹, der ›interdiscursivité‹ und der ›interréceptivité‹ [...]." (Pechlivanos 1995, 178)

Gegenwärtig scheint die Diskussion fast ausschließlich auf die „semantische" Ebene konzentriert zu sein, nur teilweise ergänzt durch Betrachtungen auf der „phänomenologischen" Ebene.

4. Historische Aspekte der Vermittlung von DDR-Literatur

> „Es hat lange gedauert, bis man die DDR-Literatur im Westen überhaupt zur Kenntnis nahm [...] Als Christa Wolf 1963 mit ihrem ‘Geteilten Himmel’ die Mauer des Vorurteils durchbrach, da mag, neben der ‘sanften’, manchmal fast lyrisch anmutenden Schreibweise, der Buchtitel für den Erfolg verantwortlich gewesen sein, der sie irrtümlich zur ‘Dichterin des geteilten Deutschlands’ avancieren ließ. Auch Kants ‘Aula’ oder ‘Buridans Esel’ von Günter de Bruyn fanden den Weg zum westlichen Publikum – beides Werke, die sich durch Humor und das Fehlen von ideologischer Verbissenheit auszeichnen." (Gerlach 1992, 243)

So beschreibt Ingeborg Gerlach 1992 den Durchbruch der DDR-Literatur auf dem westlichen Buchmarkt. Offensichtlich lief dieser Vorgang parallel zur Lockerung des Boykotts gegenüber den Werken Brechts. Hier setzte in der zweiten Hälfte der 50er Jahre eine ernsthafte Beschäftigung der Wissenschaft mit ihm und seinem Werk ein: Volker Klotz, Reinhold Grimm, Walter Hinck, Marianne Kesting seien genannt. Ab 1960 nahmen die Veröffentlichungen – Sekundär- und Primärtexte – schnell zu. Die Brecht-Aufführungen an den Theatern erreichten Rekorde. Ob Brecht als DDR-Autor gelten darf oder nicht, ist unerheblich. Man musste sich mit ihm und seinen auf gesellschaftliche Veränderung gerichteten Texten befassen und kam um eine Stellungnahme zur DDR nicht herum.

Wenn man zuspitzt, könnte man sagen, zur Zeit des Mauerbaus 1961 stellte sich das Problem ‘DDR als zweiter deutscher Staat’ derart massiv, dass politisch indoktrinierte Ignoranz gegenüber der DDR-Literatur aufgegeben werden musste, so dass bis zum Ende der sechziger Jahre „›die DDR-Literatur‹ für aufmerksame Leser im Westen klar konturiert [war], gewiß mit erheblichen Einschränkungen, Ausblendungen und Bevorzugungen, aber doch als ein umrissenes eigenes Corpus“ (Emmerich 1996, 11/12). Wohlgemerkt, Emmerich spricht hier von einer besonderen Lesergruppe, Meyer meint offensichtlich eine andere, wenn seiner Auffassung nach DDR-Literatur westdeutschen Rezipienten „weitgehend eine terra incognita“ geblieben sein soll.

Nach Emmerich (vgl. ebd.) konnte DDR-Literatur bis zu diesem Zeitpunkt folgende Interessen beanspruchen:

- „Sie übermittelte Nachrichten aus einem zumal seit dem Mauerbau 1961 fremd und fremder gewordenen Land, das doch auch deutsch war [...]“.
- Zunehmend waren die Texte auch ästhetisch interessant (Beginn mit: Uwe Johnson, Johannes Bobrowski).
- „Kritische, aber in ihrem Selbstverständnis nie anders als sozialistische Literatur aus der DDR – an der Spitze Biermann, Braun, Christa Wolf und Heiner Müller – wurde im Zuge der 68er Bewegung von der Neuen Linken als Spiel-Raum, als Projektionsfläche für eigene (utopische) Entwürfe einer nichtkapitalistischen Gesellschaft gelesen.“

In den siebziger Jahren kamen zu dieser Interessenkonstellation hinzu:

- „[D]ie Sympathie für die DDR-Literatur als ein Medium vehementer Zivilisationskritik.“
- „Da viele DDR-Autoren [...] bei und nach der Biermann-Ausbürgerung 1976 politischen Mut bewiesen – nicht wenige bis an den Punkt, daß sie Strafverfolgung und mehr oder weniger erzwungene Auswanderung auf sich nahmen –, wuchs der nun auch moralische Nimbus der DDR-Literatur weiter an.“

Für die Bürger der DDR war, nach Einschätzung Emmerichs, die Bedeutung „ihrer“ Literatur „eine viel größere als für westliche Leser“:

> „Literaturpropaganda vielerlei Art, ein ideologisch hoch besetzter schulischer Deutschunterricht, geförderte Theaterbesuche, niedrige Buchpreise und manches andere führten nicht nur zu einem hohen Stellenwert von Literatur und Lesen im allgemeinen, sondern auch der eigenen Gegenwartsliteratur im besonderen.“ (Ebd., 12/13)

Als weitere Gründe dafür können gelten: die Monopolstellung des Buches durch eine ansonsten schwache Medienkonkurrenz innerhalb der DDR sowie die Funktion v. a. der kritischen Texte als „Ersatzöffentlichkeit“. Das Leserinteresse konzentrierte sich – wie im Westen – auf den „zivilisationskritischen Impetus“, aber auch auf das „utopisch-sozialistische Potential“ der neueren Literatur, das immer wieder die Hoffnung nährte, Kritik an der Wirklichkeit könnte doch zu als notwendig empfundenen Veränderungen führen.

Nun einzelne Schlaglichter dieser Entwicklung:

Sechs Verlage haben sich um die Vermarktung von DDR-Literatur in Westdeutschland besonders gekümmert: Luchterhand, Suhrkamp, Rowohlt, Fischer, Wagenbach und Rotbuch. Dabei spielten politische Stimmungslagen eine nicht zu unterschätzende Rolle.

Zu Beginn der 70er Jahre („neue Ostpolitik“) ließ sich ein deutlicher Anstieg der Veröffentlichungen registrieren. Etwa 60 Autoren mit über 100 Titeln wurden verlegt; hinzu kamen mehr als ein Dutzend Anthologien (vgl. Meyer 1994, 106/107).

Aber nur wenige Autoren und Bücher konnten sich dauerhaft etablieren. Es seien v. a. genannt: Bertolt Brecht (allein „Mutter Courage und ihre Kinder“ und „Galilei“ mit 3 Mio. Exemplaren), Ulrich Plenzdorf („Die neuen Leiden des jungen W.“), Hermann Kant („Die Aula“ als Fischer Taschenbuch für die Schullektüre), Jurek Becker („Jakob der Lügner“), Reiner Kunze („Die wunderbaren Jahre“), Bruno Apitz („Nackt unter Wölfen“), nicht zuletzt Christa Wolf („Der geteilte Himmel“, „Nachdenken über Christa T.“).

1975 lag die erste Gemeinschaftsarbeit westdeutscher Wissenschaftler über die DDR-Literatur vor: Schmitt, Hans-Jürgen: Einführung in Theorie, Geschichte und Funktion der DDR-Literatur. Stuttgart.

Bis 1978 wurde die unterrichtsbezogene Orientierung zur DDR-Literatur zwar immer wieder angemahnt, stieß aber bei den Lehrenden auf Schwierigkeiten und Unsicherheiten. Ende 1978 wurde durch den Beschluss der Kultusministerkonferenz zur „Behandlung der deutschen Frage im Unterricht“ die DDR-Literatur mit den Auseinandersetzungen um die deutsche Frage verknüpft. Das Echo aus der DDR war dem entsprechend „eisig“. Nicht zu vergessen, zeitparallel dazu hatte die Kulturpolitik der DDR mit den ungeheuren Problemen nach der Biermann-Ausbürgerung zu tun. Von 1976 bis 1981 war eine regelrechte Ausreisewelle zu beobachten. Es reisten Schriftsteller und Künstler aus, die die kritische und im Westen angesehene Literatur der DDR mitgeprägt hatten, z. B. Reiner Kunze, Sarah Kirsch, Hans Joachim Schädlich, Jurek Becker, Günter Kunert, Karl-Heinz Jakobs, Erich Loest … (Vgl. Jäger 1995, 4/5)

Ingeborg Gerlach beschreibt die damalige Situation:

> „Ende der siebziger Jahre spotteten boshafte Zungen, daß der Westen ohne die Zufuhr immer neuer poetischer Talente aus der DDR verödet wäre. Der Massenexodus nach den Protesten gegen Biermanns Zwangsausweisung brachte der BRD alljährlich ein Reservoir an künstlerischen Talenten, die ungleich vitaler erschienen als ihre in postmoderner Beliebigkeit versunkenen westlichen Kollegen.“ (Gerlach 1992, 243/244)

Das Thema, das sie bearbeiteten, war *ihre verfluchte DDR*. Es entstand demnach „DDR-Literatur im Exil“. Damit sind einige der o. g. Bedeutungen des Begriffs DDR-Literatur zu modifizieren: die räumlich-geographische und die funktional-wirkungsästhetische; die produktionsästhetische wird fragwürdig.

In den achtziger Jahren, so Egbert Meyer, „entwickelt sich DDR-Literatur zum gewichtigen Wirtschaftsfaktor für westdeutsche Verlage“ (Meyer 1994, 119). Die Wissenschaft reagierte durch eine steigende Zahl von Veröffentlichungen, allerdings schien sie die Entspannungssituation seit Mitte des Jahrzehnts nur ungenügend mitreflektiert zu haben (vgl. ebd.). Einen Untersuchungsschwerpunkt bildete die frühe DDR-Literatur.

Wolfgang Emmerich unternahm 1981 den erfolgreichen Versuch, eine „Kleine Literaturgeschichte der DDR“ zu schreiben, die sachlich und ausgewogen argumentierte. Auch das fast 100 Seiten umfassende Kapitel über DDR-Literatur in der von Wolfgang Beutin u. a. herausgegebenen „Deutschen Literaturgeschichte“ (3. überarb. Aufl., Stuttgart 1989) kann dieses Urteil für sich beanspruchen. Seinen methodologischen Ansatz beschreibt Emmerich so: „Ich postulierte damals (DDR-)Literatur als 'in mehrfacher Weise prozessierenden Teil der gesellschaftlich-geschichtlichen Bewegung im Ganzen' und schrieb ihr drei Grundeigenschaften zu: 'Dokument, ›Zeuge‹ des historischen Prozesses', 'Bewußtsein [der und] gegen die Geschichte' und schließlich 'wirkender Faktor' im Geschichtsprozeß zu sein." (Emmerich 1996, 18) Damit wird der „vielleicht entscheidende Pferdefuß der DDR-Literatur-Forschung" insgesamt sichtbar: „ihre umfassende und allseitige *Politisierung*" (ebd., 17).

Durch die Einbeziehung der Deutschlandproblematik in die schulische Beschäftigung mit DDR-Literatur und die Orientierung an literaturwissenschaftlichen Methoden der siebziger Jahre, wie sie Emmerich skizziert, dominieren in den achtziger Jahren außerliterarische Erkenntnisinteressen die Lektüreweisen. Deutliches Zeichen ist die verstärkte Einbeziehung literarischer Texte in den Politik- und Sozialkundeunterricht (vgl. Meyer 1994, 166).

Trotzdem: Es gab Ansätze zu einer vorurteilsarmen Bewältigung des Gegenstandes DDR-Literatur, wenngleich Blumensath schon zu Beginn der achtziger Jahre die Versuche als gescheitert ansah (vgl. Blumensath 1983, 19).

Als die DDR von der Bildfläche verschwindet, belebten Ressentiments und Aufgeregtheiten die öffentliche Diskussion, Zukunftsplanung ging mit Abrechnung einher, die vor allem die „nichtaffirmative Autorenschaft der DDR" (Emmerich 1996, 16) traf:

> „Als Kern schälte sich immer wieder der Doppelvorwurf heraus, sie hätten durch ihre nur partiell 'kritische' Position faktisch 'systemstabilisierend' gewirkt und seien als von der SED 'Privilegierte' nicht befugt, jetzt für die DDR-Bevölkerung zu reden, schon gar nicht als 'Opfer'." (Barner 1994, 924)

Sie seien also schlichtweg „Erfüllungsgehilfe[n] einer häßlichen Diktatur" gewesen und „nicht Geburtshelfer der Wende" (Emmerich 1996, 14).

Im „Literaturstreit" um Christa Wolfs Prosatext „Was bleibt" (1990) ging es nicht eigentlich um dieses Stück Literatur oder um Ästhetisches, sondern um die „generelle Abrechnung mit einem Großteil der westdeutschen (und partiell – unausgesprochen – der österreichischen und schweizerischen) Literatur der Nachkriegszeit" (Barner 1994, 928). Christa Wolf stand demnach – pars pro toto – für die DDR-Prominenz, sogar für die deutsche „Intelligenz" nach der Wende (vgl. ebd., 929). Nachdenklich stimmt die folgende Wertung dieser Vorgänge: „Daß mit politisch motivierter Schärfe und Pauschalität gegen eine ganze Gruppe vorgegangen wurde, erinnerte manchen an die Ära McCarthys." (Ebd.) Aber der „Literaturstreit" hatte Fortsetzungen: Im Herbst 1991 wurde er erneut ausgelöst durch Vorwürfe gegen junge Autoren der Prenzlauer Berg-Szene (Sascha Anderson, Rainer Schedlinski) wegen ihrer „Stasi"-Verstrickungen, dann 1992/93 traf der Vorwurf Christa Wolf, Heiner Müller, Günter de Bruyn, 1995 sogar Monika Maron (vgl. Emmerich 1996, 14/15). Der Verlust an Glaubwürdigkeit und an moralischer Integrität der gesamten DDR-Literatur war ungeheuer.

Obwohl dies nicht zu unterschätzen ist, weist Emmerich zu Recht darauf hin, dass der „generelle Funktionsverlust, den gerade die ›bessere‹ DDR-Literatur seit der Wende erlitten hat, und damit die tiefe Sinnkrise, in die viele Autoren geraten sind", von größerer Bedeutung sind, weil nun die gesellschaftliche Schlüsselfunktion verloren war, ihr „Hauptprivileg" (Emmerich 1996, 15).

Mit dem Verschwinden des politischen Ortes DDR (und der gesamten „sozialistischen Staatengemeinschaft") ging auch jene Projektionsfläche verloren, deren unzulängliches reales Erscheinungsbild immer wieder Anlass war für den „Traum von einer autochthonen sozialistischen Gesellschaftsordnung" (ebd., 16), der reformsozialistische DDR-Autoren und linke Intellektuelle in Ost und West verband: „Mit dem nichts als begrüßenswerten Untergang des SED-Regimes in der DDR verloren auch utopisch-teleologische Projektionen auf das im Lande entstandene literarische Corpus ihren Bezug, und das mußte die Projizierenden verwirren und schmerzen." (Ebd., 17) Nicht nur die literarischen Texte der DDR, sondern auch ihre wie immer gearteten Interpretationen waren (und sind) also von der „Furie des Verschwindens" bedroht.

Als Ausweg empfiehlt Emmerich ein „skeptisches, kritisches *rereading* dieser Entwürfe und Konstrukte" (ebd.). Wir befinden uns mitten in diesem Prozess der sich vertiefenden wissenschaftlichen Arbeit, auch die Literaturdidaktik. Beispielsweise hat Klaus-Michael Bogdal in Freiburg eine Umfrage durchgeführt über die Rezeption von DDR-Literatur bei westdeutschen StudentInnen (Der Deutschunterricht, Hefte 2 und 3/1996). Das Heft 5/1996 der Zeitschrift „Der Deutschunterricht" stand unter dem Titel „DDR-Literatur: Was bleibt?". Durch Förderung des Bundesministeriums für Bildung, Wissenschaft, Forschung und Technologie ist 1995 eine dreibändige Anthologie – als „Beitrag zur geistig-kulturellen Einigung zwischen Ost- und Westdeutschland" (Anthologie 1995, 7) – erschienen, die Texte auch für die Schule bereitstellen soll. Nach einem halben Jahrzehnt der relativen Abstinenz gegenüber DDR-Literatur bereitet sich gewissermaßen eine neue schulische Rezeption vor, die eingebettet ist in den schwierigen Prozess des Zusammenwachsens von Ost und West und von daher ihre Bedeutung erlangt.

Die Notwendigkeit einer Auseinandersetzung mit DDR-Literatur ist offensichtlich, seitdem nun festzustehen scheint, dass von DDR-Literatur etwas bleiben wird. Dazu Wolfgang Emmerich:

> „Was bleibt, ist ein Lehrstück von bleibendem Wert über die Möglichkeiten und das Scheitern, die Irrungen und Wirrungen, die Verheißungen und die Versuchungen intellektueller und künstlerischer Arbeit in einer Diktatur."
>
> „Und ein zweites wird bleiben. Das sind nicht wenige literarische Texte aus mehr als 40 Jahren."
>
> „Und ein Drittes wird bleiben: der Impuls einer alternativen literarischen Kultur der Jungen, nach 1950 Geborenen, die nicht erst mühsam aus dem 'Eisenwagen' des Resozismus auszusteigen brauchten, weil sie in ihn gar nicht erst eingestiegen waren." (Emmerich 1991, 242/243)

5. Einige Grundvoraussetzungen für die schulische Rezeption von DDR-Literatur

5.1.

So wie DDR-Literatur „immer im Spannungsfeld der europäischen Spaltung gestanden" hat, war die „politisierte Rezeption" (Krauss 1996, 3) hierzulande die Konsequenz daraus. Im Heft 125 von „Diskussion Deutsch" (Juni 1992), in der „nach-euphorischen Phase der Ernüchterung" (Gerlach 1992, 210), machte Ingeborg Gerlach „auf die Gefahren aufmerksam, die in dieser Form der Funktionalisierung von Literatur schon immer gelegen hat und heute wieder liegt. DDR-Literatur, die bislang im Unterricht die Aufgabe hatte, Schülern in *beiden* deutschen Staaten Fragen zur jüngeren deutschen Geschichte, insbesondere zur Verantwortung des einzelnen im Feld politischer Entscheidungen, zu ermöglichen, wird kaum noch gelesen. Sie wird explizit zurückgewiesen, oder sie verstaubt ganz einfach zusammen mit den didaktischen Konzepten, durch die sie Unterrichtsrelevanz besaß." (Ebd., 211)

Etwa fünf Jahre später kommt Klaus-Michael Bogdal in Befragungen zu dem Ergebnis, dass der Erkenntnisstand sowohl der SchülerInnen als auch der StudentInnen (in Westdeutschland) über DDR-Literatur gering ist. Möglicherweise wird diese Leerstelle nun durch eine Reihe unbefragter Klischees kaschiert, deren Wirken den Zugang zu Texten aus der DDR zusätzlich blockieren könnte. Beispielsweise das gegenwärtig übermächtige Schema, wonach die Vita des Autors über den Wert des Werkes entscheidet. (Vgl. Meyer 1994, 8)

5.2.

Dagegen etwas zu tun, ist die Absicht der Autorinnen und Autoren des 5. Heftes der Zeitschrift „Der Deutschunterricht" (1996). In seinem Vorwort spricht sich Hannes Krauss für einen unverkrampften didaktischen Umgang mit DDR-Literatur aus: Da das Problem DDR weder durch Distanzierungsrituale noch durch Ausblenden aus den (Alltags-)Diskursen zu lösen ist und auch keine emotional geführten Debatten weiterhelfen, sollten Bestandsaufnahmen v. a. „die Texte wieder zutage fördern, die unter den emphatisch und vehement artikulierten Standpunkten der Debattierenden verschüttet wurden" (ebd., 3). Nehmen wir den „Literaturstreit" von 1990: Er hat sich nicht im Gegeneinander der Argumente erledigt, auch nicht der Text von Christa Wolf, den die meisten in ihrem Eifer damals nicht mehr gesehen haben: Hier ist beispielsweise immer noch zu fragen, „[...] ob dieses *Was bleibt* nämlich mit einem Punkt, einem Fragezeichen oder gar einem Ausrufezeichen zu denken wäre, und auf was dieses Bleiben sich beziehen könnte, etwa auf die Stasi und eine unauslöschliche Erinnerung an sie, oder aber auf einen ideal existierenden Sozialismus, oder auf Literatur als Widerstandshaltung – oder auf alles zugleich und gegeneinander." (Baumgart 1994, 546)

5.3.

Damit die „ästhetischen, thematischen und gesellschaftlichen Spezifika einer Literatur, deren Bedeutung durch die politischen Umwälzungen der letzten sieben Jahre nicht geschmälert wurde“ (ebd., 4), erfasst werden können, sind die Vermittlung von sachlich richtigen Informationen und das Einüben in andere, und zwar literarische Sehweisen Voraussetzung.

Ein Beispiel: Manfred Jäger macht auf eine didaktische Engführung aufmerksam, in deren Folge die Bewertung und das Verstehen von DDR-Literatur nur falsch und borniert sein können:

> „In Westdeutschland benutzten viele Lehrer, die einen Einblick in die Lebensverhältnisse der DDR vermitteln und die dort entstehende Literatur geben wollten, mit Vorliebe die Bücher der frühen 60er Jahre. Übersichtliche Fabelführung, klare Konfliktgestaltung, leicht verständliche Sprache erleichterten den Umgang mit den Texten. Kriterien des sozialistischen Realismus ließen sich daraus ableiten, und politisch konnten die Texte als ernsthafte, erfolgreiche und typische Werke einer anderen literarischen Konzeption gelten. Auch später hielten sich die Pädagogen gern an diese deutlich von bürgerlicher Literatur unterscheidbaren Arbeiten, obwohl oder weil der Hauptstrom der in der DDR entstehenden Werke in den 70er und 80er Jahren ganz anders aussah; melancholische, resignative Haltungen wurden vorherrschend, das Lebensrecht des einzelnen herausgehoben und allgemeinmenschliche Züge betont.“ (Jäger 1996, 41)

Hinzu kommt, dass sich in den 70er und 80er Jahren die Literaturen Ost und West auch in ihrer Schreibweise stark angenähert hatten. Emmerich nennt in dem Zusammenhang neben den Jüngeren aus der alternativen Szene auch Autoren der älteren und mittleren Generation wie Fühmann, Müller, Kunert, Wolf, Mickel, Fries, Bekker, Braun, Hein, Hilbig, Brasch, S. Schütz.

> „Diese Autoren handhabten jetzt in voller Souveränität die Schreibmöglichkeiten der modernen Literatur, in denen sich die Krise des Geschichtssinns, der gesellschaftlichen Entwürfe, des Subjekts und damit auch traditioneller Literaturauffassung manifestierten: Autoreflexivität, Perspektivenvielfalt, Polyphonie, Intertextualität, Verfahren der Montage und Collage, Sprachdestruktion und -fragmentierung, Phantastik, Schreiben ›aus dem Traum‹ usw.“ (Emmerich 1996, 522)

Die Einsicht bildet doch wohl einen guten Anknüpfungspunkt an bisherige Literaturerfahrungen der Heranwachsenden und gestattet ein Lesen, das ohne die Krücke soziopolitischer Erklärungen und Verengungen auskommt.

5.4.

Ohne die verschiedenen Kontexte, in denen Literatur generell steht und DDR-Literatur im besonderen stand, aus dem Auge zu verlieren, geht es also vor allem um eine von politischen Vorurteilen weitgehend freie Textbegegnung, die auch nicht auf vorher definierte zeitgeschichtliche Erkenntnisse orientiert ist, sondern das besondere Verhältnis der Literatur zur Geschichte artikuliert:

> „Literatur bestätigt nicht die Wirklichkeit und irgendeinen ‘Gang der Geschichte’; sie verhält sich auf jede nur denkbare Weise zu ihr: protestierend und akklamierend, höhnend, verzweifelt, ganz blind und hellseherisch, voll von Hoffnung und Zweifel und mit der Prophetengabe des Don Quichote. Sie ist die Sprache des Menschen; seine Ängste und Hoffnungen, seine Verzweiflung und Sehnsüchte spricht sie aus; wie sie das tut, daran mißt sich ihr Rang.“ (Anthologie 1995, 14)

Das soll der Literatur nicht die Funktion absprechen, wie Gesine von Prittwitz meint, „um einerseits die innere Spaltung zu überwinden und andererseits beidseits ein angemessenes Verhaltnis zur jüngsten deutschen Vergangenheit zu finden“ (Prittwitz 1994, 34).

5.5.

Wer also den Texten so unvoreingenommen begegnet wie anderen Texten, seien sie gegenwärtig oder historisch, wird sich kurzschlüssiger Wertungs- und Lektüremuster entziehen können. Die Frage nach der literarischen Qualität der Texte, nach dem Ästhetischen, zu stellen, heißt gleichzeitig, über das Bleibende in der DDR-Literatur nachzudenken:

> „Denn es ist ja vor allem die schrittweise ästhetische Emanzipation eines Teils der in der DDR entstandenen Literatur, die ihre Qualität, ihre Würde, ihren Schutz vor Vereinnahmung und Instrumentalisierung ausmacht.“ (Emmerich 1996, 26)

5.6.

Auch wenn sich seit der Spätaufklärung die Zweifel verstärkt haben, „daß es möglich und vorstellbar sei, die Welt durch menschliches Handeln kontinuierlich zu verbessern und zu vollenden“ (Braungart 1997, 357), findet sich in nicht wenigen Werken der DDR-Literatur die Hoffnung auf gerade jene menschliche Perspektive. So bieten solche Texte die Chance zur Reflexion über die „grundsätzliche und notwendige Möglichkeit menschlichen Denkens, die erfahrbare Wirklichkeit überschreiten und ein anderes, besseres Leben, eine andere Gesellschaft oder einen anderen Staat entwerfen zu können“ (ebd. 356). Nicht wenige ästhetische Diskussionen des 20. Jahrhunderts haben zu dem Ergebnis geführt, dass „allen künstlerischen Gattungen der Status des Utopischen zugebilligt wird [...], weil Dichtung immer auch ein Gegenbild zur Realität darstellt“ (Erzgräber 1994, 451). Das jetzt völlig auszuklammern, bedeutete nicht nur einen Rückschritt, sondern auch eine Reduzierung der Wirkungsmöglichkeiten literarischer Texte.

Aus aktuellem Anlass beschließt Heinrich Mohr seine „Einleitung“ in die Anthologie „Von Abraham bis Zwerenz“ mit einer Warnung vor Lektüremustern, denen das „Prinzip Hoffnung“ als Makel, als unzeitgemäß, gar als suspekt gelten will:

> „Literatur in der DDR, die aus dem Geist der Utopie lebte – das tat nur ein immer kleiner werdender Teil von ihr – diese Literatur also war in vielfältiger Radikalität Kritik und Attacke der realsozialistischen Gesellschaft; war auch kaum Vertröstung, sondern Stachel im Fleisch. So wurde sie – alles in allem – auch in der Bundesrepublik gelesen. Jetzt will man anders lesen. Ist das eine Lehre der Geschichte? Ich kann's nicht so sehen. Ich habe eine andere Vermutung, die ich als Warnung an den Schluß stellen will. Der Angriff auf Utopie und utopisches Denken will mir eine Neigung zeigen, alternatives Denken überhaupt zu verweigern und einer bloßen Fortschreibung der Gegenwart das Wort zu reden – oder gar einer zuweilen schon gespenstisch anmutenden Beschwörung von Vergangenheiten. Ich halte das nicht bloß für bedenklich; es ist gefährlich.“ (Anthologie 1995, 17)

Literaturverzeichnis

Arnold, Heinz Ludwig: Literatur in der DDR. Rückblicke. TEXT + KRITIK. Sonderband. München 1991

Barner, Wilfried (Hrsg.): Geschichte der deutschen Literatur von 1945 bis zur Gegenwart. München 1994 (= Geschichte der deutschen Literatur von den Anfängen bis zur Gegenwart. Bd. 12)

Baumgart, Reinhard: Deutsche Literatur der Gegenwart. Kritiken, Essays, Kommentare. München 1994

Behn, Manfred: Neuere Gesamtdarstellungen der Geschichte der DDR-Literatur. In: Der Deutschunterricht 1996, H. 5, 88–91

Bernhard, Hans Joachim (Hrsg.): Geschichte der deutschen Literatur. Literatur der BRD. Berlin 1983 (= Geschichte der deutschen Literatur. Von den Anfängen bis zur Gegenwart. Band 12)

Blumensath, Heinz: DDR-Literatur im Unterricht. In: Praxis Deutsch 1983, H. 62, 19–27

Bogdal, Klaus-Michael / Bresgen, Bert: Vorbei und vergessen? Eine Umfrage über die Rezeption von DDR-Literatur bei westdeutschen StudentInnen. Teil 1. In: Der Deutschunterricht 1996, H. 2, 85–92; Teil 2. In: Ebd., H. 3, 49–58

Braungart, Wolfgang: Utopie, utopischer Roman. In: Brunner, Horst / Moritz, Rainer: Literaturwissenschaftliches Lexikon. Grundbegriffe der Germanistik. Berlin 1997, 356–358

Dieckmann, Christoph: Wende und Ende. In: Fensch, Helmut (Hrsg.): Olle DDR. Eine Welt von gestern. Berlin 1993, 154/155

Dingeldey, Erika: Versuch zum Dialog – über die Mauern von gestern hin. Nachdenkliches, angeregt durch die Lektüre einer Literaturgeschichte für Schüler in der DDR 1989. In: Praxis Deutsch 1991, H. 122, 545–564

Emmerich, Wolfgang: Status melancholicus. Zur Transformation der Utopie in der DDR-Literatur. In: Arnold, Heinz Ludwig: Literatur in der DDR. Rückblicke. TEXT + KRITIK. Sonderband. München 1991, 232–245

Emmerich, Wolfgang: Die andere deutsche Literatur. Aufsätze zur Literatur aus der DDR. Opladen 1994

Emmerich, Wolfgang: Kleine Literaturgeschichte der DDR. Erweiterte Neuausgabe. Leipzig 1996

Erzgräber, Willi: Utopie / Antiutopie. In: Borchmeyer, Dieter / Žmegač, Victor (Hrsg.): Moderne Literatur in Grundbegriffen. 2. neu bearb. Aufl., Tübingen 1994, 446–452

Gerlach, Ingeborg: Wozu heute noch DDR-Literatur? In: Praxis Deutsch 1992, H. 125, 241–247

Greiner, Bernhard: DDR-Literatur als Problem der Literaturwissenschaft. In: Klussmann, Paul Gerhard (Hrsg.): Jahrbuch zur Literatur in der DDR. Probleme deutscher Identität. Band 3. Bonn 1983, 233–262

Greiner, Bernhard: Literatur der DDR in neuer Sicht. Studien und Interpretation. Frankfurt a.M. 1986

Groth, Joachim-Rüdiger: Widersprüche: Literatur und Politik in der DDR 1949–1989. Zusammenhänge, Werke, Dokumente. Frankfurt a.M. / Berlin / Bern / New York / Paris / Wien 1994

Haase, Horst u. a.(Hrsg.): Geschichte der Literatur der Deutschen Demokratischen Republik. Berlin 1976 (= Geschichte der deutschen Literatur. Von den Anfängen bis zur Gegenwart. Band 11)

Hermlin, Stephan: Äußerungen 1944–1982. Berlin / Weimar 1983

Jäger, Andrea: Schriftsteller aus der DDR. Ausbürgerungen und Übersiedlungen von 1961 bis 1989. Frankfurt a.M. / Berlin / Bern / New York / Paris / Wien 1995

Jäger, Manfred: Noch einmal: Nachdenken über Christa Wolfs Prosa. In: Der Deutschunterricht 1996, H. 5, 39–47

Jaforte, Alessandra: Die Mauer in der literarischen Prosa der DDR. Frankfurt a.M. / Bern / New York / Paris 1991

Kasper, Karlheinz (Hrsg.): Sachwörterbuch für den Literaturunterricht Klassen 9 bis 12. Berlin 1975

Kliewer, Hans-Jürgen: Schreiben für den Markt. Kinderbuchautoren vor und nach der Wende. In: Beiträge Jugendliteratur und Medien 1994, H. 4, 194–201

Krauss, Hannes: Ruckblicke. In: Der Deutschunterricht 1996, H. 5, 3/4

Krauss, Hannes / Vogt, Jochen: Staatsdichter, Volkserzieher, Dissidenten? Entstehung, Untergang und Fortdauer eines Berufsbildes. In: Der Deutschunterricht 1996, H. 5, 68–76

Mandelkow, Karl Robert: Orpheus und Maschine. Heidelberg 1976

Meyer, Egbert: DDR-Literatur in Westdeutschland. Literaturwissenschaftliche, schulische und feuilletonistische Rezeption literarischer Prosa aus der DDR. Frankfurt a.M. / Berlin / Bern / New York / Paris / Wien 1994

Pechlivanos, Miltos: Literaturgeschichte(n). In: Pechlivanos, Miltos / Rieger, Stefan u. a. (Hrsg.): Einführung in die Literaturwissenschaft. Stuttgart / Weimar 1995, 170–181

Plassmann, Jens: Vom Ende der „prinzipiellen Lösbarkeit". Zum Konfliktausgang in der Darstellung der sozialistischen Gesellschaft durch die DDR-Dramatik der 70er Jahre. Frankfurt a.M. / Berlin / Bern / New York / Paris / Wien 1994

Prittwitz, Gesine von: Die junge Generation, die Literatur und die DDR-Literatur. Ergebnisse einer Befragung in den neuen und alten Bundesländern. In: Beiträge Jugendliteratur und Medien 1994, H. 1, 26–38

Schlenstedt, Dieter: Integration – Loyalität – Anpassung. Über die Schwierigkeiten bei der Aufkündigung eines komplizierten Verhältnisses. Ein Gespräch mit Frauke Meyer-Gosau. In: Arnold 1991, 169–183

Thiele, Eckhard: Literatur nach Stalins Tod. Sowjetliteratur und DDR-Literatur. Ilja Ehrenburg, Stephan Hermlin, Erwin Strittmatter, Christa Wolf, Juri Trifonow. Frankfurt a.M. / Berlin / Bern / New York / Paris / Wien 1995

Träger, Claus: Wörterbuch der Literaturwissenschaft. Leipzig 1986

Textsammlungen

Brettschneider, Werner (Hrsg.): Erzählungen aus der DDR. Stuttgart 1989 (= Reclams Arbeitstexte für den Unterricht 15014)

Von Abraham bis Zwerenz. Eine Anthologie des Bundesministeriums für Bildung, Wissenschaft, Forschung und Technologie, Bonn, und des Ministeriums für Bildung, Wissenschaft und Weiterbildung des Landes Rheinland-Pfalz als Beitrag zur geistig- kulturellen Einheit in Deutschland. 3 Bände. Bonn 1995 (mit Vorworten von Wilhelm Boegner, Heinrich Mohr, Christel Berger)

Bibliographie

Behn, Manfred: Auswahlbibliographie zur Literatur der DDR. In: Der Deutschunterricht 1996, H. 5, 78–87

TRIVIALLITERATUR

GÜNTER LANGE

Trivialliteratur und ihre Didaktik

Die Diskussion um die Trivialliteratur, die Anfang der 60er Jahre mit den Untersuchungen von Walther Killy (1961) und Walter Nutz (1962) ihren Anfang nahm, erlebte in den 70er Jahren ihren Höhepunkt, als infolge der Studentenbewegung die Literaturwissenschaft, die Deutschdidaktik und der Deutschunterricht ins Kreuzfeuer der Kritik gerieten, ihr Selbstverständnis, ihre bisherigen Gegenstände und praktizierten Methoden radikal in Frage gestellt wurden und auf Grund dieser Legitimationskrise neue Methoden (z. B. die marxistische Literaturtheorie, später die Rezeptionsästhetik), ein erweiterter Literaturbegriff und in seiner Konsequenz andere Textarten wie die Trivialliteratur, die Gebrauchstexte und die Texte der Massenmedien zu Gegenständen der literaturwissenschaftlichen und -didaktischen Forschung wurden. Die Richtlinien für das Fach Deutsch aus den 70er Jahren und die Lesebücher der damaligen Zeit sind ein Spiegelbild dieser Entwicklung.

Seit Beginn der 80er Jahre ist das Interesse an der Trivialliteratur in der Literaturwissenschaft und -didaktik merklich zurückgegangen. Nur noch vereinzelt erscheinen Publikationen. Daher kann Peter Nussers Buch „Trivialliteratur“ aus dem Jahre 1991 als gute Zusammenfassung der literaturwissenschaftlichen und -didaktischen Forschung und als deren vorläufiger Endpunkt gelten.

Die Diskussion um die Trivialliteratur seit Beginn der 70er Jahre hat allerdings dazu geführt, dass sich die Trivialliteratur heute einen festen Platz im Deutschunterricht erobert hat, einen bescheideneren zwar, als in der Euphorie der 70er Jahre gefordert, aber einen durchaus wichtigen, denn nach wie vor ist die Trivialliteratur häufig die einzige Literatur, mit der sich Schülerinnen und Schüler in ihrer Freizeit beschäftigen – und das ist ein Sachverhalt, der in der didaktischen Diskussion durchaus Gewicht hat.

1. Der Gegenstand

1.1. Zur Terminologie

Die Benennung dieser Literatur in der Forschung ist nach wie vor uneinheitlich. Neben dem hier verwendeten Begriff „Trivialliteratur“ fanden in den letzten dreißig Jahren die folgenden des öfteren Verwendung: „Massenhaft verbreitete Literatur“, „Massenliteratur“ und „Unterhaltungsliteratur“. Auf die zahlreichen massiv abwertenden Termini wie „Kitsch“, „Schund“ u. a. gehen wir nicht weiter ein. Sie sind bei Foltin (1965) übersichtlich und erschöpfend behandelt. Aber auch die hier benannten Begriffe sind von pejorativer Konnotation nicht frei.

„Trivial“ ist abgeleitet von lat. trivium, was „Dreiweg“, „Kreuzweg“, „Scheideweg“ heißt; trivial „bezeichnet (daher – GL) etwas, das auf der Straße liegt, etwas Alltägliches, Niedriges oder etwas Einfaches, Unkompliziertes". (Foltin 1965, 301). Die Begriffe „massenhaft verbreitete Literatur" und „Massenliteratur" signalisieren die Dichotomie von Massen- und Eliteliteratur; auch liegt es nahe, „das Moment der Massenhaftigkeit der Verbreitung (...) selber als negatives Phänomen" zu betrachten. (Baumgärtner 1987, 306).

„Unterhaltungsliteratur" meint vom Wortgebrauch her den Rezeptions- und Funktionszusammenhang dieser Literatur; in einem das Kognitive betonenden Didaktikverständnis wird Unterhaltendes folglich gering bewertet.

Bisher hat sich keiner dieser Termini einhellig durchsetzen können. In literatursoziologischen Untersuchungen gebraucht man vornehmlich die Bezeichnungen „Massenliteratur" und „massenhaft verbreitete Literatur". Problematisch ist deren Verwendung deswegen, weil durch sie Literatur unterschiedlichster Art und Qualität unter dem Gesichtspunkt der Auflage zusammengefasst wird. Hiernach zählen die Bibel wie die Romane von Karl May, „Der Butt" von Günter Grass wie die Heftromane zur „Massenliteratur". In dieser Bezeichnung steckt zudem die Komponente der Leserschaft: Verwiesen wird auf die soziale Unterschicht. Der Schichtbegriff selbst wie auch die Zuordnung von bestimmter Literatur zu einer bestimmten sozialen Schicht müssen nach gegenwärtigem Forschungsstand als problematisch gelten.

Gegen eine Verwendung des Begriffs „Unterhaltungsliteratur" erheben sich deshalb Bedenken, weil Literatur nahezu jeder Art unterhaltend rezipiert werden kann. Wir verwenden ihn hier nicht, weil er für uns im Zusammenhang des literarischen Dreischichtenmodells eine Rolle spielt.

Trotz ihres pejorativen Charakters erhält die Bezeichnung „Trivialliteratur" in den meisten jüngeren Publikationen (z. B. Nusser 1991; Firle 1992) wie auch hier den Vorzug. Neben pragmatischen sind dafür historische Gründe ausschlaggebend. Für die weitere Diskussion ist es sicher nützlich, sich auf diesen Begriff zu einigen und ihn möglichst wertfrei zu verwenden.

1.2. Abgrenzungs- und Definitionsversuche

Schwierigkeiten bereitet nicht nur die Terminologie, sondern auch der Gegenstand selber. Allgemein lässt sich festhalten, dass Trivialliteratur in allen literarischen Gattungen vertreten ist: in der Epik, in der Lyrik (z. B. Schlager) und in der Dramatik (z. B. Boulevardtheater, Fernsehserien). Zweifellos besitzt die epische Trivialliteratur den größten Anteil, denkt man an die Fülle der Heft- und Illustriertenromane. Auch gibt es bezüglich ihrer Zugehörigkeit zur Trivialliteratur keine Zweifel; das gilt ebenso für die weitverbreiteten Comics. Schwierigkeiten in der Zuordnung bereiten hingegen die sogenannten Bestseller. In literatursoziologischen Untersuchungen werden sie auf Grund ihrer Verbreitung oft der Trivialliteratur zugerechnet; die traditionelle literaturästhetische Forschung verfährt z. T. ebenso, wenn auch aus anderen Gründen. Schwierigkeiten bei der Zuordnung bereiten weiterhin Bilderbücher sowie Kinder- und Jugendliteratur. Wie die Bestseller weisen sie nach Art und

Verbreitung Ähnlichkeiten mit der Trivialliteratur auf; in ihrer Darstellung und Problemhaltung zeigen sie aber z. T. eine erhebliche Andersartigkeit.

An diesen wenigen Beispielen sollte das Grundproblem der Einordnung von Literatur demonstriert werden. Über Jahrzehnte hinweg hat man dieses Problem durch die Gegenüberstellung von „hoher" Literatur oder Dichtung und der übrigen „niederen" Literatur mit Hilfe eines dichotomischen Modells zu lösen versucht. Die Literatur, die nicht zur Dichtung gerechnet wurde, galt als minderwertig und daher uninteressant im Forschungssinne. Trotzdem ergaben sich häufig Abgrenzungsprobleme, denn in der Diskussion erwiesen sich die verwendeten ästhetischen Normen nicht als „ewige Werte", sondern als den jeweils gesellschaftlichen Bedingungen unterworfen und daher veränderbar. Ziegler (1947) setzte sich schon 1947 für eine Anerkennung der „guten Unterhaltungsliteratur" ein; in seiner Nachfolge haben Foltin (1965), Bausinger (in: Burger 1968), Zimmermann (1972) u.a. ein Dreischichtenmodell der Literatur vorgeschlagen. Sie alle kommen auf Grund einer genauen Beschreibung von Literatur dazu, ein „gar nicht so schmale(s) und vor allem nicht eindeutig bestimmbare(s) Übergangsfeld" von Unterhaltungsliteratur einzusetzen (Bausinger, in: Burger 1968, 8), das sie zwischen der Dichtung und der Trivialliteratur ansiedeln. Als Kriterien gelten der Realitätsgehalt der Literatur, ihre Herstellung und Verbreitung, ihre Autoren, ihr Lesepublikum sowie ihre Wirkungsmöglichkeiten. Unterhaltungsliteratur umfasst nach diesen Überlegungen die Literatur, die mit hohen Auflagen seit Ende des 18. Jahrhunderts die breite Schicht der bürgerlichen Literatur bildet und heute oft als Bestsellerliteratur bezeichnet wird. Zur Trivialliteratur gehören danach die heutigen Heft-, und Zeitschriftenromane, Schlager, Boulevardtheaterstücke, Fernsehserien u. ä. (vgl. zu der Diskussion Nusser 1996, 1906–1908).

Wenn man diese Dreiteilung nicht normativ setzt, sondern als Beschreibungsmodell mit heuristischem Wert auffasst, das keine starren Grenzen, sondern fließende Übergänge besitzt, erscheint sie sinnvoll, ja dazu angetan, die in der Diskussion immer wieder durchschlagende, unausgewiesene Wertungsdichotomie zu relativieren. Grundsätzlich aufgehoben wird das Wertungsproblem allerdings hierdurch nicht.

Die vielschichtige Problemlage des Gegenstandes Trivialliteratur zeigt sich auch in den verschiedenen Definitionsversuchen, die ein Spiegelbild der sich verändernden Forschungslage sind. Hier sollen diese Versuche nur grob skizziert werden, um den Weg zu einer heute brauchbaren Definition zu weisen. Kennzeichnend für die lange Zeit vorherrschende Forschungsmeinung sind Definitionen, die die Trivialliteratur mit Hilfe ästhetischer und moralischer Kategorien zu bestimmen versuchten. Stellvertretend hierfür sei Hermann Broch zitiert, der den „Kitsch als das Böse im Wertsystem der Kunst" bezeichnete (zit. nach Killy 1961, 25). Vertreter der werkimmanenten Methode stützten ihre Definition auf den Vergleich von Trivialliteratur und Dichtung mit Hilfe stilistischer Kriterien wie z. B. Killy (1961). Durch die Verschiebung der wissenschaftlichen Forschung auf soziologisch-gesellschaftskritische Fragestellungen, durch die historisch-gesellschaftliche Relativierung ästhetischer Wertungskategorien durch Kreuzer (1975), durch kommunikationstheoretische und rezeptionsästhetische Fragestellungen wurde herausgearbeitet, dass Trivialliteratur mit Hilfe der Koordinaten Produktion, Distribution und Konsumtion im jeweiligen gesellschaftlichen Kontext zu beschreiben sei. Waldmanns Definition kann daher zugleich als Zusammenfassung des gegenwärtigen Forschungsstandes gelten: „Trivialliteratur ist diejenige Literatur, die mindergewertet ist wegen der gesellschaftlich und geschichtlich bedingten geringen kulturellen Schätzung der durch sie bedienten individuellen und gesellschaftlichen Bedürfnisse und Interessen sowie der literarischen Nachrichten und deren Kodierungsformen, mit denen sie diese Bedürfnisse befriedigt, mindergewertet von denjenigen, die für ihre historisch geprägte Einschätzung die kulturell höherwertigen Bedürfnisse haben und innerhalb ihrer gesellschaftlich-geschichtlich determinierten synchronischen Wertungshierarchie die höherwertig kodierten (...) Mittel zu ihrer Befriedigung benutzen sowie über die sozialen und kulturellen Möglichkeiten und Mittel verfügen, ihre Einschätzungen und Wertungen durchzusetzen" (1977, 135f.).

1.3. Gegenstandsbeschreibung

Verschiedentlich hat man versucht, die Trivialliteratur in ihrer Besonderheit zu beschreiben. Wir fassen hier diese Versuche zusammen und orientieren uns in der Gliederung an einem Schema von Baumgärtner (1987, 308):

1.3.1.

Gegenstandsimmanent zeigt die Trivialliteratur ihre Andersartigkeit in ihrer Thematik, im Stil, in ihrer Behandlung der Inhalte, in ihrem Handlungsverlauf, in ihrer künstlerischen Struktur und in ihrem Bedeutungsgehalt.

Thematisch kreist Trivialliteratur um Verbrechen, Liebe, Heimat, um Bewährung im Lebenskampf, um heldenhafte Meisterung schwieriger Situationen usw. Die verschiedenen Heftreihen sind ein Spiegelbild möglicher Themen. Sie sind überwiegend geschlechtsspezifisch ausgerichtet. Die genannten Inhalte werden in einem schablonenhaften, vorhersagbaren Schema dargeboten. Die Personen werden nicht individualisiert, sondern typisiert. Die Darstellungsart ist gekennzeichnet durch ihre Aussagetotalität; der Autor legt die Einstellungen, Haltungen und Wertungen seiner Leser explizit fest.

Das vermittelte Weltbild der Trivialliteratur ist prinzipiell konservativer Natur. Das betrifft die immanenten Normen und Werte wie auch die Darstellung der Gesellschaft. Die Welt erscheint überschaubar, harmonisiert und nur momentanen Konflikten ausgesetzt, die ohne grundsätzliche Konsequenzen bleiben. Gerth (1969, 15) hat deswegen von „märchenhaften Fügungen" in einer sich realitätskonform gebenden Darstellung gesprochen. Der Realitätssinn der Trivialliteratur schlägt vor allem in der Mikrostruktur, im Detail durch, z. B. in der Beschreibung geographischer und technischer Einzelheiten, während in der Makrostruktur Realitätsferne erkennbar ist. Die stilistischen Eigenheiten der Trivialliteratur zeigen sich in metaphorischen Häufungen, in Übertreibungen, Intensivierungen und Emotionalisierungen. Nutz (1965, 576) formuliert in Anlehnung an Killy: „Überhaupt ist das Adjektiv die Seele des trivialen Stils".

Ein von diesem Schema abweichendes und den emanzipatorischen Forderungen scheinbar entsprechendes Aussehen weisen die seit einigen Jahren als „Taschenromane“ publizierten „modernen Liebesromane“ (Thiel 1991, 7) auf, die – aus den USA kommend – inzwischen mehr als ein Drittel des bundesrepublikanischen Marktes für Liebesromane erobert haben. In ihrer Rollentypik haben sie sich zwar oberflächlich den gegenwärtigen gesellschaftlichen Bestrebungen und Entwicklungen angepasst, in ihrer Funktion bleiben sie aber auf Unterhaltung und Ablenkung beschränkt.

Zusammenfassend kann man trotz derartiger Entwicklungen sagen: Die Trivialliteratur ist die Reproduktion des ewig Gleichen. Auf Grund dessen ist ihr auch keine tiefere Bedeutung eigen, sie entbehrt der Polyinterpretabilität, die ein Kennzeichen der Dichtung ist.

1.3.2.

Die gegenstandsimmanente Beschreibung wird ergänzt durch die soziologische der Produktion und Distribution. Trivialliteratur wird nach vorgefertigten Mustern und strengen Schreibanweisungen der Verlage von meist anonymen Autoren verfasst. Ihre Produkte erscheinen als Serienfabrikate. Die Auflagenhöhe geht in die Hunderttausende, die Herstellungskosten sind gering, so dass die Produkte zu niedrigen Preisen auf den Markt gebracht werden können. Einige wenige Verlage sind in der Bundesrepublik marktbeherrschend. Sie arbeiten mit Leseranalysen und Marktforschung, um noch vorhandene Marktlücken zu orten und um ihre Produkte leserkonform produzieren zu können.

Das Vertriebssystem erstreckt sich vor allem auf Zeitungskioske, Bahnhofsbuchhandlungen, Kaufhäuser und Supermärkte. Die Hefte erscheinen wöchentlich, aber prinzipiell ohne Erscheinungsdatum. Remittendenexemplare werden zu einem späteren Zeitpunkt noch einmal als „brandneu“ auf den Markt gebracht; teilweise erscheinen sie aber auch, mit anderen Heften zusammengebunden, als Drei- oder Vierfachhefte.

Literatur dieser Art hat Gebrauchs- und Verbrauchscharakter; sie gilt als Ware. Sie wird nicht aufgehoben, um wiedergelesen zu werden, sondern hat nach einmaligem Lesen ihren Zweck erfüllt.

1.3.3.

Die Aussagen über die Produktion von Trivialliteratur enthalten schon Elemente, die auf die Rezeption verweisen. Die Ergebnisse der Marktforschung über den Erwartungshorizont der Leser fließen als Arbeitsanweisungen für die Autoren wieder in die Produktion ein. Dadurch wird der Abstand zwischen Rezipient und Produkt minimalisiert; die so produzierte Literatur ist Konform- und Bestätigungsliteratur für den Leser. Seine Rezeptionshaltung ist „unterhaltungsorientiert“ (Lange 1977). Der Leser will nicht mit gesellschaftlichen Problemen konfrontiert werden, sondern sich affirmativ illusionieren lassen. Die Funktion der Trivialliteratur für den Leser liegt also in ihrer Entlastungs- und Ablenkungsfähigkeit; sie entspannt durch Spannung, sie besitzt „Spielcharakter“ (Hienger 1976) und führt den Leser in eine harmonische Scheinwelt. Deswegen ist sie auch als „Fluchtliteratur“ bezeichnet worden (Wenzel 1974, 207). Das Bedürfnis zum Lesen dieser Literatur wird aus den herrschenden gesellschaftlichen Verhältnissen erklärt, die dem Einzelnen keine Entfaltungsmöglichkeiten bieten und ihn durch die Bedingungen am Arbeitsplatz fremdbestimmt sein lassen (Giesenfeld 1971, u. a.). Andererseits wird aber auch auf anthropologische Ursachen verwiesen und dieser Literatur ein bestimmter Funktionswert zugeschrieben (Baumgärtner 1987).

Nusser sieht die Bedeutung der Trivialliteratur für ihre Leser in drei verschiedenen Arten von Strategien begründet:

1. in den „Strategien zur Erleichterung der Orientierung“ durch Schwarzweißmalerei, durch feste und vorhersagbare Handlungsschemata und durch Simplifizierungen der Wirklichkeit,
2. in den „affektlösenden Strategien“, d. h. in der Erregung von Angst und in der Angstlösung,
3. in den „Strategien zur Bestätigung von Werturteilen und Verhaltensnormen“, d. h. in der optimalen Übereinstimmung zwischen den Botschaften der Texte und den Urteilen ihrer Leser.

Diese Strategien vermitteln den Lesern Sicherheit und durch sie Beruhigung und Entspannung. (Nusser 1991, 135–141).

Die Wirkung der Trivialliteratur auf den Leser wird trotz ihres Unterhaltungswertes meist negativ eingeschätzt, da Themen und Inhalte Transportmittel von Ideologien seien und systemstabilisierend wirkten. Dadurch sei diese Literatur geeignet, die Entfaltung kritischer Rationalität zu verhindern und der Entwicklung der Fähigkeit zur Selbstbestimmung entgegenzuwirken (Giesenfeld 1971; Wenzel 1974).

Diese hier durchgeführte Beschreibung des Gegenstandes Trivialliteratur ist idealtypisch. Baumgärtner (1987, 308) stellt ihren Aussagewert sogar in Frage, weil einzelne dieser Beschreibungskriterien auch auf andere Literatur übertragbar sind. Diese Kriterien in ihrer Gesamtheit besitzen jedoch definitorisch-heuristischen Wert. Es muss berücksichtigt werden, dass die in diese Beschreibung eingeflossenen Werturteile wie die mangelnde Polyinterpretabilität und die Reproduktion des ewig Gleichen von gegenwärtigen literaturhistorischen und -ästhetischen Urteilen her bestimmt sind.

1.4. Zur Geschichte der Trivialliteratur

Im Allgemeinen beginnt man die Geschichte der Trivialliteratur mit dem 18. Jahrhundert. Das hat seine Gründe vor allem in der literarischen Überlieferung. Aber schon für das 15. Jahrhundert lassen sich beispielsweise triviale Einblattdrucke nachweisen, die als leicht herstellbares, billiges und attraktives Kommunikationsmittel Sensationsberichte, Grausamkeiten, Katastrophenberichte u. ä. zum Inhalt hatten. Daneben besaß seit der Erfindung der Buchdruckerkunst der Volkskalender weite Verbreitung. „Traditionalismus, Rückständigkeit und prärationale Vorstellungen sind seine vorherrschenden Elemente“ (Schenda, in: Baumgärtner 1974, 37). Im 16. Jahrhundert wurden die sogenannten Volksbüchlein, Duodezhefte mit idyllischen und abenteuerlichen Berichten und Mordgeschichten, von den christlichen Pädagogen als Schund verteufelt. Trotzdem oder gerade deswegen überdauerten sie die Jahrhunderte. Sie sind die eigentlichen Vorläufer der heute so auflagenstarken und weitverbreiteten Kioskhefte. Deren sprunghafte Entwicklung setzte um 1860 ein, bedingt durch den technischen Fortschritt in der Herstellung und die sich auf Grund der allgemeinen Schulbildung vergrößernde Leserschaft. Der Kolportagebuchhandel als Vertriebssystem tat ein übriges. Er konzentrierte sich auf den Vertrieb von Romanen in Fortsetzungen, aber ebenso auf den Vertrieb von Zeitschriften wie „Die Gartenlaube“.

Ein anderer Zweig der Trivialliteratur ist eng verknüpft mit der Entwicklung des Romans seit dem 18. Jahrhundert, einer literarischen Form, die „die Funktion der Unterhaltung für die Mehrzahl der Leser übernimmt“ (Beaujean, in: Baumgärtner 1974, 82). Defoes „Robinson“ (erschienen 1719, dt. 1721) errang den ersten durchschlagenden Erfolg als Unterhaltungsroman für ein größeres Lesepublikum. Er verband Abenteuerliches mit Erbauung. Die Konsequenzen dieses Erfolges waren eine Fülle von „Robinsonaden“. In der deutschen Klassik erlebte der Unterhaltungsroman in Form von Ritter-, Schauer-, Räuber- und Gespensterromanen eine besondere Blüte. Träger dieser Entwicklung war das Bürgertum.

In der Zeit von 1820–60 sinkt „die Ritter-, Räuber- und Schauerromantik (...) zur Literatur der unteren Schicht herab und ist Ende des Jahrhunderts noch in den sogenannten Kolportageheften anzutreffen“ (Beaujean, in: Baumgärtner 1974, 88). Historische Romane treten an ihre Stelle beim lesenden Bürgertum, Reise- und Abenteuerliteratur übernehmen die Funktion der Spannungsliteratur. Kriminalliteratur entsteht im Anschluss an den „Pitaval“ (1792–95) und „Neuen Pitaval“ (1842–65). Dorf- und Heimatromane werden geschrieben als illusionäre Fluchthilfen aus einer von Industrialisierung und Verstädterung geprägten bürgerlichen Lebenssphäre in eine „heile Welt“.

Einen Höhepunkt erfährt die Unterhaltungs- / Trivialliteratur während der Gründerzeit bis hin zum 1. Weltkrieg. Der Frauenroman wird durch das Familienblatt „Die Gartenlaube“ dem bürgerlichen Publikum präsentiert. Die erfolgreichsten Autorinnen von Frauenromanen, Marlitt und Courths-Mahler, schreiben für ein Millionenpublikum. Der historische Roman und die Heimatliteratur ließen sich mit dem Zeitgeschmack am besten verknüpfen, aber auch Reiseliteratur (Karl May), Gesellschaftsromane und Familienchroniken fanden ihr Lesepublikum.

Die Unterhaltungs- / Trivialliteratur der Weimarer Republik ist weitgehend eine Fortsetzung des vorher Vorhandenen. Die politisch-gesellschaftliche Situation brachte es mit sich, dass in besonderer Weise der Heimatroman favorisiert wurde.

Die Zeit nach 1945 ist geprägt durch vier große Stränge der Vermarktungsmöglichkeit von Trivialliteratur:

- durch die Leihbüchereien, die in den ersten Nachkriegsjahren in der Hauptsache die Literaturversorgung übernahmen
- durch Zeitschriften und Illustrierten
- durch die Heftliteratur
- und in den letzten Jahren verstärkt durch die Taschenbuchproduktion.

Gerade die Taschenbuchproduktion machte den Trivialroman salonfähig. Der Geschmack des Lesepublikums scheint sich heute relativ einfach nach geschlechts- und altersspezifischen Faktoren festlegen zu lassen: Frauen lesen vornehmlich Frauen- und Heimatromane, Männer vor allem Spannungsliteratur (Western, Krimis, Science-fiction), Kinder Comics, während Jugendliche und Heranwachsende in ihrem Leseverhalten den geschlechtsspezifischen Erwachseneneinstellungen zu entsprechen scheinen.

2. Trivialliteratur in der literaturwissenschaftlichen Forschung

Die hauptsächliche Beschäftigung mit der Trivialliteratur hatte bis Anfang der 60er Jahre in den pädagogisch-volksbildnerischen Bemühungen zur Bekämpfung dieser Literatur bestanden, während die literaturwissenschaftliche Forschung sich ihr gegenüber weitgehend abstinent verhielt. Wenn man sie heranzog, dann als Kontrastliteratur zur Dichtung, ohne sich aber konkret mit ihr und ihrer gesellschaftlichen Funktion auseinanderzusetzen.

2.1. Die literaturästhetische Forschung

Vertreter der werkimmanenten Strukturanalyse bahnten eine Auseinandersetzung mit der Trivialliteratur an, indem sie sich entsprechend ihrer Methode formalästhetisch mit ihr beschäftigten. Die werkimmanente Methode, die seit den vierziger Jahren die literaturwissenschaftliche Forschung prägte, betrachtete das Kunstwerk als Kunstwerk und drängte alles „Außerliterarische", d.h. die ideen- und geistesgeschichtlichen Zusammenhänge, das Biographische, das Historisch-Gesellschaftliche eines Werkes, zurück, eleminierte es aber nicht, wie fälschlicherweise immer wieder behauptet wird. Im übrigen wird man dieser Methode nur gerecht, wenn man sie in ihrem historischen Kontext betrachtet.

Die Vertreter dieser Methode konzentrierten ihre Arbeit auf stilistische und strukturelle Fragestellungen. Ihre Untersuchungs- und Beurteilungskriterien waren der „gelungenen" Dichtung entnommen, d.h. solcher Dichtung, die der klassisch-romantischen Kunsttheorie entsprach, denn die Schöpfer der „gelungenen" Dichtung galten als Dichter, die „aus dem 'zeitlosen Sein' heraus zu schaffen scheinen und deren künstlerische 'Gestalt' gewordene Sprache als etwas Geoffenbartes hingenommen werden muß" (Hermand 1968, 159). Es wird deutlich, dass im Hintergrund dieser Methode die Phänomenologie als philosophischer Bezug steht. Wir kommen in der Darstellung der Wertungsproblematik darauf noch zurück.

Bei der Anwendung dieser Methode und ihrer Wertmaßstäbe auf die Trivialliteratur musste diese notwendigerweise als „niederes und literarisch wertloses Unterhaltungsschrifttum“ betrachtet werden (Wilpert 1961, 656). Es lag daher nahe, Trivialliteratur mit dem ästhetischen Verdikt „Kitsch“ zu belegen. Zur Verdeutlichung gehen wir kurz auf die Untersuchung von Killy (1961) ein, die er 1961 unter dem Titel „Deutscher Kitsch“ publizierte. Hierin arbeitete Killy heraus, dass die Funktion des Kitsches vornehmlich im „Reiz“ bestehe; diese Literatur wolle beim Leser Gefühlserregtheit erreichen und ihm einen „vagen Genuß“ verschaffen. Dazu werden zielgerichtet die entsprechenden Stilmittel eingesetzt: die Häufung des Pretiösen, Lyrisierung und Intensivierung, unangemessene Bilder, Synästhesien, Schwarzweißmalerei, die Säkularisierung der Märchenwelt durch die Umdeutung des Dämonisch-Bösen in das moralisch Schlechte, Darstellung eines vermeintlichen Tiefsinns, die Reduzierung der menschlichen Wirklichkeit auf ihre extremen Möglichkeiten. Die stilistisch-ästhetische Untersuchung Killys geht, das wird schon aus dieser Aufzählung deutlich, nach dem Aufweis stilistischer Phänomene über in eine moralische Bewertung. Killy stellt fest, dass der Kitsch auf Grund seines Antirealismus als „verlogen“ und in seiner Mischung von Reiz und Unwahrheit als „böse“ zu qualifizieren sei.

Die Untersuchung Killys enthält für den unvoreingenommenen Leser trotz aller Einseitigkeiten wichtige Einsichten in die stilistische Eigenart der Trivialliteratur und gibt Anstöße zu weiterführenden Überlegungen auch historisch-soziologischer und lesepsychologischer Art.

Die Unzulänglichkeiten seiner Untersuchung liegen in der werkimmanenten Methode begründet:

1. dass vornehmlich ästhetisch-stilistisch analysiert wird, ohne dass das gesellschaftliche Umfeld in die Analyse mit einbezogen wird,
2. dass die stilistische Beurteilung vorbehaltlos und unausgewiesen mit den Wertmaßstäben der literaturhistorischen Klassikerrezeption vorgenommen wird,
3. dass die ästhetischen Urteile in moralische Wertungen überführt werden,
4. dass letztendlich dadurch eine ästhetisch-moralische Dichotomie von „wahrer Dichtung“ und anderer Literatur aufgebaut wird, die bis in unsere Gegenwart gesellschaftliche Konsequenzen hat.

Eine literaturwissenschaftliche Konsequenz der werkimmanenten Methode war es zudem, dass sie fast zwei Jahrzehnte eine sinnvolle Auseinandersetzung mit der Trivialliteratur verhindert hat.

2.2. Die literatursoziologische und ideologiekritische Forschung

Die Analyse des historisch-gesellschaftlichen Umfeldes hat sich als das Defizit der literaturästhetischen Forschung erwiesen. Hier setzen nun die Vertreter der literatursoziologischen Methode an. Zwei Hauptrichtungen gilt es zu unterscheiden: die sogenannte bürgerliche Literatursoziologie, die empirisch-deskriptiv arbeitet, und die marxistisch orientierte Literatursoziologie, die in Anlehnung an die Frankfurter

Schule und in deren konsequenter Weiterentwicklung ihre gesellschafts- und ideologiekritischen Studien betreibt.

Am Beispiel der Arbeit von Nutz (1962), die 1962 unter dem Titel „Der Trivialroman – seine Form und seine Hersteller" erschien, kann die beschreibende literatursoziologische Position verdeutlicht werden. Nutz analysiert in seiner Arbeit den Leihbibliotheksroman, den er als „Modellfall" für Trivialliteratur allgemein betrachtet. Er stellt fest, dass es nicht genügt, die Texte der Trivialliteratur an sich zu analysieren, sondern dass es darum gehen müsse, Trivialliteratur „soziologisch" zu erfassen: Es gelte nachzuweisen, was sie eigentlich sei und welche Rolle sie in der Gesellschaft spiele. Die Literaturindustrie, die ihre Produkte verlegerisch plant und auf den Markt bringt, sowie den Leser, auf den hin diese Literatur produziert wird, arbeitet Nutz als die wesentlichen Untersuchungsfaktoren heraus. Zwischen Leser und Hersteller ermittelt Nutz eine funktionelle Abhängigkeit, die wiederum Auswirkungen auf die Literatur selbst hat. Der Hersteller (Produzent und Autor) muss stets Kenntnis von den Bedürfnissen seiner Leser besitzen, um seine Produkte dem sich wandelnden Geschmack anpassen zu können.

Nutz betrachtet seine Arbeit als einen ersten Beschreibungsversuch. „Denn erst, wenn man den Trivialroman in seinem sozialen Raum definiert hat, wird man seine Bedeutung für die soziale Kontrolle erkennen und Ansätze gewinnen für das Verständnis der gesamten Trivialliteratur" (Nutz 1962, 116).

Nutz' Verdienst in der Trivialliteraturforschung liegt in dem Anstoß zur Erarbeitung des soziologischen Umfeldes dieser Literatur; die Schwächen seines Ansatzes zeigen sich, so wird vor allem von „links" argumentiert, in der Beschränkung seiner Untersuchung auf die Beschreibung sozio-kulturell vorgegebener Verhaltensmuster im Literaturbetrieb und in der Abstinenz einer Problematisierung und kritischen Hinterfragung dieser Muster und der sie vertretenden gesellschaftlichen Institutionen.

Diese Defizite bei Nutz bilden den Kernpunkt ideologiekritischer Forschung. Die Ideologiekritiker setzen entsprechend der marxistischen Literaturtheorie statt mit dem Studium der Texte mit der Frage nach der Funktion der Trivialliteratur in der Gesellschaft an. Nach Giesenfeld (1971) wird Trivialliteratur vorwiegend aus kommerziellen Gründen hergestellt. Ihre Rentabilität erfordert normierte und standardisierte Produkte, die auf den Publikumsgeschmack, der jeweils durch die Produzenten getestet wird, abgestimmt sind. Profiterzeugung und Publikumsbedürfnis bilden so einen Funktionskreis, der die Tendenz zur Stabilisierung in sich trägt. Die Voraussetzungen für einen derartigen Funktionskreis liegen in den Widersprüchen des kapitalistischen Gesellschaftssystems begründet, denn bei näherer Betrachtung zeigt sich dieser Funktionskreis nicht mehr als rein ökonomisches Prinzip, sondern als ein ideologisches im Sinne der Stabilisierung des Bestehenden. Durch das literarische Harmonisierungsangebot der Trivialliteratur werden die Widersprüche dieses Gesellschaftssystems verschleiert, und die aus diesen Widersprüchen erwachsenden Defizite und Bedürfnisse des Lesepublikums auf Veränderung ihrer gesellschaftlichen Situation werden umgemünzt in Konsumbedürfnisse. Die Dauerhaftigkeit der Frustrationen in der kapitalistischen Klassengesellschaft und die Gleichartigkeit der

Abhängigkeit ihrer abhängig Beschäftigten führt letztlich zu einer Einheitlichkeit ihrer Bedürfnisse, die wiederum durch die die Produktionsmittel Besitzenden erkundet und als Mittel der Produktionssteigerung eingesetzt werden. So wird – nach Giesenfeld (1971) – eine rationale Auseinandersetzung mit dem Gesellschaftssystem verhindert und die Emanzipation des Einzelnen unmöglich gemacht. Trivialliteraturforschung von Ideologiekritikern ist insofern immer Gesellschaftskritik. Daher ist es nur konsequent, wenn sich die Untersuchungsinteressen der Vertreter dieser Methode vor allem auf die Analyse der Entfremdungssituation der Arbeiter am Arbeitsplatz, auf das kapitalistische Wirtschaftssystem, seine Organisations-, Funktions- und Vertriebssysteme, auf den Autor und seinen „Herrschaftsakt" (Bark) und auf die Untersuchung des Lesepublikums von Trivialliteratur richten. Die Leseranalyse z. B. von Nusser (1981) hat zahlreiche Ideologiekritiker dazu geführt, Trivialliteratur in Heftform als „Romane für die Unterschicht" zu charakterisieren, da sie nach dem Datenmaterial einer Allensbachuntersuchung von 1964 und einer Marplananalyse von 1969 hauptsächlich von Facharbeitern, Arbeitern und niederen Angestellten gelesen würde. Eine Korrelation dieser Zahlen mit der realen Statusstruktur in der Bundesrepublik zeigt aber, dass die Bastei-Leserschaft, auf die sich beide Analysen bezogen, eine ähnliche soziale Verteilung aufweist wie die der Gesamtbevölkerung (vgl. Baumgärtner 1987, 310; Wenzel 1974, 190f.).

Insgesamt gesehen haben die Forschungen der Ideologiekritiker die Diskussion um die Trivialliteratur erheblich vorangebracht; folgende kritische Einwände müssen aber dieser Methode gegenüber erhoben werden:

1. Die Ideologiekritiker sehen die Ursachen der Trivialliteratur und ihres Konsums im kapitalistischen System mit seinen Widersprüchen und seinen Kompensationsnotwendigkeiten. Die Frage ist aber, ob nicht jede moderne Industriegesellschaft in sich widersprüchlich ist und Entfremdungen und Frustrationen produziert, so dass Kompensationsmechanismen notwendig werden.
2. Trivialliteratur wird von den Ideologiekritikern nicht als fiktionale Literatur betrachtet, sondern als Ware mit Warencharakter. Damit unterschlägt die Ideologiekritik die ästhetische und unterhaltende Dimension von Trivialliteratur und benutzt diese Literatur lediglich als „Steinbruch" für soziologisch-gesellschaftskritische Erkenntnisse.
3. Aus diesem Grunde entzieht sich der ideologiekritischen Betrachtungsweise auch weitgehend der interaktionelle Prozess zwischen Text und Lesepublikum.
4. Die Ideologiekritiker schließen in ihren Untersuchungen „unkritisch" von Trivialliteraturinhalten, -normen und -wertvorstellungen auf das Bewusstsein und die Einstellungen des Lesepublikums. Erst genaue Leseranalysen könnten aber Aufschluss darüber geben, ob die Rezipienten von Trivialliteratur diese Literatur nicht vielmehr als Fiktion betrachten und deren Wirklichkeitsverfälschung durchschauen, sich aber mehr oder weniger bewusst auf das fiktionale Spiel einlassen.
5. Die Ideologiekritiker gehen von einer monokausalen Erklärung aus, wenn sie allein gesellschaftliche Faktoren für die Lesemotivation der Rezipienten von Trivi-

alliteratur annehmen und wenn sie das Phänomen Trivialliteratur auf den Kapitalismus als bedingendes Gesellschaftssystem zurückführen. „Man wird darüber hinaus in philosophischer Sicht zu bedenken haben, ob das Bedürfnis nach konsolatorischer Lektüre nicht auf Grundgegebenheiten der menschlichen Existenz (...) zurückgcht, dic bei allen Wandlungen in den Organisationsformen menschlichen Lebens und Zusammenlebens unverändert dieselben bleiben" (Baumgärtner 1987, 311). Das würde die Tatsachen erklären helfen, warum im 16. und 17. Jahrhundert Trivialliteratur ebenso gelesen wurde wie im 20. Jahrhundert in den sozialistischen Staaten, in der sogenannten Unterschicht ebenso wie in der Mittel- und Oberschicht.

2.3. Die rezeptions- und wirkungsästhetische Forschung

Neue Impulse erhielt die Diskussion um die Trivialliteratur durch die Kommunikationsforschung im Zusammenhang mit der Rezeptionsästhetik und Wirkungsforschung. Im Vordergrund dieses methodischen Ansatzes steht die Frage nach der kommunikativen Beziehung zwischen Text und Leser. Der Text, dem die Ideologiekritik wenig Beachtung schenkte, rückt hier wieder in das Zentrum literaturwissenschaftlicher Forschung. Diese Methode fragt danach, „wie der bestimmte Text mit seinen literarischen Strukturen daraufhin entworfen ist, bestimmte Nachrichten an seinen Adressaten zu übermitteln" (Waldmann 1977, 12). Der triviale Text wird als „sprachlich-literarisches Zeichensystem" betrachtet, „das mit Hilfe der Bedeutung bestimmter sprachlich-literarischer Zeichen eine ästhetische Wirkung bei seinen Lesern erzielen will und durch sie ihr Bewußtsein ideologisch induziert" (ebd., 12).

Der andere zentrale Gegenstand ist der Leser selbst in seiner Rezeptionsabsicht, in seinen Rezeptionsmöglichkeiten auf Grund seiner gesellschaftlichen und individuellen Voraussetzungen und in seinem durch den Text intendierten Rezeptionsvollzug. In diesem Zusammenhang haben sich verschiedene Forschungsschwerpunkte herausgebildet: teils liegt das Gewicht stärker auf dem Text und seinen Rezeptionsanleitungen (z.B. Waldmann 1977), teils stärker auf dem Leser und seinen Rezeptionsvoraussetzungen (z.B. Nusser 1981), teils stärker auf dem Lesevollzug selbst (z.B. Hoppe 1973).

In seiner semiotischen Modellanalyse geht Waldmann von der Feststellung aus, Trivialliteratur sei zum Zwecke der Unterhaltung konzipiert. Diese intendierte Wirkung unterscheide sich aber von ihrer tatsächlichen, denn quasi auf dem Rücken der Unterhaltung werden Manipulation und Indoktrination wirksam. In der Relation von intendierter und tatsächlicher Wirkung zueinander sieht Waldmann das konstituierende Strukturmoment trivialer Texte. Eine sinnvolle und differenzierte Analyse der Trivialliteratur habe deshalb zunächst die Strategie und Mechanik ihrer Unterhaltungsfunktion nachzuzeichnen, was nur über eine genaue Textanalyse möglich sei. Nur so können die im Text und durch den Text entworfenen Leserrollen bewusst gemacht und deren gesellschaftliche Konsequenz eingeschätzt werden.

In der Anwendung dieses Verfahrens auf einen Frauenschicksalsroman arbeitet Waldmann heraus: Es wird eine überschaubare, leicht auffassbare, ideale Ordnungswelt entworfen: der fiktionale Charakter des Dargestellten wird nie betont, nie verfremdet oder desillusioniert, so dass die Leserin „gleichsam literarisch tagträumend – in einer idealen Märchenwelt die Erfüllung ihrer Wünsche erlebt, in der Rolle der 'Wunschwelterlebenden'" (Waldmann 1977, 19). In dieser Rolle erfährt die Rezipientin die Befriedigung ihrer Bedürfnisse. In einem weiteren Schritt deckt Waldmann dann die durch diese Leserrolle bewirkten Bewusstseinsinduktionen und gesellschaftlichen Konsequenzen auf: „Auf diese Weise lenkt sie (die Trivialliteratur – GL) von einer problematischen Wirklichkeit ab, sie sondert diejenigen rationalen und kritischen Verhaltensweisen aus, die dazu helfen könnten, sie zu verändern, und sie übt diejenigen Verhaltensformen ein, die sie so, wie sie ist, bestätigen und befestigen" (ebd., 32f.).

Methodisch gesehen, schließt Waldmann in seiner Untersuchung vom Text auf den Leser. An diesem Punkt entzündet sich die Kritik Nussers (1981, 10), der in seiner eigenen Untersuchung den Leser von Trivialliteratur als Ausgangspunkt wählt. Auf Grund der oben genannten Leseranalysen bestimmt er ihn als Unterschichtsangehörigen. Nusser versucht „das Sozialverhalten (dieser) Leser, ihre Stellung im Produktionsprozeß, ihre Primärbeziehungen, ihre personale Organisation, ihre Erziehungstechniken, ihr Sprachverhalten und damit (...) auch ihre ursprünglichen, also die nicht durch die Texte institutionalisierten Bedürfnisse in den Blick" zu rücken, um dadurch die Konsumtionsfaktoren der Unterschichtleser zu bestimmen (Nusser 1981, 11). Das so ermittelte Erscheinungsbild des Lesers bezieht Nusser in einem zweiten Schritt auf die Inhalte, Normen und Wertvorstellungen sowie die Sprache der „Groschenromane". Das Ergebnis seiner Untersuchung ist die Feststellung, dass die Heftromane in jeder Beziehung den Orientierungsmustern ihrer Leser entsprechen. Damit erweist sich Trivialliteratur in Heftform als ein „Vehikel der Anpassung" an die bestehenden gesellschaftlichen Verhältnisse und dient damit der „Erziehung zum eindimensionalen Denken" (Nusser 1981, 102).

Problematisch sind an Nussers Arbeit die schon oben dargestellten fehlerhaften Prämissen. Dadurch, dass er sich durch seine fehlerhafte Interpretation der Leseranalysen nur auf die soziale Unterschicht konzentriert und diese zudem, wie er selbst feststellt, in Anlehnung an Oevermann unzulänglich bestimmt, wird der Wert seiner Arbeit relativiert und ihre Feststellung revisions- und ergänzungsbedürftig.

Auf den Rezeptionsvorgang bei trivialer Lektüre selbst konzentriert sich Hoppe (1973) in seiner Arbeit. Er will das Beziehungsfeld zwischen Text und Leser beschreiben, analysieren und sozialpsychologisch ausdeuten. Durch Anwendung von Methoden und Ergebnissen der funktionalen Publizistik und des psychotherapeutischen Modells von Lorenzer beschreibt er den Rezeptionsvorgang bei trivialer Literatur als „quasitherapeutisch" für den Leser, denn „die Lektüre entlastet (...) vom symbolhaften, regelgeleiteten und verantwortlichen Handeln in der tatsächlichen Welt" (Hoppe 1973, 29), da sie eine momentane Entlastung von den Verdrängungen der Realität im Alltag darstellt.

Dieser Überblick über verschiedene Ansätze der rezeptionsästhetischen und wirkungstheoretischen Forschung lässt erkennen, dass diese offensichtlich am weitesten tragen, weil sie den Text selbst als Ausgangsmaterial benutzen, literatursoziologische Fragestellungen einbeziehen und den Leser und seinen Lesevorgang in den Mittelpunkt ihrer Untersuchung stellen.

Diese Forschung hat aber auch ihre Desiderata:

1. Ihre Vertreter neigen dazu, die Beziehung zwischen Text und Leser mit Hilfe eines einfachen Kausalschlusses zu interpretieren. Hoppes Verfahren zeigt aber auf, dass diese Beziehungen wohl doch komplexer und daher schwieriger zu erfassen sind.

2. Schemme (1975, 196) hat darauf aufmerksam gemacht, dass der Aufweis der Leserrolle, wie sie z. B. Waldmann im Anschluss an Iser vornimmt, noch nicht beweist, dass der Leser ihr auch tatsächlich folgt.

3. Als genereller Mangel dieses Ansatzes erweist sich seine Hypothetik; seine Vertreter gehen vom „impliziten Leser" (Iser) oder von einer idealtypischen und homogenen Leserschicht aus. Empirische Überprüfungen haben aber bisher höchstens ansatzweise stattgefunden. Es fehlen Untersuchungen über Lesemotivationen bei Schülern und Erwachsenen; es fehlen Untersuchungen über die tatsächlichen Lesevorgänge, über Assoziationsabläufe und Rezeptionshaltungen. Die gesamte Wirkungsforschung operiert gegenwärtig ebenfalls nur mit hypothetischen Modellen. Da nämlich die prä- und postkommunikativen Faktoren nicht isoliert gemessen werden können, ist eine Bestimmung der Wirkung von Kommunikationsvorgängen selbst außerordentlich schwierig.

3. Das Wertungsproblem

Eng verbunden mit der Trivialliteraturforschung und ihren Methoden ist die Diskussion um das Wertungsproblem. Die für unseren Zusammenhang wichtige und auch z. T. heute noch wirksame Wertungstheorie steht im Kontext der werkimmanenten Methode. Es ist oben schon angedeutet worden, dass mit Hilfe des an der klassisch-romantischen Dichtungstheorie gewonnenen Wertungskriteriums der „Einstimmigkeit", das die einheitliche Gestalt aller am Kunstwerk beteiligten Formelemente in ihrer Wirksamkeit und in ihrem Zusammenwirken meint, und der „Autonomie" des Kunstwerks die Trivialliteratur nur als „Kitsch" apostrophiert werden konnte, wobei zugleich moralische Kategorien in den Wertungsprozess mit einflossen. Wesentlich unter dem Einfluss der Trivialliteraturdebatte ist das durch diese Wertung postulierte dichotomische Literaturmodell in Frage gestellt worden, da sich dieses Wertungssystem selbst als in keiner Weise konkret begründbar erwies. Dieses Wertungssystem beruht auf absoluten Normen und Werten, die nach Auffassung der Phänomenologie – der philosophischen Legitimationswissenschaft der werkimmanenten Methode – als geistige Wirklichkeit a priori aufzufassen sind.

Die Anstöße zu einer Kritik dieser phänomenologischen Wertesystematik kamen von seiten der Gesellschaftswissenschaften, vor allem vom Kritischen Rationalismus (Popper, Albert) und der Ideologiekritik (Frankfurter Schule, Adorno). Diese Kritik machte deutlich, dass Werturteile keinen Absolutheitsanspruch besitzen, sondern historisch-gesellschaftlich gewachsen und daher auch veränderbar sind. Die Wertvorstellungen einer Gesellschaft entstehen aus der Übereinstimmung einzelner oder gesellschaftlicher Gruppen, die in der Lage sind, ihren Wertvorstellungen allgemein Geltung zu verschaffen. Im historisch-gesellschaftlichen Prozess werden derartige auf Übereinstimmung beruhende Wertvorstellungen meist standardisiert; letztlich wird die dann durchgesetzte und herrschende Übereinstimmung in Wertfragen wiederum als Kriterium für die Objektivität des Werturteils benutzt, wodurch ein unaufhebbarer Zirkel entsteht. Literarische wie auch alle anderen Werturteile drücken also relationale Qualitäten aus, sie zeigen das subjektiv-geschichtliche Verhältnis des Wertenden zu seinem Objekt auf. (Schemme 1975, 80).

In der Trivialliteraturdebatte stellt dieser Neuansatz in der Wertediskussion einen wichtigen Schritt dar, den Kreuzer (1975) in seiner Arbeit über die „Trivialliteratur als Forschungsproblem" als erster vollzogen hat, indem er nämlich die horizontale ästhetisch-wertende Einteilung der Literatur in Dichtung und Trivialliteratur verkehrte in eine vertikale, historisch-definierte. (Vgl. Baumgärtner 1987, 309).

Trivialliteratur bezeichnet er als Literatur, die „die dominierenden Geschmacksträger einer Zeitgenossenschaft ästhetisch diskriminieren". (Kreuzer 1975, 17) Damit wird das, was man als Trivialliteratur bezeichnet, zu einem Epochenphänomen, und die Bewertungskriterien erscheinen als abhängig von den jeweiligen gesellschaftlichen Normen und den sie vertretenden gesellschaftlichen Gruppen.

Mit diesem Schritt wird die literarische Wertung als solche nicht aufgehoben, sondern als relational begründbar gesehen: Vorzüge und Mängel eines literarischen Werkes ergeben sich so für ein bestimmtes Lesepublikum in einer bestimmten Zeit und in einer bestimmten gesellschaftlichen Situation. Trotz dieser Entwicklung in der Wertediskussion bleiben Überlegungen diskussionswürdig, die sich mit möglichen überzeitlichen Maßstäben zur Beurteilung von Literatur beschäftigen (wie z. B. bei Müller-Seidel 1973).

Die gegenwärtige Diskussion wird – grob gesehen – von zwei Richtungen bestimmt: der kritischen (im Anschluss an den Kritischen Rationalismus) und der marxistischen (im Anschluss an die Frankfurter Schule). Die kritische erhält ihre wichtigsten Impulse für eine literarische Wertung von seiten der Semiotik und der Rezeptionsästhetik. Einige Exponenten versuchen den Wert eines Kunstwerkes aus der Analyse der Zusammenhänge von Wirkung, Rezeption und Nachruhm zu ermessen, wie Jauß es tut, und gelangen zu dem Urteil, dass ein Kunstwerk desto wertvoller ist, je radikaler es verfestigte Verstehens- und Beurteilungsschemata durchbricht und neue Erfahrungen möglich macht. (Jauß 1970, 147, 177f. usw.) Andere versuchen stärker eine historisch-empirische Wertforschung durch die vergleichende Analyse verschiedener literarischer Wertsysteme und einer kritischen Auseinandersetzung mit deren Bedingungen, Voraussetzungen und Ergebnissen, um von dorther Kriterien für die eigene gegenwärtige Position zu gewinnen. Das Ziel aller kritischen Wertungen ergibt sich letztlich aus dem Kritischen Rationalismus selbst: nämlich seine eigene Position und seine Methoden laufend zu reflektieren und zu revidieren.

Dieser Offenheit und Flexibilität entbehrt die marxistische Wertungstheorie, die sich von der komplexen Wertaxiomatik der allgemeinen materialistischen Ideologie herleitet. Ihre Position setzt den Klassenstandpunkt aller literarischen Wertung voraus, denn jede gesellschaftliche Klasse betreibt eine Aneignung des kulturellen Erbes unter ihrem parteilichen Gesichtspunkt und ihrer gesellschaftlichen Praxis. Literarische Wertung läuft daher in dem Bezugsfeld von wertendem Subjekt, bewertetem Objekt und dem Bezugssystem „gesellschaftliche Praxis“ ab. Bewertet wird das literarische Werk einmal unter dem Aspekt der Widerspiegelung gesellschaftlicher Realität, zum anderen unter dem Aspekt der literarischen Widerspiegelung, d.h., das Werk wird gemessen an der Gesamtheit der vorhandenen literarischen Werke. Entscheidend für die Wertung ist letztlich der parteiliche Klassenstandpunkt des Wertenden, der als Prämisse in das Wertsystem eingebracht wird.

Für die Praxis der Wertediskussion im Bereich der Trivialliteratur ergibt sich aus diesen beiden grundlegenden Positionen ein Wertungsgegensatz. Die marxistische Position vollzieht auf der Basis einer historisch-gesellschaftlichen Analyse eine ideologiekritische Wertung der Trivialliteratur mit dem Ergebnis, diese Literatur als Herrschaftsinstrument in der spätkapitalistischen Klassengesellschaft zu entlarven, da sie der Stabilisierung bestehender Herrschaftsverhältnisse dient und die Reflexion der Arbeiterklasse bezüglich ihrer gesellschaftlichen Situation und der sich daraus als notwendig ergebenden gesellschaftlichen Veränderungen verhindert. Die Konsequenzen dieser Bewertung sind die Bekämpfung dieser Literatur und Aufklärung.

Die vom Kritischen Rationalismus herkommenden Wertungsversuche gelangen zu sehr abgestuften Werturteilen, je nachdem von welcher Position aus und unter welchen Prämissen geurteilt wird. Trivialliteratur wird auf Grund ihrer gesellschaftlichen Wirkungsmöglichkeiten ebenfalls kritisch gesehen und gewertet, jedoch wird ihr funktionaler Wert für den jeweiligen Leser in seiner jeweiligen Rezeptionssituation und im Hinblick auf das jeweilig historisch-gesellschaftliche Umfeld reflektiert und argumentativ berücksichtigt. Der Ablenkungs- und Unterhaltungscharakter dieser Literatur wie auch der Lesespaß werden erkannt und als wichtige Funktionen dieser Literatur gedeutet. Neben den gesellschaftlichen und politischen Kriterien finden also auch anthropologische im Wertungsprozess Beachtung.

Vom pädagogischen Standpunkt aus scheint dieser Ansatz am besten vertretbar zu sein, da er des Doktrinären entbehrt, seine Prämissen und seine Entscheidungen ausweist und im didaktischen Feld dem Schüler die Chance zur Entwicklung einer eigenen begründeten Position bietet.

Zusammenfassend kann festgestellt werden, dass sich in der literarischen Wertediskussion der Gegenwart die Argumentation von der ästhetischen auf die funktionale Ebene verschoben hat.

4. Didaktische Überlegungen zum Umgang mit Trivialliteratur im Unterricht

Die Darstellung der Wertungsproblematik hat in diesem Überblick über die Trivialliteraturforschung eine Gelenkfunktion, denn sie bildet heute den Zentralpunkt gerade auch in der literaturdidaktischen Forschung. Gab in der Literaturdidaktik vor mehr als zwanzig Jahren die Literaturwissenschaft dem Lehrer die Entscheidung für einen Text vor, war die Literaturwissenschaft also *die* Basiswissenschaft der Literaturdidaktik, hat sich in der folgenden Diskussion diese Beziehung verändert und in der Trivialliteraturdebatte z. T. in ihr Gegenteil verkehrt: Die Didaktik wurde auf diesem Feld zum Vorreiter, weil sie früher und konsequenter die gesellschaftliche Funktion von Literatur als Problem erkannte und reflektierte, denn sie sah sich im Umgang mit den Schülern zur Legitimation ihrer Stoffe gezwungen.

Trivialliteratur im Unterricht ist kein neues Phänomen. In den 50er Jahren wurde sie unterrichtlich als Kontrastliteratur verwendet, um den Schülern die Minderwertigkeit dieser Literatur zu demonstrieren. Im Verlaufe der 60er Jahre rückte sie aber zunehmend stärker in den Reflexionshorizont der Didaktiker. Der Einfluss der Gesellschaftswissenschaften, vor allem der Soziologie, wurde deutlich, andererseits wirkten sich kommunikationstheoretische Überlegungen aus, die sich in der Pragmalinguistik mit den Sozial- und Gesellschaftswissenschaften verbanden. Für die Literaturdidaktik ergab sich daraus als Konsequenz die Veränderung des Literaturbegriffs. Literatur wurde nun im Zusammenhang gesellschaftlicher Kommunikation überhaupt gesehen und als Begriff im weiten Sinne definiert (Baumgärtner / Dahrendorf 1970). Die Inhalte des Literaturunterrichts wurden neu bestimmt: Der Anteil der Dichtung im traditionellen Sinn wurde zugunsten der Trivialliteratur, Jugendliteratur und pragmatischen Literatur zurückgedrängt. Dahrendorfs schon klassisch zu nennende Formulierung macht das deutlich: „Seine (des Lehrers – GL) Klasse sei Abbild des literarischen Marktes mit der Vielfalt seines Angebots und seinen literarischen Umgangsformen". (Dahrendorf, in: Baumgärtner / Dahrendorf 1970, 59) Wenn der heutige Literaturunterricht seine zentrale Aufgabe darin sieht, den Schüler kommunikativ handlungsfähig zu machen, müssen gerade die literarischen Formen in den Unterricht hereingeholt werden, mit denen er sich tatsächlich beschäftigt und die in der Gesellschaft eine Rolle spielen. Literaturdidaktik hat demzufolge bei einer Analyse des literarischen Marktes und der Lesegewohnheiten der Schüler anzusetzen und ihre Entscheidung von dorther im Hinblick auf die Schüler als Mitglieder dieser Gesellschaft zu fällen. Die erzieherische Absicht hinter einer solchen Entscheidung wird gesteuert von dem Lernziel, die Schüler in dieser und für eine zukünftige Gesellschaft kommunikativ handlungsfähig zu machen. Die Erkenntnis der gesellschaftlichen Bedeutung von Trivialliteratur führte einige Didaktiker dazu, sie als den alleinigen Gegenstand des Literaturunterrichts zu deklarieren (z. B. Grünwaldt) – eine Ansicht, die im Vergleich zur traditionellen Literaturdidaktik ins gegenteilige Extrem fällt und damit den Aufgaben des Literaturunterrichts nicht gerecht wird, die darin bestehen, Schüler mit verschiedenen, auch und vor allem unbekannten, ihnen fremden literarischen Produkten bekannt zu machen, um ihnen Alternativen im Sinne der Antizipation anzubieten und sie zu befähigen, sich mit dem literarischen Angebot kritisch auseinanderzusetzen. Dazu müssen sie Heterogenes kennen lernen und Kriterien für eigene Leseentscheidungen an die Hand bekommen.

Neben der Bedeutung der Trivialliteratur in unserer Gesellschaft und der Erziehung der Schüler zur literarischen Kompetenz kann die Auseinandersetzung mit der Struktur und den Mechanismen des literarischen Marktes als weitere Begründung für die Auseinandersetzung mit Trivialliteratur gelten. An keinem anderen literarischen Gegenstand lassen sich so einfach und so umfangreich Einsichten in Produktion, Distribution und Konsumtion von Literatur gewinnen.

Didaktische Reflexion über Trivialliteratur im Unterricht muss die Ergebnisse, die die ideologiekritische und rezeptionsästhetische Forschung erarbeitet haben, aufnehmen und in Bezug auf die Schüler umsetzen. Die oben herausgearbeiteten kritischen Momente und Einschränkungen sollten hierbei berücksichtigt werden. Für den Didaktiker wird das Schwergewicht vor allem auf den Ergebnissen der rezeptionsästhetischen Forschung liegen, weil sie sich mit der unmittelbaren Beziehung zwischen Leser und Text auseinandersetzt und somit der Didaktik entgegenkommt, deren Ausgangs- und Bezugspunkt in allen Überlegungen der Schüler selbst ist. (Vgl. Schemme 1975, 206f.)

Auf Grund dieser Überlegungen bestimmen folgende Faktoren das didaktische Feld:

- der triviale Text selbst: er bietet den Zugang zu dieser Art Literatur, ist Beschäftigungsgegenstand der Schüler, er dient im Unterricht als Problematisierungs- und Erkenntnismittel,
- der Text als ein Teil der Trivialliteratur überhaupt und ihrer verschiedenen Formen und Arten; der einzelne Text wird zum Exemplum einer Gattung,
- die Trivialliteratur als ein Bestandteil des literarischen Marktes; sie unterliegt dessen Bedingungen,
- die Trivialliteratur als gesellschaftliches Phänomen; sie besitzt eine hohe Lesefrequenz, was eine Konsequenz des gesellschaftlich und individuell bestimmten Lesebedürfnisses ist; sie übt Wirkungen auf den Leser aus.

Auf Grund dieser Faktoren des didaktischen Feldes lassen sich folgende allgemeine Lernziele für den Umgang mit Trivialliteratur im Unterricht formulieren:

1. Die Schüler sollen die Fähigkeit erwerben, triviale Texte angemessen zu rezipieren.
2. Sie sollen die verschiedensten Formen von Trivialliteratur kennen und einschätzen lernen. („Sachkunde“ im Sinne von Baumgärtner 1987, 313)
3. Sie sollen die Trivialliteratur als einen wesentlichen Bestandteil des literarischen Marktes mit seinen massenliterarischen Bedingungen kennen lernen.
4. Sie sollen sich mit der Trivialliteratur als einem gesellschaftlichen Phänomen auseinandersetzen, d.h. die Bedeutung, die Funktion und die Wirkung dieser

Literatur für den Einzelnen und für die Gesellschaft durchschauen lernen, und eine eigene begründete Position dieser Literatur gegenüber gewinnen.

In der didaktischen Diskussion um die Trivialliteratur gibt es eine Reihe von Problemen, die wir abschließend darstellen und diskutieren wollen. Diese Diskussion dient zugleich der Verdeutlichung der hier postulierten Lernziele. Die Frage, ob Trivialliteratur Unterrichtsgegenstand sein sollte, braucht nicht mehr gestellt zu werden, da in diesem Punkte allgemeine Übereinstimmung herrscht. Es muss aber die Frage diskutiert werden, wie groß der Anteil der Trivialliteratur am Literaturunterricht sein soll. Als sich gegen Ende der 60er Jahre die Trivialliteratur langsam in der Schule durchzusetzen begann, vertrat Helmers (in Baumgärtner / Dahrendorf 1970, 80) die Position, dass das „Vorfeld" der Dichtung, „genauso wichtig wie die Dichtung" sei. Als „gleichberechtigten Gegenstand" will Dahrendorf die Trivialliteratur im Unterricht behandelt wissen (1972, 272), nachdem er vorher eine extremere Position vertreten hatte. Ganz prononciert argumentieren in diesem Punkt die Vertreter des Bremer Kollektivs. Ihnen geht es im Literaturunterricht um die „soziale und politische Sensibilisierung der Schüler" im Sinne eines materialistisch-politischen Deutschunterrichts. Das hat zur Konsequenz, dass „der Behandlung von Gebrauchstexten, Massenliteratur und den Produkten der Massenmedien die Präferenz zu geben ist" vor der Literatur im engeren Sinne. (Bremer Kollektiv 1974, 26) Da Dichtung als „Randerscheinung" der Gesellschaft zu betrachten sei, könne sie auch nur bedingt „und auch nur für bestimmte soziale Schichten als ideologischer Faktor von Bedeutung" sein (ebd., 26). Auf ihre Weise ist diese Position nicht weniger einseitig und doktrinär wie die frühere, die triviale Texte unbeachtet ließ oder als Kontrastliteratur verwendete. Durch diese Forderung des Bremer Kollektivs wird der Schüler von der Literatur der Vergangenheit wie auch von der qualifizierten Literatur seiner Gegenwart geradezu abgeschnitten. (Vgl. Baumgärtner, in: Baumgärtner / Dahrendorf 1977, 10) Der Literaturunterricht kann aber nicht Einseitigkeit, Politisierung im Sinne des Marxismus und schichtenspezifische Orientierung als sein Ziel ansehen, sondern er muss die Auseinandersetzung mit Bedeutung, Funktion und Wirkung aller Art Literatur beinhalten. Insofern sind auch die Überlegungen Küglers (1971) abzulehnen, der der Trivialliteratur in seinem zeitlich gegliederten Lehrgang eine Endstellung zuweist mit der Begründung: Erst die Verfügung über strukturelle Erschließungsverfahren und ein beträchtliches Maß an kritisch reflektiertem gesellschaftlichen Vorwissen ermögliche eine Auseinandersetzung mit der Trivialliteratur. Wir meinen, dass jede Auseinandersetzung mit Literatur, gleich welcher Art, die Berücksichtigung des historisch-gesellschaftlichen Kontextes erfordert. Auch können strukturelle Erschließungsverfahren an trivialen wie an dichterischen Texten in vergleichbarer Weise erprobt und erlernt werden. Da der Schüler zudem der Trivialliteratur praktisch schon vor Beginn seiner Schulzeit – meist in Form von Comics – begegnet ist, muss ein sinnvoller kritischer Umgang mit trivialen Texten von Beginn der Schulzeit an Teil des allgemeinen literarischen Unterrichts sein.

Mit der Hereinnahme der Trivialliteratur in den Unterricht erfolgt eine „Verschulung" der Freizeitlektüre der Schüler. Die Reaktion eines 13jährigen Schülers auf die

Ankündigung seines Lehrers, demnächst „Perry Rhodan" im Literaturunterricht zu behandeln: „Nun macht ihr mir auch meinen 'Perry Rhodan' noch kaputt", ist für dieses Problem charakteristisch. In dieser Reaktion des Schülers spiegeln sich zwei Probleme: einmal das Verschulungsproblem allgemein, zum anderen das Wertungsproblem; dahinter stehen ein Methodenproblem und ein Einstellungsproblem. Trivialliteratur wird von Schülern und Erwachsenen aus Gründen der Unterhaltung und aus psychologischen Gründen gelesen. Sie ist Freizeitlektüre und besitzt zugleich Ablenkungs-, Kompensations- und Identifikationsfunktion. Im Bewusstsein dessen kann sich die unterrichtliche Beschäftigung nicht mit einer ästhetischen Analyse und moralischen Abwertung dieser Literatur begnügen. Das methodisch-kontrastive Verfahren leistet dem nur allzu leicht Vorschub. Eine vorschnelle und unausgewiesene Abwertung dieser Literatur diskriminiert auch und vor allem ihre Leser. Dahrendorf möchte deswegen Trivialliteratur in den Unterricht einbringen, ohne sie als minderwertig abzustempeln. Da sie eine „sozialintegrative Funktion" erfülle, dürfe der Lehrer nicht Wertungen einbringen „im Sinne des literarisch Gebildeten" (Dahrendorf, in: Baumgärtner / Dahrendorf 1970, 50). Die Konsequenz eines diese Literatur diskriminierenden Lehrerverhaltens zeigt sich in der Leseschizophrenie seiner Schüler; daher ist dieses Problem ernst zu nehmen. Bei Dahrendorf jedoch steht diese Intention im Widerstreit mit seiner literaturdidaktischen Zielperspektive, die in dem Begriff „Lesemündigkeit" zusammengefasst werden kann. Dieses „Dahrendorfsche Dilemma" hat zuerst Hassenstein (1976, 407) pointiert herausgestellt. Dahrendorf selbst sieht diesen „didaktischen Konflikt" (1971, 311) ebenfalls und versucht ihn zu lösen, indem er stärker die Schichtspezifik der Leserinteressen berücksichtigt und akzeptiert wissen will und eine Relativierung literaturästhetischer Wertungen unter der Frage nach der Funktion dieser Literatur anstrebt. Damit ist das „Dilemma" aber nicht aufgelöst, sondern nur verschoben. Auch in seinen späteren Überlegungen zu diesem Problem findet Dahrendorf (in: Baumgärtner / Dahrendorf 1977) keine Lösung.

In anderer Weise und mit anderen Intentionen greifen Angehörige des Bremer Kollektivs (1974) dieses Problem auf. Für sie ist auf Grund ihrer ideologiekritischen Literatur- und Gesellschaftsanalyse klar, dass Trivialliteratur in unserer Gesellschaft nur ideologische Funktion besitzt und die Masse der Bevölkerung daran hindern soll, ihre wahren Interessen zu erkennen und durchzusetzen. Ihr Ziel im Unterricht ist die Entlarvung der Trivialliteratur unter Einbeziehung einer gesamtgesellschaftlichen Kritik. Hierbei wollen sie aber nicht stehen bleiben, denn „die Ergebnisse der kritischen Arbeit (sollen) in eine produktive transportiert" werden. (Wenzel 1974, 213) Wenzel erhofft von den Schülern, hervorgerufen durch die kritische Infragestellung der Trivialliteratur, eine starke Motivation zur eigenen Produktion von literarischen Gegenmodellen. Als Anregung dafür soll vor allem „linke Kinder- und Jugendliteratur" dienen. Wenzel benutzt in seinem Ansatz die Trivialliteratur als „Abschreckungsmodell", wie es die traditionelle Literaturdidaktik getan hat, nur dass die ästhetisch-moralische Begründung durch eine politisch-ideologische ersetzt worden ist. Da Literatur in der ideologiekritischen Didaktik nur unter dem Gesichtspunkt gesellschaftlicher Widerspiegelung betrachtet wird, geraten rezeptionsästhetische und unterhaltende Gesichtspunkte, die die Funktion dieser Literatur für ihre Leser bewusst machen, überhaupt nicht in den Blick. Ob die Gegenliteratur, auf die Wenzel rekurriert, die emotionalen Defizite, die durch die Infragestellung der rezipierten Trivialliteratur bei den Schülern hervorgerufen werden, auszugleichen in der Lage ist, muss man bei Kenntnis dieser Literatur bezweifeln. Eine Soziologisierung der Trivialliteratur, wie sie von den Ideologiekritikern für den Unterricht propagiert wird, verkürzt damit den anthropologischen Anspruch, den Literatur allgemein hat, ganz erheblich und degradiert Literatur zum soziologisch-politischen Erkenntnisinstrument.

Von seiten der Lesepädagogen ist der Gedanke des „Hinauflesens" als Begründung für die Beschäftigung mit Trivialliteratur in die didaktische Diskussion eingebracht worden. Trivialliteratur übernehme nach diesem Konzept „Brückenfunktion" zur ranghöheren Literatur, zur Dichtung. Wie Dahrendorf (in: Baumgärtner / Dahrendorf 1977, 24ff.) ausgeführt hat, besitzt diese Konzeption eine lange Tradition in der Jugendbuchforschung und wurde von dorther in die didaktische Diskussion um die Trivialliteratur übernommen. Die Vertreter dieser Konzeption gehen von einem dichotomischen Literaturmodell aus, das neben ästhetischen oft auch moralische Kategorien als Begründung verwendet. Daher werden alle oben gemachten Einwände gegen das dichotomische Literaturmodell auch hier relevant. Ihrem eigenen Anspruch, das mögliche sozialisationsspezifische Leseverhalten zu berücksichtigen, wird diese Konzeption nicht gerecht, da sie den Eigenwert und die spezifische Funktion der Trivialliteratur unberücksichtigt lässt.

Aus den bisher dargestellten Begründungen und didaktischen Modellen ist deutlich geworden, dass das Wertungsproblem in der Trivialliteraturbehandlung nicht umgangen werden kann. Indem nämlich im Unterricht Funktion und Wirkung dieser Literatur analysiert werden, zeigt sich auch ihre Problematik und Eindimensionalität. Es ist daher ganz sicher eine „Sache des richtigen Unterrichtsstils und einer angemessenen Atmosphäre im Klassenzimmer, wenn die unumgängliche Wertung literarischer Erscheinungen ohne Diffamierung und 'Geschmacksterror' gelingen soll". (Hassenstein 1972, 408) Andererseits muss aber die wertende Analyse auch herausarbeiten, welche Funktion die Trivialliteratur für die jeweilige Gesellschaft und für den einzelnen Leser besitzt: sie kann Spaß bereiten, unterhalten, ablenken (im positiven Sinn) und bietet Möglichkeiten der Identifikation und Entlastung. Diese konsolatorische Funktion von Trivialliteratur sollte ernst genommen werden und den Schülern als ernst zu nehmend dargestellt werden.

Eine mögliche Lösung des „Dahrendorfschen Dilemmas" könnte in der Entwicklung der Fähigkeit zur Rollenflexibilität im Bereich des Rezeptionsverhaltens zu finden sein. Wie der Einzelne in unserer Gesellschaft in unterschiedlichen Sprechsituationen unterschiedliche Sprecherrollen einnimmt und einzunehmen lernt, die entsprechend der jeweiligen Situation definiert sind, könnte er als Leser seinem Lesestoff gegenüber unterschiedliche Lesehaltungen einzunehmen lernen, entsprechend seiner jeweiligen Disposition. Als grundsätzliche Rezeptionshaltungen der Trivialliteratur gegenüber lassen sich eine „affirmativ-unterhaltungsorientierte“ und eine „distanziert-erkenntnisorientierte“ unterscheiden (Lange 1977). Die affirmative Rezeptionshaltung bringt der Schüler auf Grund seiner häuslichen Lektüre mit: Er ist es gewöhnt, Texte unterhaltend zu rezipieren. Der Literaturunterricht übernimmt die Aufgabe, ihn zu einer „kritisch-distanzierten“ Lesehaltung zu führen, die ihn instand setzt, sich gedanklich mit einem Text, seinem gesellschaftlichen Kontext, seiner historisch-gesellschaftlichen Funktion und den möglichen Rezeptionshaltungen auseinanderzusetzen. Dadurch wird es möglich, die affirmative Lesehaltung in ihrer Funktion und Bedeutung für das lesende Individuum zu erkennen und zu akzeptieren, aber auch deren Problematik zu durchschauen. Der Rezipient von Trivialliteratur, der beide Lesehaltungen durchschaut und in ihrem Stellenwert erkannt hat, könnte auf Grund seiner jeweiligen Disposition sein Leseverhalten selbst bestimmen. In diesem Ansatz kann die affirmative Lesehaltung zu keinem Lesen um des naiven Genusses willen werden, sondern ist zu einem unterhaltenden Lesen anderer Art geworden, einem Lesen, das sich bewusst auf die Affirmation einlässt, das „Spiel“ der Trivialliteratur mitmacht. (Vgl. Hienger / Spinner, in: Hienger 1976) In etwas anderer Weise hat Schemme dieses „vergnügliche Lesen“ beschrieben, nämlich im Sinne Brechts „als ein Bemühen um die Freiheit von den manipulativen Mechanismen“ (1975, 225).

Diese hier beschriebene Verknüpfung von affirmativer und kritischer Lesehaltung ist unserer Ansicht nach ein wichtiger Schritt auf dem Wege zur kommunikativen Handlungsfähigkeit im Sinne eines „mündigen Lesers“ (Hassenstein 1972, 408). Die kritische Lesehaltung schließt das Lernziel ein, das Waldmann „Wertungskompetenz“ genannt hat (Waldmann 1977, 114–142). Sie beruht auf der Einsicht in die Geschichtlichkeit von Text, Medium und Leser. Diese Einsicht, verbunden mit einem spielerisch-kreativen Umgang mit Trivialliteratur könnte, so Hassenstein (1976, 511), „dem Schüler helfen, ein Stück Freiheit gegenüber den Zwängen der Lebenspraxis zu gewinnen, die in der Trivialliteratur ihren Ausdruck finden, indem sie ihr ihre Funktion verleihen“.

Der Gedanke des spielerischen, produktiven Umgangs mit Trivialliteratur ist seit Anfang der 80er Jahre vor allem von Waldmann (1980 und 1981) im Sinne eines produktionsorientierten Literaturunterrichts weiterentwickelt worden. Waldmann sieht in diesem methodisch-didaktischen Verfahren den einzig gangbaren Weg, um das oben beschriebene Dilemma des Trivialliteraturunterrichts zu vermeiden.

Grundlagen des produktionsorientierten Unterrichts sind seine Projekt- und Problemfeldorientierung sowie seine Wertungs- und Kommunikationsorientierung. Das heißt: Trivialliteratur sollte im Projektunterricht und möglichst nur innerhalb von Problemfeldern bearbeitet werden, um sie auf ihre speziellen Aussagen hin im Vergleich zu anderen Texten untersuchen und befragen zu können. Dabei sollte die Trivialliteratur nicht im traditionellen literaturästhetischen Sinne gewertet und damit abgewertet, sondern nach ihrer Funktion für die Schüler und nach ihrer Leistung hinsichtlich der Probleme der Schüler beurteilt werden. Dadurch steht die Wechselbeziehung zwischen Text und Leser im Vordergrund und damit die Frage:

„(W)elchen wert (haben trivialliterarische Texte – GL) nach inhalt, textueller organisation und kommunikativer funktion für die befriedigung der bedürfnisse ihrer leser“ (Waldmann 1981, 87)?

Das produktionsorientierte Verfahren soll verhindern, dass Literaturunterricht lediglich auf der kognitiven Ebene abläuft, es will ein Lernen durch Phantasie und Spiel möglich machen. Statt eines rezeptiven Lernens soll „ein aktives lernen durch die erfahrung des eigenen produzierens“ (ebd., 88/89) versucht werden.

Waldmann geht davon aus, dass die Schüler auf Grund ihrer Lektüre Trivialliteratur ad hoc selbst herstellen können und dass sie durch das Produzieren den Baugesetzen, Strukturen, Leistungen und Wirkungen dieser Literatur auf die Spur kommen, ohne dass diese Erkenntnis auf die eigene Trivialliteraturlektüre und Bedürfnisbefriedigung „verunsichernd und frustrativ wirken müßte“ (ebd., 95).

Für einen solchen Unterricht hat Waldmann 1980 ein zweibändiges Werk mit Unterrichtsmodellen und Materialien herausgegeben.

Hervorzuheben ist, dass durch den produktionsorientierten Unterricht Waldmanns ein verschüttetes und daher vernachlässigtes *methodisches* Verfahren für einen interessanten Unterricht wieder bewusst und für die Praxis attraktiv gemacht worden ist. Neben dem motivationalen Aspekt spricht für das Selbermachen von Literatur vor allem das lernpsychologische Argument der größeren Effizienz dieser Art von Lernen.

Bezweifelt werden muss aber, ob auf diesem Wege das Dilemma des Trivialliteraturunterrichts gelöst wird, denn auch in diesem Konzept bleiben letztlich die kritische Erkenntnis und die Bedürfnisbefriedigung als Antinomien bestehen.

Waldmann selbst hat einige mögliche kritische Einwände gegen sein Konzept in seinen Arbeiten aufgeführt:

- Die Schüler reagieren möglicherweise befremdlich, vielleicht sogar mit Ablehnung, wenn sie in der Schule – einem Ort der Fremdbestimmung – Phantasie entfalten sollen.
- Die Lehrer haben Schwierigkeiten mit diesem Konzept, weil sie einen solchen Unterricht in ihrer Ausbildung nicht kennen gelernt haben.

Dagmar Grenz (1982) hat darauf hingewiesen, dass der Umgang mit Trivialliteratur für die Schüler, denen diese Literatur wichtig ist, da sie ihnen erwünschte Vorbilder, gesuchte Identifikationsmöglichkeiten und erhoffte Bedürfnisbefriedigung bietet, alles andere als ein Spiel ist. Wie ist dann aber ein spielerischer Unterricht möglich? Eine andere kritische Frage hat Nusser (1984) gestellt: Inwiefern passen ein produktionsorientierter, d.h. ein auf Phantasie, Spiel und Lustgewinn ausgerichteter, und ein problemorientierter Unterricht eigentlich zusammen? Hier steckt offenbar eine strukturelle Schwierigkeit, die nicht ohne weiteres gelöst werden kann.

Schließlich ist es fraglich, ob in einem problemfeldorientierten Unterricht auf „die Leistung der formalen Qualität der Text für die Vermittlung der in ihnen angeschnittenen Problematik“ verzichtet werden kann (Nusser 1984, 173). Tut man das nicht, wofür eigentlich alles spricht, erfolgt notwendigerweise eine literaturästhetische, wenn auch funktional gesteuerte Bewertung der verwendeten Literatur und damit eine Abwertung der Trivialliteratur. Gerade die aber wollte Waldmann vermeiden.

Die ausführliche Diskussion der produktionsorientierten Literaturdidaktik zeigt, dass der „didaktische Konflikt", der die Trivialliteraturdidaktik seit Beginn der 70er Jahre bestimmt, auch hier nicht gelöst wird.

Als Ergänzung oder Erweiterung der bisherigen Diskussion versteht Nusser (1984 und 1991) seinen Vorschlag des „vergleichenden Lesens". Zu dem Zeitpunkt, da die Schüler sich langsam von ihrer trivialen Lektüre distanzieren, solle der Lehrer ihnen Literatur gleicher Thematik oder gleichen Genres anbieten, die mit ähnlichen, aber anspruchsvolleren literarischen Mitteln geschrieben und mit einer differenzierteren Wirklichkeitsauffassung ausgestattet ist. Nusser sieht darin eine „Chance zu rationaler Arbeit und einem bewußteren Umgang mit dem Gelesenen", denn „Schule behält ihren Sinn nur, wenn sie sich auf die eine oder andere Weise um Horizonterweiterung bemüht." (Nusser 1991, 153).

Literaturverzeichnis

Baumgärtner, Alfred Clemens (Hrsg.): Lesen. Ein Handbuch. Hamburg 1974

Baumgärtner, Alfred Clemens: Massenhaft verbreitete Literatur. In: Stocker, Karl (Hrsg.): Taschenlexikon der Literatur- und Sprachdidaktik. 2 Bände.2. Aufl., Kronberg 1987, 306–315

Baumgärtner, Alfred Clemens / Dahrendorf, Malte (Hrsg.): Wozu Literatur in der Schule? Braunschweig 1970

Baumgärtner, Alfred Clemens / Dahrendorf, Malte (Hrsg.): Zurück zum Literatur-Unterricht? Literaturdidaktische Kontroversen. Braunschweig 1977

Bremer Kollektiv (Hrsg.): Grundriß einer Didaktik und Methodik des Deutschunterrichts in der Sekundarstufe I und II. Stuttgart 1974

Burger, Heinz Otto (Hrsg.): Studien zur Trivialliteratur. Frankfurt 1968

Dahrendorf, Malte: Trivilliteratur als Herausforderung für eine literaturdidaktische Konzeption. In: Diskussion Deutsch 1971, H. 6, 302–313

Dahrendorf, Malte: Literaturdidaktik und Trivialliteratur. In: Sprache im technischen Zeitalter 1972, H. 44, 269–277

Der Deutschunterricht 1990, H. 6: Trivialliteratur

Fetzer, Günther: Wertungsprobleme der Trivialliteraturforschung. München 1980

Fetzer, Günther: Trivialliteraturforschung (Forschungsbericht). In: Wirkendes Wort 1981, H. 2, 98–125

Firle, Marga: Vom Umgang mit trivialen Lesestoffen. Berlin 1992

Foltin, Hans Friedrich: Die minderwertige Prosaliteratur. Einteilung und Bezeichnungen. In: Deutsche Vierteljahresschrift für Literaturwissenschaft und Geistesgeschichte 1965, 288–323

Gerth, Klaus: Trivialliteratur in Vergangenheit und Gegenwart. In: Triviale Jugendliteratur. Das Jugendbuch als Unterhaltungslektüre. Insel Mainau 1969, 9–21

Giesenfeld, Günter: Methodische Vorüberlegungen zum Umgang mit nicht anerkannter Literatur. In: Diskussion Deutsch 1971, H. 6, 314–334

Grenz, Dagmar: Anmerkungen zu neueren Ansätzen der Trivialliteraturdidaktik aus rezeptionsästhetischer Sicht. In: Wirkendes Wort 1982, H. 4, 275–290

Grimm, Gunter (Hrsg.): Literatur und Leser. Theorien und Modelle zur Rezeption literarischer Werke. Stuttgart 1975

Hassenstein, Friedrich: „Minderwertige" Literatur im Deutschunterricht

a. In: Wolfrum, Erich (Hrsg.): Taschenbuch des Deutschunterrichts. Esslingen 1972, 398–408

b. Nachtrag 1974 zu dem oben benannten Artikel. In: Wolfrum, Erich (Hrsg.): Taschenbuch des Deutschunterrichts. 2. Aufl., Baltmannsweiler 1976, 510–513

Hermand, Jost: Synthetisches Interpretieren. Zur Methodik der Literaturwissenschaft. 4. Aufl., München 1968

Heydebrand, Renate von / Winko, Simone: Einführung in die Wertung von Literatur. Paderborn 1996 (= UTB 1953)

Hienger, Jörg (Hrsg.): Unterhaltungsliteratur. Zu ihrer Theorie und Verteidigung. Göttingen 1976

Hoppe, Otfried: Triviale Lektüre. Publizistische und sozialpsychologische Überlegungen zur Didaktik der Trivialliteratur. In: Linguistik und Didaktik 1973, H. 13, 16–33

Ide, Heinz (Hrsg.): Projekt Deutschunterricht 5: Massenmedien und Trivialliteratur. 2. Aufl., Stuttgart 1974

Jauß, Hans Robert: Literaturgeschichte als Provokation. Frankfurt 1970

Kaes, Anton / Zimmermann, Bernhard (Hrsg.): Literatur für viele 1. Studien zur Trivialliteratur und Massenkommunikation im 19. und 20. Jahrhundert. Göttingen 1975

Killy, Walther: Deutscher Kitsch. Göttingen 1961

Klein, Albert / Hecker, Heinz: Trivialliteratur. Opladen 1977

Kreuzer, Helmut: Veränderungen des Literaturbegriffs. Fünf Beiträge zu aktuellen Problemen der Literaturwissenschaft. Göttingen 1975

Kreuzer, Helmut (Hrsg.): Literatur für viele 2. Studien zur Trivialliteratur und Massenkommunikation im 19. und 20. Jahrhundert. Göttingen 1976

Kügler, Hans: Literatur und Kommunikation. Ein Beitrag zur didaktischen Theorie und methodischen Praxis. Stuttgart 1971

Lange, Günter: Zur Didaktik des Kriminalromans. In: Wirkendes Wort 1977, H. 4, 269–282

Mecklenburg, Norbert (Hrsg.): Literarische Wertung. Texte zur Entwicklung der Wertungsdiskussion in der Literaturwissenschaft. Tübingen 1977

Melzer, Helmut: Trivialliteratur 1. u. 2. München: 1974/75

Müller-Seidel, Walter: Probleme der literarischen Wertung. Über die Wissenschaftlichkeit eines unwissenschaftlichen Themas. 3. Aufl., Stuttgart 1973

Nusser, Peter: Romane für die Unterschicht. Groschenhefte und ihre Leser. 5. Aufl., Stuttgart 1981

Nusser, Peter (Hrsg.): Didaktik der Trivialliteratur. Stuttgart 1976

Nusser, Peter: Umgang mit Trivialliteratur. In: Hopster, Norbert (Hrsg.): Handbuch „Deutsch" für Schule und Hochschule – Sekundarstufe I.Paderborn u. a. 1984, 142–177

Nusser, Peter: Trivialliteratur. Stuttgart 1991 (= Sammlung Metzler Bd. 262)

Nusser, Peter: Unterhaltungsliteratur: In:Ricklefs, Ulfert (Hrsg.): Fischer Lexikon Literatur. Bd. 3. Frankfurt a. M. 1996, 1906–1930

Nutz, Walter: Der Trivialroman, seine Formen und seine Hersteller. Ein Beitrag zur Literatursoziologie. Köln / Opladen 1962

Nutz, Walter: Trivialliteratur. In: Friedrich, Wolf-Hartmut / Killy, Walther (Hrsg.): Fischer Lexikon Literatur. 3 Bände. Frankfurt 1965, in Bd. 2.2, 571–581

Pilz, Georg / Kaiser, Erich (Hrsg.): Literarische Wertung und Wertungsdidaktik. Kronberg 1976

Plaul, Heiner: Illustrierte Geschichte der Trivialliteratur. Hildesheim 1984

Rucktäschel, Annamaria / Zimmermann, Hans Dieter (Hrsg.): Trivialliteratur. München 1976

Schemme, Wolfgang: Trivialliteratur und literarische Wertung. Stuttgart 1975

Schmidt-Henkel, Gerhard u. a. (Hrsg.): Trivialliteratur. Aufsätze. Literarisches Colloquium. Berlin 1964

Schulte-Sasse, Jochen: Literarische Wertung. 2. Aufl., Stuttgart 1976

Škreb, Zdenko / Baur, Uwe (Hrsg.): Erzählgattungen der Trivialliteratur. Innsbruck 1984 (= Innsbrucker Beiträge zur Kulturwissenschaft. Germanistische Reihe Bd. 18)

Thiel, Christian: Liebe, Sex, Karriere: die Modernisierung des trivialen Liebesromans. Hamburg / Berlin 1991

Waldmann, Günter: Theorie und Didaktik der Trivialliteratur. 2. Aufl., München 1977

Waldmann, Günter: literatur zur unterhaltung. 2 Bde. Reinbek 1980

Waldmann, Günter: Trivialliteraturdidaktik. In: Wirkendes Wort 1981, H. 2, 74–98

Wenzel, Rudolf: Massenliteratur. In: Bremer Kollektiv 1974, 187–244

Wilkending, Gisela (Hrsg.): Literaturunterricht. Texte zur Didaktik. München 1972

Wilpert, Gero von: Sachwörterbuch der Literatur. 3. Aufl., Stuttgart 1961

Winko, Simone: Literarische Wertung und Kanonbildung. In: Arnold, Heinz Ludwig / Detering, Heinrich: Grundzüge der Literaturwissenschaft. München 1996, 595–600

Wintgens, Hans-Herbert: Trivialliteratur für die Frau. Analyse, Didaktik und Methodik zur Konformliteratur. Baltmannsweiler 1980

Ziegler, Klaus: Vom Recht und Unrecht der Unterhaltungs- und Schundliteratur. In: Sammlung 1947, 565–574

Zimmermann, Hans Dieter: Das Vorurteil über die Trivialliteratur. In: Akzente 1972, H. 5, 386–408

Zimmermann, Hans Dieter: Schema-Literatur. Ästhetische Normen und literarisches System. Stuttgart / Berlin / Köln / Mainz 1979

Ziermann, Klaus: Romane vom Fließband. Die imperialistische Massenliteratur in Westdeutschland. Berlin (Ost) 1969

GÜNTER LANGE

Krimis im Unterricht

Die wissenschaftliche Auseinandersetzung mit dem Krimi hat in den letzten fünfundzwanzig Jahren bedeutende Fortschritte gemacht. Bis Mitte der 60er Jahre gab es nur vereinzelte literarhistorische und soziologische Untersuchungen, gattungsgeschichtliche Abhandlungen und lexikalische Erfassungen dieser Literaturgattung. Nach 1965 erschienen die ersten forschungskritischen Darstellungen, geprägt von der beginnenden literatursoziologischen und ideologiekritischen Diskussion um die Trivialliteratur. Eine intensive Forschungsdiskussion setzte aber erst Anfang der 70er Jahre ein, die „so etwas wie eine gattungsspezifische Forschungsgeschichte begründete" (Marsch 1983, 47). Gekennzeichnet ist diese Phase durch die Aufarbeitung der bisherigen Forschung und durch Untersuchungen zur Soziologie, Psychologie, Poetik, Geschichte und Rezeption der Gattung. Charakteristisch sind die grundlegenden Sammelbände zum Krimi von Vogt (1971), Žmegač (1971) und Buchloh / Becker (1977).

In enger Anlehnung an die literaturwissenschaftliche Diskussion und in steter Auseinandersetzung mit ihr verlief die literaturdidaktische. Der Krimi wurde didaktisch legitimiert und als interessanter Unterrichtsgegenstand akzeptiert.

1. Der Krimi als literaturwissenschaftlicher Gegenstand

Bevor ich näher auf den Krimi als Gattung eingehe, ist eine Begriffsklärung nötig, da es in der literaturwissenschaftlichen Forschung nach wie vor keine einheitliche Terminologie gibt. Relative Einigkeit besteht darin, die Bezeichnungen „Krimi", „Kriminalroman" oder „Kriminalerzählung" als Oberbegriff für die Gattung zu verwenden, aber über den Begriffsumfang gehen die Meinungen auseinander. Nusser (1992, lf.) grenzt die „Verbrechensliteratur" aus und lässt nur die „Detektivliteratur" und den „Thriller" als Krimi gelten. Marsch (1983, 16ff.) benutzt generell den Terminus „Kriminal*erzählung*" und fasst darunter sowohl die „Detektiv-" wie „Verbrechensliteratur". Die Verwendung des Wortes „Erzählung" begründet er mit der gattungsspezifischen Kürze des Erzählkerns, der zahlenmäßigen Begrenztheit des Personals und der kompakt strukturierten Handlung des Krimis.

In Übereinstimmung mit Suerbaum (1984) verwende ich hier die Bezeichnung „Krimi" für alle die Texte, „die Vorgänge um Mord und Verbrechen auf spannend-unterhaltende Weise präsentieren" (Suerbaum 1984, 14). Der Begriff schließt neben der umfangreichen Form des Romans auch die kürzere der Erzählung ein.

Trotz mancherlei Kritik ist die Einteilung der Krimis in „Detektiv-" und „Verbrechensgeschichten", wie sie Alewyn (in: Vogt 1971, 372–404) auf Grund struktureller Unterschiede vorgenommen hat, nach wie vor hilfreich. Alewyn benutzt allerdings statt des inzwischen üblichen Begriffs „Verbrechensgeschichte" den Begriff „Kriminalroman". Um Verwechslungen mit dem übergeordneten Gattungsbegriff zu vermeiden, wurde die Terminologie hier geändert.

Während die „Verbrechensgeschichte" sukzessive verläuft, und zwar von der Planung über die Durchführung eines Verbrechens bis zu dessen Aufklärung, ist das strukturelle Kennzeichen der „Detektivgeschichte" ihr Gegen-den-Strich-Verlaufen, d.h., sie setzt mit dem Verbrechen ein, und der Detektiv muss von diesem Handlungsendpunkt aus die Voraussetzungen, die zur Tat geführt haben, aufklären, um den Täter zu überführen; er muss also die Vorgeschichte des Verbrechens aufklären, das „Unerzählte" der Geschichte rekonstruieren, wie Bloch (in: Vogt 1971, 334) formuliert.

Diese Unterteilung des Krimis von Alewyn ist idealtypisch; zwischen Detektiv- und Verbrechensgeschichten verlaufen die Grenzen fließend. Die einzelne Kriminalerzählung ist jeweils eine besondere Interpretation des jeweiligen Idealtypus.

Um den Krimi als literarische Gattung genauer darzustellen, sind zwei Zugriffe nötig:

a) die Beschreibung seiner Elemente und seiner Struktur
b) der Versuch einer Typisierung und die Beschreibung des historisch-gesellschaftlichen Ortes der einzelnen Typen.

1.1. Elemente des Krimis

Krimis besitzen eine Reihe spezifischer Elemente: das Verbrechen (Mord, Raub oder Spionage), einen oder mehrere Täter, einen Detektiv, der das Verbrechen aufdeckt. Auf Grund dieser Elemente ist der jeweilige Krimi schablonenhaft strukturiert: Es geht um Aufklärung, die über das Feststellen von Fakten, Hypothesenbildungen, deren Überprüfungen, Verifizierung oder Falsifizierung verläuft. In Detektivromanen wird die Verwendung dieser Elemente und dieser Struktur sehr streng gehandhabt, während die Autoren von Verbrechensgeschichten in diesen Punkten durchaus variabel verfahren.

Neben den benannten Elementen sind noch weitere erkennbar: z.B. bestimmte Figurenkonstellationen. Die Anzahl der auftretenden Personen ist beschränkt. Um dem Leser das Mitdenken bei der Lösung des Falles zu ermöglichen, ist Überschaubarkeit des handelnden Personenkreises Voraussetzung. Die Personen sind zudem typisiert: sie entsprechen in ihren Berufen, Verhaltens- und Denkweisen der Gesellschaft ihrer Zeit. Alle Personen stehen in irgendeiner Beziehung zum Opfer; dadurch geraten sie einer nach dem anderen in Tatverdacht und tragen einer nach dem anderen zur Lösung des Falles bei. (Buchloh / Becker 1990, 15f.) Diese Konstellation verweist auf die Ausschnitthaftigkeit von Wirklichkeit in Krimis, sie zeigt sich ebenfalls in der Begrenztheit des räumlichen Umfeldes. Überschaubarkeit spielt auch hier eine wesentliche Rolle. Selbst wenn bisweilen ein exotischer Schauplatz gewählt wird, bleibt das räumliche Umfeld in sich begrenzt, denn nur in dieser Begrenztheit kann die Lösung eines Falles ohne äußere Komplikationen vonstatten gehen. Dieser begrenzte Raum wird aber immer als realer Wirklichkeitsausschnitt dargestellt; die speziellen Ortskenntnisse des Autors ermöglichen dieses. Hierin zeigt sich zudem der Anspruch dieses Genres, realistisch zu wirken. „Kaum irgendwo“, so formulieren Buchloh / Becker (1990, 17), „erfährt man über das englische Universitätsleben mehr als in einem Detektivroman, dessen ‘setting’ Oxford oder Cambridge ist.“ Dieser Sinn für Realismus zeigt sich ebenfalls in anderen Details, in denen Autoren ihre Spezialkenntnisse in ihre Krimis einbringen: z. B. Michael Innes seine Kenntnisse über englische Literatur und Architektur, Harry Kemelman seine Forschungsergebnisse über jüdische Sitten und Gebräuche, über das Leben der Juden in Amerika. Es wird evident, dass die räumliche Detailtreue erweitert werden muss im Hinblick auf die Milieutreue. Das gesellschaftliche Umfeld des Falles muss dem räumlichen adäquat sein; beide sind realistisch. (Vgl. Egloff 1974, 19–24) Die hier entwickelte scheinbare Widersprüchlichkeit erweist sich als Konstituens dieses Genres: einerseits sind Krimis verkürzte Ausschnitte aus der realen Welt, im Verhältnis zum konventionellen Roman sind sie „amputiert“ (Egloff 1974, 25); zum anderen zeichnet sie ihr Realismus im Detail aus. Dadurch sind sie außerordentlich offen gegenüber historischen Veränderungen und eminent anpassungsfähig. Heißenbüttel bezeichnet deswegen den Krimi „als eine der offensten Formen der heutigen Literatur“ (in: Vogt 1971, 371). Der Leser besitzt also einerseits immer den Eindruck eines realistischen Geschehens. In der Darstellung des Falles aber, in der Funktionsorientierung aller Details, in der Lösungsstereotypie und in dem strukturalen Schematismus erfährt er die Krimis als antirealistisch und als eine Reproduktion des immer Gleichen. Der Leser weiß folglich, was ihn erwartet, und er weiß, dass das Dargestellte nur den Anschein von Realität besitzt. Hierin liegt offenbar der besondere Reiz dieses Genres.

Ein anderer sehr wichtiger Reiz liegt für den Leser in dem Identifikationsangebot des Krimis, vor allem des Detektivromans. Diese Literatur hat eine Vielzahl von Detektiven hervorgebracht, die z. T. bekannter geworden sind als ihre Autoren: Sherlock Holmes, Hercule Poirot, Lord Peter Wimsey, Pater Brown, Maigret bis hin zu James Bond. Teilweise verschwinden die Autoren hinter ihren Figuren, und die Detektive selbst erscheinen als Verfasser, so z. B. Ellery Queen und Jerry Cotton. Trotz Karikatur und Überzeichnung haben es die Autoren nicht verhindern können, vielleicht auch nicht wollen, dass ihre Geschöpfe als real genommen wurden und werden. Das führte in der Londoner Baker Street wie im Fall Jerry Cotton beim New Yorker FBI zu einer Flut von Verehrerpost sowie Anfragen und Bitten um Hilfe.

Im Zuge der Entwicklung des Krimis veränderte sich die Person des Detektivs: aus einem überlegenen Rätsellöser Dupin und Sherlock Holmes wurde in den 30er Jahren in den USA der hardboiled-Typ Philip Marlowe, ein Privatdetektiv, der seine Fälle realistischer löst. In Frankreich und England setzte sich der Polizeioffizier als Detektiv durch – ebenfalls eine realistische Wende. Seit der Nachkriegszeit treten bei verschiedenen Autoren die Einzelgänger zugunsten eines Teams zurück, was unserem gegenwärtigen Dokumentations- und Realitätsbedürfnis am meisten entspricht. Daneben bleibt aber der „Great Detective“ erhalten und erfährt neue Personifizierungen in Helden wie James Bond oder Jerry Cotton.

Die hier benannten Elemente sind die Grundbausteine des Krimis. Je nach gewähltem Erzählschema werden sie im Text plaziert und zu Funktionselementen, wobei zu berücksichtigen ist, dass es nur eine relativ geringe Anzahl von Variationsmöglichkeiten des Grundschemas gibt.

Eine hilfreiche Schematisierung der Elemente des Krimis und damit eine Möglichkeit zum Durchschauen seiner Tektonik hat Edgar Marsch (1983, 89–115) entwickelt. Er erfasst als konstituierende Elemente dieser Gattung die Vorgeschichte (VG), den Fall (F) und die Detektion (D). Je nachdem, wie diese im Krimi angeordnet sind und an welcher Stelle der Erzähleinsatz (EE) – das ist der Punkt der Handlung, an dem der Erzähler zu erzählen beginnt – erfolgt, ergeben sich vier verschiedene Krimi-Typen.

Das folgende Schema ist idealtypisch, sieht von temporalen, quantitativen und räumlichen Gesichtspunkten ab und lässt kompliziertere Formen außer Acht.

Tab. 1. (Marsch, 1983, 94)

	Unerzähltes Rekonstruktion			E E	Erzähltes Erzählsukzeß		
Typus I					VG	F	D
Typus II			VG		F	D	
Typus III		VG	F		D		
Typus IV	VG	F	D		Ich-Erzählung Rahmenerzählung (Rückblende)		

Typus I schildert unverrätselt eine Verbrechensgeschichte, nämlich die Geschichte eines Menschen, der auf Grund psychischer oder gesellschaftlicher Bedingungen vom Normsystem der Gesellschaft abweicht und zum Verbrecher wird. Am Schluss wird er überführt und die Ordnung wiederhergestellt. Denkbar ist unter dem Typus I auch die Geschichte eines Detektivs, der als Ich-Erzähler einen abgeschlossenen Fall von der Vorgeschichte bis zur Aufklärung erzählt.

In Typus IV erfolgt die Darstellung des Geschehens wie in Typus I, allerdings durch ein Erzähler-Ich, das in zeitlichem Abstand von dem Geschehen berichtet. „Die erzählerische Retrospektive bedingt, daß das Erzähler-Ich immer wieder Informationen antizipiert, die – chronologisch betrachtet – einer späteren Phase angehören." (Marsch 1983, 95) Der Ich-Erzähler ist hier zugleich das Verbrecher-Ich, also erzähltes Ich; er rekonstruiert das Geschehen in einem Vergegenwärtigungsprozess, der im Erzähltechnischen seinen besonderen Reiz hat. Einer Aufklärung des Verbrechens durch einen Detektiv bedarf es in diesem Fall nicht unbedingt, da sie ja vom Ich-Erzähler, dem Verbrecher, geleistet wird. Eine Überführung des Täters und seine Festnahme wird oft angedeutet, kann aber durchaus fehlen.

Typus II und III findet man am häufigsten unter den Krimis vertreten. Sie bilden die klassischen Detektivgeschichten.

In Typus II beginnt die Handlung mit dem Fall, d.h. mit dem Handlungsresultat, dem Verbrechen. Durch die Detektion wird allmählich die Vorgeschichte erhellt und mit ihr der Tathergang und die Motive des Täters. Als Modifikation dieses Typus betrachtet Marsch, wenn – wie in vielen Krimiserien des Fernsehens – am Anfang noch ein Teil der Vorgeschichte mit erzählt wird, ihr Hauptteil aber unerzählt bleibt und aufgeklärt werden muss.

Im Typus III liegen das Verbrechen und seine Vorgeschichte im Unerzählten. Nur durch Zufall oder durch unbedeutende Hinweise wird eine Detektion in Gang gebracht, in deren Verlauf das Verbrechen erst nachträglich entdeckt wird.

Ergänzt werden muss dieses Schema von Marsch durch einen Typus, den Nusser als „Thriller" bezeichnet (Nusser 1992, 3), da dessen Struktur hier nicht erfasst und abgebildet wird. Im Thriller, Nusser nennt ihn auch „kriminalistische Abenteuergeschichte", geht es nicht um die Aufklärung eines Verbrechens, sondern um die Verfolgung eines schon bekannten Verbrechers und um den Versuch, ihn an der Durchführung seiner Tat zu hindern. Der Thriller besteht meistens aus einer Kette von Verfolgungsjagden, Gefangennahmen, Befreiungen, Schießereien u. ä., bis der Detektiv den Verbrecher zur Strecke gebracht hat. Im Gegensatz zur klassischen Detektivgeschichte hat der Thriller eine chronologische, nach vorn gerichtete Erzählweise. Zu diesem Krimi-Typ gehört als Sonderform der Spionage- oder Agentenroman im Stile eines James Bond.

1.2. Typisierung des Krimis

Bei einer solchen formalanalytischen Beschreibung gerät nur sporadisch ins Blickfeld, dass Krimis auch etwas mit der sie umgebenden gesellschaftlichen Realität zu tun haben, d.h. dass der Autor in ihnen aus seiner Sicht gesellschaftliche Wirklichkeit fiktional gestaltet. Anhand einer Typisierung der Krimis und der Beschreibung des historisch-gesellschaftlichen Ortes der einzelnen Typen lässt sich das verdeutlichen. Versuche dieser Art liegen von Jens P. Becker (in: Buchloh / Becker 1990, 69–80) und Nusser (1992, 87–153) vor. Solche Typisierungen sind als Erkenntnisinstrument insofern hilfreich, als sie literatursoziologische Einsichten vermitteln. Meiner Ansicht nach lassen sich gegenwärtig folgende sechs Typen unterscheiden: 1. der rationalistische Detektivroman, 2. der hard-boiled-Krimi, 3. der Agentenroman, 4. der psychologische und 5. der gesellschaftskritische Kriminalroman, 6. der neue deutsche Krimi.

Der *rationalistische Detektivroman* besitzt seinen Prototyp in Poes „Mord in der Rue Morgue". Dieser Typ ist geprägt durch die Aufklärung eines Falles allein mit Hilfe der ratio. Hilfe bieten die naturwissenschaftlichen Methoden: Analyse und Deduktion. Der schwierige Kriminalfall stellt für den „Rätsellöser" eine Herausforderung des Geistes dar, die Wiederherstellung des Rechts und die Bestrafung des Täters spielen eine untergeordnete Rolle. Der Wissenschaftsoptimismus des ausgehenden 19. Jahrhunderts findet hier sein Spiegelbild, denn die Auffassung der Autoren Poe, Doyle u. a. ist die, dass es ein perfektes Verbrechen, ein unlösbares Problem nicht geben kann. Ziel dieses Romantyps ist es, die Überlegenheit des menschlichen Geistes zu demonstrieren.

In den 30er Jahren entwickelten Hammett und Chandler in den USA den sogenannten *hard-boiled-Typ*. Er stellt einen Reflex dar auf die gesellschaftlichen Zustände Amerikas in den Jahren der Prohibition und der Syndikate, die in vielfältiger Weise auf den Staat und die staatlichen Organe Einfluss gewonnen hatten. Die Bekämpfung von Korruption und von demokratischem Verfall haben diese Autoren zu ihrem Thema gemacht; Wiederherstellung von Recht und Gesetz ist ihr Anliegen. Ihrer Meinung nach sind die Verbrecher nur durch physische und psychische Härte niederzuhalten. Das Recht, Verbrecher zu töten, wird aus der gesellschaftlichen Situation abgeleitet, die eine Art Faustrecht nötig macht. Im Bereich der „licence to kill" gerät dieser Typ von Detektivroman in die Gefahr, seine eigenen demokratischen Intentionen zu desavouieren.

Hammett und Chandler sehen die Gesellschaft in ihren Brüchen und Problemen sehr differenziert, das Verbrechen wird aus sozialen, psychischen oder politischen Ursachen erklärt. Die Welt ist problematisch und das Leben in ihr schwierig, und durch die Lösung eines Falles kehrt sie auch nicht in einen heilen Urzustand zurück. Insofern zeigen sich hier deutliche Übergänge zum Problemroman.

Der hard-boiled-Krimi hat Schule gemacht und wirkt durch seine Nachfolger bis in unsere Gegenwart hinein. Die in ihm angelegte Brutalisierung wird nach 1945 auf Grund der Kriegsereignisse und -erlebnisse erheblich gesteigert. Mickey Spillane, Ed McBain u. a. stehen in unmittelbarer Nachfolge; in Deutschland sind die Jerry-Cotton-Romane eine thrillerhafte, politisch problematische Abart dieses Typs. Alle seine oben genannten negativen Tendenzen werden bei den Nachfolgern geradezu typbestimmend. Die gesellschaftskritische Reflexion der Vorbilder wird nicht beibehalten, sondern kippt um in Klischierungen. Das macht diesen Typ didaktisch so problematisch.

Der *Agentenroman* – er wird von verschiedenen Forschern, z. B. Marsch (1983, 19f.), dem Kriminalroman nicht zugerechnet – besitzt verschiedene Berührungspunkte mit dem hard-boiled-Typ. Seine Blüte erfährt dieser Typ in den 50er und 60er Jahren in den James-Bond-Romanen von Ian Fleming, in Peter Cheyneys Lemmy Caution und in Peter O'Donnels Modesty Blaise, unterstützt durch die publikumswirksamen Verfilmungen dieser Romane. Seinen besonderen historisch-gesellschaftlichen Hintergrund besitzt er in der Kriegs- und Nachkriegszeit.

Der Spionageroman ist häufig ein thriller, weswegen Becker (in: Buchloh / Becker 1990, 108–120) diese beiden Begriffe synonym gebraucht. In England scheint dieser Typ in besonderer Weise gepflegt zu werden, denn nicht nur der von den Kritikern als erster Spionageroman bezeichnete Childers-Roman „Riddle of the Sands" aus dem Jahre 1903 stammt von dort, sondern auch der Vorläufer der James-Bond-Romane: John Buchans „The Thirty-Nine Steps".

Die Helden in den Agentenrollen sind oft Idealbilder weit verbreiteter nationaler Wunschvorstellungen, während die Gegner zu Verkörperungen rassistischer oder chauvinistischer Hassgefühle stilisiert werden. Nationale Xenophobien und Aversionen sind dafür der politisch-psychologische Hintergrund.

Für James Bond bildet die Sicherheit des Staates England die Legitimation zum Töten. Seine Gegner sind bis zum Ende des Kalten Krieges Kommunisten: als Beispiel dafür der Roman „Liebesgrüße aus Moskau“, außerdem Juden in „Goldfinger“, Chinesen und Japaner in „Dr. No“, Deutsche und Schwarze.

Die Vernichtung des Gegners ist nichts anderes als die Erfüllung eines gesellschaftlichen Auftrags. Durch die heldenhaften Taten eines Agenten James Bond erfolgt zugleich eine Aufwertung des englischen Geheimdienstes – und das in einer Zeit der Lonsdale- und Kim-Philby-Affären. So wird ein James Bond zu einer „anachronistischen Verkörperung nationalen Wunschdenkens“, wie Becker formuliert. (In: Buchloh / Becker 1990, 117).

Als weitere Typen möchte ich den *psychologischen* und den *gesellschaftskritischen* Kriminalroman ansprechen. Mit der Wandlung des Krimis von der Fragestellung nach dem Täter und der Tatdurchführung zur Fragestellung nach dem Tatmotiv kommen die psychologischen und psychoanalytischen Interessen unserer Zeit ins Spiel. Als einen der ersten Vertreter dieses Typs kann man Francis Iles bezeichnen, der 1930/31 einen Roman mit dem Titel „Vorsätzlich“ schrieb.

War der Krimi bisher eine Rekonstruktion des „Unerzählten“ (Bloch) und eine Jagd nach dem Täter, nämlich ein Detektivroman im Alewynschen Sinne, wird diese Form nun auf den Kopf gestellt. Die psychologischen Krimis sind Verbrechensgeschichten, sie beschreiben die Vorgeschichte, Vorbereitung und Durchführung einer Tat; der Täter ist meistens bekannt. Es sind psychologische Studien eines Mordfalles. Erst ganz zum Schluss und oft durch Zufall wird der Fall aufgeklärt.

Sozialisationsprobleme traumatischer Art, psychische Krankheiten u. ä. werden von den Autoren thematisiert. Sie versuchen die Gründe für bestimmte Verhaltensweisen zu ermitteln, menschliche Reaktionen zu erklären und Verständnis für Verhaltensweisen zu wecken, die den gesellschaftlichen Normen widersprechen. Als Meister dieses Typs gelten neben der Amerikanerin Patricia Highsmith die Franzosen Boileau / Narcejac, die das Entstehen von Verunsicherungen, Ängsten, existentiellen Nöten detailliert beschreiben.

Seit der Nachkriegszeit, besonders aber seit Mitte der 60er Jahre, werden spezifisch *gesellschaftskritische* Kriminalromane verfasst. Der Detektiv verliert in ihnen mehr und mehr seine Stellung als Zentralfigur; der Kriminalroman wird zum Roman mit Detektiven. Latent ist Gesellschaftskritik schon bei Agatha Christie, Hammett und Chandler u. a. vorhanden, nun aber wird sie thematisiert. Einige Beispiele sollen das verdeutlichen: Chester Himes, der in den 30er Jahren wegen bewaffneten Raubüberfalls Jahre im Gefängnis zubrachte, wird zum Anwalt der Schwarzen und zum Kämpfer gegen Rassenvorurteile und Rassenkonflikte in den USA. Seine Kriminalromane spielen fast ausschließlich im Negerviertel von Harlem, dessen Menschen sie in ihren sozialen Nöten als gesellschaftliche Randgruppe, ohne etwas zu beschönigen, darstellen.

Großes Interesse erfuhr in den 70er Jahren in Deutschland der amerikanische Autor Harry Kemelman, Professor für englische Literatur. Er beschreibt in seinen Kriminalromanen das Leben der Juden in den USA, um die Bedeutung der Juden für die amerikanische Kultur aufzuzeigen. Da amerikanische Verlage seine Manuskripte über jüdisches Gemeindeleben abgelehnt hatten, griff er zu der Form des Detektivromans. Der Detektiv in seinen Romanen ist der jüdische Rabbi Small. Der Kriminalfall wird für Kemelman zum Mittel, die Gegensätze zwischen Yankees und Juden in der amerikanischen Gesellschaft zu verdeutlichen und in der Lösung des Falles Möglichkeiten der Aussöhnung zwischen diesen beiden gesellschaftlichen Gruppen aufzuzeigen. Die Kriminalromane Kemelmans nehmen in ihrer Art eine Zwitterstellung zwischen Milieuroman und Detektivgeschichte ein, wobei in den letzten Romanen das Milieubezogene zunehmend stärker betont, während das Detektivische in seiner Funktion mehr und mehr eingeschränkt wird. Das Gleiche gilt für die Romane des schwedischen Autorenpaares Sjöwall / Wahlöö, die in ihren Kriminalromanen die Probleme des schwedischen Sozialstaates aufzeigen wollen.

In den Kontext des *gesellschaftskritischen Krimis* gehört auch der *neue deutsche Krimi* mit seinen Romanen und Erzählungen. Eine Avantgarde deutscher Krimischriftsteller, zu denen u. a. Hansjörg Martin, Friedhelm Werremeier, Michael Molsner, Irene Rodrian und -ky gehören, schuf ihn, indem sie die traditionellen Bahnen des amerikanischen und englischen Krimis verließ, und – ähnlich wie Sjöwall / Wahlöö – „die Unterhaltungsqualität der Gattung mit kritischen und aufklärerisch-emanzipatorischen Anliegen“ (Nusser, in: Ermert / Gast 1985, 19) verband. Merkmal dieses neuen deutschen Krimis ist es, dass die Aufklärung mehr und mehr in den Hintergrund tritt. Der Detektiv als zentrale Figur hat nahezu ausgedient; dagegen rücken der Verbrecher und seine Tat ins Zentrum: Der Trend zur Verbrechensgeschichte mit all ihren psychologischen und soziologischen Differenzierungen ist unverkennbar. Die Aufklärung des Falles und damit die Wiederherstellung der Ordnung sind nicht mehr unbedingtes Ziel dieser Krimis, vielmehr die Unaufklärbarkeit und die Unabgeschlossenheit. Damit erwartet den Leser am Schluss des Krimis nicht mehr die Befriedigung durch eine Lösung, sondern die Offenheit einer Problemsituation, die er aushalten muss, und die Aufforderung zur Auseinandersetzung mit den dargestellten Problemen. Die Frage nach der Schuld wird schließlich zur Frage nach der menschlichen Existenz, auf die es keine einfachen Antworten mehr gibt. Es wird deutlich, dass damit die Übergänge zum Problemroman fließend geworden sind. (vgl. Nusser 1992, 138–153).

1.3. Krimis als Träger von Ideologien

Ein wichtiger Sachverhalt der Krimiliteratur muss noch angesprochen werden, weil er didaktisch von Bedeutung ist: die besondere Eignung dieses Genres als Vehikel für Propaganda und Ideologien. Bei Poe dient der Krimi der Propagierung bürgerlichen Fortschrittsglaubens, bei Chesterton der katholischen Propaganda, bei

Fleming der Aufwertung des englischen Geheimdienstes und der Verbreitung bestimmter bürgerlich nationalistischer Einstellungen, bei Himes der Stellungnahme im amerikanischen Rassenkonflikt. In den Jerry-Cotton-Romanen wird Propaganda gemacht für Polizei und Polizeiarbeit; der Polizist als Staatsbeamter ist unbestechlich, allzeit dienstbereit, reflektiert nicht, sondern handelt und führt Befehle aus. Die Darstellung der Gesellschaft und ihrer Werte orientiert sich in diesen Romanen an einem staatsautoritären Modell.

In der Zeit des Nationalsozialismus wurde der Krimi in Deutschland zur Propagierung der faschistischen Ideologie benutzt, während er in der ehemaligen DDR den Autoren als Demonstrationsfeld diente, um die „antihumanistische Tendenz der kapitalistischen Gesellschaft“ und die „Brüchigkeit des bürgerlichen Rechtssystems“ aufzuzeigen und um für kommunistische Ideen zu werben. (Melchert, zit. bei Rix, in: Buchloh / Becker 1990, 132).

Propaganda und Ideologie können dem Kriminalroman oberflächlich beigegeben sein wie bei Kemelman, sie können integriert sein wie bei Himes, so dass der Detektivroman zum echten Problemroman wird, sie können aber auch unterschwellig vorhanden sein und Denkweisen und Einstellungen des Lesers in bestimmter Richtung beeinflussen wollen wie in den Jerry-Cotton-Romanen.

1.4. Zur Beurteilung des Krimis

Unter Berücksichtigung der Diskussion um die Trivialliteratur zeigt es sich, dass eine Zuordnung der Krimis zu ihr nicht unproblematisch ist. Während die Heftromane in der Art eines „Jerry Cotton“ zweifellos der Trivialliteratur zuzurechnen sind, fällt eine derartige Zuordnung bei Autoren wie Agatha Christie, Kemelman oder Sjöwall / Wahlöö sehr schwer. Die wissenschaftliche Tradition und die gesellschaftliche Einschätzung spielen bei derartigen Zuordnungen eine nicht unerhebliche Rolle. Das wird deutlich, wenn man bedenkt, dass Agatha Christie und Dorothy L. Sayers ganz selbstverständlich in englischen Literaturlexika Berücksichtigung finden, was in Deutschland unmöglich wäre. Chester Himes, der in Frankreich und England als seriöser Romanschriftsteller gilt, wird in den USA als Schreiber von „sex and soul novels“ abgewertet und in Deutschland als Krimiautor verlegt und gelesen. (Buchloh / Becker, in: Buchloh / Becker 1990, 152).

Diese Einschätzung des Krimis in Deutschland scheint gegenwärtig auf Grund der intensiven literaturwissenschaftlichen und -didaktischen Auseinandersetzung mit diesem Genre im Wandel begriffen. Die gesellschaftskritischen und psychologischen Kriminalromane weisen sicher über die Trivialliteratur hinaus und gehören in ihrer Darstellungsart und Problemorientierung zur Unterhaltungsliteratur. Sie sind nicht lediglich die Ausfüllung eines trivialen Schemas, vielmehr interpretieren sie es individuell, indem sie gesellschaftliche Probleme verschiedenster Art aufgreifen, das Bewusstsein des Lesers durch neue Fragestellungen erweitern wollen und Anregungen zur Auseinandersetzung mit verschiedensten Inhalten bieten.

1.5. Krimis für Kinder und Jugendliche

In der Kinder- und Jugendliteratur hat der Krimi, hier meist als Detektivgeschichte, seit den 70er Jahren ebenfalls seinen Durchbruch erzielt. (Vgl. dazu Lange 1996) Der gegenwärtige Krimi-Markt für Kinder und Jugendliche ist außerordentlich umfangreich und sehr vielfältig. Neben anspruchsvollen gesellschafts- und sozialkritischen Krimis und einer Fülle von spannenden Unterhaltungskrimis gibt es zahlreiche triviale, aber erfolgreiche Serienprodukte wie z. B. die „TKKG"-Serie von Stefan Wolf, von der 1988 fünfzig Bände in einer Gesamtauflage von sechseinhalb Millionen Exemplaren vorlagen, dazu eine Taschenbuchausgabe von fünfhunderttausend Exemplaren und mehrere Sonderausgaben. Die Serie war bis dato in sechs Sprachen übersetzt, außerdem wurden bis 1988 dreizehneinhalb Millionen TKKG-Hörspielkassetten verkauft, ein Comic-Heft erschien bei Ehapa, das ZDF sendete 1985 eine TKKG-Fernsehserie, die bisher mehrfach wiederholt wurde. Das Merchandising tut ein übriges für die Verbreitung und Vermarktung dieser „ungewöhnlichen" Serie. (Vgl. Gladziejewski 1990)

In den Krimis für Kinder und Jugendliche werden nicht alle Strukturtypen des Erwachsenenkrimis realisiert. Der Thriller ist ein Typ, der nur in Ansätzen zu erkennen ist, z. B. in Erich Kästners „Emil und die Detektive". Der „hard-boiled-" oder „action-Krimi" kommt so gut wie gar nicht vor, wenn man von den „Jerry-Cotton-Heften", die ja auch von Jugendlichen ab vierzehn intensiv gelesen werden, einmal absieht. Den Hauptanteil der Krimis für Kinder und Jugendliche machen die „klassischen Detektivgeschichten" aus, von denen sich verschiedene Varianten herausgebildet haben. Allerdings entspricht die Detektivgeschichte für Kinder und Jugendliche kaum dem Alewynschen Typ der „Rekonstruktion des Unerzählten", vielmehr setzen die meisten Texte mit einer Vorgeschichte ein und werden chronologisch erzählt. (Lange 1996, 10) Neben den klassischen Detektivgeschichten erscheinen seit etwa zwanzig Jahren mehr und mehr auch gesellschaftkritische Detektiv- und Verbrechensgeschichten, die von Hannelore Daubert (1984, 436) als „gesellschaftkritische Jugendkriminalgeschichte(n) mit emanzipatorischem Anspruch" bezeichnet werden. In ihnen stehen nicht mehr Detektion und Spannung im Vordergrund, sondern die Verbrecher und ihre Verbrechen in ihrem jeweiligen gesellschaftlichen Kontext. In diesen Krimis werden Themen angesprochen, die gesellschaftlich auf den Nägeln brennen, wie z. B. soziale und ökologische Missstände, religiösen Sekten, Kindesmissbrauch, Drogen, Betrügereien und Bestechlichkeit in Staat und Gesellschaft. (Vgl. Lange 1996, 12 ff.)

2. Zur Didaktik des Krimis

In der Diskussion um die Verwendung von Krimis im Deutschunterricht haben sich in den 70er Jahren drei Positionen als interessant und didaktisch relevant erwiesen. Es handelt sich um die Ansätze von Erika Dingeldey (1972 und 1973) und Malte Dahrendorf (1972), die im Zusammenhang zweier Loccumer Tagungen über Trivialliteratur konzipiert, 1972 in der Zeitschrift „Sprache im technischen Zeitalter“ publiziert und – was die Überlegungen von Erika Dingeldey angeht – in „projekt deutschunterricht“ weitergeführt wurden, und um den Ansatz von Peter Nusser (1975), den er unter dem Titel „Kriminalromane zur Überwindung von Literaturbarrieren“ in der Zeitschrift „Der Deutschunterricht“ vorlegte.

2.1. Erika Dingeldeys Position

Erika Dingeldeys Position kann man schlagwortartig als literatursoziologisch orientierte Ideologiekritik bezeichnen. In ihrer Vorstellung von Literaturunterricht benennt sie als dessen oberstes Lernziel das „Erkennen gesellschaftlicher Zusammenhänge“ durch Analyse von Literatur. Die Kriminalromane haben für sie in Anlehnung an Goldmann und Adorno die Funktion, den Schülern „den Zusammenhang von Literatur und Gesellschaft“ bewusst zu machen (1973, 156), da sie als Analysematerial im „Schnittpunkt zwischen Literatur- und Sozialwissenschaft“ angesiedelt sind (1972, 315). In ihren Überlegungen bezieht sich Erika Dingeldey nur auf eine bestimmte Sorte von Kriminalromanen, nämlich auf die sogenannten Klassiker, während sie die der Weltliteratur zugerechneten wie auch die „Produkte der Subliteratur (...), die nur noch Reproduktion von Leerformen“ sind, ausschließt. (1972, 315)

2.2. Malte Dahrendorfs Ansatz

Etwas anders stellt sich der Ansatz von Dahrendorf dar. Als Ausgangsposition dient ihm die Rezeption von Kriminalromanen und die damit verbundenen gesellschaftlichen und individuellen Implikationen und Konsequenzen. Ihn als Didaktiker interessiert, „welche Funktion der Krimi in einer widerspruchsvollen und komplexen Gesellschaft hat und welcher Mittel er sich bedient, um dieses Ziel zu erreichen.“ (1972, 312f.) Seine Absicht ist es, bei den Schülern Reflexionen über ihre Rezeption und Rezeptionshaltungen in Gang zu setzen und diese möglichst zu beeinflussen. Er will aber den Schülern den Krimi nicht „ausreden oder ‘madig’“ machen (ebd., 312), er möchte vielmehr, da die Kriminalromane Träger und Stabilisatoren herrschender gesellschaftlicher Verhältnisse sind, „Gegen-Konzepte“ gegen die immanenten Ideologisierungsabsichten dieser Texte entwickeln und zum zweiten „das Anspruchsniveau (der Schüler – GL) gegenüber dem Genre (...) erhöhen“. (Ebd., 313) Seine Hoffnung ist es, „daß (so – GL) die Schule in der Lage ist, durch Veränderung der sekundären Sozialisation schließlich auch die Primärsozialisation zu beeinflussen“, und das, wenn möglich, unter Einbeziehung der ökonomischen Basis, denn nur so sei Gesellschaftsveränderung möglich. (Ebd., 313)

2.3. Peter Nussers Überlegungen

Nusser geht in seinen Überlegungen vorrangig von der Bedürfnislage der Schüler aus; er will ansetzen bei der Behandlung der tatsächlichen Lektüre der Schüler, anknüpfen an ihrem Erfahrungshorizont, der orientiert ist an der „die Realität klischeehaft verfälschenden Spannungsliteratur“. Nusser hat besonders die Schüler der Unterschicht im Auge, „deren Sozialisationserfahrungen der Flexibilität in der

Übernahme von Rollen entgegenwirken." (1975, 53) Er rechnet damit, dass die Schüler im Alter von 14–16 Jahren schon der klischeehaften Literatur überdrüssig sind oder sich zumindest in einer gewissen Distanz zu dieser Art Lektüre befinden. Diese Befindlichkeit der Schüler ausnutzend, will Nusser in einem ersten Schritt diese klischeehafte Literatur (er benutzt Auszüge aus „Jerry Cotton" und einem Kriminalroman von Agatha Christie) „unter ideologiekritischen und rezeptionsästhetischen Gesichtspunkten" analysieren. (Ebd., 54) In einem zweiten Schritt will er dann zu „unterhaltsam-aufklärerischer Kriminalliteratur" (er bezieht sich dabei auf Autoren wie Michael Molsner, Sjöwall / Wahlöö und Kemelman) übergehen, um auf diesem Wege den Erfahrungshorizont der Schüler zu erweitern, Literaturbarrieren der Unterschichtskinder zu überwinden und Hilfestellung für ihre Privatlektüre zu geben. Nach Nusser sind gerade die unterhaltsam-aufklärerischen Kriminalromane geeignet, „die affirmativen Inhalte aufklärerisch (zu) durchbrechen". (Ebd., 64) Sie können „eine Brücke (...) schlagen zwischen emotionalem und reflektiertem Lesen, zwischen Erregung und Erkenntis". (Ebd., 64)

2.4. Diskussion

In diesen jeweils sehr kurzen Zusammenfassungen der drei Positionen wird deutlich, dass der wesentliche Akzent dieser didaktischen Konzeptionen auf der ideologiekritischen Analyse von Krimis liegt. Insofern stehen sie im Kontext der allgemeinen literaturdidaktischen Diskussion der 70er Jahre, die mit den Schlagwörtern „Emanzipation" und „Aufklärung" charakterisiert werden kann. Der Ausgangspunkt dieses Ansatzes ist zu suchen in der Ablehnung „herkömmlicher" Deutschunterrichtspraxis und der sie bestimmenden Didaktik und in der durch die Studentenbewegung seit 1968 einsetzenden gesellschaftskritischen Bewusstseinsentwicklung.

In Erika Dingeldeys Ansatz wird deutlich, dass ihre Überlegungen von einem verkürzten Literaturverständnis ausgehen. Für sie stellen Kriminalromane in erster Linie „soziologisches 'Material' über historische Realität" dar. (1972, 315) Sie sieht zwar, dass sie durch diesen Ansatz kurzschlüssig vorgeht, de facto benutzt sie aber Kriminalromane nur, um literatursoziologischen Fragen nachzugehen. Das wäre nicht so problematisch, wenn sie nicht auch diese Fragestellung noch weiter einschränkte auf den „soziologischen Erkenntniswert des Gegenstandes für den Unterricht". (1972, 316) Hier scheint die Frage angebracht, ob unter dieser Perspektive nicht soziologische Texte im Unterricht besser eingesetzt werden können. In der erweiterten Fassung ihres Aufsatzes in „projekt deutschunterricht" scheint sich Erika Dingeldey dieser Verkürzung stärker bewusst gewesen zu sein, da sie dort wenigstens zum Schluss den Rezipienten mit seinen Rezeptionsmöglichkeiten und -absichten mit einbezieht. Zudem sind in der erweiterten Fassung auch noch andere Aspekte angesprochen, indem mehr Gewicht auf die Analyse des Textes unter der Fragestellung nach den Formkonstituenten des Genres gelegt ist und Texte verschiedener Theoretiker einbezogen werden. Gleichwohl bleibt festzuhalten, dass in diesem Ansatz das Schwergewicht einseitig auf die Ideologiekritik gelegt wird und andere Fragestellungen kaum oder gar nicht in den Blick geraten.

Dahrendorf wie auch Nusser setzen in ihren didaktischen Überlegungen breiter an. Bei beiden spielt der ideologiekritische Ansatz ebenfalls eine wichtige Rolle, er wird aber nicht verabsolutiert. Beide gehen aus vom Rezipienten und seinen Rezeptionsmöglichkeiten und -absichten. Dadurch wird deutlich, dass Literatur – welcher Art auch immer – nicht nur ein Instrument soziologischer Erkenntnis ist und sein kann, sondern auch Unterhaltungs-, Ablenkungs-, Imaginations- und Identifikationsfunktion besitzt. Die literaturdidaktische Diskussion nach 1968 hat z. T. dazu geführt, dass man diese anderen Funktionen von Literatur aus dem Auge verloren hat.

In der Verfolgung dieser anderen Funktionen von Literatur sagt Nusser z. B. an einer Stelle seines Aufsatzes: „Dabei soll den Schülern zugleich bewußt werden, daß ihre Unterhaltungsbedürfnisse gesellschaftlich bedingt (und daher legitim) sind.“ (1975, 53) Beiden didaktischen Ansätzen ist ein weiteres Phänomen gemeinsam: Sie wollen über die Einbeziehung von Kriminalromanen in den Literaturunterricht Einfluss nehmen auf die Lesehaltung der Schüler mit dem Ziel, deren Anspruchsniveau bezüglich ihrer Lektüre zu heben. Diese Absicht in dem Ansatz von Dahrendorf enthält meiner Ansicht nach einen Widerspruch, der nicht gelöst wird, denn er will auf der einen Seite den Schülern den Krimi nicht „madig“ machen, aber auf der anderen Seite „die Schlüssigkeit der Konstruktion, die saubere Verarbeitung der Motive, die psychologische Motivierung“ (1972, 313) als Wertungskriterium herausarbeiten, um das Anspruchsniveau der Schüler zu heben. Dieses „Dahrendorfsche Dilemma“ ließe sich vielleicht dadurch lösen, dass man den Schülern die Berechtigung verschiedener Leserrollen und die gesellschaftliche Funktion verschiedenster Literatursorten bewusst machte.

Nusser verfährt in diesem Punkte anders; er will den Schüler über die klischeehafte Literatur hinausführen zur Rezeption kritisch-unterhaltsamer Texte. Dahinter steckt in variierter Form die literaturdidaktische, lesepädagogische Theorie des Sich-Hinauflesens.

Relativ unberücksichtigt geblieben sind in allen diesen didaktischen Ansätzen die charakteristischen Inhalte, der Rätselcharakter sowie die Struktur- und Formelemente dieser Textsorte, die, wenn man rezeptionsorientiert an Krimis herangeht, unbedingt einbezogen werden müssen. Üben sie doch in erster Linie Wirkung auf den Leser aus, bewirken sie doch das große Leseinteresse an dieser Textsorte und legen sie doch die Rezeptionshaltung des Lesers vor allem fest. (Vgl. Hasubek 1974; Waldmann 1977)

Durch sie kann den Schülern bewusst gemacht werden, dass Krimis auf eine affirmativ-unterhaltungsorientierte Rezeption hin angelegt sind, dass sie unterhalten und entspannen wollen, dass sie eine Identifikation mit dem Detektiv beabsichtigen, dass sie Entlastungsfunktion übernehmen und dass sie durch das Rätselhafte beim Leser Spannung hervorrufen wollen. Durch die Aufklärung des Falles und die Wiederherstellung einer geordneten Welt besitzt der Krimi eine optimistische Grundhaltung, da die durch das Verbrechen hervorgerufene Unordnung nur momentaner Natur ist. Durch die Typisierung erweist sich die Welt des Krimis als durchschaubar. Das ist es gerade, was der Leser sucht: diese Beruhigung, Erklärbarkeit und Sicherheit, die Vorhersagbarkeit im Ablauf des Geschehens. Auf Grund dieser Struktur und dieser Wirkung ist eine zweckfreie Unterhaltung für den Leser von Krimis erst möglich; *sie* wird gesucht und keine Problemorientierung. Dass diese Art des unterhaltenden Lesens legitim ist – auch in unserer Gesellschaft legitim ist –, sollte mit den Schülern erarbeitet werden. (Vgl. zur Wirkung des Krimis Nusser 1992, 154–173).

Die Analyse des Ablaufs, der Funktion und der Wirkung der affirmativ-unterhaltungsorientierten Rezeptionshaltung stellt die eine Seite einer rezeptionsästhetischen Didaktik des Krimis dar, die andere Seite bildet die Analyse einer distanziert-erkenntnisorientierten Rezeption. Durch diesen Zugriff soll den Schülern der gesellschaftliche Ort und die gesellschaftliche Funktion von Krimis im Sinne der Ideologiekritik deutlich werden. Es gilt, die Produktions- und Distributionsbedingungen dieser Textsorte herauszuarbeiten, was besonders günstig am Beispiel von Jerry-Cotton-Heften geschehen kann, da hier das Informationsmaterial leicht zugänglich ist. Inhaltlich gilt es, die Ideologieträgerschaft des Krimis bewusst zu machen, sein Gesellschaftsbild, seine Wert- und Normvorstellungen, die der auf Unterhaltung und Spannung ausgehende Leser unbewusst und kritiklos aufnimmt. Die affirmativ-unterhaltungsorientierte Lesehaltung selbst muss in diesem ideologiekritischen Untersuchungsprozess hinterfragt und in ihrer Problematik dargestellt werden. Das Ziel des Unterrichts müsste es aber sein, beide Lesehaltungen in ihrer sinnvollen funktionalen Bedeutung für den Leser bewusst zu machen, um so bei den Schülern eine rezeptive Rollenflexibilität aufzubauen, damit sie sowohl unterhaltungs- wie erkenntnisorientiert mit Krimis umgehen können und je nach den Bedingungen ihrer Rezeptionssituationen ihre Lesehaltung selbst bestimmen lernen. (Vgl. Lange 1977)

In den Kontext dieser Überlegungen gehört es auch, die gesellschaftlichen Rezeptionsnormen, die den Krimi nur auf eine affirmative Rezeptionsform festgelegt haben, zu problematisieren. Dadurch wird es möglich, dass die gesellschaftskritischen Krimis der Gegenwart auch bei uns als solche erkannt und gelesen werden.

Die Verbrechensgeschichten und vor allem die gelungenen Beispiele des neuen deutschen Krimis haben von vornherein andere Intentionen und daher einen anderen didaktischen Stellenwert. Sie führen den Leser zu einer Begegnung und Auseinandersetzung mit dem Verbrecher und seiner psychisch oder gesellschaftlich motivierten Tat und damit zur Auseinandersetzung mit den Problemen unserer Gesellschaft. Krimis dieser Art lassen meistens keine affirmative Lesehaltung zu, sondern fordern durch ihre Problemoffenheit zum Nachdenken heraus.

Der unterrichtliche Umgang mit Krimis kommt um das Wertungsproblem nicht herum, da er Texte unterschiedlichster Art behandeln wird. Diese Wertungen müssen herausgearbeitet und begründet werden, wobei der Lehrer ein Lächerlichmachen bestimmter Krimis vermeiden sollte. Das Ziel einer Behandlung von Krimis im Unterricht muss sein, das Interesse an anspruchsvollen Krimis zu wecken; denn diese bieten ebenfalls, aber in sinnvoller Weise die vom größten Teil der Schüler in Krimis gesuchten Identifikationsmöglichkeiten, sie sind spannend geschrieben, sie können als unterhaltende Literatur rezipiert werden, fordern aber außerdem zu einer kritischen Auseinandersetzung mit ihren Inhalten und Problemen heraus. An ihnen kann der Schüler erkennen, dass der Krimi in der Lage ist, aktuelle gesellschaftliche Probleme aufzugreifen und differenziert darzustellen.

Einen interessanten neuen didaktischen Anstoß für die Behandlung von Krimis im Unterricht bietet Waldmann (in: Ermert / Gast 1985, 58–62) mit seinen Vorschlägen für einen produktionsorientierten Umgang mit dem Genre. Dabei ist „die Produktion von Krimitexten und -textteilen, von Krimi-Veränderungen, -Gegentexten und -Parodien (...) nicht Selbstzweck, sondern gezieltes Mittel der aktiven Erfahrung von Strukturen und Strategien, von Leistungen und Wirkungen des Kriminalromans“ (ebd., 61).

3. Unterrichtliche Möglichkeiten

Alle vorliegenden Unterrichtsmodelle zum Kriminalroman oder zur Kriminalerzählung setzen mit dem 8. Schuljahr ein; eine Ausnahme bilden Hasubek (1974 u. 1980), Watzke (1980) und Lange (1984). Wir meinen, mit diesem späten Einstieg werden viele unterrichtliche Chancen vergeben, da sich die Schüler schon sehr viel früher mit dieser Literatur auseinandersetzen. Gegen Ende der Primarstufe sollte schon durch den Einsatz von Bilderkrimis und kleinen Kriminalerzählungen eine Einführung in die Grundelemente dieser Literatur erfolgen: das strukturelle Schema, Auf- und Abbau von Spannung, Auseinandersetzung zwischen Detektiv und Verbrecher, vorläufige Überlegungen zum Leseinteresse. Mit Hilfe weggelassener Lösungen, die im Anschluss an die Lektüre gemeinsam erarbeitet werden, kann die logische Struktur einsichtig gemacht werden. Der Rätselcharakter wird durchschaubar. Material dazu liefert die Ravensburger Reihe „Club der Detektive“ von Wolfgang Ecke.

Einen sehr guten Einstieg in den Krimi bieten für die Primarstufe die beiden Bilderbücher „Detektiv John Chatterton“ und „Lilly. Ein Fall für John Chatterton“ von Yvan Pommaux, der für den ersten Band mit dem Deutschen Jugendliteraturpreis 1995 ausgezeichnet wurde. Diese Bände zeichnen sich vor allem durch ihre intertextuellen Bezüge aus. In der Begründung der Jury zur Preisverteilung heißt es: „Dieses Bilderbuch ist eine wahre Schatzkiste alter und neuer Bilderwelten. (...) Aufgebaut wie ein Comic, im Stil des ‘Ligne Clair’, verbindet die Bildergeschichte altbekannte Märchenmotive mit neuen Sehgewohnheiten aus Film und Fernsehen und verknüpft Elemente der Detektivgeschichte mit solchen des ‘film noir’. Sie lebt aus dem Spaß des Wiedererkennens, der nicht nur junge Leser reizt.“ (Arbeitskreis 1996, 326)

Die Beschäftigung in der Primarstufe sollte Möglichkeiten der eigenen Lektüre anbahnen – vor allem im Bereich des Jugendbuches: Neben Erich Kästners bewährtem „Emil und die Detektive“ vor allem die Kinderkrimis von Wolfgang Ecke und die „Kalle Blomquist-Geschichten“ von Astrid Lindgren, empfehlenswert auch die Kurzkrimis und Detektivgeschichten von Hansjörg Martin in der Reihe „rororo Rotfuchs“. Für die Sek. I kann auf die verschiedenen schon publizierten Modelle zurückgegriffen werden (vgl. Literaturverzeichnis). Dabei muss berücksichtigt werden, dass erst die jüngeren Modelle neben den formalästhetischen auch die rezeptionsästhetischen Perspektiven betonen.

Der Warencharakter der Kriminalliteratur kann am besten anhand der Analyse der Jerry-Cotton-Romanhefte verdeutlicht werden. Um den Rätselcharakter und die logische Struktur auch auf ungewöhnliche Weise herauszuarbeiten, bieten sich die Kurzkrimis von Kemelman an („Quiz mit Kemelman, rororo, 2172). „Ein Fußmarsch von neun Meilen“ (auch bei Hasubek 1980 als Text zu finden) eröffnet durch die pragmalinguistische Analyse des Titelsatzes einen sprachlogischen kriminalistischen Zugriff, der in verschiedenen Schulklassen mit großem Erfolg erprobt werden konnte.

Für eine theoretische Auseinandersetzung mit dem Krimi im 9./10. Schuljahr und in Sek. II bieten die Textsammlungen von Finckh (1974) und Goette / Kircher (1978) eine gute Grundlage.

Einen ungewöhnlichen unterrichtlichen Zugriff ermöglicht der Kriminalroman „Eine Maßnahme gegen Franz“ von Paul Henricks (rororo 2416), der von der schulischen Beschäftigung mit Kriminalromanen handelt, einen Mord enthält, der durch die Analyse der Kriminalromanentwürfe der Schüler aufgeklärt wird. Hier könnten Anreize zu eigenen Entwürfen gegeben und der Gedanke entwickelt werden, selbst einmal ein Drehbuch für einen Film zu schreiben oder ein Hörspielmanuskript zu entwerfen. Derartige produktionsorientierte Verfahren nehmen zwar erfahrungsgemäß sehr viel Zeit in Anspruch, lohnen sich aber in besonderer Weise.

Literaturverzeichnis

Albrecht, Wilma: „Verbrechensliteratur“. Unterrichtsentwurf für die Sekundarstufe I. Zur Geschichte und Struktur fiktionaler Texte über sozial abweichendes Verhalten. In: Diskussion Deutsch 1978, H. 41, 274–293

Arbeitsgruppe Massenliteratur: Verwertbare Unmündigkeit. Zur Romanheftserie Jerry Cotton. In: Ästhetik und Kommunikation 1972, H. 5/6, 49–57

Arbeitskreis für Jugendliteratur: 40 Jahre Deutscher Jugendliteraturpreis. Eine Dokumentation über 40 Jahre. Herausgegeben von Heide Peetz und Dorothea Liesenhoff. München 1996

Arnold, Armin / Schmidt, Josef (Hrsg.): Reclams Kriminalromanführer. Stuttgart 1978

Baumgärtner, Alfred Clemens: „Krimi“. In: Praxis Deutsch 1980, H. 44, 7–14

Bierwirth, Gerhard: Zum Beispiel Jerry Cotton. Trivialliteratur als Chance der Literaturwissenschaft. In: Zeitschrift für Literaturwissenschaft und Linguistik 1972, H. 6, 95–104

Boileau, Pierre / Narcejac, Thomas: Der Detektivroman. Neuwied 1967

Buchloh, Paul Gerhard / Becker, Jens Peter: Der Detektivroman. Studien zur Geschichte und Form der englischen und amerikanischen Detektivliteratur. 4. Aufl., Darmstadt 1990

Buchloh, Paul Gerhard / Becker, Jens Peter (Hrsg.): Der Detektiverzählung auf der Spur. Essays zur Form und Wertung der englischen Detektivliteratur. Darmstadt 1977

Dahrendorf, Malte: Der Kriminalroman als didaktisches Problem. In: Sprache im technischen Zeitalter 1972, H. 44, 310–314

Dahrendorf, Malte: Kriminalgeschichten für Kinder und Jugendliche. In: Doderer, Klaus (Hrsg.): Lexikon der Kinder- und Jugendliteratur. Bd. 2. Weinheim / Basel 1977, 259–264

Dankert, Birgit: Detektiv- und Kriminalgeschichten für junge Leser. In: Haas, Gerhard (Hrsg.): Kinder- und Jugendliteratur. Ein Handbuch. 3. Aufl., Stuttgart 1984, 139–151

Daubert, Hannelore: Detektiv- und Kriminalgeschichte. In: Grünewald, Dietrich / Kaminski, Winfred (Hrsg.): Kinder- und Jugendmedien. Ein Handbuch für die Praxis. Weinheim, Basel 1984, 431–439

Dingeldey, Erika: Drei „klassische" Kriminalromane – didaktische Beispiele für den Unterricht über Trivialliteratur. In:

a) Sprache im technischen Zeitalter 1972, H. 44, 314–322

b) Projekt Deutschunterricht 5: Massenmedien und Trivialliteratur. Stuttgart 1973, 156–176

Egloff, Gerd: Detektivromane und englisches Bürgertum. Konstruktionsschema und Gesellschaftsbild bei Agatha Christie. Düsseldorf 1974

Ermert, Karl / Gast, Wolfgang (Hrsg.): Der neue deutsche Kriminalroman. Beiträge zu Darstellung, Interpretation und Kritik eines populären Genres. Rehburg-Loccum 1985 (= Loccumer Kolloquium Bd. 5)

Feldhaus, Bernd / Böhmer, Jürgen: G-Man Jerry Cotton. In: Der Deutschunterricht 1968, H. 1, 107–112

Finckh, Eckhard: Theorie des Kriminalromans. Stuttgart 1974

Fischer, Dietrich: Detektivgeschichte und Sciene Fiction als Jugendliteratur. In: Haas, Gerhard (Hrsg.): Kinder- und Jugendliteratur. Zur Typologie und Funktion einer literarischen Gattung. 2. Aufl., Stuttgart 1976, 289–311

Gladziejewski, Susanne: Stefan Wolfs „TKKG"-Serie – besser als Enid Blyton. In: Informationen Jugendliteratur und Medien 1990, H. 1, 25–29

Goette, Jürgen-Wolfgang / Kircher, Hartmut (Hrsg.): Der Kriminalroman. Texte zur Theorie und Kritik. Frankfurt 1978

Goette, Jürgen-Wolfgang / Kircher, Hartmut: Kriminalliteratur im Unterricht. In: Diskussion Deutsch 1979, H. 45, 54–67

Hasubek, Peter: Die Detektivgeschichte für junge Leser. Bad Heilbrunn 1974

Hasubek, Peter (Hrsg.): Detektivgeschichten für Kinder. Stuttgart 1980 (= Arbeitstexte für den Unterricht. Reclam 9556)

Hensel, Georg: Fluchtversuche aus der Trivialliteratur. In: Rucktäschel, Annamaria / Zimmermann, Hans Dieter (Hrsg.): Trivialliteratur. München 1976, 249–266

Hickethier, Knut / Lützen, Wolf Dieter: Der Kriminalroman. Entstehung und Entwicklung eines Genres in den literarischen Medien. In: Rucktäschel, Annamaria / Zimmermann, Hans Dieter (Hrsg.): Trivialliteratur. München 1976, 267–295

Hillich, Reinhard (Hrsg.): Tatbestand. Ansichten zur Kriminalliteratur in der DDR 1947–1986. Berlin 1989 (= Deutsche Bibliothek Bd. 13)

Jansen, Josef: Zwischen „Silvia" und „Jerry Cotton". Über Romanheftserien. In: Vogt, Jochen (Hrsg.): Literaturdidaktik. Aussichten und Aufgaben. 2. Aufl., Düsseldorf 1973, 258–272

Lange, Günter: Fachwissenschaftliche und fachdidaktische Überlegungen zum Kriminalroman. In: Diskussion Deutsch 1975, H. 25, 495–508

Lange, Günter: Zur didaktik des kriminalromans. Diskussion gegenwärtiger ansätze und überlegungen zu einer rezeptionsorientierten didaktik des kriminalromans. In: Wirkendes Wort 1977, H. 4, 269–282

Lange, Günter (Hrsg.): „Ein völlig klarer Fall" und neun andere moderne Jugendkrimis. Stuttgart 1984 (= Klett Lesehefte mit Lehrerheft)

Lange, Günter (Hrsg.): Deutsche Kriminalgeschichten der Gegenwart. Stuttgart 1990 (= Arbeitstexte für den Unterricht, Reclam 15019)

Lange, Günter: Krimis für Kinder und Jugendliche. In: Baumgärtner, Alfred Clemens / Pleticha, Heinrich (Hrsg.): Kinder- und Jugendliteratur. Ein Lexikon. Meitingen 2. Erg.-Lfg. 1996 (24 Seiten)

Lange, Günter: Vergebliche „Spurensuche“. Zu dem Artikel „Haben Detektive abgedankt?“ von Elisabeth K. Paefgen. In: Praxis Deutsch 1998, H. 147, 8–9

Lange, Günter (Hrsg.): Kriminalgeschichten II. Stuttgart 1998 (= Arbeitstexte für den Unterricht. Reclam)

Leonhardt, Ulrike: Mord ist ihr Beruf. Eine Geschichte des Kriminalromans. München 1990

Mandel, Ernest: Ein schöner Mord. Sozialgeschichte des Kriminalromans. Frankfurt / Main 1987

Marsch, Edgar: Die Kriminalerzählung. Theorie – Geschichte – Analyse. 2. Aufl., Darmstadt 1983

Nusser, Peter: Aufklärung durch den Kriminalroman. In: Neue Deutsche Hefte 1971, H. 3, 70–90

Nusser, Peter: Kriminalromane zur Überwindung von Literaturbarrieren. In: Der Deutschunterricht 1975, H. 1, 52–70

Nusser, Peter: Der Kriminalroman. 2. Aufl., Stuttgart 1992

Paefgen, Elisabeth K.: Haben Detektive abgedankt? In: Praxis Deutsch 1997, H. 147, 6–9

Reinert, Claus: Das Unheimliche und die Detektivliteratur. Entwurf einer poetologischen Theorie über Entstehung, Entfaltung und Problematik der Detektivliteratur. Bonn 1973

Schiffels, Walter: Zur Typologie der Kriminalgeschichte. In: Kaes, Anton / Zimmermann, Bernhard (Hrsg.): Literatur für viele 1. Göttingen 1975, 133–150

Schütz, Erhard (Hrsg.): Zur Aktualität des Kriminalromans. München 1978

Schulz-Buschhaus, Ulrich: Formen und Ideologien des Kriminalromans. Ein gattungsgeschichtlicher Essay. Frankfurt/Main 1975

Suerbaum, Ulrich: Krimi. Eine Analyse der Gattung. Stuttgart 1984

Symons, Julian: Am Anfang war der Mord. Eine Geschichte des Kriminalromans. Gütersloh 1982

Tschimmel, Ira: Kriminalroman und Gesellschaftsdarstellung. Eine vergleichende Untersuchung zu den Werken von Christie, Simenon, Dürrenmatt und Capote. Bonn 1978

Vogt, Jochen (Hrsg.): Der Kriminalroman. Zur Theorie und Geschichte einer Gattung. 2 Bände. München 1971 (darin besonders die Aufsätze von Just, Schklovskij, Haas, van Dine, Blair, Chandler, Fischer, Waldmann, Buch, Eco, Brecht, Bloch, Kracauer, Heißenbüttel, Alewyn, Gerber, Suerbaum, Bien, Naumann, Kunkel, Dingeldey)

Vogt, Jochen (Hrsg.): Der Kriminalroman. Poetik. Theorie. Geschichte. München 1998

Waldmann, Günter: Theorie und Didaktik der Trivialliteratur. Modellanalysen, Didaktikdiskussion, literarische Wertung. 2. Aufl., München 1977

Waldmann, Günter: literatur zur unterhaltung. 2 Bde. Reinbek 1980

Watzke, Oswald: Eine Krimi-Bildergeschichte fördert den Lesespaß und den Denksport. „Komissar Kniepels 72. Fall“. In: Praxis Deutsch 1980, H. 44, 18–20

Wellershoff, Dieter: Vorübergehende Entwicklung. Zur Theorie des Kriminalromans. In: Wellershoff, Dieter: Literatur und Lustprinzip. Essays. Köln 1973, 77–138

Wölcken, Fritz: Der literarische Mord. Eine Untersuchung über die englische und amerikanische Detektivliteratur. Nürnberg 1953

Woeller, Waltraud: Illustrierte Geschichte der Kriminalliteratur. Frankfurt / Main 1985

Žmegač, Victor (Hrsg.): Der wohltemperierte Mord. Zur Theorie und Geschichte des Detektivromans. Frankfurt 1971 (darin besonders die Aufsätze von Žmegač, Škreb, Schmidt-Henkel; verschiedene andere Aufsätze wie in Vogt 1971).

GÜNTER LANGE

Science-fiction-Literatur (Sf) im Unterricht

1. Methoden und Probleme der Sf-Forschung

Wohl über kein literarisches Genre gingen in den letzten fünfundzwanzig Jahren die Meinungen von Literaturwissenschaftlern und -didaktikern weiter auseinander als über die Sf-Literatur. Die Einschätzungen reichten von – plakativ gesprochen – „reaktionärer Literatur“ mit der Absicht „ideologischer Indoktrination“ über „populäre Literatur“ bis zu „naturwissenschaftlicher Literatur, die in Veränderungsdenken einübt“.

1.1. Zum Begriff „Sf“

Der Begriff Sf wurde in den zwanziger Jahren von dem Deutschamerikaner Hugo Gernsback (Gernsbach), dem Begründer des ersten Sf-Magazins „Amazing Stories“, geprägt und in den fünfziger Jahren durch eine Studie zur amerikanischen Sf von Gotthard Günther in Deutschland erstmals verwendet. Schwierigkeiten bereitet die Definition dieser literarischen Gattung, denn in der Bezeichnung Science-fiction werden zwei heterogene Begriffe zusammengebunden, die in unserem Denken in grundsätzlicher Spannung zueinander stehen. „Science“ bedeutet Wissenschaft, Rationalität, technische Planung, Sachlichkeit und Nüchternheit, während „fiction“ auf das Nicht-Rationale, Emotionale, Imaginative, auf die Phantasie verweist. (Vgl. Barmeyer 1972, 9) Die im Russischen übliche Bezeichnung „wissenschaftliche Phantastik“ und der 1936 von dem Sf-Autor Robert A. Heinlein gemachte Vorschlag „speculative fiction“ versuchen diese Literatur von dem unerfüllbaren „Science“-Anspruch zu entlasten und die Beziehung zum Phantastischen stärker zu betonen. 1972 formulierte Barmeyer: „Bisher kann noch keine Science Fiction-Definition Anspruch darauf erheben, dem monströsen Gegenstand in seiner ganzen Ausdehnung kritisch-präzise gerecht zu werden.“ (Barmeyer 1972, 7)

In der Zwischenzeit haben verschiedene Literaturwissenschaftler akzeptable Definitionen entworfen, die dem schwierigen Gegenstand annähernd gerecht werden. Darko Suvin, der in Montreal lehrende Literaturwissenschaftler, formuliert: „Die SF ist (...) ein literarisches Genre, dessen notwendige und hinreichende Bedingung das Vorhandensein und Aufeinanderwirken von Verfremdung und Erkenntnis sind, und deren formaler Hauptkunstgriff ein imaginativer Rahmen ist, der als Alternative zur empirischen Umwelt des Autors fungiert.“ (Suvin 1979, 27) Oder Suerbaums Definition: „Die Gattung Science Fiction ist die Gesamtheit jener fiktiven Geschichten, in denen Zustände und Handlungen geschildert werden, die unter gegenwärtigen Verhältnissen nicht möglich und daher nicht glaubhaft darstellbar wären, weil sie Veränderungen und Entwicklungen der Wissenschaft, der Technik, der politischen und gesellschaftlichen Strukturen oder gar des Menschen selbst voraussetzen. Die Geschichten spielen in der Regel, aber nicht mit Notwendigkeit, in der Zukunft." (Suerbaum 1981, 10) Die Forderungen an eine Definition dieser sehr starken Veränderungen unterworfenen Gattung dürfen also nicht – und das zeigen diese beiden Definitionen – normativ oder rigide, sondern müssen offen sein und auch den Erfahrungen des normalen Lesers entsprechen.

1.2. Zum Ursprung der Sf

Den Ursprung der Sf sieht Schwonke (1957) in der Tradition der Utopie, die man – grob gesprochen – als den von bestimmten historischen Verhältnissen her gedachten Idealzustand menschlichen Zusammenlebens definieren kann. Die kopernikanische und die kolumbianische Wende bezeichnet er als Ausgangspunkte für die naturwissenschaftlich-technische Veränderung des Utopiebegriffs; die technischen Probleme werden aber erst durch die industrielle Revolution und den wissenschaftlichen Optimismus und Fortschritt des 19. und 20. Jahrhunderts eingebracht, wodurch der politisch-soziale Gehalt der Utopien zunehmend an Stellenwert verliert.

Im Gegensatz zu Schwonke bezeichnen Nagl (1972) und Kling (1973) u. a. die phantastische Unterhaltungsliteratur, die „gothic novels" des 18. und 19. Jahrhunderts, die Schauerromane der Romantik als Ursprünge der Science-fiction-Literatur. Das Okkult-Tiefgründige, das Gruselig-Schauderhafte und Unbegreifliche sind Kennzeichen dieser Literatur, die viele Nachahmer fand und im 19. Jahrhundert einen Großteil der Unterhaltungsliteratur ausmachte.

Als dritten Ursprung wird auf die „Voyages Imaginaires" verwiesen. Sie spielten schon in der Antike eine Rolle, besonders aber im 18. und 19. Jahrhundert in Frankreich und England. Der Vorstoß in unbekannte Räume und Zeiten war immer eines ihrer Anliegen, in eingeschränktem Maße auch das Didaktische. (Vgl. Alpers u. a. 1988, 28–30)

Vermutlich reichen diese drei literarischen Ursprungsquellen nicht aus, um die Herkunft der Sf zu erfassen, denn in dieser Gattung finden sich neben den genannten Zügen auch solche des klassischen Ritter- und Heldenromans, des Bildungsromans, märchenhafte und mythologische Züge. Science-fiction-Literatur ist in der Lage, die unterschiedlichsten Züge unterhaltsamer und hoher Literatur in sich aufzunehmen, sie nachzuahmen, den eigenen jeweiligen Absichten unterzuordnen oder sich anzuverwandeln.

Die Science-fiction-Literatur kann daher als literarische Gattung nur im Zusammenhang anderer Gattungen eingegrenzt werden. Sie steht in enger Beziehung zu Utopie, Fantasy und Horror, aber auch Märchen, Mythos und Sage besitzen eine gewisse Nähe zu ihr. (vgl. Biesterfeld 1993, 80) Ihre Motive und Inhalte umfassen technische Spekulationen und Entwürfe, phantastische Reiseerlebnisse bis hin zu Weltraumunternehmungen, mythische Geschehnisse sowie naturwissenschaftliche, besonders biologische Experimente, pseudowissenschaftliche Erklärungsversuche für Unerklärbares, spiritistisch orientierte Theorien sowie Mystifizierungen technischer

Vorgänge und Zusammenhänge, Begegnungen mit fremden Lebewesen, Bedrohungen der Menschheit durch irdische und außerirdische Vorgänge und Mächte, Staats- und Gesellschaftsentwürfe als Vorbild oder Abschreckung, tiefenpsychologische und psychologische Versuchsanordnungen, Auseinandersetzungen mit dem Menschen als vernunftbegabtem und triebbestimmtem Wesen. (In Anlehnung an Klein 1976, 30) Diese Reihe ließe sich noch um einiges erweitern.

Roman und Kurzgeschichte werden von den Science-fiction-Autoren als häufigste Formen gewählt; seit der Nachkriegszeit hat zudem der Science-fiction-Comic erheblich an Verbreitung gewonnen. (Dolle-Weinkauff 1990, 122ff.) Schwer getan hat man sich in der älteren Forschung (Schwonke 1957; Krysmanski 1963) mit den Heftromanen, die in der Bundesrepublik nach wie vor marktbeherrschend sind.

1.3. Zur Geschichte der Sf

Ist man über die Ursprünge der Science-fiction-Literatur auch uneins, so herrscht doch allgemeine Übereinstimmung hinsichtlich der Klassiker und Begründer dieser Literatur: Jules Verne (1828–1905) und H. G. Wells (1866–1946). Neben diesen beiden wird oft der Deutsche Kurd Laßwitz (1848–1910) genannt, dessen Einfluss aber sehr viel geringer war.

Wells und Verne unterscheiden sich in ihren Ansätzen erheblich voneinander. Bei Vernes Romanen handelt es sich in erster Linie um Reisebeschreibungen in vertrauter irdischer Atmosphäre und in der Tradition des romantischen Abenteuerromans: Nie geht es Verne um politisch-soziale Fragestellungen, sein Gesellschaftsbild entspricht dem seiner Zeit. Nur zwei seiner Romane erzählen von einer Weltraumfahrt; trotz ihres außerirdischen Zieles bleiben aber auch diese Romane in der genannten Tradition. Im Mittelpunkt Vernescher Darstellung stehen Technik, Wissenschaft und wissenschaftlich-technische Prognostik. „Was Verne vorlegt, ist eine Enzyklopädie des Wissens (seiner Zeit – GL) in Romanform." (Schwonke 1957, 37) Vermutlich war es vor allem das Abenteuerliche mit all seinen bekannten Klischees und seiner Spannung, angereichert mit dem neuen Technischen, was ihm seine große Popularität und sein breites Lesepublikum verschaffte.

Wells teilt nicht das technische Interesse Vernes, das zeigt sich, wenn man die Mondromane beider Autoren miteinander vergleicht. Bei Verne steht das technische „Wie" im Vordergrund, das in Wells Roman ganz nebenbei erledigt wird und nur geringe Bedeutung erlangt. Ihm geht es um die Mondbewohner und ihr soziales und gesellschaftliches Zusammenleben, betrachtet unter dem Aspekt ihrer Bedeutung für den Menschen. Wells versteht sich nicht nur als Romancier, sondern vor allem als Reformer und utopischer Sozialist; er versucht in seinem Werk eine Synthese von Unterhaltung und Belehrung, von utopischem Abenteuer und Gesellschaftssatire, sein Ziel ist die gesellschaftliche Veränderung. Als ein die spätere Science-fiction-Literatur stark beeinflussendes ideologisches Klischee erweist sich der teilweise stark hervortretende Rassismus von Wells gegenüber dem „Bösen aus dem All". Wells und Verne gemeinsam ist ihr Fortschrittsoptimismus, der bei Wells stärker „gesellschaftspolitisch progressiv", bei Verne stärker „technokratisch" zu verstehen ist. (Alpers, in: Barmeyer 1972, 256)

Laßwitz ist im Vergleich zu Verne und Wells philosophisch orientiert. Als Mathematiker besitzt er die nötigen naturwissenschaftlich-technischen Kenntnisse, zudem ein hohes Maß an Einfallsreichtum. Im Gegensatz zu Wells Marsroman „Der Krieg der Welten“ (1898), in dem die Marsianer als fremdartige, unbarmherzige Gegner der Menschen dargestellt werden, erscheinen die Martier in Laßwitz' Roman „Auf zwei Planeten“ (1897) als den Menschen intellektuell weit überlegene Wesen, die den vergeblichen Versuch unternehmen, Einfluss zu gewinnen auf das barbarische Verhalten der Menschen, um es zu humanisieren. Die Martier erkennen schließlich, dass die Menschen selbst ihren Weg zu höherer Vollkommenheit finden müssen, weil – im Sinne Kants – „die Sittlichkeit nur ein Werk des eigenen Willens (...) und nicht die Folge fremden Zwanges sein kann“. (Schwonke 1957, 46)

Diese drei Klassiker entwickeln in ihren Werken wesentliche Züge der Sf, die für alle Nachfolger richtungsweisend wurden:

- naturwissenschaftlich-technische Prognostik
- Zukunftsoptimismus
- das Ausgreifen des Menschen über die Erde hinaus in den Weltraum
- die Begegnung mit fremden Intelligenzen, die dem Menschen positiv oder negativ gegenüberstehen
- die Auseinandersetzung mit Problemen gesellschaftlicher, philosophischer und metaphysischer Art
- Neigung zu klischeehafter Darstellung und Einbindung des bisher Genannten in abenteuerliche, spannende Sujets.

Einen neuen Akzent erhält die hier beschriebene Science-fiction-Literatur in den Romanen einiger Autoren, die nicht den wissenschaftlichen und anthropologischen Optimismus der genannten Science-fiction-Klassiker und ihrer Nachfolger teilen. Die Antiutopien Samjatins („Wir“ – entstanden 1920), Huxleys („Schöne neue Welt“ – 1932) und Orwells („1984“ – erschienen 1949) gelten auf Grund ihrer naturwissenschaftlich-technischen und erzählerischen Elemente als Science-fiction-Literatur, auf Grund ihrer gesamtgesellschaftlichen Entwürfe und ihrer philosophischen Reflexionen sieht man sie in der Tradition der klassischen Utopien. Kultur- und Technikpessimismus sowie die Angst vor gesellschaftlicher Entfremdung bilden die zentralen Aussagen dieser Autoren.

Die Geschichte der Science-fiction-Literatur auf kleinem Raum zu skizzieren fällt schwer, da die ernst zu nehmende, d. h. problemorientierte, wissenschaftlich reflektierte und erzählerisch gelungene Science-fiction-Literatur von der in erster Linie oder ausschließlich auf Spannung und Unterhaltung hin angelegten trivialen und in Heftform massenhaft produzierten Science-fiction-Literatur nicht zu trennen ist; beide stehen in enger Wechselwirkung. Das oben schon erwähnte Science-fiction-Magazin „Amazing Stories“ von Gernsback gab in den zwanziger Jahren den Anstoß zu einer Reihe von ähnlichen Pulp-Magazinen und von „fanzines“, die von der aktiven Science-fiction-Leserschaft gegründet und mit Autoren gemeinsam betrieben wurden und werden – eine besondere Science-fiction-Erscheinung, vergleichbar ist in Deutschland der „Perry Rhodan"-Club mit seiner eigenen Zeitschrift. Wurden in den Pulp-Magazinen zuerst Wells, Verne u. ä. Autoren gedruckt, mit Erfolg verkauft und begeistert gelesen, betätigte sich bald eine Unzahl von Autoren unterschiedlichster Provenienz in diesem so erfolgreichen Genre.

Eine andere Verbreitungsmöglichkeit fand die Science-fiction-Literatur, als die Massenproduktion in Heftform (gegen Ende des 19. Jahrhunderts in den USA und um 1900 in Deutschland entstanden) sich dieses neuen Genres annahm. 1908–1912/13 brachte es in Deutschland z. B. „Der Luftpirat und sein lenkbares Luftschiff" auf weit über 100 Ausgaben (Nagl 1972, 141), seit 1933 erschienen völkische Serien wie z. B. „Sun Kohn, der Erbe von Atlantis". Der größte Erfolg auf diesem Sektor ist und bleibt aber „Perry Rhodan", eine Heftreihe, die seit 1961 im Aufwind der Sputnik- und Weltraumeuphorie zur auflagestärksten Serie auf dem Science-fiction-Markt avancierte, geschickt gesteuert vom Pabel-Moewig-Verlag, mit einer wöchentlichen Auflagenhöhe zwischen 170 000 und 200 000 Exemplaren.[1] „Perry Rhodan" ist ein gewaltiger Fortsetzungsroman. Die Titelfigur, einst Kommandant der ersten amerikanischen Mondexpedition, lernt von den dem Menschen weit überlegenen Arkoniden Wissenschaft und Technik und erlebt als „Administrator des solaren Imperiums" unzählige Weltraumabenteuer, in denen naturwissenschaftliche und technische Phantastereien als spannungserhöhendes Element eingesetzt werden. Rhodans Ziel ist es, in einer durch fremde Lebewesen aus dem All bedrohten Welt Frieden zu stiften. Verfasst wird diese Serie von einem Autorenteam. (Vgl. Hallmann 1979)

In den Pulp-Magazinen stehen die trivialen Science-fiction-Formen in sehr enger Berührung und wechselseitiger Beeinflussung mit ernst zu nehmender Science-fiction-Literatur. Häufig schreiben Autoren in beiderlei Richtung.

Diese ernst zu nehmende Science-fiction-Literatur erlebte in der Zeit zwischen den beiden Weltkriegen ihre erste Blütezeit durch Autoren wie Asimov, Bradbury (der auch Antiutopien schrieb), A. C. Clarke, R. A. Heinlein, C. Kornbluth, S. Sturgeon, A. E. van Vogt, Weinbaum u. a., in Deutschland vor allem durch den erfolgreichen Hans Dominik. Neben den USA und England spielte und spielt die Science-fiction-Literatur auch in Polen, der Tschechoslowakei und besonders in der Sowjetunion (Dnjeprow, A. Tolstoi, Samjatin; heute: Dudinzwew, Nemzow, Sawtschenko, die Brüder Strugazkij) eine große Rolle. Kennzeichen dieser Science-fiction-Literatur ist die positive Sicht der naturwissenschaftlich-technischen Entwicklung, die stets positive menschliche Selbstverwirklichung, der Anthropozentrismus. Verschiedentlich wird die „Naivität" dieser Literatur betont (Gutsch, in: Leiner /Gutsch 1972, 15), da das Augenmerk hauptsächlich auf der wissenschaftlich-technischen Idee ruhe, während gesellschaftliche, politische, soziale Fragen und die darstellerische Seite relativ unbeachtet blieben. Von seiten der Ideologiekritik wird betont, dass in den Werken dieser Autoren das Zukünftige oft die reaktionäre Verhaftung im fraglos bejahten System des status quo überdecke und dass der ökonomische Bezug gesellschaftlicher Erscheinungen nicht gesehen werde. (Pehlke /Lingfeld 1970;

Hahn u. Scheck, in: Barmeyer 1972)

Die Science-fiction-Literatur nach 1945 kann z. gr. Teil als Fortsetzung dessen gelten. In dieser Tradition steht auch der wohl gegenwärtig bekannteste deutsche Autor H. W. Franke.

Durch die Berücksichtigung des sozialen und gesellschaftlichen Raumes sowie durch Anwendung experimenteller Darstellungsformen bei einer Gruppe von Autoren erhält Anfang der 60er Jahre die Science-fiction-Literatur neue Impulse. Gutsch (in: Leiner / Gutsch 1972, 20) formuliert, es „habe ein Linksruck in der neuen Science Fiction stattgefunden". Nach Rottensteiner scheint sich aber diese „New Wave", deren bekannteste Vertreter Aldiss, Ballard, Moorcock, in Deutschland W. Jeschke und J. vom Scheidt sind, nicht durchgesetzt zu haben, vielmehr sei sie schnell in „Mystik, Verwirrung, Ziellosigkeit, Seelenkitsch, unreflektierten, hingeschluderten Anklagen" versackt. (In: Barmeyer 1972, 361)

In der weiteren Entwicklung der Science-fiction-Literatur bis in die Gegenwart lassen sich nach Suerbaum folgende Trends erkennen:

- eine „Akzentverlagerung von Optimusmus und Fortschrittsbejahung zu einer kritischen oder negativen Haltung gegenüber der Entwicklung von Technik und Gesellschaft",
- eine Zunahme der Fantasy-Komponente im Sinne der mittelalterlich-phantastischen Zukunftswelt („sword and sorcery"),
- eine Tendenz „zur vertieften und minutiösen Darstellung psychologischer und moralischer Probleme des Individuums", Schlagwort: „inner space". (Suerbaum 1981, 61)

Bei diesem Überblick blieben eine Reihe Autoren unerwähnt, deren Romane häufig nicht mit dem für sie abwertenden Science-fiction-Stempel versehen werden, sondern die – mit dem terminus „Utopie" ausgezeichnet – als hohe Literatur im traditionellen Sinne gelten. Zu diesen zählt man oft die oben genannten Antiutopisten Samjatin, Huxley und Orwell, dazu den Engländer Olaf Stapledon, dessen bekanntester Roman „Last and first Men" (1930) einen neuen faszinierenden Mythos von Kosmos und Mensch entwickelt. Eine Ausnahmestellung nimmt in der Gegenwart vor allem der Pole Stanislaw Lem ein, der sich selbst sehr intensiv theoretisch mit Science-fiction-Literatur auseinandergesetzt hat, wichtige Science-fiction-Literatur produziert, aber in seinen bekannten Romanen über das Science-fiction-Übliche in Anspruch, Problematik und Intention weit hinausgeht. Siegfried Lenz formulierte in einer Kritik der „Sterntagebücher": „Hier hat einer die Ferne gewählt, um die Nähe schärfer erfassen zu können. Hier mißt einer irdische Erscheinungsform nach kosmischen Maßstäben. Hier projiziert einer heimische Erfahrung auf sternenhafte Systeme – auf der Suche nach einem Ausweg, nach einer Veränderung". (FAZ vom 29.6.74) Neben „Sterntagebücher" zählen „Solaris", „Der Pilot Pirx", „Der Unbesiegbare" und die „Robotermärchen" zu den bekanntesten Erzählungen.

Mit stark utopischen Elementen versetzt, gehören in den weiteren Kontext der Science-fiction-Literatur auch Franz Werfel mit seinem „Stern der Ungeborenen"

(1946), Friedrich Heer mit „Der achte Tag“ (1950), Ernst Jüngers „Heliopolis“ (1949) und „Die gläsernen Bienen“ (1956), Hermann Hesses „Glasperlenspiel“ (1943), weiterhin Arno Schmidt mit seiner „Gelehrtenrepublik“ (1957) und „Kaff, auch Mare Crisium“ (1960), dazu einzelne Werke bekannter ausländischer Autoren wie C. S. Lewis. Graham Greene, Rudyard Kipling u. a. „Allen diesen Arbeiten ist gemeinsam, daß sie unter vielen anderen eben auch Elemente der Science Fiction enthalten, seien es vorformulierte Einzelideen der Science Fiction wie Roboter, seien es soziale Mikroordnungen vom Typus der Gelehrtenrepublik oder der pädagogischen Provinz, die ja häufig in der Science Fiction vorkommen, seien es allgemeine Sach-Themen wie etwa der Atomkrieg oder das beliebteste Science Fiction-Thema, die Weltraumfahrt.“ (Gutsch, in: Leiner / Gutsch 1972, 18)

1.4. Zur Leserschaft und zur Rezeption

Über die Leserschaft von Science-fiction-Literatur und deren Lesemotivation gibt es bisher keine genaueren Analysen. Man kann konstatieren, dass der Markt über Jahrzehnte außerordentlich aufnahmebereit war. Nicht nur „Perry Rhodan“ weist hohe Auflagenziffern auf, sondern auch die verschiedenen Taschenbuchreihen mit z. T. ernst zu nehmender Science-fiction-Literatur. Bastei-Lübbe, Diogenes, Goldmann, Heyne, Knaur, Moewig, Suhrkamp und Ullstein bringen zusammen pro Jahr 150–200 neue Titel auf den Markt. Ende der 60er Jahre entdeckten auch die Jugendbuchverlage dieses Genre. Der Boje-Verlag brachte es bei 17 Titeln in seiner Reihe „Boje Weltraum Abenteuer“ von 1969 bis 1978 auf 330 000 verkaufte Exemplare; die Schneider-Reihen „Monitor“ (seit 1971) und „Giganto meldet“ (seit 1975) wiesen ähnliche Verkaufserfolge auf. Andere Jugendbuchverlage wie Arena (seit 1971), Ensslin & Laiblin (seit 1977), Herder (seit 1970 die Sf-Serie „Weltraumpartisanen“), Albert Müller (seit 1975) und Thienemann (seit 1975) folgten. Ohne Heftchenreihen und das Riesenangebot von Goldmann und Heyne ermittelte Jürgen Gutsch (1981, 65) für das Jahr 1979 eine Anzahl von ca. 200 lieferbaren Sf-Titeln für Kinder und Jugendliche. Für das Jahr 1981 prognostizierte er sogar eine Verdoppelung der Sf-Publikationen für junge Leser. Dieser Boom hat sich aber weder für die jungen noch die erwachsenen Leser bestätigt, denn ab Anfang der 80er Jahre ist ein deutlicher Rückgang der Science-fiction-Literatur zu verzeichnen. Die Fantasy-Welle hat ihr deutlich Abbruch getan. Andere Gründe liegen möglicherweise in dem entstehenden Videofilm- und -spielbereich, in der Ernüchterung hinsichtlich der Technik und des Fortschrittsoptimismus, in den Erkenntnissen durch die Raumfahrt, die Zug um Zug die Freiräume der Phantasie einengten. „Es war eine gewisse Lähmung eingetreten, eine gewisse Fortschrittsmüdigkeit, die gar zur Wirklichkeitsverdrossenheit führte.“ (Alpers u. a. 1988, 42) Erst zu Beginn der 90er Jahre erholte sich der deutsche Science-fiction-Markt wieder. In der Kinder- und Jugendliteratur allerdings hat die rückläufige Tendenz angehalten. 1993 gibt es lediglich einige Sf-Klassiker auf dem Markt wie Jules Verne, Herbert G. Wells und John Christopher, daneben ein paar Neuerscheinungen wie Isolde Heynes „Wenn die Nachtigall verstummt“ (Arena 1991), Birgit Rabischs „Duplik Jonas 7“ (Georg Bitter 1992) und Charlotte

Kerners „Geboren 1999“ (Beltz & Gelberg 1989). Dagegen gibt es eine Fülle von Fantasy-Titeln.

Die hier über die Sf-Literatur für Kinder und Jugendlichen gemachten Ausführungen werden durch die Darstellung von Helmut Melzer (1996) bestätigt, erweitert und differenziert. Seine Artikel in „Kinder- und Jugendliteratur. Ein Lexikon“ bietet einen informativen und materialreichen Überblick über die Sf für Kinder und Jugendliche, und zwar in historischer wie systematischer Art. Ausführlich geht Melzer auch auf die Entwicklung der Sf-Literatur für Kinder und Jugendliche in der DDR ein, die in den 50er und 60er Jahren ähnlich wie in der Bundesrepublik verlief und die in den 70er Jahren einen ähnlichen Boom erlebte. In den 80er Jahren verstärkte sich auch dort in der Sf für Kinder und Jugendliche eine kritische Weltsicht, die durch Bücher wie Konrad Potthoffs „Wilhelmine und der unheimliche Planet“ (1979), Günter Eberts „Meine Freundin Katrin“ (1985), Uwe Kants „Panne auf Poseidon Sieben“ (1987) u. a. markiert wird. (Vgl. Melzer 1996, 4–9)

Welches sind die Gründe, warum junge und erwachsene Leser immer wieder zur Science-fiction-Literatur greifen? In der Forschung werden meistens die folgenden genannt:

- das Abenteuerlich-Spannende dieser Literatur
- der Glaube an die Möglichkeit der Technik und an den wissenschaftlichen Fortschritt
- die Sehnsucht, wenigstens in Gedanken das Gewohnte zu verlassen und in einer geographischen oder zeitlichen Ferne Neues zu entdecken
- der Versuch, sich beim Lesen aus psychischen und sozialen Zwängen zu befreien
- das Interesse an den sozialen und gesellschaftlichen Gegenmodellen und Alternativen
- das anthropozentrische Denken und die Demonstration der Überlegenheit des Menschen und des menschlichen Geistes
- die Identifikationsangebote – vor allem in der trivialen Sf
- das Happy-End in den meisten Sf-Texten
- die Nachdenklichkeit, das Problembewusstsein und die Kreativität, die vor allem ernst zu nehmende Sf-Texte vermitteln.

Für den einzelnen Leser werden diese Motive von unterschiedlicher Bedeutung sein, aber sie sind es, die das Interesse der Leser immer aufs neue wecken. (Vgl. Nusser 1989, 10)

1.5. Zur Sf-Forschung in Deutschland

1.5.1. Die soziologische Forschung

Die gegenwärtige Science-fiction-Forschung wird von verschiedenen wissenschaftlichen Disziplinen betrieben. Eine der ersten Untersuchungen in der Bundesrepublik war die Dissertation von Schwonke „Vom Staatsroman zur Science-Fiction“ (1957). Schwonke, ein Soziologe, stellt die geistesgeschichtliche Entwicklung von den klassischen Utopien bis zur Sf der Gegenwart dar, indem er Bedeutung und Funktion des

Naturwissenschaftlich-Technischen in den utopischen und Science-fiction-Romanen beschreibt und analysiert. Seine These, die Sf sei in der Tradition der klassischen Utopie zu sehen, wurde vielfach als zu eng und einseitig abgelehnt. Übernommen wurde seine andere These, dass nämlich die Sf zahlreiche instrumentelle Züge von der Utopie übernommen habe. Ebenfalls in geistesgeschichtlicher Weise geht der Soziologe Krysmanski (1963) in seiner Darstellung vor, nur dass er – Schwonke kritisierend – das Utopische als Denkmodell und -methode von der Sf scharf trennt, indem er den utopischen Roman wie folgt definiert: „(E)r ist die literarische Erscheinungsform der spielerischen Zusammenschau von Mensch, Gesellschaft und Geschichte in einem variablen, bildhaften Denkmodell von raumzeitlicher Autonomie, das die Erkundung von Möglichkeiten, losgelöst von der sozialen Wirklichkeit, jedoch mit Bezug auf sie erlaubt." (Ebd., 19) Krysmanski sieht die „utopische Methode" nur in wenigen Romanen des 20. Jahrhunderts verwirklicht, während er Sf als „naturwissenschaftliche Literatur" bezeichnet, die Teil des Fortschritts der naturwissenschaftlichen Disziplin in popularisierter Form sei (ebd., 89). Beide Untersuchungen lassen die Masse der Sciene-fiction-Literatur in Heftform gänzlich unbeachtet.

1.5.2. Die psychologische Forschung

Einige Versuche liegen vor, die die psychologische und tiefenpsychologische Dimension der Science-fiction-Literatur zum Untersuchungsgegenstand haben. Neben der Arbeit des Psychologen Jürgen vom Scheidt (in: Barmeyer 1972, 133–163), der selbst Sciene-fiction-Autor ist, gibt es vornehmlich ausländische, die in der Einleitung von Barmeyer (1972, 12f.) zusammengefasst sind: „In den Wunsch- und Angstbildern der Science Fiction, in ihren Allmacht- und Ohnmachtphantasien kompensieren sich aktuelle Konflikte und Sehnsüchte". Sf besitzt danach ähnlich wie das Märchen Kompensations- und Regressionsfunktion für den Leser. Das Rohmaterial der Sf stammt nach vom Scheidt aus dem Bereich menschlicher „Urvisionen" (C. G. Jung); dabei handelt es sich weniger um individuelle als um kollektive Vorgänge. Die technische Symbolik in der Sf dient nach dieser Auffassung lediglich der Kaschierung. Gefolgert wird auf Grund dieser Überlegungen, dass den „Science Fiction-Gedanken eine wichtige Ich-stützende Funktion zukommt, gerade in unserer Zeit, die sich durch den Verfall und Umbruch aller hergebrachten Werte auszeichnet" (in: Barmeyer 1972, 156f.).

Diese Betrachtungsweise der Sf als literarische Archetypen ist in steter Gefahr, ihre Position zu überziehen; sie überdeckt zudem eine problematische Komponente, die die ideologiekritische Forschung als den Verschleierungscharakter und die Ideologisierungsabsicht dieser Literatur herausgearbeitet hat.

1.5.3. Die ideologiekritische Forschung

Die wichtigste Untersuchung ideologiekritischer Art liegt von Pehlke / Lingfeld vor, die 1970 erschien. Das Ergebnis ihrer marxistisch-ideologiekritischen Analyse der Sf ist die Erkenntnis, dass diese Literatur eine „ideologische Indoktrination (betreibe – GL) im Sinne einer Apologie kapitalistischer Strukturen und faschistoider

Menschen- und Herrschaftsbilder". (Klein 1976, 11) Erkennbar wird das an ihren Inhalten, ihrem Gesellschaftsbild und ihren Wertvorstellungen. Von dem vernichtenden Urteil Pehlke / Lingfelds ist auch die von uns als ernst zu nehmend charakterisierte Science-ficiton-Literatur nicht ausgenommen, obwohl sie in dieser Untersuchung nur am Rande behandelt wird. Ihr wird vor allem ein falsches Gesellschaftsbild vorgeworfen, das die ökonomische Basis aller gesellschaftlichen Prozesse missachte, zum anderen ihr subjektivistischer Individualismus, der bar jeder gesamtgesellschaftlichen solidarischen Perspektive sei.

Kritik wird an diesem ideologiekritischen Ansatz von verschiedenen Seiten geübt. Wesentliche Argumente sind:

- Pehlke / Lingfeld untersuchen in erster Linie die Heftliteratur, versäumen es aber, differenziert und systematisch auf die anspruchsvollere Science-fiction-Literatur einzugehen; zudem übertragen sie ihre an der Heftliteratur entwickelten Kriterien und Aussagen pauschal auf alle anderen Science-fiction-Produkte.
- Ihre marxistisch-ideologiekritische Methode verengt notwendigerweise ihre Perspektive; da sie nämlich ihrer eigenen Methode und Position den Anspruch objektiver Wahrheit zuerkennen, müssen sie alle anderen Überlegungen und Positionen als „a priori und objektiv falsch" einstufen. (Klein 1976, 11)
- Der methodische Ansatz macht es unmöglich, Momente und Funktionen des Ästhetischen in der Literatur als solche zu erkennen.

1.5.4. Die literaturwissenschaftliche Forschung

Anfang der 70er Jahre wurden zwei Arbeiten publiziert, die sich in literaturwissenschaftlich-positivistischer Weise mit der Science-fiction-Literatur auseinandersetzen. Vera Graaf analysierte in ihrem „Homo Futurus" die moderne amerikanische Science-fiction-Literatur; sie sieht Sf als ein Phänomen, das „bestimmte Probleme der amerikanischen Geschichte und Kultur zum Ausdruck bringt". (Graaf 1971, 177) Für sie steht die Sf in der Tradition der amerikanischen „frontier"-Ideologie. Die Schwächen dieser Arbeit zeigen sich darin, dass sie über eine positivistisch-thematische Anordnung der Literatur kaum hinauskommt. Das ist in der Habilitation von Jörg Hienger (1972) anders; er versucht die Science-fiction-Literatur auf thematische, gattungstypologische und poetologische Eigenheiten hin zu untersuchen. Beide Arbeiten lassen aber jegliche ideologiekritische Fragestellung außer Betracht.

1.5.5. Neuere Forschungsansätze

Die Ideologiekritik mit anderen Untersuchungsaspekten verbinden Nagl (1972) und Klein (1976), wodurch – methodisch gesehen – der Anspruch der Ideologiekritik relativiert und im Kontext anderer Fragestellungen zu einem Erkenntnisinstrument ohne Absolutheitsanspruch wird. Nagl verbindet Ideologiekritik mit Fragen der Literatursoziologie, um Geschichte, Entwicklung und Erscheinungsweise dieses Genres im deutschen Sprachraum zu bestimmen. Nach Nagl ist Science-fiction-Literatur weder ein typisches amerikanisches Phänomen noch ein Ergebnis utopischen Denkens, sondern eine Massenliteratur mit irrationalen, mystischen Zügen, deren Ziel die Propagierung bestehender Herrschaftsverhältnisse ist.

Die sehr differenzierte Arbeit von Klein (1976) bezieht neben ideologiekritischen vor allem wirkungsästhetische und sozialpsychologische Fragestellungen ein. Untersuchungsgegenstand ist „Perry Rhodan". Klein stellt fest, dass sich die Autoren dieser Serie der ideologischen Gehalte und äußeren Effekte sehr selektiv bedienen. Um beim Leser anzukommen, werden alle motivischen und gestalterischen Grundmuster erfolgreicher Heftgenres kopiert. Die intensive Verwendung naturwissenschaftlicher und technischer Details verengt für den Leser die Distanz von realer Welt und romanhafter Darstellung. „Der Pseudorationalismus ihrer Argumentation verschleiert für den Literaturkonsumenten die Mystifizierung von Technik und Wissenschaft und verwischt den eigentlich exotischen Charakter der geschilderten Welt". (Ebd., 230)

Nach dem Urteil von Schulz (1986) stellt die Untersuchung von Martin Schäfer „Science Fiction als Idelogiekritik? (1977) einen „vorläufigen Höhepunkt der westdeutschen SF-Forschung dar." (108) Sie vereint das Interesse am gesellschaftlichen Wirklichkeitsbezug der Gattung mit den spezifischen Vermittlungsformen und erkennt in ihren unterhaltenden „Erkenntnisspielen" „Spurenelemente utopischer Intentionalität" (Schulz 1986, 108). Im Verleich mit anderer Unterhaltungsliteratur kommerzieller Art erweise sie sich aber als „extrem pluralistisches" Genre und als ein Medium „liberaler Skepsis" (Seßlen, zit. in: Schulz 1986, 108).

Die Untersuchung von Barbara Puschmann-Nelenz (1986) erarbeitet so etwas wie eine „klassische Grundform" der Sf, die sie dann auf verschiedene Texte anwendet. Dabei wird deutlich, dass dieses Grundmuster der Sf in einer Vielzahl von Texten erhalten bleibt, dass sich die Science-fiction-Literatur aber ungewohnten literarischen Formen und Erzähltechniken mehr und mehr öffnet und neue Themen integriert. Dadurch ergibt sich eine Nähe zur experimentellen Erzählprosa, so dass man nicht mehr von der Science-fiction-Literatur als einer „geschlossenen Gattung" sprechen könne. Diese Aussage gilt allerdings nicht für die trivialen Texte, die nach wie vor nach den „klassischen Mustern" verfahren. Das Ergebnis dieser Untersuchung ist, dass normative Gattungskonzepte immer mehr in Frage zu stellen sind.

Defizite weist die gegenwärtige Forschung auf in der umfassenden, sinnvoll ideologiekritische Fragestellungen einschließenden Auseinandersetzung mit der ernst zu nehmenden Science-ficiton-Literatur, um deutlich zu machen, in welcher Art und Weise diese Literatur Theorie und Denken der modernen Naturwissenschaften in Beziehung setzt zu Problemen vergangener und gegenwärtiger gesellschaftlicher, sozialer, philosophischer, anthropologischer, psychologischer und theologischer Art, um den Leser zur Reflexion über gegenwärtige und zukünftige Realität anzuregen und seinen Bewusstseins- und Erfahrungshorizont zu erweitern.

2. Zur Didaktik der Science-fiction-Literatur

2.1. Zur Didaktik der Trivialliteratur

Wichtige Voraussetzung aller didaktischen Überlegungen ist die Grundentscheidung, ob man – wie Pehlke / Lingfeld (1970) es tun – die Science-fiction-Literatur pauschal negativ beurteilt oder ob man sie in differenzierter Weise als ein Feld von trivialen Produkten und reflektierten, problemorientierten Texten mit zahlreichen Übergangserscheinungen und Zwischenstufen betrachtet. Von diesem Standpunkt gehen wir im Folgenden aus.

Die Verkaufszahlen der „Perry Rhodan"-Hefte und deren altersmäßige Aufschlüsselung zeigen, dass ein großer Teil der Heranwachsenden diese Literatur liest. Science-fiction-Literatur steht in der Beliebtheitsskala dem Kriminalroman kaum nach. Die Gründe für die Lektüre bilden nach Aussagen befragter Leser das Weltraumerlebnis und das Abenteuer im All, weiterhin die Zukunftserwartung der Menschheit, technischer Fortschritt, ethische und humanitäre Werte, der Idolcharakter des Helden, Erweiterung des Wissens. (Klein 1976, 184; Hallmann 1979)

Die Trivialliteraturdiskussion in der Deutschdidaktik hat gezeigt, dass die Schule an den Bedürfnissen und realen Interessen ihrer Schüler nicht mehr vorbeigehen darf, will sie sinnvoll die gesellschaftliche Realität in ihren Unterricht einbeziehen. In der didaktischen Diskussion, die wesentlich von Dahrendorf mitbestimmt wurde, wurden einige allgemeine unabdingbare Forderungen für den Umgang mit Trivialliteratur im Unterricht erhoben, die hier den Rahmen der didaktischen Überlegungen bilden sollen:

- der Unterrichtende sollte eine vorschnelle Abwertung der Trivialliteratur vermeiden
- Werturteile müssen mit den Schülern gemeinsam erarbeitet und für die Schüler einsichtig und überprüfbar sein
- die Bedürfnisse und Interessen des Lesers, die ihn zu seiner Lektüre veranlassen, müssen herausgearbeitet und bewusst gemacht werden
- das Recht auf unterhaltende Lektüre und die legitime Funktion von Ablenkung und Zerstreuung sollten den Schülern deutlich werden
- das Lesen von Trivialliteratur ist nicht unbedingt sozial determiniert, sondern situations- und rollenbedingt
- Trivialliteratur und ihre Lektüre sind nur im gesamtgesellschaftlichen Kontext sinnvoll zu betrachten
- Trivialliteratur besitzt Warencharakter und unterliegt den Bedingungen des Marktes
- die unterrichtliche Beschäftigung mit Trivialliteratur muss inhaltliche, formale, sprachliche, ideologiekritische, literatursoziologische und rezeptionsästhetische Fragestellungen berücksichtigen.

(Vgl. die genaueren Ausführungen im Artikel „Trivialliteratur"). Der hier aufgeführte Katalog enthält neben allgemeinen unterrichtlichen Erfordernissen auch schon wesentliche Lernziele für den Umgang mit Trivialliteratur im Unterricht. Zusammenfassend können wir daher als allgemeines Lernziel für den Umgang mit Science-fiction-Literatur im Unterricht formulieren:

Die Schüler sollen durch den Unterricht in die Lage versetzt werden, die gesellschaftliche Bedeutung und Funktion dieses Genres einzuschätzen, ihre eigene Lektüre des Science-fiction-Genres im Bereich der Textauswahl und in der Rezeptionshaltung bewusst zu steuern. Voraussetzung für das Erreichen dieses Gesamtziels ist die Kenntnis von Science-fiction-Literatur verschiedenster Art und Qualität, das Erlernen von Lese-, Analyse- und Beurteilungstechniken, das Durchschauen des Rezeptionsvorganges und seiner Steuerungselemente.

2.2. Zur Didaktik der Sf

Science-fiction-Literatur stellt ein Geschehen dar, das unserer unmittelbaren gesellschaftlichen Realität enthoben ist. Es spielt meistens in einer anderen Zeit (Zukunft), in einer anderen Umgebung (Weltraum) und im Umgang mit außerirdischen Lebewesen (Bewohnern anderer Planeten oder Sonnensysteme). Darko Suvin definiert Science Fiction deswegen unter Berufung auf Brecht und die russischen Formalisten als „Literatur der erkenntnisbezogenen Verfremdung“ (Suvin 1979, 24). Die außerirdische, der Menschheit zeitlich entfernte Welt und die Außerirdischen dienen als Spiegel für den Menschen und als ein Erkenntnisinstrument seiner selbst. Durch die räumliche und zeitliche Entfernung ermöglicht diese Literatur Lesen, Reflektieren und Erkennen ohne individuelle Emotionalität. Diese Intention unterscheidet Science-fiction-Literatur vom Mythos wie vom Märchen. Durch die Verfremdung ergeben sich für die Science-fiction-Literatur die Möglichkeit der Kritik, der offenen Entwürfe und Denkmodelle.

Sf ist futurologische Vorausschau: in der historischen Entwicklung zuerst im Bereich der Technologie, später der Ökologie, Soziologie, Anthropologie und Biologie. Dieser futurologische Zug, der die Verwandtschaft zur Utopie deutlich macht, trifft sich mit dem der Fiktion. Sf ist Prognostik im Sinne des Antizipierens zum Zwecke des Ausprobierens gedanklicher Möglichkeiten, zum Zwecke aufklärender Information, warnender Argumentation oder aber zum Zwecke des abenteuerlichen Spiels. Diese Prognostik enthält insofern auch immer etwas von Gegenwartsbestimmung und -orientierung.

Dieser Gedanke verknüpft und ergänzt sich mit dem der Assimilationsfähigkeit von Science-fiction-Literatur. Als Verfremdungsmodell kann sie verschiedene literarische Struktur- und Darstellungsformen adaptieren: sie kann als Satire, Parabel, Groteske oder Humoreske erscheinen, metaphorische, märchenhafte oder essayistische Züge tragen.

Von den Elementen aller Art Unterhaltungsliteratur hat die Sf erfolgreiche Züge übernommen und kopiert. Wesentlich ist die Übernahme des Abenteuerlichen, wie es im Ritter- und Abenteuerroman vorgegeben war, häufig auch die Übernahme des Kriminal- oder Agentenromanschemas. Für die USA wurde die Übernahme typischer Westernmotive und -konstellationen nachgewiesen. (Graaf 1971). Dadurch ergibt sich konsequenterweise das Identifikationsangebot der Science-fiction-Literatur für den Leser, da sie auf Grund dieser Muster Helden aller Art hervorbringt. Daneben prägt das Phantastische, Unbegreifliche, oft Schauderhafte in der Tradition der Schauerromane die Science-fiction-Literatur in hohem Maße. Das Abenteuerlich-Heldische wie auch das Phantastische bilden neben dem Naturwissenschaftlich-Technischen den besonderen Anreiz für den Leser. Durch ihre Realitätsferne erfüllt sie zudem in besonderer Weise Ablenkungs-, Unterhaltungs-, Traum- und Imaginationsfunktion, die der Leser sucht. Er fühlt sich beim Lesen von Science-fiction-Literatur vom Diesseits seiner Probleme befreit, in eine andere Welt versetzt. Insofern kann man die Science-fiction-Literatur durchaus als „Fluchtliteratur" bezeichnen.

Für das Naturwissenschaftlich-Technische muss die Art und Weise des Anreizes dieser Literatur noch gesondert begründet werden, da es in seiner Ambivalenz unterschiedliche Funktionen erfüllt. Naturwissenschaft und Technik als menschliche Errungenschaften bewirken durch die Erstaunlichkeit ihrer Entwicklungsmöglichkeiten im Leser Stolz und Begeisterung bezüglich menschlicher Leistungsfähigkeit. Damit verbindet sich ein anthropozentrisches Welt- und Sendungsbewusstsein, das in der Überlegenheit des Menschen auch in anderen Bereichen durch die Inhalte der Sf immer wieder unterstützt wird. Der so denkende Leser findet also in der Science-fiction-Literatur eine Bestätigung seiner Einstellungen und seiner Weltsicht. Andererseits rufen Naturwissenschaft und Technik durch ihre Undurchschaubarkeit für den Laien und durch die Unkalkulierbarkeit der Konsequenzen ihrer Forschungsergebnisse bei vielen Menschen Ängste und Gefühle des Ausgeliefertseins hervor. Science-fiction-Literatur kann in ihren Modellen auf derartige Gefühle ihrer Leser in zweifacher Hinsicht reagieren: Zum einen kann sie beruhigen, indem sie zeigt, wie souverän der Mensch in der Zukunft alle Probleme gelöst haben wird und wie er die weitere Entwicklung zu steuern und zu beherrschen in der Lage ist. Zum anderen kann sie durch Menetekel-Geschichten die Angst schüren und mahnend, warnend zur Abkehr von dem unseligen Weg technischer Entwicklung aufrufen.

Die Leser von Science-fiction-Literatur suchen und finden so in dieser Literatur in unterschiedlicher Weise Antworten, Hilfen und Bestätigung.

In keiner anderen Gattung der Trivialliteratur werden politische Ideen und ihre Verwirklichung, Staats-, Regierungs- und Gesellschaftsformen in solchem Ausmaß in den Mittelpunkt literarischer Darstellung gestellt wie in der Science-fiction-Literatur. Das gilt gleichermaßen für die Heftliteratur wie für die ernst zu nehmenden literarischen Entwürfe. Die genrebestimmte zukunftsweisende Progressivität erweist sich als besonders geeignet, in krasser Weise die politisch-soziale Substanz dieser Literatur zu überprüfen und gegebenenfalls zu entlarven. (Vgl. Klein 1976, 228) In diesem Punkt erhält die Analyse im Unterricht eindeutige Kriterien für qualitative Unterschiede in diesem Genre. Die Heftliteratur nämlich transportiert – wie Klein nachgewiesen hat – unreflektiert soziale, gesellschaftliche und politische Vorstellungen und Realitäten der Gegenwart in eine gänzlich andere Zukunft. Dadurch entstehen Brüche und Verwerfungen, die das auch in unserer Gegenwart Problematische dieser Vorstellungen in besonderer Weise durchschaubar machen. Es entlarvt sich so z. B. der Rassismus gegenüber anderen Intelligenzen, der Überlegenheitswahn, die Problematik totalitärer Herrschaft. Hingegen versuchen gerade die ernst zu nehmenden Science-fiction-Literaten wie z. B. Lem in ihren Werken entsprechend der naturwissenschaftlich-technischen Entwicklung auch neue soziale, gesellschaftliche und politische Formen zu antizipieren, sie imaginativ durchzuspielen und sie zugleich als mögliche Alternativen für unsere Gegenwart zu offerieren. Oder sie transportieren bewusst soziale und politische Vorstellungen der Gegenwart in die Zukunft, um so einleuchtender – da verfremdet und vielleicht satirisch überhöht – deren Unhaltbarkeit nachzuweisen. Die Science-fiction-Heftliteratur wie auch eine ganze Reihe anderer Science-fiction-Romane leisten für Bewusstwerdung und Bewältigung gegenwärtiger und zukünftiger Probleme nichts, da sie durch ihre Abenteuerlichkeit und Sensationsdarstellung, durch ihre Erzeugung von Angst und Bedrohungsgefühlen eine sinnvolle, rationale Auseinandersetzung verhindern. Ihr Reiz für den Leser liegt daher ausschließlich im Bereich der Spannung und des Abenteuers, unterstützt durch den technischen und pseudowissenschaftlichen Reiz, durch den Reiz des Fremden, durch die Identifikationsangebote, durch den vermittelten Optimismus; ein Reiz liegt aber auch in der Ich-Stärkung, in der Kompensationsfunktion und im Ablenkungs- und Unterhaltungscharakter der Science-fiction-Literatur.

Dieses muss dem Schüler im Unterricht bewusst gemacht werden; zugleich damit aber auch, dass die Funktionen, die diese Literatur bei ihm als Leser erfüllt, gesellschafts- und marktgesteuert sind, wie es die Ideologiekritik darstellt, doch auch mit Nachdruck, dass diese Literatur bestimmte psychologische und anthropologische Bedürfnisse erfüllt.

Im Unterricht sollten literarisch gelungene Sf-Texte diesen trivialen gegenübergestellt werden, um im Sinne von Nusser den Leseanreiz zu verstärken und das Leseangebot im Hinblick auf ernst zu nehmende Texte zu erweitern. Eine Reihe von Jugendbüchern könnte in diesem Sinne gute Dienste leisten, weil sie der Gefahr entgehen, essayistisch oder abstrakt zu verfahren, und weil sie großen Wert auf das Abenteuerliche, Spannende und Unterhaltende legen.

Es wäre problematisch, wollte man in ideologiekritischer Manier wie Walter Reuße (1976) die Science-fiction-Heftliteratur den Schülern „austreiben". Die besonders kritische Reaktion der Schüler auf diesen Versuch zeigt, wie sehr er an den Bedürfnissen der Schüler vorbeigegangen ist, weil er die Leseinteressen unbeachtet ließ und die Funktion der Literatur für die Schüler gar nicht beachtete.

Das gemeinsame Nachdenken über die Lesemotivation und die genaue Analyse der auf den Leser zielenden Darstellungsstrategie der Texte bieten den wesentlichen Ansatz zum Durchschauen der durch den Text festgelegten Rezeptionshaltung und dienen dem Aufbau einer reflektierten und der jeweiligen Lesesituation adäquaten Lesehaltung.

Die Auseinandersetzung mit anspruchsvoller Science-fiction-Literatur bietet die besondere Chance, ins modellhafte Denken und prognostische Entwerfen einzuführen und deren Funktion und Antriebskraft für Individuum, Staat und Gesellschaft bewusst zu machen. Dieter Hasselblatt (1978) formuliert: „Science-Fiction ist dem Gegebenen voraus, überspringt das Faktische mit den Mitteln technischen Denkens. Daher ist es, eher als das Gedicht oder die klassische Novelle, Ausdruck unserer Zeit“.

3. Möglichkeiten unterrichtlichen Verfahrens

Mit dem Beginn der Sek. I, aber durchaus auch schon in der Primarstufe, bieten sich unterrichtliche Ansatzpunkte, um auf das, was Sf ausmacht, hinzuführen.

Den curricularen Einstieg könnte die Feststellung bilden, dass die Phantasie als Anthropologikum den Motor fast aller Entwicklungen und Veränderungen darstellt. Die konditionale Formel „Was wäre, wenn ...“ bietet für die Schüler den Anstoß zum Durchdenken und Entwickeln von Entwürfen und Modellen. Literarische Beispiele von Reisen zum Mond, wie sie von Münchhausen, Poe, Verne, Wells u. a. vorliegen, könnten unterschiedliche Realisationsmöglichkeiten bewusst machen: lügenhafte, phantastische, prognostische, und sie mit der Realität der Mondlandung von 1969 konfrontieren. Dieser eine Ansatzpunkt Mondfahrt erfährt im folgenden Unterricht Erweiterungen durch Entwürfe auf anderen technischen und wissenschaftlichen Gebieten: Roboter, Raumfahrt, fremde Wesen, zukünftige Konfliktsituationen, zukünftige Lebens- und Gesellschaftsformen.

Bis zum 8. Schuljahr empfiehlt es sich, mit kürzeren Geschichten und Jugendbüchern zu arbeiten, da sie auf Grund ihrer Kürze, Problemorientierung und Spannung für diese Altersstufe besonders geeignet sind. Einige Texte aus dem Klett Leseheft „Erwachen im 20. Jahrtausend“ (Lange 1987) bieten sich ebenso an wie Marianne Grubers „Esras abenteuerliche Reise auf dem blauen Planeten“ (Volk und Wissen, Wien), Clifford Wells „Warnung aus der Zukunft“ (Bertelsmann), Isolde Heynes „Wenn die Nachtigall verstummt“ (Arena), Birgit Rabischs „Duplik Jonas 7“ (Georg Bitter) oder John Christophers „Leere Welt“ (Arena). In den meisten Lesebüchern, die seit Mitte der 80er Jahre herausgekommen sind, gibt es – vor allem im 8. Jahrgangsband – sogar ganze Sf-Kapitel: z. B. in „Lesebuch Deutsch 8“ (Westermann), „Lesebuch 9“ (Diesterweg), „Lesezeichen A/B 8“, „Lesezeichen C 8“ und „Unterwegs 8“ (alle Klett).

Im 9. oder 10. Schuljahr erfolgt die Auseinandersetzung mit „Perry Rhodan“, da er zur Lektüre dieser Altersstufe gehört. Hinzu kommt, dass die Schüler dieses Alters für Fragen des literarischen Marktes, der Ideologiekritik und der Rezeption schon aufgeschlossen sind. Alles dieses kann am Beispiel der Heftliteratur am besten erarbeitet werden. Dietger Pforte (1974, 351 ff.) zählt die für eine Analyse dieser Heftserie wichtigsten Gesichtspunkte auf: Gegenstandsanalyse (Inhalt, Handlung, Personen), Fragen nach dem politischen Gehalt, dem Leser, seinen Leseinteressen, der Erzähltechnik im Sinne literarischer Muster, der historischen Relevanz; Einführung in die Geschichte utopischen Denkens. Sein Katalog müsste ergänzt werden durch Informationen zum Heftchenmarkt und zur Geschichte der Serienliteratur.

Für das 9./10. Schuljahr sind außerdem zu empfehlen: das schon genannte Klett-Leseheft „Erwachen im 20. Jahrtausend" (Lange 1987), in dem Texte zu den verschiedenen Sf-Themen zusammengestellt sind und Anregungen zum Verfassen eigener Sf-Texte gegeben werden; Peter Nusser (Hrsg.) „Science Fiction" (Reclams Arbeitstexte für den Unterricht), William Matheson (Hrsg.) „Die besten klassischen Science Fiction Geschichten" (Diogenes TB).

Ab Klasse 10 eignet sich besonders Charlotte Kerners Jugendbuch „Geboren 1999" (Beltz & Gelberg) – ein ausgesprochen spannendes, differenziert erzähltes Buch zum Thema künstliche Zeugung und ihrer seelischen Konsequenzen am Beispiel eines 17jährigen Jungen. Der Sf-Roman wird hier zum problemorientierten Adoleszenzroman.

Die Science-fiction-Literatur bietet eine große Anzahl interessanter Texte für den Literaturunterricht, die Schule müsste sie nur hinreichend nutzen.

Literaturverzeichnis

Alpers, Hans Joachim / Fuchs, Werner / Hahn, Ronald M. / Jeschke, Wolfgang: Lexikon der Science Fiction Literatur. Erweiterte und aktualisierte Neuausgabe in einem Band. München 1988

Alpers, Hans Joachim u. a. (Hrsg.): Reclams Science-Fiction-Führer. Stuttgart 1982

Barmeyer, Eike (Hrsg.): Science Fiction. Theorie und Geschichte. München 1971 (darin besonders die Aufsätze von Barmeyer, Schwonke, Butor, Suvin, Franke, Blish, vom Scheidt, Lem, Hahn, Alpers, Scheck, Rottensteiner)

Biesterfeld, Wolfgang: Die literarische Utopie. 2. Aufl., Stuttgart 1982

Biesterfeld, Wolfgang: Science Fiction. In: Doderer, Klaus (Hrsg.): Lexikon der Kinder- und Jugendliteratur. Bd. 3. Weinheim / Basel 1979, 360–365

Biesterfeld, Wolfgang: Utopie, Science Fiction, Phantastik, Fantasy und phantastische Kinder- und Jugendliteratur: Vorschläge zur Definition. In: Lange, Günter / Steffens, Wilhelm (Hrsg.): Literarische und didaktische Aspekte der phantastischen Kinder- und Jugendliteratur. Würzburg 1993, 71–80

Dolle-Weinkauff, Bernd: Comics. Geschichte einer populären Literaturform in Deutschland seit 1945. Weinheim / Basel 1990

Ellerbrock, Beate und Jürgen / Thieße, Frank: Perry Rhodan. Untersuchung einer Science Fiction-Heftromanserie. Gießen 1976

Ermert, Karl (Hrsg.): Neugier oder Flucht? Zur Poetik, Ideologie und Wirkung der Science Fiction. Stuttgart 1980

Erzgräber, Willi: Utopie und Anti-Utopie. Morus, Morris, Wells, Huxley, Orwell. 2. Aufl., München 1985

Fischer, Dietrich: Detektivgeschichten und Science Fiction als Jugendliteratur. In: Haas, Gerhard (Hrsg.): Kinder- und Jugendliteratur. 2. Aufl., Stuttgart 1976, 289–311

Franke, Herbert W.: Science Fiction – Grenzen und Möglichkeiten. In: Arbeitskreis für Jugendliteratur (Hrsg.): Phantasie und Realität in der Jugendliteratur. Bad Heilbrunn 1976, 121–127

Friedrich, Hans Edwin: Science Fiction in der deutschsprachigen Literatur. Ein Referat zur Forschung bis 1993. Tübingen 1995

Gottwald, Ulrike: Science Fiction (SF) als Literatur in der Bundesrepublik Deutschland der siebziger und achtziger Jahre. Frankfurt u. a. 1990

Graaf, Vera: Homo Futurus. Eine Analyse der modernen Science Fiction. Hamburg 1971

Günther, Gotthard: Eine Entdeckung Amerikas und die Sache der Weltraumliteratur. Düsseldorf 1952

Gutsch, Jürgen: Literarische Systeme für den Möglichkeitssinn. Einige Aspekte der Science-Fiction-Literatur. In: Diskussion Deutsch 1971, H. 6, 335–350

Gutsch, Jürgen: Neuere Literatur zur Science-fiction. In: Blätter für den Deutschlehrer 1978, H. 2, 44–47

Gutsch, Jürgen: Science-Fiction als Kinder- und Jugendliteratur. In: Blätter für den Deutschlehrer 1981, H. 1, 65–73 und H. 2, 106–114

Gutsch, Jürgen: Science-Fiction. In: Grünewald, Dietrich / Kaminski, Winfred (Hrsg.): Kinder- und Jugendmedien. Ein Handbuch für die Praxis. Weinheim / Basel 1984, 501–511

Haas, Gerhard: Science Fiction – Gegenwart von der Zukunft aus gesehen. In: Karst, Theodor (Hrsg.): Kinder- und Jugendlektüre im Unterricht. Bd. 2. Bad Heilbrunn 1979, 65–75

Haas, Gerhard: Science Fiction als Jugendliteratur. In: Haas, Gerhard (Hrsg.): Kinder- und Jugendliteratur. Ein Handbuch. 3. Aufl., Stuttgart 1984, 324–338

Haas, Gerhard: Phantasie und Phantastik. Phantastische Literatur als didaktische Herausforderung. In: Praxis Deutsch 1982, H. 54, 15–23

Hallmann, Claus: Perry Rhodan. Analyse einer Science-Fiction-Romanheftserie. Frankfurt/M. 1979

Hartung, Thomas: Science fiction in der DDR. In: Deutsch als Fremdsprache 27. Jg., 1990: Sonderheft

Hasselblatt, Dieter: Grüne Männchen vom Mars. Düsseldorf 1974

Hasselblatt, Dieter: Andromeda im Brombeerstrauch. Was eigentlich ist Science-Fiction? In: Bilder und Zeiten 209. Wochenendbeilage der FAZ vom 23.09.1978

Heidtmann, Horst: Utopisch-phantastische Literatur in der DDR. Untersuchungen zur Entwicklung eines unterhaltungsliterarischen Genres von 1945–1979. München 1982

Heidtmann, Horst: Neue Science Fiction für Kinder und Jugendliche oder: Die Suche nach der literarischen Utopie. In: Informationen Jugendliteratur und Medien 1983, H. 5, 98–105

Hienger, Jörg: Literarische Zukunftsphantastik. Eine Studie über Science Fiction. Göttingen 1972

Hienger, Jörg: Abenteuer und Gedankenspiel. Gesichter der Science Fiction (SF). In: Rucktäschel, Annamaria / Zimmermann, Hans-Dieter (Hrsg.): Trivialliteratur. München 1976, 339–356

Huber, Engelbert: Science-fiction-Literatur im Deutschunterricht der Mittelstufe (Kl. 8, 9). In: Blätter für den Deutschlehrer 1978, H. 2, 48–53

Jemlich, Reimer: Science Fiction. Darmstadt 1980

Jemlich, Reimer: Phantastik – Science Fiction – Utopie. Begriffsgeschichte und Begriffsabgrenzung. In: Thomsen, Christian W. / Fischer, Jens Malte (Hrsg.): Phantastik in Literatur und Kunst. Darmstadt 1980, 11–33

Jemlich, Reimer / Lück, Hartmut (Hrsg.): Die deformierte Zukunft. Untersuchungen zur Science Fiction. München 1974

Klein, Klaus-Peter: Zukunft zwischen Traum und Mythos: Science-fiction. Zur Wirkungsästhetik, Sozialpsychologie und Didaktik eines literarischen Massenphänomens. Stuttgart 1976

Kling, Bernt: Science Fiction. In: Seeßlen, Georg / Kling, Bernt: Romantik und Gewalt. Ein Lexikon der Unterhaltungsindustrie. Bd. 1. München 1973, 124–194

Kottinger, Wolfgang: Über Entstehung und Erscheinung einer deutschsprachigen Sekundärliteratur zu „Science Fiction“ (SF). In: Informationen zur Deutschdidaktik 1979, H. 8, 14–20

Krämer, R.: „Die gekaufte Zukunft“. Zu Produktion und Rezeption von Science Fiction in der Bundesrepublik Deutschland nach 1945. Frankfurt/M. 1990

Krysmanski, Hans-Jürgen: Die utopische Methode. Köln / Opladen 1963

Lange, Günter (Hrsg.): Erwachen im 20. Jahrtausend und andere Science-fiction-Geschichten. Klett Leseheft. Stuttgart 1987

Lange, Günter: Lehrerkommentar zum Leseheft „Erwachen im 20. Jahrtausend und andere Science-fiction-Geschichten“. In: Lehrerkommentare IV. Ergänzungsband 1987/88. Stuttgart 1989, 84–111

Leiner, Friedrich: Utopische Kurzgeschichten als Jugendlektüre. In: Goetze, Albrecht / Pflaum, Günther (Hrsg.): Vergleichen und verändern. Festschrift für Alfred Motekat. München 1970, 291–305

Leiner, Friedrich: Religiöse Aspekte in der modernen Science-fiction-Literatur. In: Blätter für den Deutschlehrer 1973, H. 2, 33–43

Leiner, Friedrich: Religiöse Motive im modernen Zukunftsroman. In: Blätter für den Deutschlehrer 1975, H. 1, 1–16

Leiner, Friedrich: Apokalyptische Zukunftsbilder deutscher Autoren nach 1945. In: Blätter für den Deutschlehrer 1978, H. 1, 31–43

Leiner, Friedrich / Gutsch, Jürgen: Science-Fiction. Materialien und Hinweise. 2. Aufl., Frankfurt / Berlin / München 1973

Lück, Hartmut: Fantastik, Science Fiction, Utopia. Das Realismusproblem der utopisch-phantastischen Literatur. Gießen 1977

Markus, Manfred: Das Science-Fiction-Jugendbuch in der Bundesrepublik Deutschland ab 1970. In: Blätter für den Deutschlehrer 1974, H. 3, 67–82

Markus, Manfred: Wer hat Angst vor den UFOS? Zu Nicholas Fisks Science-Fiction-Jugendbuch „Trillionen“. In: Diskussion Deutsch 1975, H. 25, 508–517

Melzer, Helmut: Warnung aus der Zukunft. Zum Wirklichkeitsbezug zeitgenössischer Science-Fiction-Jugendbücher. In: Schober, Otto (Hrsg.): Abenteuer Buch. Festschrift für Alfred Clemens Baumgärtner. Bochum 1993, 98–107

Melzer, Helmut: Sciene-Fiction-Kinder- und Jugendliteratur. In: Baumgärtner, Alfred Clemens / Pleticha, Heinrich (Hrsg.): Kinder- und Jugendliteratur. Ein Lexikon. Meitingen 1. Erg.-Lfg. 1996 (27 Seiten)

Nagl, Manfred: Science Fiction in Deutschland. Eine Untersuchung zur Genese, Soziographie und Ideologie der phantastischen Massenliteratur. Tübingen 1972

Nagl, Manfred: Science Fiction. Ein Segment populärer Kultur im Medien- und Produktverband. Tübingen 1981

Nusser, Peter (Hrsg.): Science Fiction. Stuttgart 1989 (Reclams Arbeitstexte für den Unterricht)

Pehlke, Michael / Lingfeld, Norbert: Roboter und Gartenlaube. Ideologie und Unterhaltung in der Science-Fiction-Literatur. München 1970

Pforte, Dietger: Science Fiction. In: Dingeldey, Erika / Vogt, Jochen (Hrsg.): Kritische Stichwörter zum Deutschunterricht. München 1974, 346–355

Promies, Wolfgang: Science Fiction oder: Die Zukunft gehört der Jugend auf dem Papier. In: Informationen Jugendliteratur und Medien 1979, H. 3, 34–41

Puschmann-Nalenz, Barbara: Science Fiction und ihre Grenzbereiche. Ein Beitrag zur Gattungsproblematik zeitgenössischer anglo-amerikanischer Erzählliteratur. Meitingen 1986

Reuße, Walter: Science-fiction in Gruppenarbeit in Klasse 10. In: Nusser, Peter (Hrsg.): Didaktik der Trivialliteratur. Stuttgart 1976, 187–201

Rottensteiner, Franz (Hrsg.): Polaris. Ein Science Fiction Almanach. Bd. 1-4, Frankfurt 1973–78

Salewski, Michael: Zeitgeist und Zeitmaschine. Science Fiction und Geschichte. München 1986

Schäfer, Martin: Science-Fiction als Ideologiekritik. Die partielle Bewahrung des utopischen Erbes der amerikanischen Science-Fiction-Literatur 1940–1955. Stuttgart 1977

Schulz, Hans-Joachim: Science Fiction. Stuttgart 1986 (Sammlung Metzler Bd. 226)

Schwonke, Martin: Vom Staatsroman zur Science Fiction. Eine Untersuchung über Geschichte und Funktion der wissenschaftlich-technischen Utopie. Stuttgart 1957

Simon, E. / Spittel, O. R.: Die Sciene-fiction der DDR: Autoren und Werke. Eine Lexikon. Berlin 1988

Stache, Rainer: Perry Rhodan. Überlegungen zu einer Heftromanserie. Tübingen 1986

Suerbaum, Ulrich / Broich, Ulrich / Borgmeier, Raimund: Science Fiction. Theorie und Geschichte Themen und Typen, Form und Weltbild. Stuttgart 1981

Suvin, Darko: Poetik der Science Fiction. Zur Theorie und Geschichte einer literarischen Gattung. Frankfurt 1979

Villgradter, Rudolf / Krey, Friedrich (Hrsg.): Der utopische Roman. Darmstadt 1973

Vollprecht, Sabine: Sciene-fiction-Elemente in der Kinderliteratur der DDR in den siebziger und achtziger Jahren. Leipzig 1992

Voßkamp, Wilhelm: Utopie. In: Ricklefs, Ulfert (Hrsg.): Fischer Lexikon Literatur. Frankfurt/M. 1996, 1931–1951

Waldmann, Günter: Literatur zur Unterhaltung. 2 Bde. Reinbeck 1980

Weigand, Jörg (Hrsg.): Die triviale Phantasie. Beiträge zur „Verwertbarkeit“ von Science Fiction. Bonn-Bad Godesberg 1976

Weigand, Jörg (Hrsg.): Vorbildliches Morgen. Experten stellen ausgewählte Science Fiction-Stories vor. Sankt Augustin 1978

Wuckel, Dieter: Science Fiction. Eine illustrierte Literaturgeschichte. Hildesheim / Zürich / New York 1986

Anmerkung

1 In seinem Bericht über die Perry-Rhodan-Serie zum 30jährigen Jubiläum teilt Ralf Hoppe im ZEIT-Magazin vom 29.11.1991 mit, dass bis dato ca. 2000 verschiedene Rhodan-Titel erschienen seien, die Gesamtauflage die Eineinhalb-Milliarden-Grenze überschritten habe und von den fast 1600 greifbaren Titeln wöchentlich ca. 700000 Exemplare auf den Markt kommen.

DIETRICH GRÜNEWALD

Comics im Deutschunterricht

1. Comics und ihre kulturelle Akzeptanz

Sieht man von wenigen Ausnahmen in Zeitungen (z. B. e. o. Plauen: „Vater und Sohn“) und Jugendzeitschriften (z. B. „Prinz Waldemar“, i.e. „Prince Valiant“ von Hal Foster) ab, haben die Comics erst nach dem 2. Weltkrieg den deutschen Markt erreicht. Deutsche Eigenproduktionen sind dabei gering. Am bekanntesten sind noch „Oskar, der Familenvater“ (Cefischer), „Jimmy das Gummipferd“ (Kohlsaat), „Mecki“ (Escher u. a.) oder „Nick Knatterton“ (Schmidt). Doch ausländische Serien, vornehmlich aus den USA, dominieren. Der Charakter einer „Importware der Besatzer“ mag neben der Priorisierung von Textliteratur gegenüber dem Bild dazu beigetragen haben, dass Pädagogen und Jugendschützer pauschal mit missionarischem Eifer gegen die Comics zu Felde zogen. Bereitwillig wurden fragwürdige us-amerikanische Thesen (Mosse, Wertham; vgl. Knigge 1986, 173 ff., Dolle-Weinkauff 1990, 96 ff.) über die angebliche Kriminalisierung der Jugend durch Comic-Lektüre aufgegriffen. Vorwürfe, die „Bilderflut“ erzeuge „Bildidiotismus“ und „Analphabetentum“, prägten den Schund- und Schmutzkampf gegen Comics, führten zu Verbrennungs- und Umtauschaktionen (Jugendbuch gegen Comics) in der BRD, zu Verboten in der DDR. Die Comic-Leselust von Kindern und Jugendlichen – gesteigert durch das prickelnde Gefühl etwas „Verbotenes“ bzw. von Erwachsenen Unerwünschtes zu tun – konnte die Kampagne freilich nicht dämmen, hatte aber zur Folge, dass sich anspruchsvolle deutschsprachige Verlage, Autoren und Grafiker einer qualitätsbewussten Produktion verweigerten. Die pauschale Verdammung „der“ Comics verschloss den Blick vor Differenzierungen und der Bereitschaft, spezifisch ästhetischen Qualitäten von Comics nachzuspüren. „Deutschland ist, was die Begeisterung für und die Produktion von Comics betrifft, eine verspätete Nation“, heißt es in einem Zeitungsartikel von 1997 (Dittmar 1997). Während z. B. in den USA, in Japan, in Frankreich, Belgien, England oder Italien Comics ihren selbstverständlichen Platz im kulturellen-künstlerischen Diskurs einnehmen, stehen sie hierzulande weiterhin im kulturellen Abseits, haftet ihnen nach wie vor das Odium des Obskuren oder gar des Minderwertigen an. Es scheint, als hätten viele der einst begeisterten jungen Leserinnen und Leser mit Eintritt ins Erwachsenenleben auch das Wertungsdenken der neuen Rolle übernommen. „Zu lange haftete ihnen [den Comics] der Verdacht an, Kinderkram zu sein“, heißt es in dem o. zit. Artikel. Eine decouvrierende Aussage: Was für Kinder gedacht ist, kann (künstlerisch) nichts wert sein! Ein doppelt falscher, arroganter Standpunkt: Wie der vergleichbare Blick auf die Kinder- und Jugendliteratur, die mit der gleichen Pejorisierungshypothek belastet ist, zeigt, sind auch die Comics für Kinder und Jugendliche sehr wohl differenziert zu sehen. Sie weisen neben einer Vielfalt inhaltlich wie ästhetisch fragwürdiger Beispiele durchaus auch solche auf, denen eine ästhetisch (wie auch pädagogisch) beachtliche Qualität nicht abzusprechen ist. Zum anderen war und ist das Comic-Angebot keinesfalls ausschließlich für ein Kinderpublikum gedacht; im Gegenteil – im vielfältigen Comicangebot sind Kinderserien unterrepräsentiert; es dominieren Angebote für (ältere) Jugendliche und Erwachsene. Erst mit den im Kontext der Pop-Art, die Comic-Motive und -ästhetik aufgreift, entstandenen Comic-Romanen wie „Barbarella“ (Forest 1962) oder „Jodelle“ (Bartier / Peellaert 1967) wurde eine differenziertere Betrachtung geweckt. Ausstellungen, Fachliteratur zu Geschichte, Spezifik („Comic-Sprache“), Didaktik und speziellen Fragestellungen (Superhelden und Mythos, Rolle der Frau, Gewalt etc.), Thematisierung in Schule und Hochschule spiegeln in den 70er Jahren ein neues Interesse an den Comics. Doch internalisierte Vorurteile sind zäh. Die kulturelle Öffentlichkeit nahm die Diskussion kaum wahr; es bildete sich eine Art subkultureller Fangemeinde, repräsentiert durch entsprechende Fan- und Fachzeitschriften, durch spezifische Comic-Läden und Comic-Versandgeschäfte. Zudem tendierte die theoretisch-kritische Auseinandersetzung mit Comics zu einer wiederum eher pauschalen Auseinandersetzung, die unter gesellschaftsbezogenem, ideologiekritischem Blickwinkel Comics als „Massenmedium“ untersuchte und künstlerische Fragestellungen weitgehend ignorierte. Das wissenschaftliche Interesse erwies sich eher als Strohfeuer. Nachhaltiger war der Impuls allerdings für die Produktion. Eine gestiegene Zahl älterer Comic-Leser (die bereits mit der Comic-Lektüre groß geworden waren) und der Rückgang des Kinderpublikums (dem Geburtenrückgang wie der wachsenden Konkurrenz anderer Angebote wie Fernsehen, Video und später Computerspielen geschuldet) führten zu einer neuen Verlagspolitik. Großverlage wie Carlsen („Comic-Art“) und Ehapa („Comic-Collection“) sowie eine Reihe kleinerer Verlage edierten erwachsenenorientierte Comic-Reihen mit Qualitätsanspruch. Von besonderer Bedeutung war dabei die Einführung eines neuen Mediums, des Comic-Albums, das i. d. R. im Din-A-4-Format, broschiert oder als Hardcover, sich vom zeitbefristeten Zeitschriftenmarkt löste, länger präsent war und so sein Publikum erobern konnte. Das Album erlaubt, statt der Endlos-Serien der Heftproduktion abgeschlossene Serien und Einzelalben zu kreieren, ermöglicht Experimente („Autoren-Comic“) und damit erzählerische wie grafische Innovationen. Statt Comic-Studios zeichnen jetzt Einzelautoren oder Teams für das Werk verantwortlich (darunter mit wachsender Zahl auch Frauen) – der Massenproduktion der Kioskware wird ein anspruchsvolles individualisiertes Programm zur Seite gestellt. Im Zuge dieser Entwicklung erhielten neben den dominanten Comic-Artisten des Auslandes (insbesondere des englisch-, französischsprachigen und italienischen Kulturraumes) auch deutschsprachige Zeichner und Texter wie Ralf König, Chris Scheurer oder Matthias Schultheiß, eine Chance, was die kulturelle Identifikation des deutschen Publikums förderte. Sensibilisiert durch den durchschlagenden Erfolg von „Asterix“ reagierte die kulturelle Öffentlichkeit – und nahm – teilweise erstaunt – im Feuilleton der Zeitungen und Zeitschriften zur Kenntnis, dass Comic nicht gleich Comic ist, dass es lohnen kann, sich mit spezifischen Werken zu beschäftigen. Beispiele wie „Maus“ von Art Spiegelman demonstrieren, dass Comics selbst hochsensible Themen wie den Holocaust inhaltlich und künstlerisch adäquat aufgreifen können. Die 90er Jahre zeigen ein komplexes, differenziertes Bild. Vergleichbar der Textliteratur und dem Film bietet der Markt neben unterhaltender („trivialer") Massenware ein wachsendes Angebot qualitätsbewusster und innovativer Comics, die in allen (literarischen) Genres aus subjektivem Autorenblickwinkel die Vielfalt unserer Welt, unsere Wünsche und Sehnsüchte,

Abb. 1 *Art Spiegelman*: Maus. Bd. I. Die Geschichte eines Überlebenden. Reinbek 1989, 109. Spiegelman, dessen Eltern Auschwitz überlebten, demonstriert in diesem zweibändigen Comic-Roman, dass auch ein so sensibles Thema wie der Holocaust angemessen von der Bildgeschichte aufgegriffen werden kann.

unsere individuellen wie gesellschaftlichen Probleme und Fragen thematisieren. Comics sind als comic-strips in Zeitungen und Zeitschriften präsent, werden als comicbook (Heft, Magazin) vertrieben, haben als Album und Buch inzwischen auch den lange Zeit distanzierten Buchhandel erobert, sind in Bibliotheken beliebte Ausleihlektüre. Im kulturellen Angebot haben sie, kann man sagen, inzwischen selbstverständlichen Anteil; im kulturellen Diskurs dagegen – trotz zunehmender Tendenz, auch neue Comic-Produktionen in öffentlichen Medien zu besprechen und die Gettoisierung aufzubrechen – werden sie nach wie vor nur zögerlich akzeptiert. Zu tief sitzen noch internalisierte Vorurteile, wird pauschalisiert, fehlt die Bereitschaft, sich offen auf das konkrete Werk einzulassen. Das liegt vornehmlich an geringer Kenntnis, an fehlendem Rezeptionsvermögen und geringer Rezeptionsbereitschaft kultureller Meinungsführer. Lehrer und Lehrerinnen (und hier vornehmlich Deutschlehrer und Kunsterzieher), die in ihrem Studium den Comic-Bereich meist gar nicht oder nur marginal resp. unter dem Aspekt der ideologiekritischen Analyse des Massenphänomens kennen gelernt haben, sind hier gefordert. Sie müssen lernen, Vor-Urteile abzubauen, die Bereitschaft zu entwickeln, sich nicht mit „den Comics", sondern mit einzelnen Comic-Werken als künstlerischem Angebot angemessen und offen auseinanderzusetzen und ihre spezifischen Qualitäten zu erkennen.

2. Intention und Legitimation

Die inhaltliche Vielfalt und Anschaulichkeit der Comics (insbesondere der sog. Sachcomics) erlaubt es ohne Zweifel, sie als Unterrichtsmittel zu Zwecken der Motivation, der Information, der kritischen Auseinandersetzung in jedem Unterrichtsfach einzusetzen. Als Lektüreangebot, d.h. als inhaltlich-ästhetische Einheit, die auf Bild und Text (schriftlich fixierter Sprache) basiert und damit Betrachten und Lesen fordert, gehören sie als Unterrichtsgegenstand sowohl in den Kunst- als auch in den Deutschunterricht. Versuche, bei Nichtbeachtung der Bildfolge Comics allein sprachlich zu untersuchen (um so ihre Unverständlichkeit und sprachliche Minderwertigkeit vorzuführen), sind unangemessen, ja absurd. (Die Reduzierung z.B. eines Romans nur auf wörtliche Rede würde zu ähnlichen Ergebnissen führen.) Comics lassen sich nicht in das Schubladensystem der Schulfächer einordnen; der fächerübergreifende Bezug ist zwingend gegeben. So kann sich der Kunstunterricht nicht auf die Bilder beschränken; er muss die Erzählstruktur und die Wort-Bild-Einheit einbeziehen, wie umgekehrt der Deutschunterricht das „Bild-Lesen" beachten muss. Versteht man als eine Aufgabe des Deutschunterrichts die Förderung kritisch-kompetenten Leseverhaltens und damit die Ermöglichung aktiver kultureller Teilhabe, so rechtfertig der o. skizzierte quantitative wie qualitative Stellenwert der Comics im kulturellen Angebot ihre Thematisierung (eingedenk des fächerübergreifenden Aspektes). Gleichermaßen ist zu fragen, ob sich Comics als Unterrichtsgegenstand auch aus der Sicht der Schüler und Schülerinnen legitimieren. Geht man vom (außerschulischen) Leseinteresse wie vom Lebensweltbezug der Inhalte aus, so ist die Frage prinzipiell positiv zu beantworten. Der Umgang mit Comics kann potentiell Genuss, Unterhaltung und Kompensation bieten wie auch Erkenntnisse, Denkimpulse und Bereicherung der Fantasie; kann – negativ gesehen – auch Klischees, Rollenfestschreibungen, eine oberflächliche oder falsche Weltsicht vermitteln oder ausweichenden Eskapismus wie kritiklosen oberflächlichen Konsum befördern –

Aspekte, die jedem Lektüreangebot eignen und vom konkreten Beispiel abhängen. Versteht man Comics als Teil subkultureller Jugendästhetik, ist mit ihrer Thematisierung besonders sensibel zu verfahren. Unterricht darf nicht das Gefühl vermitteln, dass die Schule jetzt auch noch diesen jugendeigenen Bereich okkupieren, womöglich durch trocken-formale Analyse das bisherige Interesse mindern oder durch kritische Auseinandersetzung Comics pauschal als „trivial" abwerten will (wobei die Schülerinnen und Schüler gewissermaßen gleich mit abgewertet werden). Comics als Unterrichtsgegenstand legitimieren sich, wenn im Unterricht vorhandene Defizite, die einen angemessenen Umgang mit ihnen beeinträchtigen, abgebaut werden können. Sofern das benutzte Zeichenrepertoir wie die Inhaltlichkeit mit dem Erfahrungshorizont korrespondieren, haben Kinder bezüglich Comics (den Einzelbildern, den Wort-Bild-Bezügen, der Bildfolge) keine Rezeptionsprobleme – im Gegenteil, Comics erweisen sich dem Lesevermögen und -interesse als ausgesprochen angemessen (vgl. Grünewald 1984). Comic-Lesen erlernt sich durch tätiges Comic-Lesen. Damit ist aber auch die inhärente Problematik angesprochen: Comic-Lese-Kompetenz hängt ab von dem Angebot, das dem individuellen Leser zur Verfügung steht. Dessen Ästhetik prägt das Rezeptionsverhalten, und da es meist eingeschränkt ist, aus Heftchen-Comics mit mehr oder weniger ähnlicher Struktur im Inhaltlichen, Erzählerischen und Gestalterischen besteht, kann sich die Rezeption vom aktiven Erarbeiten nur zu leicht zum rasch wiedererkennenden, oft oberflächlichen Konsumieren entwickeln. Bei Comic-Angeboten komplexerer Struktur, die der vertrauten Erwartungshaltung nicht entsprechen, kann das zu Lesebarrieren und Verständnisschwierigkeiten führen. Dazu kommt, dass eintrainiertes Verhalten der Fernseh- und Videorezeption (schnelle, einer vorgegebenen Zeitdauer unterworfene, selektive Rezeption) leicht übertragen wird, zumal ja viele Comic-Serien-Figuren multimedial vermarktet werden und somit Querverbindungen geschaffen sind.

Worum sollte es also im Unterricht gehen? Sicher nicht um ein formales Auflisten und Eintrainieren „der" Comicsprache – zum einen erschließt sich die im lebendigen Aneignungsprozess konkreter Werke, zum anderen gibt es sie pauschalisiert nur sehr tendenziell. Ebensowenig sollten Comics abwertend als Exempel „trivialer Literatur", womöglich mit einem verbindlichen Kriterienkatalog, was „trivial" sei, vorgeführt werden. Die Hoffnung, Schülerinnen und Schüler damit zur „guten" Literatur zu führen und sie vor Manipulationen zu feien, ist ebenso fraglich wie bedenklich. (Ideologie-)Kritische Analysen sind (erst) in höheren Klassen sinnvoll, wenn die Schüler und Schülerinnen über ein umfangreicheres Vergleichspotential, über nötige Kontextbezüge, ein entsprechendes Abstraktionsvermögen und gewachsenes Wertebewusstsein verfügen. Bedingt durch ihre Lebenssituation weisen Kinder und Jugendliche Defizite hinsichtlich der Kenntnis von Comics, adäquater methodischer Zugriffsweisen und wertendem Einschätzungsvermögen auf. Entsprechend muss der Unterricht seine Chance wahren, allen Schülerinnen und Schülern die Möglichkeit zu geben, positive Erfahrungen mit Comic-Beispielen zu machen, ihre Vielfalt kennen zu lernen und dabei zu entdecken und zu prüfen, was ihnen Comic-Lektüre bieten kann. Das bestätigende Anknüpfen an Vorwissen muss zu einer Erweiterung führen – bezogen auf ein innovatives, horizont-adäquates, übliche Erfahrungen aber überschreitendes Angebot, bezogen auf Lese- resp. Analyseverfahren, die zu entdecken, zu entwickeln und in ihrer Leistung zu erproben sind. Intention ist die Förderung von Rezeptionskompetenz, die mit wachsender Erfahrung kritische Wertung und Einschätzung, Entwicklung eines eigenen Standpunktes und bedürfnisbezogenes Selektionsvermögen ermöglicht. Wertungskompetenz, soll sie nicht antrainiert und von Sekundärfaktoren bestimmt sein, kann nicht fremd übernommen werden, sondern muss sich, vorwiegend auf der Basis des Vergleiches, entwickeln und kommunikativ werden. Das schließt Einsicht in adäquate Gestaltungs- und Erzählmöglichkeiten und damit Wissen über geschichtliche Entwicklung und Vielfalt der Comics ein.

3. Comics und das Prinzip Bildgeschichte

3.1. Massenware Comic

Unter Comic versteht man allgemein die zu Ende des 19. Jahrhunderts aus den europäischen Bildgeschichten der Bilderbögen und Karikaturzeitschriften in den US-Zeitungen (Wochenendbeilage, Tageszeitung) entwickelte Form, die durch Seriencharakter, „stehende Figur“ (festgeschriebene Rolle der ständigen Hauptakteure) und Sprechblasen gekennzeichnet ist. Begriff und Definition sind ungenau; längst haben sich zu den komischen Bildstreifen andere Genres gesellt, gibt es viele Beispiele, die der Formbestimmung nicht entsprechen. Der Begriff „Comic“ diente in Deutschland nach 1945 als bequemer Sammelbegriff, die „schlechten“ US-Serien, die Massenware, von den „wertvollen“ Bildgeschichten (z. B. von Wilhelm Busch) abzugrenzen. Doch auch die Bildgeschichten der Bilderbögen waren Massenware; die Anbindung an das Periodikum Zeitung und ihr disperses Publikum stellte jedoch an die Comics neue Anforderungen: rasche, auf Wiedererkennen und Identifikation basierende Rezeption und permanenter großer Bedarf. Das führte zur Serie (zum „Markenartikel“) mit ihren inhaltlich wie ästhetisch kaum variierten eingängigen Mustern und den vertrauten signifikanten Akteuren, zur anonymen Massenproduktion in Studios und dem Vertrieb durch Snydikate, schließlich zur Entwicklung von Eigenprodukten (comic books) und multimedialen Vermarktungsstrategien. Zweifellos tendiert populistische Massenproduktion zur Trivialität, dennoch weisen die diversen Comicserien wie ihre Episoden deutliche Niveau-Unterschiede auf, zeigt der unvoreingenommene Blick viele Beispiele graphischer und inhaltlicher Qualität.

3.2. Zur Tradition der Bildgeschichte

Der Begriff „Comic“ verführt nicht nur zur pauschalisierten Einschätzung, sondern verstellt auch den Blick darauf, dass die modernen Comics nur eine Form der Bildgeschichte sind, die auf eine lange Tradition zurückblicken kann. In seiner Untersuchung zur „Wiener Genesis" beschreibt Franz Wickhoff (Schriften, Bd. 3, Berlin 1912) drei grundlegende Erzählweisen der Bildgeschichte, die sich, oft vermischt, auch in den Comics finden. Dominierend ist die *distinguierende Erzählweise*, bei

Abb. 2 Beispiel einer distinguierten Erzählweise. *Albrecht Dürer*: Die große Passion. Erschienen 1511. Holzschnitt (Ausschnitt: Christus am Ölberg; Die Gefangennahme Christi; Die Geißelung Christi; Die Schaustellung Christi)

der, wie zum Beispiel in Dürers „Passion" (1511), Einzelbilder (auf einzelnen Bildträgern oder durch Rahmen voneinander getrennt) aneinander gereiht werden. Die Erzählweise kann dabei linear-chronologisch sein, kann aber auch komplexere Strukturen aufweisen, wie z. B. Untersuchungen zu den Erzählprogrammen mittelalterlicher Glasfenster zeigen (vgl. Karpf 1994). *Kontinuierend* nennt Wickhoff eine Bildfolge, die, wie z. B. der Teppich von Bayeux (11. Jh.), einen fortlaufenden

Abb. 3 Beispiel einer kontinuierenden Erzählweise. *Teppich von Bayeux*. 11. Jh. (Ausschnitt, Nr. 26–38). Stickerei mit farbigem Wollgarn auf Leinwand. Erzählt wird in einem 70 m langen und 50 cm hohen Fries, wie Wilhelm und seine Normannen England eroberten.

Handlungsfluss nicht getrennter Szenen aufweist. Seltener finden wir die *komplettierende* Erzählweise, bei der wie in Poussins „Mannalese" (1639) in einem Bild ein zeitlich voranschreitender Handlungsprozess geschildert wird, doch ohne dass dabei die Figuren mehrfach erscheinen. Jede Erzählweise fordert ihre spezifische Rezeption, wobei sich Konventionen als vertraute Konstanten für die Leser entwickelt haben, die Rezeptions-Sicherheit gewähren, indem sie bestimmte Erwartungshaltungen ausbilden und so Zugriffshilfen für ein rascheres Verständnis bieten. Kann das Produzenten wie Rezipienten zur Oberflächlichkeit, zum Automatismus verführen, so wecken Innovationen neues Interesse und fordern besondere Aufmerksamkeit für das jeweilige Einzelbeispiel. Solche ästhetischen Innovationen sind z.b. die Einheit von Akteur und wirklichkeitsbezogenem Handlungsraum (Giotto: Franzlegende, Assisi, um 1300), die Anordnung der Handlungsstationen in einem Raumbild, dem sogenannten Simultanbild (Hans Memling: Passion Christi. 1470), satirisch-kritische Lebensgeschichten, die ein „Theaterspiel auf dem Papier" vorstellen (William Hogarth: Die Heirat nach der Mode. 1745), dramaturgisch bedingte Variationen der Einzelbildgrößen und -formen (Käthe Kollwitz: Ein Weberaufstand. 1897).

Abb. 4 Beispiel einer komplettierenden Erzählweise. *Nicolas Poussin*: Die Mannalese. 1639. Öl/ Lw, 149 × 200. Das Bild zeigt die Israeliten auf ihrem Weg durch die Wüste vor (links) und nach (rechts) dem Manna-Wunder. Die zentrierte Figur des Moses wird gewissermaßen zweimal erzählerisch in Anspruch genommen: er mahnt, auf Gott zu vertrauen und ihn um Hilfe zu bitten; er verweist, nach dem Wunder, darauf, nicht etwa ihm, Moses, sondern Gott zu danken.

3.3. Weite und enge Bildfolge

Die frühe Bildgeschichte wird fast ausschließlich von der *weiten Bildfolge* dominiert, d.h., sie besteht aus Einzelbildern mit relativer Autonomie, die in zeitlich (chronologisch) weitem Abstand aufeinander folgen. Jedes Einzelbild illustriert eine prägnante Szene, eine Handlungsstation. Diese Einzelbilder sind vom Rezipienten allerdings in Folge als einheitlicher narrativer Prozess zu verstehen. Inspiriert durch die Versuche zum bewegten Zeichentrick (Lebensrad, Wundertrommel) Anfang des 19. Jahrhunderts, erzählen Künstler, Rodolphe Toepffer, Lothar Meggendorfer oder Wilhelm Busch, Bildgeschichten, deren Dramaturgie den Bewegungsprozess der Akteure nachzeichnet. Der expressive Stil der karikaturnahen Zeichnungen verstärkt die intendierte Dynamik des Geschehens. In dieser *engen Bildfolge* ist bei der Darstellung einer Episode der zeitliche Abstand von Bild zu Bild recht kurz, Zeitsprünge wie in der weiten Bildfolge werden vermieden. Die enge Bildfolge nimmt dabei Bewegungsdarstellungen der Phasenfotografie der späten 80er Jahre (Muybridge, Maret) sowie des Futurismus vorweg.

Abb. 5 Beispiel einer engen Bildfolge. *Lothar Meggendorfer*: Der gefoppte Stier. (19. Jh.) Die Geschichte, die man fast wie einen Trickfilm betrachten kann, lebt vom raschen Bewegungsprozess der Akteure.

3.4. Bildgeschichte und Filmästhetik

Für die vorherrschenden Bildgeschichten des 20. Jahrhunderts, die Comics, werden Fotografie und Film (die Kombination von Wundertrommel, Laterna-magica-Projektion und Fotografie) zu bestimmenden Impulsgebern. Beide Medien lösen die Bildgeschichte aus der konventionellen Bindung an die Guckkastenbühne mit ihrem starren Bildausschnitt und dem festgelegten Betrachterstandpunkt. Der Fotografie dankt der Comic die erzählbestimmte Wahl des Bildausschnittes, die variierende Nähe bzw. Distanz zum Motiv; dem Film und seinem beweglichen Kameraauge den raschen Standortwechsel, das (wirkungspsychologische) Spiel mit der Perspektive (Vogel- und Froschperspektive, subjektiver Blick etc.) und Bildfolgen, die der Film-Montage, dem harten Schnitt, dem Zooming, der Überblendung, der Metamorphose entlehnt sind. Das erlaubt nicht nur eine Steigerung der Erzähldynamik, sondern auch ein assoziatives Sehen und das Spiel mit den Erzählebenen: Rahmenhandlung, Rückblenden, Parallelhandlungen, aber auch Traum und Visionen usf. erweitern das Spektrum.

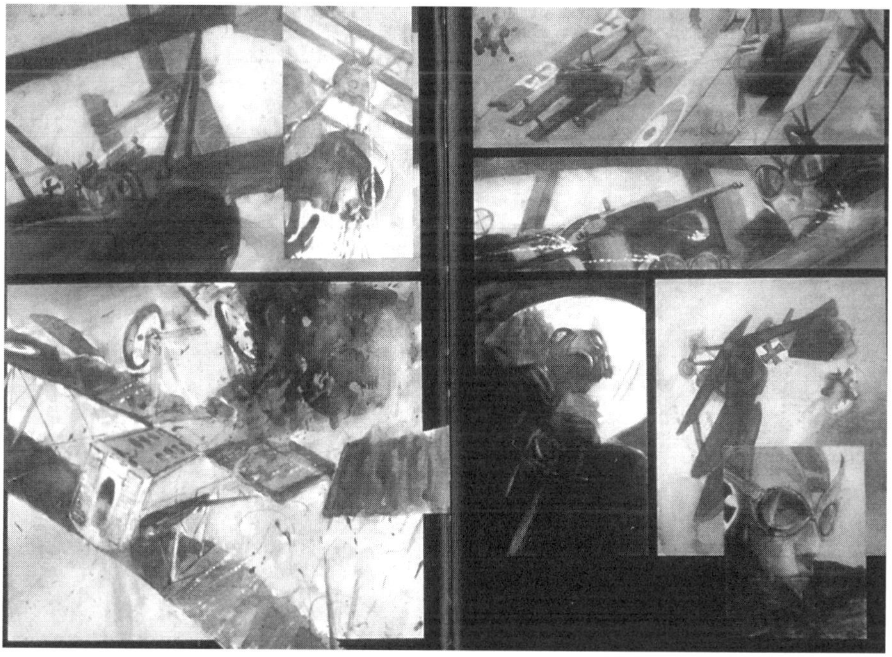

Abb. 6 *George Pratt:* Der Rote Baron. Hamburg 1992. Dieser Ausschnitt aus der bewegenden Anti-Kriegs-Geschichte von Pratt demonstriert anschaulich die (filmischen) Möglichkeiten der modernen Bildgeschichte: Wechsel der Betrachterperspektiven, Wechsel von Nähe und Distanz, Bildausschnitte, Dynamisierung durch unterschiedliche Panelformate ...

3.5. Wort und Bild

Auch wenn die Bildgeschichte auf dem Bild, der Bildfolge basiert, so ist sie doch ebenfalls der Sprache verpflichtet. Der Rezipient sucht, sich des Gesehenen, das er als Handlungsprozess kombinierend verbinden muss, sprachlich zu vergewissern. Die religiöse Bildgeschichte konnte davon ausgehen, dass der erzählte Stoff, biblische Geschichten und Legenden, den Rezipienten vertraut war und so ihr Verständnis erleichterte. Den Lesekundigen wurden bald Texte in Synthese mit dem Bild offeriert, die das mitteilen, was das Bild nicht oder nur unzureichend vermitteln kann, wie z. B. Namen und Abstrakta. Das fördert die Erzählung neuer, bislang unbekannter eigenständiger Stoffe. Untertexte geben Seh-Hilfe, verbinden – insbesondere bei der weiten Bildgeschichte – die Einzelbilder und nehmen wörtliche Rede auf. Letztere wird z. B. in der mittelalterlichen Kunst oft als Spruchband direkt ins Bild integriert und erlaubt so, Sprechende und Angesprochene zu identifizieren. Als Sprechblase nimmt die Karikatur des 18. Jahrhunderts diese Tradition auf, die dann von den modernen Comics in so reichhaltiger Weise variiert wird. Jetzt wird nicht nur vermittelt, was von wem gesagt wird, sondern es wird auch deutlich, wie etwas gesagt wird: Sprechen, Schreien, Flüstern oder Denken; welche spezifische Qualität das Gesagte hat: Schmeicheln, Heucheln, Drohen, Befehlen ... Form und Umrandung der Sprechblasen wie die spezielle Typographie weisen ein inzwischen allgemein vertrautes, reichhaltiges Vokabular auf. Besondere Bedeutung erhält die auditive Ebene durch die graphische Form der Lautmalerei. Geräusche werden visualisiert und durch Art und Weise des Schriftzuges auch ihre Quelle, Richtung und Intensität deutlich.

3.6. Autorencomic – Graphic Novelle

Comicserien setzen durch ihre relativ starren Vorgaben und die Orientierung am Massenpublikum Experimenten sui generis Grenzen. Medien wie Album und Buch, unabhängig vom kurzatmigen Kioskmarkt, können Comicartisten ohne Rücksicht auf eine vorprogrammierte Erwartungshaltung einer dispersen Zielgruppe, ohne den zeitlichen wie quantitativen Zwang der Serienproduktion Innovationen subjektiver Handschrift erlauben. Vergleichbar dem Literaturmarkt, dessen Angebot an Belletristik gemessen an der Massenware populären Lesefutters ebenfalls sehr gering ist, offerieren die von einigen Verlagen mit dem Mut zum Risiko vorgestellten Autorencomics im Feld der Comicmassenware inzwischen ein Angebot, das ein Publikum anspricht, das bereit ist, komplexere Rezeptionsanforderungen zu akzeptieren. Hier entwickelt sich partiell ein Spielfeld inhaltlicher wie ästhetischer Experimente, das es hinsichtlich seiner Annahme durch den Markt im Unterschied zur Text-Belletristik freilich deshalb (noch) so schwer hat, weil die durch öffentliche Diskussion forcierte kulturelle Akzeptanz als Promotor weitgehend fehlt. So sind Kompromisse vielfach unumgänglich, es überwiegt – zumindest im Inhaltlichen – die Orientierung an gängigen Unterhaltungsgenres. Und doch sind es diese Autorencomics, die der künstlerischen Entwicklung der Comics (oder besser: der Bildgeschichte), auch der Serien (wie zum Beispiel Frank Millers „Batman"-Fassung zeigt; vgl. Maset / Maset 1996), im Graphischen wie im Erzähltechnischen und Inhaltlichen neue Wege weisen.

4. Bildgeschichten im Deutschunterricht

4.1.1. Der Akteur

„Mein Wunsch war, auf Leinwand Bilder wiederzugeben, die den Aufführungen auf der Bühne gleichen [...]. Ziel war, meinen Stoff zu behandeln wie ein Dramatiker. Mein Bild ist meine Bühne, und Männer und Frauen sind meine Schauspieler, die durch gewisse Gesten und Stellungen ein stummes Spiel vorführen." (Hogarth 1753, zit. 1914, 12f.) Was William Hogarth für seine „modern moral subjects" postulierte, gilt für die Bildgeschichte, mithin auch für die Comics, schlechthin. Die Akteure tragen die Handlung, und sie sind zu verstehen als Schauspieler, die bestimmte Rollen verkörpern. Ihr visuelles Erscheinungsbild veranschaulicht die gemeinte Rolle. Kleidung, spezifische Attribute, aber auch Pose und Zeichenstil signalisieren dem

Betrachter eine charakterisierende Erwartungshaltung, die dann durch das Verhalten des Akteurs im Verlauf der Handlung bestätigt wird.

Verdeutlichen wir das an einem Beispiel. Fig.a ist gekennzeichnet durch eine Kopfbedekkung, einen Helm mit Hörnern, einen struppigen Vollbart, eine Bekleidung, die durch die lockere Textur als simple Fellkleidung mit Hüftband, getragen auf einem Hemd (s. den Linienzug auf dem linken Arm) zu identifizieren ist, einen Rundschild und kreuzweis geschnürte klobige Schuhe. Wer über das entsprechende Vorwissen verfügt, erkennt in der Figur (ihrer „Kostümierung", ihrer „Maske") einen Wikinger-Krieger; aber auch wer das nicht hat, wird den Akteur als Krieger aus lang vergangener Zeit deuten. Schraffuren und wellig-gezackte Begrenzungen charakterisieren ihn als etwas schmuddelig, was damit zusammenhängen könnte, dass er gerade aus dem Kampfgetümmel (s. die im eingekerbten, lädierten Schild steckenden Pfeile) gekommen ist. Gesichtsausdruck (der offene Blick, der lachend geöffnete Mund) und Pose (die Geste des ausgestreckten linken Arms mit der geöffneten, nach oben gedrehten Handfläche) lassen vermuten, dass er im Augenblick zufrieden, vielleicht glücklich, vielleicht stolz ist, dass jedenfalls der Kampf siegreich / erfolgreich überstanden ist. Gebrochen wird der Eindruck eines wilden Kriegers durch die rundliche Körperfülle, die so gar nicht zu einer Heroenfigur passen will; und auch der Zeichenstil, vereinfachend und nahe der Karikatur (s. vor allem die runde Knollennase), signalisiert eher Komik denn Pathos. Was wäre dieser Figur zuzutrauen, welche Rolle könnte sie – abgeleitet von ihren visuellen Signalen – im Handlungsspiel verkörpern?

Abb. 7 (Fig. a)

Im Unterricht kommt es also darauf an, genau zu betrachten, zu beschreiben und zu assoziieren. Die zu analysierende Figur ist aus der Comic-Geschichte zu kopieren (Durchpausen, Fotokopie) und zu isolieren. Auf Folie kopiert kann sie mit dem OHP der Klasse gezeigt, als Arbeitsblatt vervielfältig jedem Schüler vorgelegt werden. Ein Schüler kann die Pose nachstellen. Klebt man Makulaturpapier in den geöffneten Türrahmen, so kann die Pose als Schattenriss (der Schüler steht hinter dem Papier und wird angeleuchtet) mit Zeichenkohle nachgefahren werden. Die erkannten und beschriebenen Attribute werden jetzt zeichnerisch und schriftlich hinzugefügt. Was könnte die Figur denken oder sagen? Die potentielle Rolle im Comicstück wird nun charakterisiert und begründet. Diese Erwartungshaltung führt zur Entwicklung kleiner Szenen, die die Rolle bestätigen. Die Szenen werden als Prosatexte verfasst oder z. B. als Papier-Puppenspiel entwickelt und aufgeführt (vgl. Grünewald 1995, 141 ff.).

4.1.2. Das Einzelbild

Das Einzelbild (genannt Panel) zeigt eine Szene (bei vorgestellten Akteuren eine Handlungsszene), die den Akteur in einen Kontextbezug stellt: z. B. in Bezug zu weiteren Akteuren, in einen bestimmten Handlungsort (eine „Bühne"). Anders als in Textliteratur wird diese Szene nicht beschrieben, sondern gezeigt. Das verlangt vom Betrachter, das Panel sowohl simultan als auch detailfixierend aufzunehmen, die Elemente zu erfassen, miteinander in Beziehung zu setzen und sich deutend zu vergegenwärtigen. Das Einzelbild vermittelt eine Fülle von Informationen, die erst bewussterem Überlegen klar wird: z. B. Kennzeichnung des Handlungsortes, Hinweise durch spezifische Requisiten, Hinweise auf Tages- und Jahreszeit, Nähe bzw. Distanz (Überblick) des Betrachters zum Geschehen (was auch Hinweise auf den Erzähler vermittelt), psychologische Akzente z. B. durch Frosch- oder Vogelperspektive (Unter- oder Überlegenheit), Bewegungshinweise (Pose der Akteure in Bezug zur Umgebung, evtl. Verdeutlichung durch Bewegungslinien), auditive Informationen (z. B. durch Lautmalerei, gesprochene Sprache z. B. in Sprechblasen), Hinweise zum „Innenleben" der Akteure (z. B. durch Mimik und Pose oder Gedankenblasen), Atmosphäre und Stimmung (durch Farbe und Helligkeit / Dunkelheit), Charakterisierung durch künstlerisches Verfahren und Stil (z. B. komisch, fantastisch, surreal, idealisiert, pathetisch, realistisch) usf.

Abb. 8 (Fig. b)

Fig. b gibt ein Beispiel. Sie zeigt unseren Wikinger in einer bestimmten Szene. So sparsam auch die Ortshinweise gegeben sind (links die angeschnittene Bohlentür, die durch einen Strich gegebene untere Begrenzung der rückwärtigen Wand), wir vermögen zu erfassen, dass unser Wikinger in einem Innenraum steht (offensichtlich gerade zur Tür hereingekommen), in einer relativ einfachen Behausung (kein Verweis auf Tapeten, Bilder, Möblierung etc. ist zu sehen), möglicherweise in der Küche. Letzteres signalisiert die Tätigkeit der zweiten Person, die offenbar ein Gewürz (Salz?) aus einem Streuer in ein am rechten unteren Bildrand angeschnittenes Gefäß (Schüssel, Topf?) streut. Die Bewegung der Hand mit dem Streuer wird durch ihre Position und durch drei Bewegungsstriche sowie die frei in der Luft schwebenden, also fallenden (Salz-)Körner verdeutlicht. (Die Tätigkeit verweist auf Kochen, zeigt damit eine bestimmte Zeit an, die nahe Essenszeit, zu der der Krieger gerade rechtzeitig erscheint. Die Tätigkeit so zu deuten, setzt einen Betrachter voraus, der sie in dieser oder ähnlicher Weise selbst ausgeführt hat, sie kennt oder funktional entwickeln kann.) Während der Wikinger als Person fast vollständig abgebildet ist, sehen wir die zweite Person vom unteren Bildrand in Höhe der Schulter angeschnitten. Auch wenn wir nur dieses Fragment von ihr sehen, so konstruieren wir aufgrund unserer Seh- und Lebenserfahrung doch unmittelbar das vollständige Bild einer stehenden Frau (Haartracht). Ihre Nähe zum Betrachter (sie ist größer gezeichnet als Hägar) lässt den Betrachter mit vergleichendem Blick auf den Wikinger Tiefenräumlichkeit assoziieren, d. h., das flächige Bild wirkt als dreidimensionale Raum-Bühne. Der Krieger befindet sich also nicht unmittelbar neben der Frau, sondern ist noch etwas entfernt, steht diagonal weiter hinten. Dabei mag ihre Größe auch als Bedeutungsgröße wirken, ihr Dominanz und Gewicht verleihen. Der Hörnerhelm der Frau, dem des Kriegers gleich, deutet ihre Verbundenheit zu ihm an, was durch die vertraute Sprache der Sprechblasen unterstützt wird und uns schließen lässt, dass sie (Helga, wie er sie nennt) wohl seine Frau ist. Sie wirkt stoisch, hat die Ruhe weg. Das fällt insbesondere durch den Kontrast zu seiner Pose auf. Helga lässt sich durch die Heimkehr des Gatten (und auch nicht durch das, was sie ihm mitteilt) in ihrer (offenbar routinierten und wichtigen) Handlung nicht stören. Sie dreht sich nicht zu ihm um, bleibt als Seitenprofil-Figur nach rechts orientiert und hält die Augen geschlossen. Sie verzieht keine besondere innere Bewegtheit signalisierende Miene. Des Kriegers Rede, an Helga gerichtet, erklärt dem Betrachter seine Pose und – in Bestätigung der signalisierenden Pfeile auf dem Schild – das vorhergehende Geschehen. Offenbar ist er gerade glücklich, siegreich, überlebend aus England – wohl von einem Wikinger-Beutezug – zurückgekehrt. Hier bin ich wieder, sagt die Pose, und er erkundigt sich, was sich während seiner Abwesenheit Neues ereignet hat. Helga scheint mit der Szene vertraut; sie ist es – was ihre Haltung verdeutlicht – wohl gewohnt, dass der Gatte lädiert, doch siegreich aus Kämpfen zurückkommt. Es regt sie nicht weiter auf. Und auch über ihre Beziehung zu ihm mag die Szene mehr andeuten – leidenschaftliche Liebe wird es kaum sein, eher eheliche Alltagsakzeptanz. In unpathetischer, sachlicher Nennung listet sie auf, was den Familienmitgliedern (vermutlich Tochter und Sohn) während der Abwesenheit des Hausherrn widerfahren, dass das Dach des Hauses undicht geworden ist, dass „Mutter" (also wohl seine Schwiegermutter) zu Besuch kommt. Letzteres wird unprätentiös an die zuvor genannten Unglücksfälle gereiht, was den Schluss nahelegt, dass der Krieger auch das als Unglücksfall werten wird. (Der auf Komik zielende Stil der Szene und damit die provozierte Assoziation von „Schwiegermütter-Witzen" weisen in diese Richtung.)

Die Szene bleibt offen; lädt also ein, darüber nachzudenken, wie die Geschichte weitergehen könnte.

Statt mit raschem Blick zu überfliegen, sollten die Schüler sich Zeit nehmen und das Panel detailgenau betrachten und beschreiben, um die prägnanten erzählerischen Mittel und die Fülle der Informationen, die sie vermitteln, zu erfassen. Der Unbestimmtheitsgrad des Gezeigten sowie die Verweise auf Stimmung und Charakter der Szene belassen einen gewissen individuellen Interpretationsspielraum. Hier werden sachliche wie emotionale Informationen gegeben, also rationales und intuitiv-emotionales Reagieren gefordert. Der Weg zum Verständnis kann erarbeitet werden, wenn den Schülern als Vorlage nicht zugleich das vollständige Panel, sondern nur Ausschnitte (in der Fotokopie der Vorlage weggeschnitten oder per Tipp-Ex entfernt) präsentiert werden: z.B. Hinweise auf den Ort, die Frau, die Texte in den Sprechblasen werden weggelassen und die Schüler aufgefordert, das offensichtlich Fehlende zu ergänzen (mündlich, schriftlich, zeichnerisch). Der Vergleich der Ergebnisse verdeutlicht die (partielle) Vieldeutigkeit visueller Information, schärft zugleich den Blick für die Gründe, d.h. die gegebenen ablesbaren Vorgaben, der möglichen vorgenommenen Ergänzungen. Die Gesamtszene regt an zu erzählen (z.B. Prosatext, Moritat, Hörspiel, Figurenspiel, Comic), was zuvor geschah und was möglicherweise im Folgenden passieren wird.

4.1.3. Die Bildfolge

Fig. c stellt den vollständigen Comicstrip vor, aus denen Fig. a und b entnommen sind. Es handelt sich um einen auf Deutsch übersetzten 2-Panelstrip der US-Serie „Hägar“ von Chris Browne (der sie nach dem Tode seines Vater Dik übernommen hat), von Bulls-Pressedienst an verschiedene deutsche Zeitungen vergeben, hier in

Abb. 9 (Fig. c)

der Gießener Allgemeinen Zeitung (5.3.1997) erschienen. Der Strip erscheint täglich in der Zeitung, so dass er dem regelmäßigen Leser vertraut sein dürfte, der somit die Figuren rasch wiedererkennen und als Hägar und Helga identifizieren kann. Panel 2 zeigt nur geringe Veränderungen; bis auf die Pose werden auch die Figuren nicht anders gezeigt. In Verbund mit der Kontinuität des Dialoges wird deutlich, dass zwischen beiden Paneln kaum Zeit vergangen ist, dass es sich also um eine enge (linear-chronologische) Bildfolge handelt. Die Panel sind gleich hoch, differieren aber in der Breite, was die Geschichte rhythmisiert. Das breitere Panel 1 entfaltet gewissermaßen das Eingangsgeschehen, das schmälere Panel 2 setzt die punktgleiche überraschende Pointe. Die Anordnung der Figuren deutet an, dass wir (die Betrachter) unseren Standpunkt geändert haben: Helga befindet sich jetzt in der Raumtiefe, erscheint als Ganzfigur, seitlich nach links orientiert. Allerdings hat sie (partiell) ihre stoische Haltung verändert: der Kopf wendet sich herum zu Hägar, die Augen sind erstaunt weit aufgerissen, korrespondieren mit der Frage der Sprechblase. Offensichtlich hat sie nicht damit gerechnet, dass Hägar (der sich wohl herumgedreht hat, denn wir sehen ihn trotz unserers Standortwechsels weiterhin nach rechts orientiert), wieder den Raum verlassen will. Der schwarze Streifen rechts deutet wohl die offene Tür an, signalisiert zugleich, dass es draußen dunkel ist, resp. verweist im übertragenen Sinn auf das Dunkle, das Ungewisse, dem Hägar zusteuert und das er offenbar dem Zuhause vorzieht. Seine Antwort konkretisiert und erklärt seine resignative, bedrückte Mimik. Wir haben es also mit einer (witzigen) Kurzgeschichte zu tun, die sich in einer überraschenden, weil so nicht erwarteten Wendung als Pointe auflöst. Die Offenheit der Fortsetzung – freilich durch Schild und Pfeile tendenzhaft angedeutet: Hägar zieht das Kampfgetümmel den häuslichen Katastrophen, insbesondere dem angekündigten Besuch der Schwiegermutter, vor – ist dabei ein wichtiges erzählerisches Mittel, das die Fantasie des Rezipienten einbezieht. Die Unverhältnismäßigkeit der Reaktion Hägars mag in Verbindung mit seinem witzig-ironisch wirkenden Erscheinungsbild (man bedenke: die Serie um diesen dicken, schmuddeligen Teddybär von Mann heißt „Hägar der Schreckliche"!) den Wikingerhabitus als Einkleidung erscheinen lassen: in unsere Zeit (die des Zeichners wie des Lesers) übertragen ist Hägar der (vertraute, gewissermaßen klischeehafte) Gatte, der als Geschäftsmann im „kapitalistischen Wirtschaftskampf" das Einkommen für die Familie sichert, sich aber – auch das als Klischee durchaus vertraut – familiären Schwierigkeiten lieber entzieht. Erst die Wikinger-Übertragung gibt der kleinen Geschichte ihren eigentlichen Witz – auch im Hinblick auf die Erkenntnis, dass sich an diesem Rollenverhalten jahrhundertelang nichts geändert habe. Aufgrund der zeichnerischen wie inhaltlichen Komik mag man dieser Aussage einen kritischen Unterton zuordnen – doch hängt diese Wertung eher mit der Parteilichkeit des Rezipienten zusammen.

Das Beispiel verdeutlicht das narrative Prinzip der Bildgeschichte und ihre Rezeptionsanforderung. Es basiert auf dem Verhältnis von Innovation und Redundanz, meint: im Vergleich muss der Betrachter erfassen, was in Panel 2 gemessen an Panel 1 gleich (redundant) geblieben ist und was sich verändert hat (was weggefallen oder neu hinzu gekommen ist bzw. modifiziert wurde, also innovativ ist). Kombinierend ist zu klären, warum es die Veränderungen (oder auch keine!) gegeben hat. Und mit einer Erklärung dafür kann der Rezipient das Nichtgezeigte, die „Leerstelle" zwischen Panel 1 und Panel 2 schließen und damit die Bildfolge als Handlungsprozess, als äußeres und inneres Geschehen erfassen. Natürlich fällt diese kombinierende, interpretierende aktive Lesearbeit leichter, wenn viele verbindende Indizien geboten werden. Das erklärt, warum eine enge Bildfolge rascher zu verstehen ist als eine weite, die vielfach mühevolleres Kombinieren verlangt, da die Leerstellen gewissemaßen größer sind. Wie eine Kette ist der Comic-Streifen (Panel a – Leerstelle – Panel b – Leerstelle – Panel n) geknüpft. Panelform und -größe können dabei variieren und wie der Blick ins Bild (die Betrachterperspektive) unterschiedliche narrative Funktionen erfüllen (Rhythmisierung und Dynamisierung der Handlung, Wechsel der Erzählebene, Raum- und Bewegungshinweise, Bedeutungshinweise etc.). Komplexere Möglichkeiten bietet die Komposition einer ganzen Seite (z. B. im Album), die den Blick nicht nur von links nach rechts, sondern auch von oben nach unten, auch diagonal lenkt und vielfältige Verknüpfungsmöglichkeiten anbietet, die aber stets der Rezipient in kombinierender Verbindung, in „Füllung" der Leerstellen zu einem Prozess verschmelzen muss. Stets wird der Blick vom Ganzen zum Detail und wieder vergleichend zum Ganzen gelenkt, so dass man von „Bild-Lesen", nicht von „Betrachten" sprechen muss, was die Einbindung der visuell präsentierten Schrift (als Sprechblase, als Lautmalerei, als beigefügter Kommentar) letztlich problemlos in die Rezeptionsarbeit integriert. Das ständige Changieren zwischen Wort und Bild, Ikon (auch Symbol) und Begriff entspricht der nötigen aktiven Rezeption, dem Erfassen des Gezeigten und dem kombinierenden Erschließen des Nicht-Gezeigten, der Leerstellen.

Die geforderte Lesearbeit, die vom Erfassen des äußerlichen und dann des inneren Geschehens zur Deutung des inhaltlich Gemeinten, möglicherweise auch seiner strukturellen oder symbolischen Übertragung führt, kann im Unterricht bewusst gemacht und gefördert werden, indem eine Bildfolge in veränderter Reihenfolge präsentiert wird (z. B. auseinander geschnitten). Die nun folgende Ordnungsaufgabe kann nur gelöst werden, wenn die Schüler die gebotenen Elemente als Indizien verstehen und versuchen, einen nachvollziehbaren, erklärbaren Prozess zu konstruieren. Ebenso können einzelne Panel oder Sequenzen, am Anfang, zwischendrin, am Ende weggelassen werden – als Aufforderungsimpuls, das Gezeigte erzählerisch zu ergänzen. Neue Figuren können dazu erfunden werden; leere Sprech- und Denkblasen werden gefüllt, orientiert an dem durch die Pose des Akteuers angedeuteten Charakter der Rede oder des Gedankens; oder es wird nur die Sprechblasen- und Lautmalereifolge gezeigt, um nun daraus eine Handlung zu entwickeln; andere, die erkannte Struktur aufgreifende Geschichts-Varianten werden ausgedacht und erzählt oder die Akteure provokativ in neue Kontexte gesetzt (z. B. ein Held als Hausmann), um deren Rolle und ihre Einschätzung zu verdeutlichen ...

4.2. Adaptionen

Neben den Bildgeschichten, die einen eigenen, neu erfundenen Stoff präsentieren, gibt es eine Vielzahl von Beispielen, die tradierte Stoffe (z. B. Märchen, Sagen, Legenden, historische Ereignisse) oder Beispiele aus Textliteratur, Theater oder Film adaptieren. Die Übertragung eines Stoffes von einer künstlerischen Form in eine andere ist prinzipiell legitim und seit altersher immer wieder gebräuchlich. Entscheidend ist, dass der Charakter, der Gehalt des jeweiligen Stoffes, adäquat, ohne Verfälschung erfasst wird – es sei denn, es ist (wie z. B. Gustave Dorés „Die Taten des

Hercules" 1847) eine bewusste Parodierung intendiert. Zudem bietet die Adaption die Möglichkeit, durch Variationen und Übertragung in andere Kontexte (z.B. durch zeitliche Aktualisierung, durch Vermenschlichung von Tierakteuren oder umgekehrt) interpretative Akzente zu setzen. Dabei wird bewusst, dass im Grunde jede Adaption eines Stoffes, insbesondere eines literarischen Vorbildes, eine spezifische, individuelle Interpretationsleistung ist. Die historische Bildgeschichte erweist sich zumeist als Adaption, insbesondere biblischer Geschichten wie christlicher Legenden. Aber auch profane Stoffe wurden als Bildgeschichte neu erzählt, z.B. die Münchhausen-Geschichten, „Till-Eulenspiegel" und andere Volksbücher in Bilderbögen des 19. Jahrhunderts. Auch die Comics adaptieren; z.T. mit der löblichen Intention, Klassiker-Stoffe an neue, dem Buch ablehnend gegenüberstehende Leserschichten heranzuführen, aber auch oft mit der versteckten Absicht, sich selbst durch eine als „wertvoll" tradierte Vorlage zu „adeln". Hier gibt es zweifellos viele Beispiele, die fahrlässig mit dem Original umgehen, weil sie den Stoff unzulässig verstümmeln, vereinfachen, verniedlichen, weil sie die literarische Qualität nicht auf

Abb. 10 *Dino Battaglia*: Woyzeck. o.O. 1990 (Altamira). Kongenial erzählt, inszeniert der italienische Comic-Künstler Georg Büchners Woyzeck-Stoff als Bildgeschichte.

gleichem Niveau in die bildkünstlerische zu übertragen wissen (vgl. Grünewald 1982, 156ff, 182ff). Der Vergleich mit dem Original zeigt dabei solche Unzulänglichkeiten auf. Doch sind schlechte Beispiele kein Argument für die prinzipielle Ablehnung der Adaption. So sind z. B. in den 80er und 90er Jahren Comic-Adaptionen aus dem Bereich der Kinder- und Jugendliteratur wie der Erwachsenenliteratur auf den Markt gebracht worden, die demonstrieren, welch hohe qualitative Leistungen Comics hier erbringen können. Einige inhaltlich wie ästhetisch überzeugende Beispiele seien genannt: John Ranheimsaeter: Von einem der auszog, das Fürchten zu lernen. Hamburg 1989 (nach Brüder Grimm); Dino Battaglia: Woyzeck. o. O. 1990 (nach Georg Büchner); Ute Helmbold: Die Teufelin. Hamburg 1992 (nach Fay Waldon); Falk Nordmann: Faust. Der Tragödie erster Teil. Hamburg 1996 (nach Goethe); Peter Kuper: gibs auf! und andere Erzählungen. Hamburg 1997 (nach Kafka). Beispiele wie Alfred von Meysenbugs „Däumling" (Frankfurt 1991, nach Brüder Grimm) oder Roland Hueves / Richard Kleists „Dorian" (Stuttgart 1996, nach Oscar Wilde) demonstrieren eine spezifische, interpretative Leistung, zeigen, dass die Comic-Adaption keine „Übersetzung", sondern ein eigenständiges künstlerisches Werk ist. Comic-Adaptionen können, wie Franco Capriolis „Die geheimnisvolle Insel" (Reinbek 1977, nach Jules Verne) zeigt, auf eine eigene Art anschaulich und lebendig sein, wenn z. B. exotische Flora und Fauna oder spezifische Arbeitsprozesse wie das Fertigen von Werkzeugen im Bild präsentiert werden. Einen interessanten

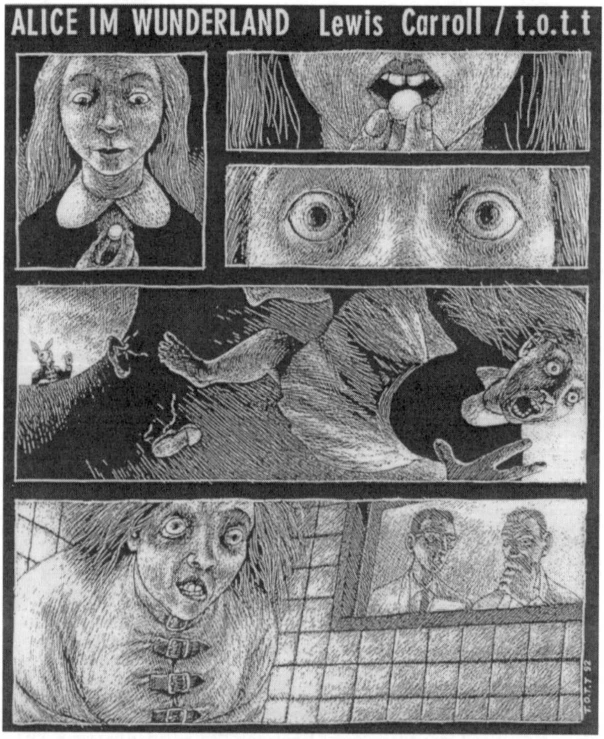

Abb. 11 *Thomas Ott*: Alice im Wunderland. Zürich 1993, 3. Ein überraschendes, interpretierendes Beispiel aus der Serie von Comic-Literatur-Adaptionen der Schweizer Zeitschrift DAS MAGAZIN.

Versuch unternahm die Schweizer Zeitschrift DAS MAGAZIN 1991 – 1993 mit komprimierten Comic-Adaptionen von Werken der Weltliteratur, bei denen die originelle subjektive Interpretation und die spezifische künstlerische Gestaltung im Vordergrund standen. Zu betonen ist, dass die Comic-Adaption keine Illustration eines Text-Werkes ist, bei der letztlich fakultative Bilder, die veranschaulichen, verdeutlichen, interpretieren können, dem Text beigefügt werden. Die Comic-Adaption dagegen ist ein eigenständiges Werk eigener künstlerischer Qualität und muss als solches gesehen und gewertet werden.

Die Comic-Adaption (d.h. jede Form der Bildgeschichten-Adaption) bietet sich nun ganz besonders für den Deutsch-, den Literaturunterricht an (vgl. Grünewald 1982). Voraussetzung ist natürlich, dass der Lehrer (bzw. die Schüler) für den zu behandelnden Stoff resp. die Text-Literatur eine (oder mehrere) Comic-Adaptionen auf dem Markt (oder einer Comic-Börse) finden. Selten wird man einen Klassensatz zur Verfügung haben; also empfiehlt es sich, Fotokopien (Farbfotokopien sind teuer und lohnen nur dort, wo der Farbe besondere narrative Bedeutung zukommt), Folienkopien für den OHP oder Dias anzufertigen, wobei – abhängig von der Intention – wenige Exemplare für Gruppenarbeiten oder nur bestimmte ausgewählte Sequenzen oder Seiten heranzuziehen sind. Wie oben (4.1) demonstriert, kann die Auseinandersetzung mit einer Figur, einem Panel, einer Sequenz ein motivierender Einstieg sein, wobei erste Eindrücke des Comicbeispieles in der Textliteratur aufzuspüren und zu überprüfen sind. Stehen verschiedene Comic-Adaptionen zur Verfügung, so bietet sich an, eine größere Sequenz miteinander und mit der Text-Vorlage zu vergleichen, um so die je spezifische Leistung und Rezeptionsanforderung zu erkennen und zu beschreiben, um ggf. Differenzen zu erfassen und zu werten.

Versuche, selbst eine Comic-Adaption herzustellen, sind vornehmlich als sinnlich-origineller Weg zum Verständnis von Textliteratur zu nutzen. So zeigt ein umfangreiches Projekt aus der Schweiz, wie intensiv in der Entwicklung eines Comics auf der Grundlage des Dürrenmatt-Romans „Der Richter und sein Henker" (Bern: Zytglogge 1988) sich die beteiligten Schüler mit dem Stoff auseinandergesetzt haben. Denn um diesen Comic herstellen zu können, war nicht nur zeichnerisches und erzählerisches Vermögen nötig, sondern auch ein genaues Erfassen der Vorlage, der Charaktere, der Erzählstruktur. Die Comic-Produktion war Motivation wie sinnlich-prozesshafter Weg der Analyse und Interpretation und ihrer Vermittlung. Die Umsetzung eines ganzen Romanes ist sicherlich eine Ausnahme; aber Romansequenzen oder auch kürzere Geschichten bieten sich für Unterrichtsversuche an. Ein gelungenes Beispiel ist z.B. die Umsetzung von Kafka-Texten in Bildgeschichten, bei denen es darauf ankam, Charakter und Intention der Geschichten, wie z.B. „Vor dem Gesetz", in einer adäquaten Wort-Bild-Sprache zu veranschaulichen (Gaub 1996). Auch Übertragungen, z.B. die Transformierung einer historischen Geschichte in Gegenwart und Lebenswelt der Schüler, können partiell motivierend-anschauliche Verfahren zur Aneignung sein und Aktualität wie Betroffenheit deutlich werden lassen.

4.3. Ästhetische Praxis

Die Produktion von Bildgeschichten ist, da sie primär von der Bildgestaltung bestimmt sind, im Kunstunterricht angesiedelt. Die enge Verzahnung von Wort und Bild, die Durchdringung von Analyse und Produktion legt, wie gesagt, ein fächerübergreifendes Arbeiten nahe. Wo dies jedoch nicht möglich ist, sollte sich – partiell – auch der Deutschunterricht, wenn er Comics thematisiert, der Produktion nicht verschließen. Das ästhetisch-praktische Interesse und Vermögen von Grundschulkindern, die meist unbekümmert zeichnerisch, malerisch arbeiten und nur partieller Hilfe, vornehmlich organisatorischer und intentionaler bedürfen, lässt hier weniger Probleme entstehen. Insbesondere dann, wenn die Aufmerksamkeit der Kinder auf das Anregungspotential vorliegender Beispiele (z. B. hinsichtlich der Prägnanz der Körpersprache), die Wiedererkennbarkeit der Akteure durch signifikante visuelle Kennzeichnung und auf den Raum als „Spielbühne" gelenkt wird. Schwieriger ist es, Kinder und Jugendliche der sog. pseudorealistischen Entwicklungsphase ästhetischen Verhaltens zu motivieren. Insbesondere bei der Darstellung von Akteuren kollidieren hier Anspruchsniveau und Orientierung an Vorbildern mit eigenem Gestaltungsvermögen. Will man – was vielfach legitim und sinnvoll ist – anstehende Aufgaben nicht nur arbeitsteilig nach Interesse und Talenten verteilen, sondern alle Schülerinnen und Schüler beteiligen, sind Hilfen vonnöten. Ein möglicher Weg ist, sich an dem Verfahren der Künstlerin Warja Honegger-Lavater zu orientieren, die in ihren Bildgeschichten-Leporellos die Akteure durch konkrete Zeichen, durch farbig akzentuierte Kreise, Dreiecke, Rechtecke etc. ersetzt hat. Form und Farbe können dabei mit den jeweiligen Rollen und deren Charakteristikum (lieb, sanft, gut – z. B. runde helle Formen; hart, kantig, böse – z. B. eckige dunkle Formen) korrespondieren. Eine Legende, an den Anfang der Geschichte gefügt, ordnet Zeichen und Rollen zu. Wie praktikabel dieses Verfahren ist, zeigt zum Beispiel die Bildgeschichten-Version von Max Frischs „Andorra" einer Hauptschulklasse. Eine andere Möglichkeit ist, sich vorgefundener Figuren zu bedienen. So können Comics, aber auch Illustrierte, Prospekte, Kataloge, Kunstreproduktionen „ausgeschlachtet" werden. Eine gewisse Angleichung erhalten die Figuren, wenn sie fotokopiert (und dabei auf die gewünschte Größe gebracht) werden, was dann auch eine gewisse Bearbeitung der Pose oder Mimik mit einfachen zeichnerischen oder collagierenden Mitteln zulässt. Bewährt in allen Klassenstufen hat sich auch, die gewünschte Pose der jeweiligen Figur für ein Panel selbst nachzustellen. Der Modell stehende Schüler wird dann fotografiert, das Foto wird fotokopiert, weiterbearbeitet und in den entsprechenden Kontext, z. B. den gezeichneten, gemalten oder aus Farbpapieren collagierten Handlungsraum geklebt. (Natürlich kann auch der Handlungsort aus vorgefundenen Bildvorlagen bestehen. Mischformen sind bei der Arbeit selbstverständlich.) Statt die Fotografie zu fotokopieren, kann sie zunächst zeichnerisch kopiert werden; d. h., auf das Foto wird eine transparente Folie oder ein transparentes Papier gelegt, worauf dann die Umrisse der fotografierten Person nachgezogen werden. Das hat den Vorteil, dass jetzt Details zeichnerisch verändert bzw. verdeutlicht und dass z. B. spezifische Kostüme und Requisiten zugefügt werden können. Anschließend werden die so verbesserten Zeichnungen in den entsprechenden Kontext eingefügt, fotokopiert (für jeden Schüler kann so ein Comic-Exemplar entstehen) und anschließend individuell mit Farbstiften koloriert. Die vielfach auftretenden Figuren in einer Bildgeschichte bieten es auch an, mit Stempeln (geschnittener Kartoffelstempel, passende gefundene bzw. produzierte Materialien, Daumenabdruck) zu arbeiten, wobei die Abdrucke sowohl die ganze Figur als auch Teile zeigen können, die dann durch weitere Drucke oder durch zeichnerische Bearbeitung vervollständigt werden. Hilfreich kann auch sein, wenn eine Pappflach-Figur hergestellt wird (orientiert an einer Bildvorlage), deren Kopf, Arme und Beine mittels Musterbeutelklammern beweglich am Rumpf befestigt sind. So kann die Proportion erhalten, kann die jeweils gewünschte Pose gelegt und dann mit einem Bleistift einfach umrissen fixiert werden. Die so entstandene Silhouetten-Figur kann nun zeichnerisch, malerisch oder collagierend (Farbpapier, Textilien) ausgearbeitet werden.

Wird eine Comic-Geschichte produziert, so kommt es im Detail zwar auf den offenen lebendigen Prozess der Arbeit an, dennoch sind arbeitsorganisatorische Hilfen sinnvoll. So sollte, nach der Einigung auf das Thema bzw. den Inhalt und die Intention, zunächst ein Plot, d. h. eine knappe Inhaltsangabe erstellt werden, der dann – evtl. bereits mit Blick auf mögliche Sequenzen oder Seiten – inhaltlich zu gliedern ist. Danach sollten nach erfolgter Auflistung aller Akteure Entwurfsskizzen hergestellt werden – einfache Strichmännchen mit den signifikanten Attributen genügen. Auch die Handlungsorte sollten zunächst (mit Stichworten) benannt werden. Danach erfolgt das Scribble, d. h. eine rasche Skizzierung (Strichmännchen, Orts- und Requisitenandeutung) mit Bleistift, die, basierend auf der inhaltlichen Gliederung, die einzelnen Panel und deren Anordnung entwirft. Parallel, auf getrenntem Blatt, sollten die nötigen Texte (Sprechblasen, Lautmalerei, Beitexte) entworfen werden. Die Ausführung kann dann arbeitsteilig erfolgen. Wichtig ist, die Schüler anzuhalten, die Texte gesondert, doch immer mit Blick auf den zur Verfügung stehenden Platz im Bild, zu schreiben. (Dabei kann auch der Computer eine gute Hilfe sein.) Erst den Text schreiben, dann erst die Sprechblasenumrandung zeichnen! Der separat produzierte Text wird ausgeschnitten, probierend ins Bild gelegt und bei optimal gefundenem Platz festgeklebt. Die fertige Comicgeschichte kann dann als Wandbild aufgehängt, als Leporello, als geheftetes oder gebundenes Heft / Buch zusammengefügt werden, wobei es – wenn es sich nicht um großformatige Malerei handelt – sinnvoll ist, die Blätter vor dem Zusammenzufügen zu kopieren, so dass jeder Schüler, jede Schülerin ein eigenes Exemplar erhält.

5. Zum Stellenwert der Bildgeschichte im Unterricht

Die quantitative und qualitative Bedeutung als Lektüreangebot, die hohe Akzeptanz bei Kindern und Jugendlichen, aber auch erkennbare Defizite bezüglich des Kenntnisstandes, der Rezeptions- und Wertungskompetenz, ihre Möglichkeit als Weg sinnlicher Erkenntnis und Vermittlung legitimieren die Comics (besser: die

Bildgeschichte, um ihre Dimension nicht auf eine, zudem definitorisch unklare Form einzuengen!) als Gegenstand wie Mittel des Unterrichts. Sachbedingt fordert das Angebot Fachgrenzen zu überschreiten, optimal ist eine Zusammenarbeit, insbesondere zwischen Kunst- und Deutschunterricht. Inhaltliche und ästhetische Vielfalt fordern eine zielbewusste, sach- wie schülerorientierte Selektion – und damit einen Lehrer, der offen und informiert aus der Fülle des historischen wie aktuellen Angebotes auswählen kann. Insbesondere qualitative, (für Schüler) innovative Beispiele sollten aufgegriffen werden. Statt eines pauschalen Lehrgangs „Comic" muss es um den intensiven Umgang mit Einzelwerken gehen, was (wertende) Vergleiche und Kontextbezüge (z. B. Produktion und Distribution, Historie, soziologische, psychologische, politische Aspekte) einschließt. Keine engen Lernzielkataloge, sondern die primäre Intention, die Rezeptions- und Wertungskompetenz von Schülern zu fördern, ihnen (positive) Erfahrungen mit Bildgeschichten (und ihrer spezifischen Leistung) und die Überprüfung ihrer Funktionsmöglichkeiten zu bieten, steht im Vordergrund, insbesondere das Ziel einer offenen, neugierigen, kritischen Bereitschaft, sich auf Angebote einzulassen. Differenzierte Ziele (oft auch individuell schülerbezogen) erwachsen im Arbeitsprozess. Im Kanon der fachrelevanten Gegenstände ist die Thematisierung von Bildgeschichten zu relativieren. Sinnvoll scheint, wenn Schüler auf jeder Schulstufe mindestens einmal mit ihnen konfrontiert werden – auch im Hinblick darauf, dass sie – Alter und Entwicklung entsprechend – sowohl bestätigendes Aufgreifen als auch erfassbare Weiterentwicklung (bezüglich Komplexität und Inhaltlichkeit des Angebotes, bezüglich Zugriffsmethoden, Einschätzung und Funktionen) erfahren. Als offener Prozess aufgefasst, sollte der (handlungsorientierte) Unterricht theoretische wie ästhetisch-praktische Zugriffe verbinden. Wichtig ist, Produktergebnisse aufzubereiten – z. B. in Form einer Ausstellung, eines Kataloges, eines Heftes (Buches) – und in Bezug zur Intention des Unterrichtsvorhabens zu reflektieren. Dazu gehört auch die Fähigkeit der (älteren) Schüler, kritische Rezensionen verfassen zu können. Bildgeschichten können zentraler Unterrichtsgegenstand sein, aber auch Teilfunktionen, wie z. B. Einstiegsmotivation, vertiefende Übertragung, sinnlicher Analyseweg, Vergleichsmaterial, übernehmen. Stets muss der Lehrer bedenken, wie er sie medial einsetzt, z. B. als Folie, Dia, Kopie, Arbeitsblatt für die Klassenarbeit, als Originalmaterial (Zeitungsstrip, Comicbook, Album, Buch ...) in der Einzel- oder Gruppenarbeit. Projektorientiertes Arbeiten erlaubt Differenzierungen. So kann z. B. die Erarbeitung eines Romans (oder eines Themas) arbeitsteilige Gruppenarbeit (auch Einzelarbeit) sinnvoll machen, bei der neben produktiver Textarbeit auch Zugriffsversuche mittels Umsetzungen als Hörspiel, Puppen-, Schatten- und szenischem Theaterspiel oder als Bildgeschichte angeboten werden, was spezifischen Interessen und Talenten der Schüler Rechnung trägt. Selbstverständlich sollte sein, Bildgeschichten aller Genres, inbesondere solche, die aus dem Massenangebot der Kiosk-Comics herausfallen, in die Schulbibliothek aufzunehmen. Die Beförderung unvoreingenommener, kompetenter Rezipienten auch im Hinblick auf die Neunte Kunst, die Bildgeschichte, ist grundlegende Zielsetzung.

Literaturverzeichnis

Berndt, Jaqueline: Phänomen Manga. Comic-Kultur in Japan. Berlin 1996

Dittmar, Peter: Warum eine fette Katze Kunst genannt wird. In: Die Welt v. 1.2.1997

Dolle-Weinkauff, Bernd: Comics. Geschichte einer populären Literaturform in Deutschland seit 1945. Weinheim, Basel 1990

Eisner, Will: Mit Bildern erzählen. Comics & Sequential Art. Wimmelbach 1995

Franzmann, Bodo u. a. (Hrsg.): Comics zwischen Lese- und Bildkultur. München 1991

Gaub, Werner: Kafka – Visualisierungsversuche. In: Kunst + Unterricht 1996, H. 208, 38 ff.

Grünewald, Dietrich: Comics – Kitsch oder Kunst. Weinheim, Basel 1982

Grünewald, Dietrich: Wie Kinder Comics lesen. Frankfurt/M. 1984

Grünewald, Dietrich: Vom Umgang mit Comics. Berlin 1991 (2. Aufl. 1996)

Grünewald, Dietrich: Moderne Erzählformen im Bilderbuch. In: Lange, Günter / Steffens, Wilhelm (Hrsg.): Moderne Formen des Erzählens in der Kinder- und Jugendliteratur der Gegenwart unter literarischen und didaktischen Aspekten. Würzburg 1995, 131 ff.

Havas, Harald A. / Habarta, Gerhard (Hrsg.): Comic-Welten. Geschichte und Struktur der Neunten Kunst. Wien 1993

Hogarth, William: Über das Kunststudium, in: Hogarth, William: Analyse der Schönheit. 1753, zit. (dt) Ausgabe Berlin 1914

Kagelmann, H. Jürgen (Hrsg.): Comics Anno. Jahrbuch der Forschung zu populär-visuellen Medien. München, Wien 1991 ff.

Karpf, Jutta: Strukturanalyse der mittelalterlichen Bilderzählung. Ein Beitrag zur kunsthistorischen Erzählforschung. Marburg 1994

Knigge, Andreas C.: Fortsetzung folgt. Comic Kultur in Deutschland. Frankfurt/M., Berlin 1986

Knigge, Andreas C.: Comics. Vom Massenblatt ins multimediale Abenteuer. Reinbek 1996

Kunst + Unterricht 1996, H. 208: Themenheft „Comics? – Comics!“

Maset, Michael / Maset, Pierangelo: Im Zeichen des BATMAN. In: Kunst + Unterricht 1996, H. 208, 12 ff.

McCloud, Scott: Comics richtig lesen. Hamburg 1994

Zehnder, Frank Günter: Wow! 100 Jahre Comics. Die Originale. Kat.: Rheinisches Landesmuseum Bonn 1996

GEBRAUCHSTEXTE

ROLF LIEBERUM

Gebrauchstexte im Unterricht

Die fachwissenschaftliche und didaktische Diskussion um die Gebrauchstexte, die in den 70er Jahren eine bedeutende Rolle spielte, ist seit Mitte der 80er Jahre nahezu zum Erliegen gekommen. Zwar wird in den Richtlinien fast aller Bundesländer die Auseinandersetzung mit den Gebrauchstexten (vor allem der Medien) gefordert und dienen fehlende Gebrauchstexte in Lesebüchern als Argument für eine ministerielle Nichtzulassung, aber neuere Untersuchungen zu den Gebrauchstexten bilden eine literaturwissenschaftliche und -didaktische „Mangelware". Selbst die völlig neu erarbeitete Fassung der „Grundzüge der Literaturwissenschaft" von Arnold und Detering von 1996 enthält nun keinen Artikel mehr zu den Gebrauchstexten. Und in den Neuauflagen der einschlägigen Literaturlexika sucht man entsprechende Artikel vergeblich. Lediglich in den Medienwissenschaften gibt es neuere Untersuchungen, die aber noch in keiner Weise für den Deutschunterricht aufgearbeitet worden sind.

1. Gebrauchstexte: Zweckhaftigkeit und Realitätsbezug

1.1. Abgrenzung gegenüber literarästhetischen Texten

Gebrauchstexte, expositorische Texte, pragmatische Texte – alle diese Bezeichnungen versuchen eine spezifische Art von Texten gegenüber literarästhetischen Texten abzugrenzen. Worin besteht diese Spezifik? Auf den Punkt gebracht: Sie alle sind durch ihren zweckhaften Charakter bestimmt. Nun mögen auch literarästhetische Texte ihren Zweck haben. Sie sichern möglicherweise ihren Verfassern den Lebensunterhalt und vielleicht den Verlegern einen Profit. Doch wesentlich ist ihnen, dass sie im weitesten Verständnis einen Sinn haben.

Das sei an einem Beispiel aus der bildenden Kunst verdeutlicht. Ein Gemälde mag vordergründig den Zweck haben, einen häßlichen Fleck an der Wand zu verdecken. Entscheidend ist jedoch die Sinnhaftigkeit des Bildes – sein Bezug, der über das in konkreter und abstrakter Form dort Dargestellte hinausweist. Die Funktionalität, die ein Gemälde auszeichnet (auch wenn der Fotorealismus einer bestimmten Kunstrichtung dem entgegenzustehen scheint), bestimmt jenseits seines vordergründigen Abbildcharakters seine wesenhafte Bedeutung. Diese Fiktionalität ist entscheidend auch für das Wesen literarästhetischer Texte. Ebenso wenig wie sich ein Gemälde in seinem vordergründigen Abbildcharakter erschöpft, ist das bei einem literarästhetischen Text der Fall. Hier sind es die Fiktionalität und die Vieldeutigkeit, die ihn entscheidend charakterisieren (vgl. dazu Berthold 1993). Die Fiktionalität eröffnet maßgeblich den Freiraum dieser Texte. Bei ihnen ist in Bezug auf die Realität nichts einklagbar.

Wenn ein Autor beispielsweise in einem Gedicht die Namen der Spieler einer Fußballmannschaft präsentiert, so ist es belanglos, ob diese Spieler tatsächlich existieren. Anders steht es mit der Aufstellung einer Mannschaft, die im Veranstaltungskasten eines Vereins oder im Sportteil einer Tageszeitung erscheint. Diese Mitteilung hat einen unmittelbaren Wirklichkeitsbezug. Der Inhalt selbst kann also unter diesem Aspekt nicht unbedingt ein Unterscheidungskriterium sein.

Häufig gibt es Signale an die Rezipienten, wie ein Text aufzufassen ist. Der Untertitel Roman bei einer biographischen Darstellung (beispielsweise Franz Werfels Verdi-Roman) signalisiert bereits den fiktionalen Charakter der Darstellung. Anders verhält es sich mit der Bezeichnung Tatsachenbericht. Sie gibt einen entscheidenden Hinweis auf den unmittelbaren Realitätsbezug. In der Tat sind Rezipienten aufgrund solcher Hinweise in der Lage, texttypologische Regeln intuitiv zu erfassen und anzuwenden (vgl. dazu Lux 1981, 14).

Dass ein Gebrauchstext nicht immer frei von ästhetischen Kodierungen ist, zeigen Werbetexte. Darauf hat schon Klaus Gerth hingewiesen (vgl. Gerth 1974, 14). Hier steht die Überstrukturierung von Sprache (etwa durch Reim und Rhythmus) jedoch nicht im Dienste der Sinnhaftigkeit, sondern sie hat ausschließlich Zweckcharakter.

So sind Gebrauchstexte gegenüber literarästhetischen Texten durch zwei entscheidende Kriterien gekennzeichnet: reine Zweckhaftigkeit und unmittelbarer Realitätsbezug. Von daher erscheint Skepsis, wie sie Klaus-Peter Klein gegenüber manchen Abgrenzungsversuchen geäußert hat (Klein 1984, 178–180), nicht angebracht. Ob Texte der Trivialliteratur nach Klein als Gebrauchstexte zu klassifizieren seien, ist wenig stringent. Trivialliteratur hat in ihrer Fiktionalität einen literarästhetischen Unterhaltungswert – wie zweifelhaft er auch immer sein mag. Der Versuch Peter Hasubeks, Gebrauchstexte allein durch ihren Öffentlichkeitscharakter zu definieren (Hasubek 1975, 11 f.), erscheint allzu eingeschränkt. Auch Texte (wie beispielsweise Briefe) im privaten Bereich sind eindeutig den Gebrauchstexten zuzuordnen. Andererseits haben gerade auch manche literarästhetischen Texte einen ausgesprochenen Öffentlichkeitscharakter, wenn man etwa an Theateraufführungen und Fernsehspiele denkt.

1.2. Gebrauchstexte in funktionaler Unterscheidung

Wie Gebrauchstexte aufgrund ihrer Zweckhaftigkeit und ihres Realitätsbezuges im Einzelnen zu differenzieren sind, erscheint weniger einfach als der Versuch, sie von literarästhetischen Gebrauchsformen abzugrenzen. Wenig Erfolg verspricht eine Unterscheidung allein nach formalen Bezügen (Privatbrief oder Geschäftsbrief) oder nach der medialen Vermittlung (mündlich oder schriftlich). Horst Belke versuchte es als einer der Ersten weitaus sinnvoller mit der Differenzierung nach den unterschiedlichen Funktionen von literarischen Gebrauchsformen (Belke 1973, 78–141). Sieht man einmal von seiner speziellen Hervorhebung der autobiographischen

Funktion ab, so lehnt er sich mit der Unterscheidung von informierender, wertender und appellierender Funktion teilweise an das Organon-Modell der Sprache an, wie es Karl Bühler in seiner „Sprachtheorie“ bereits in den dreißiger Jahren entwickelt hat (vgl. Bühler 1965, 24–26 und 28–30). Gemeint ist hier jeweils die kommunikative Zielsetzung, mit der ein Text verfasst wird. Schon von daher wird verständlich, dass nach den Erkenntnissen der linguistischen Pragmatik einer Textsorte jeweils ein komplexes Muster sprachlicher Handlungen zuzuordnen ist (vgl. dazu Ermert 1979, 66).

Diese Dreiteilung ist allerdings nicht ausreichend, um das ganze Spektrum von Gebrauchstexten unter funktionalem Gesichtspunkt annähernd zu erfassen. Zumindest die Erweiterung um die regulative oder verhaltenssteuernde Funktion, wie sie in Gesetzen, Hausordnungen und Vertragstexten dominiert, erscheint notwendig. Diese vier pragmatischen Grundfunktionen finden sich in einem Gebrauchstext allerdings nicht immer rein ausgeprägt. Weitaus häufiger sind jene Texte anzutreffen, in denen sich mindestens zwei dieser Funktionen überlagern.

So tritt in einem Zeitungskommentar sicher die bewertende Funktion in den Vordergrund. Zugleich sind jedoch auch persuasiv-appellierende Elemente vorhanden, die den Rezipienten bewegen sollen, der Meinung des Kommentators zuzustimmen. Schließlich fehlt es nicht an (möglicherweise einseitigen) Informationen über Tatbestände oder Handlungsweisen, die zum Gegenstand des Kommentars gemacht werden. Zwei weitere Beispiele: In einem Reiseprospekt mögen die Informationen über das dort jeweils vorgestellte Reiseziel im Vordergrund stehen. Zugleich aber finden sich hier appellierende Elemente sprachlicher und bildlicher Art, indem etwa semantisch positive Adjektive den betreffenden Ort als Ziel attraktiv erscheinen lassen. Auch entsprechend ausgewählte Fotos stellen in diesem Sinne einen Appell zur Wahl gerade dieses Ortes dar. In Werbetexten, die mehr oder weniger deutliche Kaufappelle enthalten, finden sich auch Informationen. Sie ordnen sich allerdings zum Zweck des Kaufanreizes den appellativen Elementen unter. So lässt sich feststellen, dass in Gebrauchstexten jeweils eine der vier Funktionen überwiegt, andere hingegen jeweils im Dienst dieser Funktion stehen.

Unter diesem differenziert zu sehenden funktionalen Aspekt lassen sich folgende relevante Sorten unter den Gebrauchstexten unterscheiden, die im folgenden Kapitel in Auswahl unter didaktischen Gesichtspunkten zu betrachten sind.

Informierende Texte:

Lexikonartikel, Nachrichtentexte, Sachbuchtexte, Lehrbuchtexte, Protokolle, Fragebögen, Reiseführer, Gebrauchsanweisungen, Bastelanleitungen, Wetterbericht, Beipackzettel in Arzneimittelpackungen ...

Wertende Texte:

Theater- und musikkritische Rezensionen, Warentests, Zeugnisse, Kommentare, Glossen ...

Appellierende Texte:

Werbeanzeigen, Werbespots im Fernsehen, Flugblätter, Reiseprospekte, Katalogtexte ...

Regulative Texte:

Gesetze, Vereinssatzungen, Hausordnungen, Schulordnungen, Kaufverträge, politische Vertragstexte ...

2. Didaktik der Gebrauchstexte

2.1. Ziele der Textrezeption

Versteht man als Kerngebiet der Didaktik die Entwicklung und Begründung von Lernzielen, so stellt sich die Frage: Was sollen Gebrauchstexte im Deutschunterricht? Nicht zu übersehen ist die Tatsache, dass es Gebrauchstexte bereits seit Jahrzehnten in diesem Fach gegeben hat, und zwar in der Form des Sprachbuches. Nach wie vor informiert es über Regeln der Normschreibung, über Bauformen der Sprache und in jüngster Zeit stärker über pragmatische Sachverhalte, wie beispielsweise über unterschiedliche Funktionen des Sprachgebrauchs.

Auch wenn in den Richtlinien der Bundesländer seit den achtziger Jahren dem Umgang mit Gebrauchstexten weniger Raum gewidmet wird als noch in den späten siebziger Jahren, so ist ihre Bedeutsamkeit, im Sinne des Didaktikers Wolfgang Klafki auf die Gegenwart und Zukunft der Schülerinnen und Schüler projiziert, nicht geringer geworden. Dabei kann und darf es nicht darum gehen, Gebrauchstexte gegen literarästhetische Texte auszuspielen. Beide Textgruppen sind von didaktischer Relevanz – zunächst einmal bedingt allein durch ihr Vorhandensein.

Dabei lässt sich nicht übersehen, dass es Lernziele gibt, die auf beide Textgruppen in gleicher Weise zutreffen. Das gilt zunächst einmal für die Schulung einer exakten Informationsentnahme mit dem Ziel des Textverständnisses. Hier sind bei der Erschließung der Textstruktur besonders Probleme im Bereich der Semantik und der Syntax zu lösen. Das heißt konkret, oft müssen Wortbedeutungen im Rahmen des jeweiligen Kontextes geklärt und komplizierte Satzgebilde aufgeschlüsselt werden. Das sind unerlässliche Voraussetzungen für eine sachgerechte Informationsentnahme.

2.2. Ziele der Sprachreflexion

Entscheidende Anregungen hat der Deutschunterricht in den vergangenen Jahrzehnten durch die linguistische Pragmatik erhalten. Durch sie ist der traditionelle Grammatikunterricht, der Einblicke in den Bau der Sprache eröffnet, um eine wesentliche Dimension erweitert worden, die folgende Fragen in den Mittelpunkt des Interesses stellt: Wie gehen Menschen mit der Sprache um? Mit welchen Intentionen setzen sie verbale, aber auch nonverbale Mittel ein? Das alles ist allerdings mit dem didaktischen Terminus der Sprachreflexion nur unzureichend erfasst. Besser wäre es, von Kommunikationsreflexion zu sprechen. Und gerade dieser Bereich fordert beim Umgang mit Gebrauchstexten zu wesentlichen Zielsetzungen heraus, die weit über die Sicherung bloßer Informationsentnahme hinausgehen. Das Endziel muss der kritische Rezipient sein, der auch außerhalb der Schule und später über sie hinaus die Wirkungsabsichten von Gebrauchstexten (und ihre manchmal auch manipulativen Tendenzen) zu durchschauen vermag.

So gilt es nicht nur die Wirkungselemente eines Gebrauchstextes zu ermitteln, sondern darüber hinaus zu erkennen, worauf ihre jeweilige Wirkung abzielt. Das sind in Werbeanzeigen häufig nicht nur sprachliche, sondern auch bildliche Elemente. Bei Werbespots im Fernsehen lohnt sich sogar eine Analyse der phonetischen, der mimisch-gestischen und gegebenenfalls der musikalischen Mittel, die zum Kaufappell gezielt eingesetzt werden. Dabei ist es bei der Analyse solcher Texte und Fernsehspots sehr häufig nützlich, Elemente der Information und des Appells zu trennen, um dann festzustellen, wie gering der reine Informationswert vieler Werbeanzeigen ist.

Den historisch-politischen Wandel, aber auch Ähnlichkeiten zwischen der Gegenwart und der Vergangenheit macht der Vergleich von heutigen Wahlplakaten und solchen aus der Zeit der Weimarer Republik deutlich (vgl. dazu Bach 1985). Einsichten in historisch-gesellschaftliche Zusammenhänge, aber auch in den ästhetisch-technischen Wandel werden durch den Vergleich von Werbeanzeigen aus früheren Jahrzehnten ermöglicht. Werbung zur Körperpflege (etwa der Barttracht in den zwanziger Jahren) und Reklameanzeigen aus den fünfziger Jahren für Autos sind dafür höchst aufschlussreich.

Generell erscheint es wichtig, den Prozess zwischen der Produktion und Rezeption eines Gebrauchstextes aufzuschlüsseln – so schwierig das im Einzelfall auch sein mag. So ist zu klären, welchen Standort der Produzent einnimmt und welche jeweilige Absicht er verfolgt. Auf der anderen Seite ist zu klären, welche Adressaten durch einen Text angesprochen werden sollen und welche jeweilige Wirkung auf sie ausgeübt werden soll. Hier wird deutlich, dass es wichtig ist, eine distanziert-rationale Haltung gegenüber Gebrauchstexten anzubahnen – und das um so mehr, je stärker, offen oder versteckt, appellative Elemente in ihnen vorhanden sind.

2.3. Ziele der Textproduktion

Bei dem Umgang mit literarästhetischen Texten hat die Literaturdidaktik Konzeptionen entwickelt, die unter dem Stichwort eines „produktionsorientierten" und eines „kreativitätsfördernden" Literaturunterrichts bekannt geworden sind. Neuere Lesewerke, wie zum Beispiel „Unterwegs" (Ernst Klett Schulbuch Verlag) und „Wortwechsel" (Verlag Ferdinand Schöningh), haben diese Konzeptionen aufgegriffen. Die Entwicklung der kindlichen Phantasie steht dabei im Vordergrund. Für diesen Ansatz sprechen nicht zuletzt auch motivationale Aspekte. Dass diese Konzeption auch für eine kritische Durchleuchtung trivialer Texte nutzbar gemacht werden kann, darauf hat Günter Waldmann hingewiesen (vgl. Waldmann 1981).

Wieweit hat ein solcher produktionsorientierter Ansatz auch Bedeutung für die Beschäftigung mit Gebrauchstexten? Zunächst ist festzustellen, dass in dem Arbeitsbereich Training des schriftlichen Sprachgebrauchs, der aus dem traditionellen Aufsatzunterricht hervorgegangen ist, bestimmte Gebrauchstexte schon immer verfasst worden sind. Dazu zählen beispielsweise die Bewerbung und der Lebenslauf. Erweitert und modifiziert worden ist dieser Bereich durch das kommunikationstheoretische und kommunikationspragmatische Konzept der Aachener Schule (vgl. Boettcher / Firges / Sitta 1973). Hier wird in einer Ernstfall-Didaktik besonders im Bereich der literarischen Zweckformen der Schriftverkehr zwischen Schülern und realen Adressaten propagiert. Dabei spielen Briefe eine wesentliche Rolle, wobei als Empfänger und im günstigen Falle auch als Rückmelder beispielsweise Autoren literarästhetischer Texte, Ämter und Behörden, Privatleute und etwa in der Form von Flugblättern und Plakaten die engere oder weitere Öffentlichkeit angesprochen werden.

Dieser Kreis der schriftlichen Textproduktion ist selbst im engeren schulischen Bereich im Hinblick auf reale Situationen, die ein schriftsprachliches Handeln erfordern, mühelos zu erweitern. Das gilt beispielsweise für Protokolle, die wesentliche Ergebnisse eines Handlungsverlaufs festhalten. Klassenzeitungen und Schulzeitungen bieten die Möglichkeit, Berichte, Interviews, Leserbriefe, Anzeigen, Kommentare und Glossen für einen real existierenden Leserkreis zu verfassen. Hinweise für das schwarze Brett, Schul- und Klassenordnungen sowie Aufrufe sind reale Schreibanlässe, bei denen sich die Textproduktion motivierend vom traditionellen Aufsatzunterricht löst und sich auf lebenspraktische Erfordernisse besinnt. Ein wesentliches Ziel ist es dabei, die Wirkung solcher individuell oder in Gruppen verfasster Texte in der Realität zu erfahren. Dass dieses Feedback nicht in jedem Fall auf die Qualität eines Textes schließen lässt, sei ausdrücklich betont. Doch auch das muss der Deutschunterricht erfahrbar machen, dass nämlich Reaktionen auf Textproduktionen im schulischen Rahmen (und auch außerhalb der Schule) von vielen äußeren situativen Faktoren abhängen.

Anders sieht es bei dem experimentellen schriftlichen Umgang mit vorliegenden Gebrauchstexten aus. Einmal sind es pragmatische Zielsetzungen, die dabei verfolgt werden können. So ist es nützlich, reine Fachtexte oder mit Fachtermini durchsetzte Texte für unterschiedliche Rezipientenkreise leserfreundlich umzuschreiben (vgl. Hölsken 1988). Das gilt auch für komplizierte Bastelanleitungen und Gebrauchsanweisungen, die nunmehr verständlich abgefasst werden. Das Verfahren ist häufig auch von Nutzen bei Lexikonangaben, die für den jeweiligen Gebrauch im Unterricht umzuformulieren sind.

Experimentell im Sinne von Spaß und Unterhaltung kann mit Texten beispielsweise für ein Schülerkabarett verfahren werden. Die komische Wirkung stellt sich ein, wenn Gebrauchstexte aus ihrem gewohnten situativen Zusammenhang gelöst und in einen neuen Kontext gestellt werden. Diese Verfremdung eröffnet über den Unterhaltungswert hinaus sprachreflektorische Einsichten in die Exaktheit sprachlicher Beschreibungen, wenn etwa zu raten ist, welche Personen aus dem Schüler- und Lehrerkreis oder aus der politischen Öffentlichkeit da in Form von Steckbriefen gesucht werden.

3. Methodische Möglichkeiten beim Umgang mit Gebrauchstexten

3.1. Einzeltexte als Unterrichtsgegenstand

Bei der Planung von Einzelstunden im Deutschunterricht (didaktisch zwar nicht sonderlich empfehlenswert, aber manchmal unvermeidbar) bietet sich die Behandlung von einzelnen Gebrauchstexten an. Eröffnet sie dabei generelle erste Einsichten in die Struktur und Intention eines solches Textes, so erscheint sie durchaus gerechtfertigt. Das gilt schon für die Arbeit in der Grundschule. Bei einem Blick auf Kinderprogramme in Fernsehzeitschriften zeigt sich beispielsweise, dass die Information über den Inhalt einer solchen Sendung zugleich direkt oder indirekt appellative Elemente beinhaltet, die zum Anschauen der Sendung einladen. Doch die Erwartungen, die sie hervorrufen, erfüllen sich häufig nicht.

Unter der Fragestellung „Warum schaut ihr euch diese Sendung aufgrund des Hinweises in der Programmzeitung an?“ lassen sich sogar erste Einsichten in den Zusammenhang von Produktion und Rezeption von Texten und Bildmaterial vermitteln. Diese Informationen in Programmzeitschriften beruhen nahezu ausschließlich auf Texten der Fernsehanstalten. Diese sind an einer hohen Einschaltquote interessiert und lassen nichts unversucht, durch spannungserzeugende Mittel für ihre Produkte zu werben. In einem Gesprächskreis sind bei der gemeinsamen Betrachtung der Texte solche Zusammenhänge zu erörtern. Wichtig ist in jedem Falle die Arbeit mit Originaltexten in ihrem originalen Erscheinungsbild und Zusammenhang. Wenn solche Gebrauchstexte ausschnittweise in einem Sprachbuch präsentiert werden, so wirkt das wenig motivierend. Dieser Versuch verfälscht die originale Rezeptionssituation und verschult zusätzlich den sprachanalytischen Ansatz.

Die Beschäftigung mit einem einzelnen Lexikoneintrag bietet sich im Verlauf einer Deutschstunde an, wenn es darum geht, die Bedeutung eines unbekannten Wortes zu klären. Allerdings sollten in einem solchen Fall zunächst Vermutungen darüber angestellt werden, was dieses Wort aufgrund seines Kontextes bedeuten könnte – ein Verfahren, das im täglichen Leben als ein erster Schritt zur Bedeutungserschließung natürlicherweise angewandt wird. Unterschiedliche Vermutungen werden an der Tafel festgehalten und erwecken Spannung, bis das Lexikon die Lösung gibt.

Bei der Zuordnung von Gebrauchstexten zu einzelnen Schuljahren sollte generell der bewährte pädagogische Grundsatz gelten: vom Leichten zum Schweren. Zudem sollte für die Textauswahl jeweils die Relevanz ausschlaggebend sein, die solche Texte für die Gegenwart und Zukunft der Schülerinnen und Schüler haben. Wenn ihnen die praktische Bedeutung und der Nutzen solcher Texte deutlich wird, ist auch mit einer entsprechenden Motivation für die künftige Beschäftigung mit Gebrauchstexten zu rechnen. Im Sinne eines Spiralcurriculums ist daran zu denken, dass wichtige Textsorten wie Werbetexte und Nachrichtentexte auf unterschiedlichen Klassenstufen unterschiedliche Ergebnisse zutage fördern – bis hin zu Erkenntnissen über politisch-ökonomische Zusammenhänge.

3.2. Textgruppen als Unterrichtsgegenstand

Weitaus ergiebiger als der Umgang mit Einzeltexten ist die Beschäftigung mit Textgruppen. Dafür bieten sich Unterrichtseinheiten in unterschiedlicher Konzeption an. Entweder fasst eine solche Reihe mehrere Texte derselben Sorte zusammen, oder aber es werden gegensätzliche oder sich ergänzende Texte gezielt gegenübergestellt.

Ähnlich wie es im Umgang mit literarästhetischen Texten wenig ergiebig ist, anhand einer einzelnen Kurzgeschichte die Strukturmerkmale dieser Gattung zu erarbeiten, so ist es beispielsweise wenig sinnvoll, die typischen Argumentationsverfahren eines Kommentars an einem einzigen Textbeispiel erarbeiten zu wollen. Erst aus einer ganzen Gruppe von Texten dieser Sorte das Vorgehen von Kommentatoren zu erschließen, das macht das Unternehmen wirklich ergiebig. Bei Kommentaren ist auch daran zu denken, dass sich ein solcher Text in Zeitungen, aber auch in Rundfunk- und Fernsehsendungen jeweils auf einen Nachrichtentext bezieht. Die gezielte Gegenüberstellung von Nachricht und Kommentar eröffnet die Möglichkeit, die unterschiedlichen Intentionen und Funktionen dieser beiden Textsorten etwa im Unterrichtsverfahren der Gruppenarbeit zu bestimmen.

Dass die gezielte Gegenüberstellung eines pragmatischen und eines literarästhetischen Textes den Blick für die wesensmäßige Verschiedenheit beider Textgruppen zu eröffnen vermag, sei an einem Beispiel gezeigt, das sich schon für den Beginn der Sekundarstufe I anbietet. Gedacht ist an eine Fabel, in der der Fuchs als listige Figur auftritt. Diesem Texte wird ein Abschnitt aus einem biologischen Lehrbuch gegenübergestellt, in dem der Fuchs in seinem Körperbau und seiner Lebensweise beschrieben wird. Exemplarisch wird dabei der Unterschied zwischen Fiktion und Realität deutlich.

Ökonomische Verflechtungen und manipulatorische Absichten könnte eine Untersuchung deutlich machen, die Schülerinnen und Schüler etwa in einer neunten Klasse durchführen. Hier geht es darum, in einer viel gelesenen Jugendzeitschrift die Verbindung des redaktionellen Teils mit Werbeanzeigen aufzudecken.

Generell kommt es im methodischen Bereich darauf an, solche Verfahren zu wählen, bei denen Selbständigkeit angebahnt wird. Das gilt einmal für die Formen der individuellen Erarbeitung, bei der am Ende das Ergebnis allen in mündlicher oder schriftlicher Form mitgeteilt und anschließend diskutiert wird. Das gilt aber auch für Formen der gemeinsamen Erarbeitung auf Klassen- und Gruppenbasis. Wichtig ist dabei, dass möglichst oft der detektivische Spürsinn geweckt wird und die Ergebnisse einer solchen Entdeckungsarbeit sodann den Anreiz für weiteres Forschen bieten.

Ein solcher methodischer Zugriff, der die Schülerinnen und Schüler entscheidend zur Selbständigkeit in der kritischen Rezeption von Werbetexten führt, sei beispielhaft dargestellt. Es handelt sich um die aus dem angloamerikanischen Sprachbereich stammende AIDA-Formel. Sie fasst zusammen, welche unterschiedlichen Funktionen einzelne Elemente in Werbeanzeigen aller Art (vom Plakat an der Litfaßsäule bis zur Postwurfsendung) haben.

Das erste A steht für „Arouse Attention" (Aufmerksamkeit erregen). Das sind häufig keine verbalen, sondern bildliche Elemente, die zu diesem Zweck (als Blickfang) eingesetzt werden. Das I steht für „Arouse Interest" (Interesse wecken). Hier sind es im Wesentlichen sprachliche Formulierungen, häufig unterstützt durch Bilder, die den jeweiligen Gegenstand der Werbung interessant erscheinen lassen. Das D steht für „Create Desire" (Verlangen schaffen, den Gegenstand zu besitzen). Hier sind es häufig Appelle an menschliche Grundgefühle (Angst, Zuneigung usw.), die den Besitz des Gegenstandes erstrebenswert erscheinen lassen. Das letzte A steht für „Stimulate Action" (Anreiz zum Handeln auslösen). Gemeint sind solche häufig besonders am Schluss von Werbebriefen zu findenden Appelle, die zum sofortigen Abschicken der Bestellkarte auffordern. Ist diese Formel exemplarisch an einigen Werbeanzeigen erarbeitet worden, haben die Schülerinnen und Schüler künftig die Möglichkeit, selbständig und kritisch Werbeaktionen jeder Art zu analysieren und selber Werbeanzeigen für den eigenen Bedarf zu konzipieren und zum eigenen Nutzen einzusetzen.

Eine absolut eindeutige Zuordnung bestimmter Gebrauchstexte zu einzelnen Schuljahren erscheint wenig sinnvoll. Innerhalb einer Textsorte kann der Schwierigkeitsgrad erheblich differieren, und was der einen Lerngruppe auf einer bestimmten Klassenstufe möglich ist, bereitet einer anderen erhebliche Schwierigkeiten. Dennoch bieten sich etwa Berichte im Lokalteil einer Tageszeitung schon für die Auswertung auf der Primarstufe an, zumal dann, wenn es dabei um ein Ereignis geht (etwa eine Brandkatastrophe), das zahlreiche Schülerinnen und Schüler miterlebt haben. Am Ende einer solchen Skala stehen Vertragstexte, deren Sprache weithin vom juristischen Fachvokabular bestimmt ist. Wichtig erscheint jedoch am Ende der Hauptschule und der Realschule auch eine Beschäftigung mit diesen Texten, da sie von erheblicher Bedeutung im weiteren Leben sind. Im Literaturverzeichnis sind zahlreiche Unterrichtsmodelle von der Primar- bis hin zur Sekundarstufe aufgeführt, die für die jeweilige konkrete Unterrichtssituation zu modifizieren und auszuarbeiten sind.

Literaturverzeichnis

Albrecht-Schnickmann, Beatrix / Wolff, Gerhart: Von der Sympathiewerbung zur Konfrontation. Wahlanzeigen in Zeitungen und Zeitschriften. In: Praxis Deutsch 1976, H. 18, 48–51

Baacke, Dieter u. a.: Kinder und Werbung. Stuttgart / Berlin / Köln 1993 (= Schriftenreihe des Bundesministeriums für Frauen und Jugend, Bd. 12)

Bach, Wolfgang: Wahlplakate 1983 und ein Vergleich mit Weimar. Vorschläge für eine Unterrichtseinheit in Klasse 9/10. In: Der Deutschunterricht 1985, H. 2, 29–50

Bayer, Klaus / Bayer, Margit: Morgens vor der Schule. Erzählen und Berichten in der Grundschule. In: Praxis Deutsch 1978, H. 28, 47–48

Belke, Horst: Literarische Gebrauchsformen. Düsseldorf 1973

Belke, Horst: Gebrauchstexte. In: Arnold, Heinz Ludwig / Sinemus, Volker (Hrsg.): Grundzüge der Literatur- und Sprachwissenschaft. Bd. 1: Literaturwissenschaft. München 1973, 320–341

Belke, Horst: Gebrauchstexte. In: Boueke, Dietrich (Hrsg.): Deutschunterricht in der Diskussion. Bd. 2, Paderborn / München u. a. 1979, 305–333

Berthold, Christian: Fiktion und Vieldeutigkeit. Tübingen 1993

Boettcher, Wolfgang, / Firges, Jean / Sitta, Horst / Tymister, Hans Josef: Schulaufsätze – Texte für Leser. Düsseldorf 1973

Bommer, Marianne: Eine Werbeanzeige als Superzeichen. Unterrichtsmodell 8. Schuljahr. In: Praxis Deutsch 1973, H. 1, 51–53

Bonengel, Angelika / Kruer, Lisa / Lott, Gerhart: Beim Wort genommen – Werbung wird Wirklichkeit. In: Praxis Deutsch 1977, H. 22, 21–24

Brandt, Ursula / Gerth, Klaus: Programmankündigung: Kara Ben Nemsi Effendi. In: Praxis Deutsch 1974, H. 2, 22–24

Bühler, Karl: Sprachtheorie. 2. Aufl., Stuttgart 1965

Burkhardt, Jürgen / Bornscheid, Wolfgang: Informationsentnahme – Informationsverarbeitung: Ausbildungsverträge. In: Praxis Deutsch 1977, H. 21, 43–45

Butzlaff, Wolfgang: Sprachbetrachtung und Sprachkritik mit Hilfe der Zeitung. In: Der Deutschunterricht 1969, H. 4, 18– 39

Drommel, Raimund H.: Die Überredungsfunktion der Wahlkampfsprache am Beispiel Massenpresse. In: Praxis Deutsch 1976, H. 18, 72–76

Duske, Uwe: Zur Form erstarrtes sprachliches Handeln. Umgang mit Formularmietverträgen. In: Praxis Deutsch 1974, H. 3, 59–64

Eigenwald, Rolf: Überredungstechniken – Zum Sprachgebrauch in politischen, journalistischen und ökonomischen Texten. In: Ide, Heinz (Hrsg.): Projekt Deutschunterricht 2. Stuttgart 1972, 101–126

Ermert, Karl: Briefsorten. Untersuchungen zu Theorie und Empirie der Textklassifikation. Tübingen 1979

Fuchshuber-Weiß, Elisabeth: Gebrauchsanweisungen für Phonogeräte. Routine, Irritation und Veränderung. Gewohnheitswissen und Textverständnis bei Dreizehnjährigen. In: Der Deutschunterricht 1985, H. 2, 6–17

Gast, Wolfgang: Welche Jeans sind die besten? Mediendidaktische Analysen zu den Werbeantworten von Levi's und Diesel. In: Diskussion Deutsch 1994, H. 140, 386–400

Gerth, Klaus: Gebrauchstexte im Unterricht. In: Praxis Deutsch 1974, H. 2, 14–16

Gniffke-Hubrig, Christa: Textsorten – Erarbeitung einer Typologie von Gebrauchstexten in der 11. Klasse des Gymnasiums. In: Der Deutschunterricht 1972, H. 1, 39–52

Grenz, Dagmar: Modeteil von Frauenzeitschriften. In: Praxis Deutsch 1974, H. 2, 51–56

Hasubek, Peter / Günther, Wolfgang: Sprache der Öffentlichkeit. Informierende Texte und informatorisches Lesen im Unterricht der Sekundarstufe. 2. Aufl., Düsseldorf 1975

Hasubek, Peter / Günther, Wolfgang: Texte zum informatorischen Lesen. Materialband zur Sprache der Öffentlichkeit. 4. Aufl., Düsseldorf 1980

Hasubek, Peter: Didaktische Grundlegung zur Behandlung von Gebrauchstexten im Unterricht. In: Lange, Günter / Neumann, Karl / Ziesenis, Werner (Hrsg.): Taschenbuch des Deutschunterrichts. Bd. 2, 4. Aufl., Baltmannsweiler 1990, 805–829

Heinemann, Wolfgang / Viehweger, Dieter: Textlinguistik – Eine Einführung. Tübingen 1991

Heller, Karl-Jürgen: Die Sprache der Parteienreklame. In: Ide, Heinz (Hrsg.): Projekt Deutschunterricht 2. Stuttgart 1972, 60–80

Hilbig, Norbert: Sprache der Werbung. In: Praxis Deutsch 1975, H. 13, 2–4

Hippe, Robert: Der Gebrauchstext. Hollfeld 1981

Hölsken, Hans-Georg: Fachtexte leserfreundlich umschreiben. In: Praxis Deutsch 1988, H. 91, 27–36

Hölterhof, Dieter / Otto, Margret: „Geehrter Herr ...“ – Veränderungen in der Geschäftskorrespondenz – Wandel einer Berufsrolle. In: Praxis Deutsch 1980, H. 40, 50–54

Holtegraefe, Karin: Spielregeln. In: Praxis Deutsch 1975, H. 9, 24 u. 37–38

Hurrelmann, Bettina: Verlagskataloge für Kinder- und Jugendbücher. In: Praxis Deutsch 1974, H. 7, 40–42

Ide, Heinz (Hrsg.): Sprache und Realität. Manipulations- und Verschleierungstechniken. Projekt Deutschunterricht 4. Stuttgart 1975

Jegensdorf, Lothar: No smoking! Eine Anti-Raucher-Aktion. In: Praxis Deutsch 1975, H. 9, 50–53

Kaiser, Wolf / Peitsch, Helmut: Reisebeschreibung. In: Praxis Deutsch 1983, H. 61, 58–63

Klein, Klaus-Peter: Reiseführer. Gebrauchsliteratur für unterwegs und zuhause. In: Der Deutschunterricht 1985, H. 2, 18–28

Klein, Klaus-Peter: Umgang mit Gebrauchstexten. In: Hopster, Norbert (Hrsg.): Handbuch „Deutsch" Sekundarstufe I.Paderborn 1984, 178–204

Kleinschmidt, Gert: Bastelanleitung. Fische aus Papier. In: Praxis Deutsch 1974, H. 2, 20–21

Koch, Helmut H.: Porträt eines Pop-Stars: Robert Plant, der wilde Engel. In: Praxis Deutsch 1974, H. 2, 45–50

Kochan, Barbara: Gebrauchstexte und Textgebrauch. Materialien und Unterrichtsmodelle zur Leseerziehung in der Primarstufe und Sekundarstufe I. Kronberg 1975

Kroeber-Riel, Werner: Technik und Strategie der Werbung. Verhaltenswissenschaftliche Ansätze. 3. Aufl., Berlin / Köln 1991

Krüer, Lisa: Anweisungstext: Denksportaufgabe. In: Praxis Deutsch 1974, H. 2, 37–38

Kunze, Wilfried / Maschin, Birgit: Grammatische Fehler in Lebensläufen als Einstellungskriterium. In: Praxis Deutsch 1979, H. 34, 54–55

Lohrey, Hadwig / Selge, Martin: Stars im Kreuzverhör. Eine Analyse der Star-Interview-Serie in der Jugendzeitschrift „Bravo" vom 18.10.1971 bis 14.06.1972. In: Diskussion Deutsch 1975, H. 25, 421–439

Lux, Friedemann: Text, Situation, Textsorte. Tübingen 1981

Marquardt, Doris: Sachtext. In: Lange, Günter / Marquardt, Doris / Petzoldt, Leander / Ziesenis, Werner: Textarten – didaktisch. 2. Aufl., Baltmannsweiler 1998, 149–152

Matthias, Dieter / Steinert, Joachim: Bild und Wort in Wahl-Kampfstellung. Eine semiotische Analyse politischer Propaganda. In: Praxis Deutsch 1976, H. 18, 52–57

Menzel, Wolfgang: Katalogtext: Spielwaren. In: Praxis Deutsch 1974, H. 2, 17–20

Messelken, Hans: Demokratie statt Wahlkampf? Der Wahlkampf in unserer Demokratie. In: Praxis Deutsch 1976, H. 18, 65–71

Metz, Klaus-Dieter: „Verhalten der Fahrgäste". Beförderungsbedingungen. In: Praxis Deutsch 1975, H. 12, 38–40

Mosche, Ursula: Auf dem Polizeirevier. Zur partnertaktischen Organisation eines Berichtes. In: Praxis Deutsch 1978, H. 28, 51–52

Nusser, Peter: Anzeigenwerbung. München 1976

Postelt, Bärbel / Thom, Margarete: Wahlslogans der Parteien. In: Praxis Deutsch 1976, H. 18, 45–47

Petsch, Gunter u. a.: Die Beurteilung von Personen in Arbeitszeugnissen. In: Praxis Deutsch 1985, H. 74, 42–47

Rolf, Eckard: Die Funktion der Gebrauchstextsorten. Berlin / New York 1993

Sandig, Barbara: Zur Differenzierung gebrauchssprachlicher Textsorten im Deutschen. In: Gülich, Elisabeth / Raible, Wolfgang (Hrsg.): Textsorten. Differenzierungskriterien aus linguistischer Sicht. Frankfurt/M. 1972, 113–124

Schlabach, Sigrid: Informationstechnisches Lesen anhand eines Fernsehprogramms. In: Praxis Deutsch 1975, H. 13, 17–18

Schütt, Artur / Stuflesser, Brigitte: Das Sachbuch im Deutschunterricht. Düsseldorf 1972

Sowinski, Bernhard: Gebrauchstexte im Unterricht. In: Sowinski, Bernhard (Hrsg.): Fachdidaktik Deutsch. Köln 1980, 279–289

Springmann, Ingo (Hrsg.): Werbetexte / Texte zur Werbung. Stuttgart 1975 (= Reclams Arbeitstexte für den Unterricht 9522)

Stocker, Karl: Praxis der Arbeit mit Texten. Zur Behandlung von Texten der Gebrauchs- und Alltagssprache. 3. Aufl., Donauwörth 1977

Storck, Karin / Wolff, Gerhart: Wahlkampfwerbung und Wirtschaftswerbung – ein problematischer Zusammenhang. In: Praxis Deutsch 1976, H. 18, 28–31

Vater, Heinz: Einführung in die Textlinguistik. München 1992

Vickus, Marlies: Kritisches Lesen eines Werbetextes. In: Praxis Deutsch 1975, H. 13, 19–20

Waldmann, Günter: Trivialliteraturdidaktik. In: Wirkendes Wort 1981, H. 2, 74–98

Windmann, Horst: Das Erschließen von Sachtexten als schriftliche Arbeitsform. Ein Spiral-Modell. In: Der Deutschunterricht 1981, H. 5, 85–98

Wintgens, Hans-Herbert: „Lieber Wähler". Vokabular und Redestrategien im Wahlkampf. In: Praxis Deutsch 1976, H. 18, 25–27

Woesler, Winfried: Der Reim als Mittel der Werbung. In: Diskussion Deutsch 1982, H. 65, 233–241

Wolff, Gerhart: Vertragstext: Kfz-Reparatur. In: Praxis Deutsch 1974, H. 2, 57–60

Zabel, Hermann: Bewerbungsschreiben. In: Praxis Deutsch 1977, H. 26, 62–64

ROLF BACHEM

Politische Rede im Deutschunterricht

1. Probleme

Zum Erreichen des unumstrittenen Ziels, dass sich die heranwachsenden Jugendlichen zu mündigen Bürgern entwickeln, scheint sich die Arbeit mit politischen Reden besonders anzubieten. So sehen es auch die Richtlinien aller Bundesländer – zum Teil schon für die 9. bis 10., insbesondere aber für die 11. bis 13. Jahrgangsstufe vor. Man hofft, dass die Schüler dadurch lernen, Manipulation durch Sprache zu durchschauen und sich mittels erlernter Analyse- und Reflexionstechniken künftig davor zu schützen – ähnlich wie durch die Arbeit mit Werbetexten. Modelle, die dabei den Deutschdidaktikern der 60er und 70er Jahre überwiegend vor Augen standen, waren einmal die Vorstellung von den Ideologiesprachen als lexikalische Systeme im Sinne von Orwells „Newspeak“, zum anderen die Vorstellung vom Politiker als Verführer, der die Massen zu seinen eigenen Zwecken manipuliert und dessen Strategien und Ziele dekouvriert werden müssen (vgl. Richtl. f. Gymn. NRW, 1963, 54). Zum Zwecke der Aufklärung wählte man mit Vorliebe Hitler-, Goebbels-, Ulbricht- und Honecker-Reden, bzw. solche der gegenwärtigen politischen Gegner, dazu rechneten einige Autoren auch Festreden aus der Bundesrepublik, die nach Eigenwald (1974) keinen anderen Sinn haben, als das reaktionär-konservative Establishment zu stabilisieren (zum Aufklärungsaspekt: Bachem 1991 a; zur Didaktikgeschichte: Asmuth 1992). Das Dekouvrieren der sprachlichen Machenschaften der Gegner erreichte einen Höhepunkt auf dem Germanistentag 1984 in Passau, wo sogar hochrangige Politiker sich als Analytiker der politischen Sprache betätigten (P. Glotz, SPD, und H. Geißler, CDU), indem sie jeweils den Gegenparteien Mythenbildung und semantische Manipulation vorwarfen. Eine Schwierigkeit besteht darin, dass gerade im Erziehungsbereich das globale Verteufeln nicht zur Mündigkeit führt, aber auch nicht in der Gesellschaft zur Aufklärung. Erst die viel komplexere Arbeit an der Einsicht in die Ambivalenzen und prinzipiellen Handicaps der politischen Sprachhandlungen hilft, zukunftsfähige fruchtbare Einstellungen und Offenheiten zu gewinnen. Politische Handlungen sind immer auch ein Spiel mit unbekannten Faktoren. In wichtigen politischen Entscheidungsfragen gibt es nur subjektive Gewissheiten und Wahrscheinlichkeiten. Zur politischen Mündigkeit im aufklärerischen Sinne gehört die verinnerlichte Einsicht, dass die andern, die Gegner, die Konkurrenten, in größerem Maße Recht haben könnten, als es unsere persönliche subjektive Gewissheit sagt, und dass daher Toleranz, Kompromissbereitschaft, Versöhnungsbereitschaft, Bereitschaft, anderen zuzuhören, anzustrebende Grundhaltungen sind, wie auch das Streben nach ethischen Orientierungen, die – trotz aller pluralistischen Verschiedenheit der religiösen und ideologischen Lager – in „Grundgesetzen“, „allgemeinen Menschenrechten“ und in der „Charta der Vereinten Nationen“ zu formulieren versucht werden.

Schwer erreichbar wird dieses Ziel dadurch, dass es schwieriger ist, die Alltagsmythen und den ideologischen Charakter der eigenen Gruppe zu erkennen als die der anderen, aber auch dadurch, dass die vermutlich beste Staatsform, die pluralistisch-parlamentarische Demokratie, offenbar nicht auskommt ohne den permanenten Kampf um die Macht mittels schwerster gegenseitiger Vorwürfe der Unlauterkeit, Dummheit und katastrophalen Fehlentscheidungen.

Die Schüler und Schülerinnen sollen im Umgang mit politischen Reden u. a. folgende Lernziele erreichen:

- Einsicht in die Bedingungen politischen Sprachhandelns, Verstehens und Missverstehens,
- Sprachwissen hinsichtlich politischer Sprache und metasprachlicher Reflexionsbegriffe,
- methodische Fähigkeit der Sprachreflexion,
- Bereitschaft zum Gespräch über Sprache und Sprachhandeln, Bereitschaft, sich Strategien und Ziele bewusst zu machen, sich kreativ eigene Erkenntnisse zu erarbeiten,
- Offenheit für politische Kommunikation,
- Fähigkeit, politische Reden schriftlich kritisch zu analysieren,
- Fähigkeit, durch eigene Reden oder durch verwandte Textsorten (Leserbrief o. a.) kreativ zu sein und eigene Interessen zu vertreten.

2. Techniken bzw. Ebenen der Analyse

2.1. Verstehensvoraussetzungen

Mit den Textexemplaren der Textsorte 'politische Rede' haben wir im Unterricht zunächst einmal Sprachmaterial vor uns, verschriftlichtes oder akustisch und visuell gespeichertes, und man könnte versucht sein, sogleich dieses Material mit verschiedenen Instrumenten (Analysebegriffen) zu sondieren und allein daraus Schlüsse zu ziehen. Aber so eindimensional ist sprachliche Kommunikation nicht, und es geht um Handlungen, nicht um Wörter (s. pragmatische Wende). Viele sehr wichtige Handlungen in der Politik werden durch indirekte Sprechakte vollzogen (so auch im Alltagsgespräch und in der ästhetischen (fiktionalen) Kommunikation). Das Gemeinte bzw. das vom Empfänger aufgrund eines unbewussten Interpretationsprozesses Verstandene ist Resultat von Schlussfolgerungen aus sehr komplexen Gegebenheiten:

Im Unterricht behandelte Reden sind in der Regel historische Texte, zu deren Verständnis Hintergrundwissen erforderlich ist (s. z. B. Chronik Handbuch: Reden und Dokumente des 20. Jahrhunderts, 1996).

Der scheinbar sachverhaltsbeschreibende Satz: „Herr X ist ein Sicherheitsrisiko." ist im Kontext einer Wahlkampfrede zu Zeiten des „kalten Krieges" (wenn X = Kanzlerkandidat der gegnerischen Partei) nicht als eine bloße Informationshandlung gemeint, sondern der Sprecher will sie als eine Aufforderungshandlung und als

Begründungshandlung verstanden wissen, und er meint: Wählen sie nicht X, denn wenn Sie X wählen, kommt es wahrscheinlich in der gegenwärtigen Situation zum Bürgerkrieg oder Krieg mit dem Nachbarland. Um das zu verstehen, braucht der Hörer Kenntnisse von Vorgangs- und Handlungsschemata, wie Wahlkampf, Kanzlerrolle hinsichtlich Innen- und Außenpolitik, Reaktion von radikalen Gruppen auf bestimmte Regierungsmaßnahmen, Bedingungen für Kriegsausbruch, Kenntnis der Fachsprache („Sicherheitspolitik" betrifft Krieg / Frieden). Um es in D. Wunderlichs sprechakttheoretischer Terminologie zu sagen: Der Sprechakt des Redners ist *gelungen*, wenn der Hörer verstanden hat, dass er den Sprecher und nicht seinen Gegenkandidaten wählen soll. Sein Sprechakt ist *erfolgreich*, wenn der Hörer sich dadurch tatsächlich beeinflussen lässt (Wunderlich 1974, 110ff.). Das Diagramm Seite 868 soll dies verdeutlichen:

Die im Folgenden zur Sprache gebrachten Analyseebenen und Analyseinstrumente sind unter der Voraussetzung zu sehen, dass immer wieder unterschieden wird, was ein Text wörtlich mitteilt und was er indirekt mitteilt, was erst durch Schlussfolgerungen aus Text- und außertextlichem Wissen (hier: Weltwissen über Vorgangsschemata und Diskurswissen über das früher Gesagte) als vom Sprecher Gemeintes verstanden werden kann, welche Missverständnisse etwa auftreten könnten oder welche Ambivalenzen in der Rede stecken, d. h., was eigentlich gemeint ist, aber notfalls vom Sprecher als angeblich nicht gemeint dementiert werden könnte (eine besondere Möglichkeit bei indirektem Sprechen und ambivalenter, z. B. metaphorischer Wortwahl).

2.2. Intentionen der Redner und Funktionstypen der Rede

Es ist daher einsichtig, dass vor der Analyse einer politischen Rede zuerst nach der Situation zu fragen ist, in der sie stattfindet, nach der Rolle und den Intentionen des Redners, nach dem Kenntnisstand, dem Vorverständnis und den Erwartungen, die die Hörer vermutlich haben, mit denen Sprecher und Hörer in das „kommunikative Handlungsspiel" eintreten. Denn diese Voraussetzungen sind maßgebend für Schlussfolgerungen und bestehende und sich verändernde „Obligationen", denen die Kommunikationspartner unterworfen sind.

Zu berücksichtigen sind auch nonverbale Botschaften: zeichenhafte Gegebenheiten, die Sinn und Wirkung einer Rede mitbestimmen, wie z. B. die Inszenierung einer Rede (Festsaal, martialische Aufstellung von Uniformierten, Fahnenmeere, Fanfarenklänge – oder spontane Demonstration auf der Straße – oder Neujahrsansprache aus dem Arbeitszimmer über den Fernseher an die „Menschen im Lande"). Dass Symbole für die Anwesenden und die Zuschauer am Bildschirm einen nicht unerheblichen Teil der psychischen Wirkung ausmachen, ist der Grund für Verbote, z. B. von NS-Insignien oder das Verbot von 1993, die Reichskriegsflagge zu zeigen.

Resultat des Geprägtseins durch diese Faktoren sind die Situationstypen der Rede. Soll ein Redeauszug analysiert und interpretiert werden, so ist wichtig, ob er aus einer Wahlkampfrede, Bundestagsrede, Festrede, Gedenkrede, Trauerrede, Fernsehansprache o. a. stammt.

Schema der Kommunikationsgrundlagen

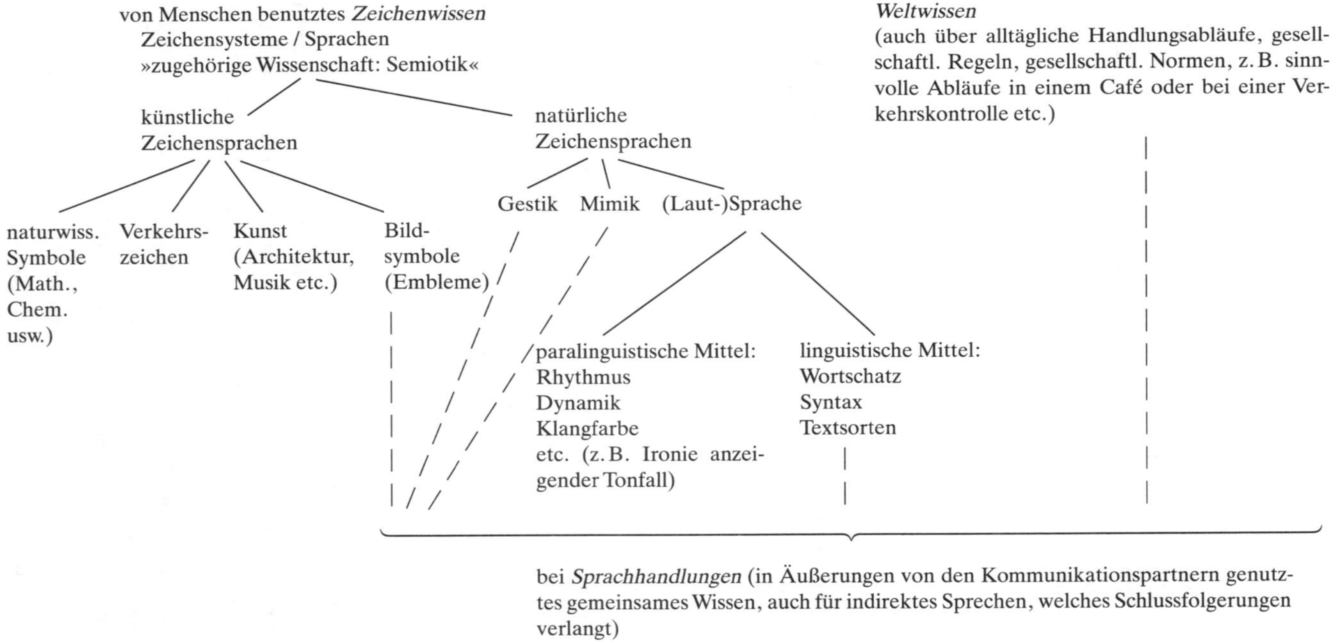

In Sprachhandlungen werden benutzt:
- semiotisches Wissen
- allgemeines Weltwissen
- spezielles Wissen über die Situation, in der man sich befindet, über den Textzusammenhang, evtl. gemeinsame literar. oder zeitgeschichtliche Kenntnisse, auf die man anspielen kann, etc.
- Schlussfolgerungsstrategien

2.3. Die Analyse des rhetorischen Konzepts (dispositio)

Von den Situationstypen politischer Reden zu unterscheiden und doch damit eng verbunden sind die Intentionen der Redner. Solche Intentionen sind in der Regel komplex und vermischt: Imagearbeit des Redners und seiner Partei zielt auf Machterhalt oder Machtgewinn. Es kann mehr um Systemstabilisierung (s. affirmative und beschwichtigende Sprachhandlungen) oder um Aggression gegen den Gegner (s. Diffamierungstaktiken, Sprache der Invektive) gehen. Eine Rede kann Goodwill-Appelle, Bestärkung von Versöhnungsbereitschaft oder Mobilisierung für ethisch verantwortungsvolle Zukunftskonzepte transportieren. Der Redner kann auch beabsichtigen, Volksverhetzung, Volksverführung zu betreiben und zu Gewalttaten anzustiften (s. Bachem 1978, 1983, 1993). Immer aber kommt der politischen Rede als öffentlichem Ereignis auch eine Unterhaltungsfunktion zu (Rede als Happening), jedenfalls erwarten es die Hörer auch, dass sie in Feierstimmung versetzt oder aufgemuntert und amüsiert oder erschreckt und schockiert werden. Es gibt also hintergründigere (z. B. Einwirkung auf unterbewusste Einstellungen) und vordergründigere (z. B. Lob eines Friedensnobelpreisträgers, Plädoyer gegen ein bestimmtes Vorhaben) Zwecke.

Ein erster Eindruck lässt oftmals bereits in groben Zügen erkennen, welche Zwecke angestrebt werden und wie sich das rhetorische Gesamtkonzept dazu verhält. Zu fragen wäre also: Lässt sich eine thematische inhaltliche Gliederung erkennen? Welche Stoffe, Themen werden überhaupt ausgewählt, um den Zweck zu erreichen? Wird etwa mehr abstrakt philosophisch oder mehr erzählend, mit historischen Rückblicken oder mit drastischen populistischen Beispielen 'aus dem Leben' gearbeitet? Wird mehr quasi rational argumentiert oder eher bildhaft assoziativ, emotionalisierend, indirekt verfahren? Schon Aristoteles und Quintilian gingen davon aus, dass die narratio (der Sachverhalte darlegende Teil) und die argumentatio (der argumentierende und rechtfertigende Teil) eher in der Gerichtsrede je eigene Redeabschnitte bilden, dass diese beiden Sprachhandlungstypen aber in politischen Reden stark überlappen und dass häufig Wechsel zwischen beiden auftreten, ja dass Erzählen auch schon indirektes Argumentieren sein kann.

Andererseits gehört auch zum Konzept einer Rede, was der Redner verschweigt. So wurde z. B. im redekritischen Mediendiskurs nach von Weizsäckers Ansprache zum Gedenken an das Kriegsende (8.5.85) von einigen Autoren besonders herausgestellt, was unerwähnt blieb, ihrer Meinung nach aber hätte gesagt werden müssen.

2.4. Handlungstheoretische und semantische (semantopragmatische) Analyse

Eine politische Rede ist in der Regel ein Ensemble verschiedener Sprachhandlungstypen: Informieren, Resümieren z. B. der Geschichte (beides repräsentative Sprechakte), eigene Empfindungen und Überzeugungen ausdrücken (expressive Sprechakte), Versprechen-Geben, Drohen (beides commissive Sprechakte, in denen der Sprecher sich zu eigenen Handlungen verpflichtet), Loben, Tadeln,

Vorwürfe-Machen, Ermahnen, Begründen (lauter satisfaktive Sprechakte, d.h. Einwirkungen auf die psychischen Einstellungen des Hörers), Beschimpfen (repräsentativ / expressiv), Angebote-Machen (deklarativ), Auffordern, Bitten (direktiv), Lügen, Verleumden (im Hinblick auf die Aufrichtigkeitsbedingung sog. „verzerrte“ repräsentative Sprechakte) usw., von denen fast jeder aber durch die Möglichkeit der Interpretation als indirekter Sprechakt etwas anderes meinen könnte, als er wörtlich sagt. Und das gilt besonders für die rhetorische narratio, die der Form nach aus feststellenden, berichtenden, erzählenden Sprechakten besteht, aber oftmals als Schlussfolgerungsbasis zu tatsächlichen Akten des Zuratens, Abratens, Aufforderns, Versprechens, Drohens etc. funktioniert.

Hinzu kommt, dass in den narratio-Passagen einer Rede ein situationsrelevantes subjektives Weltbild erstellt wird, indem vom Sprecherinteresse her bestimmte Selektionen vorgenommen sind (Was wird berichtet? Was wird weggelassen?) und Wertungen festgeschrieben werden (Wie werden die Vorgänge / Personen bezeichnet? Was für eine Art von Bewertung wird durch die Benennung vorgenommen?). J. Volmert hat in seinem Buch „Politikerrede als kommunikatives Handlungsspiel“ (1989) die parteiliche „Etikettierung“ der Welt als wichtigsten Sprachhandlungstyp im Sprachhandlungsensemble einer Rede bezeichnet. Die Analyse dieses „Etikettierungshandelns“ fällt weitgehend zusammen mit dem, was man „lexikalisch-semantische Analyse“ zu nennen pflegte, betont aber mehr den Prozess. Sie kann u. U. bereits das parteiliche *indirekte* (implikative) Argumentieren aufdecken und die Konstitution der parteilichen Einstellungen und Entscheidungsgrundlagen sichtbar machen, die die Rede zu transportieren versucht. Etikettierungen von Wirklichkeit sind in Plädoyers für Frieden und Versöhnung ebenso unentbehrlich wie beim Werben um Parteigänger im Kampf um die Macht. Auch ethisch hochstehende Reden konstituieren ein subjektives Weltbild mit ideologischen Konzepten. Anders ist die politische Bewältigung des Gemeinschaftslebens und auf Überzeugen, Motiviert-Werden und Akzeptiert-Werden zielende Kommunikation nicht denkbar. Zur Analyse der Etikettierungen gehört das Bewusstmachen der lexikalischen Mittel, wie z. B. Schlüsselwörter, Hochwertwörter, Euphemismen, Diffamierungsausdrücke usw., d. h. aller mit emotionalen und ideologischen Assoziationen hoch aggregierten Symbole. Zu bedenken wäre, wie weit im Bezug auf den Text der Versuch der Parteien relevant ist, wichtige Wörter der Politik im Sinne der eigenen Gruppe zu definieren und zu besetzen (s. Greiffenhagen (Hrsg.), „Kampf um Wörter?“, 1980; Liedtke / Wengler / Böke (Hrsg.), „Begriffe besetzen“, 1991). Wichtige Wörter der Politik, wie „Freiheit“, „sozial“, „solidarisch“, „Emanzipation“ usw., sind „ideologisch polysem“ (Dieckmann 1975, 70ff.). Das heißt, dass die bezeichneten Begriffe bei Vertretern konservativer, progressiver oder totalitärer Systeme neben gewissen gemeinsamen Grundelementen sehr unterschiedliche Konkretisierungen erfahren und dass das Wort „demokratisch“ sehr Verschiedenes meinen kann. Der Begriff „solidarisch“ kann für sehr unterschiedliche Zusammenhänge benutzt und als Fahnenwort ausgehängt werden. Und ob ein Großteil der Bevölkerung Ausdrücke wie „sozial“ / „Sicherheit“ oder „Nation“ mit der Partei X oder mit der Partei Y assoziiert, ist im

Wahlkampf nicht ohne Belang. Überdies erkennt man daran, mit welchen Wörtern der Sprecher auf Gegebenheiten der politischen Wirklichkeit referiert, zu welcher Gruppe er gehört. So kann Sprache als Mittel der sozialen Kontrolle fungieren, in kleinen Untergrund-Gruppen ebenso wie in totalitären Staaten oder in großen Parteien, wenn auch glücklicherweise die Kontrolle des Denkens nicht so leicht gelingt wie in G. Orwells Utopie durch „Newspeak".

Die Inhalte der Schlüsselwörter, bzw. der „Leitwörter", „Fahnenwörter" und „Stigmawörter" (G. Strauß 1986, 73), bzw. der „Miranda" (Symbole für Macht und Leistung der Partei) und „Antimiranda" (Symbole für Minderwertigkeit und Verwerflichkeit der Gegner) (H. D. Lasswell 1957) liegen nicht für alle Gruppen und Zeiten fest. Jede Partei oder neue Parteilinie sucht ihr genehme begriffliche Inhalte oder Konnotationen durchzusetzen. Das kann geschehen durch explizite Definitionen (s. Schönhubers wiederholter Versuch, „radikal" als mit dem Grundgesetz verträglich, kernig und konsequent zu definieren). „Fanatisch" wurde in der NS-Sprache durch implizite Verfahren positiv definiert (z. B. durch Verwendung in Kontexten wie „fanatischer Einsatz für das Vaterland"). In der Gegenwart machen Wörter des Umwelt-Bereichs eine große politische Karriere (Strauß / Haß / Harras, „Brisante Wörter", 1989, 397 ff.): Bildungen mit „öko-" oder „bio-", „Recycling", „umweltgerecht" etc. Sie werden zur Motivation der Bürger, aber auch zur Sympathiewerbung und zur Beschönigung benutzt. Beschönigende Funktion haben nicht nur usuelle oder neu erfundene Euphemismen, wie „Endlösung", „ethnische Säuberung", „Schutzwall", „Umerziehungslager", „Entsorgungspark", „Minuswachstum", „freistellen" (in die Arbeitslosigkeit entlassen), zu denen es meist auch neutrale oder negativ wertende Ersatzwörter gibt, sondern auch Formulierungen mit Wörtern, die an sich unverdächtig sind, die aber im Kontext einen beschönigenden Effekt haben:

> „Das deutsche Volk (...) wird Menschen, die nicht für Deutschland sind, nicht mehr unter sich dulden." (Hitler 1933, zit. n. Reich 1973, 221)

„Nicht dulden" steht für „enteignen", „vertreiben" „ermorden", aber es ist an sich kein Euphemismus. Auch durch Abkürzungswörter lassen sich u. U. die schlimmen Assoziationen des vollen Namens unterdrücken, z. B. „Gau" (= größtmöglicher atomarer Unfall), „Kernenergie" (= Atomkernverschmelzungsenergie).

Besonders ergiebig ist auf dieser Ebene die Analyse der im Text verwendeten Metaphern, zwar auch der usuellen, konventionellen („Brücke der Verständigung", „Netz der sozialen Sicherheit"), besonders aber der innovativen, kreativen („Einschnitte" ins Netz der sozialen Sicherheit; der Gegner wird „ein Goebbelsverschnitt" genannt; der 2. Weltkrieg wird als „der europäische Bürgerkrieg" bezeichnet). Mit Metaphern lassen sich die verschiedensten Wirkungen erzielen. So hat vermutlich auch die von M. Gorbatschow propagierte Metapher „unser gemeinsames europäisches Haus" in der Zeit des politischen Umbruchs in Ost- und Westeuropa erhebliche Wirkung gehabt (s. Bachem / Battke 1991 b). In Verbindung mit den Possessiva „unser gemeinsames" beschwor sie Kooperations- und Versöhnungspflicht und war im ideologischen Ost-West-Diskurs auch für die progressiven Vertreter des Ostens nicht negativ sanktioniert, ein Good-will-Symbol. Darüber hinaus wurde sie in vielfältigen Abwandlungen in Streitgesprächen nutzbar, indem man sie mit einem kreativen metaphorischen Zusatz ausstattete, mit dem der Meinungsdissens im Detail veranschaulicht werden konnte, und man sprach vom „Bauplan", „Fundament", von „Fenstern und Türen", gemeinsamen oder getrennten „Eingängen" und „Fluren", vom „Wohnrecht" und dem Recht, seine „Fahne auf dem Dach" zu hissen, und schließlich vom „Stacheldraht mitten durchs Wohnzimmer" (R. v. Weizsäcker zu Gorbatschow).

In der metaphorischen Verwendung verliert ein Wort entscheidende Bedeutungsmerkmale („Haus" ist hier nicht mehr ein konkretes ortsfestes Behältnis zum Wohnen), während andere Bedeutungsmerkmale, u. U. periphere, priorisiert werden: Der ethische Aspekt, dass die Hausbewohnerparteien friedlich kooperieren sollten, nur eine Konnotation zu „Haus", wird hier zum Wesentlichen.

Mit Metaphern können vor allem abstrakte Sachverhalte veranschaulicht, einprägsam und emotionsstark verankert werden. Mit ihnen kann man auch Sachverhalte wirkungsvoll auf- oder abwerten. Diese Eigenschaft lässt sich zum Zweck der Herabsetzung und Beschimpfung des Gegners trefflich nutzen. Eine bekämpfte Gruppe von Mitbürgern als „Ungeziefer", „Schmarotzer", „Krebsgeschwür am Volkskörper" zu bezeichnen, heißt bereits, zu deren Vernichtung aufzurufen, und begründet auch diese Vernichtung. Die Bezeichnung der Wirklichkeit mit solchen Etiketts ist nur scheinbar ein Akt des Beschreibens. Gemeint ist und verstanden wird ein solche Beschreibungen enthaltender Satz als ethischer Appell (Du sollst etwas dagegen tun) oder als Rechtfertigung (Daher mussten wir ...). In der Verbindung von Metaphern oder Metonymien mit dem direktiven Illokutionsmarker „Imperativ" kommt es zu einer hochgradig emotionalisierten Aufforderung zu konkretem Handeln („Schlagt die Schweine tot!" oder, wie ein Offizier in Bosnien gesagt haben soll: „Laßt ja die Finger von der Fabrik, die brauchen wir. Schießt auf Fleisch!").

2.5. Argumentationsanalyse

Ein besonders wichtiges und für den Deutschunterricht schwieriges Verfahren ist die praktische Anwendung der Argumentationsanalyse. Es fehlt – seit Aristoteles' „Rhetorik" und seit St. Toulmin (1975) – nicht an Theorien dazu. Und es ist allen Theoretikern klar, dass das Persuasionsmittel rhetorisches Argumentieren (= Argumentieren im Alltag und in der Politik) strukturverschieden ist von einer philosophischen oder der naturwissenschaftlichen logischen Argumentation in der expliziten Form des *Syllogismus* (z. B. 1. Übergeordnete Prämisse: Alle Menschen sind sterblich. – 2. Untergeordnete Prämisse: Sokrates ist ein Mensch. – 3. Schlussfolgerung: also ist S. sterblich.). Aristoteles nennt die hiervon abweichende rhetorische Schlussform „*Enthymem*". Sie gewinnt ihre Überzeugungskraft zwar durch die Verwandtschaft mit dem Syllogismus, d. h. mit zwingender Logik, aber ihre Obersätze (Prämissen) oder ihre Schlussfolgerungen haben nur den Charakter der Wahrscheinlichkeit, d. h., sie sind, genau betrachtet, nur bedingt oder nicht zwingend gültig oder sogar irreführend. Außerdem sind sie formal fast immer unvollständig: einer der Obersätze oder die conclusio fehlt, wird aber vom Hörer unbewusst mitverstanden.

Die Aufgabe des kritisch Analysierenden besteht darin, die „implikativ thetischen" Prämissen (unterstellten Annahmen) oder Schlussfolgerungen bewusst zu machen, den logischen 3-Schritt explizit zu entwickeln und dann auf seine Richtigkeit hin zu prüfen.

Schon Aristoteles erkannte, dass es in wesentlichen Bereichen von Politik, Rechtsprechung und Alltag keine zwingende reine Logik des Schließens gibt, sondern nur diese Wahrscheinlichkeitslogik: Ob sich die Entscheidung für diese oder jene Wirtschaftsmaßnahme, Gesetzesvariante, Person oder Partei in Zukunft als die bessere erweist, dafür lassen sich Gründe pro und contra anführen, aber das kann keine absolut zwingende Logik entscheiden, so sehr man das auch subjektiv glauben mag oder so sehr man es glaubhaft zu machen versucht.

Aristoteles sieht die Strategie, zu versuchen, mit Enthymemen zu überzeugen, als korrektes Verfahren an, solange der Redner seriös damit umgeht und nicht täuschende Enthymemtypen benutzt. Täuschende Enthymeme operieren mit falschen Prämissen, unzulässigen Verallgemeinerungen, sachlich unangemessenen Begriffen oder Begriffsverschiebungen oder geben zeitliches Nacheinander als Kausalität aus (z. B.: Nachdem ‹ = weil! › die Partei X die Regierung übernahm, ging's mit der Konjunktur bergauf.) usw. (vgl. Bachem 1992, 516f.). Im folgenden nach einer Hitlerrede formalisierten Beispiel: „1. Der Kampf ums Dasein ist Naturgesetz. 2. Krieg ist Kampf ums Dasein. 3. Also ist Krieg Naturgesetz, d. h. unvermeidbar und erlaubt." werden in unzulässiger Weise Vorgänge im Tierreich mit menschlichen Handlungsmöglichkeiten gleichgesetzt, und es wird die Existenz einer menschlichen Ethik verschwiegen; außerdem benutzt der Redner in übler Weise die Autorität der Naturgesetze zur Überredung.

Nach Aristoteles ist das Sich-Berufen-auf-Sprichwörter prinzipiell zulässig. Es wirke meist populär überzeugend, weil das Volk darin Volksweisheit gespeichert sehe und sich bestätigt fühle. Allerdings macht er auch auf die Ambivalenz dieser Methode aufmerksam und verwirft als Bezugsnorm ein altes Sprichwort der Blutrache-Kultur („Ein Tor ist der, der den Vater umbrachte und die Söhne am Leben ließ" ‹Arist. Rhet. 1395 ab› – ein Topos, mit dem übrigens H. Himmler am 6.10.43 seine SS-Offiziere von der Notwendigkeit der Ermordung der jüdischen Kinder zu überzeugen versuchte).

In der Deutschdidaktik der letzten Jahrzehnte ist immer wieder dic Aufdeckung der versteckten Prämissen und Schlüsse als Lernziel der Argumentationsanalyse genannt worden, und man hat versucht, dazu auch das Toulminsche Schema des Alltagsargumentierens heranzuziehen (Schwitalla 1976; Völzing 1979; Öhlschläger 1979). Richtig ist, dass das Rekurrieren auf Daten, das Sich-Berufen auf in der Gesellschaft geltende Normen, Autoritäten, Grundsätze, das „Stützen" durch zusätzliche Begründungen und schließlich auch der Modalitätsfaktor (Wird die Schlussfolgerung als zwingend oder nur bedingt oder nur wahrscheinlich geltend dargestellt?) bei der Analyse zu beachten und explizit zu beschreiben sind. Aber ein überzeugendes Schema, das in der Schule leicht anwendbar wäre, gibt es nicht; es sei denn, man greift auf den Syllogismus zurück, rekonstruiert den Argumentationsgang in einer

Art Tiefenstruktur als Dreischritt und benutzt im Übrigen Erläuterungen in freier Form. Beispiele sollen die Ambivalenz von Enthymemen und die Schwierigkeit ihrer Analyse verdeutlichen.

> „Wir Deutsche sind ein Volk und eine Nation. Wir fühlen uns zusammengehörig, weil wir dieselbe Geschichte durchlebt haben. Auch den 8. Mai 1945 haben wir als gemeinsames Schicksal unseres Volkes erlebt, das uns eint." (Richard v. Weizsäcker zum 40. Jahrestag der Kapitulation, 1985)

Rekonstruktion: 1. Menschen, die ein gemeinsames Schicksal / dieselbe Geschichte durchlebt haben, bilden ein Volk, eine Nation. 2. Das ist bei den Deutschen in Ost und West der Fall. 3. Also sind die BRD-Deutschen und die DDR-Deutschen ein Volk und eine Nation. Bewertung: Die Begriffe ‘Volk' und ‘Nation' sind unscharf, obzwar politisch sehr wirksam. Die getrennte Geschichte nach 1945 wird nicht erwähnt. Die 1. Prämisse ist anfechtbar. Dennoch stößt das Enthymem auf weitgehende Akzeptanz, weil es mit den Überzeugungen der meisten Zuhörer übereinstimmt.

> „Der erzwungenen Wanderschaft von Millionen Deutschen nach Westen folgten Millionen Polen und ihnen wiederum Millionen Russen. Es sind alles Menschen, die nicht gefragt wurden, Menschen, die Unrecht erlitten haben, Menschen, die wehrlose Objekte der politischen Ereignisse wurden und denen keine Aufrechnung von Unrecht und keine Konfrontation von Ansprüchen wiedergutmachen kann, was ihnen angetan worden ist.
>
> Gewaltverzicht heute heißt, den Menschen dort, wo sie das Schicksal nach dem 8. Mai hingetrieben hat und wo sie nun seit Jahrzehnten leben, eine dauerhafte, politisch unangefochtene Sicherheit für ihre Zukunft zu geben. Dies heißt, den widerstreitenden Rechtsansprüchen das Verständigungsgebot überzuordnen. – Darin liegt der eigentliche, der menschliche Beitrag zu einer europäischen Friedensordnung, der von uns ausgehen kann." (ebd.)

Rekonstruktion: Argumentation I: 1. Unrecht darf nicht durch gleichartiges Unrecht wieder gutgemacht werden. 2. Den vertriebenen Deutschen heute ihre alte Heimat wiedergeben hieße, unschuldigen Polen und Russen gleichartiges Unrecht anzutun. 3. Also ist Gewaltverzicht und Restitutionsverzicht geboten. – Argumentation II: 1. Verständigungsgebot und europäische Friedensordnung stehen höher als sich widerstreitende Rechtsansprüche. 2. Die widerstreitenden Rechtsansprüche der Deutschen und Polen führen zu Unsicherheit (Kriegsgefahr?). 3. Also müssen die Veränderung anstrebenden deutschen Rechtsansprüche zugunsten einer Friedensordnung aufgegeben werden. Dazu im weiteren Kontext Stützen: a) Auf den (schlesischen) Friedhöfen finden sich schon mehr polnische als deutsche Gräber. b) Die Kinder der deutschen Vertriebenen sind in der neuen Heimat verwurzelt. c) Der Redner lobt den frühen Gewaltverzicht der Vertriebenenverbände, der allerdings auch diese verpflichtet. d) „Heimatliebe eines Vertriebenen ist kein Revanchismus", d. h. verträgt sich mit Gewaltverzicht. e) Die Leiden und das Unrecht der Vertreibung werden anerkannt. – Bewertung: Die Prämissen sind weitgehend akzeptierte Normen, die allerdings von einigen Funktionären der Vertriebenenverbände nicht akzeptiert werden. Das Etikett „Gewaltverzicht" ersetzt das gemeinte „Wiedergutmachungs-/Restitutionsverzicht". Es ist breiter Zustimmung fähig. Geschickt ist die psychologische Behandlung der „Revanchisten": Sie werden in c) durch Lob auf Mäßigung verpflichtet, in e) wird Verständnis für sie bekundet. Mit dem Hinweis auf die europäische Friedensordnung wird eine Lösung angeboten (Gesichtswahrung,

Hoffnung). Die menschlichen Leiden auf beiden Seiten werden in den Vordergrund gestellt: eine persuasive Taktik im Dienst der Versöhnung zu einer Zeit heftiger Polemik zwischen den Funktionären in der Bundesrepublik Deutschland und in Polen. Die Argumentation ist in hohem Maße von einem ethischen Appell geprägt (s. 1. Prämisse in I). Sie wird von großen Teilen der Bevölkerung akzeptiert, so auch die Glaubwürdigkeit des Redners, nicht aber von den Rechtsextremisten, die diese Ethik und auch den Redner ablehnen.

„Der Allmächtige hat unser Volk geschaffen. Indem wir seine Existenz verteidigen, verteidigen wir sein Werk.“ (Hitler am 30.1.45, kurz vor dem Zusammenbruch)

Rekonstruktion: 1. Die Menschen müssen das, was der Allm. erschaffen hat, erhalten. 2. Der Allm. hat das deutsche Volk erschaffen. 3. Also müssen die Deutschen die Existenz des dt. Volkes verteidigen (= weiterkämpfen). Bewertung: Das Enthymem scheint in sich schlüssig, ein perfekter Syllogismus, lägen nicht Begriffsfehler / Etikettierungsfehler vor: Es handelt sich um das Ende eines Angriffskriegs, nicht um Verteidigung in Notwehr. Der „Allmächtige“ hat auch die von Deutschland angegriffenen Völker erschaffen, auch das klassische von Gott „auserwählte Volk“ der Bibel, die Juden. Wieso wird derer nicht gedacht? „Der Allmächtige“, ein vages Etikett für „Gott“, soll für religiöse und nicht-religiöse Zuhörer akzeptabel sein. Die 2. Prämisse ist fraglich: dass Gott Urheber der nationalen Identität sei. Hitler versucht die Menschen mit einem pseudo-religiösen Schema zum Weiterkämpfen zu motivieren. Hitler ist zu diesem Zeitpunkt für die meisten Zeitgenossen mit diesem religiösen Topos unglaubwürdig.

„Wohin der multinationale Wahnsinn à la Geißler führen kann, beweisen die tragischen Ereignisse im zerfallenden Vielvölkerstaat Jugoslawien.“ (Parteizeitschrift „Die Republikaner“ 10/92)

Rekonstruktion: 1. Wenn Menschen verschiedener nationaler / kultureller Herkunft beieinander wohnen, kommt es zum Bürgerkrieg. 2. Dieser Zustand droht in Deutschland sich zu entwickeln. 3. Also muss die Zuwanderung von Fremden verhindert werden, um Bürgerkrieg zu vermeiden. Stütze: Beispiel des Bürgerkriegs in Jugoslawien. – Bewertung: Die 1. Prämisse ist nachweislich falsch, es gibt Länder, in denen Volksgruppen verschiedener Herkunft friedlich zusammenleben. Auch die 2. Prämisse und die Stütze sind unhaltbar. Große Verschiedenheiten der Verhältnisse und der geschichtlichen Entwicklungen in Jugoslawien und Deutschland lassen den Vergleich als Schlussfolgerungsbasis nicht zu. Die Unterschiede werden bewusst ignoriert. Den Parteigängern mag das Enthymem einleuchten, mit dem gegen Heiner Geißlers Werben um Verständnis und Versöhnung in einer „multikulturellen“ Gesellschaft polemisiert wird (s. das Etikett „multinationaler Wahnsinn“). Die Außenstehenden empfinden die Prämissen und den Vergleich mit Jugoslawien als unakzeptabel und höchst demagogisch.

In der Tradition der Argumentationsanalyse wird oft eine Typologie der psychologischen Strategien und Trugformen empfohlen, die leichter anwendbar und unabhängig davon ist, ob eine dreischrittige logisch-enthymematische Tiefenstruktur rekonstruiert werden kann oder nicht. Zweifellos gibt es Mischformen und solche, zu denen sich eine 3-Schrittigkeit kaum konstruieren lässt (s. auch Bachem 1984, 103ff.).

Gemeint sind Strategien wie die Berufung auf eine Autoriät (1. Prämisse: Was N. geraten hat, ist sehr wahrscheinlich / immer richtig.), die Zitatentechnik (am besten widerlegt man den Gegner mit seiner eigenen Äußerung aus früherer Zeit; oder man reißt ein Zitat aus seinem Zusammenhang und gibt ihm einen strategisch verwendbaren Sinn; natürlich kann man auch seriös zitieren.), Polarisierung / Schwarz-Weiß-Malerei, Retourkutsche (das Argument des Gegners wird umgedreht), die Dilemma-Technik (man sagt, es gebe nur zwei Möglichkeiten, das Angebot des Redners oder eine furchtbare Alternative). Unter Vereinnahmungstaktik versteht man z. B., dass der Redner so tut, als seien die Zuhörer auch seiner Meinung und mit ihm interessengleich (man analysiere genau die „Wir"-Verwendungen in der Rede). Die adpersonam-Taktik weicht vom politischen Sachdisput auf die Person des Gegners aus, versucht diese unglaubwürdig zu machen und damit auch deren Argument. Es gibt verschiedene Diffamierungstaktiken, wie z. B. Beschimpfen, Verleumden, Unterstellen usw. Die Zwar-aber-Technik lässt sich einerseits verwenden, um dem Gegner im Unwichtigen Zugeständnisse zu machen, im wichtigen Punkt aber zu widersprechen: das erweckt den Eindruck, der Redner sei objektiv. Andererseits kann man diese Technik auch benutzen, um ambivalent zu bleiben und zu täuschen.

> „Dabei ist völlig richtig, was Professor Diwald einmal geschrieben hat, daß der Nationalsozialismus zumindest in seinen Anfangsjahren eine linke Bewegung war. Wir sind weder NS-Anhänger noch Faschisten, aber wenn heute die Faschisten von den Kommunisten verteufelt werden, so ist dem entgegenzuhalten, daß das faschistische Italien Mussolinis ein wahres Erholungsheim im Vergleich zu dem mörderischen Gulag-System der Sowjetunion unter Stalin und auch noch unter seinen Nachfolgern war. Dies ändert nichts an der Tatsache, daß der Faschismus in der Umarmung durch den Nationalsozialismus erdrückt und erstickt worden ist. Er soll und darf auch in keinem Fall wiederbelebt werden. Aber historische Wahrheiten müssen ausgesprochen werden."
> (F. Schönhuber 1990, zit. n. B. Schelenz 1992, 96)

Der als Glorifizierer der Waffen-SS bekannte damalige Republikaner-Chef möchte in der Parteitagsrede zugleich die Bürgerlichen beruhigen und sich ihnen als koalitionsfähig anbieten, also beteuert er: „Wir sind weder NS-Anhänger noch Faschisten"; andererseits braucht er die Zustimmung des extremen neonazistischen Flügels seiner Partei: Also baut er diesem gleichsam Nester, in denen er sich zu Hause fühlen kann. D. h. er stimmt dem Historiker Diwald, einer Symbolfigur der rechten Szene, in einem Punkt zu (von anderen Punkten könnte er sich notfalls später distanzieren, ohne manifest zu lügen), und er entwickelt ein relativ positives Faschismusbild der italienischen Variante und der von Hitler liquidierten Ernst-Röhm-Variante („in der Umarmung ... erstickt"). Das „aber" eröffnet eine Geheimtür zu einem klammheimlichen Einvernehmen mit den radikaleren Rechtsextremen, das der Redner in der Öffentlichkeit dementiert und das juristisch nicht verfolgt werden kann. Die parteiinternen Zuhörer können daraus entnehmen: Es gibt einen akzeptablen Edel-Faschismus, dem wir uns verbunden fühlen. Der Redeausschnitt ist ein Beispiel für emotionalisierende, polarisierende, ambivalente symbolische Kommunikation.

2.6. Die ästhetische Seite der Rede und die Akzeptanz

Schließlich ist die semiotisch nicht unbedeutende ästhetische Seite des Sprachmaterials einer Rede auf Struktur und Wirkung hin zu untersuchen. Dazu gehören die prosodischen Mittel der stimmlichen Vortragskunst, wie z. B. Klangfarbe, Dynamik der Stimme, Sprechtempo, Pausen, Rhythmisierung (z. B. das heiser forcierte ekstatische Schreien Hitlers als Ausdrucksform ungeheurer Willens- und angsteinflößender Durchsetzungskraft).

Wirksam ist auch die Angemessenheit der Stilebene im Hinblick auf die Situation und Zielgruppe (z. B. feierlich, elitär gewählt, drastisch vulgär usw., durch Wortwahl, Wahl der Bilder, Sprichwörter, Redewendungen, Klischees, Syntax). Schließlich gehören dazu auch die sogenannten rhetorischen Figuren und Tropen, d. h. syntaktische Besonderheiten, wie Parallelismus, Chiasmus, Anapher, 2er-Gruppe, 3er-Gruppe, Klimax und andere – und semantische Besonderheiten, wie Metapher, Metonymie, Vergleich, Euphemismus, Archaismus, Neologismus usw. (s. auch oben 2.4.). Diese Mittel werden zur Gedicht- oder Werbetextanalyse in fast allen Arbeitsbüchern vorgestellt und deshalb hier nur angedeutet.

Natürlich dienen diese Mittel dazu, Teile der Botschaft des Redners besonders hervorzuheben. Im wesentlichen dienen sie aber dazu, Sympathie und Aufmerksamkeit zu wecken, Vergnügen zu bereiten, die Rede zum unterhaltenden Happening, zum Ereignis, Feiererlebnis, Kunstgenuss zu machen, zu imponieren, die Überlegenheit des Redners zu bezeugen. Diese Seite hat viel mit Image-Arbeit zu tun (s. Hitlers Vorliebe für Fremdwörter und rhetorische Figuren als Indiz seiner Genialität, seines intellektuellen Bildungsstandes, den er als Autodidakt ohne Gymnasiumsbesuch besonders herausstellen zu müssen glaubte; s. auch F. Schönhubers populistischen derb-bildlichen Sprachhabitus, der seine Reden zu einer Art Volksfest der Politikerbeschimpfung gedeihen lässt).

Die Wahl des Tons hat viel mit der Glaubwürdigkeit des Redners für seine Zielgruppe zu tun. Und die Glaubwürdigkeit des Redners ist – seit Aristoteles und Quintilian – immer wieder als zielgruppengebundenes Hauptmittel der Persuasion (Überredung und Überzeugung) erklärt worden. Diese Glaubwürdigkeit kommt allerdings nicht nur durch die ästhetische Seite der Rede zustande. Eine Rolle spielt auch das „Charakterbild“, das der Redner in der Rede von sich selbst (und seiner Partei) entwirft, z. B. durch Erzählen seines Verhaltens in Lebenssituationen, durch Mitteilung seiner Einstellungen und Vorhaben (s. auch Personenkult als Imagearbeit). Sie hängt natürlich auch ab von vor- und außertextlichem Wissen des Hörers, von früheren Urteilen und Vorurteilen über den Redner. Praktisch sind die Glaubwürdigkeit der Person und die Akzeptanz ihrer Argumente in der Psyche des Hörers eng verflochten, zumal es fast immer um Wahrscheinlichkeiten (Enthymeme) und um unbewusste, emotionale Einstellungen geht, seltener um objektive Fakten und reine Rationalität. Daher können Reden durchaus auch einmal vorrangig unter dem Gesichtspunkt der Image-Arbeit analysiert werden.

3. Didaktische und methodische Überlegungen

Die rhetorische Analyse politischer Reden ist mit Einschränkungen eine Aufgabe für die Jahrgangsstufen 9 bis 10, entschieden aber eine Aufgabe für die 11. bis 13. Jahrgangsstufe. Sie erfordert zeitgeschichtliche und politologische Vorkenntnisse und Interessen und soll natürlich auch motivieren, solche Interessen und Kenntnisse zu vertiefen. Keine politologische Information vermittelt so starke und so differenzierte lebensnahe Eindrücke vom politischen Kommunikationsgeschehen wie die Analyse gut ausgewählter Beispiele von politischen Reden. Da es wichtig ist, in dieser Hinsicht die Motivation der Jugendlichen zu stärken, wäre jeweils zu überlegen, wie ein Höchstmaß an eigener kreativer Aktivität der Schülerinnen und Schüler eingebracht werden kann:

- Kreativität der Recherche: Sammeln und Vor-Auswahl von relevanten Redetexten oder Redeauszügen – z. B. ideologisch oder strategisch verwandter Textstellen,
- Referate über den zeitgeschichtlichen Hintergrund oder die Rederezeption, evtl. auch zum auf die Rede folgenden redekritischen Diskurs in den Medien (s. u.),
- kognitive Kreativität – nach einer Einführungsphase: selbständiges Entdecken von Form-Wirkungs-Zusammenhängen, selbständige Beiträge zu einem analysierenden und bewertenden Unterrichtsgespräch, Diskutieren und Schreiben über Reden (z. B. Redeausschnitts-Analyse als Oberstufenaufsatz),
- Projektunterricht zu diesem Thema (z. B. chauvinistische Reden aus der Wilhelminischen Zeit, der NS-Zeit, der Gegenwart),
- Kreativität der Textproduktion: z. B. das Parodieren von politischen Reden oder das Verfassen von aktuellen oder fiktionalen Reden für die Schulöffentlichkeit oder zu privaten Anlässen (z. B. zu Ökologiefragen, Fragen des multikulturellen Zusammenlebens, des Arbeitslebens usw.) oder auch von Texten angrenzender rhetorischer appellativer Textsorten, wie z. B. von Statements als Beiträgen zu Diskussionen (s. z. B. Wege zur Sprache Bd. 8, 1986, 84 ff.; Bd. 9, 1988, 4 ff.; Bd. 10, 1989, 5 ff.; Texte, Themen und Strukturen, Grundband Deutsch 1997; oder Entsprechendes).

Redeanalyse und Textproduktion müssen als Chance zur Entwicklung eines lebendigen metasprachlichen Kommunikationsverhaltens unter den Schülerinnen und Schülern genutzt werden, einer Kommunikation, die immer wieder auf die Beschreibung der sprachlichen Form, ihre wörtliche und ihre indirekte Bedeutung zu sprechen kommt und sich nicht in polarisierenden Klischees erschöpft (s. o. Kap. 1.).

Hilfreich als Hintergrundwissen und z. T. geeignet für Referatbeiträge sind Wortschatzuntersuchungen zu politischen Gruppensprachen, z. B. Bundesrepublik Deutschland: Greiffenhagen 1980, Bergsdorf 1983; – NS: Berning 1958, Klemperer 1969; Rechtsextremismus: Bachem 1983, 1993, Schelenz 1992; – Neue Linke: v. Weiss 1974; – insgesamt dazu: Bachem [2]1985, 123 ff.; – zum Mediendiskurs über von Weizsäckers Rede zum 40. Jahrestag des Kriegsendes, 1985: Gill / Steffani 1986; – zum Mediendiskurs über Jenningers Rede zum 50. Jahrestag der Reichskristallnacht, 1988: v. Polenz 1989; – Redesammlungen: Schafarschick 1973, Schlüter 1974, Günther 1975, Reden, die die Welt bewegten [9]1997; – Grünert [2]1976 und in den meisten Sprach- und Lesebüchern der Oberstufe, z. B. Biermann / Schurf 1997. – Dass die Durchnahme von Zeitungssprache und Werbesprache in der Sekundarstufe I eine wichtige Vorarbeit zur Redeanalyse ist, sei nur angedeutet. Ein ausführlicher Fragenkatalog als Hilfsmittel zur Redeanalyse findet sich u. a. in Bachem [2]1985, 119 ff.

Zuletzt seien einige elementare Schwierigkeiten genannt, die dem didaktischen Vorhaben der Redeanalyse entgegenstehen und die zu überwinden sind:

- Es gibt ein erhebliches diesbezügliches Defizit in der Lehrerausbildung, so dass für einen Teil der Unterrichtenden die Analysearbeit mühsam ist. Das hängt auch damit zusammen, dass Rhetorik erst seit den 70er Jahren im Deutschcurriculum massiv propagiert wird und dass die Universitätsgermanistik nur in Ausnahmefällen dazu Beiträge liefert (s. Asmuth 1992). So beschränkte man sich häufig auf sehr partielle Aspekte, wie den „Wortschatz der Demagogie", rhetorische Figuren oder die ideologisch-inhaltliche Orientierung und berücksichtigte nicht die Argumentationsanalyse (Prämissen, Verschwiegenes etc.), Indirektheit, Ambivalenz und Wirkung (Handlungscharakter, Kritik in den Medien) etc.
- Fast alle Redetexte sind im Original zu lang für die Durchnahme im Unterricht; fast immer wird mit exemplarischen Ausschnitten gearbeitet. Aber diese führen häufig zu Fehleinschätzungen: z. B. lässt der gekürzte Text aus der v. Weizsäcker-Rede vom 8.5.1985 in Biermann / Schurf 1997, 340 ff. die Ablehnung der Kollektivschuld durch den Redner in anderem Licht erscheinen als der Ganztext, der die Schuldfrage viel differenzierter behandelt. Um dieser Gefahr entgegenzuwirken, könnte man eine Schüler-„Expertengruppe" den Gesamttext lesen lassen.
- Schüler könnten durch die Analyse manipulativer Argumentation auch zu eigenen Manipulationsversuchen verleitet werden. Diese Gefahr sieht schon Aristoteles (s. Bachem 1992, 516); sie lässt sich nicht prinzipiell vermeiden, aber man kann eine generelle Erziehung zur Verantwortlichkeit dagegensetzen.
- Asmuth (1992, 95 f.) erwähnt die große mentale Distanz zwischen Schülerleben und den Reden der Spitzenpolitiker; die meisten Schüler werden nie die Chance haben, in ähnlicher Rolle zu sprechen. Deshalb sollte auch ein Zusammenhang mit weniger hochrangigen rhetorischen Textsorten hergetellt werden. Man sollte versuchen, durch Schallplatten und Videoaufzeichnungen das zu Analysierende eindringlich vor Augen zu führen (s. Material dazu auch in den Landes- und Stadtbildstellen). Und man sollte auch die Folgen politischer Reden für das politische Klima, in dem alle Bürger leben, bewusst machen.

Literaturverzeichnis

Aristoteles: Rhetorik. Übers. v. F. G. Sieveke. 3. Aufl., München 1989 (UTB 159)

Asmuth, Bernhard: Politische Rede in der Schule. In: Rhetorik 11 1992, 85–97

Bachem, Rolf: Sprache der Terroristen: In: Der Deutschunterricht 1978, H. 5, 61–79

ders.: Rechtsradikale Sprechmuster der 80er Jahre. In: Muttersprache 1983, 59–81

ders.: Einführung in die Analyse politischer Texte. 2. Aufl., München 1985 (1979)

ders. / Bünting, Karl-D. / Henze, Walter u. a. (Hrsg.): Wege zur Sprache. Sprachbuch für Gymnasien. Hannover: Schrödel Bd. 8/1986, 9/1988, 10/1989

ders.: Probleme einer rhetorischen Analyse in aufklärerischer Mission. In: Ueding, Gert (Hrsg.): Rhetorik zwischen den Wissenschaften. Tübingen 1991 (=1991 a), 311–320

ders. / Battke, Kathleen: Strukturen und Funktionen der Metapher „unser gemeinsames Haus Europa“ im aktuellen politischen Diskurs. In: Liedtke / Wengeler / Böke 1991 (= 1991 b), 295–307

ders.: Analyse, rhetorische. In: Ueding, Gert (Hrsg.): Historisches Wörterbuch der Rhetorik Bd. 1. Tübingen 1992, 514–542

ders.: Sprache und Gewaltbereitschaft in rechts- und linksextremistischen Gruppierungen. In: Kulturberichte, AsKI, 1993, H. 1, 7–9

ders.: Rechte Argumentationsstile der 90er Jahre. In: Fix, U. / Lerchner, H. (Hrsg.): Stil und Stilwandel. Frankfurt a. M. 1996, 49–62

Bauer, Winfried: Politische Reden auf Sekundarstufe II. In: Der Deutschunterricht 1978, H. 1, 87–109

Bergsdorf, Wolfgang: Herrschaft und Sprache. Pfullingen 1983

Berning, Cornelia: Vom Abstammungsnachweis bis zum Zuchtwart (NS-Vokabular). Berlin 1964

Biermann, Heinrich / Schurf, Bernd (Hrsg.): Texte, Themen und Strukturen. Grundband Deutsch für die Oberstufe. Düsseldorf 1997 ([1]1990)

Dieckmann, Walther: Sprache in der Politik. 2. Aufl., Heidelberg 1975

Dyck, Joachim (Hrsg.): Rhetorik in der Schule. Kronberg 1974

Eigenwald, Rolf: Festrede. Theorie und Analyse. In: Dyck 1974, 157–178

Gill, Ulrich / Steffani, Winfried (Hrsg.): Eine Rede und ihre Wirkung (v. Weizsäcker z. 8.5.85). Berlin 1986

Greiffenhagen, Martin (Hrsg.): Kampf um Wörter? Politische Begriffe im Meinungsstreit. München 1980

Grünert, Horst (Hrsg.): Politische Reden in Deutschland. 2. Aufl., München 1976

Günther, Wolfgang (Hrsg.): Argumente und Parolen. Politische Propaganda im 20. Jahrhundert. Stuttgart: Reclam 1974

Gutenberg, Norbert: Argumentation im Felde des Rhetorischen. In: Zeitschrift f. Phonetik, Sprachwiss. und Kommunikationsforschung 1990, H. 6, 772–784

Kinne, Michael (Hrsg.): Nationalsozialismus und deutsche Sprache. Frankfurt: Diesterweg o. J. 1981

ders. / Strube-Edelmann, Birgit: Kleines Wörterbuch des DDR-Wortschatzes. 2. Aufl., Düsseldorf 1981

Klein, Josef (Hrsg.): Politische Semantik. Bedeutungsanalytische und sprachkritische Beiträge zur politischen Sprachverwendung. Opladen 1989

Klemperer, Victor: „LTI“ – die unbewältigte Sprache. Darmstadt: dtv 1969

Kopperschmidt, Josef: Soll man um Worte streiten? Historische und systematische Anmerkungen zur politischen Sprache. In: Liedtke / Wengeler / Böke 1991, 70–89

Lakoff, George: Metaphern und Krieg. In: Sprache im techn. Zeitalter 119, 1991, 221–239

Lange, Gerhard: Analyse der Wirkung von Sprachform und Sprechform. In: Geißner, H. (Hrsg.): Rhetorik. 3. Aufl., München 1976, 163–170

Lasswell, Harold D.: Politik und Moral. Analyse des politischen Verhaltens. Stuttgart / Düsseldorf 1957 (Übers.)

Liedtke, Frank / Wengeler, Martin / Böke, Karin (Hrsg.): Begriffe besetzen. Strategien des Sprachgebrauchs in der Politik. Opladen 1991

Musolff, Andreas: Zur Analyse der Kriegsmetaphorik im öffentlichen Sprachgebrauch. In: Sprache und Lit. in Wiss. u. Unterricht 21/1990, 62–80

Ockel, Eberhard: Rede- und Gesprächsfähigkeiten in der gymnasialen Oberstufe. Forderungen der Richtlinien und Umsetzungsvorschläge. In: Rhetorik 11/1992, 98–114

Öhlschläger, Günther: Linguistische Überlegungen zu einer Theorie der Argumentation. Tübingen 1979

Pelster, Theodor: Argumentation. Rückführung auf die Bedingtheiten als Einführung in den Problemkreis. Modell einer Unterrichtsreihe für die 10. Kl. In: Der Deutschunterricht 1975, H. 2, 5–25

Polenz, Peter von: Verdünnte Sprachkultur. Das Jenninger-Syndrom in sprachkritischer Sicht. In: Deutsche Sprache 1989, H. 4, 289–316

Reden, die die Welt bewegten. Phaidon Verlag Essen 91997

Reden und Dokumente des 20. Jahrhunderts. Chronik Handbuch. Chronik Verlag, Gütersloh 1996

Richtlinien für den Unterricht in der Höheren Schule. Deutsch. Schriftenreihe des Kultusministeriums (NRW). Ratingen 1963

Sarcinelli, Ulrich: Symbolische Politik. Opladen 1987

Schafarschik, Walter: Herrschaft durch Sprache. Politische Reden. Stuttgart: Reclam 1973

Strauss, Gerhard: Der politische Wortschatz. Tübingen 1986

ders. / Haß, Ulrike / Harras, Gisela: Brisante Wörter. Ein Lexikon zum öffentlichen Sprachgebrauch. Berlin 1989

Schelenz, Bernhard: Der politische Sprachgebrauch der „Republikaner". Frankfurt / Berlin 1992

Schwitalla, Johannes: Zur Einführung in die Argumentationstheorie. In: Der Deutschunterricht 1976, H. 4, 22–36

Toulmin, Stephen: Der Gebrauch von Argumenten. Kronberg 1975 (Übers.)

Völzing, Paul-Ludwig: Begründen – Erklären – Argumentieren. Heidelberg 1979

Volmert, Johannes: Politikerrede als kommunikatives Handlungsspiel. München 1989

Wege zur Sprache (s. Bachem u. a., 1986)

Weiss, Andreas von: Schlagwörter der Neuen Linken. München 1974

Wolff, Gerhart: Metaphorischer Sprachgebrauch. Stuttgart: Reclam 1982

Wunderlich, Dieter: Studien zur Sprechakttheorie. 2. Aufl., Frankfurt 1978

Ziesenis, Werner: Politische Rede im Deutschunterricht. In: Lange, Günter / Neumann, Karl / Ziesenis, Werner (Hrsg.): Taschenbuch des Deutschunterrichts. 4. Aufl., Baltmannsweiler 1990, 850–866

Zimmermann, Hans Dieter: Die politische Rede. Der Sprachgebrauch Bonner Politiker. Stuttgart 1969

WERNER ZIESENIS

Nachricht und Kommentar im Unterricht

Weniger als andere pragmatische Textsorten, etwa „Werbetexte“ oder die „politische Rede“, scheinen „Nachricht“ und „Kommentar“ bei der Neuorientierung des Deutschunterrichts didaktisch Beachtung gefunden zu haben. Kommunikativer, kritischer, handlungsorientierter Deutschunterricht, um einige der neuen oder auch schon wieder veralteten Leitbegriffe zu nennen, hätte sich aufgrund seiner Programmatik indessen bevorzugt diesen Formen zuzuwenden. Nicht allein formale Sprachbeherrschung, sondern erst das inhaltliche Informiertsein ist Bedingung zur Entfaltung einer allgemeinen kommunikativen sowie einer spezifischen Handlungskompetenz. Urteils- und Kritikfähigkeit müssen sich im Meinungsbildungsprozess und das heißt vor allem auch über die Teilhabe an der öffentlichen Meinung aufbauen.

„Nachricht“ und „Kommentar“ sind nicht nur konstitutive Faktoren der Medien der Öffentlichkeit bzw. der modernen Massenmedien, also von Presse, Funk und Fernsehen. Sie sind auch die grundlegenden Faktoren des „primären Mediums“ Sprache, des „menschlichen Elementarkontaktes“ (Beth / Pross 1976, 109 ff.). Indem wir miteinander sprechen, geben wir uns in vielfältiger Weise „Nachricht“, nehmen Bewertungen vor, urteilen, sagen uns die „Meinung“. „Nachricht“ und „Kommentar“ bzw. „Meinung“ im personalen und medialen Bereich wären miteinander in Beziehung zu setzen, wären zu vermitteln.

Die relative didaktische Abstinenz gegenüber den beiden Textsorten steht im Widerspruch zu den Lese-, d. h. mehr den Hör- und Sehbedürfnissen des allerdings erwachsenen Publikums. Infratest und Befragungen sagen aus, dass Nachrichtensendungen, insbesondere die Fernsehnachrichten, in der Publikumsgunst ganz oben rangieren, und das, obwohl ihre „Verstehbarkeit“ (Maletzke) dem durchschnittlichen Rezipienten nicht wenige Probleme bereitet. Die medienspezifische sowie die didaktische Dimension dieser Diskrepanz werden Leitlinien der folgenden Ausführungen sein.

1. Nachricht und Kommentar als journalistische Textsorten

„Nachricht“ kann im journalistischen Kontext in zweifacher Weise verstanden werden; einmal allgemein im Sinne von Information, also „als übergeordneter Begriff für die Gesamtheit der Medienprodukte“, dann als „spezifische journalistische Ausdrucksform“ in Abgrenzung zu anderen, wie Bericht, Reportage, Interview und eben auch Kommentar (Brendel / Grobe 1976, 21). Brendel und Grobe bezeichnen die Nachricht als Grundlage journalistischer Arbeit; das dürfte sowohl im Hinblick auf die weitere als auch die engere Fassung des Begriffs gelten. Die Presse – hier als Publikationsorgan angesprochen – sehe ihre öffentliche Aufgabe „in der Vermittlung von Nachrichten“ und der „kritischen Betrachtung und Interpretation von

Staat und Gesellschaft“ (ebd. 21). Durch Nachricht und Kommentar will sie die Welt für die Menschen durchsichtig und überschaubar machen.

Zeitung und Nachricht bedeuten sprachlich ursprünglich das Gleiche. (Vgl. Dovifat / Wilke 1976, 76) Mitteilungen allgemeiner Art wurden in Privatbriefen ab dem 14. Jahrhundert als Zeitung bezeichnet (tidende = Nachricht; tiding = Reiseabenteuer, Ereignis; Zitunge = Zeitneuigkeit). (Siehe Noelle-Neumann / Schulz 1971, 246) Das Wort Nachricht ist seit dem 17. Jahrhundert gebräuchlich; es ersetzte die frühnhd. Nachrichtung, das, wonach man sich zu richten hat. Eine „Mitteilung zum Darnachrichten“ lautet die ursprüngliche Bedeutungszuschreibung nach Grimms Deutschem Wörterbuch (vgl. Dovifat / Wilke I 1976, 77 u. Koszyk / Pruys 1969, 229), womit eine ihrer auch heute noch wichtigsten Funktionen genannt ist. Sie soll dem Rezipienten, dem lesenden und hörenden Publikum, der Öffentlichkeit im weitesten Sinne von Nutzen sein. Das ist ein Anspruch, den sie allerdings nur bedingt einlösen kann.

Werden ursprünglich und in der oben angesprochenen weiten Fassung des Begriffs alle Medienemissionen Nachrichten genannt, so ergibt sich die Spezifizierung aus der sich differenzierenden Funktion der Medien sowie aus deren historischer Entwicklung.

Es lassen sich entsprechend der „informierenden“, „regulierenden“ und „stimulierenden“ Funktion der öffentlichen Medien (diese Klassifizierung nimmt Feldmann vor, siehe 1972, 88ff.) drei Kategorien „journalistischer Stilformen“ (siehe Noelle-Neumann / Schulz 1971, 65f.) oder Textsorten unterscheiden:

1. „Tatsachenbezogene“ Textsorten; das sind die Nachricht bzw. die Meldung oder der Bericht (als Wort- oder Bildnachricht, Foto oder Film), das Feature, die Reportage, das Interview, die Dokumentation.
2. „Meinungsbetonte“ Textsorten; einmal die im weitesten Sinne politisch orientierten wie Leitartikel, Kommentar, Glosse, Kolumne, Porträt, auch die Karikatur; sodann die vorwiegend ästhetisch orientierten, nämlich Buch-, Theater-, Musik-, Kunst-, Film-, Fernsehkritik.
3. „Phantasiebetonte“ Textsorten; der Zeitungsroman, die in der Zeitung abgedruckte Kurzgeschichte, das Feuilleton, Spielfilm, Hörspiel, Fernsehspiel, Lied und Schlager, Comics, Witzzeichnungen.

Nachricht und Kommentar könnten dabei für die ersten beiden Gruppen jeweils als übergeordnete Begriffe betrachtet werden. Bericht, Reportage usw. auf der einen Seite, Leitartikel, Glosse usw. auf der anderen wären dann Modifizierungen; die Übergänge sind teilweise fließend. Wir gehen hier von der engeren Begriffsfassung aus, womit aber keine strikten Ausgrenzungen intendiert sind, zumal bei Nachricht und Bericht sowie Kommentar und Leitartikel wäre eine solche Grenzziehung verfehlt.

Auf die Problematik der Trennung zwischen Nachricht und Kommentar, weil es keine objektive, von Meinung gesäuberte Meldung geben könnte, ist immer wieder hingewiesen worden. Dennoch scheint mir eine diesbezügliche Unterscheidung sinnvoll zu sein, wobei es allerdings darauf ankommt, die spezifische Subjektivität auch der öffentlich rechtlichen Nachrichten (vgl. Heun 1975, 66ff.) zu sehen, den Mythos ihrer Objektivität zu durchbrechen und vor allem zu „lernen", mit der Subjektivität der Medien umzugehen" (ebd. 79).

Die Trennung von Nachricht und Kommentar, von Meldung und Meinung hat, wie schon angedeutet, funktionale und historische Gründe. Nach Noelle-Neumann u. Schulz hat sie den Sinn, „den Leser (Hörer, Fernsehzuschauer) vor undurchsichtiger Beeinflussung (zu) schützen, (sie) soll ihm erlauben, sich unabhängig von den Meinungen der Redaktionen aufgrund der Nachrichten selbst ein Urteil zu bilden." (Ebd. 207) Historisch war die Unterscheidung der Zensurbehörden zwischen Nachricht und Meinung im Kampf um die Pressefreiheit von besonderer Tragweite. Die Zeitungen hatten sich danach auf den Abdruck von Nachrichten zu beschränken, „raisonnement, Meinungsbeiträge waren nicht zugelassen." So erwuchs im 18. Jahrhundert den Zeitschriften, da sie von den Zensoren als „Bücher" eingestuft wurden, die große Chance, sich als meinungsbildende Publikationsorgane zu entwickeln. (Vgl. Noelle-Neumann / Schulz 1971, 249f.) In England und Amerika ist dann von den Zeitungen selber das Ideal der „objektiven Zeitungsnachricht" verkündet worden. Es wurden die „facts" von der „opinion" bzw. den „comments" getrennt und der journalistische Grundsatz „comments are free, but facts are sacred" formuliert. Die Publikationsorgane bringen diesen Grundsatz auch in der graphischen Aufteilung der Zeitung zur Geltung; es gibt Nachrichtenseiten und Meinungsseiten. (Vgl. Dovifat / Wilke 1976, 83)

Gegen die positivistische Vereinzelung der Nachricht, weil unter dem Anspruch, „reine" Information zu vermitteln, darauf verzichtet wird, „Entstehung und Ursache von Ereignissen darzustellen", wendet sich Rager (Rager 1972, 120). Sachlichkeit werde durch solche Verkürzung nur vorgegaukelt. „Die einzige Art der Übermittlung politischer Information, die solch positivistische Vereinzelung in Grenzen halten, Entstehung, Schein und Wesen von Ereignissen analysieren könnte, der Kommentar" werde „als bloße Meinungsäußerung desavouiert" (ebd. 121). Kritik gegenüber der strikten Trennung von Meldung und Meinung wird ebenfalls aus der Perspektive der Praxis angemeldet. Michael Altrichter, Redakteur beim Südwestfunk Baden-Baden, fragt angesichts der Tatsache, dass Nachrichten „gemacht" werden, dass sie aufgrund vielfacher Zwänge der Herstellung nicht objektiv sein können: „Warum kann er (der Nachrichtenredakteur) nicht gleich die Fakten mitteilen *und* sie relativieren? Warum kann der Nachrichtenredakteur seine Nachricht nicht gleich relativieren?" (Altrichter 1975, 248) – indem er sie nämlich erläuternd in ihre Zusammenhänge zu stellen versucht, statt eine sachliche Meldung vorzutäuschen, zu der danach ein Kommentator seine Meinung sagen darf.

Das Erscheinungsbild der Nachricht beruht auf einer Reihe typischer Textkonstituenten. Nach Dovifat verlangt die Sprache der Nachricht „drei Eigenarten: Kürze, Klarheit, spannenden Aufbau." Die Kürze der Nachrichtenstilform werde durch sachliche und prägnante Darstellung geschaffen. Die Klarheit erwachse aus dem kurzen Satz. Klarheit wiederum sei die Voraussetzung für den spannenden Aufbau.

(Dovifat / Wilke 1976, 168f.) Das ist sicherlich idealtypisch gesehen und muss zunächst nach dem Spektrum des Nachrichtenvorkommens differenziert werden. Man unterscheidet zwischen harten (hard news) und weichen (soft news) Nachrichten. „Harte Nachrichten" gehören den Bereichen der Politik, der Wirtschaft, gesellschaftlicher Sachverhalte an; sie insbesondere sind durch den knappen, prägnanten Stil geprägt. „Weiche Nachrichten" befassen sich mit Unglücksfällen und Verbrechen, sie betreffen die Bereiche des Privaten und des Sports, allgemein Ereignisse des human interest; sie sind oft in einem persönlicheren und farbigeren Ton gehalten. (Vgl. Noelle-Neumann / Schulz 1971, 69ff. u. Brendel / Grobe 1976, 50)
Typisch insbesondere für die harte Nachricht ist der Climax-First-Stil, eine Form, bei der im zweiteiligen Aufbau das Wichtigste der Meldung als lead, Leitsatz bzw. Nachrichtenkopf vorangestellt wird, während im body, im Nachrichtenkörper die Zusatzinformationen wiederum in der Reihe ihrer Wichtigkeit folgen, so dass die Nachricht in ihrer äußeren Form die Gestalt einer umgekehrten Pyramide bzw. eines auf der Spitze stehenden Dreiecks annimmt. (Ebd.)

Diese Bauform sei während des Amerikanischen Bürgerkrieges (1861–1865) entwickelt worden. (Noelle-Neumann / Schulz 1971, 69) Wegen der noch großen Störanfälligkeit der Telegraphenverbindungen habe oft nur der Anfang eines Gefechtsberichtes die Redaktionen erreicht. Bei chronologischer Abfolge sei oft gerade das Wesentliche, das Ergebnis verloren gegangen. Für die heutige journalistische Praxis hat die Climax-Fist-Form den Vorteil, dass die Meldungen je nach Bedarf von hinten her gekürzt werden können.

Zur Vollständigkeit einer Nachricht gehört, dass sie über die vier oder auch sechs W's Auskunft gibt: über das Ereignis selbst (Was), über die daran beteiligten Personen (Wer), über den Zeitpunkt (Wann) und den Ort (Wo); dazu können das Wie und das Warum treten. Von Belang ist ferner die Unterscheidung von „Ereignismeldungen" und der „Wiedergabe von Meinung". (Siehe z. B. Hoiss / Tschech 1975, 212) Die meisten politischen Nachrichten sind Meinungswiedergaben, denn mit Meinungen wird Politik gemacht. Bei der „Wiedergabe von Meinungen" ist der Anspruch der Objektivität am wenigsten einzulösen, es sei denn, Politikeraussagen, Reden würden in vollem Wortlaut wiedergegeben und könnten in ihrem komplexen Situationszusammenhang vermittelt werden.

Während die Nachricht – und in abgewandelter und etwas lockererer Form auch die fact-story des Berichts – tendenziell auf die ungefärbte Darstellung von Sachverhalten angelegt ist, ist die wesentliche Intention des Kommentars , etwas *über* Nachrichten auszusagen. Roger Clausse bezeichnet ihn als „gedeutete Information" (nach Hasubek 1973, 95). Seine Aufgabe besteht demnach in der Erläuterung bzw. Herstellung von Zusammenhängen; seine Funktion ist ferner die Kritik an der etablierten Öffentlichkeit und besteht in seinem Beitrag zur Meinungsbildung. Aufgrund dieser Aufgabenzuschreibungen enthält der Kommentar zugleich informierende, interpretierende und wertende Aspekte (siehe Hasubek 1973, 96), muss er einen Anspruch auf ein „bestimmtes stilistisches Gepräge", auf komplexere Syntax und eine gewisse „künstliche Sprachgebung" erheben (ebd. 99).

Dass der Kommentar nicht primär Fakten wiedergibt und darstellt, sondern Sachverhalte und Positionen problematisiert, verleiht ihm seine argumentative Struktur, die Bewegung und Gegenbewegung von gedanklichen Abläufen, häufig gekennzeichnet von ja-aber- und wenn-dann-Konstruktionen, Behauptungen und rhetorischen Fragen, wobei Texteinleitung und Schluss oft „eine kompositorische Einheit bilden". „Textsortenspezifisch sind weiterhin die Kommentartitel", die als herausfordernde und zugleich verdeckte Signale auf die Intention des Textinhalts vorausdeuten, ferner die Sprachmittel der Metapher, Hyperbel, Reizwörter, Anspielungen und Ironie. (Vgl. Lüger 1983, 82ff. sowie 1995, 125ff.)

2. Bedingungen der Produktion

Dovifat, dessen zuerst 1931 erschienene „Zeitungslehre" eine grundlegende Einführung in die Welt dieses Mediums schuf, definierte Nachrichten als „Mitteilungen über neue im Daseinskampf des Einzelnen und der Gesellschaft auftauchende Tatsachen." Zur Nachricht gehört demnach: „a) daß sie dem Empfänger von Wert und Nutzen ist, b) daß sie neu, d. h. sofort übermittelt ist, c) daß sie durch einen Dritten mitgeteilt und also dessen subjektiver Beeinflussung ausgesetzt ist." (Dovifat / Wilke 1976, 76) Noelle-Neumann beruft sich auf diese Funktionszuschreibung, merkt jedoch an, dass man „Wert und Nutzen" „heute sehr umfassend verstehen werde", „zum Beispiel auch Unterhaltungswert und psychologischen Nutzen jeder Art einschließend", vor allem aber: „Die Kriterien Neuigkeit und Nutzen (Aktualität und Wichtigkeit) sind einer Mitteilung per se nicht anzumerken, sie sind prinzipiell nicht objektivierbar." (Noelle-Neumann / Schulz 1971, 195) D. h. ob eine Nachricht – und auch ihre Deutung im Kommentar – funktional wird, hängt ebenso vom Gebrauchswert ab, den ihr der Rezipient im Einzelnen zumisst, wie von den Bedingungen ihrer Produktion.

2.1. Selektion und Reduktion

Das allgemeinste und grundlegende Problem der Herstellung von Nachrichten ist das der Auswahl sowie der strukturierenden Zubereitung der Meldung auf einen Aussagekern. Die Vermittlung des Nützlichen, des Notwendigen – damit der Rezipient nicht orientierungslos bleibt und seine Teilhabe am öffentlichen Leben ermöglicht wird – aus der „übermäßigen Komplexität von möglichen ‚öffentlichen' Kommunikationsgehalten" macht Selektion und Reduktion erforderlich. „Die zu reduzierende Themenkomplexität erscheint dem Publikum als Programmangebot" bzw. als Nachrichtenangebot (Böckelmann 1975, 45). Das Dilemma, in dem sich der Journalist als Sammler, Aufbereiter und Verteiler von Nachrichten (vgl. Koszyk / Pruys 1969, 145) befindet, ist, dass er den Leser und Hörer nur über Reduktionsmuster zu erreichen vermag. Die erst durch Auswahl und redaktionelle Bearbeitung zur Nachricht gewordene Aussage ist deshalb im Prinzip immer auch deren Verfälschung.

Nach Habermas hat die durch Nachricht, und das ist vor allem auch die veröffentlichte Meinung, „hergestellte Öffentlichkeit" insbesondere die Funktion, „die Aufmerksamkeit durch Themenbereiche zu strukturieren, d. h. *andere* Themen, Probleme und Argumente unter die Aufmerksamkeitsschwelle herunterzuspielen und dadurch der Meinungsbildung zu entziehen." (Legitimationsprobleme, S. 99, zitiert nach Böckelmann 1975, 46) Somit ist die Öffentlichkeit eines Themas, das zur Nachricht Gewordene, eine Emission, der man unterstellen kann, dass sie allgemein akzeptiert wird. (Vgl. Böckelmann 1975, 46) Reguliert wird der so skizzierte Prozess durch gleichsam institutionalisierte „Aufmerksamkeitsregeln, die zugleich Ausschließungsregeln sind" (ebd. 62). Böckelmann führt zehn solcher Aufmerksamkeitsregeln an, von denen die ersten fünf näher erläutert werden sollen (ebd. 63 ff.):

1. der Bezug aufs Persönliche, Private, Intime
   Allgemeine gesellschaftliche Probleme werden der individuellen und alltäglichen Erfahrungswelt angenähert; die Nachricht wird als „human interest" erzählt. Prominente aus den Bereichen der Politik, des Sports, der high society usw. sind beliebte Darstellungsobjekte; Machtelite und Stars vermitteln Lebenshilfe. Die Berichterstattung über Parteien, Institutionen, politische und gesellschaftliche Sachverhalte geschieht weitgehend über Personalisierungen. (Zur Personalisierung und Intimisierung als Entartungen journalistischen Stils siehe auch Holzer 1973, 167).
2. Symptome des Erfolgs
   Sie werden „von ihren Systembedingungen isoliert und als Eigenschaften von Individuen ausgegeben" (ebd. 64). Beliebt sind Artikel über Karrieren, persönliche Ausstrahlungskraft usw. Die „Zelebrierung der Illustrierten- und Fernsehprominenz" kulminiere in der „Etablierung eines Persönlichkeitskults (nach Holzer, ebd. 64).
3. Neuheit, Neuartigkeit, „Modernität"
   Das jeweils für aktuell Gehaltene wird um dieser Eigenschaft willen publiziert. Es erledigt sich, nicht weil anderes wichtiger geworden ist, sondern oftmals allein dadurch, dass ein Zeitquantum verstrichen ist.
4. Symptome der Herrschaftsausübung
   In der innenpolitischen Berichterstattung fänden die Bereiche „Regierung", „Bürokratie" und „Rechtsprechung" besonders große Beachtung. „Unter dem, was vermeldbar wäre, werden mit Vorliebe Ereignisse von hohem Symbolgehalt (Abspielen von Hymnen und Abschreiten der Ehrenformation bei Staatsempfängen, Abzeichnen von Verträgen) herausgepickt." (Ebd. 66)
5. Unterscheidung von „Normalität" und „Anomalität"
   Hierher gehören die Sex- und Crime-Themen der Boulevardzeitungen und Illustrierten. Sie „konstituieren ausdrücklich oder unausdrücklich einen Gegensatz von akzeptierter Konvention und denunzierter Abweichung." (Ebd. 66)
6. Gewalt, Aggressivität, Schmerzen und zivilisatorische Schmerzsurrogate
7. Berücksichtigung von Formen des Wettbewerbs, der Statuskonkurrenz und der persönlichen Rivalität

8. Bezug auf die Vergrößerung des Eigentums
9. Krisen und Krisensymptome
10. Beachtung des Außergewöhnlichen, Absonderlichen und Exotischen.

Auswahl und konzentrierte Aufbereitung der Nachrichten, Selektion und Reduktion (vgl. zu dieser Thematik auch Dröge u. a. 1973, 37 ff.) vollziehen sich auf dem Wege, den der Informationsfluss vom Ort des Geschehens bis zum Rezipienten nimmt, sowie unter den institutionellen Zwängen ihrer Herstellung. Was vermittelt wird, ist, wenn nicht verzerrte, so doch immer interpretierte Wirklichkeit.

2.2. Der Weg der Nachricht

Vergegenwärtigt man sich den Weg, den die Nachricht in der Regel und in kürzester Zeit durchlaufen muss, dann werden der Umfang der technischen, institutionellen und personellen Beeinflussungsmöglichkeiten sowie das Ausmaß der Selektion überaus deutlich. Noelle-Neumann beschreibt den „Nachrichtenfluß" systematisierend in folgender Weise: „1. Das Registrieren des Ereignisses; 2. die erste Aufzeichnung vom Ereignis, d. h. seine Übersetzung in Wort und Bild; 3. die Übermittlung des Materials an die Agentur (die entweder über eine Außenstelle, d. h. ein Büro derselben Agentur oder über eine andere Agentur oder direkt erfolgt. Bei indirekter Übermittlung werden entsprechend mehr Filter eingeschaltet); 4. die Bearbeitung in der Agentur; 5. die Übermittlung an Zeitungen und Rundfunkunternehmen; 6. die Bearbeitung in den Redaktionen der Massenmedien; 7. die Verbreitung durch Massenmedien in der Öffentlichkeit; 8. die Aufnahme (oder Nichtaufnahme!) der Nachricht durch die Rezipienten." (Noelle-Neumann / Schulz 1971, 200)
Dieser Nachrichtenweg in graphischer Skizzierung (nach Brendel / Grobe 1976, 53):

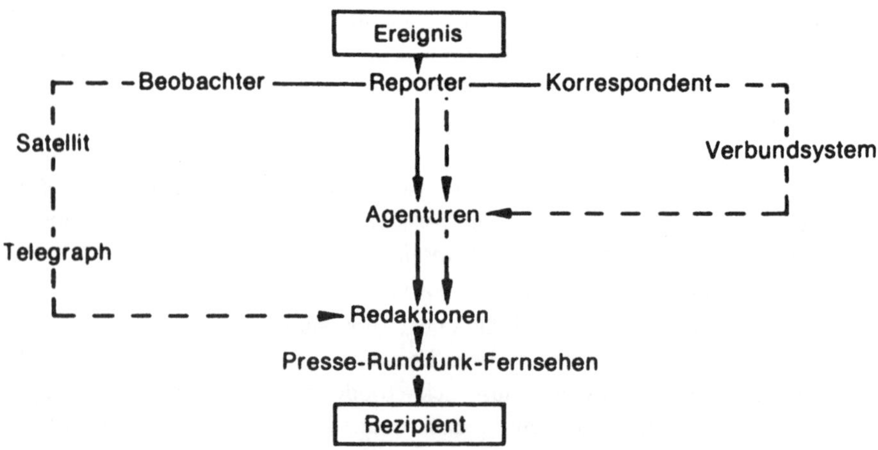

Zum Ausmaß der Selektion merken die Vff. an, dass von den ca. 500 000 täglich bei der -dpa- (der Deutschen Presseagentur) eingehenden Wörtern lediglich 40 000 Wörter weitergegeben werden, also etwa 10 %. Von diesen 10 % werde der Rezipient im Endstadium nur mit etwa 1 % konfrontiert. (Ebd. 53 f.)

Die Nachrichtenagenturen, „Unternehmen, die mit schnellsten Beförderungsmitteln Nachrichten zentral sammeln, sichten und festen Beziehern weiterliefern" (Dovifat / Wilke 1976, 91), bilden insgesamt ein Netzwerk, das den gesamten Globus umspannt. Die modernen Nachrichtenagenturen sind aus reinen Erwerbsunternehmen hervorgegangen, die zunächst nur wirtschaftlich wichtige Nachrichten (Börsennachrichten) verbreiteten. Eine Ware, mit der gehandelt wird, ist die Nachricht jedoch bis heute geblieben. Kartellabsprachen teilen die Welt in Einflusszonen auf, so dass sich gewisse Monopolstellungen herausgebildet haben. Die einflussreichste bundesrepublikanische Agentur, auf der Schwelle zu den großen Weltagenturen sich befindend, ist die -dpa-, die Deutsche Presseagentur, mit der Zentralredaktion in Hamburg. Ihr Basisdienst wird im Inland von Hörfunk, Fernsehen und praktisch sämtlichen Tageszeitungen bezogen. (Näheres siehe Koszyk / Pruys 1969, 230 ff.; Noelle-Neumann / Schulz 1971, 201 ff.; Dovifat / Wilke 1976, 90 ff.; Brendel / Grobe 1976, 41 ff.)

Die Schwierigkeiten, denen sich der Nachrichtenredakteur tagtäglich gegenübersieht, erläutert Michael Altrichter am Beispiel der Umformung einer Agenturmeldung, die nötig geworden war, um sie für den Rundfunkhörer verstehbar zu machen. Aber nach der Umformung ist es nicht mehr die von -dpa- gelieferte Meldung. Die Frage des Nachrichtenredakteurs: „Ist sie gefälscht?" (Altrichter 1975, 252) Michael Abend, Redakteur der Tagesschau, definiert seinen Standpunkt zur Nachrichtenselektion so: „Nachricht ist Mitteilung über Vorgang, Zustand oder Aussage vom Tage. Für die Auswahl gelten die vermuteten Bedürfnisse der Zuschauer ebenso wie die Erfordernisse der Gesellschaft, in der diese Zuschauer leben. Danach lauten für mich die Selektionskriterien:

1. Was ist neu, das heißt tagesaktuell.
2. Was vom Neuen ist wichtig, a) weil es viele direkt interessiert, b) weil es viele indirekt betrifft, c) weil es Mißstände aufdeckt.
3. Was dient der demokratisch notwendigen Selbstdarstellung der staatlichen Organe und der gesellschaftlichen Gruppen.
4. Wer etwas mitteilt oder tut, ist weniger entscheidend, als wen es betrifft oder interessiert.
5. Was läßt sich fernsehspezifisch illustrieren?" (Abend 1975, 85 f.).

Man sieht, dass auch bei der intendierten Konkretisierung im Punktekatalog die Maßstäbe formal bleiben. Unter jedem der genannten Aspekte müssen immer wieder eine Fülle von Entscheidungen getroffen werden, es sei denn, die Selektion, von Kutsch und Westerbarkey als spezifische Leistung des Kommunikators bei der Herstellung von Nachrichten bezeichnet (Kutsch / Westerbarkey 1975, 14), verflache zur mechanischen Routine.

2.3. Institutionelle Zwänge

Nicht nur der Weg mit seinen verschiedenen Stationen, den Nachrichten allgemein nehmen, ist für das Ergebnis, wie es schließlich den Rezipienten erreicht, verantwortlich, sondern auch die jeweilige institutionelle Form der Massenkommunikationsmittel. Presse, Funk und Fernsehen arbeiten unter je verschiedenen Bedingungen, innerhalb der genannten Bereiche wiederum die einzelnen Institutionen.

Die institutionellen Zwänge der Nachrichtenvermittlung sowie der Kommentierung lassen sich generell unter zwei Aspekten sehen, dem wirtschaftlich-politischen und dem medialen.

Rundfunk und Fernsehen als Anstalten des öffentlichen Rechts haben nicht für ihren wirtschaftlichen Gewinn zu arbeiten. Dafür wird der Grundsatz der Ausgewogenheit der Programme um so wichtiger; das insbesondere parteipolitische Proporzdenken bestimmt nicht nur die personelle Struktur der Sender, sondern die Programmgestaltung bis in Details. Der Kommentar z. B. wird nach einem dem Zuschauer undurchsichtigen Verteilersystem gesprochen; die Tendenz der jeweiligen Stellungnahme kann „per Zufall“ so oder so ausfallen.

Das Privatfernsehen und die privatwirtschaftlich organisierte Presse müssen um der Profitsteigerung willen einmal rezipientenorientiert arbeiten, die „Quantität des Publikums hat Priorität vor der Qualität der Inhalte“ (Brendel / Grobe 1976, 19). Das gilt vor allem für die Massenpresse, die Boulevardzeitung, welche „die Ware ‘Information’ einem programmierten und ständig geförderten Leserinteresse anpaßt“ (ebd. 20). Die privatwirtschaftliche Presse – offenbar in höherem Maße als die privaten Fernsehsender – befindet sich sodann wegen des notwendigen Anzeigenaufkommens in wirtschaftlicher Abhängigkeit und steht, obwohl die meisten Zeitungen in der Bundesrepublik sich explizit nicht als „richtungsbestimmt“, sondern als „unabhängig“ verstehen, unter politischen Direktiven.

Die medialen Zwänge sind generell betrachtet die der Semiotik, der je spezifischen Zeichensysteme, mit denen Presse, Funk und Fernsehen arbeiten können bzw. müssen, sowie des Programms. Jeder Rundfunk- und Fernsehsender hat ein Programm, ein „Programmschema“, in das sich alle einzelnen Beiträge, vor allem auch zeitlich, einpassen lassen müssen. Das mitteilenswerte Weltgeschehen eines Tages, so scheint es, lässt sich immer haargenau in einem Raum von 15 Minuten (Beispiel Tagesschau) unterbringen. Ein Programm ist infolge ihres periodischen Erscheinens, ihrer Aufmachung und Sparteneinteilung auch jede Zeitung.

Das Zeichen, mit dem die Presse arbeitet, ist das geschriebene Wort. Der Rundfunk ist auf das nur akustisch vermittelte gesprochene Wort angewiesen. Audiovisuell kann das Fernsehen arbeiten. In einem häufig zitierten Beitrag haben Böhm u. a. (1972) auf die Besonderheit und die Problematik von Rundfunknachrichten – für das Fernsehen gilt Ähnliches – aufmerksam gemacht. Ihre „sprachlich akustische Form“ bedinge, „im Gegensatz zur sprachlich visuellen der Zeitungsnachricht, ein hohes Maß an Aufmerksamkeit für den Rezipienten“. (Böhm u. a. 1972, 153) Das den Hörer erreichende Wort ist einmalig, nicht wiederholbar. Der Zeitungsleser kann sich eine nicht verstandene Information beliebig oft zuführen. Die Sprachform der Rundfunknachricht – wie auch der des Fernsehens – sei „als für gesprochene Übermittlung intendierte Schriftsprache" zu klassifizieren (ebd. 153). Sie müsste als bessere, brauchbarere Nachricht eigentlich die Form der Sprechsprache annehmen (vgl. auch von Brauchitsch 1975). Das würde dann auch den Fernsehkommentator möglich machen, der nicht länger schriftlich Vorproduziertes aufzusagen bzw. per Teleprompter vorzutragen hat.

Die unzureichende „Verstehbarkeit", bezogen auf den durchschnittlichen Hörer und Zuschauer, von Rundfunk- und Fernsehnachrichten – als Nachrichtensendung, die Meldung, Korrespondentenbericht und Kommentar einschließt – sowie deren „Ritualisierung" aufgrund dramaturgischer Abläufe, die formelhaft erstarrt sind, haben zu vielfacher Kritik herausgefordert (siehe z. B. Schatz 1971; Böhm u. a. 1972; Hecht u. a. 1975; Greulich 1975). Greulich nennt als spezifisch medienbedingte Einflüsse in seinen Ausführungen zur „Manipulation im Fernsehen" 1. die „Bevorzugung des Sichtbaren" (aus Flugzeugen kommende oder in Verhandlungsräume strebende Staatsmänner); 2. „dramaturgische Verzerrungen" (das Fernsehen kann immer nur Ausschnitte aus einem Gesamtbild vermitteln); 3. die „Überrepräsentation des Vorhersehbaren" (die Kameras sind bei vorangekündigten Ereignissen postiert); 4. den „Verhaltenszwang vor der Kamera" (das Auftauchen eines Fernsehteams verändert die Verhaltensweisen der Akteure, so dass das Fernsehen nicht nur Realität schon in veränderter Form wiedergibt, sondern selbst Realität verändert). (Greulich 1975, 190ff.)

An dem Artikel von Michael Abend „Verständliche Fernsehnachrichten" (1975) lässt sich recht gut die Antinomie der Anforderungen ablesen, denen sich Nachrichtenredakteure gegenübersehen, wenn sie komplexe und oft komplizierte Zusammenhänge in einfacher Form und in gebotener Kürze darstellen sollen:

- Dem Anspruch und der Forderung von „Objektivität" steht die Tatsache gegenüber, dass dem Zuschauer immer nur die „vermittelte Wirklichkeit" gezeigt werden kann.
- Die intendierte „Universalität" der Berichterstattung findet ihre Grenzen in der „Selektion" und der „Reduktion".
- Nachrichten sollen einerseits nur einen „Angebotscharakter" haben, andererseits müssen sie von der Zielvorstellung getragen sein, „Interesse" zu wecken, um den Zuschauer aus seiner gesellschaftlichen und politischen Unmündigkeit zu befreien.
- Die angemessene Wiedergabe komplexer Sachverhalte bedarf der sprachlichen Differenzierung. Diese Differenzierung ist u. U. für den Durchschnittszuschauer nicht verständlich.
- Die Illustration sowie die Präsentation (durch den Sprecher) der Fernsehnachrichten können gleichzeitig Verständnishilfe wie Gefahr sein, weil sie von der eigentlichen Meldung ablenken.

3. Probleme der Rezeption

Probleme der Rezeption von Nachrichten, die mit den zuletzt gemachten Ausführungen schon unmittelbar angesprochen worden sind, korrespondieren insgesamt mit den Bedingungen ihrer Produktion.

Straßner hat ein von Schmidt entworfenes Texterzeugungsmodell (siehe Schmidt 1973, 162ff.) zu einem „texttheoretischen Kommunikationsmodell für Nachrichten“ (Straßner 1975, 85) weiterentwickelt. Es kann auf diese Modelle hier nicht näher eingegangen werden. Wichtig für unseren Argumentationszusammenhang ist jedoch das von Straßner herausgestellte Umkehrprinzip im Hinblick auf das Texterzeugungsmodell von Schmidt. D. h. dieses Modell kann gleichsam in umgekehrter Richtung gelesen werden und dann als Rezeptionsmodell fungieren. Für den Rezipienten gilt also, „daß von der Textäußerung ausgehend (die „Textäußerung“ als letzte Stufe der Texterzeugung ist das, was den Hörer, Leser als artikuliertes „Textformular“ erreicht – W. Z.) eine Reduktion auf die jeweilig vorhergegangenen Ebenen bzw. Schritte bis hin zu den Informationseinheiten des Textproduzenten erfolgen muß.“ (Straßner 1975, 84)

Auf die Darstellungen im vorigen Kapitel übertragen, bedeutet dies, dass der Rezipient, um Nachricht „verstehen“ zu können, a) prinzipielle Einsichten zu den Phänomenen der Selektion und der Reduktion gewonnen haben bzw. erwerben muss, b) detaillierte Kenntnisse über den Gang der Nachrichten besitzen muss, c) die institutionellen Zwänge der Massenkommunikationsmittel durchschauen, die Dramaturgie der Medien kennen, ihre je eigene Sprache entschlüsseln können muss. „Verstehen“ bedeutet dabei, der Nachricht als verfertigtes sprachliches und ikonisches, visuell und akustisch vermitteltes Gebilde, d. h. als „Textformular“ bzw. „Textäußerung“ Informationen entnehmen zu können, darüber urteilen, d. h. sie bewerten, um sie dem eigenen Interesse nutzbar machen zu können.

Informationsentnahme wiederum muss als selektiver Vorgang verstanden werden. Es kann nicht darum gehen, die Inhalte einer Nachrichtensendung komplett aufzunehmen, wenn die These vom Angebotscharakter gelten soll. Im Gegenteil: während der Begriff Nachricht, als verfertigtes Kommunikat, „eindeutig auf Selektion als Leistung des Kommunikators verweist“ (vgl. oben), verweist „Information (im Sinne der Informationsentnahme) auf Selektion als Leistung des Rezipienten.“ (Kutsch / Westerbarkey 1975, 14) Der Aspekt der Selektion kann somit als „zentrales kommunikationswissenschaftliches Problem“ gesehen werden (ebd. 14).

Von daher werden dann auch die Untersuchungen zur mangelhaften Aufnahmefähigkeit bzw. zur Verstehbarkeit oder Unverständlichkeit von Funknachrichten (z. B. Böhm u. a.1972) kritisierbar. Der Selektions- und damit der Nutzenaspekt bleiben unberücksichtigt, wenn pauschal Behaltensleistungen ganzer Nachrichtensendungen getestet werden. Mit diesem Hinweis soll das Sprachbarrierenproblem hinsichtlich Nachrichtenvermittlung und Nachrichtenformulierung keineswegs negiert werden. Aber didaktisch hilft weniger die Kritik an unauflösbaren Aporien weiter (selbstverständlich lässt sich im Einzelnen vieles verbessern) als ein Perspektivwechsel auf den Rezipienten. Hier muss der Widerspruch zwischen der „mangelhaften Aufnahmefähigkeit“ und dem offenbar „hohen Informationsbedürfnis“ des Rezipienten wieder aufgegriffen werden (von Brauchitsch 1975, 200). Er ist mehrfach „als Vollzug eines Rituals, einer Art, den Tagesrhythmus aufzuteilen“ (Straßner 1975, 100) interpretiert worden. Eine solche Deutung mag in hohem Maße zutreffend sein, auch, dass die Nachrichtensendung, zumal des Fernsehens, häufig als Unterhaltung konsumiert wird.

Didaktisch anzusetzen, statt dies zu beklagen, wäre aber bei den Bedingungen des Verstehens auf der Hörer- bzw. Leserseite, bei dessen Lernfähigkeit (siehe Abend 1975, 191) und seinen allgemeinen Voraussetzungen „zur Teilhabe an der Massenkommunikation“ (Kerstiens 1976, 73 ff.). Maletzke trifft in Anlehnung an amerikanische Forschungsansätze (Osgood) die wichtige Unterscheidung zwischen „Verstehbarkeit“ (readibility) der Aussage einerseits und dem „Verständnisniveau“ (comprehension level) des Rezipienten auf der anderen Seite. Der Verstehensprozess wird also durch das Verhältnis dieser beiden Kategorien, Verstehbarkeit und Verständnisniveau, zueinander bestimmt. „Optimales Verstehen wird erreicht, wenn die Verstehbarkeit der Aussage und das Verständnisniveau des Rezipienten einander vollkommen entsprechen“, wenn beide „die gleiche Sprache sprechen“. (Maletzke 1978, 158) Um die Verstehensmöglichkeiten von Nachrichten zu optimieren, ist es also nicht nur nötig, bessere Nachrichten zu machen, sondern auch, die Grundlagen zum besseren Verständnis zu schaffen (vgl. von Brauchitsch 1975, 205). Im Blick behalten werden sollte dabei, dass die leicht verstehbare durchaus nicht immer die bessere Aussage sein muss. (Vgl. Maletzke 1978, 159)

Wichtigste Bedingungen des Verstehens auf der Hörerseite, das ist aus der Perspektive des Nachrichtenredakteurs im Rundfunk gesprochen, sind für Hoiss und Tschech nicht etwa die sprachlichen Momente. Sondern die entscheidenden Faktoren seien „Konzentration, Interesse und der jeweilige Wissensfundus“ (Hoiss / Tschech 1975, 216). Auf das „Interesse“ als „wichtigstes Bindeglied“ zwischen dem Journalisten und dem aktiv rezipierenden Publikum hebt auch Putz (Putz 1973, 32) ab.

Die Kategorie des „Wissensfundus“ bzw. des „Kontextwissens“ führt uns zu Überlegungen, zu denen die Textlinguistik Anregung gibt und die für die Rezeptionsprobleme gegenüber „Nachrichtentexten“ von weit reichender Bedeutung sein dürften. Diese Überlegungen können auch die Behauptung von Hoiss und Tschech einsichtig machen, dass „die Sprache der Nachrichten nicht das Haupthindernis der „Verständlichkeit“ sei (Hoiss / Tschech 1975, 215).

Das „Textformular“ bzw. die Artikulationsform (geschrieben, gesprochen usw.), in der es den Adressaten erreicht, stellt, wie schon gesagt, das Endglied in der Kette der Nachrichtenherstellung dar. Damit Textformulare verstanden werden können, müssen sie einmal in ihrem (nach Möglichkeit umfassenden) Herstellungskontext gesehen werden (siehe oben). Zu ihrer Entschlüsselung – als vorliegender Text – sind sodann Anforderungen an den Rezipienten in dreifacher Weise gestellt, nämlich syntaktische, semantische und referentielle. Es ist der Aspekt der „Referenz“, auf den es uns im Folgenden ankommt. Die syntaktischen und semantischen Anforderungen sind zumeist gemeint, wenn die Nachricht als Sprachbarriere kritisiert wird (siehe Straßner 1975). Sätze in Nachrichtentexten *sind* vielfach zu lang und zu kompliziert; Fremdwörter und Fachausdrücke erschweren das Verständnis und insgesamt die hohe sprachliche Verdichtung, der Nominalstil sowie die fehlende Redundanz. Die Darstellungsprobleme der Nachrichtenredakteure werden in diesem Bereich zweifellos zu Verstehensproblemen des Rezipienten. Ihre eigentliche Dimension scheinen die Verstehensprobleme aber erst zu gewinnen, weil sie isoliert betrachtet, als Elemente gesehen werden, weil die „Sinnstruktur der Aussage" bei der Erörterung dieser Problematik oft vernachlässigt wird. (Vgl. Maletzke 1978, 159) Die Sinnstruktur von Texten betrifft nun die „referentiellen" Anforderungen an den Rezipienten.

Um dies zu verdeutlichen, ist zuerst eine Anmerkung zum „Textbegriff" nötig. Des Weiteren soll ein kurzer Nachrichtentext als Beispiel herangezogen werden. Ein „Text" lässt sich als eine Summe bzw. „Menge von kommunikativen Signalen" auffassen (siehe Kallmeyer u. a. 1974, 45); d. h. für den Rezipienten gehen Anweisungen verschiedener Art von diesen Signalen aus. Entsprechend den verschiedenen ihnen innewohnenden „Anweisungsstrukturen" lassen sich Texte auf drei Ebenen beschreiben, auf der Ebene der „Konsequenz", der „Referenz" und der „Konnexion". (Siehe Kallmeyer u. a. 1974, 44 ff.) Die Konsequenzanweisungen der Texte betreffen ihre handlungsauslösende Funktion; die Referenzanweisungen beziehen sich auf die mit der Aussage gemeinte Wirklichkeit; die Konnexionsanweisungen stellen den Bezug der Textkonstituenten untereinander her. Der Rezipient muss alle drei Formen der Anweisung aufnehmen, um einen Text verstehen und kommunikativ handeln zu können.

Für die Aussage „Hier ist die Karte." (Das könnte ein Textausschnitt sowie auch als einzelner Satz ein vollständiger Text sein.) könnten entsprechend der getroffenen Unterscheidung die folgenden Anweisungen gelten: „Nimm sie und trage sie zum Briefkasten!" oder „Ich habe sie dir besorgt, nun kannst du ins Theater gehen." Beides wären Konsequenzanweisungen; andere sind denkbar. Sie ergeben sich nicht nur aus unterschiedlichen Situationen, sondern auch aus dem unterschiedlichen semantischen Wert von „Karte". „Karte" kann verschiedene Wirklichkeitsbezüge signalisieren. Das Signal „Karte" enthält die jeweilige Referenzanweisung. Die Konnexion schließlich wird durch die Partikel „hier" gestiftet, „hier" weist auf eine vorangegangene Äußerung oder auf ein nichtverbales situatives Element und wirkt auf diese Weise verknüpfend.

Das Problem der Referenz bzw. der Referenzanweisung nun erörtern Kallmeyer u. a. an dem folgenden Nachrichtentext (ebd. 134 f.):

Ein Toter bei Streit zwischen Kambodschanern in Paris

Paris (AP)

Bei einer blutigen Auseinandersetzung in der Unterkunft kambodschanischer Studenten an der Pariser Universität hat es einen Toten und etwa 30 Verletzte gegeben. Nach Mitteilung der Polizei fand ein Student durch einen Kopfschuß den Tod. Augenzeugenberichten zufolge waren etwa 50 Anhänger des abgesetzten kambodschanischen Staatschefs Prinz Sihanouk in die Räume eingedrungen und hatten Anhänger der Regierung des Marschalls Lon Nol angegriffen. Die Angreifer hätten Eisenstangen, lange Messer und Pflastersteine benutzt. Die Umgebung des Studentenquartiers, das von der Polizei abgeriegelt wurde, war mit Trümmern übersät.

(Süddeutsche Zeitung, 9.1.73)

Es handelt sich sicher nicht um einen Text, der syntaktisch (d.h. auch auf der Ebene der Konnexion) und vom reinen Wortverständnis her Schwierigkeiten bereitet. Das Problem liegt in seinen referentiellen Anweisungen sowie bei der Konsequenz, die er für den Rezipienten hat; bei der Frage also, was der Leser / Hörer mit solch einer Meldung anfangen kann, welches Interesse er daran hat, welchen „Gebrauchswert" sie für ihn besitzt. Die obige Nachricht enthält nicht weniger als sechs Referenzanweisungen, die auf mehr oder weniger umfassende Tatsachenzusammenhänge bezogen sind. Eine ziemlich allgemeine Referenzanweisung ließe sich etwa so formulieren: „Beziehe dich auf das weithin bekannte Phänomen der politischen Unruhen." (Siehe für das Folgende Kallmeyer u.a. 1974, 135f.) Eine spezifischere Anweisung wäre schon die auf die Tatsache der Studentenunruhen. Des Weiteren werden wir durch den Text auf bestimmte Verhältnisse in dem Staat Kambodscha verwiesen. Es sind weiter zu nennen der Verweis auf das Phänomen einer bewaffneten Auseinandersetzung; die Spezifikation, dass Menschen bei den Unruhen zu Schaden gekommen sind; und schließlich die Information, dass die Ereignisse in Paris zu lokalisieren sind.

Wer die Nachricht verstehen, ihren referentiellen Anforderungen voll genügen will, muss Vorwissen um die Tatsachenzusammenhänge mitbringen. Er muss die den Referenzanweisungen zugehörigen „Referenzgeschichten" kennen. Das Beispiel lässt schnell deutlich werden, dass diese „Geschichten" zu einem Teil umfangreich und komplex sind. Der Rezipient muss ein verhältnismäßig großes Vorwissen haben, um eine verhältnismäßig „kleine" Nachricht aufnehmen zu können. Unter „Geschichte" im referentiellen Zusammenhang versteht Schmidt „den Fundierungs- und Vorkommensrahmen für alles, was Gegenstand menschlicher Erfahrung sein kann". (Nach Kallmeyer u.a. 1974, 140) Referenzgeschichten sind demnach als „Wirklichkeitsmodelle" (ebd. 142) beschreibbar, auf die der Rezipient angewiesen ist, um eine Nachricht aufnehmen zu können. Die Referenzgeschichten liefern den Vorkommensrahmen, in den „Neuigkeiten" eingeordnet werden können. D.h. umgekehrt, dass Texte – auch Nachrichtentexte – für den Hörer zugleich Neues und Bekanntes enthalten. „Die neue Geschichte (die Nachricht), die ein Text enthält, ist also nur erfahrbar über den referentiellen Verweis auf bekannte Geschichten." (Ebd. 143)

Was das Verstehen von Nachrichtentexten, mehr als deren syntaktische und semantische Komplexität und Dichte, erschwert, ist in erster Linie das Fehlen von „Referenzgeschichten". Ihr Vorhandensein wiederum ist – in einem sehr weit gefassten Sinne des Begriffes – durch die „Interessenlage" des Rezipienten bedingt. Für den Kommentar als gedeutete, interpretierte und problematisierte Nachricht potenziert sich das Problem – ganz abgesehen von den zumeist noch höheren Verstehensanforderungen, welche die Diktion, die argumentative Struktur, Anspielungen, Ironie u. dgl. mit sich bringen. Nun müssen eine Reihe von Referenzgeschichten – die sich nur teilweise mit denen der Nachricht überschneiden – auch noch für den deutenden Text vorhanden sein; und die Gruppen von Geschichten müssen miteinander in Beziehung gesetzt werden, damit aus dem Kommentar die *richtige* bzw. *eine* „Konsequenz" gezogen werden kann.

4. Lernziele und unterrichtspraktische Konsequenzen

Lernziele zum Unterrichtsthema „Nachricht und Kommentar" lassen sich unmittelbar aus der im Kapitel 3 abgehandelten Problematik der Rezeption ableiten (denn Rezeptionsfragen sind didaktische Fragen), die wiederum direkt auf die Bedingungen der Produktion von Nachrichten bezogen war. Die wichtigsten unterrichtspraktischen Konsequenzen ergeben sich aus den soeben erörterten Fragen der Referenz.

4.1. Lernziele

Das globale Lernziel war einleitend im Informiertsein als Bedingung zur Entfaltung einer allgemeinen kommunikativen sowie einer spezifischen Handlungskompetenz als Teilhabe am öffentlichen Leben gesehen worden. Diese allgemeine Zielvorstellung verweist zum einen auf den „Rezeptionsaspekt", zum anderen auf den „Aspekt der Konsequenz", der Verwertbarkeit sowie der Herstellung von Information, von Mitteilung und Meinung.

Unter dem Aspekt der Rezeption lassen sich die folgenden konkreten Lernziele formulieren:

- prinzipielle bzw. elementare Einsichten in die Phänomene der Selektion sowie der Reduktion von Nachrichten gewinnen
- detaillierte Kenntnisse über die Herstellungsbedingungen von Nachrichten erwerben
- die institutionellen Zwänge der Massenkommunikationsmittel durchschauen
- die Dramaturgie der Medien erkennen und ihre je eigene Sprache entschlüsseln können
- dem jeweiligen konkreten Textformular Informationen entnehmen können.

Unter dem Gesichtspunkt der Konsequenz ergibt sich die Lernzielreihe:

- auch die eigene Informationsaufnahme als selektiven Prozess begreifen (nicht jede Nachricht ist für jeden Rezipienten brauchbar, nützlich, von Wichtigkeit, von Interesse)
- die aufgenommene Information beurteilen und bewerten
  (hinsichtlich ihres speziellen und allgemeinen Interesses, ihrer Brauchbarkeit usw.)
- die aufgenommene Information den eigenen Interessen nutzbar machen
- eigene Interessen artikulieren, d. h. selbst „Nachrichten" aussenden; und zwar a) im persönlichen Umfeld sowie b) ansatzweise auch öffentlichkeitswirksam.

Zum Vergleich, der Ähnlichkeiten und Unterschiede verdeutlichen kann, sei auf die ausführlichen Lernzielkataloge zum „Erziehungsziel: Qualifikation für die Teilnahme an der Massenkommunikation" bei Kerstiens hingewiesen. (Kerstiens 1976, 73ff. u. 82ff.)

4.2. Unterrichtspraktische Konsequenzen

Die ebenso simple wie entscheidende Schlussfolgerung aus den Überlegungen zur Referenzproblematik lautet: Es müssen Referenzgeschichten aufgebaut werden und in genügender Anzahl vorhanden sein, damit Nachrichten und ihren Deutungen im Kommentar Informationen zur Nutzung, der jeweiligen Interessenlage entsprechend, entnommen werden können. Referentielles Vorwissen bzw. Kontextwissen ist *die* Voraussetzung, um eine Hör- / Lesekompetenz für Nachrichtentexte zu entwickeln. Wenn relevante Referenzgeschichten vorhanden sind, das zeigt die praktische Unterrichtserfahrung, lässt sich die ansonsten erhebliche Rezeptionsproblematik geradezu einfach auflösen. Die oben formulierten Lernziele, die doch als sehr anspruchsvoll erscheinen könnten, werden sich unter der genannten Voraussetzung durchaus realisieren lassen.

Wie aber bauen sich Referenzgeschichten auf? Die Antwort muß lauten: a) Dadurch dass im Unterricht immer wieder über Themen von allgemeiner, öffentlicher, aktueller Bedeutung gesprochen wird und diese auf die persönliche Interessenlage bezogen werden. b) Dadurch dass kontinuierlich Nachrichten aufgenommen, verarbeitet, erörtert, genutzt werden. Denn jede aufgenommene Nachricht ist auch die Referenzgeschichte für eine jeweils neue. Wer nur punktuell eine Meldung aufnimmt, kann damit wenig, vielleicht gar nichts anfangen. Wer Ereignisse verfolgt, das gilt auch für Schüler, hat ungleich günstigere Verstehensvoraussetzungen, auch wenn die Nachricht „elaboriert" formuliert ist.

„Nachricht und Kommentar" kann nicht, das machen diese Überlegungen deutlich, einmal ein gelegentliches Unterrichtsthema sein, damit die Schüler in Addition zu anderen etwa eine neue Textsorte kennen lernen. Wenn die These von der Teilhabe am öffentlichen Leben keine Leerformel bleiben soll, muss „Nachricht und Kommentar" ein ständiges Unterrichtsthema sein. Das ist, wie die praktische Erfahrung gezeigt hat, keine utopische Vorstellung.

Nötig und möglich wäre unterrichtspraktisch z. B. Folgendes (ich kann hier nur einige Andeutungen machen):

- Es muss regelmäßig, wöchentlich oder auch in einem kürzeren Turnus, wenn nötig ad hoc, im Unterricht Zeit zur Verfügung stehen, um über aktuelle Ereignisse, d. h. über „Nachrichten" zu sprechen.
- Es sollte angesetzt werden bei vorhandenen Interessenbereichen; z. B. bei Sportnachrichten, bei Meldungen aus dem Bereich der Unterhaltung, bei lokalen Nachrichten (vielleicht sogar die eigene Schule betreffend) usw.
- Es bietet sich an, Schülergruppen zu bilden, die für das Sammeln von Nachrichten aus bestimmten Bereichen oder bestimmte Medien betreffend u. ä. zuständig sind. Sie können dann für die Mitschüler als „Korrespondenten" für die diversesten Themen und Bereiche fungieren.
- Es muss ein konsequenter methodischer Aufbau erfolgen: a) indem die ersten Voraussetzungen schon im Primarbereich geschaffen werden und es in der Sekundarstufe (etwa vom 7. Schuljahr an) zu den oben vorgeschlagenen „ständigen Ein-

richtungen" kommt; b) indem die Spannweite vom unmittelbaren eigenen umweltbedingten Interesse der Schüler bis zur „großen" Weltpolitik berücksichtigt wird; c) indem von „einfachen" Meldungen (aus dem Bereich der soft news) zu komplexeren Themen und differenzierteren Formen fortgeschritten wird.

Ist der Aufbau von Referenzgeschichten die wichtigste unterrichtliche Voraussetzung zunächst unter dem Aspekt der Rezeption von Nachrichten – die Übergänge sind fließend –, so wird unter dem Konsequenzaspekt der Artikulation der eigenen Interessen sowie den Versuchen, sie auch in der Öffentlichkeit wirksam zu machen, die größte Aufmerksamkeit geschenkt werden müssen.

In mediendidaktischen Konzeptionen liegen dazu inzwischen eine Reihe von Anregungen vor. (Vergleiche den Artikel „Medientheorie, Mediendidaktik und Deutschunterricht" in diesem Buch; speziell für das Thema Nachricht siehe Hecht u. a. 1975; Putz 1973; Pawlowski 1975). Mögen solche Vorstellungen vielfach auch überzogen sein, Projekte für überschaubare Reichweiten sind durchaus realisierbar. Schüler können selbst „Nachrichten" herstellen und ihre „Meinung" sagen: in Schülerzeitungen, mit Plakaten, indem sie Leserbriefe schreiben, auch mit dem Tonband und wo vorhanden mit dem Videogerät. Das zu Vermittelnde wären Daten und Probleme aus ihren eigenen personalen Bereichen, aus dem privaten, dem schulischen, dem schon erreichbaren öffentlichen Umfeld.

Literaturverzeichnis

Abend, Michael: Verständliche Fernseh-Nachrichten. In: Straßner 1975, 180–198

Altrichter, Michael: Das Rundfunknachrichtenmagazin – Die News Show im Rundfunk. In: Straßner 1975, 242–254

Badura, Bernhard / Gloy, Klaus (Hrsg.): Soziologie der Kommunikation. Stuttgart 1972

Beth, Hanno / Pross, Harry: Einführung in die Kommunikationswissenschaft. Stuttgart 1976

Böckelmann, Frank: Theorie der Massenkommunikation. Frankfurt a.M. 1975

Böhm, Stefan / Koller, Gerhard / Schönhut, Jürgen / Straßner, Erich: Rundfunknachrichten. Sozio- und psycholinguistische Aspekte. In: Rucktäschel, Annamaria (Hrsg.): Sprache und Gesellschaft. München 1972, 153–194

Brand, Peter / Schulze, Volker (Hrsg.): Medienkundliches Handbuch: Die Zeitung. 1. Teil: Zeitungssystematischer Teil. 2. Aufl., Braunschweig 1991, 2. Teil: Die Zeitung im Unterricht. 2. Aufl., Braunschweig 1990, 3. Teil: Die Zeitungsanzeige. 3. Aufl., Braunschweig 1990

Brauchitsch, Helmut von: Rundfunknachrichten kritisch gehört. In: Straßner 1975, 199–205

Brendel, Detlev / Grobe, Bernd: Journalistisches Grundwissen. München 1976

Bucher, Hans Jürgen: Pressekommunikation. Tübingen 1986

Bucher, Hans Jürgen / Straßner, Erich: Mediensprache, Medienkommunikation, Medienkritik. Tübingen 1991

Dovifat, Emil: Zeitungslehre I und II. 6. neu bearbeitete Auflage von Jürgen Wilke, Berlin 1976

Dröge, Franz / Weißenborn, Rainer / Haft, Henning: Wirkungen der Massenkommunikation. Frankfurt a. M. 1973

Feldmann, Erich: Theorie der Massenmedien. München 1972

Fischer, Heinz-Dietrich (Hrsg.): Lehr- und Lernmittel „Presse". Beiträge zur Medienpädagogik. Ratingen / Kastellaun / Düsseldorf 1979

Fluck, Hans R. / Kruck, Jutta / Maier, Michael: Textsorte Nachricht. Dortmund 1975 (Reihe Sprachhorizonte)

Greulich, Helmut: Manipulation im Fernsehen. In: Baacke, Dieter (Hrsg.): Mediendidaktische Modelle: Fernsehen, 2. Aufl., München 1975, 163–200

Grimminger, Rolf: Kaum aufklärender Konsum. Strategie des Spiegel in der gegenwärtigen Massenkommunikation. In: Rucktäschel, Annamaria (Hrsg.): Sprache und Gesellschaft. München 1972, 15–68

Hannappel, Hans: Zeitungskommentare im Unterricht. Zur Lernzielbestimmung rhetorischer Analysen. In: Diskussion Deutsch 1973, H. 14, 359–367

Hannig, Jürgen: Lokalpresse im Deutschunterricht. Mediendidaktische Überlegungen. In: Der Deutschunterricht 1987, H. 5, 18–33

Hasubek, Peter / Günther, Wolfgang: Sprache der Öffentlichkeit. Düsseldorf 1973

Hecht, Gottfried / Kehr, Wolfgang / Müller, Eberhard / Rühl, Michael / Sellenriek, Gisela: „Tagesschau" – ein notwendiges Ritual? Projektinitiierende Unterrichtseinheit. In: Baacke, Dieter (Hrsg.): Mediendidaktische Modelle: Fernsehen, 2. Aufl., München 1975, 111–143

Heun, Manfred: Die Subjektivität der öffentlich-rechtlichen Nachrichten. In: Straßner 1975, 66–82

Hickethier, Knut: Nachricht. In: Dingeldey, Erika / Vogt, Jochen: Kritische Stichwörter zum Deutschunterricht. München 1974, 259–267

Högy, Tatjana / Weiß, Horst (Hrsg.): Wirkungen von Massenmedien: Texte zum Thema „Steuerung bei der Herstellung und Verbreitung von Nachrichten und Meinungen", 2. Aufl., Frankfurt a.M.1976

Hoiss, Josef / Tschech, Hans: Die Arbeit des Nachrichtenredakteurs im Hörfunk. In: Straßner 1975, 206–217

Holzer, Horst: Kommunikationssoziologie. Reinbek 1973

Hoppenkamps, Hermann: „Es stand doch in der Zeitung." Zur vermeintlichen Objektivität von Presseberichten. Unterrichtsmodell Sekundarstufe I. In: Praxis Deutsch 1978, H. 28, 59–63

Kallmeyer, Werner / Klein, Wolfgang / Meyer-Hermann, Reinhard / Netzer, Klaus / Siebert, Hans-Jürgen: Lektürekolleg zur Textlinguistik. Band 1: Einführung. Frankfurt a.M. 1974

Kerstiens, Ludwig: Unterrichtsthema Massenkommunikation. Bad Heilbrunn 1976

Klein, Klaus-Peter: Argumantationsstrukturen politischer Kommentare. Analysen und Unterrichtsvorschläge. In: Kübler, Hans-Dieter (Hrsg.): Massenmedien im Deutschunterricht. Frankfurt a.M. 1981

Koszyk, Kurt / Pruys, Karl H.: Wörterbuch zur Publizistik. München 1969

Kügler, Hans / Melenk, Hartmut: Die flüchtige Lektüre. Zum Umgang mit der Zeitung im Deutschunterricht. In: Praxis Deutsch 1986, H. 79, 16–23

Kutsch, Arnulf / Westerbarkey, Joachim: Zur publizistischen „Funktion" von Nachrichten. In: Straßner 1975, 9–26

Lüger, Heinz-Helmut: Pressesprache. Tübingen 1983 (2. neu bearb. Aufl. 1995)

Maletzke, Gerhard: Psychologie der Massenkommunikation. Hamburg 1963 (Neudruck 1978)

Mittelberg, Ekkehart / Seiffert, Dieter: Ideologiekritisches Lesen von Zeitungen. In: Ideologiekritik im Deutschunterricht. Sonderband der Zeitschr. Diskussion Deutsch, Frankfurt a.M. 1972, 108–121

Noelle-Neumann, Elisabeth / Schulz, Winfried: Publizistik. Fischer Lexikon. Frankfurt a.M. 1971

Noelle-Neumann, Elisabeth / Schulz, Winfried / Wilke, Jürgen (Hrsg.): Publizistik – Massenkommunikation. Frankfurt a.M. 1989

Pawlowski, Klaus: Fernsehnachrichten. Unterrichtsmodell Sekundarstufe I. In: Praxis Deutsch 1975, H. 12, 41–42

Pelster, Theodor: Massenmedien I: Presse. Düsseldorf 1974

Pfeil, Monika: Zur sprachlichen Struktur des politischen Leitartikels in deutschen Tageszeitungen. Göppingen 1977

Praxis Deutsch 1986, H. 79: Zeitung

Putz, Jörg A.: Information, Interesse und Beteiligung. In: Baacke, Dieter (Hrsg.): Mediendidaktische Modelle. Zeitung und Zeitschrift. München 1973, 25–49

Rager, Günther: Politische Information im Fernsehen. In: Badura / Gloy 1972, 119–136

Rolf, Eckard: Die Funktionen der Gebrauchstextsorten. Berlin / New York 1993

Roloff, Eckart Klaus: Journalistische Textgattungen. München 1982

Schatz, Heribert: „Tagesschau" und „heute" – Politisierung des Unpolitischen? In: Zoll 1976, 109–123

Schmidt, Siegfried J.: Texttheorie. Probleme einer Linguistik der sprachlichen Kommunikation. München 1973

Schulte-Willekes, Hans: Schlagzeile. Ein Zeitungsreporter berichtet. Reinbek 1977

Schulz, Winfried: Nachricht. In: Noelle-Neumann u. a. 1989, 216–240

Straßner, Erich (Hrsg.): Nachrichten. Entwicklungen – Analysen – Erfahrungen. München 1975

Straßner, Erich: Produktions- und Rezeptionsprobleme bei Nachrichtentexten. In: Straßner 1975, 83–111

Straßner, Erich: Fernsehnachrichten. Eine Produktions-, Produkt- und Rezeptionsanalyse. Tübingen 1982

Vollmert, Johannes: Politischer Kommentar und Ideologie. Stuttgart 1979

Zoll, Ralf (Hrsg.): Manipulation der Meinungsbildung. 4. Aufl., Opladen 1976

ROLF LIEBERUM

Interview, Reportage und Story im Unterricht

1. Funktionalität journalistischer Textsorten und didaktische Konsequenzen

Die folgende Erkenntnis ist nicht neu, aber ihre Evidenz ist mittlerweile offenkundig: Texte, von Journalisten verfasst und von den Massenmedien verbreitet, bestimmen unser Weltbild, und zwar in gleicher Weise unsere Vorstellung von der Welt wie unser Handeln in ihr, in einem immer stärkeren Maße. Ob Presse, Hörfunk oder Fernsehen – die Wirkung, die von diesen Medien ausgeht, dürfte bisher – auch im Rahmen der Deutschdidaktik – eher unter- als überschätzt worden sein.

Die fachwissenschaftliche Beschäftigung mit journalistischen Texten lässt indessen seit geraumer Zeit einen Wandel erkennen. (Vgl. dazu Lüger 1983, 3–45) Erschöpfte sich die Sprachanalyse früher in einer (unangemessenen) normativ-sprachpflegerischen Kritik, so hat sich seit den siebziger Jahren das Forschungsinteresse entscheidend verlagert. Einerseits haben ideologiekritische Untersuchungen zur Sprache in den Massenmedien die Wirksamkeit sprachlicher Steuerung als ein entscheidendes Element politisch-ökonomischer Herrschaft beleuchtet. Andererseits stehen heute im Bereich der Textlinguistik und der linguistischen Pragmatik besonders Fragen der Funktionalität journalistischer Textsorten und ihrer spezifischen Produktions- und Rezeptionsbedingungen im Vordergrund. Sie zielen auf die Bedeutsamkeit der jeweiligen Textintention und Textwirkung ab.

Das Dilemma der fehlenden Anschaulichkeit in Gestalt der üblichen Nachrichtentexte soll in der Praxis der Massenmedien durch jene journalistischen Textsorten kompensiert werden, die nach angloamerikanischem Sprachgebrauch den „human touch" vermitteln. Sie haben die Aufgabe, die Abstraktheit der massenmedialen Informationen zu konkretisieren und zu personalisieren. Abgesehen vom Kommentar, der die persönliche Sichtweise eines Journalisten zu aktuellen Informationen wiedergibt, sind es die Formen des Interviews, der Reportage und der Story, die Hintergründe ausleuchten, Vorgänge konkrct und lebendig wiedergeben und Ereignisse im Zusammenhang anschaulich darstellen wollen.

Dass gerade bei diesen journalistischen Textsorten der subjektive Faktor verstärkt wirksam wird, ist nicht zu übersehen. Zu der Informationspluralität gesellt sich die Meinungspluralität. Doch gerade sie gehört zum ureigenen Wesen der Demokratie. Hier stellen sich für die Schule und speziell für den Deutschunterricht besondere Aufgaben. Einmal gilt es, diese Meinungsvielfalt überhaupt bewusst zu machen. Zum anderen muss nach Wegen gesucht werden, diese Pluralität ebenso gezielt wie kritisch zu nutzen. Denn nur auf diese Weise wird den Schülern überhaupt die Möglichkeit eröffnet, in der jeweiligen Situation zu einem eigenen fundierten Standpunkt zu gelangen. Soll das im Deutschunterricht gelingen, so müssen Lehrer allerdings ihr häufig anzutreffendes Desinteresse oder aber Vorurteil gegenüber journalistischer Arbeit überwinden.

Es ist in diesem Zusammenhang müßig genug, Gebrauchstexte und literarästhetische Texte in ihrer didaktischen Relevanz gegeneinander auszuspielen. Beide Textgruppen sind in gleicher Weise bedeutungsvoll für die Gegenwart und Zukunft der Schüler. Was die journalistische Arbeit angeht: Hier sollte man sich hüten, bestimmte Praktiken der Boulevardpresse zu verallgemeinern. Alarmierend ist es selbstverständlich, was Günter Wallraff im Einzelnen bei der „Bild"-Redaktion in Hannover erkundet hat. (Vgl. Wallraff 1977) Doch diese Enthüllungen sollten nicht den Blick dafür trüben, was ernsthafte und verantwortungsbewusste Journalisten in den Medien tagtäglich leisten.

Ein wesentlicher Teil der Arbeit zahlreicher Journalisten besteht darin, Agenturmeldungen als Nachrichtentexte zu redigieren. Eine ganz andere Tätigkeit – sie wird häufig durch Agenturmeldungen oder von Informanten ausgelöst – ergibt sich aus dem Bestreben, selbst zusätzliche Informationen einzuholen und aufzubereiten – in Form eines Interviews, einer Reportage oder einer „Human Interest Story". Aus solchen Texten ergibt sich eine zusätzliche Gewichtung und Akzentuierung eines Tatbestandes oder eines Geschehens. Diese journalistischen Gebrauchsformen stellen einen nicht unerheblichen Teil der Informationen im Bereich der Massenmedien dar. Mehr noch als die normalen Nachrichtentexte erregen sie Aufmerksamkeit: einmal durch die Art ihrer besonderen Aufmachung, zum anderen durch die subjektiv-persönliche Art der Darstellung. Beim Interview ist das der Fall durch die individuell-persönliche Stellungnahme des Interviewten, bei der Reportage und bei der Story aufgrund der spezifischen Sicht- und Darstellungsweise durch den Journalisten.

Darin liegt einerseits die Attraktivität dieser journalistischen Textsorten, andererseits aber auch ihre besondere Gefahr, und zwar speziell dann, wenn diese Sichtweise vom produzierenden Journalisten und seinem Medium als absolut gesetzt und vom Rezipienten unkritisch akzeptiert wird. Aus dieser Situation heraus ergibt sich für die Arbeit im Deutschunterricht auf der Sekundarstufe I die grundsätzliche didaktische Aufgabe, gerade solchen Texten gegenüber eine kritische Lesehaltung herauszubilden. Zwei Fragenkomplexe sind bei der Konfrontation mit den journalistischen Textsorten Interview, Reportage und Story in die Textanalyse einzubringen:

- Welcher zusätzliche Informationsgehalt gegenüber einem Nachrichtentext lässt sich jeweils gewinnen?
- Wo sind subjektive Momente erkennbar, die (vielleicht) in den Bereich manipulativer Darstellung und Intention gehören?

Beide Fragekomplexe zielen auf eine Ausbildung und Steigerung der kritisch analysierenden Rezeptionsfähigkeit ab. Angestrebt wird dabei eine distanziert-rationale Einstellung gegenüber massenmedialen Texten. Nur so kann die jeweilige gesellschaftliche Funktion dieser Texte erkennbar werden. Im weitesten Sinne schließen beide Fragestellungen die generelle Ausbildung der Kritik- und Urteilsfähigkeit ein.

Methodisch spielt dabei der Vergleich in verschiedener Hinsicht, wie im Einzelnen zu zeigen sein wird, eine wesentliche Rolle. Erst in zweiter Linie ist an eine isolierte Behandlung von Einzeltexten zu denken.

2. Das Interview

Das Interview gilt im journalistischen Bereich zunächst einmal als eine der Grundformen des Recherchierens. (Vgl. Noelle-Neumann / Schulz / Wilke 1993, 76) Dieses Interviewen führt allerdings nur in einer geringen Anzahl von Fällen zu der Form eines veröffentlichten Interviews. Weitaus häufiger gehen die dabei gewonnenen Informationen in eine Nachricht, in einen Bericht oder in eine Reportage ein. In den einzelnen Massenmedien ist das eigentliche Interview unterschiedlich stark vertreten. Am wenigsten ist es heute in der lokalen und regionalen Presse zu finden. Zu einem großen Teil sind es ökonomische Gründe, die diese Redaktionen zwingen, sich auf die mehr oder weniger intensive Bearbeitung des eingehenden Agenturmaterials zu beschränken. Selbst Lokalredakteure bedienen sich der Form des Interviews nur selten.

Weitaus häufiger begegnet man Interviews in der überregionalen Presse. Das hat zwei wesentliche Gründe. Zum einen sind diese Zeitungen personell so ausgestattet, dass sie Interviews, ohne andere Aufgaben zu vernachlässigen, auch wirklich durchführen können. Zum anderen sind „interessante Persönlichkeiten" (vom prominenten Politiker bis zum Showstar) nicht abgeneigt, gerade diese einflussreichen Publikationsorgane mit überregionaler Verbreitung als für die eigene Publicitywirkung brauchbares und hochwillkommenes Sprachrohr zu benutzen. Das gilt für auflagenstarke Zeitungen in gleicher Weise wie für Illustrierte und Zeitschriften. Es trifft natürlich in besonderem Maße für die Medien des Funks und des Fernsehens zu.

2.1. Das Interview als Textsorte

Das Interview ist eine dialogische Kommunikationsform besonderer Art. Der Zeitungswissenschaftler Emil Dovifat hat sie als eine „journalistische Befragung zur persönlichen Prägung eines Nachrichtenstoffes in die Form eines Zwiegesprächs" definiert. (Dovifat 1969, 444) Damit ist das subjektive Moment dieser journalistischen Aussageform charakterisiert.

Jürgen Wilke hebt auf die Funktion des Interviews ab, wenn er es als das „journalistische Gespräch zum Zwecke unmittelbarer Unterrichtung durch auskunftswillige und interessante Persönlichkeiten" umschreibt. (Dovifat / Wilke 1976, 140f.) Von Bedeutung ist, wie noch zu zeigen sein wird, die Tatsache, dass die Redekonstellation „Interview" dem Rezipienten sowohl in mündlicher wie in schriftlicher Form begegnet. Mündlich ist sie dem Rundfunk und dem Fernsehen vorbehalten. Das Druckmedium bietet die schriftliche Variante. (Vgl. Lohrey / Selge 1975, 427)

Aus der Sicht der linguistischen Pragmatik kennzeichnet Franz-Josef Berens das Interview als ein kommunikatives Handlungsspiel mit komplementärer Rollenverteilung, wobei dem Reporter die bevorrechtigte Rolle zufalle: „Dadurch, daß er das Gespräch eröffnet und führt, kann er die Themen bestimmen." (Berens 1975, 35) Auch Johannes Schwitalla stellt den „situativen Rang" des Interviewers heraus, der das Recht habe, Themen innerhalb eines möglichen Themenbereichs auszuwählen. (Vgl. Schwitalla 1979, 175) Solche Sichtweise, die allein von publiziert vorliegenden Interviews in den Massenmedien ausgeht, lässt allerdings die Zwänge der journalistischen Praxis außer Acht. Oft gibt es Absprachen, in denen beispielsweise ein zu interviewender Politiker vorher genau festlegt, wie und wozu er befragt werden möchte.

Dass solche Einschränkungen durch prominente Interviewpartner auch in anderen Bereichen durchaus üblich sind, zeigen die „Werkstattgespräche mit Schriftstellern", die Horst Bienek für den Rundfunk führte und später in Buchform publizierte. Bienek erläutert im Vorwort sein Interviewverfahren: „Die Fragen brachte ich zumeist schriftlich mit, sie wurden mit dem Partner durchgesprochen, ergänzt, manchmal auch verändert." (Bienek 1969, 8) Verändert durch mehr oder weniger starke sprachliche Glättungen hat Bienek den Ablauf der Interviews bei der Übertragung aus dem Funkmedium (Tonbandaufnahmen) in die verschriftlichte Form der Buchveröffentlichung. Ein Verfahren, das in den Druckmedien (von der Zeitung bis zur Illustrierten) durchaus üblich ist. Ob die inhaltliche Unterscheidung zwischen Interviews zur Sache und Interviews zur Person (Was jemand sagt oder wer was sagt) wirklich ergiebig ist, muss angezweifelt werden. Wesentlicher dürfte die medienspezifische Trennung zwischen wirklichen Spontaninterviews (etwa in der Form unbearbeiteter Live-Interviews per Telefon im Rundfunk) und mehr oder weniger stark bearbeiteten Interviews in gedruckter Form sein.

Generell bleibt in diesem Zusammenhang für die Rollenverteilung zwischen Interviewer und Interviewtem festzuhalten: Der Interviewer ist der aktive, gesprächsführende Teilnehmer, während der Interviewte als der reagierende Partner erscheint. Doch der Interviewte verfügt über die Information. Er kann sie abgeben oder (teilweise) verweigern, und er kann den Interviewablauf durch mehr oder minder starke Abschweifungen bis hin zum gezielten Themenwechsel entscheidend beeinflussen. Der Interviewer wiederum (auch die Redaktion oder ein Moderator) kann – sowohl im Fernsehen wie in Magazinsendungen des Rundfunks ist das relativ häufig der Fall – das Verhalten des Interviewten und seine Informationen durch einen Vor- oder Nachspann kommentieren. Hinzu kommt, dass die Medienvertreter durch technische Mittel (Schnitt, Kürzungen) in der Lage sind, noch vor der Sendung den Interviewten zu zensieren. (Vgl. Ecker u. a. 1977, 20)

Das Rollenspiel zwischen dem Interviewer und dem Interviewten lässt sich generalisierend auf jeweils zwei Strategietypen zurückführen: für den Interviewer auf Bestätigungs- oder Konfrontationsstrategie und für den Interviewten auf Propagierungs- oder Verdeckungsstrategie. (Vgl. Ecker u. a., 1977, 133) Man kann den Interviewer durchaus als Vertreter des Informationsempfängers ansehen. (Vgl. Ecker u. a. 1977,

17) Genauer wäre es jedoch, ihn in seiner Rolle als Vermittler zwischen dem Interviewten und einem Publikum zu fassen. Nicht zuletzt aus diesem Grunde ist dem Publizisten Hans-Joachim Netzer zuzustimmen, wenn er feststellt, dass das Interview die schwierigste journalistische Arbeitsform überhaupt sei. (Netzer 1970, 37)

2.2. Das Interview im Deutschunterricht

Keine Frage, Interviews sind zum Zweck der Informationsentnahme und Wissensvermittlung in allen Schulfächern von Bedeutung. Auch im Deutschunterricht kann das durchaus der Fall sein, wie es das Beispiel der bereits erwähnten Schriftsteller-Interviews durch Horst Bienek nahelegt. Stärker jedoch als das Was sollte im Mittelpunkt des Deutschunterrichts das Wie dieser journalistischen Textsorte mit ihren spezifischen Produktionsbedingungen stehen. „Das Interview ist die Befragung eines – meist prominenten – Sachverständigen durch einen Journalisten, die originalgetreu wiedergegeben wird." So lautet Horst Belkes auf ein Ideal abzielende Kurzdefinition. (Belke 1973, 99) „Da erscheinen dann in allen möglichen Zeitungen und Zeitschriften Artikel oder Interviews, deren Verfasser ich nie gesehen habe (...)." So beleuchtet der Opernsänger Peter Hofmann schlaglichtartig die Niederungen der journalistischen Praxis. (Opernwelt 13/1982) Diese Diskrepanz macht deutlich, dass über die reine Informationsentnahme durch den Rezipienten hinaus die im weitesten Sinne manipulatorischen Möglichkeiten dieser nur scheinbar objektiv-authentischen journalistischen Textsorte zu analysieren und zu reflektieren sind. Das gilt sowohl für die Strategien des interviewenden Journalisten (und möglicherweise seiner nachträglich das Interview bearbeitenden Redaktionskollegen) wie für die Aufdeckung der Intentionen des jeweils Interviewten.

Geht man von der Quantität der Interviews aus, die heutzutage von den unterschiedlichen Medien produziert und gerade auch von Schülern der Sekundarstufe I rezipiert werden, so sind es Fernseh- und Rundfunkinterviews, die in didaktischer Hinsicht das größte Interesse beanspruchen. Mögen Interviews in Presseorganen für die Schule leichter verfügbar sein, so wird die graduelle Spontaneität der Gesprächssituation des Interviews weitaus eher in den Beispielen aus dem Hör- und Fernsehfunk deutlich. Hier lässt sich zudem in vielen Fällen der enge Zusammenhang zwischen einer Nachricht und den zusätzlichen (subjektiv gefärbten) Informationen evident machen, die gerade ein Interview bietet.

Inzwischen ist es von den technischen Möglichkeiten her leichter geworden, Fernsehinterviews im Deutschunterricht auszuwerten, da mittlerweile Videorecorder in zahlreichen Schulen (und auch Haushalten) vorhanden sind. Dabei wären in Mitschnitten von Fernsehinterviews auch Mimik und Gestik als wesentliche extralinguale Mittel und Indizien des Sprechhandelns in die analytische Arbeit des Deutschunterrichts einzubeziehen. Erste Ansätze dazu greift ein Unterrichtsmodell Ulrich Vohlands für das 9./10. Schuljahr „Das Fernsehinterview im politischen Magazin" auf. (Vohland 1979)

Noch günstiger für die Arbeit im Deutschunterricht stellt sich die Situation im Bereich der Hörfunkinterviews dar. Da sie an Zahl die Interviews im Fernsehen weit übertreffen (die Ausweitung der Magazinsendungen hat dazu in den letzten Jahren erheblich beigetragen) und der Hörfunk gerade bei Jugendlichen auf besondere Resonanz stößt, bieten sich hier Möglichkeiten, die der Deutschunterricht reichlich nutzen könnte. Mit Hilfe von Kassettenrecordern, über die heute fast jeder Schüler verfügt, können Hörfunkinterviews mühelos fixiert und damit als Untersuchungsobjekt für den Deutschunterricht verfügbar gemacht werden. Es eröffnet sich dabei ein weiter Spielraum. An Politikerinterviews ist dabei ebenso zu denken wie an Popstarbefragungen und Interviews etwa über technische Sachverhalte. Sicher sind Schüler und Lehrer bei der Sammlung solcher Interviews weitgehend vom Zufall abhängig: Magazinsendungen der verschiedensten Art sind bei den einzelnen Rundfunkanstalten über den ganzen Tag verteilt. Doch gerade aus der Fülle der mitgeschnittenen Interviews lässt sich unter verschiedenen Gesichtspunkten (z. B. Themenspezifik oder unterschiedliche Interaktionsstrategie von Interviewern und Interviewten) auswählen. Dem unterschiedlichen Schülerinteresse kann dabei vielfältig Rechnung getragen werden.

Falls eine intensivere Untersuchung sprachlicher Phänomene und ihrer jeweiligen Funktion angestrebt wird, ist eine Verschriftung der mitgeschnittenen Interviews unumgänglich. Deutlich wird den Schülern dabei, dass paralinguale Mittel des Sprechens (unterschiedliche Dynamik, Intonation und wechselndes Sprechtempo einschließlich Pausen) nur unzureichend transskribiert werden können. Wesentliche Elemente des Sprechens gehen in der Tat bei der Verschriftung verloren. Ein Grund mehr, zunächst von den Tonbandaufnahmen selbst auszugehen und sie im weiteren Verlauf immer wieder vergleichend zu der transskribierten Fassung heranzuziehen.

Eine Fülle von Beobachtungsaufgaben zum Wechsel von Frage- und Antwortverlauf (vgl. dazu besonders Schwitalla 1979) und im Einzelnen zur Anwendung unterschiedlicher Sprecherstrategien kann den Schülern den Blick dafür eröffnen, dass ein Interview die spezifische Form eines kommunikativen Handlungsspiels darstellt. Eine Untersuchung von Hans-Peter Ecker u. a. (Düsseldorf 1977) hat Ergebnisse herausgearbeitet, die der Deutschunterricht jeweils vergleichend nutzen sollte. Ein wesentliches Resultat des Unterrichts könnte sein, dass die Schüler zu kritischer Stellungnahme gegenüber dem Interviewer herausgefordert werden. So wenn dieser etwa den Fachjargon eines Interviewten unbesehen übernimmt, ohne sprachlich dabei im Hinblick auf Laien in ihrer Rezipientenrolle zu vermitteln. Solche Kritik sollte aus dem Klassenzimmer herausdringen. Hier können zahlreiche reale Schreibanlässe genutzt werden (vgl. dazu Boettcher u. a. 1978), um die Schranken der Einweg-Kommunikation zu durchbrechen, wie sie normalerweise für die Massenmedien typisch sind.

Bei einem Vergleich zwischen einem Nachrichtentext und einem damit im Zusammenhang stehenden Interview (etwa zu einer Unwetterkatastrophe oder einem politischen Ereignis) können wesentliche Unterschiede herausgearbeitet werden. Auf der einen Seite die vermeintliche Objektivität, aber auch relative Abstraktheit einer Nachricht und auf der anderen Seite im Interview die Wiedergabe von Meinungen und Einstellungen, die auf bestimmten Auffassungen und Wertungen beruhen. Hier könnte deutlich werden, dass ein Interview in seinem Verhältnis zur Nachricht mit einem Kommentar zu vergleichen ist, wobei die monologische Struktur des Kommentars wiederum deutlich von der manchmal allerdings nur scheindialogischen Struktur des Interviews zu unterscheiden ist.

Gezielte Versuche, die Schüler sich selbst in der Rolle als Interviewer erproben zu lassen, ihr eigenes Verhalten dabei zu bedenken und dasjenige möglicher Interviewpartner zu antizipieren, bietet sich besonders im Rahmen eines fächerübergreifenden Unterrichts an. Ein Unterrichtsmodell Wulf Wallrabensteins gibt dazu zahlreiche (auch bereits für das Ende der Primarstufe) brauchbare Anregungen. (Wallrabenstein 1975) Als eigentliche Aufgabe für den Deutschunterricht findet sich hier die willkommene Gelegenheit, Textproduktion und Textreflexion sinnvoll aufeinander zu beziehen. Zur genaueren Betrachtung der sprachlichen Strategien, die dabei innerhalb des Interviews angewandt werden, ist auch in diesen Fällen die Verschriftung der von den Schülern eingebrachten Recorderaufnahmen unumgänglich. Auch Gunter Hagelberg bedient sich in seinem Unterrichtsmodell für das 9./10. Schuljahr, das „Probleme und Hintergründe bei der Vermittlung von Wirklichkeit in der Presse" aufzuzeigen versucht, der Möglichkeit, die Schüler selbst Interviews durchführen zu lassen. (Hagelberg 1978, 38)

Generell lässt sich sagen: Ein Deutschunterricht dieser Art, der dem kritisch-reflexiven Moment genügend Raum gibt, zielt exemplarisch auf eine Didaktik der Emanzipation ab. Konkret ist hier die zumindest ansatzweise Befreiung von den Zwängen massenmedialer Beeinflussung gemeint. Eine Aufgabe, die sich in den kommenden Jahren – angesichts einer nahezu lückenlosen Verkabelung der Bundesrepublik bzw. der weiten Verbreitung von Sat.-Anlagen – noch dringlicher als bisher stellt.

3. Die Reportage

Die Reportage zählt wie das Interview zu den typischen Gebrauchstexten, die von Journalisten produziert und von den Massenmedien verbreitet werden. Für Elisabeth Noelle-Neumann und Winfried Schulz ist die Reportage ein „tatsachenorientierter, aber persönlich gefärbter Erlebnisbericht". Entscheidend bestimmt wird sie durch einen „Wechsel in den formalen Mitteln: Erlebnisbericht, Stimmungsschilderung, Zitat, Dokumentation". (Vgl. Noelle-Neumann / Schulz / Wilke 1993, 74 u. 75) Wenn dagegen Gero von Wilpert die Reportage als „leidenschaftslos sachliche Schilderung (...) ohne einseitige Tendenz" ansieht (Wilpert 1989, 765), so erliegt er einem Irrtum. Allein schon die Auswahl und Präsentation des Stoffes bringen einen hohen Grad von tendenzieller Intention ins Spiel. Die im Idealfall aufklärerische Funktion der Reportage hebt Georg Lukácz hervor: „Die richtige Reportage begnügt sich ja nicht damit, einfach Tatsachen darzustellen; ihre Schilderungen ergeben stets einen Zusammenhang, decken Ursachen auf, rufen Folgerungen hervor (...) Die Konkretheit (...) wird erst mit der begrifflichen Aufdeckung und Darlegung der Ursachen und Zusammenhänge vollendet." (Lukácz 1970, 226f.)

Georg Lukácz ist es auch, der die Reportage als literarästhetische Darbietungsform grundsätzlich ablehnt, sie jedoch als eine „absolut berechtigte, unerläßliche Form der Publizistik" ansieht. In der Tat erscheint es generell fraglich, ob es sinnvoll ist – wie es Helmut Hoffacker (1972, 30) tut –, zwischen Medien- und literarischen Reportagen zu unterscheiden. Überzeugende Kriterien für eine solche Differenzierung liegen nicht vor. Differenzierungen erscheinen dagegen weitaus sinnvoller, was die Unterscheidung nach mündlichen und schriftlichen Reportagen angeht. Denn die Unterschiede zwischen der Spontaneität der ersten Gruppe und der gezielt ausgefeilten Form der zweiten können erheblich sein.

3.1. Die Reportage als Textsorte

Als journalistische Gebrauchsform ist die Reportage für den Tag geschrieben. Nur selten wird sie nachträglich oder gar von vornherein in Buchform präsentiert. Für die letzte Sparte stehen Günter Wallraffs sozial- und gesellschaftskritische Insider-Reportagen – von der Sammlung „Wir brauchen dich. Als Arbeiter in deutschen Industriebetrieben" (1966) bis zum „Aufmacher" (1977). Die Hauptfunktion der Reportage sieht der Linguist Heinz-Helmut Lüger „in der Veranschaulichung typischer, exemplarischer Einzelfälle, die in bezug auf einen allgemeinen Wirklichkeitsausschnitt Indizcharakter haben bzw. haben sollen". (Lüger 1983, 78) Auch wenn die Reportage vornehmlich im Dienste der Information steht, so ist sie doch nicht ausschließlich am Gegenstand orientiert, sondern auch durch die Perspektive und das Temperament des Reporters entscheidend mitbestimmt. (Vgl. Belke 1973, 95) Den funktionalen Zusammenhang zwischen Produktionssituation, -intention, Rezipientenkreis und sprachlicher Gestaltung sieht Belke in folgender Weise: „Der Reporter formuliert aus dem Augenblick des Erlebens und will einen breiten Leserkreis ansprechen, aufrütteln und fesseln. Deshalb ist die Reportage umgangssprachlich geprägt, syntaktisch einfach und überschaubar." (Belke 1973, 95)

Heinz-Helmut Lüger nennt über das aktualisierende Präsens hinaus, das auch Belke als wirkungsvolles Sprachmittel der Reportage herausstellt, weitere typische verbale Charakteristika: Temporaldeiktika und Adverbien, Einschübe in direkter Rede sowie Stimmungs- und Emotionskundgaben. Alles Mittel, um die Realitätsnähe und das Engagiertsein des Reporters zu unterstreichen. (Lüger 1983, 77f.) Insgesamt wird deutlich, dass die Reportage als journalistische Textsorte im Spannungsfeld zwischen objektiver Information und subjektiver Expression steht, ohne dass häufig zugleich appellative Züge zu übersehen wären.

3.2. Die Reportage im Deutschunterricht

Nicht zuletzt die enge Verquickung von Darstellungs-, Ausdrucks- und Appellfunktion im Sinne Karl Bühlers (Bühler 1978, 25f.) verleiht der massenmedial verbreiteten Reportage im Deutschunterricht ihren Stellenwert. Hier sind Texte zu analysieren, die hinter dem vordergründigen Moment einer spannenden Darstellung, das den Rezipienten mehr oder minder stark in den Bann schlägt, die eigentlichen Intentionen des Autors möglicherweise verschleiern. Dient die jeweilige Reportage allein der neutral-objektiven Information, oder will der Reporter zugleich Kritik üben? Ist die effektvoll aufbereitete Information vielleicht sogar ausschließlich das Vehikel einer einseitigen Beeinflussung? Von daher wird deutlich, dass es bei einer Analyse von Reportagen nicht lediglich um die Feststellung sprachlicher und formaler Gestaltungsmittel gehen kann. Wichtig ist vielmehr, im Sinne einer pragmatischen Zielsetzung herauszuarbeiten, welche Funktion etwa der Gebrauch der wörtlichen Rede, der zu beobachtende Perspektivenwechsel und die Verwendung ironisch-satirischer Elemente (etwa in „Spiegel"-Reportagen) hat. Aufzuschlüsseln wäre jeweils die Rolle des Reporters in der Vermittlung zwischen dem Ereignis und den (möglicherweise unterschiedlichen) Rezipientenkreisen.

Folgende Fragestellungen zur Texterschließung von Reportagen bieten sich an:

- Welche Informationen erhalten wir von dem Reporter über das Geschehen?
- Welche Funktion könnten diese Informationen haben (z. B. auffordernden oder ablehnenden Charakter)?
- Welche Haltung nimmt der Reporter gegenüber seinem Gegenstand ein (z. B. kritisch urteilend)?
- Welche Wirkung geht von den sprachlichen Mitteln des Reporters aus (z. B. Funktion des Präsensgebrauchs)?

Deutlich zeichnet sich in solchen Fragestellungen die Schlüsselposition des Reporters zwischen dem Ereignis und den möglicherweise verschiedenen Rezipientenkreisen ab. Gerade die spezifische Sicht- und Darstellungsweise des Reporters und sein Arrangement der Details haben nicht zu unterschätzende Auswirkungen auf die mögliche Rezeption einer Reportage. Damit ist im Unterrichtsprozess eine entscheidende Stufe erreicht, von der aus weitere kritische Fragestellungen genereller Art möglich sind:

- Wer prägt auf welche Weise die Sicht unserer Umwelt?
- Ist eine annähernde Objektivität durch Vergleiche unterschiedlicher Medientexte zur selben Thematik erreichbar?

Bei der Textauswahl sollten aufgrund des Vorkommens und des Schülerinteresses Reportagen sowohl der Druckmedien wie des Rundfunks und des Fernsehens berücksichtigt werden. Dabei bietet sich thematisch häufig eine enge Verbindung an. So besteht beispielsweise in den beiden auflagestärksten Programmzeitschriften „Hör zu" und „Funkuhr" der journalistisch am intensivsten aufbereitete Teil im wesentlichen aus Reportagen und (vgl. dazu das folgende Kapitel) aus Storys. Sie stehen in vielen Fällen im aktuellen Zusammenhang mit entsprechenden Fernsehsendungen und bieten eine Reihe von „Hintergrundinformationen" dazu. Diese Texte eignen sich durchaus dazu, Schülern erstens eine bewusst kritische Lesehaltung nahe zu legen und sie zweitens – zumindest ansatzweise – vom nur konsumierenden Umgang mit dem Medium Fernsehen zu einer reflektierenden Zuschauerhaltung zu veranlassen. Gerade der Zusammenhang von Reportage und folgender Fernsehsendung bietet sich dafür an. Besonders motivierend ist etwa eine Reportage über die

Dreharbeiten zu einem „Tatort“-Krimi. Sie verdeutlicht auf jeden Fall das „Gemachte“ der Filmgattung „Krimi“, von der unreflektiert besonders auf Jugendliche eine Faszination ausgeht.

Stärker als die Reportage der Druckmedien können beispielsweise Sportreportagen im Rundfunk und Fernsehen typische Beispiele für die Spontaneität der Berichterstattung im Rahmen dieser journalistischen Textsorte liefern. Gerade die Sportreportage ist in der didaktisch-methodischen Literatur schon häufig behandelt worden. (Vgl. Siefer 1970; Hasubek / Günther 1973; Schaarschmidt 1975; Fritz / Mukkenhaupt 1981) Auch hier ist es aufschlussreich, den Zusammenhang, aber auch den Unterschied zwischen einer schriftlich fixierten Sportnachricht und der spezifischen Form einer mündlichen Reportage herauszuarbeiten.

Schwieriger, weil den Schülern aufgrund des historischen Abstandes die unmittelbare Beziehung zu den Texten fehlt, dürfte sich die Arbeit mit einer Sammlung von 21 Reportagen (von Joseph Roth bis Walter Henkels) gestalten, die Theodor Karst herausgegeben hat. (Karst 1976) Immerhin bieten diese Texte im Deutschunterricht Vergleichsmöglichkeiten mit aktuellen Reportagen. Wie Schüler eines 9. Hauptschuljahres zu aktiveren sind, die Öffentlichkeit mit Schulreportagen auf ihre eigenen Probleme aufmerksam zu machen, umreißt Konrad Wünsche in einem kurzen Erfahrungsbericht. (Wünsche 1970) Gerade über die Reportage (auch mit satirischem Einschlag) bietet sich eine wesentliche Möglichkeit, Schüler der Sekundarstufe I zum eigenen Schreiben zu motivieren. Für Schülerzeitungen sind Reportagen, wie sich immer wieder erweist, ein besonderer Leseanreiz.

4. Die Story

Der Ausdruck „Story“, wie er aus dem angloamerikanischen Pressewesen bei uns Eingang gefunden hat, wird in Journalistenkreisen zunächst in einem sehr generellen Sinne gebraucht. „Wie der Journalist zu seiner Story kommt“ überschreibt Walther de la Roche ein Kapitel seines journalistischen Lehrbuches. (La Roche 1982) Gemeint ist damit jeder journalistische Beitrag, der von einer Idee (etwa durch eine Agenturmeldung ausgelöst) ausgeht und zusätzlich eigene Recherchen erforderlich gemacht hat. Die spezielle Weise, in der das Wort „Story“ heute im Journalismus benutzt wird, leitet sich von dem Ausdruck „human interest story“ ab. Zu verstehen ist er in einem doppelten Sinne. Einmal vom Produzenten her: ein Text, in dem der „Mensch“ im Mittelpunkt steht. Zum anderen vom Rezipienten her: ein Text, der das „menschliche“ Interesse seiner Leser beanspruchen darf.

Die pervertierte Seite solcher journalistischer Aktionen kennzeichnet Günter Wallraff drastisch, wenn er über seine „Bild“-Erfahrungen berichtet: „Wenn ich vom Redaktionsleiter rausgeschickt werde, vor Ort, um Geschichten ‘aufzureißen’, begegne ich Menschen wie Ausbeutungsobjektiven. Lasse sie nicht ausreden, wenn sie von ihren Nöten und Problemen erzählen. Keine Zeit. Alles in meiner Umwelt wird auf unmittelbare Ausschlachtung für BILD selektiert.“ (Wallraff 1977, 215) Auf der anderen Seite muss der Journalist (und sein Verleger) davon ausgehen, dass die spezifische Darstellungsweise der „human interest story" auf das größte Leserinteresse stößt. Manfred Rühl, der eine instruktive Darstellung über die Redaktionsarbeit in einer größeren Tageszeitung vorgelegt hat, berichtet von einer Umfrage, die er unter vierzig Redakteuren des Hauses gemacht hat: „Welche Themen interessieren Ihre Leser in erster Linie?" Die eindeutige Antwort: „Human interest stories." (Rühl 1969, 118f.)

4.1. Die Story als Textsorte

Eine trotz ihrer Kürze umfassende Definition von Form und Darstellung der Story gibt Gunter Hagelberg: „Sie ist eine journalistische Form, die Klatsch, Skandale, Verbrechen zum Thema hat – oder Ereignisse öffentlichen Interesses (Politik, Kultur, zwischenmenschlicher Bereich) dramatisch und sensationell aufmacht. Der Verfasser verzichtet auf objektive Berichterstattung, dramatisiert die Information, verwendet viel dialogisches Material und schildert reportagehaft aus der Perspektive des unmittelbar Erlebten." (Hagelberg 1978, 47)

Als die beiden wesentlichen Stoffkreise der Story stellt Ekkehart Mittelberg einmal „die romantisierend dargestellte Lebensweise der Reichen, der Stars, der Prominenz" heraus und zum anderen „die Lebensführung von armen und vereinsamten Menschen, soweit sie durch Scheinlösungen Identifikationsangebote für den Leser enthalten". (Mittelberg 1979, 118) Motive, die zum Gegenstand der Story gemacht werden, erkennt Mittelberg auf einer „vordergründig psychologisierenden Ebene": unter anderem enttäuschte Liebe, Hass, Eifersucht und Mitleid. (Mittelberg 1979, 118f.) Im Zusammenhang mit dem relativ engen Stoffkreis und der Motivik menschlicher Grundgefühle fallen im Bereich der Story klischeehafte Typisierungen, Vorurteile und häufig als unveränderbar hingestellte Normen auf. (Hagelberg 1978, 47) Sprachlich lässt sich das Bemühen um anschauliche Konkretisierung durch Adjektive und Nomen, der Einsatz der wörtlichen Rede und von spannungsfördernden Temporalkonjunktionen und -adverbien beobachten. (Vgl. Mittelberg 1970, 6f.)

Für den Rezipienten stellt Mittelberg über die bloße Unterhaltungsfunktion der Story hinaus die Möglichkeit einer psychischen Entlastung durch Texte dieser Art heraus. Durch die sentimentale Schilderung rührseliger Einzelschicksale könne das einsame Individuum seine psychischen Spannungen kompensieren. (Mittelberg 1970, 5f.) Solche Kompensation stellt Horst Holzer in einen engen Zusammenhang mit dem Komplex der Werbung in den Massenmedien: „Die massenmedialen Angebote geben ihrem Publikum generell Gelegenheit, seine gesellschaftlich vermittelten Gefühle des Unbehagens, der Frustrationen und Ängste zu übertünchen, indem sie ihren Informationsstoff und dessen möglicherweise problemgeladene Implikationen durch nachdrückliche Unterhaltungs- und Anzeigenorientiertheit in das Licht einer heilen, ermutigenden Welt (...) tauchen." (Holzer 1971, 74)

So breit ist mittlerweise das Publikationsspektrum storyhafter Texte, dass Mittelberg, nachdem er das Schreckgespenst einer „durch human interest pervertierte(n) Presse in der BRD" an die Wand gemalt hat, auch die seriöse Presse in einen „human-interest-Strudel" hineingezogen sieht. (Vgl. Mittelberg 1975, 442 und 447) In der Tat, Texte nach dem Muster der human interest story finden sich im „Spiegel“ ebenso wie in der Wochenzeitung „Die Zeit“. Sie beherrschen zu einem hohen Prozentsatz die Spalten der Illustrierten genauso wie die Seiten der Boulevardpresse. Das Nachrichtenmagazin „Der Spiegel“ ist, wie eine Untersuchung von Wolfgang Golisch erweist (vgl. Golisch 1977, 105–126), in besonderem Maße dadurch geprägt, dass die Kombination von „Information“ und „Geschichte“ (hier verstanden als „Erzählung“) die Struktur der meisten Texte durchgehend bestimmt. Diese Mischung macht die „Spiegel“-Texte (vom „Report“ bis zur Rubrik „Personalien“) als Ansammlung von Fakten und Erzählpassagen einerseits fähig für den gefälligen Konsum. Andererseits wirkt diese Mixtur bei genauerer Betrachtung durch die Kombination solcher disparaten Elemente in hohem Maße unglaubwürdig.

4.2. Die Story im Deutschunterricht

Es führt kein Weg daran vorbei: Der Deutschunterricht muss zur Kenntnis nehmen, dass die journalistisch effektvoll aufbereitete Form der Story auf ein intensives Leserinteresse stößt und dass gerade storyhaft gearbeitete Texte breiteste Kreise überhaupt erst zum Lesen motivieren. Ob der Schule dabei ein politisch-moralischer Rigorismus ansteht, der Lesern ständig vorschreiben will, wofür er sich zu interessieren habe und wofür nicht, das zieht Klaus Gerth sicherlich zu Recht in Zweifel. (Vgl. Gerth 1974, 43) Wenn Ekkehart Mittelberg dagegen als wesentliches Ziel die „Konsumentenverweigerung gegenüber einer human-interest-Presse“ postuliert, so bleibt solches didaktisches Bemühen einigermaßen utopisch. (Mittelberg 1975, 452) Ziel des Deutschunterrichts kann es lediglich sein, die Mechanismen und die daraus resultierenden Gefahren storyhafter Darstellungen offenzulegen. Personalisierung und Fatalisierung eines Geschehens in der Form einer Story verstellen nur zu schnell den Blick für komplexe Zusammenhänge und gesellschaftliche Defizite. Die Konsequenzen aus solcher Erkenntnis hätte jeder Rezipient in freier Entscheidung selbst zu ziehen – oder auch nicht. Ein Unterhaltungsbedürfnis ist legitim. Ob es über die Lektüre von gefällig arrangierten Pseudofakten (vgl. Zoll / Hennig 1970, 258) zu befriedigen sei, das ist eine andere Frage.

Hier liegt der Hauptansatzpunkt für eine textanalytische Arbeit mit der Form der Story. Diese Textanalyse könnte einen wesentlichen Beitrag zu der Ausbildung einer kritisch-distanzierten Lesehaltung liefern. Gerade weil Texte mit einer storyhaft aufbereiteten „Realität“ zum weitverbreiteten Lesekonsum zählen, bietet sich hier Schülern der Sekundarstufe I die Möglichkeit für eine erste kritische Auseinandersetzung mit dem Massenmedium Presse. (Vgl. Mittelberg 1979, 121) Ziel wäre letztlich die ansatzweise Befreiung von einer naiven Identifikation mit dem, was die Massenmedien (auch das Fernsehen mit seinen unkritischen Starporträts wäre dabei nicht auszuschließen) als Mixtur aus Prominentenkult und schicksalsgläubiger Konfliktlösung tagtäglich präsentiert.

Auch hier ist es bei der textanalyischen Arbeit wichtig, nicht lediglich sprachliche oder formale Elemente zu eruieren (etwa Wortwahl oder Tempusgebrauch). Entscheidend ist vielmehr, die Funktion solcher Elemente in ihrer Wirkung auf möglicherweise recht unterschiedliche Rezipientenkreise bewusst zu erfassen. Zu den Feststellungen auf der syntaktischen und semantischen Ebene hat dabei auf jeden Fall die pragmatische Analyse zu treten, die Beziehungen zwischen der Sprache und ihren Benutzern situationsspezifisch aufdeckt. Das gilt für den Part des Produzenten (hier des Journalisten) ebenso wie für den des Rezipienten. Fragen, die diese Beziehung aufdecken, lauten generalisierend:

- Wird durch den Journalisten an der Etablierung einer Scheinwelt mitgearbeitet, oder wird sie von ihm kritisch durchleuchtet?
- Wird einem unkritischen Identifikationsprozess des Lesers mit einem „Star" Vorschub geleistet, oder erhält der Leser Gelegenheit, diesen Prozess nüchtern zu überprüfen?

Bei der Textauswahl sollte das Schülerinteresse im Vordergrund stehen. Helmut Koch hat in einem komplexen Unterrichtsmodell für das 9./10. Schuljahr zu zeigen versucht, wie unter der Einbeziehung auch visueller und musikalischer Elemente der Komplex des Popstar-Rummels behutsam aufzuschlüsseln und der Blick zu öffnen wäre für das Zusammenspiel von Kommerz und journalistischer Präsentation. (Vgl. Koch 1974, 45–50) Kein Zweifel, auch die Nachricht ist eine Ware. Die Story ist – vorläufig noch – eines der am besten verkäuflichen Produkte des Journalismus.

Literaturverzeichnis

Belke, Horst: Literarische Gebrauchsformen. Düsseldorf 1973

Berens, Franz-Josef: Analyse des Sprachverhaltens im Redekonstellationstyp „Interview". München 1975

Bienek, Horst: Werkstattgespräche mit Schriftstellern. 2. Aufl., München 1969

Boettcher, Wolfgang / Firges, Jean / Sitta, Horst / Tymister, Hans Josef: Schulaufsätze – Texte für Leser. 5. Aufl., Düsseldorf 1978

Bühler, Karl: Sprachtheorie. 2. Aufl., Frankfurt / Main 1978

Dovifat, Emil (Hrsg.): Handbuch der Publizistik. Bd. 3. Berlin 1969

Dovifat, Emil / Wilke, Jürgen: Zeitungslehre I und II. 6. Aufl., Berlin 1976

Ecker, Hans-Peter / Landwehr, Jürgen / Settekorn, Wolfgang / Walter, Jürgen: Textform Interview. Darstellung und Analyse eines Kommunikationsmodells. Düsseldorf 1977

Fritz, Gerd / Muckenhaupt, Manfred: Kommunikation und Grammatik. Tübingen 1981

Fröchling, Jürgen: Zeitungen von Schülern. In: Baurmann, Jürgen / Hoppe, Otfried (Hrsg.): Handbuch für Deutschlehrer. Stuttgart u. a. 1984

Gerth, Klaus: Die unterhaltende Nachricht: Prinz Philip und Tom Jones. In: Praxis Deutsch 1974, H. 25, 43–44

Golisch, Wolfgang: Anfänge und Schlüsse der Stories. In: Arntzen, Helmut / Nolting, Winfried (Hrsg.): „Der Spiegel" Nr. 28 (1972). Analyse, Interpretation, Kritik. München 1977, 105–126

Grewenig, Adi (Hrsg.): Inszenierte Information. Politik und strategische Kommunikation in den Medien. Opladen 1993

Hagelberg, Gunter: Probleme und Hintergründe bei der Vermittlung von Wirklichkeit in der Presse, aufgezeigt an journalistischen Mustern. Ein Unterrichtsmodell für das 9./10. Schuljahr. In: Der Deutschunterricht 1978, H. 5, 35–54

Hannig, Jürgen: Lokalpresse im Deutschunterricht. Mediendidaktische Überlegungen. In: Der Deutschunterricht 1987, H. 5, 18–33

Hasubek, Peter / Günther, Wolfgang: Sprache der Öffentlichkeit. Düsseldorf 1973

Hoffacker, Helmut: Reportagen im Deutschunterricht. In: projekt deutschunterricht 3: soziale fronten in der sprache. Stuttgart 1972, 28–48

Holzer, Horst: Politik in Massenmedien – Zum Antagonismus von Presse und Gewerbefreiheit. In: Zoll, Ralf (Hrsg.): Manipulation der Meinungsbildung. Zum Problem hergestellter Öffentlichkeit. Opladen 1971

Hoppenkamps, Hermann: Medium Zeitung. Modelle für den Deutsch- und Politikunterricht. Düsseldorf 1979

Karst, Theodor (Hrsg.): Reportagen. Stuttgart 1976

Koch, Helmut H.: Porträt eines Pop-Stars: Robert Plant, der wilde Engel. In: Praxis Deutsch 1974, H. 2, 45–50

Kügler, Hans / Melenk, Hartmut: Zum Umgang mit der Zeitung im Deutschunterricht. In: Praxis Deutsch 1986, H. 79, 16–23

Lange, Günter: Zeitungstexte. In: Lange, Günter / Marquardt, Doris / Petzoldt, Leander / Ziesenis, Werner: Textarten – didaktisch. 2. Aufl., Baltmannsweiler 1998, 187–192

Lange, Thomas: „Das Lay-Out muß ätzend sein". Schülerzeitungen als schulöffentliche Medien. In: Der Deutschunterricht 1987, H. 5, 5–17

La Roche, Walther von: Einführung in den praktischen Journalismus. 6. Aufl., München 1982

Lohrey, Hadwig / Selge, Martin: Stars im Kreuzverhör. In: Diskussion Deutsch 1975, H. 25, 421–439

Lüger, Heinz-Helmut: Pressesprache. Tübingen 1983 (2. Aufl. 1995)

Lukácz, Georg: Reportage oder Gestaltung? Kritische Bemerkungen anläßlich eines Romans von Ottwalt. In: Schriften zur Literatursoziologie. 4. Aufl., Neuwied / Berlin 1970

Melenk, Hartmut: Reporter und Redakteure. Jugend-Sachbücher über Journalismus. In: Praxis Deutsch 1986, H. 78, 40–44

Mittelberg, Ekkehart: Die Problematik und die Sprache der human interest story. In: Der Deutschunterricht 1970, H. 6, 5–11

Mittelberg, Ekkehart: Die Gerichtsreportage als Unterrichtsgegenstand in Deutschunterricht und Gesellschaftslehre. Didaktische Überlegungen und Lernziele. In: Diskussion Deutsch 1975, H. 25, 440–453

Mittelberg, Ekkehart: Human Interest Story. In: Nündel, Ernst (Hrsg.): Lexikon zum Deutschunterricht. München 1979, 118–124

Netzer, Hans-Joachim: Thesen über das Interview. In: Publizistik 1970, 31–37

Noelle-Neumann, Elisabeth / Schulz, Winfried / Wilke, Jürgen: Publizistik, Massenkommunikation. Frankfurt / Main 1993

Praxis Deutsch 1986, H. 79: Zeitung

Rühl, Manfred: Die Zeitungsredaktion als organisiertes soziales System. Bielefeld 1969

Schaarschmidt, Peter: Fußballübertragung im Hörfunk und Fernsehen. In: Praxis Deutsch 1975, H. 8, 50–54

Schwitalla, Johannes: Dialogsteuerung in Interviews. München 1979

Siefer, Claus: Der Jargon in der Sportreportage. In: Der Deutschunterricht 1970, H. 1, 104–116

Siegel, Christian: Die Reportage. Stuttgart 1978 (= SM 164)

Steffens, Manfred: Das Geschäft mit der Nachricht. Hamburg 1969

Stegu, Martin: Die Textsorte „illustrierter Zeitungsartikel". In: Deutschunterricht 1996, H. 3, 128–132

Vohland, Ulrich: Das Fernsehinterview im politischen Magazin. In: Der Deutschunterricht 1979, H. 1, 50–60

Wallrabenstein, Wulf: Kinder befragen Passanten. In: Praxis Deutsch 1975, H. 12, 16–19

Wallraff, Günter: Der Aufmacher. Köln 1977

Wilpert, Gero von: Sachwörterbuch der Literatur. 6. Aufl., Stuttgart 1979

Wünsche, Konrad: Schüler schreiben Schulreportagen. In: Akzente 1970, H. 4, 344–346

Ziesenis, Werner: Zeitung und Zeitschrift. In: Lange, Günter / Neumann, Karl / Ziesenis, Werner (Hrsg.): Taschenbuch des Deutschunterrichts. Bd. 1, 4. Aufl., Baltmannsweiler 1986, 387–410

Ziesenis, Werner: Reportage. In: Lange, Günter / Marquardt, Doris / Petzoldt, Leander / Ziesenis, Werner (Hrsg.): Textarten – didaktisch. Baltmannsweiler 1993, 138–140

Zoll, Ralf / Hennig, Eike: Massenmedien und Meinungsbildung. München 1970

Namensregister

Sachregister

Karl Schuster

Das Spiel und die dramatischen Formen im Deutschunterricht

2. vollständig überarbeitete Auflage, 1996. VII, 213 Seiten. Kt.

ISBN 3871164879. FPr. DM 29,80

In diesem Buch wird der Versuch unternommen, das Spiel (und dabei auch die dramatischen Formen) als komplexes Phänomen des Deutschunterrichts in Theorie und Praxis vorzustellen.

Es trägt bei zum Aufbau der persönlichen Identität, zur Assimilation von Wirklichkeit, es ist entdeckendes Lernen, fördert die sprachliche und soziale Entwicklung und die kommunikative Kompetenz des Kindes bzw. des Jugendlichen.

– **Die traditionellen Spielformen**, wie z. B. das Kasperl-, Masken- und Schattentheater, das Stegreifspiel, die Pantomime und das Schulspiel werden modern aufbereitet.

– **Die neueren Spielformen**, wie z. B. das Konfliktrollenspiel, das Psychodrama, die Selbsterfahrungs- und Interaktionsspiele, die New Games, das alternative und Freie Theater werden genau beschrieben und didaktisch-methodisch in den Deutschunterricht eingeordnet.

– **Das literarische Rollenspiel** nimmt einen besonderen Stellenwert ein, da es heute unverzichtbar ist für einen modernen produktionsorientierten Literaturunterricht.

Für alle Spielformen wurden eine Fülle konkreter unterrichtlicher Beispiele dargestellt, die der Idee nach in den Deutschunterricht übernommen werden können. Darüber hinaus werden diese ergänzt durch weitere umfangreiche Spielvorschläge.

Das Buch richtet sich an Studierende des Faches Deutsch und an LehrerInnen aller Schularten; es will Mut machen, mit Hilfe des Spiels die tägliche Routine in Frage zu stellen und den eigenen Unterricht zu verändern.

Aus ersten Rezensionen:

Karl Schuster, der sich seit vielen Jahren mit dem Spiel und den dramatischen Formen im Deutschunterricht beschäftigt hat, stellt sich mit seiner neuen Publikation den Anspruch, eine systematische Gesamtdarstellung zu dieser Thematik anzubieten. Dazu greift er auf eigene praktische Erfahrungen und Veröffentlichungen und auf eine Vielzahl von unterschiedlichsten Publikationen zurück. Neben einer allgemeinen Einführung enthält Schusters Buch Kapitel zu *traditionellen* (wie z. B. Kasperl-, Marionetten-, Masken- und Schattentheater, Stegreifspiel und Pantomime) und zu *neueren Spielformen* (u. a. zum sprachdidaktischen Rollenspiel und zu Selbsterfahrungs- und Interaktionsspielen). Gesonderte Kapitel sind der komplexen Form des *literarischen Rollenspiels* als wesentlichem Bestandteil eines produktionsorientierten Literaturunterrichts und weiteren *Spielformen im Umfeld des Deutschunterrichts* (Sprachspiele, Schreibspiele, mediale Spielformen) gewidmet.

[...] Schusters Buch ist eine lesenswerte, streitbare Arbeit, die viele Anregungen gibt und Mut zum Spielen macht.

Susanne Prinz / Dr. Astrid Müller: PRAXIS DEUTSCH, Nov./1994

Wo liegen die Vorzüge dieser Monographie? Hier gilt es gleich eine ganze Reihe zu nennen: Das Phänomen Spiel wird umfassend und verständlich dargestellt. Theoretische Überlegungen werden durch praktische Beispiele verdeutlicht. Die gewählten Beispiele sind einleuchtend und in die alltägliche Praxis der Schule übertragbar. Bilder, Skizzen und Schaubilder illustrieren das Gemeinte. Ein Sachregister und ein ausführliches Literaturverzeichnis sind hilfreich bei der weiteren Arbeit an diesem Thema. All das trägt dazu bei, das Buch zu einem nützlichen und unentbehrlichen Handbuch für alle am Spiel und Drama interessierten Lehrer, Erzieher und Gruppenleiter zu machen.

Prof. Dr. E. Reichert: Pädagogische Welt 10/1994

Blickpunkt: Autor

A.C. Baumgärtner; K. Boie; W. Fährmann; P. Maar; M. Pressler; O. Preußler. (Schriftenreihe der Deutschen Akademie für Kinder- und Jugendliteratur Volkach Bd. 20). Hrsg. von Kurt Franz und Franz-Josef Payrhuber

1996. IV, 186 Seiten. Kt. ISBN 387116495X. FPr. DM 29,80

Der Band **Blickpunkt: Autor** versammelt die Beiträge zur Frühjahrstagung der Deutschen Akademie für Kinder- und Jugendliteratur 1996 in Volkach und bietet dazu einige Ergänzungen.

Im Blickpunkt stehen verständlicherweise die Vorträge der Autorinnen und Autoren über den Prozeß des Schreibens, über ihre individuellen Arbeitsweisen, ihre jeweiligen Ziele und Wünsche. In spannender und anschaulicher Weise erzählen *Alfred Clemens Baumgärtner* über das Abenteuer, *Kirsten Boie* über ihre Realismusvorstellungen, *Willi Fährmann* über das Religiöse in der Literatur, *Paul Maar* über seinen Weg zum Kinderbuchautor, *Mirjam Pressler* über ihr wichtige Themen und *Otfried Preußler* über das Geschichtenerzählen selbst.

Franz-Josef Payrhubers Referat „Bekannte Autoren – beeindruckende Bücher" zeigt in umfassender Weise und anhand von Ergebnissen empirischer Untersuchungen – so der Untertitel -, „was Lehrerinnen und Lehrer über Kinder- und Jugendbücher wissen und wie sie mit ihnen umgehen".

Im dritten Teil geht es um die vertiefende Aufarbeitung des Vorangehenden unter literaturwissenschaftlicher und -didaktischer Perspektive. *Horst Schaller* beschäftigt sich mit dem „Abenteuer bei Alfred Clemens Baumgärtner", *Wilhelm Steffens* mit „Formen des Erzählens in den realistischen Kinderromanen Kirsten Boies", *Kurt Franz* mit „Religiösen Aspekten im Werk Willi Fährmanns", *Günter Lange* mit dem „Phantastischen Erzählen im Werk Paul Maars", *Franz-Josef Payrhuber* mit dem „Thema 'Nationalsozialismus' im Werk Mirjam Presslers" und *Michael Sahr* mit „Medialen Umsetzungen von Kinder- und Jugendbüchern am Beispiel von Otfried Preußlers 'Krabat'".

Damit werden wichtige zeitgenössische Autorinnen und Autoren von Kinder- und Jugendliteratur mit ihren literarischen Anliegen und Problemen ins Blickfeld gerückt, so daß sich zusammen mit den jeweiligen Analysen ein sehr authentisches Gesamtbild ergibt.

Kinderlyrik zwischen Tradition und Moderne

Herausgegeben von Kurt Franz und Hans Gärtner

(Schriftenreihe der Deutschen Akademie für Kinder- und Jugendliteratur Volkach e.V. Band 17 – 1996)

1996. IV, 184 Seiten. Kt. ISBN 3871164887. FPr. DM 29,80

Der Band **Kinderlyrik zwischen Tradition und Moderne** versammelt Referate und Arbeitsgruppenberichte der Frühjahrstagung der Deutschen Akademie für Kinder- und Jugendliteratur Volkach und bietet zusätzlich einige ergänzende Aufsätze.

Die insgesamt sieben umfangreicheren Beiträge machen – dem Thema entsprechend – das Buch zu einem umfassenden und aktuellen Kompendium der komplexen Gattung „Kinderlyrik" überhaupt, denn diese wird nicht nur in diachronischer und synchronischer, sondern auch in rezeptionsästhetischer und didaktischer Sicht dargestellt. Die Beiträge vermitteln Einblick in die Geschichte des Kindergedichts seit der Aufklärung, speziell in die Entwicklung seit 1970 und innerhalb der DDR, in das Fortleben der Reime und Spiele „auf der Straße", in die spezifische Form des Kinderrätsels, in den Einfluß von Kinderreim und Kinderlied auf heutige Sprachprozesse, besonders in die Sprache der Werbung, sowie in die Entwicklung der Metaphernkompetenz bei Kindern.

Schneider Verlag Hohengehren
Wilhelmstr. 13; D-73666 Baltmannsweiler